铁路科技图书出版基金资助出版

中国铁路电气化建设

（2014—2020）

（上）

中国铁道学会电气化委员会　编

中国铁道出版社有限公司

2021年·北京

内 容 简 介

本书以大量的历史资料和数据详细记录了2014至2020年中国铁路电气化建设的发展历程。对已建成电气化铁路赣韶、张唐、敦格、兰渝、青连、连盐、九景衢、怀邵衡、格库、沪通线，蒙西至华中地区铁路煤运通道、山西中南部铁路通道，沪昆客运专线各段、南广、大西、贵广、合福、哈齐、哈佳、成渝、宝兰、张呼、石济、京沈客运专线和济青、京张、大张、安六、合安、太焦、盐通等高速铁路，以及30多条既有铁路电气化改造等130多条电气化铁路线路的概况，线路主要技术标准，电气化、电力、通信、信号专业设计方案，承建的设计和主要施工单位，开工、建成或开通日期等进行了详细的说明。本书对读者了解近年来我国铁路电气化建设情况，具有一定的参考作用和史料价值。

本书适合电气化铁路设计、施工、技术人员及相关人员学习、使用。

图书在版编目(CIP)数据

中国铁路电气化建设. 2014—2020：上、下/中国铁道学会电气化委员会编. —北京：中国铁道出版社有限公司，2021. 6

ISBN 978-7-113-28034-5

Ⅰ. ①中…　Ⅱ. ①中…　Ⅲ. ①电气化铁道-铁路运输建设-中国-2014—2020　Ⅳ. ①F532. 3

中国版本图书馆CIP数据核字(2021)第108680号

书　　名：中国铁路电气化建设(2014—2020)(上、下)
作　　者：中国铁道学会电气化委员会

责任编辑：王明容　　**编辑部电话：**(010)51873315　　**邮箱：**tdpress@126. com
编辑助理：魏　娟
封面设计：尚明龙
责任校对：焦桂荣　孙　玫
责任印制：高春晓

出版发行：中国铁道出版社有限公司(100054，北京市西城区右安门西街8号)
网　　址：http://www. tdpress. com
印　　刷：北京建宏印刷有限公司
版　　次：2021年6月第1版　2021年6月第1次印刷
开　　本：787 mm×1 092 mm 1/16　印张：59　字数：1 328千
审 图 号：GS(2020)6147号
书　　号：ISBN 978-7-113-28034-5
定　　价：580. 00元(全二册)

编　委　会

序　言

2017年，京沪高铁实现复兴号350 km时速运行，复兴号奔驰在祖国广袤的大地上，复兴号350 km/h双弓商业运营成为世界铁路新标杆。截至2020年年底，全国铁路营业里程达到14.63万km，其中高速铁路达到3.8万km。复线里程8.705万km，复线率59.5%；电气化里程10.651万km，电化率72.8%。中国铁路已建成了路网最发达、场景最复杂、运输最繁忙的铁路网，电气化率世界第一，形成了能够满足动车16辆编组3 min追踪、持续380 km/h的双弓稳定受流和安全可靠运行供电能力，构建了完整的牵引供电技术标准体系，建成了世界上规模最大的SCADA系统。实现了从“学习跟跑”向“创新引领”转变，从“快速扩张”向“提升质量”转变，从“粗放管理”向“讲求效益”转变。基本形成了横贯东西、沟通南北、布局合理、标准统一的电气化运营网络，同时成为世界上建设电气化铁路和高速铁路及运营里程最多的国家，其建设成就令国人骄傲、让世人瞩目！

特别是进入21世纪以来，按照《中长期铁路网规划》构筑“八纵八横”高速铁路主通道及发展城际客运铁路的目标，我国铁路建设驶上了大规模、高标准、快速发展的道路。中国电气化人不辱使命，继续发扬勇于探索、顽强拼搏精神，创新发展，以关键技术突破为重点来建设高速铁路。“十二五”规划期间，铁路完成新线建设3.111万km，其中高速铁路1.461万km，电气化建设3.2万km。“十三五”规划期间，铁路完成新线建设2.442 4万km，其中高速铁路1.618万km，电气化建设2.651万km。就电化率来说，提前1年完成了2016年发布的《中长期铁路网规划》和《铁路“十三五”发展规划》目标。根据中长期铁路发展规划，到2030年，中国铁路电气化里程将达到15万km，我国电气化铁路无论从规模和能力，还是承担的工作量都居世界第一。

为了总结我国铁路电气化建设的发展进程、建设成就，为历史留下一份翔实资料，在成功出版《中国铁路电气化建设（1958—2013）》基础上，中国铁道学会电气化委员会组织编写了《中国铁路电气化建设（2014—2020）》，以我国电气化铁路发展为主线,以标志性重大工程建设为节点,记录了7年来我国已建电气化铁路的主要技术标准和四电设计方案,真实地反映了7年来我国电气化铁路科学技术不断进步和创新,科技含量不断提升,科技成果耀如繁星、科技水平达到引领的历史进程。该书具有一定的史料价值,对电气化行业管理也有一定的助益。

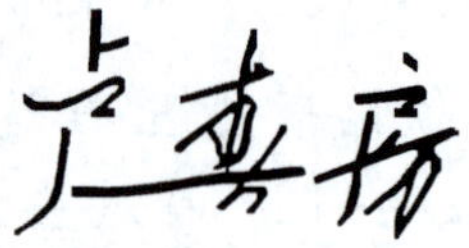

前　言

光阴似箭，岁月如歌。自我国第一条电气化铁路宝成线（宝鸡至凤州段）于1958年开工建设，1961年8月15日正式交付运营，到2020年12月30日盐城至南通高速铁路的建成开通，其间跨越了62年。届此，中国电气化人建设的电气化铁路达到10.651万km，其中高速铁路3.8万km，电气化率达到72.8%，跃居世界第一位。中国电气化铁路建设的成就令国人骄傲，让世人瞩目！

62年来的发展历程，记录了中国电气化铁路从无到有、从少到多、从山区到平原、从常速到高速的发展轨迹；展示了中国电气化人艰苦创业、勇于探索、顽强拼搏、创新发展，奉献聪明才智的精神风采；见证了中国电气化铁路科学技术不断进步，科技含量不断提升，科技成果耀如繁星，科技水平达到引领的历史进程；倾注了几代中国电气化人钟情铁路的深厚情意和无私奉献的高尚品德。在中国铁路的建设史上留下了宝贵的物资财富和精神财富。

特别是进入21世纪，2004年国家批准的《中长期铁路网规划》和《中长期铁路网规划（2008年调整）》实施后，我国铁路建设驶上了大规模、高标准、快速度发展道路。2008年8月1日建成开通的京津城际铁路，最高时速达到了350 km，这一速度成为当年世界铁路运营速度之最，也是中国向高速铁路进军的一份宣言书。2011年6月30日建成开通的京沪高速铁路，设计时速350 km，在先导段（枣庄至蚌埠）曾创造了时速486.1 km的中国最高运营列车试验新纪录，为中国铁路树立了新的里程碑。

经过十几年的快速发展，在深入总结《中长期铁路网规划（2008年调整）》实施情况的基础上，结合新的发展形势和要求，国家修编发布了《中长期铁路网规划》（2016年版），其规划目标是：到2020年，铁路网规模达到15万km，其中高速铁路3万km。到2025年，铁路网规模达到17.5万km左右，其中高速铁路3.8万km左右。

由到2020年底建成电气化铁路和规划数据说明，铁路建设在快速发展，在建设发展中，所取得的成绩都离不开电气化科技的强力支撑和电气化人的创新，都会在中国铁路建设的丰碑上留下浓墨重彩的一笔。

为了总结2014至2020年我国铁路电气化建设的发展历程、建设成就,为历史留下一份翔实资料,中国铁道学会电气化委员会组织编写了《中国铁路电气化建设(2014—2020)》一书。

本书以大量的设计资料和数据详细记录了62年来中国铁路电气化建设的发展进程,记载了7年来已建电气化铁路赣韶、张唐、敦格、兰渝、青连、连盐、九景衢、怀邵衡、格库、沪通等线,蒙西至华中地区铁路煤运通道、山西中南部铁路通道,沪昆客运专线各段、南广、大西、贵广、合福、哈齐、哈佳、成渝、宝兰、张呼、石济、京沈等客运专线和济青、京张、大张、安六、合安、太焦、盐通等高速铁路,以及30多条既有铁路电气化改造等130多条电气化铁路线路的概况,线路主要技术标准,电气化、电力、通信、信号专业设计方案,承建的设计和主要施工单位,开工、建成或开通日期等,对读者了解2014年以来我国铁路电气化建设情况,具有较高的参考作用和史料价值。

本书在编写过程中,参考了《中铁电气化局集团年鉴(2014—2020)》、铁道统计公报(2014—2020)、《中长期铁路网规划(2008年调整)》、《铁路"十二五"发展规划》、《中长期铁路网规划》(2016年版)、《铁路"十三五"发展规划》、《新时代交通强国铁路先行规划纲要》等相关资料。并得到了中铁电气化局集团有限公司、中国铁建电气化局集团有限公司、中铁武汉电气化局集团有限公司、中铁第四勘察设计院集团有限公司、中铁第五勘察设计院集团有限公司、中铁工程设计咨询集团有限公司等单位的支持和帮助,在此深表谢意!

由于收集和掌握的资料不够全面,限于编写水平,书中不足之处,敬请读者指正。

编　者

2021年1月

中国电气化铁路建设示意图

本图上中国国界线系按照中国地图出版社1989年出版的1:400万《中华人民共和国地形图》绘制

提供绿色智能轨道产品和服务，为品质生活提速

——中铁电气化局集团有限公司简介

中铁电气化局集团有限公司是于1958年伴随着中国第一条电气化铁路——宝成线宝凤段的建设而诞生的，经过六十多年，已发展成为集工程建设、勘察设计、科研开发、工业制造、试验检测、工程监理、运营维管、投融资等“多位一体”的大型企业集团，是世界企业和世界品牌双500强——中国中铁股份有限公司的重要成员企业，是中国铁路电气化建设的国家队和主力军。中铁电气化局集团有限公司在电气化铁路建设中创造了诸多中国或世界第一：建成了我国第一条电气化铁路——宝成线，第一条单元重载运煤专线——大秦线，第一条时速160 km的准高速铁路——广深线，第一条客运专线——秦沈客运专线，第一条时速350 km的京津城际铁路，世界一流水平的京沪高速铁路，世界首条高寒地区高速铁路——哈大客运专线，世界第一条穿越高原和风区的兰新客运专线，第一条具有世界先进水平、智能化的京张高速铁路和地质环境最复杂的沪昆客运专线等。

2014年以来，参建并开通的铁路包括沪昆、南广、大西、成绵乐、贵广、合福、哈齐、津保、郑徐、南昆、宝兰、兰新、石济、杭黄、昌赣和京沈承沈段、连镇连淮段，海南西环、丹大，济青、京张、大张、徐淮盐、汉十、郑阜、商合杭、鲁南日曲段、郑万郑襄段，汉石、郑焦、莞惠和穗莞深等三十多条客运专线、快速铁路、高速铁路及城际轨道交通，以及山西中南部通道瓦塘至日照段、张唐、敦格、兰渝、九景衢、渝贵、呼准鄂、青连，蒙华煤运通道，黎湛、滨州、成昆、南龙、平齐郑榆段、深湛江门至茂名段等三十多条电气化或扩能改造铁路。其中沪昆客运专线杭州至长沙的江西段“四电系统集成”电力及牵引供电工程获2016—2017年度国家优质工程奖，合福客运专线闽赣段综合工程获2016—2017年度国家优质工程奖，石家庄至济南客运专线获2018—2019年度国家优质工程奖，海南环岛铁路获第十六届中国土木工程詹天佑奖。集团公司并获得中国施工企业管理协会的2016—2017年国家优质工程奖奖杯。

中铁电气化局集团有限公司作为社会责任的践行者和先进文化的弘扬者，将科技发展硬实力和企业文化建设的软实力相结合，不断提升企业的核心竞争力，孕育了“宝成精神”“南昆精神”“大秦精神”，打造了“哈大精神”“青藏精神”“京沪高铁精神”，锤炼了“艰难困苦冲在前，舍生忘死我来干”的抢险精神，正是这一次次艰难困苦的考验，一次次血与火的洗礼，铸就了“中国中铁电化”的精神文化根脉。在企业六十多年的发展和建设实践中，形成了“中国中铁电化”这一行业顶级品牌，创建了具有厚重历史传承又有时代特色的核心价值理念体系——“中铁电气化之道”，涌现了国家级技能大师、改革先锋、最美奋斗者巨晓林等一大批先进典型。

党的十九大提出加强铁路等基础设施网络建设，建设交通强国。中国国家铁路集团有限公司提出“交通强国、铁路先行”。这是党和人民赋予我们的新使命，站在新起点，走进新时代，面对新形势和新机遇、新考验和新挑战，中铁电气化人将永立时代浪潮的最前沿，牢记“提供绿色智能轨道产品和服务，为品质生活提速”的使命，打造享誉全球的轨道交通系统集成企业集团，向着更高质量、更高水平的发展目标阔步迈进。

①
② ③
④

① 中国第一条具有世界先进水平、智能化高速铁路——京张高铁

② 施工人员利用自主研发的自动立杆机在京张高铁组立接触网H型钢柱

③ 京张高铁施工中施工人员配戴AR智能安全帽

④ 列车奔驰在应用简统悬挂装置的京张高铁崇礼支线

① 恒张力架线作业车在京张高铁上架设接触网导线

② 自主研发的智能巡检机器人首次在智能京张高铁上应用

③ 自主研发的一体化高速铁路接触网腕臂自动化装配线在京张高铁上应用

①
② ③
④

① 中国第一条高铁“四电”的示范工程、精品工程——京沈客专辽宁段

② 首次采用智能化技术的京沈阜新变电所

③ 变电所智能化变压器整体图

④ 京沈高铁接触网主体工程

中铁电气化局集团有限公司

你单位承建的新建石家庄至济南铁路客运专线平禹特大桥 荣获

2018–2019年度国家优质工程奖。

特发此证。

中国施工企业管理协会

二〇一九年十二月

①

② ③

④

① 石济客专首条接触网导线架设

② 调度所网络机柜扇形布线

③ 石济客专获 2018—2019 年国家优质工程奖

④ 波浪起伏、弛度一致的接触网馈线、保护线与避雷线

①
②③
④

① 列车高速运行在杭长客运专线

② 接触网采用双支柱的双极电动隔离开关的分相上网引线

③ 杭长客运专线江西段获得2016—2017年度国家优质工程奖

④ 杭长线新余至宜春区间的接触网锚段关节

①
②
③

① 杭黄客专富阳站接触网工程

② 杭黄客专千岛湖站杭州侧隧道群接触网悬挂

③ 杭黄客专绿色生态富阳牵引变电所

中铁电气化局集团有限公司

[illegible] 荣获

2018-2019年度国家优质工程奖。

特发此证。

①	
②	③
④	
⑤	

① 哈齐客专动车平稳运行通过齐齐哈尔南大桥

② 哈齐客专牵引变电所整体外观

③ 哈齐客专里木店牵引变电所夜间照明工程

④ 哈齐客专荣获2018—2019年度国家优质工程奖

⑤ 哈齐客专接触网三孔高普合架硬横梁

①
② ③
④

① 郑万高铁接触网工程
② 郑万高铁南阳信号楼线缆布放
③ 郑万高铁第一条接触网导线架设
④ 郑万高铁变电所工程

①

②

③

① “强基达标”示范线——宝兰高铁

② 中国最北高寒地区高铁——哈齐高铁

③ 中国高铁示范工程——杭黄高铁

①
②③
④

① 参建及维管的海南环岛铁路

② 参建的海南环岛铁路获得第十六届中国土木工程詹天佑奖奖杯

③ 获得中国施工企业2016—2017年度国家优质工程奖

④ 中国第一条高原高铁——兰新客专开通运营

中国铁建电气化局集团有限公司

中国铁建电气化局集团有限公司，隶属于世界500强——中国铁建股份有限公司，2005年7月正式组建成立，总部设在北京，公司成员单位中有三家工程公司的前身为铁道兵第一、第二、第三直属通号营。公司是中国高铁“四电”行业独立系统集成承包商和运营服务商，主要从事高速铁路电气化、电力、通信、信号和城市轨道交通、公路交通、机电设备、输变电、新能源、智慧城市和信息技术等工程建设，是集科研开发、设计咨询、工程施工、运营维管、产品制造和商务开发为一体的“四电”工程承包商和系统集成商，更是集铁路“四电”投资商与服务商于一体的全生命周期产业运营商。公司拥有承包境外工程、设备材料出口和对外派遣劳务等经营权。

公司在国内设有8个工程公司、4个电气化设备制造企业、1个运营管理有限公司和1个甲级资质设计研究院，职工总数1万余人，拥有各级各类专业技术人员6 000余人，“四电”专业成套设备7 000台(套)，年经营规模超过350亿元。

公司以建设世界一流高速铁路为目标，瞄准全球科技发展前沿，积极抢滩科技制高点，高标准、高质量、高效率参与了国家“八纵八横”高铁网建设，承建了京雄、京沈、成贵、郑西、京石武、宁杭、广西沿海、云桂、贵广、西成、兰新高铁等主要国家干线高铁“四电”系统集成工程。近年来，公司已建成开通的高速铁路“四电”系统集成工程约占全国高速铁路已开通总里程的45%，为中国高速铁路发展做出了卓越贡献。

公司和所属成员企业全部通过ISO 9001质量管理体系、OHSAS 18001职业健康安全管理体系、ISO 14001环境管理体系认证，实现了质量、安全、环境管理与国际标准接轨。公司先后获得“全国五一劳动奖状”“全国优秀施工企业”“中央企业先进集体”等殊荣，多次问鼎国家优质工程鲁班奖、中国土木工程詹天佑奖、全国市政金杯示范工程奖。

① ②
③
④

① 中国铁建电气化局接触网腕臂安装智能装备在京雄城际铁路河北段现场施工

② 接触网参数检测及吊弦标定智能装备在京雄城际铁路上线调试

③ 京沈客运专线配电所高压室

④ 盐通高铁接触网简统化工艺,中国第一条实行EPC总承包的高速铁路

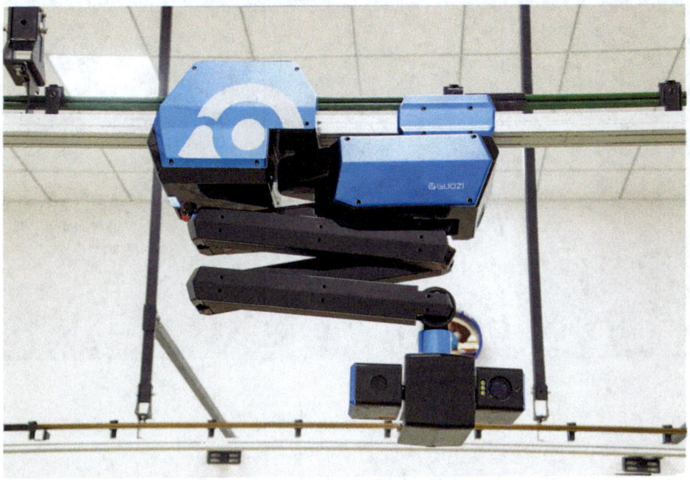

①
②
③

① 太焦高铁接触网放线作业
② 京雄城际铁路智能巡检机器人
③ 京雄城际铁路接触网工程

① 京雄城际铁路牵引变电所室外设备

② 沈丹客运专线沈阳南站咽喉区接触网

③ 昆明枢纽昆明南动车所电力灯桥

①
②
③ ④

① 京雄城际铁路装配式通信基站全景

② 京雄城际铁路基于BIM的通信基站智能施工

③ 信号设备布线采用走线架、固线器代替传统的绑扎工艺，分层铺设，使用BIM软件进行仿真

④ 石武高铁信号方向盒

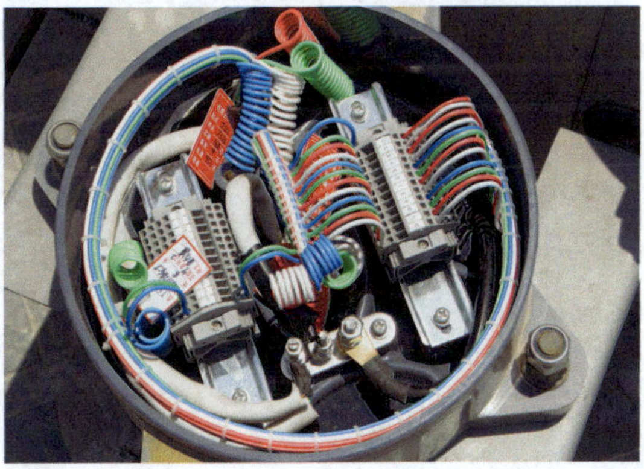

① | ②
③

① 中国铁建电气化局西安公司钢柱产品应用于成渝客运专线牵引变电所及沿线车站

② 中国铁建电气化局康远公司生产的具有自主知识产权的超细晶强化型铜镁合金接触线，实现了中国高速铁路关键装备制造版块相关领域的重大突破

③ 自动化、智能化和信息化程度高的接触网吊弦预配生产线

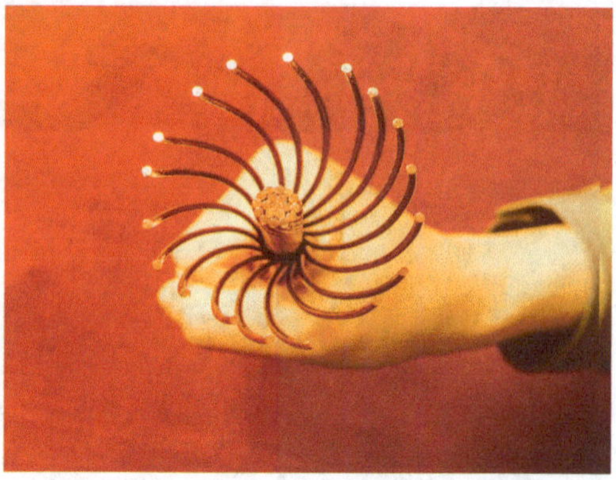

中铁武汉电气化局集团有限公司

中铁武汉电气化局集团有限公司，是世界企业和世界品牌双 500 强——中国中铁股份有限公司旗下重要成员企业。公司主要从事高速铁路电气化、电力、通信、信号和城市轨道交通、公路交通、机电设备、输变电、楼宇智能化、工业与民用建筑等工程建设，是集科研开发、设计咨询、投融资、工程施工、运营维护、产品制造、商务开发于一体的全产业链综合性国家高新技术企业，具备为业主提供一站式综合服务的能力。

公司拥有“5 总 16 专”共 20 余项总承包、专业承包及其他资质，具备完善的铁路电气化及城市轨道交通牵引供电设计施工、制造、运维等技术，建成了一大批标志性项目，先后荣获建筑工程鲁班奖、詹天佑奖、中国市政工程金杯奖等 300 多个奖项。全面搭建了时速 350 km 的“四电”系统集成技术研发平台，具有年建成 2 000 正线公里铁路“四电”工程施工能力，参与了新中国第一条电气化铁路宝成线及武广、京沪、沪昆高铁建设，建成全国电气化总里程三分之一强，为我国高速铁路跃居世界第一做出了突出贡献。

中铁武汉电气化局始终勇立世界轨道交通“四电”技术前沿，在智能装备制造、工程软件开发、工程调度信息化、BIM 技术应用等领域进行深度研究与应用，打造了海南环岛、汉十、哈牡、连镇、梅汕、蒙华及武汉、杭州、呼和浩特等铁路“四电”及轨道交通精品工程，全面推进时速 350 km 高速铁路“四电”系统集成技术研发，充分运用现代科技手段，为智慧交通、绿色环保建设插上了腾飞的翅膀。

集团公司承建的国家重点工程多项荣获“鲁班奖”、“詹天佑土木工程大奖”、“中国安装之星奖”、“全国优秀施工企业”、“全国五一劳动奖状”、“全国企业党建文化建设先进单位”、兰渝 AAA 级安全文明标准工地证书、四川省“天府杯”奖、武汉市“黄鹤杯”奖；集团公司基层班组曾获得“中央企业红旗班组”奖。

从蜀道添翼到陆地飞行，从环岛高铁到兰渝速度，从山区到平原，从内陆到沿海。伴随着中老铁路等项目的实施，中铁武汉电气化人正迈着坚定的步伐走向世界，在“一带一路”倡议下，立足国际化视野，演绎新时代轨道交通建设的生动篇章。

中铁武汉电气化局以打造国内领先、全球知名、绿色智能的同行业一流企业为目标，按照新企业、新定位、新体制、新机制的要求，持续提升企业核心竞争力，致力于建设专业突出、品牌知名、管理精细、效益良好的国际化企业。

① 中铁武汉电气化局集团有限公司参建的海南东环铁路，开通后荣获部优一等奖

② 中铁武汉电气化局集团有限公司参建的大秦铁路，参与编写的“大秦铁路重载运输成套技术及运用”成果荣获国家科技进步一等奖

③ 中铁武汉电气化局集团有限公司参建的京沪高铁，试验段创造486.1 km的世界高铁新时速

④ 吐库二线电气化施工人员在天山脚下调线作业

①	
②	③
④	⑤

① 参建开通的合武铁路客运专线列车通过武汉长江大桥

② 承建的武广高铁试验段，并荣获国家优质工程奖

③ 列车通过建成开通的沪昆客专湖南段

④ 动车组通过开通的兰渝铁路渭沱至重庆段

⑤ 列车运行在宜万铁路上，工程建设中攻克被誉为“铁路施工地质博物馆”的多项世界性难题

①

② | ③ | ④

① 中铁武汉电气化局集团有限公司承建的武黄城际铁路建成开通，项目获得2017年度“国家优质工程奖”

② 中铁武汉电气化局集团有限公司承建的沪昆客专杭州至长沙的江西段开通运营，项目获得2017年度“国家优质工程奖”

③ 中铁武汉电气化局集团有限公司承建的沪昆客专在湖南段施工作业，开通后，该工程项目2019年2月被中国施工企业管理协会评为首批入选“国家优质工程奖”的项目

④ 中铁武汉电气化局集团有限公司承建的重庆地铁十号线一期工程(建新东路至王家庄段)开通(王家庄停车场)，项目获得2017年度“鲁班奖”

①

② | ③

④

① 采用自主研发的接触网同步检查装置进行检测

②和③ 自主研发的接触网腕臂自动化预配平台智能装配系统

④ 中国武汉电气化局集团有限公司承建的哈牡客专，接触网作业人员正在使用自主研发的公铁两用车固定回流线

中铁第四勘察设计院集团有限公司

中铁第四勘察设计院集团有限公司电气化设计研究院成立于1978年8月。经过40多年的发展，已成为集铁道电气化、城市轨道交通供电、电力工程、自动控制工程、电磁干扰防护等专业齐全，专业人才济济，设计手段先进，涵盖工程总承包、工程监理、工程咨询等多领域的电气化综合团队。

建院以来，承揽并开通电气化铁道约20 000余公里、铁道电力工程约55 000 km，其中合福、南广、贵广、杭黄、梅汕、郑万、商合杭等高速铁路累计10 000余公里。结合工程项目攻克多项技术难关，创新和研发了多项工程关键技术。

近十年来，先后获得省部级及以上科学奖20余项，其中《基于耦合动力学的高速铁路接触网/受电弓系统技术创新及应用》获国家科技进步二等奖，《高速铁路电气化及电力关键技术研究及其武广工程示范》获中国铁道学会科学技术一等奖；主编了《轨道交通地面装置 电力牵引架空接触网》(GB/T 32578—2016)、《轨道交通地面装置 电气安全、接地和回流　第1部分：电击防护措施》(GB/T 28026.1—2018)等国家标准13项，《高速铁路设计规范》(TB 10621—2014)等铁路行业标准3项；申报并获得专利授权100余项，其中发明专利20余项。

铁四院电气化设计研究院现有员工220人，拥有国际标准委员会专家11名、国家标准委员会SAC/TC278委员2人及工作组专家近20人、教授级高级工程师25人、高级工程师103人，湖北省授予突出贡献专家1名，拥有国家各类职业执业资格人员66人。

(1)《基于耦合动力学的高速铁路接触网受电弓系统技术创新及应用》获2016年国家科学技术进步二等奖。

(2)《高速铁路电气化及电力关键技术研究及其武广工程示范》获 2011 年中国铁道学会科学技术一等奖。

(3)长沙磁悬快线——我国首条完全拥有自主知识产权的磁浮商业运营示范线。

(4)温州市域铁路 S1 线——全国首条采用交流 25 kV 同相供电制式的轨道交通线路。

(5)福田交通枢纽——深圳市第一个具备车港功能的综合交通枢纽,全国最大“立体式”交通综合换乘站。获第十一届中照照明奖、照明工程设计优秀奖。

中铁第五勘察设计院集团有限公司

中铁第五勘察设计院集团有限公司（简称铁五院）成立于1958年，前身为中国人民铁道科学技术研究院，是世界500强企业中国铁建股份有限公司的核心子公司，全国勘察设计50强企业、国家认定企业技术中心、全国文明单位和北京市首批高新技术企业。

铁五院拥有国家颁发的工程设计综合甲级、工程勘察综合甲级及其他各类甲级资质20余项，持有商务部对外承包工程经营资格证和北京市科技研究开发机构等证书。拥有一支专业齐全的从事规划、咨询、勘察、设计、工程总承包、项目管理、工程监理、工程检测及设备研发的技术团队和管理团队。其中全国工程勘察设计大师2名，全国工程监理大师1名，享受国务院政府特殊津贴的高级技术专家21名，高级工程师及以上资深专业技术人才700余人。具有从事为国家综合交通和城镇化建设全产业链服务及投融资的能力，业务领域涵盖铁路、城市轨道交通、公路、市政、建筑、水利、水运、民航工程等行业。

铁五院电化通号设计研究院是从事铁路“四电”及相关业务的专业设计院，设有供变电所、接触网所、电力所、信号所、通信所、工程监理部、市场经营部、计划调度部等，现有170余名工程技术人员，其中教授级高级工程师7人，高级工程师60人，工程师57人，助理工程师49人，工程师及以上职称占比72%。

电化通号设计研究院（简称电通院）先后承担了赣韶铁路、连盐铁路、衡茶吉铁路、包兰铁路（惠银段）、连镇铁路（连淮段）、徐宿淮盐铁路、中兰铁路、杭绍台铁路、安九铁路、干塘至武威南铁路增建二线、南钦线电气化改造、德靖铁路、巴准铁路以及宝兰铁路、云桂铁路、兰渝铁路施工图咨询等多条高速铁路、普速铁路、客货共线铁路、重载铁路等的“四

电”设计、监理、咨询等工作。承担的长春客车厂项目首次将国铁 AC 27.5 kV，城市轨道交通 DC 750 V、DC 1 500 V、DC 3 000 V 供电制式，接触网柔性悬挂、第三轨受流方式等完全融合在一起，实现了交、直流，第三轨等多种不同电压不同形式共存。

多年来，电通院在“四电”业务领域持续以增强自主创新能力为指导思想，科研创新成果丰硕，《新型高铁牵引供电附加线悬挂系统研究》科研创新成果荣获“国际领先”科技评价，《综合接地系统设计在连盐线中的应用研究》等 8 项科研创新成果荣获“国内领先”科技评价，先后荣获国家级、省部级、股份公司级科学技术奖 5 项；同时，四电各专业以加强“四电融合技术发展”为创新导向，在以 BIM 技术为主体的综合信息化研究、基于 5G 的下一代移动通信技术研究、基于北斗地理信息系统的技术研究、磁浮重大关键技术创新领域方面取得突出成绩；先后主持或参编国家、行业、地方标准规范共计 48 项；获批实用新型专利 18 项，软件著作权 2 项，攻克和掌握了若干具有自主知识产权的核心技术，其中《三角形支架》专利已在多条铁路工程推广应用、实现转化。

（1）赣州至韶关铁路大余牵引变电所 110 kV 进线。

(2)赣州至韶关铁路始兴车站接触网。

(3)连云港至盐城铁路连云港牵引变电所 220 kV 进线。

(4)连云港至盐城铁路灌河特大桥接触网。

(5)徐州至淮安至盐城高速铁路宿迁牵引变电所全貌。

(6)徐州至淮安至盐城高速铁路徐州东动车运用所接触网。

(7)连云港至镇江客运专线淮安东牵引变电所 27.5 kV 馈线。

(8)连云港至镇江客运专线接触网硬横跨。

中铁工程设计咨询集团有限公司

中铁工程设计咨询集团有限公司持有涵盖21个专业的工程勘察设计综合甲级资质以及对外工程承包经营权，是北京市科学技术委员会认定的高新技术企业和北京市设计创新中心，是国家火炬计划重点高新技术企业。2016年，成立了院士专家工作站和中国中铁"中国单轨交通发展研究中心"。在北京设有13个专业分公司，在济南、郑州、太原设有3个综合分公司，在全国20多个省、市设有驻外机构。可承担工程建设项目的规划、勘察、设计、咨询、设计施工总承包、工程监理、工程检测、投资和项目管理、运营管理等全过程服务。先后荣获"全国优秀勘察设计企业""全国勘察设计行业诚信单位""全国创新型企业""首都文明单位""全国工程勘察与岩土行业首届企业文化建设先进单位"等荣誉称号。

中铁工程设计咨询集团有限公司电化通号设计研究院是承担铁路电气化、电力、通信、信号专业的设计单位，自2014以来承担的主要铁路建设项目有：(1)京张高速铁路、张呼客运专线、郑济客运专线、吉图珲客运专线、成达万客运专线等建设工程的设计；(2)蒙西至华中地区铁路煤运通道，山西中南部铁路通道(瓦塘至日照段)，德龙烟铁路，锦承铁路叶柏寿站至京通铁路赤峰站扩能改造，临河至策克口岸铁路，伊敏至伊尔施铁路等建设项目的设计；(3)郑焦城际铁路、莞惠城际铁路、广清城际铁路、郑机城际铁路、德商城际铁路等建设项目的设计；(4)保定乐凯大桥亮化工程、官厅水库特大桥亮化工程等十余项总承包工程。

另外，参与的《基于北斗卫星导航技术的高速铁路信号系统时钟同步研究》《电气化铁路大型卷铁芯节能型系列变压器的研制及应用》《城际铁路CTCS-2+ATO列控系统研究与应用》《电气化铁路组合式同相供电关键技术与应用》科研项目获铁道学会科学技术一等奖。主持完成的《东莞至惠州城际轨道交通项目盾构隧道内接触网悬挂方案》科研项目获中国中铁股份有限公司科学技术二等奖。

(1)世界首座采用单相、三相组合同相供电的山西中南部铁路通道(瓦塘至日照段)沙峪牵引变电所。

(2)世界首台高电压大容量220 kV 卷铁芯节能型牵引变压器在山西中南部铁路通道(瓦塘至日照段)王家庄牵引变电所投入运行。

(3)京张高速铁路新保安智能牵引变电所。

（4）京张高速铁路官厅水库特大桥

京张高速铁路是推动我国新一轮技术创新的标志性工程，是智能铁路最新成果的首次集成化应用，在开展60多项智能化专题科研后，实现了全面的技术创新，开启了中国智能铁路新时代。

（5）吉图珲客运专线开通运营。

（6）南广客运专线——西江特大桥通车。

(7)张家口至呼和浩特客运专线开通运营。

(8)蒙西至华中地区铁路煤运通道开通运营。

(9)山西中南部铁路通道(瓦塘至日照段)开通。

(10)莞惠城际铁路松山湖隧道通车。

目　　录

（上）

第1章　概　　述

我国干线电气化铁路建设，是从1958年开始的。1961年8月15日，我国第一条电气化铁路——宝成线宝鸡至凤州段胜利建成正式通车运营，揭开了中国电气化铁路建设的序幕。

我国的电气化铁路建设，历经半个多世纪的延伸，从无到有，从低吨位到单元重载，从普速铁路到高速铁路，从学习、吸收国外先进技术，到自主创新，拥有自主产权，直至成为世界第一的高速铁路和世界第一的电气化铁路强国，走过了一条"艰苦创业、勇于探索、创新发展"之路。到2020年底，前后走过了62年的艰苦历程。

回顾我国电气化铁路建设的历程，有3项举措对我国电气化铁路的迅速发展和技术进步产生了重大影响：一是在最初修建我国第一条电气化铁路时正确地选用了世界上最先进的电流制——工频单相25 kV交流制，为我国电气化铁路的顺利发展和技术进步从一开头就奠定了良好的技术基础；二是从20世纪80年代初开始坚定地贯彻了利用外资引进国外先进技术，加快电气化铁路发展的对外开放政策，使我国的电气化铁路建设在很短的时间内进入了世界先进行列，到1996年底我国电气化铁路突破1万km；三是进入20世纪90年代后全面地开展了提高"设计标准"，推行"样板施工"和强化"运营管理"等活动，使我国电气化铁路的技术装备水平和运行可靠性又上了一个新台阶。而且建设速度加快，到2000年底，我国电气化铁路运营里程已达到1.636 1万km。

进入21世纪，我国铁路建设驶上了大规模、高标准、快速度的发展道路，2004年国务院批准的《中长期铁路网规划》，绘制了20世纪头20年我国铁路发展的宏伟蓝图。并明确了"十五"规划期间铁路发展的重点，要加强路网主通道建设，加快西部铁路发展，继续实施提速战略，适当建设高速铁路，利用新技术改造传统产业。改造传统产业主要是加强对既有线的改造力度，加快铁路电气化改造进程，以适应国家能源结构调整的需要。到2005年底，我国共建成开通了43条电气化铁路干（支）线，电气化铁路里程达到2.015 1万km，已经跃居亚洲第一位、世界第三位（俄罗斯电气化铁路44 526 km，位居世界第一位，德国电气化铁路21 102 km，位居世界第二位）。

2006年是铁路"十一五"发展规划的开头年，2006年7月1日，仅用1年的时间以总承包模式全面完成了京沪线1 453 km的电气化改造。并有武广、郑西、京津等一批高速铁路（或客运专线）和普速铁路项目相继开工。到2006年底，全国铁路营业里程达到7.708 4万km，其中电气化铁路里程达到2.44万km。到2007年底，全国铁路营业里程达到7.796 6万km，其中电气化铁路里程达到2.55万km。到2008年底，全国铁路营业里程达到7.968 7万km，其中电气化铁路里程达到2.8万km。到2009年底，全国铁路营业里程达到8.551 8万km，其中电气化铁路里程达到3.6万km。到2010年底，全国铁路营业里程达到9.117 9万km，其中高速铁路里程达到5 467.892 km，电气化铁路里程达到

4. 2 万 km,电化率达到46. 6%。“十一五”规划期间的2006—2010 年全国铁路电气化投产里程如图 1. 1 所示。

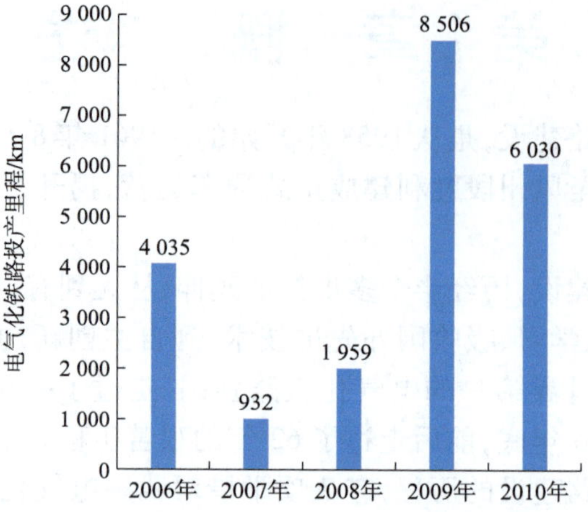

图 1. 1　2006—2010 年全国铁路电气化投产里程

在全面完成铁路“十一五”发展规划基本建设任务的基础上,在《中长期铁路网规划(2008 年调整)》的框架下,根据铁路“十二五”发展规划确定的路网布局更加完善,技术装备先进适用,运输安全持续稳定,创新能力不断增强,信息化水平全面提高,运输能力和服务水平大幅提升的总体目标。2011 年投产新线 2 174 km,其中高速铁路 1 421 km。全国铁路营业里程达到 9. 3 万 km,其中高速铁路达到 6 888. 892 km。复线里程达到3. 9 万 km、复线率达到 42. 4%,电气化里程达到 4. 6 万 km,电化率达到 49. 4%。

2012 年投产新线 5 382. 2 km。其中高速铁路 2 722. 5 km。全国铁路营业里程达到 9. 8 万 km,其中高速铁路达到 9 611 km。复线里程达到 4. 4 万 km、复线率达到 44. 8%,电气化里程达到 5. 1 万 km,电化率达到 52. 3%。

2013 年投产新线 5 586 km,其中高速铁路 1 672 km。全国铁路营业里程达到 10. 3 万 km,其中高速铁路里程达到 1. 128 3 万 km。复线里程达到 4. 8 万 km、复线率达到 46. 8%,电气化里程达到 5. 6 万 km,电化率达到 54. 1%。

2014 年投产新线 8 427 km,其中高速铁路 5 491 km。全国铁路营业里程达到 11. 2 万 km,其中高速铁路里程达到1. 677 4 万 km。复线里程达到 5. 7 万 km、复线率达到 50. 8%,电气化里程达到 6. 5 万 km、电化率达到 58. 3%。

2015 年投产新线 9 531 km,其中高速铁路 3 306 km。全国铁路营业里程达到 12. 1 万 km,其中高速铁路里程达到 2 万 km。复线里程达到 6. 4 万 km、复线率达到 52. 9%,电气化里程达到 7. 4 万 km、电化率达到 60. 8%。

在铁路“十二五”规划期间,完成新线建设 3. 110 7 万 km,其中高速铁路1. 461 25 万 km;复线建设 2. 7 万 km;电气化铁路建设 3. 2 万 km。

2011—2015 年全国铁路营业里程、复线里程和电气化里程如图 1. 2 所示。

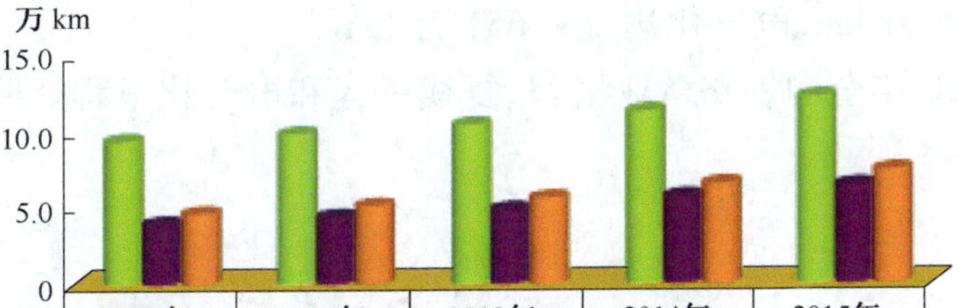

	2011年	2012年	2013年	2014年	2015年
■ 营业里程	9.3	9.8	10.3	11.2	12.1
■ 复线里程	3.9	4.4	4.8	5.7	6.4
■ 电气化里程	4.6	5.1	5.6	6.5	7.4

图 1.2　2011—2015 年全国铁路营业里程、复线里程和电气化里程

为进一步优化路网布局，在全面总结《中长期铁路网规划（2008 年调整）》实施情况的基础上，结合新的发展形势和要求，2016 年 7 月，国家修编发布了 2016 年版的《中长期铁路网规划》(2016 年版)（以下简称《2016 年版路网规划》）。《2016 年版路网规划》的目标是：到 2020 年，一批重大标志性项目建成投产，铁路网规模达到 15 万 km，其中高速铁路 3 万 km。到 2025 年，铁路网规模达到 17. 5 万 km 左右，其中高速铁路 3. 8 万 km 左右。并展望到 2030 年，基本实现内外互联互通、区际多路畅通、省会高速铁路连通、地市快速通达、县域基本覆盖。

《2016 年版路网规划》发布的当年，2016 年投产新线 3 281 km，其中高速铁路 1 903 km。全国铁路营业里程达到 12. 4 万 km，其中高速铁路里程达到 2. 2 万 km。复线里程达到 6. 8 万 km、复线率达到 54. 9%，电气化里程达到 8. 0 万 km、电化率达到 64. 8%。

为贯彻落实《2016 年版路网规划》，2017 年 11 月，国家发布了《铁路"十三五"发展规划》。《铁路"十三五"发展规划》发布的当年，2017 年投产新线 3 038 km，其中高速铁路 2 182 km。全国铁路营业里程达到 12. 7 万 km，其中高速铁路里程达到 2. 5 万 km。复线里程达到 7. 2 万 km、复线率达到 56. 5%，电气化里程达到 8. 7 万 km、电化率达到 68. 2%。

2018 年投产新线 4 683 km，其中高速铁路 4 100 km。全国铁路营业里程达到 13. 1 万 km，其中高速铁路里程 2. 9 万 km。复线里程达到 7. 6 万 km、复线率达到 58. 0%，电气化里程达到 9. 2 万 km、电化率达到 70. 0%。

2019 年投产新线 8 489 km，其中高速铁路 5 474 km。全国铁路营业里程达到 13. 9 万 km以上，其中高速铁路里程 3. 5 万 km。复线里程达到 8. 3 万 km、复线率达到 59. 0%，电气化里程达到 10. 0 万 km、电化率达到 71. 9%。

2020 年投产新线 4 933 km，其中高速铁路 2 521 km。全国铁路营业里程达到 14. 63 万 km，其中高速铁路里程 3. 8 万 km。复线里程达到 8. 705 万 km、复线率达到 59. 5%，电气化里程达到 10. 651 万 km、电化率达到 72. 8%。

在铁路"十三五"规划期间，完成新线建设 2. 442 4 万 km，其中高速铁路 1. 618 万 km，复线建设 1.905 万 km,电气化建设 2.651 万 km。

2016—2020 年全国铁路营业里程、复线里程和电气化里程如图 1.3 所示。

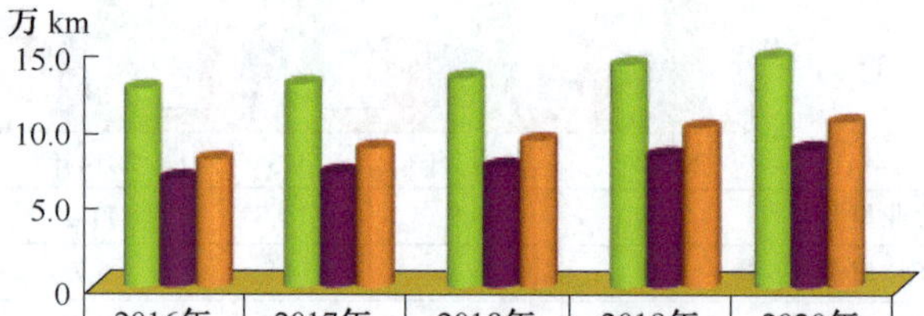

	2016年	2017年	2018年	2019年	2020年
营业里程	12.4	12.7	13.1	13.9	14.63
复线里程	6.8	7.2	7.6	8.3	8.705
电气化里程	8.0	8.7	9.2	10.0	10.651

图 1.3 2016—2020 年全国铁路营业里程、复线里程和电气化里程

由图 1.3 和 2020 年的相关数据可以看出,到 2020 年底,已圆满完成了《铁路“十三五”发展规划》和《2016 年版路网规划》的相关目标。

根据《2016 年版路网规划》,到 2025 年,铁路网规模将达到 17.5 万 km 左右,其中高速铁路 3.8 万 km 左右,网络覆盖进一步扩大,路网结构更加优化,骨干作用更加显著,更好发挥铁路对经济社会发展的保障作用。

根据中国国家铁路集团有限公司 2020 年 8 月发布的《新时代交通强国铁路先行规划纲要》(以下简称《2020 铁路先行规划纲要》,明确提出从 2021 年到本世纪中叶分两个阶段推进铁路发展蓝图。

第一阶段是,到 2035 年,率先建成服务安全优质、保障坚强有力、实力国际领先的现代化铁路强国。实现基础设施规模质量、技术装备和科技创新能力、服务品质和产品供给水平 3 个世界领先,运输安全水平、经营管理水平、现代治理能力 3 个位居世界前列,绿色环保优势和综合交通骨干地位、服务保障和支撑引领作用、国际竞争力和影响力 3 个全面增强。其目标之一是全国铁路营业里程达到 20 万 km 左右,其中高速铁路 7 万 km 左右,20 万人口以上城市实现铁路覆盖,其中 50 万人口以上城市高铁通达;目标之二是全国 1 h、2 h、3 h 高铁出行圈和全国 1 d、2 d、3 d 快货物流圈全面形成,人享其行、物畅其流,安全优质、人民满意;以及创新引领技术自主先进、铁路运输安全持续稳定、运营效率效益更加优良、铁路治理体系健全高效、绿色骨干优势充分发挥、支撑引领作用全面增强、国际竞争力影响力跃升等共计 9 个方面。

第二阶段是,到 2050 年,全面建成更高水平的现代化铁路强国,全面服务和保障社会主义现代化强国建设。铁路服务供给和经营发展、支撑保障和先行引领、安全水平和现代治理能力迈上更高水平,智慧化和绿色化水平、科技创新能力和产业链水平、国际竞争力和影响力保持领先,制度优势更加突出。形成辐射功能强大的现代铁路产业体系,建成具有全球竞争力的世界一流铁路企业。中国铁路成为社会主义现代化强国和中华民族伟大复兴的重要标志和组成部分,成为世界铁路发展的重要推动者和全球铁路规则制定的重要参与者。《2020 铁路先行规划纲要》提出了 11 个方面的主要任务:建设发达完善的现代化铁路网,发展自主先进的技术装备体系,创新优质高效的运输服务供给,提升持续可靠的安全发展水平,强化科技创新的支撑引领能力,发挥节能环保的绿色铁路优势,拓展互利共赢的开放合作空间,突出精良专业的人才队伍建设,当好经济社会发展的支撑引领。

这就需要铁路建设者们展现新担当,牢记先行使命,凝聚先行合力和创新能力推进铁路建设的发展,为实现中华民族伟大复兴的中国梦提供有力支撑。

第2章　普速电气化铁路建设

自1961年8月15日正式建成开通运营我国第一条电气化铁路——宝成线宝鸡至凤州段以来，我国电气化铁路建设，虽然经历了一段曲折的历程，但仍取得了巨大成就。到1980年底，我国已有5条(段)铁路干线实现了电气化，电气化铁路里程达到1 697.6 km。到2005年底，我国已有43条(段)铁路干线实现了电气化，电气化铁路里程达到2.015 1万km。到2010年底，电气化铁路里程已达到4.2万km，其中普速电气化铁路3.653 2万km。到2013年底，电气化铁路里程达到5.6万km，其中普速电气化铁路4.5万km。到2014年底，电气化铁路里程达到6.5万km，其中普速电气化铁路4.9万km。到2015年底，电气化铁路里程达到7.4万km，其中普速电气化铁路5.5万km。到2016年底，电气化铁路里程达到8.0万km，其中普速电气化铁路5.8万km。到2017年底，电气化铁路里程达到8.7万km，其中普速电气化铁路6.2万km。到2018年底，电气化里程达到9.2万km，其中普速电气化铁路6.3万km。到2019年底，电气化里程达到10.0万km，其中普速电气化铁路6.5万km。到2020年底，电气化里程达到10.651万km，其中普速电气化铁路6.851万km。

2014年建成的普速电气化铁路主要有：邯郸至长治铁路电气化改造、赣州至韶关铁路、胶州至新沂铁路电气化改造、蒙自至河口铁路、山西中南部铁路通道瓦塘至日照段、邯郸至济南铁路电气化改造等。

2015年建成开通的普速电气化铁路主要有：湘桂铁路柳州至南宁段电气化改造、广西沿海铁路黎塘至钦州段扩能改造、德州至大家洼铁路、林歹至织金铁路、宁西铁路西安至合肥段复线电气化、黄陵至韩城至侯马铁路扩能改造、金华至温州铁路扩能改造、赣州至龙岩铁路扩能改造、天水至平凉铁路、张家口至唐山铁路等。

2016年建成开通的普速电气化铁路主要有：滨绥铁路牡丹江至绥芬河段扩能改造、娄底至邵阳铁路扩能改造、敦煌至格尔木铁路敦煌至肃北段、巴中至达州铁路、石门至长沙铁路复线电气化、宁启铁路南京至南通段复线电气化、通辽至大虎山铁路电气化、通辽至霍林河铁路电气化、合肥至芜湖铁路电气化改造、通辽至四平铁路电气化等。

2017年建成开通的普速电气化铁路主要有：长春至白城至乌兰浩特铁路扩能改造、武昌至九江铁路电气化、兰渝铁路、龙口至烟台铁路、九江至景德镇至衢州铁路、滨洲铁路电气化、黎湛铁路电气化、呼和浩特至准格尔至鄂尔多斯铁路等。

2018年建成开通的普速电气化铁路主要有：重庆至贵阳铁路扩能改造、通辽至让湖路铁路电气化改造、平齐铁路郑家屯至榆树屯段电气化改造、深湛铁路江门至湛江段、昆明至广通至大理铁路扩能改造、淄博至东营铁路扩能改造、连云港至盐城铁路、青岛至连云港铁路、怀化至邵阳至衡阳铁路、哈尔滨至牡丹江铁路电气化、川藏铁路成都至雅安段、高台山至阜新至锦州铁路扩能改造、南平至龙岩铁路扩能改造等。

2019年建成开通的普速电气化铁路主要有:朔州至准格尔铁路、宁启铁路南通至启东段、符离集至夹河寨铁路扩能改造、青龙山至阜阳铁路电气化、泗安至杭州铁路电气化改造、芜湖至广德铁路电气化改造、阳平关至安康增建第二线、京原铁路(太原铁路局管段)电气化改造、成昆铁路扩能改造等。

2020年建成开通的普速电气化铁路主要有:格尔木至库尔勒铁路、上海至南通铁路(南通至安亭段)、衢州至宁德铁路、福州至平潭铁路、焦柳铁路怀化至柳州段电气化改造、渝怀铁路增建第二线等。

2014年至2020年建成运营的主要普速电气化铁路的线路概况,线路主要技术标准,电气化、电力、通信和信号设计方案,承建的设计和主要施工单位,开工和建成或开通日期等,详见第3章,其线路统计见附表1。

电气化铁路在我国铁路运输中承担着越来越多的运输任务。可以进一步缓解我国铁路运输紧张状况,加强西北、西南地区与内地的联系,支援广东、福建等沿海地区的对外开放、适应西部大开发和区域经济的协调发展。从而实现客运高速和货运重载两大战略目标。

第 3 章　普速电气化铁路建设成就

3.1　邯郸至长治铁路电气化改造

既有邯长铁路东起京广线的邯郸南站，途经武安、磁山、涉县、黎城、潞城等市县，西至太焦线的长治北站，大致呈东北西南走向，线路全长 218.44 km（图 3.1）。邯长铁路始建于 1978 年，为单线 I 级铁路，由原磁山支线、邯和支线、磁涉支线和涉长铁路组成。1998 年，为配合邯济铁路通车的需要，对其进行了扩能改造，运输能力得到了提高。成为连接晋东南与冀南最便捷的通道，也是晋煤外运南通道的重要组成部分。但随着改革开放步伐的加快，铁路沿线经济发展迅猛，货运客运数量成倍增长，该线运能和运力严重不足，制约了沿线经济的发展。造成该通道东西交通不畅，出海通道受到制约，影响了沿线的经济发展和对外开放的步伐，为此对其进行电气化扩能改造。本线电气化改造，长治北至悬钟段单线维持既有车站分布，悬钟至邯郸段增建第二线后封闭弹音、东戎、磁西、牛叫河车站。全线设有邯郸西（原赵王城）、林村、康城、武安、午汲、磁山、徘徊北、新固镇、什里店、阳邑、豆庄、偏店、井店、涉县、悬钟、桃城、南峧、下湾、东阳关、黎城、水洋、常村、微子镇、潞城、北舍、长治北等车站。邯长线电气化改造的开通，西与太焦线和阳涉线连接，东接邯济线及胶济线，构成山西省至胶东半岛及青岛港的东西铁路干线，形成晋煤外运的中路通道。特别是横向连接京广线、京九线、京沪线三大南北主干线，对晋煤外运和改善冀南、鲁西交通运输条件以及促进沿线地区经济发展具有重要意义。

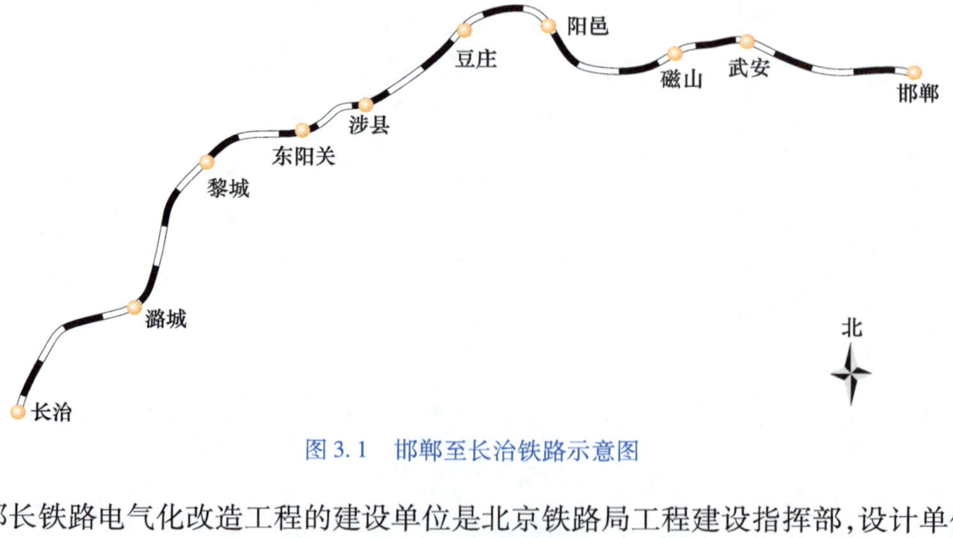

图 3.1　邯郸至长治铁路示意图

邯长铁路电气化改造工程的建设单位是北京铁路局工程建设指挥部，设计单位是铁道第三勘察设计院集团有限公司。线路主要技术标准：铁路等级，I 级；正线数目，双线

（长治北至悬钟段单线）；限制坡度，邯郸南至磁山段上行6‰、下行9‰，磁山至长治北段6‰、加力坡13‰；最小曲线半径，600 m、既有线维持既有；到发线有效长度，850 m、部分1 050 m，双机地段另加30 m；闭塞类型，长治北至悬钟段半自动闭塞、悬钟至邯郸南自动闭塞。牵引种类，电力牵引（直供加回流线供电方式）；牵引质量，5 000 t。

3.1.1　电气化工程

牵引供电采用带回流线的直接供电方式。新设微子镇、黎城、悬钟、偏店、新固镇、武安牵引变电所。在牵引变电所中间设分区所。在牵引变电所附近设锚段关节式分相，电分相处的网上隔离开关采用电动隔离开关并纳入牵引变电所、分区所控制。

新建牵引变电所引入2路独立的110 kV电源供电，110 kV电源侧采用分支接线，电气设备采用户外中型布置；27.5 kV侧采用单母线分段接线，电气设备采用户内网栅间隔式布置。新建牵引变电所设2台变压器，采用固定备用、三相V/V接线、油浸自冷方式，预留风冷条件。

新建牵引变电所、分区所采用综合自动化系统和视频安全监控系统，按无人值班设计，牵引变电所适当考虑值守条件。全线新设牵引供电远动系统，纳入北京铁路局电力调度所，增设本线电力调度台管理。

接触网悬挂采用全补偿简单链型悬挂，接触悬挂结构高度一般为1 400 mm。正线接触线采用120 mm^2的铜银合金导线，承力索采用95 mm^2的铜合金绞线；站线接触线采用85 mm^2的铜银合金导线，承力索采用70 mm^2的铜合金绞线。接触导线悬挂高度按通过超级超限货物列车设计。附加导线一般采用铝包钢芯铝绞线。

接触网泄漏绝缘距离不小于1 200 mm，严重污秽地区适当加强绝缘。全线采用复合绝缘子。采用锚段关节式电分相，并在大坡道的电分相处设地面感应装置和地面切换式自动过分相装置。

接触网支柱，路基地段采用横腹杆式混凝土支柱，桥上采用格构式热浸镀锌钢柱。车站咽喉区及多线并行区段采用软横跨结构。

接触网支柱跨距一般为50 m、最大不大于55 m。正线最大锚段长度不大于2×750 m；站线最大锚段长度不大于2×800 m；附加导线锚段长度一般不超过2 000 m。

根据日常巡视检修和事故抢修的需要，新设潞城、黎城、涉县、阳邑、武安接触网工区。与接触网工区合建涉县加强领工区。

3.1.2　电力工程

长治北至悬钟段的既有电力设施继续使用。根据各车站用电负荷性质和负荷量的增加，对不能满足铁路电气化改造工程用电要求的既有电力设施进行增容和改造，给新增用电负荷供电。区间新增通信信号等一级用电负荷设箱式变电站供电，电源引自10 kV贯通线。

悬钟至邯郸南新建1条10 kV电力贯通线，新建10 kV电力贯通线采用架空线路和电缆敷设混合方式。

悬钟至邯郸南段新建涉县、阳邑、磁山等 10 kV 配电所,从地方电网引入 2 路电源供电;改造既有邯郸南 10 kV 配电所,更换既有设备,并增加自闭电力系统为本线供电。对不能满足铁路电气化改造工程用电要求的既有电力贯通线和供电设施进行增容和适应性改造。车站新增用电负荷,设有 10 kV 配电所的车站从配电所站馈线接引电源供电;没设 10 kV 配电所的车站新增用电负荷从 10 kV 贯通线接引电源供电;新增与行车有关的通信信号等一级用电负荷从 10 kV 贯通线接引电源供电。区间新增通信信号等一级用电负荷设箱式变电站供电,电源引自 10 kV 贯通线。

新建 10 kV 配电所采用综合自动化系统,新设电力远动系统,纳入石家庄供电段电力控制中心管理。

3.1.3 通信工程

邯郸至长治沿铁路一侧新设 1 条 24 芯长途通信光缆。既有 7 ×4 ×0.9 长途电缆采取电气化防护措施进行整治后继续使用。

传输系统,全线利用新建光缆开通 SDH 2.5 Gbit/s 传输系统,主要车站新设 SDH 2.5 Gbit/s设备。

邯郸至涉县利用既有 SDH 622 Mbit/s 接入网系统,以及各站所设的 SDH 622 Mbit/s 设备;涉县至长治北新设 SDH 622 Mbit/s 车站接入网系统,各站新设 SDH 622 Mbit/s 设备。

牵引变电所、分区所、10 kV 配电所等处设 SDH 622 Mbit/s 设备,利用新建光缆就近接入车站 SDH 622 Mbit/s 接入网系统。

电话交换系统,利用铁路沿线的既有电话交换机,沿线新增自动电话用户通过统一编号接入既有电话交换机和铁路电话交换网。

调度通信系统,利用郑州、北京铁路局调度所的既有调度通信交换机和调度通信系统。沿线新增调度分机等设备按铁路局管辖范围和既有调度区划分分别接入铁路局既有调度通信交换机和调度通信系统。

无线列调系统,利用既有 450 MHz B 制式无线列调系统。

应急通信系统,在沿线综合维修车间/工区新设应急通信现场接入设备,按铁路局管辖范围分别接入郑州、北京铁路局既有应急通信中心系统。

通信电源,沿线车站通信机械室既有 48 V 高频开关电源继续使用,根据实际需要适当补强。并新设电源和机房环境监控系统及采集设备。

3.1.4 信号工程

车站联锁,长治北至邯郸南(不含)各车站新设硬件冗余型计算机联锁设备和信号电源屏及 UPS 不间断电源。其中邯郸南、赵王城站的既有联锁设备利旧改造。

新建计算机联锁设备的车站及邯郸南、赵王城站,结合车站(场)道岔设计和改造类型,配备相应的道岔转辙设备。

新建联锁设备的车站站内采用 97 型 25 Hz 相敏轨道电路,其发码设备采用 ZPW-2000 系列自动闭塞设备,正线接发车进路电码化采用叠加预发码、到发线股道采用叠加发码方式,其中磁山站既有电码化设备充分利用。

站内 97 型 25 Hz 相敏轨道电路干线电缆采用铝护套信号电缆,分支电缆采用综合护套信号电缆;邯郸南、赵王城站既有轨道电路电缆按电气化防护标准要求进行改造,仍不能满足电气化防护标准要求的更换为铝护套信号电缆。

长治北(不含)至邯郸南(不含)新设列车调度指挥系统(TDCS),沿线车站新设 TDCS 分机等配套设备;长治北、邯郸南站在既有运输调度指挥分机设备基础上利旧改造,维持既有调度区划分,将调度分机等设备分别接入郑州、北京铁路局调度所 TDCS/CTC 总机系统和既有列车调度台,并增设相应的应用和通信服务器、网络安全设备和行车调度台设备。根据需要对 CTC/TDCS 总机系统进行相应修改。

长治北至悬钟段维持区间既有 64D 半自动闭塞,悬钟至邯郸南段区间新设四显示自动闭塞,按双线双方向运行,正向采用自动闭塞追踪运行、反向采用自动站间闭塞行车。

区间采用 ZPW-2000 无绝缘轨道电路,其发送和接收设备按冗余配置,并采用基于光缆传输的站间信息传输设备,完成站间信息传输及方向电路等功能。区间 ZPW-2000 轨道电路干线电缆采用铝护套数字信号电缆,电缆有效传输长度一般不大于 10 km,超过规定长度设信号中继站。

新设信号集中监测系统,新建联锁设备的车站和信号中继站设集中监测分机设备,按照铁路局管辖范围和隶属关系,分别将监测分机设备接入所属电务段既有信号集中监测总机系统,根据需要对监测总机系统进行相应修改。

沿线车站新增信号设备尽量利用既有房屋,不能满足使用要求的进行接建,新设或完善信号设备房屋的防雷电、电磁兼容和综合接地防护系统。需要的屏蔽网、避雷网与避雷带、接地系统等与房建工程同步实施。室内信号设备设防雷保安器、分线防雷拒,室内设备箱盒、柜体等与接地系统等电位连接。

参加线路改造工程施工的有中铁十局集团等单位,中铁建电气化局集团等单位承担电气化、通信、信号和电力工程的施工。

线路工程于 2010 年 9 月 28 日开工,四电工程于 2013 年 3 月 24 日开工。2014 年 7 月 9 日全线正式开通运营。

3.2　赣州至韶关铁路

新建赣州至韶关铁路,东起京九铁路(江西赣州)的南康站,往西南方向途经南康、大余、南雄、始兴、仁化、浈江等市县(区),西至京广铁路的韶关站,呈东北西南走向,新建线路全长 179.071 km(图 3.2),其中江西省内 60.523 km,广东省内 118.548 km。近期全线设有赣州东(既有)、赣州(既有改建)、赣州南(既有)、南康(既有改建)、楼子下(线路所)、旗口、新城、青龙、大余、莲花村、里东圩、南雄、古市、马市、始兴、营下、丹霞山、茨菇塘、腊石坝、韶关(既有)等车站(所),其中新设14个车站和1个线路所;大余、南雄、始兴站为办理客货运业务的中间站,丹霞山为办理客运业务的中间站,预留远期办理货运的条件;其余新设车站均为会让站。既有改建车站性质维持现状。工程范围还包括新建南康疏解线6.25 km、韶关疏解线8.78 km,以及赣州、韶关地区相关工程。新建赣韶铁路的建成开通运营,对完善华南地区铁路网布局,扩大路网覆盖面,构建华南、西南地区出海通道,加强沿海发达地区向内地辐射力度,增强京九、京广等铁路干线间的联系,增加路网运输的机动灵活性等具有十分重要的作用和意义。同时对促进沿线矿产资源、旅游资源的开发,带动沿线革命老区经济的进一步发展,构建和谐社会等起到积极的推动作用。

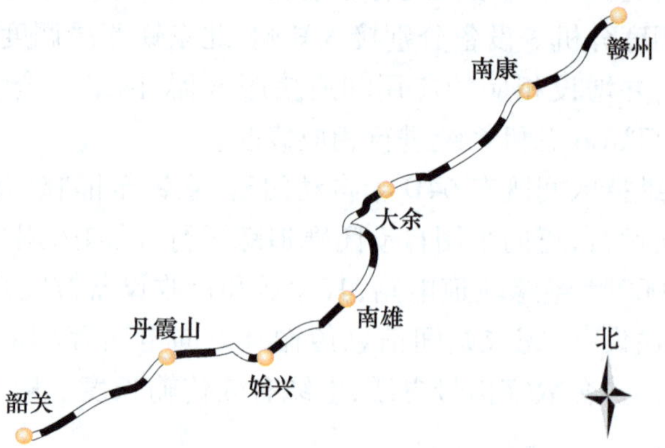

图3.2 赣韶铁路示意图

赣韶铁路的建设单位是广州铁路(集团)和南昌铁路局,设计单位是中铁第五勘察设计院集团有限公司。线路主要技术标准:铁路等级,Ⅰ级;正线数目,单线(预留双线条件);限制坡度,6‰;最小曲线半径,一般地段3 500 m、困难地段2 800 m、两端疏解线及引入赣州和韶关地区线路,根据运行速度确定;到发线有效长度,850 m;闭塞类型,自动站间闭塞;牵引种类,电力牵引(直供加回流线供电方式);机车类型,SS_9、HXD;牵引质量,4 000 t。

3.2.1 电气化工程

牵引供电采用带回流线的直接供电方式,采用单绝缘、回流线兼作集中接地线使用,回流线与支柱不绝缘。全线新设大余、珠玑、始兴、茨菇塘等牵引变电所;利用京九铁路电气化工程所设的南康牵引变电所;在2个牵引变电所之间设电分相,电分相处设电动隔离开关纳入远动控制。

新建牵引变电所引入2路110 kV电源供电,110 kV电源侧采用分支接线,电气设备采用户外中型布置;27.5 kV侧采用单母线分段接线,电气设备采用户内空气开关柜布置。新建牵引变电所设2台变压器,采用固定备用方式。

新建牵引变电所按无人值班设计,适当考虑值守间。牵引变电所设安全视频监控系统,采用光纤传输通道传输信息。全线设牵引供电远动系统,分别纳入南昌铁路局京九铁路和广铁集团京广铁路牵引供电调度台管理。

接触网采用全补偿简单链型悬挂,接触悬挂结构高度一般为 1 400 mm。正线接触线采用 120 mm^2的铜合金导线,承力索采用 95 mm^2的铜合金绞线;站线接触线采用 85 mm^2的铜合金导线,承力索采用 70 mm^2的铜合金绞线。接触线悬挂高度应满足通过双层集装箱的要求。附加导线采用铝包钢芯铝绞线。

接触网泄漏绝缘距离不小于 1 400 mm,一般地段采用瓷质绝缘子,特别严重污秽地区采用合成绝缘子。采用锚段关节式电分相,尽量避免设在大于 6‰的坡道上、列车出站加速地段和低速地段。

接触网支柱,路基地段的腕臂柱一般采用横腹杆式预应力钢筋混凝土支柱,只有 1 股到发线的车站按区间设计。桥梁上采用热浸镀锌钢柱。站场采用软横跨和钢柱。在有雨棚的车站接触网支柱与雨棚柱合架。

接触网支柱跨距一般为 50～55 m。正线最大锚段长度一般不大于 2×700 m;站线锚段长度一般不大于 2×850 m。附加导线锚段长度一般不大于 2 000 m。

在大余、南雄、丹霞山设接触网工区,负责牵引供电设施的运营维护。

3.2.2　电力工程

全线新设 1 条 10 kV 电力贯通线,为沿线车站和区间用电负荷供电。新设南康、大余、南雄、始兴、丹霞山等 10 kV 配电所,从地方变电站引入 2 路 10 kV 电源供电。改造利用既有韶关南 10 kV 配电所为本线供电。

设有 10 kV 配电所的车站其站房综合用电负荷设站内低压变电所供电,电源引自配电所的站馈线;没设 10 kV 配电所的车站其站房综合用电负荷设站内低压变电所,从地方电网接引电源供电。

车站通信信号等一级用电负荷设室内低压变电所或箱式变电站供电,电源引自10 kV 电力贯通线。区间通信信号等一级用电负荷设箱式变电站供电,电源引自 10 kV 电力贯通线。

新建 10 kV 配电所采用微机保护和综合自动化系统;新设电力远动系统,按铁路局管辖范围分别纳入广州供电段、南昌电务段电力控制中心管理。

3.2.3　通信工程

韶关既有通信站至南康站通信机械室间沿新建铁路一侧电缆槽道敷设 1 条 20 芯长途通信光缆。新设长途通信线路的径路应避开增建第二线的条件,以避免迁改。

新建干线光缆到区间光纤直放站新设 1 条 8 芯分歧光缆;新建车站通信机械室到站内信息用户接入点新设 1 条 8 芯光缆,赣州站到新建赣州客车整备所新设 1 条 8 芯光缆。对韶关和南康地区的既有铁路专用通信光(电)缆,按电气化区段的电磁影响防护标准进行改造。

传输系统,利用新建光缆开通 SDH 2.5 Gbit/s 长途传输系统,在韶关既有通信站、大余、南雄、丹霞山、南康站通信机械室新设 SDH 2.5 Gbit/s 设备。韶关至广州间、赣州和南康至南昌间的传输通道利用既有传输系统。

利用新建光缆开通 SDH 622 Mbit/s 车站接入网系统,在韶关通信站、南雄既有通信机械室和各新建车站、线路所、区间牵引变电所、电力配电所、GSM-R 通信基站新设 SDH 622 Mbit/s设备,并在同一车站将 SDH 622 Mbit/s 设备通过 SDH 622 Mbit/s 光接口与 SDH 2.5 Gbit/s设备相联。

设在车站的牵引变电所、电力配电所设 SDH 155 Mbit/s 设备;新建赣州客车整备所设 SDH 155 Mbit/s 设备,接入车站 SDH 622 Mbit/s 接入网系统。车站货运室、公安派出所至车站通信机械室利用站内新设光缆开通 PDH 8 Mbit/s 传输系统,为公安管理信息系统、货物运输管理系统提供传输通道。

电话交换系统,利用韶关、赣州的既有程控电话交换机,根据实际需要增设接口板。沿线新增自动电话用户通过接入网按铁路局管辖范围和隶属关系分别接入韶关、赣州既有程控电话交换机。通过统一编号组网,实现与既有铁路电话专网的互通。

调度通信系统,利用京九铁路电气化工程设在南昌铁路局、广铁集团调度所的调度通信交换机;在韶关和沿线新建车站设车站型调度通信交换机、调度分机和车站值班台等设备。按照铁路局管辖范围和调度区划分,通过传输通道将车站调度通信交换机等设备分别接入南昌铁路局、广铁集团调度所中心调度通信交换机和调度通信系统及相应列车调度台管辖。

南康至韶关新设 GSM-R 移动通信系统,利用南昌铁路局、广铁集团既有 GSM-R 核心网设施,利用京九铁路电气化工程所设的基站控制器(BSC)、根据需要适当扩容;沿线设通信基站(BTS),采用单网覆盖方式组网,按铁路局管辖范围,通过传输通道将通信基站分别接入隶属的 BSC 设备及 GSM-R 交换机。区间弱场区采用光纤直放站、漏泄电缆和天线方式增强,使无线场强覆盖满足无线列调、车次号传输、调度命令传送、区间维护人员通信及应急抢险等需要。

在赣州、韶关新设光纤直放站网络管理系统,对全线光纤直放站进行管理。按照建设项目技术标准,优化南康地区 GSM-R 系统基站设置和频率使用,优化 GSM-R 系统终端设备的设置。

新设应急通信系统,在韶关新设应急通信现场接入设备;在相关综合维修车间设应急通信现场接入设备,按照铁路局管辖范围分别接入南昌铁路局、广铁集团既有应急通信中心系统。

通信电源,沿线新设通信设备机房、赣州客车整备所等处新设 48 V 高频开关电源及蓄电池组,并新设通信电源和机房环境监控系统及采集设备;利用韶关、赣州既有电源和环境监控系统中心设备。实现对各通信设备机房电源工作状态、室内环境、门禁及非法入侵等情况的集中监控。

3.2.4 信号工程

车站联锁,南康(不含)至韶关(不含)各新建车站(所)新设计算机联锁设备和信号电源屏;南康站、赣州站利用京九铁路电气化工程所建的计算机联锁设备;韶关站既有计算机联锁设备利旧改造。维修工区道岔纳入邻近车站联锁设备集中控制。根据车站（场、所）道岔设计类型，配备相应的道岔转辙设备和缺口检查装置。

新建计算机联锁设备的车站站内采用 97 型 25 Hz 相敏轨道电路，其发送和接收设备按冗余配置。正线接发车进路电码化采用预叠加、侧线股道采用叠加发码方式，电码化设备采用无绝缘轨道电路发送设备。站内轨道电路室外干线电缆采用铝护套综合扭绞信号电缆，分支电缆采用综合护套综合扭绞信号电缆。

南康至韶关新设调度集中（CTC）系统，沿线各新建车站设 CTC 分机及配套设备；赣州站、南康站利用京九铁路电气化工程所设的 CTC 分机等设备；韶关站既有 TDCS 分机设备利旧改造。按照铁路局管辖范围和调度区划分，将调度分机等设备分别接入南昌铁路局、广铁集团调度所 TDCS/CTC 总机系统和相应的行车调度台指挥。

区间闭塞制式，南康至韶关新建线路采用自动站间闭塞，区间检查采用计轴设备。按单线提速区段要求设计双接近区段，接近区段采用无绝缘轨道电路。

新设信号集中监测系统，新建车站设集中监测分机设备；南康站、赣州站利用京九铁路电气化工程所建的集中监测分机设备，韶关站既有集中监测分机设备利旧改造。按照铁路局管辖范围和隶属关系，通过监测网将监测分机设备分别接入所属电务段信号集中监测总机系统。

本线处于重雷区，沿线车站新建信号设备房屋设防雷电、电磁兼容和综合接地防护系统，设避雷网、地网、避雷带、环形接地装置、垂直接地体和室内接地汇集线，与房建工程同步实施。既有站信号设备房屋完善综合接地防护系统。信号室内设备要设防雷保安器、分线防雷柜，并进行等电位连接。

参加赣韶铁路线路施工的有中铁十局、十四局集团等单位，中铁建铁路建设有限公司、中铁建电气化局集团等单位承担电气化、通信信号和电力工程的施工。

线路工程于 2009 年 3 月 21 日开工建设，2011 年 4 月 5 日开始铺轨。四电工程于 2010 年 11 月 16 日开工。2014 年 9 月 30 日正式开通运营。

3.3 胶州至新沂铁路电气化改造

既有胶新铁路北起胶济铁路的胶州站，往西南方向途经高密、诸城、五莲、莒县、沂水、沂南、临沂、郯城等市县，南至陇海铁路的新沂西站，大致呈东北西南走向，线路全长 303.3 km（图 3.3）。2001 年 12 月 10 日开工建设，2003 年 12 月建成投入运营，是我国东部沿海地区陆海便捷大通道的重要组成部分。不仅加强了东北与华北、华东地区的优势互补，缩短运输距离，而且改变了大量客货交通流量绕经京山、京沪、胶济等干线长距离运输的局面。由于运输量的不断加大，运能运力持续紧张，经研究决定 2013 年开始对其进行电气化改造，以缓解其运能运力的矛盾。本线电气化改造，车站分布维持既有，并开放预留的庙山和高峰头 2 个车站。

胶新铁路电气化改造的建设单位是济南铁路局，设计单位是中铁电气化勘测设计研究院、中铁通信信号勘测设计院。线路主要技术标准：铁路等级，Ⅰ级；正线数目，单线；限

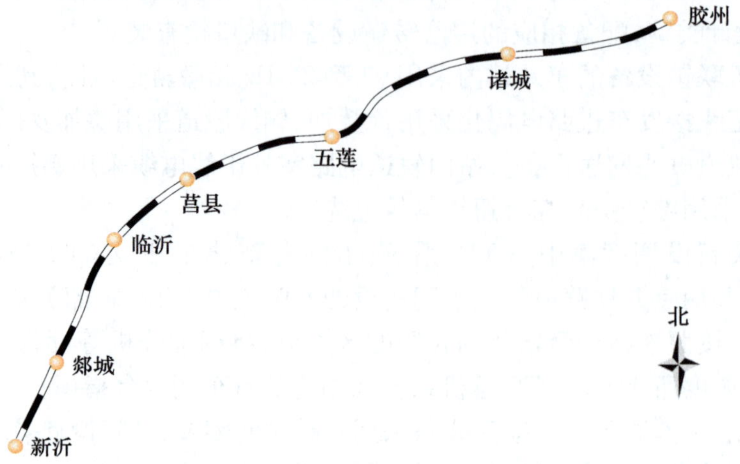

图 3.3　胶新铁路示意图

制坡度,6‰;最小曲线半径,800 m、到发线有效长度,1 050 m;闭塞类型,半自动闭塞;牵引种类,电力牵引(直供加回流线供电方式)。

3.3.1　电气化工程

牵引供电采用带回流线的直接供电方式,全线新设高密南、箭口、峤山、杨家坡、梅家埠、郯城等牵引变电所。改造既有新沂牵引变电所及新沂西开闭所,并增加馈线开关设备,向上海铁路局范围内接触网供电。

新建牵引变电所引入 2 路 110 kV 电源供电,110 kV 电源侧采用线路分支接线,电气设备采用户外中型布置;27.5 kV 侧采用单母线分段接线,电气设备采用户内网栅间隔布置。

新建牵引变电所设 2 台变压器,采用固定备用、三相 V/V 接线、油浸自冷方式,预留风冷条件,各牵引变电所变压器安装容量均为 2×(10+10) MV·A。

新建牵引变电所采用微机保护和综合自动化系统,按无人值班设计,适当预留值守条件。新设牵引供电远动系统,分别纳入济南、上海铁路局牵引供电调度所管理。

接触网采用全补偿简单链型悬挂,接触悬挂结构高度一般为 1 400 mm。正线接触线采用 120 mm^2的铜合金导线,承力索采用 95 mm^2的铜合金绞线;站线接触线采用 85 mm^2的铜合金导线,承力索采用 70 mm^2的铜合金绞线。附加导线采用铝包钢芯铝绞线。

接触网绝缘泄漏距离不小于 1 200 mm,严重污秽地区适当加强绝缘。一般地段采用瓷质绝缘子,隧道内、锚段关节等处采用合成绝缘子。采用带空气绝缘中性段的绝缘锚段关节式电分相,尽量避免设在大坡道、列车出站加速区段和线路限速低速区段。

接触网支柱,路基区段的腕臂柱一般采用横腹杆式预应力钢筋混凝土支柱,桥上采用格构式钢柱,车站及多线并行区段采用软横跨和钢柱。车站雨棚地段接触网支柱与雨棚柱合架。支柱高度按水平腕臂距柱顶距离 100 mm、最大不超高 300 mm 选择。路基区段支柱侧面限界应满足大型养路机械作业要求,一般不小于 3.1 m。

接触网支柱跨距，正线区段一般为 45 ~ 50 m。桥梁上支柱跨距根据桥梁孔跨布置确定，一般不大于 50 m。正线锚段长度一般不大于 2 × 800 m；站线锚段长度一般不大于 2 × 850 m；附加导线锚段长度一般不大于 2 000 m。

新设高密南、诸城、莒县、临沂北、梅家埠、郯城接触网工区。接触网工区与牵引变电所合建。负责牵引供电设施的运营维护。

3.3.2　电力工程

利用既有 10 kV 电力贯通线、10 kV 配电所等电力设施及供电方式，给车站和区间新增用电负荷供电。对不能满足铁路电气化改造工程用电要求的既有电力贯通线和供电设施进行增容和适应性改造。

设有 10 kV 配电所的车站新增用电负荷，从配电所站馈线接引电源供电；没设 10 kV 配电所的车站新增用电负荷从 10 kV 贯通线接引电源供电。

车站新增与行车有关的通信信号等一级用电负荷，从 10 kV 贯通线接引电源供电。区间新增通信信号等一级用电负荷设箱式变电站供电，电源引自 10 kV 贯通线。

既有 10 kV 配电所 PLC 保护改为微机保护和综合自动化系统。改造既有电力远动系统。电力设施管理和维修机构及设备维修维持既有。

3.3.3　通信工程

全线既有 16 芯长途通信光缆线路继续使用。对既有 7 × 4 × 0.9 对称电缆进行电气化防护改造后继续使用。

新设 SDH 2.5 Gbit/s 传输系统，在青岛、胶州、莒县、临沂、新沂新设 SDH 2.5 Gbit/s 设备。

新设 SDH 622 Mbit/s 车站接入网系统，沿线车站新设 SDH 622 Mbit/s 设备。并在同一车站将 SDH 622 Mbit/s 设备通过 SDH 622 Mbit/s 光接口与 SDH 2.5 Gbit/s 设备相联。

在牵引变电所、开闭所、电力配电所等处新设 SDH 622 Mbit/s 设备，通过光缆线路就近接入 SDH 622 Mbit/s 车站接入网系统。

在济南、青岛、临沂、新沂、徐州新设传输网网管设备，青岛、莒县、临沂、新沂新设接入网网管设备，对全网进行管理。

电话交换系统，利用既有铁路电话交换网，新增自动电话用户按管辖范围和隶属关系分别接入青岛、莒县、临沂、新沂既有铁路程控电话交换机。

调度通信系统，利用改造既有调度通信系统及设备，新增电力调度电话按管辖范围分别接入济南、上海铁路局调度所既有调度通信系统及牵引供电调度台。

新设 450 MHz B 制式无线列调系统，在济南铁路局调度所新设无线列调调度台，利用上海铁路局调度所的既有无线列调调度台；沿线车站新设车站型无线列调电台、调度命令和无线车次号校核等设备，按管辖范围分别纳入济南、上海铁路局无线列调系统和调度台。

通信电源，沿线车站通信机房既有 48 V 电源继续使用；利用改造既有电源和机房环境监控系统,并新设采集设备。

3.3.4 信号工程

新开放原预留的庙山和高峰头站、胶州西站新设双机热备型计算机联锁设备和信号智能电源屏;沐埠岭和新沂西站新设硬件安全冗余型计算机联锁设备和信号智能电源屏;其余既有车站的计算机联锁设备维持利旧使用、并增补轨道电路及电码化所需电源设备。新增线路所道岔纳入相邻车站联锁设备集中控制。

根据车站(场)新铺(或移设)道岔类型,配备相应的道岔内锁闭转辙设备,其他既有转辙设备全部利旧。各车站新设道岔转辙机缺口检查装置,并将监测信息纳入信号集中监测系统。

新建计算机联锁设备的车站站内采用25 Hz相敏轨道电路,采用半自动闭塞区段的车站电码化系统,其发送和接收设备按冗余配置。站内轨道电路干线采用铝护套信号电缆,分支电缆采用综合护套扭绞信号电缆。

利用既有联锁设备的车站站内轨道电路既有电缆按电气化防护标准进行改造,达不到防护标准的新设铝护套信号电缆。

运输调度指挥系统。胶州站既有CTC分机等设备继续使用,新开放的庙山和高峰头站新设TDCS分机等配套设备,其余既有车站既有TDCS分机设备利旧改造,按照铁路局管辖范围和既有调度区划分,将调度分机等设备分别接入济南、上海铁路局调度所CTC/TDCS总机系统和既有行车调度台指挥,并结合本工程对CTC/TDCS总机系统进行相应修改。

区间采用单线半自动闭塞制式,其他既有设施利旧改造;胶州至胶州西区间采用双单线半自动闭塞制式,并设区间检查设备。与本线相衔接的其他相邻线路维持既有闭塞制式不变。

信号集中监测系统,沿线车站(所)新设集中监测分机设备,所设集中监测分机设备应设有电务维修智能分析和辅助决策模块,完成监测预警分析和故障诊断、报警等功能。并增设道岔表示电压监测信息采集器、道岔电缆绝缘测试采集器、驱动接口板、测试盒等。按有关信号监测设备的安全要求,对采集板、采集器采取物理隔离和保证安全距离等措施。且将监测信息纳入青岛、徐州电务段既有信号集中监测系统网络。青岛、徐州电务段信号集中监测系统总机升级改造分别由青(岛)荣(成)城际铁路、郑徐客运专线工程实施。

沿线车站信号设备房屋设防雷电、电磁兼容和综合接地防护系统。

参加胶新线电气化改造工程施工的有中铁十局、中铁建电气化局等单位,工程于2012年12月开工。2014年10月18日胶州至临沂北段正式开通。2015年12月1日全线开通。

3.4 蒙自至河口铁路

新建昆明至河口铁路的蒙自至河口段位于云南省滇南地区,北起云南省蒙自市的蒙自北站，途经蒙自、屏边、河口 3 个县，南至河口北站，大致呈西北东南走向，线路全长 141.4 km（图 3.4）。全线设有蒙自北（既有）、长桥海、蒙自、郎敵寨、新现、沙田坝、屏边、莲花滩、五道河、瑶山、小岔河、马度白、河口北、河口（既有）等车站。近期开设蒙自北、长桥海、蒙自、郎敵寨、新现、屏边、莲花滩、瑶山、马度白、河口北、河口等车站，其中蒙自、屏边、河口北站为中间站，其余为会让站。全线桥梁累计长度 12.52 km，隧道累计长度 97.155 km，桥隧占比达到 77.55%。工程范围还包括河口地区相关工程。新建蒙河铁路是国家实施西部大开发战略和云南省桥头堡建设的重点工程，也是规划建设的云南国际铁路通道（泛亚铁路）东线中国段的重要组成部分，并与越南铁路网相连，形成云南省出境的国际铁路通道。这一铁路的建成通车，将进一步完善云南铁路网结构，改善区域交通运输条件，对促进沿线经济发展和新型城镇化建设，打通中国——东盟陆地国际大通道、密切国际经贸文化交流具有重要意义。

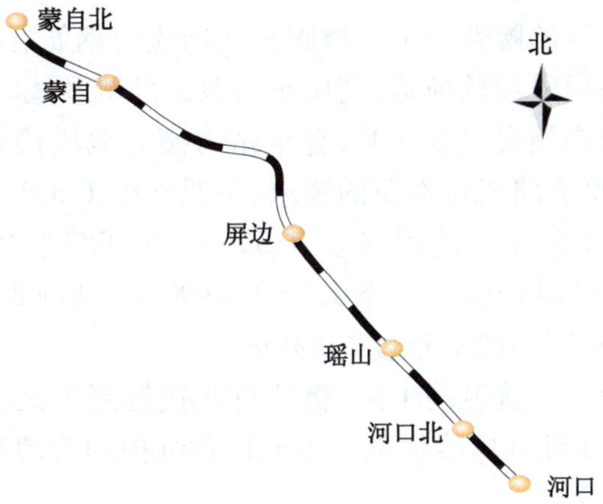

图 3.4　蒙河铁路示意图

蒙河铁路的建设单位是昆明铁路局和滇南铁路有限责任公司，设计单位是中铁二院工程集团有限责任公司。线路主要技术标准：铁路等级，Ⅰ级；正线数目，单线；限制坡度，12‰、双机最大坡度 24‰；最小曲线半径，1 200 m；到发线有效长度，650 m、预留 850 m；速度目标值，120 km/h；闭塞类型，自动站间闭塞；牵引种类，电力牵引（直供加回流线供电方式）；牵引质量，2 000 t。

3.4.1　电气化工程

牵引供电系统采用带回流线的直接供电方式。全线新设蒙自、新现、屏边、瑶山、河口北等牵引变电所。牵引变电所设功率因数动态补偿装置，并兼顾滤除部分高次谐波。新建牵引变电所选址尽量与接触网工区或电力配电所同区域布置，场坪及平面布设结合地形条件、设备布置进行优化，减少高填深挖及基础处理工程量。

新建牵引变电所引入 2 路 110 kV 电源供电，110 kV 电源侧采用分支接线，27.5 kV 侧采用单母线分段接线。

新建牵引变电所设 2 台变压器，采用固定备用、油浸自冷方式，预留风冷条件。河口北牵引变电所变压器采用单相接线,其余牵引变电所变压器采用三相 V/V 接线。各牵引变电所变压器安装容量:蒙自为2×(10+10) MV·A、新现为2×(10+10) MV·A、屏边为2×(10+12.5) MV·A、瑶山为2×(10+10) MV·A、河口北为2×10 MV·A。

新建牵引变电所采用微机保护和综合自动化系统,按无人值班设计,适当考虑值守条件。新设牵引供电远动系统,纳入昆明铁路局牵引供电调度所管理。

接触网采用全补偿简单链型悬挂,接触悬挂结构高度一般为1 400 mm。正线接触线采用120 mm^2的银铜合金导线,承力索采用95 mm^2的铜合金绞线;站线接触线采用85 mm^2的银铜合金导线,承力索采用70 mm^2的铜合金绞线。道岔处接触网安装采用交叉线岔方式。附加导线采用铝包钢芯铝绞线。

接触网绝缘泄漏距离按重污秽区设计。一般地段采用瓷质绝缘子,隧道内、接触网下锚处采用合成绝缘子。采用锚段关节式电分相,尽量避免设在坡度大于6‰的地段、列车出站加速区段和线路限速低速区段。

接触网支柱,路基区段的腕臂柱采用横腹杆式预应力钢筋混凝土支柱,桥上采用格构式热浸镀锌钢柱,车站一般采用软横跨,利用车站股道外侧及线间距大的股道间立柱。尽量不在站台上立柱,确需在站台上立柱时,有车站雨棚的地段接触网支柱与雨棚柱合架;支柱侧面限界应满足大型养路机械作业的要求,一般不小于3.1 m。

接触网支柱跨距一般为50 m,最大不大于55 m。相邻跨距之差不大于10 m。锚段关节采用四跨关节。正线锚段长度一般不大于2×800 m,站线最大锚段长度不大于2×850 m,附加导线的锚段长度一般不超过2 000 m。

全线设屏边、河口北2个接触网工区,将蒙自北接触网工区变更为加强领工区,负责玉(溪)蒙(自)线、蒙(自)河(口)线供电设施的运营维护和管理及抢修工作。

3.4.2 电力工程

全线新设1条10 kV 电力贯通线,在路基区段采用架空方式、在桥隧区段采用电缆敷设。新设蒙自、屏边、河口北等10 kV 配电所,新建10 kV 配电所引入2路地方电源供电。利用玉溪至蒙自铁路工程所建的蒙自北10 kV 配电所给本线供电。

设有10 kV 配电所的车站其站房综合用电负荷设站内10/0.4 kV 变电所供电,从配电所站馈线接引电源;没设10 kV 配电所而站房综合用电负荷较大的车站,优先就近接引地方电源供电,无接引地方电源供电条件的,从10 kV 电力贯通线接引电源供电。

车站通信信号等一级用电负荷设箱式变电站供电,电源引自10 kV 贯通线。区间通信信号等一级用电负荷设箱式变电站供电,电源引自10 kV 贯通线。

区间其他用电负荷,根据负荷分布和负荷性质,设箱式变电站或杆架式变电台供电,电源引自10 kV 贯通线。

新建10 kV 配电所按无人值班设计,设电力远动系统,纳入昆明供电段电力调度所管理。

新设屏边、河口北电力工区,归属到昆明供电段,对新增电力设施进行运营维护和管理。

3.4.3 通信工程

长途通信线路，沿新建铁路敷设1条24芯通信光缆和1条7×4×0.9对称电缆。

利用新建光缆开通SDH 2.5 Gbit/s传输系统，在蒙自北站、屏边、河口北通信站新设SDH 2.5 Gbit/s设备。

利用新建光缆开通SDH 622 Mbit/s车站接入网系统，在沿线新建车站设SDH 622 Mbit/s设备，并在同一车站将SDH 622 Mbit/s设备通过SDH 622 Mbit/s光接口与SDH 2.5 Gbit/s设备相联。

在牵引变电所、电力配电所、维修车间/工区等信息接入点设SDH 622 Mbit/s设备，利用新建光缆接入邻近车站SDH 622 Mbit/s接入网系统。

电话交换系统，利用蒙自北通信站的既有程控电话交换机，在河口北通信站新设500线程控电话交换机，并新设光线路终端（OLT）设备，在沿线车站、牵引变电所、电力配电所、维修车间/工区等处设光网络单元（ONU）。沿线新增自动电话用户按管辖范围和隶属关系通过ONU设备及接入网分别接入蒙自北、河口北通信站的OLT设备和铁路电话交换机。通过统一编号组网，实现与既有铁路电话专网的互通。

新设调度通信系统，利用玉蒙铁路设在昆明铁路局调度所的调度通信交换机，沿线新建车站设车站型调度通信交换机、调度分机和车站值班台等设备，按调度区划分将车站调度交换机等设备接入铁路局调度所的调度通信交换机和调度通信系统及玉蒙铁路列车调度台，进行列车调度指挥。

新设450 MHz B制式无线列调系统，在昆明铁路局调度所新设无线列调总机系统设备，沿线新建车站设车站无线列调电台等设备，根据需要设区间基站中继台及天线系统，以实现全线无线场强的全覆盖，来满足调度通信、调度命令传输和车次号校核等信息传送功能（且保持与玉蒙段铁路一致的传输方式）。并在蒙自、屏边、河口北派出所新设无线对讲通信系统。

新设应急通信系统，在蒙自北、河口北新设应急通信现场接入设备，通过传输通道接入昆明铁路局既有应急通信中心系统。

通信电源，在河口北通信站、沿线新建车站设48 V高频开关电源和蓄电池组，并设通信电源和机房环境监控系统及采集设备，在蒙自北通信站新设监控系统中心设备，实现对通信电源和机房环境的实时监控。

3.4.4 信号工程

车站联锁，新建长桥海、蒙自、郎敞寨、新现、屏边、莲花滩、瑶山、马度白、河口北站设硬件冗余型计算机联锁设备和信号智能电源屏及UPS不间断电源设备。蒙自北站由玉溪至蒙自段工程改造实施。河口站既有信号设备全部利用。维修工区道岔纳入邻近车站联锁设备集中控制。

根据车站（场）道岔设计类型，配备相应的道岔转辙设备，预留安装道岔缺口检查装置的条件。道岔转辙设备选型和车站预告、进站信号机光源要与铁路局现有维修工装标准相配套。其中结合河口北站道岔研究转辙设备安装方式、控制电路和相应道岔区段轨道电路的调整及修改。

新建计算机联锁设备的车站站内采用97型25 Hz相敏轨道电路,并增设扼流变压器,轨道电路发送和接收设备按冗余配置。车站正线采用预叠加、侧线股道占用采用叠加ZPW-2000系列电码化。站内轨道电路采用铝护套综合扭绞数字信号电缆,分支电缆采用综合护套综合扭绞信号电缆。

蒙自北(不含)至河口北(含)采用分散自律型调度集中(CTC)系统,在新建长桥海、蒙自、郎敞寨、新现、屏边、莲花滩、瑶山、马度白、河口北站设CTC分机设备、信息安全设备(V2.0版)及通道质量监督等设备。按照调度区划分,通过传输通道将各站CTC分机等设备接入昆明铁路局调度所的CTC/TDCS总机系统和玉蒙铁路调度台,将调度台的调度管辖范围调整延伸至河口北站。并在调度所增设防火墙设备和通道质量监督等设备。

列车运行控制系统,本线采用自动站间闭塞方式,站间闭塞信息采用专用光纤通道传输。区间占用与空闲检查采用计轴设备。河口北站与既有昆河铁路米轨线区间的接轨道岔因纳入河口北站集中控制,故既有河口站与山腰站之间的行车闭塞关系,按河口站(或山腰站)先与河口北站办理闭塞,再由河口北站与山腰站(或河口站)办理闭塞;其余相衔接的既有线路闭塞制式维持既有不变、并进行修改。

新设信号集中监测系统,各新建车站设集中监测分机设备,纳入玉蒙段铁路工程所建的电务监测网络。其中机房环境监控部分功能纳入通信专业工程统一实施。并在河口北站机务折返所新设机车信号测试环线等设备。

沿线新建信号设备房屋设防雷电、电磁兼容、综合接地防护系统。其中与房建工程有关的屏蔽网格、引下线、接地网等与房建工程同步实施。针对本线桥隧较多的特点,在轨旁布设信号设备局部困难地段,可利用桥隧等土建工程中非预应力结构钢筋预留设置接地极和端子,供附近轨旁设备接地使用。

参加线路工程施工的有中铁一局、五局集团等单位,中铁十一局、十二局集团联合体承担电气化、通信信号和电力工程的施工。

线路工程于2009年6月1日开工,四电工程于2013年12月1日开工。2014年12月1日全线正式开通。从此以后,可以从昆明直接乘火车到达中越边境城市——河口。

3.5 山西中南部铁路通道瓦塘至日照段

新建山西中南部铁路通道瓦塘至日照段,西起山西省吕梁市兴县的瓦塘站前DK10+350,向南经临县、柳林、蒲县,折向东经洪洞、长治,跨京广线后引入河南安阳市汤台线的汤阴东站,利用汤台线增建第二线至河南台前县,在台前县北跨京九线后折向南跨越黄河,经山东省梁山县、东平县、泰安南、莱芜市、沂源县、沂水县、莒县、莒南县,东至日照市的日照南站DK1279+800,横贯晋豫鲁3省,穿越吕梁山、太岳山、太行山、沂河流域、沂蒙山、日照低山丘陵地带,线路全长约1 260 km(山西省内579 km、河南省内255 km、山东省内426 km)(图3.5),其中瓦塘(含)至汤阴东(含)段新建正线640.554 km[不含临县北至碛口段(DK68 + 800 ~ MDK61 + 700)的吕(梁)临(县)支线];汤阴东(不含)至日照南(含)段(K12 + 100 ~ K150 + 400 = DK824 + 000 ~ DK1279 + 800)新建正线573.116 km。

瓦塘至汤阴东全段设有瓦塘、兴县、白文、孟门、留誉、石楼、隰县、蒲县、龙马、辛堡、洪洞北、浮山(原北韩)、安泽、长子南、壶关、平顺、红旗渠、水冶南、鹤壁时丰、汤阴东等车站,预留兴县北设站条件。汤阴东至日照南全段设有胡庄(既有)、井店(既有)、濮阳西(既有)、濮阳(既有)、柳屯(既有)、范县(既有)、台前北、梁山北、东平、宁阳东、天宝、莱芜、郭家沟、沂源、沂水西、莒县西、文疃、巨峰(既有)、日照南等车站,预留宁阳、韩旺、沂水东 3 个车站,封闭既有汤(阴)台(前)铁路的冯村和李庄 2 个车站,濮城、范县西和台前西站暂时保留,利用既有线分别接范县站和台前站。工程范围还包括魏家滩至瓦塘联络线长 10.153 km,与南同蒲、太焦、京广铁路的联络线及引入车站的相关工程,以及引入台前、宁阳、日照地区的联络线;引入洪洞、长治等地区的配套工程。新建该铁路是国家规划的大能力运煤通道建设项目,是"十一五"规划期间国家重点工程,是双线电气化重载铁路。它的建成通车,打通了晋、陕煤炭外运通道,成为西煤东输的又一条"能源运输大动脉"。能够提高山西中南部地区煤炭外运能力,优化运输结构,降低运输成本。

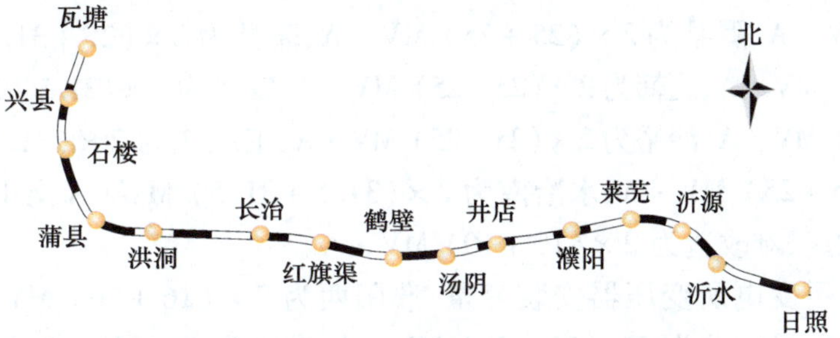

图 3.5　山西中南部铁路瓦塘至日照段示意图

山西中南部铁路瓦塘至日照南的建设单位是山西中南部铁路通道公司筹备组,设计单位是铁道第三勘察设计院集团公司、中铁工程设计咨询集团公司、中铁隧道勘测设计院有限公司、中铁大桥勘测设计院有限公司。线路主要技术标准:铁路等级,Ⅰ级;正线数目,双线;限制坡度,瓦塘至汤阴下行 6‰、上行 13‰、汤阴至日照南 6‰;最小曲线半径,一般地段 1 200 m、困难地段 800 m;到发线有效长度,1 050 m、部分 1 700 m;闭塞类型,自动闭塞;速度目标值,120 km/h;牵引种类,电力牵引(AT 供电方式);牵引质量,5 000 t、部分 10 000 t。

3.5.1　电气化工程

牵引供电系统,瓦塘至汤阴东段采用 AT 供电方式,魏家滩至瓦塘采用带回流线的直接供电方式。汤阴东至文疃段采用 AT 供电方式,文疃至日照南段采用带回流线的直接供电方式。

瓦塘至汤阴东段新设兴县、白文、孟门、留誉、石楼、隰县、蒲县、辛堡、北韩、安泽、安和、沙峪、王家庄、上陶、水冶南、汤阴东等 AT 牵引变电所。改造利用既有魏家滩牵引变电所和所建的三交牵引变电所为本线供电。

汤阴东至日照南段新设濮阳西、范县、梁山北、东平、宁阳东、上岭、郭家沟(北张家庄)、燕崖北山、沂水西、双墩埠等牵引变电所。利用和增容改造既有巨峰牵引变电所为本线供电。

在牵引变电所之间新设康宁、临县北、碛口、青龙、沙塘、洞沟、隰县、龙马、辛堡、堡子沟、紫砂、泗河、长子南、壶关、平顺、东店、鹤壁时丰、胡庄、柳屯、台前北、孟家庄、王家庄、东方红、莱芜北、小张庄、山丛、卓家屯、文疃等 AT 分区所。新设长子南开闭所、鹤壁时丰分区所兼开闭所、台前开闭所和日照南分区所兼开闭所。在供电臂中部设 AT 所。

新建牵引变电所引入 2 路 220 kV 电源供电,互为热备用。改造既有魏家滩、巨峰牵引变电所外部电源维持110 kV 电压等级。新建牵引变电所220 kV 电源侧和2×27.5 kV 侧设备采用户外中低型布置,瓦汤段牵引变电所 220 kV 电源侧采用分支接线,2×27.5 kV 侧采用单母线分段接线;汤日段牵引变电所 220 kV 电源侧采用线路变压器组接线,2×27.5 kV 侧采用单母线分段接线。既有牵引变电所原则上维持不变。

新建牵引变电所所设变压器,采用固定备用、V/X 接线、油浸自冷方式,预留风冷条件。瓦汤段各牵引变电所变压器安装容量:兴县为 2×(25+25) MV·A、白文为 2×(25+20) MV·A、孟门为 2×(20+25) MV·A、留誉为 2×(25+25) MV·A、石楼为 2×(25+25) MV·A、隰县为 2×(25+25) MV·A、蒲县为 2×(25+31.5) MV·A、辛堡为 2×(31.5+25) MV·A、北韩为 2×(25+25) MV·A、安泽为 2×(31.5+25) MV·A、安和为 2×(25+31.5) MV·A、沙峪为 2×(25+25) MV·A、王家庄为 2×(31.5+25) MV·A、上陶为 2×(31.5+25) MV·A、水冶南为 2×(31.5+31.5) MV·A、汤阴东为 2×(25+31.5) MV·A、魏家滩改造为 2×(10+10) MV·A。

汤日段各牵引变电所变压器安装容量:濮阳西为 2×(16+16) MV·A、范县为 2×(16+16) MV·A、梁山北为 2×(25+20) MV·A、东平为 2×(16+20) MV·A、宁阳东为 2×(31.5+20) MV·A、上岭为 2×(31.5+25) MV·A、郭家沟为 2×(25+20) MV·A、燕崖北山为 2×(25+25) MV·A、沂水西为 2×(20+25) MV·A、双墩埠为 2×(31.5+25) MV·A、巨峰增容改造为 2×(40+31.5) MV·A。

分区所、AT 所设的自耦变压器采用固定备用方式,自耦变压器安装容量按运量需要确定。AT 所上下行并联开关采用电动隔离开关。隧道内的分区所、AT 所采用 GIS 成套供电装置。

牵引变电所设电源和主变压器自投装置。牵引变压器设重瓦斯、纵差动、低电压过电流保护,牵引变电所馈线设两段距离、过流速断、高阻保护及自动重合闸装置。分区所设线路失压和阻抗保护,AT 所设失压保护。自耦变压器设差动速断、过流保护、自投及重瓦斯保护。开闭所进线设自投装置,馈线设过流和自动重合闸保护等。

牵引变电所设 2 组交流自用电源,一组引自 27.5 kV 母线,另一组引自 10 kV 电力贯通线,2 路电源互为备用。分区所、AT 所、开闭所设 2 组交流自用电源,一组引自进线,另一组引自 10 kV 电力贯通线,2 路电源互为备用。牵引变电所、分区所、AT 所、开闭所直流电源系统采用双充电机、双组蓄电池配置。

牵引变电所、开闭所、分区所采用微机保护和综合自动化系统,按无人值班设计。牵引变电所、开闭所考虑必要的值守条件。新设牵引供电远动系统,牵引供电调度分别纳入太原、郑州、济南铁路局既有牵引供电调度所,在供电调度所增设电力调度台对新增牵引供电设施进行调度管理。同时在太原、郑州、济南铁路局供电段分别设远动系统复示终端,对牵引供电运行状态进行监视。

接触网采用全补偿简单链型悬挂,接触悬挂结构高度一般为1 400 mm,隧道内、净空较低跨线建筑物下等困难地段,适当降低。正线接触线采用CTA-150型铜银合金导线,承力索采用JTM-150型铜镁合金绞线;站线接触线采用CTA-120型铜银合金导线,承力索采用JTM-95型铜镁合金绞线。接触导线悬挂点高度按带电通过超级超限货物列车(最大装载高度5 300 mm)考虑,站场和区间接触线悬挂点距轨面的高度为6 000 mm,接触线距轨面的最低高度不小于5 700 mm。既有线改造地段维持既有导线高度。在净空较低的跨线建筑物和隧道内等困难情况下,接触线距轨面的最低高度正常时不小于5 700 mm,困难时不小于5 650 mm。双线隧道内采用带支撑的倒立柱安装接触悬挂,单线隧道采用水平悬挂;道岔处接触网安装采用交叉线岔方式。正馈线一般地段(隧道外)采用铝包钢芯铝绞线的架空线路,隧道内采用电缆;AT区段的供电线一般地段采用铝包钢芯铝绞线的架空线路,隧道内采用电缆;N线一般地段采用铝包钢芯铝绞线的架空线路,隧道内采用电缆;保护线和回流线等附加导线采用铝包钢芯铝绞线。既有线改建地段维持既有标准。

接触网绝缘泄漏距离按重污秽区设计,个别特别严重污秽地段可适当加强绝缘。25 kV绝缘子及绝缘器件的泄漏距离不小于1 400 mm;上下行正线间分段绝缘子串的绝缘泄漏距离一般为1 600 mm,分场分束供电分段绝缘器的绝缘泄漏距离为1 600 mm。一般地段采用瓷质绝缘子,隧道内、软横跨采用复合绝缘子。一般地段采用锚段关节式电分相,隧道区段采用三断口八跨关节式电分相,桥上采用三断口十一跨关节式电分相。尽量避免设在大于6‰的大坡道地段。

接触网支柱,一般情况下,AT区段、直供区段的腕臂柱采用横腹杆式预应力钢筋混凝土支柱,桥支柱采用热浸镀锌钢柱,箱梁上采用H型钢柱,将军渡黄河特大桥简支箱梁部分采用格构式桥钢柱,车站及多线并行地段采用软横跨和钢柱。车站雨棚地段接触网支柱与雨棚柱合架。

直线地段接触网支柱最大跨距不大于60 m,桥上跨距与桥梁孔距相配合,最大不大于50 m,在锚段关节处及高路堤等风口处要比正常值减小5～10 m。相邻跨距差不大于10 m。

路基地段和隧道内电气分段的锚段关节一般采用四跨绝缘锚段关节,处在桥上的绝缘锚段关节采用五跨关节。路基和隧道内非绝缘锚段关节采用四跨非绝缘锚段关节,桥上非绝缘锚段关节采用五跨非绝缘锚段关节。正线双边补偿时的最大锚段长度一般不大于2×800 m、困难情况下不大于2×900 m。单边补偿时的锚段长度为上述值的50%。站线最大锚段长度不大于2×850 m、困难时不大于2×950 m。附加线最大锚段长度不大于2 000 m。

接触网下锚采用大滑轮补偿装置,并设防风限制架,采用复合坠砣。区间正线锚段采用防断防窜中心锚结,站场内正线有条件时采用防断防窜中心锚结,困难时及站线锚段采用防窜中心锚结。

在浮山(原北韩)、安泽、长子南、壶关、红旗渠、水冶南设供电工区,在长子南、红旗渠设供电领工区,供电领工区与当地供电工区合建。在汤阴东站设供电检修抢修基地和供电工区。负责牵引供电设施的运营维护和管理。

3.5.2 电力工程

全线新设1条10 kV贯通线和1条10 kV自闭电力线。新建10 kV贯通线采用截面为95 mm^2的铜质导线或电力电缆;新建10 kV自闭电力线采用截面为70 mm^2的铜质导线或电力电缆。其中魏家滩至洪洞北段沿线地形复杂,桥隧相连,架空线路实施困难,采用全电缆敷设;洪洞北至日照段,树木较多的地段采用架空绝缘导线,无架空路径的困难地段(桥梁及隧道段)采用电缆线路。

瓦塘至汤阴东段新设魏家滩、兴县、孟门、留誉、石楼县、隰县、洪洞北、浮山(原北韩)、安泽、长子南、壶关、平顺、水冶南等10 kV配电所,分别引入2路独立的10 kV专盘专线电源供电;新设蒲县、龙马35/10 kV变配电所分别引入2路独立的35 kV专盘专线电源供电,利用吕临支线三交10 kV配电所为本线供电。汤阴东至日照南段新设胡庄、濮阳、范县、梁山北、东平、宁阳东、莱芜、沂源、沂水西、莒县西、巨峰、日照南等10 kV配电所,分别引入2路独立的10 kV专盘专线电源供电。

其中北韩、水冶南、范县、梁山北、东平、宁阳东、沂水西10 kV配电所与牵引变电所合建(房屋建筑及控制室合建,控制及交直流等设备分设)。

在红旗渠、台前北站设10/0.4 kV变电所,在鹤壁时丰站设变电所,在汤阴东、井店、濮阳西、天宝、文疃、郭家沟站设综合负荷箱式变电站从地方电网接引10 kV电源供电。

洪洞北、长子南、日照南车站规模及用电负荷较大,各设站内箱式变电站或室内变电所,分别从洪洞北、长子南、日照南10 kV配电所两段母线各引1路电源,形成环形供电网给车站综合用电负荷供电。车站通信信号用电负荷并设专用变压器,分别从10 kV贯通线和自闭电力线接引电源供电。

其余新设10 kV配电所的车站其综合负荷设室内10/0.4 kV综合变电所和2台变压器,从配电所站馈线接引电源供电;没设10 kV配电所的车站其综合负荷设室内10/0.4 kV综合变电所和2台变压器,从地方电网接引1路可靠的10 kV电源供电。车站通信信号用电负荷设室内10/0.4 kV专用变电所和2台专用变压器供电,电源引自10 kV贯通线和自闭电力线。车站附近其他用电负荷设箱式变电站或杆架式变电台供电。

沿线区间通信信号用电负荷设箱式变电站或杆架式变电台供电,电源引自10 kV贯通线和自闭电力线。

长子南站机务段新建2座10/0.4 kV变电所,从本站10 kV配电所站馈线接引电源供电。日照南站机务段新建1座10/0.4 kV变电所,从本站10 kV配电所站馈线接引电源供电。

太行山长大隧道在进出口设防灾通风变电所和 2 台变压器供电，进口变电所从平顺站 10 kV 配电所站馈线接引电源，出口变电所从地方 10 kV 电网接引电源。长度小于 3 km 的隧道在隧道进出口设箱式变电站供电，长度大于 3 km 的隧道在隧道内设箱式变电站供电，电源引自 10 kV 贯通线和自闭电力线。

相衔接的既有铁路的电力设施原则利用，容量不够或影响安全的设备可适当进行加强或改造。

新建 10 kV 配电所采用综合自动化系统，按无人值班设计，35/10 kV 变配电所按有人值守设计。新设电力远动系统，按太原、郑州、济南铁路局管辖范围分别纳入太原供电段控制中心、新乡供电段电力调度中心、济南供电段电力调度中心管理。根据需要增设电力调度中心相关设施。

3.5.3　通信工程

长途通信线路，全线沿铁路一侧槽道敷设 1 条 24 芯单模光缆。魏家滩至瓦塘联络线沿铁路一侧直埋敷设 1 条 24 芯单模光缆和 1 条 4 × 4 × 0.9 低频对称电缆。利用临县北至碛口段吕临支线所建的 24 芯光缆。辛堡站至临汾通信站、既有南同蒲铁路霍州站间分别利用既有 48 芯光缆中的 2 芯光纤。长子南站至长治北通信站沿本工程至太焦铁路下行联络线及太焦铁路正线直埋敷设 1 条 24 芯光缆；汤阴至鹤壁时丰至鹤壁北站沿本工程汤鹤上行疏解线及汤鹤正线直埋敷设 1 条 24 芯长途光缆；平顺至红旗渠区间沿铁路一侧直埋敷设 1 条 24 芯长途光缆；宁阳东至泰安通信站沿本工程宁阳东至磁窑联络线及京沪铁路敷设 1 条 24 芯长途光缆；巨峰至日照通信站沿菏兖日铁路敷设 1 条 24 长途光缆；巨峰至铁牛庙沿菏兖日铁路敷设 1 条 8 芯长途光缆。

为满足 GSM-R 移动通信系统组网的需要，光纤直放站远端机至近端机间敷设 1 条 8 芯或 12 芯光缆。区间各传输节点到 24 芯干线光缆分别敷设 1 条 8 芯或 12 芯分歧光缆。站场内各信息用户接入点至车站间敷设 1 条 8 芯或 12 芯光缆。

传输系统，新设 SDH 2.5 Gbit/s 骨干传输系统，在长治北、安阳、泰安、日照南通信站，在瓦塘、孟门、石楼、蒲县、洪洞北、安泽、长子南、壶关、红旗渠、汤阴东、濮阳、范县、台前(京九线)、东平、宁阳东、莱芜、沂源、莒县西等主要车站设 SDH 2.5 Gbit/s ADM 设备。利用新建的 1 条 24 芯光缆中的 4 芯光纤构成链型 1 + 1 线性保护传输系统。

在既有魏家滩站新设 SDH 2.5 Gbit/s 设备，利用魏瓦联络线新建的 24 芯光缆中的 4 芯光纤与瓦塘站的 SDH 2.5 Gbit/s 设备构成 1 + 1 线性复用段保护；在既有临县北、吕梁站新设 SDH 2.5 Gbit/s ADM 设备，利用吕临支线所建的 24 芯光缆中的 4 芯光纤构成 1 + 1 线性复用段保护。

新设 SDH 622 Mbit/s 接入网系统，沿线车站、区间通信基站、信号中继站、牵引变电所、分区所、AT 所、电力配电所、机务折返段、供电工区、公安派出所等信息接入点设 SDH 622 Mbit/s ADM 设备。利用新建的 24 芯光缆及吕临支线的 24 芯光缆中的 4 芯光纤构成 2 纤通道保护环。并在沿线车站、区间通信基站、信号中继站、区间牵引变电所亭传输节点构成 2 纤复用段保护环。设在车站牵引变电所、分区所、开闭所、AT 所、10 kV 配电所、供电工区等处的 SDH 622 Mbit/s 设备,利用新建站内 8 芯光缆与对应车站通信机房的 SDH 622 Mbit/s 设备互联,构成环型或链型接入层。在车站和信号中继站信号机房新设一体化 SDH 155 Mbit/s 传输接入设备,为信号专业提供传输通道。

在既有魏家滩站新设 SDH 622 Mbit/s 设备,利用魏瓦联络线新建 24 芯光缆中的 4 芯光纤与瓦塘站 SDH 622 Mbit/s 设备构成 2 纤通道保护环。

在太原铁路局调度协调中心、郑州铁路局网管中心、济南铁路局网管中心新设传输网网管设备;在太原铁路局调度协调中心,长治北、安阳、泰安、日照南通信站新设综合接入网网管设备及传输网网管复示终端;在临汾通信站新设传输网、综合接入网网管复示终端,对全网进行故障、配置、性能和安全管理等。

电话交换系统,利用太原东、长治北、安阳、泰安、日照通信站的既有程控电话交换机,根据需要扩容中继用户板或接口板。在太原东、长治北、安阳、泰安、日照通信站新设光线路终端(OLT)设备;临汾通信站既有 OLT 设备利旧;沿线车站、信号中继站、牵引变电所、AT 所、分区所、电力配电所、供电工区、机务折返段等信息接入点新设光网络单元(ONU),沿线新增自动电话用户(不含辛堡站自动电话)通过 ONU 设备及接入网,按照铁路局管辖范围及隶属关系分别接入相应的 OLT 设备和既有程控电话交换机。因辛堡站是既有南同蒲铁路新开站,其自动电话通过传输及接入网系统接入既有临汾通信站程控电话交换机。通过统一编号组网,实现与既有铁路电话专网的互通。

新设调度通信系统,利用太原、郑州、济南铁路局调度所既有调度通信交换机,根据需要扩容相关设备;沿线车站新设车站型调度通信交换机、调度分机和车站值班台等设备,日照南机务折返段通信机房设车站型调度通信交换机和相关设备。按照铁路局管辖范围和调度区划分,瓦塘至洪洞北至郑州铁路局局界纳入太原铁路局调度所中心调度交换机和新设的晋中南调度台;郑州铁路局局界至济南铁路局局界纳入郑州铁路局调度所中心调度交换机和新设的晋中南调度台;济南铁路局局界至日照南纳入济南铁路局调度所中心调度交换机和新设的晋中南调度台,进行行车调度指挥。通过将调度所调度通信交换机与 GSM-R 通信系统的互联,实现有线与无线调度业务的互通。

利用吕临支线所建的调度通信系统。在辛堡站通信机房新设与既有南同蒲铁路同型号及容量一致的调度分系统设备,纳入南同蒲铁路行车调度环。对魏瓦联络线的魏家滩站既有调度分系统设备扩容接口板,与瓦塘站间的站间行车电话及行车调度电话通过接入网的远程接口板实现。

新设 GSM-R 移动通信系统,利用太原、郑州、济南铁路局既有 MSC 移动通信交换机,分别扩容 1 套既有 GRIS 服务器;并分别新设基站控制器(BSC)、编译码及速率适配单元(TRAU)和分组控制单元(PCU)设备。沿线车站、区间设通信基站(BTS),车站设 3 载频基站、区间设 2 载频基站,采用单网覆盖方式组网,按铁路局管辖范围分别接入基站控制器和铁路局的 MSC 移动通信交换机。为满足无线场强覆盖的需要,在区间和隧道内弱场区采用光纤直放站、漏泄电缆和天线方式增强,并新设漏缆监测系统,以完成调度通信、调度命令、车次号校核、救援抢险等信息业务的传送功能。

临县北至碛口段利用吕临支线所建的 GSM-R 移动通信系统。魏家滩至瓦塘联络线、汤阴至汤阴东联络线、长子南至长子联络线、宁阳东至磁窑联络线采用450 MHz B 制式无线列调系统。

新设应急通信系统,在瓦塘、洪洞北综合工区,长子南、濮阳、东平、莱芜、沂水西通信工区新设应急通信现场接入设备。按管辖范围通过传输通道分别接入太原、郑州、济南铁路局调度所既有应急通信中心系统。在实施抢险救援时,利用有线和无线通信传输方式为相应铁路局应急救援指挥中心提供话音、数据及图像等信息的采集及传输。

新设会议电视系统,利用郑州、济南铁路局调度所既有 MCU 设备,根据需要扩容。在长子南、日照南机务折返段设会议电视分会场设备。按管辖范围分别接入郑州、济南铁路局调度所既有会议电视中心和网管系统。

通信电源,沿线通信机房新设48 V 高频开关电源和蓄电池组。并设电源和机房环境监测系统。

3.5.4　信号工程

车站联锁,沿线正线车站设二乘二取二硬件安全冗余型计算机联锁设备和信号智能电源屏,联锁控制与显示采用"显示器 + 鼠标"方式,并与 CTC 终端设备进行整合。接轨站魏家滩站的既有双机热备计算机联锁设备利旧改造。长子站新设硬件安全冗余型计算机联锁设备和室外控制电缆;汤阴站既有计算机联锁设备利旧改造;台前站既有计算机联锁设备利旧改造;鹤壁时丰站与汤鹤联络线的赖家沟、施古道线路所相距较近均纳入鹤壁时丰站联锁集中控制。宁阳东与磁窑联络线后海子线路所相距较近纳入宁阳东站联锁集中控制。维修段(工区)内道岔不纳入临近车站集中联锁,在进入车站的衔接处设置防护调车信号机。

根据车站(场、所)道岔设计类型,配备相应的道岔转辙装置、转辙机,并采用断电保护措施。正线上的道岔采用外锁闭、多级分线分控制方式;设道岔缺口检查装置,由室内主机及室外采集分机组成,实现挤岔监督报警功能,且纳入信号集中监测系统。既有车站局部改建不动的道岔转辙设备利旧。

新建联锁设备的车站站内采用97 型25 Hz 相敏轨道电路,接收采用二元二位继电器,对设扼流变压器的区段并配备扼流适配器;采用 ZPW-2000 系列四线制移频电码化,正线采用叠加预发码方式,侧线采用叠加占用发码方式,发码设备采用与区间一致的 ZPW-2000 自动闭塞系统发码设备。既有魏家滩、长子、汤阴、台前、磁窑局部改建车站站内采用97 型25 Hz 相敏轨道电路,接收采用二元二位继电器或电子相敏接收器,采用 ZPW-2000 系列发码设备。

正线车站站内97 型25 Hz 相敏轨道电路电缆采用铝护套信号电缆,车站电码化采用综合护套数字信号电缆,分支电缆采用综合护套扭绞信号电缆。既有局部改建车站室外设备和电缆尽量利旧,新设电缆采用铝护套信号电缆。

调度运输指挥系统,采用分散自律型调度集中(CTC)系统,新建计算机联锁设备的正线车站设 CTC 分机设备、网络安全和通道质量监督等设备,信号中继站设 CTC 分机设备;既有长子站新设 TDCS 分机设备;既有魏家滩、赵城、洪洞、汤阴、台前、磁窑等站的 TDCS

分机设备利旧。与本线衔接的其他既有车站调度分机设备利旧使用。按照铁路局管辖范围和调度区划分,瓦塘(含)至长子南(不含)纳入太原铁路局调度所 CTC/TDCS 总机系统和新设的晋中南调度台调度指挥;长子南(含)至台前北(不含)纳入郑州铁路局调度所 CTC/TDCS 总机系统和新设的晋中南调度台调度指挥;台前北(含)至日照南(含)纳入济南铁路局 CTC/TDCS 总机系统和新设的晋中南调度台调度指挥。既有魏家滩、赵城、洪洞等改建车站维持既有调度台管辖不变。为满足本工程接入的需要,在太原铁路局调度所增设 1 套应用、通信服务器,扩容既有核心路由器,对 CTC/TDCS 总机系统软件进行相应修改;在郑州铁路局调度所增设本线 CTC 应用和前置通信服务器、核心路由器、CTC 电务维护台和网管维护台,扩容相关的网络设备及数据库服务器,并修改 CTC/TDCS 总机系统相应软件。在济南铁路局调度所增设本线 CTC 应用和前置通信服务器、CTC 电务维护台和网管维护台,扩容相关数据库服务器,并修改 CTC/TDCS 总机系统相应软件。

区间自闭制式,正线区间采用四显示自动闭塞系统,按双线双方向运行,正向采用追踪间隔运行,反向采用自动站间闭塞行车。设区间地面通过信号机,路基地段采用高柱信号机,桥隧地段采用矮型信号机。

正线区间采用具备自身监测和辅助诊断功能的 ZPW-2000 系列无绝缘移频轨道电路,其发码设备采用继电器编码、分上下行线按 $N+1$ 冗余配置,接收设备采用并机备用方式。ZPW-2000 系列移频轨道电路干线电缆采用铝护套内屏蔽数字信号电缆,电缆的有效传输长度一般按 10 ~ 12.5 km 控制,大于规定长度设信号中继站。

既有魏家滩与瓦塘站间为单线、长子南与长子站间为双单线,分别采用计轴自动站间闭塞,2 个站各设 1 套计轴主机。水冶南与安李线曲沟线路所间为双单线,按工程范围仅在水冶南站设 1 套计轴主机。鹤壁时丰与鹤壁北站、汤阴站间为单线自动站间闭塞,在鹤壁时丰、鹤壁北站、汤阴站各设 1 套计轴主机。汤阴东与汤阴站间为单线自动站间闭塞,在汤阴东站设 1 套计轴主机。汤阴站与宜沟站间为单线联络线,采用半自动闭塞。柳屯站与既有汤台线濮城站采用自动站间闭塞,在柳屯站、濮城站各设 1 套计轴主机。所述这几条单线联络线各站间利用所设的光缆作为计轴设备的信息传输通道。各站室内计轴设备至室外计轴点的连接采用数字信号电缆。

既有赵城至洪洞站为双线,区间采用四显示自动闭塞,本次在区间增设辛堡站,既有区间部分通过信号机移设,故维持既有四显示自动闭塞制式,站间通过电缆传输相关信息。既有台前与台前北站间为双线,区间采用自动闭塞系统,由于台前站机械室空间有限,将台前北至台前京九联络线区间分界点设在台前站进站信号机外方,而京九联络线区间设备设在台前北站,台前北与台前站间通过电缆传输相关信息。既有宁阳东与磁窑站间为双线,区间采用自动闭塞系统,由于磁窑站机械室空间有限,宁阳东至磁窑京沪联络线区间分界点设在磁窑站进站信号机外方,既有京沪联络线区间设备设在宁阳东站,宁阳东与磁窑站间通过电缆传输相关信息。

新设信号集中监测系统,正线各车站和信号中继站设集中监测分机设备,魏家滩、赵城、洪洞、汤阴等既有改造车站的集中监测分机设备利旧改造。沿线信号维修车间/工区设监测终端设备。按铁路局管和电务段的管辖范围,通过集中监测数据通信网分别接入太原、新乡、济南、青岛电务段信号集中监测总机系统。根据需要对相应电务段集中监测总机系统进行改造，增设相应的配套设备。实现对信号设施的集中监测和远程诊断，保证信号设备处于正常工作状态。

沿线新建信号设备房屋设防雷电、电磁兼容和综合接地防护系统，与房建工程同步实施。并完善既有车站信号设备房屋的综合接地系统，就近与沿线贯通地线接地端子等电位连接。

综合接地系统，在自动闭塞双线并行区段沿铁路一侧设1条截面为35 mm^2信号专用贯通地线，区间绕行地段分上下行线各设1条专用贯通地线，在电气特性上全程贯通，其接地电阻值不大于1 Ω，并形成等电位连接。沿线轨旁信号设备就近与贯通地线等电位连接。

参加瓦塘至汤阴东段线路工程施工的有中铁一局、三局、五局集团，中铁隧道局集团，中铁十一局、十二局、十七局、十八局集团等单位。参加汤阴东至日照南段线路工程施工的有中铁七局、中铁大桥局集团，中铁十局、十四局、十六局、十七局、二十局、二十一局集团等单位。中铁电气化局集团等单位承担电气化、通信信号和电力工程的施工。

线路工程于2009年12月23日举行开工仪式 。2010年09月23日莒南段开工建设。2010年10月29日河南濮阳段开工建设。随后各段陆续开工。2012年5月5日在河南省濮阳市范县开始铺轨。四电工程于2013年10月23日开工，在长子南站立下接触网第一杆。2014年12月30日全线通车。

3.6 邯郸至济南铁路电气化改造

既有邯济铁路，位于横穿华北平原中部的晋冀鲁地区，西起京广线的邯郸南站，途经肥乡、广平、馆陶、冠县、聊城、茌平、禹城等市县（区），东至晏城北站，线路全长232.99 km，连接京沪铁路到济南站（图3.6）。邯济铁路是国家“九五”期间的重点建设工程，由铁道部、山东省、河北省共同投资修建。2000年4月开通运营临管，2002年12月正式通过国家验收。该线西接邯长铁路，与太焦铁路和阳涉铁路连接；东接胶济铁路，构成山西省至胶东半岛及青岛港的东西干线，形成晋煤外运的中路通道。特别是横向连接京广铁路、京九铁路、京沪铁路3大南北主干线，在肥乡站连接邯黄铁路可直达黄骅港。对晋煤外运和改善冀南、鲁西交通运输条件及促进沿线地区经济发展起到重要作用。但随着区域经济的快速发展，运量需求逐年提高，为满足运输和运能的需要，国家决定对其进行复线电气化改造。该线增建第二线后封闭左良和贾镇2个车站。全线设有河沙镇、肥乡、广平、大名、馆陶、冠县、堂邑、解庄、聊城北、聊城东、博平、茌平、高唐、潘店、伦镇、晏城北、晏城等车站。工程范围还包括新建王北联络线9.85 km，新建晏城北至焦斌线15.62 km等相关工程。

邯济铁路电气化改造工程的建设单位是济南铁路局和邯济铁路有限责任公司，设计单位是铁道第三勘察设计院集团有限公司。线路主要技术标准：铁路等级，Ⅰ级；正线数目，双线；限制坡度，6‰；最小曲线半径，一般地段1 200 m、困难地段800 m；到发线有效长

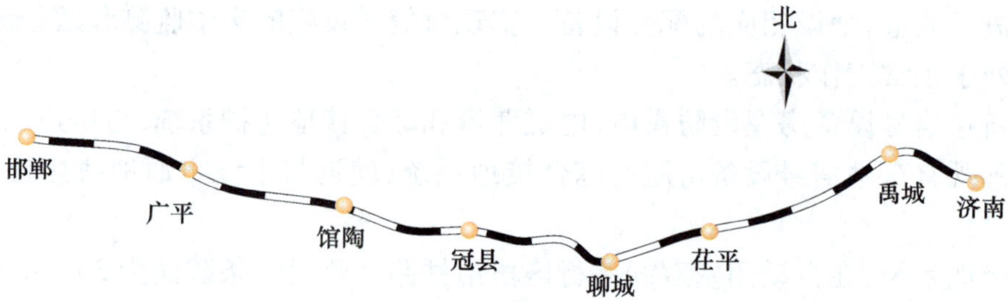

图 3.6　邯济铁路示意图

度,1 050 m;闭塞类型,自动闭塞;牵引种类,电力牵引(直供加回流线供电方式);牵引质量,5 000 t。

3.6.1　电气化工程

牵引供电采用带回流线的直接供电方式。全线新设邯郸南、肥乡、大名、冠县、聊城北、高唐牵引变电所,利用晏城北牵引变电所。在牵引变电所中间设分区所。在牵引变电所附近设锚段关节式分相,电分相处的网上隔离开关采用电动隔离开关并纳入牵引变电所、分区所控制。其他处的网上隔离开关采用手动隔离开关。

新建牵引变电所引入 2 路独立的 110 kV 电源供电,互为热备用。110 kV 电源侧采用分支接线,电气设备采用户外中型布置;27.5 kV 侧采用单母线分段接线,电气设备采用户内网栅间隔式布置。新建牵引变电所设 2 台变压器,采用固定备用、三相 V/V 接线、油浸自冷方式,预留风冷条件。

新建牵引变电所、分区所设综合自动化和视频安全监控系统,按无人值班设计,牵引变电所适当考虑值守条件。新设牵引供电远动系统,分别纳入北京、济南铁路局调度所,增设本线电力调度台管理。

接触网采用全补偿简单链型悬挂,接触悬挂结构高度一般为 1 400 mm。正线接触线采用 120 mm^2 的铜银合金导线,承力索采用 95 mm^2 的铜合金绞线;站线接触线采用 85 mm^2 的铜银合金导线,承力索采用 70 mm^2 的铜合金绞线。接触导线悬挂高度按通过超级超限货物列车设计。附加导线一般采用铝包钢芯铝绞线。

接触网绝缘泄漏距离不小于 1 200 mm,严重污秽地区适当加强绝缘。一般地段采用瓷质绝缘子。车站软横跨的横向分段、锚段关节下锚支、分段绝缘器处的绝缘子采用复合绝缘子。采用锚段关节式电分相,并在大坡道的电分相处设地面感应装置和地面切换式自动过分相装置。

接触网支柱,路基地段采用横腹杆式钢筋混凝土支柱,桥上采用格构式热浸镀锌钢柱。车站咽喉区及多线并行区段采用软横跨结构,尽量利用股道外侧及线间距大的股道间立柱,有雨棚的车站接触网支柱与雨棚柱合架。支柱侧面限界应满足大型养路机械作业的需要。

接触网支柱跨距一般为 50 m、最大不大于 55 m。正线最大锚段长度不大于 2 ×

750 m；站线最大锚段长度不大于 2×800 m；附加导线锚段长度一般不超过 2 000 m。

根据日常巡视检修和事故抢修的需要，在邯郸南、肥乡、冠县、聊城东、高唐设接触网工区。与邯郸南接触网工区合建涉县加强领工区。

3.6.2　电力工程

全线新设 1 条 10 kV 电力贯通线，新建 10 kV 电力贯通线采用架空线路和电缆敷设混合方式。利用既有 10 kV 电力贯通线，对不能满足电气化改造工程要求的进行改造。

新设肥乡、聊城东 10 kV 配电所，从地方电网引入 2 路电源供电；改造利用邯郸南、冠县、茌平、晏城北 10 kV 配电所，更换既有设备，并增加自闭电力系统为本线供电。

车站新增用电负荷，设有 10 kV 配电所的车站从配电所站馈线接引电源供电；新增与行车有关的通信信号负荷从 10 kV 贯通线接引电源供电；没设 10 kV 配电所的车站从 10 kV贯通线接引电源供电。区间通信信号新增用电负荷设箱式变电站供电，电源引自 10 kV 贯通线。

新建 10 kV 配电所采用综合自动化系统，新设电力远动系统，分别纳入石家庄、济南供电段电力控制中心管理。

3.6.3　通信工程

长途通信线路，全线新设 1 条 24 芯单模直埋光缆，沿铁路一侧敷设。既有 7×4×0.9 长途电缆采取电气化防护措施进行整治后继续使用。

传输系统，利用新建光缆开通 SDH 2.5 Gbit/s 传输系统，主要车站设 SDH 2.5 Gbit/s 传输设备。

利用新建光缆开通 SDH 622 Mbit/s 接入网系统，各站新设 SDH 622 Mbit/s 设备，牵引变电所、开闭所、10 kV 配电所等处设 SDH 622 Mbit/s 传输及接入设备，利用新建光缆就近接入车站 SDH 622 Mbit/s 接入网系统。

电话交换系统，新建聊城东通信站设 1 000 线程控电话交换机，并利用沿线其他通信站既有电话交换机，沿线新增自动电话用户按归属范围纳入聊城东通信站电话交换机及其他既有电话交换机。

新设数字调度通信系统，利用北京、济南铁路局调度所既有数字调度通信交换机，沿线车站新设数字调度通信分系统设备，按照调度区划分分别接入所属铁路局调度所的数字调度通信交换机和调度通信系统。

新设 450 MHz B 制式无线列调系统，区间弱场强区采用光纤直放站、漏泄电缆或天线方式增强。完成调度通信、调度命令、救援抢险等信息业务的传送功能。

应急通信系统，新设 1 套应急通信现场接入设备，按照管辖范围接入所属铁路局既有应急通信指挥中心系统。

通信电源，沿线车站通信机械室新设 48 V 高频开关电源和蓄电池。新设电源和机房环境监控系统。

3.6.4　信号工程

车站联锁,邯郸南(不含)至晏城各车站新建硬件安全冗余型计算机联锁设备和信号电源屏及 UPS 不间断电源。其中聊城北Ⅰ、Ⅱ场既有联锁设备利旧改造。结合站场设计晏城北站编尾不纳入联锁。

新建计算机联锁设备的车站及聊城北Ⅰ、Ⅱ场,结合车站(场)道岔设计和改造类型,配备相应的道岔转辙设备。

新建计算机联锁设备的车站站内采用 97 型 25 Hz 相敏轨道电路,其发码设备采用 ZPW-2000 系列自动闭塞设备。正线接发车进路电码化采用叠加预发码、到发线股道采用叠加发码方式。其中晏城北、晏城站维持既有闭环电码化方式;解庄站既有电码化设备充分利用。

站内 97 型 25 Hz 相敏轨道电路干线电缆采用铝护套信号电缆,分支电缆采用综合护套信号电缆;晏城北、晏城站既有轨道电路电缆按电气化防护标准要求进行改造,不能满足防护标准要求的更换为铝护套信号电缆。

运输调度指挥系统,邯郸南(不含)至晏城北(不含)新设调度集中(CTC)系统,各新建联锁设备的车站新设 CTC 车站分机设备,区间信号中继站新设信息采集设备,其中邯郸南、聊城北、晏城北、晏城站既有 TDCS 分机设备利旧改造,按调度区划分分别纳入北京、济南铁路局调度所 CTC/TDCS 总机系统和列车调度台。并对铁路局调度所的 CTC/TDCS总机系统进行相应修改。

区间自闭制式,邯郸南至晏城新设四显示自动闭塞,按双线双方向运行、正向采用自动闭塞追踪运行、反向采用自动站间闭塞行车。

区间自动闭塞设备采用 ZPW-2000 无绝缘轨道电路。其发送和接收设备按冗余配置,并采用基于光缆传输的站间信息传输设备,完成站间信息传输及方向电路等功能。区间检查采用计轴设备。晏城北至晏城四线并行地段,为避免邻线信号干扰,可根据线间距离采取防护措施。

区间 ZPW-2000 轨道电路电缆采用铝护套数字信号电缆,电缆有效传输长度一般不大于 10 km,大于规定长度设信号中继站。

新设信号集中监测系统,新建联锁设备的车站和信号中继站设集中监测分机设备,纳入所属电务段既有信号集中监测总机系统,并对监测总机系统进行相应修改。

沿线车站信号设备尽量利用既有房屋,不能满足使用要求的进行接建,新设或完善房屋防雷电、电磁兼容和综合接地防护系统。需要的屏蔽网、避雷网与避雷带、接地系统等与房建工程同步实施。室内信号设备设防雷保安器、分线防雷拒,室内设备箱盒、柜体等与接地系统等电位连接。

参加线路工程施工的有中铁十局、二十一局集团等单位,中铁电气化局集团、中铁十六局集团等单位承担电气化、通信、信号和电力工程的施工。

工程于 2010 年 10 月开工。2014 年 9 月 25 日山东段开通运营,2014 年 12 月 30 日全线开通运营。

3.7　湘桂铁路柳州至南宁段电气化改造

既有湘桂铁路柳南段电气化改造工程，北起柳州市的进德站，南至南宁市的邕宁站，大致呈东北西南走向，线路全长 218 km（图 3.7）。全段设有进德、白山、凤凰、来宾、良江、小平阳、黎塘、稔竹、沙江、六景、伶俐等车站。封闭平塘、和吉村 2 个车站。该段线路北接湘桂铁路的柳州至衡阳段和黔桂、焦柳铁路，中部与黎湛、黎钦铁路交汇，南与湘桂铁路南宁至凭祥段和南昆、南钦等铁路相连，并在柳州至黎塘间与柳南客运专线并行，共同构筑起广西城市密集带交通走廊。该段电气化改造的开通，可以有效提高客货列车的旅行速度，提高铁路输送能力，改善沿线交通运输条件，缩短与中心城市和全国市场的时空距离，增强对外部资金和技术进入的吸引力，提高资源配置的效率，促进区域经济优势互补、协调发展，并对优化区域产业结构，促进沿线区域经济的快速、协调和可持续发展具有重要意义。

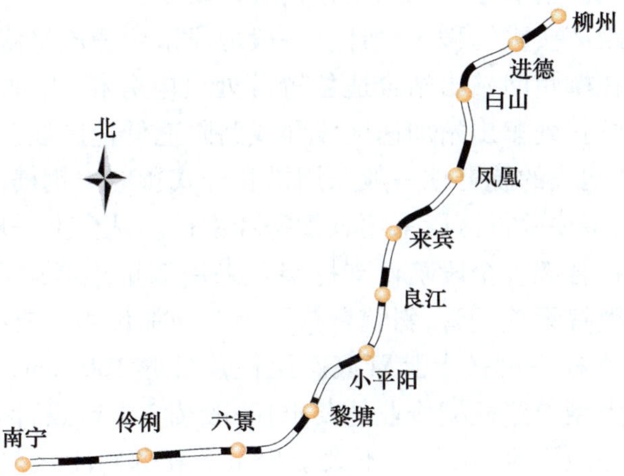

图 3.7　湘桂铁路柳南段示意图

湘桂铁路柳南段电气化改造的建设单位是南宁铁路局柳南工程建设指挥部。设计单位是中铁电气化勘测设计研究院和中铁通信信号勘测设计（北京）公司。线路主要技术标准：铁路等级，Ⅰ级；正线数目，双线；限制坡度，6‰；最小曲线半径，600 m；到发线有效长，850 m；闭塞类型，自动闭塞；牵引种类，电力牵引（直供加回流线供电方式）；机车类型，客车 SS9、货车采用交流传动机车；牵引质量，4 000 t。

3.7.1　电气化工程

牵引供电采用带回流线的直接供电方式。全段新设白山、良江、和吉村、露墟、伶俐 5 座牵引变电所，新设进德、凤凰、平塘等 6 座分区所，新设黎塘开闭所。柳州南至进德段的接触网由所建的柳南客运专线进德牵引变电所增设 2 回直供馈线供电。电分相、绝缘关节、供电线上网处设电动隔离开关，并纳入牵引供电远动系统。

新建牵引变电所引入2路110 kV电源供电,110 kV电源侧采用分支接线,电气设备采用户外中型布置;27.5 kV侧采用单母线分段接线,电气设备采用户内网栅间隔布置。分区所、开闭所采用箱式布置。牵引变电所场坪及平面设计应结合地形条件和设备选型进行优化,尽量减少占地面积。但要预留装设并联电容补偿装置的土建条件。

新建牵引变电所设2台变压器,采用固定备用、三相V/V接线、油浸自冷方式,预留风冷条件。各牵引变电所的变压器安装容量:白山、良江、和吉村、露墟、伶俐均为2×(16+16)MV·A。

新建牵引变电所采用微机保护和综合自动化系统,按无人值班设计,适当考虑值守条件。新设牵引供电远动系统,纳入南宁铁路局牵引供电调度所管理。

接触网采用全补偿简单链型悬挂,接触悬挂结构高度为1 400 m。正线接触线采用120 mm^2的铜合金导线,张力15 kN,承力索采用95 mm^2的铜合金绞线,张力15 kN;站线接触线采用85 mm^2的铜合金导线,张力8.5 kN,承力索采用70 mm^2的铜合金绞线,张力13 kN。接触线悬挂点悬挂高度一般为6 000 mm、最低不小于5 700 mm。道岔处接触网安装采用交叉线岔方式。附加导线采用铝包钢芯铝绞线。

接触网绝缘泄漏距离按重污秽区设计。一般地段采用瓷质绝缘子,隧道内、软横跨等处采用合成绝缘子。在柳州南站出站合适位置等处设电分相,其他采用锚段关节式电分相,尽量避免设在大坡道、列车出站加速区段和线路限速低速区段。

接触网支柱,路基地段的腕臂柱一般采用横腹杆式预应力钢筋混凝土支柱;桥上采用格构式桥钢柱,车站及多线并行区段采用软横跨和钢柱。站台上一般不立柱,车站雨棚区段接触网支柱与雨棚柱合架。全段腕臂支持装置采用双重绝缘旋转全腕臂结构形式,腕臂及定位管采用热浸镀锌无缝钢管,斜腕臂与平腕臂间加设腕臂支撑。转换柱、道岔柱采用双腕臂装配形式。支柱高度按上腕臂底座距柱顶外露100 mm、不大于300 mm控制。支柱侧面限界应满足大型养路机械作业的要求,一般按3.1 m设计。

接触网支柱跨距一般为50 m,最大不大于55 m。相邻跨距之差不大于10 m。接触网锚段关节一般采用四跨形式,在设置接触网分相关节的车站的另一侧设四跨绝缘关节并装设手动隔离开关。正线锚段长度一般不大于2×800 m,困难时不大于2×900 m。站线锚段长度一般不大于2×850 m,困难时不大于2×950 m。附加导线锚段长度一般不大于2 000 m。区间采用防断式中心锚结,车站软横跨内采用防窜式中心锚结。

新设来宾、黎塘、六景3个接触网工区,黎塘供电车间(与网工区合建),负责沿线供电设施的运营管理、维护和抢修工作。

3.7.2 电力工程

利用既有10 kV自闭电力线和10 kV电力贯通线,对不能满足电气化改造工程要求的进行适应性改造,为沿线新增用电负荷供电。利用既有10 kV配电所、35/10 kV变配电所,根据沿线新增用电负荷情况,对变(配)电所容量不足的变压器和调压器进行适当增容。

车站新增用电负荷,设有10 kV或35/10 kV变配电所的车站按原供电方式从配电所站馈线接引电源供电；新增与行车有关的通信信号负荷按原供电方式从 2 路 10 kV 贯通线接引电源供电；没设 10 kV 或 35/10 kV 变配电所的车站按原供电方式从地方电网接引电源或从 10 kV 贯通线接引电源供电。

区间通信信号新增用电负荷设杆架式变电台或对供电能力不足的既有低压变压器进行增容更换供电，电源引自 2 路 10 kV 贯通线。

新设杆架式变电台给接触网电动隔离开关供电，电源引自 10 kV 贯通线。

既有电力远动系统继续使用。利用既有电力工区开展电力设施的运营维护和管理。

3.7.3　通信工程

长途通信线路，柳州至邕宁新设 1 条 24 芯单模直埋光缆，沿铁路一侧敷设。

根据电力远动系统、公安部门等新增通信业务的需要，有关站场新设部分光电缆线路。

传输系统，柳州通信站至邕宁新设 SDH 2.5 Gbit/s 长途骨干和本地中继传输系统，沿线办理客货运业务的主要车站新设 SDH 2.5 Gbit/s ADM 设备。

将进德至黎塘段既有 SDH 155 Mbit/s 传输和接入系统改造为 SDH 622 Mbit/s 系统。黎塘至邕宁新设 SDH 622 Mbit/s 传输和接入系统。沿线车站、区间通信基站、牵引变电所、信号中继站等处新设 SDH 622 Mbit/s 传输及接入设备。车站站内信息接入点新设 SDH 622 Mbit/s 或 SDH 155 Mbit/s 接入网设备。

电话交换系统，沿线新增自动电话按归属范围分别接入柳州、来宾和南宁既有铁路电话交换机。

调度通信系统，对进德至邕宁既有调度通信系统进行改造，以满足新增电调电话的接入及与新设 GSM-R 移动通信系统互联互通的需要。

进德至邕宁段新设 GSM-R 移动通信系统，利用南宁既有 GSM-R 移动通信核心网交换中心设备，并利用既有基站控制器和无线子系统网管终端，沿线新设通信基站，采用单层覆盖方式组网。区间弱场强区采用光纤直放站、漏泄电缆和天线方式增强，解决隧道内等弱场区的无线场强覆盖。以满足和完成调度通信、调度命令和无线车次号校核信息传送等功能。本线与柳南客运专线并行地段，利用柳南客运专线工程建设的 GSM-R 移动通信网络，同时满足各线行车指挥无线通信需要。

应急通信系统，新设 1 套应急通信系统现场接入设备。接入既有应急通信指挥中心设备。

通信电源，利用进德至黎塘段各车站通信机械室既有通信电源设备，改造黎塘至邕宁段各车站通信机械室既有通信电源设备。沿线通信基站和信号中继站等处新设通信电源设备。进德至邕宁段各车站通信机械室新设电源和环境监控系统，接入南宁电源和环境监控系统中心，实现对通信电源设备和机房环境条件的监控。

3.7.4　信号工程

车站联锁，进德站、黎塘Ⅰ、Ⅱ场和来宾站新设硬件安全冗余型计算机联锁设备和信号智能电源屏，黎塘编组站尾部车场新设双机热备计算机联锁设备和信号智能电源屏；沙江、小平阳车站范围的信号工程分别纳入柳南客运专线、黎钦铁路工程实施。沿线其余车站既有联锁设备按电气化区段标准进行适应性改造。白山、凤凰、良江站新设信号智能电源屏，平塘和吉村2个封闭车站作为区间信号中继站，新设区间信号电源屏。其余车站电源设备利旧使用。除沙江、小平阳车站外其余车站新设室外信号电缆。

沿线各车站继续采用既有97型25 Hz轨道电路，增设带适配器的扼流变压器，新设四线制电码化电路，采用数字信号电缆传输，其余信息采用非数字信号电缆传输。

运输调度指挥系统，根据“关于印发《铁路列车调度指挥系统（3.0）技术条件》的通知”（铁总运〔2013〕141号）要求和运输调度指挥作业的需要，新设具有计划操作合理性检测、调度命令规范输入、车站接发车作业流程监督、列车进路错办报警、非正常行车作业辅助、施工登销记等功能的列车调度指挥系统（TDCS）；各车站（场）新设TDCS分机设备和信息网络安全设备，其中进德、小平阳、沙江3个站将2012年、2013年分别开通的既有TDCS设备移设至2个区间信号中继站和黎塘编尾车场使用；沿线车站信号机械室与通信机械室之间采用光纤通道和FE光接口路由器设备实现信息传输；沿线车站TDCS分机设备间，以及至南宁铁路局调度所TDCS总机设备间按双环、双网传输设计。维持既有调度区划分接入南宁铁路局调度所TDCS总机系统和既有行车调度台管辖；并在调度所增设1套通信服务器，在柳州、南宁2个车务段各新设1套车站服务器，进行本段线路的行车调度指挥。

区间自动闭塞，维持既有四显示自动闭塞制式，按电气化区段标准进行适应性改造。柳州南编组下行出发场、上行到达场至进德站区间既有四显示自动闭塞按电气化区段标准进行适应性改造，并增加扼流变压器。

进德至黎塘Ⅰ场区间采用ZPW-2000A型无绝缘移频自动闭塞，发送设备按$N+1$配置、接收设备采用双机并用方式。ZPW-2000A型轨道电路采用数字信号电缆，其他采用非数字信号电缆。黎塘Ⅰ场至邕宁段的区间信号工程按铁鉴函〔2007〕1272号文批复的技术方案实施，本工程仅增设相应的配套设备。

新设信号集中监测系统，进德至黎塘Ⅰ场各车站和信号中继站新设集中监测分机设备，黎塘Ⅰ场至邕宁段各车站和信号中继站既有集中监测设备进行升级改造。接入相应电务段信号集中监测总机系统。

接建的信号设备房屋设防雷电、电磁屏蔽和综合防护接地系统，与房建工程同步实施；其余既有车站信号设备房屋完善综合防护接地系统。

参加柳南段电气化改造四电工程施工的有中铁电气化局集团等单位，中铁五局电务城通公司承担黎塘至邕宁段LNDH-Ⅱ标段通信工程的施工。四电工程于2013年12月8日开工。2015年5月底完成静态验收，2015年6月底完成动态验收和安全评估。2015年6月30日全段开通运营。

3.8　广西沿海铁路黎塘至钦州段扩能改造

既有广西沿海铁路黎钦段，北起黎塘车站，途经横县、灵山、钦州等市县，在马皇站与南防铁路接轨，南至钦州站，线路全长 165 km（图 3.8），1998 年 12 月建成通车。随着改革开放的不断深入，以及中国东盟自由贸易区的建设和北部湾地区的经济发展，黎钦段的货运运输能力日趋饱和。为此国家决定对该段铁路的沙江站到马皇站增建第二线并电气化，工程范围包括沙江站到马皇站增建第二线全长 99 km，沙江站上行疏解线、钦州地区疏解线、联络线工程 17.4 km，马皇站至钦州段既有线电气化 8.7 km。该线路全段设有黎塘（既有）、沙江、横州、沙坪、陆屋、平吉、马皇站，止于钦州站（既有）。增建第二线后封闭既有大崇、王洞岭、旧州、上甫、飞龙 5 个车站。该线路向北与湘桂线在黎塘交汇，向南可达钦州、防城港、北海等沿海港口，是西南、中南地区货运出海的重要通道。该段铁路扩能改造的完成，进一步完善了该地区铁路网的布局、缓解了广西沿海铁路通道的货运压力，可以促进北部湾经济区与北部湾沿海港区的快速发展。

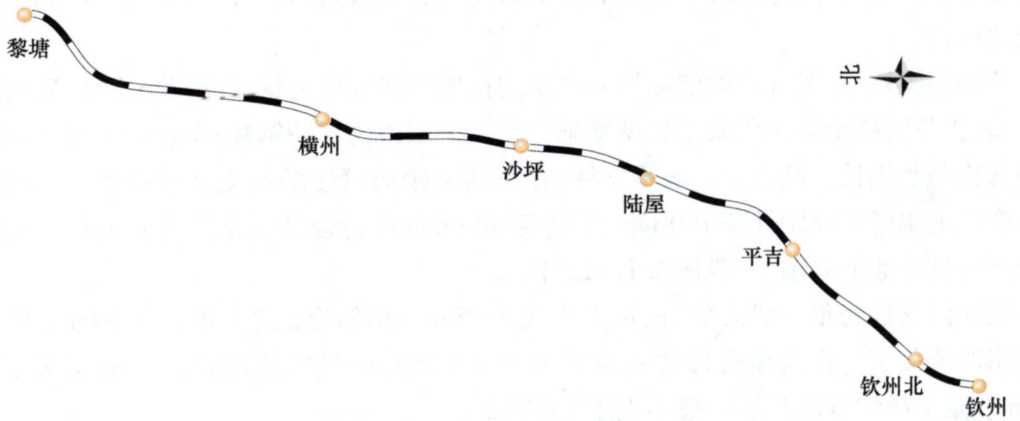

图 3.8　广西沿海铁路黎钦段示意图

广西沿海铁路黎钦段扩能改造的建设单位是南宁铁路局广西黎钦铁路工程建设指挥部，设计单位是中铁第四勘察设计院集团公司和北京中铁建电气化设计研究院有限公司。线路主要技术标准：铁路等级，Ⅰ级；正线数目，双线；限制坡度，6‰；最小曲线半径，一般地段 800 m、局部地段 600 m、钦州地区利用既有线地段维持既有；到发线有效长度，850 m；闭塞类型，自动闭塞；牵引种类，电力牵引（直供加回流线供电方式）；机车类型，客车 SS9、货车采用交流传动机车；牵引质量，4 000 t。

3.8.1　电气化工程

牵引供电采用带回流线的直接供电方式。全段新设大崇、陆屋 2 座牵引变电所，选址和平面布置预留增设并联电容补偿装置的土建条件。利用和改扩建钦州至北海铁路工程中所建的钦州东牵引变电所（本工程不计列投资，由钦州至北海铁路工程统一实施）为本线供电。新设沙江等 3 座分区所。

新建牵引变电所引入 2 路 110 kV 电源供电，110 kV 电源侧采用插接式开关装置、二层框架式结构布置，27.5 kV 侧采用室内开关柜布置。分区所采用箱式分区所。

新建牵引变电所设 2 台变压器，采用固定备用、三相 V/V 接线、油浸自冷方式，预留风冷条件。各牵引变电所变压器安装容量:大崇为2×(20+25) MV·A、陆屋为2×(20+20) MV·A。钦州东牵引变电所变压器增容为2×(40+25) MV·A。

新建牵引变电所采用微机保护和综合自动化系统,按无人值班设计,适当预留值守条件。新设牵引供电远动系统,纳入南宁铁路局牵引供电调度所管理。

接触网采用全补偿简单链型悬挂,接触悬挂结构高度1 400 mm。正线接触线采用120 mm^2的铜合金导线,承力索采用95 mm^2的铜合金绞线;站线接触线采用85 mm^2的铜合金导线,承力索采用70 mm^2的铜合金绞线。接触导线悬挂点悬挂高度一般为6 000 mm、最低不小于5 700 mm。道岔处接触网安装采用交叉线岔方式。附加导线采用铝包钢芯铝绞线。

接触网绝缘泄漏距离按重污区设计。一般地段采用瓷质绝缘子,隧道内、软横跨采用合成绝缘子。采用锚段关节式电分相,尽量避免设在大坡道、列车出站加速区段和线路限速低速区段。

接触网支柱,路基区段的腕臂柱一般采用横腹杆式预应力钢筋混凝土支柱,采用直埋方式,软土等特殊地质区段采用杯型基础。桥上采用格构式桥钢柱;车站及多线并行区段采用软横跨和钢柱。站台上一般不立柱,在车站雨棚地段接触网支柱与雨棚柱合架。支柱高度按上腕臂底座距柱顶100 mm、不大于300 mm进行选择。支柱侧面限界应满足大型养路机械作业的要求,一般按3.1m设计。

接触网支柱跨距一般为50 m,最大不大于55 m。相邻跨距之差不大于10 m。锚段关节采用四跨关节。正线锚段长度一般不大于2×750 m;站线锚段长度一般不大于2×850 m。附加导线锚段长度一般不大于2 000 m。

新设沙坪、平吉2个接触网工区,负责沿线供电设施的维护及抢修工作。

3.8.2 电力工程

在沙江至钦州间新建1条10 kV自闭电力线、在沙江至横州间新建1条10 kV电力贯通线,横州至钦州间的既有10 kV电力贯通线继续使用。为沿线车站和区间用电负荷供电。新建10 kV自闭电力线一般地段采用架空线路,桥隧等地段无架空径路可选时采用电缆敷设。

利用改造既有钦州35/10 kV变配电所和既有横州、陆屋10 kV配电所,陆屋10 kV配电所增设第2路电源,其他变(配)电所维持既有电源。改造的变(配)电所增设相关设备接入新建10 kV电力贯通线和10 kV自闭电力线。

车站新增负荷供电,设有10 kV、35/10 kV变(配)电所的车站按原供电方式由变配电所站馈线供电,没设10 kV配电所且用电负荷较大的车站按原供电方式就近从地方电网接引1路电源供电,其他一般用电负荷的车站按原供电方式从10 kV电力贯通线接引电源供电。

车站通信信号新增用电负荷设室内10/0.4 kV变电所或箱式变电站供电,电源引自10 kV贯通线和自闭电力线。

区间新增用电负荷，根据负荷分布和负荷性质，在负荷集中处分别设10/0.4 kV变电所、箱式变电站或杆架式变电台供电，电源引自10 kV贯通线和自闭电力线。

新设电力远动系统，纳入南宁供电段电力调度中心管理。

3.8.3　通信工程

长途通信线路，沙江站至钦州通信站新设1条20芯直埋光缆；沙江站至马皇站新设1条7×4×0.9低频对称电缆，与新设的20芯光缆同沟敷设，增建第二线远绕既有线区段根据实际需要敷设光缆和电缆；马皇站至钦州北站新设1条12芯直埋光缆。

干线光缆连接隧道内光纤直放站新设1条8芯光缆，其他区段光纤直放站到干线光缆敷设1条20芯分歧光缆。车站连接站内信息用户新设1条12芯光缆。

传输系统，新设SDH 622 Mbit/s传输接入网系统，沿线各车站和区间牵引变电所等处新设SDH 622 Mbit/s设备，钦州通信站新设接入网局端设备。新设传输和接入网网管系统。

站内新建牵引变电所等处新设SDH 155 Mbit/s接入设备，就近接入车站SDH 622 Mbit/s系统设备。

电话交换系统，沿线新增自动电话用户通过接入网接入钦州通信站既有程控电话交换机。

新设数字调度通信系统，沿线车站新设调度通信车站交换机，接入调度所既有调度通信交换机。维持既有调度区划分进行行车调度指挥。

新设450 MHz列车无线调度通信系统，各车站新设无线车次号校核信息和调度命令传输系统转接设备，区间弱场区采用光纤直放站、漏泄电缆和天线方式增强无线场强的覆盖，以满足电气化区段所需信息的传输要求。完成无线车次号校核信息和调度命令的传送等功能。

通信电源，沿线车站通信机械室新设48 V直流通信电源设备，钦州通信站通信电源按需要扩容。并新设电源和机房环境监控系统。

应急通信系统，全段增设1套应急通信现场接入设备，接入既有应急通信中心系统。

3.8.4　信号工程

车站联锁，沙江至马皇段各车站新设硬件安全冗余型计算机联锁设备和信号电源屏，钦州北客场、钦州站货场结合相关工程统筹实施。

新建联锁设备的车站站内采用97型25 Hz相敏轨道电路，采用单套微电子接收器，站内正线采用预叠加发码、到发线采用叠加发码方式，发送设备按冗余配置。为减少室外所设信号设备、特别是调车信号机，以延长正线最小轨道电路区段长度的办法，来满足机车信号可靠接收的要求。

结合车站(场)改造，对新设道岔配备相应的道岔转辙设备，正线道岔按固定辙叉道岔配备内锁转辙设备。

新设列车运输调度指挥系统(TDCS)，沙江(不含)至马皇段各车站新设TDCS分机设备,沙江站既有TDCS分机设备利旧改造,钦州、钦州北站既有TDCS分机设备结合相关工程利旧改造,纳入南宁铁路局调度所TDCS总机系统控制。

列车运行控制系统,沙江至马皇站段新设四显示自动闭塞,按双线双方向运行,正向采用自动追踪间隔运行、反向采用自动站间闭塞行车。并预留进一步提速的条件。

马皇站至钦州段采用单线单方向自动闭塞,设区间通过信号机,反向(钦州至马皇方向)采用自动站间闭塞行车。

四显示自动闭塞区段采用ZPW-2000系列无绝缘移频轨道电路,发送和接收设备按冗余配置。ZPW-2000系列轨道电路采用铝护套数字信号电缆,电缆有效传输长度一般控制在7.5~10 km,根据地形合理设置信号中继站,并利用封闭的既有飞龙、旧州、上甫等车站房屋布设中继站设备。

沙江至马皇站新设信号集中监测系统,各车站和信号中继站设集中监测分机设备,纳入所属电务段信号集中监测总机系统。

沙江至马皇段各车站信号设备房屋新设防雷电、电磁兼容和综合接地防护系统。由房建工程统筹考虑信号设备房屋屋顶避雷网、避雷带、引下线、机房屏蔽、接地系统的实施。室内信号设备要设防雷保安器、防雷分线柜,其室内设备箱盒、柜体等电位连接并接地。

参加黎钦段扩能改造工程线路施工的有中铁九局集团等单位,参加四电工程施工的有中铁六局集团等单位。工程于2010年8月开工,2014年11月23日完成复线改造。2015年7月2日全段复线电气化正式开通运营。

3.9 德州至大家洼铁路

新建德州至大家洼铁路,西起京沪铁路黄河涯站,途经德州市的陵城区、陵县、平原,临邑县,济南市的商河县,滨州市的惠民县、阳信县、滨城区,东营市的利津县、东营区、广饶县,进入潍坊市的寿光市内,利用益羊线引入大家洼站,新建正线长度约256 km(图3.9)。全线近期单线设有黄河涯、丁庄、陵县、凤凰店、临邑、理合务、商河、韩庙、洋湖、钓马杨、阳信、雷家、堡集、滨州西、利津南、龙居、史口东、东营南、田庄、小清河西、官台、东宅科等车站。其中黄河涯、大家洼为既有接轨站,陵县、临邑、商河、阳信、滨州西、利津南、龙居、东营南等站为新设中间站,其他站为会让站。远期改为双线时封闭会让站。工程范围还包括与滨沾线西北方向的联络线长4.69 km;与滨小线西南方向的联络线长1.66 km;与淄东线西北方向的联络线长2.98 km。以及引入德州地区的相关工程。新建该铁路是德龙烟铁路的一部分,东接大莱龙、龙烟、蓝烟铁路和青荣城际铁路,西经德州与石德、石太、太中银铁路相连。是黄河三角洲发展的运输大动脉,将极大地改善黄河三角洲交通环境和发展环境,对带动山东省和东营市经济发展具有重要意义。把黄(骅南)大(家洼)铁路与德龙烟铁路连为一体,会形成一条新的环渤海的煤炭运输新通道;将滨州港、东营港、潍坊港、烟台港联系起来,可实现通过铁路从西部运来煤炭、向西部输出金属矿石等,极大地增强港口的集疏运能力。

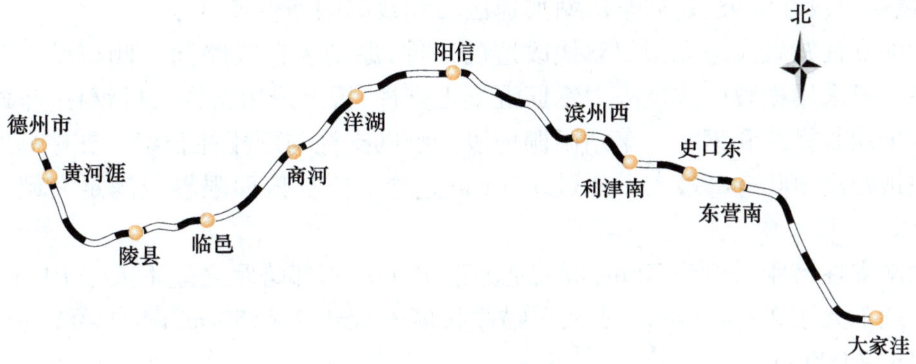

图 3.9 德州至大家洼铁路示意图

德大铁路的建设单位是德龙烟铁路有限责任公司和济南铁路局，设计单位是中铁工程设计咨询集团有限公司。线路主要技术标准：铁路等级，Ⅰ级；正线数目，单线、预留双线条件；限制坡度，6‰；最小曲线半径，一般地段 3 500 m、困难地段 2 800 m；到发线有效长度，1 050 m；闭塞类型，自动站间闭塞；牵引种类，电力牵引（直供加回流线供电方式）；预留开行双层集装箱条件。

3.9.1 电气化工程

牵引供电系统采用带回流线的直接供电方式。全线新设陵县、商河、阳信、洛王、东营南、东宅科等牵引变电所。在 2 个牵引变电所中部设分区所。新建牵引变电所场坪及房屋等适度预留修建双线增设相关设备的发展条件。并尽量与电力配电所、综合维修工区合建，其中检修室、料库、控制室、交直流系统等房屋或设备共用。

新建牵引变电所引入 2 路 110 kV 电源供电，110 kV 电源侧采用线路分支接线，电气设备采用户外中型布置；27.5 kV 侧采用单母线分段接线，电气设备采用户内布置。

新建牵引变电所设 2 台变压器，采用固定备用、三相 V/V 接线、油浸自冷方式，预留风冷条件。各牵引变电所变压器安装容量：陵县为 2 ×（12.5 + 10） MV · A、商河、阳信、洛王、东营南、东宅科均为 2 ×（10 + 10） MV · A。

新建牵引变电所采用微机保护和综合自动化系统，按无人值班设计，适当考虑值守条件。新设牵引供电远动系统，纳入济南铁路局既有牵引供电调度所管理。

接触网采用全补偿简单链型悬挂，接触悬挂结构高度一般为 1 400 mm。正线接触线采用 120 mm^2的锡铜合金导线，承力索采用 95 mm^2 的镁铜合金绞线；站线接触线采用 85 mm^2的锡铜合金导线，承力索采用 70 mm^2的镁铜合金绞线。接触线的悬挂高度要满足带电通过双层集装箱货物列车的条件。道岔处接触网悬挂采用交叉线岔方式。附加导线采用铝包钢芯铝绞线。

黄河涯站接触网改造维持既有标准，尽量减少废弃和过渡工程。货物线按头部挂网设计。滨州西联络线按挂网设计。

接触网绝缘泄漏距离一般不大于 1 200 mm，一般地段采用瓷质绝缘子，特别严重污秽地区适当加强绝缘,个别特殊污秽地区和软横跨采用合成绝缘子。采用锚段关节式电分相,尽量避免设在大坡道、列车出站加速区段和线路限速低速区段。

接触网支柱布置应考虑预留双线改造的条件,原则上在线路同一侧布设。路基地段的腕臂柱一般采用横腹杆式预应力钢筋混凝土支柱,桥上采用格构式桥钢柱,车站和多线并行区段采用软横跨和钢柱。车站雨棚地段接触网支柱与雨棚柱合架。支柱高度按水平腕臂距柱顶距离 100 mm、最大不超过 300 mm 选择。支柱侧面限界应满足大型养路机械作业要求。

接触网支柱跨距一般为 50 m,最大不大于 55 m。相邻跨距之差不大于 10 m。正线锚段长度一般不大于 2 ×800 m,站线最大锚段长度不大于 2 ×850 m,附加导线的锚段长度一般不超过 2 000 m。

在滨州西设供电加强领工区,陵县、商河、阳信、滨州西、东营南设接触网工区,在综合维修工区设接触网维修班组。负责牵引供电和电力供应设施的运营维护和管理。

3.9.2　电力工程

全线新设 1 条 10 kV 电力贯通线,敷设在非增建第二线的一侧。新设陵县、商河、阳信、滨州西、东营南等 10 kV 配电所。滨州西、东营南 10 kV 配电所从地方电网引入2 路 10 kV 电源供电;其他各 10 kV 配电所先从地方电网引入 1 路 10 kV 专盘专线电源供电,预留引入第 2 路电源的条件。

设有 10 kV 配电所的车站其用电负荷设站内 10/0. 4 kV 变电所供电,由配电所站馈线接引电源;没设 10 kV 配电所的车站其用电负荷设站内 10/0. 4 kV 变电所,优先就近接引地方电源供电,无接引地方电源供电条件的,从 10 kV 电力贯通线接引电源供电。

车站通信信号用电负荷设室内 10/0. 4 kV 变电所供电,电源引自 10 kV 电力贯通线。区间通信信号用电负荷设箱式变电站供电,电源引自 10 kV 电力贯通线。

新设防灾监测系统的区间雨量监测设备用电,单独设 1 kV · A 杆式变压器为其供电,供电电源利用为区间通信基站供电的电力电源;对应车站所设雨量监测设备的用电,利用为车站行车室供电的电力电源。并在各设备用电点单独设置电表计量电量。

新建 10 kV 配电所设综合自动化系统,按无人值班设计。新设电力远动系统,纳入济南供电段既有电力调度所管理。在综合维修工区设电力维修班组,负责电力设施的运营维护。

3.9.3　通信工程

长途通信线路,新设 1 条 24 芯单模直埋光缆,沿新建铁路非增建第二线一侧敷设。

利用新建光缆线路开通 SDH 2. 5 Gbit/s 传输系统,在沿线主要车站新设 SDH 2. 5 Gbit/s传输设备。

利用新建光缆线路开通 SDH 622 Mbit/s 车站接入网系统,沿线车站,区间通信基站新设 SDH 622 Mbit/s 传输接入设备。并在同一车站将 SDH 622 Mbit/s 设备通过 SDH 622 Mbit/s 光接口与 SDH 2. 5 Gbit/s 设备互联。

在牵引变电所、分区所、电力配电所等处设 SDH 622 Mbit/s 接入设备，通过光缆接入邻近车站的 SDH 622 Mbit/s 接入网系统，为其专业提供话音和数据信息传输通道。

电话交换系统，利用该线两端的既有铁路电话交换机，在东营南新设 1 000 线程控电话交换机，沿线新增自动电话用户按隶属范围接入东营南新设的或既有铁路电话交换机，通过统一编号组网，实现与既有铁路电话专网的互通。

新设数字调度通信系统，利用济南铁路局调度所的既有调度通信中心交换机，沿线车站新设车站型调度通信交换机、调度分机、车站值班台，通过传输通道接入铁路局调度所调度通信中心交换机和调度通信系统。按照调度区划分，并在调度所新设 1 个本线行车调度台及相应的配套设备，负责黄河崖（不含）至大家洼（不含）的行车调度指挥。黄河崖、大家洼车站调度区划维持既有，归属济南铁路局调度所相关调度台管辖。

新设 GSM-R 移动通信系统，利用济南铁路局的既有 GSM-R 通信交换机和既有 GSM-R 无线通信网管设备（OMC-R）。在东营南新设基站控制器（BSC），沿线新设通信基站和设备，采用单层覆盖方式组网。区间弱场区采用光纤直放站、漏泄电缆和天线方式增强，以满足无线场强覆盖和信息传输的需要。完成调度命令和无线车次号校核信息传送等功能。

新设应急通信系统，利用济南铁路局既有应急通信指挥中心及设备。在综合维修工区新设应急通信现场接入设备，纳入铁路局既有应急通信指挥中心系统。

通信电源，沿线新建车站通信机械室设 48 V 高频开关电源和蓄电池组，并新设电源和机房环境监控系统。实现对电源设备和机房环境的监控。

3.9.4　信号工程

车站联锁，新建车站和独立控制的线路所，史口和滨州北站结合站场改造，均新设双机热备型计算机联锁设备和信号智能电源屏，车站联锁控制和显示采用鼠标 + 显示器方式。列车运行速度为 140 ~ 160 km/h 的地段，其车站接近区段设计为双接近区段。京沪铁路黄河涯站新设硬件安全冗余型计算机联锁设备和信号智能电源屏。为便于运输管理和维护，岳高铺线路所道岔纳入黄河涯站联锁设备集中控制，滨州站外方（滨州北联络线）接轨道岔纳入滨州站联锁设备集中控制。滨州北站外方（滨州北联络线）线路所和杀虎刘线路所分别采用独立联锁方式。

根据车站（场）道岔设计类型，配备相应的道岔转辙设备和拉力测试装置，18 号及以上辙叉道岔配置密贴检查装置，并与既有电务维修工装相匹配。

新建联锁设备的车站站内采用 97 型 25 Hz 相敏轨道电路，电码化采用 ZPW-2000 系列发送设备，正线采用预叠加、到发线占用采用叠加发码方式。站内 97 型 25 Hz 轨道电路干线电缆采用铝护套信号电缆，分支电缆采用综合护套信号电缆。

运输调度指挥系统，黄河涯（不含）至大家洼（不含）段新建线路采用调度集中（CTC）系统，沿线各新建车站（线路所）设 CTC 分机设备、网络安全和通道质量监督设备；为实现 CTC 区段调度指挥信息透明，在相邻线路衔接的车站或线路所新设 TDCS 信息采集设备；京沪铁路黄河涯站结合车站改建新设 TDCS 分机设备，通过传输通道纳入济南铁路局调度所 CTC/TDCS 总机系统。并在调度所新设 1 个德大铁路列车调度台,增设相应的应用和通信服务器、网络安全及通道质量监督等 CTC 总机系统设备。新设的本线列车调度台负责黄河涯(不含)至大家洼(不含)段的行车调度指挥;黄河涯车站调度区划维持既有调度台管辖。并对铁路局既有 TDCS 总机系统设备进行相应修改。

列车运行控制系统,单线区间采用自动站间闭塞制式,区间占用或空闲检查采用计轴设备。结合对京沪铁路黄河涯站的改建,仍采用既有四显示自动闭塞标准,对本站既有自动闭塞相关通过信号机及信号设备进行改造;其他相衔接的既有线区间维持原闭塞制式不变。与本线相关的较短联络线采用轨道电路方案。

新设信号集中监测系统,沿线新建车站、独立控制的线路所,黄河涯、史口、滨州北站新设集中监测分机设备。按照管辖范围接入所属电务段既有信号集中监测总机系统。对信号设施进行集中监测和远程诊断,保证其处于正常工作状态。

沿线新建信号设备房屋设防雷电、电磁兼容和综合接地防护系统,与房建工程同步实施。

3.9.5　防灾安全监控系统

按照《关于铁路防灾安全监控系统有关设施设置要求的通知》(铁建设〔2012〕149 号)要求,沿线新设雨量监测系统,利用济南铁路局既有防灾安全监控数据处理中心系统和设备,增设 2 台互联网访问服务器,对监控中心系统软件进行修改和升级。在铁路局调度所本线列车调度台处、沿线新增工务工区分别设雨量监测监控终端,归属工务段既有监控和维护终端利旧;在新建路基地段设雨量监测点和现场监测设备,监测到的雨量信息通过 GSM/GPRS 网络无线传输方式接入铁路局监控数据处理中心系统设备。

参加线路工程施工的单位有中铁一局、十局集团等单位,中铁建电气化局集团等单位负责四电工程的施工。

线路工程于 2009 年 11 月 29 日开工,四电工程于 2013 年 8 月 12 日开工。2015 年 7 月 7 日完成全线铺轨。2015 年 8 月 27 日全线接触网送电。2015 年 8 月 29 日完成冷滑试验。2015 年 9 月 12 日通过动态验收。2015 年 9 月 28 日正式通车。

3.10　林歹至织金铁路

新建林歹至织金(新店)铁路位于贵阳市西南部,自湖林铁路支线林歹站引出,向西跨斯拉河,经织金洞风景区南侧引入黄(桶)织(金)铁路的织金车站,大致呈东西走向,正线全长 97.752 km(图 3.10)。工程范围包括:林歹南(ZDK0 + 000 = 既有湖林支线 JGDK33 + 100.19)至织金进站前(ZDK67 + 667.55)新建线路长 67.1 km(含织金站改造);林歹南(XDK0 + 000 = 既有湖林支线 JGDK33 + 100.19)向北经卫城至新店(XDK27 + 890.78)新建线路长 27.94 km;另从林织(ZD1K4 + 400)至林新(XD1K4 + 200)修建织金至新店联络线长 1.65 km;既有湖潮(K0 + 000)至林歹南(JGDK33 + 100.19)线路改造长 32.5 km。林歹南(既有)至织金段设有岩脚、骡马洞(预留)、坪子上、大冲(预留)、新发和织金(既有)等车站;林歹南(不含)至新店段设有卫城、新店 2 个车站;湖潮(不含)至林歹南段设有清镇、条子场和林歹南 3 个车站。这些站中林歹南、织金为既有接轨站,岩脚、清镇、条子场、卫城、新店为中间站,其余为会让站。新建林织铁路西接所建的黄(桶)织(金)铁路,远期与规划建设的水城至纳雍至织金铁路、新店至黔西至金沙铁路相连接,在林歹端分别经沪昆铁路和贵阳环城铁路可达贵阳地区及中南、华南等地区。随着区域内相关新建铁路的建成,区域铁路网的不断完善,林织铁路在铁路网上起到联络和辅助作用。对改善区域交通现状、完善铁路网结构均有重要作用和深远意义。可改善沿线地区的交通运输条件,加快沿线资源的开发步伐,为沿线经济社会的发展注入强劲的活力。

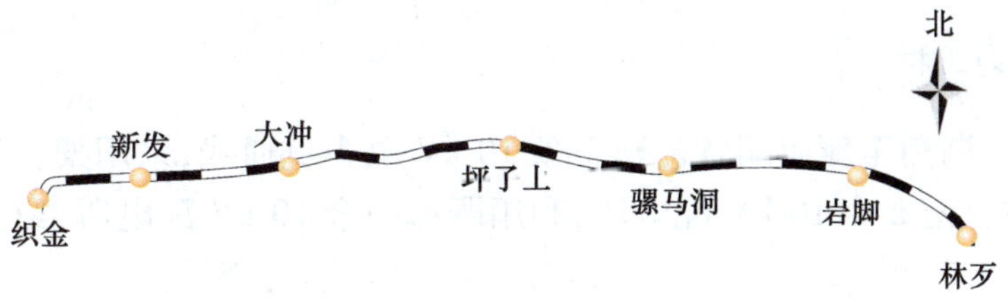

图 3.10　林织铁路示意图

林织铁路的建设单位是成都铁路局贵阳建设指挥部、贵阳市域铁路有限公司,设计单位是中铁二院工程集团有限责任公司。线路主要技术标准:铁路等级,Ⅱ级;正线数目,单线;限制坡度,13‰;最小曲线半径,一般地段 1 200 m、困难地段 800 m、既有线湖潮至林歹至织金改造地段 500 m;到发线有效长度,850 m;闭塞类型,半自动闭塞。牵引种类,电力牵引(直供加回流线供电方式);牵引质量,3 800 t。

3.10.1　电气化工程

牵引供电采用带回流线的直接供电方式。全线新设条子场、大冲、卫城 3 座牵引变电所。针对本线单列功率大、列车对数少的运输特点,牵引变电所装设动态电容补偿装置。

新建牵引变电所引入 2 路 110 kV 电源供电。110 kV 电源侧采用分支接线;27.5 kV 侧采用单母线分段接线,采用空气开关柜布置。

新建牵引变电所设 2 台变压器,采用固定备用、三相 V/V 接线方式。各牵引变电所变压器安装容量:条子场为 2 × (12.5 + 10) MV · A、大冲为 2 × (12.5 + 10) MV · A、卫城为 2 × (10 + 10) MV · A。

新建牵引变电所采用微机保护和综合自动化系统,按无人值班设计,适当考虑值守条件。新设牵引供电远动系统,纳入成都铁路局牵引供电调度所管理。

接触网采用全补偿简单链型悬挂,接触悬挂结构高度为 1 400 mm。正线接触线采用 120 mm^2的铜合金导线,承力索采用 95 mm^2的铜合金绞线,接触线悬挂高度按满足通过超级超限货物列车设计。加强线、回流线等附加导线采用加强型防腐钢芯铝绞线。

接触网绝缘泄漏距离不小于 1 400 mm。一般地段采用瓷质绝缘子,特别污秽地区采用合成绝缘子。采用锚段关节式电分相,尽量避免设在大坡道、列车出站加速区段和线路限速低速区段。

接触网支柱,路基区段的腕臂柱采用横腹杆式预应力混凝土支柱和直埋基础;桥上腕臂柱采用热浸镀锌钢柱。车站和多线并行区段采用软横跨,软横跨支柱在跨度较小时采用大容量横腹杆式预应力钢筋混凝土支柱,跨度较大时采用热浸镀锌钢柱。腕臂结构距柱顶高度不小于 100 mm、最大不超过 300 mm。支柱侧面界限应满足大型养路机械作业的要求。

接触网支柱跨距一般为 50 m,最大不大于 55 m。相邻跨距之差不大于 10 m。正线锚段长度一般不大于 2 ×750 m;站线锚段长度一般不大于 2 ×850 m。附加导线锚段长度一般不大于 2 000 m。

3.10.2 电力工程

湖潮至织金、湖潮至新店间各新建 1 条 10 kV 电力贯通线,采用架空线和电缆敷设方式;新设湖潮、林歹南 2 座 10 kV 配电所,利用既有织金 10 kV 配电所,给沿线车站和区间用电负荷供电。

设有 10 kV 配电所的 3 个车站其用电负荷设 10/0.4 kV 变电所供电,从配电所站馈线接引电源;不设 10 kV 配电所的车站其用电负荷设 10/0.4 kV 变电所,从地方电网接引电源供电。

车站通信信号用电负荷设站内专用变压器供电,主用电源从 10 kV 电力贯通线接引,备用电源从地方电源接引。

区间通信信号用电负荷设箱式变电站或杆架式变电台供电,电源引自 10 kV 电力贯通线。

新设电力远动系统,纳入既有贵阳供电段电力控制中心管理。

3.10.3 通信工程

长途通信线路,湖潮至林歹南至织金、新店新设 1 条 20 芯单模光缆。新建线路区段另新设 1 条 7 ×4 ×0.9 低频对称电缆;湖潮至林歹南间既有光电综合缆按电气化区段防护标准进行整治,作为区间电缆继续使用;区间通话柱引入线和地线以及与电缆连接的设备,按满足电气化区段使用要求进行整治使用;沿线车站到新设信息用户敷设 1 条 8 芯单模光缆。

传输系统,利用新建光缆开通 SDH 622 Mbit/s 接入网系统,在湖潮站新设 SDH 622 Mbit/s接入网局端设备,沿线各车站新设 SDH 622 Mbit/s 接入设备。并在湖潮、织金站与贵昆、黄织铁路接入网系统相接。

新建牵引变电所及 10 kV 配电所新设 SDH 150 Mbit/s 接入设备,就近接入车站 SDH 622 Mbit/s 接入网系统。

电话交换系统,沿线新增自动电话用户通过接入网系统接入贵阳地区既有铁路电话交换机,通过统一编号组网,实现与既有铁路电话专网的互通。

调度通信系统,利用贵阳铁路调度所的既有数字调度通信交换机,沿线各新建车站设车站型数字调度通信交换机、调度分机、车站值班台,各既有车站的数字调度通信交换机利旧使用;通过传输通道接入贵阳调度所调度通信中心交换机和调度通信系统及贵阳枢纽调度台统一管辖,进行运行列车的调度指挥。

新设 400 MHz B 制式无线列调系统,各车站新设无线车次号校核信息和调度命令传输系统转接设备;区间弱场区采用光纤直放站、漏泄电缆和天线方式增强无线场强的覆盖,以满足电气化区段所需信息的传输要求。完成无线车次号校核信息和调度命令的传送等功能。

通信电源,各新建车站通信机械室设 48 V 电源和蓄电池,既有车站通信机械室 48 V 电源按实际需要扩容,并新设电源和机房环境监控系统。

3.10.4　信号工程

车站联锁,沿线各新建车站设双机热备型计算机联锁设备和信号电源屏;湖潮站既有联锁设备利旧、进行适应性改造。织金站维持既有 6502 电气集中联锁设备。老院子、桥坡线路所采用区域联锁方式,分别纳入岩脚、卫城车站联锁设备统一控制。

新建计算机联锁设备的车站站内采用 97 型 25 Hz 相敏轨道电路,采用二元二位轨道继电器,采用半自动闭塞区段车站电码化系统;正线采用叠加预发码、到发线采用叠加发码方式,发送设备按冗余配置。

新设列车运输调度指挥系统(TDCS),各车站新设 TDCS 分机设备、信息安全和通道质量监督设备,按调度区划分纳入成都铁路局调度所 TDCS/CTC 总机系统,由贵阳枢纽行车调度台进行行车调度指挥。

区间闭塞采用单线半自动闭塞制式及配套设备。

新设信号集中监测系统,设有联锁设备的车站和信号中继站设集中监测分机设备,既有车站的集中监测分机设备利旧改造,接入隶属电务段的信号集中监测总机系统。

沿线新建信号设备房屋设防雷电、电磁屏蔽和综合防护接地系统,与房建工程同步实施;其余既有车站信号设备房屋完善综合防护接地系统。

中铁二局集团承担林织铁路的线路施工任务,2009 年 9 月 29 日举行开工仪式。中铁八局集团承担四电工程的施工,于 2013 年 5 月 8 日立起全线第一根接触网杆。2015 年 11 月 22 日完成铺轨。2015 年 12 月 28 日正式开通。

3.11　宁西铁路西安至合肥段复线电气化

既有宁西铁路,西起陕西省西安枢纽新丰镇站,途经渭南、商洛、丹凤、商南、西峡、内乡、镇平、南阳、唐河、桐柏、信阳、罗山、潢川、商城、固始、六安、合肥、肥东、全椒等市县,东至南京,大致呈西北东南走向,正线全长 1 086 km。其中一期工程西安至合肥段 955.352 km,于 2004 年 1 月 7 日正式建成通车;二期工程合肥至南京段 129 km,于 2008 年 4 月18 日正式建成通车。该线是一条连接东西部地区的重要交通运输通道。开通以来,随着中西部经济的发展,以及陕北煤田的开发,运量要求逐年增加,使该段单线铁路已满足不了运输需求量的要求。为此,国家决定对西安枢纽新丰镇站至合肥东段增建第二线(正线全长 957 km)并电化(图 3.11)。工程范围还包括西安枢纽、合肥枢纽、南阳地区、信阳地区、六安地区相关配套工程。本段增建第二线后暂封闭渭南南、花园乡、涧峪、两岔河、商洛北、白杨店、孝义乡、南河、毛坪、试马、富水、八庙、重阳、白河湾、屈原岗、赵店、灌张铺、晁陵、郭洼、遮山、金华乡、仝堂、曲伯科、毕店、新集、七里桥、李家湾、小湾、江湾、伍家坡、夏家湾、罗湾、孙铁铺、郑凹、江家集、谌老营、李集、祖师庙、大顾店、余大庄、十里桥、先生店、枣树店、官亭、雷麻店等车站。全段设有西安、零口、渭南西、桥南镇、蔡家河、灞源、砚川、商洛、商镇、丹凤、铁峪铺、清油河、商南、西坪、丁河、西峡、丹水、内乡、曲屯、镇平、南阳东、白秋、唐河、安棚、淮源、桐柏、月河店、小林、信阳、息县、潢川、商城、固始、叶集、分路口、六安、长安集、合肥等车站。行政和调度区划分维持既有不变。该段线路增建第二线并电化的开通运营,缓解了该线路和陇海铁路客货运输压力,加强了西北、华北、西南与华东、中南等地区的交通联系,促进了沿线工农业发展和资源开发,对加速革命老区脱贫致富起到重要作用。宁西铁路贯通中国东、西、中 3 个经济带,扩大了华东经济的辐射面,使中国大西北与华东、中南地区的运输调节能力大大增强,对抵御自然灾害和加强国防建设具有重大意义。

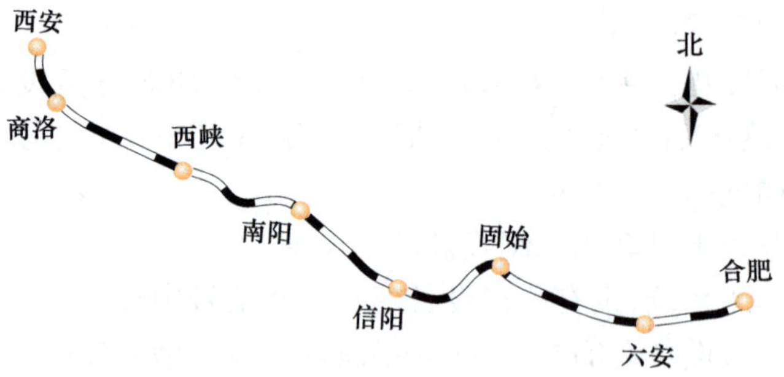

图 3.11　宁西铁路西合段增建第二线示意图

宁西铁路西合段增建第二线的建设单位是上海、郑州、武汉、西安铁路局,设计单位是中铁第一、第四勘察设计院集团公司和上海轨道设计院。线路主要技术标准:铁路等级,Ⅰ级;正线数目,双线;限制坡度,零口至西峡段 13‰。(局部单方向下坡 16‰)、西峡至合肥段 6‰;最小曲线半径,零口至西峡一般地段 1 200 m、困难地段 800 m、局部特别困难地段维持既有 600 m,西峡至合肥一般地段 2 000 m、困难地段 1 600 m、个别地段 1 200 m,引入南阳、信阳、潢川及合肥等枢纽(地区)维持既有标准;到发线有效长度,1 050 m(双机地段 1 080 m);闭塞类型,自动闭塞;牵引种类,电力牵引(直供加回流线供电方式);机车类型,SS_{7D}、HXD_{2B};牵引质量,5 000 t。

3.11.1　电气化工程

牵引供电系统,零口至六安段采用带回流线的直接供电方式,六安至长安集段采用 AT 供电方式。西安至南阳既有电气化区段,利用既有牵引变电所,配备相应的供电设备;

其他非电气化区段,新设牵引变电所。零口至南阳段利用既有零口、桥南镇、灞源、砚川、商洛、丹凤、清油河、西坪、西峡、内乡、镇平、南阳西牵引变电所,给牵引变压器增设风冷装置。南阳至六安段新设白秋、安棚、月河店、信阳西、伍家坡、息县、传流店、固始、姚李庙等牵引变电所。六安至长安集段利用相邻合武客运专线的既有六安、长安集牵引变电所。新设南阳、信阳北开闭所,六安至长安集段供电臂中部新设 AT 所。

复线区段,在牵引变电所之间新设分区所,单线区段设联络开关。分区所或联络开关的设置要考虑相邻两牵引变电所供电臂供电能力的均衡。在零口至西峡段连续长大坡道的供电臂中部、安棚至淮源、淮源至月河店、信阳西至信阳 3 个供电臂中部设上下行并联开关站,实行上下行并联供电。

新建牵引变电所引入 2 路 110 kV 电源供电,110 kV 侧采用线路分支接线,电气设备采用室外布置;27.5 kV 侧采用单母线分段接线,电气设备采用户内安装方式。分区所、开闭所、并联开关站采用箱式布置。

新建牵引变电所所设变压器,采用固定备用、V/V 接线、油浸自冷方式,预留风冷条件。南阳至六安段新建牵引变电所变压器安装容量:安棚、月河店、信阳西、伍家坡、息县、传流店、固始均为 2×(20+20) MV·A,姚李庙为 2×(20+16) MV·A,白秋利用南阳西牵引变电所更换下来的变压器,主接线不变。

零口至南阳利用既有电气化区段的牵引变电所,对既有变压器进行更换或增容,各牵引变电所变压器安装容量:零口、桥南镇为 2×(40+40) MV·A,灞源、西峡为 2×(40+25) MV·A,商洛为 2×(25+31.5) MV·A,丹凤、清油河、西坪均为 2×(31.5+40) MV·A,南阳西为 2×(20+25) MV·A。砚川、内乡、镇平牵引变电所分别利用既有零口、桥南镇、灞源更换下来的牵引变压器,主接线不变。既有牵引变电所的变压器增容后,应相应更换不能满足供电需求的电流互感器、断路器等相关设备。

六安至长安集段利用合武客运专线的既有牵引变电所供电,开通运营后根据实际运行需要,经校验可对变压器进行增容。

新建牵引变电所、分区所、开闭所采用综合自动化系统,按无人值班设计。牵引变电所适当考虑值守条件。新设牵引供电远动系统,牵引电力调度分别纳入西安、郑州、武汉、上海铁路局相应电力调度所管理。

新建接触网采用全补偿简单链型悬挂,接触悬挂结构高度一般为 1 400 mm。单线隧道内接触网悬挂采用弹性支撑安装方式。零口至西峡段正线接触线采用 150 mm^2 的银铜合金导线,承力索采用 120 mm^2 的铜合金绞线;其他区段新建正线接触线采用 120 mm^2 的锡铜合金导线,承力索采用 95 mm^2 的铜合金绞线。接触线悬挂点距轨面高度一般 6 000 mm,接触线最低点距轨面高度为 5 700 mm;附加导线采用铝包钢芯铝绞线。零口至西峡段及其他个别区段既有接触网载流量不够的供电臂设置加强线,零口至灞源段既有正线承力索更换为 120 mm^2 的铜合金绞线。

新建接触网绝缘泄漏距离不小于 1 200 mm,严重污秽地区可适当加强绝缘。一般地段采用瓷质绝缘子,隧道内、锚段关节等处采用合成绝缘子。采用锚段关节式电分相,避免设在大坡道、列车出站加速区段和线路限速低速区段。

接触网支柱,路基地段的腕臂柱一般采用横腹杆式预应力钢筋混凝土支柱,桥上采用格构式桥钢柱;车站及多线并行区段采用软横跨,尽量在车站股道外侧及线间距较大的股道间立柱,有雨棚的车站站台地段接触网支柱与雨棚柱合架。支柱高度选择按水平腕臂至柱顶距离100 mm、最大不超过300 mm控制。支柱侧面限界应满足大型养路机械作业的要求,既有支柱限界维持现状。

零口至西峡段既有电气化区段供电臂增设加强线时,应对既有接触网支柱容量进行核验,尽量减少支柱的更换。

接触网支柱跨距一般为55m,最大不大于60 m;在风口、长大桥梁两端及高填方地段不大于55m。绝缘关节的转换柱跨距较正常跨距值缩减5 ~ 10 m;相邻两跨距之比不大于1:1. 5,桥梁、站场咽喉区等困难地段不大于1:2. 0。

正线双边补偿时的最大锚段长度一般不大于2 ×800 m,困难时不大于2 ×900 m。单边补偿的锚段长度为上述值的50%;站线最大锚段长度一般不大于2 ×850 m,困难时不大于2 ×950 m;附加导线锚段长度一般不大于2 000 m。

新增电气化设施的运营维护和管理,由既有西安、郑州、武汉、上海铁路局相关供电段负责。并将西安至南阳段既有渭南南网工区等迁移至渭南西;南阳西至合肥段新设唐河、桐柏、安棚、信阳北、罗山、潢川、商械、姚李庙等接触网工区。

3. 11. 2　电力工程

全段新设1条10 kV电力贯通线,一般地段采用LGJ-70型架空线路,桥隧区段采用电缆敷设。利用既有新丰镇南、桥南镇、商州、丹凤、清油河、西坪、西峡、内乡、南阳西、唐河、桐柏、小林、罗山、商城、叶集、六安、官亭、长安集10 kV配电所,以及灞源、信阳北、潢川35/10 kV变配电所,并配备贯通线馈出设备和调压器等设备。

桥南镇、商州、丹凤、西峡10 kV配电所增设第2路10 kV电源供电。灞源、清油河、小林、商城10 kV配电所当地方电源条件具备时,进一步改善供电质量。南阳10 kV配电所对既有1路10 kV电源进行增容,以满足站房负荷供电需要。

车站新增综合用电负荷,设有10 kV、35/10 kV变(配)电所的车站按原供电方式由变(配)电所的站馈线供电;没设变(配)电所的车站,如果新增综合用电负荷较小时按原供电方式从10 kV贯通线接引电源供电,如果新增综合用电负荷较大按原供电方式从地方电网接引电源供电。

区间新增通信信号等负荷新设杆架式变电台供电,电源引自10 kV电力贯通线。

新增的电力设施接入既有电力远动系统,分别纳入西安、郑州、武汉、上海铁路局相应的电力调度所管理。

新增电力设施,由既有西安、郑州、武汉、上海铁路局相应供电段负责运营维护和管理。

3. 11. 3　通信工程

长途通信线路,西安、上海铁路局管段新设1条48芯干线光缆,沿铁路敷设。郑州铁路局管段新设 2 条 24 芯干线光缆,沿铁路同沟敷设。武汉铁路局管段新设 1 条 24 芯干线光缆,沿铁路敷设。

传输系统,新设 SDH 10 Gbit/s 骨干传输系统,沿线主要车站新设 SDH 10 Gbit/s 设备,并利用新设光缆和既有 12 芯光缆构成双光缆线路保护。

新设 SDH 2.5 Gbit/s 车站接入网系统,沿线车站新设 SDH 2.5 Gbit/s 传输接入设备,利用新设光缆和既有 12 芯光缆构成双光缆线路保护。并在同一车站将 SDH 2.5 Gbit/s 设备通过 SDH 2.5 Gbit/s 光接口与 SDH 10 Gbit/s 设备相联。

区间通信基站、牵引变电所亭、配电所等区间信息接入点新设 SDH 622 Mbit/s 接入设备,利用光缆通道接入相邻车站 SDH 2.5 Gbit/s 接入网系统。

电话交换系统,利用既有铁路电话交换网,沿线新增自动电话用户按照铁路局管辖范围,分别接入所隶属的既有铁路程控电话交换机。

调度通信系统,利用改造既有调度通信系统,利用西安、郑州、武汉、上海铁路局调度所的既有中心调度通信交换机;沿线车站既有调度通信交换机利旧改造,以满足调度通信的需要。

新设 GSM-R 移动通信系统,利用西安、武汉、上海铁路局既有 GSM-R 移动通信交换机,利用相关工程在西安、合肥所设的基站控制器(BSC),在南阳和信阳新设基站控制器(BSC),沿线新设区间通信基站,采用单层覆盖方式组网。区间和隧道内弱场区采用光纤直放站、漏泄电缆和天线方式增强,以满足无线场强覆盖和信息传输的需要。完成调度通信、调度命令和无线车次号校核信息传送等功能。

利用既有应急通信系统,在商洛、潢川新设应急通信现场接入设备,新设隧道内事故报警电话,按铁路局管辖范围分别接入所属铁路局既有应急通信指挥中心系统。

通信电源,沿线车站既有 48 V 高频开关电源继续使用,根据需要适当扩容。既有电源和机房环境监控系统继续使用。

3.11.4　信号工程

车站联锁,长安集至六安(不含)、分路口(不含)至零口直通场各车站新设硬件安全冗余型计算机联锁设备和信号电源屏。其他区段各车站结合股道和站场变化,在既有计算机联锁设备的基础上利旧改造。分路口和六安车站结合阜(阳)六(安)铁路工程统筹实施。

新建计算机联锁设备的各车站站内采用 97 型 25 Hz 相敏轨道电路,其中西安至南阳既有电气化区段的轨道电路设备器材应充分利旧。站内股道电码化正线采用预叠加、到发线采用叠加发码方式,发码设备采用与区间 ZPW-2000 自动闭塞一致的设备。站内轨道电路电缆采用满足电气化区段防护标准的铝护套信号电缆或综合护套扭绞信号电缆。

根据线路速度目标值,结合车站(场)道岔设计类型,配备相应的道岔转辙设备。西安至南阳既有单线电气化区段的转辙机等设备应充分利用。

运输调度指挥系统,根据"关于印发《铁路列车调度指挥系统(3.0)技术条件》的通知"(铁总运〔2013〕141 号)要求,西安铁路局管段内的渭南西、桥南镇、蔡家河、灞源、砚川、商洛、商镇、丹凤、铁峪铺、清油河、商南等 11 个车站新设列车调度指挥系统(TDCS)分机设备、网络和信息安全等设备(新设的 TDCS 系统设备应具有计划操作合理性检测、调度命令规范输入、车站接发车作业流程监督、列车进路错办报警、非正常行车作业辅助、施工登销记等功能),配备车站 TDCS 主机、电务维护、车务管理等终端设备,信号中继站新设 TDCS 采集分机、网络和信息安全及电源等设备,新设电务维护终端。并对应西安车务段管辖范围的车站在渭南西站信号机房新设 1 套车站服务器。沿线新设的 TDCS 分机至铁路局调度所的广域网、车站局域网按双环、双网传输设计,通过传输通道环回纳入西安铁路局调度所 TDCS/CTC 总机系统和本线调度台指挥。为减少对既有线运输的影响,在调度所增设 1 套与郑州铁路局 TDCS/CTC 总机系统的接口服务器。且对既有数据库、应用和通信服务器等设备及软件利旧修改。

总之就是将西安铁路局管段内保留站改的车站新设 TDCS(3.0)分机系统,按 TDCS3.0 标准配备硬件设备,并在增建第二线工程完成后结合铁路局调度所新建普速 TDCS/CTC 总机系统,适时开通 TDCS3.0 标准新增功能。

按照铁总运〔2013〕141 号文的要求,郑州铁路局管段内的西坪、丁河、丹水、内乡、曲屯、镇平、南阳疏解区线路所、南阳东、白秋、唐河、安棚、淮源、桐柏、月河店等车站(所)新设 TDCS 分机、网络和信息安全等设备,配备车站 TDCS 主机、电务维护终端、车务管理等终端设备;信号中继站新设 TDCS 采集分机及电务维护终端;西峡、屈原岗、南阳和南阳西站新设 TDCS 分机设备。并对应南阳西直管站、南阳车务段管辖范围的车站在南阳西、南阳站信号机房分别新设 1 套车站服务器。沿线新设的 TDCS 分机至铁路局调度所的广域网、车站局域网按双环、双网传输设计,通过传输通道环回纳入郑州铁路局调度所 TDCS/CTC 总机系统和本线调度台指挥。为减少对既有线运输的影响,在调度所增设 1 套与西安铁路局 TDCS/CTC 总机系统的接口服务器、与 GSM-R 系统的接口服务器。且对既有数据库、应用、通信服务器等设备及软件利旧修改。总之就是将郑州铁路局管段内保留站改的车站新设 TDCS 分机系统,按 TDCS3.0 标准配备硬件设备,并在增建第二线工程完成后结合铁路局调度所新建普速 TDCS/CTC 总机系统,适时开通 TDCS3.0 标准新增功能。

长安集(不含)至叶集段新设调度集中(CTC)系统,各车站新设 CTC 分机、网络和信息安全等设备;区间信号中继站新设 CTC 信息采集设备,结合阜六铁路工程的 CTC 系统统筹实施,通过传输通道纳入上海铁路局调度所 CTC/TDCS 总机系统,按照调整的调度区划,由相应的调度台指挥。

列车运行控制系统,零口直通场至分路口、六安至长安集段新设四显示自动闭塞,采用双线双方向运行,反向采用自动站间闭塞行车。区间采用 ZPW-2000 系列无绝缘移频轨道电路和自动闭塞设备。自动闭塞轨道电路长度要合理划分,隧道区段要根据实际测量的道床电阻合理分割轨道电路长度。

区间 ZPW-2000 系列移频轨道电路干线电缆采用铝护套信号电缆。西安至南阳既有单线电气化区段的轨道电路等设备应充分利用。

新设信号集中监测系统,新建联锁设备的车站和信号中继站设集中监测分机设备,其他车站既有集中监测分机设备利旧改造。按铁路局管辖范围接入隶属电务段的信号集中监测总机系统。

沿线各车站既有和接建的信号设备房屋设防雷电、电磁兼容和综合接地防护系统。由房建工程同步实施。并与接地系统等电位连接。

参加宁西铁路西合段增建第二线并电化的线路施工单位有中铁电气化局集团铁路工程公司，中铁七局、十五局、十七局集团等单位。中铁电气化局集团、中铁建电气化局集团等单位承担电气化、通信信号和电力工程的施工。

线路工程于 2012 年 10 月 20 日开工。四电工程于 2013 年 8 月 20 日开工。2015 年 12 月 21 日全段正式开通运营。

3.12　黄陵至韩城至侯马铁路扩能改造

黄陵至韩城至侯马铁路扩能改造，正线自包西铁路北塬站引出，经陕西省白水县、澄城县、合阳县至既有侯西铁路芝阳站，出芝阳站后沿既有侯西铁路到韩城，经韩城市在禹门口跨越黄河进入山西省，经河津市、稷山县、新绛县引入侯马站，线路全长 204.58 km（图 3.12）。其中包西铁路北塬站至侯西铁路芝阳站新建双线长 82.95 km，侯西铁路芝阳站至侯马站增建第二线长 121.63 km。工程范围还包括侯西铁路南永宁站至张桥站的电气化改造 96.14 km；侯马枢纽和合阳地区相关工程。以及本工程引起的包西铁路黄陵南站、北塬站变更和张桥牵引变电所增容等工程结合包西铁路工程统筹设计，按Ⅰ类变更设计处理。北塬（不含）至侯马段设有白水县、澄城、合阳北、芝阳、韩城、白村、下峪口、禹门口、清涧、河津、百底、稷山、新绛、西贺村、侯马等车站。封闭既有刘村、下迪及英山车站。其中白水县、澄城、合阳北为新建站，韩城站为既有区段站，芝阳为会让站，其余车站为办理客货运输作业的中间站和改建站。既有南永宁至张桥站的电气化改造区段设有南永宁、合阳、七峰、醍醐、韦庄、坞坭、大荔、蒲石、陈庄、钟家村和张桥等车站，其中南永宁、七峰、醍醐、坞坭、大荔等车站为会让站，其余均为办理客货运输作业的中间站。修建的黄韩侯铁路不仅能够强化陇海铁路“两翼”的分流功能，还能满足陕北、山西中南部地区煤炭外运量增长的需要，使陕北地区发往侯马以远的煤炭较经包西线、西延线、侯西线缩短运输距离 130 余 km，是晋陕两省煤炭运输的新便捷通道。

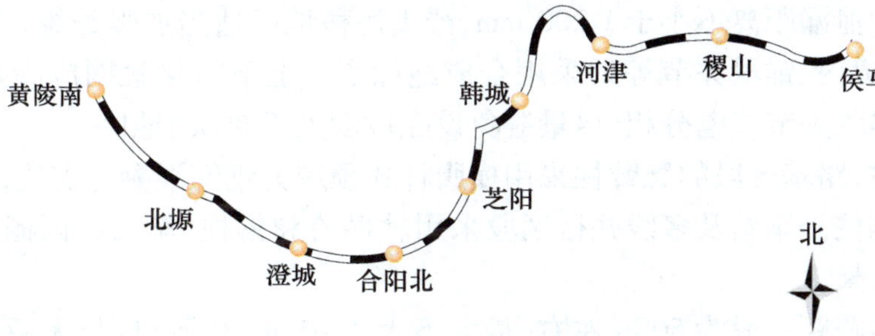

图 3.12　黄韩侯铁路示意图

黄韩侯铁路扩能改造的建设单位是西安、太原铁路局，设计单位是中铁第一勘察设计院集团有限公司。线路主要技术标准：铁路等级，Ⅰ级；正线数目，双线（芝阳至侯马段增建第二线），南永宁至张桥段为单线；限制坡度，北塬至韩城上行 6‰、下行 13‰，韩城至侯马段为6‰,南永宁至张桥段维持既有12.5‰;最小曲线半径,一般地段1 200 m、困难地段800 m、个别困难地段维持既有;到发线有效长度,1 050 m;闭塞类型,自动闭塞;南永宁至张桥段为半自动闭塞;牵引种类,电力牵引(直供加回流线供电方式);牵引质量,5 000 t。

3.12.1 电气化工程

牵引供电采用带回流线的直接供电方式。北塬至侯马段新设白水县、合阳北、芝阳、白村、百底、新绛等牵引变电所,新设北塬、澄城、合阳北、禹门口、稷山、侯马等6座分区所,新设韩城分区所兼开闭所;利用改造南同蒲铁路工程所建的侯马北牵引变电所。南永宁至张桥段新设七峰和大荔牵引变电所,利用和增容改造包西铁路所建的张桥牵引变电所,按变更设计处理,由包西铁路工程实施。

新建牵引变电所引入2路110 kV电源供电,110 kV电源侧采用分支接线,27.5 kV侧采用单母线分段接线。

新建牵引变电所设2台变压器,采用固定备用、三相V/V接线、油浸自冷方式,预留风冷条件。各牵引变电所变压器安装容量:白水县为2×(25+25) MV·A、合阳北为2×(16+25) MV·A、芝阳为2×(31.5+31.5) MV·A、白村为2×(16+20) MV·A、百底为2×(20+16) MV·A、新绛为2×(20+20) MV·A,七峰为2×(25+20) MV·A、大荔为2×(20+16) MV·A。包西铁路所建的张桥牵引变电所增容为2×(20+31.5) MV·A。利用改造的张桥、侯马北牵引变电所新增设备与原标准一致。

新建牵引变电所、分区所、开闭所采用微机保护和综合自动化系统,按无人值班设计,牵引变电所适当考虑值守条件。新设牵引供电远动系统,新建牵引供电设施分别纳入太原、西安铁路局电力调度所,在西安铁路局电力调度所新增1个电力调度台管理;太原铁路局管段纳入南同蒲铁路电力调度台管理。

接触网采用全补偿简单链型悬挂,接触悬挂结构高度一般为1 400 mm。新建正线接触线采用150 mm^2的铜合金导线,承力索采用120 mm^2的铜合金绞线;站线接触线采用85 mm^2的铜合金导线,承力索采用70 mm^2的铜合金绞线。双线隧道接触网安装,采用中间倒立柱方式和全旋转腕臂结构。附加导线采用铝包钢芯铝绞线。

接触网绝缘泄漏距离不小于1 200 mm,严重污秽地区适当加强绝缘。一般地段采用瓷质绝缘子,隧道内、锚段关节等处采用合成绝缘子。上下行接触网应满足V形天窗检修条件。采用锚段关节式电分相,尽量避免设在坡度大于6‰的地段。

接触网支柱,路基区段的腕臂柱采用横腹杆式预应力钢筋混凝土支柱,桥上采用格构式热浸镀锌桥钢柱。车站及多线并行区段采用软横跨和钢柱,车站有雨棚地段的接触网支柱与雨棚柱合架。

接触网支柱跨距一般为50 m左右,最大不大于65 m;在风口、长大桥两端及高填方地段最大不大于55 m;相邻两跨距之比一般不大于1:1.5,桥梁、站场咽喉区等困难地段不大于1:2.0。

锚段关节采用四跨关节。正线最大锚段长度一般不大于2×800 m,站线锚段长度一般不大于2×850 m,附加导线锚段长度一般不大于2 000 m。

露天区段接触网下锚一般采用滑轮组补偿装置和混凝土坠砣，桥上及设置防断中锚困难的锚段采用棘轮补偿装置。隧道内下锚一般采用滑轮组加坠砣补偿方式。既有隧道没有预留下锚空间的采用恒张力弹簧补偿。

新建牵引供电设施纳入既有西安供电段和太原供电段管辖。在韩城新设供电车间，在澄城、韩城(与供电车间合建)、百底、韦庄新设接触网工区，适当加强既有侯马北接触网工区，负责本线新增牵引供电设施的运营管理、维护及抢修工作。

3.12.2　电力工程

北塬至芝阳段新建 2 条 10 kV 电力贯通线路；芝阳至侯马段新建 1 条 10 kV 电力贯通线路，既有 10 kV 贯通线改作自闭电力线使用。新建 10 kV 电力贯通线一般采用架空线路，桥隧区段及无架空径路时采用电缆敷设。侯西铁路南永宁至张桥段既有 10 kV 电力贯通线利旧使用。

北塬至侯马段新建澄城 10 kV 配电所，将既有韩城 6 kV 配电所改造为 10 kV 配电所，这 2 个 10 kV 配电所从地方变电站接引 2 路 10 kV 电源供电；移地还建既有侯马10 kV 配电所；利用扩建既有清涧、稷山、侯马北 10 kV 配电所，增设相关的设备给本线新增和既有负荷供电，接引的既有 10 kV 电源线路维持既有。侯西铁路南永宁至张桥段利用既有 l0 kV 配电所，接引的电源线维持既有。

北塬至芝阳段，设有 10 kV 配电所的新建车站其综合用电负荷设站内 10/0.4 kV 变电所供电，电源引自配电所的站馈线；没设 10 kV 配电所的车站其综合用电负荷设站内 10/0.4 kV 变电所，从地方电网接引电源供电。

芝阳至侯马段，设有 10 kV 配电所的车站，根据站改情况对有关既有电力设施进行改建或扩容(既有电力供电设施尽量利旧)，给新增用电负荷供电；没设 10 kV 配电所的车站，根据站改情况对站内有关既有电力设施进行改建，按原供电方式给新增用电负荷供电，电源引自地方电网或 10 kV 贯通线。

沿线车站新增通信信号用电负荷设室内 10/0.4 kV 变电所供电，电源引自 2 路 10 kV 贯通线。

区间新增通信信号用电负荷设 10/0.4 kV 杆架式变电台供电，电源引自 10 kV 贯通线和自闭电力线。区间其他用电负荷，在负荷集中处设箱式变电站或杆架式变电台供电，电源引自 10 kV 贯通线。

对既有 10 kV 配电所电磁保护设备进行微机保护改造，纳入新设的电力远动系统，按照铁路局管辖范围分别纳入既有太原、西安供电段电力调度所，在西安供电段电力调度所新增 1 个电力调度台对段内系统进行管理；太原供电段电力调度所不增设电力调度台，将新设电力远动系统纳入南同蒲电力调度台管理。新设澄城电力工区，既有电力工区利旧并适当加强。

3.12.3　通信工程

长途通信线路，北塬站经芝阳至局界、局界至侯马北通信站新设 1 条 32 芯光缆，新设

1 条 7×4×0.9 低频对称电缆。芝阳至禹门口至侯马北既有 8 芯光缆继续使用。5 km 及以上隧道内新设 3×4×0.9 低频对称电缆,以满足应急报警电话组网的需要。既有长途通信电缆停止使用。

南永宁经张桥至阎良通信站新设 1 条 20 芯通信光缆;南永宁至张桥既有 8 芯光缆继续使用。既有长途通信电缆及引入设备按照电气化防护标准整治后继续使用。

传输系统,全线新设 SDH 2.5 Gbit/s 传输系统,在阎良、韩城、侯马北通信站及清涧站等主要车站新设 SDH 2.5 Gbit/s 设备,利用新建光缆中的 4 芯光纤构成复用段保护环。连接至西安、太原的传输通道利用既有传输网。

北塬站经芝阳至局界新设 SDH 622 Mbit/s 接入网,局界(禹门口)至侯马站利用既有 SDH 622 Mbit/s 接入网系统,北塬至侯马站间的各车站和区间 GSM-R 通信基站新设 SDH 622 Mbit/s 设备。利用新建光缆构成复用段保护环。

北塬站经芝阳至局界至侯马站间新建牵引变电所和分区所、信号中继站及配电所等处新设 SDH 155 Mbit/s 接入设备,就近接入 SDH 622 Mbit/s 传输接入系统。在韩城、侯马北新设接入网局端设备,新设接入网系统网管终端设备。

南永宁至张桥站间设 SDH 622 Mbit/s 传输接入系统,沿线各车站新设 SDH 622 Mbit/s 传输接入设备,接入侯西铁路的 SDH 622 Mbit/s 传输系统;沿线新建牵引变电所等处新设 SDH 155 Mbit/s 接入设备。就近接入 SDH 622 Mbit/s 传输接入系统。

电话交换系统,沿线新增自动电话用户通过新建的接入网系统接入韩城、侯马北等通信站的既有程控交换机,根据需要增设交换机的 V5.2 接口板。

调度通信系统,利用既有数字调度通信系统和设备,新建白水县、澄城、合阳北站新设车站型数字调度通信分系统设备,沿线各既有车站的数字调度通信分系统设备继续使用,按铁路局管辖范围和行政区划分,新建北塬至芝阳双线段纳入西安铁路局管辖,其他区段维持既有管理区段不变。按照调度区划分,新建北塬至合阳北段纳入西安铁路局调度所调度通信总机系统和既有相关调度台指挥,其他区段维持既有划分和相关调度台指挥不变。

黄陵至韩城至侯马新设 GSM-R 移动通信系统,利用西安、太原铁路局的既有 GSM-R 核心网设施,并分别新设基站控制器(BSC),沿线新设通信基站(BTS),采用单网覆盖方式组网。南永宁至张桥间既有列车无线调度系统改造为 450 MHz 的 B 制式系统。区间弱场区采用光纤直放站、漏泄电缆和天线方式增强,以满足无线场强的覆盖和信息传输的要求,完成调度通信、区间通信、公安通信和调度命令信息、无线车次号校核信息传输等功能。

利用既有应急通信系统,在侯马北、韩城新设应急通信系统现场接入设备。5 km 及以上隧道设应急事故报警电话系统,在相邻车站设车站值班员操作台,在隧道洞口附近的通信基站设有线应急电话控制主机(采用基站的 UPS 电源供电),在隧道内两侧的避车洞内设应急报警电话分机(每交错间隔 250 m 设 1 处),利用新设低频对称电缆接入邻近的通信基站隧道主机和相邻车站值班员操作台。再通过传输系统接入铁路局调度所新设的控制中心操作台,实现紧急情况下的电话报警和定位报警功能。

通信电源,新建通信机房设 48 V 高频开关电源和蓄电池,以及电源和机房环境监控系统采集设备,接入西安铁路局既有通信电源和机房环境监控系统。沿线既有通信机械室 48 V 电源和蓄电池按使用要求扩容,维持既有管理和监控范围不变。

3.12.4　信号工程

车站联锁,白水县至下峪口、禹门口至侯马站采用自动闭塞区段的车站及侯马北Ⅱ场新设硬件安全冗余型计算机联锁设备和信号综合智能电源屏。其中白村和下峪口站既有双机热备计算机联锁设备移至南永宁至张桥段的车站继续使用。

南永宁至张桥段的钟家村、大荔站室内既有联锁设备利旧,其余车站新设双机热备计算机联锁设备和信号电源屏,室外设备根据站场设计进行配套改造,取消区间线路所,其道岔纳入相邻车站集中控制。

白水县至侯马新建计算机联锁设备的车站站内采用 25 Hz 相敏轨道电路,采用二元二位继电器或电子接收盒(单套),正线采用 1 000 A 的扼流变压器,侧线采用 800 A 的扼流变压器,正线区段并设适配器;设有牵引变电所的车站的所设扼流变压器容量适当增加、并配备适配器。

自动闭塞区段的车站电码化采用与区间 ZPW-2000 系列一致的发送设备,正线采用叠加预发码、侧线采用叠加发码方式。

侯马北到达场(Ⅰ场)正线电码化更换为无绝缘移频轨道电路 ZPW-2000 系列发送设备, 其他信号设备维持既有标准利旧使用。侯马北Ⅱ场电码化改为 ZPW-2000 系列发送设备,正线采用预叠加发码、侧线采用占用发码方式。

南永宁至钟家村段的车站采用电码化系统,正线采用叠加预发码、侧线采用叠加发码方式。

设计的车站(场)新铺道岔配备电动或电液安装装置及转辙设备,并设道岔防尘罩。采用调度集中的车站所设道岔转辙设备相应增设限时保护装置。

行车调度指挥系统,全线新设调度集中(CTC)系统,白水县至侯马各车站及侯马北Ⅰ、Ⅱ、Ⅳ场新设 CTC 分机设备、信息安全和通道质量监督设备;南永宁至钟家村(不含)各车站新设 CTC 分机设备、信息安全和通道质量监督设备,钟家村站维持既有 TDCS 分机设备。按照铁路局管辖范围和调度区划分,白水县至下峪口各站、南永宁至钟家村各站纳入西安铁路局调度所 CTC/TDCS 总机系统和既有包西铁路调度台指挥。禹门口至侯马各站及侯马北Ⅰ、Ⅱ、Ⅳ场纳入太原铁路局调度所 CTC/TDCS 总机系统和同蒲铁路 CTC 调度台及侯马北枢纽调度台指挥;并增设相应的通信服务器、通道质量监督监测设备等,修改既有 CTC/TDCS 总机系统相应软件。

区间自动闭塞制式,北塬至侯马站及侯马至侯马北既有线采用四显示自动闭塞,正向采用追踪间隔运行,反向采用自动站间闭塞行车。区间采用 ZPW-2000 系列无绝缘移频轨道电路,长大隧道内低道床区段采用适当分割轨道电路长度的措施。轨道电路所用电缆的有效传输长度一般控制在 10 km,个别地段不应超过 15 km。

南永宁至钟家村站采用自动站间闭塞,增设计轴设备作为区间占用检查设备。

北塬、黄陵南站按包西铁路工程标准建设,结合本线的引入进行修改,与包西铁路工程同步实施。

信号集中监测系统,新建联锁设备的车站设集中监测分机设备(所设集中监测分机设备中应设有电务维修智能分析及辅助决策模块,完成监测预警分析和故障诊断、报警等功能,设有道岔表示电压监测信息采集器、道岔电缆绝缘测试采集器、驱动接口板和测试盒等。并按有关监测设备安全的要求,对采集板、采集器采取物理隔离和保证安全距离等措施)。按铁路局管辖范围和隶属关系,通过传输通道分别纳入相应电务段的既有信号集中监测总机系统。根据需要对总机系统相应软件及有关设备进行修改。

沿线新建或接建及既有信号设备房屋设防雷电、电磁屏蔽和综合防护接地系统。自动闭塞区段的车站其防护接地系统应与所设的信号专用贯通地线等电位连接。

采用自动闭塞的区段新设信号专用贯通地线,在电气特性上全程贯通,其接地电阻值不大于 1 Ω,长大隧道内采用综合接地,形成等电位连接。沿线轨旁信号设备就近与贯通地线等电位连接。

参加线路工程施工的有中铁建十六局、二十局、二十二局集团等单位,中铁电气化局集团等单位承担电气化、通信信号和电力工程的施工。

线路工程的陕西段于 2010 年 8 月 28 日正式开工、山西段于 2010 年 9 月 21 日式开工。四电工程于 2013 年 12 月 24 日开工。2014 年 11 月 13 日山西省禹门口至侯马段率先开通运营,2015 年 12 月 25 日全线开通运营。

3.13　金华至温州铁路扩能改造

既有金温铁路是一条从浙江金华通往温州的铁路,线路全长 252 km。始建于 1992 年 12 月 18 日,1998 年 6 月 11 日全线通车运营。金温铁路扩能改造,即金华南至温州南段新建双线 183.509 km,东孝至金华南增建第二线长 5.303 km。这样东孝至温州南站线路长度就达到 188.812 km。新建金温铁路北起金华市的东孝站,途经金华、武义、永康、丽水、缙云、青田等市县(区),南至温州南站,大致呈北西南东方向(图 3.13)。全线设有东孝、金华南、武义北、永康南、缙云西、丽水、祯埠、青田、温州南等车站(原新温州站)。其中武义北、永康南、缙云西、祯埠站为新建站,其余为既有改造车站。工程范围还包括金华、温州地区相关工程,以及与既有金温铁路衔接的相邻车站的有关改造工程。新建的金温铁路是华东地区隧道最多的线路之一。全线共有桥梁 50 多座、累计长度 43 km。隧道 43 座、累计长度 115.061 km,桥隧所占比例达到 83.09%。

扩能改造后的金温铁路比既有金温铁路缩短 60 多公里,设计行车速度 200 km/h,并预留了 250 km/h 的提速空间,属于电气化复线快速铁路。金温铁路沿线地区经济发达、风景秀丽,客运市场需求旺盛。其中温州是中国民营经济发展先发地区和改革开放的前沿阵地,也是海峡两岸民营经济创新发展示范区。它的建成开通,可有力促进温州市和浙江西南地区经济与社会的发展,并为完善东南沿海铁路路网建设奠定良好的基础。

金温铁路扩能改造工程的建设单位是上海铁路局、金温铁路开发有限公司,设计单

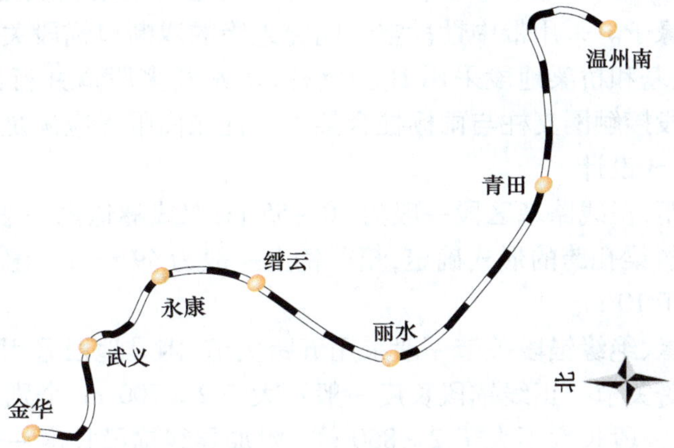

图3.13　新金温铁路示意图

位是中铁第四勘察设计院集团有限公司。线路主要技术标准:铁路等级,Ⅰ级;正线数目,双线;新建双线地段线间距4.6 m;限制坡度,6‰;最小曲线半径,3 500 m、枢纽地区可适当降低;到发线有效长度,850 m;闭塞类型,自动闭塞;旅客列车速度目标值,200 km/h;牵引种类,电力牵引(AT供电方式);牵引质量,4 000 t;建筑限界,预留开行双层集装箱列车运输条件。

3.13.1　电气化工程

牵引供电采用AT供电方式。新设武义北、丽水、青田牵引变电所,新设塘雅、建溪、祯埠、源口分区所;新建莲花塘、永康南、洋岙、延坑坪、岩壁头、底村、上黄AT所,新建金华南1座开闭所。利用温州南牵引变电所向本线供电。

新建牵引变电所引入2路220 kV电源供电,220 kV电源侧采用线路变压器组接线,电气设备采用户外中型布置;27.5 kV侧采用单母线分段接线,电气设备采用户外中型布置。分区所和AT所采用户外中型布置。

新建牵引变电所设4台变压器、分成2组,采用固定备用、三相V/X接线、油浸自冷方式,预留风冷条件。各牵引变电所变压器安装容量:武义北为2×(31.5 +31.5) MV·A、丽水为2×(31.5 +25) MV·A、青田为2×(31.5+31.5) MV·A。温州南牵引变电所变压器容量维持既有,根据运量增长情况适时增容。

新建牵引变电所、分区所、AT所采用微机保护和综合自动化系统。牵引变电所、分区所、AT所按无人值班设计,牵引变电所适当考虑值守条件。新设综合远动SCADA系统,纳入上海铁路局综合调度所沿海电力调度台管理。

接触网采用全补偿简单链型悬挂,接触悬挂结构高度隧道外一般为1 600 mm,隧道内一般不小于1 000 mm。正线接触线采用150 mm^2的锡铜合金导线,额定张力25 kN,承力索采用120铜合金绞线,额定张力20 kN;站线接触线采用120 mm^2的锡铜合金导线,额定张力15 kN,承力索采用95 mm^2的铜合金绞线,额定张力15 kN。正线接触导线悬挂高度隧道外一般6 400 mm,隧道内为6 380 mm。附加导线采用铝包钢芯铝绞线。

接触网绝缘泄漏距离一般不小于1 400 mm,一般地段采用瓷质绝缘子,特别严重污秽地区采用合成绝缘子。采用带中性段空气间隙绝缘的双断口锚段关节式电分相。

接触网支柱,路基和桥梁地段采用H型钢柱,车站及多股道并行区段采用硬横跨和钢柱。车站雨棚地段接触网支柱与雨棚柱合架。支柱侧面限界应满足大型养路机械作业的要求,一般按3.1 m设计。

接触网支柱跨距,正线路基区段一般为50~55 m;双线隧道内一般为45 m,最大不大于50 m;桥上根据桥梁孔跨的形式确定,箱梁桥上一般为49 m,T梁桥上一般为32.7 m。相邻跨距之差不大于10 m。

正线区段非绝缘、绝缘锚段关节一般采用五跨关节,困难地段采用四跨关节,联络线、疏解线一般采用四跨关节。正线锚段长度一般不大于2×700 m、个别困难情况下不大于2×750 m;站线最大锚段长度不大于2×850 m。附加导线锚段长度一般不大于2 000 m、困难时不大于3 000 m。

正线和站线接触网采用锚段张力自动全补偿方式。正线采用防断中心锚结,站线优先采用防断中心锚结,在车站内下锚困难或位于站台区等受条件限制时采用防窜中心锚结。

新设永康南、丽水、温溪供电工区,负责牵引供电和电力设施的维修和管理。

3.13.2 电力工程

全线新设1条综合负荷10 kV贯通线和1条一级负荷10 kV贯通线,新建综合负荷10 kV贯通线采用截面为90 mm^2的单芯铜芯电力电缆,一级负荷10 kV贯通线采用截面为70 mm^2的单芯铜芯电力电缆。分别沿铁路两侧的电缆槽道敷设。

全线新设金华南、武义北、永康南、缙云西、丽水、青田共6座10 kV配电所,引入2路10 kV电源,给沿线用电负荷供电。

设有10 kV配电所的车站其综合用电负荷设站内10/0.4 kV综合变电所,从10 kV配电所站馈回路接引2路电源供电;个别没设10 kV配电所的车站其综合用电负荷设站内10/0.4 kV综合变电所,从地方电网接引10 kV电源供电或从综合负荷10 kV贯通线接引电源供电。

沿线车站与行车有关的通信信号负荷设室内10/0.4 kV专用变电所供电,电源引自2路10 kV贯通线。

区间通信信号用电负荷设10/0.4 kV箱式变电站,从2条10 kV贯通线上各接引1路10 kV电源供电。

区间铁路跨公路立交桥排水设机械排水泵站时,设单电源箱式变压器从地方接引电源供电。沿线隧道照明设双电源箱式变压器从2路10 kV贯通线上接引电源供电。

新建10 kV配电所采用综合自动化系统,全线新设电力远动系统,纳入上海铁路局综合调度所沿海电力调度台管理。

3.13.3 通信工程

长途通信线路,金华西至温州南新设2条32芯单模直埋光缆,分别沿铁路的电缆槽道敷设。金华南至塘雅站、金华南经东孝站至杭长客专金华西站新设 1 条 32 芯光缆，分别沿铁路的电缆槽道敷设。为满足 GSM-R 系统光纤直放站的需求，区间新设 1 条 12 芯光缆。为满足视频监控和 SCADA 系统在无传输节点对传输通道的需求，在该节点与相邻传输节点间新设 1 条 8 芯光缆。为满足信号集中监测系统、CTC 终端业务对传输通道的需求，在通信和信号机房之间新设 1 条 12 芯光缆。为引入既有金温铁路车站，在金华南、丽水、青田与各自相邻既有车站间新设 1 条 12 芯光缆。

传输系统，新设 SDH 10 Gbit/s 骨干传输系统，在金华西、金华南、武义北、永康南、丽水、祯埠、青田、温州南设 SDH 10 Gbit/s 设备，利用新建的 2 条 32 芯光缆中的各 2 芯光纤构成复用段 1 +1 保护。

新设 SDH 622 Mbit/s 车站接入网系统。沿线车站设 SDH 622 Mbit/s 设备，利用新建的 2 条 32 芯光缆中的各 2 芯光纤构成复用段 1 +1 保护。并在同一车站将 SDH 622 Mbit/s 设备与 SDH 10 Gbit/s 设备通过 SDH 622 Mbit/s 光接口相联，为接入层传输系统提供重要通道保护。

沿线区间通信基站、信号中继站、牵引变电所、配电所等处设 SDH 622 Mbit/s 设备，通过光缆接入相邻车站 SDH 622 Mbit/s 设备。

新设数据网，利用其他工程设在上海铁路局的核心路由器，利用温州南和金华西既有汇聚路由器及接入路由器；沿线其他车站新设接入路由器，负责本地数据业务的接入。接入路由器之间、接入路由器与汇聚路由器之间通过传输通道连接，并上联至归属的核心路由器。实现全线数据业务的转发与汇聚。

电话交换系统，利用温州南、金华西通信站既有程控电话交换机，沿线新增自动电话用户通过接入网系统接入既有铁路电话交换网，实现与既有铁路电话专网的互通。

新设会议电视系统，在金华南、武义北、永康南、缙云西、丽水、青田和温溪车站新设会议电视分会场设备，纳入温州南既有会议电视中心系统。

新设数字调度通信系统，沿线车站新设车站型调度通信交换机，新建车站并设调度分机及车站值班台，通过传输通道接入上海铁路局调度所既有中心调度通信交换机和调度通信系统。并新设 1 个行车调度台，负责新建双线线路的调度指挥。

新设 GSM-R 移动通信系统，利用上海铁路局的既有 GSM-R 通信交换机。利用温州南既有基站控制器（BSC），沿线新设通信基站（BTS），采用单网覆盖方式组网。区间和隧道内弱场区采用光纤直放站、漏泄电缆和天线方式增强，并漏缆监测系统，满足无线场强覆盖和信息传输的需要。完成调度通信、调度命令信息、无线车次号校核信息传送等功能。

应急通信系统，沿线综合维修工区新设应急通信现场接入设备，接入上海铁路局应急通信指挥中心系统。根据需要对应急通信指挥中心设备扩容。

3.13.4　信号工程

车站联锁，沿线车站（不含东孝、温州南）新设硬件安全冗余型计算机联锁设备和信号综合智能电源屏，既有金温铁路温溪站结合本工程设双机热备计算机联锁设备和信号电源屏。所设计算机联锁设备应满足与CTC/TDCS、列控中心(TCC)等设备的接口和信息交换的要求,可为信号集中监测系统提供相关信息。既有东孝、塘雅、温州南站计算机联锁设备结合本工程按既有信号标准利旧改造,其中东孝、塘雅站结合沪昆客运专线杭长段工程统筹实施。

新设联锁设备的车站站内列车进路上的区段采用与区间相同制式的ZPW-2000系列轨道电路,发送和接收设备按冗余配置;其他区段和金华南、丽水等站因平行进路作业限制不能满足要求的,采用97型25 Hz相敏轨道电路和电码化方式。

根据车站(场)道岔设计类型,配备相应的转辙设备。18号及以上辙叉道岔增设密贴检查装置。

新设调度集中(CTC)系统,沿线车站(不含东孝、温州南)新设CTC分机设备、网络安全和通道质量监督设备,纳入上海铁路局调度所CTC/TDCS总机系统;本线与浙赣铁路接轨的东孝和塘雅站,与甬台温铁路接轨的温州南站,这3个站的既有CTC分机设备结合本工程改造,维持既有调度台管辖方式和范围不变。本线金华南、丽水、青田站与既有金温铁路衔接的5个相邻车站(江岭、小处、石帆、良岸、温溪站)增设列车调度指挥系统(TDCS)信息采集设备,实现本线CTC系统与既有线相邻车站之间的站间调度指挥信息透明功能。本工程在调度所新设1个调度台,并增设相应的通信和应用服务器、网络安全接入等设备,且对既有CTC系统总机设备进行相应改造。

列车运行控制系统,新设连续速度(目标—距离)控制模式的CTCS-2级列控系统,并与相邻线路既有信号系统兼容。在上海铁路局调度所新设1套临时限速服务器及操作终端设备,负责本线的临时限速管理。各车站和信号中继站按CTCS-2级列控系统标准新设安全信息网、列控中心(TCC)、应答器及其电子编码单元(LEU)设备。列控安全信息网按照"关于印发《客运专线信号系统安全数据网技术方案V1.0》的通知"(运基信号〔2009〕223号)要求设计,站间列控、站联等安全信息利用专用光纤通道传输。所设列控中心应具有轨道电路编发码、运行方向控制、站间安全信息传输和应答器报文编码及发送等功能。

区间自动闭塞制式,东孝(不含)至温州南(不含)段,温州南下行客车疏解线、塘雅至金华南联络线采用四显示自动闭塞系统,区间通过信号机布点按满足远期追踪间隔、双线双方向运行的要求布设,反向采用自动站间闭塞行车。金华南、丽水、青田车站与既有金温铁路衔接的5个相邻车站(江岭、小处、石帆、良岸、温溪站)区间,增设区间空闲与占用检查设备,配合CTC完成相邻站间调度指挥控制功能。

区间采用国产ZPW-2000系列无绝缘移频轨道电路,其发送和接收设备按冗余配置,并应具有设备自监测功能,通过接口设备为信号集中监测系统提供监测信息。区间轨道电路所用电缆有效传输长度一般不超过10 km,个别困难地段不应超过12 km,并结合工程特点和地形地貌优化区间中继站的布设。

新设信号集中监测系统,沿线车站(场、线路所)和信号中继站设集中监测系统分机设备,按照"关于印发《铁路信号集中监测系统技术条件》的通知"(运基信号〔2010〕709号)、《铁路信号集中监测系统安全要求》(运基信号〔2011〕377号)的相关要求,车站所设监测分机设应具有道岔缺口检查、道岔表示电压监测、道岔电缆绝缘测试、电务维修故障智能诊断综合监督等部分监测功能模块，完成道岔缺口检查、道岔表示电压和电缆绝缘测试监测，以及监测预警分析和故障诊断、报警等功能。信号中继站所设的监测分机设备应具有电务维修故障智能诊断综合监督模块设备。各站所设的监测分机设备通过传输通道接入杭州电务段既有集中监测总机系统设备，并修改相应系统软件。

各新建信号设备房屋设防雷电、电磁屏蔽和综合接地防护系统。塘雅站利用沪昆客运专线所建的信号房屋，东孝、温溪站接建信号设备房屋，金华南站利用既有房屋布设信号设备，温州南站利用甬台温铁路工程所建的信号设备房屋，并完善既有房屋的综合接地防护系统。

东孝、塘雅至温州南段新设综合接地系统，新设贯通地线采用截面为35 mm^2的铜芯电力电缆，在电气特性上全程贯通，其接地电阻不大于1 Ω。与土建工程同步实施。

参加金温铁路扩能改造线路工程施工的单位有中铁四局、二十四局集团，中铁上海工程局等单位。中铁建电气化局集团等单位承担电气化、通信信号和电力等工程的施工。

线路工程于2010年1月19日开工，四电工程于2014年11月21日开工。2014年12月8日开始铺轨，2015年9月全线铺通。2015年10月8日全线接触网送电，2015年10月15日开始联调联试，2015年11月19日开始试运行，2015年12月26日正式开通运营。

3.14 赣州至龙岩铁路扩能改造

既有赣龙单线铁路，西起京九铁路上的赣县站，途经江西省的赣县、于都县、会昌县、瑞金市，福建省的长汀县、连城县、上杭县、龙岩市新罗区，东至龙厦铁路上的龙岩站，2001年12月8日开工建设，2005年4月1日开通运营。为满足运量增长的需要，国家决定对其扩能改造。本线扩能改造的基本走向是沿既有线通道新建双线，自京九铁路赣县站北端引出，向东跨平江后取直穿龙华山引入既有于都车站，沿既有线通道经既有西江站至瑞金站。出瑞金站后沿既有线左侧新建双线，于省界附近跨既有线至右侧，过既有金峰山会让站后双线取直，于长汀县城以南约6 km处原预留的策武会让站前并上既有线，并在原预留站位新设长汀南站。出长汀南站后经既有河田站至冠豸山站。自出冠豸山站至既有蛟洋隧道进口间双线取直，跨既有线后在蛟洋隧道右侧建新蛟洋隧道引入上杭北站。出上杭北站沿线新建双线引入既有龙岩站。正线全长249.42 km(图3.14)，其中江西省内113.728 km、福建省内135.854 km。全线桥梁累计长度76.51 km，隧道累计长度122.297 km，桥隧占比为77.8%。全线设有赣县、于都、西江、瑞金、长汀南、冠豸山、上杭北、龙岩等车站。其中赣县站拆除既有京九线车站，重建京九线、赣龙线共用车站；瑞金站、冠豸山站拆除既有赣龙单线车站，新建赣龙双线与既有赣龙单线三线引入车站；于都、西江两站在既有赣龙单线车场旁并列新建赣龙双线车场；长汀南站新设赣龙双线车场及既有赣龙单线车场；上杭北站新设赣龙双线车场；龙岩站在龙厦铁路工程基础上改造。工程范围还包括新建龙岩地区东南联络线(简称东南联络线)9.26 km(设东南线路所)。新建赣龙铁路是连接赣南、闽西革命老区的首条快速铁路，沿途经过有“共和国摇篮”之称的瑞金、“长征第一渡”于都、古田会议会址上杭等红色旅游城市，被誉为“红色铁路”。它与京九、龙厦、沿海快速铁路相连，形成海峡西岸地区与内地间的一条大能力快速铁路通道，极大便利沿线群众出行，大幅缩短赣南与海西经济区间的时空距离，对促进沿线旅游、矿产资源开发，推动区域经济社会发展，具有重要意义。

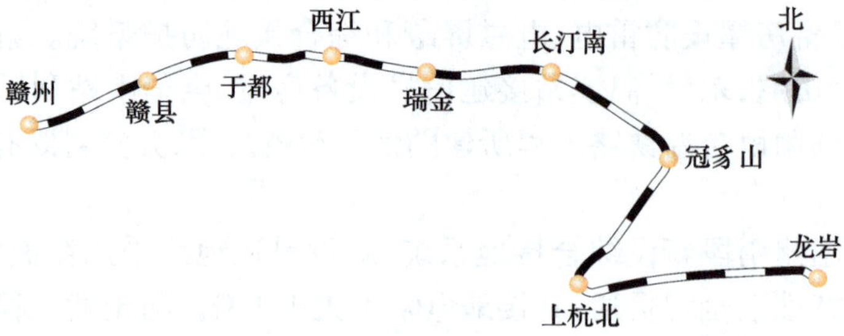

图 3.14　赣龙铁路示意图

赣龙铁路扩能改造的建设单位是南昌铁路局、赣龙复线铁路有限责任公司，设计单位是中铁第四勘察设计院集团有限公司。线路主要技术标准：铁路等级，Ⅰ级；正线数目，双线；线间距，4.4 m；限制坡度，赣州至瑞金段6‰、瑞金至龙岩段为双机13‰；最小曲线半径，一般地段3 500 m、困难地段2 800 m；到发线有效长度，850 m、双机地段880 m；闭塞类型，自动闭塞；设计行车速度，200 km/h；牵引种类，电力牵引（直供加回流线供电方式）；机车类型或动车组类型，SS9、HXD3，CRH1、CRH2；牵引质量，4 000 t。

3.14.1　电气化工程

牵引供电采用带回流线的直接供电方式。新设于都、西江、瑞金、长汀南、冠豸山、上杭北等牵引变电所；新设河埠、杨屋村、梅钢、下罗村、大田、梅村坝、连坑村分区所，新设石背坪、牙背、岗下、莲花村、森坑、红斜村、石桥村并联开闭所，瑞金至龙岩双机牵引区段每个供电臂中部设并联用开闭所。利用龙厦铁路龙岩牵引变电所为本线供电。新建牵引变电所尽量少占农田，并与新设配电所合建。

新建长汀南、冠豸山、上杭北牵引变电所引入2路220 kV电源供电，其他牵引变电所引入2路110 kV电源供电，220 kV和110 kV电源侧采用分支接线，设备采用户外中型布置；27.5 kV侧采用单母线分段接线，设备采用户内网栅间隔布置。分区所、开闭所采用箱式结构。

新建于都、西江、瑞金牵引变电所设2台110/27.5 kV平衡变压器，采用固定备用方式，各牵引变电所变压器安装容量：于都为2×40 MV·A、西江为2×40 MV·A、瑞金为2×40 MV·A。新建长汀南、冠豸山、上杭北牵引变电所设2台220/27.5 kV三相V/V变压器，采用固定备用方式。各牵引变电所变压器安装容量：长汀南为2×(25+25) MV·A、冠豸山为2×(25+25) MV·A、上杭北为2×(25+25) MV·A。

新建牵引变电所、开闭所、分区所设微机保护和综合自动化系统。牵引变电所按无人值班设计，适当考虑值守条件。新设牵引供电远动系统，纳入南昌铁路局牵引供电调度所供电远动系统管理。

接触网采用全补偿简单链型悬挂，接触悬挂结构高度一般 1 400 mm，隧道内一般为 1.1 m。正线接触线采用 120 mm^2 的锡铜合金导线，额定张力 20 kN，承力索采用 120 mm^2 的镁铜合金绞线，额定张力 15 kN；站线接触线采用 85 mm^2 的锡铜合金导线，额定张力 10 kN，承力索采用 70 mm^2 的镁铜合金绞线，额定张力 15 kN。接触线悬挂高度应满足通行超级超限货物列车的要求。附加导线采用加强型防腐钢芯铝绞线或铝包钢芯铝绞线。隧道内回流线兼做架空地线。

接触网绝缘泄漏距离不小于 1 400 mm，隧道外一般地段采用瓷质绝缘子，隧道内、分段绝缘器处、下锚及绝缘锚段关节等处采用合成绝缘子。采用锚段关节式电分相，尽量避免设在大于 6‰的坡道上、列车出站加速地段和和线路限速低速区段。

接触网支柱，长路基区段的腕臂柱采用横腹杆式预应力钢筋混凝土支柱，短路基地段采用格构式钢柱；T 梁桥上采用格构式钢柱，连续梁桥上采用 H 型钢柱；车站及多线并行区段不能在线间立柱的采用硬横跨和钢管柱，能在线间立柱的采用 H 型钢柱；车站雨棚地段的接触网支柱尽量与雨棚柱合架。支柱侧面限界应满足大型养路机械作业的要求。

接触网支柱标准跨距，正线路基区段一般为 50 ~ 60 m，双线隧道内一般为 45 m，最大不大于 50 m；桥上根据桥梁孔跨的形式确定，T 梁桥上一般为 32.7 m，连续梁桥上一般为 45 m。相邻跨距之差不大于 10 m。

正线接触网锚段长度一般不大于 2 × 700 m，个别困难情况下不大于 2 × 750 m；站线最大锚段长度不大于 2 × 850 m。单边补偿时的锚段长度为上述值的 50%；附加导线锚段长度一般不大于 2 000 m。

正线和站线接触网采用锚段张力自动全补偿方式；正线采用防断中心锚结，站线优先采用防断中心锚结，车站内下锚困难或受条件限制时采用防窜中心锚结。

3.14.2　电力工程

全线新设 1 条一级负荷 10 kV 贯通线和 1 条综合负荷 10 kV 贯通线。新建一级负荷 10 kV 贯通线采用截面为 70 mm^2 的铜芯电力电缆、综合负荷 10 kV 贯通线采用截面为 95 mm^2 的铜芯电力电缆，分别沿铁路两侧电缆槽敷设。新设赣县、长汀南、上杭北、龙岩 10 kV 配电所。利用改造既有于都、西江、瑞金、冠豸山 10 kV 配电所。

设有 10 kV 配电所的新建长汀南、上杭北站站房用电负荷设站内 10/0.4 kV 变电所和 2 台变压器，从 10 kV 配电所接引 2 路 10 kV 专用线供电，其他用电负荷根据负荷性质从 10 kV 配电所接引 1 路或 2 路 10 kV 专用线供电。车站附近其他用电负荷根据负荷分布及负荷性质就近由 10/0.4 kV 变电所或箱式变电站接引低压 380/220 V 电源供电。车站通信信号用电负荷设室内 10/0.4 kV 专用变电所和 2 台变压器，分别从 2 路 10 kV 贯通线接引电源供电。

设有 10 kV 配电所的赣县、于都、西江、瑞金、冠豸山改扩建车站站内新增站房用电负荷按原供电方式从 10 kV 配电所站馈回路接引电源供电。车站新增通信信号用电负荷设室内 10/0.4 kV 专用变电所和 2 台变压器，分别从 2 路 10 kV 贯通线接引电源供电。

设有 10 kV 配电所的龙岩车站新增其他用电负荷,在用电负荷附近设箱式变电站,从配电所站馈回路接引电源供电。既有用电负荷和原供电方式维持既有,根据需要扩容。

本线扩能改造工程通过既有河田站,原站房及信号楼迁移重建;通过既有石门圩站,原信号楼和工务楼迁移重建,这 2 个车站的通信信号用电负荷设室内10/0.4 kV专用变电所和变压器,分别从 2 路 10 kV 贯通线接引电源供电。站房及信号楼等其他用电负荷设单变压器的 10/0.4 kV 变电所从地方电网接引电源供电。

区间通信信号用电负荷设箱式变电站供电,电源引自 2 路 10 kV 贯通线。区间其他用电负荷根据负荷分布和负荷性质设箱式变电站,从综合负荷贯通线接引 1 路电源供电或从地方电源接引 1 路电源供电。

新设电力远动系统,纳入南昌铁路局调度所供电远动系统管理。新建和利用改造的 10 kV 配电所、10/0.4 kV 变电所、箱式变电站等纳入新建本线的 SCADA 系统。

3.14.3　通信工程

长途通信线路,新设 2 条 48 芯单模直埋光缆,分别沿铁路两侧电缆槽道敷设。赣县站至赣州通信站新设 1 条 24 芯光缆;龙岩通信站至龙岩站信号楼新设 1 条 24 芯光缆。根据电气化铁路区段电磁干扰防护标准,对相邻的既有赣龙铁路受影响的通信线路采取电气化防护措施。

传输系统,新设 SDH 10 Gbit/s 骨干传输系统,在赣州和龙岩通信站及沿线主要车站新设 SDH 10 Gbit/s ADM 设备,利用新建 2 条 48 芯光缆中的各 2 芯光纤构成复用段 1 +1 保护。并在赣州通信站采用 SDH 2.5 Gbit/s 光接口与既有京九铁路的传输设备互联至南昌通信站;在龙岩通信站采用 SDH 2.5 Gbit/s 光接口与既有龙厦铁路的传输设备互联。

新设 SDH 2.5 Gbit/s 车站接入网系统,各车站新设 SDH 2.5 Gbit/s ADM 设备,利用新建 2 条 48 芯光缆中的各 2 芯光纤构成复用段 1 +1 保护。

区间通信基站、信号中继站、牵引变电所亭、电力配电所等区间信息用户接入点设 SDH 622 Mbit/s 设备,通过光缆接入相邻车站 SDH 2.5 Gbit/s 设备及接入网。站内信息用户接入点所设 SDH 622 Mbit/s 设备采用环路或 1 +1 链路接入本站接入网。

在南昌通信站新设传输网管服务器及终端设备,在赣州、龙岩通信车间新设复示终端及便携维护终端。使传输网络管理系统对全网进行故障、配置、性能和安全管理等。

电话交换系统,利用赣州、龙岩通信站的既有电话交换机,并分别新设光线路终端(OLT)设备,沿线车站、牵引变电所、电力配电所、公安派出所、部分通信基站、维修工区等处新设光网络单元(ONU),沿线新增自动电话用户通过 ONU 设备及接入网,按管辖范围分别接入 OLT 设备及既有铁路电话交换机。通过统一编号组网,实现与既有铁路电话专网的互通。

新设 IP 数据网,利用南昌铁路局调度所的既有核心路由器,以及龙岩通信站的既有汇聚路由器,在赣州通信站新设汇聚路由器,实现数据流量的汇聚与转发;沿线车站新设接入路由器,利用多业务接入网实现区间远端用户数据业务的接入。接入路由器之间、接入路由器与汇聚路由器之间通过传输通道连接,并上联至归属的核心路由器。

新设调度通信系统，利用南昌铁路局调度所的既有调度中心交换机，根据需要扩容；沿线车站新设车站型调度通信交换机、调度分机、车站值班台等设备，通过传输通道接入铁路局调度所调度中心交换机和调度通信系统。并在调度所新设 1 个新建双线及既有线的赣龙铁路行车调度台，负责全线的通信调度业务。通过将调度所调度通信交换机与 GSM-R 系统的互联，实现有线与无线调度业务的互通。

新设 GSM-R 移动通信系统，利用南昌铁路局的既有 GSM-R 核心网设施，增设 TRAU 设备，根据需要对有关服务器升级、增设相关设备间的接口板；在赣州通信站新设基站控制器（BSC）、分组控制单元（PCU）、相关服务器、远程终端等设备；沿线车站和区间设通信基站（BTS）（东南联络线新设通信基站，接入既有龙厦铁路的 BSC），采用单层覆盖方式组网。区间和隧道内弱场区采用光纤直放站、漏泄电缆和天线方式增强，使无线场强覆盖满足无线列调、车次号传输、调度命令传送、区间维护人员通信及应急抢险等需要。既有赣龙铁路的无线列调系统继续使用。

本工程正线在赣州地区与京九铁路、在龙岩地区与南三龙铁路有交叉及并线关系，东南联络线在龙岩地区与龙厦铁路有交叉及并线关系，GSM-R 系统的无线场强覆盖要统筹考虑。

新设会议电视系统，沿线站段新设会议电视分会场设备，接入南昌铁路局既有会议电视系统中心设备。

新设应急通信系统，利用南昌铁路应急通信指挥中心的既有设备，在于都、瑞金、上杭北综合维修工区新设应急通信现场接入设备，接入铁路局既有应急通信指挥中心系统。

在长度大于 5 km 的龙华山、汀州、梅花山、阳明山隧道新设隧道事故报警电话系统，在隧道口邻近的区间通信机房设报警电话主机，在隧道综合洞室内设报警电话分机，电话主机至分机间利用新设 3 ×4 ×0. 9 通信电缆连接。报警电话主机通过传输系统接入南昌铁路局调度所中心控制台。实现紧急情况下与调度所列调员的电话报警和定位报警功能。

3. 14. 4　信号工程

车站联锁，新建双线的赣县、于都高速场、西江高速场、瑞金、长汀南、冠豸山、上杭北、矮陂线路所、东南线路所新设二乘二取二的硬件安全冗余型计算机联锁设备和信号智能电源屏，且具有自检、自诊及远程诊断功能。赣县站既有二乘二取二型计算机联锁设备移站利用到西江站，龙岩站既有二乘二取二型联锁设备利旧修改；既有赣龙单线的河田、石门圩站及铁山洋站新设双机热备型计算机联锁设备和信号电源屏。既有罗坳站、于都站（普速场）、西江站（普速场）的 6502 电气集中联锁设备配合站场变化利旧修改。维修工区及维修保养点道岔纳入相邻车站联锁设备集中控制。

根据车站（场）道岔设计类型，配备相应的道岔转辙装置、转辙机，转辙机采取断电保护措施，并实现挤岔监督报警功能。正线车站道岔设道岔缺口监测装置。60 kg/m 钢轨 18 号道岔及以上道岔采用三相交流转辙机和外锁闭装置，通过时速 160 km 的 18 号及以上道岔设密贴检查装置。

新建双线各车站、铁山洋站、既有赣龙单线改造的几个车站站内采用 97 型 25 Hz 相敏轨道电路,采用二元二位继电器作为轨道电路接收设备。并配备带适配器的扼流变压器。矮陂线路所、东南线路所站内采用与区间相同制式的计算机编码控制的 ZPW-2000 系列有绝缘轨道电路,并设置轨道电路监测机柜及维护终端。车站室外轨道电路电缆采用铝护套数字信号电缆。站内信号机和道岔干线电缆采用铝护套信号电缆,其他信号设备采用综合护套信号电缆。

新建双线车站(不含赣县站)采用 ZPW-2000 系列预叠加电码化,正反向贯通发码,正线及到发线采用预叠加发码、侧线采用预发码,发码设备采用继电编码、按 $N+1$ 热备冗余配置。赣县站采用正向贯通发码,反向仅接车进路及股道发码。正线采用预叠加发码、侧线股道采用占用发码,发码设备采用继电编码、按 $N+1$ 热备冗余配置。其他既有车站维持原发码范围。既有赣龙单线改造的石门圩、河田、铁山洋、罗坳站,于都普速场、西江普速场采用 ZPW-2000 系列站内电码化,发码设备与正线一致,自动站间闭塞接近区段采用 25 Hz 轨道电路叠加电码化方式。

调度运输指挥系统,新建双线采用调度集中(CTC)系统,各车站(不含龙岩)、东南线路所新设 CTC 分机、网络安全和通道质量监督等设备,龙岩站既有 CTC 分机设备利旧修改。既有赣龙单线及东南联络线铁山洋站维持既有运输调度指挥系统(TDCS),其中既有河田、石门圩站及铁山站新设 TDCS 分机设备,罗坳、西江站普速场、于都站普速场既有 TDCS 分机设备利旧修改,通过传输系统接入南昌铁路局调度所 CTC/TDCS 总机系统。并在 CTC/TDCS 总机系统平台上增设本线所需的应用和通信服务器、临时限速接口服务器等配套设备,新设 1 个赣龙行车调度台。按照调度区划分,新建双线赣县(不含)至龙岩(含)段和既有赣龙单线赣州东(不含)至龙岩(含)由新设赣龙行车调度台管辖,赣县站维持既有赣定调度台管辖,东南联络线纳入铁山洋所在调度台(漳厦台)管辖,东南线路所纳入厦深台管辖。

列车运行控制系统,赣县(不含)至龙岩(含)段正线采用 CTCS-2(兼容 CTCS-0)列控系统;赣县站为京九铁路正线车站及本线接轨站,采用 CTCS-0 级列控系统,既有赣龙单线及东南联络线无动车组运行采用 CTCS-0 级列控系统。在赣县站赣龙新双线进站信号机外方适当地点设 CTCS-2/0 级级间转换点。在龙岩站机房新设 1 套临时限速服务器(TSRS),及与 CTC 的接口服务器等配套设备,负责本线临时限速命令的集中管理。新建正线各车站和信号中继站、东南线路所设安全数据网设备、列控中心(TCC)、应答器及其电子编码单元(LEU)等设备。龙岩站既有列控中心设备利旧修改。所设列控中心设备应具有轨道电路编发码、运行方向控制、站间安全信息传输和应答器报文的实时组帧、报文调用发送等功能。并通过安全数据网与联锁系统、临时限速服务器、集中监测系统交换信息。

正线区间和东南联络线采用 ZPW-2000 系列四显示自动闭塞,按双向双方向运行,正向采用追踪间隔运行、反向采用自动站间闭塞行车。区间设地面四显示通过信号机。既有赣龙单线维持既有计轴自动站间闭塞方式不变。

正线区间采用继电编码的 ZPW-2000 系列无绝缘移频轨道电路,其发送设备按 $N+1$

冗余配置、接收设备按互为备用配置,并具有设备自监测功能,通过接口设备为信号计算机监测系统提供监测信息。区间轨道电路干线电缆采用铝护套内屏蔽数字信号电缆,所用电缆有效传输长度一般不超过 10 km、个别困难地段不超过 15 km,超过设信号中继站。

新设信号集中监测系统,按照“关于印发《铁路信号集中监测系统技术条件》的通知”(运基信号〔2010〕709 号)要求,新建双线各车站(所)和信号中继站,以及既有赣龙单线改建车站设集中监测分机设备。所设集中监测分机设备中应设电务维修智能分析和辅助决策模块,完成监测预警分析和故障诊断、报警等功能。并设道岔表示电压监测信息采集器、道岔电缆绝缘测试采集器、驱动接口板和测试盒等。在于都、瑞金、冠豸山、长汀南、上杭北等综合维修工区设集中监测终端,按隶属范围通过监测网络分别接入南昌、福州电务段既有信号集中监测总机系统。

综合接地系统,分别沿新建铁路两侧各设 1 条截面为 35 mm^2 的铜芯电缆贯通地线,在电气特性上全程贯通,其接地电阻不大于 1 Ω。并充分利用沿线桥梁、隧道、路基地段构筑物设施内的接地装置作为接地体,形成低阻等电位综合接地平台。距接触网带电体 5 m 范围以内的金属构件和需要接地的设施、设备接入综合接地系统。

沿线新建和既有信号设备房屋设防雷电、电磁兼容和综合接地防护系统,与房建工程同步实施。

参加线路工程施工的有中铁五局集团、中铁大桥局集团等单位。中铁电气化局集团承担电气化、通信信号和电力等四电系统集成工程的施工。

线路工程于 2010 年 12 月开工,四电系统集成工程于 2014 年 2 月 25 日开工。2015 年 2 月12 日龙岩 10 kV 配电所一次受电成功。2015 年 3 月底完成福建段铺轨,2015 年 6 月 30 日完成全线铺轨,2015 年 10 月 10 日进入动态联调联试, 2015 年 10 月 29 日开始复线试跑车,2015 年 11 月 26 日开始试运行,2015 年 12 月 26 日开通运营。

3.15　天水至平凉铁路

新建天平铁路,位于甘肃省天水和平凉两市,地处陇海线以北、宝中线以西。线路由陇海线天水站直通场东端引出,东北向行经清水和张家川县,穿越关山、六盘山至华亭县城东南 7 km,引入华亭煤业集团有限责任公司专用线设华亭站,并经安口南工业站引入宝中线安口窑站,北行至平凉,正线全长 113.417 km(图 3.15)。全线设有天水(既有)、杨家碾、周家村、清水县、上赵家、天河、张家川、莲花台、青林、华亭(既有)等车站,其中天水站为既有接轨站,华亭站为既有安口南集配站,清水县、张家川为新设中间站,其余车站为新设会让站。工程范围包括新建天水至华亭线路长 114 km。天水地区配套工程、华亭(安口南集配站)至安口南工业站电气化改造及配套工程。新建的天平铁路南接陇海线,通过陇海、兰新、兰青、青藏线西至新疆维吾尔自治区、青海省、西藏自治区,同时可南延至陇南,与所建的兰渝线相接,进而通往四川、重庆;北接宝中线,通过宝中、包兰线到达宁夏回族自治区、内蒙古自治区,是甘肃东部地区路网的重要组成部分。该线的建成开通,形成纵贯甘肃东南部区域、辐射周边经济产业带的地区铁路干线,极大地促进天水和陇东南区域经济的发展，对于实施国家西部大开发、促进甘肃从资源优势向经济优势转化、拉动区域经济发展具有十分重要的意义。

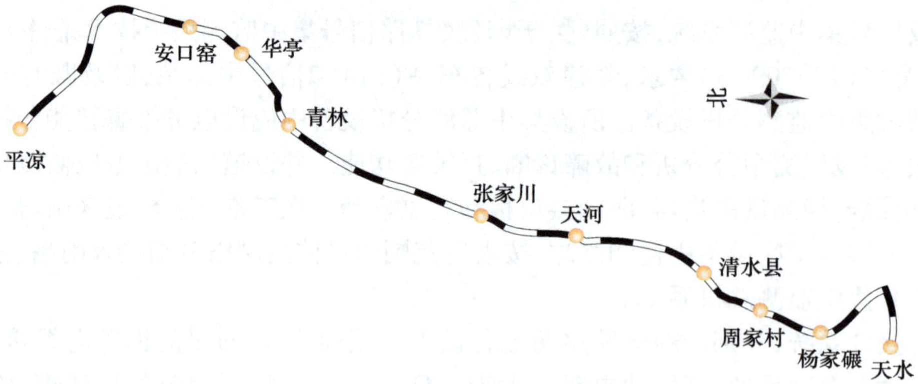

图 3.15　天平铁路示意图

天平铁路的建设单位是兰州铁路局、天平铁路有限公司，设计单位是兰州铁道设计院有限公司。线路主要技术标准：铁路等级，Ⅰ级；正线数目，单线；限制坡度，重车方向13‰、轻车方向18‰；最小曲线半径，一般地段1 200 m、困难地段800 m；到发线有效长度，880 m；闭塞类型，半自动闭塞；设计区段旅客列车速度，120 km/h；牵引种类，电力牵引（直供加回流线供电方式）；牵引质量，4 000 t。

3.15.1　电气化工程

牵引供电采用带回流线的直接供电方式。全线新设周家村、张家川、青林3座牵引变电所，利用既有天水牵引变电所。新建牵引变电所设动态无功补偿装置，补偿功率因数并兼顾滤除部分高次谐波。在牵引变电所之间设电分相和联络隔离开关，其位置按两相邻供电臂供电能力达到均衡布设。

新建牵引变电所引入2路110 kV电源供电，110 kV电源侧采用分支接线，27.5 kV侧采用单母线分段接线。既有天水牵引变电所主接线不变。

新建牵引变电所设2台变压器，采用固定备用、V/V接线、自冷方式，预留风冷条件。牵引变电所变压器安装容量：周家村为2×（12.5+12.5）MV·A、张家川为2×（16+12.5）MV·A、青林为2×（12.5+20）MV·A。天水牵引变电所变压器容量不变。

新建牵引变电所采用微机保护和综合自动化系统，按无人值班设计，适当考虑值守条件。新设牵引供电远动系统，纳入兰州铁路局牵引供电调度所管理。

接触网采用全补偿简单链型悬挂，接触悬挂结构高度一般为1 400 mm。正线接触线采用120 mm^2的银铜合金导线，承力索采用95 mm^2的铜合金绞线，额定张力均为15 kN，接触线悬挂点高度按能通行5 300 mm超限列车设计。道岔处接触网安装采用交叉线岔方式。接触网通过跨线建筑物和下承式桥梁时，根据实际净高高度通过技术经济条件比较确定接触网悬挂方案。附加导线采用铝包钢芯铝绞线。

接触网绝缘泄漏距离按严重污秽区段设计采用1 400 mm。一般地段采用瓷质绝缘子,个别特殊污秽地区采用合成绝缘子。采用锚段关节电分相,尽量避免设在大坡道、列车出站加速区段和线路限速低速区段。

接触网支柱,路基地段的腕臂柱采用横腹杆式预应力钢筋混凝土支柱,桥上采用格构式钢柱,车站及多线并行区段采用软横跨,尽量在车站股道外侧及线间距大的股道间立柱。有雨棚的车站接触网支柱与雨棚柱合架。支柱侧面限界应满足大型养路机械作业的要求。

接触网支柱跨距一般为50 m,最大不大于55 m;隧道内一般为45 m;桥上根据桥梁孔跨的形式确定,相邻跨距之差不大于10 m。正线锚段长度一般不大于2×700 m,站线最大锚段长度不大于2×850 m,附加导线的锚段长度一般不超过2 000 m。

新设清水、张家川、青林供电工区,负责电气化和电力设施的运营维护及管理。新增设的电气化设施纳入既有兰州供电段管辖。

3.15.2 电力工程

全线新设1条10 kV电力贯通线,给沿线和车站负荷供电;新设张家川、青林2座10 kV配电所,利用既有天水10 kV配电所,给新建10 kV电力贯通线供电,给车站负荷供电。

设有10 kV配电所的车站站房用电负荷设10/0.4 kV变电所供电,电源引自配电所站馈线;没设10 kV配电所的车站站房用电负荷设10/0.4 kV变电所,优先从地方电网接引电源供电,不具备接引地方电源条件的,从10 kV贯通线接引电源供电。

车站通信信号用电负荷设10/0.4 kV变电所供电,电源引自10 kV贯通线。区间通信信号用电负荷设箱式变电站供电,电源引自10 kV贯通线。

本线隧道相对较多,几个隧道工程大负荷施工用电设施需按永临结合标准设计:新建天水10 kV配电所至唐扬隧道的10 kV供电线路,按临时工程标准设计;张家川配电所的10 kV电源线路和张家川配电所至天河隧道及关山隧道的10 kV供电线路按永临结合工程标准设计;青林配电所的10 kV电源线路和青林配电所至六盘山隧道及河南庄隧道的10 kV供电线路按永临结合工程标准设计,除为隧道工程施工提供电源外,工程竣工开通运营后为隧道照明提供电源。

新建电力设施纳入兰州铁路局既有供电段管理。

3.15.3 通信工程

长途通信线路,全线新设1条20芯单模光缆和1条7×4×0.9对称电缆,沿新建铁路敷设。新设光纤监测系统,在天水设监测中心、张家川和华亭设光纤监测站。

传输系统,利用新建光缆线路开通SDH 10 Gbit/s传输系统,在天水、张家川、安口窑、平凉新设SDH 10 Gbit/s ADM设备。

利用新建光缆线路开通SDH 622 Mbit/s车站接入网系统,沿线车站新设SDH 622 Mbit/s设备。并在同一车站将SDH 622 Mbit/s设备通过SDH 622 Mbit/s光接口与SDH 10 Gbit/s设备互联。

在牵引变电所、电力配电所等处设SDH 622 Mbit/s接入设备,通过光缆接入邻近车站的SDH 622 Mbit/s接入网系统,为其专业提供话音和数据信息传输通道。

电话交换系统,利用天水通信站的既有程控电话交换机,并新设光线路终端设备(OLT),沿线车站、牵引变电所、电力配电所等处设光网络单元(ONU);沿线新增自动电话用户通过ONU设备及接入网接入OLT设备和既有程控电话交换机,通过统一编号组网,实现与既有铁路电话专网的互通。并在天水通信站新设传输和接入网网管系统。

调度通信系统,利用兰州铁路局调度所的既有调度通信中心交换机,沿线车站新设车站型调度通信交换机、调度分机、车站值班台,通过传输通道接入铁路局调度所调度通信中心交换机和调度通信系统。其行车、货运和计划调度由陇海铁路的相应调度台统一调度指挥。

沿线新设450 MHz B制式无线列调系统,沿线车站新设车站型无线列调电台等设备,区间弱场区设光纤直放站、漏泄电缆和天线方式增强,并新设漏泄电缆监测系统,以满足无线场强覆盖和信息传输的需要,通过系统网络纳入天兰铁路既有无线列调通信系统,完成列车调度通信、调度命令下达和无线车次号校核等功能。

在清水县、张家川站新设450 MHz平面调车无线通信系统;在清水县、华亭站派出所新设无线对讲通信系统。

新设会议电话系统,在张家川、华亭站新设会议电话系统分机设备,纳入兰州铁路局既有会议电话网。

新设应急通信系统,在张家川维修工区设应急通信现场接入设备,纳入兰州铁路局既有应急通信指挥中心系统。长大隧道设报警紧急电话系统,并结合区间通话柱统筹设计。

通信电源,沿线各车站设48 V高频开关电源和蓄电池,天水通信站既有电源设备利旧。新设电源和机房环境监控系统,沿线各车站设远端监测设备,纳入天水通信站电源和机房环境监控中心。

3.15.4 信号工程

车站联锁,天水至华亭各车站、天水直通场、安口南站新设计算机联锁设备和信号综合智能电源屏,其中天水、天水直通场采用硬件冗余型计算机联锁设备,天水、天水直通场、华亭、安口南站既有信号机、转辙机等设备充分利用。

沿线各新建车站和天水、天水直通场、华亭及安口南站新设97型25 Hz相敏轨道电路。接近区段和正线接车进路电码化采用叠加预发码、到发线采用叠加发码方式,发码设备采用ZPW-2000系列发送设备;其中天水、天水直通场轨道电路设备充分利旧。

为满足电气化区段的电磁干扰防护标准,站内轨道电路采用铝护套信号电缆,其他信号设备采用综合护套综合扭绞信号电缆。

运输调度指挥系统,按照“关于印发《铁路列车调度指挥系统(3.0)技术条件》的通知”(铁总运〔2013〕141号)的要求,新设列车调度指挥系统(TDCS),并对应天水车务段管辖范围的车站在天水站信号机房设1套车站服务器设备;沿线各新建车站、既有天水站、天水直通场、华亭站、华亭货场设TDCS分机、网络安全等设备,以及车站值班员、电务维护及车务管理终端。其中天水站、天水直通场、华亭站、华亭货场增设信号员操作终端。沿线车站信号机房与通信机房之间采用光纤通道和 FE 光接口路由器实现信息传输。各车站 TDCS 分机设备至铁路局调度所的广域网及车站局域网按双环、双网传输设计，通过传输通道环回铁路局调度所接入 TDCS 总机系统及陇海铁路相应行车调度台，进行运输调度指挥。并结合兰州铁路局调度所新建普速 TDCS/CTC 总机系统适时开通 TDCS 3.0 标准新增功能（即计划操作合理性检测、调度命令规范输入、车站接发车作业流程监督、列车进路错办报警、非正常行车作业辅助、施工登销记等功能）。

区间采用 64D 半自动闭塞方式，其中天水至天水直通场间采用场间联系，天水直通场外线路所道岔纳入天水直通场集中控制。

新设信号集中监测系统，根据"关于印发《铁路信号集中监测系统技术条件》的通知"（运基信号〔2010〕709 号）及《铁路信号集中监测系统安全要求》（运基信号〔2011〕377 号）和运营维护实际需要，沿线各新建车站、既有天水站、天水直通场、华亭站、华亭货场设集中监测分机设备（所设集中监测分机设备应具有电务维修智能分析及辅助决策功能，具有设计预警分析和故障诊断内容、预报警范围、逻辑条件及报警机制功能）；安口南既有监测分机设备利旧改造，按隶属关系将监测分机设备通过监测网络纳入所属电务段既有信号集中监测总机系统。

新建和扩建的信号设备房屋设防雷电、电磁兼容和综合接地防护系统。与房建工程同步实施。

参加线路工程施工的有中铁建十九局、中铁建二十一局集团等单位，中铁建电气化局集团等单位承担电气化、通信信号和电力工程的施工。

线路工程于 2008 年 12 月 4 日正式开工，四电工程于 2012 年 6 月 1 日正式开工。2015 年 12 月 30 日正式开通运营。

3.16　张家口至唐山铁路

新建张家口至唐山双线铁路，地处我国冀北、冀东地区，位于张家口、承德、唐山 3 个市。自京包铁路、张集铁路孔家庄站引出，途经张家口市的万全县、宣化县、赤城县，承德市的丰宁县、滦平县、兴隆县，唐山市的遵化市、丰润区、丰南区、滦南县、唐海县，终到曹妃甸北站，正线全长 528.5 km（图 3.16）。其中桥梁累计长度 128.2 km、隧道累计长度 239.9 km，桥隧占比达到 70.12%。沿线设有孔家庄（既有接轨站）、赵川、龙门、赤城、杨木栅子、丰宁、塔黄旗东、滦平东、承德西、李家营、半壁山、团瓢庄、丰润西、唐山西、丰南南、唐海等车站。除龙门、杨木栅子站近期为越行站外，其余车站均为中间站。孔家庄站到张家口南站利用既有京包线。工程范围还包括：京通联络线滦平东站至张百湾站，正线长约 9.5 km。京承联络线李家营（不含）至赵家店线路所，正线长约 5.0 km。京哈联络线丰润西（不含）至唐山北站（不含）左联线正线长约 8.1 km、右联线正线长约 8.3 km。以及张家口、承德、唐山地区相关工程。

新建张唐铁路主要承担晋北、蒙西和陕西北部的能源输出。不仅能有效弥补北路煤

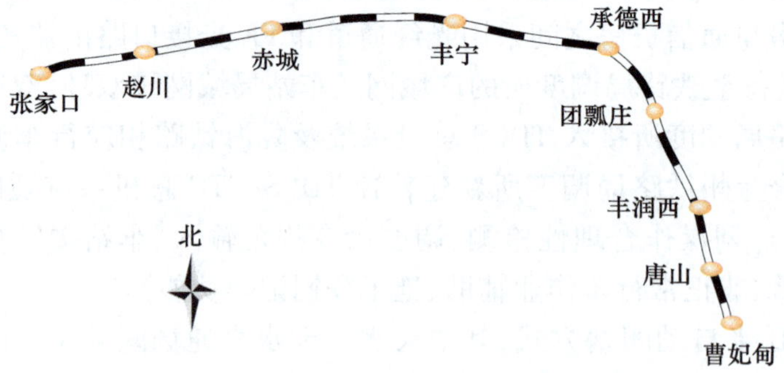

图 3.16　张唐铁路示意图

运通道能力的不足,为曹妃甸港开辟大能力铁路集疏运新通道,还将与所建的锡(林浩特)承(德)铁路在承德地区衔接,形成一条内蒙古自治区东部地区煤炭下海大能力煤运新通道,以保障我国主要煤炭生产基地的煤炭运输,保障我国国民经济快速发展。张唐铁路还将兼顾客运,建成后承德至唐山两地铁路运输距离将缩短至 186 km,并与京沈客运专线、津秦客运专线衔接,实现承德与津冀沿海其他地区的便捷通达。

张唐铁路的建设单位是北京、呼和浩特铁路局,蒙冀铁路公司,设计单位是铁道第三勘察设计院集团有限公司。线路主要技术标准:铁路等级,Ⅰ级;正线数目,双线;限制坡度,重车方向 6‰、轻车方向最大坡度 12‰;最小曲线半径,张家口至承德西段一般地段 1 200 m、困难地段 800 m,承德西至唐海段一般地段 2 000 m、困难地段 1 600 m;到发线有效长度,1 700 m;闭塞类型,自动闭塞;牵引种类,电力牵引(AT 供电方式);机车类型,客车机车 SS9、货车交流传动机车;牵引质量,10 000 t。

3.16.1　电气化工程

牵引供电系统,正线采用 AT 供电方式,联络线采用带回流线的直接供电方式。全线新设沙峰子西、赵川、赤城、杨木栅子、塔黄旗东、滦平东、承德西、半壁山、四里庄、唐山西、唐海等牵引变电所,新设孔家庄直供兼 AT 分区所,新设烟筒山、龙门、东道梁、丰宁、五道梁、小栅子、李家营、遵化西、冯庄子、尖字沽、曹妃甸北等 AT 分区所,新设丰润西 AT 所兼开闭所。在供电臂中部设 AT 所。

新建牵引变电所引入 2 路 220 kV 电源供电,220 kV 电源侧采用线路变压器组接线,电气设备采用户外中型布置;2 × 27.5 kV 侧采用单母线隔离开关分段接线,电气设备采用户外中型布置。分区所和 AT 所电气设备采用户外中型布置。新建牵引变电所配设变压器,采用固定备用、三相 V/X 接线、油浸自冷方式,预留风冷条件。

新建牵引变电所、分区所、AT 所采用微机保护和综合自动化系统,按无人值班设计,牵引变电所适当考虑值守条件。新设牵引供电远动系统,纳入北京铁路局供电调度所管理,并新设 2 个供电调度台,管辖范围与列车调度台管辖范围一致。且相应增容改造既有牵引供电远动系统。

接触网采用全补偿简单链型悬挂,接触悬挂高度一般为 1 400 mm。正线接触线采用

CTSH-150型铜合金导线，张力15 kN，承力索采用JTM-150型铜合金绞线，张力15 kN；站线接触线采用CTSH-120型铜合金导线，张力10 kN，承力索采用JTM-95型铜合金绞线，张力15 kN。接触导线悬挂高度一般为6 000 mm，在净空受限的跨线建筑物处可适当降低。双线隧道内接触网安装采用倒立柱式全旋转腕臂结构；单线隧道内接触网安装采用弓形腕臂方式。站场接触网安装采用软横跨形式。一般区段的正馈线、保护线、架空地线采用铝包钢芯铝绞线，隧道内供电线和单线隧道内正馈线采用无卤低烟阻燃型电缆。

接触网绝缘泄漏距离不小于1 400 mm，一般地段采用瓷质绝缘子，隧道内和特别严重污秽地区采用合成绝缘子；在绝缘锚段关节、软横跨、分段绝缘器及分相绝缘器处采用合成绝缘子。采用带中性段的空气间隙绝缘锚段关节式电分相，尽量避免设在大于6‰的坡道上，如果设在大于6‰的坡道上，应设地面切换式机车不断电自动过分相装置。

接触网支柱，路基地段的腕臂柱采用横腹杆式预应力钢筋混凝土支柱，桥梁地段采用格构式钢柱，桥隧或桥桥相连的较短路基区段的腕臂柱与桥支柱保持一致；车站及多线并行区段采用硬横跨和钢柱；设有雨棚的车站接触网支柱与雨棚柱合架。

接触网支柱跨距一般为50～55 m，最大不大于60 m。正线最大锚段长度一般不大于2×700 m；站线锚段长度一般不大于2×850 m。附加导线锚段长度一般不大于2 000 m。

接触网下锚补偿采用铝合金大滑轮补偿装置，设防风限制架，隧道外一般采用混凝土坠砣，隧道内采用铁坠砣。区间正线一般采用两跨防窜防断式中心锚结。站场有条件时采用防窜防断中心锚结，无条件时采用防窜不防断中心锚结。

在赵川、赤城、杨木栅子、塔黄旗东、滦平东、李家营、团瓢庄、丰润西、唐山西、丰南南设供电工区，负责接触网和电力设施的维修。与供电工区合建滦平东供电检修基地。

3.16.2　电力工程

自孔家庄至曹妃甸北新建1条综合负荷10 kV贯通线和1条一级负荷10 kV贯通线。线路西端通过新建的孔家庄10 kV开闭所与京包铁路既有电力贯通线路相连，全线形成2路供电系统，为沿线各车站及区间用电负荷供电。新设沙岭子西、赵川、赤城、杨木栅子、塔黄旗东、滦平东、承德西、半壁山、丰润西、丰南南等10 kV配电所，从地方变电站引入2路10 kV电源供电。同一区域内新建电力配电所尽量与牵引变电所合建。

设有10 kV配电所的车站其站房用电负荷设综合箱式变电站和2台变压器供电，电源引自配电所的2路站馈线；没设10 kV配电所的车站其站房用电负荷设综合箱式变电站和2台变压器供电，1路10 kV电源从地方电网接引，另一路电源从综合负荷10 kV贯通线接引。

车站通信信号用电负荷设室内专用箱式变电站和变压器供电，电源引自10 kV贯通线。

区间通信信号用电负荷设箱式变电站供电，从2路10 kV贯通线各接引1路10 kV电源。长大隧道照明及动力用电负荷设箱式变电站供电，电源引自综合负荷10 kV贯通线。

全线新设电力远动系统，分别纳入北京、唐山供电段电力控制中心管理。并对既有电力控制中心设备进行相应的增容改造，以满足对管辖范围内电力设施集中监控的需要。

3.16.3 通信工程

长途通信线路,张家口南通信站至曹妃甸北新设 1 条 24 芯单模光缆。沿新建铁路敷设。

为满足 GSM-R 系统组网的需要在其近端机与远端机之间敷设 1 条 8 芯光缆;为满足长大隧道新设隧道事故报警电话系统的需要,在隧道内敷设 2 条 3 ×4 ×0.9 低频对称电缆。在相关车站信息用户至通信机房间新设 1 条 8 芯光缆。

传输系统,张家口南通信站至曹妃甸北利用新建的 24 芯光缆开通 SDH 2.5 Gbit/s 长途骨干和本地中继传输系统,在沿线赵川、赤城、丰宁等办理客运和货运业务的主要车站设 SDH 2.5 Gbit/s ADM 设备。利用铁路局通信基础网设施改造工程建设的光传送网(OTN)分别开通张家口南通信站、唐山北通信站至北京铁路局调度所的 SDH 2.5 Gbit/s 传输及接入系统。

孔家庄至曹妃甸北利用新建的 24 芯光缆开通 SDH 622 Mbit/s 接入网系统,沿线车站、区间通信基站、信号中继站新设 SDH 622 Mbit/s 接入设备;在牵引变电所、电力配电所等处设 SDH 622 Mbit/s 接入设备,利用光缆接入邻近车站的 SDH 622 Mbit/s 接入网系统。站内信息用户接入点新设 SDH 622 Mbit/s 或 SDH 155 Mbit/s 接入设备,接入车站 SDH 622 Mbit/s 接入网系统。在北京电务段新设 SDH 622 Mbit/s 设备,利用既有光缆线路接入本线开设的 SDH 622 Mbit/s 接入网系统。到北京供电段、唐山供电段、唐山机务段等处新增设的传输通道利用既有设备增加接口板解决。

电话交换系统,利用张家口南、承德和唐山通信站的既有电话交换机,在张家口南、滦平东和丰润西新设光线路终端(OLT)设备;沿线车站、牵引变电所、分区所、AT 所、电力配电所、维修工区等处新设光网络单元(ONU),沿线新增自动电话用户通过 ONU 设备及接入网,按隶属关系分别接入 OLT 设备及既有铁路电话交换机。通过统一组网编号,实现与既有铁路电话专网的互通。

新设调度通信系统,孔家庄(不含)至曹妃甸北(不含)各车站新设车站型调度通信交换机、调度分机、车站值班台等设备,通过传输通道接入北京铁路局调度所调度中心交换机和调度通信系统。按照管辖范围及调度区划分,在调度所增设孔家庄站至承德西站、承德西站至曹妃甸北站段的 2 个列车调度台,负责全线以及张百湾联络线滦平东(含)至张百湾(不含)段、唐山北联络线丰润西至唐山北(不含)段、京承联络线李家营至赵家店线路所(不含)段的调度通信业务。孔家庄和曹妃甸北维持既有调度通信系统和调度台管辖不变;赵家店线路所纳入既有京承铁路调度台管辖。并对调度所的调度通信交换机及调度通信系统设备进行扩容。且通过将调度所调度通信交换机与 GSM-R 系统的互联,实现有线与无线调度业务的互通。

孔家庄至曹妃甸北段及各联络线新设 GSM-R 移动通信系统,利用北京铁路局既有 GSM-R 系统核心网交换中心并扩容,增设基站控制器(BSC)(含 PCU)和 TRAU 设备,在滦平东新设基站控制器,沿线设通信基站(BTS),采用单网覆盖方式组网。区间和隧道内弱场区采用光纤直放站、漏泄电缆和天线方式增强,并设漏缆监测系统,解决隧道内弱场区无线场强的覆盖问题，满足信息传输的需要。完成调度通信、调度命令信息和无线车次号校核信息传送等功能。

新设应急通信系统，新设应急通信现场接入设备接入北京铁路局应急通信指挥中心系统。在长大隧道设事故报警电话系统，在隧道口邻近的通信机房设报警电话主机，在隧道综合洞室内设报警电话分机，电话主机至分机间利用新设 3×4×0.9 通信电缆连接。报警电话主机通过传输系统接入北京铁路局调度所中心控制台。实现紧急情况下与调度所列调员的电话报警和定位报警功能。

通信电源，孔家庄至曹妃甸北各车站、通信基站和信号中继站机房设 48 V 直流通信电源设备，为通信设备供电。并设电源和机房环境监控系统，滦平东新设电源和机房环境监控系统中心设备，实现对沿线机房电源设备和环境条件的监控。

3.16.4　信号工程

车站联锁，全线各新建车站设硬件安全冗余型计算机联锁设备和信号综合智能电源屏。孔家庄站既有联锁设备利旧改造。张百湾站结合站前工程引入对既有联锁设备利旧改造。

新建联锁设备的车站站内采用 97 型 25 Hz 相敏轨道电路，正线采用预叠加 ZPW-2000 电码化，侧线股道采用占用叠加 ZPW-2000 电码化；正线及非正线轨道区段并设扼流变压器。室内设二元二位轨道继电器、轨道测试盘等设备。设有贯通式货物线（有效长度为 1 050 m）的车站，站内到发线按接发整列到发货物列车来设计列车进路及电码化。

运输调度指挥系统，孔家庄（不含）至曹妃甸北（不含）段采用调度集中（CTC）系统，沿线各新建车站设（2.0 版本标准）CTC 分机、网络安全和通道质量监督等设备，信号中继站新设（2.0 版本标准）CTC 信息采集设备。按照划分的孔家庄站至承德西站、承德西站至曹妃甸北站 2 个调度区接入北京铁路局调度所既有普速 TDCS/CTC 系统总机和新设的 2 个列车调度台进行运输调度指挥。并在调度所增设本线接入所需的应用、通信服务器及接口服务器、网络安全设备、调度台终端设备；增设与既有普速 TDCS/CTC 系统总机设备间的区域边界信息安全系统设备，增设接入 CTC 系统的通道质量监督系统的快速（FE）以太网光接口设备等。并对既有接口服务器设备进行扩容改造，调整网络设备布局，修改及调试 TDCS/CTC 总机系统设备软件。而且在利用既有普速 TDCS/CTC 网管系统设备的基础上，增设故障分析、数据采集、储存和设备资源管理等设备，扩展和完善网管系统功能。

与本线的接轨站和联络线引入的其他改造车站，车站既有分机设备利旧改造，维持既有列车运行调度指挥系统和模式不变，并对所接入的既有调度所列车调度指挥系统（TDCS）进行扩容改造。

列车运行控制系统，孔家庄（不含）至曹妃甸北（不含）新建双线区段采用 CTCS-0 级列控系统，正线各车站和信号中继站设列控中心（TCC）、应答器及其电子编码单元（LEU）等设备。丰润西至唐山北疏解联络线引入唐山北站后，利用既有 CTCS-2 级列控中心设备进行修改，并与既有京哈钱 CTCS-2 级列控系统相衔接，由唐山北至唐山客车联络线工程统一实施。

孔家庄(不含)至曹妃甸北(不含)新建双线区段采用四显示自动闭塞,正向按追踪间隔运行、反向采用自动站间闭塞行车。设区间地面通过信号机,反向区间设停车标志牌。

滦平东至张百湾站联络线(单线)、李家营至赵家店疏解联络线采用半自动闭塞;丰润西至唐山北疏解联络线采用自动闭塞,其设备集中安装在丰润西站。其他相邻既有线路维持既有闭塞方式不变。

孔家庄至曹妃甸北区段采用 ZPW-2000 系列无绝缘移频轨道电路,其发送和接收设备按冗余配置。并应具有设备自监测功能,通过接口设备为信号集中监测系统提供监测信息。区间 ZPW-2000 系列轨道电路设计和信号机的布设应考虑低道床电阻的影响因素,结合车站分布和站间距离优化区间信号中继站的布设。信号中继站要设信号电源屏和 UPS 不间断电源设备。

区间 ZPW-2000 系列轨道电路干线电缆采用铝护套内屏蔽数字信号电缆,分支电缆采用综合护套信号电缆。轨道电路所用电缆有效传输长度一般控制在 10 km。

新设信号集中监测系统,沿线各新建车站(所)和信号中继站设集中监测分机设备。但按照“关于印发《铁路信号集中监测系统技术条件》的通知”(运基信号〔2010〕709 号)、《铁路信号集中监测系统安全要求》(运基信号〔2011〕377 号)有关技术要求,孔家庄接轨站至赵家店线路所段新设的集中监测分机设备应具有道岔缺口检查功能,设有道岔表示电压监测信息采集器、道岔电缆绝缘测试采集器、驱动接口板、测试盒;设有电务维修智能分析和辅助决策模块,可完成监测预警分析和故障诊断、报警等功能。孔家庄至丰润西(不含)段新设的监测分机设备按管辖范围纳入所隶属电务段的既有信号集中监测系统总机系统,并对总机系统进行升级改造,增设冗余配置的数据库服务器、磁盘存储阵列、应用服务器、通信接口服务器,以及相关通信网络及信息安全等设备,配套设置信号电源屏及 UPS 不间断电源设备。

丰润西(含)至赵家店线路所段新设的监测分机设备按管辖范围纳入所隶属电务段的既有信号集中监测系统总机系统,对总机系统设备进行接入改造,修改相关软硬件。

与本线相关的其他既有车站集中监测分机设备及维修工区终端设备结合本工程利旧改造,纳入所隶属维修机构电务监测网络。

沿线新建信号设备房屋设防雷电、电磁屏蔽和综合接地防护系统。既有改扩建车站的信号设备房屋完善综合接地防护系统。

沿新建铁路正线敷设 1 条信号专用贯通地线,沿联络线或疏解线单绕地段敷设第 2 条贯通地线,新建专用贯通地线采用截面积为 35 mm^2 的铜质电缆,在电气特性上全程贯通,其接地电阻不大于 1 Ω。在铺设无砟轨道的长大隧道地段,土建工程中无砟轨道板应一次考虑绝缘处理和综合接地端子及引线的预留。供轨旁信号设备就近接地。

参加线路工程施工的单位有中铁三局、四局、六局、十二局、十四局、十七局集团等单位,中铁电气化局集团等单位承担四电工程的施工。

线路工程于 2010 年 3 月 21 日开工,四电工程于 2010 年 10 月 28 日开工。2015 年 12 月 30 日开通运营。

3.17　织金至毕节铁路

新建织金至毕节铁路位于贵州省毕节市内,新建线路自黄(桶)织(金)线的织金站(北端 DK399 +639.275 = 黄织铁路 DK63 +600)引出,向北经八步、大方南至毕节地区的毕节东站(北端 DK319 +900),大致呈东南西北走向,线路全长 80.0 km(图 3.17)。全线设有毕节东、大方南、法启、金龙、八步、织金北、织金等车站。其中织金站为既有接轨站,其余为新建车站。该铁路沿线工程地质复杂,桥隧占比达 73%。织毕铁路的建成开通,进一步完善了区域交通路网结构、改善了交通条件,形成了川渝沿线地区与贵州西部和华南沿海地区货运交流的便捷通道。对区域经济持续发展和加快沿线矿产资源的开发,促进贵州省“西电东送”能源基地的建设和煤炭资源综合开发利用具有重要作用。

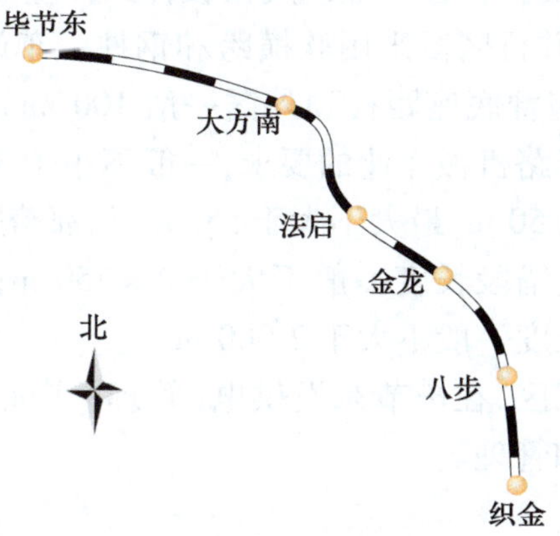

图 3.17　织金至毕节铁路示意图

织毕铁路的建设单位是成都铁路局贵阳建设指挥部,设计单位是中铁二院工程集团有限责任公司。线路主要技术标准:铁路等级,Ⅰ级;正线数目,单线;限制坡度,6‰、加力坡13‰;最小曲线半径,一般地段 1 200 m、困难地段 800 m;到发线有效长度,880 m;闭塞类型,半自动闭塞;旅客列车速度目标值,120 km/h;牵引种类,电力牵引(直供加回流线供电方式);机车类型,SS 系列或 HX 系列;牵引质量,4 000 t。

3.17.1　电气化工程

牵引供电采用带回流线的直接供电方式。全线新设大方南、八布 2 座牵引变电所。牵引变电所场坪预留拟设并联电容补偿装置的土建条件。

新建牵引变电所引入 2 路 110 kV 电源供电,110 kV 电源侧采用线路分支接线,电气设备采用户外中型布置;27.5 kV 侧采用单母线分段接线,电气设备采用网栅间隔式布置。

新建牵引变电所设 2 台变压器,采用固定备用、三相 V/V 接线、油浸自冷方式,预留风冷条件。各牵引变电所变压器安装容量:大方南为 2 ×(10 +16) MV · A、八布为 2 ×

(12.5 + 16) MV · A。

新建牵引变电所采用微机保护和综合自动化系统,按无人值班设计,适当考虑值守条件。设牵引供电远动系统,纳入成都铁路局牵引供电调度所管理。

接触网采用全补偿简单链型悬挂,接触悬挂结构高度一般为 1 400 mm。正线接触线采用 120 mm^2的铜合金导线,承力索采用 95 mm^2的铜合金绞线;站线接触线采用 85 mm^2的铜合金导线,承力索采用 70 mm^2的铜合金绞线。接触线悬挂点高度一般为 6 000 mm、最低不小于 5 700 mm。道岔处接触网安装采用交叉线岔方式。附加导线采用铝包钢芯铝绞线。

接触网绝缘泄漏距离按重污秽区设计。一般地段采用瓷质绝缘子,隧道内、软横跨、跨线桥两侧等处采用合成绝缘子。采用锚段关节式电分相,尽量避免设在大坡道、列车出站加速区段和线路限速低速区段。

接触网支柱,路基地段的腕臂柱一般采用横腹杆式预应力钢筋混凝土支柱,桥上采用格构式桥钢柱,车站及多线并行区段采用软横跨和钢柱。车站雨棚地段接触网支柱与雨棚柱合架。支柱高度按上腕臂底座距柱顶外露一般 100 mm、不大于 300 mm 进行选择。支柱侧面限界应满足大型养路机械作业的要求,一般不小于 3.1 m。

接触网支柱跨距一般为 50 m,最大不大于 55 m。相邻跨距之差不大于 10 m。锚段关节一般采用四跨关节。正线锚段长度一般不大于 2 × 750 m;站线锚段长度一般不大于 2 × 850 m。附加导线锚段长度一般不大于 2 000 m。

利用既有织金接触网工区,在毕节东设供电(管理)车间(含工区),负责新建牵引供电和电力设施的运营维护和管理。

3.17.2 电力工程

全线新设 1 条 10 kV 电力贯通线。新建 10 kV 电力贯通线一般地段采用架空线路,桥梁和隧道地段采用电缆敷设。新设毕节东、八步 2 座 10 kV 配电所,从地方变电站引入 2 路专线电源供电。利用改造既有织金 10 kV 配电所,增设相关设备给本线供电,且预留给引入织金站的其他铁路的供电条件。

设有 10 kV 配电所的车站其站房用电负荷设站房低压变电所供电,由配电所站馈线接引电源;没设 10 kV 配电所的车站其站房用电负荷设站房低压变电所,就近接引 1 路地方电源供电。

车站通信信号用电负荷设低压变电所供电,电源引自 10 kV 贯通线。车站 GSM-R 通信基站用电负荷采用 2 路电源供电,1 路是设电力远动箱变从 10 kV 贯通线接引电源,另一路从站房低压变电所接引电源。

区间通信信号用电负荷设 1 台带远动的箱式变电站供电,电源引自 10 kV 贯通线。GSM-R 通信基站并设相应的蓄电池设备作为备用电源。区间光纤直放站采用 1 路电源供电,优先从就近铁路低压电源接引电源,附近无接引低压电源条件的设杆架式变电台供电,电源引自 10 kV 贯通线。并设蓄电池设备作为备用电源。

区间其他用电负荷在负荷集中处设箱式变电站或杆架式变电台,优先从地方电源接引1路电源供电;无接引地方电源条件的从10 kV贯通线接引电源供电。

新设电力远动系统,纳入既有贵阳供电段电力调度所控制和管理。

3.17.3　通信工程

长途通信线路,织金至毕节间沿铁路同沟敷设1条48芯光缆和1条7×4×0.9低频对称电缆。其中7×4×0.9低频对称电缆并用于隧道紧急电话和区间通话柱。

传输系统,织金至毕节利用新建的48芯光缆开通SDH 10 Gbit/s传输系统,主要车站设SDH 10 Gbit/s设备。织金至安顺利用既有光缆开通SDH 2.5 Gbit/s传输系统,安顺至成都、贵阳的传输通道,利用成都铁路局所建的OTN(光传送网络)骨干环网。

利用新建的48芯光缆开通SDH 2.5 Gbit/s车站接入网系统,各车站新设SDH 2.5 Gbit/s设备。并在同一车站将SDH 2.5 Gbit/s设备通过SDH 2.5 Gbit/s光接口与SDH 10 Gbit/s设备互联。

牵引变电所、电力配电所等信息用户接入点设SDH 622 Mbit/s设备,通过光缆接入相邻车站SDH 2.5 Gbit/s接入网系统。区间通信基站设SDH 622 Mbit/s设备,通过光缆接入邻近车站SDH 2.5 Gbit/s接入网系统。

电话交换系统,沿线新增自动电话用户通过新建接入网接入安顺既有铁路程控电话交换机。通过统一编号组网,实现与既有铁路电话专网的互通。

新设数字调度通信系统,沿线车站新设车站型调度通信交换机、调度分机、车站值班台等设备,通过传输系统接入成都铁路局调度所既有中心调度通信交换机和调度通信系统,新设1个本线行车调度台,负责织金至毕节、织金至纳雍、林歹至织金及所建黄桶至织金铁路的行车调度指挥。并通过与GSM-R系统的互联,实现有线与无线调度业务的互通。

新设GSM-R移动通信系统,利用成都铁路局既有GSM-R移动通信交换机,在贵阳新设基站控制器(BSC),沿线设通信基站(BTS),采用单层覆盖方式组网。区间弱场区采用光纤直放站、漏泄电缆和天线方式增强。以满足调度通信、调度命令、无线车次号校核信息传输的需要。

新设应急通信系统,在织金北综合维修车间、毕节东维修工区新设应急通信系统现场接入设备,接入成都铁路局既有应急通信中心系统。

通信电源,沿线新建车站通信机械室和区间通信基站设48 V电源和蓄电池,并设电源和机房环境监控系统及采集设备。

3.17.4　信号工程

车站联锁,沿线新建车站设双机热备型计算机联锁设备和信号智能电源屏,联锁设备的控制和显示采用鼠标+显示器方式。织金站的既有6502电气集中联锁设备利旧改造。并根据车站道岔设计类型,配备相应的道岔转辙设备。

新建联锁设备的车站站内采用97型25 Hz相敏轨道电路,车站电码化正线采用预叠加、接近区段及到发线采用占用叠加方式,发码设备采用ZPW-2000系列轨道电路发送设备。

运输调度指挥系统,为与本线相关的线路所采用的运输调度指挥系统保持一致,本线采用 TDCS 系统,织金北至毕节东各车站新设 TDCS 分机设备、信息安全和通道质量监督设备。按调度区划分纳入成都铁路局调度所既有 TDCS/CTC 总机系统,及与林歹至织金、织金至纳雍、黄桶至织金铁路合设的列车调度台指挥,根据需要增设相关设备。

区间闭塞制式,织金(含)至毕节东(含)各区间采用 64D 半自动闭塞及配套设备。

按照"关于印发《铁路信号集中监测系统技术条件》的通知"(运基信号〔2010〕709 号)、"关于印发《铁路信号集中监测系统安全要求》的通知"(运基信号〔2011〕377 号)相关技术要求,新设信号集中监测系统,各新建车站设集中监测分机设备,织金站既有监测分机设备利旧改造。接入隶属电务段的信号集中监测总机系统。

各新建信号设备房屋设防雷电、电磁兼容和综合接地防护系统,由房建工程统筹实施。

参加织毕铁路站前工程施工的有中铁四局、十七局集团等单位,中铁十二局集团电气化公司承担电气化、通信信号和供变电工程等站后四电工程的施工。

站前工程于 2013 年 3 月 9 日开工,站后四电工程于 2015 年 3 月 1 日开工。2015 年 10 月 30 日前完成牵引供电系统送电,2015 年 11 月 10 日前完成静态验收,2015 年 12 月 10 日完成动态验收,2015 年 12 月 30 日全线正式开通。

3.18 滨绥铁路牡丹江至绥芬河段扩能改造

既有滨绥铁路牡绥段扩能改造,西起牡丹江市牡丹江站,东至绥芬河站,线路全长 138.823 km(图 3.18)。在扩能改造过程中,对整段铁路线进行了取直处理,新建正线 138.82 km。比既有线缩短 54.107 km。全段设有牡丹江、爱河、磨刀石、穆棱、细鳞河、绥阳、绥芬河等车站。其中牡丹江和绥芬河为既有车站,爱河、磨刀石、穆棱、细鳞河、绥阳为新建车站(爱河和细鳞河为越行站)。该段铁路扩能改造竣工通车,为东北亚地区的经济发展起到了铺路架桥的作用,有利于加强中俄双边物资流通能力,为加快中俄贸易发展提供了快捷便利的运输通道。并进一步推动了龙江陆海丝绸之路经济带建设。还完善了牡丹江市交通运输结构,增加了区段客货铁路运力,加快了人流物流和信息流,为牡丹江发展开放型经济、建设开放型城市提供了新机遇。

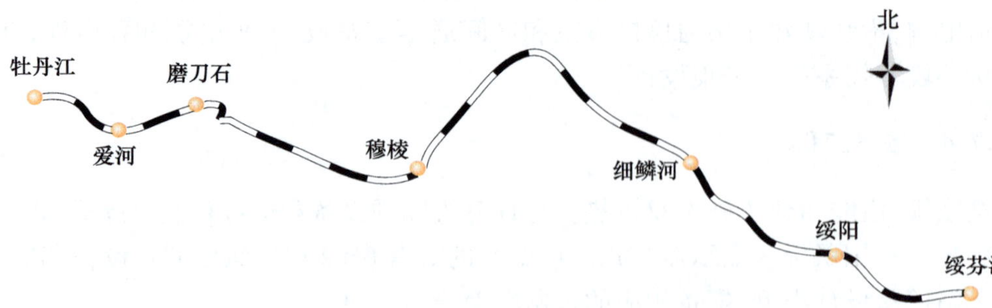

图 3.18 滨绥铁路牡绥段示意图

滨绥铁路牡绥段扩能改造的建设单位是哈尔滨铁路局、哈牡铁路客运专线公司，设计单位是铁道第三勘察设计院集团有限公司。线路主要技术标准：铁路等级，Ⅰ级；正线数目，双线；正线线间距，4.4 m；限制坡度，13‰；最小曲线半径，一般地段 3 500 m、困难地段 2 800 m；到发线有效长度，1 050 m；闭塞类型，自动闭塞；速度目标值，200 km/h；牵引种类，电力牵引（直供加回流线供电方式）；牵引质量，5 000 t。

3.18.1　电气化工程

牵引供电采用带回流线的直接供电方式。全段新设磨刀石、穆棱、细鳞河、绥芬河北共 4 座牵引变电所。新设牡丹江等 4 座分区所，按箱式结构设计。并结合哈牡客运专线等工程研究确定牡丹江枢纽供电方案。

新建牵引变电所引入 2 路 220 kV 电源供电，220 kV 电源侧采用线路变压器组接线，电气设备采用户外中型布置；27.5 kV 侧采用单母线分段接线，高压室采用网栅间隔式布置。根据铁道部与国家电网公司签订的联合会议纪要要求，为将牡绥段 4 座牵引变电所信息上传至地方电力公司电力调度所，在每个牵引变电所设信息上传设备和传输信息的通道。

新建牵引变电所设 2 台变压器。采用固定备用、三相 V/V 接线、油浸自冷方式，预留风冷条件。各牵引变电所变压器安装容量：磨刀石为 2×(25+25) MV·A、穆棱为 2×(25+25) MV·A、细鳞河为 2×(25+20) MV·A、绥芬河北为 2×25 MV·A。

新建牵引变电所、分区所采用微机保护和综合自动化系统，按无人值班设计，牵引变电所适当考虑值守条件。新设牵引供电远动系统，纳入哈尔滨铁路局牵引供电调度所控制和管理。

接触网采用全补偿简单链型悬挂，接触悬挂结构高度一般 1 600 mm。正线接触线采用 120 mm^2 的铜锡合金导线，承力索采用 95 mm^2 的铜合金绞线；站线接触线采用 85 mm^2 的铜锡合金导线，承力索采用 70 mm^2 的铜合金绞线。接触线悬挂高度按带电通过超级超限货物列车设计。附加导线采用铝包钢芯铝绞线。

接触网绝缘泄漏距离按严重污秽区设计，绝缘子泄漏距离不小于 1 200 mm；特别严重污秽地区适当加强绝缘。一般地段采用瓷质绝缘子，隧道内、接触网下锚等处采用合成绝缘子。采用锚段关节式电分相，尽量避免设在坡度大于 6‰的地段，无法避免时，应通过专业检算确定具体安装地点和自动过分相装置类型。

接触网支柱，区间路基地段采用横腹杆式预应力钢筋混凝土支柱，支柱基础采用直埋方式（回填混凝土）。桥梁上采用热镀锌格构式钢柱。车站及多线并行地段，根据线间距离分别采用新型硬横梁或线间立柱方案。线间立柱一般采用 H 型钢柱。车站雨棚地段接触网支柱与雨棚柱合架。支柱侧面限界应满足大型养路机械作业的要求，一般按 3.1 m 设计。

接触网支柱跨距一般不大于 55 m。桥支柱跨距根据具体情况确定，一般不大于 45 m；双线隧道跨距一般为 35～40 m。

锚段关节一般采用五跨或四跨关节。正线最大锚段长度不大于 2×700 m；站线最大锚段长度不大于 2×850 m;附加导线的最大锚段长度一般不大于 2 000 m。

接触网下锚补偿一般采用滑轮组补偿装置,桥上及设置防断中锚困难的锚段采用棘轮补偿装置。隧道内下锚采用衬砌预留下锚洞、大滑轮加坠砣补偿下锚方式。

新增电力、电气化设备纳入既有牡丹江供电段管理。新建穆棱、绥阳接触网工区,负责本段新增牵引供电设备的抢修及运营维护工作。

3.18.2 电力工程

牡丹江至绥芬河段新建 1 条综合负荷 10 kV 贯通线和 1 条一级负荷 10 kV 贯通线。新建 10 kV 贯通线在路基区段采用架空线路,桥隧区段及架空无径路时采用电缆敷设。新建的一级负荷 10 kV 贯通线作为给沿线通信信号等重要负荷供电的主用电源;新建的综合负荷10 kV贯通线向沿线用电量较小的车站站房、无地方电源的隧道照明等负荷供电,并作为给沿线各车站通信信号等负荷供电的备用电源。

新设磨刀石、穆棱、绥阳 10 kV 配电所,一般引入 2 路地方电源供电,不具备引入 2 路地方电源条件的先引入 1 路电源、预留引入第 2 路电源的条件。利用牡丹江既有 110/10 kV电力变配电所 110 kV 设备及房屋,将其既有 10 kV 设备更换为 GIS 小型设备并增设相关设备给本线供电,且预留给哈牡客运专线的供电条件。利用既有绥芬河 66/10 kV 电力变配电所预留的位置增设相关设备给本线新建 10 kV 贯通线供电。既有变配电所电源维持既有。

设有变(配)电所的车站其站房用电负荷设低压变电所,从变(配)电所站馈线接引电源供电;没设 10 kV 配电所的车站其站房用电负荷设低压变电所,从地方电网接引电源供电,无接引地方电源条件的从综合负荷 10 kV 贯通线接引电源供电。

车站通信信号等重要负荷设站内低压变电所供电,分别从一级负荷 10 kV 贯通线及综合负荷 10 kV 贯通线各接引 1 路电源供电。

区间通信信号等重要负荷设箱式变电站供电,电源分别引自 2 路 10 kV 贯通线,作为主备电源。

长大隧道通风和照明用电负荷设箱式变电站,优先从地方电网接引电源供电,无接引地方电源条件的从综合负荷 10 kV 贯通线接引电源供电。并设 EPS 电源作为隧道应急照明的备用电源。

新建 10 kV 配电所采用综合自动化系统,按无人值班设计。新设电力远动系统,纳入牡丹江供电段电力控制中心控制和管理。

新设穆棱电力工区,利用牡丹江、绥芬河既有电力工区,负责新建电力设施的运营维护和管理。

3.18.3 通信工程

长途通信线路,新设 2 条 32 芯单模光缆,分别沿铁路两侧敷设。

传输系统,新设 SDH 10 Gbit/s 传输系统,在牡丹江、穆棱和绥芬河等主要车站(或通信站)设 SDH 10 Gbit/s ADM 传输设备。利用新建 2 条 32 芯光缆中的各 2 芯光纤构成复用段1+1保护。

新设SDH 622 Mbit/s车站接入网系统,沿线车站新设SDH 622 Mbit/s设备,利用新建2条32芯光缆中的各2芯光纤构成复用段1+1保护。

区间通信基站、信号中继站、牵引变电所、分区所、电力变配电所等处设SDH 622 Mbit/s设备。通过光缆接入相邻车站SDH 2.5 Gbit/s设备及接入网。站内信息用户接入点所设SDH 622 Mbit/s设备采用环路接入本站接入网系统。在牡丹江新设传输和接入网网管系统和设备。

电话交换系统,利用牡丹江、绥芬河通信站的既有程控电话交换机,沿线新增自动电话用户按管辖和隶属范围分别接入相关的既有铁路程控电话交换机。通过统一编号,实现与既有铁路电话专网的互通。

新设数字调度通信系统,利用相关工程在哈尔滨铁路局调度所所设的中心调度通信交换机,沿线车站新设车站型调度通信交换机、调度分机、车站值班台等设备。通过传输通道接入铁路局调度所的中心调度通信交换机和既有调度通信系统及列车调度台,负责全段的通信调度业务。

新设GSM-R移动通信系统,利用哈大客运专线工程在哈尔滨铁路局所设的GSM-R交换机,在牡丹江新设基站控制器(BSC),沿线新设通信基站(BTS),采用单层覆盖方式组网。区间弱场区采用光纤直放站、漏泄电缆和天线方式增强,以满足无线场强覆盖和信息传输的需要,完成调度通信、调度命令和无线车次号校核信息传送等功能。并在牡丹江新设无线网络管理系统(OMC-R)终端设备。

新设应急通信系统,在牡丹江、绥芬河新设应急通信系统现场接入设备,接入哈尔滨铁路局应急通信指挥中心系统。

3.18.4　信号工程

车站联锁,各新建车站和绥芬河站北场及南场新设硬件安全冗余型计算机联锁设备和信号综合智能电源屏及UPS不间断电源设备。牡丹江中运转场、客场及牡丹江机务段在既有联锁设备的基础上结合站前工程进行局部改造。

结合车站(场)道岔设计类型,配备相应的道岔转辙装置、转辙机,正线车站道岔设道岔缺口检查装置。新建车站列车进路上的道岔设道岔融雪系统设备,采用电加热控制方式,在车站设控制终端设备,在车站两端咽喉设电气控制柜、轨温传感器、隔离变压器、加热元件等。根据道岔融雪设备用电负荷情况,设箱式变电站给融雪系统设备供电。

新建联锁设备的车站站内采用97型25 Hz相敏轨道电路,股道电码化正线采用预叠加、侧线占用叠加方式,发码设备采用ZPW-2000系列设备,按1+1冗余方式配置。站内轨道电路和电码化采用铝护套内屏蔽数字信号电缆,其他信号设备室外电缆采用综合护套综合扭绞信号电缆。

运输调度指挥系统,本段采用调度集中(CTC)系统,正线各新建车站设(V2.0版本)CTC分机设备、信息安全和通道质量监督设备,信号中继站设(V2.0版本)信息安全设备;牡丹江、绥芬河站既有CTC分机等设备利旧改造,按管辖范围通过传输系统接入哈尔滨铁路局调度所 CTC/TDCS 总机系统和滨绥铁路既有调度台指挥。并增设 1 个助理调度台,增设 CTC 通信、应用服务器、接口服务器及 1 套时钟同步设备;利用既有数据库服务器,对既有网络安全和通道质量等设备进行扩容;并将既有滨绥二台 TDCS 设备改造为 CTC 调度台设备;将既有 TDCS 总机系统设备进行相应修改。在设有专用调车机车的绥阳站配套设置无线调车机车信号监控系统地面和车载设备。

列车运行控制系统,牡丹江至绥芬河新建双线采用 CTCS-2 级列控系统,增设 1 套临时限速服务器设备和 1 套网络管理服务器设备,通过构建的信号安全数据网下达临时限速命令。各车站新设(V2.0 版本)安全数据网设备、列控中心(TCC)、应答器及其编码单元(LEU)设备。所设列控中心设备应具有轨道电路编发码、运行方向控制、站间安全信息传输和应答器报文的调用发送等功能。所布设的定位应答器应满足 CTCS-2 级列控系统控制精度要求,能与牵引供电和动车组相结合,提供无源应答器实现自动过分相固定信息的控制条件。并通过专用光纤传输通道和安全数据网与车站联锁系统、临时限速服务器、信号集中监测系统交换信息。

区间采用 ZPW-2000 系列轨道电路构成的四显示自动闭塞,设区间地面通过信号机,正向采用追踪间隔运行、反向采用自动站间闭塞行车。动车组列车运行以列控车载 ATP 信号作为行车凭证,其余列车以地面信号作为行车凭证。其他相邻既有线路维持既有闭塞方式不变。

区间采用 ZPW-2000 系列无绝缘轨道电路,其发送和接收设备按冗余配置,并应具有设备自监测功能,通过接口设备为信号集中监测系统提供监测信息。

区间 ZPW-2000 系列轨道电路干线电缆采用铝护套内屏蔽数字信号电缆,其余信号设备采用铝护套综合扭绞信号电缆,分支电缆采用综合护套综合扭绞信号电缆。进出长大隧道的信号电缆采用阻燃电缆。轨道电路所用电缆有效传输长度一般按 10 km 控制,超过此长度设信号中继站。隧道内应考虑低道床电阻的影响因素,在闭塞分区范围内长度超过 500 m 时应采取缩短轨道电路长度的措施解决其分路不良。

信号集中监测系统,按照“关于印发《铁路信号集中监测系统技术条件》的通知”(运基信号〔2010〕709 号)要求,各车站和信号中继站新设集中监测分机设备。所设集中监测分机设备中应设有电务维修智能分析和辅助决策模块,可完成监测预警分析和故障诊断、报警等功能。并设道岔表示电压监测信息采集器、道岔电缆绝缘测试采集器、驱动接口板和测试盒等,对道岔和道岔电缆状态信息进行采集;信号车间新设集中监测终端设备,按隶属范围通过监测网络接入牡丹江电务段既有信号集中监测总机系统。并对总机系统进行升级改造,增设冗余配置的数据库服务器、磁盘存储阵列、应用服务器、通信接口服务器,以及相关的通信网络、信息安全(防火墙等)、信号电源屏等设备。其他既有监测终端设备全部利用。

在采用 CTCS-2 级列控系统区段,新设综合接地系统,沿正线两侧分别敷设 1 条截面为 35 mm^2的铜质贯通地线(不设贯通地线监测报警),与土建工程同步实施;其他自闭区段设 1 条截面为 35 mm^2的信号专用贯通地线,在电气特性上全程贯通,对地接地电阻不大于 1 Ω,并形成等电位连接。沿线轨旁信号设备就近与贯通地线等电位连接。沿线通信、电力专业需接入综合接地系统的设施（如通信基站铁塔、箱式变电站等），在自设满足接地要求的装置后，就近与贯通地线等电位连接。

沿线新建信号设备房屋设防雷电、电磁兼容和综合接地防护系统，与房建工程同步实施。并就近与贯通地线接地端子等电位连接。

参加线路改造施工的有中铁十三局、十九局、二十二局集团等单位，中铁建电气化局集团等单位承担电气化、通信信号和电力工程的施工。

线路改造工程于 2010 年 7 月 8 日开工，四电工程于 2012 年 9 月 1 日开工。2015 年 12 月 27 日全线开始送电，2016 年 1 月 1 日全线开通运营。200 km/h 达速于 2018 年 12 月 25 日开通运营。

3.19　娄底至邵阳铁路扩能改造

既有娄邵铁路位于湖南省中部，北起娄底站，途经娄底市娄星区、涟源市、双峰县，邵阳市邵东县、双清区，南到邵阳站，大致呈东北西南走向，线路全长 99.36 km（图 3.19）。扩能改造后全线设有娄底、娄底西、双峰北、廉桥、邵东、邵阳等车站。其中娄底、邵阳站为原址改建，娄底西为新建车站，双峰北、廉桥、邵东站均为移站新建车站。娄底站既有为区段站，其余为中间站。娄底、双峰北、邵东、邵阳办理客货运作业，娄底西、双峰北、邵东、邵阳北设有货场。扩能改造工程全线新建桥梁累计长度 28.156 km、新建隧道累计长度 19.924 km，桥隧占比达到 48.4%。

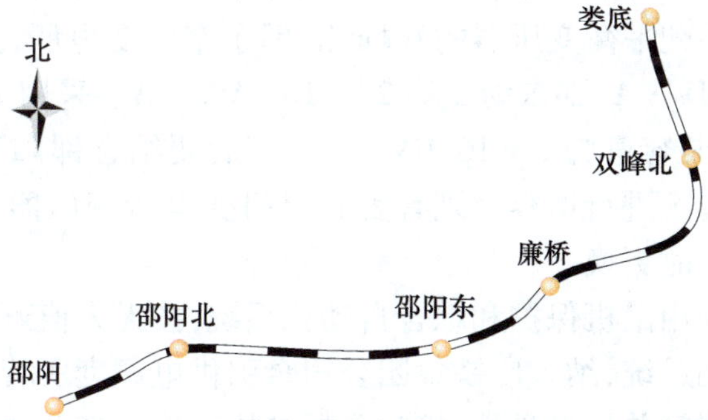

图 3.19　娄邵铁路示意图

娄邵铁路扩能改造工程的（DK66 + 200 ~ DK100 + 456.53（ = 邵永线 K11 + 200）段长度 34.256 km）与拟新建的怀邵衡铁路的［CK180 + 451.862 ~ CK216 + 008.497 段（对应娄邵铁路 DK66 + 750 ~ DK99 + 650）长度 32.90 km］在邵东至邵阳间四线并行，为尽量避免将来怀邵衡铁路施工对娄邵铁路运行安全造成影响，避免重复建设和废弃工程，在娄邵铁路扩能改造工程中同步实施与怀邵衡铁路相关的邵东站（并场设置）、邵阳站（并场设置），以及通信、信号综合接地、接触网立柱、电力等将来不便实施的工程，其投资各自承担。娄邵铁路扩能改造工程的竣工和开通，使娄邵铁路的旅客运输能力和货物运输能力得到大幅提升，其间的列车最快运行时间将由原来的 3 h 缩短为 1 h。通过对动车组与普速列车的整合运营,最大化地满足了娄邵铁路沿线地区居民的不同出行需求。

娄邵铁路扩能改造的建设单位是广州铁路(集团)公司,设计单位是中铁第四勘察设计院集团有限公司。线路主要技术标准:铁路等级,Ⅰ级;正线数目,双线;限制坡度,6‰;最小曲线半径,一般地段 4 500 m、困难地段 3 500 m、引入娄底地区根据设计速度确定;到发线有效长度,850 m;闭塞类型,自动闭塞;路段设计速度,娄底至双峰北 120 ~ 200 km/h、双峰北至邵阳 200 km/h;牵引种类,电力牵引(直供加回流线供电方式);机车类型,HX 型、SS 型、动车组;牵引质量,4 000 t。

3.19.1 电气化工程

牵引供电采用带回流线的直接供电方式。全线新设双峰北、邵东、邵阳牵引变电所,其中邵东、邵阳牵引变电所土建工程预留向怀(化)邵(阳)衡(阳)等铁路的供电条件。按满足本工程要求并预留益阳至娄底电气化改造等条件,统筹改造既有娄底牵引变电所,进一步优化娄底地区供电系统改造方案。供电臂末端设分区所,并应具备上下行分别供电、并联供电和越区供电条件。

新建邵东、邵阳、双峰北牵引变电所引入 2 路 110 kV 电源供电,110 kV 电源侧电气设备采用户外中型布置,邵东、邵阳牵引变电所 110 kV 电源侧采用线路变压器组接线,双峰北牵引变电所 110 kV 电源侧采用线路分支接线; 27.5 kV 侧采用单母线分段接线,电气设备采用户内网栅间隔布置。选址困难的牵引变电所可采用阶梯形布置。新建牵引变电所的场坪、高压室等要适当预留今后的发展条件。

新建牵引变电所设 2 台变压器,采用固定备用、V/V 接线、油浸自冷方式,预留风冷条件。采用三相阻抗匹配平衡变压器的双峰北、邵东牵引变电所,其变压器安装容量:双峰北为 2 ×(16 +25) MV · A,邵东为 2 ×(20 +16) MV · A。采用单相接线方式的邵阳牵引变电所,其变压器安装容量为 2 ×16 MV · A。其后要结合邵阳至永州段电气化改造、怀邵衡铁路工程供电情况进行增容。既有娄底牵引变电所变压器暂不增容,待开通运营后根据运量增长情况适时更换。

新建牵引变电所采用微机保护和综合自动化系统,按无人值班设计,适当考虑值守条件。新设牵引供电远动系统,纳入广铁集团公司牵引供电调度所管理。

接触网采用全补偿简单链型悬挂,接触悬挂结构高度一般为 1 400 mm。正线接触线采用 120 mm^2 的铜合金导线,承力索采用 95 mm^2 的铜合金绞线;站线接触线采用 85 mm^2 的铜合金导线,承力索采用 70 mm^2 的铜合金绞线。四线并行区段接触网采用硬横梁悬挂安装方式。附加导线采用铝包钢芯铝绞线。

接触网绝缘泄漏距离不小于 1 200 mm,严重污秽地区可适当加强绝缘。一般地段采用瓷质绝缘子,隧道内、锚段关节等处采用合成绝缘子。电分相采用带空气绝缘中性段的绝缘锚段关节式,尽量避免设在大坡道、列车出站加速区段和线路限速低速区段。

接触网支柱,路基区段的腕臂柱一般采用圆形钢筋混凝土支柱,桥上采用格构式热浸镀锌钢柱。有条件的站场优先采用线间立柱,咽喉区或跨越多股道时采用轻型硬横梁和钢管柱。车站有雨棚地段接触网支柱与雨棚柱合架。支柱侧面限界应满足大型养路机械作业的要求(一般为 3.1 m)。

接触网支柱跨距路基区段一般为 50 ~ 60 m,隧道内一般为 45 m,桥上根据桥梁孔跨的形式确定,相邻跨距之差不大于 10 m。

正线接触网锚段长度一般不大于 2 × 700 m,站线最大锚段长度不大于 2 × 850 m;附加导线锚段长度一般不大于 2 000 m。

新建邵东接触网工区,既有娄底接触网工区按规定补强。

3.19.2　电力工程

全线新设 1 条综合负荷 10 kV 贯通线和 1 条一级负荷 10 kV 贯通线,为沿线车站和区间负荷供电。其中廉桥至邵阳段与怀邵衡铁路用电负荷统筹设计,共用 2 条 10 kV 贯通线。在四线并行区段,平行、跨越新建铁路的既有铁路电力线路不满足电气化铁路要求的按要求同步迁改。

新设廉桥、邵阳 10 kV 配电所,引入 2 路地方电源供电,土建工程适度预留发展条件。改造既有娄底 10 kV 配电所。新建 10 kV 配电所尽量与牵引变电所、接触网工区、电力工区合建,其中检修室、控制室、交直流系统等房屋或设备共用。

设有 10 kV 配电所的车站其站房用电负荷设低压变电所或箱式变电站,从配电所站馈线接引电源供电;没设 10 kV 配电所的车站其站房用电负荷较大时设低压变电所或箱式变电站,就近接引 1 路地方电源供电;其他用电负荷从综合负荷 10 kV 贯通线接引电源供电。

车站通信信号用电负荷设箱式变电站供电,主备用电源分别引自 2 路 10 kV 贯通线。区间通信信号用电负荷设箱式变电站供电,电源引自 2 路 10 kV 贯通线。

区间其他用电负荷设杆架式变电台供电,电源引自综合负荷 10 kV 贯通线。

新建设 10 kV 配电所采用综合自动化系统,设电力远动系统,纳入广铁集团公司牵引供电调度所管理。

3.19.3　通信工程

长途通信线路,娄底通信站至邵阳通信站新设 2 条 48 芯单模光缆,分别沿铁路两侧敷设。双峰北站至三塘铺站既有通信线路继续使用,既有通信线路在站外适当地点采用直埋方式引入双峰北站通信机械室。邵阳至邵阳北站间的既有通信光电缆线路继续使用。原接入既有邵东、牛马司站的专用线的通信线路按原制式和容量接入新建邵东站通信机械室。

传输系统,新设 SDH 10 Gbit/s 骨干与汇聚层传输系统,娄底通信站、廉桥站通信机械室、邵阳通信站新设 SDH 10 Gbit/s ADM 设备,利用新建的 2 条 48 芯光缆构成复用段保护。

新设 SDH 622 Mbit/s 车站接入网系统,各车站设 SDH 622 Mbit/s 设备,利用新建 2 条 48 芯光缆构成复用段保护。

区间通信基站、信号中继站等处新设 SDH 622 Mbit/s 设备,通过光缆接入相邻车站

SDH 2.5 Gbit/s 设备及接入网。

牵引变电所、分区所、站内电力配电所、货场、娄底机务车间等处新设 SDH 622 Mbit/s 设备,通过光缆接入本站 SDH 2.5 Gbit/s 接入网系统。

娄底通信站新设传输网网管系统和设备,邵阳通信站新设接入网网管系统和设备,对传输及接入网系统进行管理。

数据网,利用广铁集团公司在 2014 年通信基础设施改造工程中所建的数据网。

电话交换系统,利用邵阳通信站既有程控电话交换机,并新设光线路终端(OLT)设备;沿线新增自动电话用户通过接入网接入邵阳的 OLT 设备和程控电话交换机,通过统一编号,实现与既有铁路电话专网的互通。

新设数字调度通信系统。利用广铁集团公司调度所的既有调度通信交换机,各车站通信机械室、娄底到达场信号楼和到发场信号楼、娄底机务车间新设车站型调度交换机、调度分机、车站值班台等设备,既有三塘铺站、邵阳北站数字调度通信系统设备继续使用。按既有调度区划分,通过传输通道接入广铁集团公司调度所中心调度通信交换机和调度通信系统及既有调度台管辖。在调度所通过将调度通信主系统与广铁集团公司 GSM-R 交换机的相联,实现有线与无线调度电话的互通。

新设 GSM-R 移动通信系统,利用广铁集团公司既有 GSM-R 核心网设施,并新设编译码和速率适配单元(TRAU),在娄底通信站新设基站控制器(BSC)和分组控制单元(PCU),在邵东至邵阳四线并行区段,GSM-R 系统无线场强覆盖要结合怀邵衡铁路需要统筹设计,沿线设通信基站,采用单网覆盖非冗余方式组网。区间和隧道内弱场区采用光纤直放站、漏泄电缆和天线方式增强,以满足无线场强覆盖和信息传输的需要,完成调度通信、调度命令、无线车次号校核信息传送的需要。双峰北至三塘铺间的无线通信保留既有制式继续使用,在双峰北站新设 1 套无线列调车站电台,娄底站新设 1 套列检无线通信系统。

应急通信系统,在邵东综合工区新设 1 套应急通信现场接入设备,利用娄底的既有应急通信现场接入设备,接入广铁集团公司既有应急通信中心系统。

通信电源,沿线各车站、区间通信基站、信号中继站、牵引变电所、分区所、电力配电所、机务车间、货运综合楼、站房等处的通信机械室新设 48 V 高频开关电源和蓄电池。娄底、邵阳通信站新设 UPS 不间断电源。并设电源和机房环境监控系统。

3.19.4 信号工程

车站联锁,娄底至邵阳(不含)各车站新设硬件安全冗余型计算机联锁设备和信号综合智能电源屏;其中娄底站Ⅰ、Ⅱ场合设 1 套联锁设备,到达场按区域联锁方式纳入该站控制;娄底至娄底西区间线路所纳入娄底站联锁设备集中控制;娄底站尾部车场新设双机热备计算机联锁设备,其他既有信号设备利旧改造;邵阳、邵东站娄邵场、怀邵衡场新设计算机联锁设备和信号综合智能电源屏,并预留布设怀邵衡铁路联锁设备的空间。其他相关车站既有联锁设备利旧改造。

根据车站(场)道岔设计类型,配备相应的道岔转辙装置、转辙机,提速道岔设实时监测装置,18 号及以上道岔设密贴检查装置。娄底站不动或移设的道岔利旧使用。

新建联锁设备的车站站内采用 97 型 25 Hz 相敏轨道电路(带适配器),采用二元二位轨道继电器。正线电码化采用叠加预发码、侧线采用叠加发码方式。发送设备采用 ZPW-2000 系列设备。轨道电路干线电缆采用铝护套信号电缆,其他信号设备采用综合护套信号电缆。

运输调度指挥系统,采用调度集中(CTC)系统,沿线各车站、邵东站娄邵场、怀邵衡场新设 CTC 分机设备、网络安全和通道质量监督设备。按管辖范围和调度区划分,通过传输通道将娄底西至邵阳段纳入广铁集团公司调度所 CTC/TDCS 总机系统和沪昆客运专线一台管辖。

列车运行控制系统,娄底西站至邵阳站、邵东站娄邵场及怀邵衡场采用 CTCS-2 级列控系统,在娄底西站与双峰北站间设 CTCS-0/2 级级间转换点。娄底西至邵阳各车站和信号中继站设列控中心(TCC)、应答器及其电子编码单元(LEU)等设备。所设列控中心设备具备轨道电路编发码、运行方向控制、应答器报文实时组帧、发送等功能,并采用专用光纤通道传输站间安全信息。

新建双线采用四显示自动闭塞,设区间地面通过信号机,正向按追踪间隔运行,反向采用自动站间闭塞行车。其余区间维持既有闭塞制式不变。娄底地区与拟建株(洲)娄(底)段自动闭塞改造工程同步实施。

新建双线自动闭塞区间采用 ZPW-2000 系列无绝缘移频轨道电路,其发送设备按 $N+1$ 冗余配置。轨道电路干线电缆采用铝护套内屏蔽信号数字电缆,所用电缆有效传输长度一般按 10 km 控制,按需要设信号中继站。

信号集中监测系统,按照“关于印发《铁路信号集中监测系统技术条件》的通知”(运基信号〔2010〕709 号)及《铁路信号集中监测系统安全要求》(运基信号〔2011〕377 号),娄底至邵阳段各车站和信号中继站设集中监测分机设备,所设监测分机设备中应设有电务维修智能分析及辅助决策模块,完成监测预警分析和故障诊断、报警等功能。并设有道岔表示电压监测信息采集器、道岔电缆绝缘测试采集器、驱动接口板、测试盒等。按隶属关系和范围通过监测网络接入所属电务段既有信号集中监测总机系统。

沿线新建和改扩建信号设备房屋设防雷电、电磁兼容和综合防护接地系统,与房建工程同步实施。并就近与所建的信号专用贯通地线等电位连接。

新建自动闭塞区段新设信号专用贯通地线,在电气特性上全程贯通,其接地电阻不大于 1 Ω。并充分利用沿线桥梁、隧道、路基地段构筑物设施内的接地装置作为接地体,形成低阻等电位综合接地平台。沿线轨旁信号设备就近与贯通地线等电位连接。

参加娄邵铁路扩能改造工程施工的有中铁电气化局集团,中铁七局、二十五局集团等单位,工程于 2012 年 1 月 28 日开工,2016 年 1 月 6 日开通运营。

3.20　敦煌至格尔木铁路

新建敦格铁路位于甘肃省酒泉市和青海省海西蒙古族藏族自治州,北起柳沟至敦煌铁路的敦煌站,沿敦格公路溯党河而上,经肃北、阿克塞两县,翻越祁连山脉的当金山后,于苏干湖盆地进入青海省海西州,翻赛什腾山,经鱼卡、大柴旦行委,与青藏铁路西格段的饮马峡车站接轨,全长616.79 km(图3.20),其中敦煌站至青藏铁路饮马峡站新建正线全长509.021 km(其中甘肃省内263.7 km、青海省内245.321 km),饮马峡至格尔木(152.2 km)利用既有青藏铁路西格段。工程范围还包括:新建本线至青藏铁路格尔木方向的联络线,自饮马峡北站至饮马峡西场新建线路长6.046 km。新建饮马峡站至饮马峡北下行疏解线7.942 km。对既有柳沟至敦煌铁路(正线全长161.473 km、柳沟站上行疏解线长4.019 km)进行电气化改造。新建敦格铁路所设车站:柳沟至敦煌段预留会让站近期开站,近期开设水库北、龙口坝、四工农场、芦草沟和伊塘湖等车站。敦煌至饮马峡段按远期双线分布车站,近期单线为满足客货运量需求增加会让站。全线设敦煌(接轨站)、七里镇、南湖店、阳关、沙枣园、阿克塞、独山子、肃北、水坝河、黑石沟、长草沟、当金山、小苏干湖、团结、花海子、塞什腾山、马海、高泉、青山、嗷唠河、红柳、苦水沟、鱼卡、小红山、五个圈、大柴旦、大头羊、东山、小柴旦、特门、泉吉河、饮马峡北、饮马峡(接轨站)等车站。近期开设敦煌(接轨站)、七里镇、南湖店、阳关、阿克塞、肃北、水坝河、黑石沟、长草沟、当金山、团结、塞什腾山、马海、青山、红柳、苦水沟、鱼卡、小红山、五个圈、大柴旦、大头羊、东山、小柴旦、特门、泉吉河、饮马峡北、饮马峡(接轨站)等车站。新建敦格铁路是沟通新疆维吾尔自治区、青海省、甘肃省、西藏自治区的一条最便捷通道,连接起兰新铁路和青藏铁路两大干线,成为我国西北地区的首条环形闭合铁路网络,这对完善我国西部铁路网布局,加强地区的经济往来与交流合作,加快柴达木盆地资源开发,带动西部地区旅游业发展,强力助推民族地区经济社会发展具有重要意义。

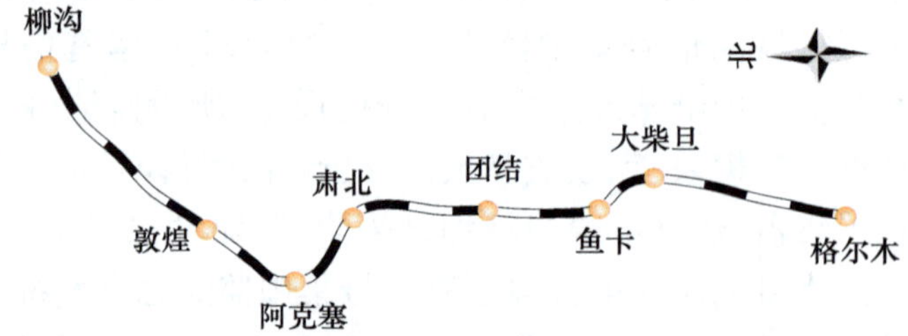

图3.20　敦格铁路示意图

敦格铁路的建设单位是兰州铁路局、敦煌铁路公司和青藏铁路公司,设计单位是中铁第一勘察设计院集团有限公司。线路主要技术标准:铁路等级,Ⅰ级;正线数目,单线、预留复线条件;限制坡度,6‰、加力坡13‰;最小曲线半径,1 200 m、困难地段800 m;到发线有效长度,850 m、双机880 m;闭塞类型,自动站间闭塞;旅客列车设计行车速度,120 km/h;牵引种类,电力牵引(直供加回流线供电方式);机车类型,货运HXD系列、客运SS系列;牵引质量,4 000 t。

3.20.1　电气化工程

牵引供电采用带回流线的直接供电方式。全线新设小宛、四工农场、甜水井、敦煌、南湖店、阿克塞、肃北、黑石沟、当金山、团结、塞什腾山、青山、苦水沟、五个圈、小柴旦等牵引变电所。利用所建的柳沟和饮马峡牵引变电所增加馈线向本线供电。新建牵引变电所的场坪、高压室等适度预留今后发展条件,但要尽量少占农田,避开不良地质区段并满足相应的洪水位及排水要求。

新建牵引变电所引入2路110 kV电源供电,110 kV电源侧采用线路分支接线;27.5 kV侧采用单母线分段接线。位于大风区段的小宛和四工农场牵引变电所110 kV电源侧电气设备采用户内布置,其他牵引变电所110 kV电源侧电气设备采用户外中型布置;27.5 kV侧电气设备采用户内网栅间隔布置。所址选择困难的牵引变电所可按阶梯形布置。利用改造柳沟和饮马峡牵引变电所的设备选型和布置方式维持既有。

新建牵引变电所设2台变压器,采用固定备用、三相V/V接线、油浸自冷方式,预留风冷条件。初期各牵引变电所变压器安装容量:小宛、四工农场、甜水井、敦煌、肃北、黑石沟、当金山、团结、塞什腾山为2×(10+10) MV·A,南湖店为2×(10+16) MV·A、阿克塞为2×(16+10) MV·A,青山、苦水沟、五个圈、小柴旦为2×(16+16) MV·A。柳沟和饮马峡牵引变电所暂不增容,待开通后视运量增长情况适时更换。

鉴于本线建设阶段沿线无电区较长、人口稀疏、生产生活用电负荷较小,甘肃、青海两省均需新建330 kV外部电源供电设施,才能保证向本线供电。新建330 kV外部电源设施基本上为铁路专用,无论牵引变压器采用何种接线方式,反映到330 kV电源侧对其他负荷的负序影响基本相当,为尽量减少电分相的设置数量,争取采用单相变压器供电。

新建牵引变电所采用综合自动化系统,按无人值班设计,适当预留值守条件。新设牵引供电远动系统,兰州铁路局范围内纳入既有牵引供电调度所管理,并对其远动系统结合兰渝、太中银等铁路接入进行实际统筹改造;青藏铁路公司范围内的远动系统纳入既有牵引供电调度所管理。

接触网采用全补偿简单链型悬挂,当金山隧道内采用刚性悬挂,接触悬挂结构高度一般地段为1 400 mm,隧道内为550 mm。正线接触线采用120 mm^2的铜合金导线,承力索采用95 mm^2的铜合金绞线;站线接触线采用85 mm^2的铜合金导线,承力索采用70 mm^2的铜合金绞线。接触导线悬挂点高度一般为6 000 mm;有调机作业的车站,接触导线悬挂点高度不小于6 200 mm。附加导线采用铝包钢芯铝绞线。

接触网绝缘泄漏距离一般不小于1 200 mm,严重污秽地区可适当加强绝缘。一般地段采用瓷质绝缘子。隧道内、软横跨、绝缘关节及分段绝缘器处采用合成绝缘子。采用带空气绝缘中性段的绝缘锚段关节式电分相,尽量避免设在大坡道、列车出站加速区段和线路限速低速区段。

接触网支柱,柳沟至当金山隧道进口的路基区段的腕臂柱采用等径圆形钢筋混凝土支柱,当金山隧道出口至饮马峡段采用横腹杆式预应力钢筋混凝土支柱,桥上采用格构式桥钢柱,车站及多线并行区段一般采用软横跨和钢柱,位于安西风区的车站采用硬横梁和钢柱。路基区段支柱侧面限界按3.1 m设计,以满足大型养路机械作业的要求,平面布置预留复线条件。

接触网支柱跨距,柳沟至当金山隧道入口区段最大不大于60 m,当金山隧道出口至饮马峡区段最大不大于65 m;相邻跨距比一般不大于1.15:1,桥梁、隧道口、站场咽喉等困难地段跨距比一般不大于1.25:1。正线最大锚段长度一般不大于2×800 m,站线最大锚段长度一般不大于2×850 m,附加导线锚段长度一般不超过2 000 m。

新增电气化设施分别纳入既有嘉峪关、西宁供电段管理,新设敦煌、大柴旦抢修车间。在敦煌、肃北、当金山、小柴旦综合维修车间内设供电维修班组,新设瓜洲、甜水井、阳关、团结、青山、苦水沟接触网工区。

敦格铁路处在海拔较高的地区,应加强在高土壤电阻率区段电气化和电力系统接地方案和措施,确保沿线人身和设备安全。

3.20.2 电力工程

敦煌至饮马峡、柳沟至小宛、瓜洲至甜水井各新建1条综合负荷10 kV贯通线,尽量在与接触网支柱同侧的25~30 m范围内采用架空线路,并预留增建第二线的改造条件。

新设瓜洲、甜水井、南湖店、阿克塞、肃北、黑石沟、当金山、团结、塞什腾山、青山、鱼卡、大柴旦、小柴旦等10 kV配电所。改造利用既有柳沟、饮马峡10 kV配电所和敦煌35/10 kV变配电所增加馈线设备向新建10 kV贯通线供电。

设有变(配)电所的车站其站房内用电负荷由变(配)电所站馈线供电,没设10 kV配电所的车站其站房内用电负荷由综合负荷10 kV贯通线供电。

区间通信信号用电负荷设杆架式变电台供电,电源从10 kV贯通线"T"接接引。

新建10 kV配电所采用微机保护,新设电力远动系统,分别纳入嘉峪关和西宁供电段既有电力调度所管理。新增电力设施由嘉峪关和西宁既有供电段管理,在综合维修车间内设电力维修班组。

3.20.3 通信工程

长途通信线路,敦煌至饮马峡新设2条32芯单模光缆,分别沿铁路两侧敷设。柳沟至敦煌新设1条32芯光缆,柳沟南至柳沟新设2条32芯光缆。为了解决新建敦煌至格尔木铁路SDH 10 Gbit/s传输系统利用青藏铁路西格段既有光缆接入格尔木,缓解西格段饮马峡至格尔木既有光缆空余芯线紧张的问题,饮马峡至格尔木段沿铁路敷设1条64芯光缆。

传输系统,柳沟南经敦煌至格尔木新设SDH 10 Gbit/s传输系统,沿线主要车站和通信站设SDH 10 Gbit/s设备,利用新建和既有光缆构成复用段保护。格尔木经西宁至兰州利用西格段和兰(州)青(海西宁)铁路既有光缆新设SDH 10 Gbit/s传输系统。兰州至柳沟南利用兰新铁路第二双线工程新设的SDH 10 Gbit/s传输系统。

柳沟至饮马峡新设SDH 2.5 Gbit/s车站接入网系统,沿线车站新设SDH 2.5 Gbit/s设备,利用新建的2条32芯光缆构成复用段保护。

区间通信基站、牵引变电所、电力配电所等信息用户接入点设SDH 622 Mbit/s设备,利用所建光缆接入相邻车站SDH 2.5 Gbit/s接入网系统。

柳沟至饮马峡新设数据通信网,利用其他工程在兰州、西宁所设的核心路由器和在格尔木所设的汇聚路由器，敦煌新设汇聚路由器，柳沟至饮马峡沿线车站新设接入路由器。接入路由器间采用光纤通道直接联接，接入路由器与汇聚路由器间采用传输系统通道联接，并上联至核心路由器，实现数据业务的接入、转发和汇聚。

电话交换系统，利用敦煌、格尔木通信站的既有程控电话交换机；沿线新增自动电话用户通过新设的接入网，按照管辖范围分别接入敦煌、格尔木的程控电话交换机，通过统一编号，实现与既有铁路电话专网的互通。

新设调度通信系统，利用兰州铁路局、青藏铁路公司调度所的既有中心调度通信交换机，沿线车站新设车站型调度通信交换机、调度分机和车站值班台，按调度区划分分别接入兰州铁路局、青藏铁路公司调度所中心调度通信交换机及调度通信系统。并分别新设1 个本线行车调度台及配套设备，负责本线的调度指挥工作。通过将调度所中心调度通信交换机与 GSM-R 交换机的相联，实现有线与无线调度业务的互通。

柳沟至敦煌至饮马峡新设 GSM-R 移动通信系统，利用兰州铁路局、青藏铁路公司的既有 GSM-R 核心网交换机，在敦煌、格尔木新设基站控制器（BSC），沿线设通信基站（BTS），按管辖范围和调度区划分，分别采用单层覆盖方式组网。区间弱场区采用光纤直放站、漏泄电缆和天线方式增强，并设漏泄电缆监测系统，以满足无线场强覆盖和信息传输的需要。分别完成调度通信、调度命令和无线车次号校核信息传送等功能。

新设应急通信系统，利用兰州铁路局、青藏铁路公司既有应急通信指挥中心系统及设施，在相关综合维修车间/工区新设应急抢险现场接入设备，按各自隶属关系分别接入兰州铁路局、青藏铁路公司应急通信指挥中心系统。并在长大隧道设紧急电话系统，在隧道避车洞设报警电话，利用所敷设的对称电缆接入临近 GSM-R 通信基站设的报警电话主机，按管辖范围通过传输通道分别接入兰州铁路局、青藏铁路公司应急通信中心所设的救援电话应急控制平台。

通信电源，柳沟至敦煌至饮马峡沿线车站、区间通信基站等通信设备机房设 48 V 高频开关电源和蓄电池组，并新设电源和机房环境监控系统及采集设备，接入本工程所设的综合视频监控系统。

3.20.4　信号工程

车站联锁，柳沟（不含）至敦煌至饮马峡西各车站新设硬件冗余型计算机联锁设备和信号电源屏；柳沟站既有联锁设备利旧改造。

根据车站（场）道岔设计类型，配备相应的道岔转辙设备；敦煌站既有转辙机等相关信号设备利旧；饮马峡站倒替下来的转辙机经过整修用于本工程。

新建联锁设备的车站站内采用 97 型 25 Hz 相敏轨道电路，接近区段、正线接发车进路电码化采用预叠加、到发线股道采用叠加发码方式，发码设备采用无绝缘轨道电路发送设备。其中饮马峡、敦煌站既有电码化等相关信号设备利旧改造。

运输调度指挥系统，柳沟至敦煌至饮马峡西采用调度集中（CTC）系统，柳沟（不含）至饮马峡西各车站新设 CTC 分机设备，既有柳沟站 CTC 分机设备利旧改造，各车站并设信息安全和通道质量监督设备，按管辖范围和调度区划分分别纳入兰州铁路局、青藏铁路公司调度所 CTC/TDCS 总机系统和新设的本线列车调度台,并增设本线所用的应用和通信服务器及列车调度台配套设备,负责本线的运输调度指挥。

列车运行控制系统,柳沟站至敦煌至饮马峡西站(含饮马峡)采用自动站间闭塞制式,区间检查采用计轴设备。结合饮马峡站场改造和新增饮马峡西站,对既有青藏铁路西格段自动闭塞区间相关通过信号机的布设进行调整。布设调整要通过优化牵引计算进行,尽量减少既有信号设备的修改。

信号集中监测系统,柳沟(不含)至饮马峡西(含饮马峡)各车站新设集中监测分机设备,柳沟站既有监测分机设备利旧改造。按照兰州铁路局、青藏铁路公司管辖范围和隶属关系接入相应电务段信号集中监测总机系统。

考虑到本线部分区段处在海拔较高地区,采用电力牵引区段,站间装有计轴设备,车站进站信号机范围内敷设有信号贯通地线,应强化信号设备的接地和电磁防护能力。

新建和改建信号设备房屋设防雷电、电磁兼容和综合接地防护系统。在房建工程实施中要统筹考虑信号设备房屋屋顶避雷网、避雷带、引下线、接地系统等法拉第笼屏蔽。法拉第笼屏蔽应充分利用混凝土框架结构,作为法拉第笼屏蔽的建筑物钢筋应预留接地端子与接地装置、避雷带要焊接。室内信号设备设防雷保安器、分线防雷柜,室内设备箱盒及柜体应等电位连接。室外轨旁信号设备要做好安全接地。

参加线路工程施工的单位有中铁三局、五局、十一局、十二局、十五局、十七局、二十一局等单位。中铁电气化局集团等单位承担四电工程的施工。

线路工程于 2012 年 10 月 18 日开工,四电工程于 2014 年 7 月 28 日开工。2015 年 8 月9 日敦格铁路(青海省内)鱼卡至马海段投入试运营。敦格铁路柳敦段电气化改造于 2015 年 9 月 8 日通过验收。敦格铁路敦煌至肃北段于 2016 年 1 月 9 日开通运营。全线于 2019 年 12 月 18 日开通运营。

3.21 织金至纳雍铁路

新建织金至纳雍铁路,是贵(阳)六(盘水)铁路织金至纳雍至水城的其中一段,东起毕节市织金县织金北站(DK0 + 117.8),西至纳雍西站(DK59 + 647.68),正线全长 60.1 km(图 3.21)。全线近期开设织金北、大田坝、大龙场、纳雍、纳雍西等车站。预留缓开板桥、乐治 2 个会让站。

织纳铁路的建设单位是成都铁路局贵阳建设指挥部,设计单位是中铁二院工程集团有限责任公司。线路主要技术标准:铁路等级,Ⅱ级;正线数目,单线;限制坡度,13‰;最小曲线半径,一般地段 800 m、困难地段 600 m;到发线有效长度,880 m;闭塞类型,半自动闭塞;牵引种类,电力牵引(直供加回流线供电方式);机车类型,SS 系列或 HX 系列;牵引质量,4 000 t。

3.21.1 电气化工程

牵引供电采用带回流线的直接供电方式,全线新设纳雍西、大田坝 2 座牵引变电所。

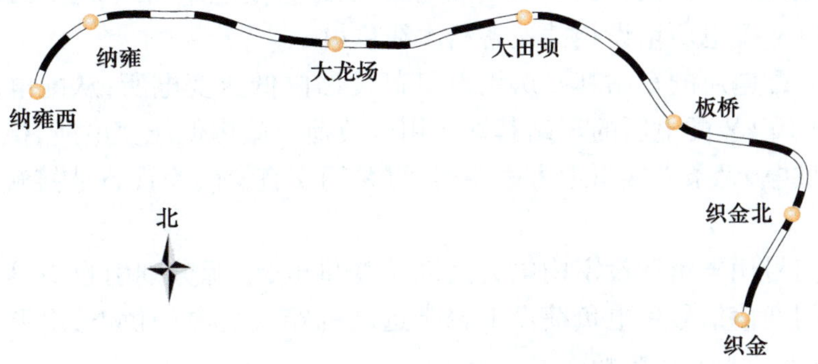

图 3.21　织金至纳雍铁路示意图

新建牵引变电所预留装设并联电容补偿装置的土建条件。

新建牵引变电所引入 2 路 110 kV 电源供电，110 kV 电源侧采用线路分支接线，电气设备采用户外中型布置；27.5 kV 侧采用单母线分段接线，电气设备采用室内网栅间隔式布置。

新建牵引变电所设 2 台变压器，采用固定备用、油浸自冷方式，预留风冷条件。大田坝牵引变电所变压器采用三相 V/V 接线，初期变压器安装容量为2×(12.5+12.5) MV·A；纳雍西牵引变电所变压器采用单相接线、预留改建三相 V/V 接线条件，初期变压器安装容量为 2×10 MV·A。

新建牵引变电所采用微机保护和综合自动化系统，按无人值班设计，适当考虑值守条件。新设牵引供电远动系统，纳入成都铁路局牵引供电调度所管理。

接触网采用全补偿简单链型悬挂，接触悬挂结构高度为 1 400 mm。正线接触线采用 120 mm^2的铜合金导线，承力索采用 95 mm^2的铜合金绞线；站线接触线采用 85 mm^2的铜合金导线，承力索采用 70 mm^2的铜合金绞线。接触线悬挂点高度一般为 6 000 mm、最低不小于 5 700 mm。道岔处接触网安装采用交叉线岔方式。附加导线采用铝包钢芯铝绞线。

接触网绝缘泄漏距离按重污秽区设计。一般地段采用瓷质绝缘子，隧道内、软横跨等处采用合成绝缘子。电分相采用锚段关节式，尽量避免设在坡度大于 6‰ 的地段。

接触网支柱，路基区段的腕臂柱一般采用横腹杆式预应力钢筋混凝土支柱；桥上采用格构式桥钢柱，车站及多线并行区段采用软横跨和钢柱；车站雨棚地段接触网支柱与雨棚柱合架。支柱高度按上腕臂底座距柱顶外露 100 mm、不大于 300 mm 进行选择和控制。支柱侧面限界应满足大型养路机械作业要求，一般不小于 3.1 m。

接触网支柱跨距一般为 50 m，最大不大于 55 m。相邻跨距之差不大于 10 m。锚段关节一般采用四跨关节。正线锚段长度一般不大于 2×750 m；站线锚段长度一般不大于 2×850 m。附加导线锚段长度一般不大于 2 000 m。

利用既有织金接触网工区，在纳雍西新设供电工区，负责新建牵引供电和电力设施的运营维护和管理。

3.21.2　电力工程

全线新设 1 条 10 kV 贯通线，新建 10 kV 贯通线一般地段采用架空线路，桥梁和隧道区段采用电缆敷设。新设纳雍西 10 kV 配电所,从地方变电站引入 2 路专线电源供电;利用既有织金 10 kV 配电所增设相关设备给本线供电。

设有 10 kV 配电所的车站其站房用电负荷设站内低压变电所,从配电所站馈线接引电源供电;没设 10 kV 配电所的车站其站房用电负荷设站内低压变电所,优先从地方电网接引 1 路电源供电,无条件接引地方电源时,可采用交直交转换设备从接触网接引 1 路电源供电。

车站通信信号用电负荷设室内电力远动箱变供电,电源分别引自 10 kV 贯通线及站房变电所。区间通信信号用电负荷设 1 台带远动的箱式变电站供电,电源引自 10 kV 贯通线,并设蓄电池作为备用电源。

区间其他用电负荷在负荷集中处设箱式变电站或杆架式变电台供电,电源引自10 kV 贯通线。

新设电力远动系统,纳入贵阳供电段电力调度所管理。

3.21.3 通信工程

长途通信线路,织金至纳雍新设 1 条 48 芯光缆和 1 条 7 × 4 ×0.9 低频对称电缆,沿铁路敷设。

传输系统,利用新建 48 芯光缆开设 SDH 2.5 Gbit/s 接入网系统,主要车站设 SDH 2.5 Gbit/s设备。各车站、区间通信基站、牵引变电所、电力配电所等处设 SDH 622 Mbit/s设备,利用新建光缆接入相邻车站 SDH 2.5 Gbit/s 设备及接入网。

电话交换系统,沿线新增自动电话用户通过接入网接入安顺既有铁路程控电话交换机,通过统一编号,实现与既有铁路电话专网的互通。

调度通信系统,利用成都铁路局调度所的既有中心调度通信交换机,沿线车站新设车站型调度通信交换机、调度分机、车站值班台等设备,按照调度区划分,通过传输通道接入铁路局调度所中心调度交换机和调度通信系统及织金至毕节铁路工程所设的行车调度台,其他调度纳入铁路局既有相关调度台管辖。且通过与 GSM-R 系统交换机的互联,实现有线与无线调度业务的互通。

新设 GSM-R 移动通信系统,利用成都铁路局既有 GSM-R 交换机和其他工程在贵阳所设的基站控制器(BSC),沿线新设通信基站(BTS),采用单层覆盖方式组网,区间和隧道内弱场区采用光纤直放站、漏泄电缆和天线方式增强。以满足调度通信、调度命令、无线车次号校核信息传输的需要。

应急通信系统,综合维修工区设应急通信系统现场接入设备,接入成都铁路局既有应急通信指挥中心系统。

通信电源,沿线新建通信设备机房设 48 V 电源和蓄电池,并设电源和机房环境监控系统及采集设备。

3.21.4 信号工程

车站联锁,新建车站设双机热备型计算机联锁设备和信号综合智能电源屏。站内设地面通过设色灯信号机,采用智能点灯单元及铝合金机构。根据车站(场)道岔设计类型,根据电务维护检修装备能力,配备相应的道岔转辙设备和安装装置,并设转辙设备缺口检查等装置。

新建联锁设备的车站站内采用 97 型 25 Hz 相敏轨道电路。针对本线以运煤为主的特点,应采取必要的技术措施,确保轨道电路的正常工作。车站电码化正线采用预叠加、到发线占用采用叠加发码方式。室外轨道电路电缆采用铝护套信号电缆。

调度运输指挥系统,采用列车调度运输指挥系统(TDCS),各新建车站设 TDCS 分机设备、信息安全和通道质量监督设备。按调度区划分纳入成都铁路局调度所既有 TDCS/CTC 总机系统,及与织金至毕节、林歹至织金等铁路合设的列车调度台统一指挥,根据需要增设相关设备。

本线区间采用半自动闭塞制式。信号干线电缆采用铝护套信号电缆,利用电缆槽敷设。

信号集中监测系统,各车站新设集中监测分机设备,通过监测网络纳入所属电务段既有信号集中监测总机系统。

沿线新建信号设备房屋设防雷电、电磁兼容和综合接地防护系统。房屋的屏蔽网格、法拉第笼接地、避雷带、引下线、环形地缆等与房建工程同步实施。

参加线路工程施工的有中铁五局、十一局集团等单位,中铁电气化局集团等单位承担电气化、通信信号和电力工程的施工。线路工程于 2013 年 1 月开工建设。四电工程于 2015 年 4 月 28 日开工。2016 年 1 月 10 日正式通车运营。

3.22　巴中至达州铁路

新建巴中至达州铁路,北起广元至巴中铁路的巴中站,向东南经巴中市涵水乡、达州市石桥镇至龙会乡、渡市镇过州河,分方向接入襄渝铁路,向北接入覃家坝站重庆端,向南接入渡市站重庆端,全长 124 km(图 3.22)。其中巴中至文崇新建正线 99.563 km。工程范围还包括达州方向的联络线(正线)长 22.864 km,重庆方向的联络线(正线)长 5.69 km,以及引入达州地区和巴中站相关工程。巴达铁路全线设有巴中、巴中东、曾口、兰草、平昌、岳家、石桥、石梯、文崇、白腊坪、覃家坝等车站。其中巴中、覃家坝为既有接轨站,巴中东、曾口、平昌、石桥、石梯等 5 个车站为办理客(货)运作业的中间车站,兰草、岳家、文崇和白腊坪等 4 个车站按会让站设置。新建巴达铁路是四川省"十一五"规划期间的重点建设项目之一,是连接达州、巴中的重要通道。该铁路的建成,将与广元至巴中铁路贯通,形成广达铁路。广达铁路不但穿越巴中,还连通襄渝铁路、达万铁路、宝成铁路,融入全国铁路网,成为连接西北、西南和长江中下游经济带的交通大动脉,对巴中经济社会发展和建设发展起到重要作用。

巴达铁路的建设单位是成都铁路局,设计单位是中铁二院工程集团有限责任公司。线路主要技术标准:铁路等级,Ⅱ级;正线数目,单线;限制坡度,13‰;最小曲线半径,一般地段 2 000 m、困难地段 1 600 m;到发线有效长度,880 m;闭塞类型,半自动闭塞;旅客

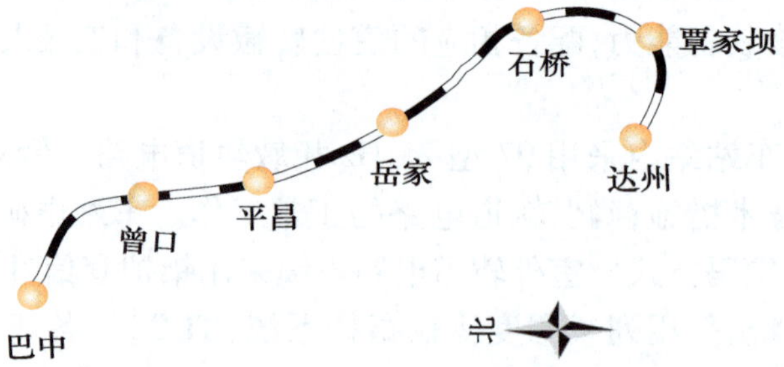

图 3.22　巴达铁路示意图

列车设计速度,120 km/h、预留进一步提速条件;牵引种类,电力牵引(直供加回流线供电方式);牵引质量,4 000 t。

3.22.1　电气化工程

牵引供电采用带回流线的直接供电方式。全线新设巴中、兰草、石桥、白腊坪等牵引变电所。牵引变电所的场坪预留安装动态无功并联电容补偿装置条件。

新建牵引变电所引入 2 路 110 kV 电源供电,110 kV 电源侧采用线路分支接线,电气设备采用户外中型布置;27.5 kV 侧采用单母线分段接线,电气设备采用网栅间隔式布置。

新建牵引变压器设 2 台变压器,采用固定备用、三相 V/V 接线、油浸自冷方式、预留风冷条件。4 座牵引变电所变压器安装容量初期均为 2 ×(16 + 16) MV · A。

新建牵引变电所采用微机保护和综合自动化系统,按无人值班设计,适当考虑值守条件。新设牵引供电远动系统,纳入成都铁路局既有牵引供电调度所,并增设 1 个供电调度台。

接触网采用全补偿简单链型悬挂,接触悬挂结构高度 1 200 mm。正线接触线采用 120 mm^2 的铜合金导线,承力索采用 95 mm^2 的铜合金绞线;站线接触线采用 85 mm^2 的铜合金导线,承力索采用 70 mm^2 的铜合金绞线,附加导线采用铝包钢芯铝绞线。

接触网绝缘泄漏距离按严重污秽区段设计。一般地段采用瓷质绝缘子,个别特殊污秽地区采用合成绝缘子。采用锚段关节式电分相,尽量避免设在坡度大于 6‰的地段;无法避免时通过行车专业检算后,确定电分相具体设置地点和自动过分相装置类型。

接触网支柱,路基区段的腕臂柱一般采用横腹杆式预应力钢筋混凝土支柱,桥上采用格构式桥钢柱,车站及多线并行区段采用软横跨和钢柱。有雨棚的车站接触网支柱与雨棚柱合架。支柱高度按腕臂底座至柱顶外露 100 mm、不大于 300 mm 选用和控制。

接触网支柱跨距,正线路基区段一般为 50 ~ 60 m,桥上根据桥梁孔跨的形式确定,相邻跨距之差不大于 10 m。正线锚段长度一般不大于 2 ×700 m;站线锚段长度不大于 2 × 800 m;附加导线锚段长度一般不大于 2 000 m。

在平昌、石梯站设供电工区,负责新建牵引供电设施的运营维护、管理和抢修工作。其中平昌供电工区与综合维修工区合建。

3.22.2 电力工程

全线从巴中至渡市州河特大桥新设 1 条 10 kV 贯通线给本线用电负荷供电。本线与既有襄渝铁路并行区段用电负荷利用襄渝铁路既有 10 kV 贯通线供电。

全线新设巴中 35/10 kV 变配电所,从地方变电站引入 1 路 35 kV 专线电源和 1 路 10 kV电源供电;新设平昌和石梯 2 座 10 kV 配电所,从地方变电站引入2 路10 kV 电源给本线负荷供电。

设有变(配)电所的车站其站房用电负荷设站内低压变电所,从变(配)电所站馈线接引电源供电;没设 10 kV 配电所的车站其站房用电负荷设站内低压变电所,优先从地方电网接引入 1 路电源供电,接引地方电源困难的车站可通过交直交转换设备从接触网接引 1 路电源供电。

车站通信信号用电负荷设室内低压变电所供电,电源引自 10 kV 贯通线,区间通信信号用电负荷设箱式变电站供电,电源引自 10 kV 贯通线。

区间其他用电负荷在负荷集中处设杆架式变电台供电,电源引自 10 kV 贯通线。

新建变配电所采用微机保护系统,按无人值班设计。新设电力远动系统,纳入既有重庆供电段电力调度所,并增设 1 个电力调度台进行管理。

在平昌、石梯站设电力工区,负责新建电力设施的运营维护、管理和抢修工作。新建电力工区与供电工区合建。

3.22.3 通信工程

长途通信线路,沿新建铁路敷设 1 条 24 芯光缆和 1 条 7 ×4 ×0.9 低频对称电缆。

传输系统,利用新建 24 芯光缆开设 SDH 2.5 Gbit/s 传输系统,在沿线主要车站、广元及达州通信站新设 SDH 2.5 Gbit/s 设备。

利用新建 24 芯光缆开设 SDH 622 Mbit/s 车站接入网系统,沿线车站新设 SDH 622 Mbit/s设备。

牵引变电所、电力变(配)电所、综合维修工区等信息用户接入点设 SDH 622 Mbit/s 设备,利用所建光缆接入相邻车站 SDH 622 Mbit/s 接入网系统。

电话交换系统,利用既有铁路电话交换网,沿线新增自动电话用户通过接入网按管辖范围和隶属关系分别接入广元、达州既有铁路程控电话交换机。通过统一编号,实现与既有铁路电话专网的互通。

新设调度通信系统,利用成都铁路局调度所的既有中心调度通信交换机;沿线车站新设车站型调度通信交换机、调度分机和车站值班台,按调度区划分纳入铁路局调度所的中心调度通信交换机和调度通信系统及宝成铁路相应调度台管辖。

无线通信系统,新设 450 MHz B 制式无线列调系统,利用成都铁路局调度所既有无线列调系统总机,沿线新建车站设车站无线列调电台,区间弱场区设区间中继台、漏泄电缆和天线方式增强,以满足无线场强覆盖和信息传输的需要。完成调度通信、调度命令下达和无线车次号校核等功能。

新设应急通信系统,利用成都铁路局既有应急通信指挥中心系统及设备,在平昌综合维修工区新设应急抢险现场接入设备,通过传输通道接入铁路局既有应急通信指挥中心系统,可为应急现场提供语音、数据和动态图像传输。

通信电源,沿线新建通信机房设 48 V 高频开关电源和蓄电池组,并新设电源和机房环境监控系统及采集设备。

3. 22. 4 信号工程

车站联锁,各新建车站设双机热备型计算机联锁设备和信号智能电源屏。巴中站既有联锁设备按电气化区段标准改造,与所建的乐(坝)巴(中)铁路工程同步实施;与襄渝铁路接轨站的既有联锁设备利旧使用。

根据车站(场)道岔设计类型,配备相应的道岔转辙设备和安装装置,并设转辙设备缺口检查等装置。

新建联锁设备的车站站内采用 25 Hz 相敏轨道电路,二元二位轨道继电器;电码化采用半自动闭塞区段车站电码化系统设备。正线采用叠加预发码、到发线采用叠加发码方式。室外轨道电路电缆采用铝护套信号电缆。

采用列车调度运输指挥系统(TDCS),各新建车站设 TDCS 分机设备、信息安全和通道质量监督设备;巴中站新设 TDCS 分机设备,与襄渝铁路的接轨站既有 TDCS 分机设备利旧改造。按照调度区划分纳入成都铁路局调度所既有 TDCS/CTC 总机系统及宝成铁路相应调度台指挥。

区间采用单线半自动闭塞,按提速线路标准设置半自动闭塞区段和接近信号机显示。与本线相衔接的其他相邻线路维持既有闭塞制式不变。

信号集中监测系统,新建车站和巴中车站设集中监测分机设备,按管辖范围和隶属关系纳入相应电务段信号集中监测总机系统。

沿线新建和改建信号设备房屋设防雷电、电磁兼容和综合接地防护系统,与房建工程同步实施。

参加线路工程施工的有中铁七局、中铁十六局集团等单位,中铁建电气化局承担电气化、通信信号和电力工程的施工。线路工程于 2009 年 9 月 27 日开工,四电工程于 2012 年 3 月 1 日开工。2014 年 8 月 29 日开始铺轨。2016 年 1 月 10 日正式投入运营。

3. 23 石门至长沙铁路复线电气化

既有石长铁路增建第二线并电气化,北起焦(作)柳(州)铁路上的石门县北站,途经石门、临澧、常德、资阳、益阳、宁乡等市县(区),南至长沙市京广铁路上的捞刀河站,线路长度 262. 8 km(图 3. 23),是湖南省北煤南运的重要通道。工程范围还包括石长铁路与京广铁路间的联络线(西北和北西联络线)、与焦柳及益娄铁路间的疏解线。石长铁路 1993 年动工建设,1998 年 1 月 8 日全线贯通,1998 年 10 月 1 日全线投入临时运营。对其提速后,全线客货运量已超过设计能力,且随着湖南省经济的快速发展,电煤调运工作日趋紧张,既有单线已无法满足电煤运输需要。为进一步打通北煤南运铁路通道,增加该线运能,国家决定对其进行增建第二线并电气化。全线封闭白洋桥、佘市桥、陈二铺、衍嗣庵、常德西、九岗冲、牛路滩、崔家桥、三和、三官桥、衡龙桥、乌山计 12 个车站,并改造大部分车站。改造后全线设有石门县北(既有接轨站)、石门县南、临澧、盘塘、常德、常德东、德山、汉寿、桃花江、益阳西、益阳、益阳东、宁乡、望城、长沙西、捞刀河(既有接轨站)等车站。本线增建第二线并电气化,可以充分发挥沿线常德、益阳两市的"3 +5"区位优势,促进当地旅游开发和区域经济协调发展,对扩大铁路运输能力特别是煤炭等能源物资运输通道的能力、完善湖南"三纵三横"铁路交通网络和强化路网结构等具有不可代替的重要作用。

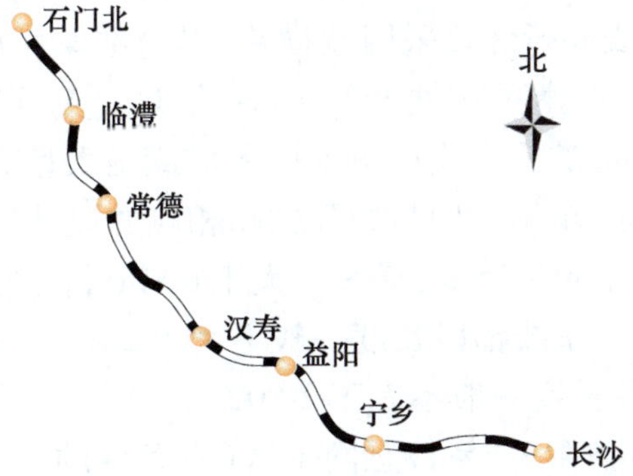

图 3.23　石长铁路示意图

石长铁路复线电气化的建设单位是石长铁路有限责任公司,设计单位是中铁第四勘察设计院集团有限公司。线路主要技术标准:铁路等级,Ⅰ级;正线数目,双线;限制坡度,6‰;最小曲线半径,增建第二线一般地段 2 000 m、困难地段 1 600 m、个别特别困难地段保留既有线标准;到发线有效长度,850 m、部分 1 050 m;闭塞类型,自动闭塞;牵引种类,电力牵引(直供加回流线供电方式);机车类型,和谐系列;牵引质量,4 000 t、部分 5 000 t。

3.23.1　电气化工程

牵引供电采用带回流线的直接供电方式。全线新设临澧、常德、汉寿、桃花江、衡龙桥、望城等牵引变电所,利用改造既有石门北牵引变电所向本线供电,新设益阳、捞刀河 2 座分区所兼开闭所,新设白洋桥、盘塘、九岗冲、三和、宁乡等 5 座分区所。变电所平面布置应考虑地形和地质条件等因素,选址困难的牵引变电所可采用阶梯形布置。

新建牵引变电所引入 2 路 110 kV 电源供电,110 kV 电源侧采用线路分支接线,电气设备采用户外中型布置;27.5 kV 侧采用单母线隔离开关分段接线,电气设备采用室内网栅间隔布置。分区所按箱式分区所设计。

新建牵引变电所设 2 台变压器,采用固定备用、三相 V/V 接线、油浸自冷方式,预留风冷条件。各牵引变电所初期变压器安装容量:石门北为 2 ×(12.5 +20) MV · A、临澧为 2 ×(16 +20) MV · A,常德、汉寿、桃花江、衡龙桥、望城均为 2 ×(16 +16) MV · A。

新建牵引变电所采用微机保护和综合自动化系统，按无人值班设计，适当考虑值守条件。新设牵引供电远动系统，纳入长沙既有电力调度所、并增设相应的电力调度台管理。

接触网采用全补偿简单链型悬挂，接触悬挂结构高度一般为 1 400 m。正线接触线采用 120 mm^2 的铜合金导线，承力索采用 95 mm^2 的镁铜合金绞线；站线接触线采用 85 mm^2 的铜合金导线，承力索采用 70 mm^2 的镁铜合金绞线。附加导线采用铝包钢芯铝绞线。

接触网绝缘泄漏距离不小于 1 200 mm，严重污秽地区可适当加强绝缘。一般地段采用瓷质绝缘子，隧道内、软横跨、锚段关节等处采用合成绝缘子。采用锚段关节式电分相，尽量避免设在坡度大于 6‰的地段。

接触网支柱，路基区段的腕臂柱一般采用横腹杆式预应力钢筋混凝土支柱，桥上采用格构式桥钢柱。车站及多线并行区段采用软横跨，尽量在车站股道外侧和线间距大的股道间立柱；有雨棚的车站接触网支柱与雨棚柱合架。支柱高度按水平腕臂距柱顶 100 mm、最大不超过 300 mm 选择。支柱侧面限界应满足大型养路机械作业的要求(一般为 3. 1 m)。引入城际列车的车站采用与城际铁路相应的设计标准。

接触网支柱跨距一般为 50 ~ 55 m，最大不大于 60 m；桥上根据桥梁孔跨的形式确定，相邻跨距之差不大于 10 m。正线锚段长度一般不大于 2 × 750 m；站线最大锚段长度不大于 2 × 850 m。附加导线锚段长度一般不大于 2 000 m。

新设临澧、常德、汉寿、益阳、宁乡接触网工区(有条件的可与牵引变电所合建)，负责牵引供电和电力设施的运营维护和管理。

3. 23. 2 电力工程

石门县北至霞凝新设 1 条一级负荷 10 kV 贯通线；将既有 1 条 10 kV 贯通线改为综合负荷 10 kV 贯通线并延长至霞凝站。新设一级负荷 10 kV 贯通线一般地段采用架空线路，架空径路困难地段采用电缆敷设。

改造利用既有石门北、临澧、常德、汉寿、益阳、望城 10 kV 配电所和霞凝 10 kV 开关站增设相关电力设备供电，其中临澧、汉寿、望城 10 kV 配电所利用既有预留位置分别引入第 2 路外部电源供电；其他 10 kV 配电所既有 2 路外部电源维持不变。

设有 10 kV 配电所的车站其站房新增用电负荷利用既有或新建 10/0. 4 kV 低压变电所供电，电源引自配电所的站馈线；没设 10 kV 配电所的车站其站房新增用电负荷利用既有或新建 10/0. 4 kV 低压变电所，以及从地方电网接引的电源线路供电，达不到用电要求的进行扩容改造。

车站通信信号新增用电负荷利用既有或新建 10/0. 4 kV 低压变电所供电，从 2 路 10 kV 贯通线接引电源。区间新增通信信号用电负荷利用既有或新建箱式变电站供电，电源引自 2 路 10 kV 贯通线。

区间新增其他用电负荷利用既有或新建箱式变电站或杆架式变电台供电。电源引自综合负荷 10 kV 贯通线。

全线新设电力远动系统，纳入长沙供电段既有电力调度所管理。新增电力设施由既有电力工区维护管理。

3.23.3 通信工程

长途通信线路,新建第二线绕行地段新设1条长途通信光缆和1条7×4×0.9低频对称电缆。不受土建工程影响的既有长途光缆线路继续使用,既有7×4×0.9长途低频对称电缆整治后继续使用。受土建工程影响的既有长途通信光缆和既有7×4×0.9低频对称电缆按原标准进行迁建。

传输系统,石门县北至长沙新设SDH 2.5 Gbit/s长途骨干和本地中继传输系统,沿线办理客货运业务的主要车站设SDH 2.5 Gbit/s ADM设备。

改造石门县北至长沙既有接入网为SDH 622 Mbit/s系统,沿线车站新设SDH 622 Mbit/s设备。站内信息接入点移设既有SDH 622 Mbit/s设备。在长沙通信站增设传输系统网元管理设备。

电话交换系统,利用沿线既有电话交换网;沿线新增自动电话用户按管辖区段和隶属关系通过接入网分别接入既有铁路电话交换机。

调度通信系统,新增调度电话接入既有调度通信系统。

改造既有450 MHz B制式无线调度通信系统,区间和隧道内弱场区采用光纤直放站、漏泄电缆和天线方式增强,解决隧道等弱场区无线场强的覆盖问题,以满足信息传输的需要。

应急通信系统,新设1套应急通信现场接入设备,接入既有应急通信指挥中心系统。

通信电源,石门县北至捞刀河沿线车站通信机械室新设48 V直流通信电源,新设电源和机房环境监控系统和采集设备,在长沙通信站新设电源和环境监控系统中心设备。

3.23.4 信号工程

车站联锁,改造后的各车站(含线路所)新设硬件安全冗余型计算机联锁设备和信号综合智能电源屏;其中石门县南、盘塘、益阳西站的既有新开通的联锁设备移站利旧使用。与焦柳、京广铁路的接轨站在其他工程所建联锁设备的基础上利旧改造。

根据改建车站(场)道岔设计类型,正线和侧线道岔配备电液和电动转辙设备,并设道岔缺口检查装置,将监测信息纳入信号集中监测系统。

新建联锁设备的车站站内新设97型25 Hz相敏轨道电路,采用二元二位轨道继电器及带适配器的扼流变压器;并设站内地面通过色灯信号机;车站电码化采用ZPW-2000系列的移频发送设备,正线采用叠加预发码、侧线股道采用占用叠加发码方式。25 Hz轨道电路采用铝护套数字信号电缆,信号机和道岔干线电缆采用铝护套信号电缆,其他信号设备采用综合护套信号电缆。

新设列车调度指挥系统(TDCS),沿线各车站(含线路所)新设TDCS分机设备,与焦柳、京广铁路的接轨站既有TDCS分机设备利旧改造;维持既有调度区划分纳入广州铁路(集团)公司调度所TDCS总机系统和既有调度台管辖,并增设1套调度台设备。

区间采用四显示自动闭塞,正向采用追踪间隔运行、反向采用自动站间闭塞行车。并设区间地面通过色灯信号机。相邻线路维持既有闭塞制式不变。

区间采用ZPW-2000系列无绝缘移频轨道电路,其发送设备采用继电编码方式,按$N+1$冗余配置。所设的区间轨道电路应具备自身设备监测和辅助诊断功能,并将监测信息纳入信号集中监测系统设备。区间ZPW-2000系列轨道电路干线电缆采用铝护套内屏蔽数字信号电缆,支线电缆采用综合护套内屏蔽数字信号电缆。轨道电路所用电缆有效传输长度一般控制在10 km,个别困难情况不应超过15 km,超过设信号中继站。

信号集中监测系统,各车站新设集中监测分机设备,纳入所属电务段既有信号集中监测总机系统。对TDCS系统、车站联锁、综合智能电源屏、站间安全信息和区间闭塞等设备进行实时监控,实现远程集中监测和故障诊断,以保证信号设施能处于正常工作状态。

沿线信号设备房屋设防雷电、电磁兼容和综合接地防护系统。并就近与专用贯通地线等电位连接。

新设自动闭塞区段设信号专用贯通接地线,贯通地线采用截面为35 mm^2铜质电缆,沿铁路敷设,在电气特性上全程贯通,其接地电阻值不大于1 Ω。沿线轨旁信号设备就近与贯通地线等电位连接。

参加石长铁路增建第二线工程施工的有中铁电气化局集团铁路工程公司、中铁一局、三局、十二局、十五局等单位,中铁电气化局集团一公司承担电气化、通信、信号和电力工程的施工。

线路工程于2010年5月开工,四电工程于2010年11月6日开工。2016年1月18日双线电气化全线正式开通运营。2017年9月21日全线开行了动车组。

3.24 宁启铁路南京至南通段复线电气化

既有宁启铁路南京至南通段,西起南京市的林场站,途经仪征、扬州、江都、泰州、姜堰、海安、如皋、通州等市县(区),东至南通市的南通站,线路(单线)全长268.30 km(图3.24)。其中林场站至扬州东站线路长99.65 km、扬州东站至海安县站线路长95.45 km、海安县站至南通站线路长73.2 km。宁启铁路的一期工程南京至海安段2002年3月1日动工兴建,其中南京至扬州段2004年4月18日通过验收,2004年5月1日举行了开通仪式。扬州至海安、南通段2004年12月1日竣工。2005年7月1日南京至南通全线开通运营。随着区域经济的发展和运输需求的不断增长,单线铁路运输已满足不了运量需求的需要,需增建第二线并电气化。2009年2月15日该铁路复线电气化改造工程获铁道部批复。2009年7月14日复线电气化改造工程正式开工。全线设有林场、浦口北、殷庄、六合、余家营、仪征、扬州、扬州东、江都、泰州西、泰州、姜堰、南莫、海安县、如皋、白蒲、南通等车站,预留葛塘站位条件,其中南莫为越行站,海安县站为技术作业站,其他车站为中间站。工程范围还包括南京枢纽相关工程。宁启铁路是国家“八纵八横”铁路主通道之一的组成部分,是南京至西安铁路的延伸。该铁路复线电气化的开通打开了苏中通向西北地区的大通道,进一步完善了铁路路网结构和江苏省交通运输格局,对加快沿线港口和旅游资源的开发,促进地方经济发展和西部大开发战略的实施具有重要意义。

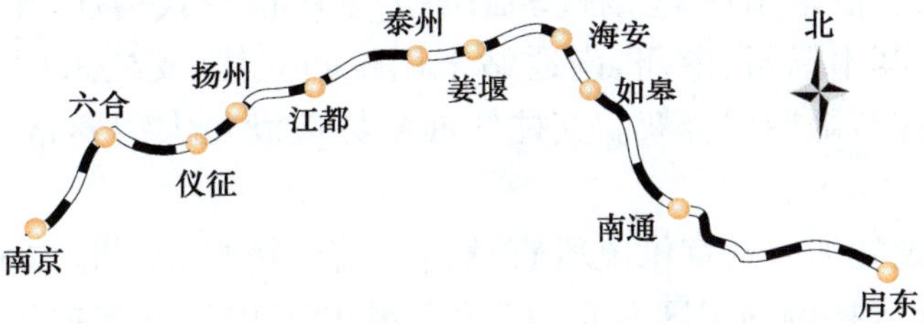

图 3.24　南京至南通铁路示意图

南京至南通铁路复线电气化工程的建设单位是上海铁路局宁启复线电气化工程建设指挥部。设计单位是中铁电气化勘测设计研究院有限公司、中铁上海设计院集团有限公司。线路主要技术标准：铁路等级，Ⅰ级；正线数目，双线；限制坡度，6‰；最小曲线半径，200 km/h 地段 3 500 m、困难地段 2 800 m、改建困难地段维持既有曲线半径标准；到发线有效长，1 050 m；闭塞类型，自动闭塞；行车指挥方式，调度集中；牵引种类，电力牵引（直供加回流线供电方式）；牵引质量，5 000 t；建筑界限，满足开行双层集装箱列车条件。

3.24.1　电气化工程

牵引供电采用带回流线的直接供电方式。林场至扬州东段新设六合、扬州 2 座牵引变电所，浦口北、仪征 2 座分区所；利用京沪铁路既有永宁牵引变电所预留的馈线位置增设相关供电设备，并对既有变压器增设风冷装置，给葛塘至林场及至高里（永宁）联络线供电；扬州东至海安县段新设泰州西、南莫 2 座牵引变电所，江都、姜堰 2 座分区所，泰州开闭所；海安县至南通段新设如皋、南通 2 座牵引变电所，白蒲分区所、海安分区所兼开闭所。牵引变电所所址布置预留装设并联电容补偿装置的条件。

新建牵引变电所引入 2 路 110 kV 电源供电，110 kV 电源侧采用线路分支接线，27.5 kV侧采用单母线分段接线。分区所采用箱式布置。

新建牵引变电所设 2 台变压器，采用固定备用、三相 V/V 接线、油浸自冷方式，预留风冷条件。各牵引变电所变压器安装容量：六合、扬州为 2 ×（20 +20） MV · A。泰州西、南莫为 2 ×（16 +20） MV · A。如皋为 2 ×（16 +20） MV · A、南通为 2 ×（20 +20） MV · A。

新设牵引变电所采用微机保护和综合自动化系统，按无人值班设计，适当考虑值守条件。新设牵引供电远动系统，纳入上海铁路局牵引供电调度所管理。

接触网采用全补偿简单链型悬挂，接触悬挂结构高度一般 1 400 mm。正线接触线采用 120 mm^2 的铜锡合金导线，额定张力 20 kN，承力索采用 95 mm^2 的铜镁合金绞线，额定张力15 kN；站线接触线采用 85 mm^2 的铜锡合金导线，承力索采用 70 mm^2 的铜镁合金绞线。正线接触线悬挂点距轨面高度为 6 450 mm，接触线距轨面的最低高度不小于 6 330 mm，且应满足通行双层集装箱的条件。附加导线采用铝包钢芯铝绞线。

接触网绝缘泄漏距离按重污区设计，全线 25 kV 绝缘子、绝缘元件、避雷器、隔离开关的绝缘泄漏距离不小于 1 400 mm。一般地段采用瓷质绝缘子，个别特殊污秽地区采用合成绝缘子。采用锚段关节式电分相，在电分相处设电动负荷开关，纳入远动系统。

接触网支柱，路基区段的腕臂柱采用横腹杆式预应力钢筋混凝土柱，一般采用直埋方式,软土等特殊地质区段采用杯型支柱基础;桥上采用格构式钢柱,车站及多线并行区段采用硬横梁和钢柱;其中扬州、泰州、南通站采用线间立柱,支柱采用 H 型钢柱。车站有雨棚地段接触网支柱与雨棚柱合架。支柱侧面限界应满足大型养路机械作业的要求,一般不小于 3. 1 m。

本线牵引供电设施纳入南京供电段管辖,在六合、扬州、泰州、白蒲设接触网工区,海安设加强供电工区(含接触网工区),负责牵引供电设施的运营维护和管理。

3. 24. 2 电力工程

全线新设 1 条 10 kV 电力贯通线,将既有 1 条 10 kV 电力贯通线改为 10 kV 自闭电力线路,并增设永宁至葛塘段、南莫至海安段 1 条 10 kV 自闭电力线路。

利用既有永宁 35/10 kV 变配电所;还建既有海安 35/10 kV 变配电所,其设备尽量利用,既有地方电源利用不变;利用既有六合、扬州、泰州、南通 10 kV 配电所,配备开关柜等馈电设备,为新建的 10 kV 电力贯通线供电。车站和区间既有电力供电设施基本利用,受增建第二线或电气化工程影响需要拆除的采用原标准迁建,既有设备尽量利用。

设有变(配)电所的车站新增用电负荷纳入站内既有 10/0. 4 kV 变电所供电,电源引自变(配)电所的站馈线。没设变(配)电所的车站新增用电负荷纳入站内既有 10/0. 4 kV 变电所供电,既有外接电源保持不变。新增其他独立的用电负荷分别新设 10/0. 4 kV 变电所,优先从地方电网接引电源供电,无条件接引地方电源的、从 10 kV 电力贯通线接引电源供电。

区间新增通信信号用电负荷,能利用既有供电方式供电的继续使用,根据需要扩容;不能利用的新设箱式变电站供电,电源分别引自 10 kV 贯通线及 10 kV 自闭电力线。

新设电力远动系统,纳入新(沂)长(兴)铁路海安电力调度控制中心管理。

新增电力设施由既有电力工区维护和管理,既有电力工区维持既有不变。

3. 24. 3 通信工程

长途通信线路,南京通信站至南通通信站沿新建铁路侧敷设 1 条 24 芯单模直埋光缆,在长江大桥上敷设在电缆槽内;沿线受增建第二线影响和双绕区段的既有长途通信光缆按原容量迁建。不受复线电气化区段影响的既有长途通信光缆继续使用。站内通信设施和信号区域联锁需要的传输线路新设 8 芯光缆。

传输系统,新设 SDH 2. 5 Gbit/s 骨干传输系统,在南京、六合、扬州、江都、泰州、海安、南通等主要车站和通信站新设 SDH 2. 5 Gbit/s ADM 设备,利用既有光缆和新建的 1 条 24 芯光缆构成复用段保护。

新设 SDH 622 Mbit/s 接入网系统,林场至海安县段沿线各车站既有 SDH 622 Mbit/s 设备扩容后继续使用;海安县至南通段各车站新设 SDH 622 Mbit/s 设备,利用既有光缆和新建的 1 条 24 芯光缆构成复用段保护。

全线区间通信基站、信号中继站、牵引变电所、分区所等信息用户接入点新设 SDH 622 Mbit/s 设备,利用既有光缆和新设的光缆构成保护环。

站内牵引变电所、分区所、电力配电所等处新设 SDH 155 Mbit/s 设备，就近接入本车站 SDH 622 Mbit/s 接入网系统。在海安新设传输和接入网网管系统和设备。

电话交换系统，利用扬州、南通既有程控电话交换机，迁建的海安通信站新设 2 000 线程控电话交换机。沿线新增自动电话用户按隶属关系通过接入网分别接入扬州、海安、南通程控电话交换机和既有电话交换网。

新设数字调度通信系统，沿线车站新设车站调度通信分系统，按照行政区划归属到上海铁路局管辖，按调度区划分纳入上海铁路局调度所调度通信主系统及相关行车调度台指挥。站间行车和站场通信纳入新设的数字调度通信系统。通过与上海铁路局既有 GSM-R 交换机的互联，实现有线与无线调度业务的互通。

新设 GSM-R 移动通信系统，利用上海铁路局既有 GSM-R 通信交换机，在海安新设 1 套基站控制器(BSC)，沿线新设通信基站，采用单网覆盖方式组网。区间弱场区采用光纤直放站、漏泄电缆和天线方式增强，以满足无线场强覆盖和信息传输的需要，完成调度命令、调度通信、无线车次号校核信息传输等功能。

通信电源，沿线车站、区间通信基站、信号中继站、牵引变电所、分区所、电力配电所等通信设备机房新设 48 V 高频开关电源及蓄电池，并新设电源和机房环境监控系统和采集设备。

3.24.4　信号工程

车站联锁，浦口北至海安至南通站(不含)各车站(不含林场)新设硬件安全冗余型计算机联锁设备和信号综合智能电源屏；其中海安县站采用区域计算机联锁设备；高里(永宁)站、林场站既有联锁设备利旧改造；南通站既有联锁设备利旧改造。

根据车站(场)道岔设计类型，配备相应的道岔安装装置及转辙设备。考虑到道岔缺口及拉力检查，18 号及以上道岔设密贴检查装置。

新建联锁设备的车站站内采用 25 Hz 相敏轨道电路，配备双套电子接收盒和适配器，为解决轨道电路区段分路不良并采取整治措施。根据接触网架设范围，确定扼流变压器的设置位置。车站电码化采用与区间 ZPW-2000 系列轨道电路一致的发送设备，正线采用叠加预发码、侧线股道采用叠加发码方式。站内 25 Hz 轨道电路干线电缆采用铝护套信号电缆，分支电缆采用综合护套信号电缆。

运输调度指挥系统，浦口北至南通站采用分散自律型调度集中(CTC)系统。沿线各车站(不含林场)设 CTC 分机设备、网络安全和通道质量监督设备；林场和高里(永宁)站既有 TDCS 分机设备利旧改造，办理闭塞的相邻车站新设 TDCS 分机设备。按管辖范围和调度区划分，纳入上海铁路局调度所既有 CTC/TDCS 总机系统及新设的 1 个 CTC 调度台指挥。并在调度所增设相应的通信和应用服务器、网络安全和通道质量监督设备及本线调度台设备。

设有专用调车机的车站新设无线调车机车信号和监控系统。车次号无线校核、无线调度命令等“车—地”信息采用无线传输。

列车运行控制系统，林场(不含)至南通站采用 CTCS-2 级列控系统，并与相邻线路信号系统兼容。由 CTC/TDCS 总机系统下达本线临时限速命令。各车站新设 CTCS-2 级区段的列控中心、应答器(有站台的客运车站股道设应答器组,大号码道岔前第二个闭塞分区入口增设一个应答器组)及其编码单元(LEU)设备;林场和高里(永宁)站既有列控中心设备利旧改造。站间信息采用专用光纤通道传输。所设列控中心应具有轨道电路编发码、运行方向控制、站间安全信息传输和应答器报文编码及发送等功能。

区间自闭制式,林场至南通站的区间及高里(永宁)站至浦口北站的区间采用四显示自动闭塞,正向采用追踪间隔运行、反向采用自动站间闭塞行车;设区间地面通过信号机。相邻线路既有闭塞制式维持不变。但根据 CTC 设置方案,相邻区间的半自动闭塞改为自动站间闭塞制式。

区间采用 ZPW-2000 系列无绝缘移频轨道电路,其发送和接收设备采用继电编码方式,按冗余配置。所设轨道电路应具备自身设备监测和辅助诊断功能,并将监测信息传送给信号集中监测系统。ZPW-2000 系列轨道电路干线电缆采用铝护套内屏蔽数字信号电缆,电缆有效传输长度一般控制在 10 km,困难地段不应超过 15 km,超过设信号中继站。

信号集中监测系统,新建联锁设备的车站设集中监测分机设备;高里(永宁)和林场站既有集中监测分机设备利旧改造;南通站既有集中监测分机设备利旧改造。按管辖范围和隶属关系纳入所属电务段既有信号集中监测总机系统。

各线信号设备房屋设防雷电、电磁兼容和综合接地防护系统。在自动闭塞区段与所设的专用贯通接地线等电位连接。

在自动闭塞区段新设信号专用贯通接地线,专用贯通地线采用截面为 35 mm^2 的铜芯电力电缆,沿铁路一侧敷设。沿线轨旁信号设备接地后与专用贯通接地线等电位连接。

参加南京至南通铁路复线电气化线路工程施工的有中铁十局、十四局集团等单位,中铁电气化局集团、中铁二十四局集团电气化公司等单位承担电气化、通信、信号和电力工程的施工。2009 年 7 月 14 日复线电气化改造工程正式开工。四电工程于 2009 年 12 月 25 日开工。2016 年 5 月 15 日全线复线电气化正式开通运营。

3.25　陶利庙至鄂托克前旗铁路

新建陶鄂单线铁路位于内蒙古自治区西南部鄂尔多斯市乌审旗、鄂托克前旗。线路东起恩格阿娄至陶利庙铁路新建陶利庙站,途经乌审旗的陶利及鄂托克前旗的昂素镇,西到敖勒召其镇,大致呈东西走向,线路全长约 97.73 km(图 3.25)。全线设有陶利庙、陶利北、呼和芒哈、桃里木、昂素、察汗呼舒、敖高图日、苏力图等车站和陶利庙北(线路所)。近期开放陶利庙、呼和芒哈、昂素、敖高图日等 4 个车站和陶利庙北(线路所)。工程范围还包括陶利庙北线路所至蒙西至华中铁路联络线约 6.9 km。新建陶鄂铁路,是增强“山西、陕西、内蒙古自治区西部”煤炭外运通道集运系统能力,保障国家能源供应安全的需要;是建设大型能源化工基地,促进西部大开发的需要;是区域路网的补充和完善,是铁路中长期规划的重要举措。该线的建成开通可以增强区域路网运输的灵活性,促进沿线资源开发,带动区域经济均衡发展。

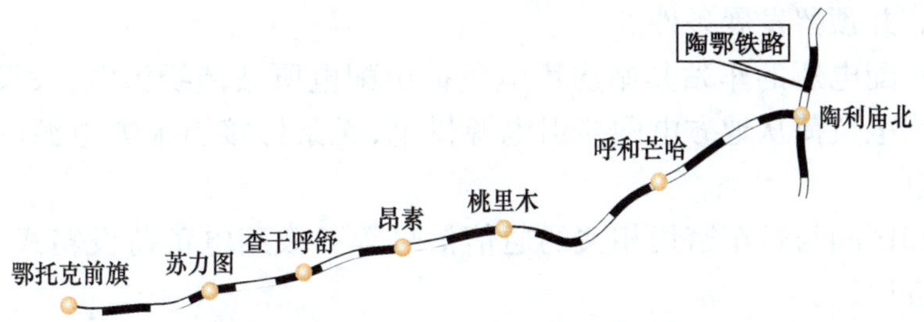

图 3.25　陶利庙至鄂托克前旗铁路示意图

新建陶利庙至鄂托克前旗铁路工程的建设单位是呼和浩特铁路局、鄂尔多斯南部铁路有限责任公司。设计单位是中铁工程设计咨询集团有限公司。线路主要技术标准：铁路等级，Ⅰ级；正线数目，单线；限制坡度，6‰；最小曲线半径，一般地段 1 200 m、困难地段 800 m；到发线有效长度，1 700 m；闭塞类型，半自动站间闭塞；牵引种类，电力牵引（AT 供电方式）；机车类型，SS 系列、货车过渡到 HX 系列；牵引质量，10 000 t、5 000 t。

3.25.1　电气化工程

牵引供电采用自耦变压器（AT）供电方式。全线新设陶利庙、昂素牵引变电所。新建牵引变电所引入 2 路 110 kV 电源供电，110 kV 电源侧采用“外桥”接线方式；2 × 27.5 kV 侧采用单母线隔离开关分段接线方式。新建牵引变电所场坪等适度预留今后发展条件。

新建牵引变电所所设变压器，采用固定备用、三相 V/V 接线、油浸自冷方式、预留风冷条件设计。各牵引变电所变压器安装容量：陶利庙、昂素牵均为 2 × (12.5 + 12.5) MV · A。

新建牵引变电所采用微机保护和综合自动化系统，按无人值班设计，适当预留值守条件。新设牵引供电远动系统，纳入呼和浩特铁路局既有牵引供电调度所管理。

接触网采用全补偿简单链型悬挂，接触悬挂结构高度一般为 1 400 mm。接触线采用 120 mm^2 银铜合金导线，承力索采用 95 mm^2 铜合金绞线。接触网平面布置预留复线条件。附加导线采用铝包钢芯铝绞线。

接触网绝缘泄漏距离不小于 1 200 mm，严重污秽地区适当加强绝缘。一般地段采用瓷质绝缘子，锚段关节等处采用合成绝缘子。采用锚段关节式电分相，避免设在大坡道、列车出站加速区段和线路限速低速区段。

接触网支柱，路基区段接触网腕臂柱一般采用横腹杆式预应力钢筋混凝土支柱，桥上采用热浸镀锌格构式桥钢柱，车站及多线并行区段采用软横跨和钢柱。支柱高度选择按水平腕臂距柱顶 100 mm、最大不超过 300 mm 控制。路基区段支柱侧面限界应满足大型养路机械作业要求，一般按 3.1 m 设计。

新建陶利庙、昂素接触网工区，有条件的与牵引变电所、电力配电所设施合建。

3.25.2　电力工程

陶利庙至鄂托克前旗新建 1 条 10 kV 电力贯通线，并预留架设第 2 条电力贯通线的条件。新设陶利庙、昂素 2 座 10 kV 配电所，引入 1 路专盘专线电源供电。新建 10 kV 配电所尽量与牵引变电所、综合维修工区合建，其中检修室、料库、控制室、交直流系统等房屋或设备共用。并预留发展条件。

设有 10 kV 配电所的车站其站房用电负荷由配电所站馈线供电,没设 10 kV 配电所的车站其站房用电负荷从地方电网接引电源供电,无条件接引地方电源的从 10 kV 贯通线接引电源供电。

沿线车站和区间与行车密切相关的通信信号等一级用电负荷设箱式变电站供电,电源引自 10 kV 贯通线。

新建 10 kV 配电所采用综合自动化系统,按无人值班设计。新设电力远动系统,纳入包头供电段电力调度所管理。

3.25.3 通信工程

长途通信线路,沿新建铁路敷设 1 条 32 芯直埋光缆,并设光缆(光纤)自动监测系统。站内信息用户根据需要新设不同容量的光纤线路。

传输系统,新设 SDH 2.5 Gbit/s 骨干和中继传输系统,在陶利庙、昂素车站设 SDH 2.5 Gbit/s设备,利用新建光缆构成系统网。并在陶利庙与新街至陶利庙铁路的 SDH 2.5 Gbit/s 传输系统相接。

新设 SDH 622 Mbit/s 接入网系统,沿线车站通信机械室设 SDH 622 Mbit/s 设备,利用新建光缆构成系统网。

区间通信基站、牵引变电所、区间 AT 所等处设 SDH 622 Mbit/s 设备,利用新建光缆接入车站 SDH 622 Mbit/s 接入网系统。

站内电力配电所、牵引变电所、红外轴温探测站、综合工区等处设 SDH 155 Mbit/s 设备,利用新建光缆接入车站 SDH 622 Mbit/s 接入网系统。

电话交换系统,沿线新设自动电话用户通过接入网接入鄂托克前旗所设的程控交换机。

新设数字调度通信系统,沿线各新建车站设车站型数字调度通信交换机、调度分机、车站值班台等配套设备。通过传输通道接入其他工程在呼和浩特铁路局调度所所设的数字调度通信交换机和调度通信系统,并新设 1 个本线(含新街至陶利庙段铁路)列车调度台管辖和指挥。

新设 GSM-R 移动通信系统,沿线设通信基站,接入新街至陶利庙段铁路工程所设的基站控制器(BSC),采用单网覆盖方式组网,纳入呼和浩特铁路局既有 GSM-R 交换机。区间弱场区采用光纤直放站、漏泄电缆和天线方式增强,使无线场强覆盖满足无线列调、车次号传输、调度命令传送、区间维护人员、公安人员通信及应急抢险等通信的需要。

通信电源,沿线各新建通信设备机房设 48 V 电源和蓄电池。并新设电源和机房环境监控系统及采集设备。实现对电源和机房环境条件的实时监控。

应急通信系统,综合工区设应急通信现场接入设备,通过传输通道接入呼和浩特铁路局既有应急通信中心系统。

3.25.4 信号工程

车站联锁,陶利庙至鄂托克前旗各新建车站及线路所设计算机联锁设备和信号智能电源屏。

根据车站道岔设计类型,配备道岔转辙设备及外锁闭装置,并设道岔缺口实时监测装置。

车站站内采用 97 型 25 Hz 相敏轨道电路,采用二元二位轨道继电器,并设带适配器的扼流变压器。按电气化铁路设计标准采用半自动闭塞区段车站电码化系统,设地面信号色灯信号机,高柱信号机采用铝合金机构,矮型信号机采用普通机构。站内轨道电路干线电缆采用铝护套综合扭绞数字信号电缆。

新设列车调度指挥系统(TDCS),各新建车站设 TDCS 分机设备和配套设备,按照调度区划分接入呼和浩特铁路局调度所 TDCS/CTC 总机系统和新设的 1 个列车调度台,并新设 1 套通信和应用服务器等设备,来负责本线(包括新街至陶利庙段)的行车调度指挥,及统筹考虑本线及相邻线路的管辖。

区间采用半自动闭塞,闭塞信息采用光通道和传输设备。

新设信号集中监测系统,各车站和线路所设集中监测分机设备,通过监测网接入相应电务段集中监测总机系统,实现对信号设施的监测和信息采集及远程诊断。

沿线新建信号设备房屋设防雷电、电磁兼容和综合接地防护系统。

参加该线线路工程施工的有中铁二十一局集团等单位,中铁十二局电气化公司等单位承担电气化、通信信号和电力工程的施工。线路工程于 2014 年 12 月 10 日开工,2015 年 8 月 20 日开始铺轨。四电工程于 2015 年 4 月开工。于 2016 年 9 月 30 日开通运营。

3.26　通辽至大虎山铁路电气化

既有通大铁路南起沈山铁路的大虎山站,途经辽宁省的黑山、阜蒙、彰武县,内蒙古自治区的科尔沁左翼后旗、科尔沁区,北至通辽西车站,线路全长(DZK1 + 985 ~ DZK247 + 000)245.457 km(图 3.26)。本线电气化改造车站分布维持既有不变,全线设有大虎山、黑山、芳山镇、新立屯、么荒、泡子、彰武、章古台、阿尔乡、甘旗卡、衙门营、木里图、通辽西等车站。工程范围还包括新北联络线(DZK65 + 763.98 ~ LK0 + 000 ~ LK7 + 000)长 5.325 km。通辽至大虎山铁路是平行于哈大线、贯穿东北部地区的重要铁路干线,也是中俄贸易的后方通道,在东北路网中具有十分重要的作用。为满足运输的需要,提高其运输能力,国家决定对其进行现状电气化改造。

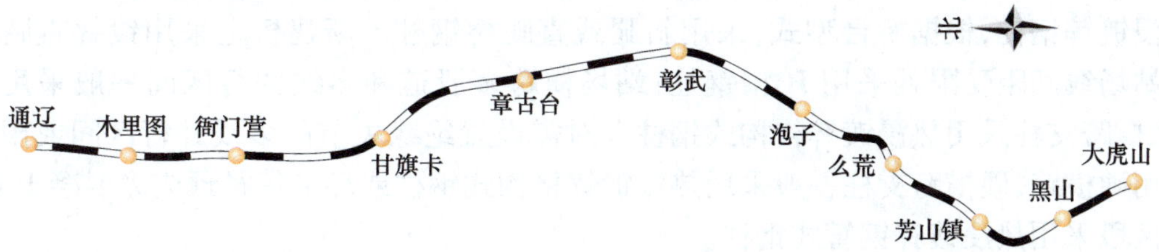

图 3.26　通辽至大虎山铁路示意图

通大铁路电气化改造的建设单位是沈阳铁路局西部铁路电气化工程建设指挥部,设计单位是铁道第三勘察设计院集团有限公司。线路主要技术标准:铁路等级,Ⅰ级;正线数目,双线;限制坡度,4.5‰/10.7‰;最小曲线半径,400 m;到发线有效长度,1 050 m、部分1 700 m;闭塞类型,自动闭塞;设计速度目标值,120 km/h;牵引种类,电力牵引(直供加回流线+加强线供电方式);机车类型,HXD 系列;牵引质量,5 000 t、10 000 t。

3.26.1 电气化工程

牵引供电采用带回流线和加强线的直接供电方式。全线新设北甘旗、新兴隆、新立屯、黑山(原塘坊)4 座牵引变电所;新设大虎山、K41、K91、K153、K215 等箱式分区所。所设馈线断路器采用固定备用方式。

新建牵引变电所引入2 路独立的220 kV 电源供电,220 kV 电源侧采用带跨条的分支接线,电气设备采用户外中低型布置;27.5 kV 侧采用单母线隔离开关分段的接线方式,馈线隔离开关采用户外中低型布置,其他设备采用室内布置。

新建牵引变电所设2 台变压器,采用固定备用、V/V 接线、油浸自冷方式,预留风冷条件。各牵引变电所变压器安装容量:北甘旗为2×(31.5+31.5) MV·A、新兴隆为2×(31.5+31.5) MV·A、新立屯为2×(45+45) MV·A、黑山(原塘坊)为2×(25+31.5) MV·A。

新建牵引变电所设微机保护,按无人值班设计,考虑值守条件,新设牵引供电远动系统,纳入沈阳铁路局普速铁路牵引供电调度所远动系统进行集中监控,并新设1 个本线牵引供电调度台,对全线新增牵引供电设施进行调度管理。

接触网采用全补偿简单链型悬挂,接触悬挂结构高度一般为1 400 mm。正线接触线采用CTA-120 型的铜银合金电车线,额定张力15 kN,承力索采用JTM-95 型的铜合金绞线,额定张力15 kN。站线接触线采用CTA-85 型的铜合金电车线,额定张力10 kN,承力索采用JTM-70 型的铜合金绞线,额定张力15 kN。接触线悬挂点高度一般为6 000 mm,接触线距轨面的最低高度一般不小于5 700 mm。大虎山站维持既有接触线悬挂点高度6 450 mm。一般区段的加强线采用JL/LB1A-300/50-26/7-45/7 型绞线,净空受限处采用TDWD-YJY73、27.5 kV 1×400 型电缆。一般的附加导线采用铝包钢芯铝绞线。

接触网绝缘泄漏距离不小于1 200 mm。回流线采用瓷质绝缘子,其余均采用合成绝缘子。采用锚段关节式电分相,避免设在6‰的大坡道地段。电分相处设磁感应轨枕同时加设地面标志牌。

接触网支柱,路基区间腕臂柱一般采用横腹杆式预应力钢筋混凝土支柱;既有桥上采用热浸镀锌钢柱,根据桥台型式,采用斜腿或直腿桥钢柱。新建桥上采用镀锌直腿桥钢柱。站场线间距受限处采用H 型钢柱;站场横跨多股道和多线并行区间一般采用软横跨,软横跨支柱采用热浸镀锌格构式钢柱。对需设置绝缘关节的多线并行区间或雨棚区段采用硬横跨,硬横跨支柱一般采用热浸镀锌格构式钢柱或环形等径预应力混凝土支柱,雨棚区段采用热浸镀锌钢管式钢柱。

接触网支柱跨距,一般直线区段不大于60 m,曲线地段根据曲线半径确定;相邻跨距比一般不大于1.5:1,桥梁、站场咽喉等困难地段不大于2.0:1。

绝缘、非绝缘锚段关节一般采用四跨锚段关节。正线双边补偿时的最大锚段长度不大于2×750 m;站线最大锚段长度不大于2×800 m。单边补偿的锚段长度为上述值的50%;附加导线最大锚段长度不大于2 000 m。

区间正线一般采用两跨式防窜防断中心锚结。站场、桥梁或条件受限时一般采用防窜不防断中心锚结。接触网下锚采用铝合金大滑轮补偿装置,设防风限制架。补偿坠砣采用复合坠砣。

根据抢修工作的需要,在黑山、新立屯、彰武、甘旗卡设接触网工区,其中新立屯接触网工区与供电段车间合建。

3.26.2　电力工程

利用大(虎山)郑(家屯)铁路甘旗卡至通辽西增建第二线所建的1条10 kV贯通线(在通辽枢纽引入既有通辽西66/10 kV变配电所,既有甘旗卡10 kV配电所外部电源线改造为专盘专线、增设配套供电设备),以及将既有10 kV贯通线改造为自闭电力线为沿线负荷供电。

利用大郑铁路新立屯至泡子、五峰至冯家增建第二线所建的1条10 kV贯通线,以及将既有10 kV贯通线改造为自闭电力线为沿线负荷供电。

既有10 kV贯通线和自闭电力线路满足区间新增负荷供电要求的,维持既有线路截面不变;不满足的进行局部改造。

车站站内新增高压线路采用电缆敷设;既有架空线路影响电气化挂网的,改造为电缆敷设。

本工程异地新建彰武10 kV配电所,从地方城南变电所接引第二路10 kV电源供电;既有甘旗卡10 kV配电所从地方新规划变电所接引第二路10 kV电源供电。

设有变(配)电所的车站其站房新增用电负荷利用既有供电设施,从变(配)电所站馈线接引电源供电。没设10 kV配电所的车站其站房新增用电负荷利用既有供电设施(包括从地方电网接引的电源)供电,需要增设设备的增设相关设备。

车站新增通信信号用电负荷由所设的既有通信信号变压器供电,分别从10 kV贯通线及自闭电力线接引主备用电源。

区间新增通信信号用电负荷设杆架式变电台供电,分别从10 kV贯通线和自闭电力线接引电源。

新建和改造的配电所采用微机保护,利用大郑铁路分段增建第二线所建的电力运动系统,纳入新建通辽供电段电调中心控制和管理。

3.26.3　通信工程

长途通信线路,通辽至大虎山间新设1条48芯单模光缆,并新设光缆(光纤)监测系统。既有通信光缆按照电气化铁路防护标准进行整治后继续使用。

对不满足电气化区段防护标准要求的站内电缆采取防护措施或更换。根据所设区间杆架式变电台、接触网开关站、光纤直放站等至车站所需传输通道的需要,分别新设不同芯数的区间光缆。

传输系统,新设 SDH 10 Gbit/s 骨干和汇聚层传输系统。在彰武、大虎山新建通信机房及主要相关车站新设 SDH 10 Gbit/s 设备。利用新建 48 芯光缆和既有 20 芯光缆中的各 2 芯光纤构成复用段 1 +1 保护。通辽至沈阳新增所需传输通道由通辽至霍林河铁路电气化工程统一考虑。

新设 SDH 2.5 Gbit/s 接入网系统,全线各车站新设 SDH 2.5 Gbit/s 设备,利用新建 48 芯光缆和既有 20 芯光缆中的各 2 芯光纤构成复用段 1 +1 保护。并在同一车站通信机房将所设的 SDH 2.5 Gbit/s 设备通过 SDH 2.5 Gbit/s 光接口与 SDH 10 Gbit/s 设备互联。

区间 GSM-R 通信基站、区间牵引变电所新设 SDH 622 Mbit/s 设备,利用新建光缆就近接入车站 SDH 2.5 Gbit/s 接入网系统。

新建站内牵引变电所、供电车间、接触网工区、电力配电所等处新设 SDH 155 Mbit/s 设备,利用新设光缆就近接入车站 SDH 2.5 Gbit/s 接入网系统。

根据相关专业需要,对车站通信机械室至红外轴温探测点的通信传输通道进行改造,为红外轴温探测系统提供 2 Mbit/s 数字传输通道。

在沈阳通信站新设 1 套传输网网管设备,在通辽北场新建信号楼新设 1 套接入网管设备,在通辽北场新建信号楼、锦州通信站各新设 1 套传输网管复示终端;在锦州通信站新设 1 套接入网管复示终端。对全线传输系统进行各项管理。

电话交换系统,利用通辽通信站和新立屯的既有程控电话交换机,根据需要扩容 V5.2 中继板;利用新立屯的既有 OLT 设备,在通辽北场通信机房新设 OLT 设备。沿线各车站及信号楼、信号中继站、牵引变电所、分区所、电力配电所等信息用户接入点设 ONU 设备。新立屯至大虎山段新增自动电话用户通过 ONU 设备及接入网接入新立屯的 OLT 设备及程控电话交换机;新立屯至通辽段新增自动电话用户通过 ONU 设备及接入网接入通辽北场通信机房的 OLT 设备及通辽通信站的程控交换设备,通过统一编号实现与既有铁路电话专网的互通。

调度通信系统,利用通霍铁路电气化工程在沈阳铁路局调度所所建的调度所型调度通信交换机;新建车站设车站型调度通信交换机、调度分机、车站值班台等设备,在牵引变电所、分区所、接触网工区、供电车间新设调度分机;对各既有车站的既有调度通信交换机进行适应性改造,以满足牵引供电调度电话接入和新建 GSM-R 系统接入的需要。按既有调度区划分,接入铁路局调度所调度通信交换机和调度通信系统及新设的本线行车调度台管辖。

新设 GSM-R 移动通信系统,利用沈阳铁路局既有 GSM-R 交换机及相关设备,利用通霍铁路电气化工程在通辽北场通信机房所设的基站控制器(BSC),沿线设区间和车站通信基站,区间通信基站按 2 载频配置、车站通信基站按 3 载频配置,采用单网覆盖方式组网。区间弱场区采用光纤直放站、漏泄电缆和天线方式增强,以满足无线场强覆盖和信息传输的需要,完成调度通信、调度命令、无线车次号校核信息等传送功能。

通信电源,新建车站通信机械室设 48 V 高频开关电源,根据需要对既有通信机房 48 V高频开关电源进行扩容改造。新设电源和机房环境监控系统和采集设备。

3.26.4 信号工程

车站联锁,么荒站既有信号楼被占压且站型变化较大,室内新设硬件安全型计算机联锁和配套设备及信号电源屏,室外不动的设备利旧改造;黑山站、彰武站、甘旗卡站因新设接触网工区,新立屯站因新设供电车间,衙门营站因股道改造,5 个站均应结合站场改造对既有计算机联锁设备利旧改造,新增道岔纳入联锁设备集中控制;其余车站现状电化既有联锁设备利旧,维持既有联锁范围按电气化区段防护标准进行适应性改造。

站场改造新铺道岔按道岔类型配备相应的电动或电液转辙机及安装装置,本线提速道岔采用外锁闭、多机分线、分动控制方式;既有不动的道岔转辙机及安装装置利旧。

新建计算机联锁设备的么荒站站内采用 97 型 25 Hz 相敏轨道电路,采用双套微电子 25 Hz接收器;采用 ZPW-2000 型移频电码化,正线采用预叠加发码、侧线采用占用叠加发码方式,发送设备按 $N+1$ 冗余配置。轨道电路电缆采用铝护套信号电缆。

大虎山站轨道电路已进行过电气化改造,新立屯站轨道电路已在相关工程中增设了扼流变压器等。其余各站既有轨道电路制式维持不变,既有 ZPW-2000 型移频电码化维持不变,增设带适配器的扼流变压器;室外轨道电路等信号电缆按电气化区段防护标准进行改造,达不到防护标准的进行更换,轨道电路和信号机干线电缆要采用铝护套信号电缆。

运输调度指挥系统,么荒站新设 CTC 分机设备,其余各站 CTC/TDCS 分机设备利旧改造,维持既有调度区划分不变,纳入沈阳铁路局调度所 CTC/TDCS 总机系统及本线既有(不含大虎山站)列车调度台管辖,大虎山站仍归属沈山铁路调度台管辖,调度台设备利旧,结合局部站场改造对 CTC/TDCS 总机系统做相应修改。

区间自闭系统,现状电化区段维持既有闭塞制式不变,区间既有 ZPW-2000 系列轨道电路设备原则利旧,按电气化区段防护标准进行改造,增设横向连接线、扼流变压器及安全地线;将接触网吸上线接至扼流变压器中点;对需要调整的区间通过信号机布点进行适当调整,沿线未有效接地的信号设备和轨道电路电缆进行可靠接地。

信号集中监测系统,么荒站新设集中监测分机设备,其余各车站既有集中监测分机设备利旧改造。纳入通辽电务段信号集中监测总机系统。

么荒站信号设备房屋新设防雷电、电磁屏蔽和综合防护接地系统。沿线其余车站信号设备房屋在所设防雷电系统的基础上,完善电磁兼容和综合防护接地系统,使其满足使用要求。

参加通辽至大虎山铁路电气化改造工程施工的有中铁电气化局集团,中铁三局、八局集团等单位。工程于2014 年5 月13 日开工,2016 年11 月25 日电气化铁路正式开通运营。

3.27 通辽至霍林河铁路电气化

既有通霍铁路,位于内蒙古自治区通辽市和兴安盟,南起通辽铁路枢纽的通辽北站(THK15 +000),途经通辽市、科尔沁左翼中旗、扎鲁特旗、科尔沁右翼中旗,北至霍林河站(THK417 +600),大致呈东南西北走向,线路全长 401. 197 km(图 3.27)[(含通辽北、通辽西等整列装车的铁路产权专用线)及前方集运线路]。本线在通辽枢纽与(北)京通(辽)线、大

(虎山)郑(家屯)线、(四)平齐(齐哈尔)线、通(辽)让(湖路)(现大庆西)线相衔接,在霍林河地区与锡(林浩特)乌(兰浩特)线、珠(斯花)珠(恩嘎达布其)线、霍(林河)白(音华)线相连,是东北路网中的重要组成部分,是东北西部地区一条主要的铁路支线,也是内蒙古自治区的一条主要煤炭运输大通道。为降低运输成本、提高铁路运输效益和节能减排,进一步促进通辽以及锡林郭勒盟等煤田的开发建设,缓解东北三省的煤炭供应紧张状况,推动蒙东地区与辽宁、吉林等地区的经济协调发展,对其进行电气化改造具有重要意义。本线电气化,车站分布维持既有不变,全线设有通辽北、昆都庙、双泡子、舍伯吐、毛告吐、扎鲁特、布敦化、白音胡硕、杜尔基、吐列毛杜、西哲里木、哈日努拉、珠斯花、霍林郭勒、霍林河、云端等车站。其中杜尔基为越行站,珠斯花为区段站,霍林郭勒为客运站,其余车站均为中间站。工程范围还包括通辽枢纽内通辽站、通辽北站、通辽西站、通辽东站、通辽南站和相关的联络线的现状电化;以及在霍林河地区与霍白线和珠珠线相关的工程内容。

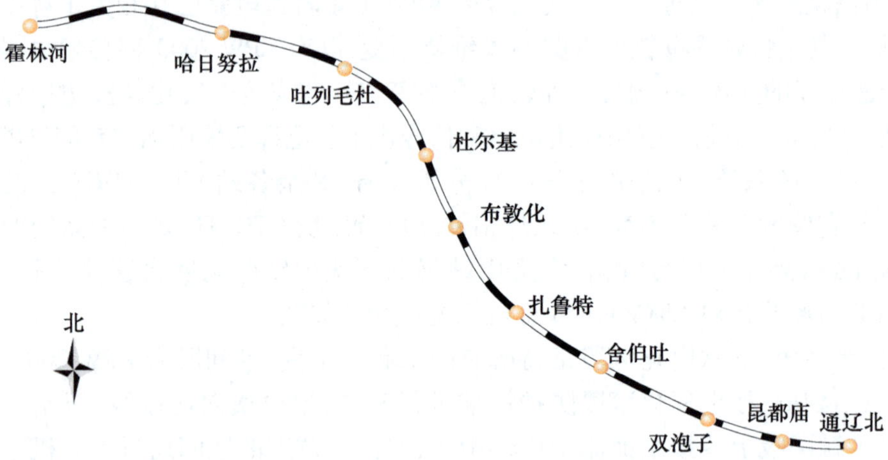

图 3.27　通辽至霍林河铁路示意图

通霍铁路电气化改造的建设单位是沈阳铁路局西部铁路电气化工程建设指挥部,设计单位是铁道第三勘察设计院集团有限公司。线路主要技术标准:铁路等级,Ⅰ级;正线数目,双线;限制坡度,上行 4‰、下行 6‰;最小曲线半径,一般地段 800 m、困难地段 600 m;到发线有效长度,1 050 m、部分 1 700 m;闭塞类型,自动闭塞;设计速度目标值,120 km/h;牵引种类,电力牵引(直供加回流线 + 加强线供电方式);机车类型,HXD 系列。

3.27.1　电气化工程

牵引供电采用带回流线 + 加强线的直接供电方式。全线新设通辽西、双泡子、珠日河牧场、扎鲁特、新艾里、乌斯台、西哲里木、哈日努拉、霍林河等牵引变电所;新设通辽、通辽南开闭所,新设珠斯花箱式开闭所;在供电臂末端设箱式分区所。霍白线新设沙尔哈达、沙尔塔拉牵引变电所,扎哈淖尔、伊图塔装车环线开闭所。珠珠线新设赛罕花牵引变电所、贺斯格乌拉箱式开闭所。

新建牵引变电所引入 2 路独立的 220 kV 电源供电，220 kV 电源侧采用带跨条的分支接线，电气设备采用户外中低型布置；27.5 kV 侧采用单母线分段接线，馈线隔离开关采用户外中低型布置，其他设备采用室内布置，馈线断路器采用固定备用方式。通辽、通辽南开闭所 27.5 kV 馈线隔离开关采用户外中型布置，其余电气设备采用室内布置。

新建牵引变电所设 2 台变压器，采用固定备用、V/V 接线、油浸自冷方式，预留风冷条件。各牵引变电所变压器安装容量：通辽西为 2×(25+40) MV·A、双泡子为 2×(25+25) MV·A、珠日河牧场为 2×(25+25) MV·A、扎鲁特为 2×(31.5+25) MV·A、新艾里为 2×(31.5+25) MV·A、乌斯台为 2×(25+25) MV·A、西哲里木为 2×(31.5+25) MV·A、哈日努拉为 2×(25+25) MV·A、霍林河为 2×(31.5+25) MV·A；霍白线的沙尔哈达为 2×(20+16) MV·A、沙尔塔拉为 2×(16+20) MV·A；珠珠线的赛罕花为 2×(10+12.5) MV·A。

牵引变电所设 2 组交流自用电源，一组引自 27.5 kV 母线，另一组引自 10 kV 电力贯通线，2 路电源互为备用。分区所、开闭所设 2 组交流自用电源，一组引自 27.5 kV 进线，另一组引自 10 kV 电力贯通线，2 路电源互为备用。

新建牵引变电所、开闭所、分区所采用微机保护和综合自动化系统，按无人值班设计，牵引变电所适当考虑值守条件。新设牵引供电远动系统纳入沈阳铁路局既有普速铁路牵引供电远动系统集中监控，并在供电调度所增设 1 个本线电力调度台进行调度管理。

接触网采用全补偿简单链型悬挂，接触悬挂结构高度一般为 1 400 mm，双线隧道内悬挂结构高度为 800～900 mm，单线隧道内悬挂结构高度为 300～500 mm。正线接触线采用 CTA-120 型铜银合金电车线，张力 15 kN，承力索采用 JTM-95 型铜合金绞线，张力15 kN；站线接触线采用 CTA-120 型铜银合金电车线，张力 10 kN，承力索采用 JTM-95 型铜合金绞线，张力15 kN。露天区段接触线悬挂点高度一般为 6 000 mm。接触线距轨面的最低高度一般不小于 5 700 mm，确有困难时接触线距轨面的最低高度不小于 5 650 mm；隧道内一般不小于5 700 mm。附加导线一般采用铝包钢芯铝绞线。

接触网绝缘泄漏距离一般不小于 1 400 mm，特别严重污秽区段不小于 1 600 mm。供电线、加强线、接触悬挂下锚及分束供电的分段处绝缘子爬电距离不小于 1 600 mm。回流线采用瓷质绝缘子，其余均采用复合绝缘子。在变电所、分区所附近设电分相，电分相采用锚段关节布置方式。应避免设在 6‰的大坡道地段。

接触网支柱，路基地段的腕臂柱采用横腹杆式预应力钢筋混凝土支柱，既有桥梁上采用热浸镀锌钢柱，新建桥梁上采用热浸镀锌直腿桥钢柱。通辽至白音胡硕段、站场横跨多股道和多线并行区间一般采用软横跨，软横跨支柱采用热浸镀锌格构式钢柱。白音胡硕至霍林河段、站场横跨多股道和多线并行区间一般采用硬横跨，硬横跨支柱采用热浸镀锌格构式钢柱。站场股道线间距受限制处可采用 H 型钢柱。双线隧道内采用带斜撑的倒立吊柱，转换柱采用双吊柱形式，单线隧道采用水平悬挂方式。

直线区段接触网支柱跨距一般不大于 60 m；曲线地段根据曲线半径确定；相邻跨距之比，一般不大于 1.5:1，桥梁、隧道口、站场咽喉等困难地段不大于 2.0:1。白音胡硕至霍林河段大风区的跨距一般按标准跨距缩小 5 m;绝缘锚段关节的转换柱跨距比正常跨距缩小 5 ~10 m。

锚段关节一般采用四跨锚段关节。正线双边补偿时的最大锚段长度一般不大于 2 × 750 m;站线最大锚段长度一般不大于 2 × 800 m;单边补偿的锚段长度为上述值的 50%。附加导线的最大锚段长度一般不大于 2 000 m。

新设通辽、舍伯吐、扎鲁特、白音胡硕、吐列毛杜、西哲里木、珠斯花接触网工区。其中与接触网工区合建通辽供电抢修基地;与接触网工区合建白音胡硕、珠斯花供电段车间。霍白线新建伊图塔、沙尔塔拉接触网工区。珠珠线新建贺斯格乌拉接触网工区。负责牵引供电系统的运营维护、管理及抢修工作。

3.27.2 电力工程

通霍铁路增建二线后,全线已建有 1 条 10 kV 贯通线和 1 条 10 kV 自闭电力线继续使用。在霍白线的伊图塔至冈干特乌拉之间新建 1 条 10 kV 贯通线。在珠珠线的珠斯花至贺斯格乌拉之间新建 1 条 10 kV 贯通线。

通霍铁路增建二线后,已建有舍伯吐、毛告吐、扎鲁特、白音胡硕、杜尔基、吐列毛杜、哈日努拉、珠斯花 8 座 10 kV 配电所。其中舍伯吐、扎鲁特、白音胡硕、吐列毛杜、珠斯花为双电源 10 kV 配电所;但本工程将舍柏吐、扎鲁特、吐列毛杜 10 kV 配电所的既有 1 路农电线路改为从地方新规划变电所接引第 2 路 10 kV 电源供电;毛告吐、杜尔基、哈日努拉为单电源 10 kV 配电所,并预留有接引双电源的条件,本工程利用并进行局部适应性改造;另新建霍白线的伊图塔 10 kV 配电所。

通辽枢纽既有 1 座通辽 66/10 kV 铁路变电所,仅有 1 路 66 kV 电源,本工程对其增容改造增设相关设备和 1 路 66 kV 电源;分别为通辽东、通辽南、通辽西、通辽北 10 kV 配电所提供 2 路电源。改造通辽西 10 kV 配电所更换高压设备,实现双电源布置格局。局部改造通辽北 10 kV 配电所,对其主接线及高压柜布置进行调整,实现双电源布置格局。

设有 10 kV 配电所的车站其站房新增用电负荷维持既有集中供电方式不变,从配电所站馈线接引电源,需要扩容的进行增容改造;没设 10 kV 配电所的车站其站房新增用电负荷维持既有集中供电方式不变,需要扩容的进行增容改造。

车站新增通信信号用电负荷维持既有供电方式,根据需要进行扩容改造。区间新增通信信号用电负荷设杆架式变电台供电,电源分别引自 10 kV 贯通线和自闭电力线。

区间新建牵引变电所、分区所自用电负荷就近接引 1 路 10 kV 贯通线作为备用电源;区间接触网开关站用电负荷设杆架式变电台供电,电源引自 10 kV 贯通线或自闭电力线。

各变配电所采用微机保护和综合自动化系统,新建和改造电力远动系统,纳入新建的通辽供电段电力调度中心管理。

3.27.3 通信工程

长途通信线路,通辽通信站至霍林河新设 1 条 48 芯单模直埋光缆,沿铁路一侧敷设。通辽至霍林河段的既有长途通信光缆按电气化区段的防护标准进行整治后继续使用。

为满足GSM-R系统组网的需要,在光纤直放站远端机至近端机间结合网开关控制站需求敷设1条不同芯数的光缆。到区间通信基站、牵引变电所敷设1条分歧短段光缆。站内信息用户接入点根据需要敷设不同芯数的光缆。

传输系统,通辽通信站至霍林河新设SDH 10 Gbit/s骨干(汇聚)传输系统,主要车站设SDH 10 Gbit/s传输设备。利用新建48芯光缆和既有20芯光缆中的各2芯光纤构成复用段1+1保护。

在通辽北场信号楼通信机房新设SDH 10 Gbit/s设备,在通辽通信站新设SDH 10 Gbit/s设备,以满足通辽至大虎山、通辽至郑家屯铁路SDH 10 Gbit/s传输系统接入的需要。通辽通信站至通辽新建供电调度中心新设SDH 10 Gbit/s传输系统及SDH 10 Gbit/s设备。

新设SDH2.5 Gbit/s车站接入网系统,沿线车站新设SDH 2.5 Gbit/s设备,利用新建48芯光缆和既有20芯光缆中的各2芯光纤构成复用段1+1保护。并在同一车站通信机房将所设的SDH 2.5 Gbit/s设备通过SDH 2.5 Gbit/s光接口与SDH 10 Gbit/s设备互联。

区间通信基站、区间牵引变电所新设SDH 622 Mbit/s设备,利用新建光缆就近接入车站SDH 2.5 Gbit/s接入网系统。区间电力箱式变电站、接触网开关站至就近车站(信号中继站)所需的远动通道采用光纤传输。

新建站内牵引变电所、开闭所、供电车间、接触网工区、电力配电所等处新设SDH 155 Mbit/s设备,利用新建光缆就近接入车站SDH 2.5 Gbit/s接入网系统。站内其他信息用户传输节点利用新设站场光缆组建站内环形MSTP传输系统。

根据相关专业要求,对车站通信机械室至红外轴温探测点的通信传输通道进行改造,为红外轴温探测系统提供2 Mbit/s数字传输通道。

在沈阳通信站新设传输网管1套,在通辽北场新建信号楼新设传输网管复示终端1套,以及接入网管1套。

传输网络管理系统,在沈阳通信站新设1套传输网管设备,在通辽北场新建信号楼新设1套传输网管复示终端及1套接入网管设备。

电话交换系统,利用白音胡硕通信站的既有程控交换机及OLT设备,利用通辽通信站既有程控电话交换机并扩容V5.2中继板。在通辽北场新建信号楼通信机房新设OLT设备;在沿线各车站、信号中继站、牵引变电所、分区所、电力配电所等信息接入点设ONU设备。白音胡硕至霍林河段新增自动电话用户通过ONU设备及接入网接入白音胡硕OLT设备和程控电话交换机;白音胡硕至通辽段新增自动电话用户通过ONU设备及接入网接入通辽北场新建信号楼通信机房的OLT设备和通辽通信站的程控电话交换机,通过统一编号,实现与既有铁路电话专网的互通。

调度通信系统,新建车站设车站型调度通信交换机、调度分机、车站值班台等设备,在牵引变电所、分区所、接触网工区、供电车间设调度分机,通过传输通道接入沈阳铁路局调度所新设的调度所型调度通信交换机、调度通信系统和新设的1个本线行车调度台及牵引供电调度台。

新设GSM-R移动通信系统,利用沈阳铁路局既有GSM-R交换机,在通辽北场新建信号楼通信机房新设基站控制器(BSC)[所设BSC应满足本线(包括前方集运线路)、通辽至四平、通辽至大虎山等铁路通信接入的需要],沿线区间和车站新设通信基站,区间基站按2载频配置、车站基站按3载频配置,采用单网覆盖方式组网。区间弱场区采用光纤直放站、漏泄电缆和天线方式增强,以满足无线场强覆盖和信息传输的需要,完成调度通信、区间通信、调度命令、无线车次号校核信息传送等功能。

通信电源,各车站通信机械室既有48 V高频开关电源根据需要进行扩容。通辽北场新建信号楼通信机房新设48 V高频开关电源和蓄电池组,其他新建通信设备机房设48 V高频开关电源,并新设电源和机房环境监控系统及采集设备。在通辽北场新建信号楼通信机房新设1套监测中心设备。将新设光纤直放站的网管系统与电源及环境监控中心设备互联,实现电源和环境监控系统对光纤直放远端站电源及机房环境的监控。

会议电话系统,在白音胡硕、珠斯花供电车间、通辽供电段分别新设会议电话终端,通过接入网系统接入通辽供电段既有会议电话主系统。

3.27.4 信号工程

车站联锁,通辽站(客场、北场)新设1套硬件安全型计算机联锁设备和信号电源屏;其他正线车站既有计算机联锁设备利旧或改造使用。通辽东站、通辽机务段既有计算机联锁设备利旧改造;通辽北站既有计算机联锁设备按电化范围进行相关内容修改;珠斯花机务折返段利用移设的计算机联锁设备;贺斯格乌拉站新设硬件安全冗余型计算机联锁设备和信号电源屏,机务折返段新设双机热备型计算机联锁设备和信号电源屏。

车站(场)新铺道岔按道岔类型配备相应的电动或电液转辙机及安装装置,既有不动的道岔转辙机及安装装置利旧。

新建联锁设备的通辽站(客场、北场)、珠斯花机务折返段、贺斯格乌拉站以及贺斯格乌拉机务折返段采用97型25 Hz相敏轨道电路,采用双套微电子25 Hz相敏轨道电路接收器。通辽站(客场、北场)及贺斯格乌拉站采用ZPW-2000型移频电码化,正线采用预叠加发码、侧线采用占用叠加发码方式,发送设备按$N+1$冗余配置。

其他正线车站站内既有轨道电路制式维持不变,采用的ZPW-2000型移频电码化维持不变;仅按电气化区段标准在室外轨道电路上增设扼流变压器,更换ZPW-2000型电码化器材(如室内外隔离盒、隔离匹配盒等)。对不满足电气化区段防护标准的既有轨道电路和电码化电缆更换为铝护套信号电缆。

列车调度指挥系统,通辽站(客场、北场)、珠斯花站新设CTC分机设备;设有接触网工区的舍伯吐站、扎鲁特站、白音胡硕站、土列毛杜站、西哲理木站;供电车间的珠斯花站及增设股道的霍林河站既有CTC分机设备结合站场变化利旧改造;其他正线车站和通辽枢纽内的相关车站场既有CTC或TDCS分机设备利旧改造。维持既有调度区划分纳入调度所CTC/TDCS总机系统和既有行车调度台管辖。结合局部站场改造对CTC/TDCS总机系统做相应修改。

本线为既有复线现状电化,维持既有区间闭塞制式不变。但需对既有轨道电路和设备按电气化区段防护标准进行改造,增设横向连接线、扼流变压器及安全地线,将接触网的吸上线接至扼流变压器中点。沿线轨旁信号设备可靠接地。

信号集中监测系统，通辽站（客场、北场）、珠斯花机务折返段、贺斯格乌拉站及贺斯格乌拉机务折返段新设集中监测分机设备；其余各车站集中监测分机设备利旧改造；通辽电务车间新设集中监测终端设备，其余电务终端设备利旧。通过监测网络接入通辽电务段新设的集中监测总机系统。

沿线信号设备房屋新设和进一步完善防雷电、电磁兼容和综合接地防护系统。

参加通霍铁路电气化改造工程施工的有中铁电气化局集团、中铁建电气化局、中铁五局集团等单位。四电工程于 2014 年 7 月 1 日开工。2016 年 6 月 30 日竣工。2016 年 11 月25 日正式开通运营。

3.28　辛泰、磁东、东莱铁路电气化改造

既有辛泰铁路北起胶济铁路的临淄站（原辛店站），经黑旺、源迁、南博山等站出淄博境，在莱芜东站与磁莱铁路（津浦铁路磁窑站至莱芜东站）相接后，折向西行至泰山站，与津浦铁路接轨，全长 162.5 km。1970 年动工修建，1974 年全线通车。

1943 年建成的磁东铁路（全长 66.16 km）和 1966 年建成的东莱铁路（全长 51.55 km）两段组成磁莱铁路，西起津浦铁路磁窑车站，向东经华丰、徂阳、禹村、宫里、大协、新汶、东都，再折向东北经新泰、颜庄、大石家，到达莱芜东站，正线全长 117.71 km（图 3.28）。与辛泰铁路相接构成津浦与胶济铁路干线间的联络线。多年来虽经几次大修和改造，但仍满足不了运量增长的需要，为此对这三段铁路进行电气化改造，电气化改造工程封闭辛泰铁路的既有口头和莱芜西 2 座车站；封闭磁东铁路的既有禹村和宫里 2 座车站；其他既有车站保持不变或局部改建。其运营管理及调度区划分维持既有不变。该 3 段铁路电气化改造工程的开通运营进一步提升了该铁路的运量分流，对发展该区域的经济起到重要作用。

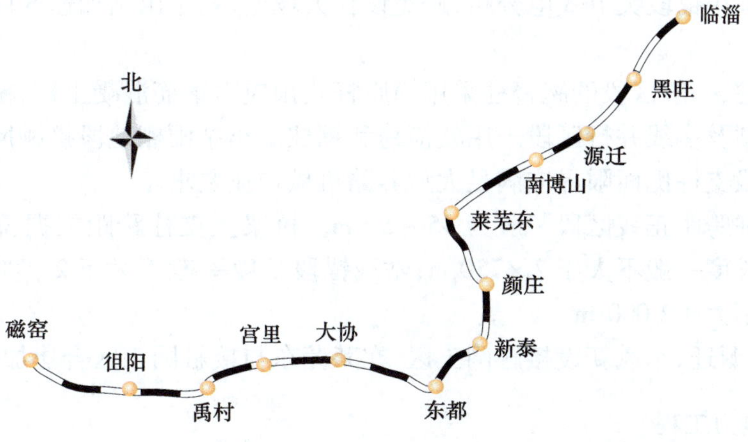

图 3.28　辛泰、磁东、东莱铁路示意图

辛泰、磁东、东莱铁路电气化改造的建设单位是济南铁路局，设计单位是中铁第一勘

察设计院集团有限公司和中铁建电气化设计院。线路主要技术标准如下：

辛泰铁路：铁路等级，Ⅰ级；正线数目，单线；限制坡度，6‰；最小曲线半径，500 m；到发线有效长度，1 050 m；闭塞类型，半自动闭塞；牵引种类，电力牵引；牵引质量，5 000 t。

东莱铁路：铁路等级，Ⅱ级；正线数目，单线；限制坡度，6‰、局部地段保留既有的超限坡；最小曲线半径，400 m；到发线有效长度，1 050 m；闭塞类型，半自动闭塞；牵引种类，电力牵引(直供加回流线供电方式)；牵引质量，5 000 t。

磁东铁路：铁路等级，Ⅲ级；正线数目，单线；限制坡度，6‰；最小曲线半径，400 m；到发线有效长度，1 050 m；闭塞类型，半自动闭塞；牵引种类，电力牵引；牵引质量，5 000 t。

3.28.1 电气化工程

牵引供电采用带回流线的直接供电方式，新设燕家庄、莱芜东、源迁、刘征、徂阳、东都牵引变电所。在牵引变电所之间设电分相，分相处设电动隔离开关纳入远动系统控制。

新建牵引变电所引入 2 路 110 kV 电源供电，110 kV 电源侧采用分支接线，电气设备采用户外中型布置；27.5 kV 侧采用单母线分段接线，电气设备采用户内网栅间隔式布置。新建牵引变电所新设 2 台变压器，采用固定备用、油浸自冷方式，预留风冷条件。

新建牵引变电所采用微机保护，按无人值班设计，适当考虑值守条件。新设牵引供电远动系统及安全视频监控系统，远动通道采用光纤进所方案，纳入济南铁路局调度所牵引供电远动主机系统的既有电力调度台。

接触网采用全补偿简单链型悬挂，正线接触线采用 120 mm^2 的铜银合金导线，承力索采用 95 mm^2 的铜镁合金绞线；站线接触线采用 85 mm^2 的铜银合金导线，承力索采用 70 mm^2 的铜镁合金绞线。接触导线悬挂高度应满足通过超级超限货物列车的要求，其中临淄至莱芜东隧道群地段按满足通过超限货物列车设计，低净空跨线建筑物下接触网采用降低结构高度等特殊设计以减少建筑物改造工程。附加导线采用铝包钢芯铝绞线。

接触网绝缘泄漏距离一般不小于 1 200 mm，严重污秽地区适当加强绝缘，全线采用合成绝缘子。采用锚段关节式电分相，避免设在大坡道、列车出站加速区段和线路限速低速区段。

接触网支柱，一般区段的腕臂柱采用横腹杆式预应力钢筋混凝土柱，桥支柱采用热浸镀锌钢柱。车站及多线并行区段采用软横跨和钢柱。车站雨棚地段接触网支柱与雨棚柱合架。路基区段支柱侧面限界应满足大型养路机械作业要求。

接触网支柱跨距正线区段一般为 45 ~ 50 m。桥梁上支柱跨距根据桥梁孔跨布置确定。正线锚段长度一般不大于 2 × 750 m；站线锚段长度一般不大于 2 × 800 m；附加导线锚段长度一般不大于 2 000 m。

在莱芜东、源迁、东风新设接触网工区，在莱芜东与接触网工区合建加强领工区。

3.28.2 电力工程

利用既有 10 kV 电力贯通线为沿线车站和区间用电负荷供电，影响接触网架设的既有电力贯通线路拆除新建；配合电气化工程改造车站用电线路。改造既有源迁、莱芜东、新汶配电所，并将莱芜东、新汶配电所的6 kV电源改造为10 kV电源。

设有10 kV配电所的车站新增用电负荷利用或新设箱式变电站供电，电源引自配电所的站馈线；没设10 kV配电所的车站新增用电负荷利用或新设箱式变电站，就近从地方电网接引1路电源供电。

车站新增通信信号用电负荷维持既有供电方式，根据需要进行扩容改造。区间新增通信信号用电负荷设杆架式变电台供电，电源引自10 kV贯通线。

区间和站内新增牵引变电所自用电就近从10 kV贯通线T接1路电源供电，站内新增接触网工区用电负荷设箱式变电站，优先从地方电网接引电源供电，无条件接引的从10 kV贯通线T接1路电源供电。

新设电力远动系统，纳入济南供电段控制中心管理。

3.28.3　通信工程

长途通信线路，全线（淄博至莱芜东至东都至磁窑）新设1条32芯干线光缆。既有直埋干线电缆按电气化区段防护标准整治后继续使用。

传输系统，全线利用新建的1条32芯光缆开设SDH 2.5 Gbit/s传输系统，在辛泰段铁路的淄博、南博山、莱芜东、泰山站新设SDH 2.5 Gbit/s设备，在磁东和东莱段铁路的磁窑、新汶、莱芜东站新设SDH 2.5 Gbit/s设备。在京沪铁路的济南、泰山、磁窑站新设SDH 2.5 Gbit/s设备，利用京沪铁路既有光缆开设SDH 2.5 Gbit/s传输系统。利用胶济客运专线的既有SDH 2.5 Gbit/s传输系统。并在济南、泰山、磁窑将SDH 2.5 Gbit/s系统设备互联。

利用新建的32芯光缆，在辛泰铁路的淄博至常庄经莱芜东至泰山段新设SDH 622 Mbit/s接入网系统；在磁东和东莱段铁路的磁窑经东都至莱芜东段新设SDH 622 Mbit/s接入网系统，沿线各站新设SDH 622 Mbit/s设备。

GSM-R系统区间通信基站新设SDH 622 Mbit/s设备，利用新建光缆通过相邻车站接入SDH 622 Mbit/s接入网系统。

新建牵引变电所、供电车间、接触网工区等处设SDH 622 Mbit/s或SDH 155 Mbit/s设备，利用新建光缆通过就近车站接入SDH 622 Mbit/s接入网系统。

在济南通信站新设传输网网管系统，在淄博、莱芜东、新汶站新设接入网网管系统，在泰山、淄博、莱芜东、新汶、磁窑站新设复视终端，对其本线通信网络进行各项管理。

电话交换系统，利用既有铁路电话交换网，沿线新增自动电话用户按管辖范围通过接入网接入所属地区的既有程控电话交换机。

新设调度通信系统，沿线车站新设车站型调度通信交换机及配套设备，通过专用调度网纳入济南铁路局调度所既有中心调度通信交换机和调度通信系统及本线调度台指挥。

临淄至泰山、磁窑至东都、东都至莱芜东各段铁路新设GSM-R移动通信系统。利用济南铁路局既有GSM-R交换机、并根据需要进行扩容，在济南铁路局调度所新设基站控制器（BSC），沿线车站和区间设通信基站（BTS），采用单层覆盖方式组网。区间弱场强区采用光纤直放站、漏泄电缆和天线方式增强，以满足无线场强覆盖和信息传输的需要。完成调度通信、调度命令、无线车次号校核信息传送等功能。

在与胶济、京沪等铁路交叉和并行区段，应统筹考虑 GSM-R 系统频率规划和无线场强覆盖问题，避免对相邻铁路既有 GSM-R 通信系统产生干扰；并为其他相邻铁路 GSM-R 通信系统建设预留条件。

在济南铁路局调度所新设本线 GSM-R 通信系统网管和光纤直放站网管系统，在泰安、淄博通信维修车间新设网管终端。对全线 GSM-R 系统网络和设备进行管理。

沿线既有通信机房 48 V 高频开关电源和蓄电池组利旧，新建通信机房设 48 V 直流电源和蓄电池组，新设电源和机房环境监控系统及采集设备，纳入既有电源和机房环境监控系统统一管理。

3.28.4　信号工程

车站联锁，除常庄站在既有联锁设备基础上结合站场利旧改造外，莱芜东站、颜庄站以及其他采用既有电锁器联锁、6502 继电联锁的车站，结合站场改造均按电气化区段标准新设双机热备型计算机联锁设备和信号智能电源屏，其中莱芜东、常庄车站结合新增信号设备用电量对既有电源设备进行扩容改造。临淄、东风、泰山和磁窑等接轨站在既有计算机联锁等信号设备基础上利旧改造，增设的接触网工区线路道岔分别纳入所属车站既有联锁设备集中控制，并增补本线接发车进路上相关轨道区段扼流变压器设备。

除莱芜东和常庄站既有轨道电路及电码化设备维持既有、进行适应性改造增补扼流变压器等设备外；其余各车站站内轨道电路和接近区段采用 97 型 25 Hz 相敏轨道电路。车站接近区段和正线股道接发车进路电码化采用叠加预发码、到发线股道采用叠加发码方式，发码设备采用半自动闭塞区段车站电码化系统设备，按 $N+1$ 冗余配置。站内轨道电路和电码化干线电缆采用铝护套综合扭绞信号电缆，分支电缆采用综合护套综合扭绞信号电缆。

运输调度指挥系统，根据“关于印发《铁路列车调度指挥系统(3.0)技术条件》的通知”(铁总运〔2013〕141 号)要求，结合运输调度指挥作业需要，临淄站至泰山站、磁窑站至东都站、东都站至莱芜东站新设列车调度指挥系统(TDCS)(该 TDCS 系统应具有计划操作合理性检测、调度命令规范输入、车站接发车作业流程监督、列车进路错办报警、非正常行车作业辅助、施工登销记等功能)。沿线各车站(不含接轨站)新设 TDCS 分机设备、信息安全等设备、车站值班员终端、电务维护终端、车务管理终端。与京沪铁路接轨的泰山、磁窑、大河 3 个车站的既有 TDCS 分机设备结合本工程利旧改造；与胶济铁路接轨的临淄和东风 2 个车站的既有 CTC 分机设备结合工程利旧改造。接轨站的既有 TDCS、CTC 分机设备局域网维持既有组网结构不变；新设 TDCS 分机设备的车站至铁路局调度所的广域网和车站局域网结构按双环、双网传输设计，维持既有调度区划分纳入济南铁路局调度所 CTC/TDCS 总机系统，接轨站仍由所属既有列车调度台管辖，新设 TDCS 分机设备的车站由本线列车调度台管辖。并对应济南、淄博、兖州 3 个车务段管辖范围在调度所分别新设 1 套车站服务器；新设本线所需的应用和通信服务器、调度台 TDCS 设备、信息安全等设备，对网络设备进行扩容。

区间闭塞制式,沿线各站间采用 64D 半自动闭塞,各车站增设半自动闭塞通道光电转换设备。相衔接的其他线路维持既有闭塞方式不变。

信号集中监测系统,沿线车站新设集中监测分机设备,通过监测网络分别接入所属电务段既有集中监测总机系统。

沿线新建、既有及改接建信号设备房屋新设或完善防雷电、电磁兼容和接地综合防护系统。与房屋相关的屏蔽网、接地下引线和室外接地设施由房建工程统一实施。

有人看守道口的信号设备维持既有设备制式,结合电气化工程对道口信号电缆及设备等按照电气化区段防护标准进行改造。站内或邻近车站的有人看守道口接近报警条件应充分利用车站联锁条件。

参加辛泰、磁东、东莱铁路电气化改造工程施工的有中铁八局、十局集团,中铁电气化局集团等单位。工程于 2013 年 12 月 18 日开工,2016 年 11 月 30 日开通运营。

3.29　合肥至芜湖铁路电气化改造

既有合芜铁路位于安徽省中东部,北起合肥东站,途经安徽省巢湖市,南到芜湖站,呈西北东南走向,正线全长 146.19 km(图 3.29)。其中淮南线合肥东站至芜湖东Ⅴ场(DK90 + 800 ~ GHNDK224 + 585 = 宁芜下行 107 + 600)133.79 km;宁芜线芜湖东站至芜湖站(K101 + 217.58 ~ K113 + 618)12.4 km。该段铁路是我国铁路网中南北大动脉的重要路段,也是两淮煤炭南下东进、皖江城市带承接产业转移的“金腰带”。近些年来,随着国民经济的快速发展和运量需求的不断增加,已满足不了运量增长的需要,国家决定对其进行电气化改造。该段铁路的电气化改造,封闭了既有沈家巷站,全线设有合肥东、三十里铺、撮镇、桥头集、烔炀河、中埠、巢湖西、巢湖、双刘、东关、铜城闸、裕溪口、芜湖东、芜湖等车站。另外工程还包括合肥、芜湖枢纽相关配套工程。该段铁路电气化的建成开通,将牵引能力从 3 500 t 提高到 5 000 t,时速由 100 km 提高到 120 km,将极大缓解合肥至芜湖段铁路运能能力紧张局面。

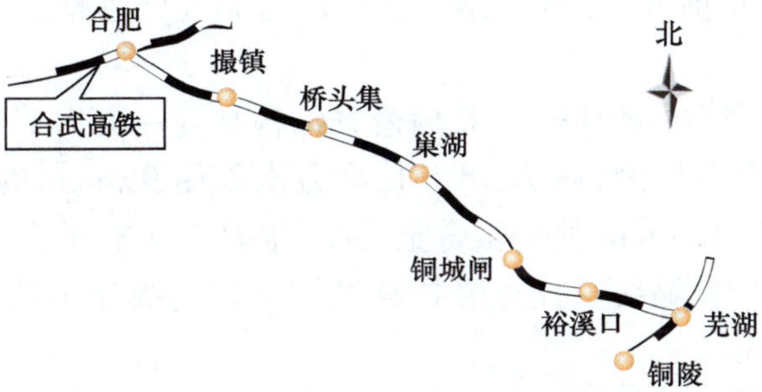

图 3.29　合肥至芜湖铁路示意图

合芜铁路电气化改造工程的建设单位是上海铁路局,设计单位是中铁上海设计院集团有限公司。线路主要技术标准:铁路等级:Ⅰ级;正线数目,双线;限制坡度,6‰;最小曲线半径,一般地段 1 200 m、困难地段 800 m,个别地段维持既有;到发线有效长度,

1 050 m;闭塞类型,自动闭塞;设计行车速度,120 km/h;牵引种类,电力牵引(直供加回流线供电方式);机车类型,SS 系列、HXD 系列;牵引质量,5 000 t。

3.29.1 电气化工程

牵引供电采用带回流线的直接供电方式。全线新设三十里铺、中埠、铜城闸、芜湖东4 座牵引变电所,新设桃花店、桥头集、淮南线 K165 +200 共 3 座分区所,新设芜湖东开闭所,新设裕溪口分区所兼开闭所。利用南京至安庆客运专线所建的弋江牵引变电所。

将既有桃花店 AT 所兼开闭所改为 AT 所。取消既有合宁铁路所设的三十里铺 AT 所兼分区所,新设三十里铺 AT 分区所。改造既有合肥北 AT 分区所。将既有合肥 AT 分区所兼开闭所改造为开闭所。改造既有合肥东开闭所,将原桃东上、下行电源进线改造为 2 回馈出线,新设 2 回电源进线、分别引自三十里铺牵引变电所、淮南线上行接触网。合肥至三十里铺改为带回流线的直接供电方式。

新建牵引变电所引入 2 路 110 kV 电源供电,110 kV 电源侧采用带跨条的分支接线,牵引变压器采用户外低式布置,配电装置采用户外中式布置,并设电源自动投入装置;27.5 kV 侧采用单母线分段接线,27.5 kV 馈线出口处的隔离开关采用室外中型布置,其余电气设备采用户内空气开关柜布置。芜湖东开闭所采用户内空气开关柜布置。新建直供分区所采用箱式开关柜布置。改建其他 AT 所、分区所、开闭所等维持既有布置形式。

新建牵引变电所设 2 台平衡结线变压器,采用固定备用方式。各牵引变电所变压器安装容量:三十里铺为 2 ×50 MV · A、中埠为 2 ×40 MV · A、铜城闸为 2 ×40 MV · A、芜湖东为 2 ×40 MV · A。

新建牵引变电所、开闭所、分区所采用安全监控综合自动化系统,按无人值班设计,牵引变电所、芜湖东开闭所适当考虑值守条件。新设牵引供电远动系统,纳入上海铁路局调度所普速铁路牵引供电远动系统管理。增设 1 个华东二通道电力调度台管辖本线普速铁路牵引供电设备,并预留华东二通道后续线路的接入条件。涉及的其他几条铁路牵引供电设备按所属线路纳入既有各自电力调度台管辖(合肥北 AT 分区所纳入合蚌客运专线电力调度台管辖;三十里铺 AT 分区所纳入合宁电力调度台管辖;桃花店 AT 所纳入合武电力调度台管辖)。

接触网采用全补偿简单链型悬挂,接触悬挂结构高度一般为 1 400 mm。正线接触线采用 120 mm^2的铜银合金导线,张力 15 kN,承力索采用 95 mm^2的铜镁合金绞线,张力 13 kN;站线接触线采用 120 mm^2的铜银合金导线,张力 15 kN,承力索采用 95 mm^2的铜镁合金绞线,张力 13 kN。接触线悬挂点悬挂高度按通过超级超限货物列车设计。附加导线采用铝包钢芯铝绞线。

接触网绝缘泄漏距离不小于 1 400 mm,严重污秽地区适当加强绝缘。一般地段腕臂绝缘子采用瓷质棒式绝缘子,下锚采用瓷质悬式绝缘子。采用带空气间隙绝缘中性段的锚段关节式电分相,避免设在大坡道、列车出站加速区段和线路限速低速区段。

接触网支柱,路基地段的腕臂柱采用横腹杆式预应力钢筋混凝土支柱,桥支柱采用格构式钢柱,在站场多股道并行区段采用软横跨,软横跨支柱采用格构式钢柱。车站雨棚地段接触网支柱与雨棚柱合架。在无站台柱雨棚内，接触网安装悬挂方案应根据具体车站条件确定。

接触网支柱标准跨距，正线区段一般为 45 ~ 50 m。桥梁上支柱跨距根据桥梁孔跨布置确定，一般不大于 50 m。正线锚段长度一般不大于 2 × 800 m、困难情况下不大于 2 × 900 m。站线锚段长度一般不大于 2 × 850 m、困难时不大于 2 × 950 m。附加导线锚段长度一般不大于 2 000 m。

根据检修和抢修工作的需要，设巢湖西、裕溪口、芜湖东接触网工区，并与接触网工区合建巢湖西供电车间，与芜湖东接触网工区合建供电维修车间。

3.29.2　电力工程

在铁路沿线对受电气化接触网挂网影响的既有 10 kV 贯通线和 10 kV 自闭电力线进行改建，改建的 10 kV 贯通线采用截面为 70 mm^2 的导线，改建的 10 kV 自闭电力线采用截面为 50 mm^2 的导线。其他区段的贯通线和自闭电力线维持既有使用。

改建后的 10 kV 贯通线、自闭电力线路除为车站通信信号和区间用电负荷提供主备用电源外，还为牵引变电所所用变压器、接触网电动隔离开关、道口信号设备等区间小负荷设备提供电源。

对既有合肥东、芜湖东 35/10 kV 变配电所进行增容改造，更新电源线路。增容改造巢湖 10 kV 配电所和裕溪口 35/10 kV 变配电所的调压器。其余 10 kV 配电所维持既有。

设有变（配）电所的车站其综合负荷增设综合变压器，从变（配）电所接引电源，经变压器降压后为车站综合负荷供电。

各车站与行车有关的通信信号一级负荷设室内信号变电所及专用变压器供电，从 10 kV 自闭线接引电源，降压后作为信号的主用电源、通信的备用电源；从 10 kV 贯通线接取电源，降压后作为通信的主用电源，信号的备用电源。

沿线与行车密切相关的通信信号负荷设杆架式变电台供电，电源分别引自 10 kV 贯通线和自闭电力线。

新建牵引变电所、分区所等所自用电源从 10 kV 贯通线接引。沿线接触网电动隔离开关操作采用一主一备 2 路电源供电，主用电源从 10 kV 贯通线降压后接引，备用电源从 10 kV 自闭电力线降压后接引。

区间其他用电负荷从地方接引 1 路高压电源，经降压后为负荷供电或从地方接引 1 路低压电源供电。

新设电力远动系统，变（配）电所、车站信号变电所（站）设远动终端设备，分别纳入既有合肥和南京供电段电力调度中心管理，并对电力调度中心控制站进行扩容改造。变（配）电所新设视频监控系统，分别纳入既有合肥和南京供电段电力调度中心管理。

3.29.3　通信工程

长途通信线路。合肥至芜湖沿铁路新设 1 条 48 芯单模直埋光缆。既有 48 芯干线光缆进行电气化适应性改造继续使用。干线光缆到区间通信基站、牵引变电所、分区所、开闭所、10 kV 配电所等通信机房各敷设 1 条 8 芯分歧光缆。

合肥东、芜湖东编组站各场主要信息接入点间同沟敷设 2 条 48 芯光缆。1 条为信号提供引入到信号楼信号机房的光纤线路,另 1 条为通信提供连接合肥东、芜湖东各通信机房设备的物理链路。

传输系统,全线新设 SDH 10 Gbit/s 骨干传输系统,在合肥、巢湖、芜湖东、芜湖通信站新设 SDH 10 Gbit/s 设备,利用新建的 48 芯光缆和既有干线光缆中的各 2 芯光纤构成复用段1 +1 保护。

新设 SDH 2.5 Gbit/s 接入网系统,沿线车站新设 SDH 2.5 Gbit/s 设备,利用新建的 48 芯光缆和既有干线光缆中的各 2 芯光纤构成复用段 1 +1 保护。

区间通信基站、牵引变电所、分区所、10 kV 配电所等信息用户接入点新设 SDH 622 Mbit/s 设备,利用新建的 48 芯光缆接入相邻车站 SDH 2.5 Gbit/s 接入网系统。

合肥东、芜湖东编组站站调楼、各场信号楼等处新设 SDH 622 Mbit/s 设备,利用新建 48 芯光缆构成本站 SDH 2.5 Gbit/s 环形传输网络。

利用上海铁路局通信基础网设施改造工程所建的数据网和设备。

电话交换系统,在芜湖、合肥通信站新设 OLT 设备;各车站、牵引变电所、分区所、开闭所、接触网工区、电力配电所、编组场内通信机房设 ONU 设备,沿线新增自动电话用户通过 ONU 设备及接入网按所属范围分别接入合肥、芜湖既有铁路程控电话交换机。

新设数字调度通信系统,沿线车站新设车站型调度通信交换机及配套设备,维持既有调度区划分接入上海铁路局调度所既有中心调度通信交换机和调度通信系统。

新设 GSM-R 移动通信系统,利用上海铁路局既有 GSM-R 交换机,在芜湖东通信站新设基站控制器(BSC),沿线车站、区间根据无线场强覆盖要求设通信基站(BTS),采用单网覆盖方式组网。区间弱场区采用光纤直放站、漏泄电缆和天线方式增强,并新漏泄电缆监测系统,以满足信息传输的需要,完成调度通信、调度命令和无线车次号校核信息传送等功能。

合肥东、芜湖东编组站既有无线列调系统继续使用,新建站调楼及到发场信号楼新设控制盒和接入设备,满足和实现站调楼车站值班员集中调度指挥的需要。新设数字平面调车无线通信系统,新建站调楼设调车控制盒和接口服务器,与调车业务相关的信号楼新设调车固定电台、控制盒、调车数据传输设备。

本线与相关铁路交叉、平行区段的 GSM-R 系统的频率规划和无线场强覆盖应统筹设计,避免相关铁路之间的相互影响。

通信电源,沿线通信设备机房新设 48 V 直流电源和蓄电池组。新设电源和机房环境监控系统。

应急通信系统,在合肥、芜湖通信维修车间新设应急通信系统现场接入设备,接入上海铁路局既有应急通信指挥中心系统。

3.29.4　信号工程

车站联锁,合肥东出发场、到达场、调车场尾部;芜湖东上下行到发场、到达场、调车场尾部;撮镇、烔炀河、巢湖、双刘、东关、铜城闸、裕溪口等站(场)新设硬件冗余型计算机联锁设备和信号电源屏,室内外不动的设备继续利用。

合肥东上下行到发场,芜湖东直通场(Ⅴ场),罗岗、徐底下线路所,以及三十里铺、桥头集、中埠、巢湖西站结合车站改造,在既有联锁设备的基础上按电气化标准进行利旧改造;湾里站、芜湖站在宁安客运专线工程中所建的联锁设备已预留了电气化条件,结合站场设计在既有联锁设备的基础上利旧改造,并增设扼流变压器。

新建联锁设备的车站站内采用 97 型 25 Hz 相敏轨道电路,站内正线接发车进路电码化采用叠加预发码、到发线采用叠加发码方式,发码设备采用 ZPW-2000 系列移频设备,按 $N+1$ 冗余配置。对既有联锁设备利旧改造的车站,对站内既有 97 型 25 Hz 相敏轨道电路和 ZPW-2000 型闭环电码化设备进行电气化适应性改造继续使用;对部分分路不良区段采用高压不对称脉冲轨道电路,或采取改善轨道电路分路性能的技术措施。

结合有关站场改造新设道岔类型,配备相应的道岔转辙设备,其中位置不动的道岔其转辙设备利旧,位置变动的道岔其转辙设备新设(既有倒替下来的转辙机经整修后充分利用)。全线各站(场)列车进路经过的道岔设道岔缺口监测装置。室内设道岔缺口监测主机,室外设道岔缺口监测分机。

驼峰信号,结合合肥东调车场增加调车线,新设室内溜放进路和速度自动控制系统,室外设备利旧,并设置停车器控制系统。结合芜湖东调车场尾部改造,既有溜放进路和速度自动控制系统利旧改造,并设置停车器控制系统。裕溪口调车场设驼峰进路自动控制系统,其他维持既有设计标准。

新建联锁设备的车站站内轨道电路和电码化室外电缆采用铝护套数字信号电缆,其余分支电缆采用综合护套信号电缆。

运输调度指挥系统,合肥东至芜湖各站(场),按照“关于印发《铁路列车调度指挥系统(3.0)技术条件》的通知”(铁总运〔2013〕141 号)要求,车站新设 TDCS 分机设备。其中合肥东上下行场,芜湖东直通场,罗岗和徐底下线路所、三十里铺站、湾里、芜湖站在既有运输调度指挥设备基础上利旧改造或升级改造,维持既有调度区划分和行车调度台管辖不变,接入上海铁路局调度所 TDCS/CTC 总机系统。

合肥东、芜湖东编组站新设综合自动化系统;对车站信息系统(TMIS)、列车调度指挥系统(TDCS)分机、车站联锁、驼峰自动控制系统、停车器控制系统等进行相应改造,其中车站信息系统维持既有、不再移设。合肥东、芜湖东编组站新设全站调车机车自动化控制系统地面和车载设备。新建编组站站调楼新设综合自动化系统设备。

列车运行控制系统,合肥至肥东既有 CTCS-2 级列控系统,结合罗岗线路所、三十里铺站场改造进行修改。合肥至肥东间既有有源应答器、无源应答器结合站场改造及区间闭塞分区进行调整或重新布置,新设应答器维持既有标准,相应范围内的应答器数据进行同步修改,LEU 设备利旧。

区间闭塞制式,合肥东至芜湖间的既有四显示自动闭塞结合站场股道延长至 1 050 m 及牵引计算对既有区间通过信号机布点进行调整,按电气化区段标准进行改造。区间正向按追踪间隔运行布设通过信号机、反向采用自动站间闭塞行车。

正线区间采用 ZPW-2000 系列无绝缘移频轨道电路,发送设备按 $N+1$ 冗余配置,接收设备按 1 +1 冗余配置。ZPW-2000 系列轨道电路电缆采用铝护套内屏蔽数字信号电缆。

芜湖东Ⅴ场至芜湖站区间室内设备全部利旧,室外信号电缆利旧,其他设备新设。三十里铺站集中控制区内,区间室内设备全部利旧;三十里铺至合肥东区间室外设备利旧改造,三十里铺至撮镇区间室外设备新设。

信号集中监测系统,正线大部分车站新设集中监测分机设备,其中合肥东上下行场,芜湖东直通场(Ⅴ场),罗岗和徐底下线路所,以及三十里铺、桥头集、中埠、巢湖西、湾里、芜湖站既有集中监测分机升级改造。电务段既有中心服务器网络通道和中心设备及终端设备利旧,软件进行适应性修改。

新建、接建和既有信号设备房屋设防雷电、电磁兼容和综合接地防护系统,其中接建的信号设备房屋的接地防护系统应与原房屋接地防护系统构成同一整体,信号楼原水平接地环线与新敷设的信号贯通地线等电位连接。

充分利用既有信号贯通地线,在电气特性上全程贯通,接地电阻不大于 1 Ω。并与信号设备房屋接地防护系统等电位连接。

参加合芜铁路电气化改造工程施工的有中铁武汉电气化局、中铁二局集团等单位。工程于 2015 年 11 月开工。2016 年 12 月 20 日全线开通运营。

3.30　通辽至四平铁路电气化

既有通四铁路西起大(虎山)郑(家屯)线的通辽东站,向东途经大林、白市、郑家屯、三江口、八面城等,东至四平市的四平站,线路全长 199.931 km(图 3.30)。通四线建设年代比较早,技术标准低,通车至今,虽经过多次改造,但随着地区经济的发展,特别是东北老工业基地振兴和蒙东地区煤炭大量开采,铁路沿线客货运输需求快速增长,既有线已不能适应国民经济发展对铁路运输的需求,需要进行电气化扩能改造。本次电气化改造,大郑线通辽东站东端(K262 +730)至平齐线郑家屯站东端(K89 +200),线路长 99.23 km 增建二线并电气化改造。郑家屯站东端(K89 +200)至四平站客场平齐线(K0 +000),线路(下行)长度 90.04 km 进行电气化改造,并将车站到发线有效长度延长至 1 050 m。通辽东至郑家屯段增建二线后,封闭乌斯土和大罕 2 个车站,全段设有通辽东、五道木、大林、门达、欧里、白市、郑家屯、钱家店等车站。郑家屯至四平段电气化后车站分布维持既有不变,全段设有四平、泉沟、八面城、曲家店、三江口、金家屯等车站。本线电气化改造是实施东北开发战略,振兴东北老工业基地的需要。它的建成开通加强了东北地区铁路基础设施建设,提高了铁路通道系统效益和整体竞争力,进一步完善了东北地区的铁路网结构。

通四铁路电气化改造工程的建设单位是沈阳铁路局西部铁路电气化工程建设指挥部,设计单位是铁道第三勘察设计院集团有限公司。线路主要技术标准:铁路等级,Ⅰ级;正线数目,双线;限制坡度,6‰;最小曲线半径,一般地段 1 200 m、困难地段 800 m;到发线有效长度,1 050 m、部分 1 700 m;闭塞类型,自动闭塞;设计速度目标值,120 km/h;牵引种类,电力牵引(直供加回流线 + 加强线供电方式);机车类型,HXD 系列;牵引质量,5 000 t、10 000 t。

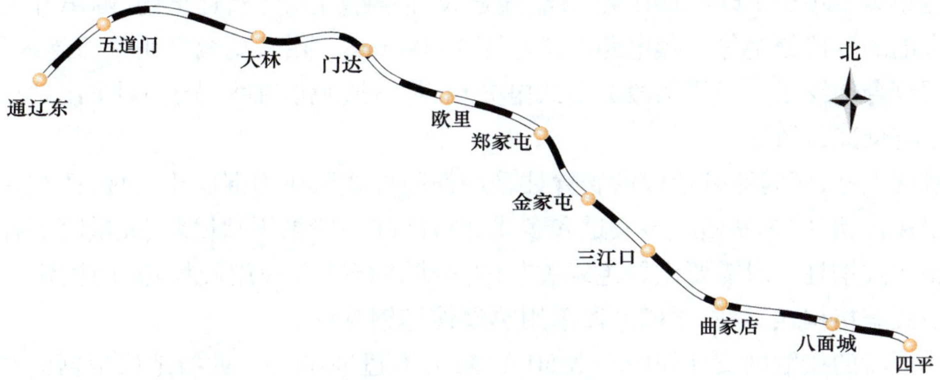

图 3.30　通辽至四平铁路示意图

3.30.1　电气化工程

牵引供电采用带回流线 + 加强线的直接供电方式。新设钱家店、门达、郑家屯(原双辽)、八面城 4 座牵引变电所;新设白市箱式开闭所;在供电臂末端设箱式分区所。

新建牵引变电所引入 2 路独立的 220 kV 电源供电,220 kV 电源侧采用带跨条的分支接线,电气设备采用户外中低型布置;27.5 kV 馈线侧采用单母线隔离开关分段接线,27.5 kV 馈线隔离开关采用户外中低型布置,其他电气设备采用室内布置,馈线断路器采用带旁路母线的固定备用方式。

所设分区所,同一供电臂的上下行接触网之间采用断路器相连,正常运行时、断路器闭合,实现供电臂上下行并联供电。不同供电臂通过电动隔离开关实现越区供电。在车站设置的接触网开关由设在车站的网开关控制站控制,在牵引变电所、分区所附近设的接触网隔离开关由所内控制。

新建牵引变电所设 2 台变压器,采用固定备用、V/V 接线方式。各牵引变电所变压器安装容量:钱家店为 2 ×(31.5 +31.5) MV · A、门达为 2 ×(31.5 +25) MV · A、郑家屯为 2 ×(31.5 +31.5) MV · A、八面城为 2 ×(31.5 +31.5) MV · A。

新建牵引变电所采用微机保护和综合自动化系统,按无人值班设计,适当考虑值守条件。新设牵引供电远动系统。纳入沈阳局铁路局普速铁路牵引供电远动系统集中监控,并在既有调度所增设 1 个本线供电调度台,对新增牵引供电设施进行调度管理和对牵引供电运行状态的监视。

接触网采用全补偿简单链型悬挂,接触悬挂结构高度一般为 1 400 mm。正线接触线采用 120 mm^2 的铜银合金导线,张力 15 kN,承力索采用 95 mm^2 的铜合金绞线,张力15 kN;站线接触线采用 120 mm^2 的铜银合金导线,张力 10 kN,承力索采用 95 mm^2 的铜合金绞线,张力15 kN。接触线悬挂点高度一般为 6 000 mm,最低不小于 5 700 mm,并能通过超级超限货物列车。附加导线一般采用铝包钢芯铝绞线。四平车站新增和改建接触网技术标准与既有保持一致。

绝缘距离,25 kV 绝缘子及绝缘器件的泄漏距离一般不小于 1 400 mm,特别严重污秽区段泄漏距离不小于 1 600 mm;供电线、加强线、接触悬挂下锚、隧道内、隔离开关绝缘子及分束供电的分段处绝缘子爬电距离不小于 1 600 mm。除回流线采用瓷质绝缘子外,其余均采用复合绝缘子。采用锚段关节式电分相,尽量避免设在大坡道、列车出站加速区段和线路限速低速区段。

接触网支柱,区间路基地段的腕臂柱采用横腹杆式预应力混凝土支柱,桥支柱采用格构式热浸镀锌钢柱,车站横跨多股道和多线并行区间一般采用软横跨,软横跨支柱采用热浸镀锌格构式钢柱。对需要设置绝缘关节的多线并行区间采用硬横跨,硬横跨支柱一般采用热浸镀锌格构式钢柱,雨棚区段采用热浸镀锌钢管柱。

直线区段的接触网支柱间距一般 50 m、最大不超过 60 m。曲线地段根据曲线半径确定;相邻两跨距之比,一般不大于 1. 5∶1,桥梁、站场咽喉等困难地段,不大于 2. 0∶1;绝缘锚段关节的转换跨距应较正常跨距值缩小 5 ~ 10 m。

绝缘、非绝缘锚段关节一般采用四跨关节;正线最大锚段长度一般不大于 2 × 750 m;站线最大锚段长度一般不大于 2 × 800 m;附加导线的最大锚段长度一般不大于 2 000 m。

接触网下锚补偿采用铝合金大滑轮补偿装置,设防风限制架,补偿坠砣采用复合坠砣。

新设门达、大林、郑家屯、八面城接触网工区,与接触网工区合建大林、郑家屯供电车间。在同一车站,所设接触网工区与牵引变电所合建。负责牵引供电设施的运营维护和管理。

3. 30. 2 电力工程

通辽东至四平新建 1 条 10 kV 电力贯通线,采用架空线路和电缆方式敷设,既有 10 kV贯通线路改为自闭电力线路继续使用。

新设曲家店 10 kV 配电所,保证接引 1 路地方电源供电,预留接引第 2 路的土建条件;新建大林 10 kV 配电所高压室,增设自闭线路需要的设备,预留接引第 2 路地方电源的土建条件。改造利用通辽东、四平 10 kV 配电所;利用郑家屯 10 kV 配电所。

设有 10 kV 配电所的车站其站房新增用电负荷维持既有供电方式不变,从配电所站馈线接引电源,需要扩容的进行增容改造;没设 10 kV 配电所的车站其站房新增用电负荷维持既有供电方式不变(接引农电电源),需要扩容的进行增容改造。

区间和站内新增牵引变电所自用电就近从 10 kV 贯通线 T 接 1 路电源供电,站内新增接触网工区用电负荷设箱式变电站,优先从地方电网接引电源供电,无条件接引地方电源的从 10 kV 贯通线 T 接 1 路电源供电。

车站新增通信信号用电负荷维持既有供电方式,根据需要进行扩容改造。区间新增通信信号用电负荷设杆架式变电台供电,电源分别引自 10 kV 贯通线和自闭电力线。

新设电力远动系统,在配电所、车站通信信号箱式变电站、贯通线分段开关等处设电力远动终端,通过远动通道纳入通辽、长春供电段电力控制中心。

3.30.3　通信工程

长途通信线路,通辽至四平新设1条48芯单模直埋光缆,沿铁路一侧敷设。郑家屯至四平间既有通信光缆按电气化区段防护标准整治后继续使用。新设光缆(纤)自动监测系统,在大林站和四平通信站新设监测主机设备,在大林站、郑家屯和四平通信站新设光纤监测站设备,在车站通信机房和区间通信基站设光纤监测室内型前站(OFOP),平均间隔4~6 km,超过6 km时设室外型前站(OP)中继随长途光缆埋设于地下。实现对长途通信光缆状态的实时监测。

传输系统,新设SDH 10 Gbit/s骨干(汇聚)传输系统,在通辽、郑家屯通信站及大林、四平等主要车站设SDH 10 Gbit/s设备,利用新建48芯光缆和既有光缆中的各2芯光纤构成复用段1+1保护。

新设SDH 2.5 Gbit/s车站接入网系统,各车站新设SDH 2.5 Gbit/s设备,利用新建48芯光缆和既有光缆中的各2芯光纤构成复用段1+1保护。并在同一车站通信机房将所设的SDH 2.5 Gbit/s设备通过SDH 2.5 Gbit/s光接口与SDH 10 Gbit/s设备互联。

GSM-R区间通信基站新设SDH 622 Mbit/s设备,利用新建光缆就近接入车站SDH 2.5 Gbit/s接入网系统。

新建牵引变电所、分区所、供电车间、接触网工区及新建电力配电所等处设SDH 622 Mbit/s或SDH 155 Mbit/s设备,利用新设区间及站内光缆就近接入车站SDH 2.5 Gbit/s系统。

沿线所设的箱式变电站、网开关控制站利用新设的区间及站内短段光缆就近连接至车站传输节点,在传输节点及远动点侧新设光纤收发器,通过远动通道上传至SDH 622 Mbit/s接入设备。

根据有关专业要求,对车站通信机械室至红外轴温探测点的信息传输通道进行改造,为红外轴温探测系统提供2 Mbit/s数字传输通道。

电话交换系统,利用通辽、四平等通信站的既有电话交换机;在通辽北场信号楼、四平通信站新设1套OLT设备。在沿线各车站、牵引变电所、供电段车间、接触网工区、通信基站等信息用户接入点设ONU设备。通辽东至郑家屯段新增自动电话用户通过ONU设备及接入网接入通辽北信号楼的OLT设备及通辽通信站程控电话交换机;郑家屯至四平段新增自动电话用户通过ONU设备及接入网接入四平通信站的OLT设备及程控电话交换机,通过统一编号,实现与既有铁路电话互通。

调度通信系统,各新建车站设车站型调度通信交换机、调度分机及车站值班台,既有车站调度通信交换机进行相应改造,以满足电调电话的接入及新设GSM-R系统的需要;新建牵引变电所、供电车间、接触网工区新设调度分机;按照既有调度区划分,纳入沈阳铁路局调度所(通霍铁路电气化工程所设的)调度通信交换机、调度通信主系统及新设的1个行车调度台、牵引供电调度台(平齐调度台)进行调度指挥。

新设GSM-R移动通信系统,利用沈阳铁路局既有GSM-R交换机,利用通霍电气化工程在通辽北场信号楼所设的基站控制器(BSC),沿线设区间和车站新设通信基站(BTS),

区间通信基站按 2 载频配置、车站通信基站按 3 载频配置,采用单网覆盖方式组网。区间弱场区采用光纤直放站、漏泄电缆和天线方式增强,以满足无线场强覆盖和信息传输的需要。完成调度通信、调度命令、无线车次号校核信息传输等功能。

会议电话系统,在大林、郑家屯供电段车间新设会议电话终端,通过接入网系统接入通辽供电段既有会议电话主系统。

通信电源,新建通信设备机房、大林和四平站及郑家屯通信站新设 48 V 高频开关电源和蓄电池组;其余既有通信设备机房的 48 V 高频开关电源根据需要进行扩容改造。新设电源和机房环境监控系统及采集设备;在通辽北场信号楼新设电源及环境监控中心设备;对四平通信站的既有电源及环境监控中心设备扩容改造。通过联网实现对机房电源和环境的监控。

3.30.4 信号工程

车站联锁,五道木、大林、门达、白市站新设二乘二取二硬件安全型计算机联锁设备和信号电源屏;通辽东和郑家屯站在既有联锁设备的基础上增设本线自动闭塞结合电路;钱家店和欧里站采用 6502 继电器联锁制式;其余车站既有联锁设备利旧改造。

有关站场改造新设的道岔根据道岔类型配备相应的道岔转辙装置及转换报警装置,并与既有维护工装相匹配。白市站相关道岔增设密贴检查装置。通辽东和郑家屯站涉及的既有道岔及道岔转辙装置全部利旧使用。

五道木、钱家店、大林、门达、欧里、白市站站内采用 25 Hz 相敏轨道电路,发送和接收设备按冗余配置;站内电码化采用 ZPW-2000 系列发送设备,按 $N+1$ 冗余配置;正线直向接车进路采用预叠加发码、侧线股道采用占用叠加发码方式。通辽东和郑家屯站站内采用 97 型 25 Hz 相敏轨道电路,并增设扼流变压器。其余车站室内外信号设备利旧,按电气化区段防护标准要求进行适应性改造,增设带适配器的扼流变压器,站内轨道电路和电码化干线电缆采用和改为铝护套内屏蔽信号电缆。

列车调度指挥系统,五道木、大林、门达、白市站新设 CTC 车站分机设备、网络安全和通道质量监督设备;钱家店和欧里站在既有 TDCS 分机基础上改为 CTC 分机设备,新设网络安全及通道质量监督设备;乌斯土及大罕信号中继站新设 CTC 分机设备(仅完成信息采集);其余车站既有 TDCS/CTC 分机设备利旧改造或进行修改。维持既有调度区划分,纳入沈阳铁路局调度所 CTC/TDCS 总机系统和新设 CTC 调度台设备及行车调度台。并新设通信服务器及相关网络设备,修改各相关服务器软件及网管台软件。

通辽东至郑家屯段区间采用四显示自动闭塞,设四显示地面通过信号机,正向按四显示追踪运行,反向采用自动站间闭塞行车。郑家屯至四平段现状电化,维持既有闭塞制式;与本线衔接的其他相邻线路维持既有闭塞方式不变。

通辽东至郑家屯段区间采用 ZPW-2000 系列无绝缘轨道电路,其发送和接收设备按冗余配置;轨道电路干线电缆采用铝护套内屏蔽数字信号电缆,所用电缆有效传输长度不应超过 10 km,超过规定长度设区间信号中继站。郑家屯至四平段既有轨道电路按电气化区段防护标准进行适应性改造,需要更换的电缆采用铝护套内屏蔽数字信号电缆;在区间适当位置增设横向连接线、扼流变压器及安全地线，将接触网的吸上线接至扼流变压器中点。沿线轨旁信号设备可靠接地。

信号集中监测系统，五道木、钱家店、大林、门达、欧里、白市站及乌斯土和大罕信号中继站新设集中监测分机设备；其余各车站既有集中监测分机设备利旧改造；并在白市站设集中监测复示终端。按管辖范围和隶属关系通过监测网接入所属通辽等电务段既有信号集中监测总机系统。

沿线信号设备房屋新设和完善防雷电、电磁屏蔽和综合接地防护系统。新建车站与房建工程同步实施。

通辽东至郑家屯采用四显示自动闭塞区间新设 1 条截面为 35 mm^2 的信号专用贯通地线，在电气特性上全程贯通，接地电阻不大于 1 Ω。沿线轨旁信号设备就近与贯通地线等电位连接。

参加通四铁路线路工程施工的有中铁三局、九局、十二局集团等单位，中铁建电气化局，中铁十二局集团等单位承担电气化、通信、信号和电力工程的施工。

线路工程于 2014 年 7 月 1 日开工，四电工程于 2014 年 12 月 1 日开工。2016 年 12 月 30 日全线正式开通运营。

3.31　多丰铁路多伦至塔黄旗段复线电气化

既有多伦至丰宁单线铁路，北起锡林浩特至多伦铁路的多伦站，南至河北省丰宁满族自治县的天桥站，线路全长 166.346 km（图 3.31）。该线路 2007 年 11 月开工建设。2009 年 12 月全线贯通。与虎丰（一期）（虎什哈站至天桥站）铁路接轨，其中包括多丰线内蒙古段 20.732 km，河北段 97.41 km 和虎丰（二期）铁路 48.204 km。多丰铁路先期开通多伦至丰宁北段，正线全长 92.643 km。为完善铁路网布局，促进区域经济社会发展，扩大铁路运输能力，2014 年 10 月国家批准对多丰铁路多伦至塔黄旗段增建第二线并电气化。全段设有多伦、大骡子沟、上黄旗、东弓匠营、塔黄旗等车站。其中大骡子沟为越行站，东弓匠营为仅办理客运的中间站，其余为中间站。工程范围包括沿既有单线增建第二线长 143.6 km，双线电气化及自动闭塞等相关工程。该线增建第二线和电气化的建成开通，对增加铁路运量，提高经济效益和促进干线铁路的发展起到至关重要的作用。也能全面改善草原人民群众的出行条件，有力促进旅游、文化、商贸、物流等产业优化升级。同时，可与承（德）秦（皇岛）铁路、张（家口）唐（山）铁路共同构成内蒙古自治区中、东部路网的下海大通道。是贯通锡林浩特、多伦、丰宁、曹妃甸港出区达海大通道的黄金线路，也是辐射东北、连通西北、北接口岸的重要交通要道。

多丰铁路增建第二线并电气化的建设单位是呼和浩特铁路局、内蒙古集通铁路（集团）公司及锡多铁路股份有限公司，设计单位是中铁工程设计咨询集团公司。线路主要技术标准：铁路等级，Ⅰ级；正线数目，双线；限制坡度，增建第二线（上行线）6‰、下坡方向13‰、既有单线（下行线）维持既有 15‰；最小曲线半径，增建第二线一般地段 1 200 m、困难地段 800 m、既有单线维持既有；到发线有效长度，1 050 m、部分 1 700 m；闭塞类型，

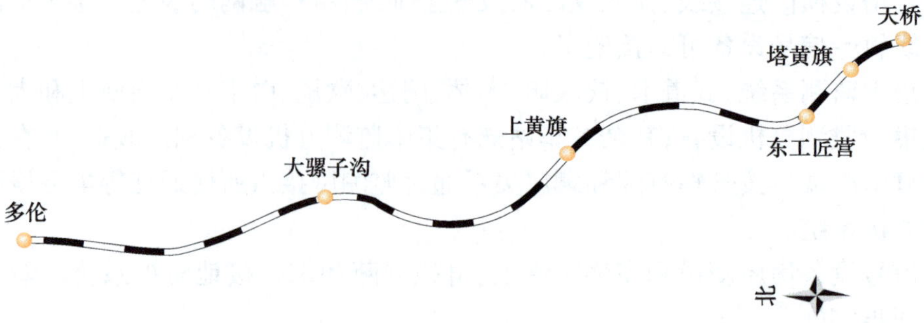

图 3.31　多丰铁路多塔段示意图

自动闭塞;设计行车速度,增建第二线 120 km/h、既有单线维持既有;牵引种类,电力牵引;机车类型,HX 系列、SS 系列;牵引质量,5 000 t、部分 10 000 t。

3.31.1　电气化工程

牵引供电系统,多伦至黄土梁段采用带回流线的直接供电方式,黄土梁至塔黄旗东段采用 AT 供电方式。全段新设水泉、东二道、上黄旗 3 座牵引变电所,平面布置预留增设并联电容补偿装置的条件。利用张家口至唐山铁路所建的塔黄旗东牵引变电所。在供电臂末端设分区所,在供电臂中部设上下行并联点,在供电臂首端预留增设加强线的条件。选址困难的牵引变电所、AT 所应充分利用地形、因地制宜,可采用斜坡、阶梯形布置。

新建牵引变电所引入 2 路 220 kV 电源供电,220 kV 电源侧采用线路变压器组接线,电气设备采用室外布置;27.5 kV 侧采用单母线分段接线,电气设备采用户内布置。新建牵引变电所所设变压器,采用固定备用、三相 V/V 接线、油浸自冷方式,预留风冷条件。

新建牵引变电所采用微机保护和综合自动化系统,按无人值班设计,适当预留值守条件。新设牵引供电远动系统,纳入新建集通铁路(集团)公司牵引供电调度所管理。

接触网采用全补偿简单链型悬挂,接触悬挂结构高度一般为 1 400 m。正线接触线采用 150 mm^2 的银铜合金导线,承力索采用 120 mm^2 的镁铜合金绞线;站线接触线采用 CTA-120 型银铜合金导线,承力索采用 JTM-95 型镁铜合金绞线。接触导线悬挂点高度按通过超级超限货物列车考虑。附加导线采用铝包钢芯铝绞线。

接触网绝缘泄漏距离不小于 1 200 mm,严重污秽地区可适当加强绝缘。一般地段采用瓷质绝缘子,锚段关节等处采用合成绝缘子。采用带空气绝缘中性段的绝缘锚段关节式电分相,尽量避免设在大坡道、列车出站加速区段和线路限速低速区段。

接触网支柱,路基区段的腕臂柱一般采用横腹杆式预应力钢筋混凝土支柱,桥上采用格构式镀锌钢柱,车站及多线并行区段采用软横跨和钢柱。支柱侧面限界应满足大型养路机械作业(3.1 m)的要求。

新建 3 处接触网工区、1 处供电车间对牵引供电设施进行运营维护和管理。

3.31.2　电力工程

全段新设 1 条 10 kV 自闭电力线。既有贯通线路根据工程需要进行适应性改造。改造既有多伦、大骡子沟、上黄旗、塔黄旗 4 座 10 kV 配电所，向新建 10 kV 自闭电力线供电。

设有 10 kV 配电所的车站新增用电负荷利用或扩容站内既有供电设施供电，仍由配电所站馈线接引电源；没设 10 kV 配电所的车站新增用电负荷利用或扩容站内既有供电设施供电，就近从地方电网接引 1 路电源。

车站新增通信信号用电负荷维持既有供电方式，根据需要进行扩容改造。区间新增通信信号用电负荷设杆架式变电台供电，电源引自 10 kV 自闭电力线及贯通线。

站内和区间新增牵引变电所自用电就近从 10 kV 贯通线 T 接 1 路电源供电，站内新增接触网工区用电负荷设箱式变电站，优先从地方电网接引电源供电，无条件接引的从贯通线 T 接 1 路电源供电。

新设电力远动系统，纳入大板供电段既有电力调度所管理。

3.31.3　通信工程

长途通信线路，全段与信号自闭电缆同沟敷设 1 条 24 芯单模直埋光缆，以满足区间新建信号中继站、牵引变电所亭、光纤直放站和红外轴温探测系统对传输通道的需求。根据站内新建牵引变电所亭、红外轴温探测等系统对传输通道的需求，分别敷设 1 条不同容量的通信光(电)缆。新建单线隧道区段按所设区间通话柱、隧道救援有线电话的需要，敷设 1 条 7×4×0.9 低频对称电缆。

传输系统，利用多丰铁路工程所建的 SDH 2.5 Gbit/s 骨干和中继传输系统及 SDH 622 Mbit/s接入网系统。

新建牵引变电所亭、供电车间和接触网工区、信号中继站等信息用户接入点根据需要设 SDH 622 Mbit/s 或 SDH 155 Mbit/s 接入设备，利用新建光缆通过相邻车站接入 SDH 622 Mbit/s 接入网系统。并利用所设的 SDH 622 Mbit/s 或 SDH 155 Mbit/s 接入设备为红外轴温探测系统提供传输通道。

电话交换系统，利用上黄旗通信站的既有程控电话交换机，沿线新增自动电话用户通过接入网接入上黄旗通信站程控交换机及铁路电话交换网。

调度通信系统，利用多丰铁路工程所建的数字调度通信系统和设备。按照调度区划分，行车调度并入集通铁路(集团)公司调度所锡(林浩特)多(伦)铁路行车调度台指挥。

利用多丰铁路工程所建的无线通信系统。在增建第二线的绕行区段、新建单线隧道区段的无线场强覆盖弱场区采用光纤直放站、漏泄电缆和天线方式增强，以满足无线传输业务的需要。

在大于 5 km 的长大隧道内新设隧道救援有线电话及便携式广播设备，在各隧道口设视频监控采集设备。利用新建 7×4×0.9 低频对称电缆和传输系统接入集通铁路(集团)公司调度所应急通信指挥中心控制台。

通信电源，新建通信设备机房设 48 V 电源和蓄电池。新设电源和机房环境监控系统及采集设备。

3. 31. 4 信号工程

车站联锁,各车站既有硬件安全冗余型计算机联锁设备继续使用,按照电气化区段的使用标准,结合站场改造设计方案,相应调整室内设备组合,对站内轨道电路和电码化设备、室外信号机及转辙设备等进行适应性改造。

运输调度指挥系统,维持和利用既有列车调度指挥系统(TDCS)和各点的设备,需要改造的车站和信号中继站新设 TDCS 分机设备,接入集通铁路(集团)公司调度所 TDCS 总机系统及锡多铁路列车调度台指挥。

正线区间新建四显示自动闭塞,正向采用最小追踪间隔运行、反向采用自动站间闭塞行车。设区间地面通过信号机,采用铝合金机构。

区间采用 ZPW-2000 系列无绝缘移频轨道电路,轨道电路电缆采用铝护套数字信号电缆,电缆有效传输长度一般控制在 10 km,超过规定长度设信号中继站,在单线绕行区段上下行区间的信号中继站要分开设置。

信号集中监测系统,既有车站和信号中继站的集中监测分机设备继续使用,新增信号中继站设集中监测分机设备,接入所属电务段的信号集中监测总机系统。

全段新设信号专用贯通地线,在电气特性上全程贯通。沿线信号设备房屋综合接地系统及轨旁信号设备安全接地后,就近与专用贯通地线等电位连接。

参加多丰铁路多塔段复线电气化线路工程施工的有中铁一局、三局、七局集团等单位,中铁武汉电气化局集团等单位承担四电工程的施工。

线路工程于 2014 年 10 月 8 日开工。四电工程于 2016 年 3 月 1 日开工。2016 年 12 月 28 日多伦至丰宁北段正式开通运营。2017 年 10 月 18 日全线开通运营。

3. 32 长春至白城至乌兰浩特铁路扩能改造

既有长白乌铁路,位于吉林省的西部以及内蒙古自治区的东部地区。南起吉林省长春市的长春北站,途经农安、松原、大安、白城、乌兰浩特等市县,北至乌兰浩特站,大致呈西北东南走向,线路全长 412. 03 km(图 3. 32)。其中长春北站至白城站线路长 327. 8 km;白城站至乌兰浩特站线路长 84. 23 km。该线向西通过白(城)阿(尔山)线、伊(敏)阿(尔山)线、锡(林浩特)乌(兰浩特)线,连通呼伦贝尔、霍林河及霍林郭勒等内蒙古自治区东部地区,向东与哈大、长珲铁路相连。近几年随着振兴东北老工业基地政策的逐步实施,以及区域经济的发展,运量需求不断增加,为满足运输要求,国家决定对其进行扩能改造,增建第二线并电气化。该线扩能改造,全线设有长春北、小城子(新建)、小合隆、开安、华家、农安、哈拉海、王府、七家子、松原、松西、查干湖(新建)、长山屯、大安、曹家窝堡(新建)、两家、安广、舍力(新建)、到保、白城、白城北、平台、镇西、葛根庙、宁家、乌兰浩特等车站。封闭既有柴岗、通途、五家户(五家户既有专用线利用既有线接入白城北站)、平安镇、卫东站;除几个新建车站外其余多为改建车站。工程范围还包括长春枢纽、白城地区、乌兰浩特地区相关工程。该线扩能改造工程的开通增加了该区域与国内外各地区间的交流与合作。使吉林省西部地区和内蒙古自治区东部地区全面融入东北铁路网，对更好地满足人民群众出行需求、促进沿线旅游资源开发、推动东北三省和内蒙古自治区经济社会发展具有重要作用。

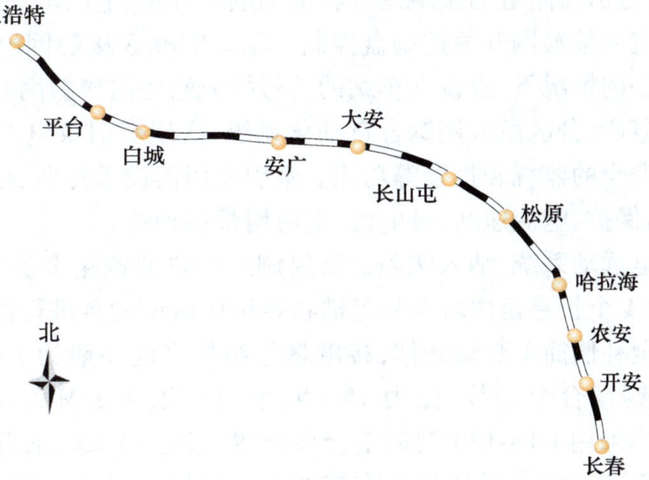

图 3.32　长白乌铁路示意图

长白乌铁路扩能改造工程的建设单位是沈阳铁路局长白乌铁路扩能改造工程建设指挥部，设计单位是铁道第三勘察设计院集团有限公司。线路主要技术标准：铁路等级，Ⅰ级；正线数目，双线；限制坡度，6‰；最小曲线半径，一般地段 2 000 m、困难地段 1 600 m；到发线有效长度，1 050 m；闭塞类型，自动闭塞；设计行车速度，160 km/h；牵引种类，电力牵引（直供加回流线供电方式）；机车类型，SS9 系列、HX 系列；牵引质量，5 000 t。

3.32.1　长春至白城段

3.32.1.1　电气化工程

牵引供电采用带回流线的直接供电方式，根据需要部分供电臂增设加强线，以满足开行动车组列车的需要。全段新设小合隆、农安、王府、松西、大安、舍力（顺山堡）、白城牵引变电所。设小城子、朱马三家、石家屯村、七家子、长山屯等分区所，以及接触网开关控制站。

新建牵引变电所引入 2 路独立的 220 kV 电源供电，220 kV 电源侧采用线路变压器组接线，电气设备采用户外布置；27.5 kV 侧采用单母线隔离开关分段接线，电气设备采用室内 AIS 开关柜布置。27.5 kV 侧各段母线上分别装设 27.5 kV 电压互感器。在低压侧、馈线出口处设避雷器。馈线出线采用架空方式。馈线断路器采用固定备用方式。分区所 27.5 kV 侧设备采用室内 AIS 开关柜布置。

新建牵引变电所设 2 台变压器，采用固定备用、V/V 接线、油浸自冷方式，预留风冷条件。各牵引变电所变压器安装容量：小合隆为 2 ×（20 + 20）MV · A、农安为 2 ×（25 + 20）MV · A、王府为 2 ×（25 + 20）MV · A、松西为 2 ×（25 + 25）MV · A、大安为 2 ×（31.5 + 31.5）MV · A、舍力（顺山堡村）为 2 ×（25 + 25）MV · A、白城为 2 ×（45 + 20）MV · A。

分区所和接触网开关控制站,同一供电臂末端通过断路器实现上下行接触网并联供电。不同供电臂上下行分别设电动隔离开关,实现越区供电。在各条进线隔离开关外侧设电压互感器或所用变压器,以实现检压的需要。

牵引变电所、分区所附近的接触网分相电动隔离开关、上网电动隔离开关等由对应牵引变电所亭控制室内接触网开关控制盘控制。车站咽喉区接触网电动隔离开关,在附近没有牵引变电所亭的情况下,由设在车站的信号楼或站房内接触网开关控制室控制。

新建牵引变电所、分区所采用综合自动化系统,实现牵引供电系统的控制、保护及牵引供电设施运行安全的监视和报警等功能。牵引变压器设重瓦斯、纵差动、低电压过电流保护,馈线设距离保护、电流速断、过电流、电流增量保护等。

新设牵引供电远动系统,纳入沈阳铁路局调度所普速铁路牵引供电远动系统管理和集中监控;并新设1个长春至白城至乌兰浩特牵引供电调度台进行供电调度管理。

接触网采用全补偿简单链型悬挂,接触悬挂结构高度一般为1 400 mm,正线接触线采用CTA-120型铜银合金导线,张力15 kN,承力索采用JTM-95型铜合金绞线,张力15 kN;站线接触线采用CTA-120型铜银合金导线,张力15 kN,承力索采用JTM-95型铜合金绞线,张力15 kN。接触导线悬挂高度按通过超级超限货物列车设计。附加导线采用铝包钢芯铝绞线。

接触网绝缘泄漏距离一般不小于1 400 mm,严重污秽地段适当加强绝缘。路基区段一般采用单绝缘方式,桥上采用双重绝缘方式。旋转腕臂采用瓷质棒式绝缘子,加强线悬挂和下锚采用瓷质悬式绝缘子。接触悬挂下锚采用复合绝缘子。采用锚段关节式电分相。

接触网支柱,路基地段的腕臂柱采用横腹杆式预应力钢筋混凝土支柱,T梁桥上采用热浸镀锌格构式钢柱,箱梁桥上采用H型钢柱。车站及多线并行区段采用硬横跨,硬横跨形式为圆管式硬横梁+圆管式硬横跨支柱。车站有雨棚区段接触网支柱与雨棚柱合建。

接触网支柱跨距根据最小曲线半径确定,一般为50~55 m,最大不大于60 m;桥梁上根据孔跨确定,一般不大于50 m,不小于24 m;相邻跨距之差不大于10 m。路基区段绝缘锚段关节和非绝缘锚段关节采用四跨形式,桥上因绝缘关节下锚支抬高,采用五跨形式。正线最大锚段长度一般不大于2×700 m;站线不大于2×850 m;附加导线锚段长度一般不大于2 000 m。接触网下锚补偿一般采用铝合金大滑轮补偿装置,并设防风限制架;车站内采用棘轮补偿装置,路基段一般采用混凝土坠砣,桥上采用铁坠砣。

根据抢修工作的需要,在长春北、农安、王府、松原、大安、安广、白城设接触网工区,与接触网工区合建松原、白城供电车间。负责牵引供电设施的运营维护和管理。

3.32.1.2 电力工程

全段新建1条10 kV电力贯通线,采用架空和电缆混架方式;将既有电力贯通线改作自闭电力线使用,增建第二线离既有铁路较远的双绕地段新设10 kV电力贯通线和自闭电力线。改造利用既有长春北、农安、松原、大安北、安广10 kV配电所,改造利用白城66/10 kV变电所。

设有变(配)电所的车站其综合用电负荷设站房10/0.4 kV综合变电所和2台变压

器,从变(配)电所站馈线接引2路电源为站房及其他负荷供电;没设10 kV配电所的车站其综合用电负荷设站房10/0.4 kV综合变电所和2台变压器,其中1台动力照明变压器从地方电网接引1路10 kV电源为站房和其他负荷供电，另1台变压器从10 kV贯通线接引1路电源为通信信号负荷以外的一级负荷供电。

车站通信信号用电负荷设室内10/0.4 kV变电所和通号专用变压器供电,电源分别引自10 kV贯通线和自闭电力线。

区间通信信号等一级负荷设箱式变电站和2台变压器供电,电源分别引自10 kV贯通线和自闭电力线。

区间其他用电负荷设远动式箱式变电站或杆架式变电台供电,电源引自10 kV贯通线。

设有道岔融雪装置的车站,根据道岔融雪设备用电负荷情况,设有配电所的车站由配电所馈出电源线供电,没有配电所的车站由所设的站房10/0.4 kV综合变电所接引地方电源供电。

全段电力远动系统纳入长春供电段电力调度中心管理。并对供电段调度中心既有电力远动系统进行更新改造。

3.32.1.3　通信工程

新建白城通信站。全段新设1条48芯长途通信光缆,沿新建铁路敷设。既有12芯光缆按电气化区段防护标准整治后继续使用。

为满足GSM-R系统光纤直放站对传输通道需要,在光纤直放站远端机至近端机间敷设1条8芯光缆。为满足视频监控系统组网的需要,在传输节点至相应视频采集点间敷设1条8芯光缆;为满足信号专业集中监测、CTC终端等业务对光传输通道的需要,在通信与信号机房之间敷设1条8芯光缆。

传输系统,新设SDH 10 Gbit/s骨干(汇聚)传输系统,在长春通信站、农安、松原、大安、安广站、白城通信站新设SDH 10 Gbit/s设备,利用新建48芯光缆和既有12芯光缆中的各2芯光纤构成复用段1+1保护。

新设SDH 2.5 Gbit/s车站接入网系统,沿线车站新设SDH 2.5 Gbit/s设备,利用新建48芯光缆和既有12芯光缆中的各2芯光纤构成通道保护环。并在同一车站将SDH 2.5 Gbit/s设备通过SDH 2.5 Gbit/s光接口与SDH 10 Gbit/s设备互联。

区间通信基站、信号中继站、牵引变电所、分区所、配电所等处新设SDH 622 Mbit/s设备,利用新建光缆通过相邻车站接入SDH 2.5 Gbit/s接入网系统。

在白城将新设的SDH 10 Gbit/s设备接入既有白阿铁路的SDH 2.5 Gbit/s设备,将新设的SDH 2.5 Gbit/s设备接入既有白阿铁路的SDH 622 Mbit/s设备。

本工程在沈阳通信站新设1套传输系统网管设备,在长春通信站新设1套复示终端,对全段通信网进行故障管理、配置管理、性能管理和安全管理等,

电话交换系统,利用长春、白城通信站的既有程控电话交换机、根据需要扩容接口板,在长春、白城既有通信站新设OLT设备;在沿线各车站、信号中继站、牵引变电所、分区所、电力配电所、信号楼等信息用户接入点设ONU设备;沿线新增自动电话用户通过

ONU 设备和接入网,按管辖范围及隶属关系分别接入长春、白城既有通信站的 OLT 设备和程控电话交换机。

调度通信系统,利用沈阳铁路局调度所既有中心调度通信交换机,针对本线扩能改造增建二线并电气化,沿线车站新设车站型数字调度通信交换机、车站值班台、供电调度电话及配套设备。按既有调度区划分接入调度所的中心调度通信交换机和调度通信系统,并新设 1 个行车调度台,与负责本线行车调度的既有数字调度主系统互联。

新设 GSM-R 移动通信系统,利用沈阳铁路局既有 GSM-R 交换机,在长春新设基站控制器(BSC),沿线车站和区间新设通信基站(BTS),车站通信基站按 3 载频配置、区间通信基站按 2 载频配置,采用单层覆盖方式组网。区间弱场区采用光纤直放站、漏泄电缆和天线方式增强,并新设漏泄电缆监测系统,以满足无线场强覆盖和信息传输的需要。完成调度通信、调度命令、无线车次号校核等信息传送功能。

本工程与相关铁路的交叉和并线区段,所设 GSM-R 系统的频率规划和无线场强的覆盖统筹设计,需增设通信基站的增设基站,以及天线等配套设施,以满足交叉和并线区域铁路运输的需要。

在沈阳 GSM-R 核心网机房新设无线网络管理子系统(OMC-R);在白城、乌兰浩特通信站新设 OMC-R 复示终端,负责各管段内通信基站子系统设备的网元级管理。

应急通信系统,在白城、农安、大安通信工区新设应急通信系统现场接入设备,接入沈阳铁路局应急通信指挥中心系统。

通信电源,沿线新建或改建的通信设备机房新设 48 V 高频开关电源和蓄电池,并新设电源和机房环境监控系统及采集设备。

3. 32. 1. 4　信号工程

车站联锁,长春北(不含)至白城段各车站和穆家店站新设硬件冗余型计算机联锁设备和信号综合智能电源屏,室外不动的既有信号设备利旧;长春北站 Ⅰ 场、Ⅱ 场既有计算机联锁设备利旧改造,长春北站Ⅲ场既有 6502 电气集中联锁设备利旧改造,根据站场变化需要对电源屏扩容改造,室外不动的转辙机及安装装置、信号机充分利旧。白城机务段新设双机热备型计算机联锁设备和信号电源屏。工区有关道岔均纳入临近车站联锁设备集中控制,为解决轨道电路分路不良采用高压脉冲轨道电路。

根据车站(场)道岔设计类型,配备相应的道岔转辙机,并采用断电保护措施。正线上的道岔采用外锁闭、多机分线、分动控制方式,并实现挤岔监督报警功能。车站列车进路道岔增设缺口监测设备,直向通过时速 160 km 及以上的道岔设置密贴检查器,监测信息纳入信号集中监测系统。长春北站 Ⅰ 场、Ⅱ 场、Ⅲ 场不动道岔转辙机及安装装置利旧。新增的车站道岔及动车组列车进路道岔设融雪装置,在车站设控制终端设备,采用电加热方式,经人工确认后启动。

新建联锁设备的车站(不含松原、白城)正线及股道区段采用 ZPW-2000 系列有绝缘轨道电路,其发送设备按 1 + 1 冗余配置、接收设备采用双机并用方式;正线接车进路 ZPW-2000 电码化采用预叠加发码、到发线股道采用占用叠加发码方式;松原、白城站正线和各车站非正线及股道区段采用 97 型 25 Hz 相敏轨道电路,并叠加 ZPW-2000 电码化,由列控中心编码。长春北站Ⅰ场、Ⅱ场、Ⅲ场属于枢纽车站采用97型25 Hz相敏轨道电路，并叠加ZPW-2000电码化，由列控中心编码。

新建站内轨道电路和电码化的干线电缆采用铝护套信号电缆，分支电缆采用综合护套信号电缆。长春北站Ⅰ场、Ⅱ场、Ⅲ场既有不动的信号设备电缆利旧。

运输调度指挥系统，长春北（不含）至白城段采用分散自律型调度集中（CTC）系统，各车站新设CTC分机设备、网络安全和通道质量监督等设备，其中长春北、松原、大安站规模较大或有其他线路接入按CTC站控模式调度指挥；长春北站Ⅰ场、Ⅱ场、Ⅲ场及长春站（高、普速场）结合站场改造对既有CTC分机设备进行修改；穆家店站，鲜丰线路所既有TDCS分机设备利旧改造；利用铁路局电务处和长春电务段的既有CTC终端设备，维持既有调度区划分纳入沈阳铁路局调度所TDCS/CTC总机系统，新设1个长春北（不含）至白城至乌兰浩特（含）的行车调度台管辖本线，其他各站场维持既有调度区划分和调度台管辖。并对相应的列车调度台设备利旧改造；增设相应的应用和通信服务器。并修改TDCS/CTC总机系统中心数据服务器软件、网管软件及系统维护台软件等。为便于设备运营维护和管理，在沈阳铁路局电务处、长春电务段既有CTC远程工作站增设本线CTC信息显示设备。

列车运行控制系统，全段正线采用CTCS-2级列控系统，与本线相衔接的其他线路或联络线维持既有标准不变。在白城新设1套临时限速服务器，通过构建的信号安全数据网下达临时限速命令。沿线车站和信号中继站及长春北站（Ⅰ、Ⅱ、Ⅲ）场新设信号安全数据网设备、列控中心、应答器及其电子编码单元等设备；长春站（高、普速场）既有列控中心利旧改造。所设列控中心设备应具有轨道电路编发码、运行方向控制、站间安全信息传输和应答器报文的调用发送等功能。

长春北至白城、白城至穆家店段区间新设四显示自动闭塞，按双线双方向运行，正向采用追踪间隔运行、反向按自动站间闭塞行车，设四显示区间通过信号机。与相邻线路的接轨车站大安至大安北站、曹家窝堡至大安北站采用自动站间闭塞运行，白城至致富线路所联络线、松原至鲜丰线路所采用自动站间闭塞运行。除大安至大安北站区间轨道电路贯通外，其余均采用计轴设备检查区间空闲。

新建四显示自动闭塞的区段采用ZPW-2000系列无绝缘轨道电路，结合列控系统的设置，采用电子编码方式，其发送和接收设备按冗余配置。轨道电路干线电缆采用铝护套数字信号电缆或铝护套内屏蔽数字信号电缆，电缆的有效传输长度一般控制在10 km以内，个别困难区段不应超过12 km。

新设信号集中监测系统，长春北（不含）至白城各车站和信号中继站及穆家店站新设集中监测分机设备；长春北站Ⅰ、Ⅱ、Ⅲ场既有集中监测分机设备结合站场变化利旧改造，车站信号值班室和信号维修车间新设监测终端设备，通过监测网络接入长春电务段信号集中监测总机系统，并对总机系统进行升级改造，增设数据库服务器、应用和通信服务器及网络安全等设备。实现对信号设施的集中监测和远程诊断。

沿线新建、改建信号设备房屋设防雷电、电磁兼容和综合接地防护系统。并与新建的信号专用贯通地线进行等电位连接。

全段沿铁路一侧新设 1 条截面为 35 mm^2 的信号专用贯通地线,在电气特性上全程贯通,接地电阻不大于 1 Ω。路基地段采用直埋方式,桥梁地段敷设在信号电缆槽内(但与信号电缆间应采取物理隔离措施)。沿线轨旁信号设备良好接地后就近与贯通地线等电位连接。

3. 32. 2 白城至乌兰浩特段

3. 32. 2. 1 电气化工程

牵引供电采用带回流线的直接供电方式。利用长白段新建的白城牵引变电所、新设镇西、乌兰浩特牵引变电所。在牵引变电所之间设分区所,所设分区所要考虑两侧供电臂供电能力的均衡。所设乌兰浩特牵引变电所的场地平面布置要预留向乌(兰浩特)锡(林浩特)铁路、乌(兰浩特)阿(尔山)铁路供电增设设备的条件。

新建牵引变电所引入 2 路 220 kV 电源供电,220 kV 电源侧采用线路变压器组接线,电气设备采用户外中型布置;27. 5 kV 侧采用单母线隔离开关分段接线,电气设备采用户内布置。

新建牵引变电所设 2 台变压器、采用固定备用、三相 V/V 接线、油浸自冷方式,预留风冷条件。

新建牵引变电所采用微机保护和综合自动化系统,按无人值班设计,适当预留值守条件。新设牵引供电远动系统,纳入沈阳铁路局牵引供电调度所管理。

接触网采用全补偿简单链型悬挂,接触悬挂结构高度一般为 1 400 mm。正线接触线采用 120 mm^2 铜合金导线,承力索采用 95 mm^2 镁铜合金绞线;站线接触线采用 120 mm^2 铜合金导线,承力索采用 95 mm^2 镁铜合金绞线。附加导线采用铝包钢芯铝绞线。

接触网绝缘泄漏距离一般不小于 1 200 mm,严重污秽地区可适当加强绝缘。一般地段采用瓷质绝缘子,接触悬挂下锚、锚段关节等处采用合成绝缘子。采用锚段关节式电分相。

接触网支柱,路基区段的腕臂柱采用横腹杆式预应力钢筋混凝土支柱,桥上采用格构式桥钢柱。车站及多线并行区段采用硬横跨和钢柱,车站有雨棚区段接触网支柱与雨棚柱合架。支柱高度按水平腕臂距柱顶距离 100 mm、最大不超过 300 mm 选择。路基区段的支柱侧面限界应满足大型养路机械作业的要求。

接触网支柱跨距根据最小曲线半径确定,一般为 50 ~ 55 m,最大不大于 60 m;桥梁上根据孔跨确定;相邻跨距之差不大于 10 m。路基区段绝缘、非绝缘锚段关节采用四跨关节。正线锚段长度一般不大于 2 × 700 m;站线锚段长度不大于 2 × 850 m;附加导线锚段长度一般不大于 2 000 m。

新设乌兰浩特供电车间(含接触网工区),与乌兰浩特牵引变电所合建,其规模适度预留发展条件。

3. 32. 2. 2 电力工程

全段新建 1 条综合负荷 10 kV 贯通线,对既有 10 kV 电力贯通线进行增容改造。新建镇西 10 kV 配电所,与牵引变电所合建。既有乌兰浩特 10 kV 配电所增设馈线等相关设备向本线供电。

设有10 kV配电所的车站新增站房用电负荷利用既有供电方式、根据需要扩容，从配电所站馈线接引电源供电；没设10 kV配电所的车站新增站房用电负荷利用既有供电方式、根据需要扩容，从地方电网接引10 kV电源供电。

新增车站通信信号用电负荷设室内10/0.4 kV变电所和通号专用变压器供电，电源分别引自2路10 kV贯通线。

区间通信信号等一级负荷设箱式变电站供电，电源分别引自2路10 kV贯通线。

区间其他用电负荷设箱式变电站或杆架式变电台供电，电源引自10 kV贯通线。

设有道岔融雪装置的车站，根据道岔融雪设备用电负荷情况，设有配电所的车站由配电所馈出电源线供电，没有配电所的车站设杆架式变电台供电，电源引自10 kV贯通线或从地方电网接引电源。

10 kV配电所采用综合自动化系统。全段新设电力远动系统，纳入长春供电段电力调度中心管理。

3.32.2.3　通信工程

长途通信线路，全段新建1条48芯单模直埋光缆，沿新建铁路预埋的电缆槽道敷设。既有12芯架空光缆继续使用。新设光缆(纤)监测系统。

传输系统，新设SDH 10 Gbit/s骨干(汇聚)传输系统，在白城、平台、镇西、葛根庙站和白城及乌兰浩特通信站新设SDH 10 Gbit/s ADM设备。利用新建48芯光缆和既有12芯光缆构成复用段保护。在白城与长白段的SDH 10 Gbit/s系统联接。

新设SDH 2.5 Gbit/s接入网系统，在各车站新设SDH 2.5 Gbit/s ADM设备，利用新建48芯光缆和既有12芯光缆构成复用段保护。在白城与长白段的SDH 2.5 Gbit/s系统联接。

区间通信基站、信号中继站、牵引变电所、分区所、配电所等处新设SDH 622 Mbit/s设备，利用新建光缆通过相邻车站接入SDH 2.5 Gbit/s接入网系统。

在沈阳铁路局通信站新设传输和接入网管系统及设备，在长春和乌兰浩特通信站新设传输和接入网管复示终端。对传输网进行各项功能管理。

电话交换系统，沿线新增自动电话用户通过接入网按管辖范围分别接入白城和乌兰浩特既有程控电话交换机和铁路电话交换网。

新设数字调度通信系统，针对本线扩能改造增建二线并电气化，沿线车站新设车站型数字调度通信交换机、车站值班台、供电调度电话及配套设备。按既有调度区划分接入沈阳铁路局调度所的中心调度通信交换机和调度通信系统及新设的1个行车调度台进行调度指挥。

新设GSM-R移动通信系统，利用沈阳铁路局既有GSM-R核心网设施，利用长白段所设的基站控制器、根据需要扩容，沿线新设通信基站，采用单网覆盖方式组网。区间弱场区采用光纤直放站、漏泄电缆和天线方式增强，以满足调度命令、调度通信、无线车次号校核信息传输的需要。

通信电源，沿线通信设备机房新设48 V高频开关电源和蓄电池，并新设电源和机房环境监控系统及采集设备。

3. 32. 2. 4　信号工程

车站联锁,乌兰浩特站既有联锁设备结合站场变化利旧改造,增设区间信号电源屏;沿线其他各车站新设硬件安全冗余型计算机联锁设备和信号综合智能电源屏。工区道岔纳入临近车站联锁集中控制。

根据车站(场)新增道岔类型,配备相应的道岔转辙设备、安装装置及和缺口检查装置,监测信息纳入信号集中监测系统。新增的车站道岔设融雪装置,采用电加热方式,经人工确认后启动。

新建车站联锁设备的车站采用25 Hz 相敏轨道电路,其发送和接收设备(含相敏接收盒)按冗余配置。车站正线电码化采用叠加预发码、到发线采用占用叠加发码方式,发码设备采用 ZPW-2000 系列设备。为克服工区岔线轨道电路区段分路不良采用高压脉冲轨道电路。

站内轨道电路和电码化干线电缆采用防寒型铝护套数字信号电缆,其他信号设备采用防寒型非数字信号电缆。

运输调度指挥系统,全段采用调度集中(CTC)系统,将乌兰浩特站既有列车调度指挥系统(TDCS)分机设备升级为 CTC 分机设备,沿线其他车站新设 CTC 分机设备、网络安全和通道质量监督设备,维持既有调度区划分纳入沈阳铁路局调度所 TDCS/CTC 总机系统和新设的长春北(不含)至白城至乌兰浩特(含)的行车调度台管辖。

新建第二线区段采用四显示自动闭塞,按双线双方向运行,设区间地面通过色灯信号机。正向采用追踪间隔运行、反向按自动站间闭塞行车。衔接的相邻既有线维持既有闭塞方式不变。

新建四显示自动闭塞区间采用 ZPW-2000 系列无绝缘移频轨道电路,其发送和接收设备按冗余配置。ZPW-2000 系列轨道电路干线电缆采用防寒型铝护套数字信号电缆,其余采用防寒型非数字信号电缆;轨道电路电缆的有效传输长度一般控制在 10 km 以内,个别困难区段不应超过 12 km。

信号集中监测系统,各车站新设集中监测分机设备,通过监测网络接入长春电务段信号集中监测总机系统,实现对信号设施的集中监测和远程诊断。

沿线新建、改建信号设备房屋设防雷电、电磁兼容和综合接地防护系统。并与新建的信号专用贯通地线进行等电位连接。

全段新设1条信号专用贯通地线,在电气特性上全程贯通,接地电阻不大于1 Ω。沿线轨旁信号设备良好接地后就近与贯通地线等电位连接。

参加长白乌铁路扩能改造线路工程施工的有中铁一局、四局、九局、十局集团等单位,中铁电气化局集团、中铁二局集团工程公司承担电气化、通信、信号和电力工程的施工。

线路工程于2014 年12 月开工,四电工程于2016 年4 月1 日开工。2017 年6 月5 日进入联调联试和动态检测阶段,2017 年7 月8 日进入试运行阶段。2017 年8 月8 日全线正式开通运营。

3.33　武昌至九江铁路电气化

既有武九铁路电气化改造，西起京广线的武昌站，途经鄂州、黄石、铁山、大冶、阳新、瑞昌、九江等市县（区），东至京九线的九江站，正线全长 261 km（图 3.33）。车站分布维持既有（武昌、武昌东、花山南、新店、华容、鄂州、铁山、黄石、瑞昌、庐山、九江等车站）。工程范围包括流芳站至九里垄站电气化改造工程长 209.73 km；武汉枢纽相关工程（武东至何刘疏解线 5.08 km）；九江地区相关工程［九里垄站至庐山站疏解线上行线 6.2 km、下行线 6.72 km 电气化改造；九里垄站至九江西站疏解线西到线 6.1 km、发西线 6.17 km 电气化改造；新建庐山站至九江站客车联络线 17.32 km；樊口站（经鄂州西）至鄂州站货车线 7.6 km；铁山站至罗家桥站 15 km 支线电气化改造］。武九铁路是连接京广、京九线客货运交流的重要通道，也是沪汉蓉通道的重要组成部分。将与昌九城际铁路、沪昆客运专线等线路一同构筑起环鄱阳湖城市群、武汉城市圈、长株潭城市群间的三角格局。

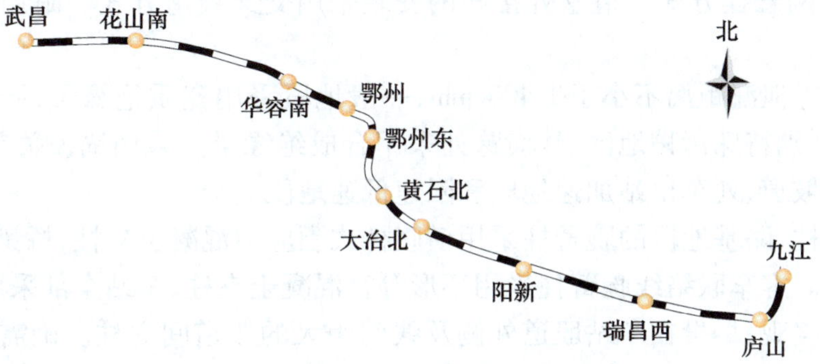

图 3.33　武九铁路示意图

武九铁路电气化改造的建设单位是武汉、南昌铁路局，设计单位是中铁第四勘察设计院集团有限公司。线路主要技术标准：铁路等级，Ⅰ级；正线数目，双线；限制坡度，武昌至九江 6‰、庐山至九江客车联络线 9‰、局部地段 12‰；最小曲线半径，200 km/h 地段一般 3 500 m、困难条件下 2 800 m，160 km/h 地段一般 2 000 m、困难条件下 1 600 m，120 km/h 地段一般 1 200 m、困难条件下 800 m；到发线有效长度，850 m、庐山至九江客车联络线 650 m；闭塞类型，自动闭塞；旅客列车最高设计速度，何流至阳新、庐山至九江新建段 200 km/h、其他地段 120 ~ 160 km/h；牵引种类，电力牵引（直供加回流线供电方式）；机车类型，动车组（SS 系列、HX 系列）；牵引质量，4 000 t；建筑限界，除庐山至九江新建段外，其他地段应满足开行双层集装箱列车要求。

3.33.1　电气化工程

牵引供电采用带回流线的直接供电方式。全线新设葛店、铁山、大箕铺、西河村、瑞昌等牵引变电所，并设并联电容补偿装置；设在有相邻铁路连接的接轨站的牵引变电所，根据需要适当考虑和预留发展条件；新设何刘、樊口、黄石、阳新、局界、九里垄等分区所，新设九江分区所兼开闭所。利用京九线所建的九江西牵引变电所为客车联络线供电。

新建牵引变电所引入 2 路 110 kV 电源供电,110 kV 电源侧采用分支接线,电气设备采用户外布置;27.5 kV 侧采用单母线分段接线,设故障性质判别装置,电气设备采用户内开关柜布置。新建牵引变电所设 2 台变压器,瑞昌牵引变电所采用平衡接线变压器,其他牵引变电所采用 V/V 接线变压器,所设变压器采用固定备用、自冷方式,预留风冷条件。

新建牵引变电所、开闭所、分区所采用微机保护和综合自动化系统,按无人值班设计,牵引变电所适当考虑值守条件;新设牵引供电远动系统,分别纳入武汉、南昌铁路局牵引供电调度所新设的 1 个供电调度台管理。

接触网采用全补偿简单链型悬挂,接触悬挂结构高度一般 1 400 mm。正线接触线采用 120 mm^2的锡铜合金导线,承力索采用 95 mm^2的铜合金绞线,站线接触线采用 85 mm^2 的锡铜合金导线,承力索采用 70 mm^2的铜合金绞线。通行双层集装箱的单线隧道,接触网采用刚性悬挂。接触网通过跨线建筑物和下承式桥梁时,结合实际净高等条件确定接触网悬挂方式。道岔处接触网安装采用交叉线岔方式。附加导线采用铝包钢芯铝绞线。

接触网绝缘泄漏距离不小于 1 400 mm,一般地段采用瓷质绝缘子,严重污秽区段适当加强绝缘,个别特殊污秽地区、软横跨处采用合成绝缘子。采用锚段关节式电分相,尽量避免设在大坡道、列车出站加速地段和限速低速地段。

接触网支柱,路基地段的腕臂柱采用横腹杆式预应力混凝土支柱,桥梁上采用格构式热浸镀锌钢柱。客车联络线腕臂柱采用环形等径混凝土支柱,车站全部采用硬横梁,为保持车站的整体美观,尽量在车站股道外侧及线间距大的股道间立柱。确需在站台上立柱时,有雨棚的地段接触网支柱与雨棚柱合架,但要考虑接触网增加的负荷;车站无雨棚的地段,如为基本站台和侧式站台,尽量在站台外侧立柱,如为中间岛式站台尽量在站台中间立柱。同一车站站台范围内的支柱要保持统一类型。九江站采用与雨棚柱合架和在线间立柱,支柱采用 H 型钢柱。支柱侧面限界应考虑大型养路机械作业的要求。

接触网支柱跨距,路基区段一般为 50 ~ 60 m;隧道内一般 40 ~ 50 m,桥梁上根据孔跨形式确定。相邻跨距之差一般不大于 10 m。

正线锚段长度一般不大于 2 ×700 m;站线锚段长度一般不大于 2 × 800 m;附加导线的锚段长度一般不大于 2 000 m。

本工程新增电气化设施纳入相应供电段管辖,在葛店、铁山、阳新、瑞昌、九江设接触网工区,在铁山、九江设加强领工区(与工区合建),负责牵引供电设施的运营维护和管理。

3.33.2　电力工程

利用既有 10 kV 贯通线和自闭电力线,对受电气化接触网挂网影响的进行局部改建;既有鄂州 10 kV 配电所引入第 2 路电源供电,将既有九江 10 kV 配电所的原 T 接电源改为专盘专线电源供电,其他既有 10 kV 配电所根据实际需要进行适应性改造;为沿线车站和区间新增用电负荷供电。

设有 10 kV 配电所的车站其站房新增用电负荷维持既有供电方式,需要扩容的进行增容,从配电所站馈线接引电源供电;没设 10 kV 配电所的车站其站房新增用电负荷维持既有供电方式和所接引的地方电源供电。

区间和站内新增牵引变电所自用电就近从 10 kV 贯通线 T 接 1 路电源供电,站内新增接触网工区用电负荷设箱式变电站,优先从地方电网接引电源供电,无条件接引地方电源的从 10 kV 贯通线 T 接 1 路电源供电。

车站新增通信信号用电负荷维持既有供电方式,根据需要进行扩容改造。区间新增通信信号用电负荷设杆架式变电台供电,电源分别引自 10 kV 贯通线和自闭电力线。

完善既有电力远动系统,增加车站低压电源监控装置。对南湖、流芳 2 个车站的电力运动系统进行配套改造。电力维修和管理机构维持既有。

3.33.3　通信工程

长途通信线路,武昌通信站至九江通信站新建 1 条 20 芯单模直埋光缆;庐山至九江通信站间沿新建客车联络线设 1 条 20 芯单模直埋光缆。对既有铁路专用通信光缆和电缆按电气化防护标准进行改造。

车站通信机械室到站内信息用户接入点按需要新设 1 条 8 芯光缆。既有站场和地区电缆充分利用、进行适应性改造。

传输系统,武汉至九江间的既有 SDH 2.5 Gbit/s 骨干(中继)传输系统继续使用,在武汉 GSM-R 交换中心新设 1 套 SDH 2.5 Gbit/s ADM 设备,在洪山通信站与既有 SDH 2.5 Gbit/s 系统相联。庐山至九江段在九江通信站新设 SDH 2.5 Gbit/s 设备,纳入(南)昌九(江)城际铁路的 SDH 2.5 Gbit/s 骨干(中继)传输系统。

武昌至九里垄段的既有 SDH 622 Mbit/s 接入网系统扩容后继续使用,根据电气化改造工程新增传输通道的要求,补充必要的接口设备;新设的 GSM-R 区间通信基站、牵引变电所、分区所等处新设 SDH 622 Mbit/s 设备,通过光缆通道与邻近车站通信机械室既有 SDH 622 Mbit/s 设备相联。并将新增设的 SDH 622 Mbit/s 接入设备纳入既有接入网网管系统进行管理。

庐山至九江间新设 SDH 622 Mbit/s 接入网系统,车站、牵引变电所、分区所等处新设 SDH 622 Mbit/s 设备,新设 SDH 622 Mbit/s 设备纳入昌九城际铁路网管系统进行管理。另外利用既有京九铁路的光缆和传输网为庐山至九江间重要业务提供保护通道。

电话交换系统,在九江通信站新设 3 000 线程控交换机;沿线新增自动电话用户按管辖范围和隶属关系通过接入网分别接入洪山、黄石通信站既有程控电话交换机和九江通信站新设的程控电话交换机及铁路电话交换网。

调度通信系统,武昌至九里垄段利用京九铁路电气化工程在武汉、南昌铁路局调度所所设的调度通信主系统设备,改造利用沿线车站既有调度通信分系统设备,以满足电气化(牵引变电所、开闭所、分区所、接触网工区等处新设供电调度分机)与新建 GSM-R 系统设备接入的需要;按照既有调度区划分,分别纳入武汉、南昌铁路局调度所调度通信主系统设备、既有列车调度台及新设的供电调度台管辖。

庐山至九江段在九江站新设调度通信分系统设备,并将站间行车和站场通信也纳入调度通信系统组网,纳入南昌铁路局调度所所设的昌九城际铁路调度通信主系统设备及列车调度台管辖。

无线通信系统,将武昌至九里垄段既有450 MHz无线调度电话系统改造为GSM-R移动通信系统。利用其他工程在南昌、武汉铁路局所设的GSM-R核心节点设备和配套设施,以及在南昌所设的基站控制器(BSC)、通用分组无线业务(GPRS)控制单元(PCU);在武汉新设1套基站控制器(BSC)和GPRS分组控制单元(PCU),沿线车站和区间需要地点新设通信基站(BTS),采用单网非冗余覆盖方式组网。区间弱场区采用光纤直放站、漏泄电缆和天线方式增强,解决无线场强覆盖问题,以满足无线列调、车次号传输、调度命令传送、区间维护人员通信及应急抢险的需要。

庐山至九江段在利用京九铁路电气化工程所建的GSM-R系统通信基站设施的基础上,根据新建客车联络线实际需要可增设区间通信基站对无线场强进行补强(所建通信基站接入昌九城际铁路在南昌铁路局所设的基站控制器),实现所建GSM-R系统的传输功能。

利用既有应急通信系统,在武汉铁路局管辖范围新设1套应急通信系统现场接入设备,南昌铁路局管辖范围利用京九铁路电气化、昌九城际铁路所设的应急通信系统现场接入设备。

通信电源,武昌至九里垄段沿线通信设备机房新设48 V高频开关电源和蓄电池组,新设电源和机房环境监控系统及采集设备,纳入既有电源和环境监控系统。庐山至九江段沿线通信设备机房新设48 V高频开关电源和蓄电池组,九江通信站既有电源进行扩容;新设电源和机房环境监控系统及采集设备,纳入昌九城际铁路所设的电源和环境监控系统。

3.33.4　信号工程

车站联锁,正线电气化范围内的车站联锁设备按电气化标准进行改造;鄂州站结合站场调整对既有计算机联锁设备利旧改造,支线中的鄂州西、新下陆、罗桥站在既有联锁设备基础上进行电气化改造;九江站结合铜九铁路、庐山至九江新建客车联络线工程新设硬件冗余型计算机联锁设备和信号电源屏。

电气化范围内的车站站内既有轨道电路改为97型25 Hz相敏轨道电路,既有轨道电路所用的综合护套综合扭绞信号电缆继续使用并进行适应性改造;其中铁山、鄂州、九江、九里垄站站内轨道电路干线电缆采用铝护套信号电缆。

武汉铁路局电气化范围内的车站维持既有车站电码化,增设反向正线发车进路电码化;支线中的鄂州西、新下陆、罗家桥站正线接发车进路电码化采用预叠加发码、侧线股道采用占用叠加发码方式,采用ZPW-2000型发送设备。南昌铁路局电气化范围内的车站维持既有车站电码化,增设反向正线发车进路电码化,侧线电码化移频设备改为ZPW-2000型设备;其中九江站既有闭环电码化设备充分利用。

运输调度指挥系统,利用本线扩能工程及京九铁路电气化所建的车站 CTC 分机系统并进行适应性改造,增设防火墙、通道质量监督设备;支线中的鄂州西、新下陆、罗家桥站既有列车调度指挥系统(TDCS)分机设备结合电气化工程利旧改造。按照铁路局管辖范围和既有调度区划分,南昌铁路局管段内的夏畈、白杨畈、瑞昌、九里垄、九江等车站的 CTC 分机系统设备纳入本局调度所 CTC/TDCS 总机系统和九江枢纽调度台管辖,其他车站维持既有调度台管辖不变,庐山至九江新建客车联络线纳入铁路局调度所管辖。武汉铁路局管段内的各车站 CTC(或 TDCS)分机系统设备纳入本局调度所 CTC/TDCS 总机系统和既有调度台管辖。

列车运行控制系统,设计行车速度超过时速 160 km 的既有线(何流至阳新)区段,按既有线提速的 CTCS-2 级列控系统标准进行改造,在车站新设列控中心、电子编码单元(LEU)、点式应答器等设备;何流、新店、葛店装备区间联锁一体化设备的 CTCS-2 级列控系统新设车站列控中心;新建庐山至九江客车联络线按照昌九城际铁路建设标准设 CTCS-2 级列控系统。

区间自动闭塞,武昌东至庐山(含九江西)段采用既有四显示自动闭塞,按电气化标准进行适应性改造;九里垄至九江西既有三显示自动闭塞改造为四显示自动闭塞,仅修改编码等电路。新建庐山至九江客车联络线按照昌九城际铁路建设标准新设四显示自动闭塞,设区间地面通过信号机。其他相衔接的线路维持既有闭塞制式不变。

武昌东至庐山(含九江西)段既有 ZPW-2000A 型轨道电路干线电缆更换为铝护套综合扭绞信号电缆,其他信号设备按电气化区段要求进行适应性改造;新建庐山至九江客车联络线采用 ZPW-2000A 型轨道电路和铝护套综合扭绞信号电缆。

利用既有信号集中监测系统,既有监测分机设备利旧,按照相关规定要求,合理增加 ZPW-2000A 自动闭塞系统测试等功能。

沿线新建、改扩建信号设备房屋新设防雷电、电磁兼容和综合接地防护系统,既有房屋已装设综合防雷电的进一步完善综合接地防护系统。

参加线路工程施工的有中铁七局、四局、五局等单位,中铁电气化局集团有限公司与中国铁路通信信号股份有限公司联合体承担电气化、通信信号和电力工程的施工。

线路工程于 2008 年 12 月 16 日开工,四电工程于 2016 年 1 月 20 日开工。2016 年 6 月26 日湖北段开始铺轨,2016 年 10 月 25 日完成湖北段铺轨,2017 年 3 月 23 日完成湖北段接触网冷滑试验。2017 年 4 月 5 日完成江西段接触网冷滑检测试验,2017 年 4 月 7 日完成湖北段接触网热滑检测试验, 2017 年 5 月 1 日湖北段试运行。2017 年 8 月 23 日武昌至九江开始试运行,2017 年 9 月 21 日全线开通运营。

3.34　兰渝铁路

新建兰渝铁路,自兰州枢纽兰州东站引出,途经甘肃省榆中、渭源、漳县、岷县、宕昌至陇南,出陇南后,向东南经四川省广元、苍溪、阆中、南部、南充、武胜,重庆市辖区的合川区,在重庆市北碚区接入襄渝线磨心坡站,而后引入重庆枢纽,建筑总长度 1 179. 23 km,

大致呈西北东南走向(图 3. 34)。工程范围包括:广元至重庆北新建双线 224 km;渭沱至重庆北(DK851 +408 ~ DK952 + 110. 299)新建正线 100. 685 km;重庆枢纽磨心坡至团结村增建二线 36 km;南充东至高兴支线(简称高兴支线)新建单线 89 km;南充地区(DK754 + 000 ~ DK811 +500)新建正线 38. 74 km;夏官营至广元新建双线 463. 074 km;兰州东至夏官营(DK2 +800 ~ DK30 + 000),新建正线 27. 189 km;兰州枢纽货车北环线新建双线 41 km;以及引入重庆、兰州枢纽和兰州北编组站及南充、广元地区相关工程。

广元至重庆北(不含)段线路长 361. 981 km,设有广元、太公、苍溪、阆中、南部、龙桂、南充北、南充南、武胜、渭沱、合川等车站;夏官营至广元段线路长 463 km,设有张家庄、杨家川、渭源、漳县、岷县、哈达铺、临江铺、沙湾、陇南西、陇南、桔柑、洛塘河、姚渡、羊木等车站;兰州东至夏官营段线路长 30 km,设有夏官营、兰州东等车站。

新建兰渝线在陇海线南面,在四川广元与宝成线交叉,在南充与达成线交叉。它北连兰新线、兰新高速铁路、包兰线、兰青线及青藏线,南连渝黔线、渝怀线、渝利线,沟通长江流域与黄河流域,穿越西部资源富集区,横越一个直辖市重庆和四川、甘肃 2 个省,是西北到西南出海口距离最短、最便捷的通道。兰渝铁路的建成除了承担两地客运外,还将承担疆煤入渝的主要运输任务。

兰渝铁路是我国《中长期铁路网规划(2008 年调整)》中西北至西南区域间客货并重的大能力运输新通道,是以完善路网布局和西部开发性的新线,是渝新欧国际铁路的重要组成部分。这条重要铁路干线的开通运营,将大大缩短我国西北、西南地区间的客货运输距离和时间,进一步缓解宝成、襄渝等既有铁路运输能力紧张状况,解决西南、西北间客货迂回运输的问题,对推进沿线地区社会经济发展和西部经济社会发展,加快沿线人民脱贫致富、全面建设小康社会具有重要意义。

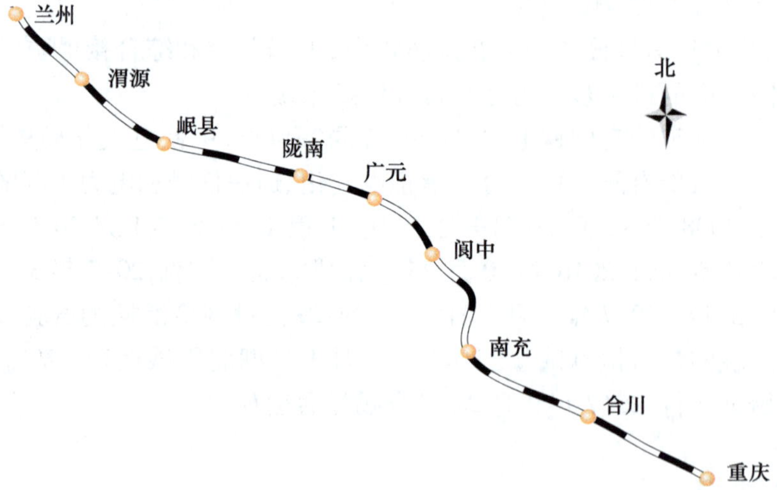

图 3. 34　兰渝铁路示意图

兰渝铁路的建设单位兰渝铁路公司,由中铁第一勘察设计院集团有限公司和中铁二院工程集团有限责任公司设计。广元至重庆北段线路主要技术标准:铁路等级,Ⅰ级;正线数目,双线;限制坡度,广元至渭沱6‰、渭沱至重庆北12‰、困难条件20‰;最小曲线半径,4 500 m、困难地段3 500 m;到发线有效长度,850 m;闭塞类型:自动闭塞;速度目标值,200 km/h;牵引种类,电力牵引(直供加回流线供电方式);牵引质量,4 000 t。

夏官营至广元段线路主要技术标准:铁路等级,Ⅰ级;正线数目,双线;限制坡度,兰州(夏管营)至广元13‰;最小曲线半径,3 500 m、困难地段2 800 m;到发线有效长度,880 m;闭塞类型:自动闭塞;速度目标值,160 km/h;牵引种类,电力牵引;牵引质量,4 000 t。

兰州东至夏官营段线路主要技术标准:铁路等级,Ⅰ级;正线数目,双线;限制坡度,13‰;最小曲线半径,3 500 m、困难地段2 800 m;到发线有效长度,850 m;闭塞类型,自动闭塞;速度目标值,160 km/h;牵引种类,电力牵引;牵引质量,4 000 t。

3.34.1 广元至重庆北段

3.34.1.1 电气化工程

牵引供电系统,采用带回流线的直接供电方式。全段新设广元、太公、苍溪、南部、龙桂、李渡、古楼、童家溪等牵引变电所,新设广元西和南充东开闭所,新设罗家咀、三岔口、阆中、任家湾、大宝山、武胜、荷包堰、刘家沟等分区所。重庆枢纽新设兴隆场、团结村开闭所。异地新建合川牵引变电所,在遂渝增建二线工程中实施。增容改造南充、北碚牵引变电所。高兴支线新设兴隆和穿石2座牵引变电所,增容改造三汇坝牵引变电所。

新建广元牵引变电所引入2路220 kV独立电源供电,220 kV电源侧采用线路变压器组接线,主变压器采用户外低式布置,27.5 kV侧采用单母线分段接线,高压设备采用户内GIS设备布置。其余牵引变电所引入2路110 kV独立电源供电,110 kV电源侧采用分支接线,配电装置采用户外中式布置;27.5 kV侧采用单母线分段接线,配电装置采用户内AIS开关柜布置。增容改造的牵引变电所变压器接线方式维持既有。开闭所27.5 kV侧配电装置采用户内AIS开关柜布置,分区所采用箱式布置。

新建牵引变电所设2台变压器,采用固定备用、三相V/V接线方式。各牵引变电所变压器安装容量:广元为2×(40+31.5) MV·A,太公、苍溪、南部、龙桂、李渡和古楼均为2×(20+20) MV·A;南充为2×(20+25) MV·A,兴隆和穿石均为2×(10+10) MV·A,童家溪为2×(25+25) MV·A。

新建牵引变电所、开闭所、分区所采用微机保护和综合自动化装置,牵引变电所按无人值班设计,适当考虑值守条件。新设牵引供电远动和视频监控系统,分别纳入成都、兰州铁路局电力调度所,新增兰渝电力调度台管理。

正线、站线及联络线接触网采用全补偿简单链型悬挂,接触悬挂结构高度一般为1 400 mm,隧道内不小于1 100 mm。改建车站接触网悬挂保持既有悬挂类型。正线接触线采用150 mm^2的银铜合金导线,张力25 kN,承力索采用120 mm^2的铜合金绞线,张力20 kN;站线接触线采用85 mm^2的银铜合金导线,张力10 kN,承力索采用70 mm^2的铜合金绞线,张力15 kN。联络线接触线采用120 mm^2的银铜合金导线,张力15 kN,承力索采用95 mm^2的铜合金绞线,张力15 kN。接触线悬挂点高度按通过双层集装箱货物列车设计。

附加导线采用铝包钢芯铝绞线。

接触网绝缘泄漏距离不小于 1 400 mm。一般地段采用瓷质绝缘子，隧道内、软横跨的横向分段、锚段关节下锚支、分段绝缘器处采用复合绝缘子。一般采用两断口关节式电分相，设在大坡道上的电分相处设地面切换式自动过分相装置。网上隔离开关除电分相处采用电动隔离开关并纳入牵引变电所、分区所控制外，其他处均采用手动隔离开关。

接触网支柱，路基地段一般采用环型等径混凝土支柱，桥上采用格构式热浸镀锌钢柱，桥隧相连地段的短段路基地段采用格构式热浸镀锌钢柱。车站多线并行地段采用硬横梁和钢管柱。重庆枢纽内路基地段采用横腹杆式预应力钢筋混凝土支柱。

接触网支柱跨距根据最小曲线半径确定，一般为 55 ~ 60 m，最大不大于 65 m。运行时速 200 km 的正线区段最大锚段长度不大于 2 × 750 m；站线最大锚段长度不大于 2 × 850 m。运行时速不大于 160 km 的正线区段最大锚段长度不大于 2 × 800 m；站线最大锚段长度不大于 2 × 850 m；附加导线锚段长度一般不大于 2 000 m。

接触网下锚补偿，桥梁区段下锚补偿采用棘轮补偿装置，其余地段下锚补偿采用滑轮组补偿装置；正线、站线一般采用两跨防窜防断中心锚结；车站雨棚范围内困难区段采用双防窜不防断中心锚结。

根据专业日常巡视检修和事故抢修的需要，新设广元西、阆中、武胜、岳池 4 处接触网工区，补强既有南充东接触网工区。

3. 34. 1. 2　电力工程

广元至合川新设 1 条综合负荷 10 kV 贯通线和 1 条一级负荷 10 kV 贯通线；合川至童家溪区段(该段为兰渝与遂渝四线并行地段)利用既有遂渝铁路 2 路 10 kV 贯通线为区间负荷供电；童家溪至重庆北新建 2 条 10 kV 电力贯通线为线路所和区间负荷供电，并考虑今后与渝黔铁路 10 kV 贯通线的连接；高兴支线新设 1 条 10 kV 贯通线为沿线车站和区间新增用电负荷供电；磨心坡至蔡家增建第三、四线利用遂渝铁路 2 条 10 kV 贯通线为新建三、四线的区间负荷供电；磨心坡至团结村增建第二线地段新设 1 条一级负荷 10 kV 贯通线为车站和区间用电负荷供电。

全段新设广元、太公、苍溪、南部、南充北、武胜、岳池、高兴等 10 kV 配电所，改造南充东 10 kV 配电所；重庆枢纽内改造北碚、重庆北配电所，异地新建合川 10 kV 配电所；新设兴隆场 10 kV 配电所和开关站。为车站站房及附近的用电负荷供电。

设有 10 kV 配电所的车站其站房用电负荷设室内 10/0. 4 kV 变电所和 2 台变压器供电，从配电所站馈线接入 2 路电源；没设 10 kV 配电所的车站其站房用电负荷设室内 10/0. 4 kV 变电所，优先就近接引地方电源供电，无接引地方电源供电条件的，从 10 kV 电力贯通线接引电源供电。高兴支线上有条件的车站其站房用电负荷增设 1 路地方电源作为备用电源。

车站通信信号等一级负荷设室内电力远动供电间和 2 台专用变压器供电，电源分别引自 2 路 10 kV 贯通线。区间通信信号等一级负荷设箱式变电站或远动供电间供电，电源分别引自 2 路 10 kV 贯通线。

区间牵引变电所、分区所自用电就近从 10 kV 贯通线 T 接 1 路电源供电，站内新增接触网工区用电负荷设箱式变电站，优先从地方电网接引电源供电，无条件接引地方电源的从 10 kV 贯通线 T 接 1 路电源供电。区间其他负荷用电设杆架式变电台供电，从综合负荷 10 kV 贯通线接引电源。

新建 10 kV 配电所采用微机保护和综合自动化系统，按无人值班、有人值守设计。新设电力远动系统，分别纳入成都、重庆供电段控制中心管理。

3.34.1.3　通信工程

长途通信线路，广元至重庆段新设 2 条 48 芯单模直埋光缆，分别沿铁路两侧敷设，并设光缆和漏缆监测系统。为满足隧道内事故报警电话系统组网的需求。在隧道两侧各敷设 1 条 4×4×0.9 长途低频对称电缆；为满足 GSM-R 系统组网的需要，区间基站至光纤直放站间敷设 1 条 16 芯或 36 芯光缆。高兴支线新设 1 条 20 芯光缆和 1 条 7×4×0.9 的电缆。兴隆场编组站新设 1 条 20 芯光缆，并构成光缆环。从广元站至广元南站敷设 1 条 4×4×0.9 长途低频对称电缆，供信号闭塞和计轴系统使用。

传输系统，全段正线新设 SDH 10 Gbit/s 传输系统，沿线主要车站设 SDH 10 Gbit/s 设备，利用新建 2 条 48 芯光缆中的各 2 芯光纤构成复用段 1+1 保护。设在广元站的 SDH 10 Gbit/s 设备通过 SDH 10 Gbit/s 光接口与广元通信站的 SDH 10 Gbit/s 设备互联，并利用既有通道联接到成都通信站；设在合川站的 SDH 10 Gbit/s 设备通过 SDH 10 Gbit/s 光接口与设在重庆北通信站的 SDH 10 Gbit/s 设备互联，纳入重庆枢纽 SDH 10 Gbit/s 传输环。

全段正线新设 SDH 2.5 Gbit/s 接入网系统，沿线车站设 SDH 2.5 Gbit/s 设备，利用新建 2 条 48 芯光缆中的各 2 芯光纤构成复用段 1+1 保护。并在同一车站将 SDH 2.5 Gbit/s 设备通过 SDH 2.5 Gbit/s 光接口与 SDH 10 Gbit/s 设备互联。高兴支线各站新设 SDH 2.5 Gbit/s 设备，在南充东通信站所设的 SDH 2.5 Gbit/s 设备通过 SDH 622 Mbit/s 光接口与达成铁路既有 SDH 2.5 Gbit/s 设备互联。

区间通信基站、牵引变电所、分区所等区间信息用户接入点设 SDH 622 Mbit/s 设备，利用所设光缆通过相邻车站纳入 SDH 2.5 Gbit/s 接入网系统。站内电力配电所、综合维修工区等信息接入点设 SDH 622 Mbit/s 设备，利用新设光缆接入本车站 SDH 2.5 Gbit/s 接入网系统。

兴隆场编组站新设 SDH 622 Mbit/s 传输系统，各场信号楼、站调楼、机务段等新设 SDH 622 Mbit/s 设备，利用新建 20 芯光缆构成环形网。

广元地区（包括广元、广元南、广元西、广元西开闭所、通信基站等）各节点新设 SDH 622 Mbit/s 设备，并构成 2 纤单向通道保护环。

新设数据网系统，利用成都铁路局既有数据网核心路由器；利用广元、重庆既有汇聚路由器，在南充新设汇聚路由器；沿线车站新设接入路由器，负责本地数据业务的接入。接入路由器之间采用光纤直接连接方式。接入路由器与汇聚路由器之间通过传输通道联接，并上联至归属的核心路由器。实现全段数据业务的转发与汇聚。

电话交换系统，利用广元、重庆北通信站的既有程控电话交换机，在兴隆场编组站新设 2 000 线程控电话交换机；在南充东和重庆北通信站新设 OLT 设备，在各车站、线路所、综合维修工区、信号中继站、牵引变电所亭、电力配电所等处设 ONU 设备，利用渭沱站的既有 ONU 设备并扩容用户板。沿线新增自动电话用户通过 ONU 设备及接入网、按管辖范围及隶属关系接入所属的 OLT 设备和程控电话交换机。通过统一编号组网,实现与既有铁路电话专网的互通。

新设数字调度通信系统,在成都铁路局通信站和调度所新设调度通信中心交换机,沿线车站新设车站型调度通信交换机、调度分机和车站值班台等设备。按照铁路局管辖范围和调度区划分纳入铁路局的调度通信中心交换机和调度通信系统,广元(兰渝场)至渭沱(不含)段纳入新设的本线列车调度台、渭沱(含)至合川(含)段纳入既有遂渝铁路列车调度台、童家溪线路所纳入重庆枢纽列车调度台管辖。货运纳入新设的本线货调台。

新设 GSM-R 移动通信系统,利用成都铁路局既有 GSM-R 移动通信交换机和通用分组交换设备,并新设 1 套编译码和速率适配设备(TRAU);在重庆北通信站新设基站控制器(BSC)和分组控制单元(PCU);沿线设通信基站,采用单网覆盖方式组网。区间和隧道内弱场区采用光纤直放站、漏泄电缆和天线方式增强,并设漏缆监测系统,以满足无线场强覆盖和信息传输的需要,完成调度通信、区间通信、公安通信、调度命令传输及无线车次号校核信息传送等功能。

高兴支线新设 450 MHz B 制式无线列调系统,并与襄渝铁路无线列调系统兼容。兴隆场编组站调车、商检和车号通信系统采用 400 MHz 通信系统,列检通信系统采用 450 MHz无线通信系统。

在成都铁路局既有 GSM-R 核心网机房新设无线网络管理子系统(OMC-R)、光纤直放站管理子系统(OMC-T)设备,新设漏缆监测系统纳入光纤直放站网管子系统管理;在广元、南充、重庆综合车间分别新设 OMC-R、OMC-T 复示终端及便携维护终端设备。

新设会议电视系统,采用 H. 323 技术标准构建会议电视系统网,在重庆通信站会议工区新设会议电视中心设备和网管系统,在苍溪、阆中、南部、南充北、武胜、合川站设会议电视分会场设备,通过传输通道接入新设的会议电视中心和网管系统统一管理。

新设应急通信系统,在广元西、阆中、南充北、武胜通信工区新设应急通信现场接入设备,通过传输通道接入成都铁路局既有应急通信指挥中心系统。新设隧道紧急电话系统,在隧道洞室设事故报警电话分机,利用设在隧道内的低频对称电缆接入所设的紧急电话接入点及相邻车站值班室,再通过传输系统接入铁路局既有隧道应急中心系统,实现对长大隧道进行远程监控、电话报警和定位报警功能。

通信电源,沿线通信设备机房新设 48 V 高频开关电源和蓄电池组。新设电源和机房环境监控系统,在重庆北、南充东通信站新设监控中心设备,沿线通信设备机房设监控终端设备。按管辖范围将监控终端设备通过传输通道分别接入监控中心设备及成都、重庆电务段微机监测中心系统。

3. 34. 1. 4 信号工程

车站联锁,全段正线新建车站设硬件安全冗余型计算机联锁设备和信号综合智能电源屏;南充东(不含)至高兴(不含)支线车站新设双机热备型计算机联锁设备和信号综合智能电源屏。南充东、广元南、高兴、合川、磨心坡、蔡家、团结村车站既有联锁设备利旧改造。车站范围内接发车进路上的道岔纳入车站联锁设备集中控制;离车站较近的线路所其道岔纳入车站联锁设备集中控制。

根据车站(场)道岔设计类型,配备相应的道岔转辙装置、转辙机,并采用断电保护措施。提速和高速道岔采用三相交流转辙设备,正线上的道岔采用外锁闭、多点牵引控制的方式,并实现挤岔监督报警功能。通过时速 160 km 以上的 18 号及以上号码道岔增设密贴检查装置,以及道岔缺口检查装置,将监测信息纳入信号集中监测系统。

车站站内采用 97 型 25 Hz 相敏轨道电路,其发送设备按 1 + 1 冗余配置,接收设备采用双机并用方式;正线车站电码化采用预叠加发码、侧线股道采用叠加发码方式,发送设备采用 ZPW-2000 系列发送设备。采用 CTCS-2 级列控区段的线路所采用移频轨道电路;来紫堡、南充东、童家溪线路所采用 ZPW-2000 系列无绝缘移频轨道电路;南充北、合川站动车组走行区段采用移频轨道电路;采用 ZPW-2000 系列发送设备。

站内轨道电路室外信号电缆采用综合护套综合扭绞数字信号电缆。站内电码化控制电缆采用数字信号电缆传输,其他信号设备采用非数字信号电缆。

运输调度指挥系统,全段采用分散自律型调度集中(CTC)系统,正线各车站设 CTC 分机设备、网络信息安全和通道质量监督等设备;南充西新设 CTC 分机设备,南充东既有 CTC 分机设备利旧改造,对南充站的既有 CTC 分机设备进行修改;石岗、大沙坪、青白石、水源、广元西等车站新设 TDCS 分机设备,其余车站既有 TDCS 分机设备利旧改造。按照铁路局管辖范围和调度区划分,纳入成都铁路局调度所 CTC/TDCS 总机系统和新设的 2 个行车调度台指挥,在调度所增设本线应用和通信服务器、CTC 与 TSRS 接口服务器,网络信息安全和通道质量监督等设备。并对 CTC 总机系统的既有数据库服务器、系统软件管理服务器、与 TDMS 的接口服务器、网络管理台、系统维护台等进行软件修改及调试。以满足本线的接入。

列车运行控制系统,广元至重庆北客运通道采用 CTCS-2 级列控系统,货运通道和高兴支线采用 CTCS-0 级列控系统,而广元(不含)至兰州东采用 CTCS-0 列控系统,故在广元至羊木站区间适当位置设 CTCS-2/0 级级间转换点。南充地区与达成铁路共线车站与遂渝铁路、达成铁路保持一致的列车控制方式。故与达成铁路在南充北至南充西区间适当位置设 CTCS-2/0 级级间转换点。在采用 CTCS-2 级列控区段按行车调度台配置临时限速服务器(TSRS),实现临时限速命令的存储、校验、下达等功能,在 CTCS-0 级列控区段的临时限速命令由 CTC 系统完成,并能与相邻线路临时限速服务器接口实现临时限速功能。

正线各车站(线路所)及信号中继站设信号安全数据网设备,列控中心(TCC)、应答器及其电子编码单元(LEU)等设备。达成铁路南充西站新设列控中心(TCC)设备。对重庆北站渝利场 CTCS-2 级列控中心(TCC)设备进行升级改造。所设的列控中心之间通过 TCC 安全数据网传输轨道电路状态、临时限速信息、区间闭塞和方向条件等安全信息及相关状态信息,且具有自诊断和故障报警功能,报警信息通过以太网接口发送至信号集中监测系统。

区间闭塞制式,广元至重庆北正线和货运通道采用四显示自动闭塞,正向按追踪间隔运行、反向采用自动站间闭塞行车,设区间地面通过信号机;高兴支线采用自动站间闭塞;

冉家河至广元采用四显示自动闭塞;广元西至广元南间的宝成货车联络线采用四显示自动闭塞;广元站至广元南站间客车联络线采用计轴自动站间闭塞;与本段相衔接的其他线路维持既有闭塞制式不变。

广元至重庆北(不含)正线区间(含正线线路所)采用 ZPW-2000 系列无绝缘移频轨道电路,其发送设备按 1 + 1 配置、接收设备采用双机并用方式,发送编码采用列控中心编码,利用安全传输通道传送站间联系信息。广元至渭沱(不含)区间轨道电路发送设备按 1 + 1 冗余配置,重庆枢纽内其他线路和冉家河至广元区间轨道电路发送设备维持既有 $N+1$ 配置。

区间 ZPW-2000 轨道电路干线电缆采用铝护套内屏蔽数字信号电缆,分支电缆采用非数字信号电缆。干线电缆的有效传输长度一般控制在 10 km、困难地段不超过 15 km,超过规定长度设信号中继站。

信号集中监测系统,正线各车站和信号中继站新设集中监测分机设备,南充西站新设集中监测分机机,南充站、广元南站既有集中监测份分机设备利旧改造,其他车站既有集中监测分机设备利旧改造,在新建信号车间和工区设集中监测终端设备,通过监测网络接入相应电务段信号集中监测总机系统,实现对信号设备的集中监测和远程诊断。

新建或改扩建的信号设备房屋设防雷电、电磁兼容和综合接地防护系统,与房建工程同步实施。室内信号设备要设防雷保安器和分线防雷柜,其设备箱盒、柜体等要与贯通地线等电位连接。

综合接地系统,沿正线铁路两侧分别敷设 1 条截面为 35 mm^2 的铜质电缆贯通地线,在电气特性上全程贯通,接地电阻不大于 1 Ω。沿线信号设备安全接地后就近与贯通地线等电位连接。

3. 34. 2　广元至夏官营至兰州东段

3. 34. 2. 1　电气化工程

牵引供电采用带回流线的直接供电方式。新设张家庄、杨家川、渭源、漳县(大草滩)、岷县、哈达铺、临江铺(宕昌)、沙湾、陇南西(两水)、桔柑、洛塘河、姚渡、羊木等牵引变电所;增容改造夏官营牵引变电所;根据需要新设 10 多处分区所。兰州枢纽新设兰州北牵引变电所和兰州北开闭所及青白石开闭所,新设大沙坪分区所兼开闭所和 2 座分区所。在牵引变电所、分区所附近设电分相,电分相处设隔离开关纳入牵引变电所、分区所控制。

新建牵引变电所引入 2 路 110 kV 电源供电,110 kV 电源侧采用分支接线,并在 2 路电源进线间设带隔离开关分段的跨条。岷县、临江铺、桔柑、洛塘河等 4 座牵引变电所因受地形条件限制,岷县、桔柑、洛塘河牵引变电所 110 kV 侧配电装置采用室内 GIS 组合布置;临江铺牵引变电所 110 kV 侧 GIS 组合采用室外屋顶布置;其余牵引变电所 110 kV 侧配电装置采用常规室外中型布置。27. 5 kV 侧采用单母线隔离开关分段接线,配电装置采用户内开关柜布置。分区所采用箱式结构。

新建牵引变电所设 2 台变压器,采用固定备用、三相 V/V 接线方式,各牵引变电所变压器安装容量:张家庄、杨家川、渭源、漳县、岷县、临江铺、沙湾、桔柑、洛塘河、羊木均为 2×(25+25) MV·A,陇南西、姚渡为 2×(20+20) MV·A,哈达铺为 2×(25+31.5) MV·A。兰州北为 2×(25+25) MV·A。夏官营为 2×(31.5+31.5) MV·A(既有变压器移到水源牵引变电所,其变压器容量为 2×50 MV·A)。

新建牵引变电所、分区所采用综合自动化系统和视频安全监控系统,按无人值班设计,牵引变电所适当考虑值守条件。新设牵引供电远动系统,纳入兰州铁路局牵引供电调度所,增设本线电力调度台等配套设备进行调度管理。

接触网采用全补偿简单链型悬挂,接触悬挂结构高度一般地段为 1 400 mm,隧道内一般为 1 100 mm。正线接触线采用 150 mm^2 的银铜合金导线,承力索采用 120 mm^2 的铜合金绞线;站线接触线采用 85 mm^2 的银铜合金导线,承力索采用 70 mm^2 铜合金绞线。接触线悬挂高度按通过双层集装箱列车设计,隧道外一般为 6 450 mm。附加导线采用铝包钢芯铝绞线。

接触网绝缘泄漏距离不小于 1 600 mm。一般地段采用瓷质绝缘子,隧道内、接触网卡绝缘、分段绝缘器等处采用复合绝缘子。采用两断口关节式电分相,尽量避免设在大坡道、列车出站加速区段和线路限速低速区段。设在大坡道的电分相处设地面切换式自动过分相装置。

接触网支柱,兰州东至张家庄路基地段采用横腹杆式预应力钢筋混凝土支柱;张家庄至广元路基地段采用热浸镀锌格构式腕臂柱;桥隧相连的短路基地段采用格构式热浸镀锌钢柱;桥上采用格构式热浸镀锌钢柱,车站采用格构式热浸镀锌钢柱和硬横梁。

接触网支柱跨距,一般地段不大于 60 m;隧道内不大于 45 m。相邻跨距之差不大于 10 m。正线最大锚段长度一般不大于 2×800 m;站线最大锚段长度一般不大于 2×850 m;附加导线锚段长度一般不大于 2 000 m。

根据日常巡视检修和事故抢修的需要,兰州东至广元段新设两水供电车间,设张家庄、渭源、岷县、哈达铺、两水、陇南、姚渡接触网工区。兰州枢纽新设兰州北接触网工区。

3.34.2.2　电力工程

广元至张家庄间新设 2 条 10 kV 电力贯通线,新建 10 kV 电力贯通线采用铜芯电力电缆分别沿铁路两侧敷设。张家庄至兰州东段利用既有陇海铁路 10 kV 贯通线和自闭电力线。兰州枢纽内北环线新设 2 条 10 kV 电力贯通线。

新设张家庄、岷县、陇南西 35 kV 变配电所和杨家川、渭源、漳县、哈达铺、宕昌、沙湾、桔柑、洛塘河、姚渡 10 kV 配电所,与牵引变电所合建。35 kV 变配电所和渭源配电所从地方变电站接引电源供电,其中杨家川、漳县、哈达铺、宕昌、沙湾、桔柑、洛塘河、姚渡 10 kV 配电所近期由牵引变电所接引电源供电,远期接引地方电源。兰州枢纽新建兰州北10 kV 配电所、利用改造河口南、红山根 10 kV 配电所。

设有 35 kV、10 kV 变(配)电所的车站其车站综合用电负荷设室内 10/0.4 kV 变电所和综合变压器供电,电源引自变(配)电所的站馈线;没有 10 kV 配电所的车站其车站综合用电负荷设室内 10/0.4 kV 变电所和综合变压器供电,优先从地方电网接引电源、无条件接引地方电源的从 1 条 10 kV 贯通线接引电源供电。车站附近的其他用电负荷设箱式变电站或杆架式变电台,从车站变(配)电所的站馈线或1路10 kV贯通线接引电源供电。

车站通信信号用电负荷设室内10/0.4 kV变电所和专用变压器供电,电源分别引自2路10 kV贯通线。区间通信信号用电负荷设箱式变电站供电,电源引自10 kV贯通线。

区间牵引变电所、分区所自用电就近从10 kV贯通线T接1路电源供电。隧道照明设箱式变电站供电,电源引自10 kV贯通线。

新建变(配)电所采用微机保护和综合自动化系统。新设电力远动系统,分别纳入兰州、重庆供电段控制中心管理。

3.34.2.3 通信工程

长途通信线路,广元至夏官营至兰州东新设2条48芯单模直埋光缆,分别沿铁路两侧敷设;兰州北编组站新设1条20芯光缆,构成光缆环。新设光缆和漏缆监测系统。并新建陇南通信站,以满足电气化区段的使用要求。

传输系统,新设SDH 10 Gbit/s传输系统,沿线主要车站和通信站新设SDH 10 Gbit/s设备,利用新建2条48芯光缆中的各2芯光纤构成1+1保护环。在广元站与广元至重庆段的SDH 10 Gbit/s系统相联;在兰州通信站与兰州枢纽的SDH 10 Gbit/s系统相联。

新设SDH 2.5 Gbit/s接入网系统,沿线车站设SDH 2.5 Gbit/s设备,利用新建2条48芯光缆中的各2芯光纤构成1+1保护环。并在同一车站将SDH 2.5 Gbit/s设备通过SDH 2.5 Gbit/s光接口与SDH 10 Gbit/s设备互联。在广元站与广元至重庆段的SDH 2.5 Gbit/s系统相联。

区间GSM-R通信基站、信号中继站、牵引变电所、分区所等信息接入点设SDH 622 Mbit/s设备,利用新建2条48芯光缆中的各4芯光纤构成2个SDH 622 Mbit/s传输及接入网系统复用段保护环,即区间通信基站1个环、信号中继站和牵引供电1个环;利用所建光缆通过相邻车站纳入SDH 2.5 Gbit/s接入网系统。

站内牵引变电所、电力配电所、综合维修工区等信息接入点设SDH 622 Mbit/s设备,利用新建光缆与本车站SDH 622 Mbit/s设备构成2纤通道保护环。

兰州北编组站新设SDH 622 Mbit/s传输系统,各场信号楼、站调楼、机务段等新设SDH 622 Mbit/s设备,利用新建的1条20芯光缆构成环形网。

在兰州通信站及陇南通信站新设传输网网元级网络管理系统,在兰州铁路局网管中心设网管复示终端,在渭源、哈达铺及陇南西通信工区设传输网本地维护终端。负责对全网进行故障管理、配置管理、性能管理和安全管理等。

新设数据网系统,利用兰州铁路局的既有数据网核心路由器;在岷县、陇南新设汇聚路由器,沿线车站新设接入路由器,负责本地数据业务的接入。接入路由器之间采用光纤直接联接。接入路由器与汇聚路由器之间通过传输通道联接,并上联至归属的核心路由器。实现全段数据业务的转发与汇聚。

电话交换系统,在陇南通信站新设1 500线程控电话交换机和OLT设备,兰州北通信站新设2 000线程控电话交换机和OLT设备;沿线车站、牵引变电所、电力配电所、信号中继站、维修工区、编组站信号楼等信息接入点新设ONU设备;沿线新增自动电话用户通过ONU设备及接入网,按管辖范围及隶属关系兰州东至哈达铺段的电话用户接入兰州北通信站的OLT设备和程控电话交换机;哈达铺至广元段的电话用户接入陇南通信站的OLT设备和程控电话交换机。通过统一编号组网,实现与既有铁路电话专网的互通。

新设调度通信系统,在兰州铁路局调度所新设调度通信中心交换机,沿线车站新设站段型调度通信交换机、调度分机和车站值班台等设备。按照铁路局管辖范围和调度区划分纳入铁路局的调度通信中心交换机和调度通信系统,兰州东(不含)至哈达铺段由新设的本线列车调度1台管辖;哈达铺(不含)至广元(不含)段由新设的本线2台管辖。并在调度所增设1套调度值班台和终端设备,以及相应的应用和通信服务器等设备。

新设GSM-R移动通信系统,兰州新设2 200用户的GSM-R移动通信交换机和3 300用户的通用分组交换设备等配套设施,利用成都所设的GSM-R移动通信交换机和通用分组交换设备,兰州新设基站控制器(BSC),利用重庆所设的基站控制器(BSC),沿线新设通信基站,采用单网覆盖方式组网。区间和隧道内弱场区采用光纤直放站、漏泄电缆和天线方式增强,以满足无线场强覆盖和信息传输的需要。完成调度通信、区间通信、公安通信和调度命令的传输及无线车次号的校核信息传送等功能。

兰州北编组站调车、商检和车号通信系统采用400 MHz通信系统。列检通信系统采用450 MHz无线通信系统。

新设应急通信系统,在渭源、哈达铺、陇南、兰州新设应急通信现场接入设备,并利用沿线车站、区间通信基站、信号中继站、牵引变电所等处作为应急通信系统的接入点,通过传输通道接入兰州铁路局既有应急通信指挥中心系统。新设隧道紧急电话系统,在隧道洞室设事故报警电话分机,利用设在隧道内的低频对称电缆接入所设的紧急电话接入点及相邻车站值班室,再通过传输系统接入铁路局既有隧道应急中心系统。

新设会议电视系统,在兰州铁路局调度所新设MCU等设备,沿线客运车站、维修工区等设会议电视分会场设备,通过传输网接入铁路局既有会议电视中心设备和网管系统进行统一维护管理。

通信电源,沿线通信设备机房新设48 V高频开关电源和蓄电池组。新设电源和机房环境监控系统及采集设备,在兰州、陇南通信站新设监控中心设备(包括中心服务器、数据库服务器、操作终端、网络设备等),在渭源、哈达铺及陇南西通信工区设复示终端。对各监控站点实现统一监控管理。

3.34.2.4　信号工程

车站联锁,全段正线车站新设硬件安全冗余型计算机联锁设备和信号综合智能电源屏及UPS备用电源。离车站较近的线路所其道岔纳入车站联锁设备集中控制。夏官营站兰渝场、陇海场分别设置车站联锁设备。维修工区内道岔原则上不纳入车站联锁集中控制。

根据车站(场)道岔设计类型,配备相应的道岔转辙设备,提速道岔采用电液转辙设备,其余道岔采用ZD6系列转辙设备,并采取断电保护措施。正线上的道岔采用外锁闭、分动控制方式。通过时速160 km及以上的道岔设密贴检查装置,以及道岔缺口检查装置,将监测信息纳入信号集中监测系统。

新建联锁设备的车站站内采用97型25 Hz相敏轨道电路,并设带适配器的扼流变压器。站内正向接发车进路及反向接车进路、到发线接发车进路采用电码化。正线采用叠加预发码、到发线采用叠加发码方式,采用 ZPW-2000 系列发码设备,发送设备按 $N+1$ 冗余配置,接收器采用双机并用方式。对车站工区岔线等分路不良区段采用高压脉冲轨道电路,以及保证轨道电路可靠工作的技术措施。

站内轨道电路室外信号电缆采用综合护套综合扭绞数字信号电缆。站内电码化控制电缆采用数字信号电缆传输,其他信号设备采用非数字信号电缆。

运输调度指挥系统,全段采用分散自律型调度集中(CTC)系统,正线各车站设 CTC 分机设备、网络信息安全和通道质量监督等设备;按照铁路局管辖范围和调度区划分,纳入兰州铁路局调度所 CTC 总机系统和新设的 2 个行车调度台指挥。

列车运行控制系统,本段采用 CTCS-0 级列控系统,在羊木站与广元站间广元站控制范围的适当位置设 CTCS-0/2 级级间转换点及相应的应答器。采用 CTCS-0 级列控的本段的临时限速命令由 CTC 系统完成。各车站和信号中继站设列控中心、应答器及 LEU 等设备,所设列控中心间可通过信号安全数据网实现站间安全信息的实时传输,实现区间运行方向与闭塞的控制,通过与 CTC 系统的通信接口向 CTC 设备传输区间闭塞分区状态、方向和设备状态等信息。列控中心且具备自诊断与维护功能,实现列控中心通信接口的故障自诊断和辅助维护,同时把监测状态信息和报警信息发送给信号集中监测总机系统。

区间自闭制式,全段正线及货运通道采用四显示自动闭塞,正向按追踪间隔运行、反向采用自动站间闭塞行车,站间信息采用光纤传输通道及设备。并设区间地面通过信号机。

正线区间采用 ZPW-2000 系列无绝缘移频轨道电路,其发送设备按 $N+1$ 冗余配置。轨道电路干线电缆采用铝护套内屏蔽数字信号电缆,分支电缆采用非数字信号电缆。轨道电路干线电缆有效传输长度一般控制在 10 km、困难地段不超过 15 km。超过规定长度设信号中继站。

信号集中监测系统,沿线各车站和信号中继站设集中监测分机设备,渭源、哈达铺、陇南等信号车间,以及信号工区设集中监测终端设备,通过监测网络接入兰西电务段既有信号集中监测总机系统,实现对信号设备的集中监测和远程诊断。

沿线信号设备房屋设防雷电、电磁兼容和综合接地防护系统,与房建工程同步实施。室内信号设备设防雷保安器和分线防雷柜,其设备箱盒、柜体等通过综合接地系统与贯通地线等电位连接。

正线设综合接地系统,分别沿铁路两侧各设 1 条截面为 35 mm^2 的铜质电缆专用贯通地线,在电气特性上全程贯通,接地电阻应不大于 1 Ω。沿线轨旁信号设备安全接地后就近与贯通地线等电位连接。

参加兰渝铁路线路工程施工的有中铁二局、七局集团,中铁隧道局集团,中铁十局、十一局、十三局、十八局、十九局集团,中交第一二公路局和中交路桥建设公司等单位,参加电气化、通信信号和电力工程施工的有中铁电气化局集团,中铁武汉电气化局集团,中铁二局集团电气化公司,中铁建大桥局集团电气化公司,中铁建电气化局集团等单位。

线路工程于 2008 年 9 月 26 日开工,四电工程于 2014 年 8 月 1 日开工。2011 年 6 月

28 日,兰渝铁路正线在重庆、合川、渭沱镇开始铺轨。2012 年 7 月在甘肃和四川省内开始铺轨。2014 年 10 月铺轨进入南充市阆中市。2014 年 12 月 26 日,兰渝铁路引入重庆枢纽工程施工改造完成。2015 年 1 月 1 日,重庆北至渭沱段开通运行。2015 年 12 月 26 日,重庆至广元段正式投入运营;2016 年 6 月 28 日,兰州东站至夏官营段正式投入运营。2016 年 12 月 26 日,甘肃岷县至广元段正式投入运营。2017 年 9 月 29 日,兰渝铁路全线开通运营。

3.35　龙口至烟台铁路

新建龙烟铁路,西起大(家洼)莱(州)龙(口)铁路的龙口西站,途经龙口、蓬莱、烟台市经济技术开发区、福山区、芝罘区等县市区,东至蓝烟铁路的珠玑站,正线全长112.7 km(图 3.35)。全线设有芦头、龙口、北沟、王李、蓬莱、刘家沟、潮水、烟台西港、大季家、烟台西、珠玑等车站。其中芦头、王李、刘家沟站为会让站,龙口、北沟、蓬莱、潮水、大季家、烟台西为新设中间站,潮水、大季家为烟台港西港区铁路本线接轨站,烟台西港站为进港铁路的港前站,珠玑为既有接轨站;另设北皂线路所。工程范围还包括北皂线路所至珠玑线路所联络线长 2.4 km;烟台港西港区进港铁路,烟台西港站分别接入至潮水站线长 7.3 km、至大季家站线长 7.7 km。新建龙烟铁路是山东省烟台市内的一段重要铁路,它与德(州)大(莱龙)铁路、既有的大莱龙线路统称为德龙烟铁路,共同构成了山西煤炭基地至环渤海港口的便捷通道。龙烟铁路全线沿海,它的建成串起了渤海湾多个港口,同时也与大莱龙铁路和将要建设的黄骅至大家洼铁路连为一体,形成一条新的环渤海经济通道。通过蓝烟铁路和渤海铁路轮渡与全国铁路相连,进一步确立烟台在全国东部沿海城市的交通枢纽地位。对烟台地区经济发展具有积极的带动作用。

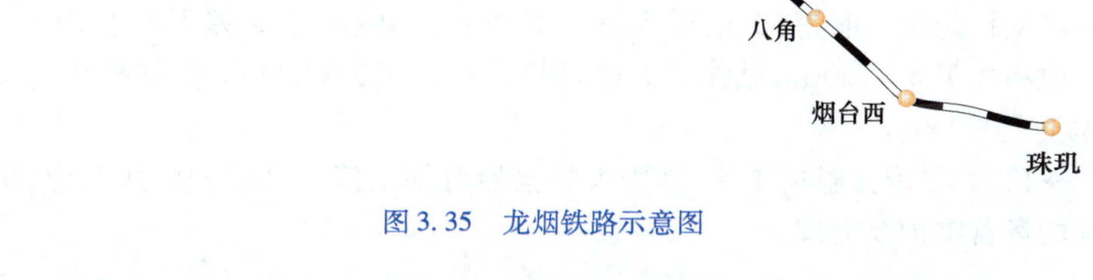

图 3.35　龙烟铁路示意图

龙烟铁路的建设单位是济南铁路局、德龙烟铁路有限责任公司,设计单位是中铁工程设计咨询集团公司。线路主要技术标准:铁路等级,Ⅰ级;正线数目,单线、预留双线条件;限制坡度,6‰;最小曲线半径,一般地段 3 500 m、困难地段 2 800 m、枢纽范围及利用既有线地段 800 m;到发线有效长度,1 050 m;闭塞类型,半自动闭塞;牵引种类,电力牵引(直供加回流线供电方式);牵引质量,5 000 t;建筑界限,新建地段预留开行双层集装箱列车的条件。

3.35.1　电气化工程

牵引供电采用带回流线的直接供电方式。新设王李、大季家 2 座牵引变电所,其场坪要适度预留今后的发展条件。既有珠玑开闭所增加馈线设备向本线供电,并要统筹考虑德(州)龙(口)烟(台)全线牵引变电所的设置位置。

新建牵引变电所引入 2 路独立的 110 kV 电源供电,110 kV 电源侧采用线路变压器组接线,电气设备采用户外中型布置;27.5 kV 侧采用单母线分段接线,电气设备采用户内网栅间隔式布置。

新建牵引变电所设 2 台变压器,采用固定备用、三相 V/V 接线方式。各牵引变电所变压器安装容量:王李、大季家均为 2×(12.5+12.5)MV·A。既有福山牵引变电所主变压器暂不增容,待开通运营后根据运量增长情况适时更换。

新建牵引变电所采用微机保护和综合自动化系统,按无人值班设计,适当考虑值守条件。新设牵引供电远动系统,纳入济南铁路局电力调度所远动主机系统控制。

接触网采用全补偿简单链型悬挂,接触悬挂结构高度一般为 1 400 mm。正线接触线采用 120 mm^2的铜合金导线,承力索采用 95 mm^2的铜合金绞线;站线接触线采用 85 mm^2的铜合金导线,承力索采用 70 mm^2的铜合金绞线。接触线悬挂高度按带电通过双层集装箱货物列车设计。回流线等附加导线采用防腐型铝包钢芯铝绞线。既有珠玑站接触网改造维持既有标准,并通过优化改造方案减少废弃和过渡工程。

接触网绝缘泄漏距离不小于 1 200 mm,特别严重污秽地区适当加强绝缘。沿海地区采用硅橡胶合成绝缘子。一般地段采用锚段关节式电分相,尽量避免设在大坡道、列车出站加速地段和限速低速地段。

接触网支柱,一般地段的腕臂柱采用横腹杆式预应力钢筋混凝土支柱,桥支柱采用热浸镀锌钢柱。车站及多线并行地段采用软横跨和钢柱,有雨棚的车站接触网支柱与雨棚柱合架。支柱高度按水平腕臂距柱顶 100 mm、最大不超过 300 mm 选择。支柱侧面限界应满足大型养路机械作业的要求,一般为 3.1 m。

接触网支柱跨距一般为 50 m,最大不大于 55 m。相邻跨距之差不大于 10 m。正线锚段长度一般不大于 2×750 m,站线最大锚段长度不大于 2×800 m,附加导线的锚段长度一般不大于 2 000 m。

新设龙口、大季家接触网工区,其中大季家接触网工区与牵引变电所合建,负责牵引供电设施的运营维护及管理。

3.35.2　电力工程

全线新设 1 条 10 kV 电力贯通线,优先采用架空线路,架设预留增建第二线条件的地段,按与接触网支柱同侧 25~30 m 范围内架设电力线路。全线新设蓬莱 10 kV 配电所,利用改造既有福山10 kV配电所。

设有10 kV配电所的车站其用电负荷设站内10/0.4 kV变电所供电，由配电所站馈线接引电源；没设10 kV配电所的车站其用电负荷设站内10/0.4 kV变电所，就近接引地方电源供电或接引10 kV贯通线供电。其中会让站从10 kV贯通线接引电源供电。

车站通信信号用电负荷设室内10/0.4 kV变电所供电，电源引自10 kV电力贯通线。区间通信信号用电负荷设箱式变电站供电，电源引自10 kV电力贯通线。

新建10 kV配电所采用综合自动化系统，按无人值班设计。新设电力远动系统，纳入济南供电段控制中心管理。

3.35.3 通信工程

长途通信线路，龙口西至烟台通信站新设1条24芯单模直埋光缆，沿铁路敷设。

传输系统，龙口西至烟台通信站利用新建24芯光缆开设SDH 2.5 Gbit/s传输系统，在烟台通信站、龙口西和沿线主要车站设SDH 2.5 Gbit/s设备。

龙口西至烟台通信站利用新建24芯光缆开设SDH 622 Mbit/s接入网系统，沿线车站设SDH 622 Mbit/s设备，并在同一车站将SDH 622 Mbit/s设备通过SDH 622 Mbit/s光接口与SDH 2.5 Gbit/s设备互联。烟台西至福山段新设SDH 622 Mbit/s接入网系统，各车站设SDH 622 Mbit/s设备。

区间通信基站、牵引变电所、电力配电所等信息接入点设SDH 622 Mbit/s设备，利用新建光缆通过相邻车站接入SDH 622 Mbit/s接入网系统，为其专业提供话音和数据信息传输通道。

在济南新设传输与接入网网管系统及设备，青岛新设传输网管系统复示终端，烟台新设传输网管系统复示终端和接入网网管系统及设备。

电话交换系统，利用烟台既有程控电话交换机，沿线新增自动电话用户通过接入网接入烟台的程控电话交换机。通过统一编号，实现与既有铁路电话专网的互通。

新设数字调度通信系统，利用济南铁路局调度所的既有中心调度通信交换机，沿线车站新设车站型调度通信交换机、调度分机、车站值班台等设备，按管辖范围和调度所划分，纳入铁路局调度所中心调度通信交换机和调度通信系统，并新设1个行车调度台，负责本线及大莱龙等相关铁路的列车调度指挥。

新设GSM-R移动通信系统，利用济南铁路局既有GSM-R通信交换机，利用其他工程设在济南铁路局的基站控制器(BSC)，沿线设通信基站(BTS)，采用单层覆盖方式组网。区间弱场区采用光纤直放站、漏泄电缆和天线方式增强，以满足无线场强的覆盖，完成调度通信、调度命令下达、无线车次号校核信息的传送等功能。

新设应急通信系统，潮水综合维修工区新设应急通信现场接入设备，接入济南铁路局既有应急通信中心系统。

通信电源，沿线通信设备机房新设48 V高频开关电源和蓄电池组，并新设电源和机房环境监控系统及采集设备。

3.35.4 信号工程

车站联锁,沿线各新建车站和烟台西港站新设双机热备型计算机联锁设备和信号智能电源屏,联锁设备的控显方式采用鼠标+显示器方式。珠玑站(含珠玑线路所道岔和福山联络线道岔)在蓝烟铁路电气化工程所建计算机联锁设备基础上结合本线引入进行利旧改造。

根据车站道岔设计类型,配备相应的道岔转辙设备和拉力测试装置,并与电务段的既有电务维修工装相匹配。18 号可动心道岔按多机分动、外锁闭方式设计控制电路,配备密贴检查装置,监测信息纳入信号集中监测系统。

新建联锁设备的车站站内采用 97 型 25 Hz 相敏轨道电路,车站接近区段按 1 个接近区段设计,在接近区段内分布有长大桥梁、隧道时,预告信号机可根据具体情况采用矮型信号机机构。车站电码化采用正线预叠加发码、到发线占用叠加发码方式,采用 ZPW-2000 系列发码设备。为克服沿海地区车站站内渡线和岔线区段轨道电路分路不良,应采取必要的技术措施,确保信号设备的正常工作。

站内轨道电路采用铝护套信号电缆,分支电缆采用综合护套信号电缆,车站电码化信息传输采用铝护套内屏蔽数字信号电缆。

列车调度指挥系统,龙口西站(不含)至珠玑站(不含)和烟台西港站采用调度集中(CTC)系统,沿线各车站新设 CTC 分机、信息安全和通道质量监督设备。按照管辖范围和调度区划分,通过传输通道纳入济南铁路局调度所 CTC/TDCS 总机系统和新设的 1 个行车调度台。利用德龙烟铁路德大段工程所设的通信和应用服务器、网络安全等设备,结合本工程进行相应修改。负责本线及大莱龙等相关铁路的运输调度指挥。

龙口西站的既有分机设备纳入大莱龙段铁路改造工程统一实施,并能与本线 CTC 系统交换信息。蓝烟铁路珠玑站的既有 TDCS 分机设备结合本工程利旧改造,维持既有调度指挥模式和调度台的管辖。

区间自闭制式,新建线路和烟台西港站进港线采用自动站间闭塞行车,采用计轴设备完成区间占用或空闲检查功能。站间距离较短的采用轨道电路方式检查区间空闲。接轨站改造涉及的既有线区间维持既有闭塞制式结合本工程进行相应改造。

区间干线电缆采用铝护套信号电缆,分支电缆采用综合护套信号电缆。敷设位置要避开预留增建第二线的线位。

信号集中监测系统,各新建车站和烟台西港站设集中监测分机设备。珠玑站既有监测分机设备利旧改造,通过监测网络纳入所属电务段既有信号集中监测网络总机系统。

沿线信号设备房屋设防雷电、电磁兼容和综合接地防护系统。与房建工程同步实施。

参加龙烟铁路线路工程施工的有中铁一局、四局、十局、中铁十四局集团等单位,中铁武汉电气化局承担电气化、通信、信号和电力工程的施工。

线路工程于 2009 年 11 月 19 日开工,四电工程于 2016 年 5 月 7 日开工。2015 年 8 月 22 日开始铺轨。2017 年 8 月 21 日中铁电气化局集团运维公司向全线接触网设备一次送电成功。2017 年 12 月 19 日全线正式开通运营。

3.36　九江至景德镇至衢州铁路

新建九景衢铁路，是中国华东地区的一条快速铁路。西起江西省九江市（京九铁路的九江站），途经江西省湖口、都昌、鄱阳、浮梁、景德镇、婺源、德兴等市县，东至浙江省的衢州市（沪昆铁路的衢州站），大致呈西北东南走向，线路全长 333.26 km（图 3.36）。其中九江至琵琶湖段利用既有双线 6.94 km，琵琶湖至湖口增建第二线长 22.83 km，湖口至辉埠新建双线 261.02 km，辉埠至衢州增建第二线 42.47 km。工程范围还包括九江枢纽及景德镇、衢州地区配套工程。全线近期设九江、琵琶湖、湖口、都昌、油墩街、鄱阳、景德镇北、赋春、桥上村、婺源、新岗山、杨林、开化、辉埠、常山、衢州等车站。其中九江、琵琶湖、湖口、婺源、衢州为既有站，其余为新建站；并预留五里街、洪源、航埠 3 个会让站。

新建九景衢铁路向西经武九线衔接京广、沪汉蓉通道，往东连接沪昆通道，将构成沪汉蓉与沪昆铁路间的辅助联络线，形成华中和西南地区与东南沿海地区的又一条便捷通道，可有效缓解沪昆、京九铁路两大干线能力紧张的状况。对完善路网布局，改善区域交通运输条件，承接长三角及东南沿海产业转移，促进东南沿海与中部地区的人流、物流、信息流、资金流融合，推动沿线经济社会发展起到重要作用。

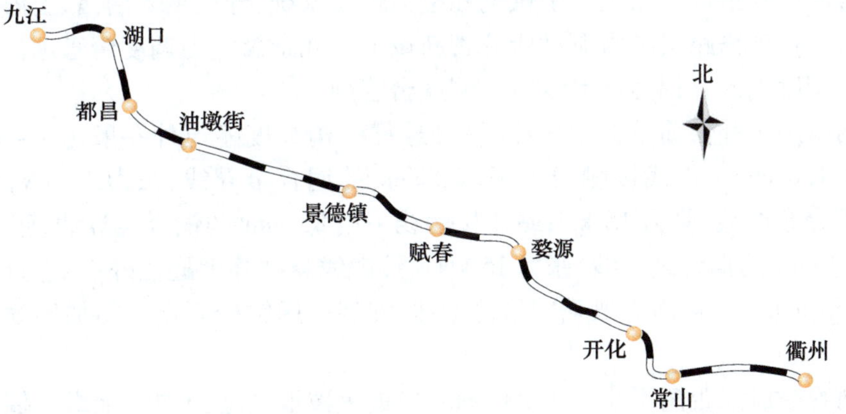

图 3.36　九景衢铁路示意图

九景衢铁路的建设单位是上海和南昌铁路局、九景衢铁路浙江及江西有限公司，设计单位是中铁第四勘察设计院集团有限公司。线路主要技术标准：铁路等级，Ⅰ级；正线数目，双线；限制坡度，6‰；最小曲线半径，一般地段 3 500 m、困难地段 2 800 m；到发线有效长度，850 m；速度目标值，200 km/h；闭塞类型，自动闭塞；牵引种类，电力牵引（直供加回流线供电方式）；机车类型，动车组、SS9、HXD3；牵引质量，4 000 t。

3.36.1　电气化工程

牵引供电正线采用带回流线的直接供电方式。全线新设湖口、都昌、鄱阳、景德镇北、赋春、开化、招贤等直供牵引变电所，新设婺源 1 座半 AT、半直供牵引变电所，各牵引变电所并设并联电容补偿装置。新设武山、油墩街、浮梁、内仓坞、秋口、新港山、九江、源口、衢州等直供分区所;利用京九线的既有九江分区所。将合肥至福州客运专线的冷水亭 AT 所改造为 AT 分区所,并对此处的接触网加设电分相,由合福客运专线工程统筹实施。本线开通后,合福客运专线冷水亭 AT 所至董家林 AT 分区所供电臂改由婺源牵引变电所供电。

新建牵引变电所引入 2 路 220 kV 电源供电,新建直供牵引变电所 220 kV 侧采用线路变压器组接线,电气设备采用户外中型布置;27.5 kV 侧采用单母线分段接线,电气设备采用户内网栅方式布置。新建婺源牵引变电所 220 kV 电源侧采用线路变压器组接线,主变压器采用户外低式布置,其余电气设备采用全户外单体中式布置;27.5 kV 侧采用单母线分段接线,电气设备采用全户外布置。新建分区所采用箱式布置。

新建牵引变电所所设变压器,采用固定备用、三相 V/V 接线、油浸自冷方式、预留风冷条件。新建湖口、都昌、鄱阳、赋春、开化、招贤牵引变电所变压器安装容量近期均为 2 ×(20 +20) MV · A;新建景德镇北变电所变压器安装容量近期为 2 ×(16 +16) MV · A;新建婺源变电所变压器安装容量近期为 2 ×(25 +20) MV · A,下阶段可根据合福客运专线牵引供电需要进行调整。

新建牵引变电所、分区所采用微机保护和综合自动化系统,按无人值班设计,牵引变电所适当考虑值守条件。新设牵引供电和电力远动系统,分别纳入南昌、上海铁路局既有电力调度所。在各铁路局电力调度所分别新设 1 个九景衢电力调度台管理。新建婺源牵引变电所的调度纳入合福客运专线电力调度台管理。

接触网采用全补偿简单链型悬挂,接触悬挂结构高度隧道外一般为 1 400 mm,隧道内一般为 1 100 mm。正线接触线采用 120 mm^2 的铜合金导线,张力 15 kN,承力索采用 95 mm^2 的铜合金绞线,张力 15 kN;站线接触线采用 85 mm^2 的铜合金导线,张力 15 kN,承力索采用 70 mm^2 的铜合金绞线,张力 15 kN。接触线悬挂高度隧道外一般为 6 000 mm、隧道内为 5 750 mm。隧道内一般采用吊柱悬挂,安装采用锚栓固定。附加导线采用铝包钢芯铝绞线。

接触网绝缘泄漏距离不小于 1 400 mm,严重污秽地区适当加强绝缘。隧道外的一般地段采用瓷质绝缘子,隧道内采用复合绝缘子。采用带中性段空气间隙绝缘的双断口锚段关节式电分相,尽量避免设在大坡道、列车出站加速地段和线路限速低速区段。

接触网支柱,路基区段的腕臂柱采用钢筋混凝土等径圆杆,T 梁桥区段采用格构式钢柱,箱梁桥区段采用 H 型钢柱,站场能在线间立柱的采用 H 型钢柱;车站及多线并行区段不满足线间立柱的采用硬横梁和钢管柱。车站雨棚地段接触网支柱与雨棚柱合架。

接触网支柱标准跨距,正线路基区段为 50 ~65 m;双线隧道内一般为 45 m,最大不大于 50 m;桥上跨距需根据桥梁孔跨结构确定,T 梁桥上一般为 32.7 m,连续梁桥上一般为 48 m。

锚段关节采用四跨或五跨关节。正线锚段长度一般不大于 2 ×700 m;站线锚段长度不大于 2 ×850 m;附加导线锚段长度一般不大于 2 000 m。

全线新建景德镇北供电车间和工区,新建都昌、鄱阳、婺源、常山供电工区,负责本线新建牵引供电和电力设施的运营维护、管理及抢修工作。

3.36.2　电力工程

九江至湖口段新设 1 条一级负荷 10 kV 贯通线，利用改造既有的 1 条 10 kV 贯通线；湖口至衢州段新设 1 条一级负荷 10 kV 贯通线和 1 条综合负荷 10 kV 贯通线，新建 10 kV 贯通线一般地段采用架空线路，在桥隧集中区段、风景区以及无架空径路时采用电缆敷设。给沿线通信信号等负荷提供主备用电源。

全线新设湖口、都昌、鄱阳、景德镇北、赋春、开化等 10 kV 配电所，利用合福客运专线所建的婺源 10 kV 配电所，改造利用既有九江、衢州 10 kV 配电所。新建 10 kV 配电所引入 2 路 10 kV 电源供电。

设有 10 kV 配电所的车站站房综合用电负荷设 10/0.4 kV 变电所和变压器供电，从配电所站馈线接引 2 路电源；车站附近综合工区/车间用电负荷设 10/0.4 kV 变电所和变压器供电，从配电所站馈线接引 2 路电源；没设 10 kV 配电所的车站站房综合用电负荷设 10/0.4 kV 变电所和变压器，就近接引地方电源供电。

车站与行车有关的通信信号等一级负荷设室内 10/0.4 kV 变电所和专用变压器供电，电源分别引自 2 路 10 kV 贯通线。区间通信信号等一级负荷设箱式变电站供电，电源分别引自 2 路 10 kV 贯通线。

区间牵引变电所、分区所自用电就近从综合负荷 10 kV 贯通线 T 接 1 路电源供电，另一路电源由牵引供电系统供给。

区间其他用电负荷，根据负荷分布及负荷性质，在负荷集中处设箱式变电站供电，电源引自综合负荷 10 kV 贯通线。

500 m 以上的隧道动力照明采用 1 路电源供电；5 000 m 以上的隧道采用 2 路电源供电，并增设应急照明的 EPS 电源，进行 BAS 远方控制。隧道消防负荷采用 2 路电源供电。

新建 10 kV 配电所采用微机保护和综合自动化系统，按无人值班设计。新设电力远动系统，分别纳入南昌、上海铁路局既有电力调度所新设的九景衢电力调度台管理。

3.36.3　通信工程

长途通信线路，九江至湖口沿新建铁路敷设 1 条 96 芯单模直埋光缆，利用 1 条既有光缆，构成 2 条不同物理径路的光缆线路。湖口至衢州沿铁路两侧各敷设 1 条 48 芯单模直埋光缆。景德镇北站至景德镇通信站沿铁路两侧各敷设 1 条 32 芯单模直埋光缆。九江至庐山利用既有线槽道新设 1 条 8 芯光缆，为信号安全数据网提供通道。

传输系统，九江至衢州新设 SDH 10 Gbit/s 骨干（汇聚）传输系统，办理客货运业务的主要车站设 SDH 10 Gbit/s ADM 设备。利用铁路两侧光缆中的各 2 芯光纤构成复用段 1 + 1 保护。在昌九城际铁路的德安站新设 SDH 10 Gbit/s 设备，利用既有光缆开通九江通信站至南昌铁路局的传输系统，实现本线通信网与既有铁路通信网的互联。利用在婺源新设的 SDH 10 Gbit/s 设备实现与合福客专的传输系统互联。利用在衢州新设的 SDH 10 Gbit/s 设备实现与沪昆铁路的传输系统互联。

九江至衢州新设 SDH 622 Mbit/s 传输及接入网系统,沿线车站设 SDH 622 Mbit/s 设备,利用铁路两侧光缆中的各 2 芯光纤构成复用段 1 +1 保护。

区间通信基站、信号中继站、牵引变电所、分区所、电力配电所、综合维修车间/工区等处设 SDH 622 Mbit/s 设备,利用铁路两侧光缆中的各 2 芯光纤构成 1 个区间 SDH 622 Mbit/s 2 纤复用段保护环。

车站内电力配电所、综合维修车间/工区、公安派出所等信息接入点新设 SDH 622 Mbit/s 设备,分别与本站通信机房构成站内通道保护环。

电话交换系统,利用九江、景德镇和衢州通信站的既有电话交换机,并分别新设光线路终端设备(OLT);沿线各新建车站、综合维修车间/工区、信号中继站、线路所、牵引变电所、分区所、电力配电所、派出所等信息接入点设光网络单元(ONU),沿线新增自动电话用户按管辖范围和隶属关系,通过 ONU 设备及接入网分别接入九江、景德镇和衢州通信站的 OLT 设备和电话交换机,通过统一编号组网,实现与既有铁路电话专网的互通。

九江至衢州新设数据网系统,利用南昌、上海铁路局的核心路由器及其之间的既有互联通道,实现本线跨局数据网业务的互通。利用九江、杭州东通信站既有汇聚路由器;在景德镇北站新设汇聚路由器;新建车站各设 1 台接入路由器等设备,负责本地数据业务的接入。接入路由器之间采用光纤直接联接方式。接入路由器与汇聚路由器之间通过传输通道联接,按铁路局管辖范围分别上联至所归属的核心路由器,实现数据业务的转发与汇聚。

九江至衢州新设调度通信系统,利用南昌、上海铁路局调度所的既有调度通信交换机、根据需要扩容;各新建车站设车站型调度通信交换机、调度分机、车站值班台等设备。按照铁路局管辖范围和调度区划分,通过专用调度通信网分别接入铁路局调度所调度通信交换机和调度通信系统。湖口(不含)至新岗山(含)段纳入南昌铁路局新设的本线行车调度台管辖;新岗山至衢州(不含)段纳入上海铁路局既有沪昆调度台管辖;既有车站维持既有调度台管辖不变。

九江至衢州新设 GSM-R 移动通信系统,利用南昌、上海铁路局既有 GSM-R 核心网交换中心设备;在景德镇北、杭州东新设基站控制器和无线子系统网管终端设备,沿线车站和区间设通信基站,大型车站按 3 载频配置、其他车站和区间按 2 载频配置,采用单层覆盖方式组网。区间和隧道内弱场区采用光纤直放站、漏泄电缆和天线方式增强,解决无线场强的覆盖问题。按铁路局管辖范围通过传输通道分别将通信基站及光纤直放站接入所属的基站控制器及铁路局 GSM-R 核心网交换中心设备,完成调度通信、调度命令信息和无线车次号校核信息等传送功能。

应急通信系统,利用南昌、上海铁路局既有应急通信系统中心设备;在景德镇北、常山综合维修车间设应急救援系统现场接入设备,通过传输通道分别接入铁路局应急通信指挥中心系统。

会议电视系统,利用南昌、上海铁路局既有会议电视系统中心设备;新建车站设会议电视分会场设备,通过传输通道分别接入铁路局会议电视中心设备和网管系统。

通信电源,沿线通信设备机房新设48 V 高频开关电源和 UPS 不间断电源设备。新设电源和机房环境监控系统及采集设备,实现对电源设备和机房环境的监控。

3.36.4　信号工程

车站联锁,九江站(不含)至衢州站(不含)沿线新建车站新设硬件安全冗余型计算机联锁设备和信号智能电源屏;九江、衢州站既有联锁设备利旧改造;琵琶湖站室内新设硬件安全冗余型计算机联锁设备和信号智能电源屏,对室外电化挂网范围内的信号设备按电气化防护标准利旧改造。与湖口站相邻铜九铁路的流泗站既有联锁设备进行适应性改造,增加自动站间闭塞功能。车站联锁设备与列控系统间的安全信息采用专用安全冗余通道进行交换,向有源应答器和轨道电路提供进路编码,并配合CTC、列控设备完成区间封锁、股道封锁和临时限速等功能。维修工区及维修保养点道岔纳入临近车站联锁设备集中控制。

根据车站(场)道岔设计类型,配备相应的道岔转辙设备和安装装置,CTC管辖车站的转辙机采取断电保护措施,并实现挤岔监督报警功能。正线上60 kg/m钢轨18号道岔采用三相交流转辙机和外锁闭装置;其他普通道岔采用ZD6系列电动转辙机。各车站(不含九江、琵琶湖)正线上的道岔设密贴检查和转辙机缺口检查装置。监测信息纳入信号集中监测系统。

新建联锁设备的车站(线路所)站内采用25 Hz相敏轨道电路,电化挂网区段设带适配器的扼流变压器,采用二元二位继电器作为轨道电路的接收设备。车站电码化采用与区间相同制式的ZPW-2000系列发送设备,按1+1冗余配置;正线接车进路采用叠加预发码、侧线采用叠加发码方式。站内轨道电路和电码化干线电缆采用铝护套数字信号电缆,分支电缆采用非数字信号电缆。

调度指挥系统,九江至衢州新设调度集中(CTC)系统,各新建车站设CTC分机设备、网络安全和通道质量监督等设备。既有九江、衢州等站的CTC分机设备利旧改造。按照铁路局管辖范围和调度区划分,分别纳入上海、南昌铁路局调度所CTC/TDCS总机系统。琵琶湖(不含)至新岗山(含)段由新设在南昌铁路局调度所的本线行车调度台调度指挥,并增设相应的应用和通信服务器、临时限速接口服务器等设备;新岗山至衢州段由上海铁路局调度所的既有沪昆调度台调度指挥。

列车运行控制系统,九江至衢州(不含)正线采用CTCS-2级列控系统(兼容CTCS-0级系统),衢州站原采用CTCS-0级列控系统,在衢州站外区间设CTCS-2/0级级间转换点;在婺源站适当位置设与合福客专的CTCS-3/2级级间转换点。在九江通信站和衢州站各设1套临时限速服务器(TSRS)及终端设备,分别负责南昌、上海铁路局管段内列车的临时限速管理。既有站和相邻区段维持既有临时限速命令的下达及管理方式。沿线各新建车站和信号中继站设列控中心(TCC)、应答器及电子编码单元(LEU)设备,九江站既有列控中心设备利旧改造。所设列控中心具有车站电码化的编码、区间轨道电路的编码及轨道电路发码方向控制、有源应答器报文存储与调用、站间安全信息实时传输、区间运行方向与闭塞的控制、区间占用逻辑检查等功能。并根据轨道电路、进路状态及临时限速等信息产生行车许可,通过有源应答器将行车许可传送给列车,保证列车的安全运行。

区间自闭制式,正线区间采用四显示自动闭塞,正向按最小追踪间隔运行、反向采用自动站间闭塞行车,设区间地面通过信号机。根据本线采用的 CTC 方案,相邻区间的半自动闭塞改为自动站间闭塞制式,其他相邻线路维持既有闭塞制式不变。其中湖口与铜九铁路流泗站之间采用自动站间闭塞、64D 半自动闭塞 + 计轴方式,站间增加计轴检查设备;景德镇北与景德镇线路所之间采用自动站间闭塞,设站间联系电路;景德镇线路所与皖赣铁路的浮梁站、景德镇站之间采用 64D 半自动闭塞,站间闭塞信息采用光传输通道。

正线区间采用 ZPW-2000 系列无绝缘轨道电路,用于轨道占用检查,轨道电路发送设备按 1 + 1 配置、接收设备采用双机并用方式,并向列车传送连续控车信息,并具有设备自监测功能,通过接口设备为信号计算机监测系统提供监测信息。湖口站的接近区段采用 ZPW-2000 系列轨道电路,湖口与铜九铁路流泗站之间区间采用计轴轨道电路。景德镇北站与景德镇线路所之间采用 25 Hz 相敏轨道电路。

正线 ZPW-2000 系列轨道电路采用铝护套数字信号电缆,电缆的有效传输长度一般控制在 10 km。

新设信号集中监测系统,新建车站(线路所)和信号中继站设集中监测分机设备,九江、流泗、衢州站既有集中监测分机设备利旧改造;在沿线信号维修车间(工区)设信号集中监测终端,按管辖和隶属范围分别接入南昌、杭州电务段信号集中监测中心总机系统。实现对信号设备的集中监测和远程诊断,保证信号设施能处于正常工作状态。

沿线新建信号设备房屋设防雷电、电磁兼容和综合接地防护系统,与房建工程同步实施,并与贯通地线等电位连接。

新设综合接地系统,沿铁路两侧分别敷设 1 条截面为 35 mm^2的铜质电缆贯通地线,在电气特性上全程贯通,接地电阻不大于 1 Ω。沿线轨旁信号设备安全接地后就近与贯通地线等电位连接。

参加该线线路工程施工的有中铁四局、六局、二十四局集团等单位,中铁电气化局集团等单位承担牵引供电、通信信号和电力四电系统集成工程的施工。

线路工程的江西段于 2013 年 12 月 9 日正式开工。浙江段于 2014 年 1 月 22 日开工。四电工程的浙江段于 2016 年 3 月 10 日开工。2015 年 12 月 4 日湖口段开始铺轨。2017 年 1 月13 日全面进入挂网架线阶段。2017 年 8 月 13 日完成接触网送电和热滑试验。2017 年 8 月 17 日上海铁路局管段开始联调联试。2017 年 11 月 16 日江西段正式进入试运行阶段,2017 年 12 月 28 日全线正式开通运营。

3. 37 滨洲铁路电气化

既有哈尔滨至满洲里铁路东起哈尔滨站,途经黑龙江省肇东市、安达市、大庆市、杜尔伯特蒙古族自治县、龙江县、齐齐哈尔市进入内蒙古自治区,经扎兰屯市、牙克石市、鄂伦春自治旗、陈巴尔虎旗、新巴尔虎左旗、海拉尔区、西到满洲里站,呈东南西北走向,线路全长 933. 738 km(图 3. 37)。其中黑龙江省内 375 km,内蒙古自治区段为 558 km。滨洲铁路是我国东北地区铁路网的骨架组成部分,从满洲里站向西与俄罗斯西伯利亚大铁路接轨,是连通欧亚大陆的重要铁路通道。近年来,随着中俄贸易不断升温,满洲里口岸进出口运量逐年增多,为满足货物运送能力的需要,打通中俄铁路东部大通道,国家决定对拥有百年历史的滨洲铁路进行现状电气化改造,车站分布维持既有。改造范围:客运系统自哈尔滨站至满洲里站(K0 +000 ~ K935 +500、全长 932.995 km);货运系统自哈尔滨南站经王(岗镇)孙(家)线、王(岗)万(乐)线至满洲里站,直通货物列车经由江北联络线。含哈尔滨枢纽(王孙线、拉滨线、滨北线、江北线、王万线、滨江线等)、齐齐哈尔枢纽(平齐线、三榆线、红峰线、榆红线、榆树线、西昂线、昂峰线等)以及海拉尔地区配套工程。滨洲铁路电气化改造后,全线使用电力机车牵引运行,可有效提高列车运行速度,增强运输能力,降低运输成本,减少燃油带来的环境污染和能源浪费,对加快满洲里口岸和黑龙江西部地区与全国中心城市经贸交流,畅通中俄铁路东部大通道,促进沿线地区环境保护都具有十分重要的意义。

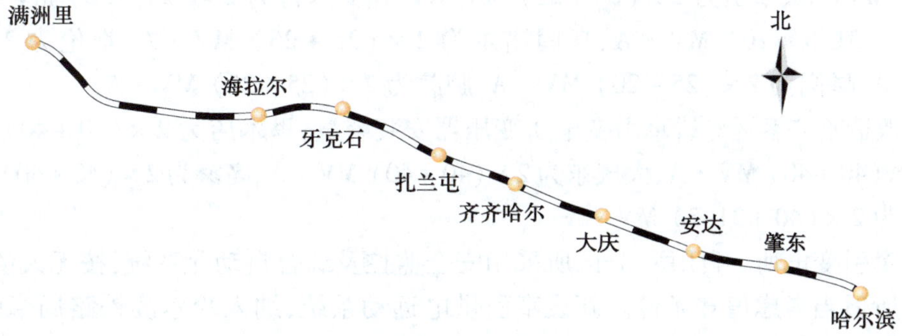

图 3.37　滨洲铁路示意图

滨洲铁路电气化的建设单位是哈尔滨铁路局滨洲铁路电气化改造工程建设指挥部,设计单位是铁道第三勘察设计院集团有限公司。线路主要技术标准:铁路等级,Ⅰ级;正线数目,双线;限制坡度,维持既有(双机 13‰、单机重车 6‰、轻车 9‰);最小曲线半径,维持既有;到发线有效长度,1 050 m、双机地段 1 080 m;闭塞类型,自动闭塞;牵引种类,电力牵引(直供加回流线供电方式);机车类型,货机 HXD 系列、客机 SS9;牵引质量,5 000 t、部分 6 000 t。

3.37.1　电气化工程

牵引供电采用带回流线的直接供电方式,越岭区段部分设置加强线。全线新设陈家、榆树屯、白山乡、碾子山、高台子、哈拉苏、喇嘛山、博克图、伊列克得、三根河、卓山、扎罗木得、海拉尔东、乌固诺尔、都伦、嵯岗、胪膑等牵引变电所。与哈齐客运专线并行地段,增容改造哈齐客运专线所建的里木店、宋站、大庆东、高家、红旗营东等牵引变电所,增设馈线为本线供电;利用哈佳铁路所建的太平桥牵引变电所;既有哈尔滨西牵引变电所增设风冷装置。新设让湖路西、满洲里 2 座分区所兼开闭所,新设三间房开闭所,新设王岗、红旗营、海拉尔北等 22 座分区所。利用哈佳铁路所建的哈尔滨南分区所兼开闭所出 1 回馈线为哈尔滨南机务段供电。

新建牵引变电所引入2路220 kV电源供电,220 kV电源侧采用线路变压器组接线,电气设备采用户外布置,在进线隔离开关外侧设置计费及保护用电压互感器和避雷器,在进线断路器外侧设置电流互感器;27.5 kV侧采用单母线隔离开关分段接线,电气设备采用室内AIS开关柜布置,27.5 kV母线上设保护、测量用电压互感器,馈线断路器采用固定备用方式。分区所、分区所兼开闭所、开闭所27.5 kV配电装置采用室内AIS开关柜布置。

新建牵引变电所设2台变压器,采用固定备用,三相V/V接线、油浸自冷方式,预留风冷条件。各牵引变电所变压器安装容量:陈家为2×(16+25) MV·A、榆树屯为2×(31.5+20) MV·A、白山乡为2×(20+20) MV·A、碾子山为2×(16+16) MV·A、高台子为2×(16+16) MV·A、哈拉苏为2×(16+16) MV·A、喇嘛山为2×(16+20) MV·A、博克图为2×(25+31.5) MV·A、伊列克得为2×(31.5+20) MV·A、三根河为2×(20+20) MV·A、卓山为2×(20+20) MV·A、扎罗木得为2×(25+20) MV·A、海拉尔东为2×(31.5+20) MV·A、乌固诺尔为2×(25+25) MV·A、都伦为2×(20+20) MV·A、嵯岗为2×(25+20) MV·A、胪膑为2×(25+25) MV·A。

增容改造哈齐客运专线牵引变电所变压器安装容量:里木店为2×(40+40) MV·A、宋站为2×(40+40) MV·A、大庆东为2×(40+40) MV·A、高家为2×(40+40) MV·A、红旗营东为2×(40+31.5) MV·A。

新建牵引变电所、开闭所、分区所采用安全监控及综合自动化系统,按无人值班设计,牵引变电所适当考虑值守条件。新设牵引供电远动系统,纳入哈尔滨铁路局牵引供电调度所,新设2个供电调度台管理。

接触网悬挂,正线和站线采用全补偿简单链型悬挂,接触悬挂结构高度一般地段为1 400 mm,隧道内可适当降低。正线接触线采用CTA-120型铜银合金导线,张力15 kN,承力索采用JTM-95型铜合金绞线,张力15 kN;站线接触线采用CTA-85型铜银合金导线,张力15 kN,承力索采用JTMH-70型铜合金绞线,张力15 kN。为满足超级超限列车的运行,露天区段的接触线悬挂点高度一般为6 000 mm,隧道内一般不小于5 650 mm。接触线距轨面的最低高度不小于5 700 mm。隧道内接触网安装,双线隧道内采用带斜撑的加强倒立柱结构,单线隧道内采用刚性悬挂方式。腕臂支持结构采用绝缘旋转平腕臂形式,腕臂支持装置与隧道外相同。附加导线一般采用铝包钢芯铝绞线。

接触网绝缘距离,25 kV绝缘子及绝缘器件的绝缘泄漏距离不小于1 400 mm;特别严重污染区段25 kV绝缘子及绝缘器件的泄漏距离不小于1 600 mm;供电线、加强线、接触悬挂下锚、软横跨、隧道内、隔离开关绝缘子及分束供电的分段处绝缘子爬电距离不小于1 600 mm。上下行接触网带电体间的距离一般不小于2 000 mm,困难时不小于1 600 mm。一般区段采用瓷质绝缘子;隧道内、锚段关节绝缘处、软横跨、分段绝缘器处以及特别严重污秽区采用合成绝缘子。采用带中性段空气间隙绝缘的锚段关节式电分相,尽量避免设在大坡道、列车出站加速地段和线路限速低速区段。

接触网支柱,一般路基区段的腕臂柱采用横腹杆式预应力钢筋混凝土支柱,桥上支柱采用热浸镀锌钢柱。车站内尽量在股道外侧及线间距较大的股道间立柱,新建站场横跨多股道或多线并行区间采用软横跨和热浸镀锌钢柱。有雨棚的车站接触网支柱与雨棚柱合架;没有雨棚的车站,对基本站台和侧式站台一般在站台外侧支柱,中间岛式站台立在站台中间。

接触网支柱跨距,直线区段一般不大于60 m、困难情况下不大于65 m。桥上根据具体情况确定,一般不大于50 m;双线隧道一般为35~40 m。曲线地段根据最小曲线半径确定。

绝缘和非绝缘锚段关节一般采用四跨关节。正线双边补偿时的最大锚段长度不大于2×750 m、困难情况下不大于2×850 m。站线最大锚段长度不大于2×800 m,困难情况下不大于2×950 m。单边补偿的锚段长度为上述值的50%。附加导线的最大锚段长度一般不大于2 000 m。

接触网下锚补偿采用铝合金大滑轮补偿装置,设防风限制架。补偿坠砣一般采用混凝土坠砣,半个锚段长度超过750 m时采用铁坠砣。既有兴安岭隧道采用恒张力弹簧补偿装置。既有桥上设防窜防断中心锚结,区间正线一般采用二跨式防窜防断中心锚结,条件受限处和车站软横跨区段采用防窜不防断中心锚结。

新建牵引供电设施的运行维护,由既有哈尔滨、齐齐哈尔供电段和新设的海拉尔东供电段负责。并新设让湖路西、卧牛河2个供电车间,其中让湖路西隶属哈尔滨供电段,卧牛河、海拉尔东隶属齐齐哈尔供电段。新设对青山、肇东、安达、海拉尔东、西庙台子等多个接触网工区。

3.37.2　电力工程

根据用电负荷新增情况及受电气化挂网影响情况,对既有10 kV贯通线及自闭电力线进行增容改造,为沿线新增用电负荷和不设10 kV配电所又无接引地方电源的车站新增负荷供电。

新设磋岗10 kV配电所,引入1路地方电源;移位新建扎兰屯10 kV配电所,引入第2路地方电源;增容改造既有博克图、三间房35/10 kV变电所及三间房变电所的电源线路;利用满洲里既有35/10 kV变电所为新增负荷供电。既有乌奴耳35/10 kV变电所室外开关设备改为室内开关柜布置,二次保护设备改为室内布置;扎赉诺尔西10 kV配电所二次保护设备改为室内布置,并接引第2路地方电源;既有昂昂溪、碾子山、海拉尔东、完工10 kV配电所从地方接引第2路10 kV电源,并增设相应的所内10 kV设备及更换影响供电安全的既有设备;更换巴林10 kV配电所老化的高压设备;增容改造哈尔滨南10 kV配电所的电源,改由所建的哈辆35/10 kV变配电所接引2路10 kV电源;其余的既有10 kV配电所设施原则上利旧,根据新增用电负荷情况进行适应性改造。

设有变(配)电所的车站新增通信信号用电负荷设室内10/0.4 kV变电所和2台专用变压器供电,电源分别引自10 kV贯通线和自闭电力线;没设10 kV配电所的车站新增通信信号用电负荷设箱式变电站和2台专用变压器供电,电源分别引自10 kV贯通线和自闭电力线。

设有变(配)电所的车站新增站房其余用电负荷另设变电台或利用既有箱式变电站

供电,电源引自配电所站馈线;没设 10 kV 配电所的车站新增站房其余用电负荷另设变电台或利用既有箱式变电站,从地方电网接引电源供电。

供电段、客整所、机务段新增用电负荷分别设 10/0.4 kV 变电所或箱式变电站供电,其电源分别引自本站变配电所站馈线。

各牵引变电所、开闭所及分区所自用电除自设 1 路电源外,另从 10 kV 贯通线接引 1 路备用电源。

区间新增通信信号等一级负荷设杆架式变电台或箱式变电站供电,电源分别引自 10 kV贯通线和自闭电力线。

改造和完善既有电力远动系统,按管辖范围分别纳入哈尔滨、齐齐哈尔和海拉尔东供电段电力调度中心管理。除新建海拉尔电力调度中心外,对既有哈尔滨、齐齐哈尔电力调度中心设备适当补强。

3.37.3 通信工程

长途通信线路,改造利用哈尔滨至满洲里的既有长途通信线路。齐齐哈尔北场信号楼至榆树屯新设 84 芯和 12 芯单模光缆各 1 条;榆树屯至昂昂溪、榆树屯至三间房经昂昂溪至局界,成吉思汗至海拉尔至满洲里新设 36 芯和 12 芯单模光缆各 1 条。

哈尔滨枢纽沿哈中信号楼—滨江—太平桥—江南—北松浦—新松浦—徐南—西庙台子—万乐—陈家—王岗—哈南二场新设 36 芯和 12 芯长途单模光缆各 1 条;沿哈南二场—孙家—东门—哈东—太平桥—滨江—哈中信号楼新设 36 芯和 12 芯长途单模光缆各 1 条。榆树屯至后五家新设 1 条 20 芯长途单模光缆。海拉尔南至海拉尔北新设 36 芯和 12 芯长途单模光缆各 1 条。

传输系统,利用哈尔滨至满洲里既有光传送网(OTN)系统中的 SDH 2.5 Gbit/s 系统作为(汇聚)传输系统,利用该系统设在哈尔滨、齐齐哈尔、三间房、昂昂溪、扎兰屯、博克图、牙克石、海拉尔、赫尔洪得、满洲里的既有 SDH 2.5 Gbit/s 设备。在龙江、赫尔洪得新设 SDH 2.5 Gbit/s 设备,替换既有 SDH 2.5 Gbit/s 设备。在哈尔滨西、哈尔滨铁路局调度所新设 SDH 2.5 Gbit/s 设备。

哈尔滨枢纽新设 SDH 622 Mbit/s 接入网系统;利用万乐(不含)至红旗营的既有 SDH 622 Mbit/s 接入网系统;齐齐哈尔枢纽新设 SDH 622 Mbit/s 接入网系统。红旗营至满洲里(含)新设 SDH 622 Mbit/s 接入网系统,各站新建车站通信机房、区间基站、牵引变电所、开闭所、分区所等处新设 SDH 622 Mbit/s 设备,利用新建 36 芯光缆中的 2 芯光纤构成 SDH 622 Mbit/s 环网保护。

哈尔滨枢纽:在哈西通信站、哈南二场、孙家、东门、区间通信基站、哈东站内各节点、调度所新设 SDH 622 Mbit/s 设备,利用 36 芯光缆中的 2 芯光纤构成 SDH 622 Mbit/s 环保护系统;在哈西通信站、王岗、陈家、万乐、西庙台子、徐南、北松浦、新松浦、江南、调度所新设 SDH 622 Mbit/s 设备,利用新设 36 芯光缆中的 2 芯光纤构成 SDH 622 Mbit/s 环保护系统;在哈西通信站、王岗分区所、区间通信基站、陈家牵引变电所、万乐分区所、徐南站、调度所新设 SDH 622 Mbit/s 设备,利用新设 36 芯光缆中的 2 芯光纤构成 SDH 622 Mbit/s

环保护系统。

齐齐哈尔枢纽：在齐齐哈尔通信站、昂昂溪、昂峰线路所、三间房站内各节点新设SDH 622 Mbit/s设备，利用新建36芯光缆中的2芯光纤构成SDH 622 Mbit/s环保护系统；在齐齐哈尔通信站、齐南、齐北站内各节点、大民屯、榆树屯站内各节点、区间通信基站、红峰线路所新设SDH 622 Mbit/s设备，利用齐齐哈尔至榆树屯新建84芯光缆中的2芯光纤、榆树屯至三间房、昂昂溪新建36芯光缆中的2芯光纤分别构成SDH 622 Mbit/s环保护系统。

在齐齐哈尔供电段新设SDH 622 Mbit/s设备，在齐齐哈尔通信站新设平齐铁路SDH 622 Mbit/s设备，利用既有光缆中的2芯光纤构成与本工程的SDH 622 Mbit/s传输系统。

对青山至后五家既有SDH 622 Mbit/s传输和接入系统设备进行扩容，以满足电力远动等新增传输通道的需要。海拉尔至海拉尔东供电段新设SDH 622 Mbit/s传输接入系统，在海拉尔东站、海拉尔东供电段、海拉尔东机务段新设SDH 622 Mbit/s设备。

电话交换系统，新建生产生活房屋新增自动电话通过接入设备及传输通道接入哈尔滨既有铁路电话交换系统。

利用哈尔滨铁路局自建的数据网系统，在全线新建牵引变电所、分区所、开闭所、通信基站及新建车站通信机房新设三层交换机，新设交换机利用新建12芯光缆中的2芯光纤进行串接，利用既有OTN系统组成环网，就近与接入路由器同地点的交换机通过GE(O)接口与路由器联接。并上联至汇聚及核心路由器。

调度通信系统，各车站设车站型调度通信交换机和操作台；牵引变电所、开闭所、分区所新设供电调度分机，通过传输通道接入就近车站的调度通信交换机。按调度区划分接入哈尔滨铁路局调度所中心调度通信交换机和调度通信系统，以及既有本线行车调度台和新设的供电调度台指挥。

新设GSM-R移动通信系统，利用哈尔滨铁路局既有GSM-R核心网交换中心设备，在哈尔滨西、齐齐哈尔、海拉尔通信站新设基站控制器(BSC)；哈尔滨枢纽新设通信基站(BTS)，哈尔滨至齐齐哈尔段利用哈齐客专工程所建的通信基站，齐齐哈尔至满洲里段新设区间和车站通信基站。哈尔滨枢纽新设的BTS接入哈尔滨西新设的BSC，齐齐哈尔至K375+000段新设的BTS接入齐齐哈尔通信站新设的BSC，在齐齐哈尔机务段、让湖路西、伊图里河、加格达奇机务折返段机车出入库检点新设的O1测试基站，接入齐齐哈尔通信站新设的BSC/PCU；K375+000至满洲里段新设BTS接入海拉尔通信站新设的BSC，全线采用单网覆盖方式组网。区间弱场区利用光纤直放站、漏泄电缆和天线方式增强，以满足无线场强覆盖和信息传输的需要，完成调度通信、调度命令信息和无线车次号校核信息传送等功能。

在哈尔滨西、齐齐哈尔、海拉尔通信站机房新设无线网管服务器(OMC-R)及网管终端设备，分别负责哈尔滨、齐齐哈尔、海拉尔电务段管内所有基站子系统设备的网元级各项管理。在齐齐哈尔、海拉尔通信站新设光纤直放站网管服务器(OMC-T)及网管终端设备，实现对各自管辖范围内的光纤直放站的管理维护。

沿线新建通信设备机房设48 V高频开关电源和蓄电池组，新设电源和机房环境监控系统及采集设备;沿线既有通信设备电源根据需要扩容;在海拉尔通信站新设电源和环境监控网管系统和设备,利用哈尔滨、齐齐哈尔既有电源和环境监控网管系统设备并进行扩容,实现对通信电源和机房环境条件的监控。

3.37.4 信号工程

车站联锁,本线电气化,既有站场站型变化较大或在本线开通时超过大修期的车站新设冗余型计算机联锁设备;其余车站在既有联锁设备基础上利旧改造。其中正线(黑龙江省内)有万乐、里木店、富拉尔基、富拉尔基西场、龙江、鲁河、碾子山、吉新河8个车站(场)新建冗余型计算机联锁设备和信号智能电源屏;哈尔滨枢纽有西庙台子、徐南线路所、北松蒲、哈尔滨东、哈尔滨东客车库、东门6个车站(场、所)新建冗余型计算机联锁设备和信号智能电源屏;齐齐哈尔枢纽有三间房到达场(Ⅰ场)、三间房西场(Ⅱ场)、三间房尾部(Ⅲ场)、三间房东场(Ⅳ场)、三间房机务段、榆树屯、大民屯、齐齐哈尔机务段、红峰线路所、昂峰线路所等10个车站(场、所)新建冗余型计算机联锁设备和信号智能电源屏;其余车站在既有计算机联锁设备基础上改造,电源设备根据需要扩容。正线内蒙古段有成吉思汗、高台子、扎兰屯、博克图、兴安岭、伊列克德、乌奴耳、免渡河、顺河、海拉尔东、海拉尔、安邑、乌固诺尔、完工、赫尔洪德、嵯岗、扎赉诺尔、扎赉诺尔西、胪滨、满洲里准轨到发场及满洲里准轨西场等21个车站(场)新建冗余型计算机联锁设备和信号智能电源屏;其余车站在既有计算机联锁基础上改造,电源设备根据需要扩容。

新铺道岔,根据道岔设计类型配备相应的电动或电液转辙机及安装装置;既有不动的道岔转辙机原则上全部利旧。提速道岔采用外锁闭、多机分线、分动控制方式。通过时速160 km及以上的60 kg/m钢轨18号道岔增设密贴检查装置。

采用50 Hz交流连续式480轨道电路的既有车站改造采用97型25 Hz相敏轨道电路叠加ZPW-2000型电码化、并增设扼流变压器,轨道电路接收采用微电子接收器,其中万乐、里木店、榆树屯、大民屯站采用单套微电子接收器,其余车站采用双套微电子接收器。车站电码化正线采用预叠加发码、侧线占用采用叠加发码方式,发送设备按$N+1$冗余配置。既有站内97型25 Hz相敏轨道电路和正线及侧线股道ZPW-2000型电码化利旧,更换为满足电气化标准的器材。采用非电气化ZPW-2000型电码化的既有车站,其ZPW-2000型电码化轨道匹配单元、谐振盒等器材不符合电气化标准,更换为满足电气化标准的器材。新设站内轨道电路和电码化的干线电缆采用防寒型铝护套信号电缆,分支电缆采用防寒型综合护套信号电缆。

运输调度指挥系统,新设调度集中(CTC)系统,正线万乐至满洲里各车站设CTC分机设备、网络安全和通道质量监督等设备;哈尔滨枢纽内陈家、东门、哈尔滨东、北松浦、徐南、西庙台子等各站新设CTC分机设备;齐齐哈尔枢纽内榆树屯站、大民屯站、三间房Ⅰ场、三间房Ⅱ场、三间房Ⅲ场、三间房Ⅳ场、红峰线路所、昂峰线路所等站(场、所)新设CTC分机设备。鉴于哈尔滨枢纽、齐齐哈尔枢纽内及正线相关车站,让湖路西区段站,富拉尔基工业站,大庆西客运站,扎赉诺尔工业站,海拉尔客运站,以及肇东、安达、卧里屯、龙凤、大庆、昂昂溪、龙江、免渡河、海拉尔东、满洲里等站客货运技术作业繁忙,保留运输作业人员(值班员及信号操作员)所设的CTC设备TDCS功能的开通,增加部分TDCS3.0的防错办等功能。海拉尔东站控制室增加本地区安邑站、伊敏线等相关车站的显示信息。

按照调度区划分,所设各站场所CTC分机设备通过传输通道接入哈尔滨铁路局调度所普速CTC/TDCS总机系统和列车调度台,并新设本线应用服务器、通信服务器及CTC列车调度台设备进行调度指挥,将既有数据库服务器、网络安全设备改造升级为V2.0版本。哈尔滨枢纽、齐齐哈尔枢纽内其余各相关车站(场)维持既有TDCS行车指挥方式不变,CTC行车调度台的管辖范围维持既有TDCS行调台的管辖范围;但要对哈尔滨枢纽与本线相关的调度台及三间房至加格达奇线的既有调度台利旧改造。

区间和自闭系统,正线哈齐段、齐齐哈尔枢纽内平齐线、榆红联络线本工程改造为四显示自动闭塞,正向采用最小追踪间隔运行、反向按自动站间闭塞行车。设区间地面通过信号机。四显示自动闭塞区间采用ZPW-2000无绝缘移频轨道电路,其发送设备按$N+1$冗余配置,采用继电编码方式。ZPW-2000轨道电路干线电缆采用铝护套内屏蔽数字信号电缆,电缆的有效传输长度一般控制在10 km,超过规定长度设信号中继站。

昂昂溪至满洲里段既有为四显示自动闭塞,采用的ZPW-2000型区间自动闭塞电缆已预留电气化条件,结合电气化改造工程在区间适当位置增设完全横向连接及扼流变压器,接触网吸上线接至扼流变压器中点。沿线未有效接地的信号设备按照电气化标准可靠接地。信号电缆随区间改线等需局部改造的,轨道电路干线电缆采用防寒型铝护套内屏蔽数字信号电缆,分支电缆采用防寒型综合护套数字信号电缆。

与本线相衔接的其他线路闭塞区间维持既有闭塞制式不变。新建昂峰线路所、红峰线路所与三间房各场之间采用半自动闭塞制式。

信号集中监测系统,正线(黑龙江省内)新建联锁设备的车站设集中监测分机设备;哈齐段内对青山、姜家、肇东、肇东上行场、尚家、宋站、羊草、安达、卧里屯、龙凤、大庆、大庆西、让湖路西、喇嘛甸、高家、泰康、烟筒屯、大庆西机务段近期设置的集中监测分机设备利旧改造;哈尔滨枢纽北松浦、江南线路所在滨北线松花江公铁两用桥工程中设置的集中监测分机设备利旧改造,陈家、虎儿虎拉、白山乡等站既有集中监测分机设备升级改造。内蒙古段沿线各车站(不含海拉尔北站)和信号中继站新设集中监测分机设备;海拉尔北站既有集中监测分机设备利旧改造。按照沿线电务段管辖范围,各站集中监测分机设备通过监测网络分别接入哈尔滨、齐齐哈尔、海拉尔电务段信号集中监测总机系统。海拉尔电务段集中监测总机系统为新设,哈尔滨和齐齐哈尔电务段集中监测总机系统要结合站场、线路改造情况进行适应性改造。

沿线新建和接建信号设备房屋设防雷电、电磁兼容和综合接地防护系统;既有设有防雷电系统的信号设备房屋在此基础上进行改造与完善综合接地防护系统;既有未设防雷电系统的信号设备房屋,按既有房屋建设标准新设防雷电和综合接地防护系统。

沿线新设信号专用贯通地线,新建贯通地线采用截面为35 mm^2的铜质电力电缆,其接地电阻不大于1 Ω。区间贯通地线在双线并行地段沿铁路一侧敷设,在双线绕行地段沿左右线分别敷设;路基地段贯通地线埋设在信号电缆沟底以下300 mm,桥梁地段贯通地线与信号电缆需采取物理隔离措施。

参加线路改造工程施工的有中铁二局、三局、六局、二十二局、二十三局集团等单位,中铁电气化局集团、中铁建电气化局等单位承担电力牵引供电、通信信号和电力工程的施工。

线路改造工程于2014年10月25日开工,2015年4月19日中铁电气化局集团在哈尔滨北至万乐间下行K17+500处立下接触网第一杆。2016年10月20日哈齐段开始送电。2016年11月1日哈尔滨至齐齐哈尔段先期开通运营,2017年12月28日全线开通运营。

3.38　黎湛铁路电气化

既有黎湛铁路,自湘桂铁路的黎塘车站引出,途经广西壮族自治区贵港、兴业、玉林、陆川,广东省廉江、遂溪等县市,终至湛江市的湛江车站,线路全长318 km(图3.38),其中广西壮族自治区内231 km,广东省内87 km。黎湛铁路电气化工程主要包括黎塘站至湛江站全长约318 km;其中塘口至湛江21.2 km正线及部分到发线电化由新建茂名至湛江铁路工程同步实施。以及河唇至茂名铁路全长约61 km现状电化、根竹至玉林段的提速改造等相关工程。黎湛铁路电气化沿线车站维持既有。

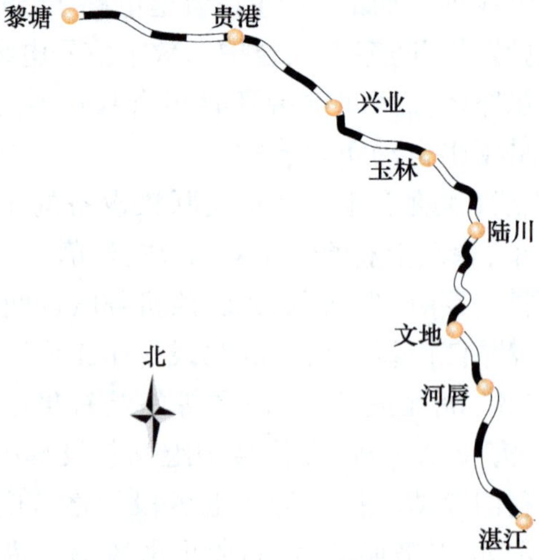

图3.38　黎湛铁路示意图

黎湛铁路是我国南北铁路大通道大(同)湛(江)通道的组成部分,是湛(江)茂(名)地区、海南省和沿线地区与内地客货交流的重要铁路通道,是广东湛江港的重要集疏通道,是我国西部地区重要的出海通道;河茂铁路连接黎湛铁路和广茂铁路,是广东省和广西壮族自治区客货交流的主要通道,也是西南地区与港澳地区客货交流重要铁路通道的组成部分。

黎湛铁路电气化改造工程的建设单位是南宁铁路局,设计单位是中铁电气化局集团的中铁电气化勘测设计研究院和北京电铁通信信号勘测设计院。线路主要技术标准:

黎塘至湛江:铁路等级,Ⅰ级;正线数目,双线;限制坡度,6‰;最小曲线半径,黎塘至河唇段600 m、其中提速改建地段1 600 m,河唇至湛江段1 600 m;到发线有效长度,850 m;设计行车速度,根竹至玉林段98 km/h提速改建地段160 km/h、其余维持既有;闭塞类型,自动闭塞;牵引类型,电力牵引(直供加回流线供电方式);机车类型,HX系列;牵引质量,4 000 t。

河唇至茂名:铁路等级,Ⅰ级;正线数目,单线;限制坡度,6‰;最小曲线半径,400 m;到发线有效长度,850 m;设计行车速度,80 km/h;闭塞类型,半自动闭塞;牵引类型,电力牵引;机车类型,HX系列;牵引质量,4 000 t。

3.38.1　电气化工程

牵引供电采用带回流线的直接供电方式。利用南广客运专线的既有居仕、贵港牵引变电所增加馈线设备向本线供电,贵港牵引变电所变压器相应增加容量。利用玉林至铁山港铁路工程所建的玉林牵引变电所增加馈线设备向本线供电,相应增加变压器容量。利用茂湛铁路所建的塘口开闭所增加馈线设备向本线供电,相应增加变压器容量。河唇至茂名段新设化州牵引变电所。其他区段新设石鼓塘、吹塘、河唇牵引变电所,以及黎塘、覃塘、大兴、正阳村、陆川等分区所。并在根竹至覃塘区间、贵港牵引变电所、大兴分区所、石鼓塘牵引变电所、正阳村分区所、玉林牵引变电所、陆川分区所电分相入口处设电动隔离开关纳入牵引供电远动系统控制。

新建牵引变电所引入2路110 kV电源供电,110 kV电源侧采用线路分支接线,电气设备采用户外中型布置;27.5 kV侧采用单母线分段接线,电气设备采用室内开关柜布置。分区所采用户外箱式布置。改造利用、拟建或既有牵引变电所的设备采用原标准。

新建牵引变电所设2台变压器,采用固定备用、三相V/V结线、油浸自冷方式,预留风冷条件,各牵引变电所变压器安装容量:石鼓塘、吹塘、河唇为2×(16+16) MV·A、化州为2×(10+10) MV·A。贵港增容为2×(31.5+31.5) MV·A、玉林增容为2×(20+20) MV·A。

新建牵引变电所、分区所采用安全监控和综合自动化系统,按无人值班设计,牵引变电所适当考虑值守条件。全线新设牵引供电远动系统,纳入南宁铁路局供电调度所,新设本线牵引供电调度台管理。

接触网采用全补偿简单链型悬挂,接触悬挂结构高度一般为1400 mm。正线接触线采用120 mm^2的铜锡合金导线,承力索采用95 mm^2的铜镁合金绞线;站线接触线采用85 mm^2的铜锡合金导线,承力索采用70 mm^2的铜镁合金绞线。接触线悬挂点高度一般为6 000 mm。附加导线采用钢芯铝绞线。

接触网绝缘泄漏距离按重污秽区设计,严重污秽地区适当加强绝缘。一般地段采用瓷质绝缘子,特重污秽区段、隧道内、软横跨、跨线桥两侧等区段采用合成绝缘子。采用锚段关节式电分相,避免设在大坡道、列车出站加速区段和线路限速低速区段。

接触网支柱,路基区段的腕臂柱一般采用横腹杆式预应力钢筋混凝土支柱,桥上采用格构式钢柱;车站及多线并行区段不满足线间立柱的采用软横跨和钢柱。车站雨棚地段接触网支柱与雨棚柱合架。

接触网支柱跨距，正线路基区段为 50 ~ 60 m；隧道内一般为 45 m，桥上根据桥梁孔跨结构确定。锚段关节采用四跨关节。正线锚段长度一般不大于 2 × 700 m；站线锚段长度不大于 2 × 850 m；附加导线锚段长度一般不大于 2 000 m。针对本线气候特点，对牵引供电设施采取防风、防腐和防雷等技术措施。

在玉林设供电抢修车间（与工区合建），在贵港、河唇设供电管理车间（与工区合建），在贵港、玉林、陆川、河唇、湛江、化州设接触网工区，负责供电实施的运营维护。

3.38.2　电力工程

对受电气化挂网影响的既有 10 kV 电力贯通线和自闭电力线按既有标准进行改造。根据沿线新增用电负荷情况，对沿线既有 10 kV 配电所供电能力不足的变压器进行增容改造。对既有文里 10 kV 配电所的供电设备进行更换与改造，对既有湛江 10 kV 配电所高压柜内二次保护模块进行更换改造；对其他既有 10 kV 配电所的供电设施根据需要利旧改造。根据各站点新增负荷性质和负荷量的变化，对不能满足电气化改造工程用电标准和用电要求的既有供电设施进行适用性改造。

车站新增通信信号用电负荷设低压变电所供电，分别从 10 kV 电力贯通线和自闭电力线接引电源。区间新增通信信号用电负荷设箱式变电站供电，从 10 kV 电力贯通线和自闭电力线接引电源。

结合站场改造，在兴业站新设箱式变电站为信息和信号、站台电扶梯及其他新增用电负荷供电，电源引自既有兴业 10 kV 配电所站馈线及 T 接自 10 kV 电力贯通线；在陆川站新设箱式变电站为信息和信号及其他新增用电负荷供电，电源引自车站既有 10 kV 综合变电源线及 T 接自 10 kV 电力贯通线。在贵港、玉林站新设箱式变电站为新增信息设备等用电负荷供电，电源分别引自既有贵港、玉林 10 kV 配电所站馈线。

区间新增其他用电负荷设杆架式变电台供电，优先从地方电网接引电源，无条件从地方电网接引电源的从 10 kV 电力贯通线接引电源。

新设河茂线电力远动系统、改造本线既有电力远动系统，纳入南宁供电段管理。利用既有电力工区负责电力实施的运营维护。

3.38.3　通信工程

长途通信线路，黎塘至湛江新设 1 条 48 芯单模光缆，河唇至茂名新设 1 条 48 芯单模光缆。利用既有通信光缆。并新建河唇、湛江、茂名通信站，扩建贵港既有通信站。

传输系统，黎塘至湛江、河唇至茂名新设 SDH 10 Gbit/s 传输系统，在贵港、兴业、玉林、陆川、湛江、河唇、茂名新设 SDH 10 Gbit/s 设备，利用新建 48 芯光缆和既有光缆中的各 2 芯光纤构成双缆保护。

黎塘至湛江、河唇至茂名新设 SDH 2. 5 Gbit/s 接入网系统，沿线车站新设 SDH 2. 5 Gbit/s 设备，利用新建 48 芯光缆和既有光缆中各 2 芯光纤构成双缆保护。

区间通信基站、牵引变电所、分区所等处新设 SDH 622 Mbit/s 设备，利用新建的 48 芯光缆通过邻近车站接入 SDH 2. 5 Gbit/s 接入网系统。

电话交换系统,沿线新增自动电话用户按照所属管辖范围分别接入相应的既有程控电话交换机。

新设数字调度通信系统,利用南宁铁路局调度所既有中心调度通信交换机,沿线车站新设车站型调度交换机、利用或新设调度分机及车站值班台等设备。按照调度区划分,通过专用调度通信网接入铁路局调度所调度通信交换机和调度通信系统及本线行车调度台管辖。

新设GSM-R移动通信系统,利用南宁铁路局既有GSM-R交换机和新设基站控制器(BSC),沿线设通信基站(BTS),按单层覆盖方式组网。区间弱场区采用光纤直放站、漏泄电缆和天线方式增强,以满足无线场强覆盖和信息传输的需要,完成调度通信、调度命令信息和无线车次号校核信息传送等功能。

在本工程与相关铁路交叉和并线区段的GSM-R系统频率规划和无线场强覆盖统筹设计,以满足该区段各条线路运输的需要。

应急通信系统,在贵港、玉林、河唇通信工区新设应急通信系统现场接入设备,通过传输通道接入南宁铁路局既有应急通信指挥中心系统。

通信电源,沿线新建通信设备机房设48 V直流电源设备;更新不能满足电气化改造工程需要的既有通信设备机房的48 V直流电源设备。新设电源和机房环境监控系统和采集设备,实现对通信电源设备和通信信号机房环境的监控。

3.38.4　信号工程

车站联锁,黎塘站(Ⅰ、Ⅱ场)、根竹站、贵港站、玉林站(Ⅰ、Ⅱ场)、河唇站、廉江站、遂溪站、塘口站、湛江站、茂名站既有联锁设备和电源屏原则上利旧[其中玉林站(Ⅰ、Ⅱ场)]电源屏设备配套增设UPS不间断电源;站内已经采用和改造为25 Hz相敏轨道电路,采用ZPW-2000系列电码化发送设备及铝护套综合扭绞信号干线电缆的全部利用。其他室内外信号设备、轨道电路分支电缆等既有设施结合电气化区段防护标准进行适应性改造。

本工程除既有联锁设备利旧的车站外,其余各车站场结合电气化工程新设硬件冗余型计算机联锁设备和信号智能电源屏(其中八塘、桥圩、石鼓塘、兴业、仁东、米场、陆川等站增设UPS不间断电源)。

新建联锁设备的车站站内采用97型25 Hz相敏轨道电路,车站电码化采用ZPW-2000系列发送设备,按1+1冗余配置,正线采用预叠加发码、侧线占用采用叠加发码方式。轨道电路和电码化控制电缆采用铝护套内屏蔽数字信号电缆;信号机、道岔转辙机等设备所用干线电缆采用铝护套综合扭绞信号电缆,分支电缆采用综合护套综合扭绞信号电缆。

黎湛正线新设97型25 Hz相敏轨道电路和车站电码化的有关车站,其既有25 Hz轨道电路器材、电码化发送设备按施工组织设计移站倒替,充分使用。

本工程电气化改造引起站场布置的变化或改变道岔类型的,根据变化后的道岔类型配备相应的道岔转辙设备;提速道岔增设外锁闭设备。通过时速160 km及以上的道岔增设道岔密贴检查装置;其中根竹站部分道岔,贵港站黎湛场、玉林站(Ⅰ、Ⅱ场)增设道岔缺口监测设备。

列车调度指挥系统,黎塘站(不含)至湛江站(含)、河唇站(不含)至茂名站(含)采用列车调度指挥系统(TDCS)。黎塘站(Ⅰ、Ⅱ场)利用湘桂线柳州至南宁段电气化改造工程所设的TDCS分机设备;根竹站、贵港站普速车场分别利用南广铁路工程所设的CTC分机和TDCS分机设备;塘口站利用茂湛铁路工程所设的TDCS分机设备;玉林站(Ⅰ、Ⅱ场)分机设备结合玉林地区扩能改造工程进行升级改造、统筹实施;其余各车站场新设车站TDCS主机和分机设备、信息安全设备,车站值班员终端、电务维护终端、车务管理终端设备等。维持既有调度区划分,通过传输系统纳入南宁铁路局调度所TDCS/CTC总机系统,以及既有柳(州)玉(林)调度台、玉(林)湛(江)茂(名)调度台统一调度指挥。其中根竹站在南广铁路工程中划归南广客运专线调度台管辖,需对铁路局调度所TDCS/CTC总机系统设备进行相应修改。

另外,对应玉林车务段管辖范围的车站新设车站服务器设备,对应南宁铁路局直属的湛江站新设车站服务器设备。配备有专用调车机车的既有茂名和湛江站,利用既有调车机车无线监控系统地面及车载设备,结合工程需要利旧改造。

列车运行控制系统,黎塘(不含)至湛江(含)段的双线区段、河唇至茂名段的单线区段采用CTCS-0级列控系统。其中根竹站南广铁路正线及其相关到发线既有CTCS-2级列控系统设备维持不变,并在根竹站Ⅵ道、7道和黎湛线上行进站信号机处增设CTCS-2级列控系统应答器设备,在上行进站信号机外方适当位置增设CTCS-2/0级级间转换应答器组合设备。以采用有源应答器的方法实现根竹至贵港区间的临时限速控制。

黎塘(不含)至湛江(含)段的双线区段采用四显示自动闭塞,正向采用追踪间隔运行、反向按自动站间闭塞行车。河茂段区间采用单线半自动闭塞。区间采用ZPW-2000系列轨道电路,其发送和接收设备按冗余配置。轨道电路干线电缆采用铝护套内屏蔽数字信号电缆。

黎塘(不含)至根竹(不含)段、玉林Ⅱ场(不含)至河唇(不含)段既有四显示自动闭塞继续使用、并结合电气化工程进行适应性改造;区间轨道电路电缆更换为电气化区段专用的铝护套内屏蔽数字信号电缆,在区间接触网吸上线处增设空扼流变压器,并对牵引回流进行横向等电位连接。区间信号机及站间联系所用干线电缆更换为电气化区段专用的铝护套综合扭绞信号电缆,既有分支综合护套综合扭绞信号电缆利旧。

根竹(含)至贵港(含)段结合南广铁路工程新建的四显示自动闭塞,本工程维持其通过信号机布点和区间轨道电路的布设,区间信号机和轨道电路所用电缆利旧。在区间接触网吸上线处增设空扼流变压器,并对牵引回流进行横向等电位连接。

贵港(不含)至玉林站(Ⅰ场)(不含)段,线路改建的区间按电气化标准进行改造,调整区间通过信号机布点和区间轨道电路布设,区间通过信号机和站间联系所用电缆与轨道电路电缆分设。

河唇(不含)至塘口(含)段利用河湛铁路增建第二线工程新设的自动闭塞设备;塘口(不含)至湛江(含)段利用茂湛铁路采用电气化标准改造的自动闭塞设备。

本线与其余相衔接的线路维持既有闭塞方式不变。

信号集中监测系统，黎塘站（Ⅰ、Ⅱ场）、根竹站、贵港站、塘口站既有集中监测分机设备利旧改造，玉林站（Ⅰ、Ⅱ场）既有集中监测分机设备结合玉林地区扩能改造工程升级改造；其余车站场新设集中监测分机设备。贵港、玉林、湛江信号车间既有维护终端设备利旧，玉林、湛江信号车间新设终端显示器。按管辖范围和隶属关系，通过监测网络仍纳入南宁电务段既有信号集中监测总机系统，对总机系统设备软件进行相应修改。既有信号维修车间、工区机构设置维持不变，负责信号设施的运营维护。

新建或扩建的信号设备房屋设防雷电、电磁兼容和综合接地防护系统。既有信号设备房屋完善防雷电和综合接地防护系统。

参加黎湛铁路电气化改造工程施工的单位有中铁电气化局集团、中铁二局集团等单位。工程于2014年12月23日开工。2016年12月12日贵港（根竹）至玉林段开始联调联试，2016年12月30日线路提速改造竣工。2017年12月28日黎湛铁路玉林至湛江、河唇至茂名段电气化工程竣工并投入使用。2017年12月30日全线正式投入运营。

3.39　呼和浩特至准格尔至鄂尔多斯铁路

新建呼和浩特至准格尔至鄂尔多斯铁路，位于内蒙古自治区呼和浩特市和鄂尔多斯市，线路东起呼和浩特枢纽前朱堡站，途经呼和浩特市市区、土默特左旗、托克托县，跨黄河后，经准格尔地区的大路西站，再经鄂尔多斯市的达拉特旗和东胜区，西到东胜东站，通过修建东胜东站至格德尔盖站（DK189 +450 ~ DK209 +800）联络线（20.35 km）和利用东乌与包西铁路的联络线引入鄂尔多斯站，正线全长173.5 km（图3.39），其中呼准段（DK12 +250 ~ DK104 +000）正线长89.56 km，准鄂段（DK104 +000 ~ DK189 +450）正线长84.835 km。全线设有呼和浩特南、呼和浩特、台阁牧、前朱堡、官地营、托克托东、大路、大路西、大院东、布尔陶亥南、点石沟、东胜东等车站。工程范围还包括呼和浩特和鄂尔多斯地区相关工程，即同步建设前朱堡至呼和浩特东站（K646 +676.845 ~ DK12 +250）联络线长38.37 km；前朱堡至呼和浩特南站（改LDK676 +500 ~ LDK12 +401.794）联络线长11.55 km。以及呼和浩特南机车折返段及相关配套工程。呼准鄂铁路的建成开通，构成了我国中长期铁路网规划的重要蒙西通道。向西与东乌铁路、包兰铁路贯通，形成一条横贯鄂尔多斯腹地的运输通道。向东通过集包铁路第二双线、张集铁路与张唐铁路贯通，形成一条鄂尔多斯地区直达曹妃甸港区的蒙西煤炭大能力出港通道。并优化了内蒙古自治区西部地区客运路网结构，通过与北京铁路枢纽的沟通，使蒙西地区融入全国铁路客运专线网，极大地缩短了京津等环渤海中心城市与蒙西地区的时空距离，极大地满足了草原农牧民出行和内蒙古自治区西部能源运输需求。

呼准鄂铁路的建设单位是呼和浩特铁路局、呼准鄂铁路有限责任公司，设计单位是铁道第三勘察设计院集团有限公司。线路主要技术标准：铁路等级，Ⅰ级；正线数目，双线；最小线间距，4.2 m；限制坡度，上行6‰、下行13‰；最小曲线半径，一般地段2 000 m、困难地段1 600 m；到发线有效长度，1 700 m；闭塞类型，自动闭塞；旅客列车设计最高速度，

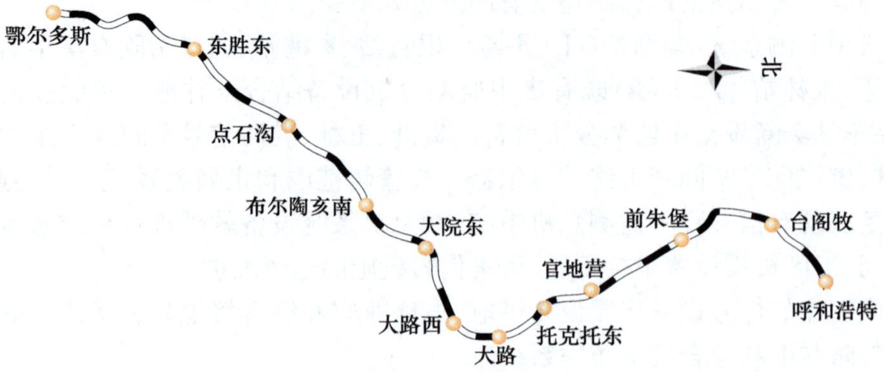

图 3.39　呼准鄂铁路示意图

160 km/h;牵引种类,电力牵引(直供加回流线供电方式);机车类型,客机 SS9、货机 SS4 和 HXD 系列;牵引质量,5 000 t(预留 10 000 t)。

3.39.1　电气化工程

牵引供电采用带回流线的直接供电方式。新设前朱堡、托克托东、大路西、布尔陶亥南、点石沟和东胜东等牵引变电所。其中大路西牵引变电所土建工程预留向大(塔)马(场壕)铁路供电条件。既有呼和浩特东牵引变电所按照既有标准结合呼(和浩特)张(家口)铁路统筹设计同步改造,向呼和浩特东至攸攸板段供电,待开通后视运量增长情况适时更换变压器。充分利用既有设备还建既有呼和浩特西开闭所。新设台阁牧分区所兼开闭所,其他供电臂末端设分区所,攸攸板分区所扩建既有高压室,其他房屋及交直流系统利用既有。

新建牵引变电所引入 2 路 220 kV 电源供电,前朱堡、布尔陶亥南、点石沟牵引变电所 220 kV 电源侧采用"外桥"接线方式,其他牵引变电所 220 kV 电源侧采用线路变压器组接线,电气设备采用户外中型布置;27.5 kV 侧采用单母线隔离开关分段接线,电气设备采用户内网栅间隔布置。

新建牵引变电所设 2 台变压器,采用固定备用、三相 V/V 接线、油浸自冷方式,预留风冷条件。各牵引变电所变压器安装容量:前朱堡、托克托东、大路西均为 2×(25+25) MV·A。布尔陶亥南为 2×(20+25) MV·A、点石沟为 2×(25+25) MV·A、东胜东为 2×(25+20) MV·A。

新建牵引变电所采用微机保护和综合自动化系统,按无人值班设计,适当预留值守条件。新设牵引供电远动系统,纳入呼和浩特铁路局牵引供电调度所管理。

接触网采用全补偿简单链型悬挂,接触悬挂结构高度一般为 1 400 mm。正线接触线采用 120 mm^2的铜合金导线,承力索采用 95 mm^2的铜合金绞线;站线接触线采用 85 mm^2的铜合金导线,承力索采用 70 mm^2的铜合金绞线。附加导线采用铝包钢芯铝绞线。

接触网绝缘泄漏距离不小于 1 200 mm,严重污秽地区可适当加强绝缘。一般地段采用瓷质绝缘子,锚段关节等处采用合成绝缘子。采用锚段关节式电分相,尽量避免设在大坡道、列车出站加速区段和线路限速低速区段。

接触网支柱,路基地段的腕臂柱一般采用横腹杆式预应力钢筋混凝土支柱,桥上采用格构式热浸镀锌钢柱,车站及多线并行区段采用软横跨和钢柱。呼和浩特枢纽内腕臂柱等与既有设施保持一致。支柱高度按水平腕臂距柱顶距离100 mm、最大不超过300 mm选取。路基区段支柱侧面限界按3.1 m设计,以满足大型养路机械作业要求。

接触网支柱跨距,路基区段一般为50~60 m;隧道内一般40~50 m,桥梁上根据孔跨形式确定。相邻跨距之差一般不大于10 m。

正线锚段长度一般不大于2×700 m;站线锚段长度一般不大于2×800 m;附加导线的锚段长度一般不大于2 000 m。

呼和浩特南新增电气化工程纳入集包铁路增建第二双线工程统筹变更设计、同步实施。

在托克托东综合维修车间设接触网工区,在大院东工区、东胜东综合维修车间设接触网工区,负责牵引供电设施的运营维护。

3.39.2　电力工程

前朱堡站至大路西至鄂尔多斯站新设1条综合负荷10 kV贯通线和1条一级负荷10 kV贯通线,为沿线车站和区间用电负荷供电。呼和浩特东至台阁牧区间用电负荷由大包铁路既有10 kV贯通线供电。

新设前朱堡、大路西、布尔陶亥南和东胜东等10 kV配电所,前朱堡配电所引入1路专盘专线电源供电,其他配电所引入2路地方电源供电。新建10 kV配电所尽量与牵引变电所合建,适度预留土建发展条件。呼和浩特南站新增电力负荷,纳入集包铁路增建第二双线工程统筹变更设计、同步实施。

设有10 kV配电所的车站站房综合用电负荷设10/0.4 kV变电所和变压器供电,从配电所站馈线接引电源;没设10 kV配电所的车站站房综合用电负荷设10/0.4 kV变电所和变压器,就近接引地方电源供电。无条件接引地方电源的,从综合负荷10 kV贯通线接引1路电源。

车站通信信号等一级负荷设室内10/0.4 kV变电所和专用变压器供电,电源分别引自2路10 kV贯通线。区间通信信号等一级负荷设箱式变电站供电,电源分别引自2路10 kV贯通线。

区间牵引变电所、分区所自用电就近从综合负荷10 kV贯通线T接1路电源供电,另一路电源由牵引供电系统供给。

区间其他用电负荷设杆架式变电台供电,从综合负荷10 kV贯通线接引电源。

新建10 kV配电所采用综合自动化系统,按无人值班设计。新设电力远动系统,纳入呼和浩特供电段电力调度所管理。

3.39.3　通信工程

长途通信线路,前朱堡至大路西至鄂尔多斯新设2条24芯光缆,前朱堡至呼和浩特南新设 2 条 32 芯光缆，前朱堡至呼和浩特东新设 2 条 32 芯光缆，分别沿铁路两侧敷设。

传输系统，全线新设 SDH 10 Gbit/s 传输系统，在沿线主要车站和通信站新设 SDH 10 Gbit/s设备，利用新建 2 条光缆中的各 2 芯光纤构成复用段 1 + 1 保护环。

新设 SDH 622 Mbit/s 接入网系统，沿线车站新设 SDH 622 Mbit/s 设备，利用新建 2 条光缆中的各 2 芯光纤构成复用段 1 + 1 保护环。

区间通信基站、信号中继站、牵引变电所、分区所、电力配电所等信息接入点设 SDH 622 Mbit/s 设备，利用新建光缆通过相邻车站接入 SDH 622 Mbit/s 接入网系统。

电话交换系统，沿线新增自动电话通过新建的接入网系统纳入呼和浩特既有程控电话交换机，通过统一编号，实现与既有铁路电话专网的互通。

新设数字调度通信系统，利用呼和浩特铁路局调度所既有中心调度通信交换机；沿线车站新设车站型调度通信交换机、调度分机、车站值班台等设备。按调度区划分，通过调度通信网接入铁路局调度所中心调度通信交换机和调度通信系统，以及新设的 1 个行车调度台，负责本线前朱堡(含)至大路西至东胜至鄂尔多斯的行车调度指挥。

全线新设 GSM-R 移动通信系统，利用其他工程在呼和浩特铁路局所设的 GSM-R 交换机和基站控制器(BSC)，沿线新设通信基站(BTS)，采用单网覆盖方式组网。区间和隧道内弱场区采用光纤直放站、漏泄电缆和天线方式增强，并设漏缆监测系统，以满足无线场强覆盖和信息传输的需要。完成调度通信、区间通信、调度命令、无线车次号校核信息传送等功能。

应急通信系统，在托克托东维修工区和点石沟通信维修工区设应急通信系统现场接入设备，隧道内设紧急电话系统，通过传输通道接入呼和浩特铁路局既有应急通信指挥中心系统。

会议电视系统，沿线新建车站、机务折返段等处新设会议电视分会场设备，利用会议网接入呼和浩特铁路局既有会议电视中心系统。

通信电源，沿线新建通信设备机房设 48 V 电源及蓄电池，并新设电源及机房环境监控系统和采集设备。

3.39.4 信号工程

车站联锁，全线各新建车站、台阁牧站、呼和浩特站(呼准场)新设硬件安全冗余型计算机联锁设备和信号智能电源屏及 UPS 不间断电源；呼和浩特站(集包场)利用原呼和浩特站安全冗余型计算机联锁设备进行改造。既有呼和浩特西站在既有安全冗余型计算机联锁设备基础上利旧改造。呼和浩特南站纳入集包铁路增建第二双线工程统筹设计，并同步实施呼南联络线自动闭塞引入南站的自闭结合电路，以及呼和浩特南站派驻机车折返段与该站联锁的结合电路等工程。

新建和移设联锁设备的各车站(场)站内采用 97 型 25 Hz 相敏轨道电路，设进出站地面信号机。车站电码化采用与区间相同制式的 ZPW-2000 系列发送设备，按 $N+1$ 冗余方式配置；正线采用预叠加发码、到发线占用采用叠加发码方式。为克服轨道电路分路不良，在新建车站个别区段（如岔线道岔区段)可采用高压不对称脉冲轨道电路。站内轨道电路和电码化干线电缆采用防寒型铝护套综合扭绞信号电缆，分支电缆采用防寒型综合护套综合扭绞信号电缆。

根据设计的车站场道岔类型，配备相应的道岔转辙装置，配备多机多点转辙设备的道岔采用分动外锁闭方式；车站正线60 kg/m-18号及以上道岔增设密贴检查装置，监测信息纳入信号集中监测系统。

运输调度指挥系统，全线正线区段新设调度集中(CTC)系统，沿线各新建车站和呼和浩特站(呼准场)新设CTC分机设备、网络信息安全和通道质量监督等设备，信号中继站设CTC信息采集分机设备；既有台阁牧站、呼和浩特西站、呼和浩特站(集包场)均在集包铁路增建第二双线工程所设CTC分机设备、网络信息安全和通道质量监督等设备基础上进行改造，呼和浩特南站TDCS分机设备纳入集包铁路增建第二双线工程统筹设计、同步实施。按照调度区划分，通过新设的调度通信网纳入呼和浩特铁路局调度所CTC/TDCS总机系统，并新设1个呼准鄂CTC调度台，配套设置通信和应用服务器、所需接口服务器、调度台等设备，且对调度所既有网络信息安全和通道质量监督等设备结合本线接入进行相应的修改。新设呼准鄂行车调度台，负责本线前朱堡至大路西至东胜东至鄂尔多斯的行车调度指挥；前朱堡(不含)至台阁牧至呼和浩特至呼和浩特东(不含)纳入集包铁路第二双线调度台指挥，呼南联络线前朱堡(不含)至呼和浩特南站纳入大包铁路调度台指挥。

列车运行控制系统，考虑到集包铁路增建第二双线工程的呼和浩特东至包头段采用CTCS-2级列控系统，故本工程的台阁牧站至呼和浩特东站也采用CTCS-2级列控系统贯通，东端与呼和浩特东至张家口铁路列控系统衔接贯通，西端与集包铁路增建第二双线列控系统衔接贯通。采用CTCS-2级列控系统区段的临时限速控制，利用光缆传输通道纳入集包铁路增建第二双线工程所设的信号安全数据网络及设置的临时限速服务器设备统一控制。

采用CTCS-2级列控系统的台阁牧至呼和浩特东段各车站新设列控中心(TCC)设备，站内及区间设应答器及其编码单元设备，并考虑接入集包铁路增建第二双线列控系统信号安全数据网的兼容性。

区间自闭制式，前朱堡至呼和浩特南站双线区间、呼和浩特东(不含)至呼和浩特至呼和浩特西至台阁牧(含)段4线并行区间、台阁牧至大路西至东胜东站区段均采用四显示自动闭塞，设区间地面通过信号机。正向采用追踪间隔运行、反向按自动站间闭塞行车。结合相关工程，合理划分本线与大路西、格德尔盖区间自动闭塞控制范围。与其他相衔接的线路维持既有闭塞制式不变。

采用四显示自动闭塞区段采用ZPW-2000系列无绝缘轨道电路，其发送设备按$N+1$配置、接收设备采用$1+1$冗余方式。区间轨道电路干线电缆采用防寒型铝护套内屏蔽数字信号电缆，分支电缆采用防寒型综合护套信号电缆。干线电缆的有效传输电缆长度一般控制在10 km。

信号集中监测系统，各新建联锁设备的车站(场)设集中监测分机设备；呼和浩特站(集包场)利用既有呼和浩特站集中监测分机设备进行改造，呼和浩特西站集中监测分机利旧改造,利用监测网络纳入呼和浩特电务段既有信号集中监测总机系统,结合本工程的引入对监测总机系统升级改造。

综合接地系统,双线自动闭塞区段,沿铁路新设1条截面为35 mm^2的信号专用铜芯贯通地线。台阁牧站至呼和浩特东站4线并行区段沿铁路新设2条截面为35 mm^2的信号专用铜芯贯通地线,在电气特性上全程贯通,接地电阻不大于1 Ω,并构成等电位连接。针对本线开行重载列车,牵引电流较大的影响因素,沿线轨旁信号设备应选用匹配的扼流变压器、钢轨引接线、横向连接线等,安全接地后就近与贯通地线等电位连接。

沿线新建或改扩建信号设备房屋设防雷电、电磁兼容和综合接地防护系统。室外轨旁信号设备安全接地后就近与贯通地线等电位连接。

参加线路工程施工的有中铁电气化局集团、中铁七局集团等单位,中铁电气化局集团等单位承担电气化、通信信号和电力工程的施工。

线路工程于2013年9月30日开工,四电工程于2015年4月1日开工。2017年7月30日完成全线铺轨。2016年11月28日呼准段开通运营,2017年12月31日全线开通运营。

3.40　重庆至贵阳铁路扩能改造

渝贵铁路(又称渝黔铁路)扩能改造,自重庆西站(含)兰州端(DK0+000)至贵阳北站进站端(DK342+374.58)(贵广DK0+000)新建双线长344.391 km(图3.40)。新建线设有重庆西、珞璜南、綦江东、赶水东、夜郎镇、桐梓东、娄山关南、遵义东、和平、苟江东、息烽、扎佐东和贵阳北等车站。其中重庆西和贵阳北站分别为重庆、贵阳枢纽内的客运站,其余车站均为办理客运业务的中间站。既有线车站分布维持既有不变。工程范围还包括重庆和贵阳枢纽相关工程。

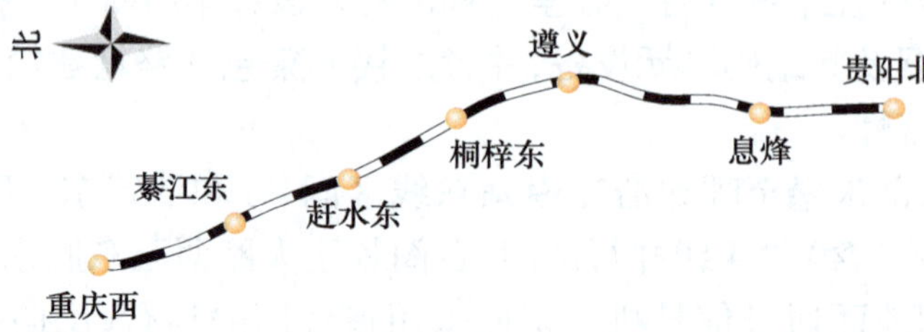

图3.40　渝贵铁路示意图

重庆枢纽的客车联络线有:

(1)童家溪(LTDK0+000)(相应兰渝DK935+950.295)至重庆西(LTDK21+260.79)(相应渝黔新线DK0+000)客车联络线,左线单线长5.309 km、双线段长16.001 km、右线单线长5.544 km。

(2)歌乐山至井口客车上行联络线单线长约3.292 km;遂渝铁路K141线路所至歌乐山站上行联络线单线长约5.566 km;歌乐山至双碑线路所客车联络线双线,上行长约

2.373 km、下行长约2.744 km;小南垭客车联络线单线长约2.601 km;重庆西进站前既有歌乐山联络线改建单线长约1.146 km;重庆西进站前既有襄渝线改建单线长约1.2 km。

重庆枢纽的货车联络线有:

(1)团结村(含)(襄渝K809+100)至白市驿(含)(HDK830+600)货车通道增建第二线长约21.59 km;白市驿(HDK830+600)至珞璜(含)新建货车双线,长约17.94 km。

(2)珞璜至珞璜南新建货车联络线双线,上行长约0.707 km、下行长约1.674 km;陶家场线路所(HDK839+780)至铜罐驿(含)成渝货车联络线单线长约9.76 km;陶家场线路所至南草村线路所疏解线单线长约1.65 km;石场至白市驿方向联络线长约1.11 km。

(3)跳蹬站(XLK5+540)经中梁山至重庆西站(XLK13+700)既有小梨线电气化改造长约8.16 km;中梁山支线改建(ZZDK0+000至ZZDK3+190.04)长约3.19km;黄磏新建货场引起既有成渝单线(K449+350至K452+200)改建长约2.832 km;白市驿新建货场。

(4)重庆西客站至动车运用所走行线。

贵阳枢纽的相关工程有:

(1)渝黔至贵阳东客车联络线,上行[YQLSD4K0+000(渝黔正线D2K335+364)至YQLSD1K3+777.952(成贵CYD2K7+546)]单线长3.715 km;下行[YQLXD3K0+000(渝黔正线D2K335+964)至YQLXD3K2+332.588(成贵CD1K7+562)]单线长2.333 km。

(2)渝黔至都拉营货车联络线,上行[LHSD4K0+000(渝黔D2K332+500)至LHSD4K1+358.382]单线长约1.358 km;下行[LHXD3K0+000(渝黔D3K332+500)至LHXD3K1+165.487(都拉营北端增建第二线LJDK1+530)]单线长约1.165 km。

(3)都拉营北端既有川黔局部复线,都拉营北端增建第二线[自LJDK0+000(既有川黔线K403+105)至LJDK2+420.10(既有川黔线K405+600)]单线长2.42 km;改建既有川黔线(K403+065至K403+400)单线长0.335 km;改建既有川黔线(K403+350至K403+600)单线长0.250 km。

(4)都拉营(含)(K405+600)至关田(含)(HD1K426+604.663=HK7+100至HK7+940)增建第二线[含都拉营站既有线(K405+600至K407+060调坡)]长约21.920 km。

(5)渝黔引入贵阳北站(含动车运用所)相关工程及枢纽机务设施改造。

本线扩能改造新建线路以客运为主兼顾集装箱、快运货物列车运输,运行通道内全部动车和大部分机车牵引客车;既有线主要承担沿线地方货运、通道内普通通过货物列车及少量普速旅客列车运输。

本线扩能改造新建线路,北端通过重庆枢纽与渝万、成渝客运专线和兰渝、遂渝、襄渝、渝利及成渝铁路等相连,南端通过贵阳枢纽与沪昆、贵广客运专线和湘黔铁路等相接。极大增强了西北至西南间铁路运输的灵活性,形成了重庆的"出海"大通道,也在贵州省内形成纵贯南北、横跨东西、四通八达的现代化铁路网,不但缩短了重庆至贵阳间的时空距离,还改善了区域的交通结构,形成了布局合理、结构清晰、功能完善的铁路运输网络,能充分发挥贵州的资源和区位优势、加快工业强省和城镇化带动战略、提高农业产业化和旅游服务业发展水平、促进遵义和毕节等革命老区扶贫开发、推动贵州实现历史性跨越具有极为重要的意义。

渝贵铁路扩能改造的建设单位是渝黔铁路有限责任公司,设计单位中铁二院工程集团有限责任公司。线路主要技术标准:新建线路铁路等级,Ⅰ级;正线数目,双线;限制坡度,9‰、加力坡 18.5‰;最小曲线半径,5 500 m、重庆和贵阳枢纽梯级分布;到发线有效长度,850 m、双机地段 880 m;列车控制方式,自动控制;行车指挥方式,调度集中;设计行车速度,200 km/h;牵引种类,电力牵引(直供加回流线供电方式)。

既有线维持既有标准不变。

3.40.1 电气化工程

牵引供电采用带回流线的直接供电方式。重庆西至贵阳北正线新建重庆西、烧炭嘴、綦江东、沙堡、夜郎镇、杀山坡、遵义东、通木、息烽、扎佐东等牵引变电所;新建小南海、花龙湾、仙女洞、天平、团山堡、中寨、龙坑镇、上寨、久长等分区所。利用贵广铁路所建的贵阳北 AT 牵引变电所出2 回直供馈线向本线供电。贵阳枢纽新建1 座都拉营牵引变电所、关田分区所。利用兰渝铁路工程所建的童家溪牵引变电所、团结村分区所兼开闭所增加馈线向枢纽内相关线路供电,由兰渝铁路工程统筹设计和实施。重庆枢纽新建 1 座陶家场牵引变电所,新建歌乐山、珞璜南分区所,新建珞璜开闭所。由于既有息烽牵引变电所被新建线位所占需拆除新建,故既有牵引变电所供电范围的牵引供电由本线新建息烽牵引变电所承担。

新建牵引变电所、分区所、开闭所选址尽量避开不良地质区段、并满足相应的洪水位及排水要求。分区所尽量避免设在隧道内,确有困难需设在隧道内的分区所采用 GIS 开关柜。

新建都拉营牵引变电所引入 2 路 110 kV 电源供电。其余新建牵引变电所引入 2 路 220 kV 电源供电。外部电源条件应满足远期运量增长的需要。

新建重庆西牵引变电所 220 kV 电源侧采用单母线分段接线,牵引变压器采用户外低式布置,其余电气设备采用户内 GIS 布置;27.5 kV 侧采用单母线分段接线,电气设备采用户内 GIS 布置。其他新建牵引变电所 220 kV 电源侧采用线路变压器组接线,电气设备一般采用户外中型布置;27.5 kV 侧采用单母线分段接线,电气设备采用户内 AIS 开关柜及户外中型布置。新建都拉营牵引变电所 110 kV 电源侧采用分支接线,27.5 侧设备采用户内 AIS 开关柜布置。改扩建既有牵引变电所其设备选型等维持既有标准。

新建牵引变电所设 2 台变压器,采用固定备用、三相 V/V 接线、油浸自冷方式,预留风冷条件。各牵引变电所变压器安装容量:重庆西为 2 ×(40 +10) MV · A,烧炭嘴、沙堡、遵义东为 2 ×(20 +20) MV · A,綦江东为 2 ×(12.5 +20) MV · A、夜郎镇、通木为 2 ×(20 +25) MV · A、杀山坡为 2 ×(25 +25) MV · A、扎佐东为 2 ×(25 +12.5) MV · A、息烽为 2 ×(31.5 +31.5) MV · A、陶家场为 2 ×(40 +40) MV · A、都拉营为 2 ×(10 +20) MV · A。根据本线及长昆等铁路标准调整情况,贵阳北牵引变电所变压器近期容量为 2 ×(50 +50) MV · A,在贵广铁路工程中实施。

新设牵引变电所、开闭所、分区所采用微机保护和综合自动化系统,按无人值班设计,牵引变电所适当考虑值守条件。新设本线电力调度台及远动系统,纳入成都铁路局既有电力调度所管理。重庆枢纽内纳入调度所既有重庆枢纽电力调度台管理，贵阳枢纽内纳入调度所贵阳枢纽既有电力调度台管理。

全线新建接触网采用全补偿简单链型悬挂，接触悬挂结构高度一般为 1 400 mm。正线接触线采用 150 mm^2 的铜合金导线，承力索采用 120 mm^2 的铜合金绞线；站线接触线采用 85 mm^2 的铜合金导线，承力索采用 70 mm^2 的铜合金绞线。接触线悬挂高度一般为 6 000 mm。接触网线岔均采用交叉线岔。附加导线采用铝包钢芯铝绞线。改建地段维持既有接触网悬挂类型和既有建设标准。

接触网绝缘泄漏距离不小于 1 400 mm，严重污秽地区适当加强绝缘。一般地段采用瓷质绝缘子，隧道内和出口处、无柱雨棚地段、跨线桥两侧、接触网下锚处、承力索和接触线上及严重污秽地区等采用合成绝缘子。绝缘关节、电分相、采用电缆的供电线上网处设电动隔离开关并纳入远动。采用锚段关节式电分相，尽量避免设在大坡道、列车出站加速区段和线路限速低速区段。

接触网支柱，新建正线和枢纽内客车联络线的路基地段一般采用环形等径预应力钢筋混凝土支柱，T 梁桥上采用格构式钢柱，箱梁桥采用 H 型钢柱；车站及多线并行区段采用线间立柱或硬横跨，线间立柱一般采用 H 型钢柱；车站有雨棚地段接触网支柱与雨棚柱合架。货运正线和联络线区段的路基上采用横腹杆式预应力钢筋混凝土支柱，车站及多线并行区段采用软横跨和钢柱。

接触网支柱跨距，正线地段一般为 55 m，最大不超过 65 m，隧道内不大于 50 m。锚段关节一般采用五跨或四跨关节，正线锚段长度不大于 2 ×750 m；站线锚段长度不大于 2 ×850 m；附加导线锚段长度不大于 2 000 m。

在重庆西、白市驿还建因土建占压的既有重庆西、重庆东接触网工区，对还建既有重庆西接触网工区适当加强、扩建成车间。在綦江东、夜郎镇、苟江设供电工区，利用贵广铁路工程所建的贵阳北供电车间，对本线新建牵引供电及电力设施进行运营维护和管理。

3.40.2　电力工程

童家溪至贵阳北新建 1 条一级负荷 10 kV 贯通线和 1 条综合负荷 10 kV 贯通线。重庆枢纽白市驿至小南海新建 1 条综合负荷 10 kV 贯通线，团结村至小南海新建 1 条一级负荷 10 kV 贯通线。贵阳枢纽蓬莱东线路所至贵阳客站新建 1 条一级负荷 10 kV 贯通线。新建 10 kV 贯通线均采用电力电缆敷设。

新建重庆西 220/10 kV 变配电所，与重庆西牵引变电所合建、共用 220 kV 电源。重庆西至贵阳北段新建重庆西动车运用所、綦江东、赶水东、夜郎镇、桐梓东、遵义东、苟江、息烽等 10 kV 配电所，其中重庆西动车运用所 10 kV 配电所利用既有电源，新建夜郎镇 10 kV配电所从地方变电站引入 1 路 10 kV 电源供电，预留引入第 2 路电源的土建条件；其余新建 10 kV 配电所均从地方变电站引入 2 路 10 kV 电源供电。利用已建的贵阳北 10 kV配电所，向铁路沿线电力贯通线和地区馈线供电。利用兰渝线所建的兴隆场配电所并增设相关设备，为重庆枢纽相关本线新增工程负荷供电，由兰渝线统筹设计和实施（增加投资列入本工程)。利用既有小南海 10 kV 配电所并增设相关设备,为重庆枢纽相关本线新增工程负荷供电。利用既有贵阳客站中心配电所并增设相关设备,为贵阳枢纽相关本线新增工程负荷供电。

设有变配电所的车站其站房用电负荷设室内 10/0.4 kV 变电所供电,电源引自变配电所站馈线;没设 10 kV 配电所的车站其站房用电负荷设室内 10/0.4 kV 变电所,有条件的从地方变电站接引 10 kV 电源供电。

车站通信信号用电负荷设室内 10/0.4 kV 专用变电所供电,分别由一级负荷 10 kV 贯通线和综合负荷 10 kV 贯通线提供主备用电源。区间通信信号等一级用电负荷设箱式变电站供电,电源分别引自一级负荷 10 kV 贯通线和综合负荷 10 kV 贯通线。

各牵引变电所、开闭所及分区所自用电除自设 1 路电源外,另从综合负荷 10 kV 贯通线接引 1 路电源供电。

区间其他用电负荷设箱式变电站,从综合负荷 10 kV 贯通线接引电源供电。综合视频监控系统设备用电负荷原则上利用通信设备配电回路、配电箱供电。

新建变配电所采用微机保护和综合自动化系统,按无人值班设计。全线设电力调度及远动系统,按贵州省、重庆市内的电力设施分别纳入既有贵阳供电段电力调度所和重庆供电段电力调度所管理。

3.40.3 通信工程

长途通信线路,重庆西至贵阳北沿新建铁路两侧电缆槽道各敷设 1 条 32 芯单模直埋光缆。童家溪至重庆西沿铁路两侧各敷设 1 条 32 芯单模直埋光缆,重庆西至跳蹬新设 1 条 24 芯光缆和 1 条 4×4×0.9 低频对称电缆。

为满足 GSM-R 系统组网的需要,区间通信基站至光纤直放站根据需要敷设 1 条 12 芯或 18 芯光缆。为满足数据网和综合视频监控系统区间视频采集点组网的需要,新设 1 条24 芯区间光缆。站场内信息接入点新设 1 条 12 芯光缆。

传输系统,全线新设 SDH 10 Gbit/s 传输系统,在重庆西、綦江东、赶水东、桐梓东、遵义东、息烽、贵阳北等主要车站设 SDH 10 Gbit/s 设备,利用新建 2 条 32 芯光缆中的各2 芯光纤构成复用段 1+1 保护。

新设 SDH 2.5 Gbit/s 车站接入网系统,沿线车站设 SDH 2.5 Gbit/s 设备,利用新建 2 条 32 芯光缆中的各 2 芯光纤构成复用段 1+1 保护。并在同一车站将 SDH 2.5 Gbit/s 设备通过 SDH 2.5 Gbit/s 光接口与 SDH 10 Gbit/s 设备互联。

新设 SDH 622 Mbit/s 区间接入网系统,区间通信基站、信号中继站、牵引变电所、分区所、电力配电所等信息接入点设 SDH 622 Mbit/s 设备,利用新建光缆在相邻车站间构成 1 个区间 SDH 622 Mbit/s 2 纤通道保护环。并接入车站 SDH 2.5 Gbit/s 接入网系统。

车站内电力配电所、综合维修车间/工区、公安派出所等信息接入点新设 SDH 622 Mbit/s 设备,分别与本站通信机房构成站内通道保护环。

新设 IP 数据网,利用其他工程在成都铁路局所设的核心路由器,及在重庆、贵阳北通信站所设汇聚路由器,沿线车站新设接入路由器,负责本地数据业务的接入。接入路由器之间采用光纤直接联接方式,接入路由器与汇聚路由器之间通过传输通道联接,并上联至铁路局的核心路由器,实现数据业务的转发与汇聚。

电话交换系统,利用重庆西、贵阳北通信站的既有程控电话交换机、并新设 OLT 设备;沿线车站(线路所)、综合维修车间/工区、牵引变电所、分区所、电力配电所、信号中继站、派出所等信息接入点设光网络单元(ONU)。沿线新增自动电话用户按管辖范围和隶属关系通过 ONU 设备及接入网分别接入重庆西、贵阳北通信站的 OLT 设备和程控电话交换机。通过统一编号组网,实现与既有铁路电话专网的互通。

新设数字调度通信系统,沿线车站设车站型调度通信交换机、调度分机及车站值班台等配套设备,通过调度网络接入成都铁路局调度所既有中心调度通信交换机及调度通信系统,按调度区划分,新设 1 个本线行车调度台及配套设备进行管理;既有渝黔单线调度区划分维持不变。重庆枢纽、贵阳枢纽内相关工程线路调度指挥归枢纽台管辖。

新设 GSM-R 移动通信系统,利用成都铁路局既有 GSM-R 交换机及核心网设施,根据需要扩容相关设备。在重庆西通信站新设基站控制器(BSC)及分组控制单元(PCU),沿线区间和车站设通信基站(BTS),采用单层覆盖方式组网。区间和隧道内弱场区采用光纤直放站、漏泄电缆和天线方式增强,并设漏缆监测系统,以满足无线场强覆盖和信息传输的需要。完成调度通信、调度命令和无线车次号校核信息传送等功能。

会议电视系统,沿线站段新设会议电视分会场设备,通过会议网和网关设备接入成都铁路局既有会议电视中心系统。

新设应急通信系统,在沿线综合维护工区设应急通信现场接入设备,长大隧道设紧急电话系统,通过传输通道接入成都铁路局既有应急通信指挥中心系统。

通信电源,沿线新建通信设备机房设 48 V 高频开关电源和蓄电池组及 UPS 不间断电源。新设电源和机房环境监控系统及采集设备,按管辖范围和隶属关系通过监测网络通道分别接入重庆西和贵阳北新设的监控中心设备,实现对电源和机房环境的监控。

3.40.4　信号工程

车站联锁,重庆西至贵阳北客运通道各车站(场)、井口站、歌乐山站、重庆西动车运用所、钟寨和货运通道各车站(不含中梁山、小南垭、关田站)新设硬件安全冗余型计算机联锁设备,跳蹬、铜罐驿、息烽普速场新设双机热备计算机联锁设备,新建联锁设备的车站设信号综合智能电源屏,其中客运通道车站及信号中继站还设信号专用不间断电源。歌乐山站既有联锁设备移设到中梁山站。团结村、小南海、梨树湾和贵阳南站既有信号设备利旧改造。

双碑线路所纳入歌乐山站集中控制;大碑和牟家线路所纳入铜罐驿站集中控制;陶家场和南草村线路所合并设置联锁设备;D3K332 + 500 线路所与长田湾、冷水线路所合并设置联锁设备;马夫田上下行线路所道岔纳入贵阳东站控制。车站范围内接发车进路上的道岔及综合工区道岔纳入相邻车站联锁设备集中控制。

根据车站(场)道岔设计类型,配备相应的道岔转辙设备及缺口检查装置,客车通道车站正线道岔通过时速160 km及以上的道岔设密贴检查装置。对调度集中操纵的道岔采取自动断电保护措施。

新建联锁设备的车站(场)站内采用97型25 Hz相敏轨道电路,并配备二元二位继电器。客运通道车站电码化采用ZPW-2000系列发码设备,由列控中心完成电子编码。车站正线采用叠加预发码、侧线股道采用叠加发码方式。

货运通道采用半自动闭塞区段的车站电码化,采用ZPW-2000系列发码设备,采用继电编码方式,车站正线采用叠加预发送、侧线采用叠加发码方式。

针对维修工区岔线、段管线等轨道电路分路不良区段,采取必要的技术措施,确保轨道电路正常分路。

车站联锁设备室外信号设备干线电缆采用铝护套综合扭绞信号电缆。站内轨道电路和电码化干线电缆采用铝护套数字信号电缆,其他信号设备采用非数字信号电缆。

列车调度指挥系统,重庆西(含)至贵阳北(不含)采用分散自律型调度集中(CTC)系统,沿线各车站、井口站、歌乐山站及重庆西动车运用所等新设CTC分机及配套设备、网络信息安全和通道质量监督等设备;珞璜站、息烽川黔场新设TDCS分机设备,长田湾线路所新设CTC分机设备;重庆枢纽、贵阳枢纽货运通道车站TDCS分机设备利旧改造。按照调度区划分纳入成都铁路局调度所CTC/TDCS总机系统,并增设1套应用和通信服务器、CTC与TSRS接口服务器等设备,新设1个本线行车调度台,按划分的区段范围负责本线的行车调度指挥。重庆、贵阳枢纽内相关车站分机设备由新增和调整的调度台管辖。

列车运行控制系统,童家溪至重庆西站客车通道、重庆北(渝怀场)至贵阳北(不含)采用CTCS-2级列控系统。在重庆西站新设1套临时限速服务器(TSRS),利用贵阳北站既有临时限速服务器,负责本线、重庆及贵阳枢纽范围内的列车运行的临时限速管理。并根据相邻线路速度目标值及动车组交路,选择合适地点设列控模式级间转换点。

在采用CTCS-2级列控系统的车站和信号中继站设列控中心(TCC)、应答器及电子编码单元等设备,通过设置的信号安全数据网实现数据的传输。所设的列控中心应具有轨道电路编发码、运行方向控制、应答器报文调用及发送等功能。

区间自动闭塞制式,重庆北至贵阳北(含重庆西动车走行线)、童家溪至重庆西站客车通道及货运通道的双线区段采用四显示自动闭塞,引入贵阳枢纽的客车联络线上行线采用四显示自动闭塞,设区间地面通过信号机,正向采用追踪间隔运行、反向按自动站间闭塞行车;引入贵阳枢纽的货车联络线采用25 Hz轨道电路检查站间空闲的自动站间闭塞;其余线路方向维持既有闭塞制式不变;与CTC车站相衔接的半自动闭塞区段设区间检查设备。

采用四显示自动闭塞的区间采用ZPW-2000系列无绝缘轨道电路,其中新设CTCS-2级列控系统区段的轨道电路采用电子编码的1+1发送设备,接收设备按双机并用方式配置;并利用列控中心(TCC)安全传输通道传送站间联系信息。货运通道自动闭塞区段的轨道电路采用继电器编码的$N+1$发送设备,接收设备按双机并用方式配置。

区间ZPW-2000系列轨道电路干线电缆采用铝护套内屏蔽数字信号电缆,干线电缆的有效传输长度一般不大于10 km。

信号集中监测系统，正线各车站（线路所）和信号中继站新设集中监测分机设备，在沿线信号车间/工区设集中监测终端，重庆和贵阳枢纽内既有信号设备利旧的车站监测分机利旧改造。根据沿线电务段的管辖范围和隶属关系，各站监测分机设备通过监测网络分别接入重庆、贵阳电务段信号集中监测总机系统，根据本线的接入对监测总机系统软件进行相应修改。为系统维护提供必要的监测、报警和维修信息。

沿线新建信号设备房屋设防雷电、电磁兼容和综合接地防护系统，与房建工程统筹实施，并与贯通地线等电位连接。

综合接地系统，客车通道分别沿铁路两侧各设1条截面为35 mm^2的铜质电缆贯通地线；货运通道沿铁路敷设1条截面为35 mm^2的信号专用贯通地线，在电气特性上全程贯通，接地电阻不大于1 Ω，构成等电位连接。沿线轨旁信号设备安全接地后与贯通地线等电位连接。

各车站设信号值班工区，综合车间内设信号集中检修工区，负责本线信号设备的运营维护。

参加线路工程施工的有中铁二局集团、中铁隧道局集团、中铁十八局集团等单位，承担四电工程施工的有中铁电气化局集团、中国铁路通信信号股份有限公司等单位。

线路工程于2013年5月开工建设，四电工程于2016年1月18日开工。2017年10月16日开始联调联试，2017年12月23日进入运行试验阶段，2018年1月25日开通运营。

3.41 通辽至让湖路铁路电气化改造

既有通让铁路位于内蒙古自治区东部、吉林省西部、黑龙江省西南部，南起通辽东站（K8+400），途经内蒙古自治区通辽市，吉林省松原市、大安市和黑龙江省大庆市，北到滨洲铁路的让湖路西站[K420+060.7（滨州线K173+906.3）]，大致呈西南东北走向，线路全长412.334 km（图3.41）。其中沈阳铁路局管辖范围内（K8+400～K335+000）线路长327.281 km，哈尔滨铁路局管辖范围内（K335+000～K420+060.7）线路长85.053 km。该线始建于1964年7月，1966年12月开通运营，是一条主要为大庆油田运油的铁路。其后随着区域经济的发展，成为内蒙古自治区东部铁路网和东北地区铁路网的重要组成部分。为满足沿线运量增长的需要，国家决定对该线进行电气化改造。电气化改造后行政和调度区划分维持现状，通辽东站（K8+400）至太平川站（K126+500）118.679 km双线和太平川站至太阳升站208.602 km单线由沈阳铁路局调度所管辖；太阳升站至让湖路西站85.053 km单线由哈尔滨铁路局调度所管辖。电气化后既有车站分布维持不变，全线设有通辽东、高林屯、宝龙山、敖力布告、太平川、长青、庆丰、巨宝、工农湖、官字井、乾安、海坨子、建设、大安北、他石海、新肇、劳动屯、太阳升、立志、向阳村、新华屯、兴无、八村、林源、创业村、银浪、独立屯、壮志及让湖路西等车站。工程范围还包括大安地区新建长白通让北东联络线[LCKO+000（通让K277+950）～LCK1+483（长白线K210+300）]长1.483 km；既有大安站至曹家窝铺站既有长白线（CBK207+000～CBK220+150）电气化挂网、线路长 13. 15 km;壮志至大庆西既有联络线[LK415 +641 (壮志站中心) ~ LK420 + 240. 82]现状电化、线路长 4. 6 km。通让铁路电气化改造的建成开通,成为东北地区西部的重要交通干线,对提高区域铁路网运输能力,降低运输成本,促进沿线地区环境保护具有重要意义。同时也可以增加"哈大齐工业走廊"煤炭、建材、钢材等物资的输入,以及大庆市成品油、石化产品的输出任务,对沿线地区的产业布局和经济发展起着重要支撑作用。

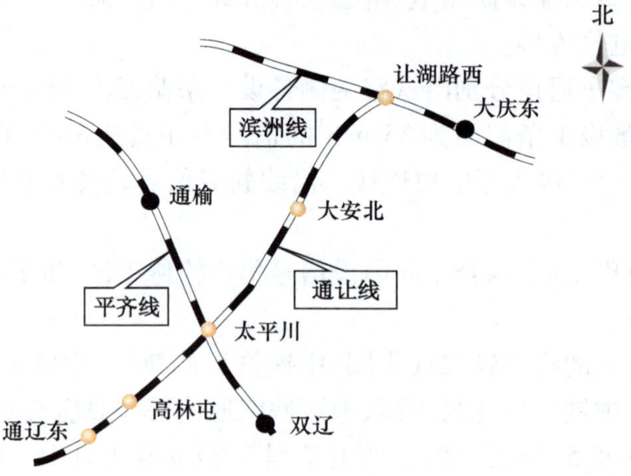

图 3. 41　通让铁路示意图

通让铁路电气化改造工程的建设单位是沈阳铁路局电气化改造工程建设指挥部和哈尔滨铁路局通让铁路电气化改造工程建设指挥部。设计单位是铁道第三勘察设计院集团有限公司、中铁工程设计咨询集团有限公司。线路主要技术标准:铁路等级, Ⅰ级;正线数目,通辽至太平川段为双线、太平川至让湖路段为单线;限制坡度,维持既有(6‰);最小曲线半径,维持既有(600 m);到发线有效长度,1 050 m;闭塞类型,通辽至太平川段为自动闭塞、太平川至让湖路段为半自动闭塞;设计速度,120 km/h;牵引种类,电力牵引(直供加回流线供电方式);机车类型,HXD 系列;牵引质量,5 000 t。

3. 41. 1　电气化工程

牵引供电采用带回流线的直接供电方式。新设西辽河、宝龙山、巨宝、乾安、革志、新华屯、银浪等牵引变电所,利用四平至齐齐哈尔铁路电气化所建的太平川牵引变电所、长春至白城铁路扩能改造所建的大安北牵引变电所。双线地段供电臂末端设分区所,采用室内布置。单线区段在牵引变电所中间设电分相,电分相采用柱上隔离开关方式。

新建革志、新华屯、银浪牵引变电所引入 2 路 110 kV 电源供电,110 kV 电源侧采用分支接线,电气设备采用户外中型布置;27. 5 kV 侧采用单母线分段接线,电气设备采用户内开关柜布置,馈线断路器采用固定备用方式。

新建西辽河、宝龙山、巨宝、乾安牵引变电所引入 2 路 220 kV 电源供电,220 kV 电源侧采用线路变压器组接线,电气设备采用户外中型布置;27. 5 kV 侧采用单母线分段接线,电气设备采用户内开关柜布置。馈线断路器采用固定备用方式。

新建牵引变电所设2台变压器,采用固定备用、V/V接线、自冷方式,预留风冷条件。各牵引变电所变压器安装容量:西辽河为2×(16+16) MV·A、宝龙山为2×(16+20) MV·A、巨宝为2×(10+10) MV·A、乾安为2×(10+10) MV·A、革志为2×(10+10) MV·A、新华屯为2×(10+10) MV·A、银浪为2×(10+10) MV·A。

新建牵引变电所采用微机保护和综合自动化系统及安全视频监视系统。全线牵引供电调度管理分别纳入沈阳铁路局、哈尔滨铁路局既有供电调度中心,在沈阳铁路局增设1个通让铁路供电调度台,管辖本局牵引供电设施。本线哈尔滨铁路局管内牵引供电设施纳入平齐铁路供电调度台统一管理。

接触网采用全补偿简单链型悬挂,接触悬挂结构高度一般为1 400 mm。正线接触线采用120 mm^2的铜银合金导线,张力15 kN,承力索采用95 mm^2的铜镁合金绞线,张力15 kN;站线接触线采用120 mm^2的铜合金导线,张力15 kN,承力索采用95 mm^2的铜合金绞线,张力15 kN。接触线悬挂点高度一般为6 000 mm、最低点高度不小于5 700 mm。并应满足通过超级超限货物列车的要求。附加导线采用耐腐蚀的铝包钢芯铝绞线。

接触网绝缘泄漏距离一般不小于1 400 mm;在混凝土支柱上安装的腕臂棒式绝缘子一般采用单绝缘瓷质棒式绝缘子,腕臂棒式复合绝缘子采用单绝缘复合棒式绝缘子。在钢柱上安装的腕臂棒式绝缘子采用双重绝缘子,软横跨钢柱靠近支柱侧安装的绝缘子采用双重绝缘子。接触悬挂下锚、软横跨、隔离开关、避雷器绝缘子等采用复合悬式绝缘子,接触悬挂补偿下锚采用双重绝缘子。供电线一般采用悬式耐污瓷质绝缘子。

接触网支柱,路基地段的腕臂柱采用横腹杆式预应力钢筋混凝土支柱,既有桥梁上采用热浸镀锌格构式钢柱,车站多股道并行地段一般采用软横跨,采用热浸镀锌格构式钢柱,硬横跨采用圆管钢柱。供电线采用镀锌格构式钢柱。设有雨棚的车站站台地段接触网支柱与雨棚柱合架。

接触网支柱标准跨距,直线区段为55~60 m,最大不大于65 m。高路堤等风口地段要缩小5~10 m。绝缘和非绝缘锚段关节一般采用四跨形式,接触网锚段长度一般不大于2×750 m、困难时不大于2×850 m。单边补偿的锚段长度为上述值的50%。附加导线的锚段长度一般不大于2 000 m。

接触线、承力索分别补偿下锚,路基地段采用滑轮组补偿装置,桥梁区段及车站锚段采用棘轮补偿装置。一般采用两跨式防窜防断中心锚结,站内软横跨采用防窜式中心锚结。

根据抢修需要,新设高林屯、敖力布告、工农湖、乾安、大安北、新肇、新华屯、林源接触网工区,与工区合建大安北供电检修车间,以及高林屯和林源供电管理车间。

3.41.2 电力工程

通辽东至让胡路既有1条10 kV自闭电力线路和1条贯通线路,有的区段自闭电力线路建于1989年,已超过大修期,电气化改造后,随着沿线用电负荷的增大,满足不了供电需求,需对危及供电安全的电力线路进行改造、更换导线和移建,为沿线用电负荷供电。

既有高林屯、宝龙山、敖力布告、工农湖、乾安、大安北、太阳升、新华屯等10 kV配电所大部分建于20世纪90年代,且为1路电源,配电所土建结构和设备较为陈旧,需要更新改造,引入第2路电源供电。所以原址新建工农湖、乾安、太阳升、新华屯10 kV配电所,另引入第2路10 kV电源供电。宝龙山配电所增加接引第2路电源供电。大安北配电所由长白铁路扩能改造工程实施。其他既有配电所根据需要更新设备。

设有10 kV配电所的车站其站房新增综合负荷按原供电方式从配电所站馈线接引电源供电;没设10 kV配电所的车站其站房新增综合负荷按原供电方式从地方电网接引电源供电。

车站新增通信信号负荷设室内10/0.4 kV变电所或箱式变电站供电,分别从10 kV贯通线和自闭电力线各接引1路电源。区间新增通信信号负荷设箱式变电站供电,分别从10 kV贯通线和自闭电力线各接引1路电源。

根据沿线新增用电负荷情况,在用电负荷集中处分别设10/0.4 kV变电所、箱式变电站或杆架式变电台给相关负荷供电,电源引自10 kV贯通线。

新建电力远动系统,对通辽供电段既有电力远动系统进行增容,更换网络交换机和数据服务器等设备。在长春供电段增设本线电力调度台。按照既有局、段管辖范围及权限纳入既有供电段电力控制中心。

3.41.3 通信工程

长途通信线路,通辽至太阳升段利用沈阳铁路局2014年通信网改造工程所建的48芯通信光缆线路和既有20芯光缆线路。太阳升至让湖路段和壮志至大庆西联络线新设48芯通信光缆线路,并利用太让段的既有20芯光缆线路。既有长途通信电缆和架空明线不再继续使用。

新建长白通让北东联络线工程新设1条24芯光缆。新建信号楼通信机械室和旧信号楼通信机械室之间新设1条24芯光缆。

沿线GSM-R通信基站、信号中继站、牵引变电所、分区所等根据需要新设2条12芯分歧光缆。对达不到电气化区段防护标准的站场通信电缆采取防护措施或更换。

传输系统,通辽至太阳升段利用沈阳铁路局2014年通信网改造工程所建的OTN传输网和SDH 10 Gbit/s传输系统及车站SDH 2.5 Gbit/s接入网系统。太阳升至让湖路段利用既有OTN传输网和SDH 10 Gbit/s传输系统。在通辽车辆段通信机房新设SDH 2.5 Gbit/s设备,利用既有站场光缆与通霍电气化工程在通辽通信站所设的SDH 10 Gbit/s设备开通SDH 2.5 Gbit/s 1+1保护系统。

新设SDH 622 Mbit/s接入网系统,沿线各车站新设SDH 622 Mbit/s设备,沈阳铁路局管段内各站并将SDH 622 Mbit/s设备与通信网改造工程在各车站所设的SDH 2.5 Gbit/s设备通过光接口互联。

沿线通信基站、牵引变电所、分区所、配电所等处设SDH 622 Mbit/s设备,利用既有光缆和新建光缆中的各2芯光纤构成2纤复用段保护环。沈阳铁路局管段内并接入车站SDH 2.5 Gbit/s接入网系统。

全线接触网工区、供电车间、红外轴温探测站等信息点根据需要新设 SDH 622 Mbit/s 或 SDH 155 Mbit/s 设备。接入车站 SDH 622 Mbit/s 接入网系统。

数据网，通辽至太阳升段利用沈阳铁路局 2014 年通信网改造工程所建的数据网系统。太阳升至让湖路段利用既有数据网系统，新建 GSM-R 通信基站、牵引变电所、分区所、接触网工区、配电所、供电车间、红外轴温探测站等处新设数据网交换机，并接入既有数据网系统。

电话交换系统，利用通辽通信站等处的既有程控电话交换机，根据需求扩容 V5 接口板和 No. 7 信令链路，并新设 1 套 OLT 设备；利用大安北通信站的既有 OLT 设备。沿线牵引变电所、分区所、接触网工区、通信基站、信号中继站、新建和既有电力配电所、红外轴温探测站等处新设 ONU 设备，沿线新增自动电话用户按铁路局管辖范围通过 ONU 设备及接入网接入所归属的 OLT 设备和程控电话交换机，通过统一编号，实现与既有铁路电话专网的互通。

新设调度通信系统，利用沈阳、哈尔滨铁路局调度所既有数字调度通信交换机，沿线各车站新设车站型数字调度通信交换机和车站值班台及配套设备，各牵引变电所、分区所、供电车间、接触网工区新设调度分机，通过接入网就近接入车站调度通信交换机。按照铁路局管辖范围和调度区划分，通过传输通道分别接入沈阳、哈尔滨铁路局调度所中心调度通信交换机和调度通信系统，通辽东（不含）至太平川（含）由平齐铁路列车调度台管辖，太平川至太阳升（含）由本线列车调度台管辖，太阳升至让湖路西站由哈尔滨铁路局调度所齐通铁路调度台管辖。

新设 GSM-R 移动通信系统，利用沈阳、哈尔滨铁路局既有 GSM-R 核心交换机和沈阳铁路局既有基站控制器（BSC），在通辽通信站新设 BSC，利用其他工程设在长春的 BSC。沿线车站和区间新设通信基站（BTS），车站基站按 3 载频配置、区间基站按 2 载频配置，采用单网覆盖方式组网。按铁路局管辖范围分别接入所隶属 BSC 和铁路局的 GSM-R 交换机。区间弱场区采用光纤直放站、漏泄电缆和天线方式增强，以满足无线场强覆盖和信息传输的需要，完成调度通信、调度命令和无线车次号校核信息传送等功能。

应急通信系统，在通辽通信车间、太平川、乾安、大安北、太阳升等通信工区新设应急通信现场接入设备，通过传输通道接入沈阳、哈尔滨铁路局既有应急指挥中心系统设备，会议电视系统，沿线既有会议电视系统继续使用。

通信电源，沿线车站、区间通信基站、牵引变电所、电力配电所、接触网工区、供电车间等新建通信设备机房设 48 V 高频开关电源和蓄电池，并新设电源和机房环境监控系统和采集设备。

3.41.4　信号工程

车站联锁，通辽东站（不含）至太平川站（不含）段的高林屯、宝龙山、敖力布告等站为 2010 年建成的计算机联锁设备，已预留电气化区段轨道电路、信号电缆的使用条件，结合电气化工程利旧改造，并将增设的接触网工区道岔纳入车站联锁设备集中控制。各站内既有 97 型 25 Hz 相敏轨道电路，采用了双套微电子接收器和防护盒维持既有。根据电气化区段的防护标准增设不同型号的扼流变压器、完善横向连接线和轨旁信号设备的接地。太平川站由平齐铁路郑家屯至榆树屯段电气化改造工程统筹实施。

太平川站(不含)至让湖路西站(不含)段各车站及大安北机务段新设硬件安全冗余型计算机联锁设备和信号智能电源屏。站内采用97型25 Hz相敏轨道电路叠加电码化、采用微电子接收器和防护盒。正线和侧线股道增设不同型号的扼流变压器。站内电码化按四线制设计,正线采用预叠加发码、侧线和接近区段采用占用叠加发码方式,发码设备采用ZPW-2000系列发送设备,按$N+1$冗余配置。站内局部岔线区段采用符合技术条件要求的技术措施,解决轨道电路分路不良现象。

新建长白通让北东联络线形成的薛家围子线路所和厢房孙线路所相关线路和道岔,采用信号电缆方式直接纳入大安北站联锁设备集中控制。立志站结合专用线工程按电气化区段标准进行改造并统筹实施。

新设站内97型25 Hz相敏轨道电路采用防寒型铝护套综合扭绞信号电缆,电码化信息传输采用防寒型铝护套内屏蔽数字信号电缆,分支电缆采用防寒型综合护套综合扭绞信号电缆。

列车调度指挥系统,沈阳铁路局范围内的通辽东(不含)至太平川(含)段维持既有CTC系统和调度台管辖不变,结合工程对各车站CTC分机、信息安全和通道质量监督等设备进行利旧改造。其中太平川站由平齐铁路郑家屯至榆树屯段电气化改造工程统筹实施。

沈阳铁路局范围内的太平川站(不含)至太阳升站(含)段和哈尔滨铁路局范围内的太阳升(不含)至让湖路西站(不含)段维持既有TDCS系统和调度台管辖不变,按照《铁路列车调度指挥系统(3.0)技术条件》(铁总运〔2013〕14号)要求,各车站新设TDCS分机设备和信息安全设备,对应白城、大庆车务段管辖范围分别增设1套TDCS车站服务器和终端设备,大安北机务折返段增设1套TDCS终端设备。按管辖范围和既有调度区划分,分别接入铁路局调度所TDCS/CTC总机系统,并分别在铁路局调度所增设1套TDCS(3.0)应用服务器、通信服务器等设备。对既有TDCS/CTC总机系统、调度台设备软件进行相应修改。

区间闭塞制式,通辽东站(不含)至太平川站(不含)双线区段维持既有ZPW-2000系列四显示自动闭塞制式不变,维持既有区间通过信号机布点及闭塞设备不变,按电气化区段防护标准进行适应性改造,增加区间逻辑检查功能,增设扼流变压器、完善横向连接线和更换钢轨引接线、完善轨旁信号设备接地。区间信号电缆已预留电气化使用条件,维持既有不变。

太平川站至长青站(含)双线区段维持既有单方向运行的复线半自动闭塞;长青站(不含)至让湖路西站(不含)区间维持既有半自动闭塞制式不变;大安至大安北段、壮志至大庆西段均维持既有半自动闭塞方制不变;大安北至曹家窝铺段维持长春至白城铁路确定的自动站间闭塞制式不变。与本线衔接的其他线路维持既有闭塞制式不变。半自动闭塞和安全信息采用光通道传输,各车站设光电转换设备。

信号集中监测系统,通辽东站(不含)至太平川站各车站既有集中监测分机设备利旧改造;太平川站至让湖路西站(不含)各车站新设集中监测分机设备和道岔转辙机缺口检查设备,按管辖范围和隶属关系通过监测网分别接入通辽、长春、齐齐哈尔电务段既有信号集中监测总机系统,并对总机系统设备进行利旧修改。

新增信号设备房屋设防雷电、电磁屏蔽和综合接地防护系统,与房建工程同步实施。利旧使用的既有信号设备房屋结合电气化改造完善防雷电和综合接地系统。并与专用贯通地线进行等电位连接。

信号专用贯通地线,双线自动闭塞区段既有专用贯通地线利旧使用,按照《铁路综合接地系统》(通号〔2009〕9301)要求,完善沿线轨旁信号设备等电位接地。太平川站至让湖路西站(不含)单线半自动闭塞区段在车站上下行进站信号机范围内新设 1 条截面为 35 mm^2 的铜芯专用贯通地线。轨旁信号设备安全接地后与贯通地线等电位连接。

维持既有太平川、大安北、让湖路等信号车间和辖区内信号工区机构不变,负责沿线信号设施的运营维护和管理。

参加本线电气化改造工程施工的有中铁十四局、十九局、二十局、二十三局集团电气化(电务)公司等单位。电气化改造工程于 2016 年 4 月 20 日开工,2018 年 3 月 19 日向全线接触网成功送电,2018 年 4 月 25 日开通运营。

3.42　平齐铁路郑家屯至榆树屯段电气化改造

既有四平至齐齐哈尔铁路,原为四洮铁路和洮昂铁路,分别始建于 1917—1923 年、1925—1926 年。平齐铁路南起吉林省四平市的四平车站,途经四平市、松原市、通辽市、白城市,北到黑龙江省的齐齐哈尔市的齐齐哈尔车站,线路全长 571 km(图 3.42)。平齐铁路是我国东北地区西部铁路干线的重要组成部分,沿线所经区域是我国东北地区、西北部区域经济发展的重要区域,是内蒙古自治区东北部、黑龙江、吉林西部与辽中南及关内地区客货交流的重要通道,主要承担由滨洲铁路南下至大(虎山)郑(家屯)线、关内以及辽宁等地区的货物交流。多年来,该段线路虽分段进行过多次扩能改造或增建二线,但仍然满足不了区域经济发展和运量增长的需要,故国家决定对郑榆段进行电气化改造。工程范围包括:郑家屯站(K93 + 300)至榆树屯站(K547 + 700)线路长 455.439 km[其中沈阳铁路局管辖 356.505 km(K93 + 300 ~ K450 + 000),哈尔滨铁路局管辖 98.934 km(K450 + 000 ~ K547 + 700)]。白城地区的相关联络线,以及齐齐哈尔枢纽电气化及相关工程。郑榆段电气化共设有郑家屯、卧虎屯、茂林、保康、太平川、边昭、开通、鸿兴、黑水、洮南、穆家店、白城、镇赉、坦途、街基、泰来、平洋、江桥、大兴、汤池、三间房、榆树屯等车站,车站性质维持既有不变。行政和调度区划分维持现状。平齐铁路郑榆段电气化的建成开通,是继滨洲铁路电气化工程之后,对东北地区铁路干线进行技术装备水平提升的延续,可形成自满洲里至关内的电气化铁路通道。对促进沿线区域经济的发展,强化蒙东煤炭外运通路,及对俄罗斯口岸——满洲里口岸的集疏运通道,促进国际贸易往来,将起到重要作用。

平齐铁路郑榆段电气化改造工程的建设单位是沈阳、哈尔滨铁路局平齐铁路电气化

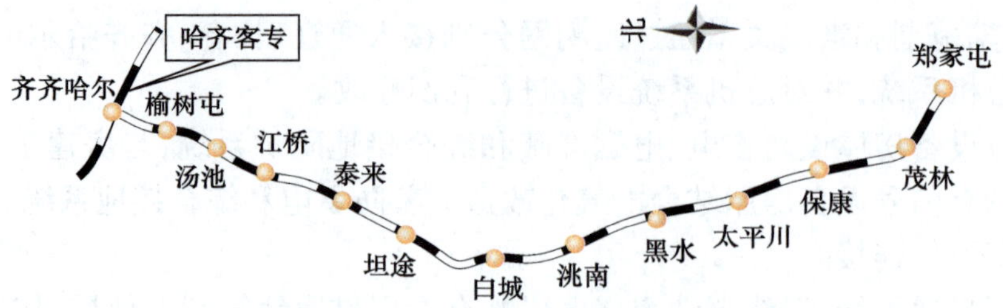

图 3.42　平齐铁路郑榆段示意图

改造工程建设指挥部,设计单位是铁道第三勘察设计院集团有限公司。线路主要技术标准:铁路等级,Ⅰ级;正线数目,双线;限制坡度,维持既有 6‰;最小曲线半径,维持既有 800 m;到发线有效长度,1 050 m;闭塞类型,自动闭塞;设计行车速度,120 km/h;牵引种类,电力牵引(直供加回流线供电方式);机车类型,HXD 系列;牵引质量,5 000 t。

3.42.1　电气化工程

牵引供电采用带回流线的直接供电方式。全段新设茂林、太平川、开通、黑水、镇赉、坦途、平洋、汤池等牵引变电所,其中太平川牵引变电所统筹考虑通让铁路的供电能力,在供电臂末端设直供分区所。利用通辽至四平铁路电气化工程所建的郑家屯牵引变电所、长春至白城铁路电气化工程所建的白城牵引变电所、滨洲铁路电气化工程所建的榆树屯牵引变电所和三间房开闭所。

新建汤池牵引变电所引入 2 路 110 kV 电源供电,110 kV 电源侧采用分支接线;其余新建牵引变电所引入 2 路 220 kV 电源供电,220 kV 电源侧采用线路变压器组接线,电源侧主变压器采用室外低式布置,其余电气设备采用户外单体中式布置;27.5 kV 侧采用单母线分段接线,电气设备采用户内布置,27.5 kV 馈线采用架空线,馈线断路器采用设置旁路母线的固定备用方式。

新建牵引变电所新设 2 台变压器,采用固定备用、V/V 接线、油浸自冷方式,预留风冷条件。各牵引变电所变压器安装容量:茂林为 2×(16+16) MV · A、太平川为 2×(40+40) MV · A、开通为 2×(20+20) MV · A、黑水为 2×(16+16) MV · A、镇赉为 2×(20+16) MV · A、坦途为 2×(16+16) MV · A、平洋为 2×(25+20) MV · A,汤池为 2×(20+16) MV · A。郑家屯牵引变电所增容改造为 2×(31.5+40) MV · A,白城牵引变电所增容改造为 2×(45+20) MV · A,榆树屯牵引变电所变压器容量维持不变。以上需增容改造的牵引变电所分别在各自的工程中一次性实施,并采用既有标准。

新建牵引变电所、分区所采用微机保护和综合自动化系统,按无人值班设计,牵引变电所适当考虑值守条件。新设牵引供电调度和远动系统,纳入沈阳、哈尔滨铁路局电力调度所管理。

接触网采用全补偿简单链型悬挂,接触悬挂结构高度一般为 1 400 mm。正线接触线采用 CTA-120 型铜合金导线,张力 15 kN,承力索采用 JTM-95 型铜合金绞线,张力 15 kN;

站线接触线采用 CTA-85 型铜合金导线，张力 10 kN，承力索采用 JTM-70 型铜合金绞线，张力 15 kN。接触线悬挂点高度为 6 000 mm，采用载流整体吊弦。回流线、供电线、架空地线采用铝包钢芯铝绞线。

接触网绝缘泄漏距离一般不小于 1 400 mm，严重污秽地区适当加强绝缘。一般地段采用瓷质绝缘子。软横跨、接触网下锚及特别严重污秽地段采用合成绝缘子。局部特殊严重污秽区接触网下锚、软横跨接地侧、上下行分段处、隔离开关的绝缘子爬电距离不小于 1 600 mm。采用锚段关节式电分相，尽量避免设在大坡道、列车出站加速区段和线路限速低速区段。

接触网支柱，路基区段的腕臂柱一般采用横腹杆式预应力钢筋混凝土支柱，桥梁上采用热浸镀锌格构式钢柱。车站及多股道并行区段一般采用软横跨和钢柱。架空供电线一般采用热浸镀锌格构式钢柱。

接触网支柱跨距一般地段为 55 ~ 60 m，最大不大于 65 m。绝缘和非绝缘锚段关节一般采用四跨形式，正线锚段长度一般不大于 2 × 750 m；站线锚段长度一般不大于 2 × 850 m；附加导线的锚段长度一般不大于 2 000 m。

平齐铁路处于沈阳、哈尔滨铁路局的管辖范围内。相邻的有哈大、通霍、滨州等电气化铁路，以及哈大、哈齐等客运专线，还有同期建设的通让电气化铁路。已设有与本线相关的长春供电段和齐齐哈尔供电段。根据本线新增供电设施运行维护的需要，新设太平川供电检修车间，黑水、大兴供电管理车间，新设保康、太平川、开通、黑水、镇赉、平洋、大兴接触网工区，负责新建牵引供电设施的运营维护管理、抢修工作。

3.42.2　电力工程

郑家屯至太平川段、白城至齐齐哈尔段已建有 1 条 10 kV 贯通线和 1 条 10 kV 自闭电力线。太平川至白城段已建有 1 条 10 kV 贯通线。根据电气化工程的实际需要，在充分利用既有电力设施的前提下，太平川至白城段新设 1 条 10 kV 自闭电力线路，达到全线各段均有 2 条电力线路的标准。并根据用电负荷新增情况和受电气化挂网影响情况，对沿线既有 10 kV 贯通线和自闭电力线进行扩容改造，对容量不足的配电所的既有电源线路进行增容改造。

原址新建洮南和泰来 10 kV 配电所，异地新建江桥 10 kV 配电所；改造既有郑家屯、保康、太平川、开通、镇赉等 10 kV 配电所，以及白城 66/10 kV 变配电和三间房 35/10 kV 变电所。既有单电源的配电所均从地方变电站新接引 1 路专盘专线电所源，改为双电源供电；其他既有 10 kV 配电所设施原则上利旧，但根据新增负荷量的变化情况，对不能满足电气化标准和铁路用电要求的既有供电设备进行适应性改造。

车站新增通信信号用电负荷设室内低压变电所供电，电源分别引自 10 kV 贯通线和自闭电力线。区间新增通信信号用电负荷设箱式变电站供电，电源分别引自 10 kV 贯通线和自闭电力线。

区间新建牵引变电所、分区所自用电负荷就近接引 1 路 10 kV 贯通线作为备用电源；区间接触网开关站用电负荷设杆架式变电台供电，电源引自 10 kV 贯通线。

区间新增其他用电负荷设杆架式变电台供电,电源引自 10 kV 贯通线。

3.42.3 通信工程

利用 2014 年沈阳、哈尔滨铁路局对本线通信网改造工程所建的 48 芯光缆。对该条既有长途通信光缆按电气化区段使用标准整治后继续使用,并为其新设光缆状态自动监测系统,在长春通信站和齐齐哈尔通信站各新设 1 套自动监测网管系统,在郑家屯、白城、三间房等通信车间各新设 1 套自动监测网管系统复示终端。

为满足 GSM-R 系统和牵引供电及电力远动系统组网的需要,到区间通信基站、牵引变电所、分区所新设 1 条不同容量的分歧光缆。

郑家屯至榆树屯段利用 2014 年通信网改造工程所建的 OTN 传输网、SDH 10 Gbit/s 传输系统和 SDH 2.5 Gbit/s 车站接入网系统。

全段新设 SDH 622 Mbit/s 区间接入网系统,新建牵引变电所、分区所、通信基站等信息接入点新设 SDH 622 Mbit/s 设备,利用新建光缆接入车站 SDH 2.5 Gbit/s 接入网系统。站内红外轴温探测站等信息接入点根据需要新设 SDH 622 Mbit/s 设备。

数据网,郑家屯至榆树屯段利用既有数据网系统,牵引变电所、红外轴温探测站等信息接入点根据需要新设数据交换机。

电话交换系统,郑家屯至街基段新增自动电话用户分别纳入保康、白城既有铁路程控电话交换机,并对该交换机适当扩容接口板。街基至榆树屯段新增的自动电话用户纳入哈尔滨既有铁路电话交换机。

新设调度通信系统,利用沈阳、哈尔滨铁路局调度所的既有数字调度通信交换机,沿线各车站新设车站型调度通信交换机和操作台等设备。按铁路局管辖范围和调度区划分通过调度网分别接入铁路局调度所中心调度交换机和调度通信系统及本线调度台。根据需要分别在 2 个调度所增设本线调度台所需的数字调度员操作台等设备。

新设 GSM-R 移动通信系统,利用沈阳、哈尔滨铁路局既有 GSM-R 系统核心网设施,在长春和齐齐哈尔通信站新设基站控制器(BSC),沿线新设区间和车站通信基站,车站基站按 3 载频配置、区间基站按 2 载频配置,采用单网覆盖方式组网,按铁路局管辖范围分别接入设在长春和齐齐哈尔的 BSC 和铁路局 GSM-R 交换机。区间和隧道内弱场区采用光纤直放站、漏泄电缆和天线方式增强,以满足无线场强覆盖和信息传输的需要。

新设应急通信系统,在白城、郑家屯、三间房通信车间等处设应急抢险现场接入设备。利用传输通道接入沈阳、哈尔滨铁路局既有应急通信指挥中心系统和设备。沿线既有会议电视系统继续使用。

通信电源,沿线新建通信设备机房设 48 V 高频开关电源和蓄电池,新设电源和机房环境监控系统和采集设备,在长春、齐齐哈尔通信站新设电源和环境监控系统网管。

3.42.4 信号工程

车站联锁,郑家屯至白城(不含)段各车站既有联锁设备结合电气化工程利旧改造。

白城站在长白铁路工程所建的硬件冗余型计算机联锁设备基础上进行结合改造，统筹实施。白城（不含）至汤池站段各站既有双机热备型联锁设备改造为硬件冗余型计算机联锁设备及新设信号综合智能电源屏。三间房编组站到发场、西场、东场、红峰线路所、榆树屯站等在滨洲铁路电气化工程所建计算机联锁设备基础上进行结合改造，统筹实施。计算机联锁设备利旧改造的车站，其电源设备利旧，并根据设备使用要求进行扩容改造。车站（场）根据新铺道岔类型，配备相应的电动或电液转辙机及安装装置。既有不动的道岔转辙机原则上全部利旧，道岔跳线按电气化标准改为双跳线。

沿线各车站站内既有97型25 Hz相敏轨道电路和车站电码化维持既有制式，结合电气化工程进行局部适应性改造，增设扼流变压器、完善横向连接线、钢轨引接线和轨旁信号设备的接地。站内局部岔线区段采用符合技术条件要求的技术措施，解决轨道电路分路不良现象。室外其他不动的信号设备利旧使用。

需要更换的站内轨道电路和电码化干线电缆采用铝护套数字信号电缆；更换联锁设备所需的干线电缆采用铝护套信号电缆，分支电缆采用综合护套信号电缆。

列车调度指挥系统，沈阳铁路局范围内［郑家屯站（不含）至泰来站（不含）］利用既有CTC系统，各车站既有CTC分机设备、信号中继站CTC信息采集设备，以及信息安全和通道质量监督设备利旧改造，按照调度区划分维持调度所既有调度台管辖范围不变。但需对既有CTC/TDCS总机系统、调度台设备等软件进行相应的修改。

哈尔滨铁路局范围内［泰来站（含）至汤池站］利用既有TDCS系统，各车站（信号中继站）新设TDCS 3.0版的分机设备和信息安全等设备，按调度区划分接入铁路局调度所TDCS/CTC总机系统，增设TDCS3.0版系统接入所需的应用和通信服务器等设备，维持既有调度台管辖范围不变。汤池站（不含）至榆树屯站（不含）段利用既有CTC系统；三间房编组站到达场、西场、东场、红峰线路所、榆树屯站在滨洲铁路电气化工程所建的CTC分机、信息安全和通道质量监督设备基础上利旧改造。对应齐齐哈尔车务段管辖范围增设1套TDCS车站服务器和终端设备。按调度区划分维持既有调度台管辖范围不变。

区间闭塞制式，郑家屯站（不含）至白城站（不含）段维持既有ZPW-2000型无绝缘移频四显示自动闭塞制式，结合电气化工程进行适应性改造，增设扼流变压器、接触网吸上线接至扼流变压器中点，更换钢轨引接线、完善横向连接线和轨旁信号设备接地。并在既有自动闭塞设备基础上增设区间占用逻辑检查功能。

白城站（不含）至汤池站维持既有ZPW-2000型四显示自动闭塞制式，结合电气化工程进行适应性改造，增设扼流变压器、接触网吸上线接至扼流变压器中点，更换钢轨引接线、完善横向连接线和轨旁信号设备接地。并在既有自动闭塞设备基础上增设区间占用逻辑检查功能。

汤池站（不含）至榆树屯站维持既有上、下行单线半自动闭塞。与本线衔接的其他相关线路维持既有闭塞制式不变。

既有站间安全信息传输方式原则上利用既有站间联系电缆和继电电路传输方式。利用既有自动闭塞区段的信号电缆原则上利旧使用，不符合电气化区段防护标准要求的更换为防寒型铝护套信号电缆。

信号集中监测系统,郑家屯站至白城站各车站既有集中监测分机设备利旧改造;白城站(不含)至汤池站各车站新设集中监测分机设备;汤池站至榆树屯站间的三间房编组站到发场、东场、西场、红峰线路所、榆树屯站在滨州铁路电气化工程所设监测分机设备基础上,结合本线电气化工程进行改造。按管辖范围和隶属关系通过监测网将监测分机分别接入通辽、长春、齐齐哈尔电务段既有信号集中监测总机系统。

沿线新建、改扩建信号设备房屋设防雷电、电磁兼容和综合接地防护系统;既有信号设备房屋在原防雷电系统基础上完善电磁兼容和综合接地防护系统。室内信号设备要设防雷保安器和分线防雷柜,其设备箱盒、柜体等要与贯通地线等电位连接。

双线自动闭塞区段的既有信号专用贯通地线利旧使用,完善沿线轨旁信号设备与贯通地线的等电位接地。

参加平齐铁路郑榆段电气化工程施工的有中铁电气化局集团、中铁一局、九局集团等单位,工程于2016年4月15日开工,哈尔滨铁路局管段内于2017年11月30日竣工。沈阳铁路局管段内2017年12月4日向接触网成功送电。全段于2018年4月25日正式开通运营。

3.43　深湛铁路江门至湛江段

新建江门至湛江段铁路,是新建深圳至湛江铁路的重要组成部分,东起广珠城际铁路的新会站,途经江门、阳江、茂名、湛江4个地级市,西至湛江西站,由新建深圳至茂名铁路江门南(不含)至茂名东(不含)段正线长254.88 km、新建茂名至湛江铁路茂名东(含)至黄略段正线长77.05 km而后电气化改造、新建湛江东海岛铁路黄略(含)至湛江西(含)(客)段正线长17.56 km,3个区段组成,线路全长357 km(图3.43)。全段设有江门南、双水、台山、开平、蚬岗(预留)、恩平、大槐、合山、阳江、程村(预留)、阳西、新圩(预留)、马踏(茂名港北)、电白东(原观珠)、茂名东、吴川、塘缀、黄略、塘口、湛江西(客、货)、东山等车站。工程范围还包括江门地区的江门南至新会直通线2.17 km及相关工程,深茂铁路至既有广珠铁路上行联络线1.84 km;电白至茂名东增建第二线5.9 km;新建黄略至塘口联络线上行4.93 km、下行3.59 km;新建塘口南疏解线4.06 km,塘口上行联络线长5.135 km、下行联络线长3.708 km;塘口至湛江现状电化21.2 km;改建既有广茂线7.1 km,新建疏解线3.38 km。新建湛江西(货)至钢厂工业站线长39.75 km,改建湛海铁路3.83 km,新建湛海线至湛江西(客)联络线1.32 km,湛海线塘口至湛江西(货)电气化7.85 km。

新建江湛铁路是我国"八纵八横"高速铁路网中沿海快速铁路大通道的重要组成部分,该线的开通运营,不仅能有效打通粤西地区的交通瓶颈,为广大粤西人们出行提供便利条件,也大大拉近了粤西与珠三角之间的时空距离,沿线旅客可从湛江、茂名、阳江乘动车组列车直达广州南站,从而结束了粤西三市不通高速铁路的历史。同时可助力粤西城市群更好地融入珠三角经济、生活圈,加速融入粤港澳大湾区核心区,促进粤西地区实现高质量的跨越式发展。

深湛铁路江门至茂名段的建设单位是广州铁路(集团)公司江门工程建设指挥部,设

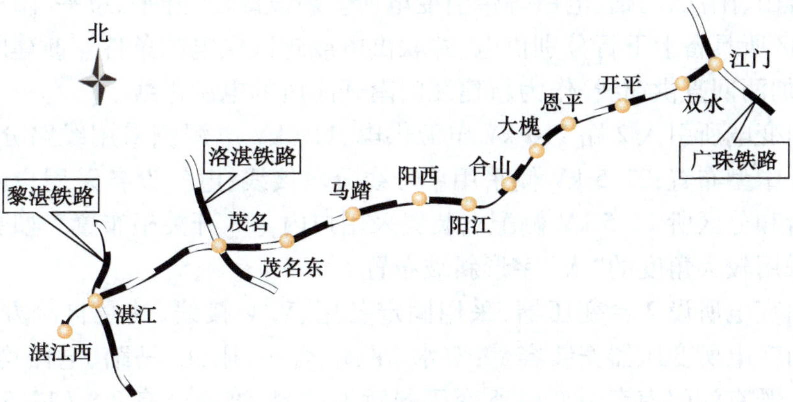

图 3.43　江湛铁路示意图

计单位是中铁第四勘察设计院集团有限公司，线路主要技术标准：铁路等级，Ⅰ级；正线数目，双线；限制坡度，6‰；最小曲线半径，一般地段 3 500 m、困难地段 2 800 m；到发线有效长，850 m；闭塞类型，自动闭塞；行车指挥方式，调度集中；设计行车速度，200 km/h；牵引种类，电力牵引（直供加回流线供电方式）；机车类型，动车组、HXD 系列。

茂名至黄略段的建设单位是广州铁路（集团）公司、茂湛铁路有限责任公司，设计单位是中铁工程设计咨询集团有限公司。线路主要技术标准：铁路等级，Ⅰ级；正线数目，双线；限制坡度，6 ‰；最小曲线半径，3 500 m、引入枢纽可适当降低；到发线有效长度，850 m；闭塞类型，自动闭塞；设计行车速度，200 km/h；牵引种类，电力牵引（直供加回流线供电方式）；牵引质量，近期 3 500 t、远期 4 000 t。

茂湛铁路茂名至塘口段电气化改造工程的建设单位是广州铁路（集团）公司，设计单位是中铁工程设计咨询集团有限公司。线路主要技术标准：铁路等级，Ⅰ级；正线数目，双线；限制坡度，6‰；最小曲线半径，3 500 m、困难 2 800 m；到发线有效长度，850 m；闭塞类型，自动闭塞；速度目标值，200 km/h；牵引种类，电力牵引（直供加回流线供电方式）；牵引质量，4 000 t。

黄略至湛江西段（客）的建设单位是广州铁路（集团）公司、茂湛铁路有限责任公司，设计单位是中铁工程设计咨询集团有限公司。线路主要技术标准：铁路等级，Ⅰ级；正线数目，双线；限制坡度，6‰；最小曲线半径，3 500 m；到发线有效长度，850 m、仅停靠旅客列车的到发线 650 m；闭塞类型，自动闭塞；旅客列车最高行车速度，200 km/h；牵引种类，电力牵引（直供加回流线供电方式）；牵引质量，4 000 t。

湛江西（货）至钢厂工业站的建设单位是广州铁路（集团）公司、茂湛铁路有限责任公司，设计单位是中铁工程设计咨询集团有限公司。线路主要技术标准：铁路等级，Ⅰ级；正线数目，单线；限制坡度，6‰；最小曲线半径，一般 1 200 m、困难 800 m；到发线有效长度，850 m；闭塞类型，半自动闭塞；牵引种类，电力牵引（直供加回流线供电方式）；牵引质量，4 000 t。

3.43.1　江门至茂名段

3.43.1.1　电气化工程

牵引供电采用带回流线的直接供电方式，隧道外回流线按双重绝缘安装。全段新设双水、平溪、合山、阳江、马踏、电白等牵引变电所。新设潭江、开平、恩平、阳东、阳西、观珠等分区所,分区所具备上下行分别供电、并联供电或越区供电的条件。改建既有江门南牵引变电所,增加两回直供馈线,作为新建江门南开闭所的电源进线。

新建牵引变电所引入2路110 kV电源供电,110 kV电源侧采用线路分支接线,电气设备采用户外中型布置;27.5 kV侧采用单母线分段接线,电气设备采用户内AIS开关柜布置。开闭所和分区所27.5 kV侧配电装置采用户内AIS开关柜布置。如受地形或其他条件限制可采用较大角度的“人”字形斜坡布置。

新建牵引变电所设2台变压器,采用固定备用、V/V接线、油浸自冷方式,预留风冷条件。各牵引变电所变压器安装容量:双水、平溪、合山、阳江、马踏、电白均为2×(16+16) MV·A。既有江门南牵引变电所变压器暂不增容、维持既有2×(12.5+8) MV·A不变,待开通后根据运量增长情况适时更换。

开闭所引入2路27.5 kV进线电源,采用一主一备运行。27.5 kV母线采用单母线隔离开关分段结构。馈线断路器采用固定备用方式。全段所设的接触网电动隔离开关纳入临近的牵引变电所、分区所、开闭所进行远动控制。

牵引变电所、开闭所、分区所采用微机保护和综合自动化系统,按无人值班设计,牵引变电所适当考虑值守条件。全段新设综合SCADA系统,纳入广州铁路电力调度所管理。

接触网采用全补偿简单链型悬挂,接触线采用120 mm^2的铜合金导线,张力15 kN,承力索采用95 mm^2的铜合金绞线,张力15 kN。接触线悬挂高度应满足带电通过超级超限货物列车、一般不小于5 750 mm。附加导线一般采用抗拉强度高、耐腐蚀性能好的铝包钢芯铝绞线。

接触网绝缘泄漏距离按重污地区设计,个别特别严重污秽地段适当加强绝缘。绝缘子及绝缘元件爬电距离一般按1 600 mm设计,上下行正线间、分束供电的分段处按1 600 mm设计。隧道外一般采用瓷质绝缘子,距离海边5 km范围以内的区段采用复合绝缘子。隧道内采用复合绝缘子。采用带空气绝缘中性段的绝缘锚段关节式电分相,尽量避免设在大坡道、列车出站加速区段和线路限速低速区段。

接触网支柱,路基区段腕臂柱采用等径圆形钢筋混凝土支柱,T梁桥上采用格构式热浸镀锌钢柱,连续梁和箱梁桥上采用热轧H型钢柱。车站及多线并行区段采用热浸镀锌圆钢管柱及硬横梁,跨越多股道且线间距不能立柱时优先采用硬横跨结构。隧道内、硬横跨下采用倒立吊柱。供电线一般采用镀锌格构式钢柱。

绝缘、非绝缘锚段关节一般采用五跨关节,困难地段采用四跨关节。正线接触网锚段长度一般不大于2×750 m、困难情况下不大于2×800 m;站线最大锚段长度一般不大于2×850 m、困难情况下不大于2×900 m。回流线、供电线的锚段长度一般不大于2 000 m;架空地线一般不大于1 000 m。

隧道外一般采用棘轮补偿装置,隧道内采用滑轮组补偿装置,均采用铁坠砣或复合铁坠砣补偿。正线采用防断中心锚结,有中锚下锚条件的站线采用防断中心锚结,困难时站线采用防窜中心锚结。

新设江门南、台山、合山、阳西、电白东供电工区。新设阳西(抢修)、江门南(管理)车间。负责本段牵引供电设施的运营维修和管理。

3.43.1.2　电力工程

全段新设1条综合负荷10 kV贯通线和1条一级负荷10 kV贯通线，新建综合负荷10 kV贯通线采用截面为70 mm^2的铜芯电力电缆敷设；新建一级负荷10 kV贯通线采用截面为50 mm^2的铜芯电力电缆敷设。

全段新设台山、恩平、阳江、阳西、茂名港北等10 kV配电所，还扩建江门南10 kV配电所，改造茂名东10 kV配电所。分别从地方电网接引2路独立的10 kV电源供电，其中一路为专盘专线。新建与还建配电所优先与牵引变电所、分区所、综合工区合建。

设有10 kV配电所的车站其站房综合用电负荷设10/0.4 kV变电所供电，电源引自配电所站馈线，没设10 kV配电所的车站其站房综合用电负荷设10/0.4 kV变电所，从地方电网接引电源供电。

车站通信信号等一级用电负荷设室内10/0.4 kV专用变电所和变压器供电，电源分别引自2路10 kV贯通线。区间通信信号等一级负荷设箱式变电站供电，电源分别引自2路10 kV贯通线。

牵引变电所、分区所自用电1路由牵引供电系统自供，另1路电源，如位于配电所附近从配电所站馈线接引，如远离配电所从综合负荷10 kV贯通线接引。

区间隧道照明用电设箱式变电台供电，电源引自综合负荷10 kV贯通线。

新建和还扩建10 kV配电所采用综合自动化系统，按无人值班设计。全段设综合数据采集与远程监控系统（SCADA），纳入广州铁路局电力调度所管理，并对供电设施进行集中监控。

3.43.1.3　通信工程

长途通信线路，江门南至茂名东、江门南至新会分别沿铁路两侧电缆槽道各敷设1条48芯单模直埋光缆。

传输系统，江门南至茂名东新设SDH 10 Gbit/s长途骨干和汇聚层传输系统，办理客货运业务的车站新设SDH 10 Gbit/s ADM设备，利用新建2条48芯光缆中的各2芯光纤构成链型1+1复用段保护。

江门南至茂名东新设SDH 2.5 Gbit/s传输接入系统，各车站新设SDH 2.5 Gbit/s设备，利用新建2条48芯光缆中的各2芯光纤构成链型1+1复用段保护。并在同一车站将SDH 2.5 Gbit/s设备通过SDH 2.5 Gbit/s光接口与SDH 10 Gbit/s设备互联。

区间通信基站、牵引变电所和信号中继站等处设SDH 622 Mbit/s设备，利用所设光缆通过相邻车站纳入SDH 2.5 Gbit/s接入网系统。

站内牵引变电所、电力配电所、综合维修车间/工区、公安派出所、站场综合楼等处信息接入点设SDH 622 Mbit/s设备。利用新设光缆与本车站SDH 2.5 Gbit/s设备构成SDH 622 Mbit/s 2纤通道保护环。

电话交换系统，在茂名东新设光线路终端（OLT）设备，沿线车站、信号中继站、牵引变电所、分区所、综合维修车间/工区、公安派出所等信息接入节点设光网络单元（ONU）设备，沿线新增自动电话用户通过ONU设备及接入网系统接入茂名东通信站既有电话交换机,通过统一编号,实现与既有铁路电话专网的互通。

江门南至茂名东新设数据网系统,在江门南新设汇聚节点和设备,利用茂名东既有汇聚节点和设备;沿线新建车站设接入节点和设备,负责本地数据的接入,相邻车站接入节点设备间采用光纤联接,接入节点设备与汇聚节点设备之间通过传输通道联接,并上联至广州铁路(集团)的核心路由器,实现全段数据业务的转发与汇聚。

江门南至茂名东新设调度通信系统,沿线各新建车站设车站型调度通信交换机、调度分机及车站值班台等设备,按铁路局管辖范围和调度区划分,通过传输通道接入广州铁路(集团)调度所既有中心调度通信交换机和调度通信系统及新设的本线列车调度台,并增设相关的调度通信设备。

江门南至茂名东新设 GSM-R 移动通信系统,利用广州铁路(集团)既有 GSM-R 核心网设备、根据需要扩容,在广州南新设基站控制器(BSC)和无线子系统网管设备,沿线区间和车站设通信基站(BTS),采用单层覆盖方式组网。区间和隧道弱场区采用光纤直放站、漏泄电缆和天线方式增强,并设漏缆监测系统,以满足无线场强覆盖和信息传输的需要。完成调度通信、调度命令信息和无线车次号校核信息等传送功能。新建地级市站房根据需要统筹考虑 GSM-R 系统室内无线场强覆盖问题。

应急通信系统,在江门南、阳西通信维修车间设应急通信现场接入设备,在长度大于 5 km 的隧道设紧急报警电话系统及应急电话,利用新设的低频对称电缆接入邻近的通信基站或车站报警电话主机,再通过传输系统接入广州铁路(集团)调度所既有应急通信指挥中心系统设备。

江门南至茂名东新设会议电视系统,各新建车站、通信维修车间设会议电视分会场设备,通过会议网接入广州铁路(集团)既有会议电视中心系统。

通信电源,沿线新建通信信号设备机房设48 V 高频开关电源和蓄电池及 UPS 不间断电源设备,并新设电源和机房环境监控系统及采集设备,在江门南站新设监控系统中心设备;各相关专业维护管理部门设系统监控终端,实现对电源和机房环境条件的监控。

3.43.1.4 信号工程

车站联锁,江门南广珠城际场至茂名东(不含)各新建站(场)和电白东站新设硬件冗余型计算机联锁设备和信号智能电源屏及不间断电源设备。既有江门南广珠场信号房屋被占压,新建房屋室内设联锁设备、自动闭塞等设备。茂名东、新会、既有电白站结合站场设计在既有联锁设备的基础上利旧改造。

江门南江茂场至茂名东(不含)各新建车站(线路所)站内采用与区间相同制式的 ZPW-2000 系列有绝缘移频轨道电路和车站电码化,其发送设备按 1 + 1 冗余方式配置。江门南广珠场、电白站、茂名东站站内采用 97 型 25 Hz 相敏轨道电路和车站电码化,正线接发车进路采用叠加预发码、侧线股道采用叠加发码方式。工区岔线等区段采用高压不对称脉冲轨道电路,以克服轨道电路分路不良现象。

站内轨道电路和电码化采用铝护套内屏蔽数字信号电缆,其他信号设备干线电缆采用铝护套信号电缆,分支电缆采用综合护套信号电缆。

运输调度指挥系统,江门南广珠城际场至茂名东采用调度集中(CTC)系统,沿线各车站(不含茂名东)新设CTC分机设备、网络安全和通道质量监督等设备;既有江门南广珠场新设CTC分机设备(维持既有调度区划);茂名东、新会站既有CTC分机设备利旧改造;新建电白站设TDCS分机设备,按TDCS3.0标准进行配置(接入既有广茂铁路行车调度台);既有电白站新设调车机车信号运行监控装置(STP),江门南广珠场既有STP利旧改造,按照调度区划分,本段正线纳入广州铁路(集团)调度所CTC总机系统及既有茂湛列车调度台,并新设1个行车调度台,增设相应的应用和通信服务器、临时限速接口服务器,以及信息安全设备和列车调度台等配套设备。其他利用既有设备,对相关软件进行适应性修改。

新会(不含)至江门南江茂场直通线纳入既有茂湛列车调度台。广珠城际铁路新会站、江门南广珠场、茂名东站、电白站维持既有调度管辖分界。本工程涉及的既有线改造,维持既有CTC/TDCS分机的调度指挥系统和方式,结合线路和站场变化情况对既有分机设备进行适应性改造。

列车运行控制系统,新会(不含)至茂名东(不含)正线采用CTCS-2级列控系统。对新会站既有CTCS-2级列控系统进行相应修改。深茂铁路至既有广珠铁路上行联络线、电白至茂名东增建第二线采用CTCS-0级列控系统。在江门南站新设1套临时限速服务器,负责本线列车的临时限速管理。沿线正线车站(不含新会、茂名东)和信号中继站设信号安全数据网接入设备、列控中心(TCC)、应答器及编码单元(LEU)等设备。新会、茂名东站既有列控中心设备利旧改造。所设列控中心设备应具有轨道电路编发码、运行方向控制、区间通过信号机点灯、信息采集(含中继站)、站间安全信息传输及应答器报文存储、调用等功能。

区间闭塞制式,江门南广珠城际场至茂名东(不含)采用四显示自动闭塞,正向按自动闭塞追踪运行、反向采用自动站间闭塞行车,设区间地面通过信号机;新会至江门南江茂场直通线采用四显示自动闭塞,正向采用自动闭塞,反向按自动站间闭塞行车,不设区间通过信号机。电白至茂名东站增建第二线采用自动站间闭塞行车,采用计轴设备完成区间占用检查。本工程涉及的其他既有线维持既有闭塞制式不变。

新会至茂名东区间采用ZPW-2000系列无绝缘轨道电路,用于轨道占用检查,并向列车传送连续控车信息,轨道电路编码由列控中心完成。轨道电路的发送和接收设备按冗余配置,并具有设备自监测功能,通过接口设备为信号集中监测系统提供监测信息。区间ZPW-2000轨道电路干线电缆采用铝护套内屏蔽数字信号电缆,所用电缆有效传输长度一般按10 km控制。

信号集中监测系统,新建联锁设备的车站和信号中继站设集中监测分机设备,茂名东、新会、既有电白站既有集中监测分机利旧改造,在沿线信号维修车间/工区设监测终端,通过监测网接入肇庆信号水电段信号集中监测总机系统,并对总机系统进行相应改造,增设数据库、应用和通信等服务器,监测机房新设SDH 622 Mbit/s传输设备,利用光缆通过肇庆通信站传输设备接入地区接入网。实现对信号设施的信息采集和监测。

沿线新建信号设备房屋设防雷电、电磁兼容和综合防护接地系统,并与贯通地线等电位连接。

综合接地系统,新会(不含)至茂名东(不含)沿铁路新设贯通地线,在电气特性上全程贯通,接地电阻不大于 1 Ω。并利用沿线桥梁、隧道设施内的接地装置作为接地体,形成等电位综合接地平台。沿线轨旁信号设备安全接地后就近与贯通地线等电位连接。

3.43.2　茂名东至塘口段

3.43.2.1　电气化工程

牵引供电采用带回流线的直接供电方式,回流线按双重绝缘安装。全段新设吴川、塘口 2 座牵引变电所,塘口牵引变电所尽量靠近 2 个铁路局的分界处并预留向黎湛铁路等线的供电条件。新设茂名东分区所兼开闭所,新设塘口开闭所。供电臂末端设塘缀分区所,使其具备上下行分别供电、并联供电或越区供电条件。

新建牵引变电所引入 2 路 220 kV 电源供电,220 kV 电源侧采用线路分支变压器组接线,电气设备采用户外中型布置;27.5 kV 侧采用单母线分段接线,高压室设备采用网栅间隔式布置。

新建牵引变电所设 2 台单相接线变压器,采用固定备用、油浸自冷方式,预留风冷条件。各牵引变电所变压器安装容量均为 2 × 25 MV · A。

牵引变电所、分区所采用微机保护和综合自动化系统,按无人值班设计,牵引变电所适当考虑值守条件。全段设牵引供电远动系统,纳入广州铁路(集团)电力调度所管理。

接触网采用全补偿简单链型悬挂,接触线采用 120 mm^2的铜锡合金导线,承力索采用 95 mm^2的铜合金绞线。接触线悬挂高度一般不小于 5 750 mm,以满足带电通过超级超限货物列车。道岔处接触网采用交叉线岔安装方式。附加导线一般采用抗拉强度高、耐腐蚀性能好的铝包钢芯铝绞线。

接触网绝缘泄漏距离按重污区设计,个别特别严重污秽地段适当加强绝缘。一般地段采用瓷质绝缘子;隧道内或特别严重污秽地区采用合成绝缘子。采用带空气绝缘中性段的绝缘锚段关节式电分相,尽量避免设在大坡道、列车出站加速区段和线路限速低速区段。

接触网支柱,路基区段腕臂柱采用等径圆形钢筋混凝土柱,桥梁上采用格构式热浸镀锌钢柱。车站及多线并行区段采用热浸镀锌硬横梁和钢柱,站台上一般不立柱,车站雨棚地段接触网支柱与雨棚柱合架。

正线接触网锚段长度一般不大于 2 × 750 m、困难情况下不大于 2 × 800 m;站线最大锚段长度一般不大于 2 × 850 m、困难情况下不大于 2 × 900 m。附加导线的锚段长度一般不大于 2 000 m。

新建吴川、塘口接触网工区,负责该段供电设施的运营维护和管理。

3.43.2.2　电力工程

茂名东至塘口段新设 1 条综合负荷 10 kV 贯通线和 1 条一级负荷 10 kV 贯通线,新建 10 kV 贯通线采用电力电缆敷设。新设塘缀 10 kV 配电所,改造茂名东既有 10 kV 配电所。

设有 10 kV 配电所的车站其站房用电负荷由配电所站馈线供电,没设 10 kV 配电所的车站其站房用电负荷较大的车站,就近从地方电网接引电源供电,没有条件接引地方电源的车站从10 kV贯通线接引电源供电。

车站通信信号等一级用电负荷设室内10/0.4 kV专用变电所供电,电源分别引自2路10 kV贯通线。区间通信信号等一级负荷设箱式变电站供电,电源分别引自2路10 kV贯通线。

牵引变电所、分区所自用电1路由牵引供电系统自供,另1路电源从配电所站馈线接引或从综合负荷10 kV贯通线接引。

新建10 kV配电所采用微机保护和综合自动化系统。新设电力远动系统。纳入铁路局电力调度所管理。

3.43.2.3　通信工程

长途通信线路,茂名至塘口沿既有铁路新敷设1条24芯单模直埋光缆;茂名东至湛江沿新建铁路两侧电缆槽道各敷设1条20芯单模直埋光缆。

传输系统,茂名东至湛江新设SDH 2.5 Gbit/s长途骨干和本地中继传输系统,沿线办理客货运业务的主要车站设SDH 2.5 Gbit/s的ADM设备,利用新建2条20芯光缆中的各2芯光纤构成链型1+1复用段保护。

新设SDH 622 Mbit/s接入网系统,各车站SDH 622 Mbit/s设备,利用新建2条20芯光缆中的各2芯光纤构成链型1+1复用段保护。

区间通信基站、牵引变电所、分区所、信号中继站等处设SDH 622 Mbit/s设备;站内信息用户接入点设SDH 622 Mbit/s设备,利用新建光缆接入车站SDH 622 Mbit/s接入网系统设备。

电话交换系统,在茂名东新设OLT设备;沿线车站、信号中继站、牵引变电所、分区所、综合维修车间/工区等信息接入节点设ONU设备,沿线新增自动电话用户通过ONU设备及接入网,按隶属关系分别接入茂名东、湛江通信站既有电话交换机,通过统一编号,实现与既有铁路电话专网的互通。

茂名东至湛江新设数据网系统,利用茂名东既有汇聚节点和设备,沿线新建车站设接入节点和设备,负责本地数据的接入,相邻车站接入节点设备间采用光纤联接,接入节点设备与汇聚节点设备之间通过传输通道联接,并上联至铁路局的核心路由器,实现全段数据业务的转发与汇聚。

新设调度通信系统,沿线新建车站设车站型调度通信交换机、调度分机及车站值班台等设备,按调度区划分通过传输通道接入广州铁路(集团)调度所既有中心调度通信交换机和调度通信系统及新设的本线列车调度台。

茂名东至湛江新设GSM-R移动通信系统,在茂名东新设基站控制器(BSC),沿线设通信基站(BTS),采用单层覆盖方式组网,接入广州铁路(集团)既有GSM-R核心网设备。区间弱场区采用光纤直放站、漏泄电缆和天线方式增强,满足无线场强覆盖及信息传输的需要。完成调度通信、调度命令信息和无线车次号校核信息传送等功能。

应急通信系统,在茂名东新设应急通信系统现场接入设备,接入广州铁路(集团)既有应急通信中心系统。

会议电视系统，各车站设会议电视分会场设备，接入广州铁路（集团）既有会议电视系统中心设备。

通信电源，新建通信设备机房设 48 V 高频通信电源和蓄电池组及 UPS 不间断电源，新设电源和机房环境监控系统及采集设备，在茂名东新设监控系统中心设备，实现对电源设备和机房环境条件的监控。

3.43.2.4　信号工程

车站联锁，茂名东、吴川、塘缀站、塘口南线路所新设硬件冗余型计算机联锁设备和信号综合电源屏及 UPS 不间断电源。塘口站既有联锁设备利旧改造。结合车站（场）改造和道岔设计类型，配备相应的道岔转辙设备，18 号及以上道岔增设密贴检查装置，监测信息纳入信号集中监测系统。

新建联锁设备的车站（线路所）站内采用 97 型 25 Hz 相敏轨道电路，车站电码化采用与区间相同制式的 ZPW-2000 发码设备。正线接发车进路电码化采用叠加预发码、到发线股道采用叠加发码方式。塘口站既有发码设备利旧改造。站内轨道电路和电码化采用铝护套内屏蔽数字信号电缆，其他信号设备干线电缆采用铝护套信号电缆，分支电缆采用综合护套信号电缆。

运输调度指挥系统，茂名东至塘口（不含）采用调度集中（CTC）系统，茂名东、吴川、塘缀站新设 CTC 分机设备、网络安全和通道质量监督等设备；塘口南线路所新设 TDCS 分机设备，塘口站既有 TDCS 分机设备利旧改造。按调度区划分纳入广州铁路（集团）调度所 CTC/TDCS 总机系统，正线各站由本线新设列车调度台管辖，塘口南线路所纳入粤海铁路列车调度台管辖。并增设相应的应用和通信及接口服务器、网络和安全设备及行车调度台等设备。

列车运行控制系统，茂名东至塘口段采用 CTCS-2 级列控系统，各车站和信号中继站设列控中心、应答器、电子编码单元（LEU）等设备。车站和信号中继站间的联系信息采用专用光纤通道进行安全传输。

区间闭塞制式，茂名东至塘口段采用四显示自动闭塞，按双线双方向运行，正向采用追踪间隔运行、反向采用自动站间闭塞行车，设区间地面通过信号机；茂名站至茂名东站采用 64D 半自动闭塞；塘口南线路所至塘口站采用 64D 半自动闭塞。

四显示自动闭塞区段采用 ZPW-2000 系列无绝缘轨道电路，其发送和接收设备按冗余配置。轨道电路的编发码、区间通过信号机控制、运行方向控制、信息传输和应答器报文存储及调用等功能，由所设列控中心设备完成。闭塞分区的划分应考虑本线进一步提速对轨道电路信息量的要求、轨道电路在不同线路环境下的合理传输长度、车载设备采用连续速度控制模式等因素。

信号集中监测系统，茂名东、吴川、塘缀站和塘口南线路所新设集中监测分机设备，塘口站既有集中监测分机设备利旧改造。通过监测网接入肇庆信号水电段信号集中监测总机系统。

沿线新建和改扩建信号设备房屋设防雷电、电磁兼容和综合防护接地系统，并与贯通地线等电位连接。

茂名东至塘口沿铁路新设贯通地线,在电气特性上全程贯通,接地电阻不大于1 Ω。沿线轨旁信号设备安全接地后就近与贯通地线等电位连接。

3.43.3 黄略至湛江西段

3.43.3.1 电气化工程

牵引供电采用带回流线的直接供电方式。新设东山牵引变电所。利用塘口牵引变电所并增设馈线设备为本段供电至湛江西[在茂名东至塘口(湛江)段一次建成]。新设湛江、湛江西分区所兼开闭所。合理设置湛江西分区所兼开闭所馈线数量,实现湛江西站、动车存车线单独供电。

新建东山牵引变电所引入2路110 kV电源供电,110 kV电源侧采用带外跨条的分支接线,设备除变压器采用室外布置外,其他设备采用室内GIS组合电器布置;27.5 kV侧采用隔离开关分段的单母线接线,电气设备采用室内网栅间隔式布置。湛江西分区所兼开闭所采用室内网栅间隔式布置。

新建东山牵引变电所设2台变压器,采用固定备用、三相V/V接线、油浸自冷方式,预留风冷条件。

牵引变电所、分区所采用微机保护和综合自动化系统,按无人值班设计,牵引变电所适当考虑值守条件。设牵引供电远动系统,纳入广州铁路(集团)调度所茂湛电力调度台管理。

接触网采用全补偿简单链型悬挂,正线和站线接触线采用CTS-120型接触导线,承力索采用JTM-95型绞线。接触线悬挂高度按满足带电通过超级超限货物列车设计。附加导线采用铝包钢芯铝绞线。

接触网绝缘泄漏距离按重污区设计,严重污秽地段适当加强绝缘,采用合成绝缘子,采用带空气绝缘中性段的绝缘锚段关节式电分相。

接触网支柱,路基地段的腕臂柱采用环形等径混凝土支柱,桥上采用热浸镀锌钢柱。车站及多线并行区段采用热浸镀锌硬横梁和钢柱,湛江西站接触网支柱与雨棚柱合架,其他车站采用硬横梁,并适当加强防风和防腐措施。

正线接触网锚段长度一般不大于2×750 m;站线最大锚段长度一般不大于2×850 m;附加导线的锚段长度一般不大于2 000 m。

新设湛江西、东山供电工区,负责对牵引供电设施的运营维护和管理。

3.43.3.2 电力工程

黄略至湛江西段新设2条10 kV贯通线,湛江西至钢厂工业站新设1条10 kV贯通线,新建10 kV贯通线采用电力电缆敷设。

新设湛江西10 kV配电所,从地方电网接引2路10 kV电源供电。利用湛江既有10 kV配电所为车站和贯通线供电。

设有10 kV配电所的车站其站房用电负荷设室内变电所供电,由配电所站馈线接引电源,没设10 kV配电所的车站其站房用电负荷设室内变电所,就近从地方电网接引电源供电,没有条件接引地方电源的车站从10 kV贯通线接引电源供电。

车站通信信号等一级用电负荷设室内 10/0.4 kV 专用变电所供电,电源分别引自 2 路 10 kV 贯通线。区间通信信号等一级负荷设箱式变电站供电,电源分别引自2 路10 kV 贯通线。

牵引变电所、分区所自用电一路由牵引供电系统自供,另一路电源从配电所站馈线接引或从综合负荷 10 kV 贯通线接引。

新建 10 kV 配电所采用微机保护和综合自动化系统。新设电力远动系统。纳入铁路局电力调度所管理。

3.43.3.3　通信工程

长途通信线路,黄略至湛江西(客)沿新建铁路两侧各敷设 1 条 24 芯单模直埋光缆。湛江西(货)至钢厂工业站沿新建铁路敷设 1 条 24 芯单模直埋光缆。塘口站经塘口南线路所至湛江西站沿新建铁路敷设 1 条 24 芯单模直埋光缆。

传输系统,黄略至湛江西(客)新设 SDH 2.5 Gbit/s 长途骨干和本地中继传输系统,主要车站设 SDH 2.5 Gbit/s 设备,利用新建 2 条 24 芯光缆中的各 2 芯光纤构成链型 1+1 复用段保护。

新设 SDH 622 Mbit/s 接入网系统,各车站设 SDH 622 Mbit/s 设备,利用新建 2 条 24 芯光缆中的各 2 芯光纤构成链型 1+1 复用段保护。塘口南线路所新设 SDH 622 Mbit/s 设备,分别与塘口站、湛江西(客、货)站传输和接入网系统连通。湛江西(货)至钢厂工业站新设 SDH 622 Mbit/s 传输和接入网系统。

站内信息用户接入点设 SDH 622 Mbit/s 设备,接入车站 SDH 622 Mbit/s 接入网系统设备。

电话交换系统,沿线新增自动电话用户按隶属关系分别接入茂名东、湛江和海安既有电话交换机。通过统一编号,实现与既有铁路电话专网的互通。

黄略至湛江西(客、货)站新设数据网,车站新设接入节点和设备,负责本地数据的接入。通过接入网接入隶属的汇聚节点和设备,并上联至铁路局的核心路由器,实现全段数据业务的转发与汇聚。

新设调度通信系统,新建车站等处设车站型调度通信交换机、调度分机及车站值班台等设备,按调度区划分通过传输通道接入广州铁路(集团)调度所既有中心调度通信交换机和调度通信系统及新设的本线列车调度台。湛江西至钢厂工业站并入湛海铁路既有列车调度台。

黄略至钢厂工业站(不含)新设 GSM-R 移动通信系统,根据需要设通信基站,采用单层覆盖方式组网,接入广州铁路(集团)既有 GSM-R 核心网设备。完成调度通信、调度命令信息和无线车次号校核信息传送等功能。新建列检所新设列检无线通信系统。

应急通信系统,新设 1 套应急通信系统现场接入设备,接入铁路局既有应急通信中心系统。

会议电视系统,新建车站设会议电视分会场设备,纳入铁路局既有会议电视系统中心设备。

通信电源,新建通信设备机房设 48 V 高频通信电源和蓄电池组及 UPS 不间断电源,新设电源和机房环境监控系统及采集设备,实现对通信电源和机房环境条件的监控。

3.43.3.4　信号工程

车站联锁，黄略站、东山站、湛江西(客、货)站新设硬件冗余型计算机联锁设备和信号电源屏，湛江站利用河(唇)湛(江)增建第二线新建的计算机联锁设备。根据车站(场)道岔设计类型，配备相应的转辙设备。

新建联锁设备的车站站内采用97型25 Hz相敏轨道电路。湛江西(货)、东山站的接近区段和接车进路、自动闭塞区段车站站内正线接发车进路和到发线新设电码化，发码设备采用ZPW-2000系列无绝缘轨道电路发送设备，正线采用预叠加发码、到发线采用叠加发码方式。湛江站既有发码设备利旧改造，正线轨道电路长度和电码化应预留进一步提速的条件。

站内轨道电路和电码化采用铝护套内屏蔽数字信号电缆，其他信号设备干线电缆采用铝护套信号电缆，分支电缆采用综合护套信号电缆。

运输调度指挥系统，新设调度集中(CTC)系统，黄略、湛江西(客)站新设CTC分机设备、信息安全和通道质量监督设备；湛江西(货)、东山站新设TDCS分机设备。按照调度区划分通过传输通道接入广州铁路(集团)调度所CTC/TDCS总机系统，黄略、湛江西(客)站纳入本线列车调度台管辖；湛江西(货)、东山站纳入粤海铁路列车调度台管辖。

列车运行控制系统，黄略至湛江西(客)采用CTCS-2级列控系统，在黄略、湛江西(客)站设信号安全数据网及接入设备、列控中心、有源应答器编码单元(LEU)、地面点式应答器等设备。所设的列控中心设备应具备轨道电路编发码、区间通过信号机控制、运行方向控制、信息采集、站间安全信息传输和应答器报文存储及调用等功能。

区间闭塞制式式，黄略至湛江西(客)采用四显示自动闭塞，正向采用追踪间隔运行、反向采用自动站间闭塞行车；塘口至湛江维持既有四显示自动闭塞，结合塘口站场改造，调整部分区间通过信号机，并按电气化标准增设扼流变压器。湛江西(客)至东山站采用64D半自动闭塞，湛江西(客)与湛江西(货)采用场间联系。

黄略至湛江西(客)区间采用ZPW-2000系列无绝缘轨道电路，其发送和接收设备按冗余配置。ZPW-2000轨道电路干线电缆采用铝护套内屏蔽数字信号电缆，其他信号设备干线电缆采用铝护套信号电缆。

信号集中监测系统，黄略站、湛江西(客、货)站、东山站新设集中监测分机设备，通过监测网接入所属电务段信号集中监测总机系统。

沿线新建和改扩建信号设备房屋设防雷电、电磁兼容和综合防护接地系统。并与贯通地线等电位连接。

黄略至湛江西(客)沿铁路新设贯通地线，在电气特性上全程贯通，接地电阻不大于1 Ω。沿线轨旁信号设备安全接地后就近与贯通地线等电位连接。

参加茂名至湛江段线路工程施工的有中铁六局、中铁二十二局集团等单位，工程于2009年8月18日开工。2013年12月28日全段开通运营。中铁建电气化局集团、中铁武汉电气化局集团等单位承担该段的电气化改造，四电工程于2017年12月开工。

参加湛江东海岛铁路黄略至湛江西段线路工程施工的有中铁六局、中铁十九局等单位，工程于2014年6月开工，2017年8月完成铺轨。中铁武汉电气化局等单位承担四电工程的施工,工程于 2016 年 6 月 25 日开工,2018 年 2 月 6 日全段开通运营。

参加江门至茂名段线路工程施工的有中铁二十五局、中铁四局集团等单位,工程于 2014 年 6 月 28 日开工。中铁电气化局集团和中国铁路通信信号公司联合体承担江门至茂名段四电工程的施工,于 2016 年 10 月 28 日开工。2018 年 4 月 5 日向接触网送电。

江门至湛江全线于 2018 年 4 月 14 日开始联调联试,2018 年 5 月 25 日结束联调联试,2018 年 5 月 28 日进入试运行阶段。2018 年 7 月 1 日江门至湛江铁路全线正式开通运营。

3.44　昆明至广通至大理铁路扩能改造

既有昆广大铁路(也称昆楚大铁路),东起昆明站,途经楚雄,西到大理站,由昆明至广通和广通至大理两段组成。其中昆明至广通段 1970 年建成通车,2000 年 9 月完成电气化改造,2013 年底完成增建双线的扩能改造;广通至大理段线路长 206 km,1999 年建成通车。近些年来随着客货运量快速增长,广大段已不能满足运输的需求。同时随着成昆线广通至昆明段扩能改造的进行、大理至丽江至香格里拉铁路和大瑞铁路的建成,广大段已成为滇西铁路网运输的瓶颈。为此国家决定对广大段也进行扩能改造。昆广大铁路扩能改造工程,昆明西至广通北段的广通北至读书铺间新建 93.6 km 双线,昆明枢纽的读书铺至昆明西间线路配套扩能增建第二线 13.1 km,并预留第三线条件。广通北至大理东段新建双线 164.977 km,大理东至大理增建第二线 9.61 km。昆广大铁路扩能改造工程,全线设有昆明西、读书铺、温泉、双涓村、禄丰南、广通北、楚雄北、南华南、普棚、云南驿、祥云、大理东、大理等车站。其中广大段的楚雄北、南华南、普棚、云南驿、祥云为新建站,广通北、大理东、大理为既有站。扩能改造工程完成后昆明至大理的线路长度达到 328 km(图 3.44)。可以构建起云南城市群体系,加快边疆少数民族地区脱贫致富,增进民族团结。同时也是建设泛亚铁路南部通道,实施对外开放战略,加强与东南亚、南亚经贸关系的需要。

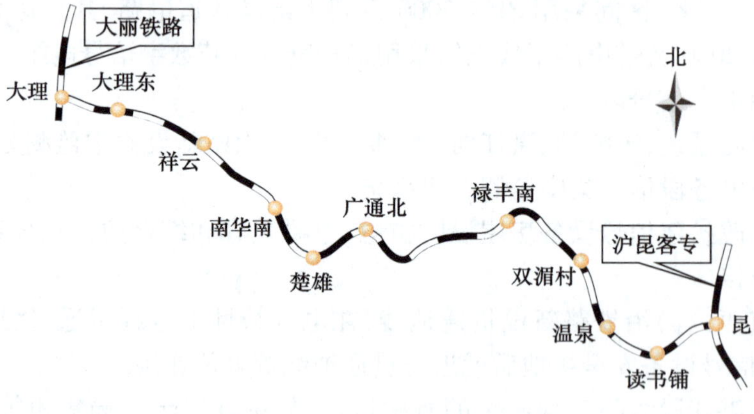

图 3.44　昆广大铁路示意图

广通至大理段扩能改造工程的建设单位是昆明铁路局、滇西铁路公司。设计单位是中铁二院工程集团有限责任公司。线路主要技术标准:铁路等级:Ⅰ级;正线数目,双线;最大坡度,6‰、加力坡 13‰;最小曲线半径,一般地段 3 500 m、困难地段 2 800 m;到发线有效长度,850 m、双机地段 880 m;闭塞类型,自动闭塞;路段旅客列车最高行车速度,200 km/h;牵引种类,电力牵引(直供加回流线供电方式);牵引质量,4 000 t。

3.44.1　电气化工程

牵引供电采用带回流线的直接供电方式。全段新设楚雄、南华南、普棚、祥云等直供牵引变电所。利用大瑞铁路所建的大理牵引变电所,对其变压器容量进行增容。新设广通北等 5 座分区所。

新建牵引变电所引入 2 路 220 kV 电源供电,220 kV 电源侧采用线路变压器组接线,电气设备采用户外中型布置;27.5 kV 侧采用单母线分段接线,高压室设备采用网栅间隔式布置。牵引变电所采用静态并联电容补偿,使高压侧平均功率因数达到 0.9。

新建牵引变电所设 2 台变压器,采用固定备用、三相 V/V 接线、油浸自冷方式,预留风冷条件。各牵引变电所变压器安装容量:楚雄为 2×(25+20) MV·A、南华南为 2×(20+25) MV·A、普棚为 2×(31.5+25) MV·A、祥云为 2×(2+25) MV·A。将大瑞铁路所建的大理牵引变电所变压器增容为 2×(31.5+20) MV·A。

新建牵引变电所、分区所采用微机保护和综合自动化系统,按无人值班设计,牵引变电所适当考虑值守条件。新设牵引供电远动系统,纳入昆明铁路局牵引供电调度所管理。

接触网采用全补偿简单链型悬挂,接触悬挂结构高度一般为 1 600 mm。正线接触线采用 120 mm^2 的铜锡合金导线,承力索采用 95 mm^2 的铜合金绞线;站线接触线采用 85 mm^2 的铜锡合金导线,承力索采用 70 mm^2 的铜合金绞线。接触线悬挂高度按带电通过超级超限货物列车设计。附加导线采用铝包钢芯铝绞线。

接触网绝缘泄漏距离不小于 1 200 mm,严重污秽地区适当加强绝缘。一般地段采用瓷质绝缘子;隧道内、接触网下锚等处采用合成绝缘子。采用锚段关节式电分相,尽量避免设在大坡道、列车出站加速区段和线路限速低速区段。

接触网支柱,路基区段优先采用横腹杆式钢筋混凝土支柱,容量不够时采用热镀锌格构式钢柱;桥上采用热镀锌格构式钢柱。新建车站及多线并行区段,接触网悬挂根据线间距情况分别采用新型硬横梁或线间立柱,线间立柱一般采用 H 型钢柱。车站雨棚地段接触网支柱与雨棚柱合架。接触网支柱侧面限界应满足大型养路机械作业的要求,一般按 3.1 m 设计。

接触网支柱跨距一般地段为 50 m、最大不大于 60 m,桥梁上根据桥梁孔跨布置确定,隧道内一般为 35~45 m。绝缘、非绝缘锚段关节一般采用五跨关节。正线锚段长度一般不大于 2×750 m;站线锚段长度不大于 2×800 m;附加线锚段最大长度一般不大于2 000 m。

接触网下锚补偿一般采用滑轮组补偿装置,桥上及设置防断中锚困难的锚段采用棘轮补偿装置。隧道内下锚采用衬砌预留下锚洞,大滑轮加坠砣补偿下锚方式。

新设楚雄北、云南驿接触网工区,与综合工区合建。利用大丽铁路所设的大理东接触网工区。新增电力、电气化设备纳入昆明既有供电段管理。

3.44.2　电力工程

广通至大理新设 1 条综合负荷 10 kV 贯通线和 1 条一级负荷 10 kV 贯通线。新建综合负荷 10 kV 贯通线采用截面为 70 mm^2 的铜芯电力电缆，新建一级负荷 10 kV 贯通线采用截面为 95 mm^2 的铜芯电力电缆，路基区段一般采用架空线路，桥隧区段和架空无径路时采用电力电缆敷设。

新设南华南、云南驿 10 kV 配电所，从地方电网引入 2 路电源供电。利用既有广通 35/10 kV 变配电所和大理 10 kV 配电所预留的位置增设相关设备给本线新建 10 kV 贯通线供电，既有变配电所供电电源及线路维持既有。

设有 10 kV 配电所的南华南、云南驿车站其站房、通信信号用电负荷各设 1 座室内 10/0.4 kV 变电所供电，从 10 kV 配电所站馈线接引 2 路 10 kV 电源。

楚雄北站其站房、通信信号用电负荷各设 1 座室内 10/0.4 kV 变电所，从地方电网接引 2 路 10 kV 电源供电；祥云站其站房、通信信号用电负荷设 1 座室内 10/0.4 kV 变电所，从地方电网接引 2 路 10 kV 电源供电。

其他没设 10 kV 配电所的车站其站房用电负荷设室内 10/0.4 kV 变电所，从地方电网接引 2 路 10 kV 电源供电。

其他没设 10 kV 配电所的车站其通信信号用电负荷设室内 10/0.4 kV(电力远动间)和专用变压器供电，从 2 路 10 kV 贯通线接引电源；区间通信信号用电负荷设箱式变电站供电，分别从 2 路 10 kV 贯通线接引电源。

区间其他用电负荷设箱式变电站或杆架式变电台供电，从综合负荷 10 kV 贯通线接引电源；无地方电源条件的隧道照明设箱式变电站供电，从综合负荷 10 kV 贯通线接引电源。

新建 10 kV 配电所采用综合自动化系统，按无人值班设计。新设电力远动系统，纳入昆明供电段既有电力调度所管理。

新设楚雄北、云南驿电力工区，与综合工区合建。负责电力设施的运营维护。

3.44.3 通信工程

长途通信线路，广通通信站至大理通信站沿新建铁路两侧各设 1 条 48 芯单模光缆，本线至昆明间的传输通道利用既有传输系统解决。广通北站至广大铁路赤木岭站间增设 1 条 8 芯光缆，为信号 TDCS 系统提供传输通道。并利用传输系统为防灾及异物侵限系统提供传输通道。

传输系统，新设 SDH 10 Gbit/s 长途骨干(汇聚)传输系统，在楚雄北、云南驿站通信机械室和广通、大理通信站新设 SDH 10 Gbit/s 设备。利用新建 2 条 48 芯光缆中的各 2 芯光纤构成链型 1+1 保护。

新设 SDH 2.5 Gbit/s 车站接入网系统，在广通、大理通信站及各车站设 SDH 2.5 Gbit/s 设备，利用新建 2 条 48 芯光缆中的各 2 芯光纤构成链型 1+1 保护。

新设 SDH 622 Mbit/s 区间接入网系统，GSM-R 区间通信基站、信号中继站、牵引变电所和分区所等信息接入点设 SDH 622 Mbit/s 设备，在相邻车站之间构成 1 个 SDH 622 Mbit/s 2 纤通道保护环，接入车站 SDH 2.5 Gbit/s 接入网系统。

站内牵引变电所、电力配电所、综合车间/工区等信息接入点设 SDH 622 Mbit/s 设备，分别与本站通信机房构成站内通道保护环。

电话交换系统，利用广通、大理通信站的既有程控电话交换机；沿线新增自动电话用户通过接入网按照管辖范围和隶属关系分别接入广通、大理的程控电话交换机，通过统一编号组网，实现与既有铁路电话专网的互通。

数据通信系统，在广通、大理通信站新设汇聚路由器；沿线各车站新设接入路由器，负责本地数据业务的接入。接入路由器之间采用光纤直接联接方式，按管辖范围和隶属关系将接入路由器通过传输通道接入汇聚路由器，上联至所归属的核心路由器，实现数据业务的转发与汇聚。

新设调度通信系统，各新建车站设车站型数字调度通信交换机、调度分机和车站值班台等设备，广通北站、大理站既有数字调度通信交换机扩容后继续使用。按照调度区划分接入昆明铁路局调度所既有数字调度通信交换机和调度通信系统，以及新设的昆广新线行车调度台管辖。根据需要增设相应的配套设备。

广通北经大理东至大理间新设 GSM-R 移动通信系统，利用昆明铁路局既有 GSM-R 交换机、新设基站控制器（BSC）、分组控制单元（PCU）、编译码和速率适配单元（TRAU）等设备，沿线设通信基站（BTS），采用单网覆盖方式组网。区间和隧道弱场区采用光纤直放站、漏泄电缆和天线方式增强，以满足无线场覆盖和信息传输的需要。完成调度通信、调度命令、无线车次号校核信息传送等功能。

应急通信系统，沿线综合工区新设应急通信现场接入设备，5 km 及以上的隧道新设紧急报警电话，通过传输通道接入铁路局既有应急通信指挥中心系统和设备。

新建通信设备机房设 48 V 高频开关电源及蓄电池。设电源和机房环境监控系统及采集设备。接入广通、大理通信站既有电源和机房环境监控网管系统。

3.44.4　信号工程

车站联锁，广通北至大理（不含）各车站新设硬件冗余型计算机联锁设备和信号电源屏。大理站在既有联锁设备的基础上利旧改造。根据车站（场）道岔设计类型，配备相应的道岔转辙装置及转辙机，正线 18 号及以上号码的道岔增设密贴检查装置，监测信息纳入信号集中监测系统。

车站站内正线和到发线采用与区间相同制式的 ZPW-2000 系列有绝缘轨道电路，货物线及工区岔线采用 97 型 25 Hz 相敏轨道电路。正线接发车进路电码化采用叠加预发码、到发线股道采用叠加发码方式，发码设备采用 ZPW-2000 无绝缘轨道电路发送设备，按冗余方式配置。站内 ZPW-2000 轨道电路和电码化室外干线电缆采用铝护套数字信号电缆，分支电缆采用综合护套信号电缆。

广通北至大理采用调度集中（CTC）系统，各车站设 CTC 分机设备、信息安全和通道质量监督等设备，并预留与广大铁路 TDCS 系统的信息交换功能；大理、大理东新设 CTC 分机设备。按照调度区划分，各分机等设备通过调度网接入昆明铁路局调度所 CTC/TDCS 总机系统及新设的昆广新线行车调度台指挥。增设相应的应用和通信服务器及行车调度台设备。并在大理东站新设无线调车机车信号监控装置。

广通北至大理新建双线区段采用 CTCS-2 级列控系统，新设 1 套临时限速服务器（TSRS），负责本线列车的临时限速管理。各车站和信号中继站设信号安全数据网接入设备、列控中心(TCC)、应答器及编码单元(LEU)设备。所设列控中心具备轨道电路编发码、运行方向控制、站间安全信息传输和应答器报文存储、调用等功能。TCC之间通过安全数据网联接,实现TCC之间及与车站联锁之间的安全信息传输。

区间闭塞制式,广通北至大理新建双线区段采用四显示自动闭塞,按双线双方向运行,正向采用追踪间隔运行,反向按自动站间闭塞行车,设区间地面通过信号机。与既有广大铁路单线相接区间采用自动站间闭塞行车,区间检查采用计轴设备。

采用四显示自动闭塞区段新设ZPW-2000系列无绝缘轨道电路,其发送和接收设备按冗余配置。ZPW-2000轨道电路干线电缆采用铝护套数字信号电缆,电缆有效传输长度一般不大于10 km。

信号集中监测系统,新建联锁设备的车站和信号中继站设集中监测分机设备,电化范围内既有车站的集中监测分机设备利旧改造,沿线信号车间/工区设集中监测终端设备。按管辖范围和隶属关系,通过监测网接入所属电务段既有集中监测总机系统。

沿线新建信号设备房屋设防雷电、电磁兼容和综合接地防护系统,与房建工程同步实施。设置机房屏蔽,加强对外来电磁干扰及直击雷的防护。室内信号设备设防雷保安器、防雷柜等并接地,与贯通地线等电位连接。

综合接地系统,全段沿铁路新设贯通地线,在电气特性上全程贯通,接地电阻不大于1 Ω,形成等电位接地平台。沿线轨旁信号设备安全接地后就近与贯通地线等电位连接。

3.44.5 自然灾害和异物侵限监测系统

为防止或降低自然灾害、突发事件对铁路运输的影响,针对该段线路所处地理环境和气候特点,沿线新设风速、雨量、地震及异物侵限监测系统。全线桥梁、高路堤等地段设风速监测点,设备按冗余配置。在路基及易发生危岩落石地段设雨量监测点,设备按单套配置。沿线地震动峰值加速度大于等于0.1g地区的牵引变电所设地震监测点,设备按冗余配置。全线公路跨铁路立交桥设异物侵限监测点,监测设备按冗余配置。通过监测网络接入昆明铁路局既有自然灾害及异物侵限监测总机系统。并在昆明铁路局调度所、工务处,广通工电段增设本线自然灾害监测系统终端。

参加广通至大理段线路工程施工的有中铁三局、五局、七局、八局、十七局、二十一局集团等单位。中铁电气化局集团承担电气化、通信信号和电力工程的施工。工程于2013年1月开工,2016年3月开始铺轨,2018年4月18日开始联调联试,2018年7月1日昆明至广通至大理铁路全线开通运营,并开行了动车,实现了昆明与大理间的动车直达。

3.45 淄博至东营铁路扩能改造

既有淄东单线铁路,南起淄博站,途经桓台、博兴等区县,北至东营站,大致呈南西北东走向,线路全长89.46 km(图3.45)。该铁路部分路段始建于1960年,属于支线铁路,后经改扩建和延长线路,1972年初全线简易通车。1973年1月移交济南铁路局临管。又经扩建车站、股道延长和技术改造,于1976年2月转入正式运营。该线相当于德龙烟与胶济铁路的联络线，以货运为主兼顾客运，为提高运输能力，促进沿线区域经济社会发展，国家决定对该铁路进行电气化扩能改造。扩能改造维持既有车站不变，全线设有淄博、杜科、农中、桓台、曹王、博兴、纯化、史口、东营等车站，除淄博车站为区段站外，其余均为中间站。工程范围还包括胶济线金岭镇站至淄东线杜科站联络线9.80 km。该铁路扩能改造的建成开通，对完善区域路网结构，加快黄河三角洲高效生态经济区的发展具有重大意义。

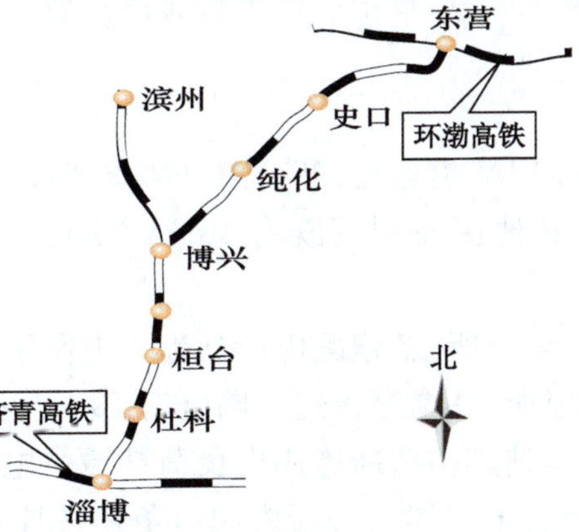

图3.45　淄东铁路示意图

淄东铁路扩能改造工程的建设单位是济南铁路局电气化改造建设指挥部。设计单位是中铁工程设计咨询集团有限公司。线路主要技术标准：铁路等级，Ⅱ级；正线数目，单线；限制坡度，6‰；最小曲线半径，一般600 m、个别小半径曲线维持现状；到发线有效长度，1 050 m；闭塞类型，半自动闭塞；设计行车速度，100 km/h；牵引种类，电力牵引（直供加回流线供电方式）；机车类型，HXD系列；牵引质量，5 000 t。

3.45.1　电气化工程

牵引供电采用带回流线的直接供电方式。全线新设桓台、方家2座牵引变电所。牵引变电所之间设电分相和联络隔离开关。

新建牵引变电所引入2路110 kV电源供电，110 kV电源侧采用线路分支接线，电气设备采用室外分体布置；27.5 kV侧采用单母线分段接线，电气设备采用室内布置。

新建牵引变电所设2台变压器，采用固定备用、V/V接线、自冷方式、预留风冷条件。各牵引变电所变压器安装容量：桓台为2×(12.5+12.5)MV·A、方家为2×(12.5+10)MV·A。

新建牵引变电所采用微机保护和综合自动化系统，按无人值班设计，适当考虑值守条件。新设牵引供电远动系统，纳入济南铁路局既有牵引供电调度所管理。

接触网采用全补偿简单链型悬挂，接触悬挂结构高度一般为1 400 mm。正线接触线采用120 mm^2的银铜合金导线，张力15 kN，承力索采用95 mm^2的镁铜合金绞线，张力15 kN。附加导线采用铝包钢芯铝绞线。

接触网绝缘泄漏距离一般不小于1 200 mm，严重污秽地区适当加强绝缘。一般地段采用瓷质绝缘子，严重污染区段和锚段关节等处采用合成绝缘子。采用锚段关节式电分相,尽量避免设在大坡道、列车出站加速区段和低速限速区段。

接触网支柱,路基区段的腕臂柱一般采用横腹式预应力钢筋混凝土支柱,桥上采用格构式钢柱,车站及多线并行区段采用软横梁和钢柱。车站雨棚地段接触网支柱和雨棚柱合架。

接触网支柱标准跨距一般为 50 ~ 55 m。正线锚段长度一般不超过 2 × 700 m、困难情况下不超过 2 × 750 m。附加导线锚段长度一般不大于 2 000 m。

新建桓台、纯化接触网工区,负责牵引供电设施的运营维护、管理及抢修工作。

3.45.2 电力工程

博兴至东营新设 1 条 10 kV 贯通线,新建 10 kV 贯通线一般地段采用架空线路,个别困难地段采用电缆敷设。其他区段利用既有 10 kV 贯通线路,给沿线车站和区间负荷供电。

新设博兴、东营 10 kV 配电所,新建配电所从地方电网引入 2 路 10 kV 电源供电。改造利用既有杜科 10 kV 配电所,并增容改造 1 路既有 10 kV 电源线路为本线供电。

设有 10 kV 配电所的车站其站房新增用电负荷按原供电方式从配电所站馈线接引电源供电;没设 10 kV 配电所的车站其站房新增用电负荷按原供电方式由 10 kV 贯通线和既有地方电源供电。

沿线新增与行车密切相关的通信信号负荷采用箱式变电站供电,电源引自 10 kV 贯通线。

牵引变电所、分区所所用电从 10 kV 贯通线接引 1 路备用电源。主用电源由牵引供电系统自供。

沿线区间新增其他用电负荷设箱式变电站或杆架式变电台供电,电源引自 10 kV 贯通线。

新建 10 kV 配电所采用综合自动化系统,按无人值班设计。新设电力远动系统,纳入济南铁路局既有供电段电力调度系统管理。

3.45.3 通信工程

长途通信线路,利用其他工程建设的 1 条 48 芯干线通信光缆。

传输系统,利用其他工程新建的 SDH 10 Gbit/s 传输系统和 SDH 2.5 Gbit/s 接入网系统。沿线 GSM-R 通信基站、牵引变电所等处新设 SDH 622 Mbit/s 设备,利用 48 芯光缆中的光纤通过相邻车站接入 SDH 2.5 Gbit/s 接入网系统。

数据网,利用其他工程所建的数据网。曹王和纯化站综合计算机网按上联至淄博车务段改造,在淄博车务段增设 1 台接入路由器,负责本地数据的接入。通过传输通道接入汇聚及核心路由器。

电话交换系统,沿线新增自动电话用户通过接入网接入淄博通信站既有程控电话交换机。通过统一编号,实现与既有铁路电话专网的互通。

新设数字调度通信系统,利用济南铁路局调度所既有中心调度通信交换机,沿线车站新设车站型调度通信交换机、调度分机及配套设备。通过调度网接入铁路局调度所中心调度通信交换机和调度通信系统，维持既有调度区划分和既有列车调度台调度指挥。

新设 GSM-R 移动通信系统，利用济南铁路局既有 GSM-R 交换机和其他工程设在济南所的基站控制器（BSC），沿线新设通信基站（BTS），采用单网覆盖方式组网，将通信基站接入 BSC 设备和 GSM-R 交换机。区间弱场区采用通信基站和天线等方式增强，以满足无线场强覆盖的需要。完成调度通信、调度命令和无线车次号校核信息传送等功能。

应急通信系统，在博兴通信工区新设应急通信系统现场接入设备，通过传输通道接入济南铁路局既有应急通信指挥中心系统。

通信电源，沿线新建区间通信基站、牵引变电所等处设 48 V 直流电源和蓄电池组；沿线车站既有 48 V 直流电源和蓄电池组利旧。新设电源和机房环境监控系统及采集设备，纳入既有电源和环境监控系统。

3.45.4　信号工程

车站联锁，杜科、博兴、纯化和东营站新设计算机联锁设备和信号电源屏。其他车站联锁设备和信号电源屏利旧改造。

车站站内采用 25 Hz 相敏轨道电路，设置车站电码化，采用 ZPW-2000 系列发码设备，并合理设置扼流变压器。分路不良的轨道区段采用高压脉冲轨道电路。站内轨道电路和电码化电缆采用铝护套信号电缆，其他信号设备采用综合护套信号电缆。

采用列车调度指挥系统（TDCS），利用其他工程所设的车站服务器，沿线车站按现行标准新设 TDCS 分机等配套设备，按既有调度区划分，接入济南铁路局调度所 TDCS/CTC 总机系统和既有调度台管辖，进行行车调度指挥。

区间闭塞方式，维持既有半自动闭塞制式不变，按电气化区段的使用标准要求进行适用性修改，在与设有 CTC 车站分机设备联接的区间增设站间透明设备，保证设备的正常使用和列车的安全运行。传输移频信息需要更换的电缆采用铝护套数字信号电缆，其他采用非数字信号电缆。

信号集中监测系统，新建计算机联锁设备的车站新设集中监测分机设备；既有联锁设备利旧改造的车站其集中监测分机设备利旧改造。通过监测网络接入所属电务段信号集中监测总机系统。

增设史口信号工区和淄博驼峰信号工区。负责信号设施的运营维护和管理。

承担淄东铁路电气化扩能改造工程施工的有中铁十局集团等单位。扩能改造工程于 2016 年 4 月 14 日正式开工，2018 年 7 月 17 日向全线接触网送电。2018 年 7 月底试运行，2018 年 9 月 30 日正式开通运营。

3.46　连云港至盐城铁路

新建连盐铁路，位于江苏省东北部，连接连云港与盐城 2 个沿海城市，是规划东部沿海铁路的重要组成部分。该铁路北起连云港市的赣榆北站（赣榆石桥站），途经连云港市的赣榆区、灌云县、海州区，盐城市的响水县、滨海县、阜宁县、建湖县，南至盐城北站，新建正线长度 234.024 km(图 3.46),全线设有赣榆北、赣榆、连云港、海州、董集、杨集、田楼(预留)、响水、滨海县、阜宁东、射阳、盐城北等车站。其中董集为越行站,连云港、盐城北为既有改造车站,其余均为新建的中间站。工程范围还包括赣榆北站至赣榆港区支线(以下简称赣榆港区支线)长 6.15 km,设有赣榆北(接轨站)、柘汪 2 个车站,其中柘汪为港前站;云台山站至徐圩港区支线(以下简称徐圩港区支线)长 34.3 km,设有云台山(为陇海线上的既有站)、东辛、徐圩 3 个车站,其中云台山为既有技术作业站,东辛为越行站,徐圩为港前站;以及包庄联络线、改建磷矿(电厂)专用线,新长线盐城北下行疏解线等相关工程。该线与青连铁路、盐通铁路、沪通铁路形成无缝对接,它的建成成为青岛至上海的快速铁路通道。为快速推进长三角地区区域经济一体化,为江苏沿海地区进入上海 3 h 都市圈、构建长三角地区城际交通网提供了重要支撑。同时也为沿海港口间的纵向联络创造了有利条件,为江苏沿海开发战略提供了强有力的运输保障,必将大大促进沿线地区旅游、国民经济和社会各方面的可持续发展。

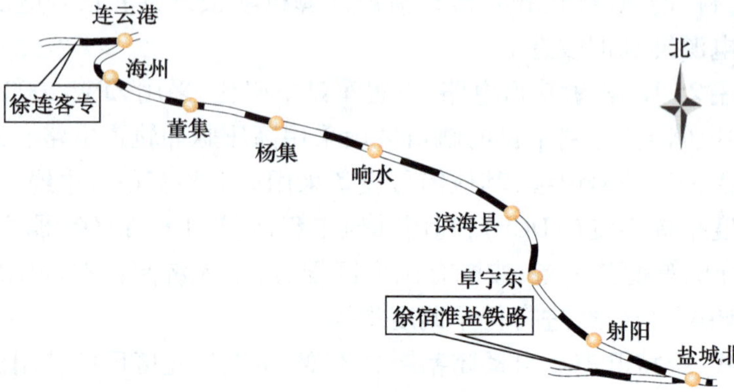

图 3.46 连盐铁路示意图

连盐铁路的建设单位是上海铁路局徐州铁路枢纽工程建设指挥部,设计单位是中铁第五勘察设计院集团有限公司。线路主要技术标准:

赣榆北经连云港至盐城北:铁路等级,Ⅰ级;正线数目,双线;正线线间距,4.4 m;限制坡度,6‰;最小曲线半径,3 500 m;到发线有效长度,1 050 m;闭塞类型,自动闭塞;设计行车速度,200 km/h;牵引种类,电力牵引(直供加回流线供电方式);机车类型,和谐系列;牵引质量,5 000 t。

赣榆港区支线、徐圩港区支线:铁路等级,Ⅱ级;正线数目,单线;限制坡度,6‰;最小曲线半径,800 m;到发线有效长度,1 050 m;闭塞类型,赣榆港区支线采用自动站间闭塞、徐圩港区支线采用半自动闭塞;设计区段速度,120 km/h;牵引种类,电力牵引;牵引质量,5 000 t。

3.46.1 电气化工程

牵引供电系统,正线、赣榆港区支线、徐圩港区支线采用带回流线的直接供电方式。正线新设赣榆、董集、响水、阜宁东、盐城北直供牵引变电所,其中盐城北牵引变电所因新建徐州至盐城铁路变更为 AT 牵引变电所。新设连云港 AT 牵引变电所，分别出 AT 馈线及直供馈线给徐连铁路及连盐铁路供电；新设赣榆、灌云东、滨海县、射阳分区所；新设海州分区所兼开闭所。徐圩港区支线新设东辛牵引变电所，赣榆港区支线由赣榆牵引变电所出 2 路馈线供电。董集牵引变电所预留给连淮（安）铁路的供电条件。

连盐正线新建牵引变电所引入 2 路 220 kV 电源供电，220 kV 电源侧采用线路变压器组接线，主变压器采用户外低式布置，其他配电装置安装在 H 型支柱上；27.5 kV 侧采用单母线分段接线，电动隔离开关、避雷器采用户外布置、其余设备采用户内开关柜布置。

新建东辛牵引变电所引入 2 路 110 kV 电源供电，110 kV 电源侧采用带跨条的分支接线，主变压器采用户外低式布置，其他配电装置安装在混凝土支柱上；27.5 kV 侧采用单母线分段接线。电动隔离开关、避雷器采用户外布置、其余设备采用户内开关柜布置。

分区所兼开闭所采用箱式布置，采用单母线分段接线，箱体外 27.5 kV 隔离开关安装在户外混凝土支柱上，通过断路器实现接触网上下行并联，通过电动隔离开关实现越区供电，通过设置断路器为包庄上下行联络线供电。

分区所采用箱式布置，采用单母线分段接线，箱体外 27.5 kV 隔离开关安装在户外混凝土支柱上，通过断路器实现接触网上下行并联，通过电动隔离开关实现越区供电。

新建牵引变电所设 2 台变压器，采用固定备用、三相 V/ V 接线、油浸自冷方式，预留风冷条件。各牵引变电所变压器安装容量：赣榆为 2 ×（12.5 +16） MV · A、连云港（AT 所）为 2 ×（40 +25） MV · A、董集为 2 ×（16 +31.5） MV · A、响水为 2 ×（16 +16） MV · A、阜宁东为 2 ×（16 +20） MV · A、盐城北增容为 2 ×（40 +20） MV · A、东辛为 2 ×（10 +10） MV · A。

新建牵引变电所、分区所采用微机保护和综合自动化系统。按无人值班设计，牵引变电所适当考虑值守条件。新设牵引供电远动系统，纳入上海铁路局既有高速铁路电力调度所。电力调度所增设连盐线电力调度台进行调度管理。徐圩港区支线及其他新增或改造的牵引供电设施纳入上海铁路局普速电力调度所陇海线电力调度台进行调度管理。

接触网悬挂，正线和支线采用全补偿简单链型悬挂（改建车站的接触网悬挂类型与既有保持一致），接触悬挂结构高度一般为 1 600 mm，隧道内适当降低。正线接触线采用 120 mm^2 的铜锡合金导线，张力 15 kN，承力索采用 95 mm^2 的铜合金绞线，张力 15 kN；站线接触线采用 85 mm^2 的铜锡合金导线，张力 15 kN，承力索采用 70 mm^2 的铜合金绞线，张力 15 kN。接触线悬挂点距轨面高度一般为 6 000 mm，最低点不小于 5 700 mm。附加导线一般采用抗拉强度高、耐腐蚀性能好的铝包钢芯铝绞线。

接触网绝缘泄漏距离不小于 1 200 mm，严重污秽地区适当加强绝缘。一般地段采用瓷质绝缘子，隧道内、接触网锚段关节等处采用合成绝缘子。采用七跨两断口关节式电分相，在绝缘关节及电分相处设电动隔离开关并纳入远动。

接触网支柱，路基区段采用环形等径预应力钢筋混凝土支柱，支柱基础采用直埋方式。桥梁上采用热镀锌格构式钢柱。车站及多线并行区段采用线间立柱或硬横梁及钢管柱。车站雨棚地段接触网支柱与雨棚柱合架。支柱侧面限界应满足大型养路机械作业的要求，一般按 3.1 m 设计。

正线区段接触网支柱跨距一般不大于 55 m。支线、联络线不大于 60 m。锚段关节采用五跨或四跨关节。在时速 200 km 区段,正线双边补偿时的锚段长度一般不大于 2 × 750 m,困难情况下不大于 2 × 800 m;单边补偿时的锚段长度为上述值的 50%;站线锚段长度一般不大于 2 × 800 m、困难时不大于 2 × 850 m;在时速不大于 160 km 的区段,正线双边补偿时的锚段长度一般不大于 2 × 800 m、困难情况下不大于 2 × 900 m;单边补偿时的锚段长度为上述值的 50%;站线锚段长度一般不大于 2 × 850 m、困难时不大于 2 × 950 m;附加导线锚段长度一般不超过 2 000 m。

接触网下锚补偿一般采用滑轮组补偿装置,桥上及设置防断中锚困难的锚段采用棘轮补偿装置,采用复合坠砣。中心锚结一般采用两跨式防窜防断形式,车站内等下锚受条件限制时采用防窜不防断中心锚结。本线位于沿海地区,应加强接触网防风、防腐等设计。

在连云港、杨集、滨海县、盐城北设供电工区,负责本线牵引供电、电力设施的运营管理、维修及抢修工作。

3. 46. 2 电力工程

赣榆北至盐城北全线新设 1 条综合负荷 10 kV 贯通线和 1 条一级负荷 10 kV 贯通线,给区间通信信号等负荷提供主备用电源。徐圩港区支线新设 1 条综合负荷 10 kV 贯通线。新建 10 kV 电力贯通线路一般采用架空线路,无架空径路时采用电缆敷设。

新设赣榆北、连云港(增设给徐连铁路贯通线引入所需的相关设备)、董集、响水、阜宁东、徐圩 10 kV 配电所,一般从地方变电站接引 2 路电源供电,其中连云港、响水配电所与牵引变电所合建;改扩建既有盐城北 10 kV 配电所,并预留新(沂)长(兴)铁路盐城北至海安段的供电条件。

设有 10 kV 配电所的车站其站房综合负荷设站内 10/0. 4 kV 变电所供电,从配电所站馈线接引电源,没设 10 kV 配电所的车站其站房综合负荷设站内 10/0. 4 kV 变电所,从地方电网接引 1 至 2 路电源供电。既有连云港、盐城北站根据新增用电负荷情况,对既有电力设施进行扩容改造。

车站通信信号等一级负荷设室内 10/0. 4 kV 专用变电所供电,从 2 路 10 kV 贯通线接引电源供电。区间通信信号等一级负荷设箱式变电站供电,从 2 路 10 kV 贯通线接引电源供电。

车站附近的其他用电负荷根据负荷分布和负荷性质就近从所设的 10/0. 4 kV 变电所或箱式变电站接引低压 380/220 V 电源供电。

区间其他用电负荷设箱式变电站,优先从地方电网接引电源供电,无条件接引地方电源的从综合负荷 10 kV 贯通线接引电源供电。

新建电力配电所采用综合自动化系统,按无人值班设计。新设电力远动系统,纳入上海铁路局供电调度中心管理,并在徐州供电段设复示终端。

3. 46. 3 通信工程

长途通信线路,赣榆北至盐城北通信站沿新建铁路两侧各敷设 1 条 32 芯单模直埋光缆；徐圩港区支线、包庄联络线及磷矿专用线同沟敷设1条12芯单模直埋光缆和1条7×4×0.9长途低频对称电化电缆；盐城北下行疏解线、赣榆港区支线敷设1条12芯单模直埋光缆。为满足综合视频监控系统组网的需要，根据需要在相关区间新设1条24芯光缆。

赣榆北至盐域北站新设SDH 10 Gbit/s传输系统，在赣榆北、赣榆、连云港、董集、杨集、响水、滨海县、阜宁东、射阳车站及连云港和盐城北通信站设SDH 10 Gbit/s ADM设备。利用新建2条32芯光缆中的各2芯光纤构成复用段1+1保护。

赣榆北至盐城北站新设SDH 2.5 Gbit/s接入网系统，沿线车站、连云港和盐城北通信站设SDH 2.5 Gbit/s ADM设备，利用新建2条32芯光缆中的各2芯光纤构成复用段1+1保护。并在同一车站将SDH 2.5 Gbit/s设备通过SDH 2.5 Gbit/s光接口与SDH 10 Gbit/s设备互联。

新设SDH 622 Mbit/s区间接入网系统，在区间通信基站中、信号中继站、牵引变电所、分区所等处设SDH 622 Mbit/s设备，利用新建2条32芯光缆中的各2芯光纤接入相邻车站，与车站所设的传输设备构成通道保护环。

赣榆港区支线新设SDH 622 Mbit/s接入网系统，在柘汪站设SDH 622 Mbit/s设备，利用新建12芯光缆的4芯光纤构建1+1系统保护；徐圩港区支线新设SDH 622 Mbit/s接入网系统，在云台山、东辛、徐圩等车站设SDH 622 Mbit/s设备，利用新建12芯光缆中的4芯光纤构建1+1系统保护。包庄联络线、盐城北下行疏解线分别新设SDH 622 Mbit/s接入网系统，在包庄站、串场河站分别设SDH 622 Mbit/s设备，各自利用新建12芯光缆中的4芯光纤构建1+1系统保护。

车站站房、站内电力配电所、牵引变电所、综合维修车间/工区等信息接入点设SDH 622 Mbit/s设备，站内红外轴温探测站、给水所、箱式直供分区所设SDH 155 Mbit/s一体化接入设备，利用新设光缆分别与本站构成不同物理径路保护环。

在上海铁路局网管中心新设传输网网元级网络管理系统，在上海通信段、徐州、滨海县综合维修车间新设复示终端。对新设的传输网络节点设备进行统一的网元管理、性能管理、配置管理及故障管理，并按照与通信综合网管系统之间所定义的规范和接口，接入通信综合网管系统。

电话交换系统，利用连云港、盐城北通信站既有程控电话交换机，根据需求扩容V5.2中继和信令等板卡。在连云港联合机房、盐城北新设OLT设备，在车站（场）、电力配电所、牵引不变电所、开闭所、分区所、区间通信基站、信号中继站、综合维修车间/工区等信息接入点设光网络单元（ONU），沿线新增自动电话用户通过ONU设备及接入网按所属关系分别接入连云港、盐城北既有程控电话交换机，通过统一编号组网，实现与既有铁路电话专网的互通。

赣榆北至盐城北新设数据网，在连云港联合机房、盐城北通信站新设汇聚节点和路由器，并设数据网网元管理设备。沿线车站设接入节点和路由器及三层交换机，负责本地数据业务的接入与交换，按所属关系通过传输通道分别接入连云港、盐城北汇聚路由器，上联至上海铁路局既有核心路由器，实现沿线数据业务的汇集与转发。

赣榆北至盐城北、赣榆港区支线、徐圩港区支线、包庄联络线、磷矿专用线及盐城北下行疏解线新设调度通信系统,利用上海铁路局调度所既有调度通信交换机,沿线新建车站设车站型调度通信交换机、调度分机和车站值班台等配套设备,按照调度区划分通过传输网接入铁路局调度所中心调度交换机和调度通信系统,并新设1个本线列车调度台,负责赣榆北至盐城北、赣榆港区支线的列车调度指挥;徐圩港区支线、包庄联络线由既有陇海线既有东陇海调度台管辖;盐城北下行疏解线由既有新长铁路调度台管辖。通过将调度所调度交换机与GSM-R交换机的互联,实现有线与无线调度业务的互通。

赣榆北至盐城北、赣榆港区支线新设GSM-R移动通信系统,利用上海铁路局虹桥通信站的既有GSM-R核心网交换机,并新设编译码和速率适配单元(TRAU);在盐城北通信站新设基站控制器(BSC),沿线车站和区间设通信基站(BTS),通过传输通道接入BSC设备及铁路局核心网交换机,采用单网覆盖方式组网。区间弱场区采用光纤直放站、漏泄电缆和天线方式增强,以满足无线场强覆盖及信息传输的需要,完成调度通信、调度命令信息和无线车次号校核信息传送等功能。

徐圩港区支线、包庄联络线、磷矿专用线及盐城下行北疏解线新设450 MHz B制式无线列调通信系统。利用徐州无线检修所既有无线列调监测总机和上海铁路局调度所既有无线列调调度总机。包庄、海州、东辛、徐圩、串场河、盐城北站新设无线列调车站电台、调度命令转接器、车次号接收解码器等设备,云台山利用既有无线列调车站电台、调度命令转接器、车次号接收解码器等设备,并接入既有调度总机和监测总机。完成调度通信、调度命令信息和无线车次号校核信息传送等功能。

应急通信系统,在滨海县、盐城北各新设1套应急通信现场接入设备,纳入上海铁路局既有应急通信中心系统及设备。

赣榆北至盐城北新设会议电视系统,利用上海铁路局虹桥机房的既有会议电视系统MCU设备,沿线客运站房、维修车间设会议电视分会场设备,接入上海铁路局既有会议电视中心系统及设备。

通信电源,沿线新建通信设备机房设48 V高频开关电源和蓄电池及UPS不间断电源设备。新设电源和机房环境监控系统及采集设备,在连云港联合机房设监控中心设备,在徐州电务段、综合维修车间设监控复示终端,实现对电源和机房环境条件的监控。

3.46.4 信号工程

车站联锁,赣榆北(含)至连云港(含)至盐城北(含)各站、包庄联络线的包庄站、赣榆港区支线的柘汪站、陇海线既有云台山站均新设硬件安全冗余型计算机联锁设备和信号电源屏。其中秦沙线路所纳入赣榆北站联锁设备控制,胜利线路所纳入云台山站联锁设备控制,徐庄和锦屏线路所纳入海州站联锁设备控制。盐坨、连云港东站在既有联锁设备基础上利旧改造,并增加与列控中心设备的接口。徐圩港区支线东辛和徐圩站、新(沂)长(兴)线串场河线路所新设双机热备型计算机联锁设备和信号电源屏。车站范围内接发车进路上的道岔纳入车站联锁集设备中控制,维修工区道岔纳入邻近车站联锁设备集中控制。

赣榆北(含)至连云港(含)至盐城北(含)各站站内采用97型25 Hz相敏轨道电路,

配备微电子接收器。直向列车进路及到发线股道采用预叠加电码化，采用 ZPW-2000 系列电码化发码设备，按 1+1 冗余配置，由列控中心设备编码控制。

包庄、云台山、柘汪、东辛、徐圩、串场河线路所采用 97 型 25 Hz 相敏轨道电路，配备微电子接收器。站内电码化采用 ZPW-2000 型移频电码化设备。正线接车进路和区间轨道电路贯通的接近区段采用预叠加发码方式，侧线股道、普通接近区段采用叠加发码方式，发送设备按 $N+1$ 冗余配置。盐坨、连云港东站既有电码化设备利旧，仅增加到发线股道预发码设计。既有陇海铁路车站维持既有轨道电路及电码化制式不变。

为了防止因钢轨生锈引起轨道电路分路不良，对安全线、专用线、调车线、货物线以及综合维修工区等轨道区段采用高压不对称脉冲轨道电路，正线间的渡线道岔采用轨面喷涂技术措施。

站内轨道电路室外干线电缆采用铝护套综合扭绞信号电缆，并设带适配器的扼流变压器。分支电缆采用综合护套综合扭绞信号电缆。

运输调度指挥系统，赣榆北（含）至连云港（含）至盐城北（含）及赣榆港区支线采用调度集中（CTC）系统，正线各车站、赣榆港区支线的柘汪站、既有东陇海线的盐坨、云台山、连云港东站新设 CTC 分机设备、网络安全和通道质量监督设备、车务终端、电务维护终端等配套设备；徐圩港区支线的东辛、徐圩站和包庄联络线的包庄站新设 TDCS 分机设备；在串场河线路所设 TDCS 分机设备（与连盐正线的盐城北站之间实现站间调度指挥信息透明）。按照铁路局管辖范围和调度区划分通过调度网接入上海铁路局调度所 CTC/TDCS 总机系统，本工程正线和赣榆港区支线由新设的本线调度台管辖，并增设本线应用和通信服务器、CTC 与 TSRS 接口服务器、网络安全设备及列车调度台等配套设备。且对既有设备、网管台、系统维护台等进行软件修改调试，使其具备本线接入条件。

徐圩港区支线（含东辛、徐圩站）、包庄联络线（含包庄站）及既有连云港、盐坨、云台山、连云港东站仍由既有东陇海线调度台管辖，但基于既有东陇海线调度台的运输指挥模式，连云港至连云港东开通 TDCS 系统，增加临时限速命令等功能。盐城北站仍由既有新长线调度台管辖。

列车运行控制系统，赣榆北至盐城北、连云港至连云港东采用 CTCS-2 级列控系统。在盐城北设 1 套临时限速服务器（TSRS），负责本线临时限速命令的下达。正线各车站和信号中继站设安全数据网接入设备、列控中心、有源应答器编码单元（LEU）、地面点式应答器等设备；东陇海线盐坨、云台山、连云港东站新设列控中心（TCC）设备。TCC 之间通过安全数据网进行联接，实现 TCC 之间、与车站联锁设备之间的安全信息传输。所设列控中心设备具备轨道电路编发码、区间通过信号机控制、运行方向控制、信息采集、站间安全信息传输和应答器报文存储及调用等功能。

区间闭塞方式，赣榆北至盐城北间、包庄联络线采用四显示自动闭塞，设地面通过信号机，正向采用追踪间隔运行、反向采用自动站间闭塞行车。

赣榆港区支线柘汪至赣榆北站之间采用自动站间闭塞，区间轨道空闲与占用检查采用轨道电路方式。徐圩港区支线采用 64D 单线半自动闭塞。盐城北至串场河线路所区间采用自动站间闭塞，区间轨道空闲与占用检查采用轨道电路方式。盐城北至盐城站区间闭塞方式维持既有。

赣榆北至盐城北正线区间采用 ZPW-2000 系列无绝缘轨道电路,用以完成列车对轨道区段的占用检查,轨道电路发送设备按 1 +1 配置、接收设备采用双机并用方式。轨道电路发送编码采用列控中心电子编码,利用 TCC 安全传输通道传送站间联系信息。包庄联络线及既有陇海线车站区间轨道电路的发送设备按 $N+1$ 配置、接收设备采用双机并用方式,采用继电编码方式。

本工程正线区间 ZPW-2000 系列轨道电路干线电缆采用铝护套数字信号电缆或铝护套内屏蔽数字信号电缆,分支电缆采用综合护套数字信号电缆;干线电缆的有效传输长度一般不大于 10 km。

新设信号集中监测系统,正线和支线各车站(线路所)和信号中继站新设集中监测分机设备;东陇海线上的盐坨、连云港东站既有集中监测设备利旧改造。在沿线信号维修车间/工区设集中监测终端设备,通过监测网接入徐州电务段既有信号集中监测总机系统,并对监测总机和网络安全设备进行相应的修改。实现对信号设备信息的监测和远程诊断。

赣榆北至盐城北新设综合接地系统,在铁路两侧各敷设 1 条截面为 35 mm^2 的铜芯贯通地线,与土建工程同步实施;既有东陇海线连云港至连云港东段、包庄联络线等双线区段沿铁路敷设 1 条截面为 35 mm^2 的铜芯贯通地线,所设贯通地线在电气特性上全程贯通,接地电阻不大于 1 Ω。并利用沿线桥梁、路基地段构筑物设施内的接地装置作为接地体,形成低阻等电位综合接地平台。沿线轨旁信号设备安全接地后就近与贯通地线等电位连接。

沿线信号设备房屋设防雷电、电磁兼容和综合接地防护系统,新建房屋与房建工程同步实施。并与贯通接地等电位连接。

参加线路工程施工的有中铁四局、十局、十一局集团、中铁港航局集团等单位,工程于 2013 年 12 月 7 日开工,2017 年 8 月 17 日完成全线铺轨。中铁二局、三局、四局电气化公司联合体承担电气化、通信信号和电力工程的施工,四电工程于 2015 年 10 月 8 日开工,2018 年 7 月 2 日向接触网送电。2018 年 8 月 17 日进行动态监测。2018 年 8 月 31 日正式进入联调联试阶段。2018 年 7 月 19 日进行冷滑试验,2018 年 8 月 13 日完成热滑试验。2018 年 12 月 26 日正式开通运营。

3.47 青岛至连云港铁路

新建青连铁路,北起青岛市胶济客运专线的青岛北站,经洋河口南下,途经青岛市李沧区、城阳区,胶州市营海镇、黄岛区,日照市的东港区、岚山区等,进入江苏省连云港市,经柘汪镇,南至连盐铁路赣榆北站北端,正线全长 194.54 km(图 3.47)。其中青岛北(不含)至洋河口(不含)正线长 41.88 km[红岛站范围(DK18 +580 ~ DK25 +530)由济南至青岛高速铁路工程统一实施];洋河口(含)至赣榆北(不含)(DK 38 +298.08 ~ DK191 +234.24)新建正线长 152.66 km。全线设有青岛北、红岛、洋河口、姜家屯(预留)、胶南、黄家营(预留)、董家口、两城、奎山镇、岚山西、赣榆北等车站。其中青岛北、赣榆北为既有

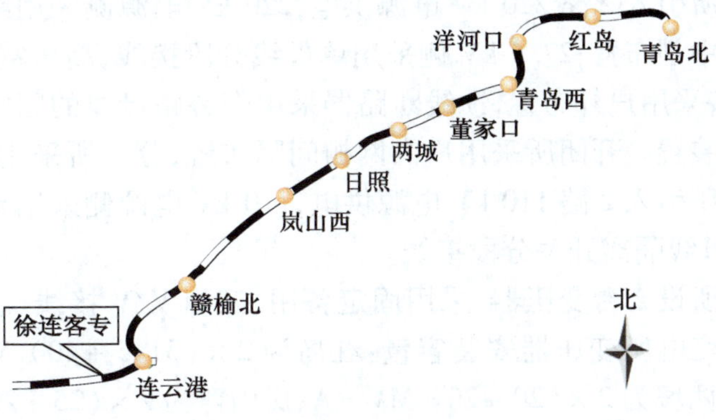

图3.47　青连铁路示意图

站；洋河口站是既有胶黄线上新开设车站，奎山镇站为既有站改造，其余均为新建站。工程范围还包括青岛枢纽胶济胶黄上下行联络线合计长度3.8 km；胶济、胶黄左线改移5.8 km；自李家庄线路所（K4+690）至黄岛Ⅲ场（K39+767）相关通信工程；青岛北至青岛站既有CTCS-2级系统改造；胶黄线三显示自动闭塞改为四显示自动闭塞工程。日照地区相关工程包括新建日照北至日照西站上下行客车联络线合计长7.060 km（含新建日照北线路所、日照西站）；东北客车下行联络线（改LDK0+000～改LDIK3+288.667）长3.289 km；东北客车上行联络线（改LYDK0+000～改LYDK3+796.720）长3.771 km；以及既有日照站改建和奎山至日照站间既有线改造。

新建青连铁路位于山东省胶东半岛东南部，连接胶东半岛、日照地区和江苏省连云港地区，是我国“五纵五横”综合运输大通道南北沿海运输通道的重要组成部分。该线的建成开通可以北连胶济客运专线、青荣城际铁路、蓝烟铁路，并经烟大轮渡与东北地区连接；南接连盐、新长、沪通铁路，与“长三角”地区紧密相连，构建起东北地区经山东半岛至华东沿海地区间的便捷大能力铁路运输通道。

青连铁路的建设单位是济南铁路局、上海铁路局、青连铁路有限责任公司。设计单位是铁道第三勘察设计院集团有限公司。线路主要技术标准：铁路等级，Ⅰ级；正线数目，双线；正线线间距，直线地段4.4 m；限制坡度，青岛北至洋河口段为16‰、洋河口至赣榆北段为6‰；最小曲线半径，一般地段3 500 m、困难地段（青岛北至洋河口段为2 000 m、洋河口至赣榆北段为2 800 m）；到发线有效长度（青岛北至洋河口段为650 m、洋河口至赣榆北段为1 050 m）；闭塞类型，自动闭塞；设计行车速度，200 km/h；牵引种类，电力牵引（直供加回流线供电方式）；机车类型，动车组、和谐系列；牵引质量，5 000 t。

3.47.1　电气化工程

牵引供电全线采用带回流线的直接供电方式。结合济南至青岛高速铁路工程统筹新设红岛牵引变电所（半AT半直供变电所，由济青高速铁路工程实施）。利用青岛北牵引变电所馈出2路馈线给本线供电。新设胶南、两城、岚山西等牵引变电所。改造兖日线既有日照牵引变电所。新设洋河、奎山口2座分区所兼开闭所，新设青岛北、董家口和赣榆北3座分区所。迁移既有兖日线奎山镇分区所。

新建牵引变电所引入2路220 kV电源供电，220 kV电源侧采用线路变压器组接线，电气设备采用户外中型布置；27.5 kV侧采用单母线分段接线，高压室设备采用户内网栅间隔布置，其他设备采用户外布置，馈线断路器采用带旁路母线的固定备用方式，馈线设高压故障性质判断装置。开闭所采用户内网栅间隔布置，分区所采用箱式分区所。改造既有日照牵引变电所引入2路110 kV电源供电，110 kV电源侧采用带跨条的分支接线；27.5 kV侧采用单母线隔离开关分段接线。

新建牵引变电所设2台变压器，采用固定备用、三相V/V接线、油浸自冷方式，预留风冷条件。各牵引变电所变压器安装容量：红岛为2×(31.5+40) MV·A、胶南为2×(20+20) MV·A、两城为2×(20+20) MV·A、岚山西为2×(25+20) MV·A。

新建牵引变电所、开闭所、分区所采用微机保护和综合自动化系统，按无人值班设计，牵引变电所适当考虑值守条件。新设牵引供电远动系统，纳入济南铁路局电力调度所供电远动系统和相关调度台管理。

接触网采用全补偿简单链型悬挂，接触悬挂结构高度一般为1 400 mm。正线接触线采用CTS-120型铜锡合金导线，张力15 kN，承力索采用JTM-95型铜镁合金绞线，张力15 kN；站线接触线采用CTS-120型铜锡合金导线，张力13 kN，承力索采用铜镁合金绞线，张力15 kN。接触线悬挂点高度一般为6 000 mm。附加导线采用防腐型铝包钢芯铝绞线。针对沿海铁路的特点，应加强接触网防风、防腐、防松等有效措施。

接触网绝缘泄漏距离一般不小于1 400 mm，严重污秽地区适当加强绝缘。一般地段采用合成绝缘子，绝缘关节处、软横跨、接触网下锚等处采用合成绝缘子。在变电所、分区所出口附近设电分相，在电分相、绝缘关节处设电动隔离开关，并纳入远动系统。电分相采用带中性段空气绝缘间隙的双断口锚段关节式，尽量避免设在大坡道、列车出站加速区段和线路限速低速区段。

接触网支柱，路基区段的腕臂柱采用环形等径预应力钢筋混凝土支柱，采用实体基础。双线箱梁桥上采用H型钢柱，单线T梁桥上一般采用格构式钢柱，车站及多线并行区段一般采用轻型硬横梁，硬横梁支柱采用热浸镀锌等径钢管柱；车站雨棚地段接触网支柱与雨棚柱合架。胶济胶黄联络线路基地段腕臂柱采用横腹杆式预应力钢筋混凝土支柱。既有胶济线、胶黄线改建与既有线标准保持一致。支柱高度按柱顶至上腕臂底座外露长度不大于300 mm控制。改建铁路地段维持既有标准。路基区段支柱侧面限界应满足大型养路机械作业要求，一般按3.1 m设计。

接触网支柱标准跨距，路基地段一般为50 m，最大不大于60 m，风区地段一般不大于50 m、困难情况下不大于55 m。桥梁上支柱跨距根据桥梁孔跨布置确定。隧道内支柱跨距一般为35～50 m，隧道内附加导线支柱跨距为20～25 m。

路基段绝缘、非绝缘锚段关节一般采用四跨关节，桥梁上一般采用五跨关节。正线区段锚段长度一般不大于2×750 m、困难情况下不大于2×800 m；站线锚段长度一般不大于2×800 m、困难情况下不大于2×850 m，单边补偿的锚段长度为上述值的50%。附加导线锚段长度一般不大于2 000 m。

露天区段接触网下锚一般采用滑轮组补偿装置和混凝土坠砣，桥上及设置防断中锚困难的锚段采用棘轮补偿装置。采用两跨式防窜防断中心锚结,站内设防断中心锚结困难时采用防窜式中心锚结。

新建胶南、董家口、奎山镇、岚山西供电工区,与工区合建胶南管理供电车间。结合济青高速铁路维护需要,新建红岛供电工区。

3.47.2　电力工程

全线新设 1 条综合负荷 10 kV 贯通线和 1 条一级负荷 10 kV 贯通线。新建综合负荷 10 kV 贯通线采用截面为 95 mm^2的铜芯电力电缆;新建一级负荷 10 kV 贯通线采用截面为 70 mm^2的铜芯电力电缆,分别沿铁路两侧采用混架方式敷设。2 路 10 kV 贯通线在青岛北方向引入青岛北 10 kV 配电所。

新设胶南、董家口、奎山 10 kV 配电所,新建 10 kV 配电所的从地方电网引入 2 路电源供电。结合济青高速铁路工程和红岛站区供电需要,新设红岛 10 kV 配电所,由济青高速铁路工程统筹实施。利用改造既有日照 10 kV 配电所为本线供电。

设有 10 kV 配电所的车站其站房综合负荷设站内箱式变电站供电,从配电所站馈线接引电源;没设 10 kV 配电所的车站其站房综合负荷设站内箱式变电站,就近从地方电网接引 1 路电源供电。无条件接引地方电源的从 10 kV 贯通线接引电源供电。

车站内工区及道岔融雪等用电负荷分别设箱式变电站供电,设有 10 kV 配电所的从其站馈线接引电源,没设配电所的从地方电网接引电源。

车站通信信号等一级用电负荷设室内箱式变电站供电,分别从 2 路 10 kV 贯通线接引电源。区间通信信号等一级用电负荷设箱式变电站供电,分别从 2 路 10 kV 贯通线接引电源。

区间其他用电负荷,分别在用电负荷集中处设低压变电所、箱式变电站或杆架式变电台给相关负荷供电,优先从地方电网接引电源,无接引地方电源条件的从综合负荷 10 kV 贯通线接引电源。

新建电力配电所采用微机保护和综合自动化系统,按无人值班设计,适当考虑值守条件。新设电力远动系统,纳入青岛供电段控制中心管理。

本线采用综合维修和管理模式。在胶南综合维修车间设供电车间,在红岛、董家口、奎山、岚山西设综合维修工区,负责电力设施的运营维护和管理。

3.47.3　通信工程

长途通信线路,青岛站至青岛北至洋河口站间沿铁路两侧各敷设 1 条 48 芯通信光缆,其中 DK18 + 580 ~ DK25 + 530 段的通信线路由济青高速铁路工程统筹实施。红岛站至既有青岛通信站新设 1 条 48 芯光缆。沿新建胶济胶黄联络线敷设 1 条 32 芯通信光缆。李家庄线路所至黄岛站沿既有胶黄线敷设 1 条 32 芯通信光缆。洋河口至赣榆北沿新建铁路两侧各敷设 1 条 48 芯直埋光缆,奎山镇站通信机械室至日照通信站新设 1 条 48 芯通信光缆。

为满足综合视频监控系统组网的需要,相关区间新设 1 条 24 芯区间通信光缆。为满足 GSM-R 系统组网的需要,在光纤直放站远端机至近端机之间设 1 条 8 芯光缆。

传输系统,全线新设 SDH 10 Gbit/s 传输系统,在青岛通信站、青岛北站、既有日照通信站和洋河口、董家口、奎山镇、岚山西站及日照站新设 SDH 10 Gbit/s 设备,红岛站传输设备由济青高速铁路工程统筹实施。利用新建 2 条 48 芯光缆中各 2 芯光纤构成复用段1 +1 保护。

全线新设 SDH 2. 5 Gbit/s 车站接入网系统,青岛通信站、沿线各车站、日照西和日照站新设 SDH 2. 5 Gbit/s 设备。红岛站的 SDH 622 Mbit/s 设备由济青高速铁路工程统筹实施。利用新建 2 条 48 芯光缆中各 2 芯光纤构成复用段 1 +1 保护。并在同一车站将 SDH 2. 5 Gbit/s 设备通过 SDH 2. 5 Gbit/s 光接口与 SDH 10 Gbit/s 设备互连。本线传输和接入系统与连盐铁路的传输和接入系统在赣榆北进行互联,保证青岛至盐城铁路通信系统的正常使用和畅通。本线经青岛、日照通信站至济南的传输通道利用济南铁路局管内既有和所建的传输系统连通。

GSM-R 区间通信基站、信号中继站、牵引变电所、分区所等信息接入点新设 SDH 622 Mbit/s 设备,利用新建 2 条 48 芯光缆中的各 2 芯光纤接入相邻车站,与车站所设的传输设备构成通道保护环。

车站站房、站内电力配电所、牵引变电所、开闭所、维修车间/工区、公安派出所、货场及红外轴温探测站等处新设 SDH 155 Mbit/s 设备,利用新设光缆接入本站并与本站设备构成不同物理径路的 2 纤通道保护环。

胶济胶黄联络线利用新建的 32 芯光缆开设 SDH 622 Mbit/s 接入网系统,在李家庄、五里堆线路所新设 SDH 622 Mbit/s 设备,并在五里堆线路所接入既有胶济线传输接入系统。胶黄线营海站至黄岛段利用新建 32 芯光缆开设 SDH 622 Mbit/s 接入网系统。

新设 IP 数据网,利用济南铁路局既有核心路由器,在日照新设汇聚路由器,利用青荣城际铁路工程在青岛所设的汇聚路由器。沿线车站新设 2 台接入路由器,负责本地数据业务的接入与交换;接入路由器之间利用光纤联接,接入路由器与汇聚路由器之间通过传输通道联接,实现数据业务的汇聚,并上联至铁路局核心路由器,实现沿线数据业务的汇集与转发。

电话交换系统,利用青岛、日照、连云港既有铁路程控电话交换机,在青岛、日照通信站新设光线路终端(OLT)设备,各车站、信号中继站、综合维修车间/工区、牵引变电所、分区所、电力配电所等处新设光网络单元(ONU),沿线新增自动电话用户通过 ONU 设备及接入网按管辖范围和隶属关系分别接入既有铁路程控电话交换机。通过统一编号组网,实现与既有铁路电话专网的互通。

新设调度通信系统,在济南铁路局调度所新设 1 套调度所型数字调度通信交换机及配套设备,正线各车站(线路所)新设车站型数字调度通信交换机、调度分机和车站值班台等设备,其中红岛站数字调度通信交换机由济青高速铁路工程统筹实施;胶济胶黄联络线李家庄和五里堆线路所、胶黄线上的营海、红石崖、黄岛站新设车站型数字调度通信交换机、调度分机等配套设备。按照调度区划分通过调度网接入济南铁路局调度所中心调度交换机和调度通信系统。并新设 1 个本线行车调度台及配套设备,负责洋河口(含)至赣榆北(不含)、日照地区奎山镇至日照站的行车调度指挥工作;青岛北(不含)至洋河口(不含)由新设的青岛枢纽客专行车调度台管辖;营海至胶东联络线并入既有胶济铁路调度台管辖。

新设GSM-R移动通信系统,利用济南铁路局既有GSM-R交换机等配套设备,在济南新设基站控制器(BSC)、TRAU等设备,正线和联络线沿线车站和区间设通信基站,车站通信基站按3载频配置、区间通信基站按2载频配置。正线和联络线、日照西站至日照站间、洋河口至黄岛间采用单网覆盖方式组网,通过传输通道接入济南基站控制器和GSM-R交换机。区间弱场区采用光纤直放站、漏泄电缆和天线方式增强,以满足无线场强覆盖和信息传输的需要。完成调度通信、调度命令信息和无线车次号校核信息传送等功能。

应急通信系统,在胶南、奎山镇等通信维修车间设应急抢险现场接入设备,通过传输通道接入济南铁路局既有应急通信指挥中心系统。

会议电视系统,沿线各车站、通信维修车间设会议电视分会场设备,通过传输通道接入济南铁路局既有会议电视中心系统及设备。

通信电源,沿线车站通信机械室、区间通信基站、信号中继站、牵引变电所、分区所等信息接入点通信设备机房设48 V高频开关电源设备和蓄电池及UPS不间断电源。并新设电源和机房环境监控系统及采集设备,实现对电源和机房环境条件的监控。

3.47.4 信号工程

车站联锁,青岛北至洋河口段的红岛站联锁设备由济青高速铁路工程统筹实施;胶济胶黄联络线上的李家庄和五里堆线路所新设硬件冗余型计算机联锁设备和信号电源屏,青岛北结合站场设计既有联锁设备进行相应改造。

洋河口至赣榆北段新建车站(线路所)和胶东站、日照站、日照西站新设硬件安全冗余型计算机联锁设备和信号综合智能电源,日照北线路所纳入日照西站联锁设备集中控制;其他既有车站联锁设备利旧改造。

根据车站(场)道岔设计类型,配备相应的道岔转辙设备和安装装置,并采取断电保护措施。正线上的道岔采用外锁闭、多机分线、分控制方式,并实现挤岔监督报警功能。通过时速160 km及以上的道岔尖轨密贴段牵引点设密贴检查器,监测信息纳入信号集中监测系统。奎山镇站、日照站站场原位不动的转辙机及安装装置利旧。车站接发动车组列车进路上的道岔设融雪装置。

新建车站(线路所)站内采用97型25 Hz相敏轨道电路并叠加电码化,正线采用预叠加发码、到发线采用叠加发码方式,发码设备采用与区间相同制式的ZPW-2000系列轨道电路设备,按1+1配置、接收设备采用双机并用方式;日照站为既有改造车站,电码化发送设备按$N+1$冗余配置,站内轨道电路和电码化所用传输电缆采用铝护套数字信号电缆,其他分支电缆采用综合护套信号电缆。

运输调度指挥系统,全线采用调度集中(CTC)系统,正线新建车站(线路所)新设CTC分机设备、网络安全和通道质量监督等配套设备;李家庄和五里堆线路所、日照西站和日照站新设CTC分机等配套设备;青岛枢纽的营海、青岛北、沙岭庄、四方、青岛站的既有 CTC 分机设备利旧改造;其他既有车站的调度分机设备利旧改造。按照调度区划分,通过调度网接入济南铁路局调度所 CTC/TDCS 总机系统,并新设 1 个本线行车调度台,增设相应的应用和通信服务器、网络安全和通道质量监督等设备,负责洋河口(含)至赣榆北(不含)、日照地区奎山镇至日照站的运输调度指挥;青岛北(不含)至洋河口(不含)由新设的青岛枢纽客专行车调度台管辖;营海至胶东联络线并入既有胶济铁路调度台管辖。

列车运行控制系统,全线正线和本线至日照站采用 CTCS-2 级列控系统。并对青岛北至青岛站既有 CTCS-2 级系统进行改造。在红岛站新设 1 套临时限速服务器(TSRS),接入济南铁路局调度所 CTC 总机系统,接收下达临时限速命令,实现本线的临时限速功能。采用 CTCS-2 级列控系统的车站(线路所)和信号中继站设信号安全数据网接入设备、列控中心(TCC)、地面电子单元、地面点式应答器等设备。所设列控中心设备具备轨道电路编发码、运行方向控制、信息采集、站间安全信息传输和应答器报文存储及调用等功能。而且 TCC 之间通过安全数据网进行联接,可以实现 TCC 之间、与车站联锁设备之间的安全信息传输。

区间闭塞制式,正线采用四显示自动闭塞,按双线双方向运行,正向采用追踪间隔运行、反向采用自动站间闭塞行车,设区间地面通过信号机。胶州至青岛西、营海自动闭塞结合新增线路所进行相应调整,并对既有胶黄线自动闭塞进行改造,增加区间占用逻辑检查功能。日照地区兖日线既有自动闭塞设备利旧改造。

正线区间采用 ZPW-2000 系列无绝缘移频轨道电路,其发送和接收设备按双机冗余功能配置,采用列控中心设备编码。并配置轨道电路自诊断系统,将其自诊断信息纳入信号集中监测系统。ZPW-2000 轨道电路干线电缆采用铝护套数字信号电缆,电缆传输长度一般不超过 10 km。既有自动闭塞利旧改造的区段,其轨道电缆按电气化区段防护标准进行适应性改造,更换钢轨引接线、完善横向连接线和轨旁信号设备接地。在本线与其他线路并行区段,为减少邻线干扰,应对并行区段的轨道电路采取技术处理措施。

信号集中监测系统,正线和联络线各车站(线路所)和信号中继站、日照和日照西站设集中监测分机设备,青岛北站既有集中监测分机利旧改造。按归属范围通过监测网接入青岛等电务段信号集中监测总机系统。实现对信号设备信息的监测和远程诊断。

正线新设综合接地系统,分别沿铁路两侧各敷设 1 条截面为 35 mm^2 的铜芯电缆贯通地线,在电气特性上全程贯通,接地电阻不大于 1 Ω。沿线轨旁信号设备安全接地后就近与贯通地线等电位连接。兖日线奎山镇至日照间利用既有信号专用贯通地线,并与本线贯通地线等电位连接。

沿线信号设备房屋设防雷电、电磁兼容和综合接地防护系统,与房建工程同步实施。并与贯通地线等电位连接。

参加线路工程施工的有中铁三局、十局、十四局集团等单位。中铁电气化局集团等单位承担电气化、通信信号和电力工程的施工。

线路工程于 2014 年 11 月 9 日开工。2015 年 9 月 25 日进入铺轨架梁阶段。2018 年 10 月 9 日完成全线铺轨。四电工程于 2016 年 6 月 26 日开工,2018 年 4 月 6 日开始架设第一条接触网导线,2018 年 10 月 23 日向全线接触网送电。青岛北至洋河口段于 2018 年

10 月 25 日和济青高速铁路胶州北至红岛段一起进行联调联试。2018 年 9 月 12 日洋河口至赣榆北段进行联调联试。2018 年 12 月 26 日青岛至连云港和连云港至盐城,以及济南至青岛高速铁路,同日开通运营。

3.48　怀化至邵阳至衡阳铁路

新建怀邵衡铁路西起怀化南客站(含)(DK5 +550),途经怀化市的鹤城区、中方县、洪江市,邵阳市的洞口县、隆回县、邵阳县、北塔区、大祥区、双清区、邵东县,衡阳市的衡阳县、石鼓区、珠晖区、衡南县,东至衡(阳)茶(陵)吉(安)铁路的颜家垄站(不含)(DK327 +041.86),线路全长 312.9 km(图 3.48)。其中邵阳(DK180 +451.86)至邵东(DK216 +008.497)32.89 km 与娄邵铁路四线并行,由娄邵铁路扩能改造工程先期实施。该线全线设有怀化南、安江、江口、洞口、石下江、隆回、邵阳西、邵阳(娄邵铁路既有站)、邵阳东、邵东、书院、库宗桥、西渡、松木园、麻元、颜家垄(衡茶吉铁路既有站)等车站,其中怀化南站、邵阳、邵阳东、邵东、颜家垄为既有车站,其余为新建车站。并新设长塘和 DK16 线路所。工程范围还包括怀化枢纽至沪昆客运专线的联络线;邵阳地区至邵阳东站货场及邵东站货场的联络线;衡阳枢纽至京广客运专线、京广线的联络线。该线新建桥梁累计长度 75.872 km,隧道累计长度 84.694 km,桥隧总长 160.566 km,占比达到 57.33%。该线在怀化枢纽衔接渝怀铁路,沟通重庆和成都、连通西北,衔接沪昆通道辐射云贵;在邵阳地区与洛(阳)湛(江)铁路相交;在衡阳枢纽经京广通道直达珠三角及港澳地区,并可由湘桂线、衡柳线通路连接桂林、柳州、南宁到达广西;也可由衡茶吉、赣龙、龙厦通路连接赣南及海西地区。通过与相关线路的分工合作,在路网中新增了西南、西北与东南、华南地区的快速、便捷运输新通道,能提升路网整体功能,扩大路网的辐射和吸引范围。作为新建铁路,能够加密湘西南地区横向铁路通道,增加路网运输能力,开辟新的运量增长点。同时该线的建成开通也为沪昆、京广两大路网主通道之间增加连接线路,有利于优化网络结构、提高主通道的防灾、战备水平。在路网中具有非常重要的意义和作用。

怀邵衡铁路的建设单位是沪昆客运专线湖南公司、怀邵衡铁路有限责任公司。设计单位是中铁第四勘察设计院集团有限公司。线路主要技术标准:铁路等级,Ⅰ级;正线数目,双线;正线线间距,4.4 m;限制坡度,6‰、加力坡 13‰;最小曲线半径,一般地段 3 500 m、困难地段 2 800 m;到发线有效长度,850 m、双机 880 m;闭塞类型,自动闭塞;列车运行控制方式,自动控制;行车指挥方式,综合调度集中;设计行车速度,200 km/h;牵引类型,电力牵引(直供加回流线供电方式);机车类型,HX 系列、动车组;牵引质量,4 000 t。

3.48.1　电气化工程

牵引供电采用带回流线的直接供电方式。全线新设怀化南、笙竹、洞口、隆回、库宗桥、松木园等牵引变电所,利用改造娄邵铁路邵阳和邵东 2 座牵引变电所;新设麻元开闭所;利用衡茶吉铁路既有颜家垄开闭所;新设安江、江口、石下江、邵阳西、双清、书院、西渡等分区所,新设黄岩、陈公冲、岩鹰鞍 3 座供电臂中部并联开关站。

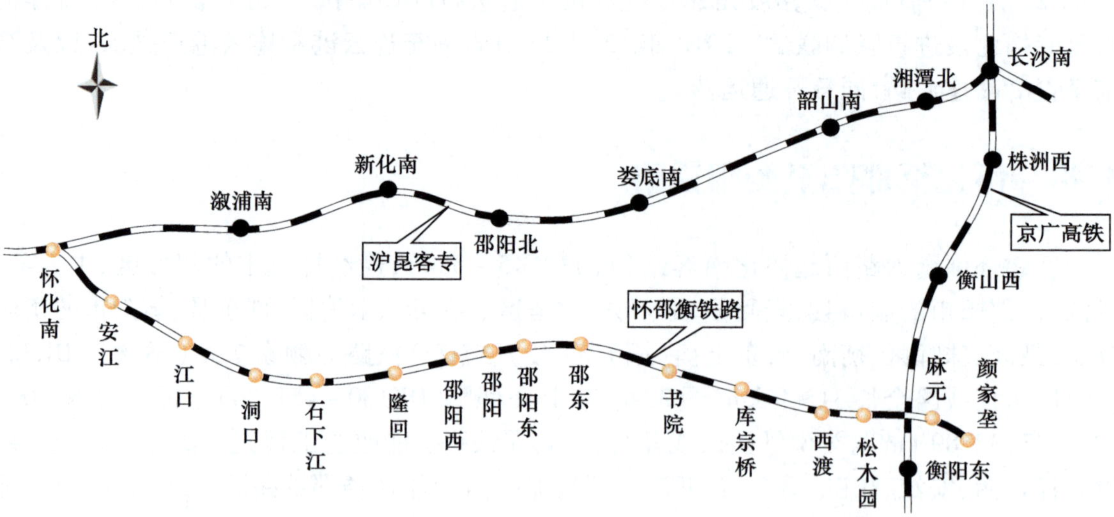

图 3.48　怀邵衡铁路示意图

新建牵引变电所引入 2 路独立的 110 kV 电源供电,110 kV 电源侧采用“双 T”接线,电气设备采用室外中型布置,27.5 kV 侧采用单母线分段接线,电气设备采用 AIS 空气开关柜布置。新建分区所、开闭所、分区所兼开闭所、并联开关站采用箱式布置。

新建牵引变电所设阻抗匹配平衡变压器,采用固定备用、油浸自冷方式、预留风冷条件。利用的邵阳牵引变电所将单相变压器更换为阻抗匹配平衡变压器,维持既有标准。利用的邵东牵引变电所维持原阻抗匹配平衡变压器接线型式不变,将改造后空余的 40 MV · A平衡变压器移设至库宗桥牵引变电所继续使用。

新建怀化南、筀竹、洞口牵引变电所变压器安装容量均为 2 ×50 MV · A,新建隆回、库宗桥、松木园牵引变电所变压器安装容量均为 2 ×40 MV · A,利用改造的邵阳、邵东牵引变电所变压器安装容量均为 2 ×63 MV · A。

牵引变电所、开闭所、分区所兼开闭所、并联开关站采用微机保护和综合自动化系统。新牵引变电所、开闭所、分区所按无人值班设计,牵引变电所适当考虑值守条件。新设牵引供电远动系统,纳入广州铁路(集团)既有供电调度所,并新设 1 个牵引供电和电力调度台,负责本线供电设施的调度管理。

接触网采用全补偿简单链型悬挂,接触悬挂结构高度一般为 1 400 mm,隧道内接触悬挂结构高度一般为 1 200 mm。怀化南至洞口段正线接触线采用 150 mm^2的银铜合金导线,张力 20 kN,承力索采用 120 mm^2的铜合金绞线,张力 15 kN;站线接触线采用 120 mm^2的银铜合金导线,张力 15 kN,承力索采用 95 mm^2的铜合金绞线,张力 15 kN;洞口至颜家垄段正线接触线采用 120 mm^2的银铜合金导线,张力 15 kN,承力索采用 95 mm^2的铜合金绞线,张力 15 kN;站线接触线采用 120 mm^2的银铜合金导线,张力 15 kN,承力索采用 95 mm^2的铜合金绞线,张力 15 kN。接触线悬挂点高度:有调车作业的车站正线接触线悬挂高度为 6 450 mm,没有调车作业的车站正线接触线悬挂高度为 6 000 mm。附加导线、加强线采用防腐型铝包钢芯铝绞线。

接触网绝缘泄漏距离一般不小于 1 400 mm，严重污秽地区适当加强绝缘。一般地段采用瓷质绝缘子。隧道内、接触网下锚等处采用合成绝缘子。采用锚段关节式电分相，尽量避免设在大坡道、列车出站加速区段和线路限速低速区段。

接触网支柱，路基区段腕臂柱采用带法兰的钢筋混凝土等径圆柱，采用钻孔桩基础，支柱与基础通过法兰连接。个别立杆困难地段采用热浸镀锌 H 型钢柱。箱梁桥区段采用 H 型钢柱、T 梁桥区段采用格构式桥钢柱。车站及多股道并行区段采用硬横跨。硬横跨支柱采用热浸镀锌等径圆形钢柱。线间立柱采用 H 型钢柱。

接触网支柱标准跨距一般为 50 ~ 55 m。绝缘和非绝缘关节一般采用四跨形式。正线锚段长度一般不超过 2 × 750 m、困难情况下不超过 2 × 850 m。回流线、供电线及加强线的锚段长度一般不大于 2 000 m。正线采用防断中心锚结，站线采用防窜中心锚结。路基区段和隧道内下锚一般采用滑轮组补偿装置，不能设置防断中锚的车站和桥上下锚采用棘轮补偿装置。

本线利用既有长沙供电段、怀化供电段。在洞口、邵东新建管理型供电车间（含工区），在安江、隆回、库宗桥、松木园新建供电工区，分别承担相应管理范围内牵引供电设施及电力配电设施的维护管理和检修工作。

3.48.2　电力工程

全线新设 1 条一级负荷 10 kV 贯通线和 1 条综合负荷 10 kV 贯通线，新建 10 kV 贯通线采用架空线和电缆混合方式。无架空径路的采用电缆敷设。其中邵阳至邵东间利用娄邵铁路既有 10 kV 贯通线。给沿线用电负荷供电。

全线新设安江、洞口、隆回、书院、西渡等 10 kV 配电所。新建 10 kV 配电所接引 2 路地方 10 kV 专线电源供电。利用改造怀化南、衡阳北、邵阳、邵东 10 kV 配电所给本线供电。

设有 10 kV 配电所的车站其站房综合负荷设站内 10/0.4 kV 变电所供电，从 10 kV 配电所站馈线接引电源，没设 10 kV 配电所的车站其站房综合负荷设站内 10/0.4 kV 变电所，从地方变电站接引 1 路 10 kV 电源供电。

各车站与行车有关的通信信号等一级负荷设室内 10/0.4 kV 变电所或箱式变电站供电，分别从 2 路 10 kV 贯通线接引电源。区间通信信号等一级负荷设箱式变电站供电，分别从 2 路 10 kV 贯通线接引电源。

沿线其他用电负荷，在用电负荷集中处分别设箱式变电站或杆架式变电台给相关负荷供电，电源引自综合负荷 10 kV 贯通线。

新建 10 kV 配电所采用综合自动化系统，按无人值班设计。新设电力远动系统，纳入广州铁路（集团）电力调度所管理，对全线供电设施进行集中监控。

3.48.3　通信工程

长途通信线路，全线沿新建铁路两侧各敷设 1 条 48 芯单模直埋光缆；各联络线根据需要新设不同容量的光缆；麻元站至颜家笼站新设 2 条 24 芯光缆；长塘线路所至衡阳北编组站出发场信号楼新设 1 条 24 芯光缆。

为满足 GSM-R 系统组网的需要,光纤直放站远端机至近端机之间敷设 1 条 12 芯短段光缆;为满足综合视频监控系统组网的需要,在部分区间的视频采集点至视频汇聚节点间新设 1 条 12 芯光缆。5 km 及以上的隧道两侧分别敷设 1 条 3 × 4 × 0. 9 低频对称电缆,以满足隧道救援电话组网需要。

传输系统,新设 SDH 10 Gbit/s 长途骨干(汇聚)传输系统,在怀化南、安江、洞口、隆回、邵阳西、邵阳、邵阳东、邵东、西渡、松木园、麻元站及怀化南长昆客专机房、衡阳东设 SDH 10 Gbit/s 设备,利用新建 2 条 48 芯光缆中的各 2 芯光纤构成复用段 1 + 1 保护。并在衡阳北机房设 SDH 2. 5 Gbit/s 设备。

新设 SDH 622 Mbit/s 车站接入网系统,沿线各车站新设 SDH 622 Mbit/s 设备,利用新建 2 条 48 芯光缆中的各 2 芯光纤构成复用段 1 + 1 保护。并在同一车站将 SDH 622 Mbit/s 设备与 SDH 10 Gbit/s 设备通过 2 个 SDH 622 Mbit/s 光接口相联,为接入传输系统重要通道提供保护。

沿线区间 GSM-R 通信基站、牵引变电所、分区所、开闭所、电力配电所、信号中继站、线路所等信息接入点设 SDH 622 Mbit/s 设备,利用新建 2 条 48 芯光缆中的各 4 芯光纤构成 2 个 SDH 622 Mbit/s 2 纤双向复用段保护环(1 个区间通信基站传输环、1 个信号中继站与牵引供电节点传输环)。并接入相邻车站 SDH 622 Mbit/s 接入网系统。

车站站房、站内综合维修车间/工区、电力变配电所、牵引变电所、公安派出所、货场等信息接入点设 SDH 622 Mbit/s 设备,利用新建光缆分别与本站通信机房构成站内 2 纤双向复用段保护环。

新设通信网络管理系统,在广州铁路(集团)调度所新设传输系统网管服务器及本地维护终端等设备;在怀化南、衡阳东新设接入网网管系统和设备;在长沙南、怀化南、邵阳东、衡阳东新设传输和接入网系统网管复示终端,各通信工区设网管便携式维护终端。对全网进行故障管理、配置管理、性能管理和安全管理等,并按照接口条件接入通信综合网管系统。

电话交换系统,利用衡阳和怀化通信站既有程控电话交换机,根据需要扩容相关设备,在怀化南、衡阳东通信机房新设光线路终端(OLT)设备,在沿线车站、线路所、信号中继站、牵引变电所、分区所、电力配电所、货场、公安派出所、综合维修车间/工区等信息接入点设 ONU 设备,沿线新增自动电话用户通过 ONU 设备及接入网按所属范围分别接入怀化南、衡阳东通信机房 OLT 设备和既有程控电话交换机。通过统一编号组网,实现与既有铁路电话专网的互通。

新设数据网系统,利用广州铁路(集团)调度所既有核心节点路由器;在怀化南新设汇聚路由器,利用衡阳东既有汇聚路由器;沿线各车站新设接入路由器,负责本地数据的接入与交换。各相邻接入路由器之间、接入路由器与汇聚路由器之间利用传输通道相联,并将汇聚路由器通过传输通道上联至归属的核心节点路由器,实现全线数据业务的汇聚与转发。在长沙南、邵东、衡阳东、怀化南新设数据网网管复示终端,沿线通信工区设便携式网管终端。接入广州铁路(集团)既有数据网网管系统,并增设 1 套数据网网管和本地维护终端,对本线数据网进行管理。

新设调度通信系统,利用广州铁路(集团)调度所既有调度通信交换机,根据需要扩容相关设备;沿线各车站(线路所)(含与娄邵铁路四线并行段的邵阳、邵阳东、邵东站)设车站型调度通信交换机、调度分机和车站值班台等配套设备。按照调度区划分接入广州铁路(集团)调度所中心调度通信交换机和调度通信系统及新设的本线列车调度台管辖。与本线衔接的其他相关车站维持既有调度台管辖不变。

新设 GSM-R 移动通信系统,利用广州铁路(集团)既有 GSM-R 交换机及核心网设施,并增设编译码和速率适配单元(TRAU)等设备,在长沙南通信机房新设基站控制器(BSC)和分组控制单元(PCU)等设备,沿线设通信基站,采用单网覆盖方式组网,将通信基站接入 BSC 和广州铁路(集团)既有 GSM-R 交换机。区间和隧道弱场区采用光纤直放站、漏泄电缆和天线方式增强,以满足无线场强覆盖和信息传输的需要。完成调度通信、调度命令和无线车次号校核信息传送等功能。

利用广州铁路 GSM-R 系统核心网节点网管中心,并新设无线网管服务器(OMC-R),在长沙新设网管终端,在怀化南、邵阳东、衡阳东新设本地网管复示终端,以及光纤直放站网管服务器(OMC-T)及网管终端。负责管段内所有通信基站系统设备的网元级管理,对光纤直放站的维护管理。且具备对电源和机房环境的监控、对漏泄电缆的监测等功能。

在与长昆客运专线、娄邵铁路并行区段及衡阳枢纽,要结合相关工程,通过优化 GSM-R 系统组网方案来实施。

会议电视系统,沿线各新建车站设会议电视分会场设备,接入广州铁路(集团)既有会议电视中心系统设备。

应急通信系统,在沿线综合维修车间及既有衡阳东、怀化南高铁维修车间设应急通信系统现场接入设备,在 5 km 及以上隧道内设隧道救援有线电话。通过有线或无线方式接入广州铁路(集团)既有应急通信中心系统。在发生事故时可将现场的语音、数据、图像传递到应急通信指挥中心应急通信平台。

通信电源,各新建通信机械室设 48 V 高频开关电源和蓄电池及 UPS 不间断电源。并新设电源和机房环境监测系统及采集设备。在邵阳站新设电源和机房环境监测系统中心及设备,在邵东、衡阳东、怀化南通信车间,长沙、衡阳、怀化电务段、衡阳、邵阳、怀化信号车间,新设远程复示终端。实现对电源和机房环境条件的监控。

3.48.4　信号工程

车站联锁,正线各新建车站和线路所新设硬件冗余型计算机联锁设备和信号智能电源屏;怀化南客站、邵阳站、邵东站的怀邵衡场新设独立计算机联锁设备和信号电源屏;邵阳东站的怀邵衡场、娄邵场新设独立的计算机联锁设备和信号电源屏;衡阳北出发场新设独立的计算机联锁设备和信号电源屏,室外不动的信号设备利旧;颜家垄、茶山坳、怀化南客站沪昆场、邵阳娄邵场、邵东站娄邵场、衡阳东站等既有联锁设备利旧改造。其中邵阳、邵阳东、邵东站娄邵场既有联锁设备改造与娄邵铁路工程同步实施。

根据车站(场)道岔设计类型,配备相应的道岔转辙设备。正线上的道岔采用外锁闭、多机多点控制方式,其他道岔采用 ZD6 系列电动转辙机牵引。通过时速 160 km 及以上的道岔尖轨密贴段牵引点间设密贴检查器,监测信息纳入信号集中监测系统。

正线各新建车站站内列车进路上的轨道电路采用与区间相同制式的 ZPW-2000 系列有绝缘轨道电路。其发送设备按 1 + 1 配置、接收设备采用双机并用方式,轨道电路发送编码采用列控中心(TCC)电子编码。

邵阳、邵阳东、邵东站娄邵场和颜家垄、茶山坳、衡阳北出发场采用 97 型 25 Hz 相敏轨道电路,采用二元二位轨道继电器。车站正线采用双向预叠加电码化、股道采用双向叠加电码化、采用继电编码方式,发送设备按 $N+1$ 冗余配置。车站所辖货场、维修工区等区段采用高压脉冲轨道电路。

站内 ZPW-2000 系列轨道电路干线电缆采用铝护套内屏蔽数字信号电缆,支线电缆采用综合护套内屏蔽数字信号电缆,信号机及道岔电缆采用铝护套信号电缆,其他信号设备采用综合护套信号电缆。

运输调度指挥系统,正线怀化南客站怀邵衡场至衡阳东(不含)采用调度集中(CTC)系统,各车站(场、所)设 CTC 分机设备、网络安全和通道质量监督等配套设备;邵阳东站娄邵场、长塘线路所新设 CTC 分机设备;衡阳东站、怀化南客站沪昆客专场、邵阳站娄邵场、邵东站娄邵场既有 CTC 分机设备依据站场变化做相应修改;茶山坳站、衡阳北出发场既有 TDCS 分机设备依据站场变化做相应修改。按照调度区划分各站分机设备接入广州铁路(集团)调度所 CTC/TDCS 总机系统,并新设本线列车调度台,管辖怀化南客站怀邵衡场(含)至颜家垄站(含)的行车调度指挥。并增设相应的应用、通信服务器和临时限速接口服务器,网络安全等配套设备。既有怀化南客站沪昆场,邵阳站娄邵场、邵阳东站娄邵场、邵东站娄邵场仍由沪昆客专调度台管辖;衡阳北出发场、茶山坳站仍由既有衡阳枢纽调度台管辖;衡阳东站仍由武广客专调度台管辖。

列车运行控制系统,怀化南客站怀邵衡场至衡阳东(不含)采用 CTCS-2 级列控系统,沪昆客专联络线采用 CTCS-2 级列控系统;颜家垄接轨站、茶山坳、衡阳北出发场采用的均为 CTCS-0 级列控系统。相邻的衡阳东站、怀化南客站沪昆客专场采用的为 CTCS-3 级列控系统。故在麻元站与颜家垄站间适当位置、长塘线路所与颜家垄站间适当位置设 CTCS-0/2 级级间转换点。在与武广、沪昆客专联络线的适当位置设 CTCS-2/3 级级间转换点。在怀化南客站怀邵衡场新设 1 套临时限速服务器,负责本线的临时限速管理。沿线各新建车站(含颜家垄站)(线路所)和信号中继站设信号安全数据网接入设备、列控中心(TCC)、应答器及其编码单元(LEU)等设备,怀化南客站沪昆场和邵阳站、邵东站娄邵场及衡阳东站既有 TCC 设备利旧修改。TCC 之间通过安全数据网进行联接,实现 TCC 之间、与车站联锁设备之间的安全信息传输。所设列控中心具有轨道电路编发码、运行方向控制、信息采集(含中继站)、站间安全信息传输和应答器报文存储及调用等功能。

区间闭塞制式,怀化南客站怀邵衡场至衡阳北(茶山坳)采用四显示自动闭塞,按双线双方向运行,正向采用追踪间隔运行、反向按自动站间闭塞行车,设区间地面通过信号机。颜家垄至麻元区段采用自动站间闭塞,新设计轴设备检查区间空闲。

正线区间采用 ZPW-2000 系列无绝缘轨道电路,用于检查轨道占用,并向列车传送连续控车信息。轨道电路发送编码采用列控中心电子编码，发送设备按 1 + 1 配置、接收设备采用双机并用方式。利用 TCC 安全数据网通道传送站间安全信息。区间 ZPW-2000 系列轨道电路采用铝护套内屏蔽数字信号电缆，支线电缆采用综合护套信号电缆。ZPW-2000 系列轨道电路干线电缆有效传输长度一般控制在 10 km，个别区段不大于12 km。

另外，还应注意本线与娄邵铁路、衡茶吉等铁路运行方向的变化，明确运行载频转换点；在与娄邵铁路并行区段，同载频频率的相邻线路的轨道电路长度适当缩短，以降低临线信号干扰。

新设信号集中监测系统，新建联锁设备的车（场）和信号中继站设集中监测分机等配套设备，在怀化南、邵阳信号维修车间、车站信号工区设集中监测终端设备。利用监测网接入怀化、长沙电务段集中监测总机系统和广州铁路（集团）电务处集中监测中心设备。实现对信号设备的监测和故障诊断，确保设备安全稳定运行。

沿线新建信号设备房屋设防雷电、电磁兼容和综合接地防护系统。并与贯通地线等电位连接。

综合接地系统，沿新建铁路敷设截面为 35 mm^2 的铜芯电缆信号专用贯通地线，在电气特性全程贯通，接地电阻不大于 1 Ω，形成低阻等电位综合接地平台。沿线轨旁信号设备安全接地后就近与贯通地线等电位连接。

本线在邵阳、怀化南设信号维修车间，对既有衡阳信号维修车间适当加强，各站设信号工区，负责信号设备的运营维护和管理。

参加线路工程施工的单位有中铁一局、三局、五局集团，中铁隧道局集团，中铁十二局集团等单位。中铁建电气化局集团等单位承担电气化、通信信号和电力工程的施工。

线路工程于 2014 年 6 月 30 日开工。四电工程于 2017 年 3 月 15 日开工。2016 年 11 月 27 日开始铺轨，2018 年 3 月 20 日全线铺通。2018 年 8 月 25 日全线接触网送电。2018 年 9 月 10 日开始联调联试。2018 年 12 月 26 日正式开通运营。

3.49　哈尔滨至牡丹江铁路电气化

既有哈牡铁路，地处黑龙江省东南部，西起哈尔滨站，途经哈尔滨市的阿城区、尚志市、海林市、牡丹江市，东到牡丹江站，大致呈西北东南走向，线路全长 350 km（图 3.49）。哈牡铁路建设年限较早，技术标准低，多年来虽经过几次技术改造，但还是满足不了运输的需要，国家决定对其进行电气化改造。工程范围包括哈尔滨站（不含）至牡丹江站（含），以及哈尔滨和牡丹江枢纽配套工程。该铁路电气化改造工程全线设王兆屯、香坊、新香坊、成高子、阿城、亚沟、玉泉、小岭、平山、帽儿山、乌吉密、尚志、一面坡、万山、苇河、亚布力、鱼池、开道、虎峰、横道河子、青岭子、山市、敖头、海林、拉古、牡丹江等车站。封闭杜草、治山等 2 个车站。哈牡电气化铁路是东北地区铁路网的重要组成部分，西部通过哈尔滨枢纽与哈大、滨洲等铁路相接，东部通过牡丹江枢纽与牡绥、图佳铁路相连，共同构成黑龙江省东北部煤炭、粮食外运及绥芬河口岸集输运的铁路通道。电气化改造工程的完成对优化铁路运输组织和资源配置，推动龙江陆海丝绸之路经济带建设具有重要作用。

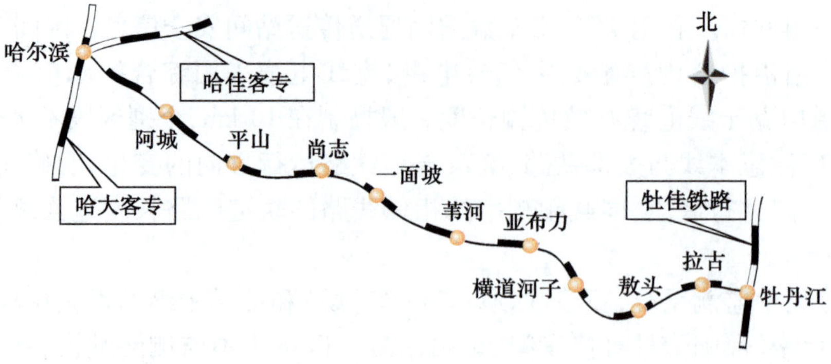

图 3.49　哈牡铁路示意图

哈牡铁路电气化改造工程的建设单位是哈尔滨铁路局,设计单位是铁道第三勘察设计院集团有限公司、中铁建电气化设计院有限公司。线路主要技术标准:铁路等级,Ⅰ级;正线数目,维持既有;限制坡度,维持既有;最小曲线半径,维持既有;到发线有效长度,850 m、部分 1 050 m;设计速度,维持既有;闭塞方式,单线地段半自动闭塞、双线地段自动闭塞;牵引种类,电力牵引(直供加回流线供电方式);机车类型,HXD 系列;牵引质量,4 000 t、部分 5 000 t。

3.49.1　电气化工程

牵引供电采用带回流线的直接供电方式。全线新设亚沟、帽儿山、尚志、万山、鱼池、横道河子、奇峰等牵引变电所;利用和改扩建哈佳客运专线所建的新香坊牵引变电所、哈牡客运专线所建的牡丹江牵引变电所;新建牡丹江开闭所,新建东门分区所兼开闭所;新建 8 座分区所,新建牵引变电所场坪预留增设并联电容补偿装置的土建条件。

新建牵引变电所引入 2 路 220 kV 电源供电,220 kV 电源侧采用线路变压器组接线,电气设备采用户外布置;27.5 kV 侧采用单母线分段接线,电气设备采用室内开关柜布置。分区所、开闭所采用室内开关柜布置。

新建牵引变电所设 2 台变压器,采用固定备用、三相 V/V 接线、油浸自冷方式,预留风冷条件。各牵引变电所变压器安装容量:亚沟为 2×(16+25) MV·A、帽儿山为 2×(25+31.5) MV·A、尚志为 2×(16+12.5) MV·A、万山为 2×(12.5+16) MV·A、鱼池为 2×(16+31.5) MV·A、横道河子为 2×(31.5+25) MV·A、奇峰为 2×(12.5+16) MV·A。新香坊增容为 2×(31.5+25) MV·A。

新建牵引变电所采用微机保护和综合自动化系统,按无人值班条件设计,适当预留值守条件。设牵引供电远动系统和供电调度台,纳入哈尔滨铁路局牵引供电调度所管理。

接触网采用全补偿简单链型悬挂,接触悬挂结构高度一般为 1 400 mm。正线接触线采用 120 mm^2 的铜合金导线,承力索采用 95 mm^2 的铜合金绞线;站线接触线采用 85 mm^2 的铜合金导线,承力索采用 70 mm^2 的铜合金绞线。接触线悬挂高度一般为 6 000 mm。附加导线采用钢芯铝绞线。

接触网绝缘泄漏距离按重污秽区设计,严重污秽地区适当加强绝缘。一般地段采用瓷质绝缘子,隧道内、软横跨、跨线桥两侧等处采用合成绝缘子。采用锚段关节式电分相,尽量避免设在大坡道、列车出站加速区段和线路限速低速区段。

接触网支柱,路基区段的腕臂柱一般采用横腹杆式预应力钢筋混凝土支柱,桥上一般采用格构式桥钢柱,车站及多线并行区段采用软横跨和钢柱。车站雨棚地段接触网支柱与雨棚柱合架。路基区段的支柱侧面限界应满足大型养路机械作业的要求,一般按3.1 m设计。

接触网支柱跨距一般地段为50~60 m,最大不大于65 m。绝缘和非绝缘锚段关节一般采用四跨或五跨形式。正线锚段长度一般不大于2×750 m;站线锚段长度一般不大于2×850 m;附加导线的锚段长度一般不大于2 000 m。

新设阿城、小岭、尚志、苇河、鱼池、山市、牡丹江(设在富江镇站)接触网工区,设阿城、牡丹江供电车间(设在富江镇站,与工区合建),负责新建牵引供电设施的运营维护管理和抢修工作。

3.49.2　电力工程

根据沿线新增用电负荷和受电气化挂网影响情况,全线新设1条10 kV电力贯通线;既有10 kV电力贯通线改为自闭电力线路使用,改造和新建的10 kV电力贯通线路一般采用架空线路,桥梁、隧道、穿越林区等选择架空径路困难区段采用电缆敷设。

新设山市10 kV单电源箱式配电站;既有香坊10 kV配电所更换严重老化和影响供电安全的既有设备,并从地方东门变电所重新接引1路10 kV电源线路;既有阿城和亚布力10 kV配电所新建高压室设备用房、增设调压器、增设第2路10 kV电源供电;既有尚志10 kV配电所根据需要接建部分设备房屋、改造既有调压器等设备、增设第2路10 kV电源供电。其余既有电力配电所根据新增用电负荷情况进行适应性改造,以满足铁路电气化工程用电需要。

各车站根据新增用电负荷性质和负荷量的变化,对不能满足电气化铁路用电标准及要求的既有供电设施进行增容改造。可新设低压变电所为新增负荷供电。

车站新增通信信号等一级负荷设室内低压变电所或箱式变电站供电,分别从10 kV贯通线和自闭电力线接引电源。区间新增通信信号等一级负荷设箱式变电站供电,从10 kV贯通线和自闭电力线接引电源。

区间新增其他用电负荷,根据负荷分布和负荷性质设箱式变电站或杆架式变电台供电,从10 kV贯通线接引电源。

全线电力远动系统,按既有供电段管辖范围分别纳入哈尔滨、牡丹江既有电力调度中心管理。

3.49.3　通信工程

长途通信线路,沿铁路新敷设1条48芯光缆,既有1条48芯光缆继续使用。

传输系统,利用既有长途骨干传输系统。新设SDH 2.5 Gbit/s传输系统,在沿线主要车站和通信站新设 SDH 2.5 Gbit/s 设备,利用新建的 1 条 48 芯光缆和既有 1 条 48 芯光缆中的各 2 芯光纤构成双光缆保护环。

新设 SDH 622 Mbit/s 接入网系统,沿线车站、区间通信基站、牵引变电所、分区所、电力配电所等处新设 SDH 622 Mbit/s 设备,利用新建的 1 条 48 芯光缆和既有 1 条 48 芯光缆中的各 2 芯光纤构成双光缆保护环。

利用既有数据网系统,根据本工程需要适当补强。

电话交换系统,沿线新增自动电话用户按隶属关系接入既有铁路电话交换机,通过统一编号纳入既有电话交换网。

新设数字调度通信系统,利用哈尔滨铁路局调度所既有中心调度通信交换机,沿线车站新设车站型调度通信交换机、调度分机及车站值班台等配套设备,通过调度网接入铁路局调度所中心调度通信交换机和调度通信系统及本线既有行车调度台管辖。

新设 GSM-R 移动通信系统,利用哈尔滨铁路局既有 GSM-R 交换机和其他工程在哈尔滨所设的基站控制器(BSC),在牡丹江新设基站控制器(BSC),沿线新设通信基站(BTS),采用单网覆盖方式组网。区间弱场区采用光纤直放站、漏泄电缆和天线方式增强,以满足无线场强覆盖和信息传输的要求。完成调度通信、调度命令和无线车次号校核信息传送等功能。

本工程与哈牡客运专线等铁路交叉、并线区段的 GSM-R 系统频率规划和无线场强覆盖应统筹考虑,并预留哈牡客运专线列车控制对 GSM-R 系统的要求。

应急通信系统,在一面坡、横道河子新设应急通信系统现场接入设备,接入哈尔滨铁路局调度所既有应急通信指挥中心系统。

通信电源,沿线车站、区间通信基站、牵引变电所、分区所等处新设 48 V 直流电源和蓄电池组。新设电源和机房环境监控系统及采集设备。接入铁路局调度所、隶属通信站的电源和环境监控中心及网管系统。

3.49.4 信号工程

车站联锁,按电气化区段的标准,各车站(不含香坊、一面坡站)新设硬件冗余型计算机联锁设备和信号电源屏;香坊、一面坡站在既有联锁设备基础上进行电气化改造,牡丹江站下行到达场(含上行调车场尾部)新设硬件冗余型计算机联锁设备,牡丹江上行到发场(含下行调车场尾部与地区车场)既有联锁设备已预留电气化条件,本工程仅增设扼流变压器,并进行电气化适应性改造。

结合车站(场)改造新设道岔类型,配备相应的道岔转辙设备,车站正线道岔设道岔缺口监测装置。站场股道延长,倒替下来的轨道电路、信号机等器材及道岔转辙设备经整修后充分利用。既有不动的道岔利旧使用。

既有车站站内 97 型 25 Hz 相敏轨道电路利旧,ZPW-2000 系列的正线和侧线股道电码化利旧,结合电气化区段标准进行适应性改造;其他新建和改建车站按电气化区段标准新设 97 型 25 Hz 相敏轨道电路,及其 ZPW-2000 系列正线和侧线股道电码化,发码设备按冗余配置。

站内轨道电路利旧的车站对轨道电路电缆按电气化区段标准进行适应性改造,达不到使用标准的进行更换;新设轨道电路和电码化所需电缆采用铝护套信号电缆。牡丹江调车场驼峰进路控制系统干线电缆更换为铝护套信号电缆。

运输调度指挥系统,阿城至拉古段采用列车调度指挥系统(TDCS),各站新设TDCS分机和配套设备,按调度区划分纳入哈尔滨铁路局调度所TDCS/CTC总机系统,由滨绥铁路列车调度台管辖,并增设本线应用和通信服务器、信息安全和通道质量监督设备,以及滨绥列车调度台设备。王兆屯和香坊站、牡丹江站下行到达场(含上行调车场尾部)按《关于印发铁路列车调度指挥系统(3.0)技术条件的通知》(铁总运〔2013〕141号)标准要求设计,新设TDCS分机和配套设备,维持既有调度区划不变。与本线衔接的其他相关车站维持既有调度区划不变。

区间闭塞制式,成高子至平山新设四显示自动闭塞,按双线双方向运行,正向采用追踪间隔运行、反向采用自动站间闭塞行车;平山至牡丹江段既有四显示自动闭塞维持不变,结合电气化工程进行适应性改造;哈尔滨枢纽、牡丹江枢纽与此相关的线路原则维持既有闭塞方式不变,结合电气化工程进行改造。

成高子至平山段区间采用ZPW-2000系列无绝缘轨道电路,其发送和接收设备按冗余配置。成高子至阿城区间超过10 km的无绝缘轨道电路传输长度相应缩短。平山至牡丹江段采用的四显示自闭轨道电路已预留了电气化条件,结合本工程线路改线、车站股道延长相应调整信号机布点。既有基于光缆传输的站间信息安全传输设备(含方向电路功能)利旧改造。新设区间ZPW-2000系列轨道电路采用铝护套内屏蔽信号电缆。

信号集中监测系统,各车站新设集中监测分机设备,其中阿城、亚沟、玉泉、小岭4站近期所设的集中监测分机设备移站利用。各站监测分机设备按所属关系接入相应电务段信号集中监测总机系统。

对沿线新建、改扩建和既有信号设备房屋新设或完善防雷电、电磁兼容和综合接地防护。并与新设贯通地线等电位连接。

成高子至平山段新设信号专用贯通地线,在电气特性上全程贯通,接地电阻不大于1 Ω,形成等电位接地平台。沿线轨旁信号设备安全接地后就近与贯通地线等电位连接。

参加哈牡铁路电气化改造工程施工的有中铁武汉电气化局、中国铁路通信信号公司、中铁九局、中铁二十三局等单位。工程于2015年11月27日开工。2018年10月11日向接触网送电。2018年10月20日开始热滑试验,2018年12月27日正式开通运营。

3.50 川藏铁路成都至雅安段

新建铁路成雅段,是规划建设川藏铁路(成都至拉萨)的重要组成部分。该段铁路东起成都西站,途经崇州、大邑、邛崃、名山、蒲江等市县(区),西到雅安站,线路全长约140 km(图3.50),分2段建设,其中成都西到蒲江(朝阳湖)段(DK0+000~DK96+200)新建正线长98.678 km,设计行车速度为200 km/h;朝阳湖(不含)(DK96+200)至雅安(含)(D3K138+020)段新建正线长41.18 km,设计行车速度为160 km/h。成雅全段设有成都西(既有改建)、双流北(预留)、温江(无配线)、羊马(预留)、崇州、大邑(无配线)、王泗镇(预留)、邛崃、西来(无配线)、蒲江(无配线)、朝阳湖、名山、雅安等车站。工程范围还包括成都枢纽西环线安靖至红牌楼(以下简称西环线)增建第二线长 18.031 km,以及成都铁路枢纽相关工程。建设成雅铁路,有利于四川加快构建现代综合交通运输体系,进一步发挥川西重镇雅安"东联成都、西进康藏、南下攀西"的重要枢纽作用。该线作为成都中心城区连接西部市县区的快速铁路通道,对促进城乡一体化协调发展、推动成都国际性综合交通通信枢纽功能建设具有重要作用。该线的开通运营,对提升我国西部地区特别是进藏通道的交通能力,促进四川西部、青藏高原东部地区经济社会发展具有十分重要的意义。

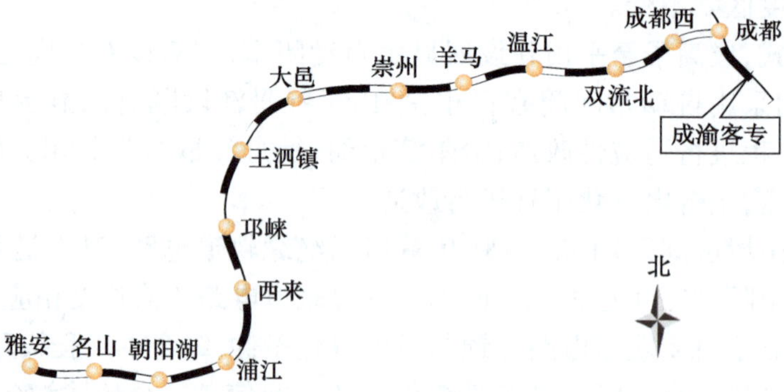

图 3.50 川藏铁路成雅段示意图

川藏铁路成雅段的建设单位是成都铁路局、成都市域铁路有限责任公司。设计单位是中铁二院工程集团有限责任公司。线路主要技术标准:

成都西至蒲江(朝阳湖)段:铁路等级:Ⅰ级,正线数目,双线;正线线间距,4.4 m;最大坡度,20‰;最小曲线半径,2 200 m;到发线有效长度,450 m;列车运行控制方式,自动控制;调度指挥方式,综合调度集中;设计行车速度,200 km/h;牵引种类,电力牵引(直供加回流线供电方式)。

成都枢纽西环线:铁路等级,Ⅰ级;正线数目,双线;限制坡度,6‰;最小曲线半径,一般地段 800 m 、困难地段 600m;到发线有效长度,850 m;闭塞类型,自动闭塞;牵引种类,电力牵引(直供加回流线供电方式)。

朝阳湖至雅安段:铁路等级:Ⅰ级,正线数目,双线;正线线间距,4.2 m;最大坡度,12‰;最小曲线半径,一般地段 3 500 m、困难地段 2 800 m;到发线有效长度,650 m;闭塞类型,自动闭塞;设计行车速度,160 km/h;牵引种类,电力牵引(直供加回流线供电方式);机车类型,HXD、动车组;牵引质量,2 700 t。

3.50.1 电气化工程

牵引供电采用带回流线的直接供电方式。全段新设成都西、大邑、朝阳湖、雅安等牵引变电所;新设羊马、邛崃、车岭等分区所。场坪和房屋面积预留后续线路接入条件。

新建牵引变电所引入 2 路 110 kV 电源供电,110 kV 电源侧采用分支接线,成都西、大邑、朝阳湖牵引变电所 110 kV 电源侧电气设备采用户外布置;27.5 kV 侧采用单母线分段接线,电气设备采用户内 AIS 空气开关柜双列布置。雅安牵引变电所 110 kV 电源侧电气设备采用户外布置;27.5 kV 侧采用单母线分段接线,电气设备采用室内开关柜布置。分区所采用箱式布置。

新建牵引变电所设 2 台变压器,采用固定备用、V/V 接线、自冷方式,预留风冷条件。各牵引变电所变压器安装容量:成都西、大邑为 2×(12.5+12.5) MV·A,朝阳湖为 2×(12.5+16) MV·A、雅安为 2×16 MV·A。

新建牵引变电所、分区所采用微机保护和综合自动化系统,按无人值班设计,牵引变电所适当考虑值守条件。新设牵引供电远动系统,纳入成都铁路局电力调度所成雅电力调度台管理。

接触网采用全补偿简单链型悬挂,接触悬挂结构高度:成都西至蒲江(朝阳湖)段一般为 1 600 mm,朝阳湖至雅安段为 1 400 mm。西环线增建二线为 1 400 mm。正线接触线采用 120 mm^2 的铜合金导线,承力索采用 95 mm^2 的铜合金绞线;站线接触线采用 85 mm^2 的铜合金导线,承力索采用 70 mm^2 的铜合金绞线;西环线增建二线接触线采用 120 mm^2 的铜合金导线,承力索采用 95 mm^2 的铜合金绞线。正线接触线悬挂点距轨面的高度一般为 5 500 mm,西环线增建二线接触线悬挂点距轨面的高度为 6 000 mm,最低高度不小于 5 750 mm,附加导线采用铝包钢芯铝绞线。成都枢纽西环线成都南至安靖站增建第二线工程,按既有接触网标准设计。

接触网绝缘泄漏距离不小于 1 400 mm,严重污秽地区适当加强绝缘。一般地段采用瓷质绝缘子,接触网下锚、隧道内、跨线桥两侧等采用合成绝缘子。车站无柱雨棚地段采用合成绝缘子。一般地段采用锚段关节式电分相,尽量避免设在大于 6‰的坡道上、列车出站加速地段和低速地段。

接触网支柱,成都西至朝阳湖路基地段腕臂柱采用 H 型钢柱,朝阳湖至雅安路基地段腕臂柱采用环形等径预应力钢筋混凝土支柱;桥梁区段采用格构式钢柱,车站及多线并行区段优先采用线间立柱,线间距受限时采用新型硬横梁和钢管柱。车站站台有雨棚时接触网支柱与雨棚柱合架,接触网支柱标准跨距,一般地段为 55 m,最大不大于 65 m。隧道内一般为 50 m,桥上一般不大于 50 m。锚段关节采用五跨关节。正线接触网锚段长度一般不大于 2×700 m;站线最大锚段长度不大于 2×800 m、困难时不大于 2×900 m。附加导线锚段长度一般不大于 2 000 m。正线接触网下锚补偿一般采用棘轮补偿装置,桥梁区段及无法设置防断中心锚结的锚段采用棘轮补偿装置。隧道内下锚采用预留衬砌,滑轮补偿、坠砣下锚方式。中心锚结一般采用两跨式防窜防断式,条件限制时采用防窜不防断中心锚结。

在蒲江综合车间设供电工区、设朝阳湖供电工区及成都西接触网工区、利用既有成都南接触网工区,负责本段牵引供电设施的运营维护工作。

3.50.2　电力工程

全段新设 1 条综合负荷 10 kV 贯通线和 1 条一级负荷 10 kV 贯通线。成都枢纽西环线成都南至成都西增建1条10 kV自闭电力线。新建10 kV贯通线采用电缆敷设。

全段新设成都西、温江、大邑、邛崃、蒲江、雅安等10 kV配电所,新建10 kV配电所引入2路地方专线电源,为本线贯通线及车站等负荷供电。有场地条件时配电所与牵引变电所合建。

设有10 kV配电所的车站其站房综合负荷设站内10/0.4 kV变电所供电,从10 kV配电所站馈线接引电源;没设10 kV配电所的车站其站房综合负荷设站内10/0.4 kV变电所,从地方电网接引10 kV电源供电,无条件接引地方电源的,从综合负荷10 kV贯通线接引电源。

车站通信信号等一级用电负荷设室内10/0.4 kV变电所和专用变压器供电,分别从2路10 kV贯通线接引电源;区间通信信号等一级用电负荷设10/0.4 kV变电所或箱式变电站供电,分别从2路10 kV贯通线接引电源。

区间其他用电负荷设箱式变电站供电,电源引自综合负荷10 kV贯通线。

新建10 kV配电所采用综合自动化系统,按无人值班设计。全段设电力远动系统,纳入成都铁路局电力调度所管理。供电工区负责电力设施的运营维护工作。

3.50.3　通信工程

长途通信线路,成都西至雅安沿新建铁路两侧各敷设1条24芯单模直埋光缆,安靖至成都南沿新建和既有铁路两侧各敷设1条24芯单模直埋光缆。成都西站至红牌楼站、红牌楼站至双流机场站沿铁路两侧各敷设1条12芯光缆;成都西既有车站通信机房至新建站房、行包房各新设1条36芯单模直埋光缆。

传输系统,全段新设SDH 10 Gbit/s传输系统,在成都西站、温江、崇州、大邑、邛崃、朝阳湖、名山、雅安设SDH 10 Gbit/s设备。利用新建2条光缆中的各2芯光纤构成复用段1+1保护。

全段新设SDH 2.5 Gbit/s车站接入网系统,在成都西站和各新建车站设SDH 2.5 Gbit/s设备,利用新建2条光缆中的各2芯光纤构成复用段1+1保护。

安靖至成都南新设SDH 622 Mbit/s接入网系统。在红牌楼、安靖、成都南设SDH 622 Mbit/s设备,利用新建2条光缆中的各2芯光纤构成复用段1+1保护。

新设SDH 622 Mbit/s区间接入网系统,沿线区间通信基站、牵引变电所、分区所、电力配电所、信号中继站等处设SDH 622 Mbit/s设备,利用新建2条光缆中的各2芯光纤联接,通过相邻车站纳入SDH 2.5 Gbit/s接入网系统。

车站站房、站内综合维修车间/工区、电力变配电所、牵引变电所、公安派出所等信息接入点设SDH 622 Mbit/s设备,利用新建光缆构成SDH 622 Mbit/s 2纤通道保护环,并接入车站SDH 2.5 Gbit/s接入网系统。

电话交换系统,利用成都东通信站的既有铁路电话交换机,并新设OLT设备,在各车站、牵引变电所、分区所、电力配电所、信号中继站、综合维修工区、公安派出所等有语音需求的节点设ONU设备。沿线新增自动电话用户通过ONU设备及接入网接入成都东OLT设备和电话交换机。通过统一编号组网,实现与既有铁路电话专网的互通。

新设数据网,利用其他工程设在成都铁路局的核心路由器及设在成都东通信站的汇聚路由器,正线各车站和西环线增建二线上的红牌楼站新设接入路由器,负责本地数据的接入与交换。接入路由器之间、接入路由器与汇聚路由器之间通过传输通道构成环形网,上联至核心路由器,实现全段数据业务的汇聚与转发。未配备数据通信系统设备的综合维修车间、区间通信基站等节点,利用 MSTP 的专线透传与汇聚功能,实现数据业务的综合汇聚与接入。

全段新设调度通信系统,利用成都铁路局调度所和成都通信站的既有调度通信交换机,正线各车站和西环线增建二线上的红牌楼站新设车站型调度通信交换机、调度分机和车站值班台等配套设备,按照调度区划分,通过调度网接入铁路局调度所既有中心调度通信交换机和调度通信系统及新设的本线列车调度台,进行行车调度指挥,并配备相应的设备;西环线增建二线纳入既有成都枢纽调度台管辖。

全段正线、西环线安靖至成都南新设 GSM-R 移动通信系统,利用成都铁路既有 GSM-R 交换机和其他工程在成都通信站所设的基站控制器(BSC)、分组控制单元(PCU)、编译码和速率适配单元(TRAU)等设备;沿线设通信基站(BTS),采用单层覆盖方式组网,通过传输通道将基站设备接入成都基站控制器和 GSM-R 交换机。区间和隧道内弱场区采用光纤直放站、漏泄电缆和天线方式增强,以满足无线场强覆盖和信息传输的需要。成都枢纽西环线上的安靖站以东由既有成灌线 GSM-R 系统覆盖,在西环线与成灌线接轨处新设光纤直放站远端机,光纤直放站信源由成灌线安靖站通信基站提供;红牌楼站以东由绵乐线 GSM-R 系统覆盖;完成调度通信、调度命令信息和无线车次号校核信息传送等功能。

应急通信系统,在朝阳湖综合维修车间、雅安通信工区新设 1 套应急通信系统现场接入设备,采用有线或无线传输方式接入成都铁路局既有应急通信中心系统和设备。

会议电视系统,在沿线各车站和红牌楼站设会议电视分会场设备,通过数据网接入成都铁路局既有会议电视中心设备和网管系统。

通信电源,正线和西环线各通信设备机房设 48 V 高频开关电源和蓄电池组,并设电源和机房环境监控系统及采集设备,利用成都东通信站既有电源和环境监控系统中心系统和设备,在朝阳湖综合维修车间、雅安综合工区设复示终端。实现对电源和机房环境条件的监控。

3.50.4　信号工程

车站联锁,全段有配线的车站和西环线红牌楼站新设硬件安全冗余型计算机联锁设备和信号智能电源屏及 UPS 不间断电源,为车站联锁、CTC、信号集中监测等信号设备供电;无配线车站不设计算机联锁设备,其信号联锁逻辑关系由相邻有配线车站的计算机联锁设备完成。安靖接轨站既有计算机联锁设备结合站场改造方案利旧改造。朝阳湖维修工区道岔纳入朝阳湖站联锁设备集中控制。

根据车站(场)道岔设计类型,配备相应的道岔转辙装置及转辙机,并采取断电保护措施。18 号及以上号码的道岔设外锁闭及密贴检查装置,采用多机牵引、分线分动控制方式,并实现挤岔监督报警功能。

成都西至朝阳湖各站站内列车进路上的所有区段及西环线红牌楼站正线及到发线股道区段采用与区间相同制式的 ZPW-2000 系列有绝缘轨道电路,其发送设备按 1 + 1 冗余配置、接收设备采用双机并用方式。其余区段采用 97 型 25 Hz 相敏轨道电路,股道电码化正线采用叠加预发码、侧线占用采用叠加发码方式。发码设备采用 ZPW-2000 系列轨道电路发码设备。

朝阳湖至雅安各车站站内采用 97 型 25 Hz 相敏轨道电路和微电子接收器。正线和到发线股道设置电码化,正线采用叠加预发码、到发线采用叠加发码方式,发码设备采用与区间相同制式的 ZPW-2000 系列轨道电路发码设备。

车站联锁室外信号设备采用综合护套综合扭绞信号电缆,分支电缆采用综合护套信号电缆。ZPW-2000 轨道电路和电码化干线电缆采用铝护套内屏蔽数字信号电缆。

运输调度指挥系统,成都西至雅安采用调度集中(CTC)系统,沿线有(无)配线车站设 CTC 分机设备、网络安全和通道质量监督等配套设备,西环线红牌楼站新设 CTC 分机设备、网络安全和通道质量监督设备;安靖站 CTC 分机设备利旧改造。按照调度区划分接入成都铁路局调度所 CTC/TDCS 总机系统及新设的本线列车调度台管理指挥;西环线增建二线区段仍由既有成都枢纽调度台管理指挥。并增设本线所用的应用、通信服务器和接口服务器,网络安全和通道质量监督等设备。对既有 CTC/TDCS 总机系统进行相应修改。

列车运行控制系统,成都西至朝阳湖段、西环线增建二线区段采用 CTCS-2 级列控系统;朝阳湖至雅安采用 CTCS-0 级列控系统,在朝阳湖站雅安端区间设 CTCS-2/0 级级间转换点。在成都西站设 1 套临时限速服务器(TSRS),负责本线临时限速命令的控制和管理。正线各有(无)配线车站、西环线红牌楼站及信号中继站新设列控中心(TCC)、应答器及电子编码单元(LEU)等配套设备。安靖站和成都南站的 TCC 设备利旧改造。TCC 之间通过安全数据网进行联接,实现 TCC 之间、与车站联锁设备之间的安全信息传输。所设列控中心具备轨道电路编发码、运行方向控制、站间安全信息传输和应答器报文实时组帧编码等功能。

区间闭塞制式,成都西至雅安正线区间及西环线安靖至红牌楼增建二线区段采用自动闭塞,按双线双方向运行,正向采用追踪间隔运行、反向按自动站间闭塞行车。成都西站至朝阳湖段不设区间地面通过信号机,设闭塞分区信号标志牌;朝阳湖至雅安段设区间地面通过信号机。安靖至成都南段设区间地面通过信号机,按四显示要求布点。

成都西至雅安正线区间、西环线增建二线区段采用 ZPW-2000 系列无绝缘移频轨道电路,用以完成列车对轨道区段的占用检查,发送设备按 1 + 1 冗余配置、接收设备采用双机并用方式,轨道电路发送编码采用列控中心电子编码,利用 TCC 安全传输通道传送站间联系信息。ZPW-2000 系列轨道电路干线电缆采用铝护套数字信号电缆或铝护套内屏蔽数字信号电缆,电缆的有效传输长度一般按 10 km 控制,在温江、大邑和西来无配线车站设信号中继站。在朝阳湖站与名山站区间设 1 处信号中继站。

新设信号集中监测系统,成都西至雅安新建有(无)配线的车站、西环线红牌楼站、信号中继站设集中监测分机设备;安靖既有接轨站集中监测设备利旧改造;沿线信号车间/

工区及车站值班工区设集中监测终端设备，通过监测网纳入成都电务段信号集中监测总机系统。对总机系统软件进行相应修改。实现对信号设施的集中监测、信息采集和远程诊断。

综合接地系统，成都西至雅安正线、西环线增建二线区段分别沿铁路敷设1条截面为35 mm^2的铜芯贯通地线（不设贯通地线监测报警），在电气特性全程贯通，接地电阻不大于1 Ω，形成低阻等电位综合接地平台。沿线轨旁信号设备安全接地后就近与贯通地线等电位连接。

沿线新建信号设备房屋新设防雷电、电磁兼容和综合接地防护系统，并与贯通地线等电位连接。

结合本线新增信号设备种类和规模，在成都西站设信号车间和信号维修工区、在崇州、邛崃、朝阳湖、名山、雅安站设信号检修工区、设有信号中继站的无配线车站设信号值守点。安靖、红牌楼站既有信号工区维持不变。负责信号设施的运营维护和管理。

参加线路工程施工的有中铁二局、八局、十二局集团等单位。中铁十一局电务公司和中铁十二局电气化工程公司联合体等单位承担成蒲段的电气化、通信信号和电力工程的施工。

成蒲段的线路工程于2013年8月26日开工。蒲江至雅安段的线路工程于2014年12月6日开工。成蒲段四电工程于2015年1月15日开工，蒲江至雅安段的四电工程于2017年10月开工。2018年1月30日成蒲段开始铺轨。2018年6月5日完成成蒲段铺轨。2018年7月23日成蒲段开始静态验收。2018年10月14日成蒲段开始联调联试。2018年11月12日成蒲段进行运行试验。2018年12月13日成雅段进行试运行。2018年12月28日成雅全段开通运营。

3.51 高台山至阜新至锦州铁路扩能改造

既有高阜锦铁路位于辽宁省中西部，起自沈山线高台山车站高新线（GXK0 + 000），途经沈阳市的新民，阜新市的阜蒙县、新邱区，义县和锦州等市县（区），终到锦州市锦承线的薛家站，线路全长约244 km（图3.51）。该段线路由高（台山）新（立屯）线、新（立屯）义（县）线和锦承线的义县至薛家段组成。这3段线路建设年限较早，技术标准低，多年来虽经过多次技术改造和部分路段的复线改造，但还是满足不了沿线运输量增长的需要，国家决定对该线路的大部分区段增建第二线和全线电气化改造。工程范围包括高台山至新立屯段沿既有线增建第二线59 km，新立屯至新邱站间新建双线约40 km；并同步实施新立屯北站至新泉联络线长约7.34 km；以及新立屯站与大郑线疏解工程。新邱至义县段线路全长98.7 km，其中结合线路落坡和绕避采空区新建双线68.31 m、增建第二线25.1 km，新建清河门站至雹神庙站连接线4 km，新建至锦承线联络线3.2 km及锦承线疏解工程。义县至薛家段新建双线3.05 km、增建第二线35.177 km，以及薛家站至锦州站6.9 km自动闭塞工程。本线扩能改造和电气化工程封闭既有罗家、小梁山、大巴、沙拉、东阜新、九道岭、泥河子等站。全线设有高台山、姚堡、小东、新泉、新立屯、新邱、阿金、阜新、清河口北、李金、义县、七里河、八角台、薛家等车站。新邱至义县双线绕避区段保留既有单线(以下简称双绕区段既有单线)所设的东梁、伊吗图、艾友营、清河门、雹神庙等车站。该线扩能改造和电气化的建成开通,提高了东北铁路网的机动与灵活性,也构成了沈阳铁路交通枢纽的后方通道,不但有效提高省内铁路运力,承担起平煤集团以及巴新线铁路向沈阳地区的煤炭运输功能,适应内蒙古自治区东部地区煤炭外运的快速增长需求,对缓解辽宁煤炭能源紧缺形势,特别是对沈阳经济区地位的提升及区域经济可持续发展能力的提升具有重要意义。

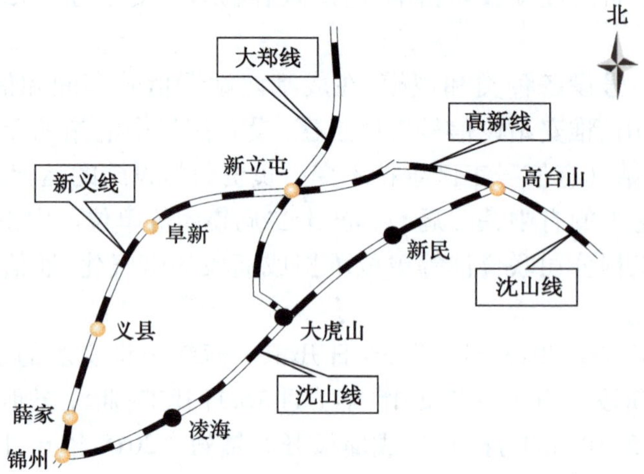

图 3.51　高阜锦铁路示意图

高阜锦铁路扩能改造工程的建设单位是沈阳铁路局辽西工程建设指挥部。设计单位是锦州铁道勘察设计院有限公司。线路主要技术标准:铁路等级,Ⅰ级;正线数目,双线;限制坡度,6‰、下坡方向经检算可以维持既有超限坡度;最小曲线半径,一般地段1 200 m、困难地段800 m 、部分既有线曲线半径保留;到发线有效长度,1 050 m;闭塞类型,自动闭塞;设计行车速度,120 km/h;牵引种类,电力牵引(直供加回流线供电方式);机车类型,HXD 型;牵引质量,5 000 t。

3.51.1　电气化工程

牵引供电采用带回流线的直接供电方式。全线新设姚堡、新邱、清河门北、义县、八角台等牵引变电所,利用通(辽)大(虎山)铁路所建的新立屯牵引变电所;新设新义(K64 + 500)、新义(K108 + 000)、锦承(K0 + 200)、锦承(K34 + 000)等分区所,在供电臂末端设关节式电分相。

新建牵引变电所引入2 路独立的220 kV 电源供电,220 kV 电源侧采用线路变压器组接线,电气设备采用户外布置,并在进线隔离开关外侧设计费及保护用电压互感器和避雷器,在进线断路器外侧设电流互感器;27. 5 kV 侧采用单母线隔离开关分段接线,电气设备采用室内 AIS 开关柜布置。馈线断路器采用带旁路母线的固定备用方式。

新建牵引变电所设2 台变压器,采用固定备用、V/V 接线、油浸自冷方式,预留风冷条件。各牵引变电所变压器安装容量：姚堡为 2×(20+25) MV·A、新邱为 2×(25+25) MV·A、清河门北为 2×(25+25) MV·A、义县为 2×(25+16) MV·A、八角台为 2×(16+16) MV·A。

新建牵引变电所采用微机保护和综合自动化系统，按无人值班设计，适当考虑值守条件。新设牵引供电远动系统，纳入沈阳铁路局调度所普速铁路牵引供电远动系统管理，对新建牵引供电设施进行集中监控。

接触网采用全补偿简单链型悬挂，接触悬挂结构高度一般为 1 400 mm。正线接触线采用 120 mm^2 的铜合金导线，张力 15 kN，承力索采用 95 mm^2 的铜合金绞线，张力 15 kN；站线接触线采用 120 mm^2 的铜合金导线，张力 15 kN，承力索采用 95 mm^2 的铜合金绞线，张力 10 kN。接触导线悬挂高度露天区段一般为 6 000 mm，隧道内一般不小于 5 750 mm，接触线距轨面的最低高度不小于 5 700 mm。按通过超级超限货物列车设计。附加导线采用铝包钢芯铝绞线。

接触网绝缘泄漏距离一般不小于 1 400 mm。严重污秽地区适当加强绝缘，一般地段采用合成绝缘子。采用带中性段空气绝缘间隙的锚段关节式电分相，地面设自动过分相磁铁感应装置，困难地段采用器件式电分相装置。

接触网支柱，路基地段腕臂柱采用横腹杆式预应力钢筋混凝土支柱，桥支柱采用热浸镀锌格构式钢柱，车站及多线并线区段采用软横跨，软横跨支柱采用热浸镀锌格构式钢柱。车站有雨棚地段接触网支柱与雨棚柱合架。

接触网支柱标准跨距，一般地段为 60 m、最大不超过 65 m。桥梁上一般不大于 50 m。正线双边补偿的最大锚段长度一般不大于 2×750 m、困难情况下不大于 2×800 m；站线最大锚段长度一般不大于 2×850 m，单边补偿的锚段长度为上述值的 50%，附加导线的最大锚段长度一般不大于 2 000 m。绝缘、非绝缘锚段关节一般采用四跨关节。区间正线一般采用两跨式防窜防断中心锚结，车站软横跨区段采用防窜不防断中心锚结。接触网下锚采用大滑轮补偿装置。

新设姚堡、新邱、清河门北、义县、八角台接触网工区，与牵引变电所合建。与接触网工区合建新邱、义县供电车间。负责牵引供电设施的运营维护和管理。

3.51.2　电力工程

新民至薛家站新设 1 条 10 kV 电力贯通线，既有 10 kV 贯通线改作自闭电力线使用。双绕区段新建 1 条 10 kV 贯通线和 1 条 10 kV 自闭电力线。新建 10 kV 自闭电力线路采用截面为 70 mm^2 的铜芯电缆，新建 10 kV 贯通线采用截面为 95 mm^2 的铜芯电缆。受增建第二线影响的既有贯通线路按满足电气化限界要求迁建。异地新建小东、新民、新立屯、阜新、义县、锦州等 10 kV 配电所。

设有 10 kV 配电所的车站其站房新增综合用电负荷设站内 10/0.4 kV 变电所供电，从配电所站馈线接引电源，没设 10 kV 配电所的车站其站房新增综合用电负荷较大的车站就近接引地方电源供电或从 10 kV 贯通线接引电源。

车站附近新增其他用电负荷根据负荷分布及负荷性质设 10/0.4 kV 变电所或箱式变

电站供电,电源引自地方 380/220 V 电源。

车站与行车有关的通信信号等一级负荷设室内 10/0.4 kV 专用变电所供电,电源引自 10 kV 贯通线及自闭电力线。

沿线新增与行车密切相关的信号中继站、通信基站、光纤直放站等用电负荷采用箱式变电站供电,电源分别引自 10 kV 贯通线和自闭电力线。

沿线新增其他用电负荷设杆架式变电台供电,电源引自 10 kV 贯通线。

新设电力远动系统,新建 10 kV 变配电所、10/0.4 kV 变电所、10/0.4 kV 箱式变电站纳入新设电力远动系统和锦州供电段电力控制中心管理。

3.51.3　通信工程

长途通信线路,全线沿铁路新设 1 条 48 芯干线直埋光缆,并新设光缆监测系统。既有干线光缆和电缆继续使用,但应按电气化区段的防护标准进行相应改造。双绕区段和该段既有单线根据需要新设 1 条 7×4 的对称电缆。

传输系统,沈阳至新邱至义县至锦州新设 SDH 10 Gbit/s 传输系统。高台山至薛家段新设 SDH 2.5 Gbit/s 接入网系统,沿线车站(包括双绕区段的既有单线车站)设 SDH 2.5 Gbit/s 设备,利用新建 48 芯光缆和既有长途光缆中的各 2 芯光纤构成复用段保护。

沿线 GSM-R 区间通信基站、牵引变电所、分区所和区间其他信息接入点新设 SDH 622 Mbit/s 设备,利用新建光缆接入车站 SDH 2.5 Gbit/s 接入网系统。

站内牵引变电所、电力配电所、接触网工区等信息接入点新设 SDH 622 Mbit/s 设备,利用光缆构成站内环形传输保护系统。

电话交换系统,利用沿线通信站的既有电话交换机等配套设备,在锦州通信站、阜新、义县等车站通信机房新设 OLT 设备,在沿线车站、信号中继站、牵引变电所、分区所、接触网工区、电力配电所等信息接入点设 ONU 设备。沿线新增自动电话用户通过 ONU 设备及接入网按隶属范围分别接入 OLT 设备和既有程控电话交换机。通过统一编号,实现与既有铁路电话专网的互通。

新设数字调度通信系统,在沈阳铁路局调度所新设中心调度通信交换机,沿线车站新设车站型调度通信交换机、调度分机和车站值班台等配套设备,牵引变电所、接触网工区新设调度分机,通过调度网接入铁路局调度所中心调度通信交换机和调度通信系统,维持既有调度区划分和既有列车调度台调度指挥。

新设 GSM-R 移动通信系统,利用沈阳铁路局既有 GSM-R 交换机,在锦州新设基站控制器(BSC),沿线车站新设 3 载频通信基站,区间新设 2 载频通信基站,采用单网覆盖方式组网,将通信基站接入锦州 BSC 设备和铁路局 GSM-R 交换机。区间弱场区采用光纤直放站、漏泄电缆和天线方式增强,以满足无线场强覆盖和信息传输的需要。完成调度通信、区间通信、公安通信和调度命令传输、无线车次号校核等传送功能。

阜新至李金既有铁路的无线列调系统维持既有继续使用,在阜新站和李金站各新设和既有设备兼容的 450 MHz 无线列调车站台及相应的附属设备。

在本工程与京沈客运专线等铁路平行、交叉区段,GSM-R 系统的频率规划和场强覆盖应统筹设计。

通信电源,沿线通信设备机房新设 48 V 直流电源,新设电源和机房环境监控系统及采集设备。在锦州通信站新设电源及环境监测中心系统及设备。实现对电源和机房环境的监控。

3.51.4　信号工程

车站联锁,姚堡、小东、新泉、新立屯、新邱、阿金(含客场和货场)、阜新(含客场和运转场)、清河门北、李金、义县、义县西、七里河、八角台、薛家站(室内)等新设硬件冗余型计算机联锁设备和信号智能电源屏及不间断电源。其中新立屯站结合大郑铁路增建第二线工程引入方案统筹实施。高台山站在既有计算机联锁设备基础上增加本线自动闭塞结合电路、上行出站信号机四显示改造和股道电码化。姚堡站增设的接触网工区道岔纳入联锁设备集中控制。阿金站客场道岔相关线路及道岔纳入设在货场(原东阜新站)的联锁设备集中控制;阜新站客场线路及道岔纳入运转场信号联锁设备集中控制,并维持既有驼峰信号机控制方式;义县站新立屯方向远方道岔纳入义县站联锁设备集中控制;新邱站结合巴(彦乌拉)新(邱)铁路引入方案统筹预留信号机房及电力增容条件。薛家至锦州段锦承线上行线区间衔接的专用线道岔(非联锁手板道岔、无隔开设备)存在安全隐患,按远方道岔纳入锦州站联锁设备集中控制的方式处理,锦州站增加本线自动闭塞结合电路和相关出站信号机增设发车进路表示器等。

双绕区段既有单线的东梁、伊吗图、艾友营、清河门、雹神庙 5 个车站维持既有联锁设备和轨道电路制式不变。

本段线路既有不动的道岔及道岔转辙装置利旧使用,新设的道岔根据道岔类型配备相应的道岔转辙装置和转换限时保护、超时报警装置,并与既有维护工装相匹配。提速道岔采用交流转辙机控制,其余道岔采用直流转辙机控制,所有道岔设置缺口视频监视装置,信息纳入信号集中监测系统。

正线各新建联锁设备的车站站内采用 97 型 25 Hz 相敏轨道电路并叠加电码化,并增设带适配器的扼流变压器;车站电码化正线直向接发车进路、反向接车进路采用预叠加发码、侧线股道及接近区段采用占用叠加发码方式,发码设备采用 ZPW-2000 系列设备,按 $N+1$ 冗余配置。

站内轨道电路和电码化干线电缆采用铝护套数字信号电缆,其余信号设备干线电缆采用防寒型铝护套综合扭绞信号电缆,分支电缆采用防寒型综合护套综合扭绞信号电缆。

运输调度指挥系统,全线新设调度集中(CTC)系统,沿线车站和信号中继站设 CTC 分机设备、网络安全(防火墙)及通道质量监督等设备(信号中继站所设的 CTC 分机设备仅完成区间 CTC 信息采集功能)。维持既有调度区划分通过调度网接入沈阳铁路局调度所 CTC/TDCS 总机系统及新设的本线 CTC 调度台(即将既有锦阜 TDCS 调度台设备改造为 CTC 调度台设备)管辖,CTC 总机系统增设本线应用和通信服务器及相关网络设备,修改总机系统相关软件。

双绕区段既有单线的东梁、伊吗图、艾友营、清河门、雹神庙等车站维持既有列车调度指挥系统(TDCS)制式不变,其软件结合本工程升级改造后与新建双线区段一并纳入既有锦阜调度台管辖。

区间闭塞制式,高台山至薛家双线区段采用四显示自动闭塞,按双线双方向运行,正向采用四显示追踪运行、反向采用自动站间闭塞行车,设区间地面通过信号机。

义县至承德方面义县西站双线区间采用站间联系电路、区间空闲检查采用轨道电路方式。双绕区段既有单线维持64D半自动闭塞制式不变。与本线衔接的其他相邻铁路维持既有闭塞方式不变。为统一该线的闭塞制式,将薛家至锦州段的既有双线半自动闭塞区段(6.9 km)纳入本工程进行自动闭塞改造,新增区间设备集中设在薛家站信号机房内。

四显示自动闭塞区段采用ZPW-2000系列无绝缘轨道电路,发送和接收设备按冗余配置。并新设区间信号电源屏设备和不间断电源(UPS)。

为保证区间轨道电路可靠工作,结合车站分布、在阜新与清河门北站之间新设1处信号中继站。在既有小梁山、大巴站附近适当位置各新设1处信号中继站。

区间ZPW-2000系列轨道电路干线电缆采用铝护套内屏蔽数字信号电缆,其余的区间信号干线电缆采用防寒型铝护套综合扭绞信号电缆,分支电缆采用防寒型综合护套综合扭绞信号电缆。

信号集中监测系统,沿线各车站和信号中继站设集中监测分机设备,并增设道岔表示电压监测、道岔缺口检查和电务维修智能诊断功能。锦州站既有监测分机设备利旧改造。双绕区段既有单线的东梁、伊吗图、艾友营、清河门、雹神庙车站既有监测分机设备维持不变。在义县信号车间增设监测系统终端设备。通过监测网接入锦州等电务段集中监测总机系统。对锦州电务段监测总机系统进行升级改造,增设电子设备检查车间和分析中心监测终端设备。实现对信号设备的监测和故障诊断,确保设备安全稳定运行。

沿线各站新增信号设备机房设防雷电、电磁兼容、综合接地防护系统。接建机房设综合防雷接地系统,与既有综合防雷系统等电位连接。并与贯通地线等电位连接。

综合接地系统,沿线新设1条截面为35 mm^2的信号专用贯通地线,在电气特性上全程贯通,接地电阻不大于1 Ω。区间信号设备按电气化区段防护标准和要求接地、并与贯通地线等电位连接。

根据新增信号设备类型,沿线增设7处信号工区,在义县增设1处信号维修车间,与既有维修车间和工区一起负责信号设备的运营维护和管理。

参加高阜锦铁路扩能改造工程施工的有中铁九局、十一局、十九局、二十二局集团,中铁建大桥局集团、中铁武汉电气化局集团等单位。工程于2013年4月1日开工。2018年12月28日全线开通运营。

3.52 南平至龙岩铁路扩能改造

既有南龙铁路位于福建省中西部南平、三明、龙岩三市内,北起合福铁路的南平北站,途经沙县、三明、永安、漳平等市县,南至漳龙铁路的龙岩站,线路全长248.1 km

(图 3.52),其中新建正线长度 246.546 km。全线设有南平北、南平西、三明北、三明南、永安南、双洋、漳平西、雁石南、龙岩等车站。其中南平北站为合福铁路的既有车站,三明北为向莆铁路既有车站,龙岩站为既有站,其余为新建中间站。工程范围还包括新建本线至合福铁路上下行联络线(上行 7.546 km、下行 7.857 km)全长 15.403 km;新建本线(赣龙方向)至铁山洋上下行联络线长 12.853 km;新建本线至赣龙新双线联络线长 4.178 km;新建本线南平西站至外(洋)南(平)铁路联络线长 0.862 km;南平西站既有外南铁路改线长 3.529 km。该线正线新建桥梁累计长度 32.934 5 km,新建隧道累计长度 185.722 km,桥隧总长 218.656 km,占线路全长的 88.70%。

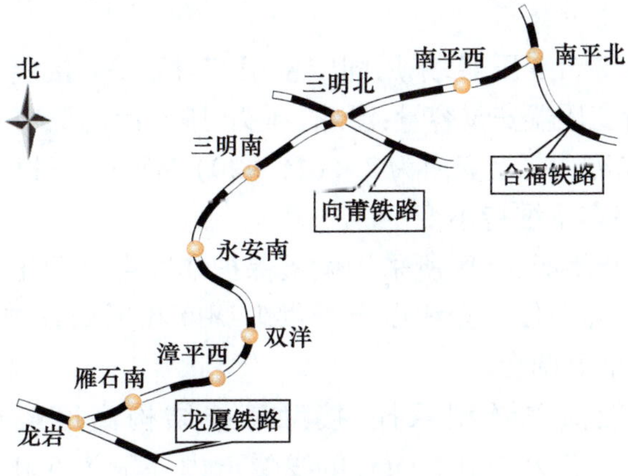

图 3.52 南龙铁路示意图

南龙铁路是沟通合福、峰福、向莆等铁路作为鹰厦、向莆与合福、峰福等线路间的重要连接线,是三明及以南地区与北部地区间快速铁路的重要组成部分,是长三角经海峡西岸经济区联系珠三角地区重要的辅助通道,在区域路网中起到重要作用。该线扩能改造工程的完成和开通,对加强福建省内城市经济群间人流和物流沟通往来具有重要意义。

南龙铁路扩能改造工程的建设单位是南昌铁路局、福建福平铁路有限责任公司。设计单位是中铁第四勘察设计院集团有限公司。线路主要技术标准:铁路等级,Ⅰ级;正线数目,双线;正线线间距,4.4 m;限制坡度,13‰;最小曲线半径,一般地段 3 500 m、困难地段 2 800 m ;到发线有效长度,650 m;闭塞类型,自动闭塞;行车指挥方式,调度集中;列车运行控制方式,CTCS-2 级;设计行车速度,200 km/h;牵引种类,电力牵引(直供加回流线供电方式);机车类型,动车组、SS9。

3.52.1 电气化工程

牵引供电采用带回流线的直接供电方式。全线新设渔珠、三明南、永安南、洋头、雁石南等牵引变电所,新设水南村、井岗村、南戴云山、漳平西、石埠等分区所,新设南平西分区所兼开闭所,新设文笔山、三明北直供开闭所,新设西芹开关站。利用龙厦铁路既有龙岩牵引变电所和既有铁山洋开闭所,龙岩牵引变电所增设 1 回直供馈线给本线正线下行供电,并增设风冷措施。铁山洋开闭所增加 1 回进线电源(引自龙岩变电所),增设 2 回馈线给赣龙铁路至铁山洋联络线上下行供电。赣龙铁路工程增设的动车存车场馈线延伸供电范围给本线上行供电,另增设 1 回直供馈线给铁山洋开闭所供电;利用合福铁路所建的南平北牵引变电所,增设 2 回直供馈线给本线正线供电;利用向莆铁路既有三明北牵引变电所,调整其供电范围给本线供电,原供鹰厦线万能方向馈线改供本线三明北开闭所。

新建牵引变电所引入 2 路独立可靠的 220 kV 电源供电,220 kV 电源侧采用分支接线,主变压器采用室外低式布置、其余设备采用室外单体中式布置,受地形影响场坪受限时,220 kV 电源侧设备可采用 GIS 室内布置,采用 GIS 设备时采用线路变压器组接线;27.5 kV 侧采用单母线分段接线,设备采用户内布置。改造既有变电所主接线维持不变。开闭所和分区所采用箱式布置。根据采用的牵引机车类型、负荷性质,预留设置无功补偿及滤波装置的场地。

新建牵引变电所设 2 台变压器,采用固定备用、三相 V/V 接线、油浸自冷方式,预留风冷条件。各牵引变电所变压器安装容量:渔珠、洋头、雁石南均为 2 ×(20 +20) MV · A,三明南为 2 ×(20 +16) MV · A,永安南为 2 ×(16 +20) MV · A。既有龙岩、三明北、南平北牵引变电所变压器安装容量维持不变。

新建牵引变电所、开闭所、分区所采用微机保护和综合自动化系统,按无人值班设计,牵引变电所适当考虑值守条件。全线设牵引供电调度和远动系统,纳入南昌铁路局电力调度所管理,并增设 1 个电调台。

接触网采用全补偿简单链型悬挂,接触悬挂结构高度隧道外正线区间一般为 1 400 mm,双线隧道内一般为 1 100 mm,单线隧道内一般为 500 mm。正线接触线采用 CTS-120 型导线,张力 15 kN,承力索采用 JTMH-95 型绞线,张力 15 kN;站线接触线采用 CTAH-85 型导线,张力 10 kN,承力索采用 JTMH-70 型绞线,张力 15 kN;联络线采用 CTS-120 型接触导线,张力 15 kN,承力索采用 JTMH-95 型绞线,张力 15 kN。接触线悬挂点高度隧道外为 6 000 mm。附加导线一般采用防腐型铝包钢芯铝绞线。

接触网绝缘泄漏距离按重污区设计,绝缘子和绝缘元件泄漏距离一般不小于 1 400 mm,上下行正线间、分束供电的分段处不小于 1 600 mm。严重污秽地区适当加强绝缘。一般地段采用瓷质绝缘子,隧道内采用合成绝缘子,隧道外腕臂绝缘子采用棒形瓷绝缘子。软横跨、接触网下锚、分段绝缘器及绝缘锚段关节处采用悬式合成绝缘子。一般地段采用锚段关节式电分相,个别不能满足设置关节式电分相条件的联络线上可采用器件式电分相,并避免设在大坡道、列车出站加速区段和线路限速低速区段。

接触网支柱,路基区段的腕臂柱一般采用环形等径预应力钢筋混凝土支柱,T 梁桥上采用直腿格构式钢柱,箱梁桥上采用 H 型钢柱。车站及多股道并行区段一般采用硬横梁和钢柱,站台雨棚地段接触网支柱与雨棚柱合架。无柱雨棚地段利用雨棚柱悬挂或线间立柱,线间立柱采用 H 型钢柱。

接触网支柱跨距,一般为 50 ~ 55 m,最大不大于 60 m。正线区段非绝缘、绝缘锚段关节一般采用四跨关节,T 梁桥上受跨距的限制区段采用五跨关节;联络线、疏解线一般采用四跨关节。正线最大锚段长度一般不大于 2 ×700 m、困难情况下不大于 2 ×750 m;站线锚段长度一般不大于 2 ×850 m。附加导线锚段长度一般不大于 2 000 m。

正线和站线接触网采用锚段张力自动全补偿方式。接触网下锚补偿一般采用滑轮组,桥梁区段及无条件设置防断中心锚结的锚段采用棘轮补偿。

利用合福铁路、向莆铁路分别在南平北、三明北所建的供电工区,以及龙厦铁路既有龙岩接触网工区,新建永安南、漳平西供电工区,负责新建牵引供电及电力设施的运营维护、管理及抢修工作。

3.52.2　电力工程

全线新设1条一级负荷10 kV贯通线和1条综合负荷10 kV贯通线。其中新建一级负荷10 kV贯通线采用截面为70 mm^2的铜芯电力电缆,新建综合负荷10 kV贯通线采用截面为95 mm^2的铜芯电力电缆,分别沿铁路两侧的电缆槽道敷设。

新设三明南、永安南、双洋、漳平西等10 kV配电所,新建10 kV配电所从地方变电站引入2路10 kV电源供电。利用改造合福铁路所建的南平北10 kV配电所、向莆铁路所建的三明北10 kV配电所、赣龙铁路所建的龙岩10 kV配电所为本线供电。

设有10 kV配电所的车站其综合负荷设站内10/0.4 kV变电所供电,从配电所站馈线接引2路电源,没设10 kV配电所的车站其综合负荷设站内10/0.4 kV变电所,从地方电网接引10 kV电源供电。

车站与行车有关的通信信号等一级负荷设室内10/0.4 kV专用变电所供电,电源分别引自一级负荷10 kV贯通线和综合负荷10 kV贯通线作为主备用电源。区间通信信号等一级负荷设箱式变电站供电,从2路10 kV贯通线接引电源供电。

车站附近的其他用电负荷根据负荷分布和负荷性质就近从所设的10/0.4 kV变电所或箱式变电站接引低压380/220V电源供电。

区间其他用电负荷设箱式变电站,优先从地方电网接引电源供电,无条件接引地方电源的从综合负荷10 kV贯通线接引电源供电。

新建电力配电所采用综合自动化系统,按无人值班设计。新设电力远动系统,纳入南昌铁路局电力调度所,对新建供电设施进行集中监控和管理。

3.52.3　通信工程

长途通信线路,南平北至龙岩沿铁路两侧各敷设1条48芯单模直埋光缆;本线至合福铁路联络线、本线(赣龙方向)与铁山洋联络线沿新建铁路两侧各敷设1条24芯单模直埋光缆。为满足综合视频监控系统组网的需要,根据区间所设信息采集点实际情况新设1条24芯光缆。

传输系统,南平北至龙岩新设SDH 10 Gbit/s传输系统,沿线车站和龙岩通信站设SDH 10 Gbit/s ADM设备。利用新建2条48芯光缆中的各2芯光纤构成复用段1+1保护。并在南平北站将新设的SDH 10 Gbit/s ADM设备通过SDH 2.5 Gbit/s光接口与既有合福铁路SDH 10 Gbit/s传输设备互联,在三明北将新设的SDH 10 Gbit/s ADM设备通过SDH 2.5 Gbit/s光接口与既有向莆铁路SDH 10 Gbit/s传输设备互联,在龙岩通信站将新设的SDH 10 Gbit/s设备通过SDH 10.0 Gbit/s光接口与龙厦铁路既有SDH 10 Gbit/s传输设备互联,以实现南平地区、三明地区、龙岩地区以及在南昌铁路局内的互通。

南平北至龙岩、南三龙与合福铁路联络线、本线(赣龙方向)与铁山洋联络线新设SDH 2.5 Gbit/s车站接入网系统,沿线车站设SDH 2.5 Gbit/s设备,利用新建2条48芯光缆中的各2芯光纤构成复用段1+1保护。

新设SDH 622 Mbit/s区间接入网系统,在区间通信基站、信号中继站、牵引变电所、分区所等处设SDH 622 Mbit/s设备,利用新建2条光缆的各2芯光纤接入相邻车站,组成1个2纤通道保护环。

车站站房、站内电力配电所、公安派出所、牵引变电所、开闭所、维修车间/工区等信息接入点设SDH 622 Mbit/s设备,利用车站内通信光缆构成站内传输环。并接入车站SDH 2.5 Gbit/s接入网系统。

新设通信网络管理系统,在南昌新设传输和接入系统网管中心设备,南平、三明北、龙岩通信维修车间及永安南综合维修车间设复示终端及便携维护终端。负责对全网进行故障管理、配置管理、性能管理和安全管理等,并按照与通信综合网管系统之间所定义的规范和接口,接入通信综合网管系统。

电话交换系统,利用南平、三明北、永安、龙岩通信站的既有铁路电话交换机,在三明北、龙岩通信站新设OLT设备。沿线车站、牵引变电所、分区所、开闭所、电力配电所、维修车间/工区、公安派出所等信息接入点设ONU设备,沿线新增自动电话用户通过ONU设备及接入网系统,按地区划分分别接入OLT设备和既有电话交换机。通过统一编号,实现与既有铁路电话专网的互通。

南平北至龙岩新设数据网,在三明北通信站新设汇聚节点和路由器,利用南平北、龙岩通信站的既有汇聚节点和路由器,根据需要扩容;沿线新建车站设接入路由器,负责本地数据业务的接入与交换。相邻车站接入路由器之间采用光纤联接,异地接入路由器与汇聚路由器之间通过传输通道联接,并上联至南昌铁路局的核心路由器,实现数据业务的汇聚与转发。

南平北至龙岩新设调度通信系统,利用南昌铁路局调度所既有调度通信交换机,沿线新建车站设车站型调度通信交换机、调度分机和车站值班台等配套设备,既有车站的调度通信交换机利旧改造,按照调度区划分,通过传输通道接入铁路局调度所既有调度通信中心交换机和调度通信系统,并增设1个本线列车调度台,配备相应的终端设备,负责本工程新建双线的运输调度指挥。其他相衔接的线路和车站维持既有调度台管辖不变。

南平北至龙岩、本线(赣龙方向)与铁山洋联络线新设GSM-R移动通信系统,利用南昌铁路局既有GSM-R核心网交换中心设备和既有基站控制器(BSC),并新设基站控制器和无线子系统网管终端设备;在龙岩通信站新设BSC等配套设备,沿线设通信基站(BTS),通过传输通道接入BSC设备及铁路局核心网交换中心设备,采用单网覆盖方式组网。区间和隧道内弱场区采用光纤直放站、漏泄电缆和天线方式增强,以满足无线场强覆盖及信息传输的需要,完成调度通信、调度命令信息和无线车次号校核信息传送等功能。

本线至合福铁路联络线新设GSM-R系统采用单网交织冗余覆盖方式组网,根据需要布设光纤直放站和通信基站,以满足无线场强覆盖的要求。本线与合福、向莆、赣龙、鹰厦铁路并线区段的GSM-R无线网络覆盖方案统筹考虑,结合相关工程分步实施。

会议电视系统,沿线各新建车站、综合维修车间/工区设会议电视分会场设备,接入南昌铁路局既有会议电视中心设备和网管系统。

应急通信指挥系统,在永安南综合维修车间新设 1 套应急通信现场接入设备,在 5 km 及以上隧道设事故报警电话和便携式应急广播设备。通过传输通道接入南昌铁路局既有应急通信系统中心设备,建立应急通信指挥中心与事故现场间的应急通信网络。当发生现场抢险事故时,可将采集到的语音、数据、图像等信息传送到应急通信指挥中心。

通信电源,沿线新建通信设备机房设 48 V 直流通信电源和 UPS 不间断电源设备。新设电源和机房环境监控系统及采集设备,接入既有电源和环境监控中心系统,实现对电源和机房环境条件的监控。

3.52.4　信号工程

运输调度指挥系统,正线采用调度集中(CTC)系统,南平北(不含)至龙岩(不含)各新建车站(线路所),以及本线与赣龙新双线矮陂线路所新设 CTC 分机设备、网络安全和通道质量监督等设备,南平北、三明北、龙岩站既有 CTC 分机设备利旧修改;南平西站外南场新设列 TDCS 分机设备,铁山洋、西芹站 TDCS 分机设备利旧改造,维持既有调度区划各站分机设备通过调度网接入南昌铁路局调度所 CTC/TDCS 总机系统。南平北(不含)至龙岩(不含)由新设的本线列车调度台管辖,并增设本线所需的应用和通信服务器、临时限速接口服务器及列车调度台设备。南平北、龙岩站维持既有调度台管辖不变;本线与合福铁路的联络线及相关的后岭下线路所由合福铁路调度台管辖;铁山洋站维持既有调度台管辖不变;南平西站外南场由既有外南线调度台管辖;本线至铁山洋联络线、本线至赣龙新双线联络线有赣龙调度台管辖。

车站联锁,后岭下线路所至龙岩(不含)沿线各新建车站(线路所),矮陂线路所新设硬件安全冗余型计算机联锁设备和信号智能电源屏及 UPS 不间断电源,南平西站外南场新设双机热备型计算机联锁设备,三明北站、西芹站、龙岩、铁山洋站既有联锁设备利旧改造。维修工区道岔纳入邻近车站联锁设备集中控制。

根据车站(场)道岔设计类型,配备相应的道岔转辙设备,正线上 60 kg/m 钢轨 18 号道岔采用三相交流转辙机和外锁闭装置,并实现挤岔监督报警功能。正线上的道岔增设密贴检查装置,正线上的转辙机设缺口检查装置,监测信息纳入信号集中监测系统。

正线新建车站(线路所)站内采用与区间相同制式的 ZPW-2000 系列有绝缘移频轨道电路,其发送设备按 1+1 冗余配置。南平西站外南场、龙岩站、铁山洋站采用 97 型 25 Hz 相敏轨道电路,并设置电码化,正线接发车进路采用叠加预发码、侧线股道采用叠加发码方式。维修工区岔线道岔区段采用高压脉冲轨道电路,以解决轨道电路的分路不良现象。

站内轨道电路电缆干线电缆采用铝护套数字信号电缆,其他信号设备所用电缆采用非数字信号电缆。支线电缆采用综合护套信号电缆。

列车运行控制系统,南平北(不含)至龙岩(不含)、本线与合福铁路联络线、本线与赣龙新双线联络线采用 CTCS-2 级列控系统。因合福铁路采用 CTCS-3 级列控系统,故在南平北至南平西、本线与合福铁路联络线上适当地点设置 CTCS-2/3 级级间转换点。结合本线列车调度台设置方案,在三明北站新设1套临时限速服务器(TSRS),负责本线的临时限速命令的集中管理。沿线各新建车站(线路所)和信号中继站及矮陂线路所新设信号安全数据网接入设备、列控中心(TCC)、有源应答器及其编码单元(LEU)、无源应答器等设备;既有站列控中心设备利旧改造。TCC之间通过安全数据网联接,实现TCC之间及与车站联锁之间的安全信息传输。所设列控中心设备具备轨道电路编发码、运行方向控制、信息采集(中继站)、区间通过信号机控制、站间安全信息传输及应答器报文的实时组帧和应答器报文存储及调用等功能。

区间闭塞制式,南平北至龙岩正线区间、本线(赣龙方向)与铁山洋联络线、本线至赣龙新双线联络线采用四显示自动闭塞,按双线双方向运行,正向采用追踪间隔运行、反向采用自动站间闭塞行车。南平西站外南场与既有外南线西芹站采用自动站间闭塞,与绿水站采用64D半自动闭塞。

自动闭塞区段采用ZPW-2000系列无绝缘轨道电路,轨道电路发送和接收设备按冗余配置,并具有自监测功能,通过接口设备为信号集中监测系统提供监测信息。区间轨道电路干线电缆采用铝护套数字信号电缆或铝护套内屏蔽数字信号电缆,分支电缆采用综合护套数字信号电缆。长大隧道区段的ZPW-2000系列无绝缘轨道电路传输长度要根据牵引计算结果合理布设区间通过信号机。

信号集中监测系统,新建联锁设备的车站(线路所)和信号中继站新集中监测分机设备,三明北、西芹、铁山洋、龙岩站集中监测分机设备利旧改造。在三明北、永安南、漳平西信号维修车间/工区、福州电务段集中监测中心设集中监测终端,通过监测网接入福州电务段既有信号集中监测总机系统,增设相应的接入设备,对总机系统软件进行相应修改。实现对信号设施的监测和信息采集及远程诊断。

综合接地系统,南平西至龙岩(不含),南平北至南平西及本线与合福铁路联络线、本线(赣龙方向)与铁山洋联络线,分别沿铁路两侧各敷设1条截面为35 mm^2的铜芯电缆贯通地线,在电气特性上全程贯通,接地电阻不大于1 Ω,并构成等电位连接。沿线轨旁信号设备做好安全接地后就近与贯通地线等电位连接。

沿线新建信号设备房屋设防雷电、电磁兼容和综合接地防护系统,与房建工程同步实施。在房建工程中统筹考虑信号房屋屋顶避雷网、避雷带、引下线、接地端子,并充分利用混凝土框架结构金属导体接地。室内信号设备要设防雷保安器、分线防雷柜及室内设备箱盒,其柜体等并与贯通地线等电位连接。

在三明北、永安南、漳平西站设信号车间,各车站设信号值班工区,负责信号设施的运营管理和维修工作。

参加本线线路工程施工的有中铁五局、十一局、十二局集团等单位,中铁电气化局集团等单位承担电气化、通信、信号和电力等四电集成工程的施工。

线路工程于2013年12月10日开工。2018年6月30日全线轨道工程胜利贯通。四电工程于2016年5月24日开工。2018年8月26日正线接触网全线连通。2018年9月2日永安南至南平北段开始接触网冷滑试验。2018年9月10日全线接触网正式送电。2018年9月28日进入联调联试阶段。2018年11月30日开始试运行。2018年12月29日正式开通运营。

3.53　朔州至准格尔铁路

新建朔州至准格尔铁路，东起朔州平朔专用线既有店坪站南侧的店坪南站进站端（DK8 +400），出站后下钻平朔公路，在峙峪村西南设峙峪站；经六狼山隧道（15.75 km）绕避平鲁矿区，于平鲁区西南设平鲁西站，以鹰鹞山隧道（11.57 km）越岭进入偏关河谷，沿河谷而下至偏关，沿途设南坪、老营、方城、偏关 4 个车站；折向南经卧龙山隧道（11.94 km）绕避偏关采空区后，顺长尾沟设石城站；于龙口水库大坝上游 6.5 km 的库区跨越黄河，沿碓臼沟煤矿采空区边沿和龙口水利枢纽北侧通过，在马栅镇北侧设马栅站；绕避珠江投资公司规划马栅电厂后，跨过十里长川，设油坊坪站；向西跨过黄甫川，以长 4.085 km 的哈镇隧道越岭进入五字湾川，设五字湾站；跨过指羊公路、乌龙素沟、岛宝沟，以岛宝沟隧道（4.922 km）越岭进入悖牛川，到达本线的终点红进塔站（即全线设有店坪南、峙峪、平鲁西、南坪、老营、方城、偏关、石城、马栅、油坊坪、五字湾、红进塔等车站），大致呈西北东南走向，正线全长 215 km（图 3.53），其中新建正线长 206.013 km。工程范围还包括新建朔州至山阴联络线（设有店坪南、东神头、大夫庄、罗庄、古城及山阴等 6 个站所，其中店铺南和山阴为接轨站，东神头和罗庄为会让站，大夫庄、古城为线路所）长约 44.174 km；山阴下行疏解线长约 3.152 km；大东联络线的大夫庄线路所至东榆林站长约 4.828 km，东榆林下行疏解线长约 3.673 km。以及其他有电力机车走行的线路。新建准朔铁路是国家"十二五"规划的重点工程，它的建成将使我国煤炭主产地山西、陕西、内蒙古自治区西部等地区的路网结构更加完善，为远景煤炭基地战略转移做好煤运大通道的准备，也为进一步落实国家能源发展战略、构建大通道煤运网络发挥积极的作用。

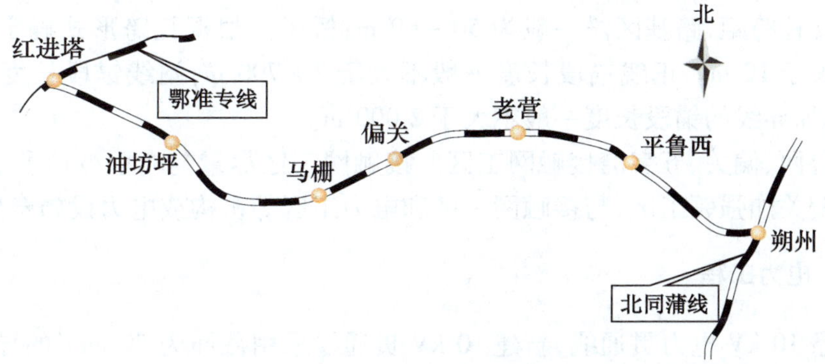

图 3.53　朔州至准格尔铁路示意图

朔准铁路的建设单位是准朔铁路有限责任公司、太原铁路局，设计单位是铁道第三勘察设计院集团有限公司。线路主要技术标准：铁路等级，Ⅰ级；正线数目，单线、预留双线条件；限制坡度，上行 6‰、下行 14‰；最小曲线半径，800 m 、困难条件 600 m；到发线有效长度，1 700 m；闭塞类型，自动站间闭塞；牵引种类，电力牵引（AT 供电方式）；牵引质量,10 000 t。

3.53.1 电气化工程

牵引供电系统采用 AT 供电方式。全线新设平鲁西、偏关、五字湾等牵引变电所,供电臂中部和末端设置 AT 所。

新建牵引变电所引入 2 路 110 kV 电源供电,110 kV 电源侧采用分支接线,电气设备采用室外布置;2 ×27.5 kV 侧采用单母线分段接线,电气设备采用室外布置。牵引变电所的布置,应考虑地形和地质条件,在技术经济合理的前提下,可采用阶梯形等特殊布置。所设的并联电容补偿装置其月平均功率因数应达到 0.9,并兼滤部分三次谐波。

新建牵引变电所所设变压器,采用固定备用、油浸自冷方式,预留改造 V/X 接线条件。各牵引变电所变压器安装容量:平鲁西、偏关为 2 ×25 MV · A,五字湾为 2 ×20 MV · A。

新建牵引变电所采用微机保护和综合自动化系统,按无人值班设计,适当考虑值守条件。新设牵引供电远动系统,纳入太原铁路局既有牵引供电调度所管理。

接触网采用全补偿简单链型悬挂,接触悬挂结构高度一般为 1 400 mm。正线接触线采用 120 mm^2的铜合金导线,承力索采用 95 mm^2的铜合金绞线;站线接触线采用 85 mm^2的铜合金导线,承力索采用 70 mm^2的铜合金绞线。接触线悬挂高度按带电通过超限货物列车设计。架空供电线、正馈线等附加导线采用铝包钢芯铝绞线。

接触网绝缘泄漏距离不小于 1 200 mm,污秽特别严重地段适当加强绝缘。一般地段采用瓷质绝缘子;软横跨、隧道内、接触网下锚及特别严重污秽地段采用合成绝缘子。采用锚段关节式电分相,尽量避免设在大坡道、列车出站加速区段和线路限速低速区段。

接触网支柱,路基地段优先采用横腹杆式预应力钢筋混凝土支柱,桥支柱采用热镀锌格构式钢柱。车站及多线并行区段采用软横跨和钢柱。支柱侧面限界应满足大型养路机械作业(3.1 m)的要求。

接触网支柱跨距,路基区段一般为 50 ~ 60 m;桥梁上根据孔跨形式确定。相邻跨距之差一般不大于 10 m。正线锚段长度一般不大于 2 ×700 m;站线锚段长度一般不大于 2 ×800 m;附加导线的锚段长度一般不大于 2 000 m。

新设平鲁西、偏关、五字湾接触网工区。接触网工区尽量与牵引变电所、电力配电所合建。新设偏关加强领工区,与接触网工区和电力工区等机构或电力设施合建。

3.53.2 电力工程

新设 1 条 10 kV 电力贯通线,新建 10 kV 贯通线采用截面为 70 mm^2的导线。新设偏关、马栅、红进塔等 10 kV 配电所,各新建 10 kV 配电所从地方电网引入 1 路电源供电;新设店坪南、五字湾 10 kV 箱式开闭所。新建电力配电所、开闭所尽量与牵引变电所、AT 所、网工区合建。电力配电所与牵引变电所合建时,控制室与交直流系统共用。

设有 10 kV 配电所的车站其站房综合负荷设低压变电所或箱式变电站从配电所站馈线接引电源供电,没设 10 kV 配电所且综合负荷较大的车站,设站内低压变电所或箱式变电站就近接引地方电源供电,不具备接引地方电源条件的从 10 kV 贯通线接引电源供电。

车站通信信号用电负荷设室内箱式变电站供电，从10 kV贯通线接引1路电源作为主供电源；从配电所站馈线或地方电网接引1路作为备用电源。

区间通信信号用电负荷设箱式变电站供电，从10 kV贯通线接引电源。

区间其他用电负荷设箱式变电站或杆架式变电台供电，从10 kV贯通线接引电源。

新建10 kV配电所采用微机保护。

新建平鲁西、偏关、五字湾电力工区。电力工区尽量与接触网工区、牵引变电所、AT所、电力配电所设施合建。

3.53.3　通信工程

长途通信线路，沿新建铁路敷设1条20芯单模直埋光缆。联接光纤直放站新设1条8芯单模直埋光缆。

传输系统，利用新建20芯光缆开设SDH 622 Mbit/s传输系统，沿线主要车站设SDH 622 Mbit/s设备。利用新建20芯光缆开设SDH 622 Mbit/s车站接入网系统，沿线车站设SDH 622 Mbit/s设备。

GSM-R区间通信基站、牵引变电所、AT所、电力配电所、维修工区等信息接入点设SDH 622 Mbit/s设备，利用新建光缆通过相邻车站接入SDH 622 Mbit/s接入网系统。

电话交换系统，沿线新增自动电话用户通过接入网接入朔州既有铁路程控电话交换机，通过统一编号，实现与既有铁路电话专网的互通。

新设调度通信系统，利用太原铁路调度所的既有调度通信交换机，沿线新建车站设车站型调度通信交换机、调度分机、车站值班台等设备。按调度区划分，通过调度通信网接入太原铁路调度所调度通信交换机和调度通信系统及本线列车调度台管辖，根据需要增设相应的配套设备。

新设GSM-R移动通信系统，利用太原既有铁路GSM-R交换机和基站控制器等相关设备，结合北同蒲铁路扩能改造和三、四线工程建设，统筹布设沿线通信基站，采用单网覆盖方式组网。区间弱场区采用光纤直放站、漏泄电缆和天线方式增强，使无线场强覆盖满足铁路运输对话音和数据传输的要求。完成调度通信、调度命令、无线车次号校核信息传送等功能。并在偏关、五字湾、红进塔公安派出所新设无线对讲通信系统。

通信电源，沿线新建通信设备机房等信息接入点设48 V高频开关电源和蓄电池组。并新设电源和机房环境监测系统及采集设备。

3.53.4　信号工程

车站联锁，各新建车站设计算机联锁设备和信号智能电源屏，联锁设备采用鼠标+显示器控制方式，并考虑与调度集中分机控制终端的适当整合。

根据车站（场）道岔设计类型，配备相应的道岔转辙设备，并预留安装道岔缺口检查装置的条件。

新建车站站内采用97型25 Hz相敏轨道电路，车站接近区段、接发车进路和股道电码化采用叠加发码方式,发码信息执行 TB/T 3060—2002 标准,采用无绝缘轨道电路发送设备。所设的扼流变压器电气参数应满足本线运行 1 万 t 重载列车的条件。站内轨道电路采用铝护套信号电缆,分支电缆采用综合护套信号电缆。

运输调度指挥系统,全线采用调度集中(CTC)系统,各新建车站设 CTC 分机及配套设备,按照调度区划分,通过调度通信网纳入太原铁路局调度所 CTC/TDCS 总机系统及新设的本线调度台指挥,根据需要增设相应的配套设备。

区间采用自动站间闭塞方式,区间占用与空闲检查采用计轴设备。并通过对万吨列车接近区段的制动牵引计算,确定合理的接近区段长度。

信号集中监测系统,各新建车站设集中监测分机设备,通过监测网络接入隶属的电务维护中心的集中监测总机系统。

沿线新建信号设备房屋设防雷电、电磁兼容和综合接地防护系统。并利用建筑物内的结构钢筋,设避雷网、避雷带、引下线、环形接地装置和室内接地汇集线,由房建工程同步实施。

参加线路工程施工的有中铁三局、六局、七局、十局、十一局、十二局集团等单位。电气化、通信信号和电力工程的施工由中铁电气化局集团、中铁建电气化局承担。

2007 年 12 月 18 日举行开工奠基仪式,2018 年 12 月 17 日完成全线铺轨。四电工程于 2015 年 7 月 1 日开工,2018 年 12 月 30 日建成,2019 年 1 月 2 日正式开通运营。

3.54　宁启铁路南通至启东段

新建宁启铁路南通至启东段,自南通东站引出后折向东,然后途经南通技术经济开发区、通州区、海门市和启东市,出启东后折向北,东至启东的吕四站,线路长 92.8 km,再加上南通至南通东既有线电化 16.4 km,合计正线全长 109.2 km(图 3.54)。其中桥梁累计长度 44.759 km,占比达到 48.5%。全线设有南通、南通东、海门、临江、启东和吕四等车站。其中南通、南通东为既有站,海门、启东为中间站,临江为会让站,吕四为工业站。该段铁路地处长江北岸、江苏省东部,它的建成开通,对江苏沿海开发战略和长三角一体化战略的实施,改善南通港特别是沿海吕四港区的集疏运体系,打造长三角北翼交通运输通道,推动江苏省东部地区经济发展具有重要意义。

宁启铁路南通至启东段的建设单位是上海铁路局南京铁路枢纽工程建设指挥部。设计单位是中铁上海设计院集团有限公司。线路主要技术标准:

南通东至启东段:铁路等级,Ⅰ级;正线数目,单线、预留双线;限制坡度,6‰;最小曲线半径,一般地段 2 000 m、困难地段 1 600 m;到发线有效长度,1 050 m;闭塞类型,自动站间闭塞;设计行车速度,160 km/h;牵引种类,电力牵引(直供加回流线方式);牵引质量,5 000 t。

启东至吕四段:铁路等级,Ⅱ级;正线数目,单线;限制坡度,6‰;最小曲线半径,一般地段 1 200 m、困难地段 800 m;到发线有效长度,1 050 m;闭塞类型,自动站间闭塞;设计行车速度,120 km/h;牵引种类,电力牵引(直供加回流线方式);牵引质量,5 000 t。

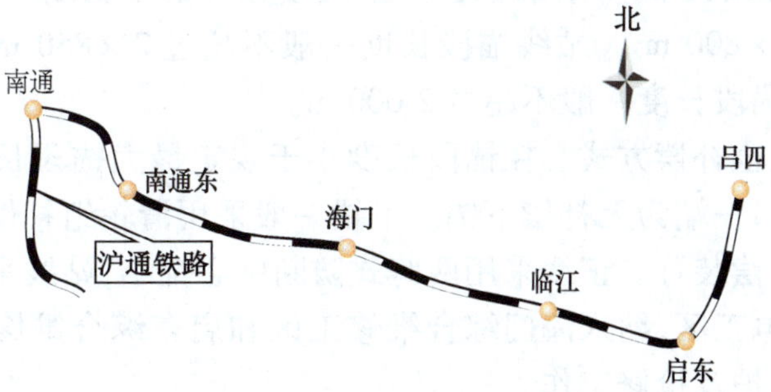

图 3.54　宁启铁路南通至启东段

3.54.1　电气化工程

牵引供电采用带回流线的直接供电方式。新设海门、启东 2 座牵引变电所;利用改造宁启铁路复线电气化工程所建的南通牵引变电所,增设相关设备给本段线路供电,改造南通牵引变电所由宁启铁路复线电气化工程统一实施。

新建牵引变电所引入 2 路 110 kV 电源供电,110 kV 电源侧采用带跨条的分支接线方式,电气设备采用户外中型布置,并设备用电源自动投入装置;27.5 kV 侧采用单母线分段接线,馈线出口处的隔离开关、抗雷和避雷器等采用室外中型布置,其余 27.5 kV 设备采用室内网栅间隔式布置。所址的平面布置要预留增设并联电容补偿装置的土建条件。

新建牵引变电所设 2 台变压器,采用固定备用、平衡接线、油浸自冷方式,预留风冷条件。各牵引变电所变压器安装容量:海门近期为 2×16 MV · A(远期为 2×40 MV · A)、启东近期为 2×16 MV · A(远期为 2×25 MV · A)。

新建牵引变电所采用微机保护和综合自动化系统,按无人值班设计,适当考虑值守条件。新设牵引供电远动系统,纳入宁启铁路复线电气化工程所建的供电远动系统及宁启铁路电力调度台。

接触网采用全补偿简单链型悬挂,接触悬挂结构高度一般 1 400 mm。正线接触线采用 120 mm^2 的锡铜合金导线,张力 15 kN,承力索采用 95 mm^2 的镁铜合金绞线,张力 15 kN;站线接触线采用 85 mm^2 的锡铜合金导线,张力 10 kN,承力索采用 70 mm^2 的镁铜合金绞线,张力 15 kN。接触导线悬挂点高度一般为 6 450 mm,最低不小于 6 330 mm。道岔处接触网采用交叉线岔安装方式。附加导线采用铝包钢芯铝绞线。

接触网绝缘泄漏距离不小于 1 400 mm,严重污秽地区适当加强绝缘。一般地段采用瓷质绝缘子,锚段关节等处采用合成绝缘子。采用带中性段空气间隙绝缘的七跨锚段关节式电分相,在电分相处设电动负荷开关,纳入远动系统。

接触网支柱,路基地段的腕臂柱采用横腹杆式预应力钢筋混凝土柱,一般区间采用直埋方式,软土等特殊地质区段采用杯形支柱基础。桥上采用格构式桥钢柱,车站及多线并行区段采用硬横梁和钢管柱。有雨棚的车站接触网支柱与雨棚柱合架。支柱侧面限界应满足大型养路机械作业(一般 3.1 m)的要求。

接触网支柱标准跨距,一般为 55～60 m。桥梁上支柱跨距根据桥梁孔跨布置确定,一般不大于 50 m。锚段关节采用四跨关节,正线接触网锚段长度一般不超过 2 × 750 m、困难情况下不超过 2 × 800 m 。站线锚段长度一般不超过 2 × 850 m、困难情况下不超过 2 × 900 m。附加导线锚段长度一般不超过 2 000 m。

接触网下锚采用全补偿方式。在锚段长度小于规定最大锚段长度情况下,接触网锚段一端为补偿下锚,另一端为无补偿下锚。下锚一般采用滑轮组补偿装置和混凝土坠砣;桥梁区段采用棘轮补偿装置。正线采用两跨式防断中心锚结,站线采用防窜式中心锚结。

设海门、启东供电工区,纳入海门综合维修工区和启东综合维修车间,负责沿线供电和电力设施的运营维护及抢修工作。

3.54.2 电力工程

南通至吕四新设 1 条 10 kV 电力贯通线,新建 10 kV 贯通线,一般地段采用 LGJ-70 型钢芯铝绞线的架空线路,无架空径路时采用电力电缆敷设。新设海门、启东 2 座 10 kV 配电所,从地方变电站引入 2 路 10 kV 专线电源供电。利用改造既有南通 10 kV 配电所,增设相关设备给本段线路供电,改造南通 10 kV 配电所与宁启铁路复线电气化工程统一实施。

设有 10 kV 配电所的车站其站房综合用电负荷设室内 10/0.4 kV 综合变电所供电,电源引自配电所站馈线;没设 10 kV 配电所的车站其站房综合用电负荷设室内 10/0.4 kV 综合变电所,就近从地方电网接引 10 kV 电源供电。

车站通信信号等一级负荷设室内 10/0.4 kV 变电所供电,从 10 kV 贯通线接引 1 路主用电源,从所设 10/0.4 kV 综合变电所低压侧接引 1 路备用电源。

区间通信信号等一级负荷设箱式变电站供电,从 10 kV 贯通线接引电源,故障状态下,通过设备自带的蓄电池供电。

新建牵引变电所自用电、接触网电动隔离开关用电从 10 kV 贯通线接引电源,若附近有 10 kV 配电所,从配电所站馈线接引供电。

区间其他负荷在负荷集中处分别设箱式变电站或杆架式变电台供电,电源引自10 kV 贯通线。

新设电力远动系统,10 kV 配电所、车站 10/0.4 kV 变电所、区间箱式变电站设远动终端设备,纳入宁启铁路复线电气化工程所建的远动系统和南京供电段调度中心管理,并对南京供电段电力远动系统主站进行扩容改造。

3.54.3 通信工程

长途通信线路,从南通通信楼至吕四站通信机械室,沿新建铁路两侧各敷设 1 条 32 芯单模直埋光缆,并避开预留增建第二线的线位。干线光缆到区间通信基站、牵引变电所机房新设 1 条 8 芯分歧光缆。

传输系统,新设 SDH 10 Gbit/s 传输系统,在南通、海门、启东、吕四站设 SDH 10 Gbit/s 设备,利用新建 2 条 32 芯光缆构成双光缆保护环。

新设 SDH 2.5 Gbit/s 接入网系统,沿线车站新设 SDH 2.5 Gbit/s 设备,利用新建 2 条

32 芯光缆构成双光缆保护环。在南通站将新设 SDH 2.5 Gbit/s 设备与既有 SDH 622 Mbit/s 设备通过光接口互联,作为整个宁启铁路接入网的通信系统。

区间通信基站、牵引变电所等处新设 SDH 622 Mbit/s 设备,利用新建的 32 芯光缆通过邻近车站接入 SDH 2.5 Gbit/s 接入网系统。沿线车站站内电力配电所、派出所、综合维修工区等处新设 SDH 622 Mbit/s 设备,利用新设的短段光缆就近接入车站 SDH 2.5 Gbit/s 接入网系统。

利用宁启铁路设在南京通信站的既有 SDH 2.5 Gbit/s 设备,提供引入上海铁路局调度所的传输通道,实现本线通信网与既有铁路通信网的互联。

新设数据网,利用上海铁路局既有核心路由器。在海安新设汇聚路由器,沿线车站新设接入路由器,负责本地数据的接入,接入路由器之间采用光纤联接,接入路由器与汇聚路由器之间通过传输通道联接,并上联至核心路由器,实现数据业务的汇聚与转发。

电话交换系统,利用既有铁路电话交换网,在南通站通信机房新设 OLT 设备。沿线车站、综合维修工区、牵引变电所等信息接入点设 ONU 设备;沿线新增自动电话用户通过 ONU 设备及接入网接入南通 OLT 设备和既有铁路程控电话交换机。通过统一编号组网,实现与既有铁路电话专网的互通。

新设数字调度通信系统,利用上海铁路局调度所既有数字调度通信中心交换机,沿线车站设车站型数字调度通信交换机、调度分机和车站值班台等配套设备,通过调度通信网接入铁路局调度所调度中心交换机,纳入既有宁启铁路南京至南通段数字调度通信系统及行车调度台统一管理。

新设 GSM-R 移动通信系统,利用上海铁路局既有 GSM-R 交换机,利用其他工程在海安所设的基站控制器(BSC /PCU)设备并扩容,以及 OMC-R 网络管理复示终端设备;沿线车站和区间设通信基站(BTS),通过传输通道接入 BSC,采用单网覆盖方式组网。区间弱场区采用光纤直放站、漏泄电缆和天线方式增强。以满足无线场强覆盖和信息传输的需要。完成调度命令、调度通信、无线车次号校核信息传送等功能。并新设平面调车数字无线通信系统。

应急通信系统,在通信工区新设应急通信现场接入设备,通过传输系统接入上海铁路局应急通信中心系统和设备。

通信电源,沿线新建通信设备机房设 48 V 高频开关电源和蓄电池组,并设电源和机房环境监控系统及采集设备,实现对电源及机房环境条件的监控。

3.54.4　信号工程

车站联锁,南通东至吕四段各车站新设双机热备型计算机联锁设备和信号综合智能电源屏,南通站既有计算机联锁设备利旧改造。

根据车站(场)道岔设计类型,配套相应的道岔转辙装置及转辙机。通过时速 120 km 以上道岔采用外锁闭装置及三相交流转辙机,其余道岔采用 ZD6 型电动转辙机。并设道岔缺口检查装置,监测信息纳入信号集中监测系统。

车站站内新设 97 型 25 Hz 相敏轨道电路,合理配备扼流变压器(含适配器),车站电码化采用 ZPW-2000 系列发送设备，正线采用叠加预发码、到发线采用叠加发码方式。维修工区和货物线轨道电路的分路不良采用高压脉冲轨道电路。

站内轨道电路和车站电码化采用铝护套数字信号电缆，其余信号设备采用非数字信号电缆。

列车调度指挥系统，南通东站至吕四站采用分散自律型调度集中（CTC）系统，各车站设 CTC 分机设备、网络安全和通道质量监督设备。南通站既有 CTC 分机设备利旧修改。按照管辖范围和调度区划分通过调度网纳入上海铁路局调度所 CTC 总机系统及宁启铁路行车调度台统一管辖。

列车运行控制系统，南通（不含）至吕四（含）采用 CTCS-0 级列控系统。区间采用自动站间闭塞制式，按单线双方向运行，采用计轴设备完成区间轨道列车占用检查。站间信息采用光纤通道传输。

新设信号集中监测系统，沿线车站设集中监测分机设备，南通站集中监测分机设备利旧改造，通过监测网接入南京电务段集中监测总机系统。可实现对信号设备的集中监测和远程诊断，保证信号设施处于正常工作状态。

沿线新建信号设备房屋设防雷电、电磁防护和综合接地防护系统，与房建工程统筹实施，并与贯通地线等电位连接。

参加宁启铁路南通至启东段线路工程施工的有中铁十局、十五局集团等单位，中铁电气化局集团上海电气化公司承担电气化、通信、信号和电力工程的施工。线路工程于 2014 年 12 月 28 日正式开工。四电工程于 2018 年 1 月 25 日开工。2018 年 7 月 31 日全线铺轨。2018 年 12 月 4 日进行动态检测，2018 年 12 月 28 日建成。2019 年 1 月 5 日全段正式开通运营。

3.55　符离集至夹河寨铁路扩能改造

既有符夹段单线铁路位于安徽省北部淮北平原，南起安徽省宿州市符离集站，向西北经淮北市濉溪县、烈山区、相山区、杜集区及宿州市萧县，北到江苏省徐州市夹河寨站，线路全长 84.698 km（图 3.55）。该段线路始建于 1958 年 8 月，分符离集至濉溪、濉溪至萧县、萧县至夹河寨 3 段建设，全线于 1966 年 6 月 30 日建成投入运行。1975 年 10 月 1 日划归上海铁路局管辖。该段线路在符离集站与京沪线和宿淮线衔接，在中间的青龙山地区沟通青阜线，在徐州铁路枢纽夹河寨站与陇海线衔接，构成陇海线、京九线、京沪线等干线间的联络线，是淮北市对外联系的重要通道。但由于建设年限较早，虽经过多次技术改造，还是满足不了运量增加的需要，国家决定对其进行扩能改造，来提高运输能力。其中符离集至新河段正线长 77.945 km，增建第二线

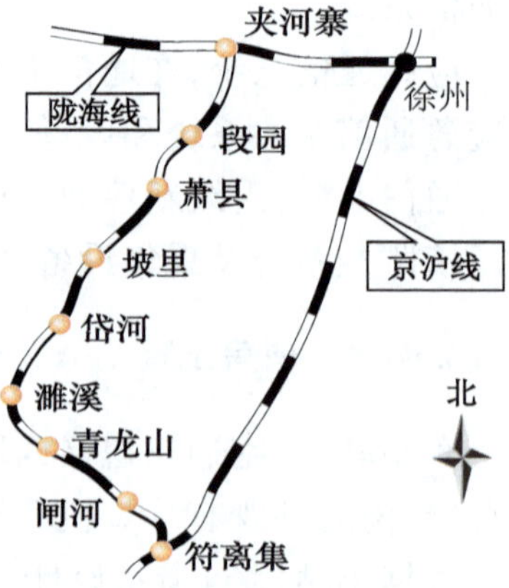

图 3.55　符夹段铁路示意图

77.945 km;新河至夹河寨段正线长6.753 km,增建第二线9.26 km。该段线路扩能改造封闭既有宋町、丁里2个车站和梨园、朔里2个既有线路所。全段设有符离集、闸河、青龙山、濉溪、淮北、岱河、坡里、萧县、段园、新河、夹河寨等车站,其中青龙山为区段技术作业站,其余车站均为中间站。工程范围还包括青龙山疏解区青符联络线(濉溪至徐楼)上行线长10.591 km(利用既有青符联络线)、下行线10.61 km(其中利用和改建既有符夹线和青阜线及增建二线),以及其他相关联络线工程。该段线路扩能改造工程的建成开通,在畅通货运通道的同时还提升了铁路运输质量和徐州枢纽的运输能力,对保障铁路行车安全、促进地方经济社会发展具有重要意义。

符夹铁路扩能改造的建设单位是上海铁路局徐州铁路枢纽工程建设指挥部。设计单位是中铁上海设计院集团有限公司。线路主要技术标准:新建线铁路等级,Ⅰ级;正线数目,双线;限制坡度,6‰;最小曲线半径,一般地段1 200 m、困难地段800 m 、个别地段400 m;到发线有效长度,1 050 m;闭塞类型,自动闭塞;设计行车速度,120 km/h;牵引种类,电力牵引(直供加回流线供电方式);机车类型,SS系列、HXD系列;牵引质量,5 000 t。既有线维持既有标准不变。

3.55.1　电气化工程

牵引供电采用带回流线的直接供电方式。全段新设青龙山牵引变电所、段园分区所、新河开闭所、濉溪分区所兼开闭所,利用联络线工程新建的坡里牵引变电所;改造京沪线既有符离集分区所,利用改造既有夹河寨牵引变电所、增加2回馈线为本线供电。

新建青龙山牵引变电所引入2路110 kV电源供电,110 kV电源侧采用带跨条的分支接线,主变压器采用室外低式布置,配电装置采用室外中型布置;27.5 kV侧采用单母线分段接线,馈线出口处的隔离开关采用室外中型布置,其余电气设备采用室内开关柜布置。分区所采用户外箱式结构。

新建青龙山牵引变电所设2台平衡接线变压器,采用固定备用、V/V接线、油浸自冷方式、预留风冷条件。变压器安装容量近期为2×40 MV·A。

新建牵引变电所采用微机保护和综合自动化系统,按无人值班设计,适当考虑值守条件。新设牵引供电远动系统,纳入上海铁路局既有普速牵引供电调度所管理,并新设符夹—青阜电力调度台。

接触网采用全补偿简单链型悬挂,接触悬挂结构高度一般为1 400 mm。正线接触网采用120 mm^2的银铜合金导线,承力索采用95 mm^2的铜合金绞线。接触线悬挂高度一般为6 000 mm。接触网线岔采用交叉线岔方式。附加导线采用铝包钢芯铝绞线。改建线路地段与既有标准保持一致。

接触网绝缘泄漏距离不小于1 400 mm,严重污秽地区适当加强绝缘。一般地段采用瓷质绝缘子,跨线桥两侧、严重污秽地段、锚段关节等处采用合成绝缘子。绝缘关节、电分相、供电线上网处设电动隔离开关并纳入远动。采用锚段关节式电分相,尽量避免设在大坡道、列车出站加速区段和线路限速低速区段。

接触网支柱,正线和联络线路基地段采用横腹杆式预应力钢筋混凝土支柱,桥上采用热浸镀锌格构式钢柱。车站及多线并行区段采用软横跨,软横跨支柱采用格构式钢柱。淮北站采用轻型硬横梁结构。车站有雨棚地段接触网支柱与雨棚柱合架。路基区段支柱侧面界限应满足大型养路机械作业要求,一般按 3.1 m 设计。

接触网支柱标准跨距一般为 60 m,最大不超过 65 m。锚段关节一般采用四跨关节,正线最大锚段长度一般不大于 2×700 m、困难情况下不大于 2×750 m。附加导线锚段长度一般不大于 2 000 m。

在青龙山综合维修工区设接触网工区、在萧县站设接触网工区,对牵引供电设施进行运营维护和管理。

3.55.2　电力工程

新建 1 条 10 kV 自闭电力线,采用架空线路与电缆敷设混合方式,通过树林密集地段采用电缆或架空绝缘线。配合增建第二线及电气化挂网的需要,对受影响的既有 10 kV 贯通线进行迁建,以满足给本线供电的需要。

改造既有宿州、青龙山和夹河寨 10 kV 配电所给新建 10 kV 自闭电力线供电。利用联络线工程建设的坡里 10 kV 配电所为本线供电。利用淮北至萧县北客车联络线淮北 10 kV配电所为本线 10 kV 贯通线和自闭电力线供电。

设有 10 kV 配电所的车站其站房综合用电负荷设室内 10/0.4 kV 综合变电所供电,电源引自配电所站馈线。没设 10 kV 配电所的车站其站房综合用电负荷设室内 10/0.4 kV 综合变电所供电,从地方电网接引 10 kV 电源。

车站与行车密切相关的通信信号等一级负荷设室内 10/0.4 kV 专用变电所供电,电源分别引自 10 kV 贯通线和自闭电力线提供主备用电源。

沿线区间与行车密切相关的通信信号负荷设 10/0.4 kV 箱式变电站供电,电源分别引自 10 kV 贯通线和自闭电力线。

沿线区间其他用电负荷设 10/0.4 kV 综合变电所供电,从地方电网接引 10 kV 电源。

新设电力远动系统,新增设备按管辖范围分别纳入南京、合肥、徐州供电段既有电力运动调度主站管理,并对调度主站进行扩容改造。

3.55.3　通信工程

长途通信线路,全线新设 1 条 48 芯通信直埋光缆,与信号自闭电缆同沟敷设。既有通信线路按电气化区段防护标准改造使用。

站内信息用户按需要单独新设不同容量的光缆线路,以满足所设多业务接入网组网的需要。

传输系统,新设 SDH 10 Gbit/s 长途骨干传输系统,在徐州通信站、淮北通信站、符离集和青龙山及夹河寨站通信机械室新设 SDH 10 Gbit/s 设备,利用新建 48 芯光缆构成复用段 1+1 保护。

新设 SDH 2.5 Gbit/s 接入网系统,沿线各车站新设 SDH 2.5 Gbit/s 设备,利用新建 48

芯光缆构成复用段 1 +1 保护。并在同一车站将 SDH 2.5 Gbit/s 设备通过光接口与 SDH 10 Gbit/s 设备互联。

沿线 GSM-R 区间通信基站、牵引变电所和区间其他信息接入点新设 SDH 622 Mbit/s 设备,利用新建光缆接入车站 SDH 2.5 Gbit/s 接入网系统。

站内电力配电所、红外轴温探测站等处新设 SDH 155 Mbit/s 或 SDH 622 Mbit/s 设备,利用新建光缆接入车站 SDH 2.5 Gbit/s 接入网系统。

数据网系统,利用上海铁路局 2014 年通信网改造工程所建的数据网系统。

电话交换系统,利用既有程控电话交换机,沿线新设自动电话用户按管辖和隶属范围通过接入网系统接入既有铁路电话交换机,通过统一编号,实现与既有铁路电话专网的互通。

新设数字调度通信系统,沿线各车站新设车站型数字调度通信交换机、调度分机及配套设备,通过调度网接入上海铁路局调度所既有中心调度通信交换机和调度通信系统及新设的本线列车调度台管辖和指挥,并增设调度员操作台等配套设备。

新设 GSM-R 移动通信系统,利用上海铁路局既有 GSM-R 核心网交换机等设备,在淮北通信站新设 1 套基站控制器(BSC)等设备,沿线车站新设通信基站(BTS),采用单网覆盖方式组网,通过网络将通信基站接入 BSC 设备和铁路局的 GSM-R 核心网交换机。区间弱场区采用通信基站和天线等方式增强。以满足无线场强覆盖和信息传输的需要,完成调度通信、调度命令和无线车次号校核信息传送等功能。

在本线与郑徐客运专线交叉区段、与淮北至萧县北联络线和青阜铁路平行及接近区段,其无线场强覆盖应结合本线建设需要及相关铁路 GSM-R 系统设计方案统筹考虑。

应急通信系统,淮北通信工区新设应急通信现场接入设备,接入上海铁路局既有应急通信中心系统,会议电视系统利用既有。

通信电源,各新建通信机械室设 48 V 高频开关电源和蓄电池,并新设电源和机房环境监测系统及采集设备,对电源和机房环境条件进行监控。

3.55.4　信号工程

车站联锁,符离集(不含)至夹河寨(不含)正线各车站新设硬件安全冗余型计算机联锁设备和信号综合智能电源屏。符离集和夹河寨站计算机联锁设备利旧改造。各站其他设备按电气化标准改造使用。

车站站内采用 97 型 25 Hz 相敏轨道电路,轨道电路接收设备采用二元二位继电器,合理配备扼流变压器(含适配器)。车站正线接发车进路电码化采用预叠加发码、到发线采用叠加发码方式,发码设备采用 ZPW-2000 发送设备,按 1 +1 冗余配置。分路不良轨道区段采用高压不对称脉冲轨道电路。站内 97 型 25 Hz 相敏轨道电路和电码化电缆采用铝护套数字信号电缆,其他信号电缆采用综合护套信号电缆。

新设运输调度指挥系统(TDCS),符离集(不含)至夹河寨各车站新设 TDCS 分机设备和配套设备,符离集站和联络线上的徐楼站既有 TDCS 分机设备利旧改造。维持既有调度区划分接入上海铁路局调度所 TDCS/CTC 总机系统,本线仍由淮北行车调度台管辖;符离集站由京沪调度台管辖,夹河寨站由陇海调度台管辖。

岱河站至淮北站采用 CTCS-2 级列控系统,该段临时限速命令由郑徐客运专线临时限速服务器统筹管辖。在岱河站、淮北站设信号安全数据网接入设备、列控中心、应答器及电子编码单元等设备。所设信号安全数据网与郑徐客运专线信号安全数据网连通,所设列控中心负责完成有源应答器的编码控制。设在岱河站的列控中心完成岱河至淮北北高速场的区间改变方向控制和站间信息传输。本线站间的区间改变方向控制和站间信息传输由区间光传输设备完成。工程内容纳入郑徐客车联络线工程实施。

区间闭塞制式,全线采用四显示自动闭塞,设区间地面通过信号机,正向按追踪间隔运行、反向采用自动站间闭塞行车;与其相邻的线路维持既有闭塞制式不变。

符离集至夹河寨正线区间及濉溪至徐楼联络线采用 ZPW-2000 系列无绝缘移频轨道电路,其发送设备按 $N+1$ 冗余配置,采用继电编码。闸河至新河段设区间光传输设备,实现站间安全信息传输、区间方向控制、区间占用逻辑检查报警等功能。

区间 ZPW-2000 轨道电路干线电缆采用铝护套内屏蔽数字信号电缆,分支电缆采用综合护套信号电缆,干线电缆有效传输长度一般不大于 10 km。

信号集中监测系统,闸河至新河(不含)各车站新设集中监测分机设备,符离集和徐楼站既有集中监测分机设备利旧改造,在淮北电务车间及岱河、淮北、青龙山、闸河信号工区设集中监测终端。按照管辖范围和隶属关系通过监测网分别接入合肥、南京、徐州电务段信号集中监测总机系统。

沿线信号设备房屋设防雷电、电磁兼容和综合接地防护系统,并与专用贯通地线等电位连接。

综合接地系统,沿铁路一侧新设 1 条截面为 35 mm^2 的铜芯专用贯通地线,在电气特性上全程贯通,接地电阻不大于 1 Ω。沿线轨旁信号设备安全接地与贯通地线等电位连接。

沿线各站设信号值班工区,信号车间维持既有,负责本线段信号设施的运营维护和管理。

参加符夹铁路扩能改造工程施工的有中铁建电气化局集团,中铁十六局、二十四局集团等单位。扩能改造工程于 2015 年 3 月开工。2018 年 12 月 27 日青龙山牵引变电所成功受电。2019 年 1 月 16 日向全线接触网送电。2019 年 1 月 17 日进行接触网热滑试验。2019 年 1 月 18 日正式开通运营。

3.56 青龙山至阜阳铁路电气化改造

既有青阜单线铁路位于安徽省北部地区,东北起自淮北市青龙山站,向西南方向途经淮北市濉溪县、亳州市涡阳和利辛县至阜阳市颍泉区,终到阜阳北站,线路全长 152 km(图 3.56)。该线始建于 1969 年 12 月,1970 年 10 月 1 日建成通车。由于受当时条件的限制,技术标准较低。运营以来运输能力十分紧张,制约了皖煤外运和当地经济的发展。为改变这一状况,国家决定对该线进行复线改造,增加运能。复线一期工程 2008 年完工、二期工程 2009 年 8 月完工。但随着区域经济的发展,还是满足不了沿线运输需求量的要求，经国家批准对该线进行电气化改造，以进一步提高其运输效率。电气化改造范围：起自东北端的徐楼站（含），终到西南端的阜阳北站（不含）（K7 + 100 ~ K139 + 400），正线全长 132.3 km。全线车站分布维持既有，设有徐楼、百善、青町、天齐庙、涡阳、西潘楼、插花、阜阳北等车站。工程范围还包括阜阳地区相关工程。青阜线是连接京九、京沪干线的一条重要铁路，也是淮北地区煤炭外运的重要通道，其电气化改造工程的建成开通，对满足华东地区能源供应，缓解京九、京沪铁路干线通过压力，提升皖煤外运能力，具有重要意义，同时对安徽省经济发展和沿线资源开发也起到重要作用。

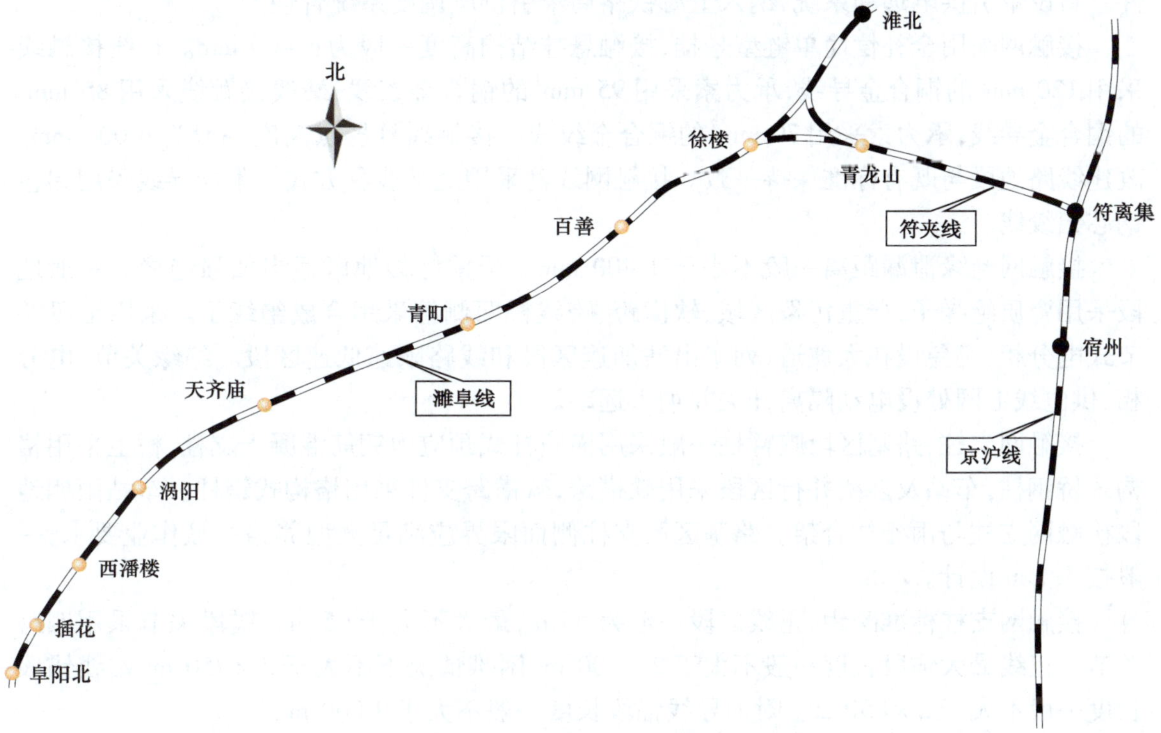

图 3.56　青阜铁路示意图

青阜铁路电气化改造工程的建设单位是上海铁路局合肥电气化改造工程建设指挥部。设计单位是中铁上海设计院集团有限公司。线路主要技术标准：铁路等级，Ⅰ级；正线数目，双线；限制坡度，4‰；最小曲线半径，一般地段 1 200 m、困难地段 800 m；到发线有效长度，1 050 m；闭塞类型，自动闭塞；设计行车速度，120 km/h；牵引种类，电力牵引（直供加回流线供电方式）；机车类型，HX 系列；牵引质量，5 000 t。

3.56.1　电气化工程

牵引供电采用带回流线的直接供电方式。全线新设青町、江集 2 座牵引变电所，新设海孜、涡阳、永兴集 3 座分区所。改造利用既有京九铁路电气化所建的阜阳北牵引变电所、利用符（离集）夹（河寨）铁路电气化所建的青龙山牵引变电所给本线供电。

新建牵引变电所引入 2 路独立的 110 kV 电源供电，互为备用。110 kV 电源侧采用带跨条的线路分支接线,主变压器采用户外低式布置,其他电气设备采用户外中型布置;27.5 kV 侧采用单母线分段接线,电气设备采用室内开关柜布置,27.5 kV 馈线断路器采用户外固定备用方式。新建分区所采用箱式布置。利用改建的牵引变电所维持既有标准和布置方式。

新建牵引变电所设 2 台变压器,采用固定备用、平衡接线、油浸自冷方式、预留风冷条件。青町和江集牵引变电所变压器安装容量均为 2×31.5 MV·A。

新建牵引变电所采用微机保护和综合自动化系统,按无人值班设计,适当预留值守条件。新设牵引供电远动系统,纳入上海铁路局牵引供电调度系统管理。

接触网采用全补偿简单链型悬挂,接触悬挂结构高度一般为 1 400 mm。正线接触线采用 120 mm^2 的铜合金导线,承力索采用 95 mm^2 的铜合金绞线;站线接触线采用 85 mm^2 的铜合金导线,承力索采用 70 mm^2 的铜合金绞线。接触线悬挂点高度一般为 6 000 mm。改建线路地段与既有标准保持一致。接触网线岔采用交叉线岔方式。附加导线采用铝包钢芯铝绞线。

接触网绝缘泄漏距离一般不小于 1 400 mm。严重污秽地区适当加强绝缘。一般地段采用瓷质绝缘子,严重污秽区域、软横跨、跨线桥两侧等采用合成绝缘子。采用锚段关节式电分相,避免设在大坡道、列车出站加速区段和线路限速低速区段。绝缘关节、电分相、供电线上网处设电动隔离开关并纳入远动。

接触网支柱,路基区段腕臂柱一般采用横腹杆式预应力钢筋混凝土支柱,桥上采用格构式桥钢柱,车站及多线并行区段采用软横跨,软横跨支柱采用格构式钢柱。车站雨棚地段接触网支柱与雨棚柱合架。路基区段支柱侧面限界应满足大型养路机械作业要求,一般按 3.1 m 设计。

接触网支柱标准跨距,正线区段一般为 55 m,最大不大于 65 m。锚段关节采用四跨关节。正线最大锚段长度一般不大于 2×700 m、困难情况下不大于 2×750 m;站线锚段长度一般不大于 2×850 m。附加导线锚段长度一般不大于 2 000 m。

本线为现状电化,既有维护机构不做调整,利用符夹铁路电气化所建的青龙山接触网工区,并新建涡阳、西潘楼、阜阳接触网工区,负责新建牵引供电设施的运营维护、管理和抢修工作。阜阳接触网工区结合阜阳北改扩建工程和京九线维修养护统筹实施。

3.56.2 电力工程

利用既有 10 kV 电力贯通线和自闭电力线,仅对沿线受电气化挂网影响的部分既有 10 kV 自闭电力线路进行迁建。

利用既有青龙山、涡阳 10 kV 配电所及阜阳北 35 kV 变电所为本线供电。根据沿线用电负荷新增情况,对涡阳 10 kV 配电所调压器进行增容改造,将室外隔离开关杆改造为隔离开关柜。

根据各车站用电负荷性质和负荷量的增加情况,对不能满足铁路电气化改造工程用电要求的既有供电设施进行增容和改造。

各车站动力和照明增加的负荷,增容改造既有综合变压器容量保证供电。

沿线车站站房内新增综合用电负荷设箱式变电站供电，设有变配电所的车站从变配电所站馈线接引电源，没设10 kV配电所的车站从地方电网接引电源供电。

各车站与行车相关的通信信号等一级负荷设室内箱式变电站供电，电源引自2路10 kV贯通线。区间新增通信信号等一级用电负荷设箱式变电站供电，分别从10 kV贯通线和自闭电力线接引主备用电源。

牵引变电所、分区所所用电从10 kV贯通线接引1路备用电源。主用电源由牵引供电系统自供。区间新增其他用电负荷设箱式变电站或杆架式变电台供电，优先从地方电网接引电源供电，不具备接引条件的从10贯通线接引电源。

沿线既有电力工区维持既有，按照划分的所属范围负责电力设施的运营维护和管理。

3.56.3 通信工程

全线新敷设1条32芯长途光缆通信线路。车站内信息用户按照需要单独敷设不同容量的光缆线路。到GSM-R区间通信基站、牵引变电所、分区所等机房敷设1条8芯分歧光缆。

传输系统，新设SDH 10 Gbit/s长途骨干传输系统。阜阳通信站和涡阳站通信机械室设SDH 10 Gbit/s设备，利用新建的1条32芯通信光缆构成复用段1+1保护。本线至上海、合肥新增传输通道利用既有通信网解决。

新设SDH 2.5 Gbit/s多业务传输接入网系统，各车站设SDH 2.5 Gbit/s设备，利用新建的1条32芯通信光缆构成复用段1+1保护。沿线区间通信基站、牵引变电所、分区所等信息接入点设SDH 622 Mbit/s设备。车站接触网工区、红外轴温探测站等处新设SDH 155 Mbit/s或SDH 622 Mbit/s设备，在车站通信机械室接入SDH 2.5 Gbit/s传输系统、SDH 622 Mbit/s接入系统设备。

新设数据网，在淮北通信机械室设汇聚路由器。各车站新设接入路由器，负责本地数据的接入。相邻车站接入路由器之间采用光纤联接，异地接入路由器与汇聚路由器之间通过传输通道联接，并上联至上海铁路局的核心路由器，实现数据业务的汇聚与转发。

电话交换系统，利用阜阳等通信站的既有程控电话交换机，沿线新增自动电话用户按管辖范围通过接入网接入既有电话交换机，通过统一编号，实现与既有电话专网的互通。

新设数字调度通信系统。利用上海铁路局调度所既有数字调度通信交换机等配套设备；沿线车站新设车站型调度通信交换机、调度分机等配套设备，通过调度网接入铁路局调度所中心调度通信交换机和调度通信系统，维持既有调度区划分和既有列车调度台调度指挥。

新设GSM-R移动通信系统，利用上海铁路局既有GSM-R核心网设施，利用符夹铁路电气化工程在淮北通信站所设的基站控制器（BSC）等设备；沿线车站和区间设通信基站，采用单网覆盖方式组网，将通信基站接入BSC设备和铁路局的GSM-R交换机。区间弱场区采用通信基站和天线等方式增强，以满足无线场强覆盖的需要。完成调度通信、调度命令和无线车次号校核信息传送等功能。

本线与符夹铁路接近区段，无线场强覆盖结合本线建设需要及符夹铁路GSM-R系统设计方案统筹考虑。

会议电视系统,在维修车间/工区新设会议电视分会场设备,通过传输通道接入上海铁路局既有会议电视中心系统。

应急通信系统,在维修车间新设应急通信现场接入设备,通过传输通道接入上海铁路局既有应急通信中心系统。

通信电源,各新建通信机械室设 48 V 高频开关电源和蓄电池。并设电源和机房环境监控系统及采集设备。对电源和机房环境条件进行监控。

3.56.4 信号工程

车站联锁,青町、天齐庙和插花站室内新设硬件安全冗余型计算机联锁设备,室外设备按电气化区段技术标准进行适用性改造,增设扼流变压器、横向连接线和接地等。针对青町站 4 条调车线改为到发线的实际情况,相应增设列车信号机和电码化设备。徐楼、百善、涡阳、西潘楼等车站的室内和室外信号设备按电气化区段技术标准进行适用性改造。室外设备增设扼流变压器、横向连接线和接地等。增加的工区道岔纳入邻近车站联锁设备集中控制。工区道岔区段采用高压脉冲轨道电路以解决分路不良,满足电气化区段的使用要求。

列车调度指挥系统,青町、天齐庙和插花站新设 TDCS 分机和配套设备,室外设备按电气化区段的技术标准利旧改造。徐楼、百善、涡阳、西潘楼站既有 TDCS 分机设备维持既有,按电气化区段的技术标准利旧改造。调度区的划分、行车调度台的设置及管辖范围维持既有不变。

区间闭塞制式,全线维持既有四显示自动闭塞系统,按电气化区段的使用标准要求进行适用性修改,保证设备的正常使用和列车的安全运行。

区间维持既有 ZPW-2000 系列无绝缘移频轨道电路,按电气化区段的使用标准要求进行适用性改造,保证轨道电路和设备的正常使用和列车的安全运行。

信号集中监测系统,在青町、天齐庙和插花站新设集中监测分机设备。涡阳、西潘楼、徐楼、百善、临焕、双庙等站(信号中继站)既有集中监测分机设备按电气化区段的技术标准利旧改造。

完善各站信号设备房屋的防雷电、电磁兼容和综合接地防护系统。

承担本线电气化改造工程施工的有中铁电气化局集团等单位。2015 年 1 月电气化改造工程开工,2018 年 11 月 13 日完成冷滑试验。2018 年 11 月 26 日全线接触网送电。2018 年 11 月 28 日完成徐楼站至阜阳北站间接触网热滑试验。2019 年 1 月 21 日正式开通运营。

3.57 泗安至杭州铁路电气化改造

既有泗安至杭州段铁路,北起宣杭线的泗安站,途经长兴、湖州、德清等市县(区),南到杭州铁路枢纽的乔司站,线路全长约 139.7 km(图 3.57)。该段线路由宣杭线泗安至行宫塘段和杭州枢纽内相关线路组成。工程范围包括宣杭线泗安至行宫塘站线长 118.697 km。杭州枢纽内宣杭线行宫塘至乔司站，其下行线长 20.62 km、上行线长 21 km；宣杭老线行宫塘经杭州北至艮山门站线长 14.8 km；杭北联络线长 1.23 km；宣杭老线德清西至行宫塘段长 48.755 km。对该段线路进行电气化改造，封闭既有陶辛镇、三元等车站。全段设有泗安、大云、长兴南、湖州西、湖州、妙西、德清西、梅峰、行宫塘、沈家塘、杭州北、星桥、乔司等车站。该段铁路是华东二通道的重要组成部分，是与华东地区间客货交流的东西向铁路干线，也是两淮煤炭基地的主要运输通道。电气化改造的建成开通，对提高运输能力，改善服务质量，满足沿线地区经济的快速发展，促进东部铁路电气化成网等都起到积极的作用。

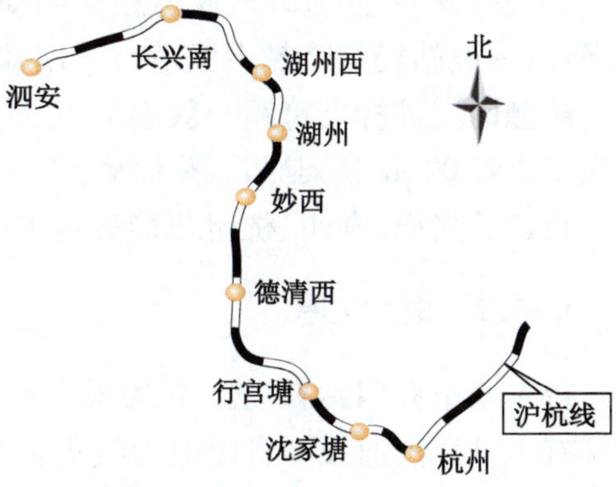

图 3.57　泗安至杭州铁路示意图

泗杭铁路电气化改造工程的建设单位是上海铁路局杭州铁路枢纽工程建设指挥部。设计单位是中铁第六勘察设计院集团有限公司。线路主要技术标准：铁路等级，Ⅰ级；正线数目，双线；限制坡度，6‰；最小曲线半径，120 km/h 地段一般 1 200 m、困难地段800 m，160 km/h 地段一般 2 000 m、困难 1 600 m；到发线有效长度，1 050 m；闭塞类型，自动闭塞；设计行车速度，140 ~ 160 km/h；牵引种类，电力牵引（直供加回流线供电方式）；机车类型，SS 系列、HXD 系列；牵引质量，5 000 t。

3.57.1　电气化工程

牵引供电采用带回流线的直接供电方式。全线新设泗安、湖州西、德清西、行宫塘等牵引变电所。新设长兴、梅峰、K185 + 700 等分区所。

新建牵引变电所引入 2 路 110 kV 电源供电，110 kV 侧设备采用户外中型布置，27.5 kV侧设备采用户内空气开关柜布置，分区所采用箱式结构。

新建牵引变电所设 2 台三相平衡接线变压器，采用固定备用方式。各牵引变电所变压器安装容量：泗安、湖州西、德清西、行宫塘均为 2 ×40 MV · A。

新建牵引变电所采用微机保护和综合自动化系统，按无人值班设计，牵引变电所适当考虑值守条件，并设视频安全监控系统。新设牵引供电远动系统，纳入上海铁路局调度所普速牵引供电远动系统，对新建牵引供电设施进行集中监控。

接触网采用全补偿简单链型悬挂，接触悬挂结构高度一般为 1 400 mm。接触线采用 120 mm^2 的铜银接触导线，承力索采用 95 mm^2 的铜合金绞线。接触线悬挂高度应满足带电通过超级超限货物列车。附加导线一般采用铝包钢芯铝绞线。

接触网绝缘泄漏距离一般不小于 1 400 mm。一般地段采用瓷质绝缘子，严重污秽等地段采用合成绝缘子。采用带空气间隙绝缘中性段的锚段关节式电分相，尽量避免设在大于 6‰的坡道上、列车出站加速区段和线路限速低速区段。

接触网支柱,路基地段腕臂柱采用横腹杆式预应力钢筋混凝土支柱,桥支柱采用格构式钢柱,一般站场等跨越多股道时采用软横跨和钢柱,宣城站采用硬横梁和H型钢柱。

接触网支柱标准跨距一般不大于55 m。锚段关节采用四跨关节,最大锚段长度一般不大于2×700 m、困难情况下不大于2×800 m。附加导线锚段长度一般不大于2 000 m。

新建长兴南、湖州、杭州北接触网工区,负责新建牵引供电设施的运营维护和管理。

3.57.2　电力工程

行宫塘至乔司站新设1条10 kV电力贯通线。泗安至行宫塘站间对影响接触网挂网的既有10 kV贯通线和自闭电力线进行迁建,新建和迁建的10 kV贯通线和自闭电力线路分别采用截面为70 mm^2和50 mm^2的铜芯电力电缆。其他地段维持既有。

利用铁路沿线既有10 kV配电所为本线车站和电力贯通线供电。设有10 kV配电所的车站站房新增用电负荷,利用原供电设施和供电方案供电。

各车站与行车有关的通信信号等一级用电负荷设室内10/0.4 kV变电所或箱式变电站专用变压器供电,电源引自10 kV贯通线和自闭电力线。

区间与行车密切相关的通信信号等一级用电负荷设箱式变电站供电,电源分别引自10 kV贯通线和自闭电力线。

改造和完善电力远动系统,纳入杭州供电段电力控制中心监控。

3.57.3　通信工程

新建长兴南、德清西通信站。广德至杭州、长兴南至煤山段分别沿铁路敷设1条48芯通信光缆。既有长途通信光缆继续使用,宣杭老线德清西至行宫塘段既有通信系统继续使用。

传输系统,全线新设SDH 10 Gbit/s传输系统,沿线主要车站设SDH 10 Gbit/s设备,宣城通信站新设SDH 10 Gbit/s设备,利用新建的48芯干线光缆和既有干线光缆构成双光缆保护。

新设SDH 2.5 Gbit/s接入网系统,沿线各车站新设SDH 2.5 Gbit/s设备,利用新建的48芯干线光缆和既有干线光缆构成双光缆保护。并在同一车站将SDH 2.5 Gbit/s设备通过SDH 2.5 Gbit/s光接口与SDH 10 Gbit/s设备互联。乔司编组站各场信号楼、站调楼新设SDH 2.5 Gbit/s设备,利用新建的48芯干线光缆构成SDH 2.5 Gbit/s环形传输接入网。

区间通信基站、牵引变电所、分区所等信息接入点设SDH 622 Mbit/s设备,利用光缆接入相邻车站SDH 2.5 Gbit/s接入网系统。

站内牵引变电所、电力配电所、派出所、车辆段等处新设SDH 622 Mbit/s设备,纳入车站SDH 2.5 Gbit/s接入网系统。

新设数据网,利用上海铁路局调度所既有核心路由器,利用其他工程设在芜湖、杭州的汇聚路由器;沿线车站新设接入路由器,负责本地数据的接入与交换。相邻车站接入路由器之间采用光纤联接,接入路由器与汇聚路由器之间按隶属关系通过传输通道联接,并上联至铁路局调度所的核心路由器,实现数据业务的汇聚与转发。

电话交换系统,利用宣城、德清、长兴、杭州通信站既有程控电话交换机,沿线新增自动电话用户按所属范围分别接入既有程控电话交换机,通过统一编号,实现与既有铁路电话专网的互通。

新设调度通信系统,上海铁路局调度所新设中心调度通信交换机及配套设备;沿线车站新设车站型调度通信交换机、调度分机及配套设备,通过调度网接入铁路局调度所中心调度交换机和调度通信系统。维持既有调度区划和既有列车调度台管辖不变。

无线通信系统,广德至乔司、长兴南至煤山新设 GSM-R 移动通信系统,利用上海铁路局既有 GSM-R 交换机,在杭州新设基站控制器(BSC),利用其他工程设在芜湖的基站控制器(BSC),沿线车站或区间新设通信基站,采用单层覆盖方式组网,按管辖范围分别将通信基站接入芜湖和杭州的 BSC 设备及铁路局 GSM-R 交换机。区间弱场区采用光纤直放站、漏泄电缆和天线方式增强,以满足无线场强覆盖的需要。完成调度通信、调度命令和无线车次号校核信息传送等功能。

在本线与相关铁路交叉、平行区段,GSM-R 系统的频率规划和无线场强覆盖应统筹设计。

应急通信系统,在长兴新设应急通信系统现场接入设备,利用其他工程在杭州所设的应急通信系统现场接入设备,通过传输通道接入上海铁路局既有应急通信中心系统。

通信电源,沿线各通信设备机房新设 48 V 直流电源和蓄电池组。新设电源和机房环境监控系统及采集设备,实现对电源和机房环境的监控。

3.57.4　信号工程

车站联锁,湖州站、行宫塘站、沈家塘站、星桥站、乔司站调车场尾部及出发场,杭州北站、杭州北线路所、艮山门线路所,上柏站、石濑站、仓前站等车站既有联锁设备利旧改造,对其电源设备扩容改造;泗安、大云、长兴南、湖州西、妙西、德清西、梅峰等其余车站(场)新设硬件冗余型计算机联锁设备和信号电源屏及 UPS 不间断电源设备。其中长兴南站牵出线衔接既有驼峰头部推送线的 2 组道岔调整纳入长兴南站联锁设备集中控制,既有驼峰信号维持既有。乔司站上行场至到达场反到线按场间联系设计,根据运输需要新设进路信号机。

结合车站场道岔设计类型,配备相应的道岔转辙设备,并与既有电务维修工装相适应。室外不动的转辙设备利旧,工程倒替下来的转辙机经整修后充分利用。

各车站(场、所)站内及衔接的单线接近区段,均采用 97 型 25 Hz 相敏轨道电路叠加车站电码化,发码设备采用 ZPW-2000 系列设备,站内正线接车进路采用预叠加发码、到发线及车站接近区段采用占用叠加发码方式。为解决站内局部岔线区段轨道电路分路不良,在岔线轨道区段采取符合技术条件要求的技术措施。

泗安站(含)至乔司站(含)段、宣杭老线德清西(不含)至行宫塘(不含)段采用列车调度指挥系统(TDCS),沿线各车站新设 TDCS 分机设备和信息安全设备,信号中继站新设 TDCS 信息采集设备;杭州北、艮山门线路所利用既有 CTC 分机设备;对应嘉兴车务段和乔司站车务管辖范围分别新设1套TDCS车站服务器设备。维持既有调度区划分通过调度网接入上海铁路局调度所CTC/TDCS总机系统和既有列车调度台管辖不变。但需对既有CTC/TDCS系统总机、调度台、信息安全、通道质量监督等硬件设备和软件进行相应修改。

列车运行控制系统,本工程维持既有CTCS-0级列控系统。长兴南站、湖州西站、杭州北站、乔司编组站上下行场等处的既有无线调车机车信号和监控系统(STP)设备利旧改造。

区间闭塞制式,泗安(含)至行宫塘(不含)双线区段采用四显示自动闭塞,按双线双方向运行,正向采用追踪间隔运行、反向采用自动站间闭塞行车。行宫塘(含)至乔司(含)段既有四显示自动闭塞结合电气化工程进行适应性改造。既有宣杭老线德清西(不含)至行宫塘(不含)段维持既有单线半自动闭塞。其中行宫塘(不含)至沈家塘至艮山门线路所段单线站间距离较近,将接近区段轨道电路连通,覆盖站(所)之间的区间。

泗安至行宫塘双线区间采用ZPW-2000系列轨道电路,设区间地面通过信号机。轨道电路发送设备按 $N+1$ 配置、接收设备采用 $1+1$ 配置方式。增加区间占用逻辑检查功能,站间安全信息采用电缆传输。

区间ZPW-2000轨道电路长度按照有关技术条件区分路基、桥梁等不同地段道床参数进行设计。轨道电路干线电缆有效传输长度按10 km控制,个别困难地段可采用轨道电路分割方式,按12~13 km控制。ZPW-2000系列轨道电路干线电缆采用铝护套数字信号电缆,其余信号设备干线电缆采用铝护套综合扭绞信号电缆,分支电缆采用综合护套综合扭绞信号电缆。

信号集中监测系统,对应新建计算机联锁设备的车站(场、所)、信号中继站和乔司站编组站新设集中监测分机设备,并增设道岔缺口监测功能。通过监测网按管辖和隶属关系分别接入相关电务段集中监测总机系统,根据需要对总机设备进行相应改造。

新增信号设备房屋设防雷电、电磁屏蔽和综合接地防护系统,与既有房屋综合防雷接地系统等电位连接,并与贯通地线等电位连接。

泗安至行宫塘双线自动闭塞区段新设1条截面为35 mm^2 的铜芯电缆专用贯通地线。在电气特性上全程贯通,接地电阻不大于1 Ω,形成低阻等电位综合接地平台。沿线轨旁信号设备安全接地后就近与贯通地线等电位连接。行宫塘至乔司段既有信号专用贯通地线利旧使用。

既有信号车间、检修工区、值班工区等维修机构维持既有,负责信号设施的运营维护和管理。

参加该线段电气化改造工程施工的有中铁十七局集团等单位。工程于2016年12月30日开工,2018年12月18日全线接触网送电,2019年1月25日全线开通运营。

3.58　芜湖至广德铁路电气化改造

既有芜广段铁路位于安徽省中东部,是铁路网上的华东二通道(阜阳—合肥—宣城—杭州）中段，西起芜湖站向南引出，途经芜湖市火龙岗镇、芜湖县城湾沚镇、宣城市宣城站、东到广德站，大致呈西北东南走向。由宁芜线芜湖（不含）至芜湖南段（K113 +618 ~ K124 +007.05）10.389 km、皖赣线芜湖南至宣城段（K0 +000 ~ K56 +000）、宣杭线宣城至广德（含）段（K0 +000 ~ K79 +930）组成，线路全长 146.319 km（图 3.58）。芜广段电气化改造封闭陶辛镇、陶辛、三元 3 个既有站，并将芜湖南、湾沚、巷口桥、建国、十字铺、誓节渡、广德等车站到发线有效长 850 m 延长至 1 050 m（巷口桥站和宣城站改建纳入皖赣线芜湖至宁国段扩能改造工程）。本线电气化后调度区划分、行车调度台划分维持既有不变。全线设有芜湖、芜湖南、八里湾、湾沚、巷口桥、宣城、建国、十字铺、誓节渡、广德等车站。该段电气化改造工程的建成开通不仅增加了运输能力，提高了运输服务质量。也为地方经济发展和国防战备服务奠定了基础。

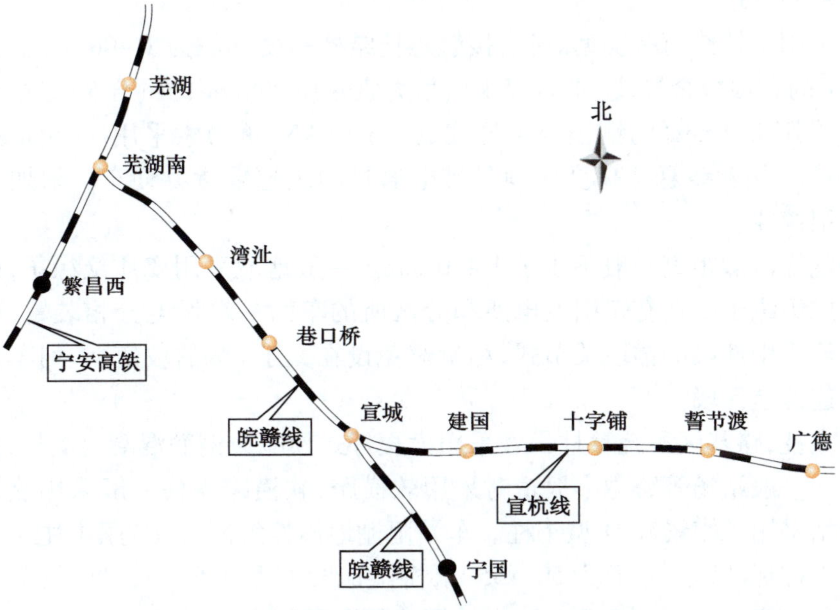

图 3.58　芜湖至广德铁路示意图

芜广段电气化改造的建设单位是上海铁路局合肥铁路枢纽工程建设指挥部。设计单位是中铁第六勘察设计院集团有限公司、中铁上海设计院集团有限公司。线路主要技术标准：铁路等级，Ⅰ级；正线数目，双线；限制坡度，6‰；最小曲线半径，120 km/h 的一般地段 1 200 m、困难地段 800 m ，160 km/h 的一般地段 2 000 m、困难地段 1 600 m；到发线有效长度，1 050 m；闭塞类型，自动闭塞；设计行车速度，芜湖至宣城段 120 km/h、宣城至广德段 140 ~ 160 km/h；牵引种类，电力牵引（直供加回流线供电方式）；机车类型，SS 系列、HXD 系列；牵引质量，5 000 t。

3.58.1　电气化工程

牵引供电采用带回流线的直接供电方式。全线新设湾沚、十字铺牵引变电所。新设芜湖南（兼开闭所）、皖赣 K41、建国、广德等分区所；改造利用宣城牵引变电所增加馈线设备为本线供电,其变压器安装容量在商合杭铁路工程中一次安装到位。

新建牵引变电所引入 2 路 110 kV 电源供电,110 kV 电源侧采用分支接线,牵引变压器采用户外低式布置,其他电气设备采用户外中型布置; 27.5 kV 侧采用单母线分段接线,27.5 kV 馈线出口处的隔离开关采用室外中型布置,其余电气设备采用室内空气开关柜布置。分区所采用箱式结构。

新建牵引变电所设 2 台三相平衡接线变压器,采用固定备用、自冷方式、预留风冷条件。各牵引变电所变压器安装容量:湾沚为 2×40 MV·A、十字铺为 2×40 MV·A、宣城为 2×(40+31.5) MV·A。

新建牵引变电所采用微机保护和综合自动化系统,按无人值班设计,适当考虑值守条件,并设视频安全监控系统。新设牵引供电远动系统,纳入上海铁路局调度所普速牵引供电远动系统集中管理。

接触网采用全补偿简单链型悬挂,接触悬挂结构高度一般为 1 400 mm。正线接触线采用 120 mm^2 的铜银合金导线、张力 15 kN,承力索采用 95 mm^2 的铜合金绞线、张力15 kN;站线接触线采用 120 mm^2 的铜银合金导线、张力 10 kN,承力索采用 95 mm^2 的铜合金绞线、张力 15 kN。接触线悬挂高度应满足带电通过超级超限货物列车。附加导线一般采用铝包钢芯铝绞线。

接触网绝缘泄漏距离一般不小于 1 400 mm。一般地段采用瓷质绝缘子,严重污秽等地段采用合成绝缘子。在有牵引变电所和分区所的车站一端设电分相装置,电分相采用带空气间隙绝缘中性段的锚段关节式,尽量避免设在大于 6‰的坡道上、列车出站加速区段和线路限速低速区段。

接触网支柱,路基区段腕臂柱一般采用横腹杆式预应力钢筋混凝土支柱,桥支柱采用格构式钢柱。一般站场等跨越多股道时采用软横跨,软横跨支柱一般采用热镀锌格构式钢柱。宣城站采用硬横梁和 H 型钢柱。车站雨棚地段接触网支柱与雨棚柱合架。

接触网支柱标准跨距一般为 50 ~ 55 m,桥梁地段不大于 50 m,锚段关节采用四跨关节。正线锚段长度一般不大于 2×800 m 、困难情况下不大于 2×900 m;站线锚段长度一般不大于 2×850 m。附加导线锚段长度一般不大于 2 000 m。

新设湾沚、十字铺、广德接触网工区,利用改扩建皖赣新双线工程所建的宣城站供电工区,负责本线新建牵引供电设施的运营维护及抢修工作。

3.58.2 电力工程

受电气化挂网影响地段的既有 10 kV 贯通线和自闭电力线进行迁建,分别采用截面为 70 mm^2 和 50 mm^2 的导线架设。不受电气化挂网影响的地段维持既有,但应满足铁路电气化后的使用要求。

利用改造既有芜湖、湾沚、宣城、广德 10 kV 配电所,其中广德 10 kV 配电所引入第 2 路电源,为本段铁路 10 kV 贯通线和自闭电力线供电。利用既有芜湖东 35 kV 变电所为本段铁路 10 kV 贯通线供电。

设有 10 kV 配电所的车站其站房综合负荷设站内 10/0.4 kV 综合变电所供电,电源引自配电所站馈线。没设10 kV配电所的车站其站房综合负荷设站内10/0.4 kV综合变电所,从地方电网接引电源供电。

各车站与行车相关的通信信号等一级用电负荷设室内10/0.4 kV专用变电所供电,电源分别引自10 kV自闭电力线和贯通线。区间与行车密切相关的通信信号负荷设10/0.4 kV箱式变电站供电,电源分别引自10 kV贯通线和自闭电力线。

牵引变电所、分区所所用电从10 kV贯通线接引1路备用电源。区间其他用电负荷,在负荷集中处分别设10/0.4 kV综合变电站供电,从地方电网接引10 kV电源。

新设电力远动系统,纳入南京供电段电力控制中心,并对调度主站进行升级调试。

3.58.3　通信工程

新建芜湖通信站,全线沿铁路新设1条48芯长途通信光缆,既有24芯干线通信光缆按电气化防护标准进行适应性改造继续使用。

干线光缆到GSM-R区间通信基站、牵引变电所、分区所等机房新设1条12芯分歧光缆。车站通信机械室到站内10 kV配电所、接触网工区单独敷设2条12芯短段光缆。

传输系统,全线新设SDH 10 Gbit/s传输系统,在宣城新设SDH 10 Gbit/s设备,利用其他工程在芜湖所设的SDH 10 Gbit/s设备,利用新建的1条48芯长途光缆和既有长途光缆构成双光缆保护。

新设SDH 2.5 Gbit/s接入网系统,沿线车站新设SDH 2.5 Gbit/s设备,利用新建的1条48芯长途光缆和既有长途光缆构成双光缆保护。

GSM-R区间通信基站、牵引变电所、信号中继站等处新设SDH 622 Mbit/s设备,利用光缆接入相邻车站SDH 2.5 Gbit/s接入网系统。

新设数据网,利用上海铁路局调度所既有核心路由器,在芜湖新设汇聚路由器,利用其他工程在杭州所设的汇聚路由器,沿线车站新设接入路由器,负责本地数据的接入。相邻车站接入路由器之间采用光纤联接,接入路由器与汇聚路由器之间采用传输通道联接。并上联至铁路局调度所的核心路由器,实现数据业务的汇聚与转发。

电话交换系统,利用芜湖、宣城通信站的既有程控电话交换机,沿线新增自动电话用户按所属范围分别接入芜湖、宣城既有程控电话交换机。通过统一编号,实现与既有铁路电话专网的互通。

新设数字调度通信系统,在上海铁路局新设调度所型调度通信交换机,并与既有中心调度交换机互联。沿线车站新设车站型调度通信交换机及配套设备,通过调度网接入铁路局调度所中心调度通信交换机和调度通信系统,维持既有调度区划分和既有列车调度台管辖不变。

新设GSM-R移动通信系统,利用上海铁路局既有GSM-R交换机,利用其他工程在芜湖所设的基站控制器(BSC),沿线车站和区间设通信基站,采用单层覆盖方式组网,将通信基站接入BSC设备和铁路局的GSM-R交换机。区间弱场区采用光纤直放站、漏泄电缆和天线方式增强,以满足无线场强覆盖的需要,完成调度通信、调度命令信息和无线车次号校核信息传送等功能。

在本线与相关铁路交叉和平行区段,GSM-R 系统的频率规划和无线场强覆盖应统筹设计,避免相互影响。

通信电源,沿线车站、通信基站等通信机械室新设48 V 直流电源和蓄电池组。并新设电源和机房环境监控系统及采集设备。对电源和机房环境条件进行监控。

应急通信系统,利用其他工程在芜湖、宣城所设的应急通信系统现场接入设备,接入上海铁路局既有应急通信中心系统。

3.58.4　信号工程

车站联锁,巷口桥站、宣城站普速场利用其他工程所建的计算机联锁设备结合本工程利用改造,扩容电源设备。封闭的陶辛镇站、陶辛站、三元站拆除既有联锁设备。芜湖南、八里湾、湾沚、建国、十字铺等保留车站新设硬件冗余型计算机联锁设备和信号电源屏及 UPS 不间断电源。

根据车站(场)道岔设计类型,配备相应的道岔转辙设备,道岔位置不变动的转辙设备利旧,道岔位置变动的新装转辙设备。各站(场)列车进路经过的道岔新设道岔缺口监测装置。室内设道岔缺口监测主机,室外设道岔缺口监测分机,监测信息纳入信号集中监测系统。

新建联锁设备的车站站内及衔接的单线接近区段采用97 型25 Hz 相敏轨道电路,正线接发车进路电码化采用预叠加发码、到发线及车站接近区段采用占用叠加发码方式,发码设备采用 ZPW-2000 发送设备,按1 +1 冗余配置。对巷口桥站、宣城站普速场既有97 型25 Hz 相敏轨道电路增设扼流变压器,轨道电路设备按电气化区段使用要求进行适应性改造。对局部岔线轨道电路分路不良区段采用高压不对称脉冲轨道电路。站内轨道电路和电码化设备采用铝护套数字信号电缆,其余分支电缆采用综合护套信号电缆。

芜湖站普速场(不含)至广德站(含)段采用列车调度指挥系统(TDCS),巷口桥站和宣城站普速场在皖赣新双线工程所设 TDCS (3.0 版本)分机设备的基础上结合本程利用改造;芜湖南、八里湾、湾沚、建国、十字铺、誓节渡等各保留车站和区间信号中继站新设 TDCS 分机设备(信号中继站为 TDCS 信息采集设备)和信息安全等配套设备。对应芜湖车务段管理范围新设1 套 TDCS 车站服务器设备。按照既有调度区划分接入上海铁路局调度所 TDCS/CTC 总机系统,由既有芜湖列车调度台管辖和调度指挥。宣城站普速场既有无线调车机车信号和监控系统(STP) 设备利旧改造。对 TDCS/CTC 总机系统设备软件进行相应改造。

列车运行控制系统,本工程采用 CTCS-0 级列控系统,利用车站联锁和自动闭塞设备,配合车载“机车信号 + 监控装置”构成,以地面信号机作为指挥列车行车的凭证。

区间闭塞制式,芜湖站普速场(不含)至芜湖南站(含)段维持既有四显示自动闭塞制式,芜湖站普速场区间、室内设备利旧,结合电气化工程进行适应性改造。

芜湖南站(不含)至广德站(含)段新设四显示自动闭塞,按双线双方线运行,正向采用追踪间隔运行、反向采用自动站间闭塞行车。结合车站股道延长至1 050 m 及牵引计算对区间既有地面通过信号机布点按电气化标准进行调整。

芜湖南站至广德站区间采用 ZPW-2000 系列移频轨道电路，轨道电路发送设备按 $N+1$ 配置、接收设备按 1+1 配置，并增加区间占用逻辑检查功能。站间安全信息传输采用站间电缆联系方式。

区间 ZPW-2000 系列轨道电路干线电缆采用铝护套数字内屏蔽信号电缆。其余信号设备所用干线电缆采用铝护套综合扭绞信号电缆，分支电缆采用综合护套综合扭绞信号电缆。ZPW-2000 系列轨道电路所用电缆有效传输长度按 10 km 控制，个别困难地段按 12～13 km 控制。

信号集中监测系统，对应新建计算机联锁设备的车站和信号中继站新设集中监测分机设备，增设道岔缺口监测功能，巷口桥站、宣城站普速场既有集中监测分机设备利旧改造。通过监测网接入所属电务段集中监测总机系统，对监测总机系统设备软件进行相应修改。

芜湖站普速场至广德站四显示自动闭塞区段新设信号专用贯通地线，新建信号专用贯通地线采用截面为 35 mm^2 的铜芯电缆，在电气特性上全程贯通，接地电阻不大于 1 Ω，形成低阻等电位综合接地平台。沿线轨旁信号设备安全接地后就近与贯通地线等电位连接。

沿线信号设备房屋设防雷电、电磁屏蔽和综合接地防护系统，并与贯通地线等电位连接。

维持既有信号车间、检修工区、值班工区等维修机构。负责信号设施的运营维护及管理。

承担芜广铁路电气化改造工程施工的有中铁十一局、二十一局集团等单位。工程于 2015 年 12 月开工，2018 年 12 月 16 日完成接触网冷滑试验。2018 年 12 月 17 日向接触网送电。2019 年 12 月部分区段建成。2020 年 6 月 28 日全线正式开通运营。

3.59　阳平关至安康铁路增建第二线

既有阳安单线电气化铁路全长约 357 km（图 3.59），于 1977 年 6 月 25 日建成开通。其后随着沿线运量的逐渐增加，1993 年 3 月至 1995 年 11 月进行了局部大修，2000 年至 2001 年进行了相关的扩能改造。但随着国民经济的快速发展，客货运量不断增加，运输能力趋于饱和，满足不了运输的需要，为此国家决定对其增建第二线。增建第二线工程范围包括：宝成铁路阳平关站至安康枢纽安康站增建第二线全长 329.88 km；新建大岭铺至安康东直通线（以下简称直通线）及相关联络线工程（约 35 km，其中新建双线地段约 23 km）；安康东直通场改扩建工程；既有新渔坝隧道改建工程（3.93 km）；新建恒口货场工程；以及安康枢纽相关配套工程。该铁路增建二线后全线封闭徐家坝、代家坝、响水、青羊驿、史寨、五堵门、马踪滩、高粱铺、梅子铺等车站。全线设有阳平关、阳平关东、宁强、小寨（上行）、勉西、勉县、欧家坡、褒河、汉中、王家坎、冶江、城固、晏家坝（上行）、洋县、沙河坎（上行）、桑园铺（下行）、贾家河（上行）、西乡、白龙塘（上行）、三花石（上行）、茶镇（上行）、白勉峡（下行）、缯溪河（上行）、石泉县、池河、汉阴、涧池铺、恒口、五里铺、安康等车站。正线调度区划分维持既有,直通线并入既有安康地区行车调度台。该铁路增建第二线的建成开通,对进一步疏解宝成线的运输压力,加速西南地区的经济发展将发挥重要作用。

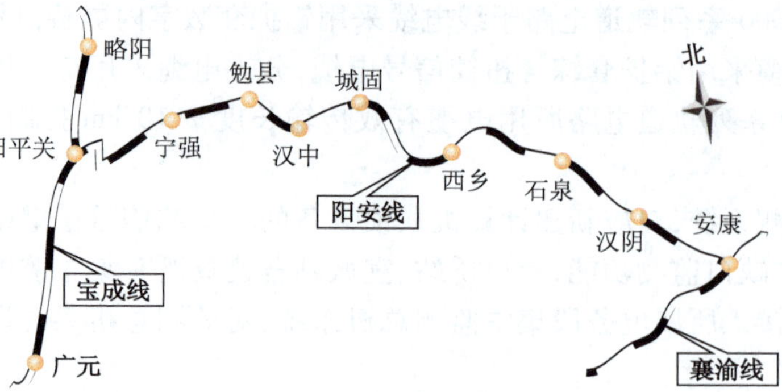

图 3.59 阳安线示意图

阳安铁路增建第二线工程的建设单位是西安铁路局西康二线工程指挥部,设计单位是中铁第一勘察设计院集团有限公司。线路主要技术标准:铁路等级,Ⅰ级;正线数目,双线;限制坡度,6‰、加力坡 13‰;最小曲线半径,一般地段 1 200 m、困难地段 800 m;到发线有效长度,850 m、部分 1 050 m、双机地段另加 30 m;闭塞类型,自动闭塞;设计行车速度,120 km/h;牵引种类,电力牵引(直供加回流线供电方式);牵引质量,4 000 t、部分 5 000 t。

直通线的主要技术标准:铁路等级,Ⅰ级;正线数目,双线;限制坡度,6‰、加力坡 13‰;最小曲线半径,一般地段 2 000 m、困难地段 1 600 m,引入枢纽及与既有线接轨地段可采用较小的曲线半径;到发线有效长度,850 m;闭塞类型,自动闭塞;牵引种类,电力牵引(直供加回流线供电方式);牵引质量,4 000 t。

3.59.1 电气化工程

牵引供电采用带回流线的直接供电方式。还建汉阴牵引变电所,利用改造既有阳平关东、宁强、勉西、褒河、城固、沙河坎、西乡、茶镇、石泉县、恒口等牵引变电所向本线供电。其中增容改建既有宁强、勉西、城固、沙河坎、西乡、茶镇、石泉县、恒口等牵引变电所;阳平关东、褒河、恒口等牵引变电所变压器容量维持既有;新建代家坝、青羊驿、欧家坡、王家坎、高粱铺、梅子铺、安康等分区所,设备采用户内布置。新建汉中开闭所,为汉中机务折返段供电。

直通线区段利用改造大岭铺和安康东牵引变电所,增加馈线相关设备向直通线供电,新设 1 座分区所。

利用既有场坪与房屋,对既有牵引变电所进行增容改造,新增设备选型及变压器接线类型等维持既有标准。

各牵引变电所引入 2 路独立的 110 kV 电源供电,所设变压器采用固定备用、三相 V/V接线、风冷方式。各牵引变电所变压器安装容量:阳平关东为 2×31.5 MV·A、宁强为 2×(20+12.5) MV·A、勉西为 2×(20+12.5) MV·A、褒河为 2×(20+20) MV·A、城固为2×(16+16) MV·A、沙河坎为2×(15+10) MV·A 、西乡为2×(25+12.5) MV·A、茶镇为2×(20+12.5) MV·A、石泉县为2×(12.5+20) MV·A、汉阴为2×(25+20) MV·A、恒口为2×(10+10) MV·A。

利用西安铁路局既有电力调度所,负责对本线的牵引供电设施进行调度管理。阳平关东牵引变电所中增设的供电设施纳入既有宝成线牵引供电远动系统,并接入宝鸡供电段复示终端;其余各既有变电所新增供电设施及新建分区所、开闭所纳入西安铁路局既有电力调度所襄渝线牵引供电远动系统,并接入安康供电段复示终端。本线增建第二线不新设电力调度台,对既有调度台进行增容改造。

全线在西安铁路局电力调度所新设1套安全监控系统主站,在全线各既有和还建牵引变电所(阳平关东除外)、新建分区所、开闭所设安全监控系统分机,以实现远程监控、图像报警、防盗、防火、防烟、设备运行监视等功能。并在安康供电段设复示终端。视频监控单元采用单独的通道传送视频信息到调度中心,遥控命令与视频监控单元可以联动,告警信号可通过中央信号屏指示。

接触网采用全补偿简单链型悬挂,接触悬挂结构高度一般为1 400 mm。正线接触线采用120 mm^2的铜合金导线,张力15 kN,承力索采用95 mm^2的铜合金绞线,张力15 kN;站线接触线采用85 mm^2的铜合金导线,承力索采用70 mm^2的铜合金绞线。双线隧道内接触网安装采用中间倒立柱式全旋转腕臂结构,单线隧道内采用水平悬挂方式。桥梁上接触网安装一般采用绝缘旋转平腕臂结构。道岔区接触网采用交叉布置方式。附加导线采用铝包钢芯铝绞线。

接触网绝缘泄漏距离不小于1 200 mm,严重污秽地区适当加强绝缘。一般地段采用瓷质绝缘子。隧道内、污秽严重地区、器件式电分相、电分段、绝缘锚段关节、软横跨上下行间电分段等处采用合成绝缘子。路基地段采用六跨两断口关节式电分相,桥梁上采用七跨两断口关节式电分相,隧道内采用八跨两断口关节式电分相。困难地段采用器件式电分相。在关节式电分相、绝缘关节及较长供电线上网点处设电动隔离开关,纳入远动。

接触网支柱,区间腕臂柱采用横腹杆式钢筋混凝土支柱,桥上采用热浸镀锌格构式钢柱。车站采用软横跨和热浸镀锌格构式钢柱。支柱高度按上腕臂底座距柱顶外露100 mm、最大300 mm控制。支柱侧面限界按满足大型养路机械作业要求设计,一般为3.1 m。

接触网支柱标准跨距一般不大于50 m、困难情况不大于60 m。正线双边补偿时的最大锚段长度一般不超过2×800 m 、困难情况下不超过2×900 m;单边补偿时的锚段长度为上述值的50%。站线最大锚段长度一般不超过2×850 m、困难情况下不超过2×950 m。附加导线锚段长度一般不超过2 000 m。

隧道外接触网下锚采用铝合金大滑轮组加坠砣补偿方式。隧道内下锚采用滑轮组加坠砣补偿方式。腕臂柱采用两跨式防断中心锚结,软横跨采用防窜式中心锚结。

新建牵引供电设施分别纳入既有安康、宝鸡供电段进行运营维护和管理。保留既有阳平关东、汉阴接触网工区,宁强、勉县、城固、西乡接触网工区利用既有生产生活房屋,根据实际需要适当补强。还建石泉县接触网工区岔线及生产生活房屋,补强所需机具及材料。

3.59.2 电力工程

阳平关东至宁强段新建1条综合负荷10 kV贯通线和1条一级负荷10 kV贯通线;宁强至安康段新建1条综合负荷10 kV贯通线;既有电力贯通线继续使用;新建10 kV贯通线一般地段采用架空线路,桥隧区段及无架空径路时采用电缆敷设。

大岭铺至安康东直通线新建1条综合负荷10 kV贯通线和1条一级负荷10 kV贯通线,新建10 kV贯通线采用电缆敷设。

利用改造既有阳平关、宁强、勉西、汉中、城固、西乡、石泉县、汉阴、安康10 kV配电所,以及既有大岭铺和安康东10 kV配电所,增设相关设备给本线新增及既有负荷供电。新增设备维持既有标准。其中阳平关、西乡10 kV配电所利用阳平关、西乡牵引变电所110 kV电源线路,在牵引变电所内设110/10 kV变压器作为10 kV配电所的电源线;勉西、城固、汉阴10 kV配电所从地方电网接引第2路10 kV电源线路。

保留的既有车站站房新增用电负荷维持原供电方式供电。单线绕行区段新增车站用电负荷,如设有10 kV配电所(或距配电所较近)从配电所站馈线接引电源供电,如没设10 kV配电所就从地方电网接引电源供电。

区间新增通信信号等一级用电负荷设箱式变电站供电,分别从2路10 kV贯通线接引电源。

杜家山隧道防灾通风等一级负荷设箱式变电站供电,从地方电网接引1路10 kV电源作为主供电源,从综合负荷10 kV贯通线接引1路电源作为备用电源。

区间新增其他用电负荷设箱式变电站或杆架式变电台供电,从综合负荷10 kV贯通线接引电源。

改造既有电力远动系统,新建电力设施由既有电力工区负责维护管理。

3.59.3 通信工程

长途通信线路,沿新建铁路敷设1条48芯直埋光缆,并新设光缆监测系统。1.5 km以上的隧道,沿隧道两侧各敷设1条4×4×0.9的对称电缆,以满足隧道应急电话系统组网的需要。

大岭铺至安康通信站新设1条24芯光缆和1条7×4×0.9的对称电缆,杜家山隧道内敷设1条4×4×0.9的对称电缆。

传输系统,全线新设SDH 10 Gbit/s传输系统,利用新建的48芯光缆和既有干线光缆构成双光缆保护。

新设SDH 2.5 Gbit/s接入网系统,沿线车站新设SDH 2.5 Gbit/s设备,利用新建的48芯光缆和既有干线光缆中的各2芯光纤构成双光缆保护。

区间通信基站、信号中继站、牵引变电所、分区所等信息接入点新设SDH 622 Mbit/s设备,利用新建的48芯光缆通过相邻车站SDH 2.5 Gbit/s设备接入SDH 2.5 Gbit/s接入网系统。

大岭铺至安康直通线新设 SDH 622 Mbit/s 接入网系统，沿线新建线路所、信号中继站、分区所等信息接入点设 SDH 622 Mbit/s 设备，大岭铺、安康通信站利用既有 SDH 622 Mbit/s 设备，纳入西康线 SDH 622 Mbit/s 接入网系统。

车站站房、站内牵引变电所、接触网工区等新增信息接入点设 SDH 622 Mbit/s 设备，利用光缆接入本站 SDH 2.5 Gbit/s 接入网系统。

电话交换系统，沿线新增自动电话用户按所属范围接入相关既有程控电话交换机，直通线新增加的自动电话用户接入安康既有程控电话交换机，通过统一编号，实现与既有铁路电话专网的互通。

新设数字调度通信系统，利用西安铁路局调度所既有中心调度通信交换机，沿线车站新设车站型数字调度通信交换机、调度分机等配套设备。维持既有调度区划分，通过调度网接入铁路局调度所中心调度通信交换机和数字调度通信系统及既有列车调度台管辖和指挥。

直通线上的大岭铺、安康东站利用既有车站调度通信交换机，新建线路所设车站型调度通信交换机等配套设备，纳入安康枢纽既有数字调度通信系统。

新设 GSM-R 移动通信系统，利用西安铁路局既有 GSM-R 交换机，在安康新设基站控制器(BSC)，沿线车站设通信基站（BTS)，采用单层覆盖方式组网，通过传输通道将通信基站接入 BSC 和铁路局 GSM-R 交换机。大岭铺站至安康东站新设 450 MHz B 制式无线列调通信系统，利用大岭铺站、安康东既有车站电台，新建线路所设车站电台。全线区间和隧道内弱场区采用光纤直放站、漏泄电缆和天线方式增强，并设漏缆监测系统，以满足无线场强覆盖和信息传输的需要。完成调度通信、调度命令信息和无线车次号校核信息传送等功能。

利用既有应急通信系统，在阳平关、西乡、安康通信工区新设应急通信系统现场接入设备，接入西安铁路局既有应急通信中心系统。杜家山隧道新设隧道紧急电话系统、视频监控系统，相邻车站新设隧道紧急电话控制台和视频监控设备，信号中继站设紧急电话交换机；紧急救援站、避车洞、隧道紧急出口等处设报警电话机、视频监控采集设备，利用新建的对称电缆，通过光、电传输系统接入西安铁路局既有救援电话应急控制平台设备。

通信电源，正线和直通线新建通信设备机房设 48 V 电源，新设电源及机房环境监控系统及采集设备。接入既有电源和环境监控中心设备，实现对电源和机房环境条件的监控。

3.59.4　信号工程

车站联锁，阳平关东至安康各车站(不含汉中、安康站)，以及安康东编组站上行直通场按既有电气化区段标准新设硬件冗余型计算机联锁设备，既有不动的室外设备利旧。安康、汉中站既有计算机联锁设备利旧改造。

安康东线路所新设硬件冗余型计算机联锁设备，大岭铺站结合西康线增建第二线工程新设硬件冗余型计算机联锁设备，结合站场改造，安康东编组站Ⅰ、Ⅲ场在既有计算机联锁设备的基础上利旧改造，与西康增建第二线工程同步实施。

正线新建联锁设备的车站站内采用 97 型 25 Hz 相敏轨道电路叠加车站电码化，车站正线接车进路电码化采用叠加预发码、到发线采用叠加发码方式,发码设备采用与区间相同制式的自动闭塞轨道电路发码设备。

安康东线路所采用97型25 Hz相敏轨道电路叠加车站电码化,电码化采用叠加预发码方式,发码设备采用与区间相同制式的自动闭塞轨道电路发码设备。

阳平关东至安康(不含)采用运输调度指挥系统(TDCS),沿线各站(不含安康站)及安康东编组站Ⅰ、Ⅲ场和上行直通场新设TDCS分机等设备,信号中继站新设自动闭塞信息采集设备;安康站既有CTC分机设备利旧改造。维持既有调度区划分,通过调度网接入西安铁路局调度所TDCS/CTC总机系统及本线既有列车调度台管辖和指挥,并增设应用和通信服务器、信息安全设备及调度台等设备。

大岭铺站CTC分机设备在西康增建第二线工程基础上进行修改使用;安康东线路所新设CTC分机设备、信息安全和通道质量监督等设备,信号中继站所设CTC分机设备采集自动闭塞信息,纳入西安铁路局调度所安康地区列车调度台管辖和指挥。

区间闭塞制式,阳平关东至安康段、大岭铺至安康东线路所采用四显示自动闭塞,按双线双方向运行,正向采用追踪间隔运行、反向采用自动站间闭塞行车。

自动闭塞区段采用无绝缘轨道电路,其发送和接收设备按冗余配置。考虑到本线既有隧道漏水较多,雨季空气湿度较大,易出现较低的道床电阻,隧道内轨道电路传输长度可适当缩短。隧道长度大于1 km的设计轴设备。直通线隧道内比较湿润,轨道电路传输长度应借鉴西康增建第二线等工程经验,考虑低道床电阻问题,预留计轴电缆。

区间轨道电路干线电缆采用铝护套数字信号电缆,电缆的有效传输长度一般控制在10 km,个别困难区段不大于12 km。

信号集中监测系统,阳平关东至安康(不含)段各车站(不含汉中站)、信号中继站及安康东编组站上行直通场新设集中监测分机设备,安康东编组站Ⅰ、Ⅲ场既有集中监测分机利旧改造。安康、汉中站既有集中监测分机利旧改造。安康东线路所、信号中继站新设集中监测分机设备。大岭铺站新设集中监测分机设备结合西康增建第二线工程同步实施。通过监测网接入安康电务段既有集中监测总机系统。

正线新设信号专用贯通地线,在电气特性上全程贯通,接地电阻不大于1 Ω。沿线轨旁信号设备安全接地后就近与贯通地线等电位连接。

充分利用既有信号设备房屋,增建的信号设备房屋设防雷电、电磁兼容和综合接地防护系统,并与专用贯通地线等电位连接。

鉴于既有线部分设备为灾后修复及电气化扩能改造等工程设置的设备器材,近期装备的转辙机、电码化设备、继电器、扼流变压器等经整修后充分利用。

考虑到本线新建四显示自动闭塞和区间无绝缘轨道电路,其区间维护工作量较大,且山区交通不便,新建勉西、西乡、汉阴信号维修车间,加强汉中信号维修车间,各车站新建信号工区,单线车站设信号值班室。负责信号设施的运营维护和管理。

参加本线线路工程施工的有中铁电气化局集团,中铁一局、三局、六局、七局、十一局、十二局、十四局、二十局集团等单位。承担电气化、通信信号和电力工程施工的有中铁电气化局集团、中铁武汉电气化局集团、中铁一局电务公司等单位。线路工程于2015年4

月日开工。四电工程于 2016 年 4 月 27 日开工。直通线于 2018 年 11 月 6 日开通。宁强至勉县段于 2019 年 11 月 19 日开通。2019 年 12 月 27 日全线开通运营。

3.60　成昆铁路扩能改造

成都至昆明单线铁路 1970 年 7 月 1 日建成通车。1993 年起分段分期进行电气化改造,2000 年 9 月 30 日全线(1 095 km)建成开通。但随着国民经济的快速发展,该线运力远远不能满足客货运量增长的需要。为此国家决定从 2007 年起对该线分段(成都至峨眉、峨眉至米易、米易至攀枝花、永仁至广通、广通至昆明)进行扩能改造,即在既有线路基础上新建或增建第二线,其中大部分沿既有线行进,部分路段采取截弯取直。从成都南站引出后沿既有线左侧至乐山,在乐山将不走沙湾,而是直接从峨眉山市到峨边,经越西县城,通过隧道到达冕山,再到泸沽沿安宁河到西昌、攀枝花,再沿金沙江、龙川江经元谋到广通,广通到昆明完全取直,不再走 S 形。因此扩能改造后的线路全长(约 900 km)(图 3.60)比既有线减少了约 200 km。

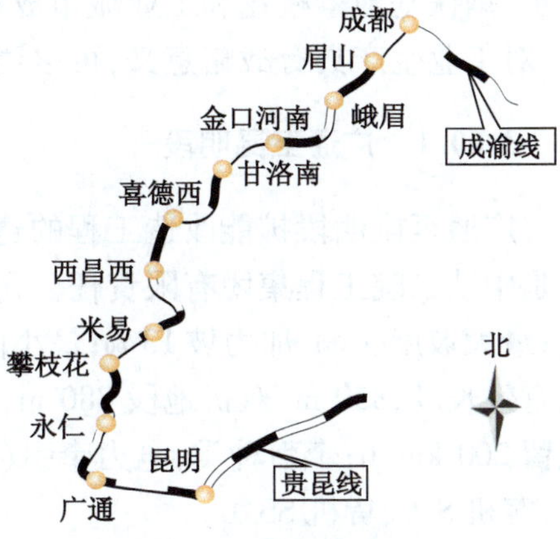

图 3.60　成昆铁路复线示意图

该线扩能改造第 1 段先实施广通北至昆明西段,广通北至昆明枢纽的读书铺间新建双线 93.6 km,读书铺至昆明西间线路配套扩能增建第二线 13.1 km,并预留第三线条件。全段设有昆明西、读书铺、温泉、双湄村、禄丰南、广通北等车站,封闭昆明枢纽内的既有长坡和碧鸡关车站。工程范围还包括广通联络线 4.1 km,引入昆明枢纽的其他配套工程。

第 2 段是实施成都至峨眉段,从花龙门至峨眉沿既有线左侧增建第二线 113.8 km,全段设有成都南、双流、公兴、花龙门、新津、青龙场、彭山、太和、眉山、鲜滩、思濛、乐山、双福、峨眉等车站,封闭既有回龙庵、吴场和马村车站。工程范围还包括成都枢纽成都南至花龙门段相关工程,以及成都客车整备所扩建工程。

第 3 段是实施永仁至广通段,从永仁站至大树村站新建双线 92.01 km,元谋西段改建既有成昆线 2.87 km。全段设有永仁、新康、元谋西、大树村、甸尾、广通北等车站。其中新康、大树村为越行站,其他为中间站。工程范围还包括引入广通地区的相关工程(甸尾至广通北上行线长 2.313 km、下行线长 0.445 km)。

第 4 段是实施米易至攀枝花段,从丙谷东至攀枝花新建双线 93.87 km。并对既有线的攀枝花(不含)(K747 + 500)至迤资(含)(K760 + 500)段进行整治。全段设有米易东、丙谷东、盐边、普达、攀枝花南、先锋营等车站。其中丙谷东、普达、先锋营站为越行站。工程范围还包括米易和攀枝花地区相关工程。

第 5 段是实施峨眉至米易段,新建正线 386.19 km。其中峨眉至燕岗沿既有线增建第二线4.7 km,燕岗至米易东在既有线的基础上新建双线381.49 km,新建双线与既有单线形成三线格局。新建双线段设有燕岗、沙湾南、范店子、峨边南、金口河南、特克、甘洛南、曼滩、越西南、安洛、喜德西、冕宁、月华西、西昌西、佑君、黄水塘南、德昌西、永郎西等车站,其中燕岗为区段站,范店子、特克、曼滩、安洛、月华西、佑君、黄水塘南、永郎西为越行站,其他为中间站。既有第三线维持既有车站数量不变。工程范围还包括新建燕岗上下行联络线3.42 km,新建冕宁上行联络线2.13 km,新建黄水塘下行联络线1.73 km。

该线扩能改造,先实施的广通至昆明段已于2013年12月27日开通运营,成都至峨眉段于2018年1月8日开通运营,永仁至广通段于2019年10月9日开通运营。米易至攀枝花段于2020年5月26日开通运营。

成昆铁路北接宝成铁路可北上大西北,通过昆明南下直达西南边疆,与东南亚地区国家衔接,形成纵贯南北并与多条东西走向干线铁路相接的大通道。同时可将煤炭基地六盘水、钢铁基地攀枝花和工业城市成都串联成一体,使得采矿业和加工制造业相辅相成发展,对工业生产具有战略意义,可以说其40余载造就了川西"工业走廊"。

3.60.1 广通至昆明段

广通至昆明段扩能改造工程的建设单位是昆明铁路局广通铁路建设指挥部。设计单位是中铁二院工程集团有限责任公司。线路主要技术标准:铁路等级,Ⅰ级;正线数目,双线;最大坡度,6‰、加力坡13‰;最小曲线半径,一般地段3 500 m、困难地段2 800 m;到发线有效长度,850 m、双机地段880 m;闭塞类型,自动闭塞;设计旅客列车速度,160 km/h、预留200 km/h;牵引种类,电力牵引(直供加回流线供电方式);牵引质量,4 000 t;机车类型,客机SS9、货机SS3B。

3.60.1.1 电气化工程

牵引供电采用带回流线的直接供电方式。全段新设禄丰南牵引变电所,改造既有广通、温泉、昆明西牵引变电所。广通至双湄村供电臂首端增设加强线,并在供电臂中部设上下行并联开关,正常情况下实行上下行并联供电。广通至温泉段根据运量增长和机车类型的运用情况,可适时增建牵引变电所或采取其他措施提高接触网电压。新设一平浪、双湄村、读书铺分区所(兼开闭所),采用户内布置。牵引变电所采用并联电容补偿,使高压侧平均功率因数达到0.9,并兼滤部分高次谐波。

新建禄丰南牵引变电所引入2路220 kV电源供电,220 kV电源侧采用线路变压器组接线,电气设备采用户外中型布置;27.5 kV侧采用单母线分段接线,高压室设备采用网栅间隔式布置。改造的牵引变电所受电电压维持既有,维持既有接线型式。

新建禄丰南牵引变电所设2台变压器,变压器安装容量为2×50 MV·A。既有广通牵引变电所维持既有平衡变压器,将容量增至为40 MV·A。并将既有广通牵引变电所更换下的2台牵引变压器移至温泉牵引变电所继续使用。昆明西牵引变电所变压器维持既有。

新建牵引变电所尽量与接触网工区、10 kV配电所合建,其中检修室、料库、控制室、交直流系统等房屋或设备共用。

新建和改造的牵引变电所、分区所采用微机保护和综合自动化系统,按满足无人值班设计。全段新设牵引供电远动系统,纳入昆明铁路局电力调度所管理。

接触网采用全补偿简单链型悬挂,接触悬挂结构高度一般1 400 mm。正线接触线采用120 mm^2的铜合金导线,承力索采用95 mm^2的铜合金绞线;站线接触线采用85 mm^2的铜合金导线,承力索采用70 mm^2的铜合金绞线。接触线悬挂高度按带电通过超级超限货物列车设计。附加导线采用铝包钢芯铝绞线。

接触网绝缘泄漏距离不小于1 200 mm,污秽特别严重地区适当加强绝缘。一般地段采用瓷质绝缘子。正线采用空气间隙绝缘锚段关节式电分段,列车运行速度低于120 km/h的区段采用器件式电分段。

接触网支柱,一般区段优先采用横腹杆式预应力钢筋混凝土支柱,容量不够时采用热镀锌格构式钢柱。桥支柱采用热镀锌格构式钢柱。新建车站接触网采用硬横跨,有雨棚的车站接触网支柱与雨棚柱合架,并应考虑站台景观及站台通行要求。新建接触网支柱侧面限界按满足大型养路机械作业要求设计。

新建禄丰南接触网工区,利用既有广通、温泉、昆明西接触网工区。新增电力和电气化设备纳入昆明供电段管理。

3.60.1.2　电力工程

广通至昆明东新设1条一级负荷10 kV贯通线。广通至温泉新设1条综合负荷10 kV贯通线,在温泉通过柱上开关与既有10 kV贯通线相接。

新设禄丰南10 kV配电所,接入2路地方电源供电,并尽量与牵引变电所、接触网工区合建,其中检修室、料库、控制室、交直流系统等房屋或设备共用。改造既有广通、昆明东35/10 kV变配电所和读书铺10 kV配电所。

设有变(配)电所的车站根据站房新增用电负荷的大小按原供电方式或增设10/0.4 kV变电所供电,从变(配)电所站馈线接引电源(广通北站由广通配电所提供电源);双湄村站就近利用安禄隧道通风电源线供电;其他没设10 kV配电所的车站从地方电网接引电源供电。

车站新增通信信号等一级用电负荷设室内10/0.4 kV变电所供电,分别从2路10 kV贯通线接引电源;区间新增通信信号等一级用电负荷设箱式变电站供电,分别从2路10 kV贯通线接引电源。

隧道照明等负荷,无条件接引地方电源的从综合负荷10 kV贯通线接引电源供电,区间新增其他用电负荷设箱式变电站或杆架式变电台供电,优先从地方电网接引电源供电,无条件接引地方电源的从综合负荷10 kV贯通线接引电源。

新建和改造的变(配)电所采用综合自动化系统,按无人值班设计。新设电力远动系统,纳入昆明供电段既有电力调度所管理。

3.60.1.3　通信工程

沿新建铁路敷设1条20芯通信光缆和1条7×4×0.9低频对称电缆;既有综合光缆继续利旧使用。

传输系统,新建铁路区段,利用新建的1条20芯通信光缆开设SDH 2.5 Gbit/s传输系统,在广通、昆明新设SDH 2.5 Gbit/s设备,并与相邻线路的既有SDH 2.5 Gbit/s传输系统统一进行网络管理。

新建铁路区段,利用新建的1条20芯通信光缆开设SDH 622 Mbit/s接入网系统,沿线车站设SDH 622 Mbit/s设备,广通至昆明既有接入网系统继续利旧使用。新建牵引变电所等信息接入点设SDH 622 Mbit/s设备,利用新建光缆接入相邻车站SDH 622 Mbit/s接入网系统。

电话交换系统,维持和利用既有电话交换网。沿线新增自动电话用户通过接入网接入昆明、广通既有铁路程控电话交换机。

调度通信系统,利用昆明铁路局调度所既有数字调度通信交换机,新增车站设车站型数字调度通信交换机、调度分机和车站值班台等设备,按既有调度区划分,通过传输通道接入调度所中心调度交换机、调度通信系统和本线列车调度台管辖。

广通至昆明新建铁路区段新设450 MHz B制式无线列调系统,新设调度命令无线传送系统,新增车站设无线车次号设备,区间弱场区设区间中继台增加无线场强覆盖,以满足信息传输的需要。该段既有铁路无线列调系统利旧使用,既有车站无线车次号设备利旧使用。禄丰南派出所新设无线对讲通信系统,广通、禄丰、读书铺派出所既有无线通信系统补强。

3.60.1.4　信号工程

车站联锁,广通北(含广通北线路所远方道岔)、禄丰南、双涧村、温泉站新设计算机联锁设备和信号智能电源屏;读书铺、昆明西站室内新设计算机联锁设备和信号智能电源屏,室外不动的信号设备全部利旧。甸尾、安宁工业站结合站场改造方案在既有联锁设备的基础上利旧改造。昆明客站既有联锁设备利旧改造;既有广通至温泉单线区段各车站维持既有联锁关系不变,室外不动的信号设备全部利旧。

新建计算机联锁设备的车站站内采用97型25 Hz相敏轨道电路叠加车站电码化,电码化正线采用预叠加发码、侧线占用采用叠加发码方式,发码信息执行TB/T 3060—2016标准,发码设备按冗余配置。

结合本工程自动闭塞引入,昆明站在既有联锁设备基础上改造股道电码化,成都端咽喉出站信号机改造为四显示机构,室内增加自闭结合电路等。既有广通站结合广大疏解线方案进行站间联系电路的修改。

运输调度指挥系统,广通北至读书铺(不含)新设分散自律型调度集中(CTC)系统,各车站新设CTC分机设备、网络安全和通道质量监督等设备。读书铺(含)至昆明段维持既有列车运输调度指挥系统(TDCS),车站TDCS分机设备利旧修改。按照既有调度区划分,通过调度网接入昆明铁路局调度所CTC/TDCS总机系统,广通北至读书铺(不含)段由本段调度台管辖和指挥,读书铺(含)至昆明段由既有昆明枢纽调度台管辖。

广通至温泉段既有单线调度指挥系统维持既有车站分机、调度台设备,管辖范围不变。广大联络接轨站(既有广大铁路赤木岭站)增设1套TDCS分机设备,利用既有成昆铁路甸尾站TDCS分机设备,实现与本线广通北站CTC系统站间信息透明功能。广通北站至既有广大铁路赤木岭站间增设TDCS传输通道(敷设1条8芯直埋光缆、设1套传输设备),广通北站至赤木岭站及甸尾站区间空闲检查采用轨道电路方式。

列车运行控制系统，广通北至温泉新建双线区段、温泉至读书铺至昆明西增建第二线区段、昆明西至昆明既有复线区段，新设 ZPW-2000 系列无绝缘轨道电路构成的四显示自动闭塞，正向采用追踪间隔运行、反向按自动站间闭塞运行，机车信号地面信息贯通发码。

广通北至既有成昆线甸尾站疏解线采用半自动闭塞；广通北至大理方向疏解线远方道岔至既有广通站按站间联系电路设计；既有广通至温泉单线区段及其他相邻线路维持既有半自动闭塞制式。在广通北至禄丰南区间、禄丰南至双湄村区间，选择合理位置新设信号中继站。

自动闭塞轨道电路的设计长度应考虑长大隧道、桥隧相连等道床电阻偏低的因素，并采取必要的工程措施。自动闭塞通过信号机的布点按满足远期追踪间隔的要求进行布设，确保满足列车追踪间隔、坡道启动和制动距离的要求。

信号集中监测系统，广通北、禄丰南、双湄村 3 站和区间信号中继站新设集中监测分机设备，甸尾、温泉、读书铺、昆明西、昆明客、安宁工业站结合本工程相应修改既有集中监测分机设备，通过监测网接入既有集中监测总机系统。

新建和接建的信号设备房屋新设防雷电、电磁兼容和综合接地防护系统。

3.60.2　成都至峨眉段

成都至峨眉段扩能改造工程的建设单位是成都铁路局、成昆铁路有限责任公司。设计单位是中铁二院工程集团有限责任公司。线路主要技术标准：铁路等级，Ⅰ级；正线数目，双线；限制坡度，6‰；最小曲线半径，新建线地段一般 2 000 m、困难 1 600 m；到发线有效长度，850 m；闭塞类型，自动闭塞；设计旅客列车速度，新建线地段 160 km/h、既有线维持现状；牵引种类，电力牵引（直供加回流线供电方式）；牵引质量，4 000 t。

3.60.2.1　电气化工程

牵引供电采用带回流线的直接供电方式。利用和增容改造既有新津、眉山牵引变电所，通过扩建高压室和新设开关柜给本工程和馈出供电线供电。既有夹江（乐山）牵引变电所受土建工程影响移址新建。在牵引变电所之间新建双流等 4 座分区所，各分区所具体位置按两侧供电臂均衡和设置条件确定。牵引供电臂载流能力应适应全部采用交流机车的供电能力。牵引变电所既有并联电容补偿近期维持既有。

既有牵引变电所主接线等采用的主要技术标准维持不变，牵引变压器仍采用阻抗匹配平衡变压器。各牵引变电所变压器安装容量：新津、夹江（乐山）为 2×40 MV·A、眉山为 2×31.5 MV·A。新建分区所采用箱式结构。

牵引变电所、分区所采用微机保护和综合自动化系统，按无人值班设计，牵引变电所适当考虑值守条件。新建牵引供电设施纳入既有牵引供电远动系统，由既有成昆电调台管理。

接触网采用全补偿简单链型悬挂，接触悬挂结构高度一般为 1 300 mm。正线接触线采用 CTAH－120 型导线，张力 15 kN；正线承力索采用 JTMH-95 型绞线，张力 15 kN。附加导线采用铝包钢芯铝绞线。

既有接触网原则上利用，线路换边或车站增建第二线受影响时进行改造，改造接触网比照新建接触网标准架设。

新建接触网绝缘泄漏距离按重污区设计,特别污秽地区适当加强绝缘。一般地段采用瓷质绝缘子,接触网下锚等特殊地段采用合成绝缘子。采用锚段关节式电分相,并避免设在大坡道、列车出站加速区段和线路限速低速区段。

接触网支柱,区间腕臂柱采用横腹杆式预应力钢筋混凝土支柱,桥上采用格构式钢柱,车站及多线并行地段采用软横跨和钢柱,车站站台有雨棚时接触网支柱与雨棚柱合架。支柱侧面限界应满足大型养路机械作业的要求,一般按 3.1 m 设计。

新建牵引供电设施纳入既有供电段管理,利用既有新津、眉山、夹江(乐山)接触网工区,根据新增工程需要适当增加管理力量。

3.60.2.2　电力工程

全段新建 1 条 10 kV 贯通线,一般地段采用架空线路,在桥梁及架空困难区段采用电缆敷设。既有 10 kV 电力贯通线维持利用。新建新津 10 kV 配电所,从地方电网接引 2 路10 kV电源供电;异地新建眉山 10 kV 配电所,增建第 2 路 10 kV 电源供电;利用成绵乐客运专线工程所建的峨眉 10 kV 配电所;利用既有成都南 10 kV 配电所。

设有 10 kV 配电所的车站其站房新增综合负荷按原供电方式由配电所站馈线供电;没设 10 kV 配电所的车站其站房新增用电负荷较小时由 10 kV 贯通线供电,新增用电负荷较大时接引地方电源供电。

车站新增通信信号等一级用电负荷按原供电方式从 2 路 10 kV 贯通线接引电源供电;区间新增通信信号等一级用电负荷新设箱式变电站供电,从 2 路 10 kV 贯通线接引电源。

区间新增其他用电负荷设杆架式变电台供电,优先从地方电网接引电源供电,无条件接引地方电源的从综合负荷 10 kV 贯通线接引电源。

新增电力设施纳入既有电力远动系统和供电段管理。

3.60.2.3　通信工程

成都南至燕岗沿铁路两侧各敷设 1 条 36 芯长途通信光缆。

传输系统,新设 SDH 10 Gbit/s 传输系统,在成都南、双流、新津、眉山、夹江(乐山)、燕岗新设 SDH 10 Gbit/s 设备,利用新建 2 条 36 芯光缆中的各 2 芯光纤构成复用段 1+1 保护。

新设 SDH 2.5 Gbit/s 接入网系统,沿线车站新设 SDH 2.5 Gbit/s 设备,利用新建 2 条 36 芯光缆中各 2 芯光纤构成复用段 1+1 保护。

沿线 GSM-R 通信基站、区间分区所、信号中继站新设 SDH 622 Mbit/s 设备,利用新建 2 条 36 芯光缆中的 2 芯光纤通过相邻车站接入 SDH 2.5 Gbit/s 接入网系统。

成都客车整备所新设 SDH 622 Mbit/s 设备,利用新建的 12 芯光缆通过成都站接入成都铁路枢纽既有通信网。

站内新建电力配电所等信息接入点新设 SDH 622 Mbit/s 设备,利用光缆接入本站 SDH 2.5 Gbit/s 接入网系统。

新设数据网,利用其他工程在成都铁路局所设的核心路由器,在燕岗新设汇聚路由器,沿线车站新设接入路由器,负责本地数据的接入。相邻车站接入路由器之间采用光纤联接,接入路由器与汇聚路由器之间通过传输通道联接,并上联至铁路局的核心路由器,实现数据业务的汇聚与转发。

电话交换系统,沿线新增自动电话用户按所属范围分别接入成都东、燕岗通信站既有程控电话交换机。通过统一编号,实现与既有铁路电话专网的互通。

新设数字调度通信系统,利用成都铁路局调度所既有中心调度通信交换机,沿线车站新设车站型调度通信交换机、调度分机等配套设备。维持既有调度区划分通过传输通道接入铁路局调度所中心调度通信交换机、调度通信系统和本线列车调度台管辖和指挥。

新设 GSM-R 移动通信系统,利用成都铁路局既有 GSM-R 交换机和基站控制器(BSC),沿线新设通信基站(BTS),采用单层覆盖方式组网。通过传输通道将通信基站接入 BSC 设备和 GSM-R 交换机。区间和隧道内弱场区采用光纤直放站、漏泄电缆和天线方式增强,以满足无线场强覆盖和信息传输的需要,完成调度通信、调度命令和无线车次号校核信息传送等功能。

本段与成绵乐客运专线并线区段,利用成绵乐客运专线建设的 GSM-R 网络覆盖。成都客车整备所新设 400 MHz 无线平面调车系统和列检无线通信系统。

应急通信指挥系统,在夹江通信工区新设应急通信现场接入设备,接入成都铁路局既有应急通信指挥中心系统。

会议电视系统,在双流、彭山、眉山、夹江、峨眉站新设会议电视分会场设备,接入成都铁路局既有会议电视中心系统。

通信电源,沿线新建通信设备机房设 48 V 高频开关电源和蓄电池组,并设电源和机房环境条件监测系统及采集设备。

3.60.2.4　信号工程

车站联锁,各车站新设硬件冗余型计算机联锁设备和信号智能电源屏及不间断电源设备,并应具备与 CTC 或 TDCS 系统设备的接口及信息交换,同时为信号集中监测系统提供相关信息。

成都客车整备所新设双机热备型计算机联锁设备,其中联锁设备的执行部分采用电子执行单元模块,新增整备线和相关道岔室外信号工程纳入客车整备所联锁设备集中控制,既有信号电源屏扩容改造。室外不动的信号设备原地利用。

车站站内采用 25 Hz 相敏轨道电路叠加车站电码化。站内正线采用叠加预发码、到发线和单线接近区段采用叠加发码方式,发码设备按冗余配置。为克服站内新增渡线和岔线区段轨道电路分路不良,可局部采用不对称高压脉冲轨道电路。

站内 25 Hz 相敏轨道电路和传输电码化信息的电缆采用铝护套内屏蔽数字信号电缆,分支电缆采用综合护套信号电缆。

列车调度指挥系统,新设调度集中系统(CTC),各车站新设 CTC 分机设备、信息安全和通道质量监督等设备,各信号中继站新设 CTC 信息采集设备。维持既有调度区划分通过调度网接入成都铁路局调度所 CTC/TDCS 总机系统。其中成都南站上行进站信号机(不含)至花龙门站上行进站信号机(含)段由成都枢纽既有列车调度台管辖和指挥;花龙门站上行进站信号机(不含)至燕岗站下行进站信号机(不含)增建第二线区段由既有成昆北列车调度台管辖和指挥。

成都枢纽的成都南站新设CTC分机、信息安全和通道质量监督等设备,由成绵乐客运专线工程统筹实施,由成绵乐客运专线列车调度台管辖和指挥。

在成都铁路局调度所将成昆铁路成昆北列车调度台的TDCS调度台设备改造为CTC调度台设备,并新设本线接入所需要的应用和通信服务器、信息安全和通道质量监督等设备。普速CTC/TDCS总机系统硬件设备和软件进行相应的修改。

区间闭塞制式,成都南站(不含)至峨眉(含)增建第二线区段采用四显示自动闭塞,区间通过信号机布点按满足列车最高运行速度和追踪间隔、双线双方向运行要求进行布设,反向采用自动站间闭塞行车。站间安全信息采用信号电缆和继电电路传输。

公兴站至旗江站维持既有单线自动站间闭塞制式,花龙门站至旗江站维持既有自动闭塞制式。与既有成昆铁路衔接的其他相关线路维持既有闭塞制式。

正线区间采用ZPW-2000系列轨道电路,其发送设备按$N+1$配置、接收设备按$1+1$配置,并应具有设备的自监测功能,通过接口设备为信号集中监测系统提供监测信息。

区间ZPW-2000轨道电路长度的划分应考虑低道床电阻的因素,按照有关技术条件划分路基、桥梁和隧道不同地段轨道电路的长度。轨道电路干线电缆有效传输长度一般控制在10 km。ZPW-2000系列轨道电路电缆采用铝护套内屏蔽数字信号电缆,其余信号设备采用铝护套综合扭绞信号电缆,分支电缆采用综合护套综合扭绞信号电缆。

信号集中监测系统,各车站和信号中继站新设集中监测分机设备,成都客车整备所新设集中监测分机设备。通过监测网接入成都电务段信号集中监测总机系统,并对监测总机系统设备进行相应改造。

完善沿线信号设备房屋设防雷电、电磁屏蔽和综合接地防护系统,并与新建的信号专用贯通地线等电位连接。

双线自动闭塞区段新设截面为35 mm^2的铜芯电缆专用贯通地线,在电气特性上全程贯通,接地电阻不大于1 Ω,形成低阻等电位综合接地平台。沿线轨旁信号设备安全接地后就近与贯通地线等电位连接。

本段维持既有彭山、峨眉2处信号车间不变,结合增建第二线新建自动闭塞等因素,与2处信号车间同址增设2处集中检修工区。其他车站在维持既有双流、彭山、眉山、思濛、夹江、峨眉等信号工区的基础上,增设公兴、新津、青龙场信号工区,负责对信号设施的运营维护管理和抢修工作。

3.60.3 永仁至广通段

永仁至广通段扩能改造工程的建设单位是昆明局滇中铁路建设指挥部。设计单位是中铁二院工程集团有限责任公司。线路主要技术标准:铁路等级,Ⅰ级;正线数目,双线;限制坡度,6‰、双机13‰;最小曲线半径,一般地段2 000 m、困难地段1 600 m;到发线有效长度,850 m、双机地段880 m;闭塞类型,自动闭塞;设计旅客列车速度,新建双线地段160 km/h;牵引种类,电力牵引(直供加回流线供电方式);牵引质量,4 000 t。

3.60.3.1　电气化工程

牵引供电采用带回流线的直接供电方式。新建麦冲河、回塘、元谋西、大树村、广通北等牵引变电所，新建牵引变电所近期不设并联电容补偿装置，但要预留土建条件。新建永仁、新康大、月旧、硝井等分区所。既有成昆铁路广通至龙塘坝段改由新建广通北牵引变电所供电，既有元谋牵引变电所供电范围改由新建元谋西牵引变电所供电。

新建牵引变电所引入 2 路 220 kV 电源供电，220 kV 电源侧采用线路变压器组接线，高压侧设备采用户外布置；27.5 kV 侧采用单母线分段接线，电气设备采用室内开关柜布置。分区所采用箱式结构。

新建牵引变电所设 2 台变压器，采用固定备用、油浸自冷方式，预留风冷条件。其中麦冲河、回塘、元谋西、大树村牵引变电所变压器采用三相 V/V 接线，广通北牵引变电所变压器采用单相接线，预留三相 V/V 接线条件。各牵引变电所变压器安装容量：麦冲河为 2×(25+16) MV·A、回塘为 2×(25+16) MV·A、元谋西为 2×(25+16) MV·A、大树村为 2×(20+20) MV·A、广通北为 2×25 MV·A。

新建牵引变电所、分区所采用微机保护和综合自动化系统，按无人值班设计，牵引变电所适当考虑值守条件。新设牵引供电远动系统，纳入昆明铁路局牵引供电调度所管理。

接触网采用全补偿简单链型悬挂，接触悬挂结构高度隧道外一般为 1 400 mm、双线隧道内一般为 1 100 mm、单线隧道内一般为 800 mm。正线接触线采用 150 mm^2 的铜合金导线，承力索采用 120 mm^2 的铜合金绞线；站线接触线采用 85 mm^2 的铜合金导线，承力索采用 70 mm^2 的铜合金绞线；联络线接触线采用 120 mm^2 的铜合金导线，承力索采用 95 mm^2 的铜合金绞线。区间及车站接触线悬挂高度一般为 6 000 mm、隧道内接触线悬挂高度不低于 5 750 mm。道岔处接触网架设采用交叉线岔方式。在连续加力坡区段的供电臂必要时设置加强线。附加导线采用铝包钢芯铝绞线。

接触网绝缘泄漏距离按重污秽区设计。一般地段采用瓷质绝缘子，隧道内、软横跨、接触网上、跨线桥两侧等处采用合成绝缘子。一般采用锚段关节式电分相，既有线及低速联络线无条件设锚段关节式电分相时采用器件式电分相，避免设在大坡道、列车出站加速区段和线路限速低速区段。绝缘关节、电分相、供电线上网处设电动隔离开关，纳入远动系统。

接触网支柱，路基区段的腕臂柱采用横腹杆式预应力钢筋混凝土支柱，桥上采用格构式桥钢柱。车站及多线并行区段采用软横跨和钢柱。车站站台雨棚地段接触网支柱与雨棚柱合架。支柱侧面限界应满足大型养路机械作业的需要，一般按 3.1m 设计。

接触网支柱跨距一般不大于 50 m，采用四跨锚段关节。正线接触网最大锚段长度一般不大于 2×800 m；站线最大锚段长度不大于 2×850 m；附加导线的锚段长度一般不大于 2 000 m。

路基区段下锚补偿一般采用滑轮组补偿装置，桥梁区段下锚补偿一般采用棘轮补偿装置。车站采用防窜不防断型中心锚结，区间采用两跨式防窜防断型中心锚结。

新建永仁接触网工区，利用既有元谋、广通接触网工区，负责牵引供电及电力设施的运营维护和管理工作。

3.60.3.2　电力工程

全段新设 1 条一级负荷 10 kV 贯通线和 1 条综合负荷 10 kV 贯通线，新建一级负荷 10 kV 贯通线和综合负荷 10 kV 贯通线分别采用截面为 70 mm^2 及 95 mm^2 的铜芯电力电缆,分别沿铁路两侧敷设。本段接入广通地区的供电方案纳入昆广铁路工程统筹考虑。

新建永仁、元谋西 10 kV 配电所,从地方电站引入 2 路专线电源供电。利用昆广铁路所建的广通北 10 kV 配电所向本段贯通线、车站地区馈线等供电。

设有 10 kV 配电所的车站其站房综合用电负荷由配电所站馈线供电;没设 10 kV 配电所的车站其站房综合用电负荷较小时一般由 10 kV 贯通线供电,用电负荷较大的车站从地方接引 1 路 10 kV 电源供电。

各车站与行车有关的通信信号等一级负荷设室内 10/0.4 kV 变电站供电,电源引自 2 路 10 kV 贯通线。区间通信信号等一级负荷设箱式变电站供电,从 2 路 10 kV 贯通线接引电源。

区间其他用电负荷设低压变电所或箱式变电站供电,电源引自综合负荷 10 kV 贯通线。

新建 10 kV 配电所采用综合自动化系统,按无人值班设计。新设电力远动系统,纳入昆明供电段电力调度所管理。

利用既有元谋、广通电力工区,新建永仁电力工区,负责电力设施的运营维护和管理工作。

3.60.3.3　通信工程

永仁至广通沿新建铁路两侧各敷设 1 条 36 芯长途通信光缆。

传输系统,新设 SDH 10 Gbit/s 传输系统,在永仁、元谋西、大树村等车站和广通通信站设 SDH 10 Gbit/s 设备,利用新建 2 条 36 芯光缆中的各 2 芯光纤构成复用段 1+1 保护环。

新设 SDH 2.5 Gbit/s 接入网系统,沿线车站和广通通信站设 SDH 2.5 Gbit/s 设备,利用新建 2 条 36 芯光缆中的各 2 芯光纤构成复用段 1+1 保护环。

区间通信基站、信号中继站、分区所等信息接入点设 SDH 622 Mbit/s 设备,利用新建 36 芯光缆中的 2 芯光纤通过相邻车站接入 SDH 2.5 Gbit/s 接入网系统。

站内新建牵引变电所、分区所、电力配电所等信息接入点设 SDH 622 Mbit/s 设备,利用光缆接入本站 SDH 2.5 Gbit/s 接入网系统。

新设数据网,利用其他工程设在昆明的核心路由器,广通新设汇聚路由器,沿线车站新设接入路由器,负责本地数据的接入。相邻车站接入路由器之间通过光纤直连,接入路由器与汇聚路由器之间通过传输通道互联,并上联至核心路由器,实现数据业务的汇聚与转发。

电话交换系统,沿线新增自动电话用户通过接入网接入广通通信站既有程控电话交换机,通过统一编号,实现与既有铁路电话专网的互通。

新设数字调度通信系统,利用其他工程设在昆明铁路局调度所的中心调度通信交换机,沿线车站新设车站型调度通信交换机、调度分机等配套设备。维持既有调度区划分通过传输通道接入昆明通信站新设的中心调度通信交换机(构成同城异地冗余)和调度通信系统，由广通北行车调度台管辖和指挥。

新设GSM-R移动通信系统，利用昆明铁路局既有GSM-R交换机和既有基站控制器（BSC），沿线新设通信基站（BTS），采用单层覆盖方式组网，通过传输通道将通信基站接入BSC设备和铁路局GSM-R交换机。区间弱场区采用光纤直放站、漏泄电缆和天线方式增强，以满足无线场强覆盖和信息传输的需要。完成调度通信、调度命令信息和无线车次号校核信息传送等功能。

应急通信系统，在永仁、元谋西通信工区新设应急通信现场接入设备，接入昆明铁路局既有应急通信指挥中心系统。

会议电视系统，在永仁、元谋西、甸尾等站新设会议电视分会场设备，接入昆明铁路局既有会议电视中心系统。

通信电源，沿线通信设备机房设48 V通信电源和蓄电池组，并设电源和机房环境条件监测系统及采集设备。

利用既有永仁、元谋西通信工区，负责通信设施的运营维护和管理工作。

3.60.3.4　信号工程

车站联锁，广通北站结合利用成昆线广通至昆明段扩能改造工程新设的信号设备。其余各车站新设硬件冗余型计算机联锁设备和信号智能电源屏及不间断电源。

通过联络线衔接的既有成昆线元谋、尹地、广通等站配合自动站间闭塞改造，修改车站联锁与闭塞之间的结合电路。

新建联锁设备的车站站内采用97型25 Hz相敏轨道电路叠加车站电码化，正线采用叠加预发码、到发线和单线接近区段采用占用叠加发码方式，发码设备按冗余配置。为克服站内新增渡线和岔线区段轨道电路分路不良，局部采用不对称高压脉冲轨道电路。

站内25 Hz相敏轨道电路和传输电码化信息的电缆采用铝护套内屏蔽数字信号电缆。联锁设备室外干线电缆采用铝护套信号电缆，分支电缆采用综合护套信号电缆。

永仁站下行进站信号机（含）至广通北站下行进站信号机（不含）段的双线区段采用调度集中（CTC）系统，各车站设CTC分机、网络安全和通道质量监督等设备；信号中继站设CTC信息采集设备。维持既有调度区划分，通过调度网接入昆明铁路局调度所CTC/TDCS总机系统，由与广通至昆明段合设的行车调度台管辖和指挥。

区间闭塞制式，永仁站（含）至广通北站（不含）段的双线区段采用四显示自动闭塞。区间通过信号机布点按满足列车最高运行速度和追踪间隔、双线双方向运行的要求进行布设，反向采用自动站间闭塞行车。

元谋西站分别至既有成昆线元谋站和尹地站区间、甸尾站分别至龙塘坝站和广通站区间采用自动站间闭塞；元谋西站至元谋站区间、甸尾站至广通站区间占用与空闲检查采用轨道电路方式，元谋西站至尹地站区间、甸尾站至龙塘坝站区间占用与空闲检查采用计轴设备。其余与既有线衔接的相关线路维持既有闭塞方式不变。

采用四显示自动闭塞的区间采用ZPW-2000系列轨道电路，其发送设备按$N+1$、接收设备按1+1配置。ZPW-2000系列轨道电路干线采用铝护套内屏蔽数字信号电缆，干线电缆的有效传输长度一般按10 km控制，个别困难地段按12 km。针对本段工程实际情况,在永仁站至新康站、元谋西站至大树村站、大树村站至甸尾站3个区间适当位置分别设信号中继站。

信号集中监测系统,各车站和信号中继站新设集中监测分机设备,在元谋西信号车间设集中监测终端设备,广通工电段既有终端设备利旧修改;既有成昆线元谋、尹地、广通、龙塘坝等站结合自动站间闭塞电路改造、在既有集中监测分机设备基础上修改采集电路。通过监测网接入昆明电务段集中监测总机系统。

沿线新建信号设备房屋设防雷电、电磁屏蔽和综合接地防护系统,与房建工程同步实施。并与信号专用贯通地线等电位连接。

双线自动闭塞区段沿铁路新设截面为35 mm^2的铜芯专用贯通地线,在电气特性上全程贯通,接地电阻不大于1 Ω,形成低阻等电位接地平台。沿线轨旁信号设备安全接地后就近与贯通地线等电位连接。

维持利用既有广通信号车间,结合新建双线区段自动闭塞等因素,在元谋西站增设信号车间、在元谋站增设信号集中检修工区,在永仁、新康、大树村、甸尾站分别新设信号工区。广通北站维持既有信号维修设施,负责信号设施的运营维护管理和抢修工作。

3.60.4 米易至攀枝花段

米易至攀枝花段扩能改造工程的建设单位是成都铁路局、成昆铁路有限责任公司。设计单位是中铁二院工程集团有限责任公司。线路主要技术标准:铁路等级,Ⅰ级;正线数目,双线;限制坡度,6‰、双机13‰;最小曲线半径,一般地段2 000 m、困难1 600 m;到发线有效长度,850 m、双机地段880 m;闭塞类型,自动闭塞;设计旅客列车速度,新建双线地段160 km/h;牵引种类,电力牵引(直供加回流线供电方式);牵引质量,4 000 t。

3.60.4.1 电气化工程

牵引供电采用带回流线的直接供电方式。新建米易东、盐边、攀枝花南等牵引变电所。新建普达开闭所,新建3座分区所,2座并联开关站。新建牵引变电所暂不设并联电容补偿装置,但要预留土建条件。

新建牵引变电所引入2路220 kV电源供电,220 kV电源侧采用线路变压器组接线,电气设备采用户外布置;27.5 kV侧采用单母线分段接线,电气设备采用室内开关柜布置。分区所采用箱式结构。

新建牵引变电所设2台变压器,采用固定备用、三相V/V接线、油浸自冷方式,预留风冷条件。各牵引变电所变压器安装容量:米易东为2×(20+20) MV·A、盐边为2×(16+16) MV·A、攀枝花南为2×(25+25) MV·A。

新建牵引变电所、开闭所、分区所、并联开关站采用微机保护和综合自动化系统,按无人值班设计,牵引变电所适当考虑值守条件。新设牵引供电远动系统,纳入成都铁路局牵引供电调度所管理。

接触网采用全补偿简单链型悬挂,接触悬挂结构高度一般为1 400 mm。正线接触线采用150 mm^2的铜合金导线,承力索采用120 mm^2的铜合金绞线;站线接触线采用85 mm^2的铜合金导线,承力索采用70 mm^2的铜合金绞线;联络线接触线采用120 mm^2的铜合金导线，承力索采用 95 mm^2 的铜合金绞线。接触线悬挂高度一般为 6 000 mm。道岔处接触网布置采用交叉线岔方式。连续加力坡区段的供电臂必要时设加强线。附加导线采用铝包钢芯铝绞线。

接触网绝缘泄漏距离按重污秽区设计。一般地段采用瓷质绝缘子，隧道内、软横跨、接触网上、跨线桥两侧等处采用合成绝缘子。一般区段采用锚段关节式电分相，既有线和低速联络线无条件设锚段关节式电分相时采用器件式电分相，并避免设在大坡道、列车出站加速区段和线路限速低速区段，绝缘关节、电分相、供电线上网处设电动隔离开关，纳入远动系统。

接触网支柱，路基区段的腕臂柱采用横腹杆式预应力钢筋混凝土支柱，桥上采用格构式桥钢柱。车站及多线并行区段采用软横跨和钢柱。车站雨棚地段接触网支柱与雨棚柱合架。支柱侧面限界应考虑大型养路机械作业要求，一般按 3.1m 设计。

接触网支柱标准跨距一般不大于 50 m，采用四跨锚段关节，接触网下锚一般采用滑轮组补偿装置，桥上及设防断中锚困难的锚段采用棘轮补偿装置。

在米易东、攀枝花南设供电工区，负责新建牵引供电和电力设施的运营维护和管理工作。

3.60.4.2　电力工程

全段新建 1 条一级负荷 10 kV 贯通线和 1 条综合负荷 10 kV 贯通线，新建 10 kV 贯通线采用电缆敷设。新建米易东、攀枝花南 10 kV 配电所，从地方电站引入 2 路专线电源供电。有场地条件时与牵引变电所或供电工区合建，并预留远期发展的土建条件。

设有 10 kV 配电所的车站其站房新增综合负荷按原供电方式由配电所站馈线供电；没设 10 kV 配电所的车站其站房新增用电负荷较小时由综合负荷 10 kV 贯通线供电，新增用电负荷较大时从地方电网接引电源供电。

车站新增通信信号等一级用电负荷按原供电方式从 2 路 10 kV 贯通线接引电源供电；区间新增通信信号等一级用电负荷新设箱式变电站供电，从 2 路 10 kV 贯通线接引电源。

区间新增其他用电负荷设杆架式变电台供电，优先从地方电网接引电源供电，无条件接引地方电源的从综合负荷 10 kV 贯通线接引电源。

新建 10 kV 配电所采用综合自动化系统。按无人值班设计。新设电力远动系统，近期纳入西昌供电段电力调度中心管理。

3.60.4.3　通信工程

米易东至永仁沿铁路两侧各敷设 1 条 36 芯长途通信光缆，攀枝花南经密地至攀枝花沿铁路新设 1 条 36 芯通信光缆。

全段新设 SDH 10 Gbit/s 传输系统，在米易东、盐边、攀枝花南设 SDH 10 Gbit/s 设备，利用新建 2 条 36 芯通信光缆中的各 2 芯光纤构成复用段 1 + 1 保护环。

新设 SDH 2.5 Gbit/s 接入网系统，沿线车站新设 SDH 2.5 Gbit/s 设备，利用新建 2 条 36 芯通信光缆中的各 2 芯光纤构成复用段 1 + 1 保护环。

区间新建 GSM-R 通信基站、信号中继站、牵引变电所、分区所等处新设

SDH 622 Mbit/s 设备,利用新建36芯光缆中的2芯光纤通过相邻车站纳入 SDH 2.5 Gbit/s 接入网系统。

站内新建牵引变电所、开闭所、电力配电所等信息接入点新设 SDH 622 Mbit/s 设备,接入本站 SDH 2.5 Gbit/s 接入网系统。

新设数据网,利用其他工程设在成都铁路局的核心路由器,攀枝花南新设汇聚路由器,沿线车站新设接入路由器,负责本地数据的接入。相邻车站接入路由器之间采用光纤联接,接入路由器与汇聚路由器之间通过传输通道联接,并上联至铁路局的核心路由器,实现数据业务的汇聚与转发。

电话交换系统,沿线新增自动电话用户通过接入网接入攀枝花既有程控电话交换机。

新设数字调度通信系统,利用成都铁路调度所和通信站的既有中心调度通信交换机,沿线车站新设车站型调度通信交换机、调度分机及配套设备,维持既有调度区划分通过传输通道接入铁路局调度所中心调度通信交换机、调度通信系统和新设的1个列车调度台,负责米易东至永仁和攀枝花至普达联络线的行车调度指挥。

新设 GSM-R 移动通信系统,利用成都铁路局既有 GSM-R 交换机和基站控制器(BSC),沿线设通信基站(BTS),采用单层覆盖方式组网,通过传输通道将通信基站接入 BSC 设备和铁路局的 GSM-R 交换机。区间和隧道内弱场区采用光纤直放站、漏泄电缆和天线方式增强,以满足无线场强覆盖和信息传输的需要,完成调度通信、调度命令信息和无线车次号校核信息传送等功能。

应急通信系统,在米易东、攀枝花南新设应急通信现场接入设备,通过传输通道接入成都铁路局既有应急通信中心系统。新设长大隧道事故报警电话系统,在成都铁路局调度所设隧道事故报警电话控制台,在长大隧道相邻车站设事故报警电话交换机和电话控制台,在长大隧道综合洞室设事故报警电话机,利用所设的3×4×0.9电缆和光传输通道通过相邻车站事故报警电话交换机接入铁路局调度所的事故报警电话远程控制交换机和电话控制台。

会议电视系统,在米易东、盐边、攀枝花南新设会议电视分会场设备,通过传输通道接入成都铁路局既有会议电视中心系统。

通信电源,沿线新建通信设备机房新设48 V 通信电源和蓄电池组,并新设电源和机房环境条件监测系统及采集设备。

在攀枝花南设通信维修车间(含通信维修工区),在米易东设通信维修工区,负责对通信设施的运营维护管理和抢修工作。

3.60.4.4 信号工程

车站联锁,新建车站设硬件冗余型计算机联锁设备和信号智能电源屏及不间断电源设备,其中米易东站成都端、昆明端联络线与既有成昆铁路衔接的道岔和线路纳入米易东站联锁设备集中控制。

新建联锁设备的车站站内采用25 Hz 相敏轨道电路叠加车站电码化。站内正线采用叠加预发码、到发线和单线接近区段采用占用叠加发码方式。发码设备按冗余配置。为克服新建车站站内渡线和岔线区段轨道电路分路不良,采用不对称高压脉冲轨道电路。

站内轨道电路和电码化信息传输采用铝护套内屏蔽数字信号电缆。联锁设备室外电缆采用铝护套信号电缆,分支电缆采用综合护套信号电缆。

运输调度指挥系统,米易东站下行进站信号机(含)至永仁站下行进站信号机(不含)段的双线区段、攀枝花站(不含)至普达站(含)段联络线采用调度集中(CTC)系统,各新建车站设CTC分机设备、网络安全和通道质量监督等设备,信号中继站设CTC信息采集设备。既有攀枝花站新设TDCS分机设备。维持既有调度区划分,通过调度网接入成都铁路局调度所CTC/TDCS总机系统和新设的本段列车调度台设备,负责米易东至永仁(不含)和攀枝花(不含)至普达联络线的行车调度指挥;攀枝花站仍由既有成昆线调度台指挥。并在调度所增设应用服务器、通信接口服务器、信息安全和通道质量监督等设备;对CTC/ TDCS总机设备进行结合性修改。

米易东(含)至永仁(不含)段的双线区段采用四显示自动闭塞。区间通过信号机布点按满足列车最高运行速度及追踪间隔、双线双方向运行的要求进行布设,反向采用自动站间闭塞行车。

米易东站至既有成昆铁路米易站、沙坝站区间采用自动站间闭塞制式,区间占用与空闲检查采用轨道电路方式。攀枝花站至普达站区间采用自动站间闭塞制式,区间占用与空闲检查采用计轴设备。其他与既有成昆铁路衔接的相关线路维持既有闭塞方式不变。

正线区间采用ZPW-2000系列轨道电路和设备,其发送设备按$N+1$、接收设备按$1+1$冗余配置,并应具有设备自监测功能,通过接口设备为信号集中监测系统提供监测信息。

区间ZPW-2000系列轨道电路干线电缆采用铝护套内屏蔽数字信号电缆,其余信号设备干线电缆采用铝护套综合扭绞信号电缆,分支电缆采用综合护套综合扭绞信号电缆。ZPW-2000轨道电路电缆有效传输长度一般按10 km控制,个别困难地段不超过12 km。针对本段工程实际在丙谷东站至盐边站、先锋营站至永仁站2个区间适当位置设信号中继站。

信号集中监测系统,各新建车站和信号中继站设集中监测分机设备,通过监测网接入成都电务段信号集中监测总机系统。并对监测总机系统设备进行相应修改。

沿线新建信号设备房屋设防雷电、电磁屏蔽和综合接地防护系统,与房建工程同步实施。并与贯通地线等电位连接。

双线自动闭塞区段沿铁路新设1条截面为35 mm^2的铜芯专用贯通地线,在电气特性上全程贯通,接地电阻不大于1 Ω,形成低阻等电位接地平台。沿线轨旁信号设备安全接地后就近与贯通地线等电位连接。

3.60.5 峨眉至米易段

峨眉至米易段扩能改造工程的建设单位是成都铁路局、成昆铁路有限责任公司。设计单位是中铁二院工程集团有限责任公司。线路主要技术标准:铁路等级,Ⅰ级;正线数目,双线;限制坡度,6‰、加力坡13‰;最小曲线半径,一般地段2 000 m、困难地段1 600 m;到发线有效长度,850 m、双机地段880 m;闭塞类型,自动闭塞;设计旅客列车速度,新建双线地段160 km/h;牵引种类,电力牵引(直供加回流线供电方式);牵引质量,4 000 t。

3.60.5.1　电气化工程

牵引供电采用带回流线的直接供电方式。新建沙湾南、峨边南、金口河南、甘洛南、越西南、喜德西、月华西、西昌西、黄水塘南、永郎西等牵引变电所,利用改造既有燕岗牵引变电所,其并联电容补偿装置维持不变。米易东牵引变电所新增馈线设备给本段供电。新建11座分区所。峨边南至月华西长大坡段隧道内预留增设接触网并联开关站的土建条件。

新建牵引变电所和米易东牵引变电所引入2路220 kV电源供电,既有燕岗牵引变电所维持110 kV电源供电。新建牵引变电所220 kV电源侧采用线路变压器组接线,高压侧设备采用户外布置;27.5 kV侧采用单母线分段接线,电气设备采用室内开关柜布置。燕岗牵引变电所利用既有场坪和房屋,27.5 kV侧室内设备维持网栅布置不变。隧道外分区所采用箱式结构,隧道内分区所采用GIS组合电器。

新建牵引变电所设2台变压器,采用固定备用、三相V/V接线、油浸自冷方式、预留风冷条件。燕岗牵引变电所的变压器维持既有平衡接线不变。各新建牵引变电所变压器安装容量:沙湾南、峨边南均为2×(16+16) MV·A,金口河南、黄水塘南均为2×(16+20) MV·A,甘洛南为2×(20+25) MV·A,越西南为2×(25+20) MV·A,喜德西、永郎西均为2×(20+20) MV·A,月华西为2×(16+12.5) MV·A,西昌西为2×(12.5+16) MV·A。

新建牵引变电所、分区所采用微机保护和综合自动化系统,按无人值班设计,牵引变电所适当考虑值守条件。新设牵引供电远动系统,配置直采直送装置,纳入成都铁路局牵引供电调度所管理,并新设1个成昆新双线牵引供电调度台。

接触网采用全补偿简单链型悬挂,接触悬挂结构高度一般为1 400 mm。正线接触线采用150 mm^2的铜合金导线,承力索采用120 mm^2的铜合金绞线;站线接触线采用85 mm^2的铜合金导线,承力索采用70 mm^2的铜合金绞线;联络线接触线采用120 mm^2的铜合金导线,承力索采用95 mm^2的铜合金绞线。接触线悬挂高度一般为6 000 mm。道岔处接触网架设采用交叉线岔方式。处于连续加力坡地段的供电臂载流量不足区段增设加强线。附加导线采用铝包钢芯铝绞线。

峨眉至燕岗增建二线区段按新建线路标准改造既有接触网。

接触网绝缘泄漏距离按重污秽区设计。接触网的绝缘爬电距离不小于1 600 mm。上下行接触网带电体间的距离一般不小于2 000 mm、困难情况下不小于1 600 mm。一般地段采用瓷质绝缘子,隧道内、软横跨、接触网上、跨线桥两侧等处采用合成绝缘子。采用锚段关节式电分相,避免设在大坡道、列车出站加速区段和线路限速低速区段。

接触网支柱,路基区段的腕臂柱采用横腹式预应力钢筋混凝土支柱,桥上采用格构式桥钢柱。车站及多线并行区段采用软横跨和钢柱。车站站台雨棚地段接触网支柱与雨棚柱合架。支柱侧面限界应满足大型养路机械作业要求,一般按3.1 m设计。

接触网支柱跨距一般为50 m、不大于60 m,采用四跨锚段关节。正线接触网最大锚段长度不大于2×800 m;站线最大锚段长度不大于2×850 m;附加导线的锚段长度不大于2 000 m。路基区段、隧道内下锚一般采用滑轮补偿装置,隧道外采用混凝土坠砣,隧道内采用铁坠砣。路桥相连的锚段采用棘轮补偿装置。中心锚结一般采用两跨式防窜防断型,困难区段采用防窜不防断型。

新建越西南供电车间、峨边南、甘洛南、越西南、西昌西、德昌西供电工区。利用既有燕岗、冕宁接触网工区并增加管理力量,负责本段牵引供电和电力设施的运营维护管理及抢修工作。

3.60.5.2　电力工程

全段新建1条一级负荷10 kV贯通线和1条综合负荷10 kV贯通线,新建10 kV贯通线采用电力电缆敷设。新建峨边南、金口河南、甘洛南、越西南、西昌西、德昌西等10 kV配电所和喜德西35 kV变电所,从地方电站引入2路电源供电。

设有变配电所的车站其站房综合用电负荷由变配电所站馈线供电;没设10 kV配电所的车站其站房综合用电负荷较小时一般由综合负荷10 kV贯通线供电,用电负荷较大的车站从地方接引1路电源供电。

各车站与行车有关的通信信号等一级负荷设室内10/0.4 kV变电站供电,电源引自2路10 kV贯通线。区间通信信号等一级负荷设箱式变电站供电,从2路10 kV贯通线接引电源。

区间其他用电负荷设低压变电所或箱式变电站供电,电源引自综合负荷10 kV贯通线。

新建变配电所采用综合自动化系统,按无人值班设计,新设电力远动系统,纳入西昌供电段电力调度所管理。

3.60.5.3　通信工程

沿新建铁路两侧各敷设1条48芯长途通信光缆,燕岗站通信机械室至燕岗通信站敷设1条通信光缆。5 km及以上的长大双线隧道两侧分别敷设1条3×4×0.9低频对称电缆,单线隧道敷设1条3×4×0.9低频对称电缆。

传输系统,新设SDH 10 Gbit/s传输系统,在燕岗通信站和沿线主要车站设SDH 10 Gbit/s设备,利用新建2条48芯光缆中的各2芯光纤构成复用段1+1保护。

新设SDH 2.5 Gbit/s接入网系统,沿线车站设SDH 2.5 Gbit/s设备,利用新建2条48芯光缆中的各2芯光纤构成复用段1+1保护。

新设SDH 622 Mbit/s区间接入网系统,沿线区间通信基站、信号中继站、牵引变电所、分区所等信息接入点设SDH 622 Mbit/s设备。利用新建光缆通过相邻车站接入SDH 2.5 Gbit/s接入网系统。

站内牵引变电所、分区所、电力配电所、通信车间/工区、公安派出所、红外轴温探测站等信息接入点根据需要新设SDH 622 Mbit/s或SDH 155 Mbit/s设备。利用光缆接入本站SDH 2.5 Gbit/s接入网系统。

新设IP数据网,利用相关工程设在成都铁路局的核心路由器及设在燕岗的汇聚路由器;在西昌西新设汇聚路由器;沿线车站新设接入铁路由器,负责本地数据的接入。相邻车站接入路由器之间采用光纤联接,按归属范围将接入路由器通过传输通道接入汇聚路由器,并上联至铁路局的核心路由器,实现数据业务的汇聚与转发。

电话交换系统,在西昌西站新设1 000线程控电话交换机,利用燕岗通信站的程控电话交换机;西昌西站、燕岗通信站新设 OLT 设备。沿线新增自动电话用户通过接入网接入西昌西和燕岗的 OLT 设备和程控电话交换机。通过统一编号,实现与既有铁路电话专网的互通。

新设调度通信系统,利用成都铁路局调度所既有中心调度通信交换机;沿线各新建车站设车站型调度通信交换机、调度分机和车站值班台等设备。维持既有调度区划分通过传输通道接入铁路局调度所中心调度交换机、调度通信系统及新设的行车调度台,新设调度台负责新建双线燕岗(不含)至西昌西(含)段的行车调度指挥。西昌西(不含)至米易东(不含)由米易东至攀枝花段调度台管辖;保留的既有单线区段维持既有调度台管辖不变。

新设 GSM-R 移动通信系统,利用成都铁路局既有 GSM-R 核心网设施。沿线主要车站设 3 载频通信基站,区间设 2 载频通信基站,采用单网覆盖方式组网,通过传输通道将通信基站接入铁路局 GSM-R 核心网设施。区间和隧道内弱场区采用光纤直放站、漏泄电缆和天线方式增强,以满足无线场强覆盖和信息传输的需要,完成调度通信、调度命令和无线车次号校核信息传送等功能。

应急通信指挥系统,在相关工区新设应急抢险现场接入设备。5 km 及以上长大隧道内新设隧道救援有线应急电话和便携式广播设备。通过传输通道接入成都铁路局既有应急通信指挥中心系统。

会议电视系统,沿线各新建客货运车站设会议电视分会场设备,通过传输通道接入成都铁路局既有会议电视中心设备和网管系统。

通信电源,沿线新建通信设备机房设 48 V 高频开关电源及蓄电池。并新设电源和机房环境监控系统及采集设备,实现对电源及机房环境条件的监控。

3.60.5.4　信号工程

车站联锁,新建双线区段的各新建车站,与联络线工程相关的既有燕岗站、冕宁站、黄水塘站均新设硬件冗余型计算机联锁设备和信号智能电源屏及不间断电源设备,其中冕宁站按单线车场和双线车场分别设置联锁设备,纳入既有单线和新建双线 2 个不同的信号控制系统;燕岗站驼峰按头部新设自动集中控制系统设备,尾部咽喉区道岔纳入车站计算机联锁设备集中控制。

根据车站(场)道岔设计类型,配备相应的道岔转辙设备,并与既有电务维修工装相匹配。直向通过时速 160 km 的正线道岔及 18 号辙叉道岔增设密贴检查装置,监测信息纳入信号集中监测系统。

新建车站站内采用 97 型 25 Hz 相敏轨道电路叠加车站电码化,正线采用叠加预发码、到发线和单线接近区段采用叠加发码方式,发码设备按冗余配置。为克服站内局部岔线区段轨道电路分路不良,可采用不对称高压脉冲轨道电路或采取符合技术条件要求的技术措施。

站内 25 Hz 相敏轨道电路和传输电码化信息的电缆采用铝护套内屏蔽数字信号电缆;车站联锁设备所用电缆采用铝护套信号电缆,分支电缆采用综合护套信号电缆。

峨眉(不含)至米易东(不含)段采用调度集中(CTC)系统,新建双线区段各车站新设

CTC 分机设备、信息安全和通道质量监督等设备，信号中继站新设 CTC 信息采集设备；既有成昆线冕宁站单线车场和黄水塘站利用既有 TDCS 分机设备升级改造，并配备信息安全等设备。维持既有调度区划分，通过调度网接入成都铁路局调度所 CTC/TDCS 总机系统和新设的本段 CTC 调度台。结合运输组织，峨眉(不含)至燕岗(含)段由成昆铁路成峨段列车调度台管辖，燕岗(不含)至西昌西(含)段由新设的列车调度台管辖，西昌西(不含)至米易东(不含)段由米易东至攀枝花段列车调度台管辖。保留的既有成昆单线区段维持既有调度台管辖不变。

根据新设本段线路接入调度所总机系统的需要，增设所需的应用和通信服务器、信息安全和通道质量监督及调度台设备。修改既有成昆铁路 TDCS 调度台设备软件，对普速 CTC/TDCS 系统总机进行相应的结合修改。

峨眉(不含)至米易东(不含)新建双线区段采用四显示自动闭塞，区间通过信号机布点按满足列车追踪间隔、双线双方向运行的要求布设，反向采用自动站间闭塞行车。

针对小相岭隧道较长的特点，在安洛站与喜德西站之间增设计轴设备，作为该区间自动闭塞设备故障情况下转为站间自动闭塞空闲与占用检查的后备措施。

既有成昆铁路与燕岗、冕宁、黄水塘南等站衔接的联络线区间维持既有闭塞制式不变，区间空闲与占用检查采用计轴设备，距离较短的区间采用轨道电路方式。

新建双线区间采用 ZPW-2000 系列轨道电路，其发送设备按 $N+1$、接收设备按 $1+1$ 配置，并应具有设备自监测功能，通过接口设备为信号集中监测系统提供监测信息。站间安全信息传输、方向电路控制和区间占用逻辑检查，通过光传输通道采用区间综合监控系统设备实现。

区间 ZPW-2000 系列轨道电路干线电缆采用铝护套内屏蔽数字信号电缆，电缆的有效传输长度按 10 km 控制，个别困难地段不超过 12 km。

信号集中监测系统，在西昌西站新设集中监测系统总机设备，新建双线区段各车站和信号中继站新设集中监测分机设备，联络线工程接入引起新设车站联锁设备的既有单线区段车站新设集中监测分机设备，通过监测网接入西昌西站监测总机系统，并将监测信息上传至铁路局级监测系统或应归属的电务段集中监测总机系统。

沿线新建信号设备房屋设防雷电、电磁屏蔽和综合接地防护系统，与房建工程同步实施，并与贯通地线等电位连接。

新建双线区段沿铁路新设 1 条截面为 35 mm^2 的铜芯信号专用贯通地线，在电气特性上全程贯通，接地电阻不大于 1 Ω，形成低阻等电位接地平台。沿线轨旁信号设备安全接地后就近与贯通地线等电位连接。

结合新建双线自动闭塞区段信号设备类型和规模，在西昌地区增设继电器检修、转辙机修配、电子设备检修、材料车间。沿线增设信号维修车间、集中检修工区、多处信号工区。负责信号设施的运营维护和管理。

承担广通至昆明段扩能改造线路工程施工的有中铁六局、十二局、十六局、十九局集团等单位。中铁建电气化局集团等单位承担电气化、通信信号和电力工程的施工。工程于 2007 年 10 月 18 日开工，2013 年 12 月 27 日正式开通运营。

承担成都至峨眉段扩能改造线路工程施工的有中铁六局、二十二局集团等单位。中铁六局、八局电务公司,中铁二十二局、二十四局电气化公司等单位承担电气化、通信信号和电力工程的施工。工程于2010年1月16日开工,2018年1月8日正式开通运营。

承担永仁至广通段扩能改造线路工程施工的有中铁一局、八局、十一局、十二局集团等单位,工程于2013年12月18日开工。中铁电气化局集团承担四电集成工程的施工,工程于2016年12月16日开工。2019年3月5日完成全段铺轨。2019年10月9日正式开通运营。

承担米易至攀枝花段扩能改造线路工程施工的有中铁四局、十二局、十五局、二十三局集团等单位;中国铁路通信信号公司联合体等单位承担四电集成工程的施工。工程于2013年12月27日开工。2019年1月9日开始铺轨。2020年5月26日正式开通运营。

承担峨眉至米易段扩能改造工程施工的有中铁二局、五局、八局、九局、十局、十二局、十六局、十七局、十八局集团,中铁隧道局等单位。越西至安洛区间于2014年12月20日开工,全段于2016年4月26日开工。全线预计2022年建成通车。

3.61 京原铁路电气化改造

既有京原单线铁路,1965年11月开始修建,1972年12月31日交付运营。它东起北京市石景山南站(K0+000),途经燕山、良各庄、十渡、白涧、紫荆关、塔崖驿、涞源、灵丘、平型关、五台山、繁峙、枣林、代县、阳明堡等地,西到山西省原平市原平站(K418+671),与北同蒲铁路接轨,大致呈东北西南走向,线路全长约418 km(图3.61)。该铁路逶迤于燕山、太行山、五台山山区,与永定河、大石河、拒马河、唐河、滹沱河并行或相交,线路经过紫荆关、浮图峪、驿马岭、平型关等关隘,地势险峻,沟深谷切,桥高隧长。平型关以东约280 km,地形陡峻、桥隧毗连,全线桥隧总长约占线路总长的三分之一。是一条重要的战备铁路,也是北京通往山西中北部的一条交通干线、晋煤外运的中路通道。随着区域经济的发展,晋煤外运及运量增长的需要,国家决定对该铁路分2段进行电气化改造。先改造太原铁路局管段内的大涧站(不含)(K234+000)至薛孤站(不含)(K408+200),正线长174.29 km,以及京原下行疏解线(K401+424至K408+200)长6.71 km。再改造北京铁路局管段内的石景山南站(不含)(K0+000)至大涧站(含)(K234+000),正线长233.971 km。本次是既有线现状电气化改造,车流组织、编组计划及车站分布维持既有。太原铁路局管段设有灵丘、唐之洼、东河南、平型关、东淤地、东庄、大营、金山铺、五台山、集义庄、华岩、繁峙、下社、枣林、代县、阳明堡、王董堡、崞阳镇、薛孤、原平等车站;北京铁路局管段设有石景山南、大灰厂、上万、南观村、燕山、良各庄、孤山口、云居寺、三合庄、十渡、平峪、野三坡、百里峡、福山口、白涧、板城、南城司、奇峰塔、紫荆关、大盘石、塔崖驿、王安镇、浮图峪、北屯、涞源、小西庄、艾河、招柏、云彩岭、大涧等车站。电气化改造后,对提高铁路技术装备水平,实现铁路现代化建设,节约运营成本、节能减排,提高运输效率等都有重要意义。

京原铁路电气化改造的建设单位是太原铁路局和大秦铁路股份有限公司大秦线铁路

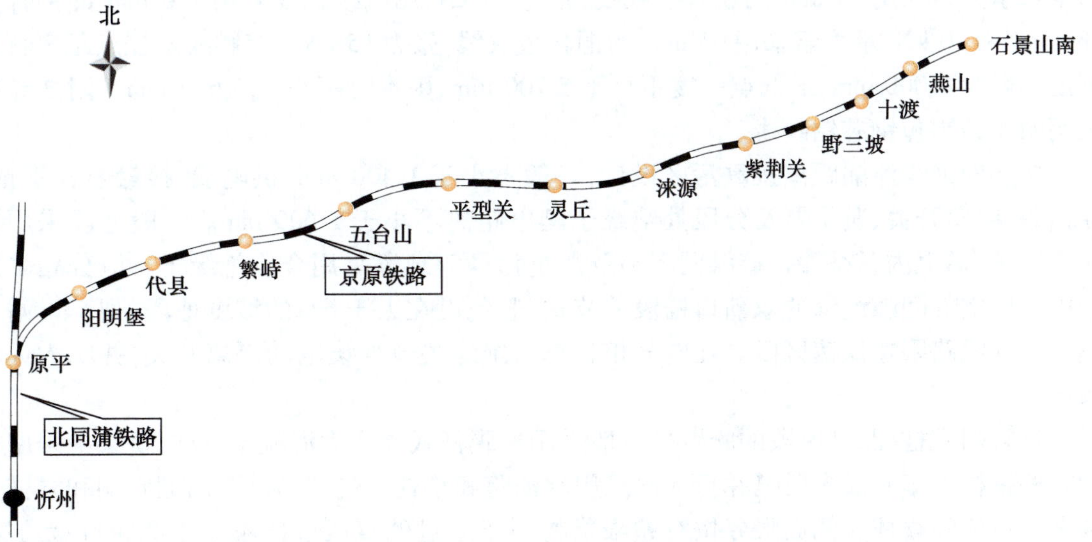

图 3.61　京原铁路示意图

扩能改造指挥部、北京铁路局北京工程项目管理部。设计单位是铁道第三勘察设计院集团有限公司(中国铁路设计集团有限公司)。线路主要技术标准:铁路等级,Ⅰ级;正线数目,单线;限制坡度,上行 6‰、下行 12‰;最小曲线半径,维持既有 500 m;到发线有效长度,850 m;闭塞类型,半自动闭塞;设计速度,维持既有时速 100 km;牵引种类:电力牵引(直供加回流线供电方式);机车类型,HXD 系列;牵引质量,4 500 t。

3.61.1　大涧至薛孤(太原铁路局管段)

3.61.1.1　电气化工程

牵引供电采用带回流线的直接供电方式。新设东河南、五台山、枣林等牵引变电所,增容改造北同蒲铁路上既有薛孤牵引变电所为本线供电。新建牵引变电所暂不设无功补偿装置,但其场坪要预留进行谐波治理的场地。

新建牵引变电所引入 2 路 110 kV 电源供电,110 kV 电源侧采用带跨条的分支接线,电气设备采用户外中低型布置;27.5 kV 侧采用单母线分段接线,除电动隔离开关、避雷器采用户外中型布置外,断路器等设备采用户内网栅布置。馈线断路器采用固定备用方式。

新建牵引变电所设 2 台变压器,采用固定备用、三相 V/V 接线、油浸自冷方式,预留风冷条件。各牵引变电所变压器安装容量:东河南和枣林为 2 × (12.5 + 12.5) MV · A、五台山为 2 × (16 + 20) MV · A。薛孤牵引变电所增容改造为 2 × (20 + 25) MV · A,替换下来的牵引变压器调整到五台山牵引变电所使用。

新建牵引变电所采用安全监控和综合自动化系统,按无人值班设计,适当预留值守条件。新设牵引供电远动系统,纳入太原供电段北同蒲电调台管理。

接触网采用全补偿简单链型悬挂,接触悬挂结构高度一般为 1 400 mm(单线隧道内接触悬挂结构高度为 300 ~ 500 mm)。正线接触线采用 120 mm^2 的铜合金导线,张力

10 kN,承力索采用95 mm^2的铜合金绞线,张力15 kN;站线接触线采用120 mm^2的铜合金导线,张力10 kN,承力索采用95 mm^2的铜合金绞线,张力15 kN。接触线悬挂点距离轨面高度一般为6 000 mm,最低点高度不小于5 700 mm,困难时不小于5 650 mm。附加导线采用耐腐蚀铝包钢芯铝绞线。

接触网绝缘泄漏距离按重污区设计,一般不小于1 400 mm,供电线、接触悬挂下锚、软横跨、隔离开关、避雷器及分段处绝缘子爬电距离不小于1 600 mm。一般地段采用瓷质绝缘子,隧道内、软横跨、接触网下锚及严重污秽等地段采用合成绝缘子。电分相采用带中性段空气间隙绝缘的双断口锚段关节式,避免设在大于6‰的坡度地段、列车出站加速区段和线路限速低速区段。在电分相和车站绝缘关节处设电动隔离开关,并纳入远动系统。

接触网支柱,路基区段的腕臂柱一般采用横腹杆式预应力混凝土支柱,桥梁上采用格构式桥钢柱。车站及多股道并行区段采用软横跨和钢柱。受车站既有雨棚影响和立柱受限车站可线间立柱。侧面限界按有超限货物列车通过的直线区段不小于2.5 m、无超限货物列车通过的直线区段不小于2.2 m控制。

接触网支柱标准跨距一般不大于60 m,风口地段一般不大于50 m。绝缘、非绝缘锚段关节一般采用四跨关节,隧道内采用三跨关节。接触网锚段长度一般不大于2×750 m、困难情况下不大于2×850 m。单边补偿时的锚段长度为上述值的50%,附加导线锚段长度一般不大于2 000 m。

露天区段接触网下锚补偿一般采用滑轮组,采用混凝土坠砣;隧道内接触网下锚补偿采用弹簧补偿器补偿。

在五台山新建供电检修车间(与工区合建)。在东河南、五台山、枣林新建接触网工区,负责新建牵引供电设施的运营维护管理及抢修工作。

3.61.1.2　电力工程

根据受电气化挂网影响情况,对沿线部分区段的既有10 kV电力贯通线进行改造。

异地新建灵丘10 kV配电所,利用既有1路电源,另从地方电站接引第2路电源供电;既有五台山10 kV配电所另从地方电网接引第2路10 kV电源供电;其他既有10 kV配电所对老化设备进行局部改造,以满足电气化工程建设新增用电负荷需要。

沿线车站新增用电负荷按原供电方式供电,对不能满足电气化区段用电标准要求的既有供电设施进行扩容改造。

区间新增通信信号等一级用电负荷设箱式变电站供电,从10 kV贯通线接引电源。区间新增其他用电负荷根据负荷性质设箱式变电站或杆架式变电台供电,优先从地方电网接引电源供电,无条件接引地方电源的从10 kV贯通线接引电源。

新设电力远动系统,纳入太原供电段控制中心管理。

3.61.1.3　通信工程

长途通信线路,既有48芯光缆线路继续使用。既有长途通信电缆线路不再继续使用。平型关隧道内新设1条3×4×0.9低频对称通信电缆,以满足隧道救援固定电话组网的需要。新设GSM-R系统的区间光纤直放站、通信基站等所需分歧光缆容量按实际需要设计。

传输系统,利用太原铁路局通信基础网改造工程所建的传输网和车站接入网系统。新建信号楼通信机械室设 SDH 2.5 Gbit/s 接入系统设备。

新设 SDH 622 Mbit/s 接入网系统。新建通信基站设 SDH 622 Mbit/s 设备,新建牵引变电所、供电车间/工区等信息接入点设 SDH 622 Mbit/s 设备。利用光缆接入相邻车站 SDH 2.5 Gbit/s 或 SDH 622 Mbit/s 设备。

数据网,利用既有数据网系统。

电话交换系统,沿线新增自动电话用户通过接入网按归属范围分别接入灵丘、原平既有铁路电话交换机,通过统一编号,实现与既有电话专网的互通。

新设调度通信系统,利用太原铁路局调度所既有数字调度通信交换机,沿线车站新设车站型数字调度通信交换机、调度分机等配套设备;各牵引变电所、接触网工区新设调度分机,通过接入网就近接入车站数字调度通信交换机,维持既有调度区划分通过调度网接入太原铁路局调度所中心调度通信交换机、调度通信系统和既有列车调度台管辖和指挥。

新设 GSM-R 移动通信系统,利用太原铁路局既有 GSM-R 核心网设施,利用既有基站控制器(BSC)等设备,沿线车站设 3 载频基站,区间设 2 载频基站,通过传输通道将通信基站接入 BSC 和铁路局 GSM-R 核心交换机,采用单网覆盖方式组网。区间和隧道内弱场区采用光纤直放站、漏泄电缆和天线方式增强,长大隧道内新设漏缆监测系统,以满足无线场强覆盖和信息传输的需要。本线与韩原铁路共线区段的 GSM-R 系统场强覆盖统筹考虑设计。以满足和完成调度通信、调度命令和无线车次号校核信息传送等功能。

新设应急通信指挥系统,在灵丘、枣林通信工区新设应急抢险现场接入设备,平型关隧道新设隧道救援固定电话,通过传输通道接入太原铁路局既有应急通信指挥中心系统。

会议电视系统,沿线既有会议电视系统继续使用。

通信电源,沿线新建通信设备机房设 48 V 高频开关电源和蓄电池,并新设电源和机房环境监控系统和采集设备,实现对通信电源和机房环境的监控。

3.61.1.4　信号工程

车站联锁,东淤地、东庄、金山铺、集义庄、崞阳镇站室内外设备,以及白彪线路所室内设备已达到大修期,这些站和线路所新设计算机联锁设备和信号智能电源屏。

按电气化铁路标准,对站内既有 25 Hz 轨道电路、ZPW-2000 系列电码化设备、矮型信号机、电液转辙设备等进行适应性改造,合理配置扼流变压器和适配器,室外信号设备采用分散接地。对不满足电气化区段防护标准要求的轨道电路电缆更换为铝护套信号电缆。

新建工区线、抢修线等轨道区段采用高压脉冲轨道电路和铝护套信号电缆。

新设列车调度指挥系统（TDCS),按现行技术规范各车站新设 TDCS 分机设备、网络安全和通道质量监督等设备。维持既有调度区划分通过调度网接入太原铁路局调度所 TDCS/CTC 总机系统和既有行车调度台管辖和指挥。并新设 1 套车站服务器,适应性改造 1 个行车调度台设备。

区间维持既有半自动闭塞及所用设备,站间信息采用光通道传输。室外信号干线电缆更换为铝护套信号电缆,采用电缆槽防护。鉴于山区地貌特点,车站范围内并设信号专用贯通地线进行接地防护,轨旁信号设备安全接地后与贯通地线等电位连接。

信号集中监测系统,新建计算机联锁设备的车站和线路所设集中监测分机设备,对不符合现行技术规范要求的既有监测分机设备进行更新改造。

沿线信号设备房屋设防雷电、电磁兼容和综合接地防护系统。

3.61.2 石景山南至大涧(北京铁路局管段)

3.61.2.1 电气化工程

牵引供电采用带回流线的直接供电方式。新设南观村、野三坡、奇峰塔、涞源、云彩岭等牵引变电所。在供电臂末端、牵引变电所出口附近、局界处设电分相;牵引变电所暂不设无功补偿装置,但其场坪要预留进行谐波治理的场地。

新建牵引变电所引入2路110 kV电源供电,110 kV电源侧采用带跨条的分支接线,电气设备采用户外中低型布置;27.5 kV侧采用单母线分段接线,断路器采用户内网栅布置,馈线断路器采用固定备用方式。当地形条件困难、场坪受限时,牵引变电所可采用全户内布置方式。

新建牵引变电所设2台变压器,采用固定备用、三相V/V接线、油浸自冷方式,预留风冷条件。各牵引变电所变压器安装容量:南观村为2×(16+16) MV·A、野三坡为2×(12.5+16) MV·A、奇峰塔为2×(12.5+12.5) MV·A、涞源为2×(12.5+16) MV·A、云彩岭为2×(12.5+12.5) MV·A。

新建牵引变电所采用安全监控和综合自动化系统,按无人值班设计,适当预留值守条件。新设牵引供电远动系统,纳入北京铁路局电力调度所进行管理,对全段牵引供电设施进行集中监控。

接触网采用全补偿简单链型悬挂,接触悬挂结构高度一般为1 400 mm(单线隧道内接触悬挂结构高度为300~500 mm)。正线接触线采用120 mm^2的铜合金导线,张力10 kN,承力索采用95 mm^2的铜合金绞线,张力15 kN;站线接触线采用120 mm^2的铜合金导线,张力10 kN,承力索采用95 mm^2的铜合金绞线,张力15 kN。接触线悬挂点距离轨面高度一般为6 000 mm,隧道内一般不小于5 700 mm。附加导线采用耐腐蚀的铝包钢芯铝绞线。

接触网绝缘泄漏距离按重污区设计,一般不小于1 400 mm。一般地段采用瓷质绝缘子,隧道内、软横跨、接触网下锚及严重污秽等地段采用合成绝缘子。采用锚段关节式电分相,困难条件下采用器件式电分相,避免设在大坡道、列车出站加速区段和线路限速低速区段。在电分相和车站绝缘关节处设电动隔离开关,上网隔离开关和站场分束隔离开关采用手动隔离开关,并纳入牵引供电远动系统。

接触网支柱,路基区段的腕臂柱一般采用横腹杆式预应力钢筋混凝土支柱,桥梁上采用格构式桥钢柱。车站及多股道并行区段采用软横跨和钢柱。受既有雨棚影响的车站和立柱受限车站可线间立柱。区间路基地段的支柱侧面限界应考虑大型养路机械作业的要求,一般按3.1 m设计,特殊困难地段按2.5 m设计。

接触网支柱标准跨距一般不大于 60 m，风口地段一般不大于 50 m。绝缘、非绝缘锚段关节一般采用四跨关节，隧道内采用三跨形式。接触网锚段长度一般不大于 2 × 750 m、困难情况下不大于 2 × 850 m，附加导线锚段长度一般不大于 2 000 m。

露天区段接触网下锚补偿一般采用滑轮组，采用混凝土坠砣；隧道内接触网下锚补偿采用弹簧补偿器补偿。

在涞源设供电车间（与工区合建），在大灰厂、平峪、奇峰塔、云彩岭设接触网工区，负责新建牵引供电设施的运营维护管理及抢修工作。

3. 61. 2. 2　电力工程

根据受电气化挂网影响情况，对沿线部分区段既有 10 kV 电力贯通线进行改造。

既有石景山南、良各庄、紫荆关 10 kV 配电所另接引第 2 路 10 kV 电源供电。对既有白涧 10 kV 配电所影响供电安全的老化设备全部更新，对其他既有 10 kV 配电所调压器进行增容，以满足电气化工程建设新增用电负荷需要。

沿线车站新增用电负荷按原供电方式供电，对不能满足电气化区段用电标准要求的既有供电设施进行扩容改造。

区间新增通信信号等一级用电负荷设箱式变电站供电，从 10 kV 贯通线接引电源。区间新增其他用电负荷根据负荷性质设箱式变电站或杆架式变电台供电，优先从地方电网接引电源供电，无条件接引地方电源的从 10 kV 贯通线接引电源。

新设电力远动系统，纳入北京供电段控制中心管理。

3. 61. 2. 3　通信工程

长途通信线路，既有 48 芯光缆线路继续使用。既有长途通信电缆线路不再继续使用。为满足 GSM-R 系统光纤直放站组网的需要，在区间新设短段或分歧光缆。

传输系统，利用北京铁路局通信基础网改造工程所建的传输网和车站接入网系统。

新建信号楼通信机械室、新建通信基站、牵引变电所、供电车间/工区等信息接入点设 SDH 622 Mbit/s 设备。利用光缆接入相邻车站 SDH 2. 5 Gbit/s 或 SDH 622 Mbit/s 设备。利用既有传输和接入网系统网管对新增传输及接入设备进行管理。

数据网，利用既有数据网系统。

电话交换系统，沿线新增自动电话用户通过接入网按管辖范围接入既有铁路电话交换机，通过统一编号，实现与既有铁路电话专网的互通。

新设调度通信系统，利用北京铁路局调度所既有数字调度通信交换机，沿线车站新设车站型数字调度通信交换机、调度分机等配套设备。各牵引变电所、接触网工区新设调度分机，通过接入网就近接入车站调度通信交换机。维持既有调度区划分通过调度网接入铁路局调度所中心调度通信交换机、调度通信系统和既有列车调度台管辖和指挥。

新设 GSM-R 移动通信系统，利用北京铁路局既有 GSM-R 核心网设施，并新设 1 套基站控制器（BSC）等设备，沿线车站设 2 载频通信基站，区间和隧道内根据需要设分布式通信基站，通过传输通道将通信基站接入 BSC 和铁路局 GSM-R 核心交换机，采用单网覆盖方式组网。区间和隧道内弱场区采用光纤直放站、漏泄电缆和天线等方式增强，3 km 及以上长大隧道设漏缆监测系统。以满足无线场强覆盖和信息传输的需要，完成调度通信、调度命令和无线车次号校核信息传送等功能。

应急通信指挥系统,在通信工区增设应急抢险现场接入设备,通过传输通道接入北京铁路局既有应急通信指挥中心系统。

会议电视系统,沿线既有会议电视系统继续使用。

通信电源,既有通信机械室 48 V 高频开关电源继续使用,根据需要扩容;新建通信设备机房设 48 V 高频开关电源和蓄电池组,新设电源及机房环境监控系统及采集设备,实现对电源和机房环境条件的监控。

3.61.2.4　信号工程

车站联锁,大灰厂、上万、南观村、燕山、孤山口、云居寺、三合庄、十渡和平峪站新设硬件安全冗余型计算机联锁设备和信号智能电源屏。其他车站根据站场改造方案,对车站联锁设备和信号电源屏利旧修改。

按电气化铁路标准,对站内既有 25 Hz 轨道电路、ZPW-2000 系列电码化设备、高柱信号机、道岔转辙设备等进行适应性改造,合理配置扼流变压器和适配器,室外信号设备采用分散接地。对不满足电气化区段防护标准要求的轨道电路电缆更换为铝护套信号电缆。新建工区线、抢修线等轨道区段采用高压脉冲轨道电路和铝护套信号电缆。

新设列车调度指挥系统(TDCS),按现行技术规范各车站新设 TDCS 分机设备、网络安全和通道质量监督等设备,维持既有调度区划分通过调度网接入北京铁路局调度所 TDCS/CTC 总机系统和既有行车调度台管辖和指挥。并新设 1 套车站服务器,适应性改造 1 个行车调度台设备。

区间新设单线半自动闭塞,站间信息采用光通道传输。区间干线信号电缆更换为铝护套信号电缆,采用电缆槽防护。车站范围内并设信号专用贯通地线进行接地防护,轨旁信号设备安全接地后与贯通地线等电位连接。

信号集中监测系统,新建计算机联锁设备的车站和线路所设集中监测分机设备,对不符合现行技术规范的车站既有监测分机设备进行更新改造。

维持既有信号设施的维护机构,负责对沿线信号设施进行运营维护管理及抢修工作。

参加大涧至薛孤段电气化改造工程施工的有中铁十二局电气化公司和中铁建电气化局联合体等单位。工程于 2016 年 3 月开工。2017 年 12 月 28 日向接触网送电,并完成热滑试验。2018 年 1 月 1 日全段正式开通运营。

参加石景山南至大涧段电气化改造工程施工的有中铁电气化局集团、中铁二局集团等单位。2019 年 4 月 9 日开工,预计 2021 年全段开通运营。

3.62　蒙西至华中地区铁路煤运通道

新建蒙西至华中地区铁路煤运通道(以下简称蒙华铁路),地处内蒙古自治区、陕西、山西、河南、湖北西部、湖南北部、江西西南部 7 省(区)。北起内蒙古自治区鄂尔多斯内东(胜)乌(海)铁路的浩勒报吉南站,途经鄂尔多斯,陕西省榆林、靖边、延安、宜川、韩城,山西省河津、万荣、运城，河南省三门峡、卢氏、西峡、邓州，湖北省襄阳、荆门、荆州、江陵、公安，湖南省石首、华容、岳阳、平江、浏阳，江西省宜春、新余等市、县(区)，南至吉安市京九铁路的吉安站，线路全长 1 814.41 km(图 3.62)。其中浩勒报吉南至岳阳(坪田)段为双线，长 1 381.10 km；岳阳(坪田)至吉安段为单线，长 433.31 km。内蒙古自治区内 172.15 km、陕西省内 321.45 km、山西省内 134.09 km、河南省内 337.29 km、湖北省内 330.75 km、湖南省内 304.13 km、江西省内 214.61 km。

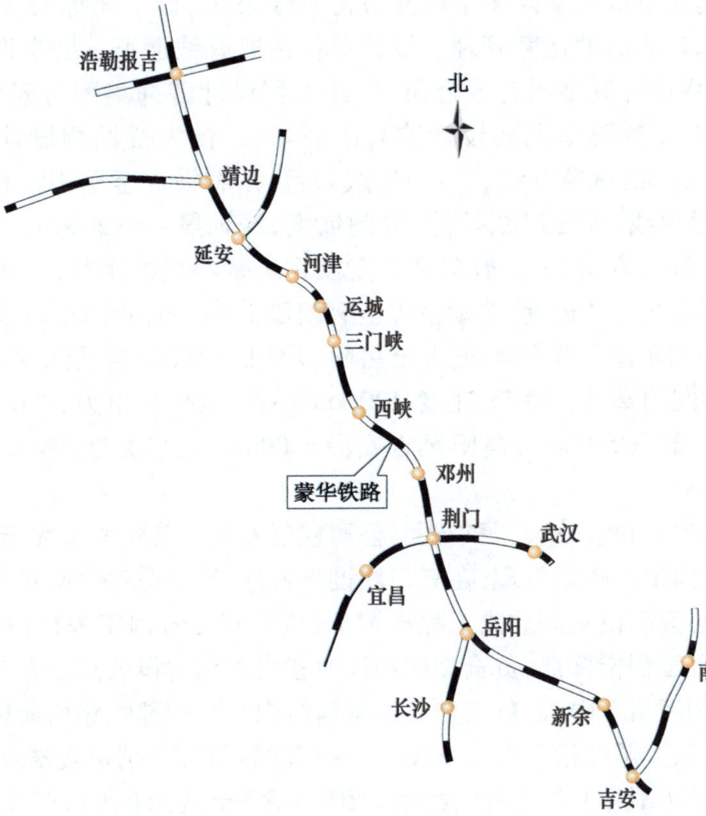

图 3.62　蒙西至华中地区铁路煤运通道示意图

全线近期设有浩勒报吉南、乌审召、阿如柴达木、乌审旗、陶利庙南、纳林河、海则滩、靖边东、建华镇、延安东、麻洞川、宜川、集义、韩城北、河津西、万荣、临猗、运城西、平陆、三门峡西、灵宝东、洛宁西、卢氏、五里川、重阳西、西峡东、内乡西、淅川、邓州西、构林南、邓湖、樊城西、欧庙、仙居、荆门北、掇刀、沙洋、后港、荆州东、江陵、公安、藕池、石首、华容县、松木桥、君山、坪田、三荷、西塘、筻口、杨林、步仙、岑川、余坪、平江、官塘、大茅、社港、洋春、浏阳、三口、官渡、跨马、张坊、上洪、铜鼓、黄冈、车上、芳溪、宜丰、上高、南港、双林、观巢、新余西、新余南、安山、谷村、洞源、吉安等车站。远期预留布寨、竹岭、排埠、白港、太坪等车站。

工程范围还包括襄阳枢纽，以及浩勒报吉、靖边、运城、三门峡、西峡、荆门、岳阳、新余、吉安地区联络线和站后配套等工程。

新建蒙华铁路是国家“十二五”规划纲要、“十二五”综合交通运输体系发展规划、铁路"十二五"发展规划和"十二五"能源发展规划的交通建设重点项目。该项目连接蒙陕甘宁能源"金三角"地区与鄂湘赣等华中地区,是"北煤南运"新的国家战略运输通道,是衔接多条煤炭运输线路、点网结合、铁路和水路联运的大能力、高效煤炭运输系统和国家综合交通运输系统的重要组成部分。它的建成开通对完善综合交通运输体系和铁路网布局、开发蒙陕甘宁地区煤炭资源、保障鄂湘赣等华中地区能源供应、促进沿线经济社会发展具有重要意义。

蒙华铁路的建设单位是蒙西华中铁路股份有限公司(以下简称蒙华铁路公司),负责工程项目建设和建成后的运营管理。设计单位主要有铁道第三勘察设计院集团有限公司、中铁第四勘察设计院集团有限公司、中铁工程设计咨询集团有限公司、中铁电气化勘测设计研究院、中铁隧道勘测设计院有限公司、中铁大桥勘测设计院集团有限公司。线路主要技术标准:铁路等级,Ⅰ级;正线数目,浩勒报吉至岳阳(坪田)段双线,岳阳(坪田)至吉安段单线、预留双线条件;限制坡度,浩勒报吉至纳林河段6‰,纳林河至襄阳重车方向6‰、轻车方向13‰,襄阳至吉安段6‰;最小曲线半径,一般地段1 200 m、困难地段800 m;到发线有效长度,浩勒报吉至襄阳段1 700 m,襄阳至吉安段1 050 m、部分车站预留1 700 m;闭塞类型,浩勒报吉至岳阳(坪田)双线段自动闭塞,岳阳(坪田)至吉安单线段自动站间闭塞;设计行车速度,120 km/h;牵引种类,电力;牵引质量,浩勒报吉至襄阳段10 000 t、部分5 000 t,襄阳至吉安段5 000 t;机车类型,客车SS9、货车HXD系列。

在蒙华铁路的工程建设阶段,蒙华铁路公司在延安设立蒙陕段工程指挥部,负责内蒙古自治区和陕西省内工程建设管理;在三门峡设立晋豫段工程指挥部,负责山西和河南省内工程建设管理;在襄阳设立湖北段工程指挥部,负责湖北省内工程建设管理;先后在岳阳、铜鼓设立湘赣段工程指挥部,负责湖南和江西省内工程建设管理。在建成后的运营管理阶段,在北京设调度指挥中心,负责全线的运输组织和与相邻线路所属国家相关铁路部门的调度联系及沟通。调度指挥中心下设6个行车调度台,分别负责浩勒报吉南(含)至靖边东(含)、靖边东(不含)至三阳(含)、三阳(不含)至襄州(含)、襄州(不含)至坪田(含)、坪田(不含)至上洪(含)、上洪(不含)至吉安(不含)段的行车调度指挥;下设2个货车调度台,分别负责浩勒报吉南(含)至三阳(含)、三阳(不含)至吉安(不含)段的货车调度指挥;下设2个计划调度台,分别负责浩勒报吉南(含)至三阳(含)、三阳(不含)至吉安(不含)段的计划调度指挥。

在北京调度指挥中心设CTC中心、信息中心、SCADA中心、网管中心等。在襄阳设固定设备管理中心,负责全线固定设备的技术管理。在鄂尔多斯、延安、三门峡、襄阳、岳阳、新余各设1个综合区域管理机构,分别负责管辖范围内的道岔、牵引供电、通信信号等线上设备以及维修工器具的修配作业。在三门峡、襄阳、新余分别设1个综合维修段,每个综合维修段下设供电抢修车间、变配电所检修试验车间、信号检修车间、通信检修车间等6个专业车间。在靖边东站设靖边综合维修分段,下设供电抢修车间、变配电所检修试验车间、电务检修车间等4个专业车间。以上部门分别负责各系统设施的运营维护和管理。

3.62.1　电气化工程

牵引供电系统,浩勒报吉南至江陵段正线采用 AT 供电方式,江陵至吉安段采用带回流线的直接供电方式。联络线、机务折返段等采用带回流线的直接供电方式,枢纽、站线采用直接供电方式。

全线新建乌审召、乌审旗、纳林河、靖边东、建华镇、延安东、麻洞川、宜川、韩城北、万荣、运城西、三门峡西、洛宁西、卢氏、西坪镇、西峡、淅川、襄州、南漳、荆门北、青桥、江陵、藕池、松木桥、坪田、步仙、平江、浏阳、张坊、黄冈、上高、新余西、太坪等牵引变电所。双线区段在供电臂末端设分区所,实现接触网上下行并联供电和相邻变电所的越区供电;单线区段在供电臂末端设电分相,实现 2 座牵引变电所的越区供电。在供电臂中部设 AT 所,以实现上下行并联供电或分开供电。

浩勒报吉南至岳阳段陕西省内新建牵引变电所引入 2 路 330 kV 电源供电,内蒙古自治区、山西、河南、湖北各省(区)内和湖南省内岳阳以北各新建牵引变电所引入 2 路 220 kV电源供电;岳阳至吉安段新建牵引变电所引入 2 路 110 kV 电源供电。

乌审旗、纳林河 2 座新建牵引变电所共同引入 2 路独立的 220 kV 电源供电,220 kV 电源侧主接线采用“外桥”接线方式,牵引变压器采用户外低式布置,电气设备采用户外中式布置,在进线电动隔离开关电源侧设 1 组检压用的电压互感器及 1 组避雷器,并通过手动隔离开关接引在进线电源上。220 kV 单母线上通过手动隔离开关设 1 组保护、测量、计费用的电压互感器。2 × 27.5 kV 侧采用单母线隔离开关分段接线,电气设备采用户外中式布置。馈线断路器采用固定备用方式。

岳阳至吉安段引入 2 路 110 kV 电源供电的新建牵引变电所,110 kV 电源侧采用带隔离开关分段跨条的分支接线,牵引变压器采用户外低式布置,其余电气设备采用户外单体中式布置; 27.5 kV 侧采用单母线隔离开关分段接线,电气设备采用网栅间隔布置。馈线断路器采用固定备用方式。

引入 2 路 220 kV 电源供电的新建乌审召牵引变电所,220 kV 电源侧采用线路变压器组接线,牵引变压器采用户内布置,其他电气设备采用户内 GIS 组合电器布置;2 × 27.5 kV 侧采用单母线接线方式,电气设备采用户内 GIS 开关柜布置,馈线断路器采用固定备用方式。

其余引入 2 路 220/330 kV 电源供电的新建牵引变电所,220/330 kV 电源侧采用线路变压器组接线,牵引变压器采用户外低式布置,其余电气设备采用户外中式布置;2 × 27.5 kV侧采用单母线隔离开关分段接线,电气设备采用户外中式布置,馈线断路器采用固定备用方式。

新建 110 kV 牵引变电所设 2 台平衡接线变压器,采用固定备用、油浸自冷方式,预留风冷条件。新建 220/330 kV 牵引变电所所设单相变压器、分成 2 组,采用固定备用、V/V 接线、油浸自冷方式,预留风冷条件。各新建牵引变电所变压器安装容量:乌审召为 2 × (16 + 20) MV · A,乌审旗为 2 × (20 + 20) MV · A,纳林河、靖边东、淅川、襄州、南漳、西坪镇、西峡为 2 × (31.5 + 31.5) MV · A,万荣、韩城北、荆门北、青桥为 2 × (31.5 + 25) MV · A,建华镇为 2×(31.5+20) MV·A,运城西、三门峡西为 2×(25+31.5) MV·A,宜川、洛宁西为 2×(25+25) MV·A,麻涧川为 2×(25+20) MV·A,江陵为 2×(25+12.5) MV·A,延安东、卢氏为 2×(20+25) MV·A,坪田为 2×(16+16) MV·A,松木桥为 2×(12.5+16) MV·A,藕池为 2×(12.5+12.5) MV·A,步仙、平江、浏阳、张坊、黄岗、上高、新余西、太坪为 2×25 MV·A。

新建牵引变电所、分区所、AT 所、采用综合自动化系统,新设牵引供电和电力综合数据采集与远程监控(SCADA)系统,在各区域管理机构设 1 套 SCADA 复示终端,实现对全线牵引供电及电力供电设施的集中监控。设 4 个电调台,分别负责浩勒报吉至宜川、宜川至内乡西、内乡西至江陵、江陵至吉安段的牵引供电及电力调度管理。

接触网悬挂,一般正线、站线采用全补偿简单链型悬挂,AT 供电区段的单线单洞隧道内采用刚性悬挂,特殊的白城、中条山、崤山和西安岭隧道内采用悬臂式刚性悬挂。接触网悬挂结构高度隧道外一般地段为 1 400 mm,双线隧道内一般为 750～800 mm。采用 AT 供电方式的浩勒报吉南至江陵段正线接触线采用 150 mm^2 的银铜合金导线,张力15 kN,承力索采用 120 mm^2 的铜合金绞线,张力 15 kN;站线及渡线、联络线接触线采用 120 mm^2 的银铜合金导线,张力 15 kN,承力索采用95 mm^2 的铜合金绞线,张力 10 kN。采用直供加回流线供电方式的江陵至吉安段正线接触线采用 120 mm^2 的银铜合金导线,张力 15 kN,承力索采用95 mm^2 的铜合金绞线,张力 15 kN(江陵至坪田段为 13 kN);站线、渡线及联络线接触线采用 120 mm^2 的银铜合金导线,张力 15 kN,承力索采用 95 mm^2 的铜合金绞线,张力 10 kN。露天区段的接触线悬挂点高度一般为 6 000 mm,隧道内一般不小于 5 750 mm。相关联络线既有改建车站的接触线悬挂点高度执行既有线标准。附加导线一般采用铝包钢芯铝绞线。

接触网绝缘泄漏距离一般不小于 1 400 mm,25 kV 绝缘子及绝缘器件的爬电距离不小于 1 400 mm,局部特别严重的污秽区段 25 kV 绝缘子及绝缘器件的爬电距离不小于 1 600 mm。上下行接触网带电体间的距离一般不小于 2 000 mm,困难条件下不小于 1 600 mm。一般区段腕臂绝缘子采用瓷质绝缘子,隧道内及污染严重地区采用复合绝缘子,接触悬挂下锚、软横跨、绝缘关节卡绝缘等采用耐污能力强的复合绝缘子。隔离开关和避雷器所用绝缘子采用复合绝缘子。回流线或保护线绝缘安装采用盘形悬式绝缘子。

接触网支柱,有砟路基区段的腕臂柱一般采用横腹杆式预应力钢筋混凝土支柱,无砟轨道区段采用 H 型钢柱。T 梁桥上一般采用热浸镀锌格构式钢柱,连续梁及简支箱梁上采用 H 型钢柱。车站及多线并行区段一般采用软横跨和钢柱,桥梁多线并行区段采用硬横跨和钢柱,供电线支柱采用热浸镀锌格构式钢柱。

接触网支柱标准跨距,直线路基区段为 50～55 m,一般不大于 60 m;桥梁上根据具体情况确定,一般不大于 55 m;单线隧道内一般为 20 m(关节处为 30～35 m)、双线隧道内一般为 35～40 m。曲线地段根据计算的半径确定;山口、谷口、高路堤和桥梁等风口范围内的跨距按设计标准跨距缩小 5～10 m。绝缘锚段关节设计标准跨距缩小 10 m,非绝缘锚段关节设计标准跨距缩小 5 m。

采用链型接触悬挂的锚段长度,正线双边补偿时的最大锚段长度一般不大于 2×

800 m、困难情况下不大于 2 × 900 m，内蒙古自治区段一般为 2 × 750 m。站线最大锚段长度一般不大于 2 × 850 m、困难情况下不大于 2 × 950 m，内蒙古自治区段一般为 2 × 800 m。隧道、桥梁、山口、谷口、高堤路等处锚段长度适当减小。采用刚性悬挂的锚段长度一般不大于 300m。附加导线的最大锚段长度一般不大于 2 000 m，特殊情况可适当缩小。

接触网下锚采用滑轮组补偿装置。在锚段长度小于规定最大锚段长度一半的情况下，一端为全补偿下锚，另一端为无补偿下锚。既有线改建区段下锚维持既有标准。

区间正线一般采用两跨式防窜防断中心锚结，条件受限处和车站软横跨采用防窜不防断中心锚结。

在靖边、三门峡、襄阳、新余设供电抢修车间，负责供电系统的运行维护和事故抢修。在乌审召、乌审旗南、纳林河、靖边东、建华镇、延安东、宜川、河津西、运城西、三阳、卢氏、重阳西、西峡东、邓州西、邓湖、仙居、掇刀、江陵、华容县、坪田、步仙、平江、浏阳、铜鼓、宜丰、新余西、洞源设供电工区，并在新设的鄂尔多斯、延安、三门峡、襄州、岳阳、新余 6 个综合区域管理机构各配备 1 套接触网安全巡检装置（2C）、1 套接触网悬挂状态检测监测装置（4C）。负责牵引供电系统的日常维护、巡检、检测和监测及应急事故抢修。

3.62.2　电力工程

浩勒报吉南至陶利庙南和岳阳至吉安段新建 1 条综合负荷 10 kV 贯通线；陶利庙南至岳阳段新建 1 条综合负荷 10 kV 贯通线和 1 条一级负荷 10 kV 贯通线。新建 10 kV 贯通线采用架空和电缆混合线路。有架空路径区段采用架空线路，在无架空路径区段采用电缆敷设。

全线新建浩勒报吉南、乌审旗南、阿如柴达木、纳林河、建华镇、延安东、麻洞川、宜川、集义、河津西、万荣、运城西、平陆、三阳、洛宁西、卢氏、五里川、重阳西、西峡东、淅川、邓州西、欧庙、仙居、荆门北、沙洋、荆州东、公安、华容、坪田、步仙、平江、浏阳、张坊、铜鼓、上高、新余西、洞源等 10 kV 配电所，新建靖边东、襄州 35/10 kV 变配电所，为全线车站及区间负荷供电。其中乌审旗南、纳林河、建华镇、延安东、麻洞川、宜川、万荣、运城西、洛宁西、西峡东、淅川、荆门北、坪田、步仙、平江、浏阳、张坊、上高、新余西等 10 kV 配电所与牵引变电所合建，卢氏、重阳西 10 kV 配电所与 AT 所合建，五里川、仙居 10 kV 配电所与分区所合建。与牵引变电所合建的建华镇、宜川、西峡东、坪田、张坊等 10 kV 配电所第 2 路电源从牵引变电所 27.5 kV 侧经净化装置净化后接引；与分区所合建的仙居 10 kV 配电所第 2 路电源从分区所 27.5 kV 侧经净化装置净化后接引。未与牵引变电所、分区所和 AT 所合建的变（配）电所采用智能化设计。

设有 10 kV 配电所和 35/10 kV 变配电所的车站其站房综合负荷设室内 10/0.4 kV 变电所供电，电源引自变（配）电所站馈线；没设 10 kV 配电所的车站其站房综合负荷设室内 10/0.4 kV 变电所，从综合负荷 10 kV 贯通线或单独接引地方电源供电。

各车站与行车有关的通信信号等一级负荷设室内 10/0.4 kV 专用变电所供电，在建有 2 路 10 kV 贯通线的区段，电源引自 2 路 10 kV 贯通线。在建有 1 路综合负荷 10 kV 贯通线的单线区段，从 10 kV 贯通线接引 1 路电源，车站信号机械室第 2 路电源从 27.5 kV

接触网接引。

区间与行车密切相关的通信信号等一级负荷设10/0.4 kV箱式变电站供电,在建有2路10 kV贯通线的区段,从2路10 kV贯通线接引电源。在建有1路综合负荷10 kV贯通线的单线区段,从10 kV贯通线接引1路电源。

区间其他用电负荷,根据负荷分布和负荷性质,在负荷集中处分别设箱式变电站或杆架式变电台供电,电源引自10 kV贯通线。

隧道照明及隧道内动力负荷设箱式变电站供电,电源引自10 kV贯通线。

全线新建10 kV、35/10 kV变(配)电所设综合自动化系统,全线设电力远动系统,所设的10/0.4 kV变电所和箱式变电站均纳入电力远动系统,并分别纳入浩勒报吉至宜川、宜川至内乡西、内乡西至江陵、江陵至吉安段的牵引供电及电力调度台,由蒙华铁路公司调度所其电力调度台统一管理。

3.62.3 通信工程

在靖边东、三阳、襄阳、新余新建通信站。全线沿新建铁路两侧各敷设1条48芯长途通信光缆,其中1条48芯通信光缆干线和区间合用。沿各新建联络线敷设1条24芯通信光缆。襄州站至襄阳固定设备管理中心敷设2条48芯通信光缆。新设光纤(缆)监测系统,在部分车站设光纤监测站设备,对长途通信光缆的运行情况进行自动监测。

为满足长大隧道内无线通信组网的需要敷设1条24芯通信光缆。长度大于5 km的隧道,在其两侧各敷设1条3×4×0.9的低频对称电化电缆,以满足隧道有线应急事故报警电话组网的需要。

新建站场通信线路采用低频对称电缆和市话电缆,各车站站内信息接入点敷设1条8芯或24芯光缆。

新设SDH 10 Gbit/s长途骨干传输系统。各主要车站设SDH 10 Gbit/s设备,利用新建的2条48芯光缆中的各2芯光纤构成复用段1+1保护。

新设SDH 2.5 Gbit/s车站接入网系统,各车站设SDH 2.5 Gbit/s设备,利用新建的2条48芯光缆中的各2芯光纤构成复用段1+1保护。并在同一车站将SDH 2.5 Gbit/s设备通过SDH 2.5 Gbit/s光接口与SDH 10 Gbit/s设备相联,为SDH 2.5 Gbit/s接入网系统形成通道保护,提高整个传输系统的可靠性。

新设SDH 622 Mbit/s区间接入网系统,区间通信基站、信号中继站、牵引变电所、分区所等信息接入点设SDH 622 Mbit/s设备,利用新建的2条48芯光缆中的各2芯光纤构成1个2纤通道保护环。接入相邻车站SDH 2.5 Gbit/s接入网系统。

车站站内各牵引变电所、分区所、电力配电所、供电段、车辆段、机务段、综合维修车间和工区等信息接入点设SDH 622 Mbit/s设备,利用新建的1条8/12芯光缆中的2芯光纤构成站内2纤通道传输环。接入本站SDH 2.5 Gbit/s接入网系统。

在襄阳固定设备管理中心新设传输和接入网网管系统和设备,在北京调度指挥中心、沿线各通信站、综合维修车间设传输和接入网网管复示终端。

本线襄阳固定设备管理中心至北京调度指挥中心,以及与相关铁路局的联络传输通道,采用局部新建和租用通道方式。

本线至呼和浩特铁路局包头公安处的传输通道,从本线乌审旗南站至新恩陶铁路乌审旗站新设 1 条 24 芯光缆,并在新恩陶铁路乌审旗站新设 SDH 2.5 Gbit/s 设备,经东胜西通信站至包头公安处分别租用南部铁路公司和呼和浩特铁路局的通信传输通道。

本线至西安铁路局延安(西安)公安处的传输通道,从本线靖边东站至太中银铁路杨桥畔站新设 1 条 24 芯光缆,并在太中银铁路杨桥畔站新设 SDH 2.5 Gbit/s 设备,经绥德通信站至延安(西安)公安处,分别租用太中银铁路公司、西延铁路公司和西安铁路局的通信传输通道。

本线至太原铁路局临汾公安处的传输通道,从本线邱家坡线路所至南同蒲铁路店坡站新设 1 条 24 芯光缆,并在南同蒲铁路店坡站新设 SDH 2.5 Gbit/s 设备。经运城通信站至临汾公安处租用太原铁路局的通信传输通道。

本线至郑州铁路局的传输通道,从本线桥头线路所至陇海铁路张家湾站新设 1 条 24 芯光缆,并在张家湾站新设 SDH 2.5 Gbit/s 设备建立起传输通道。

本线至广州铁路(集团)长沙铁路公安处的传输通道,从本线海家屋线路所至京广铁路岳阳北站新设 1 条 24 芯光缆,并在京广铁路岳阳北站新设 SDH 2.5 Gbit/s 设备,经岳阳通信站至长沙铁路公安处租用广州铁路(集团)的通信传输通道。

新设软交换电话系统,在襄阳固定设备管理中心新设主用控制中心软交换电话设备,沿线新设自动电话用户按管辖范围通过数据网系统纳入新设软交换电话系统。在信息接入点设软交换电话系统车站网关接入设备(AG/IAD)完成电话用户的接入。

新设软交换电话交换系统与电信运营商电话交换系统进行互联,实现铁路电话与市话的互通。

新设数字调度通信系统,在北京调度指挥中心设行车调度台等设备,在襄阳固定设备管理中心设调度所型数字调度通信交换机等配套设备,在沿线车站、线路所新设车站型调度通信交换机、调度分机和车站值班台。按调度区划分,通过传输系统接入调度所数字调度通信交换机和行车调度台进行调度指挥。并与呼和浩特、西安、太原、郑州、武汉、广州、南昌铁路局既有调度所型调度通信交换机及 GSM-R 移动通信交换机互联。

新设 GSM-R 移动通信系统,该系统由网络子系统(NSS)、基站子系统(BSS)、运行和业务支撑子系统(OSS/BSS)和终端设备等构成。在襄阳固定设备管理中心新设 GSM-R 核心网设施;在靖边东、三阳、襄阳、新余通信站新设基站控制器(BSC)[含分组控制单元(PCU)和码型转换及速率适配单元(TRAU)]。沿线车站和区间设通信基站(BTS),车站通信基站按 3 载频配置,区间通信基站按 2 载频配置,采用单网覆盖方式组网,按隶属范围通过传输通道分别接入所设的基站控制器(BSC)和 GSM-R 交换机。区间和隧道内弱场区采用光纤直放站、漏泄电缆和天线方式增强,3 km 及以上的隧道并设漏缆监测系统,以满足无线场强覆盖和信息传输的需要。完成调度通信、调度命令信息和无线车次号校核信息传送等功能。

在靖边东、三阳、新余西通信站、襄阳固定设备管理中心分别新设无线网络管理子系统(OMC-R)和网管终端、新设光纤直放站和漏缆监测管理子系统(OMC-T/L) 和网管终端，沿线综合维修工区新设 OMC-T/L 复示终端，并将 OMC-R 和 OMC-T/L 设备纳入新设的通信综合网管系统。

为满足移动专业和工作人员需要，新设平面调车和列检站场无线系统，各车站车号和机械维修人员配备 GSM-R 移动通信手持台。

在本线与各既有铁路交叉、并线区段，要结合各既有铁路实际情况统筹考虑 GSM-R 系统建设方案，并设 GSM-R 接口监测系统。为避免本线 GSM-R 网络被沿线既有 GSM-R 网络或其他公网无线网络干扰，实现对产生干扰的监测和定位，本工程在 4 个综合维修段各设同频干扰监测设备。

新设数据通信网，采用 TCP/IP 网络协议，按核心层、汇聚层及接入层网络结构组网。在襄阳固定设备管理中心设核心路由器设备，在靖边东、三阳、襄阳、新余西新设汇聚路由器，沿线车站设接入路由器，北京作为一个接入点设接入路由器，负责本地数据的接入；各车站接入路由器之间通过光纤联接，并按隶属范围通过传输通道分别接入汇聚路由器，上联至核心路由器，实现数据业务的转发与汇聚。在襄阳固定设备管理中心新设数据通信网网管设备，对全线数据网设备进行统一管理。

新设会议电视系统，在襄阳固定设备管理中心设会议电视中心设备，在沿线各车站（场、所）、各段级单位、综合维修车间和工区设会议电视分会场设备，通过新建的数据网通道接入会议电视系统中心设备，为本线提供会议电视业务。

新设应急通信指挥系统，在襄阳固定设备管理中心设应急通信系统中心设备（包括应急通信主设备、应急通信指挥台、操作台、值班台、音/视频终端和网管终端设备等）。在沿线新建综合维修车间设应急通信系统现场接入设备（主要包括移动影音采集设备、数据终端、语音终端、用户接入设备、车站接入设备等），通过传输通道（有线和无线等不同传输方式）接入应急通信系统中心设备，建立起应急通信系统通道。当发生应急抢险时可实现应急通信系统中心与突发事件现场之间话音、图像和数据信息的实时交互及系统管理等。

在沿线 5 km 及以上长大隧道内设隧道火灾报警电话系统，利用设在隧道内的 $3\times4\times0.9$ 低频对称电缆和传输系统接入应急通信中心系统及北京调度指挥中心。

通信电源，北京调度指挥中心、沿线新建通信设备机房设 48 V 高频开关电源和蓄电池组及 UPS 不间断电源；并设通信电源和机房环境监控系统；在靖边东、三阳、新余西通信站和襄阳固定设备管理中心设电源及机房环境监控中心终端设备，在通信信号综合维修车间分别设通信电源及环境监控复示终端，实现对电源和机房环境的监控。

新设通信综合网管系统，所设各通信子系统网管接入襄阳固定设备管理中心通信综合网管系统，实现对传输系统、数据网系统、调度通信系统、移动通信系统、会议电视系统、通信电源及环境监控系统、视频监控系统的集中故障告警、资源管理。

3.62.4 信号工程

车站联锁，正线新建车站（线路所）设硬件安全冗余型计算机联锁设备和信号智能电源屏。本线线路所均设为独立联锁，故在相邻车站设远程操作显示终端。

根据车站(场)道岔设计类型,配备道岔转辙设备,全部采用交流电液转辙机,不设密贴检查器,设位移传感器的缺口检查装置,并将道岔缺口监测信息纳入信号集中监测系统管理。

正线车站站内采用 25 Hz 相敏轨道电路叠加车站电码化,正向发车和反向接车发送器分开设置,反向接车设电码化、反向发车不设电码化。正线采用叠加预发码、侧线采用占用发码方式,发码设备采用与区间相同制式的 ZPW-2000 设备。襄州(含)以北车站站内轨道电路采用带适配器的扼流变压器;襄州(不含)以南车站站内轨道电路采用不带适配器的扼流变压器,轨道测试盘采用带轨道相位角测试功能的设备。线路所采用 ZPW-2000 系列有绝缘移频轨道电路。针对分路不良的轨道区段采用高压脉冲轨道电路或熔覆合金技术等措施。

站内轨道电路和电码化电缆采用铝护套数字信号电缆。联锁设备室外设备干线电缆采用铝护套信号电缆,分支电缆采用综合护套信号电缆。

运输调度指挥系统,新设分散自律型调度集中(CTC)系统,该系统由调度中心子系统、车站子系统和调度中心与车站、车站与车站之间的网络子系统组成。根据行车调度区划分,在北京调度指挥中心设 6 个 CTC 行车调度台,分别负责各分管区段的行车调度指挥。CTC 系统中心设备设在襄阳固定设备管理中心。正线各车站和线路所设 CTC 分机设备、网络安全和通道质量监督设备及 CTC 综合维护平台。线路所并在其相邻车站设 CTC 系统远程操作显示终端。北京调度指挥中心至襄阳固定设备管理中心 CTC 核心交换机之间的传输通道采用专用的链路数据通道。襄阳 CTC 中心系统与中国国家铁路集团有限公司及几个相关铁路局之间的传输通道采用专用的链路数据通道。本线与国家既有铁路接轨站的行车调度指挥设备与既有铁路保持相同制式。

区间闭塞制式,双线区段新设四显示自动闭塞,采用双线双方向运行,正向采用追踪间隔运行,反向按自动站间闭塞行车,并设地面通过信号机;单线区段采用自动站间闭塞制式。其他线路方向维持既有闭塞方式不变。

新建四显示自动闭塞的双线区段采用 ZPW-2000 系列无绝缘移频轨道电路,轨道电路发送设备按 $N+1$ 配置、接收设备采用双机并联运用方式,采用继电电路编码。区间轨道电路干线电缆采用铝护套内屏蔽数字信号电缆,电缆的有效传输长度按 10 km 控制。

新建单线自动站间闭塞区段,区间轨道占用检查采用计轴设备;设地面通过信号机,区段进站信号机外方设双接近区段,接近区段采用 97 型 25 Hz 相敏轨道电路,轨道电缆采用铝护套信号电缆,电缆长度按 10 km 控制。

区间站联信息采用光传输设备,新设区间综合监控设备完成区间闭塞方向电路控制、站间信息传输、自动闭塞区间逻辑检查、列车占用丢失报警等功能。

新设信号集中监测系统,由集中监测总机、车站(信号中继站、线路所)监测分机、综合维修段和车间终端、通信网络和设备组成。在襄阳固定设备管理中心设集中监测总机系统和设备[主要包括数据库服务器、应用和接口服务器、通信网络管理服务器、防病毒服务器、通信网络设备、网络安全设备(防火墙等)、电源设备、维护工作站、监测终端等]。新建车站(线路所)和信号中继站设集中监测分机设备。采用专用数字通道,以环形组网方式联接,车站通信机械室至信号机械室采用光纤通道和光接口设备联接。实现对 CTC 和联锁设备、电源设备、轨道电路和信号其他设备等工作状态的信息采集和监测,保证其处于正常工作状态。

沿线新建信号设备房屋设防雷电、电磁兼容和综合接地防护系统,与房建工程同步实施,且完善既有信号设备房屋的综合接地防护系统。

本线与既有铁路的相关接轨站,针对各接轨站的具体情况分别采用相应的改造方案:

浩勒报吉接轨站,浩勒报吉南站新设单线引入,采用自动站间闭塞,新设 TDCS 分机设备,改造既有 6502 联锁设备,利旧改造既有集中监测分机设备,对东乌电务公司集中监测中心相关设备进行改造。

乌审旗接轨站,到乌审旗南站新建一条场间联络线,改造既有 TDCS 分机设备,并对呼和浩特铁路局调度中心相关设备进行修改;改造车站既有联锁设备和集中监测分机设备,对对应的电务段集中监测中心相关设备进行修改。

杨桥畔接轨站,新建 2 条联络线引入靖边东站,区间采用四显示自动闭塞。改造车站既有安全冗余型计算机联锁设备和 CTC 分机设备及列控系统,并对西安铁路局调度中心的相关设备进行修改;利旧改造车站集中监测分机设备,对对应的电务段集中监测中心相关设备进行修改。

店坡接轨站,单线引入邱家坡线路所,区间采用自动站间闭塞。改造既有双机热备联锁设备和 TDCS 分机设备,并对太原铁路局调度中心的相关设备进行修改;利旧改造车站集中监测分机设备,对对应的电务段集中监测中心相关设备进行修改。

张家湾接轨站,双线引入桥头线路所,区间采用四显示自动闭塞。新设计算机联锁设备和 TDCS 分机设备,对郑州铁路局调度中心的相关设备进行修改;新设集中监测分机设备,对对应的电务段集中监测中心相关设备进行修改。

本线引入西峡站和屈原岗站改造工程,由宁西二线工程同步实施。

部营接轨站,新建 2 条联络线引入襄州站,区间采用四显示自动闭塞。新设计算机联锁设备和 CTC 分机设备,对武汉铁路局调度中心相关设备进行修改;新设车站集中监测分机设备,对襄阳电务段信号集中监测总机系统进行相应修改。

襄北编组站接轨方案,新建襄州至部营上行联络线引入襄北编组站,对军供站、上行出发场联锁系统进行修改。利旧改造襄北编组站上行出发场、军供站 TDCS 分机设备,对武汉铁路局调度中心既有 TDCS/CTC 总机系统进行修改;改造襄北编组站上行出发场、军供站集中监测分机设备,对襄阳电务段信号集中监测总机系统进行相应修改。

陶家岗线路所接轨方案,从荆门北站新设 2 条联络线至焦柳铁路陶家岗线路所。陶家岗线路所新设联锁设备,取消子陵信号中继站与陶家岗线路所的合设,区间信号机重新布点,改造既有双河至荆门区间的自动闭塞设备。

岳阳北接轨站,从海家屋线路所新建上下行联络线引入岳阳北站北咽喉;从坪田站新设 1 条联络线引入岳阳北站北咽喉。新建岳阳北站信号楼,新设计算机联锁设备和 CTC 分机和信号集中监测分机设备。对广州铁路(集团)公司调度中心 CTC 总机系统进行修改,对长沙电务段信号集中监测总机系统进行相应修改。

洋坊接轨站,新余西站与洋坊站采用横列式布置,新建 2 条场间联络线,行车采用场联方式。并同步改造洋坊站牵出线和油库专用线,利旧改造车站联锁设备和集中监测分机设备。

河下接轨站,新建 2 条引入联络线,区间采用自动站间闭塞,采用 25 Hz 轨道电路进行占用检查。新建车站信号楼,新设硬件冗余型计算机联锁设备和信号电源屏及 CTC 分机设备,对南昌铁路局调度中心 CTC 总机系统进行修改;新设车站集中监测分机设备,对南昌电务段信号集中监测总机系统进行相应修改。

吉安接轨站,双线(其中 1 条疏解线)引入吉安站,吉安站扩建 2 条到发线,1 条既有货车到发线延长至 1 050 m。新设硬件冗余型计算机联锁设备和信号电源屏、新设 CTC 车站分机设备,对南昌铁路局调度中心 CTC 总机系统进行相应修改;新设车站集中监测分机设备,对南昌电务段信号监测总机系统进行相应修改。

参加本线线路工程施工的有中铁一局、二局、三局、四局、五局、六局、八局、十局、十一局、十二局、十四局、十六局、十七局、十八局、二十局、二十一局、二十二局、二十四局集团,中铁隧道集团,中铁建大桥局,中铁上海工程局,中铁港航局集团,中交第三航务工程局,中交第一公路工程局,中交路桥建设公司,中国建筑股份公司,中国水利水电第四工程局,中电建路桥集团,新疆北新路桥集团等多家单位。中铁电气化局集团、中铁武汉电气化局集团、中铁建电气化局集团等单位承担四电工程的施工。

线路工程中的重点控制工程公安长江特大桥和洞庭湖特大桥建设动员大会于 2012 年 10 月 16 日在湖南岳阳举行奠基仪式。2015 年 4 月重点控制的几座隧道工程开工。2015 年 7 月全线线路工程开工。2018 年 3 月 17 日开始铺轨。2019 年 7 月 2 日完成全线铺轨。四电工程于 2018 年 9 月 1 日开工。2019 年 6 月 22 日湘赣段接触网贯通,2019 年 8 月 7 日江西段接触网工程开始冷滑试验。2019 年 8 月 12 日湘赣段接触网一次受电成功。2019 年 8 月 19 日开始全线动态检测。2019 年 9 月 28 日全线正式开通运营。

3.63　黔江至张家界至常德铁路

新建黔江至张家界至常德铁路,位于湘西北、鄂西南和渝东南交界地带。线路自渝怀铁路黔江站引出东行,沿途经重庆市黔江区,湖北恩施州咸丰县、来凤县、湖南湘西州龙山县、张家界市桑植县、永定区,在张家界市与焦柳铁路衔接,后向东经常德市桃源县后至终点湖南省常德市引入石长铁路的常德站,大致呈东西走向。其正线运营长度 339.42 km,正线建筑长度 336.257 km(图 3.63)。其中重庆市内 20.812 km,湖北省内 55.44 km,湖南省内 260.005 km。全线桥梁累计长度 97.486 km,隧道累计长度 170.111 km,正线桥隧占比达到 77.7%。全线设有黔江(既有)、黔江北、咸丰、来凤、龙山、水沙坪、凤岩村、桑植、教字垭、张家界西、禾家村、牛车河、龙潭镇、桃花源、陬市、常德(既有)等车站。工程范围还包括黔江、张家界和常德地区的相关工程。

新建黔张常铁路,将有效解决重庆与湘、浙、赣、闽等地的连接问题,有利于完善西南地区铁路网络布局,消除制约西南地区与中东部地区经济交流的障碍,对于促进武陵山区经济社会协调发展、实施国家西部大开发和中部崛起战略具有重大意义。同时,黔张常铁路的建成开通可以填补渝、鄂、湘三省交界地区铁路网空白,进一步完善中西部结合部的干线铁路网,对于完善渝、鄂、湘三省乃至国家中西部铁路网布局起到重要作用。

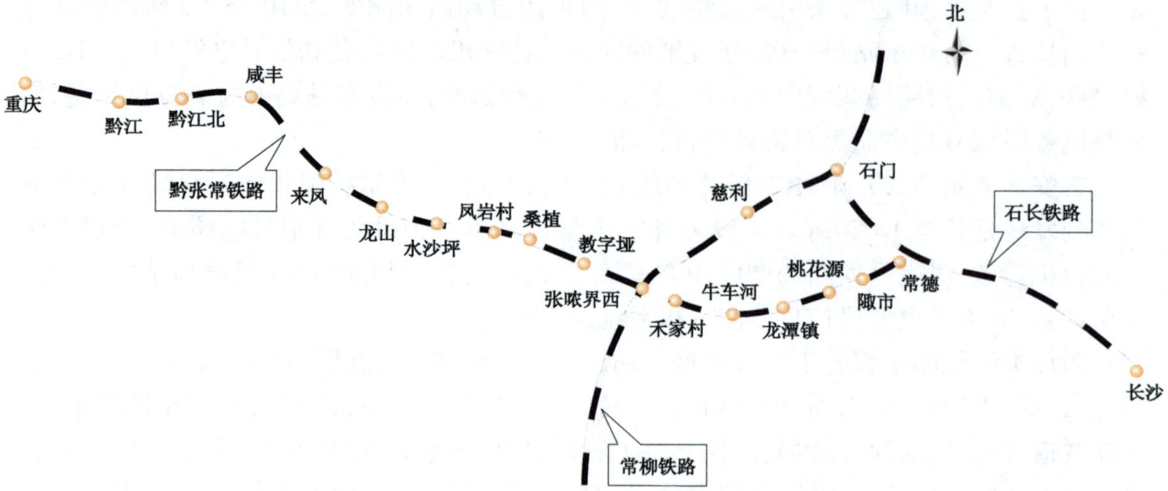

图 3.63 黔江至张家界至常德铁路示意图

黔张常铁路的建设单位是沪昆客运专线湖南有限责任公司、黔张常铁路有限责任公司。设计单位是中铁第一、第六勘察设计院集团有限公司,中铁大桥设计院集团有限公司。线路主要技术标准:铁路等级,Ⅰ级;正线数目,双线;限制坡度,18.5‰(双机);最小曲线半径,一般地段 3 500 m、困难地段 2 800 m ;到发线有效长度,880 m;行车指挥方式,调度集中;闭塞类型,自动闭塞;旅客列车设计行车速度,200 km/h;牵引种类,电力牵引(部分 AT 供电方式);机车类型,HX 系列和动车组;牵引质量,4 000 t。

3.63.1 电气化工程

牵引供电系统,黔江北至高湾分区所段采用 AT 供电方式;黔江至黔江北、高湾分区所至常德段采用带回流线的直接供电方式,其中高湾分区所至常德段接触网支柱预留 AT 供电条件。

全线新建咸丰、龙山、蚂蟥冲、禹溪、真龙桥、桃花源等 AT 牵引变电所。利用渝怀铁路所建的黔江牵引变电所增加馈线设备向黔江至黔江北区段供电;高湾分区所至常德段初期利用石长铁路复线电气化工程所建的常德牵引变电所增加馈线开关设备供电,并结合规划的常德至长沙及常德至九江等铁路建设适时调整供电方案。在相邻牵引变电所之间设分区所,在供电臂中部设 AT 所,禹溪至禾家村供电臂设 1 处 AT 所和 1 处 AT 所兼开闭所,其他分区所和 AT 所按两侧供电能力均衡确定位置,尽量避免设在隧道内。

新建牵引变电所引入 2 路独立可靠的 220 kV 电源供电,220 kV 电源侧优先采用线路变压器组接线,外部电源相对薄弱的 220 kV 侧可根据电力系统的供电方案采用其他接线方式,220 kV 侧电气设备采用户外布置;2 × 25 kV 侧采用单母线接线,电气设备优先采用户外布置。

新建AT牵引变电所设4台变压器、分成2组,采用固定备用、三相V/V接线、自冷方式,预留风冷条件。各新建牵引变电所变压器安装容量:咸丰、蚂蟥冲为2×(25+25) MV·A,龙山为2×(20+40) MV·A,真龙桥为2×(40+35) MV·A,桃花源、禹溪为2×(20+25) MV·A。

牵引变电所、开闭所、分区所、AT所自用交流电源,采用1路接引10 kV电力贯通线电源,1路接引所内27.5 kV母线电源。

新建牵引变电所、开闭所、分区所、AT所按无人值班设计,牵引变电所适当考虑值守条件。新设牵引供电远动系统,按管辖范围分别纳入成都铁路局和广州铁路(集团)电力调度所管理。对全线牵引供电设施进行集中监控。

接触网采用全补偿简单链型悬挂,接触悬挂结构高度一般为1 600 mm。其中陈家沟至吴家铺、禾家村至龙潭镇段正线接触线采用150 mm^2的银铜合金导线,承力索采用120 mm^2的镁铜合金绞线;其他区段正线接触线采用120 mm^2的银铜合金导线,承力索采用95 mm^2的镁铜合金绞线。接触线悬挂高度隧道外一般为6 000 mm,隧道内为5 750 mm;有调车作业的车站接触线悬挂高度一般为6 450 mm。附加导线采用铝包钢芯铝绞线。

接触网绝缘泄漏距离一般不小于1 200 mm,严重污秽地区适当加强绝缘。一般地段采用瓷质绝缘子,隧道内、跨线桥两侧腕臂绝缘子和接触网分段、下锚等处采用复合绝缘子。采用带空气绝缘中性段的锚段关节式电分相,避免设在大坡道、列车出站加速区段和线路限速低速区段。

接触网支柱,一般路基地段的腕臂柱采用圆形钢筋混凝土支柱,桥上采用热浸镀锌钢柱。车站咽喉区多线并行区段,优先采用线间立柱,线间立柱困难时采用硬横跨和热浸镀锌钢管柱。车站雨棚地段接触网支柱与雨棚柱合架。路基区段接触网支柱的侧面限界按满足大型养路机械作业要求的3.1 m设计。有调车作业的车站支柱侧面限界一般不小于3.5 m,受条件限制时不小于3.1 m。

接触网支柱跨距,路基区段一般为50 m、最大不大于60 m。桥梁上支柱结合桥梁形式墩台布置确定,一般为32.7 m。锚段关节一般采用四跨关节,正线锚段长度一般不大于2×750 m,其余线路锚段长度一般不大于2×800 m。附加导线锚段长度一般不大于2 000 m。

接触网下锚一般采用滑轮组补偿装置,桥梁区段下锚采用棘轮补偿装置。双线隧道内下锚采用大滑轮补偿、坠砣下锚方式。中心锚结一般地段采用两跨防断式锚结、困难时采用防窜式锚结。

在咸丰、龙山、桑植、张家界西、牛车河、桃花源设接触网维修工区,其中桑植按供电车间规模设置。

3.63.2　电力工程

全线新建1条综合负荷10 kV贯通线和1条一级负荷10 kV贯通线,新建10 kV贯通线采用电力电缆敷设。

新建黔江北、咸丰、龙山、车塔村、桑植、张家界西、桃花源等 10 kV 配电所,新建牛车河 35/10 kV 变配电所;利用改造既有黔江 10 kV 配电所向本线供电,投资纳入渝怀铁路第二线工程。应设的常德 10 kV 配电所缓建,统筹考虑规划的常德至长沙及常德至九江铁路建设情况。

设有 10 kV 配电所和 35/10 kV 变配电所的车站其站房综合用电负荷设站内 10/0.4 kV变电所供电,电源引自变(配)电所的站馈线;没设 10 kV 配电所的车站其站房综合用电负荷设站内 10/0.4 kV 变电所,就近从地方电网接引 10 kV 电源供电,无条件接引地方电源的从 10 kV 贯通线接引电源。

车站与行车有关的通信信号等一级负荷设室内 10/0.4 kV 专用变电所供电,电源分别引自 2 路 10 kV 贯通线。

区间与行车密切相关的通信信号一级负荷设箱式变电站供电,分别从 2 路 10 kV 贯通线接引电源。

区间其他用电负荷,根据负荷分布和负荷性质,在负荷集中处分别设箱式变电站供电,电源引自综合负荷 10 kV 贯通线。

新建变配电所采用微机保护和综合自动化系统。新设电力远动系统,黔江至黔江北段纳入重庆供电段管理,黔江北至常德段纳入广州铁路(集团)电力调度所管理。

3.63.3　通信工程

黔江至常德沿铁路两侧各敷设 1 条 48 芯长途通信光缆;张家界北至禾家村沿铁路敷设 1 条 48 芯长途通信光缆;禾家村至渡坦坪沿铁路敷设 1 条 24 芯长途通信光缆。

GSM-R 区间通信基站、光纤直放站至干线光缆敷设 1 条 8 芯分歧光缆。为满足隧道应急通信系统组网的需要,超过 2.5 km 及以上隧道内设 1 条 3 ×4 ×0.9 低频对称电缆。

传输系统,新设 SDH 10 Gbit/s 长途(汇聚)传输系统,沿线主要车站设 SDH 10 Gbit/s 设备,利用新建的 2 条 48 芯光缆中的各 2 芯光纤构成复用段 1 +1 保护。

新设 SDH 2.5 Gbit/s 接入网系统,沿线车站新设 SDH 2.5 Gbit/s 设备,利用新建的 2 条 48 芯光缆中的各 2 芯光纤构成复用段 1 +1 保护。并在同一车站将 SDH 2.5 Gbit/s 设备通过 SDH 2.5 Gbit/s 光接口与 SDH 10 Gbit/s 设备互联,利用 SDH 10 Gbit/s 传输系统提供通道保护。

张家界北站至禾家村站利用新建的 1 条 48 芯光缆开设 SDH 2.5 Gbit/s 传输系统。

利用新建 48 芯光缆开设 SDH 622 Mbit/s 区间接入网系统,沿线通信基站、光纤直放站、信号中继站、牵引变电所等和站内信息接入点设 SDH 622 Mbit/s 设备,与相邻车站 SDH 2.5 Gbit/s 节点构成 SDH 622 Mbit/s 2 纤复用段保护环。

新设数据网,利用铁路局的既有核心节点设备,在张家界西、常德新设汇聚路由器,沿线车站新设接入路由器,负责本地数据的接入。相邻车站接入路由器之间采用光纤联接,异地接入路由器与汇聚路由器之间通过传输通道联接;并上联至核心节点路由器,实现全线数据业务的汇聚与转发。

电话交换系统,利用铁路沿线的既有程控电话交换机,沿线新增自动电话用户按管辖范围和隶属关系通过接入网分别接入既有程控电话交换机。通过统一编号,实现与既有铁路电话专网的互通。

新设数字调度通信系统,利用成都铁路局、广州铁路(集团)调度所既有中心调度通信交换机,沿线新建车站设车站型调度通信交换机、调度分机和车站值班台等设备。按铁路局管辖范围分别接入成都铁路局、广州铁路(集团)调度所既有中心调度交换机和调度通信系统。按照调度区划分,黔江至黔江北(含)由成都铁路局调度所既有渝怀铁路行车调度台指挥;黔江北(不含)至常德(不含)由在广州铁路(集团)调度所新设的本线行车调度台指挥。

新设 GSM-R 移动通信系统,利用成都铁路局、广州铁路(集团)既有 GSM-R 交换机,在长沙新设基站控制器(BSC),沿线设分布式通信基站,隧道外采用单网覆盖方式组网,5 km以上的隧道采用冗余覆盖方式组网。区间和隧道内弱场区采用光纤直放站、漏泄电缆和天线方式增强,以满足无线场强覆盖和信息传输的需要。完成调度通信、调度命令信息和无线车次号校核信息及列车控制信息传送等功能。

新设会议电视系统,沿线客运站设会议电视分会场设备,按铁路局管辖范围分别接入成都铁路局、广州铁路(集团)既有会议电视中心系统。

新设应急通信指挥系统,沿线通信车间或工区设应急通信现场接入设备,按铁路局管辖范围分别接入成都铁路局、广州铁路(集团)既有应急通信中心系统。2. 5 km 及以上隧道设紧急电话系统,隧道内避车洞、隧道内紧急出口、避难所、救援站设紧急电话终端,利用敷设的对称电缆通过就近通信节点接入隧道紧急电话系统及临近车站新设的紧急电话控制台。并在隧道紧急出口、避难所、救援站设视频采集点,利用新建光缆通过临近通信节点接入综合视频监控系统。

通信电源,沿线车站、区间通信基站和信号中继站等通信机房设 48 V 高频开关电源和蓄电池,并新设通信电源和机房环境监控系统及采集设备。

3. 63. 4　信号工程

车站联锁,黔江北至常德(不含)各新建车站(所)设硬件安全冗余型计算机联锁设备和信号电源屏及不间断电源,并满足与 CTC、列控中心等设备的接口和信息交换要求,为信号集中监测系统提供相关信息。其他既有车站的计算机联锁设备利旧改造。

黔江北至常德(不含)各新建联锁设备的车站(所)内正线和到发线采用 ZPW-2000 系列轨道电路,其他区段采用 97 型 25 Hz 相敏轨道电路,轨道电路发送和接收设备按冗余配置。部分货场、工区岔线轨道区段为解决轨道电路分路不良,应采取提高轨道电路分路性能的技术措施。

站内 ZPW-2000 系列轨道电路采用铝护套数字信号电缆,联锁设备室外电缆采用综合护套综合扭绞信号电缆。

黔江北(不含)至常德站(不含)采用调度集中(CTC)系统,各新建车站设 CTC 分机设备、信息安全和通道质量监督等设备,黔江北新设 TDCS 分机设备,按照铁路局管辖范围和调度区划分通过调度网接入广州铁路(集团)、成都铁路局调度所 CTC/TDCS 总机系统,黔江北站由成都铁路局调度所渝怀铁路行车调度台管辖和指挥;黔江北(不含)至常德站(不含)由广州铁路(集团)调度所新设的本线行车调度台管辖和指挥,并在调度所增设相应的应用和通信服务器及信息安全等设备。

列车运行控制系统,黔江北至常德(不含)采用 CTCS-2 级列控系统,黔江北站临时限速按衔接站处理。在张家界西站设临时限速服务器,负责本线的临时限速管理。沿线各车站设列控中心、有源应答器及编码单元(LEU)、信号安全数据网接入等设备。并在区间和车站特定地点设有源、无源应答器。所设的列控中心具备轨道电路编发码、运行方向控制、信息采集(含中继站)、站间安全信息传输及应答器报文存储调用等功能。

区间闭塞制式,黔江至常德、禾家村至张家界采用四显示自动闭塞,按双线双方向运行,正向按追踪间隔运行,反向采用自动站间闭塞行车,设区间地面通过信号机。

区间采用 ZPW-2000 系列无绝缘轨道电路,其发送和接收设备按冗余配置,利用信号安全数据网系统传输站间安全信息。

区间 ZPW-2000 系列无绝缘轨道电路干线电缆采用铝护套内屏蔽数字信号电缆,分支电缆采用综合护套数字信号电缆。ZPW-2000 系列轨道电路电缆有效传输长度一般按 10 km 控制。因本线隧道多,气候潮湿,闭塞分区轨道电路传输长度应适当缩短。部分多线并行地段,应采取降低临线信号干扰的技术措施。

新设信号集中监测系统,黔江北至常德(不含)各新建车站(所)和信号中继站设集中监测分机设备,按管辖范围及隶属关系分别接入重庆、怀化、长沙电务段信号集中监测总机系统。

沿线新建信号设备房屋设防雷电、电磁兼容和综合接地防护系统,并与新建的贯通地线等电位连接。

沿铁路正线敷设 1 条截面为 35 mm^2 的信号专用贯通地线,在电气特性上全程贯通,接地电阻不大于 1 Ω,与土建和桥隧工程同步实施,形成低阻等电位接地平台。沿线轨旁信号设备安全接地后就近与贯通地线等电位连接。

在龙山、桃花源设信号维修车间,加强张家界的信号维修车间,各车站设信号工区,负责信号设施的运营维护和管理。

3.63.5 防灾监控系统

针对本线地理环境和气候特点,设风速风向、雨量、雪深、地震预报及异物侵限监测系统。沿线高架桥、高路堤以及峡谷地段设风速风向监测点,风速风向计按冗余配置。雨量监测点一般每 25 km 左右设 1 处,路基及艰险山区隧道口等地段适当增设。利用黔江站既有雨量监测点的设备。雪深监测点一般每 20 km 左右设 1 处。在上跨铁路的道路桥梁上设异物侵限监测点,设备按冗余配置。在地震动峰值加速度大于等于 0.1g 的地区牵引变电所设地震监测点,设备按冗余配置。黔江北(不含)至常德(不含)接入广州铁路(集团)既有防灾监控中心系统;黔江至黔江北接入成都铁路局既有防灾监控中心系统。

参加线路工程施工的有中铁四局、五局、十一局、十四局、十六局、十七局、十八局集团,中铁隧道局等单位。中国铁路通信信号有限公司、中铁武汉电气化局单位承担四电工程的施工。

线路工程于 2014 年 12 月 16 日开工。2018 年 6 月 27 日湖南张家界段四电工程开工。2019 年 3 月 5 日完成湖南段铺轨。2019 年 7 月 27 日完成重庆段的铺轨。2019 年 9 月 25 日开始联调联试。2019 年 11 月 19 日开始试运行。2019 年 12 月 26 日正式开通运营。

3.64　锦承铁路叶柏寿站至京通铁路赤峰站扩能改造

既有叶柏寿至赤峰单线铁路,位于辽宁省朝阳市和内蒙古自治区赤峰市内。南起锦承铁路的叶柏寿站,向北依次经过赤峰市的宁城县、喀喇沁旗、元宝山区,北至京通铁路的赤峰站,线路全长 146.4 km(图 3.64)。该铁路 1934 年 3 月开工修建,1935 年 12 月建成,翌年通车运营。由于修建年代久远,建设标准低,曲线半径小,坡度大,输送能力小。且在战争期间遭到严重破坏,线路上部建筑及站场设备均被拆毁。新中国成立后,1952 年 8 月进行了全线修复,同年 11 月恢复通车。此后多年来虽经过多次小规模过渡性改造及技术改造,但因设备陈旧,其输送能力仍满足不了沿线经济发展和运量增长的需要,故国家决定对该线进行电气化扩能改造。部分车站到发线有效长延长至 1 080 m(双机牵引),使货物列车牵引质量达到 3 000 t,部分煤炭列车提高至 5 000 t。电气化扩能改造后行政调度区划分维持既有,车流组织及编组计划基本维持既有。车站分布维持既有,全线设有赤峰、赤峰东、马林、元宝山、热水、平庄、平庄南、乃林、汐子、二龙、天义、沙海、石脑、叶柏寿等车站。工程范围还包括新建马家湾联络线 0.871 km。

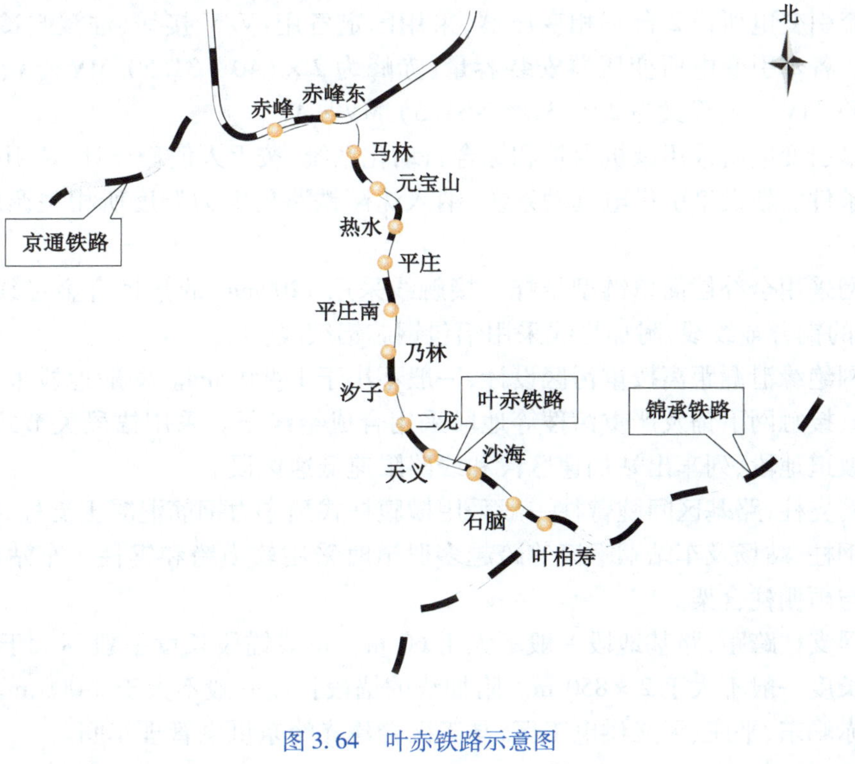

图 3.64　叶赤铁路示意图

叶赤铁路在路网的构成上南接锦承线，北连京通线成为两大铁路干线的联络线，同时也是内蒙古自治区东部至辽宁西部运煤通道的重要组成部分。所以对该线进行电气化扩能改造，不但可以提高该铁路通道的运输能力和服务质量，同时还可促进沿线资源开发，促进地方社会经济的快速发展。它的建成开通对实现内蒙古东部和辽宁的经济共同发展起到重要作用。

本线扩能改造的建设单位是沈阳铁路局电气化改造工程建设指挥部，设计单位是中铁工程设计咨询集团有限公司。线路主要技术标准：铁路等级，改建地段Ⅰ级；正线数目，单线；限制坡度，维持20‰的既有坡度；最小曲线半径，500m、非改建地段维持既有；到发线有效长度，既有550 m、部分车站1 080 m；闭塞类型，半自动闭塞；设计行车速度，维持既有；牵引种类，电力牵引(直接加回流线供电方式)；牵引质量，3 000 t、部分5 000 t。

3.64.1 电气化工程

牵引供电采用带回流线的直接供电方式。全线新建赤峰、平庄、天义等牵引变电所。天义牵引变电所预留为赤峰客车联络线的供电条件。赤峰牵引变电所按京通铁路电气化一次建成，预留为赤峰客车联络线的供电条件。利用锦承铁路朝阳至叶柏寿段扩能改造工程所建的叶柏寿牵引变电所为本线供电。在牵引变电所出口及中间设锚段关节式电分相，设电动操作隔离开关纳入远动系统控制。

新建牵引变电所引入2路220 kV电源供电，220 kV电源侧采用线路变压器组接线，电气设备采用户外中型布置；27.5 kV侧采用单母线分段接线，电气设备采用户内开关柜布置。

新建牵引变电所设2台三相变压器，采用固定备用、V/V接线、油浸自冷方式，预留风冷条件。各牵引变电所变压器安装容量：赤峰为2×(40+31.5) MV·A、平庄为2×(40+31.5) MV·A、天义为2×(31.5+31.5) MV·A。

新建牵引变电所采用微机保护和综合自动化系统，按无人值班设计，牵引变电所适当考虑值守条件。新设牵引供电远动系统，纳入沈阳铁路局电力调度所相关调度台进行控制和管理。

接触网采用全补偿简单链型悬挂。接触线采用120 mm^2的铜银合金导线，承力索采用95 mm^2的铜合金绞线，附加导线采用铝包钢芯铝绞线。

接触网绝缘泄漏距离按重污区设计，一般不小于1 400 mm。一般地段采用瓷质绝缘子，软横跨、接触网下锚及严重污秽等地段采用合成绝缘子。采用锚段关节式电分相，避免设在大坡道地段、列车出站加速区段和线路限速低速区段。

接触网支柱，路基区间腕臂柱一般采用横腹杆式预应力钢筋混凝土支柱，桥梁上采用热浸镀锌钢柱，站场及车站咽喉区等跨越多股道时采用软横跨和钢柱。车站雨棚地段接触网支柱与雨棚柱合架。

接触网支柱跨距，路基地段一般不大于60 m。正线锚段长度一般不大于2×700 m；站线锚段长度一般不大于2×850 m。附加线的锚段长度一般不大于2 000 m。

新建赤峰东、平庄、天义供电工区，与工区合建赤峰东供电管理车间。

3.64.2　电力工程

改造既有 10 kV 贯通线，新建平庄、天义 10 kV 配电所，从地方电站引入 2 路 10 kV 电源供电。天义 10 kV 配电所预留为赤峰客车联络线的供电条件，改造赤峰第二 10 kV 配电所，引入第 2 路 10 kV 电源供电。

设有 10 kV 配电所的车站其站房新增综合用电负荷由配电所站馈线供电，没设 10 kV 配电所的车站其站房新增综合用电负荷接引地方 10 kV 电源供电。

车站新增与行车有关的通信信号等用电负荷设室内 10/0.4 kV 箱式变电站供电，电源引自 10 kV 贯通线，并从地方接引 10 kV 电源作为备用电源。

区间新增与行车密切相关的通信基站、光纤直放站、信号中继站等用电负荷设箱式变电站供电，电源引自 10 kV 贯通线。沿线新增其他用电负荷设杆架式变电台供电，电源引自地方电源。

新建电力远动系统，新建和改造的 10 kV 配电所及箱式变电站纳入电力远动系统，并按管辖范围分别纳入锦州、通辽供电段电力远动控制中心管理。

3.64.3　通信工程

长途通信线路，利用沈阳铁路局 2014 年通信网改造工程所建的 48 芯通信光缆；新建隧道区段，既有长途光缆按原容量进行迁移。

GSM-R 区间光纤直放站到长途光缆间按需要新设不同容量的分歧光缆。区间其他信息接入点所需光缆芯数根据需要确定，对受电气化影响不能满足使用要求的车站场电缆进行防护或更换。

传输系统，利用沈阳铁路局 2014 年通信网改造工程所建的 SDH 10 Gbit/s 传输系统和车站 SDH 2.5 Gbit/s 接入网系统，根据本工程需要扩容系统接口。

新设 SDH 622 Mbit/s 区间接入网系统，区间通信基站、牵引变电所、电力配电所等信息接入点设 SDH 622 Mbit/s 设备，利用光缆接入临近车站 SDH 2.5 Gbit/s 接入网系统。

站内牵引变电所、新建电力配电所、红外轴温探测站等信息接入点根据需要新设 SDH 622 Mbit/s 或 SDH 155 Mbit/s 设备，接入本站 SDH 2.5 Gbit/s 接入网系统。

新设传输和接入网网管系统和设备，纳入沈阳铁路局既有通信综合网管系统。

数据网，利用沈阳铁路局 2014 年通信网改造工程所建的数据网系统。

电话交换系统，利用沿线既有铁路电话交换机，沿线新增自动电话用户通过接入网接入既有铁路电话交换机。通过统一编号，实现与既有铁路电话专网的互通。

新设调度通信系统，利用沈阳铁路局调度所既有数字调度通信交换机，沿线各车站新设车站型数字调度通信交换机、调度分机等配套设备，维持既有调度区划分，通过传输通道接入铁路局中心调度交换机和调度通信系统及既有调度台指挥。并在本工程新增、既有调度台处新设调度员操作台。

新建 GSM-R 移动通信系统，利用沈阳铁路局既有 GSM-R 核心网设施，并新设 1 套基站控制器（BSC）等设备。沿线新设通信基站（BTS），车站通信基站按 3 载频配置，区间通信基站按2载频配置,采用单网覆盖方式组网,通过传输通道将通信基站接入BSC和铁路局GSM-R交换机。区间和隧道内弱场区采用光纤直放站、漏泄电缆和天线方式增强,以满足无线场强覆盖和信息传输的需要。完成调度通信、调度命令信息和无线车次号校核信息传送等功能。并新设无线网络管理系统和光纤直放站网络管理系统。

会议电视系统,沿线既有会议电视系统继续使用。

新设应急通信指挥系统,在相关工区新设应急通信抢险现场接入设备,隧道口设视频监控采集点和设备。通过传输通道接入沈阳铁路局既有应急通信指挥中心系统和设备。

通信电源,沿线新建通信设备机房设48 V高频开关电源和蓄电池,并新设电源和机房环境监控系统及采集设备。

3.64.4 信号工程

车站联锁,各车站新设硬件安全冗余型计算机联锁设备和信号智能电源屏;其中元宝山线路所相关道岔直接纳入元宝山站联锁设备集中控制。因牤牛河大桥改建引起叶柏寿站赤峰端远方联络线及相关道岔改造增加的信号工程,由锦承铁路朝阳至叶柏寿段扩能改造工程统筹实施。

新建联锁设备的车站站内采用97型25 Hz相敏轨道电路并叠加车站电码化,正线采用预叠加发码、侧线股道及车站接近区段采用占用叠加发码方式,发码设备采用ZPW-2000系列发送设备,按冗余方式配置。为克服站内个别岔线区段轨道电路分路不良,应按有关技术要求采取必要的防分路不良技术措施,确保信号联锁设备正常工作。

站内轨道电路和电码化信息传输采用铝护套内屏蔽数字信号电缆,其余信号设备干线电缆采用铝护套综合扭绞防寒型信号电缆,分支电缆采用综合护套综合扭绞防寒型信号电缆。

新设列车调度指挥系统(TDCS),各车站新设TDCS分机设备(3.0版本技术条件)和信息安全设备,对应赤峰车务段管辖范围在赤峰站设备机房新设1套车站服务器。维持既有调度区划,通过调度网接入沈阳铁路调度所TDCS/CTC总机系统及调度台,叶柏寿(不含)至赤峰东(不含)由既有赤峰至平泉列车调度台(赤平台)管辖和指挥;赤峰(含)至赤峰东(含)由既有京通铁路调度台分别管辖和指挥。并结合本线接入对调度所内相关调度台设备进行修改。

区间闭塞制式,叶柏寿(不含)至赤峰(含)段采用半自动闭塞。站间半自动闭塞信息传输采用数字通道和光电转换方式。与本线相衔接的其他相邻线路维持既有闭塞方式不变。

信号集中监测系统,各车站新设集中监测分机设备,信号车间/工区增设监测终端设备。通过监测网接入电务段既有信号集中监测总机系统。

新增信号设备房屋设防雷电、电磁兼容和综合接地防护系统,并与既有信号设备房屋的防雷电、电磁兼容和综合接地防护系统等电位连接。利用既有信号设备房屋的车站按既有综合防护系统标准进行改造和完善。

在维持既有赤峰、天义2处信号车间和赤峰、赤峰东、元宝山、平庄南、汐子、天义既有信号工区不变的基础上，增设沙海、平庄、马林信号工区，负责信号设施的运营维护和管理。

参加叶赤铁路电气化扩能改造施工的有中铁二十二局集团等单位。2016 年 5 月 9 日成功组立第一根接触网杆。2019 年 12 月 10 日向接触网送电。2019 年 12 月 30 日正式开通运营。

3.65　锦承铁路义县至朝阳至叶柏寿段扩能改造

既有锦州至承德单线铁路，起自辽宁省锦州市，途经义县、北票、朝阳、建平县（叶柏寿）、凌源、平泉等市县，终到河北省承德市。该铁路始建于 1921 年 4 月，1936 年 6 月全线开通运营，线路全长 436 km（图 3.65）。其中锦州至叶柏寿段线路长约 222 km，解放战争中该段线路受到严重破坏，金岭寺以西 1947 年中断行车。金岭寺以东及北票支线于 1949 年 10 月 1 日恢复通车，金岭寺以西 1952 年修复通车。1953 年 1 月 1 日全线正式运营。1961 年进行过局部改线落坡。此后多年来虽经过几次技术改造，但还是满足不了沿线经济的发展和运量增长的需要，国家决定对锦承铁路分段进行扩能改造。其中义县至朝阳段既有线长 89.1 km，扩能改造工程沿既有铁路增建二线至朝阳站，改建后该段线路长 82.2 km，其中新建双线约 28.5 km，单绕约 27.8 km，沿既有线增建二线约 25.7 km。另新建北票支线疏解线约 14.5 km 和北票线联络线 2.354 km。

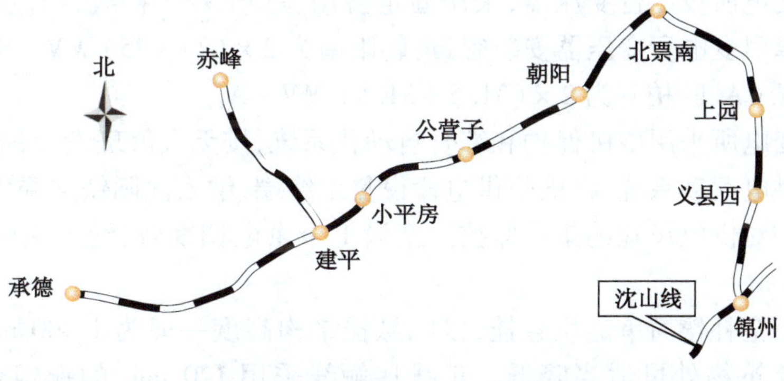

图 3.65　锦承铁路义县至朝阳至叶柏寿段示意图

朝阳至叶柏寿段既有线长 84.278 km，扩能改造工程沿既有铁路增建二线至叶柏寿站，改建后该段线路长 80.7 km，其中新建双线约 59.4 km，单绕约 4.0 km，沿既有线增建二线约 17.3 km。扩能改造后 2 段线路合计全长 162.9 km。义县至朝阳段设有义县西、上园、能家、金沟、朝阳等车站和北票南及北票西 2 个线路所，封闭了既有李家沟、周家屯、南岭和北票南站 4 个车站。朝阳至叶柏寿段设有朝阳（不含）、朝阳南、大营子、大平房、公营子、小平房、叶柏寿等车站，封闭了既有波罗赤、东大道 2 个车站。既有北票支线设有北票、骆驼营 2 个车站。本次扩能改造工程将北票南站封闭后，北票支线通过北票南、北票西线路所接入锦承线，骆驼营与北票南线路所间新设大老虎沟线路所。

锦承铁路沿线与京承、京通、高新、大郑和沈山线相通，是辽宁西部铁路网干线之一，可与东北三省、内蒙古自治区东部以及关内各地区进行客货交流,是东北地区进京的辅助通道以及东北与关内联系的重要通道,同时也是蒙东煤炭外运至辽宁的主要通道之一。该铁路2段扩能改造工程的建成开通,对提高运输能力和缓解辽宁能源紧张状况起重要作用。

锦承铁路义县至朝阳至叶柏寿段扩能改造工程的建设单位是沈阳铁路局辽西工程建设指挥部。设计单位是沈阳铁道勘察设计院有限公司。线路主要技术标准:铁路等级,Ⅰ级;正线数目,双线;限制坡度,6‰;最小曲线半径,既有线改建地段一般 800 m 、困难 500 m,增建第二线地段一般1 200 m、困难800 m ;到发线有效长,1 050 m;闭塞类型,自动闭塞;设计行车速度,新建地段 120 km/h、利用既有线地段维持既有;牵引种类,电力牵引(直供加回流线供电方式);牵引质量,5 000 t。

3.65.1 朝阳至叶柏寿段

3.65.1.1 电气化工程

牵引供电采用带回流线的直接供电方式。全段新设朝阳南、大平房、叶柏寿等牵引变电所。在 DK154 +400、DK192 +200 处设分区所。

新建牵引变电所引入2路220 kV 三相电源供电,一主一备。220 kV 电源侧采用分支接线,在两进线之间设隔离开关分段跨条,电气设备采用户外中型布置;27.5 kV 侧采用单母线分段接线,电气设备采用户内空气开关柜布置。断路器采用固定备用,馈线设故障判断装置。分区所采用箱式结构,并设网开关控制装置。

新建牵引变电所设2台变压器,采用固定备用、三相 V/V 接线、油浸自冷方式,预留风冷条件。各牵引变电所变压器安装容量:朝阳南为2×(25 +25) MV · A、大平房为2×(31.5 +25) MV · A、叶柏寿为2×(31.5 +31.5) MV · A。

新建牵引变电所采用微机保护和综合自动化系统,按无人值班设计,适当考虑值守条件。新设牵引供电远动系统,在锦州供电段设复示终端,纳入沈阳铁路局供电调度所远动系统进行管理和对供电设施的集中监控。新设1个供电调度台,纳入沈阳铁路局供电调度所管理。

接触网采用全补偿简单链型悬挂,接触悬挂结构高度一般为1 400 mm,隧道内和净空受限的跨线建筑物处可适当降低。正线接触线采用 120 mm^2 的铜银合金导线,张力15 kN,承力索采用95 mm^2的铜合金绞线,张力15 kN;站线接触线采用 120 mm^2 的铜银合金导线,张力10 kN,承力索采用95 mm^2的铜合金绞线,张力15 kN。接触线悬挂点高度一般为6 000 mm,隧道内一般为5 700 mm;接触线距轨面的最低高度不小于5 700 mm、确有困难时不小于5 650 mm。附加导线一般采用铝包钢芯铝绞线。

接触网绝缘泄漏距离,25 kV 绝缘子及绝缘器件的绝缘泄漏距离不小于1 400 mm,特别严重污秽区段不小于 1 600 mm;分场分束供电的横向分段绝缘泄漏距离不小于 1 600 mm。上下行接触网带电体间的距离一般不小于2 000 mm、困难时不小于1 600 mm。腕臂柱采用棒式合成绝缘子,其他采用悬式合成绝缘子。在两不同牵引变电所间或两不同供电臂间设电分相,电分相采用锚段关节式,避免设在大坡道、列车出站加速区段和线路限速低速区段。

接触网支柱，路基区间腕臂柱一般采用横腹杆式预应力钢筋混凝土支柱，坚石等困难地段采用带法兰的横腹杆式预应力钢筋混凝土支柱。既有桥梁上采用热浸镀锌钢柱，新建桥梁墩台上预留基础螺栓，采用镀锌直腿桥钢柱。站场及车站咽喉区等跨越多股道时采用软横跨和热浸镀锌格构式钢柱。车站雨棚地段采用硬横跨和热浸镀锌格构式钢柱。供电线支柱采用镀锌格构式钢柱。

接触网支柱跨距，既有线改建地段一般为45 m，增建第二线地段一般为50 m，直线区段一般不大于60 m。锚段关节一般采用四跨关节。有上下行的车站两侧设绝缘锚段关节，并在开口侧设常闭手动隔离开关。正线双边补偿时的锚段长度一般不大于2×750 m、困难情况下不大于2×800 m，站线锚段长度一般不大于2×850 m。单边补偿时的锚段长度为上述值的50%。附加线的锚段长度一般不大于2 000 m。

接触网下锚采用铝合金大滑轮补偿装置，并设防风限制架。区间正线一般采用两跨式防窜防断中心锚结。软横跨安装处、桥梁处或条件受限时采用防窜不防断中心锚结。

在大平房、叶柏寿新设接触网工区，并与工区合建叶柏寿供电检修车间，负责牵引供电设施的运营维护和管理。

3.65.1.2　电力工程

全段新设1条10 kV贯通线，新建10 kV贯通线采用截面为70 mm^{2}的钢芯铝绞线。将既有10 kV贯通线改造为10 kV自闭电力线使用，导线线径更换为截面为50 mm^{2}的钢芯铝绞线，并更换部分破损的电力电杆及相应的横担、绝缘子等相关设备。

全段新建大平房10 kV配电所，从地方66 kV变电所接引1路专盘专线电源供电。移位新建叶柏寿10 kV配电所，从地方220 kV变电所接引2路电源（1路既有、另1路新接引）供电。

设有10 kV配电所的车站其站房新增综合用电负荷按原供电方式或新设箱式变电站供电，电源引自配电所站馈线。没设10 kV配电所的车站其站房新增综合用电负荷按原供电方式或新设箱式变电站，从地方电网接引电源供电。

车站新增与行车相关的通信信号等一级负荷设室内10/0.4 kV箱式变电站供电，电源分别引自10 kV贯通线和自闭电力线。

供电工区、客整所、机务段内用电负荷分别设箱式变电站或杆架式变电台供电，电源分别引自本站10 kV配电所站馈线。

区间新增通信信号等一级用电负荷设箱式变电站供电，电源分别引自10 kV贯通线和自闭电力线。

区间红外轴温智能探测站用电负荷设双杆变压器台供电，电源分别引自10 kV贯通线和自闭电力线。区间新增其他用电负荷，在负荷集中处设杆架变电台供电，电源引自10 kV贯通线。

新建10 kV配电所采用微机保护，新建电力远动系统，纳入锦州供电段电力控制中心管理。

3.65.1.3　通信工程

朝阳至叶柏寿段沿铁路新设1条32芯和1条16芯长途通信光缆。沿线设有光纤直放站的地段,从干线光缆到光纤直放站新设 1 条 12 芯分歧光缆。

传输系统,利用沈阳铁路局传输网数据网改造工程所建的 SDH 10 Gbit/s 长途传输系统和设备,根据本工程需要对既有设备接口进行扩容。

全段新设 SDH 2.5 Gbit/s 接入网系统,各车站设 SDH 2.5 Gbit/s 设备。叶柏寿铁通机房新设 SDH 622 Mbit/s 设备。GSM-R 通信基站、牵引变电所、分区所等处新设 SDH 622 Mbit/s 设备。红外轴温智能探测站、电力配电所,公安派出所,叶柏寿信息机房新设 SDH 155 Mbit/s 设备。

电话交换系统,利用叶柏寿既有程控电话交换机并扩容,沿线新增自动电话用户按隶属范围接入既有程控电话交换机。

数据网,利用沈阳铁路局 2014 年通信网改造工程所建的数据网系统。

新设调度通信系统,在沈阳铁路局调度所新设 1 套中心调度通信交换机,沿线车站新设车站型调度通信交换机、调度分机等设备,按既有调度区划分接入铁路局调度所中心调度交换机和调度通信系统,维持既有调度台管辖范围不变,但需增设相关调度台操作设备。

新设 GSM-R 移动通信系统,并设光纤直放站网络管理系统,利用沈阳铁路局既有 GSM-R 核心网设施;利用其他工程设在锦州的基站控制器(BSC),沿线车站和区间设通信基站(BTS),车站通信基站按 3 载频配置,区间通信基站按 2 载频配置,采用单网覆盖方式组网,通过传输通道将通信基站接入锦州的 BSC 和铁路局的 GSM-R 交换机。区间和隧道内弱场区采用光纤直放站、漏泄电缆和天线方式增强,以满足无线场强覆盖和信息传输的需要。完成调度通信、调度命令信息和无线车次号校核信息传送等功能。

会议电视系统,沿线既有会议电视系统继续使用。

新设应急通信系统,沿线各通信工区新设应急通信现场接入设备,通过传输通道接入沈阳铁路局既有应急通信中心系统设备,可将事故现场的语音、数据、图像上传至铁路局应急通信指挥中心。

通信电源,全段车站通信机械室和沿线新建通信设备机房新设 48 V 开关电源设备及蓄电池,并设通信电源和机房环境监控系统及采用设备,利用设在锦州通信站的通信电源和环境监控网管系统对电源设备和环境条件进行监控。

3.65.1.4 信号工程

车站联锁,朝阳南、大营子、大平房、公营子、小平房、叶柏寿等车站新设硬件安全冗余型计算机联锁设备和信号智能电源屏(含区间智能电源屏,为控制范围内区间自动闭塞设备供电),叶柏寿机务车间新设双机热备型计算机联锁设备和信号电源屏。

根据车站(场)新铺道岔类型,配备相应的道岔转辙机及安装装置,电气化范围内的道岔跳线按电气化标准配置。

新建联锁设备的车站站内采用 97 型 25 Hz 相敏轨道电路并叠加 ZPW-2000 型电码化,并增设扼流变压器;正线电码化采用预叠加发码方式,侧线股道及单线接近区段采用占用叠加发码方式,发码设备采 ZPW-2000 系列发送设备,发码信息执行 TB/T 3060—2002 标准,为解决有的站内渡线和岔线区段轨道电路分路不良,可采用高压脉冲轨道电路。

站内电码化信息传输采用铝护套内屏蔽数字信号电缆，站内轨道电路采用铝护套综合扭绞信号电缆，室外联锁设备干线电缆采用铝护套综合扭绞信号电缆，其余电缆采用综合护套综合扭绞信号电缆。

采用列车调度指挥系统（TDCS），各车站新设（3.0 版）TDCS 分机设备和信息安全等设备，叶柏寿站增设 1 套车站服务器子系统，按既有调度区划分通过调度网接入沈阳铁路调度所 TDCS/CTC 总机系统和既有列车调度台管辖不变。结合本线接入对调度所 TDCS/CTC 总机系统配置的信息安全等设备进行调整，修改相关设备软件。

叶柏寿站配属有专用调车机车，站内增设无线调车机车信号监控装置地面和车载设备。调度命令、车次号校核信息传输采用无线通信系统实现。

区间闭塞制式，朝阳（不含）至叶柏寿（含）段双线区间采用四显示自动闭塞，正向按追踪间隔运行、反向采用自动站间闭塞行车，设区间地面通过信号机。

叶柏寿站与承德和赤峰方向单线区间采用半自动闭塞，其他与本线相衔接的相邻线路维持既有闭塞制式不变。

正线区间采用 ZPW-2000 系列无绝缘移频轨道电路，其发送设备按 $N+1$ 配置、接收设备采用双机并用方式，并具有设备自监测功能，通过接口设备为信号集中监测系统提供监测信息。区间 ZPW-2000 系列轨道电路干线电缆采用铝护套内屏蔽数字信号电缆，电缆有效传输长度一般按 10 km 控制、个别困难地段不超过 12 ~ 13 km。超过规定长度设信号中继站。其余信号设备干线电缆采用铝护套综合扭绞信号电缆，分支电缆采用综合护套综合扭绞信号电缆。

信号集中监测系统，各车站新设集中监测车站分机设备，在锦州电务段叶柏寿机务车间设车间级监测和终端设备，通过监测网接入锦州电务段信号集中监测总机系统，结合本线接入修改监测总机系统相应设备软件。

沿线车站接建和新建信号设备房屋设防雷电、电磁兼容和综合接地防护系统，并与既有信号设备房屋综合接地防护系统等电位连接；且完善既有信号设备房屋的综合接地防护系统，与沿线贯通地线等电位连接。

沿铁路新设 1 条截面为 35 mm^2 的贯通地线（不设贯通地线监测报警），在电气特性上全程贯通，接地电阻不大于 1.0 Ω，形成低阻综合接地平台，沿线轨旁信号设备接地后就近与贯通地线连接。

在维持叶柏寿既有信号车间和朝阳南、大平房、公营子、叶柏寿信号工区不变的基础上，增设大营子、小平房信号工区，负责信号设施的运营维护和管理。

3.65.2　义县至朝阳段

3.65.2.1　电气化工程

牵引供电采用带回流线的直接供电方式。全段新设能家牵引变电所，新设 DK96 + 150 处开闭所，以及 DK79 + 700、DK125 + 700 处分区所，利用义县既有牵引变电所为本段供电。

新建能家牵引变电所引入 2 路 220 kV 电源供电，一主一备。220 kV 电源侧采用分支接线,在两进线之间设隔离开关分段的跨条,在进线隔离开关外侧设避雷器及检压用电压互感器,母线设测量用电压互感器,220 kV 电源侧电气设备采用户外中型布置;27.5 kV 侧采用单母线分段接线,电气设备采用户内空气开关柜布置。断路器采用固定备用,馈线设故障判断装置。分区所采用箱式结构,并设网开关控制装置。

新建能家牵引变电所设 2 台变压器,采用固定备用、三相 V/V 接线、油浸自冷方式,预留风冷条件,变压器安装容量为 2×(25+31.5) MV·A。

新建牵引变电所采用微机保护和综合自动化系统,按无人值班设计,适当考虑值守条件。新设 1 个供电调度台,纳入沈阳铁路局供电调度所管理。新设牵引供电远动系统,纳入沈阳铁路局调度所普速铁路牵引供电远动系统进行管理和对供电设施的集中监控。

接触网采用全补偿简单链型悬挂,接触悬挂结构高度一般为 1 400 mm,隧道内和净空受限的跨线建筑物处可适当降低。正线接触线采用 120 mm^2 的铜银合金导线,张力 15 kN,承力索采用 95 mm^2 的铜镁合金绞线,张力 15 kN;站线接触线采用 120 mm^2 的铜银合金导线,张力 10 kN,承力索采用 95 mm^2 的铜镁合金绞线,张力 15 kN。接触线悬挂点高度一般为 6 000 mm,隧道内一般为 5 700 mm;接触线距轨面最低高度不小于 5 700 mm、确有困难时不小于 5 650 mm。附加导线采用铝包钢芯铝绞线。

接触网绝缘泄漏距离,25 kV 绝缘子及绝缘器件的泄漏距离不小于 1 400 mm,特别严重污秽区段 25 kV 绝缘子及绝缘器件的泄漏距离不小于 1 600 mm;分场分束供电的横向分段绝缘泄漏距离不小于 1 600 mm。上下行接触网带电体间的距离正常情况下不小于 2 000 mm、困难时不小于 1 600 mm。棒式绝缘子采用抗弯强度为 12 kN 的合成绝缘子。悬式绝缘子采用棒型悬式合成绝缘子。采用锚段关节式电分相,避免设在大坡道、列车出站加速区段和线路限速低速区段。

接触网支柱,区间腕臂柱一般采用横腹杆式预应力钢筋混凝土支柱,坚石等困难地段采用带法兰的横腹杆式预应力钢筋混凝土支柱。既有桥梁上采用热浸镀锌钢柱,根据桥台形式,可采用斜腿或直腿桥钢柱。新建桥梁墩台预留基础螺栓,采用镀锌直腿桥钢柱。站场及车站咽喉区等跨越多股道时采用软横跨和热浸镀锌格构式钢柱。车站雨棚地段采用硬横跨,硬横跨支柱采用热浸镀锌格构式钢柱。

接触网支柱跨距,既有线改建地段一般为 45 m。增建第二线地段一般为 50 m。锚段关节一般采用四跨关节。正线双边补偿时的最大锚段长度一般不大于 2×750 m、困难情况下不大于 2×800 m 。单边补偿的锚段长度为上述值的 50%。站线最大锚段长度一般不大于 2×850 m。附加线最大锚段长度一般不大于 2 000 m。

接触网下锚采用铝合金大滑轮补偿装置,并设防风限制架。区间正线一般采用两跨式防窜防断中心锚结。软横跨安装处、桥梁处或条件受限时采用防窜不防断中心锚结。

新设上园、朝阳接触网工区,与工区合建朝阳供电管理车间。纳入锦州供电段既有管理机构,负责牵引供电设施的运营维护和管理工作。

3.65.2.2　电力工程

全段新设 1 条 10 kV 贯通线,新建 10 kV 贯通线采用截面为 70 mm^2 的钢芯铝绞线。将全段既有 10 kV 贯通线改造为 10 kV 自闭电力线使用,导线更换为 50 mm^2 的钢芯铝绞线，并更换部分受损的电力电杆、横担、绝缘子等相关设备。

全段移位新建骆驼营 10 kV 配电所，引入 2 路电源供电；利用改造朝阳 10 kV 配电所，新设北票南 10 kV 开闭所，从骆驼营 10 kV 配电所接引自闭电力线和贯通线电源供电。

设有 10 kV 配电所的车站其站房新增综合用电负荷按原供电方式由配电所站馈线供电。没设 10 kV 配电所的车站其站房新增综合用电负荷按原供电方式或设箱式变电站，从地方电网接引电源供电。

车站新增与行车相关的通信信号等一级负荷设室内 10/0.4 kV 箱式变电站供电，电源分别引自 10 kV 贯通线和自闭电力线。

供电工区、客整所、机务段内用电负荷分别设箱式变电站或杆架式变电台供电，电源分别引自本站 10 kV 配电所站馈线。

区间新增通信信号等一级用电负荷设箱式变电站或杆架式变电台供电，电源分别引自 10 kV 贯通线和自闭电力线。

区间新增其他用电负荷，在负荷集中处设杆架变电台供电，电源引自 10 kV 贯通线。

新建 10 kV 配电所采用微机保护，新建电力远动系统，纳入锦州供电段电力控制中心管理。

3.65.2.3　通信工程

义县至朝阳段沿铁路新设 1 条 32 芯和 1 条 16 芯长途通信光缆。沿线设有光纤直放站的地段，从干线光缆到光纤直放站新设 1 条 12 芯分歧光缆。

传输系统，利用沈阳铁路局传输网数据网改造工程所建的 SDH 10 Gbit/s 长途传输系统和设备，根据本工程需要对既有设备接口进行扩容。

全段新设 SDH 2.5 Gbit/s 接入网系统，各车站新设 SDH 2.5 Gbit/s 设备；朝阳、骆驼营通信机房新设 SDH 622 Mbit/s 设备；区间通信基站、牵引变电所、分区所等处新设 SDH 622 Mbit/s 设备；在红外轴温探测站、电力配电所、公安派出所、朝阳信息机房及骆驼营信息机房等处新设 SDH 155 Mbit/s 设备。

电话交换系统，利用朝阳、北票南既有程控电话交换机并扩容。沿线新增自动电话用户按隶属范围分别接入朝阳、北票南的程控电话交换机。

数据网，利用沈阳铁路局 2014 年通信网改造工程所建的数据网系统。

新设调度通信系统，利用沈阳铁路局调度所既有中心调度通信交换机，全段各车站及北票支线北票南经骆驼营至北票间车站新设车站型调度通信交换机、调度分机等设备，按既有调度区划分接入铁路局调度所中心调度交换机和调度通信系统，维持既有调度台管辖不变，但需增设相关调度台操作设备。

全段及北票支线北票南经骆驼营至北票间新设 GSM-R 移动通信系统，利用沈阳铁路局既有 GSM-R 核心网设施，利用其他工程设在锦州的基站控制器（BSC），沿线车站和区间设通信基站（BTS），车站通信基站按 3 载频配置、区间通信基站按 2 载频配置，并设光纤直放站网络管理系统，采用单网覆盖方式组网，通过传输通道将通信基站接入锦州的 BSC 和铁路局的 GSM-R 交换机。区间和隧道内弱场区采用光纤直放站、漏泄电缆和天线方式增强。以满足无线场强覆盖和信息传输的需要，完成调度通信、调度命令信息和无线车次号校核信息传送等功能。

新设应急通信系统,各通信工区新设应急通信现场接入设备,通过传输通道接入沈阳铁路局既有应急通信中心系统,可将事故现场的语音、数据、图像上传至铁路局应急通信指挥中心。

会议电视系统,沿线既有会议电视系统继续使用。

通信电源,全段车站通信机械室和沿线新建通信设备机房新设 48 V 开关电源设备及蓄电池,并设通信电源和机房环境监控系统及采用设备,利用设在锦州通信站的通信电源和环境监控网管系统对电源设备和环境条件进行监控。

3.65.2.4 信号工程

车站联锁,上园、能家、金沟、朝阳站、北票南线路所、骆驼营站新设硬件冗余型计算机联锁设备和信号智能电源屏。义县西站因自动闭塞接入,对室内外相关联锁设备进行相应改造。大老虎沟线路所、北票西线路所纳入北票南线路所联锁设备集中控制。

根据车站(场)新铺道岔类型,配备相应的道岔转辙设备,电气化范围内的道岔跳线按电气化区段标准配置。

新建联锁设备的车站站内采用 97 型 25 Hz 相敏轨道电路并叠加 ZPW-2000 型电码化,并增设扼流变压器。正线采用预叠加发码方式,侧线股道及单线接近区段采用占用叠加发码方式;发码设备采用 ZPW-2000 系列发送设备,为解决有的车站和相应区段可能出现的轨道电路分路不良,可采用高压脉冲轨道电路。

站内电码化电缆采用铝护套内屏蔽信号数字电缆,站内轨道电路干线电缆采用防寒型铝护套综合扭绞信号电缆,分支电缆采用防寒型综合护套综合扭绞信号电缆。室外联锁设备干线电缆采用铝护套综合扭绞信号电缆,分支电缆采用综合护套综合扭绞信号电缆。

新设列车调度指挥系统(TDCS),各车站新设(3.0 版)TDCS 分机设备和信息安全等配套设备。维持既有调度区划分,通过调度网接入沈阳铁路调度所 TDCS/CTC 总机系统和既有列车调度台管辖和指挥。结合本线接入对调度所TDCS/CTC总机系统配置的信息安全等设备进行调整,修改相关设备软件。

朝阳及骆驼营站配属有专用调车机车,站内增设无线调车机车信号监控装置地面和车载设备。调度命令、车次号校核信息传输采用无线通信系统实现。

区间闭塞制式,正线双线区间采用四显示自动闭塞,正向采用追踪间隔运行,反向采用自动站间闭塞行车,设区间地面通过信号机。

大老虎沟线路所至骆驼营单线、朝阳站至马山单线采用半自动闭塞,其他与本线相衔接的相邻线路维持既有 64D 半自动闭塞不变。

正线区间采用 ZPW-2000 系列无绝缘移频轨道电路,发送设备按 $N+1$ 冗余配置、接收设备采用双机并用方式。并具有设备自监测功能,通过接口设备为信号集中监测系统提供监测信息。

区间 ZPW-2000 系列轨道电路干线电缆采用铝护套内屏蔽数字信号电缆,电缆有效传输长度一般按10 km控制、个别困难地段不超过12～13 km。超过规定长度设信号中继站，其余信号设备干线电缆采用铝护套综合扭绞信号电缆，分支电缆采用综合护套综合扭绞信号电缆。

信号集中监测系统，全段各站及北票南线路所新设集中监测分机设备，在锦州电务段朝阳车间设车间级监测终端设备，通过监测网接入锦州电务段既有信号集中监测总机系统。

沿线车站接建和新建信号设备房屋设防雷电、电磁兼容和综合接地防护系统，并与既有信号设备房屋综合接地防护系统等电位连接。且完善既有信号设备房屋的综合接地防护系统，与沿线贯通地线等电位连接。

沿铁路新设1条截面为35 mm^2的贯通地线（不设贯通地线监测报警），在电气特性上全程贯通，接地电阻不大于1.0 Ω，形成低阻综合接地平台，沿线轨旁信号设备接地后就近与贯通地线连接。

在维持既有朝阳信号车间和北票南、朝阳、骆驼营信号工区不变的基础上，增设上园、能家、金沟信号工区，负责信号设施的运营维护和管理。

参加义县至朝阳至叶柏寿段扩能改造线路工程施工的有中铁建十九局集团、中铁上海工程局集团、中铁九局集团等单位，参加四电工程施工的有中铁七局电务公司、中铁九局集团等单位。

朝阳至叶柏寿段扩能改造的线路工程于2016年6月开工。四电工程于2017年4月17日开工，2019年12月24日建成开通。

义县至朝阳段扩能改造的线路工程于2016年7月开工，四电工程于2017年4月17日开工，于2019年12月11日建成开通。

3.66　格尔木至库尔勒铁路

新建格尔木至库尔勒铁路（以下简称格库铁路），位于青海省西部与新疆维吾尔自治区东南部，地处青海省海西蒙古族藏族自治州、新疆巴音郭楞蒙古族自治州。线路东起青海省格尔木市格尔木南站，沿昆仑山北麓、柴达木盆地南缘西行，与省道303、国道315伴行，经乌图美仁、甘森、花土沟至茫崖石棉矿，进入新疆维吾尔自治区内线路穿越阿尔金山（最高海拔6 161 m），先后沿途经过巴什考供、米兰、若羌、铁干里克、尉犁，西到库尔勒市的库尔勒站，大致呈东南西北走向，正线全长约1 213.7 km（图3.66）。其中青海省内505.6 km，新疆维吾尔自治区内708.1 km。

青海省内近期开放格尔木南、格尔木河（线路所）、格尔木西、拖拉海、大灶火、小灶火、乌图美仁、那棱格勒、塔尔丁、甘森、小尖山、茫崖湖、东柴山、油砂山、花土沟、茫崖镇等车站（所）。

新疆维吾尔自治区内近期开放依吞布拉克、索尔库里、阿尔金山、巴什考供、苏祖克萨依、女儿国、米兰、阿克塔什、若羌、琼吐尔、央塔克、阿拉干、喀尔达坂、铁干里克、库尔木依、英库勒、铁依孜、尉犁、库尔勒东、库尔勒等车站（所）。西尼尔站视库尔勒经济开发区二期建设情况适时开站。

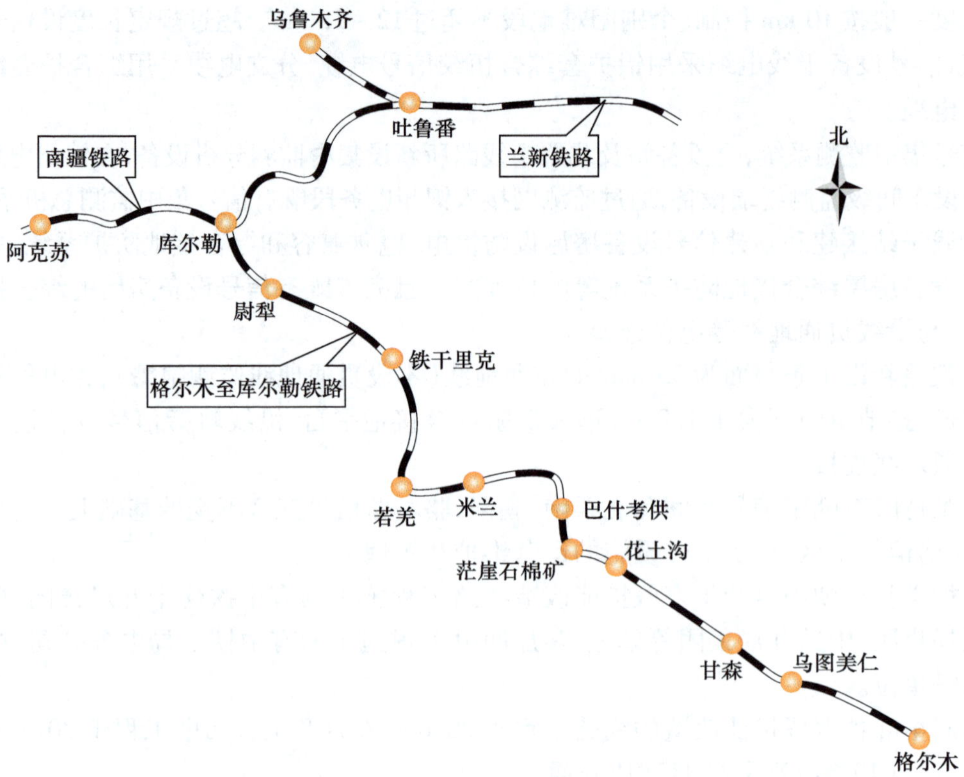

图 3.66　格尔木至库尔勒铁路示意图

工程范围还包括格尔木南至格尔木河线路所货车上行线(GKHSK9 + 300.00 ~ GKHSK14 + 635.44)长 5.335 km,库尔勒东至库尔勒货车上行线(DK1208 + 700 ~ 南疆 WK456 + 845)长 10.673 km,以及格尔木枢纽和库尔勒枢纽相关工程。

格尔木枢纽相关工程有:新建格尔木站(含)至格尔木西站(含)线路,正线长约 16.007 km,其中利用青藏铁路线长 6.565 km;新建格库铁路货车线、格尔木河线路所至格尔木南站线路长约 5.286 km;新建青藏货车上行线、格尔木河线路所至格尔木东站线路长约 13.561 km;新建青藏货车下行线、格尔木河线路所至格尔木东站线路长约 11.707 km;格尔木站至格尔木南站联络线,线路长约 4.77 km,其中新建线路长约 2.973 km,利用物流园区专用线长约 1.797 km;改建物流园区专用线,长约 2.705 km;以及格尔木站房改建。

库尔勒枢纽相关工程有:新建南疆铁路吐库段货车下行疏解线(DTK452 + 745 ~ K455 + 300)长 2.779 km;改建南疆铁路吐库段货车下行线(K451 + 933.84 ~ K452 + 704.94)长 0.771 km;改建南疆铁路吐库段货车上行线(K454 + 800 ~ K456 + 200)长 1.399 km;改建石化专用线(GSHK0 + 000 ~ GSHK1 + 900)长 0.427 km;以及库尔勒站改工程。

新建格尔木至库尔勒铁路东衔青藏铁路的西格段、格拉段和规划拟建的成都至格尔木铁路,中连规划拟建的和田至若羌至罗布泊铁路,西接南疆铁路的吐库段、库阿段和规划拟建的伊宁至库尔勒铁路,是连接青海、新疆两省区和南疆地区与内地的一条便捷铁路通道，同时也是西部地区重要的铁路网干线和新疆“四纵四横”铁路主骨架之一，对完善我国西部地区尤其是青海和新疆两省区的铁路网结构，进一步推动丝绸之路经济带战略和青海、新疆两省区经济社会发展，促进沿线地区经贸往来和资源开发起到重要作用。该线的建成开通将释放沿途地区既有运力，促进西部能源、矿产的共享和流通，有利于进一步完善我国内陆至边疆、中亚、地中海等地区的陆路运输通道。

格库铁路的建设单位是青藏铁路公司格库铁路建设指挥部、乌鲁木齐铁路局格库铁路新疆建设指挥部，设计单位是中铁第一勘察设计院集团有限公司。线路主要技术标准：铁路等级，Ⅰ级；正线数目，单线；限制坡度，6‰、茫崖湖至米兰16‰；最小曲线半径，一般地段1 200 m、困难地段800 m；到发线有效长度，850 m、双机880 m；闭塞类型，自动站间闭塞；设计行车速度，120 km/h；牵引种类，电力牵引；机车类型，HX系列；牵引质量，4 000 t。

3.66.1 青海段

3.66.1.1 电气化工程

牵引供电系统，正线采用AT供电方式，格尔木地区局部线路采用带回流线的直接供电方式。全段新建格尔木南、大灶火、乌图美仁、塔尔丁、小尖山、东柴山、油砂山、茫崖镇等AT牵引变电所；新建格尔木河开闭所。在牵引变电所之间设AT分区所，其具体布设位置应保持相邻两牵引变电所供电臂供电能力的均衡。在供电臂中部设AT所。

新建牵引变电所引入2路110 kV电源供电，格尔木南、油砂山、茫崖镇3座牵引变电所110 kV电源侧采用分支接线；与110/10 kV电力变电所合建的大灶火、乌图美仁、塔尔丁、小尖山、东柴山5座牵引变电所110 kV电源侧采用单母线接线，在110 kV母线上设1台110/10 kV电力变压器。采用室内布置的新建牵引变电所变压器采用室外布置，电源侧配电装置采用室内GIS组合电器布置，采用室外布置的新建牵引变电所变压器采用室外布置，电源侧配电装置采用单体户外中型布置。

采用室外布置的新建牵引变电所27.5 kV及2×27.5 kV侧采用单母线带隔离开关分段接线，配电装置采用室内GIS开关柜布置；采用室内布置的新建牵引变电所27.5 kV及2×27.5 kV侧采用单母线接线；配电装置采用户外中型布置。2×27.5 kV馈线断路器采用固定备用方式。

新建牵引变电所所设变压器采用固定备用、V/V接线、自冷方式，预留风冷条件。各牵引变电所变压器安装容量：格尔木南为2×(12.5+16) MV·A，大灶火、乌图美仁、塔尔丁、小尖山、东柴山、油砂山、茫崖镇均为2×(12.5+12.5) MV·A。

新建牵引变电所、AT分区所、AT所及开闭所采用综合自动化系统，按无人值班设计。牵引变电所和开闭所适当考虑值守条件。新设牵引供电远动系统，供电调度纳入青藏铁路公司电力调度所，新设2个电力调度台，分别对本段牵引供电设施进行分段调度管理。

正线接触网采用全补偿简单链型悬挂，接触悬挂结构高度一般为1 400 mm，隧道内的悬挂结构高度不小于450 mm。正线接触线采用120 mm^2的锡铜合金导线，张力15 kN，承力索采用95 mm^2的铜合金绞线，张力15 kN；站线接触线采用85 mm^2的铜银合金导线，张力 10 kN,承力索采用 70 mm^2 的铜镁合金绞线,张力 15 kN。接触线悬挂点高度一般为 6 000 mm。隧道内接触导线悬挂点高度为 5 850 mm。格尔木南等有调机作业的车站接触线悬挂点高度为 6 450 mm。道岔处接触网布置采用交叉线岔方式。正馈线、保护线等附加导线采用铝包钢芯铝绞线。

接触网绝缘泄漏距离按重污区设计,一般地段采用瓷质绝缘子,隧道内、隧道进出口、接触网下锚、绝缘关节、跨线桥两侧电分段采用复合绝缘子。采用锚段关节式电分相,避免设在大坡道、列车出站加速区段和线路限速低速区段。

接触网支柱,路基区段的腕臂柱一般采用横腹杆式预应力钢筋混凝土支柱,其中一般风蚀地段采用等径混凝土支柱,严重风蚀地段采用钢管柱或采用等径混凝土支柱并考虑加强措施。盐渍土地段的接触网支柱采用抗硫酸盐、氯盐腐蚀的支柱,采用高抗硫酸盐水泥整体浇注基础,拉线基础采用防腐型混凝土。桥梁上采用热浸镀锌格构式钢柱。车站及多线并行区段采用软横梁和钢柱。

接触网支柱跨距,一般地段不大于 60 m,甘森(含)至省区分界区段不大于 50 m。山口、高路堤、桥梁、咽喉等困难地段不大于 2.0:1。

一般区段采用四跨锚段关节,隧道群及车站困难地段采用三跨锚段关节。一般正线区段双边补偿时的锚段长度不大于 2×750 m,其中甘森(含)至省区分界区段正线双边补偿时的锚段长度不大于 2×650 m;单边补偿时的锚段长度为上述值的 50%。站线双边补偿锚段长度一般不大于 2×800 m;附加导线锚段长度不大于 2 000 m。

一般采用两跨防断式中心锚结,车站内困难时采用防窜式中心锚结。隧道外正线下锚补偿一般采用棘轮补偿装置,复合坠砣,隧道内采用铁坠砣,并应满足本线特殊气象区特别是风沙、昼夜温差变化大等工况。

在乌图美仁、花土沟新建供电管理车间,在格尔木西、大灶火、塔尔丁、茫崖湖、茫崖镇新建供电工区,负责本段牵引供电设施的运营维护和管理。

3.66.1.2　电力工程

全段新建 1 条 10 kV 电力贯通线,给沿线车站和区间用电负荷供电。新建大灶火、乌图美仁、塔尔丁、小尖山、东柴山、花土沟等 10 kV 配电所,新建格尔木南 1 座 35/10 kV 变电所。新建 35/10 kV、10 kV 变(配)电所优先从地方电网接引电源供电,对暂无条件从地方电网接引电源的大灶火、乌图美仁、塔尔丁、小尖山、东柴山等 10 kV 配电所与大灶火、乌图美仁、塔尔丁、小尖山、东柴山等牵引变电所合建 110/10 kV 电力变电所,再从所建的这些牵引变电所分别接引电源给配电所供电。此后结合地方电网规划和建设,当有接引地方电源条件时再从地方电网接引电源供电。

设有 35/10 kV、10 kV 变(配)电所的车站其站房综合用电负荷设站内 10/0.4 kV 变电所或箱式变电站供电,电源引自新建变(配)电所的站馈线;没设 10 kV 配电所的车站其站房综合用电负荷设站内 10/0.4 kV 变电所或箱式变电站供电,优先考虑从地方电网接引电源供电,无条件接引地方电源的,从 10 kV 电力贯通线接引电源。

车站与行车相关的通信信号等一级负荷设室内 10/0.4 kV 变电所供电,电源引自 10 kV 电力贯通线。区间通信信号等一级负荷设箱式变电站供电,电源引自 10 kV 贯通线。

区间其他用电负荷设箱式变电站供电，电源引自10 kV贯通线。

新建35/10 kV、10 kV变（配）电所采用综合自动化系统，按无人值班设计。新设电力远动系统，纳入相应供电段管理。

3.66.1.3　通信工程

新建格尔木通信站。沿新建铁路两侧各敷设1条48芯长途通信光缆，并设通信光缆监测系统。

传输系统，新设SDH 10 Gbit/s长途传输系统，沿线主要车站设SDH 10 Gbit/s设备。利用新建2条48芯光缆中的各2芯光纤构成复用段1+1保护。

新设SDH 2.5 Gbit/s车站接入网系统，沿线车站设SDH 2.5 Gbit/s设备，利用新建2条48芯光缆中的各2芯光纤构成复用段1+1保护。并在同一车站将SDH 2.5 Gbit/s设备通过2.5 Gbit/s光接口与SDH 10 Gbit/s设备相联，为SDH 2.5 Gbit/s系统提供通道保护。

新设SDH 622 Mbit/s区间接入网系统，在区间通信基站、牵引变电所、AT分区所、AT所、35/10 kV变配电所等处设SDH 622 Mbit/s设备，利用新建2条48芯光缆中各4芯光纤构成2个2纤复用段保护环（GSM-R通信基站传输环、牵引供电节点和电力变配电所传输环），通过邻近车站接入SDH 2.5 Gbit/s接入网系统。

车站站房、牵引变电所、电力配电所、综合维修车间和工区、列检所、机务折返段、公安派出所等处设SDH 622 Mbit/s设备，利用新建站内光缆构成站内SDH 622 Mbit/s光纤传输环。

新设数据网，利用西宁的既有核心路由器，在格尔木通信站新设汇聚路由器，沿线车站新设接入路由器，负责本地数据的接入；相邻车站接入路由器之间采用光纤直连方式，异地接入路由器与汇聚路由器之间通过传输通道联接，并上联至西宁的核心路由器，实现全段数据业务的转发与汇聚。

电话交换系统，利用格尔木通信站的既有程控电话交换机，根据需要进行扩容，并新设OLT设备；沿线车站、牵引变电所、电力配电所、通信基站、公安派出所、货场、维修车间/工区等处设ONU设备；沿线新增自动电话用户通过ONU设备及接入网按隶属范围接入OLT设备和格尔木的程控电话交换机。通过统一编号组网，实现与铁路电话专网的互通。

新设调度通信系统，在青藏铁路公司调度所新设中心调度通信交换机等配套设备，沿线车站设车站型调度通信交换机、调度分机和车站值班台等设备，按调度区划分将调度分机等设备接入青藏铁路公司调度所中心调度交换机和调度通信系统，并新设1个本线行车调度台，负责青海段的行车调度指挥。且通过将调度所调度通信交换机与GSM-R交换机的相联，实现有线与无线调度业务的互通。

新设GSM-R移动通信系统，利用西宁的既有铁路GSM-R交换机，利用其他工程在格尔木所设的基站控制器（BSC），沿线设通信基站（BTS），采用单层覆盖方式组网，通过传输通道将通信基站接入格尔木所设的BSC设备和西宁的GSM-R交换机。区间和隧道内弱场区设光纤直放站、漏泄电缆和天线方式增强,并设漏缆监测系统,以满足无线场强覆盖和信息传输的需要。完成调度通信、调度命令信息和无线车次号校核信息传送等功能。

在格尔木地区所建的铁路 GSM-R 系统,其频率规划和无线场强覆盖应结合相关铁路 GSM-R 系统统筹考虑,以满足列控系统对 GSM-R 系统信息传输的需要,并避免相互间的干扰影响。

新设会议电视系统,在格尔木南编组站、格尔木供电段、沿线各车站和综合维修车间设会议电视分会场设备,通过传输通道接入青藏铁路公司既有会议电视中心系统。

新设应急通信系统,沿线通信工区新设应急通信现场接入设备,通过传输通道接入青藏铁路公司既有应急通信中心系统。2.5 km 及以上隧道内设紧急电话系统,在隧道口、避车洞、隧道内紧急出口设紧急电话终端及广播设备,利用新设的 3 ×4 ×0.9 低频对称电缆接入隧道紧急电话系统。再通过传输系统接入青藏铁路公司应急通信指挥中心系统。

通信电源,在沿线新建通信设备机房设48 V 高频开关电源和蓄电池组及 UPS 不间断电源,并设通信电源和机房环境监控系统及采集设备。

3.66.1.4　信号工程

车站联锁,沿线新建车站(所)设硬件安全冗余型计算机联锁设备和信号智能电源屏。格尔木站、格尔木东站新设室内计算机联锁设备,室外既有信号设备利旧改造。其他既有接轨站(场)的联锁设备和其他信号设备利旧改造。维修工区相关道岔纳入邻近车站联锁设备集中控制。

根据车站(场)道岔设计类型,配备相应的道岔转辙设备及缺口检查装置,正线道岔采用交流转辙设备。

按照电气化铁路区段设计标准,新建联锁设备的车站站内采用 25Hz 相敏轨道电路,增设带适配器的扼流变压器。并设车站电码化系统,正线采用叠加预发码、侧线采用叠加占用发码方式,发码设备采用 ZPW-2000 系列发码设备。站内轨道电路和电码化信息传输采用铝护套数字信号电缆。联锁设备室外干线电缆采用铝护套信号电缆,分支电缆采用综合护套信号电缆。

列车调度指挥系统,全段采用分散自律型调度集中(CTC)系统,沿线新建车站(所)设 CTC 分机设备、网络安全和通道质量监督设备,按调度区划分接入青藏铁路公司调度所 CTC 总机系统和新设的 1 个本线行车调度台,并增设相应的应用和通信服务器等设备,负责青海段的行车调度指挥。格尔木地区车站维持既有行车调度指挥方式不变。

全段采用自动站间闭塞方式,区间采用计轴设备作为轨道的占用检查。站间信息采用光缆通道传输。

格库铁路引入格尔木地区增设增强型列控系统(ITCS)和设备,实现南山口站至格尔木站、格尔木河线路所至格尔木南站至格尔木站 ITCS 控制信息全覆盖。鉴于格尔木站既有信号楼拆除,其 ITCS 设备移设至格尔木河线路所利旧使用。在格尔木站、格尔木南站(上下行到发场)新设 ITCS 系统设备(包括无线闭塞中心、车站安全性逻辑控制器、轨旁差分站、网络路由器、交换机及网管等设备)。在格尔木站设 ITCS 发车测试服务器。

新设信号集中监测系统，沿线各车站（场、所）设集中监测分机设备，按管辖范围通过传输通道分别接入相应电务段集中监测总机系统。实现对信号设备的集中监测和远程诊断。

沿线新建信号设备房屋设防雷电、电磁兼容和综合接地防护系统，与房建工程同步实施，且完善既有信号设备房屋的综合接地防护系统。

全段新建 2 个信号车间（含检修工区）、7 个值班工区，驼峰、机务折返段等处设专业工区，负责信号设施的运营维护和管理。

3.66.2　新疆段

3.66.2.1　电气化工程

牵引供电系统，正线采用 AT 供电方式，库尔勒至库尔勒东段采用带回流线的直接供电方式。全段新建索尔库里、阿尔金山北、望塔、女儿国、米兰、若羌、央塔克、喀尔达坂、通古斯巴、铁依孜、库尔勒东等 AT 牵引变电所；在牵引变电所之间设 AT 分区所，AT 分区所的布设位置应保持相邻两牵引变电所供电臂供电能力均衡；在供电臂中部设 AT 所。利用库尔勒分区所兼开闭所，增设 1 回馈线为新建峰前到达场供电。

新建牵引变电所引入 2 路 220 kV 电源供电。其中索尔库里、若羌、通古斯巴和库尔勒东等 4 座牵引变电所 220 kV 电源侧采用带跨条的线路分支接线；与 220/10 kV 电力变电所合建的阿尔金山北、望塔、女儿国、米兰、央塔克、喀尔达坂、铁依孜 7 座牵引变电所 220 kV 电源侧采用隔离开关分段的单母线接线，并在 220 kV 母线上设 1 台 220/10 kV 电力变压器。对位于塔克拉玛干沙漠边缘的若羌至群克尔区段的若羌、央塔克、喀尔达坂、通古斯巴、铁依孜 5 座牵引变电所、AT 分区所和 AT 所电气设备采用室内布置和 GIS 组合电器；其余区段的索尔库里、阿尔金山北、望塔、女儿国、米兰、库尔勒东 6 座牵引变电所、AT 分区所、AT 所电气设备采用室外单体中型布置，开闭所采用室内间隔式布置。采用室外布置的牵引变电所 2×27.5 kV 侧采用带隔离开关分段的单母线接线；采用室内布置的牵引变电所 2×27.5 kV 侧采用单母线接线。2×27.5 kV 馈线断路器采用固定备用方式。为满足继电保护及测量的需要，每段2×27.5 kV 母线上设 2 台电压互感器。为防止雷电波的入侵，馈线首端装设避雷器。

新建牵引变电所所设变压器，采用固定备用、V/V 接线、自冷方式，预留风冷条件。各牵引变电所变压器安装容量：望塔为 2×(12.5+20) MV·A，索尔库里、阿尔金山北、女儿国、米兰、若羌、央塔克、喀尔达坂、通古斯巴、铁依孜、库尔勒东均为 2×(12.5+12.5) MV·A。

新建牵引变电所、AT 分区所、AT 所及开闭所采用综合自动化系统，按无人值班设计，牵引变电所适当考虑值守条件。新设牵引供电远动系统，牵引供电调度纳入乌鲁木齐铁路局电力调度所，新设 3 个电力调度台，分别对本段牵引供电设施进行分段调度管理。

接触网悬挂，正线采用全补偿简单链型悬挂，接触悬挂结构高度一般为 1 400 mm，隧道内悬挂结构高度不小于 450 mm。正线接触线采用 120 mm^2 的锡铜合金导线，张力 15 kN，承力索采用95 mm^2 的铜合金绞线，张力 15 kN；站线接触线采用85 mm^2 的铜银合金导线，张力 10 kN，承力索采用70 mm^2 的铜镁合金绞线，张力 15 kN。接触导线悬挂点高度一般为 6 000 mm。库尔勒隧道内接触导线悬挂点高度为 5 750 mm,其余隧道内接触导线悬挂点高度为 5 850 mm。米兰、若羌、库尔勒东、库尔勒车站等有调机作业的车站接触导线悬挂点高度为 6 450 mm。道岔处接触网布置采用交叉线岔方式。正馈线采用铝包钢芯铝绞线、保护线等附加导线采用防腐型铝包钢芯铝绞线。

接触网绝缘泄漏距离按重污区设计,一般地段采用瓷质绝缘子,隧道内及隧道进出口附近、下锚、绝缘关节、电分段等处采用复合绝缘子。普通棒形绝缘子抗弯强度不小于 12 kN,风蚀地段棒形绝缘子抗弯强度为 16 kN,高海拔、盐渍土区段加强绝缘。采用锚段关节式电分相,避免设在大坡道、列车出站加速区段和线路限速低速区段。

接触网支柱,路基区段的腕臂柱一般采用横腹杆式预应力钢筋混凝土支柱,风蚀严重地段采用等径钢筋混凝土支柱,桥梁上采用热镀锌格构式钢柱;车站及多线并行区段采用硬横跨或软横跨和钢柱。路基区段的腕臂柱基础一般采用横卧板直埋基础,粉细砂路基区段采用护臂壁防护。盐渍土地段的接触网支柱采用抗硫盐酸、氯盐腐蚀的支柱,并在支柱地面以上 1.5 m 表面刷沥青。

接触网支柱跨距,一般地段不大于 60 m,困难情况下不大于 65 m,特殊地段最大跨距不大于 50 m。锚段关节一般采用四跨关节。一般地段正线双边补偿锚段长度不大于 2 × 800 m,特殊地段正线双边补偿锚段长度不大于 2 × 750 m。单边补偿锚段长度为上述值的 50%。附加导线锚段长度不大于 2 000 m。

在若羌新建供电车间,在米兰、铁干里克新建供电管理车间,在依吞布拉克、阿尔金山、望塔、女儿国、琼吐尔、央塔克、阿拉干、喀尔达坂、库尔木依、铁依孜、尉犁新建供电工区,纳入库尔勒供电段管辖,适当补强库尔勒供电段生产生活条件。

3.66.2.2 电力工程

全段新建 1 条 10 kV 电力贯通线,给沿线车站和区间用电负荷供电。新建阿尔金山北、望塔、女儿国、米兰、若羌、央塔克、喀尔达坂、铁干里克、库尔木依、铁依孜、尉犁等 10 kV 配电所,新建依吞布拉克 35/10 kV 变电所,利用既有库尔勒 10 kV 配电所。新建变(配)电所优先从地方电网接引电源供电。其中暂时无条件接引地方电网的阿尔金山北、望塔、女儿国、米兰、央塔克、喀尔达坂、铁依孜 7 座 10 kV 配电所与阿尔金山北、望塔、女儿国、米兰、央塔克、喀尔达坂、铁依孜 7 座牵引变电所合建 110(220)/10 kV 电力变电所,从牵引变电所接引电源供电。此后结合地方电网规划和建设,当有接引地方电网条件时再从地方电网接引电源供电。

设有 35/10 kV、10 kV 变(配)电所的车站其综合用电负荷设站内 10/0.4 kV 变电所或箱式变电站供电,电源引自变(配)电所的站馈线。没设 10 kV 配电所的车站其综合用电负荷设站内 10/0.4 kV 变电所或箱式变电站供电,有的从相邻车站 10 kV 配电所或配电所站馈线接引电源,有的从 10 kV 贯通线接引电源。其中阿尔金山和巴什考供车站从阿尔金山北站配电所站馈线接引电源;苏祖克萨依站从望塔 10 kV 配电所接引电源;琼吐尔站从若羌 10 kV 配电所接引电源;阿拉干站从央塔克 10 kV 配电所接引电源;库尔勒东站从库尔勒市东地方 110 kV 变电所馈线东铁 I 线接引电源。索尔库里、阿克塔什、英库勒等车站从 10 kV 贯通线接引电源。

车站与行车相关的通信信号等一级用电负荷设室内10/0.4 kV变电所供电，电源引自10 kV贯通线。区间通信信号等一级用电负荷设箱式变电站供电，电源引自10 kV贯通线。

区间其他用电负荷设箱式变电站供电，电源引自10 kV贯通线。

新建35/10 kV变电所、10 kV配电所采用综合自动化系统，按无人值班设计。新设电力远动系统，纳入库尔勒等供电段管理。

3.66.2.3　通信工程

新建库尔勒通信站。沿铁路两侧各敷设1条48芯长途通信光缆，并设光缆监测系统。

新设SDH 10 Gbit/s长途传输系统，在库尔勒通信站和沿线主要车站设SDH 10 Gbit/s设备，利用新建2条48芯光缆中的各2芯光纤构成复用段1+1保护。并利用基础网、南疆铁路二线工程所建的乌鲁木齐至库尔勒的光传送网(OTN)和SDH 10 Gbit/s长途传输网将本线业务汇聚至乌鲁木齐枢纽各业务中心节点。在新建库尔勒通信站设传输及接入网网元级网络管理系统。

新设SDH 2.5 Gbit/s车站接入网系统，在库尔勒通信站和沿线车站设SDH 2.5 Gbit/s设备，利用新建2条48芯光缆中的各2芯光纤构成车站复用段传输接入保护环，实现各种业务的接入。并在同一车站将SDH 2.5 Gbit/s设备通过2.5 Gbit/s光接口与SDH 10 Gbit/s设备互联。

新设SDH 622 Mbit/s区间接入网系统，在GSM-R区间通信基站、牵引变电所、AT所、AT分区所、电力变配电所等信息接入点设SDH 622 Mbit/s设备，利用新建2条48芯光缆中的各4芯光纤构成2个2纤复用段(或通道)保护环(GSM-R通信基站通道保护环、牵引变电节点和电力变配电所通道保护环)，通过相邻车站接入SDH 2.5 Gbit/s接入网系统。

车站站房、牵引变电所、电力变配电所、综合维修车间和工区、列检所、机务折返段、公安派出所等信息接入点设SDH 622 Mbit/s设备，利用新建站内光缆构成站内传输环，并接入车站SDH 2.5 Gbit/s接入网。

新设数据通信网，利用乌鲁木齐铁路局既有核心路由器等设备，在若羌及库尔勒新建通信站设汇聚路由器，沿线车站新设接入路由器，负责本地数据的接入。相邻车站接入路由器之间采用光纤直连；异地接入路由器与汇聚路由器之间按管辖范围通过传输通道分别接入所隶属的汇聚路由器，并上联至铁路局的核心路由器，实现数据业务的转发与汇聚。

电话交换系统，利用库尔勒通信站的既有程控电话交换机，根据需要对其进行升级和扩容，在新建库尔勒通信站设光线路终端设备(OLT)，沿线车站、站内信息接入点、区间信息接入节点设光网络单元(ONU)。沿线新增自动电话用户通过ONU设备及接入网分别接入OLT设备和既有程控电话交换机，通过统一编号组网，实现与既有铁路电话专网的互通。

新设调度通信系统，在乌鲁木齐铁路局调度所新设中心调度通信交换机，并与既有调度所调度通信交换机互连形成冗余保护。沿线车站设车站型调度通信交换机、调度分机及车站值班台等设备,按照调度区划分通过传输通道接入铁路局调度所中心调度交换机和调度通信系统。新设1个本线行车调度台,负责本线新疆段的行车调度指挥。通过将中心调度交换机与GSM-R交换机的互联,实现有线与无线调度电话的互通。

新设GSM-R移动通信系统,利用乌鲁木齐铁路局既有GSM-R核心网设施,在库尔勒通信站新设基站控制器(BSC)等配套设备,沿线设通信基站(BTS),采用单层覆盖方式组网,通过传输通道将通信基站接入库尔勒通信站的BSC和铁路局GSM-R交换机。区间和隧道内弱场区采用光纤直放站、漏泄电缆和天线方式增强,并设漏缆监测系统,以满足无线场强的覆盖和信息传输的需要。完成调度通信、调度命令信息和无线车次号校核信息传送等功能。

在乌鲁木齐铁路局调度所新设无线网络管理子系统(OMC-R),在库尔勒通信站新设中继设备管理子系统(OMC-T),在巴什考供、若羌、铁干里克、库尔勒通信车间新设OMC-R的远程复示终端,在巴什考供、若羌、库尔勒通信车间新设OMC-T的远程复示终端,实现对本线通信基站子系统设备及光纤直放站近远端机的监控和管理。

在库尔勒、库尔勒东、若羌站各新设1套400 MHz频段数字无线平面调车系统。在库尔勒新建上行列检所和若羌列检所内新设1套列检无线通信系统。本线开通GSM-R移动通信系统后,为满足对机车综合无线通信设备(CIR)在库内和场内检车的需要,按照客机和货机交路,在库尔勒既有机务段和若羌新建机务折返段各新设1套CIR出入库检测设备。

新设会议电视系统,在若羌机务折返段新设会议电视分会场设备,接入乌鲁木齐铁路局既有会议电视中心系统。

新设应急通信系统,沿线通信维修车间和工区新设应急通信现场接入设备,通过传输通道接入乌鲁木齐铁路局既有应急通信中心系统。5 km及以上的隧道新设紧急电话系统,在隧道避车洞、隧道内紧急出口设紧急电话终端和便携式广播设备,利用隧道内新设低频对称电缆接入隧道紧急电话系统和邻近通信基站设置的报警电话主机设备,再通过传输通道接入铁路局既有应急救援指挥中心系统。以满足和实现事故现场话音、数据和图像信息的实时传送。

通信电源,沿线新建通信设备机房设48 V高频开关电源和蓄电池组及UPS不间断电源设备。并设通信电源和机房环境监控系统及采集设备,新建库尔勒通信站新设通信电源和机房环境监控系统中心设备。实现对通信电源和机房环境条件的监控。

3.66.2.4　信号工程

车站联锁,各新建车站(所)设硬件安全冗余型计算机联锁设备和信号智能电源屏。其他既有接轨站(场)联锁设备利旧改造,库尔勒站下行场新设信号智能电源屏,其他车场信号电源屏利旧。维修工区相关道岔纳入邻近车站联锁设备集中控制。

根据车站(场)道岔设计类型,配备相应的道岔转辙设备及缺口检查装置,正线道岔采用交流转辙设备。

按照电气化铁路区段设计标准,新建联锁设备的车站站内采用25 Hz相敏轨道电路,增设带适配器的扼流变压器。并设车站电码化系统,正线采用叠加预发码、侧线采用叠加占用发码方式,发码设备采用 ZPW-2000 系列发码设备。站内轨道电路和电码化信息传输采用铝护套数字信号电缆。联锁设备室外干线电缆采用铝护套信号电缆,分支电缆采用综合护套信号电缆。

本段采用分散自律型调度集中(CTC)系统,沿线新建车站(所)设 CTC 分机设备、网络安全和通道质量监督等设备;既有站的调度分机等设备利旧改造,按照调度区划分将调度分机等设备接入乌鲁木齐铁路局调度所 CTC 总机系统和新设的 1 个本段行车调度台,并增设相应的应用和通信服务器等设备,负责本线新疆段的行车调度指挥。库尔勒地区车站维持既有行车指挥调度不变。

全段采用自动站间闭塞方式,区间采用计轴设备作为轨道的占用检查。站间信息采用光缆通道传输。

新设信号集中监测系统,在库尔勒电务段新设集中监测总机系统及设备;沿线各新建车站(场、所)设集中监测分机设备,既有站集中监测分机设备利旧改造,通过监测网将监测分机设备按管辖范围分别接入相应电务段集中监测总机系统。实现对信号设备的集中监测和远程诊断。

沿线新建信号设备房屋设防雷电、电磁兼容和综合接地防护系统。与房建工程同步实施,且完善既有信号设备房屋的综合接地防护系统。

全段新建 3 个信号车间(含检修工区)、8 个值班工区,驼峰、机务折返段等处设专业工区,负责信号设施的运营维护和管理。

参加青海段线路工程施工的有中铁五局、十二局、十五局、十七局、二十二局等单位,线路工程于 2014 年 12 月 28 日开工,2017 年 5 月 26 日开始铺轨。2019 年 6 月 16 日完成全段铺轨。参加四电工程施工的有中铁电气化局集团、中铁一局集团、中铁建电化局集团等单位,四电工程于 2016 年 6 月 19 日开工。2019 年 8 月 19 日开始接触网冷滑试验。2020 年 6 月 30 日开通运营。

参加新疆段线路工程施工的有中铁一局、三局,中铁隧道局集团,中铁十五局集团,新疆北新路桥集团等单位。先期工程 2014 年 11 月 16 日开工,线路工程于 2014 年 12 月 28 日开工。2017 年 6 月 3 日开始铺轨。2020 年 7 月 21 日完成新疆段铺轨。参加四电工程施工的有中铁电气化局集团、中铁建电气化局集团等单位,四电工程于 2018 年 4 月 26 日开工。2019 年 7 月 18 日局部区段开始架设接触网。2020 年 11 月 19 日进行热滑实验。2020 年 12 月 9 日新疆段开通运营,即全线开通运营。

3.67　上海至南通铁路(南通至安亭段)

新建上海至南通铁路(南通至安亭段)(以下简称沪通铁路南安段)的主体工程,北起宁启(南京至启东)铁路的平东站,经南通市通州区,向南跨越长江,经江苏省苏州市的张家港、常熟、太仓市,终到上海市嘉定区,引入既有沪宁铁路安亭站,该段线路长 137.473 km(图 3.67),大致呈东南西北走向。全段新建平东、南通西、张家港北、张家港、常熟、太仓港、太仓、太仓南、安亭西站和平东线路所,预留常熟东站。另新建南通站东南上行联络线

4. 251 km、下行联络线 2. 792 km。工程范围还包括上海枢纽的配套工程:在既有京沪铁路安亭至黄渡段增建第三线和第四线,分别长 3. 792 km;新建黄渡至封浜段上行联络线 3. 169 km、下行联络线 4. 404 km;改扩建既有安亭、黄渡、封浜、南翔下行到达场等 4 座车站。

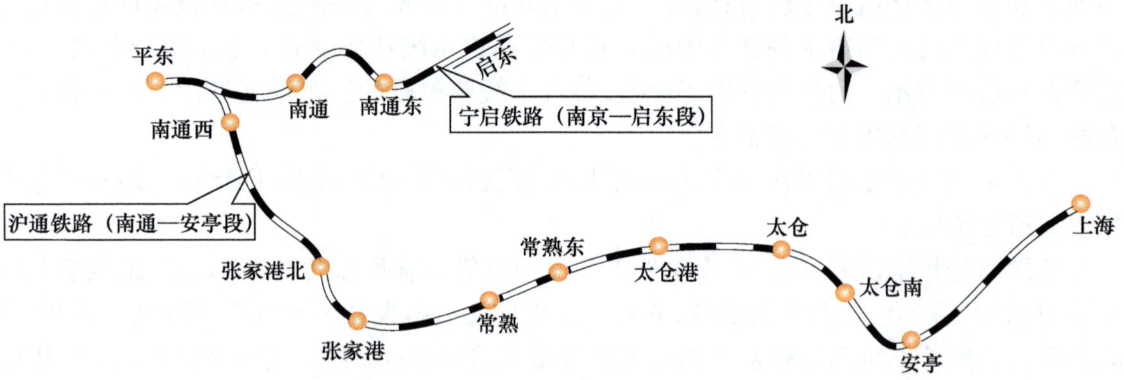

图 3. 67　上海至南通铁路(南通至安亭段)示意图

新建沪通铁路是国家沿海通道的重要组成部分,是长三角地区快速铁路网的重要组成部分,是沟通苏北至苏南、沪杭地区的便捷铁路通道,可以提高过江通道运输能力和完善区域路网布局,增强运输组织的灵活性。它的建成开通,将与宁启铁路、盐通铁路、青盐铁路形成无缝对接,同时极大地缩短上海与南通及苏北地区的时空距离,对加快苏中、苏北地区的经济发展,促进江海交汇区域经济的融合具有重要意义。也可拓展上海市经济发展空间,促进长三角地区产业布局调整,实现区域资源的共享。

该段铁路的建设单位是上海铁路局、沪宁城际铁路股份有限公司,设计单位是中铁第四勘察设计院集团有限公司、中铁大桥勘察设计院有限公司。线路主要技术标准:铁路等级,Ⅰ级;正线数目,南通至安亭双线、安亭至黄渡沿既有京沪铁路增建第三和四线;正线线间距,4. 4 m;限制坡度,6‰;最小曲线半径,一般地段 3 500 m、困难地段 2 800 m;到发线有效长度,1 050 m、部分仅办理旅客列车的车站 650 m;闭塞类型,自动闭塞;设计行车速度,200 km/h、局部地段限速;牵引种类,电力牵引(直供加回流线供电方式);机车类型,客机为动车组、货机为 HXD 系列;牵引质量,5 000 t。

3. 67. 1　电气化工程

牵引供电系统采用带回流线的直接供电方式。全线新建南通西、常熟、太仓 3 座直供牵引变电所,其中南通西牵引变电所预留给规划建设的通苏嘉铁路的供电条件;新建平东、张家港、太仓港、安亭 4 座直供分区所;利用京沪铁路既有南翔牵引变电所增加 2 回直供馈线向本线供电。新建牵引变电所不设无功补偿装置,但要预留安装滤波装置的场地。

新建牵引变电所引入 2 路独立的 220 kV 电源供电,220 kV 电源侧采用线路变压器组接线,主变压器采用室外低式布置,配电装置采用室外中型布置;27. 5 kV 侧采用单母线分段接线,除所用变压器、隔离开关、避雷器、抗雷圈采用户外中式布置外,其余配电装置采用户内 AIS 开关柜布置。新建分区所采用箱式布置。利用改建的南翔牵引变电所主接线维持既有，利用预留间隔增加 2 回馈线，新增馈线设备与原有设备保持一致。

新建牵引变电所设 2 台变压器，采用固定备用、三相 V/V 接线、油浸自冷方式，预留风冷条件。各牵引变电所变压器安装容量：南通西为 2 ×（12.5 + 16）MV · A，常熟、太仓均为 2 ×（16 + 16）MV · A。

新建牵引变电所、分区所采用微机保护和综合自动化系统。按无人值班设计，牵引变电所适当考虑值守条件。新设牵引供电远动系统，纳入上海铁路局电力调度所，并新设 1 个沪通铁路电力调度台，负责本线牵引供电及电力设施的管理和监控。

接触网采用全补偿简单链型悬挂，接触悬挂结构高度一般为 1 400 mm。正线接触线采用 120 mm^2 的铜合金导线，张力 20 kN，承力索采用 95 mm^2 的铜合金绞线，张力 15 kN；站线接触线采用 85 mm^2 的铜合金导线，张力 10 kN，承力索采用 70 mm^2 的铜合金绞线，张力 15 kN。接触导线悬挂点高度一般为 6 450 mm，但应满足通行双层集装箱的条件。附加导线采用防腐型铝包钢芯铝绞线。

接触网绝缘泄漏距离不小于 1 400 mm，严重污秽地区适当加强绝缘。一般地段采用瓷质绝缘子，锚段关节等处采用合成绝缘子。采用锚段关节式电分相，避免设在大坡道、列车出站加速区段和线路限速低速区段。

接触网支柱，路基区段的腕臂柱采用预应力钢筋混凝土等径圆柱，箱梁桥区段采用 H 型钢柱、T 梁桥区段采用格构式桥钢柱。车站及多股道并行区段线间距离满足立柱条件时采用 H 型钢柱，线间距离不满足立柱条件时采用硬横梁和钢柱。硬横梁在车站雨棚范围内的与雨棚柱合架。路基区段接触网支柱侧面限界应满足大型养路机械作业要求，一般按 3.1 m 设计。

接触网支柱跨距，正线路基区段一般为 50 ~ 55 m；桥上跨距根据桥梁孔跨的形式确定，箱梁桥上一般为 48 m，T 梁桥上一般为 32.7 m。相邻跨距之差一般不大于 10 m。

一般情况下，绝缘及非绝缘锚段关节采用五跨关节，正线接触网锚段长度一般不超过 2 ×750 m、困难情况下不超过 2 ×800 m。站线锚段长度一般不超过 2 ×850 m。附加导线锚段长度一般不超过 2 000 m。

路基区段下锚一般采用滑轮组补偿装置，桥上及设防断中心锚结困难的锚段下锚采用棘轮补偿装置。正线采用两跨防断中心锚结。

改造既有线接触网原则采用既有标准。

新建张家港、太仓供电工区，负责本线新建牵引供电及电力设施的运营维护、管理及抢修工作。

3.67.2　电力工程

全段新建 1 条一级负荷 10 kV 贯通线和 1 条综合负荷 10 kV 贯通线，给沿线车站和区间用电负荷供电。新建一级负荷 10 kV 贯通线采用截面为 50 mm^2 的电力电缆，新建综合负荷 10 kV 贯通线采用截面为 70 mm^2 的电力电缆，分别沿铁路两侧的电缆槽敷设，径路困难地段设在同一电缆槽时，中间设防火隔板。新建南通西、张家港、太仓、安亭 4 座 10 kV 配电所，新建 10 kV 配电所从地方公用电网接引 2 路 10 kV 电源供电。

设有 10 kV 配电所的车站其站房综合用电负荷设站内 10/0.4 kV 综合变电所供电,电源引自配电所站馈线;没设 10 kV 配电所的车站其站房综合用电负荷,从地方公用电网接引 10 kV 电源供电。

各车站与行车有关的通信信号等一级负荷设室内 10/0.4 kV 专用变电所供电,电源分别引自 2 路 10 kV 贯通线。

车站货场、综合维修工区等用电负荷设 10/0.4 kV 变电所供电,在设有配电所的车站从配电所站馈线接引供电;没设配电所的车站从地方公用电网接引 10 kV 电源。

区间与行车密切相关的通信信号等一级负荷设箱式变电站供电,电源引自 2 路 10 kV 贯通线。长江大桥上的通信信号用电负荷在桥两端陆地上设箱式变电站供电,电源引自 2 路 10 kV 贯通线。

长江大桥照明、维修及工区用电负荷在两端设 10/0.4 kV 变电所供电,从地方公用电网接引 1 路 10 kV 电源。

区间其他用电负荷,根据负荷分布和负荷性质,在负荷集中处分别设箱式变电站供电,电源引自综合负荷 10 kV 贯通线。

新建 10 kV 配电所采用综合自动化系统,按无人值班设计。新设电力远动系统,纳入上海铁路局电力调度所管理。

3.67.3 通信工程

南通至上海南翔沿铁路两侧电缆槽道各敷设 1 条 32 芯长途通信光缆,安亭至虹桥站沿既有沪宁城际铁路两侧各敷设 1 条 24 芯长途通信光缆。

传输系统,新设 SDH 10 Gbit/s 传输系统,在南通、张家港、常熟、太仓、南翔北新设 SDH 10 Gbit/s 设备,利用新建 2 条 32 芯光缆中的各 2 芯光纤构成复用段 1 + 1 保护。对上海枢纽 SDH 10 Gbit/s 传输系统补强,在上海铁路局客运专线调度所(通信中心、列控中心、信息中心)、上海铁路局既有调度所、上海通信站、虹桥站新设 SDH 10 Gbit/s 设备。

新设 SDH 2.5 Gbit/s 车站接入网系统,沿线各车站设 SDH 2.5 Gbit/s 设备,利用新建 2 条 32 芯光缆中的各 2 芯光纤构成复用段 1 +1 保护,并在同一车站将 SDH 2.5 Gbit/s 设备通过 2.5 Gbit/s 光接口与 SDH 10 Gbit/s 设备互联。

新设 SDH 622 Mb/s 区间接入网系统,区间通信基站、牵引变电所、分区所、信号中继站等信息接入点设 SDH 622 Mbit/s 设备,利用新建光缆中的 2 芯光纤构成 1 个通道保护环。

车站站房、牵引变电所、电力配电所、综合维修车间和工区、公安派出所等信息接入点设 SDH 622 Mbit/s 设备。利用设在站内光缆中的 2 芯光纤构成站内光纤传输环。

在上海铁路局客运专线调度所新设传输网管系统,在上海通信段、南翔北和南通通信站新设传输网管复示终端。在南翔、南通通信站新设接入网网管系统,沿线通信车间设接入网网管复示终端。对传输及接入网进行各项管理。

电话交换系统,利用海安、上海通信站的既有程控电话交换机,在南通通信站、南翔北站设 OLT 设备,沿线车站、牵引变电所、电力配电所、通信基站、信号中继站、公安派出所、货场、维修车间/工区等处设ONU设备。沿线新增自动电话用户通过ONU设备及接入网按隶属范围分别接入OLT设备和海安、上海通信站的程控电话交换机。通过统一编号组网,实现与铁路电话专网的互通。

新设数据网,利用上海铁路局既有核心路由器和汇聚路由器,在上海、南通新设汇聚路由器;沿线车站新设接入路由器,负责本地数据的接入,相邻车站接入路由器之间采用光纤联接,异地接入路由器与汇聚路由器之间通过传输通道联接,并上联至铁路局的核心路由器,实现数据业务的转发与汇聚。

新设调度通信系统,利用上海铁路局调度所既有中心调度通信交换机;沿线新建车站设车站型调度通信交换机、调度分机和车站值班台等设备,既有车站调度分机等设备利旧改造,按照调度区划分接入上海铁路局调度所中心调度交换机和调度通信系统,并新设1个列车调度台,负责本线的行车调度指挥。

新建GSM-R移动通信系统,利用上海铁路局既有GSM-R核心网设施,并新设基站控制器(BSC)等配套设备;沿线设通信基站(BTS),采用单层覆盖方式组网,将通信基站通过传输通道接入BSC设备和铁路局的GSM-R交换机。区间弱场区采用光纤直放站、漏泄电缆和天线方式增强,以满足无线场强覆盖和信息传输的需要。完成调度通信、调度命令信息和无线车次号校核信息传送等功能。

本工程与上海枢纽的京沪高速铁路、沪宁城际及相关城际铁路交叉和并线区段的GSM-R移动通信场强覆盖方案应统筹设计,确保相邻铁路GSM-R移动通信系统的正常运行。

新设应急通信系统,在南通西、张家港、太仓通信工区新设应急通信现场接入设备,通过传输通道接入上海铁路局既有应急通信中心系统,建立起应急通信网。可将事故发生时的现场语音、数据、图像传递到应急通信指挥中心。

新设会议电视系统,沿线车站、综合维修车间等处设会议电视分会场设备,通过传输通道接入上海铁路局既有会议电视中心设备及网管系统。

通信电源,沿线新建通信设备机房设48 V高频开关电源和蓄电池及UPS不间断电源设备。新设通信电源和机房环境监控系统及采集设备,实现对通信电源设备和机房环境条件的监控。

3.67.4　信号工程

车站联锁,沿线新建车站和平东线路所设硬件安全冗余型计算机联锁设备和信号智能电源屏,平东线路所新设的计算机联锁设备按集中操控方式纳入邻近车站。鉴于安亭站、黄渡站信号楼被拆除新建,新设硬件安全冗余型计算机联锁设备。既有南翔下行到达场和封浜站联锁设备利旧改造。由于本工程两端既有线路区间信号机布点和自闭集中区范围调整,对白蒲、南通、陆家浜、南翔客站的车站联锁控显软件进行修改。维修工区、接触网工区内道岔纳入邻近车站联锁设备集中控制。

根据车站(场)道岔设计类型,配备相应的道岔转辙设备和缺口检查装置,正线及到发线提速道岔的牵引设备采用三相交流转辙机及外锁闭安装装置,采用多机分线分动方式控制。侧线普通道岔采用直流电动转辙机牵引。直向通过时速 160 km 及以上的道岔设密贴检查装置。将监测信息接入信号集中监测系统。

新建车站站内采用 97 型 25 Hz 相敏轨道电路叠加车站电码化,轨道电路发送设备采用 1 +1 冗余配置,接收设备采用双机并联运用冗余方式,采用列控中心编码。车站电码化采用 ZPW-2000 系列发码设备,正线和侧线采用叠加预发码方式。采用 CTCS-2 级列控区段的车站发码设备按 1 +1 冗余配置,列控中心编码;采用 CTCS-0 级列控区段的车站,发送设备采用 N +1 冗余配置,继电器编码。接收设备采用双机并联运用冗余方式。平东线路所采用与区间相同制式的移频轨道电路。部分区段设高压脉冲轨道电路以保证轨道电路正常工作。

站内 97 型 25Hz 轨道电路采用铝护套信号电缆,车站电码化控制电缆采用铝护套数字信号电缆,其他分支电缆采用综合护套信号电缆。

平东站至安亭站(不含)新设分散自律型调度集中(CTC)系统,各新建车站和改建的安亭、黄渡站设 CTC 分机设备、信息安全及通道质量监督设备,按照调度区划分通过调度网接入上海铁路局客运专线调度所 CTC/TDCS 总机系统及新设的本线行车调度台,负责平东站(不含)至安亭(不含)段行车调度指挥,并在调度所增设相应的通信和应用服务器、接口服务器及临时限速服务器(TSRS)。本工程两端涉及的既有京沪铁路、宁启铁路的几个车站的 TDCS/CTC 分机设备结合站场变化情况或区间线路调整利旧修改,维持既有行车调度台管辖。

本线平东站至安亭站(不含)采用 CTCS-2 级列控系统,因安亭站(含)至黄渡段采用的是 CTCS-0 级列控系统,故在太仓站至安亭站间设 CTCS-2/0 级级间转换点。在虹桥站新设 1 套临时限速服务器,负责本工程 CTCS-2 级列控区段临时限速命令管理。本工程两端既有宁启铁路、京沪铁路临时限速命令仍按既有方式管理。沿线各新建车站(线路所)和信号中继站设信号安全数据网接入设备、列控中心(TCC)、应答器及其电子编码单元(LEU)等设备。本工程两端既有京沪铁路、宁启铁路的相关几个车站既有列控中心设备利旧改造。新设 TCC 之间通过安全数据网进行联接,实现 TCC 之间及与车站联锁之间的安全信息传输。所设 TCC 具有轨道电路编发码、运行方向和闭塞控制、站间安全信息传输、应答器报文实时组帧和编码及校验、区间占用逻辑检查等功能。并将自诊断和故障报警信息通过以太网接口发送至信号集中监测系统。

区间闭塞制式,平东站至安亭站,新建南通站东南上下行联络线、安亭至黄渡段增建第三和第四线、新建黄渡至封浜上下行联络线采用四显示自动闭塞,正向按追踪间隔运行,反向采用自动站间闭塞行车。其他相衔接的线路维持既有闭塞制式不变。

新建线区间采用 ZPW-2000 系列无绝缘移频轨道电路,用于列车占用检查,并向列车传送连续控车信息。轨道电路发送设备按 1 +1 配置,接收设备采用双机并用方式。ZPW-2000 系列移频轨道电路干线电缆采用铝护套数字信号电缆,电缆的有效传输长度一般不超过 10 km,超过规定长度时设信号中继站。其他信号设备采用非数字信号电缆。

信号集中监测系统,在上海电务段新设信号集中监测总机系统及设备,平东站(不含)至安亭站(不含)各新建车站及信号中继站设集中监测分机设备,在信号维修车间和工区设集中监测终端设备。通过监测网接入上海电务段新设集中监测总机系统。新建平东站和平东线路所设集中监测分机设备,接入宁启铁路既有集中监测总机系统。京沪铁路安亭、黄渡站新设集中监测车站分机,其他几个改建车站对既有集中监测分机设备进行适应性改造,接入上海电务段既有集中监测总机系统。

平东至安亭段新建信号设备房屋设防雷电、电磁兼容和综合接地防护系统,与房建工程同步实施,并与新建的信号专用贯通地线等电位连接。

平东至安亭段和涉及到既有京沪铁路的几个车站和区间新设信号专用贯通地线。在电气特性上全程贯通,接地电阻不大于 1 Ω,形成低阻接地平台。沿线轨旁信号设备接地后就近与贯通地线等电位连接。

参加本铁路线路工程施工的有中铁一局、三局,中铁大桥局,中铁十四局,中交第二航务工程局等单位。中铁电气化局集团有限公司和中国铁路通信信号公司联合体承担四电工程的施工。

线路工程中的控制性工程沪通长江大桥工程于 2014 年 3 月 1 日开工。2017 年 9 月 2 日张家港段开始铺轨。2018 年 6 月 7 日太仓段开始铺轨。2019 年 6 月 21 日常熟站至太仓港站开始铺轨。2017 年 10 月 4 日四电工程开工。2017 年 12 月 5 日成功组立接触网第一杆。2019 年 10 月 15 日开始向安亭至黄渡段区间接触网送电。2020 年 4 月 14 日南通至安亭段接触网送电并进行热滑试验。赵甸至黄渡段 2020 年 4 月 20 日开始联调联试,2020 年 5 月 30 日开始试运行。2020 年 7 月 1 日赵甸至黄渡段正式开通运营。

3.68　衢州至宁德铁路

新建衢州至宁德铁路位于浙西南和闽东北地区,北起沪昆客运专线的衢州站[DK0 + 000(= 沪昆 K443 + 800.06)],沿既有沪昆铁路新建线路至衢州东站,向南途经浙江省丽水市、福建省南平市,终至福建省宁德市,引入沿海铁路宁德站[DK391 + 284.709(= 沿海铁路 K794 + 574.250)],正线全长 378.914 km(图 3.68),其中浙江省内 206.858 km,福建省内 172.056 km;全线桥梁累计长度 51.028 km,隧道累计长度 248.726 km,其中最长的鹫峰山 2 号隧道全长 17.597 km。桥隧总长 299.754 km,占线路总长的 79.11%。全线设有衢州、衢州东、全旺、龙游南、北界、遂昌、古市、松阳、五部、双平、道太、龙泉、兰巨、查田、田丁寨、庆元、松溪、茶平、政和、小绍、建瓯东、地州、上墩、龟潭、屏南、油湾、周宁、蕉城、仓西、宁德等车站,其中衢州、衢州东、宁德为改建既有车站,其余为新建车站。宁德地区货车线设宁德北站,为地区技术作业站。工程范围还包括衢州地区上行疏解线长约 21.569 km;宁德地区上行客车疏解线长 7.07 km,仓西至宁德北货车联络线长 6.879 km;以及引入衢州、宁德地区的其他相关配套工程。

新建衢宁铁路是以货运为主,兼顾客运的区域性铁路。该铁路北接沪昆铁路、九景衢铁路,中部连接拟建的衢(州)丽(水)铁路、浦(城)梅(州)铁路,南接温福铁路。它的建成开通对改善浙西南和闽东北沿线地区交通运输环境,带动沿线矿产、旅游等资源开发,促进浙西南及闽东北部地区经济社会发展具有重要意义。

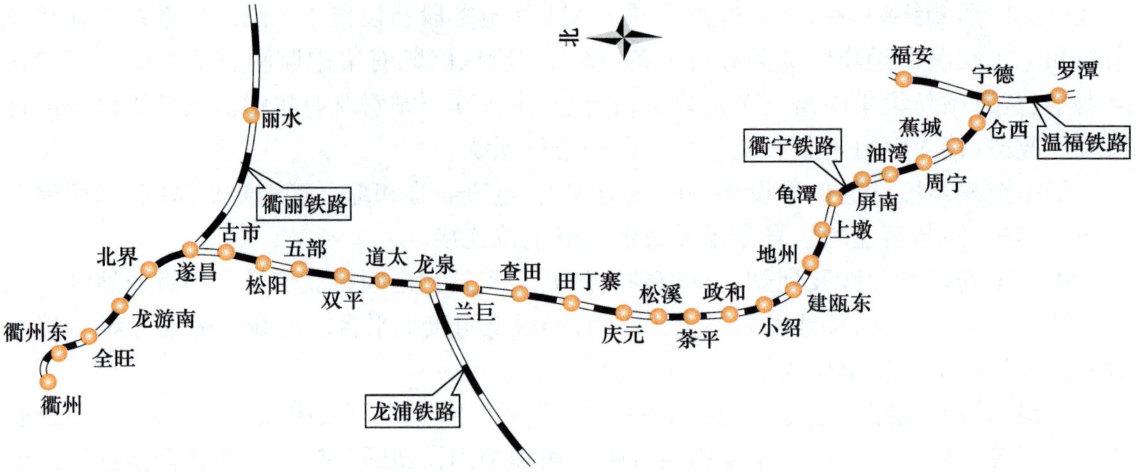

图 3.68　衢州至宁德铁路示意图

衢宁铁路的建设单位是上海铁路局、东南沿海铁路福建公司、九景衢铁路浙江公司,设计单位是中铁第四勘察设计院集团有限公司。线路主要技术标准:铁路等级,Ⅰ级;正线数目,单线、预留双线条件;限制坡度,衢州至政和 6‰、政和至宁德双机牵引 13‰;最小曲线半径,一般地段 2 000 m、困难地段 1 600 m;到发线有效长度,850 m、双机地段 880 m;闭塞类型,自动站间闭塞;设计行车速度,160 km/h;牵引种类,电力牵引(直供加回流线供电方式);机车类型,HXD_3 系列;牵引质量,4 000 t。

3.68.1　电气化工程

牵引供电系统采用带回流线的直接供电方式。新建龙游南、松阳、龙泉、松溪(源头)、建瓯东、屏南、蕉城等牵引变电所。新建仓西直供开闭所。改建既有衢州直供牵引变电所。

新建牵引变电所引入 2 路独立可靠的 110 kV 电源供电。110 kV 电源侧采用线路变压器组接线,电气设备采用户外中式布置;27.5 kV 侧采用单母线分段接线,电气设备采用户内布置。新建开闭所 27.5 kV 配电装置除进线和馈线避雷器及隔离开关采用室外布置外,其余设备采用户内网栅布置。改建既有衢州牵引变电所维持既有标准。

新建牵引变电所设 2 台变压器,采用固定备用、三相 V/V 接线、油浸自冷方式,预留风冷条件。各牵引变电所变压器安装容量:龙游南、松阳、龙泉、松溪为 2×(10+10) MV·A,建瓯东、屏南为 2×(16+16) MV·A,蕉城为 2×(12.5+16) MV·A。既有衢州牵引变电所增容至 2×(20+10) MV·A。

新建牵引变电所采用微机保护和综合自动化系统,按无人值班设计,适当考虑值守条件。新设牵引供电远动系统,分别纳入上海、南昌铁路局既有普速铁路牵引供电调度所管理。

接触网采用全补偿简单链型悬挂,接触悬挂结构高度一般为 1 400 mm;隧道内一般为 500~1 000 mm。浙江省内正线接触线采用 120 mm^2 的铜合金导线,张力 15 kN;承力索采用 95 mm^2 的铜合金绞线,张力 15 kN;其他区段正线接触线采用 150 mm^2 的铜合金导线，张力 20 kN，承力索采用 120 mm^2 的铜合金绞线，张力 20 kN。接触导线悬挂高度一般为 6 000 mm，困难区段不低于 5 700 mm；宁德地区货车线按通行双层集装箱设计，接触导线悬挂高度一般为 6 450 mm，困难区段不低于 6 330 mm。附加导线采用铝包钢芯铝绞线。

接触网绝缘泄漏距离一般不小于 1 200 mm，严重污秽地区适当加强绝缘。隧道外一般采用瓷质绝缘子，隧道内采用复合绝缘子，车站雨棚地段、分段绝缘器及下锚处采用复合绝缘子。采用带空气绝缘中性段的绝缘锚段关节式电分相，避免设在大坡道、列车出站加速区段和线路限速低速区段。

接触网支柱，路基区段的腕臂柱一般采用横腹杆式预应力钢筋混凝土支柱，T 梁桥上采用热浸镀锌格构式桥钢柱，连续梁桥上采用热轧 H 型钢柱。车站及多线并行区段采用软横跨和钢柱。车站雨棚范围内采用硬横梁与雨棚合建。衢州、宁德等既有站改造维持既有标准。

接触网支柱跨距，正线区段一般为 50 m，相邻跨距之差不大于 10 m。隧道内一般为 40 m，最大不大于 45 m；T 梁桥上跨距一般为 32 m。正线锚段长度隧道外一般不大于 2 × 800 m，隧道内不大于 2 × 700 m。联络线及站线最大锚段长度不大于 2 × 850 m，个别困难情况下不大于 2 × 950 m。单边补偿的锚段长度为上述值的 50%。附加导线锚段长度一般不大于 2 000 m。

新建龙游南、龙泉、庆元综合维修工区内设供电维修班组。松阳综合维修车间设供电领工区。政和、蕉城、宁德北设供电工区，屏南设供电管理车间（含供电工区）。既有衢州接触网工区适度补强。在衢州、宁德地区各新建 1 处抢修车间，负责牵引供电设施的运营维护、管理及抢修工作。

3.68.2　电力工程

衢州东至庆元站、庆元至建瓯东站、屏南至宁德北段各新建 1 条综合负荷 10 kV 贯通线；建瓯东站至屏南区段，因长大隧道集中，隧道通风用电负荷大，新建 2 条 10 kV 贯通线给沿线用电负荷供电。新建 10 kV 贯通线衢州东至遂昌段采用架空线路和电缆混合方式，其他区段一般采用电缆敷设。衢州至衢州东、仓西至宁德区间新增用电负荷利用既有温福铁路 10 kV 贯通线供电。

新建衢州东、遂昌、松阳、龙泉、庆元、政和、宁德北等 10 kV 配电所，新建建瓯东、上墩、屏南 35/10 kV 变配电所。按原标准还建既有衢州 10 kV 配电所。各新建 10 kV 配电所、35/10 kV 变配电所接引 2 路外部电源供电，其中 1 路为专盘专线，另 1 路也应保证可靠供电。新建配电所尽量与牵引变电所和工区合建。新建 10 kV 贯通线、变（配）电所场坪、高压室设备布置等均应满足以后增建第二线的条件。

宁德地区新增用电负荷尽量利用既有供电设施，仅对部分既有供电设施进行改造，既有宁德 10 kV 配电所维持现状。

设有 10 kV、35/10 kV 变（配）电所的车站其站房综合用电负荷设站内 10/0.4 kV 综合变电所供电，电源引自变（配）电所的站馈线；没设 10 kV 配电所的车站其站房综合用电负荷设站内10/0.4 kV 综合变电所,就近从地方电网及10 kV 贯通线分别接引10 kV 电源供电。

车站与行车有关的通信信号等一级负荷设室内10/0.4 kV 专用变电所供电,在新建2条10 kV 贯通线区段分别从2条10 kV 贯通线接引电源;在新建1条10 kV 贯通线区段从贯通线接引1路电源,另从车站10/0.4 kV 综合变电所接引1路低压备用电源。

区间与行车密切相关的通信信号等一级负荷设箱式变电站供电,电源引自10 kV 贯通线。

区间其他用电负荷(不含隧道),根据负荷分布和负荷性质,在负荷集中处分别设箱式变电站或杆架式变电台供电,电源引自10 kV 贯通线。

隧道防灾通风和照明,鹫峰山1号隧道出口、鹫峰山2号隧道进口从上墩变配电所接引电源供电,其他隧道在隧道进出口、隧道内洞室、隧道斜井口等处设箱式变电站供电,电源引自10 kV 贯通线。

新建变(配)电所采用综合自动化系统,按无人值班、有人值守设计,新设电力远动系统,分别纳入杭州、福州供电段既有电力调度所管理。

3.68.3 通信工程

长途通信线路,沿铁路两侧电缆槽道各敷设1条48芯通信光缆。

传输系统,新设SDH 10 Gbit/s 长途传输系统,沿线主要车站设SDH 10 Gbit/s 设备,利用新建2条48芯光缆中的各2芯光纤构成复用段1+1保护。

新设SDH 2.5 Gbit/s 接入网系统,沿线各车站设2.5 Gbit/s 设备,利用新建2条48芯光缆中的各2芯光纤构成复用段1+1保护。并在同一车站将SDH 2.5 Gbit/s 设备通过2.5 Gbit/s 光接口与SDH 10 Gbit/s 设备互联,为SDH 2.5 Gbit/s 接入网系统提供通道保护。

新设SDH 622 Mbit/s 区间接入网系统,GSM-R 区间通信基站、牵引变电所、分区所等信息接入点设SDH 622 Mbit/s 设备,利用新建2条48芯光缆在相邻车站之间构成2个622 Mbit/s 传输系统保护环,接入车站SDH 2.5 Gbit/s 接入网系统。

车站站房、站内电力配电所、牵引变电所、综合维修车间和工区、派出所等信息接入点设SDH 622 Mbit/s 设备,利用新建站内光缆构成2纤通道保护环,接入车站SDH 2.5 Gbit/s 设备。

新设数据网,利用上海、南昌铁路局既有核心路由器,在衢州、宁德新设汇聚路由器,沿线车站新设接入路由器,负责本地数据的接入;相邻车站接入路由器之间采用光纤联接;异地接入路由器与汇聚路由器之间按隶属关系通过传输通道分别接入衢州、宁德的汇聚路由器,再分别上联至上海、南昌铁路局核心路由器。实现数据业务的转发与汇聚。

电话交换系统,利用衢州、福州的既有程控电话交换机,在衢州、宁德北设OLT 设备,在沿线车站站房、车站信号楼、牵引变电所、分区所、电力配电所、公安派出所、货场、机务折返段等处设ONU 设备。沿线新增自动电话用户通过ONU 设备及接入网按管辖范围和隶属关系分别接入衢州、宁德北的OLT 设备及衢州、福州的程控电话交换机。通过统一编号组网,实现与既有铁路电话专网的互通。

新设调度通信系统，利用上海、南昌铁路局调度所既有中心调度通信交换机，根据需要扩容相关配套设备；沿线各新建车站、衢州东机务折返段新设车站型调度通信交换机、调度分机及车站值班台等设备，按上海、南昌铁路局管辖范围和调度区划分分别接入铁路局调度所中心调度交换机及调度通信系统；在上海铁路局调度所新设1个本线调度台负责衢州东（不含）至庆元（含）段的行车调度指挥；在南昌铁路局调度所新设1个本线调度台负责庆元（不含）至宁德（不含）段的行车调度指挥，宁德地区货车线、仓西站（不含）至上塘站纳入新设的庆元至宁德段行车调度台管辖。其他相衔接的既有站维持既有调度台管辖不变。

新设GSM-R移动通信系统，利用上海、南昌铁路局既有GSM-R交换机，在衢州、宁德北新设基站控制器（BSC），沿线设车站和区间通信基站（BTS），车站通信基站按3载频配置、区间通信基站按2载频配置，采用单层覆盖方式组网，上海铁路局管辖范围内的BTS通过传输通道接入衢州的BSC和上海铁路局的GSM-R交换机；南昌铁路局管辖范围内的BTS通过传输通道接入宁德北的BSC和南昌铁路局的GSM-R交换机。区间和隧道内弱场区采用光纤直放站、漏泄电缆或天线方式增强，3 km以上的隧道设漏缆监测系统，以满足无线场强覆盖和信息传输的需要。完成调度通信、调度命令信息和无线车次号校核信息传送等功能。

本线与相关邻近铁路的并线地段，新设通信基站应与并线铁路的既有通信基站的无线场强覆盖统筹考虑。

新设会议电视系统，沿线办理客运业务的车站设会议电视分会场设备，按照铁路局管辖范围分别接入上海、南昌铁路局既有会议电视中心系统，根据需要扩容相关设备。

新设应急通信系统，在龙游南、松阳、龙泉、政和、屏南通信工区新设应急抢险现场接入设备，按照铁路局管辖范围分别接入上海、南昌铁路局既有应急通信中心系统。1.5 km及以上隧道新设隧道紧急电话系统，在隧道内避车洞、隧道内紧急出口、避难所、救援站设紧急电话和扩音设备，利用隧道内新设的电缆接入隧道紧急电话主机。再通过传输通道接入铁路局既有隧道应急救援指挥中心系统。

通信电源，沿线新建通信设备机房设48 V高频开关电源和蓄电池组，并设通信电源和机房环境监控系统及采集设备。

3.68.4　信号工程

车站联锁，衢州至宁德（不含）各车站新设硬件冗余型计算机联锁设备和信号智能电源屏。按照电气化区段设计标准，其中衢州、衢州东既有不动的信号设备充分利旧，宁德站在既有联锁设备的基础上利旧改造。

根据车站（场）道岔设计类型，配备相应的道岔转辙设备和缺口检查设备。提速道岔采用三相交流转辙设备，配备外锁闭装置，其余道岔采用直流电动转辙机牵引。直向通过时速160 km及以上的道岔配备密贴检查器。

新建车站站内采用97型25 Hz相敏轨道电路叠加车站电码化，正线接车进路采用预叠加发码、到发线采用叠加发码方式，采用ZPW-2000系列发码设备，按 $N+1$ 冗余配置。

工区岔线、安全线等采用高压脉冲轨道电路。站内轨道电路干线电缆采用铝护套信号电缆,分支电缆采用综合护套信号电缆。

衢州至宁德(不含)采用调度集中(CTC)系统,沿线各新建车站设CTC分机设备、信息安全和通道质量监督设备,宁德站CTC分机设备利旧改造。按照铁路局管辖范围和调度区划分将调度分机等设备分别接入上海、南昌铁路局调度所CTC/TDCS总机系统,在上海铁路局调度所新设1个本线列车调度台,增设相应的应用、通信服务器及信息安全等设备,负责衢州东(不含)至庆元(含)段的列车调度指挥,衢州和衢州东站维持既有调度区划分和调度台管辖不变;在南昌铁路局调度所新设1个本线列车调度台,增设相应的应用、通信服务器及信息安全等设备,负责庆元(不含)至宁德(不含)段的列车调度指挥。宁德地区货车线、仓西站(不含)至上塘站纳入本线新设的(庆元至宁德)列车调度台管辖。宁德站及其他相衔接的既有站维持既有调度台管辖不变。

列车运行控制系统,衢州东(不含)至宁德站(不含)采用CTCS-0级列控系统,对宁德站既有CTCS-2列控系统进行相应修改,在仓西站与宁德站间设CTCS-0/2级级间转换点;衢州东站既有线CTCS-2列控系统不进行修改,衢州东至全旺站区段机车信号上下行载频频率采用人工切换方式。采用CTCS-0级列控系统的各新建车站和信号中继站设列控中心(TCC)、应答器及电子编码单元(LEU)等设备。TCC之间通过安全数据网联接,实现TCC之间及与车站联锁之间的安全信息传输。所设TCC具有轨道电路编发码、运行方向和闭塞控制、应答器报文实时组帧和编码及校验、区间占用逻辑检查等功能。

区间闭塞制式,衢州东(不含)至宁德站(不含)区间采用自动站间闭塞,区间检查一般采用计轴设备,站间距离较短的区间采用站间轨道电路贯通方式检查区间空闲。站间闭塞信息采用光缆通道传输,在车站信号机械室设光电转换设备。对衢州至衢州东沪昆正线既有四显示自动闭塞进行相应改造,并结合新增正线适当缩短轨道电路传输长度,减少线间移频信号干扰。

新设信号集中监测系统,沿线各新建车站设集中监测分机设备,宁德站既有集中监测分机设备利旧改造。在杭州和福州电务段调度指挥中心、沿线信号车间、信号工区设集中监测终端设备。按管辖范围通过监测网将监测分机设备分别接入杭州、福州电务段既有信号集中监测总机系统。

沿线新建信号设备房屋设防雷电、电磁兼容和综合接地防护系统,并在车站站内上下行进站信号机之间的地段新设信号贯通地线,接地电阻不大于1 Ω,轨旁信号设备接地后与贯通地线等电位连接。

参加线路工程施工的有中铁三局、五局、六局集团,中铁隧道局集团,中铁十二局、十九局等单位。中铁电气化局集团、中铁建电气化局等单位承担四电工程的施工。

线路工程的松阳、松溪站附近的先行段于2014年12月23日开工。四电工程于2018年3月23日开工。2018年12月8日开始铺轨。2020年2月29日完成福建段的铺轨。2020年5月12日完成全线铺轨。2020年8月12日浙江段进行动态检测。2020年8月20日福建段进行动态检测。2020年8月29日开始试运行。2020年9月27日正式开通运营。

3.69　渝怀铁路增建第二线

既有渝怀单线电气化铁路西起重庆枢纽襄渝线团结村站，途经重庆北、长寿、涪陵、武隆、彭水、黔江、酉阳、秀山、松桃、铜仁等市（区）县，东至湖南怀化市的怀化站，正线全长 625 km（图 3.69）。于 2006 年建成通车以来，沿线运量逐年增长，单线运输能力已满足不了运量增长的需要。经研究和国家批准，从 2009 年起本线采取分段（重庆北至涪陵、涪陵至梅江、梅江至怀化南）增建第二线来提高运输能力。其中重庆北至涪陵段增建二线 97.735 km，已于 2013 年 12 月 28 日开通运营；涪陵（不含）至梅江（含）段增建第二线 339 km（其中成都铁路局管内涪陵至秀山段正线长 309.633 km，秀山至梅江段正线长 33.394 km），全段设有白涛、白马（上、下行分设）、土坎、武隆、中嘴、高谷、彭水、保家楼、郁山、石子坝、黔江、冯家坝、鱼泉、泔溪、麻旺、酉阳、龙池、秀山、梅江等车站。其中白涛、土坎、武隆、彭水、黔江、麻旺、酉阳及秀山等站为中间站；其余车站为越行站。增建第二线后封闭磨溪、白沙沱、黄草场、干溪沟、甘家坝、细沙、长潭沟、小浩、官庄、兰桥等既有车站。梅江（不含）至怀化南（不含）增建第二线 169 km（其中梅江至同田湾段 149.082 km、同田湾至磨沙溪段 8.184 km、磨沙溪至怀化南 12.144 km），全段设有松桃、普觉、桃映、铜仁、铜仁东、漾头、锦和、齐天坪、同田湾、磨沙溪等车站；其中松桃、桃映、铜仁、铜仁东、锦和等站为中间车站，其余为越行车站；增建二线后封闭沙坝、观音山、郭公坪等既有车站。工程范围还包括本线与黔张常铁路的部分联络线以及引入涪陵站的相关工程；引入怀化枢纽改建焦柳线 3.013 km、新建疏解线 2.078 km；焦柳、渝怀联络线 5.602 km 及疏解线 2.375 km；怀化西编组站改建及配套工程等。

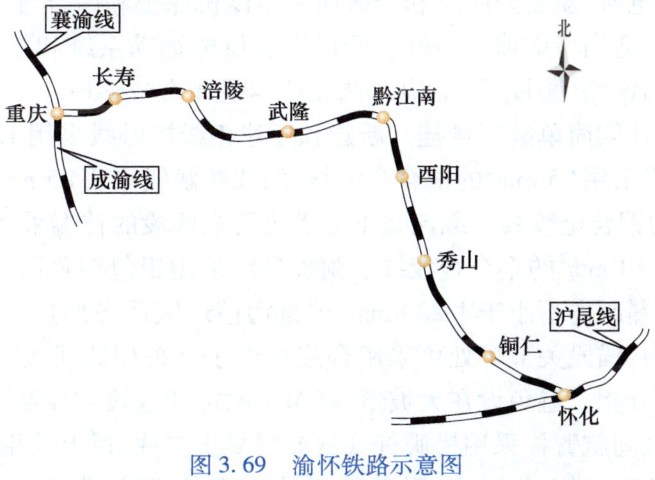

图 3.69　渝怀铁路示意图

渝怀铁路是川渝地区联系我国华中、华南地区的重要运输通道，增建二线后可以大大提高路网的输送能力和运输服务质量，改善沿线企业的外部运输条件，加强区域之间的沟通，对促进区域和社会的和谐持续发展起到积极的作用。

渝怀铁路增建第二线的建设单位是成都铁路局、广州铁路（集团）公司，设计单位是中铁二院工程集团有限责任公司。线路主要技术标准:铁路等级,Ⅰ级;正线数目,双线;限制坡度,6‰、加力坡13‰;最小曲线半径,一般地段1 200 m、困难地段800 m、既有线维持现状;到发线有效长度,850 m、双机880 m;设计旅客列车速度120 km/h;闭塞类型,自动闭塞;牵引种类,电力牵引(直供加回流线方式);牵引质量,4 000 t。

3.69.1 电气化工程

正线采用带回流线的直接供电方式,联络线采用直接供电方式。还扩建土坎牵引变电所,增容改造既有涪陵、高谷、郁山、黔江、鱼泉、麻旺、龙池、梅江、普觉、铜仁、锦和等牵引变电所,其中铜仁牵引变电所由铜玉铁路工程统筹实施;新建白沙沱、中嘴、彭水、石子坝、塘湾、长潭沟、龙潭、秀山、大路河、锦江、鱼凉滩、秀平等分区所;新建怀化西开闭所为怀化西编组站、机务折返段等供电;利用既有怀化牵引变所向本线怀化至秀坪段供电;利用怀邵衡铁路工程所建的怀化南牵引变电所向怀化枢纽内部分线路供电。

还扩建的土坎牵引变电所引入2路110 kV电源供电,110 kV电源侧采用分支接线,27.5 kV侧采用单母线分段接线。增容改造的牵引变电所新增设备与既有标准一致,维持既有主接线方式不变。新建开闭所采用单母线分段接线,馈线断路器采用固定备用方式。

各牵引变电所的变压器安装容量:土坎为2×(20+16) MV·A、涪陵为2×(25+25) MV·A,高谷、麻旺、龙池均为2×(16+16) MV·A,郁山为2×(16+20) MV·A、黔江为2×(25+31.5) MV·A、鱼泉为2×(20+12.5) MV·A、梅江为2×(20+16) MV·A、普觉2×(20+20) MV·A、锦和为2×(16+16) MV·A。怀化牵引变电所的既有变压器容量为2×(25+25) MV·A,开通运营后视运量增长情况适时进行增容。

还扩建牵引变电所、新建开闭所和分区所采用微机保护和综合自动化系统,按无人值班设计,牵引变电所适当考虑值守条件。所设牵引供电远动系统和新增供电设备分别纳入成都铁路局、广州铁路(集团)既有电力调度所本线调度台管理。

接触网采用全补偿简单链型悬挂。新建和还建正线接触线采用120 mm^2的铜合金导线,新建正线承力索采用95 mm^2的铜合金绞线;站线接触线采用85 mm^2的铜合金导线,承力索采用70 mm^2的铜合金绞线。载流量不能满足要求区段的首端采用150 mm^2的铜合金导线,承力索采用120 mm^2的铜合金绞线。附加导线采用铝包钢芯铝绞线。

接触网绝缘泄漏距离不小于1 200 mm,严重污秽地区适当加强绝缘。一般区段采用瓷质绝缘子,隧道内、锚段关节等处可采用合成绝缘子。采用锚段关节式电分相,条件受限时采用器件式电分相。避免设在大坡道、列车出站加速区段和线路限速低速区段。

接触网支柱,区间腕臂柱采用横腹杆式钢筋混凝土支柱,桥上采用格构式热浸镀锌钢柱。车站采用软横跨和钢柱,支柱侧面限界按满足大型养路机械作业要求、一般为3.1 m。

接触网支柱跨距一般为50~55 m,正线锚段长度不超过2×800 m;站线锚段长度不超过2×850 m;附加导线锚段长度一般不超过2 000 m。露天区段下锚一般采用滑轮组补偿装置,桥上及设置防断中锚困难的锚段采用棘轮补偿装置。

新建牵引供电设施分别纳入既有武隆、彭水、黔江、酉阳、秀山、梅江、普觉、铜仁、锦和等接触网工区进行运营维护和管理，对既有接触网工区适当进行加强。

3.69.2　电力工程

涪陵至同田湾全段新建 1 条一级负荷 10 kV 贯通线，采用电缆敷设。全线既有 10 kV 电力贯通线继续使用。新建怀化西 10 kV 配电所，引入 2 路 10 kV 电源供电，其规模适度预留发展条件。还建彭水 10 kV 配电所；改造既有涪陵、武隆、黔江、秀山、松桃、锦和等 10 kV 配电所，改造既有泔溪 35 kV 变配电所，分别增设相关设备给本线新增及既有用电负荷供电，新增设备采用既有标准；武隆和锦和 10 kV 配电所、泔溪 35 kV 变配电所并分别接引第 2 路 10 kV 电源。沿线各车站既有供电设施及供电方式保持既有继续使用，根据需要进行适应性增容改造。

设有 10 kV、35 kV 变（配）电所的车站其站房新增综合用电负荷采用原供电方式供电（新建站房设 10/0.4 kV 变电所供电），从变（配）电所站馈线接引电源；没设 10 kV 配电所的车站其站房新增综合用电负荷采用原供电方式（新建站房设 10/0.4 kV 变电所供电），从地方电网接引 1 路 10 kV 供电，另从综合负荷 10 kV 贯通线接引 1 路电源。

车站新增通信信号等一级负荷设室内箱式变电站供电，分别从 2 路 10 kV 贯通线接引电源。区间新增通信信号等一级负荷设箱式变电站供电，分别从 2 路 10 kV 贯通线接引电源。

区间新增其他用电负荷设箱式变电站或杆架式变电台供电，从综合负荷 10 kV 贯通线接引电源。

电力远动系统维持既有规模，适当改建。新建电力设施由既有电力工区负责运营维护和管理，对既有电力工区适当加强。

3.69.3　通信工程

新建怀化西通信站。沿增建二线和既有线各敷设 1 条 48 芯长途通信光缆，并引入怀化枢纽相关通信站点，以满足本线增建二线、沪昆铁路、焦柳铁路、怀邵衡铁路对通信光缆传输通道的需要。怀化西通信站、怀化西编组站各场信号楼、机务折返段、车辆段、货场等主要通信节点间新设 1 条 48 芯通信光缆，构成光缆环；怀化西编组站各场信号楼及相关站点间新设 2 条 48 通信光缆，以满足信号控制组网的需要。

传输系统，成都铁路局管段内新设 SDH 10 Gbit/s 传输系统，沿线主要车站设 SDH 10 Gbit/s 设备，利用新建 2 条 48 芯光缆中的各 2 芯光纤构成复用段 1+1 保护。广州铁路（集团）管段内利用通信基础网设施改造工程所建的 SDH 10 Gbit/s 传输系统，并接入新建的 2 条 48 芯长途通信光缆中。构成全线的 SDH 10 Gbit/s 传输系统。另外，利用广州铁路（集团）通信基础网设施改造工程在怀化通信站所设的 40×10 Gbit/s 光传送网（OTN）设备，在怀化西通信站、怀化南客站新设 40×10 Gbit/s OTN 设备，构成怀化枢纽 OTN 环网。

涪陵至怀化西通信站新设 SDH 2.5 Gbit/s 车站接入网系统，沿线车站新设 SDH 2.5 Gbit/s 设备，利用新设 2 条 48 芯光缆中的各 2 芯光纤构成复用段 1+1 保护，并与涪陵至重庆北段 SDH 2.5 Gbit/s 系统连通。在怀化西通信站、怀化西编组站各场信号楼、机务折返段、车辆段、货场等处新设 SDH 2.5 Gbit/s 设备,接入新建 SDH 2.5 Gbit/s 车站接入网系统。

新设 SDH 622 Mbit/s 区间接入网系统,在区间 GSM-R 通信基站、信号中继站、牵引变电所、分区所等信息接入点设 SDH 622 Mbit/s 设备,利用新建光缆在相邻车站之间构成传输系统环,接入车站 SDH 2.5 Gbit/s 接入网系统。

在站内新建牵引变电所、开闭所、电力配电所、供电车间和工区等信息接入点设 SDH 622 Mbit/s 设备,利用新建站内光缆接入车站 SDH 2.5 Gbit/s 接入网系统。

电话交换系统,沿线新增自动电话用户按铁路局管辖范围,通过接入网按隶属关系分别接入既有程控电话交换机,通过统一编号,实现与既有铁路电话专网的互通。

数据网,广州铁路(集团)管段内利用通信基础网设施改造工程所建的数据网系统和设备,并接入新建的 2 条 48 芯长途光缆中。在怀化西编组站、机务折返段、车辆段新设接入路由器,利用光缆接入数据网系统。成都铁路局管段内新设数据网,在涪陵、黔江、秀山等通信站新设汇聚路由器,沿线车站新设接入路由器,负责本地数据的接入。相邻车站接入路由器之间采用光纤联接。异地接入路由器按隶属关系通过传输通道与汇聚路由器联接,并上联至铁路局的核心路由器,实现数据业务的转发与汇聚。

新设调度通信系统,利用成都铁路局、广州铁路(集团)调度所既有中心调度通信交换机,沿线车站新设车站型调度通信交换机、调度分机等配套设备;相关既有站的调度分机设备利旧改造;按照铁路局管辖范围和既有调度区划分,将车站调度交换机和调度分机等设备分别接入铁路局调度所的中心调度交换机和调度通信系统,以及列车调度台,进行行车调度指挥。

新设 GSM-R 移动通信系统,利用成都铁路局、广铁(集团)既有 GSM-R 核心网交换机,在重庆、怀化、怀化西通信新设基站控制器(BSC)及配套设备,沿线和怀化枢纽相关线路设通信基站,采用单网覆盖方式组网。按照铁路局管辖范围,通过传输通道将通信基站分别接入所隶属的基站控制器和成都铁路局、广铁(集团)的 GSM-R 交换机。区间和隧道内弱场区采用光纤直放站、漏泄电缆及天线方式增强,以满足无线场强覆盖和信息传输的需要。完成调度通信、调度命令信息和无线车次号校核信息传送等功能。

怀化枢纽 GSM-R 系统频率规划和无线场强覆盖应统筹设计,以满足既有和规划铁路 GSM-R 系统无线场强覆盖的需要,并在怀化西编组站新设数字无线平面调车系统、无线列检系统。

新设会议电视系统,沿线客运站新设会议电视分会场设备,怀化西编组站、机务折返段、车辆段新设会议电视分会场设备,按照铁路局管辖范围分别接入成都铁路局、广铁(集团)既有会议电视中心系统。

应急通信系统,沿线通信工区、松桃、铜仁、锦和等站新设应急通信现场接入设备,按照铁路局管辖范围分别接入成都铁路局、广铁(集团)既有应急通信中心系统。

成都铁路局管段内,2.5 km 及以上隧道新设紧急电话系统,在隧道内紧急出口、避车洞、避难所、救援站设紧急电话终端和扩音设备,利用隧道内所设的对称电缆通过就近通信节点接入隧道紧急电话系统和邻近车站的紧急电话控制台,再通过传输系统接入成都铁路局应急通信指挥中心系统。

3.69.4　信号工程

车站联锁,涪陵站(不含)至同田湾站[不含铜仁站(普速场)]沿线各车站新设硬件安全冗余型计算机联锁设备和信号智能电源屏;涪陵站既有计算机联锁设备利旧改造,铜仁站(普速场)由铜玉铁路信号工程实施。同田湾站至怀化南新建车站(场、线路所)及黄金坳站新设硬件安全冗余型计算机联锁设备和信号智能电源屏,其他既有接轨站计算机联锁设备利旧改造。

新建联锁设备的车站站内一般采用25 Hz相敏轨道电路和叠加车站电码化,正线采用叠加预发码、侧线采用叠加发码方式,既有电码化发送设备原则上利旧。对分路不良轨道区段采用高压脉冲轨道电路,并增设带适配器的扼流变压器。

行车指挥系统,涪陵站(不含)至同田湾站至怀化南采用列车调度指挥系统(TDCS),涪陵站(不含)至同田湾站[不含铜仁站(普速场)]沿线各车站设TDCS分机、网络信息安全和通道质量监督等设备,涪陵站既有TDCS分机设备利旧改造,铜仁站(普速场)TDCS分机设备由铜玉铁路信号工程实施。田湾站至怀化南新建车站(场、线路所)及黄金坳站新设TDCS分机、网络信息安全和通道质量监督等设备,其他既有接轨站TDCS设备利旧改造。按铁路局管辖范围和调度区划分将调度分机等设备分别接入成都铁路局、广州铁路(集团)调度所TDCS/CTC总机系统及本线的列车调度台。

区间闭塞制式,增建双线区段采用四显示自动闭塞,正向按最小追踪间隔运行,反向采用自动站间闭塞行车。区间设地面通过信号机。

区间采用ZPW-2000系列无绝缘移频轨道电路,其发送和接收设备按 $N+1$ 冗余配置。ZPW-2000轨道电路干线电缆采用铝护套数字信号电缆,电缆的有效传输长度一般按10 km控制,超过规定长度时设信号中继站。

信号集中监测系统,涪陵站(不含)至同田湾站各新建联锁设备的车站和信号中继站设集中监测分机设备,田湾站至怀化南新建车站(场、线路所)及黄金坳站新设集中监测分机设备,其他既有接轨站监测分机设备利旧改造,按照铁路局管辖范围通过监测网将各监测分机设备分别接入所隶属电务段的既有集中监测总机系统。

鉴于本线新增二线路与既有线有一定间距,且大部分为单绕区段,沿上下行线各敷设1条信号专用贯通地线,在电气特性上全程贯通,接地电阻值不大于1 Ω,形成低阻接地平台。沿线轨旁信号设备接地后就近与贯通地线等电位连接。

沿线信号设备房屋设防雷电、电磁兼容和接地系统,并与贯通地线等电位连接。

参加增建二线线路工程施工的有中铁一局、三局、四局、八局、十一局、十二局、二十五局等单位。中铁电气化局集团、中铁建电气化局集团等单位承担四电工程的施工。

涪陵至梅江段的线路工程于2015年3月21日开工。梅江至怀化段的线路工程先行段于2015年12月27日开工。电气化工程于2017年11月22日开工。梅江至同田湾段的四电工程于2018年8月29日开工。其中涪陵至中嘴段74 km于2020年6月完成线路铺架,2020年7月27日进入动态检测阶段,2020年8月10日开通运营。同田湾至怀化段于 2020 年 10 月 16 日开通。秀山至怀化段于 2020 年 11 月 20 日全段开通运营。全线于 2020 年 12 月 25 日开通运营。

3.70　焦柳铁路怀化至柳州段电气化改造

既有焦柳铁路北起河南焦作的月山编组站,南至柳州南站,线路全长 1 645 km。该铁路原分为南北两段,北段从河南焦作月山编组站到湖北枝城,称为焦枝线,于 1969 年动工修建,1970 年建成开通;南段从湖北枝城到广西柳州,称为枝柳线,于 1970 年动工修建,1978 年建成开通,1988 年南北 2 段合并改称焦柳铁路。该线从河南焦作的月山编组站向南引出后,经过济源在连地跨越黄河,到洛阳东与陇海铁路相交,经关林镇南下,进入汝河东岸台地。过鲁山后进入伏牛山区,过九里山隧道后进入南阳平原与宁西铁路相交,过襄樊南下到荆门,过长江到枝城。向南过界溪河、石门进入湖南省内,在怀化与湘黔铁路相交,在彭莫山进入广西壮族自治区内,在洛满与黔桂铁路接轨,终到柳州南站。焦柳铁路是联系华北、中南地区的另一条南北铁路干线。主要承担西北、华北大部分地区与两湖、两广的南北客货运输,尤其是煤炭运输任务,对中西部的经济发展和北煤南运起到重要作用。其中月山至济源段已于 1995 年 12 月 26 日与侯月线同步建成电气化,济源至关林段于 1996 年 6 月 30 日建成电气化。洛阳(关林)至张家界(903.66 km)和石门至怀化(351.86 km)段分别于 2009 年 12 月 22 日和 2007 年 1 月 28 日建成电气化。近年来,随着国民经济和区域经济的快速发展,怀化以南的运量不断增长,导致怀化至柳州段运输能力严重不足,虽经过几次技术改造,还是满足不了运量增加的需要,必须进行扩能改造增加运输能力。为此,经国家批准对焦柳铁路怀化至柳州段(以下简称怀柳段)进行电气化改造。怀化西(K1200 + 745.45)至柳州南(K1638 + 221)线路全长 437.440 km(图 3.70)。其中洛满至柳州段 33.337 km 已建成电气化,本次怀柳段电气化改造工程线路长 404.103 km,本段线路电气化改造调度区划分维持既有,车站分布维持既有,全段设有怀化、怀化西、鸭咀岩、中方、排楼、冷水井、黔城、大沙田、江市、相见、园冲、会同、连山、白腊桥、太阳坪、艮山口、靖州、八家旺、流坪、江口、通道、地阳坪、塘豹、牙屯堡、水团、江头、八斗、三江县、程村、塘库,程祥、融安、浮石、贝江、大陆底、古砦、融水、永乐街、双蒙、罗迪、寨隆、更村、洛满、福塘、成团、柳江、柳州等车站,其中移位新建融安站,改建部分既有站(如中方、黔城、会同、艮山口、靖州、通道、牙屯堡、三江县、程村、塘库、浮石、永乐街、寨隆等车站)。工程范围还包括融安移站改线 13.3 km,改建柳州既有机务段、八斗既有补机折返所等相关工程。

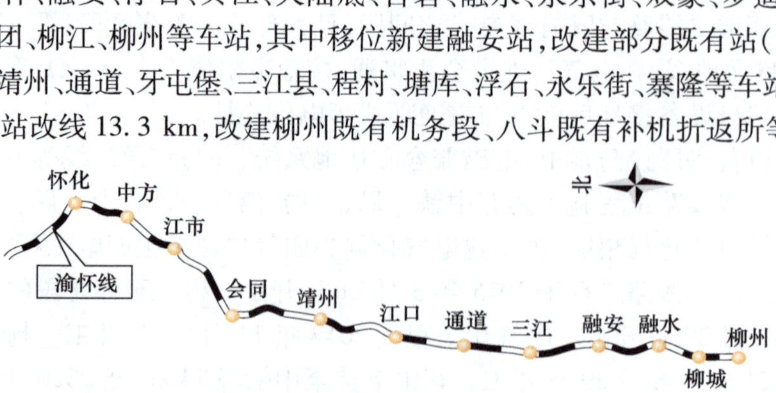

图 3.70　焦柳铁路怀化至柳州段示意图

怀柳段电气化改造工程的建设单位是广州铁路(集团)和南宁铁路局,设计单位是中铁第四、第六勘察设计院有限公司,中铁电气化勘测设计院有限公司。线路主要技术标准:铁路等级,Ⅰ级;正线数目,单线;限制坡度,6‰、牙屯堡至八斗12‰;最小曲线半径,维持既有不变(怀化至塘豹段400 m、塘豹至洛满段450 m、洛满至柳州南段300 m);到发线有效长度,850 m;闭塞类型,怀化至洛满段为半自动闭塞、洛满至柳州南段为站间自动闭塞;设计行车速度,维持既有不变(120 km/h);牵引种类,电力牵引(直供加回流线供电方式);机车类型,HXD系列;牵引质量,4 000 t。

3.70.1　电气化工程

牵引供电采用带回流线的直接供电方式。全段新建黔城、会同、靖州、通道、水团、程村、程祥、贝江、古砦等牵引变电所,新建牵引变电所不设无功补偿装置,但要预留谐波治理场地。利用怀(化)邵(阳)衡(阳)铁路工程所建的怀化南牵引变电所,增容改造黔桂铁路所建的既有洛满牵引变电所。

新建牵引变电所引入2路独立可靠的110 kV电源供电,110 kV电源侧采用带跨条的分支接线,牵引变压器采用室外低式布置、其余电气设备采用室外单体中式布置;27.5 kV侧采用单母线分段接线,电气设备采用户内网栅布置。馈线断路器采用固定备用方式。改造既有变电所所需设备采用既有标准。

新建牵引变电所设2台变压器,所设的变压器广西段采用三相V/V接线、湖南段采用三相阻抗匹配平衡接线、固定备用、油浸自冷方式,预留风冷条件。各牵引变电所变压器安装容量:黔城、会同、靖州、通道均为2×20 MV·A,水团为2×(16+20) MV·A,程祥、贝江为2×(12.5+12.5) MV·A,程村为2×(12.5+10) MV·A。怀化南变电所变压器容量维持不变。洛满牵引变电所变压器增容至2×(20+20) MV·A,并将其拆除的既有2台(12.5+16) MV·A牵引变压器移至古砦牵引变电所使用。

新建牵引变电所采用微机保护和综合自动化系统,按无人值班设计,牵引变电所适当考虑值守条件。新设牵引供电远动系统,按所属铁路局管辖范围分别纳入南宁铁路局、广州铁路(集团)电力调度所,并在2个电力调度所各设1个牵引供电调度台。对全线牵引供电设施进行集中管理和监控。

接触网悬挂,正线采用全补偿简单链型悬挂,隧道内采用刚性悬挂,接触悬挂结构高度一般地段为1 400 mm,隧道内结构高度一般为440 mm。正线接触线采用120 mm^2的铜合金导线,张力15 kN,承力索采用95 mm^2的铜合金绞线,张力15 kN;站线接触线采用85 mm^2的铜合金导线,承力索采用70 mm^2的铜合金绞线。接触导线悬挂高度一般为6 000 mm,困难区段接触导线最低悬挂高度不小于5 400 mm(保证5 300 mm超级超限装载的列车停电通过)。附加导线采用铝包钢芯铝绞线。

接触网绝缘泄漏距离按重污区设计,严重污秽地区适当加强绝缘。一般地段采用瓷质绝缘子,隧道内、软横跨、接触网下锚处及严重污秽地段采用合成绝缘子。采用锚段关节式电分相,困难区段采用器件式电分相,尽量避免设在大坡道、列车出站加速区段和线路限速低速区段。

接触网支柱,路基区段的腕臂柱一般采用横腹杆式预应力钢筋混凝土支柱,桥梁区段采用格构式桥钢柱。车站及多线并行区段一般采用软横跨和钢柱。车站雨棚地段接触网支柱与雨棚柱合架。路基区段支柱侧面限界应满足大型养路机械作业要求,一般按3.1 m设计。

接触网支柱跨距,一般地段为35 ~ 45 m。桥支柱跨距根据桥梁孔跨形式确定,一般不大于50 m。全线绝缘、非绝缘锚段关节采用四跨形式。正线双边补偿时的最大锚段长度不大于2 × 800 m;站线最大锚段长度不大于2 × 850 m。附加导线锚段长度一般不大于2 000 m。

在靖州、融安设供电抢修车间和工区,在黔城、会同、靖州、通道、三江县、塘库、融安、永乐街、寨隆新建接触网工区。靖州和融安供电抢修车间、黔城、三江县、融安、寨隆接触网工区与当地的综合维修基地或工区合建。负责新建牵引供电设施的运营维护、管理和抢修工作。

3.70.2 电力工程

既有10 kV电力贯通线利旧使用,对受线路改建和接触网挂网影响的部分电力线路进行改造。改造线路采用架空和电缆混架方式。

新建牙屯堡10 kV配电所;在改线段新建融安10 kV配电所;对既有黔城、会同、靖州、程村10 kV配电所的严重老化、影响供电安全的电气设备进行更新改造;其中黔城10 kV配电所增加第2路10 kV电源供电;其他既有10 kV配电所原则上利旧使用,对确需更新的电气设备进行更新改造。

怀化至局界段个别既有10 kV电源不可靠的车站就近改接可靠的地方电源供电;局界至柳州南段对能够就近接引地方电源的车站,为车站增加第2路电源。根据沿线各车站新增用电负荷性质和负荷量的变化,对不能满足电气化标准及铁路用电要求的既有供电设施进行增容与改造。

设有10 kV配电所的车站其站房新增综合用电负荷,根据负荷量的大小利用原供电设施或新设室内10/0.4 kV低压变电所供电,电源引自配电所的站馈线;没设10 kV配电所的车站其站房新增综合用电负荷,根据负荷量的大小利用原供电设施或新设室内10/0.4 kV低压变电所,从地方电网接引10 kV电源供电。

车站新增通信信号等一级用电负荷,根据负荷量的大小利用原供电设施或新设室内10/0.4 kV低压变电所供电,电源引自10 kV贯通线。区间新增通信信号等一级用电负荷设箱式变电站供电,电源引自10 kV贯通线。

区间新增其他用电负荷,根据负荷分布和负荷性质,在新增负荷集中处分别设箱式变电站或杆架式变电台供电,优先从地方电网接引电源供电,无条件接引地方电源的从10 kV贯通线接引电源。

新建和改造的10 kV配电所采用微机保护和综合自动化系统。怀化至局界段新设电力远动系统,纳入怀化供电段控制中心控制和管理;局界至柳州南段利用既有电力远动系统,并将新建10 kV配电所纳入既有电力远动系统控制和管理。

3.70.3　通信工程

长途通信线路,全段利用通信基础网改造工程所建的48芯长途通信光缆,以及南宁铁路局管内既有24芯长途通信光缆。

为满足GSM-R区间通信基站、光纤直放站、牵引供电和电力远动系统组网的需要,新设1条16芯区间节点贯通光缆,到区间通信基站设2条8芯分歧光缆;到光纤直放站设1条8芯分歧光缆。

传输系统,全段利用通信基础网改造工程所建的SDH 10 Gbit/s传输系统和SDH 2.5 Gbit/s接入网系统。在部分新建车站信号楼移设传输设备。

怀化至塘豹、塘豹至柳州段在GSM-R区间通信基站、牵引变电所、分区所等信息接入点新设SDH 622 Mbit/s设备,利用新建区间光缆和长途通信光缆接入车站SDH 2.5 Gbit/s接入网系统。

新建站内牵引变电所、电力配电所、供电车间和工区等信息接入点设SDH 622 Mbit/s设备,利用新建站内光缆接入车站SDH 2.5 Gbit/s设备。

电话交换系统,利用怀化、柳州等通信站的既有程控电话交换机、并根据需要扩容相关设备;利用怀化、柳州等通信站的既有光线路终端(OLT)设备;在新建融安通信站和相关通信站设OLT设备;新建车站通信机械室移设既有光网络单元(ONU),改扩建车站通信机械室既有ONU设备利旧;沿线新建牵引变电所、分区所、电力配电所、供电车间/工区等处新设ONU设备。沿线新增自动电话用户通过ONU设备及接入网按照所属铁路局管辖范围分别接入OLT设备和既有程控电话交换机。

数据通信网,利用通信基础网改造工程所建的数据通信网。部分车站新建信号楼,将既有数据网设备迁移至新建信号楼通信机械室。

新设调度通信系统,利用南宁铁路局、广州铁路(集团)调度所既有中心调度通信交换机,根据需要扩容相关设备;沿线车站新设车站型调度通信交换机、调度分机和车站值班台等设备,按既有调度区划分和铁路局管辖范围将车站调度交换机等设备分别接入铁路局调度所既有中心调度交换机和调度通信系统及列车调度台。

全段新设GSM-R移动通信系统,利用南宁铁路局和广州铁路(集团)既有GSM-R通信交换机、南宁铁路局既有基站控制器(MSC)及配套设备;在怀化、柳州新设基站控制器(BSC),在沿线车站和局部区间设通信基站(BTS),采用单层覆盖方式组网,通过传输通道将通信基站按铁路局管辖范围和隶属关系分别接入怀化、柳州的BSC设备及铁路局的GSM-R通信交换机。区间和隧道内弱场区采用光纤直放站、漏泄电缆和天线方式增强,并设漏缆监测系统,以满足无线场强覆盖和信息传输的需要。完成调度通信、调度命令信息和无线车次号校核信息传送等功能。

新设应急通信系统,沿线各综合维修工区新设应急抢险现场接入设备,按铁路局管辖范围分别接入南宁铁路局和广州铁路(集团)既有应急通信中心系统。

通信电源,新建融安站通信设备机房和沿线新增通信设备机房设48 V高频开关电源及蓄电池组。沿线部分车站改建通信设备机房电源设备移设使用。各新建通信设备机房设通信电源和机房环境监控设备,按铁路局管辖范围和隶属关系分别接入怀化、柳州通信站既有电源与环境监控中心系统。

在黔城、靖州、三江县、融安、寨隆新设电务专业综合维修车间,原通信工区保持既有,负责通信设施的运营维护、管理和抢修工作。

3.70.4 信号工程

车站联锁,在本工程范围内已有18个既有车站已建计算机联锁设备,且预留了电气化区段轨道电路和信号电缆防电磁影响等条件,此次电气化改造工程车站联锁设备利旧改造,站内轨道电路及所用电缆进行适应性改造。还有程祥、融安、浮石、贝江、大陆底、双蒙、古砦、更村等29个既有车站新设硬件冗余型计算机联锁设备和信号智能电源屏及不间断电源设备。对牙屯堡、八斗、三江、程村、塘库、永乐街、寨隆等车站根据站场变化对既有联锁设备软件进行修改。另有洛满、福塘、成团、柳江等4个电气化区段的既有车站联锁设备全部利旧使用。

根据车站(场)道岔设计类型,配备相应的道岔转辙设备,并与既有转辙设备标准、维修工装相匹配。原地不动的道岔转辙设备根据使用年限规定合理利旧使用。

新建计算机联锁设备的车站站内采用97型25 Hz相敏轨道电路,车站正线和到发线及接近区段新设电码化设备,发码设备采用ZPW-2000系列设备,正线采用预叠加发码、到发线和接近区段采用股道占用叠加方式发码。对站内部分岔线区段轨道电路分路不良,采用高压脉冲轨道电路,或采取符合技术条件要求的技术措施加以克服。

新建计算机联锁设备和25Hz相敏轨道电路的车站,轨道电路和电码化信息传输采用铝护套数字信号电缆;室外联锁设备干线电缆采用铝护套综合扭绞信号电缆,分支电缆采用综合护套综合扭绞电缆。

全段维持既有列车调度指挥系统(TDCS)制式和既有调度台管辖范围不变,南宁铁路局管内的各车站新设TDCS(3.0)分机设备和信息安全等设备,对应柳州车务段管辖范围设1套TDCS车站服务器和终端设备,接入本局TDCS/CTC总机系统和既有行车调度台,并对相关调度台设备、系统总机设备进行相应修改;广州铁路(集团)管内的有关车站新设TDCS(3.0)分机设备和信息安全等设备,对应怀化车务段管辖范围设1套TDCS车站服务器和终端设备,接入本局TDCS/CTC总机系统和既有行车调度台,并对相关调度台设备、系统总机设备进行相应修改。

区间闭塞制式,维持采用半自动闭塞制式,其中洛满至柳州南段维持既有自动站间闭塞制式。站间信息除怀化西站至鸭嘴岩站间、中方站至专用线工业站间维持既有传输通道外,其余区间均采用光纤传输数字通道,并增设光电转换设备。

与本工程衔接的其他既有线区间维持既有闭塞制式不变。

信号集中监测系统,新建计算机联锁设备的车站新设(2010年版本)集中监测分机设备,并增设道岔缺口监测功能。对已建计算机联锁设备和预留电气化区段技术条件的既有车站,所设集中监测车站分机设备符合(2010年版本)标准,结合本次电气化工程利旧改造。洛满、福塘、成团、柳江等站的既有集中监测分机设备维持既有(2006年版本)技术条件利旧使用。沿线各站集中监测分机设备按铁路局管辖范围分别接入怀化、柳州电务段信号集中监测总机系统,并对集中监测总机设备做相应修改。

沿线新建和接建信号设备房屋设防雷电、电磁兼容和综合防护接地系统。既有信号设备房屋不满足电气化区段使用条件的,完善信号设备房屋的综合接地防护系统。

本段维持既有信号维修机构设置,在黔城、靖州、三江县、融安、寨隆设电务专业的综合维修车间,负责信号设施的运营维护、管理和抢修工作。

参加本段电气化改造工程线路改造工程施工的有中铁二十五局等单位。中铁电气化局集团、中铁武汉电气化局集团、中铁二局电务公司等单位承担电气化改造工程的四电工程施工。

2017 年 12 月 29 日在融安举行电气化改造工程开工仪式。2019 年 10 月 18 日在三江县富用车站开始架设接触网导线。广西段(柳州南至靖州段)于 2020 年 9 月 30 日开通运营。怀柳全段于 2020 年 12 月 26 正式开通运营。

3.71　福州至平潭铁路

新建福州至平潭铁路,北起福州站(DK0 +000),向南经鼓山、福州南站、长乐、松下,以桥梁跨越海坛海峡人屿岛、小练岛、大练岛至平潭岛的平潭站(DK88 +099.55),大致呈西北东南走向,正线全长 88.433 km(图 3.71)。其中新建线路长 85.133 km(其中跨海段长 16.322 km、公铁合建段长 14.399 km、分建段长 1.923 km);(DK0 +000 ~DK3 +300)段利用既有沿海铁路联络线 3.30 km,相应还建沿海铁路上下行联络线各 4.30 km。全线设有福州、福州南、长乐、长乐东、松下、平潭等车站及福州南线路所,其中福州和福州南为既有站,其余为新设车站,预留莲花山设站条件。工程范围还包括福州枢纽及平潭地区配套工程。

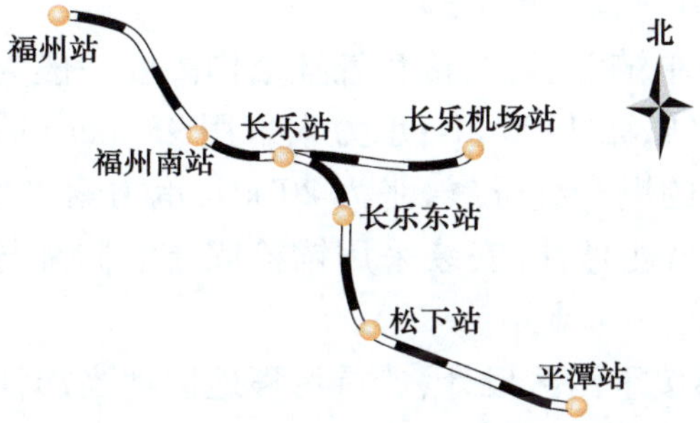

图 3.71　福州至平潭铁路示意图

新建福平铁路是合福铁路的重要延伸和扩展,对构建北京至福州、平潭快速铁路通道,完善区域综合交通网络,加快海西经济区建设,促进平潭综合实验区开放开发等具有重要意义。它的建成开通,将让福州和平潭形成半小时"生活圈"和"经济圈"。

福州至平潭铁路的建设单位是南昌铁路局、福平铁路有限责任公司,设计单位是中铁第四勘察设计院集团有限公司、中铁大桥勘测设计院集团有限公司。线路主要技术标准:

铁路等级,Ⅰ级;正线数目,双线;限制坡度,福州至福州南 20‰、福州南至平潭 13‰;最小曲线半径,160 km/h 区段,一般地段 2 000 m、困难地段 1 600 m,200 km/h 区段,一般地段 3 500 m、困难地段 2 800 m;到发线有效长度,长乐东和平潭站 650 m、预留 850 m,长乐和松下站 450 m;闭塞类型,自动闭塞;设计旅客列车最高行车速度,福州至福州南 160 km/h、福州南至平潭 200 km/h;牵引种类,电力牵引(直供加回流线方式);牵引质量,3 000 t。

3.71.1　电气化工程

牵引供电正线采用带回流线的直接供电方式。新设松下牵引变电所、福州站开闭所,福州东、莲花山和平潭分区所;利用改造既有陕南牵引变电所。

在牵引变电所、分区所、开闭所供电线上网处设单极电动隔离开关,纳入远动系统;在场间电分段、站内横向电分段间设单极电动隔离开关,纳入远动系统;在绝缘关节处设单极电动隔离开关,纳入远动系统;在长度大于 6 km 的隧道,隧道口设带接地刀闸的单极电动隔离开关,隧道内每隔 4 ~6 km 设单极电动隔离开关,纳入远动系统。

新建松下牵引变电所引入 2 路 110 kV 电源供电,110 kV 电源侧采用分支接线,主变压器采用户外低式布置,其他配电装置采用户外中式布置;27. 5 kV 侧采用单母线隔离开关分段接线,配电装置除馈线避雷器及手动隔离开关采用室外布置外,其余均采用户内网栅布置。馈线断路器采用固定备用方式。开闭所、分区所采用箱式结构,27. 5 kV 侧配电装置采用户外布置。

新建松下牵引变电所设 2 台变压器,采用固定备用、三相 V/V 接线、油浸自冷方式,预留风冷条件,变压器安装容量为 2 ×(16 +16) MV · A;既有峡南牵引变电所变压器容量增容至 2 ×(40 +63) MV · A。

新建牵引变电所、开闭所、分区所采用微机保护和综合自动化系统,按无人值班设计,牵引变电所适当考虑值守条件。新设牵引供电调度和远动系统,纳入南昌铁路局电力调度所,并入既有温福铁路电力调度台管理。

接触网采用全补偿简单链型悬挂,接触悬挂结构高度一般为 1 400 mm。正线接触线采用 120 mm^2 的铜合金导线,张力 20 kN;承力索采用 95 mm^2 的铜合金绞线,张力 20 kN;站线接触线采用 120 mm^2 的铜合金导线,张力 20 kN;承力索采用 95 mm^2 的铜合金绞线,张力 20 kN。隧道内采用吊柱悬挂,安装采用锚栓固定。附加导线采用防腐型铝包钢芯铝绞线。

接触网绝缘泄漏距离按重污区设计,严重污秽地区适当加强绝缘。本线沿海,为加强接触网抵抗海风及盐雾污染能力,腕臂用绝缘子采用抗弯破坏荷重为 20 kN 的高强度复合绝缘子;下锚绝缘子、分段绝缘子采用复合绝缘子;供电线一般采用棒式复合绝缘子。采用锚段关节式电分相,避免设在大坡道、列车出站加速区段和线路限速低速区段。

接触网支柱,路基区段的腕臂柱一般采用环形等径预应力混凝土支柱;T 梁桥区段一般采用格构式钢柱;箱梁桥区段采用 H 型钢柱,为增强接触网设施抗风性能,跨海区段箱梁桥上采用圆钢管柱;站场及多线并行区段满足线间立柱条件的采用热浸镀锌圆钢管柱,不满足立柱条件时采用硬横跨和钢柱。供电线一般采用镀锌格构式钢柱。

接触网支柱跨距，路基区段一般为50～55 m，相邻跨距之差一般不大于10 m；桥上跨距根据桥梁孔跨的形式确定。一般情况下，锚段关节采用五跨或四跨关节，正线锚段长度一般不大于2×750 m；站线锚段长度一般不大于2×850 m。附加导线锚段长度一般不大于2 000 m。

接触网下锚补偿一般采用滑轮组，桥梁区段及无条件设置防断中心锚结的锚段采用棘轮补偿。本线地处海岛台风、盐雾、高雷区域，应加强牵引供电设施的防腐、防风、防雷措施。

利用既有福州南供电维修车间，新建长乐东、平潭供电工区，负责本线新建牵引供电及电力设施的运营维护及抢修工作。

3.71.2　电力工程

全线新建1条一级负荷10 kV贯通线和1条综合负荷10 kV贯通线，分别沿铁路两侧的电力电缆槽敷设。其中福州至长乐段新建一级负荷10 kV贯通线采用截面为50 mm^2的铜芯电力电缆、综合负荷10 kV贯通线采用截面为70 mm^2的铜芯电力电缆；长乐至平潭段新建一级负荷10 kV贯通线采用截面为70 mm^2的铜芯电力电缆、综合负荷10 kV贯通线采用截面为95 mm^2的铜芯电力电缆。

全线新设长乐、平潭10 kV配电所，从地方变电站引入2路10 kV电源供电。改造利用既有福州东10 kV配电所为本线供电。

设有10 kV配电所的车站其站房综合用电负荷设站内10/0.4 kV变电所，从配电所接引2路10 kV专用线路供电；没设10 kV配电所的车站其站房综合用电负荷设站内10/0.4 kV变电所，从地方电网接引2路10 kV电源供电。

车站与行车有关的通信信号等一级用电负荷设室内10/0.4 kV专用变电所供电，电源分别引自2路10 kV贯通线。

福州南线路所及区间信号中继站用电负荷设10/0.4 kV通号专用变电所供电，电源引自2路10 kV贯通线。

区间通信信号等一级用电负荷设箱式变电站供电，电源分别引自2路10 kV贯通线。

平潭海峡大桥10 kV检修设备用电电源从松下站站房所设的10/0.4 kV变电所高压环网柜接引。

5 km及上的隧道和有安全出口的隧道应急照明用电，设双电源箱式变电站提供2路相互独立的电源，并经双电源切换后由EPS供电；其他隧道的固定照明用电，由综合负荷10 kV贯通线一侧所设的箱式变电站提供1路电源；隧道防灾救援设施用电，设双电源箱式变电站提供2路相互独立的电源，其中救援通道的应急照明经双电源切换后由EPS供电，在风机附近设双电源切换装置对风机供电。

区间其他用电负荷根据负荷分布及负荷性质，就近设箱式变电站供电，从综合负荷10 kV贯通线接引电源。

新建10 kV配电所采用综合自动化系统，按无人值班设计。新设电力远动系统，并入既有温福铁路电力调度台管理。

3.71.3　通信工程

全线沿铁路两侧各敷设 1 条 48 芯长途通信光缆,根据专业对传输通道的要求,在区间敷设短段光缆。为满足隧道应急电话系统组网的需要,在 5 km 及以上隧道设 7 ×4 ×0.9 低频对称电缆。

传输系统,新设 SDH 10 Gbit/s 长途传输系统,主要车站设 SDH 10 Gbit/s 设备,利用新建 2 条 48 芯光缆中的各 2 芯光纤构成复用段 1 +1 保护。

新设 SDH 2.5 Gbit/s 车站接入网系统,各新建车站设 SDH 2.5 Gbit/s 设备,利用新建 2 条 48 芯光缆中的各 2 芯光纤构成复用段 1 +1 保护。

新设 SDH 622 Mbit/s 区间接入网系统,在区间通信基站、牵引变电所、开闭所、分区所、信号中继站等信息接入点设 SDH 622 Mbit/s 设备,利用新建光缆在相邻车站之间构成 622 Mbit/s 2 纤通道保护环,接入车站 SDH 2.5 Gbit/s 接入网系统。

车站站房、站内电力配电所、综合维修车间和工区、牵引变电所、公安派出所等信息接入点设 SDH 622 Mbit/s 设备,利用新建站内光缆构成 2 纤通道保护环,接入车站 SDH 2.5 Gbit/s 设备。

电话交换系统,利用福州通信站等处的既有程控电话交换机,并新设 OLT 设备,沿线各新建车站、综合维修车间和工区、牵引变电所、开闭所、分区所、电力配电所、信号中继站、公安派出所等处设光网络单元(ONU);沿线新增自动电话用户通过 ONU 设备及接入网接入 OLT 设备和福州等处的程控电话交换机,通过统一编号组网,实现与既有铁路电话专网的互通。

新设数据网,利用南昌铁路局调度所既有核心路由器等设备并扩容;利用福州通信站的既有汇聚路由器;沿线各新建车站设接入路由器,负责本地数据的接入。相邻车站接入路由器之间通过光纤联接;异地接入路由器与汇聚路由器通过传输通道联接,并上联至铁路局的核心路由器,实现数据业务的转发与汇聚。

新设调度通信系统,利用南昌铁路局调度所既有中心调度通信交换机;各新建车站设车站型调度通信交换机、调度分机和车站值班台等设备,按照调度区划分通过传输通道将车站调度交换机等设备接入铁路局调度所中心调度交换机和调度通信系统,由福州枢纽列车调度台负责本线的行车调度指挥。

新设 GSM-R 移动通信系统,利用南昌铁路局既有 GSM-R 核心网设施,根据需要扩容相关设备;利用福州的既有基站控制器(BSC)等配套设备;沿线设通信基站,采用单网覆盖方式组网,通过传输通道将通信基站接入福州的 BSC 设备和铁路局的 GSM-R 交换机。区间和隧道内弱场区采用光纤直放站、漏泄电缆和天线方式增强,3 km 以上的隧道并设漏缆监测系统,以满足无线场强覆盖和信息传输的需要。完成调度通信、调度命令信息和无线车次号校核信息传送等功能。

新设会议电视系统,沿线新建车站设会议电视分会场设备,通过传输通道接入南昌铁路局既有会议电视中心系统,根据需要扩容相关设备。

新设应急通信系统,在长乐东维修车间新设应急事故抢险现场接入设备,通过传输通道接入南昌铁路局调度所应急通信中心系统,根据需要扩容相关设备。5 km以上隧道设紧急电话系统,在隧道内紧急出口、避车洞、避难所设紧急电话终端和广播设备,利用新设的7×4×0.9低频对称电缆接入邻近通信基站设置的报警电话主机设备,再通过传输通道接入铁路局调度所既有隧道应急电话中心。

通信电源,沿线新建通信设备机房设48 V高频开关电源、蓄电池组及UPS不间断电源设备,并设通信电源及机房环境监控系统及采集设备。在福州通信站新设电源及环境监控系统中心设备,实现对通信电源和机房环境条件的监控。

3.71.4　信号工程

车站联锁,新建长乐、长乐东、松下、平潭站和福州南线路所新设硬件安全冗余型计算机联锁设备和信号电源屏;福州站、福州南站既有联锁设备利旧改造。维修工区道岔纳入邻近车站联锁设备集中控制。

根据车站(场)道岔设计类型,配备相应的道岔转辙设备。提速道岔采用三相交流转辙机及外锁闭装置,其余道岔采用直流电动转辙机牵引。通过时速160 km及以上道岔配置密贴检查器。既有福州南站倒替下来的道岔转辙设备整修后充分利用。

新建联锁设备的车站(所)站内采用ZPW-2000系列有绝缘移频轨道电路;维修工区岔线轨道区段采用高压不对称脉冲轨道电路以解决其分路不良问题,电气化挂网区段增设扼流变压器,并沟通牵引回流。

既有福州、福州南站新增站内轨道区段采用与既有相同制式的97型25 Hz相敏轨道电路并叠加ZPW-2000电码化,福州站正线采用预叠加、侧线股道采用叠加发码方式;福州南站正线、侧线股道采用预叠加发码方式,移频轨道电路和电码化发送设备按1+1冗余配置,由列控中心编码;移频轨道电路接收设备采用双机并用方式。

在福州南站设福州南线路所远程控显设备(联锁、CTC)及电源设备,实现行车人员集中办公;并在福州南线路所机房至福州南站机房间新设2条不同物理路径的光缆进行联接。

运输调度指挥系统,本线采用调度集中(CTC)系统,各新建车站(所)设CTC分机设备、网络安全和通道质量监督等设备。福州、福州南站既有CTC分机设备利旧,结合站场变化修改CTC软件。按照调度区划分通过调度网将调度分机等设备接入南昌铁路局调度所CTC/TDCS总机系统,由既有福州枢纽列车调度台负责本线的行车调度指挥。

福州(不含)至平潭采用CTCS-2级列控系统,利用福州站的既有福州枢纽临时限速服务器负责本线的临时限速命令管理;福州等既有站临时限速命令下达维持既有方式。在沿线新建车站(所)和信号中继站设信号安全数据网接入设备、列控中心(TCC)、应答器、电子编码单元(LEU)等设备;福州站、福州南站既有列控中心利旧改造。新设TCC之间通过安全数据网进行联接,实现TCC之间及与车站联锁之间的安全信息传输。所设列控中心具有轨道电路编发码、运行方向和闭塞控制、站间安全信息传输、应答器报文编码及校验、区间占用逻辑检查等功能。其中福州至福州南区间无绝缘轨道电路、通过信号机分别纳入既有福州站、福州南站列控中心编码和控制。

区间自闭制式,福州(不含)至平潭新建双线区间采用四显示自动闭塞,按双线双方向运行,正向采用追踪间隔运行、反向按自动站间闭塞行车。设区间地面通过信号机。

正线区间采用 ZPW-2000(UM)无绝缘轨道电路,其发送设备按 1+1 冗余配置、接收设备采用双机并用方式,发送编码采用列控中心(TCC)电子编码。ZPW-2000(UM)无绝缘轨道电路干线电缆采用铝护套内屏蔽数字信号电缆,电缆的有效传输长度一般按 10 km 控制,超过规定长度时设信号中继站。分支电缆采用综合护套综合扭绞信号电缆。

新设信号集中监测系统,新建车站(所)和信号中继站设集中监测分机设备,福州站、福州南站既有集中监测分机设备利旧修改,各检修/维修工区、信号工区设监测终端设备,通过监测网接入福州电务段既有集中监测总机系统。

沿线新建信号设备房屋设防雷电、电磁兼容和综合接地防护系统,与房建工程同步实施,并与贯通地线等电位连接。

综合接地系统,沿新建铁路两侧各敷设 1 条截面为 35 mm^2 的铜质贯通地线,在电气特性上全程贯通,接地电阻不大于 1 Ω;(DK0+000~DK3+300)段利用既有沿海铁路联络线所建的贯通地线,2 段相连形成低阻接地平台。沿线轨旁信号设备接地后就近与贯通地线等电位连接。

参加线路桥隧工程施工的单位有中铁建十三局、十八局、二十四局集团,中铁建大桥局等单位。中铁武汉电气化局集团、中国铁路通信信号公司联合体等单位承担四电工程的施工。

2013 年 11 月 13 日,全国首座跨海峡公铁两用大桥——平潭海峡公铁两用大桥启动建设。2018 年 8 月 8 日开始铺轨架梁。2020 年 5 月 20 日完成全线的铺轨架梁。2019 年 4 月 20 日四电工程开工。2020 年 9 月 26 日开始联调联试。2020 年 11 月 23 日开始试运行。2020 年 12 月 26 日正式开通运营。

3.72　金华至台州铁路

新建金台铁路,位于浙江省中东部的金华、丽水、台州地区。线路西起金华地区既有金温铁路的永康南站,向东经丽水市缙云县所辖的壶镇,金华市所辖的磐安,台州市所辖的仙居、临海和台州城区,东至甬台温铁路的台州站,新建线路全长 148.49 km(图 3.72)。货运再向东延伸至头门港区,新建临海东至头门新区站的头门港铁路支线长 42.13 km。为配合货运和列车编组需要,新建枫山至永康南联络线长 13.51 km,永康南疏解线长 6.05 km。新建台州至台州南货运线长 15.94 km。合计新建线路总长 226.12 km。以及永康和台州地区的相关工程。

新建金台铁路为客货兼运铁路,沿途设有武义东、永康南、永康东、白沙川、壶镇、磐安、仁川、横溪、白塔、田市、仙居、下各、括苍、临海南、临海东、台州、台州南等车站。头门港铁路支线设有章安、杜桥、头门新区、头门港等车站,其中章安站近期缓设。

新建金台铁路,改变了浙江中东部地区没有铁路的历史。它将位于浙江沿海的台州与浙中连接起来,将沪昆铁路与沿海通道连接起来,改善了浙江省东中部地区交通条件,

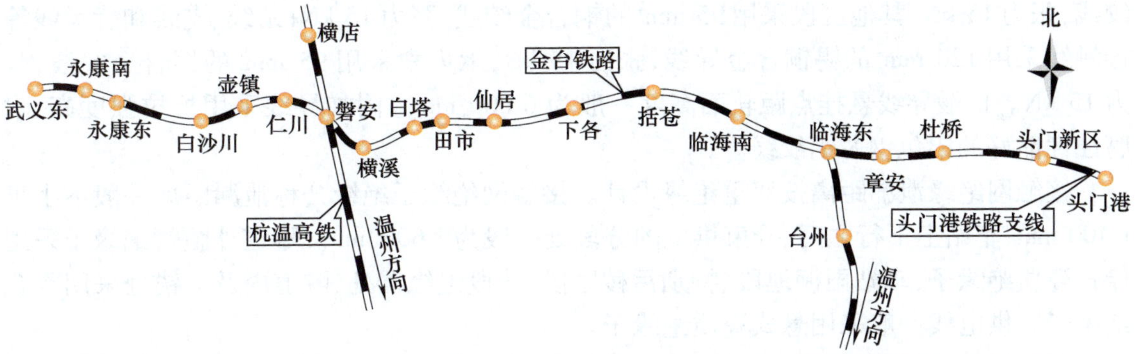

图3.72　金华至台州铁路示意图

可以促进区域经济协调发展,对浙江省的经济和社会发展具有重要意义。

金台铁路的建设单位是金台铁路股份有限公司,设计单位是中铁第五勘察设计院集团有限公司。线路主要技术标准:

永康南至台州段:铁路等级,Ⅰ级;正线数目,单线、预留双线条件;限制坡度,8‰;最小曲线半径,一般地段2 000 m、困难地段1 600 m;到发线有效长度,850 m;闭塞类型,半自动闭塞;设计行车速度,160 km/h;牵引种类,电力牵引(直供加回流线供电方式);牵引质量,4 000 t。

头门港铁路支线:铁路等级,Ⅰ级;正线数目,单线;限制坡度,8‰;最小曲线半径,一般地段2 000 m、困难地段1 600 m;到发线有效长度,850 m;闭塞类型,半自动闭塞;设计行车速度,120 km/h;牵引种类,电力牵引;牵引质量,4 000 t。

3.72.1　电气化工程

牵引供电采用带回流线的直接供电方式。新建磐安、仙居、临海南、杜桥等牵引变电所。利用武义北牵引变电所增加1路直供馈线为永康东至枫山货车联络线供电,利用台州牵引变电所增加1路直供馈线为台州南货车线供电。在牵引变电所附近设锚段关节式电分相,电分相两侧设远动隔离开关及地面式磁感应器设施。

新建牵引变电所引入2路110 kV电源供电,110 kV电源侧采用分支接线,配电装置采用户外中型布置;27.5 kV侧采用单母线分段接线,配电装置采用户内网栅间隔方式布置。

新建牵引变电所设2台变压器,采用固定备用、油浸自冷方式,预留风冷条件。并设备用电源自投装置,各牵引变电所变压器安装容量:磐安为2×25 MV·A、仙居为2×25 MV·A、临海南为2×20 MV·A、杜桥为2×20 MV·A。

新建牵引变电所采用微机保护和综合自动化系统,按无人值班设计,适当考虑值守条件。新设牵引供电远动系统,纳入上海铁路局牵引供电调度所新设的金台铁路电力调度台管理,并在杭州供电段和上海铁路局供电处新设牵引供电远动复示终端。

接触网采用全补偿简单链型悬挂,接触悬挂结构高度一般为1 400 mm。正线接触线采用120 mm^2的锡铜合金导线,张力15 kN,永康南至磐安段承力索采用120 mm^2的铜合金绞线,张力15 kN,其他区段采用95 mm^2的铜合金绞线,张力15 kN;站线、支线和货运线等接触线采用120 mm^2的锡铜合金导线,张力15 kN,承力索采用95 mm^2的铜合金绞线,张力15 kN。接触导线悬挂点距轨面高度一般为6 000 mm。附加导线采用抗拉强度高、耐腐蚀性能好的铝包钢芯铝绞线。

接触网绝缘泄漏距离按双重绝缘设计。接触网绝缘子绝缘公称泄漏距离一般不小于1 400 mm,车站上下行之间、分束供电的分段处一般为1 600 mm。隧道外腕臂绝缘子采用棒式瓷质绝缘子,车站雨棚地段、特别污秽区段、分段绝缘器处、隧道内及下锚处采用复合绝缘子。供电线一般采用悬式瓷质绝缘子。

接触网支柱,路基区段腕臂柱一般采用横腹杆式预应力钢筋混凝土支柱,桥梁上采用热浸镀锌钢柱。车站多线并行区段,能线间立柱的采用H型钢柱,不能线间立柱的采用软横跨或硬横梁,软横跨采用热浸镀锌钢柱,硬横梁采用钢管柱。车站雨棚地段接触网支柱与雨棚柱合架。

接触网支柱跨距,一般地段为50 m,最大不大于60 m。隧道内一般为30～45 m;T梁桥上一般为32 m。相邻跨距之差不大于10 m。

一般采用四跨锚段关节,分相采用带中性区的双绝缘锚段关节。正线锚段长度:隧道外一般不大于2×800 m,隧道内不大于2×700 m。联络线及站线最大锚段长度不大于2×850 m,个别困难情况下不大于2×950 m。单边补偿的锚段长度为上述值的50%。附加导线的锚段长度一般不超过2 000 m。

在磐安、仙居、临海南、杜桥站设供电工区,与工区合建仙居供电管理车间,负责牵引供电设施的运营维护及管理。

3.72.2　电力工程

全线(包括支线和货运线)新建1条10 kV贯通线为沿线车站和区间用电负荷供电,新建10 kV贯通线采用截面为70 mm^2的铜芯电缆敷设。既有临海东至台州南区间联络线利用既有甬台温铁路的10 kV贯通线供电。

新建磐安、仙居、临海南10 kV配电所,新建头门新区20/10 kV变配电所。改建金温铁路扩能改造工程所建的永康南10 kV配电所。利用甬台温铁路工程所建的台州10 kV配电所新设站馈线为本线供电。

设有10 kV配电所的新建车站其站房综合用电负荷设站内10/0.4 kV变电所供电,电源引自配电所的站馈线。没设10 kV配电所的新建车站其站房综合用电负荷设站内10/0.4 kV变电所,从地方电网及10 kV贯通线分别接引1路10 kV电源供电。

既有永康南、台州、台州南站设站内10/0.4 kV变电所和通信信号专用变压器及综合变压器为新建信号楼供电,为通信信号供电的专用变压器电源引自既有10 kV贯通线,为车站站房综合用电负荷供电的综合变压器电源引自既有配电所站馈线及地方电源。

新建车站与行车有关的通信信号等一级负荷设室内10/0.4 kV专用变电所供电,设有10 kV配电所的车站从配电所站馈线及10 kV贯通线分别接引1路10 kV电源;没有10 kV配电所的车站从10 kV贯通线及地方电网分别接引1路10 kV电源。

区间与行车密切相关的通信信号一级负荷设箱式变电站供电，电源引自 10 kV 贯通线，并配备 UPS 不间断电源。

区间其他用电负荷，根据负荷分布和负荷性质，在负荷集中处分别设箱式变电站或杆架式变电台供电，电源引自 10 kV 贯通线。

3.72.3　通信工程

从武义站经武义东至永康南、永康东至台州南、临海东至头门新区及新建线路，沿铁路新设 1 条 48 芯长途通信光缆，永康南至金华站利用既有通信光缆线路。

传输系统，金华西至台州南站、临海东至头门新区站新设 SDH 10 Gbit/s 长途传输系统，办理客货运业务的车站、通信站新设 SDH 10 Gbit/s 设备，利用新建的 48 芯光缆中的 4 芯光纤构成 1 +1 系统保护。

枫山至台州南站、临海东至头门新区站新设 SDH 2.5 Gbit/s 接入网系统，沿线各车站设 SDH 2.5 Gbit/s 设备，利用新建的 48 芯光缆中的 4 芯光纤构成车站间 1 +1 系统保护。并在同一车站将 SDH 2.5 Gbit/s 设备通过 2.5 Gbit/s 光接口与 SDH 10 Gbit/s 设备相联，对 SDH 2.5 Gbit/s 系统通道形成保护。

新设 SDH 622 Mbit/s 区间接入网系统，GSM-R 区间通信基站、光纤直放站、牵引变电所、分区所等信息接入点设 SDH 622 Mbit/s 设备，相邻车站之间利用新建光缆中的 2 芯光纤构成 622 Mbit/s 通道保护环，接入车站 SDH 2.5 Gbit/s 接入网系统。

车站站房、站内牵引变电所、电力配电所、综合维修车间和工区、派出所等信息接入点设 SDH 622 Mbit/s 或 SDH 155 Mbit/s 设备，利用新建站内光缆构成 2 纤通道保护环，接入车站 SDH 2.5 Gbit/s 设备。

电话交换系统，利用金华西通信站和台州的既有程控电话交换机并扩容接口板。在金华西、台州各新设光线路终端（OLT）设备；沿线各车站、综合维修车间和工区、牵引变电所、分区所、电力配电所、公安派出所、信号中继站等处设光网络单元（ONU）；沿线新增自动电话用户按管辖范围和隶属关系通过 ONU 设备和接入网分别接入金华西、台州的 OLT 设备及程控电话交换机。通过统一编号组网，实现与既有铁路电话专网的互通。

枫山至台州南站、临海东至头门新区站新建数据网，利用上海铁路局调度所既有核心路由器并扩容，在金华西、临海东分别新设汇聚路由器，沿线办理客货运业务的车站设接入路由器，负责本地数据的接入；相邻车站接入路由器之间采用光纤联接，异地接入路由器与汇聚路由器之间按管辖范围和隶属关系通过传输通道联接；再上联至铁路局的核心路由器，实现数据业务的转发与汇聚。

在上海铁路局调度所新设 1 套数据网网管设备，在综合维修车间新设数据网网管复示终端，完成对数据业务的交换和安全管理、配置管理、故障管理及性能管理。

永康东至台州段、头门港铁路支线新设调度通信系统，利用上海铁路局调度所既有中心调度通信交换机，沿线各车站新设车站型调度通信交换机、调度分机和车站值班台等设备，按照调度区划分通过传输通道将车站调度交换机等设备接入铁路局调度所中心调度交换机和调度通信系统，并新设 1 个本线列车调度台，新增相应的调度台终端设备，负责永康东(不含)至台州南(不含)段的行车指挥;其他相衔接的既有车站维持既有调度区划和调度台管辖不变。

新建铁路全线设 GSM-R 移动通信系统,在上海铁路局 GSM-R 移动通信交换中心新设编译码器和速率适配单元(TRAU),在台州通信机械室新设基站控制器(BSC),沿线设通信基站,采用单层覆盖方式组网,通过传输通道将通信基站接入台州的 BSC 和铁路局的 GSM-R 交换机。区间和隧道内弱场区采用光纤直放站、漏泄电缆和天线方式增强,5 km 以上的隧道设漏缆监测系统,以满足无线场强覆盖和信息传输的需要。完成调度通信、调度命令信息和无线车次号校核信息传送等功能。

在与其他铁路并行区段,统筹考虑和充分利用既有 GSM-R 系统,以满足无线场强的覆盖及信息传输的要求。新建地级市的车站站房根据需要设 GSM-R 系统室内无线场强的覆盖设备,满足铁路运输管理人员的工作需要。

新设应急通信系统,在壶镇、临海南综合维修车间设应急通信现场接入设备,通过传输通道接入上海铁路局调度所既有应急通信中心系统。长度大于 5 km 的隧道设紧急报警电话系统,在隧道内紧急出口、避车洞、避难所设紧急电话和扩音设备,利用隧道内新设的低频对称电缆接入所设的隧道紧急电话主机。再通过传输通道接入铁路局既有隧道应急救援指挥中心系统。

通信电源,新建车站、光纤直放站、区间通信基站、牵引变电所、分区所、电力配电所等通信设备机房设 48 V 高频开关电源和蓄电池组及 UPS 不间断电源。并设通信电源和机房环境监控系统及采集设备,实现对通信电源设备和机房环境条件的监控。

3.72.4 信号工程

车站联锁,沿线各新建车站(场)设硬件安全冗余型计算机联锁设备和信号智能电源屏及 UPS 不间断电源设备;新建货场或维修工区等相关线路道岔纳入所属车站(场)联锁设备集中控制。其中永康南站金温车场的联锁设备利用金温铁路扩能改造工程配备的设备进行改造;台州南站甬台温车场既有联锁设备利旧改造,永康南站金台场、台州站金台场、台州南站甬台温场新设远程联锁控制终端,通过新设光缆分别远程引入既有永康南金温场运转室、台州站甬台温场运转室、台州南站金台室进行集中操控。设有远程终端的车站(场)信号楼运转室内保留联锁控显设备(作为远程终端“热备”设备),通过人工切换操作。

根据车站(场)道岔设计类型,配备相应的道岔转辙装置和转辙机,并采取断电保护措施。对 2 个牵引点及以上的道岔转辙设备采用外锁闭、多机分动控制方式,并与既有电务维修工装相匹配。对直向通过时速 160 km 及以上的道岔尖轨密贴段各牵引点间设密贴检查装置。提速道岔采用配套外锁闭装置。

新建车站站内采用 97 型 25 Hz 相敏轨道电路,接收器采用相敏轨道电路接收器,电码化采用 ZPW-2000 系列正线叠加预发码方式,侧线及接近区段采用叠加占用发码方式。站(场)内维修工区、货场等局部岔线区段采用符合技术条件要求的高压不对称脉冲轨道电路,以解决轨道电路的分路不良。

既有永康南站金温场、台州南站甬台温场站内采用与区间相同制式的 ZPW-2000 系列有绝缘移频轨道电路，发送设备按 1+1 冗余配置、接收器采用双机并用方式。

站内轨道电路和电码化信息传输采用铝护套内屏蔽数字信号电缆。联锁设备室外干线电缆采用铝护套信号电缆，分支电缆采用综合护套电缆。

永康东站（不含）至台州南站金台场（含）段和头门港铁路支线采用列车调度指挥系统（TDCS），各新建车站（场）设 TDCS 分机设备和信息安全等配套设备。为实现与相关线路调度指挥系统站间信息透明，在永康南站金台车场、永康东站新设 TDCS 分机和信息安全等设备，在临海南站新设 1 套 TDCS 车站服务器等配套设备。永康南站金温车场、台州南站甬台温场既有 CTC 分机设备及配套设备利旧改造。按照调度区划分通过传输通道将调度分机等设备接入上海铁路局调度所 TDCS/CTC 总机系统。并新设 1 个本线列车调度台，增设相应的应用和通信服务器、接口服务器，以及网络信息安全等设备，负责永康东（不含）至台州南站金台场（含）段的行车调度指挥；永康东（含）至永康南金台场至武义东（含）段由既有金温铁路行车调度台管辖；永康南站金温场、台州南站甬台温场维持既有调度台管辖；台州甬台温场至台州南甬台温场维持既有调度台管辖。并对调度所既有普速铁路 TDCS/CTC 系统总机、既有高速铁路 CTC 系统总机硬件设备和软件进行相应修改。

列车运行控制系统，永康南（不含）至台州南站（不含）采用 CTCS-0 级列控系统，各新建车站和信号中继站设列控中心、应答器等设备。

永康南站金温场、台州南站甬台温场维持既有 CTCS-2 级列控系统。永康南站金温场、台州南站甬台温场既有列控中心、临时限速服务器等列控设备结合站场变化情况利旧改造，并对既有相关的应答器报文进行相应修改。

区间闭塞制式，永康东站（不含）至台州南站金台场、头门港铁路支线、枫山至永康南联络线采用单线半自动闭塞。永康南（不含）至永康东（不含）上下行疏解线采用自动站间闭塞，区间占用与空闲检查采用轨道电路方式。永康南站金温车场与金台车场之间、台州南站甬台温车场与金台车场之间采用场间联系方式办理作业。其他与本线衔接的线路均维持既有闭塞方式不变。

半自动闭塞信息传输采用光接口数字通道，在车站信号机械室设光电转换设备。永康东至台州站金台场车站接近区段按 2 个接近区段设计，其余支线及联络线按 1 个接近区段设计。

新设信号集中监测系统，各新建车（场）设集中监测分机设备，永康南站金温车场利用金温铁路扩能改造工程配备的监测分机设备进行改造，台州南站甬台温车场既有监测分机设备利旧改造；在沿线信号车间和工区设监测终端设备。按管辖范围和隶属关系通过监测网将监测分机设备接入杭州电务段信号集中监测总机系统，并对集中监测中心总机设备进行软件修改。

沿线新建和改建车站信号设备房屋设防雷电、电磁兼容和综合接地防护系统。并与信号专用贯通地线等电位连接。

本工程在车站（场）进站信号机范围内敷设 1 条截面为 35 mm^2的信号贯通地线，在电气特性上全程贯通,接地电阻不大于 1 Ω,形成低阻接地平台。轨旁信号设备接地后与贯通地线等电位连接。

在仙居设信号车间,在壶镇、仁川、仙居、临海南、台州、杜桥设信号工区。保留金温铁路既有永康信号工区、金温铁路扩能改造工程设在永康南站的信号工区、既有台州南站甬台温车场信号工区。负责该线信号设施的运营维护和管理。

参加线路工程施工的有中铁一局、十局、十一局、十二局等单位。中铁电气化局集团有限公司和中国铁路通信信号有限公司联合体等单位承担电气化、通信信号和电力工程的施工。

线路工程于2016 年1 月4 日开工。四电工程于2018 年8 月29 日成功组立接触网第一杆。2019 年3 月20 日开始铺轨。2020 年9 月底完成铺轨。2021 年1 月26 日向全线接触网送电。2021 年3 月18 日开始动态检测。计划2021 年6 月底正式开通运营。

3.73　大理至临沧铁路

新建大理至临沧铁路位于云南省西南部地区,北起广通至大理铁路的大理站,往南经大理州的巍山县,跨越澜沧江进入临沧市,再经云县至临沧市临翔区,至于新建临沧站,新建正线长 202.095 km(图 3.73)。其中全线桥隧累计长度约 177 km,桥隧占比达到 87.25%。全线近期设有大理、大仓、巍山、南涧、若巴谷、澜沧江、张家山、云县、头道水、丫口寨及临沧等车站;预留五茂林、安乐、六五谷、腰街、罗闸河、杨家村、息铺等车站,远期根据运量增长情况适时开放预留车站。工程范围还包括引入大理地区的相关工程。

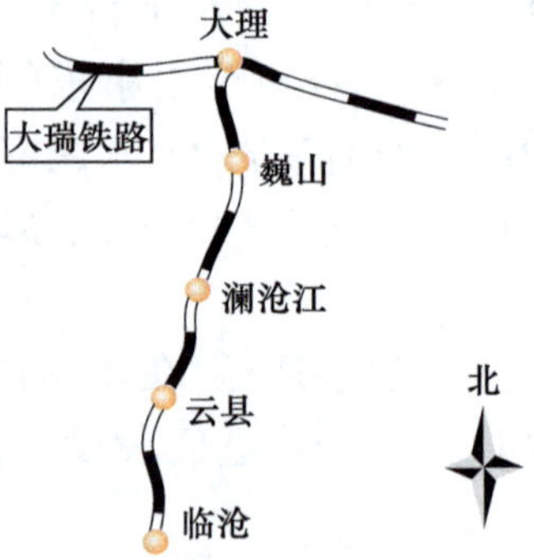

图 3.73　大理至临沧铁路示意图

新建大理至临沧铁路,北端通过广通至大理线、成昆线连接昆明、攀枝花地区,向西南通过规划的临沧至清水河铁路连接清水河一类口岸,向东南通过规划的临沧至普洱铁路连接玉莫铁路。是滇中和滇西地区联系清水河口岸和滇南地区的便捷铁路通道。它的建成开通不但结束了云南临沧不通铁路的历史,而且可以完善西部铁路网,改善滇中、滇西区域综合交通运输体系,服务沿线经济社会发展,对助推我国与周边国家互联互通起到积极作用。

大理至临沧铁路工程的建设单位为是昆明铁路局，设计单位是中铁二院工程集团有限责任公司。线路主要技术标准：铁路等级，Ⅰ级；正线数目，单线；限制坡度，双机牵引 24‰；最小曲线半径，一般 2 000 m、困难 1 600 m；到发线有效长度，650 m、预留 850 m；闭塞类型，自动站间闭塞；设计行车速度，160 km/h；牵引种类，电力牵引（直供加带回流线方式）；牵引质量，3 000 t。

3.73.1　电气化工程

牵引供电采用带回流线的直接供电方式。新建巍山、六五谷、腰街、云县、丫口寨等牵引变电所，利用大瑞铁路拟建的大理牵引变电所。新建临沧开闭所。

新建牵引变电所引入 2 路 110 kV 电源供电。110 kV 电源侧采用线路分支接线，电气设备采用户外中式布置；27.5 kV 侧采用单母线分段接线，电气设备采用户内布置。

新建牵引变电所设 2 台变压器，采用固定备用、V/V 接线，自冷方式，预留风冷条件。牵引变电所变压器安装容量：巍山、六五谷、腰街、云县、丫口寨均为 2 ×（12.5 + 12.5）MV · A，大理牵引变电所变压器增容至 2 ×（31.5 + 31.5）MV · A。根据本线及大瑞铁路工期安排确定大理牵引变电所的实施方案。

新建牵引变电所采用微机保护和综合自动化系统。按无人值班设计，适当考虑值守条件。新设牵引供电远动系统，牵引供电调度纳入昆明铁路局电力调度所管理。

接触网采用全补偿简单链型悬挂，接触悬挂结构高度隧道外一般为 1 400 mm，隧道内不小于 400 mm。正线接触线采用 150 mm^2 的银铜合金线，张力 20 kN，承力索采用 120 mm^2 的镁铜合金绞线，张力 15 kN。站线接触线采用 85 mm^2 的银铜合金导线，张力 10 kN，承力索采用 70 mm^2 的镁铜合金绞线，张力 15 kN。在连续加力坡区段的供电臂应考虑增设加强线的条件。车站道岔处接触网安装采用交叉线岔方式。附加导线采用铝包钢芯铝绞线。

接触网绝缘泄漏距离按重污地区设计，一般不小于 1 400 mm。严重污秽地区适当加强绝缘。一般区段采用瓷质绝缘子；隧道内、接触网下锚、绝缘关节、跨线桥两侧采用复合绝缘子。采用带中性段空气间隙绝缘的锚段关节式电分相，避免设在大坡道、列车出站加速区段和线路限速低速区段。

接触网支柱，路基区段的腕臂柱采用横腹杆式预应力钢筋混凝土支柱，桥梁上采用热浸镀锌格构式桥钢柱，车站采用软横跨和钢柱，车站有雨棚地段接触网支柱与雨棚柱合架。

接触网支柱跨距，正线区段一般为 60 m，隧道内一般不大于 35 m；桥梁上根据孔跨形式确定，一般为 32 ~ 50 m。相邻跨距之差不大于 10 m。正线锚段长度一般不大于 2 × 800 m；站线锚段长度一般不大于 2 × 850 m。附加导线锚段长度一般不大于 2 000 m。

接触网下锚补偿，路基上、隧道内一般采用铝合金滑轮组结构，桥上采用棘轮补偿装置。车站正线中心锚结采用防窜防断锚结，站线采用防窜不防断锚结。区间中心锚结采用两跨式防窜防断中心锚结。

新建临沧维修车间，新建巍山、云县、临沧接触网工区，负责对牵引供电设施的运营维护及管理。

3.73.2　电力工程

全线新建 1 条 10 kV 电力贯通线,并应考虑适应远期发展的需要。新建巍山、六五谷、云县、临沧等 10 kV 配电所,从地方电网引入 2 路电源供电。利用既有大理 10 kV 配电所。

设有 10 kV 配电所的车站其站房综合用电负荷设站内 10/0.4 kV 变电所供电,电源引自配电所的站馈线;没设 10 kV 配电所的车站其站房综合用电负荷设站内 10/0.4 kV 变电所,就近从地方电网及 10 kV 贯通线分别接引 10 kV 电源供电。

车站与行车有关的通信信号等一级负荷设室内 10/0.4 kV 变电所供电,电源引自 10 kV 贯通线。

区间与行车密切相关的通信信号等一级负荷设箱式变电站供电,电源引自 10 kV 贯通线。

区间其他用电负荷,根据负荷分布和负荷性质,在负荷集中处分别设箱式变电站或杆架式变电台供电,电源引自 10 kV 贯通线。

新建 10 kV 配电所采用综合自动化系统,按无人值班设计。新设电力远动系统,纳入昆明供电段电力调度管理。

3.73.3　通信工程

大理至临沧沿新建铁路敷设 1 条 48 芯长途通信光缆。区间 GSM-R 系统光纤直放站、综合视频监控系统采集点等所需光纤考虑合缆敷设区间短段光缆。站场通信线路以光缆线路为主,统一规划光电缆径路。改建大理东机务折返段根据需要新设光电缆线路。

传输系统,大理至临沧新设 SDH 10 Gbit/s 长途传输系统,沿线主要车站、通信站新设 SDH 10 Gbit/s 设备。利用新建的 48 芯光缆中的 4 芯光纤构成 1 +1 系统保护。

新设 SDH 2.5 Gbit/s 接入网系统,沿线车站新设 SDH 2.5 Gbit/s 设备。利用新建的 48 芯光缆中的 4 芯光纤构成 1 +1 系统保护。

新设 SDH 622 Mbit/s 区间接入网系统,在 GSM-R 区间通信基站、牵引变电所等信息接入点设 SDH 622 Mbit/s 设备,相邻车站之间利用新建光缆构成 622 Mbit/s 通道保护环,接入车站 SDH 2.5 Gbit/s 接入网系统。

车站站房、站内牵引变电所、电力配电所、综合维修车间和工区、派出所等信息接入点设 SDH 622 Mbit/s 或 SDH 155 Mbit/s 设备,利用新建站内光缆接入车站 SDH 2.5 Gbit/s 设备。

电话交换系统,利用大理通信站等处的既有铁路电话交换机;在大理新设光线路终端(OLT)设备;沿线各车站、牵引变电所、电力配电所、综合维修车间和工区、公安派出所等处设光网络单元(ONU);沿线新增自动电话用户通过 ONU 设备和接入网按隶属关系接入大理等处的 OLT 设备及既有铁路电话交换机。通过统一编号组网,实现与既有铁路电话专网的互通。

大理至临沧新设数据网，利用昆明铁路局调度所的既有核心路由器；在大理、临沧新设汇聚路由器，沿线各新建车站设接入路由器，负责本地数据的接入。相邻车站接入路由器之间采用光纤联接，异地接入路由器与汇聚路由器之间通过传输通道按隶属关系分别接入大理、临沧的汇聚路由器，并上联至铁路局的核心路由器，实现数据业务的转发与汇聚。

大理至临沧新设调度通信系统，利用昆明铁路局调度所既有中心调度通信交换机，沿线各新建车站设车站型调度通信交换机、调度分机和车站值班台等设备。按照调度区划分通过传输通道将车站调度交换机等设备接入铁路局调度所中心调度交换机和调度通信系统，并新设 1 个本线列车调度台及终端设备。负责大理（不含）至临沧（含）的行车调度指挥。

大理至临沧新设 GSM-R 移动通信系统，利用昆明铁路局既有 GSM-R 核心网设施，在大理新设基站控制器（BSC）等设备；沿线车站和区间设通信基站（BTS），采用单层覆盖方式组网，通过传输通道将通信基站接入大理的 BSC 和铁路局的 GSM-R 通信交换机。区间或隧道内弱场区利用光纤直放站、漏泄电缆、天线方式增强，5 km 以上的隧道并设漏缆监测系统，以满足无线场强覆盖和信息传输的需要。完成调度通信、调度命令信息和无线车次号校核信息传送等功能。

本线与其他铁路并行区段，应统筹考虑频率规划和无线场强覆盖，同时满足两条线路的通信要求及维护管理的需要。新建地级市车站站房根据需要设 GSM-R 系统室内无线场强覆盖设备。

新设应急通信系统，在综合维修车间设应急通信系统现场接入设备，通过传输通道接入昆明铁路局调度所既有应急通信中心系统。长度大于 5 km 的隧道设紧急报警电话系统，在隧道内紧急出口、避车洞、避难所设紧急电话和扩音设备，利用隧道内新设的低频对称电缆接入所设的隧道紧急电话主机。再通过传输通道接入铁路局既有隧道应急救援指挥中心系统。

通信电源，沿线新建通信设备机房设 48 V 高频开关电源和 UPS 不间断电源设备。并新设通信电源及机房环境监控系统及采集设备，实现对通信电源设备和机房环境条件的监控。

3.73.4　信号工程

车站联锁，各新建车站采用计算机联锁设备、信号智能电源屏及 UPS 不间断电源设备；大理站、大理东站结合广通至大理铁路工程新设计算机联锁设备和信号智能电源屏及 UPS 不间断电源设备，同步实施。维修工区道岔纳入邻近车站联锁设备集中控制。

根据车站（场）道岔设计类型，配备相应的道岔转辙设备，并与既有电务维修工装相匹配。直向通过时速 160 km 的正线道岔增设密贴检查装置，将监测信息接入信号集中监测系统。

各新建车站站内采用 25 Hz 相敏轨道电路，并设车站电码化系统，正线采用叠加预发码、到发线及接近区段采用叠加发码方式，采用 ZPW-2000 系列发码设备。站内局部岔线区段采用技术措施解决其轨道电路分路不良现象。站内轨道电路和电码化信息传输采用铝护套数字信号电缆。联锁设备室外干线电缆采用铝护套信号电缆,分支电缆采用综合护套信号电缆。

列车调度指挥系统,大理(不含)至临沧(含)采用调度集中(CTC)系统,沿线各新建车站设 CTC 分机设备、信息安全及通道质量监督等设备;大理站、大理东站 CTC 分机设备、信息安全及通道质量监督设备结合广通至大理新建双线铁路工程统筹设计。按照调度区划分,通过调度网将调度分机等设备接入昆明铁路局调度所普速铁路 TDCS/CTC 总机系统,并增设 1 个本线调度台和本线接入所需的应用和通信服务器、信息安全等设备,负责大理(不含)至临沧(含)段的列车调度指挥;大理站纳入广大段铁路调度台指挥,大理东站维持既有调度台管辖不变。

列车运行控制系统,大理(不含)至临沧(含)采用单线自动站间闭塞,区间空闲与占用检查采用计轴设备实现,站间安全信息采用光纤通道传输。与本线衔接的其他相关线路维持既有闭塞制式不变。

速度目标值超过时速 120 km 的车站接近区段按双接近区段设计。接近区段的轨道电路除大理站维持既有 ZPW-2000 系列轨道电路外,其余新建车站接近区段的轨道电路采用 25Hz 相敏轨道电路。

按照广大铁路工程的设计技术标准,大理站新增到发线配套设置 CTCS-2 级列控系统的应答器组及其编码单元等设备,并新设车站列控中心设备。

新设信号集中监测系统,各新建车站设集中监测分机设备,大理站、大理东站按照广大铁路工程技术标准新设集中监测分机,在信号工区设集中监测终端,通过监测网将监测分机设备接入昆明电务段信号集中监测总机系统。

沿线新建信号设备房屋设防雷电、电磁兼容和综合接地防护系统。并与贯通地线等电位连接。

沿线车站在上下行进站信号机之间范围内设 1 条截面为 35 mm^2 的信号专用贯通地线,在电气特性上贯通,接地电阻不大于 1 Ω。沿线轨旁信号设备接地后与贯通地线等电位连接。

在临沧设信号维修车间(含集中检修工区),在大理、巍山、云县、临沧设信号工区,在临沧机务折返所设车载设备测试工区。对大理东既有信号维修车间进行补强。负责信号设施的运营维护及管理。

参加线路工程施工的单位有中铁一局、五局、十局、十二局、二十四局等单位。中铁一局集团电务工程公司联合体等单位承担四电工程的施工。

2015 年 12 月 6 日线路工程开工。2019 年 10 月 30 日组立起第一根接触网杆。2020 年 6 月 15 日开始铺轨。2020 年 12 月 5 日完成铺轨。2020 年 12 月 17 日接触网全线贯通。2020 年 12 月 30 日正式通车。

3.74　京通铁路朝阳地至通辽段电气化改造

既有京通单线铁路，南起京包铁路的昌平站，途经昌平、怀柔、滦平、隆化、赤峰、奈曼等市县（区、旗），北至内蒙古自治区通辽市的通辽站与大郑铁路接轨，线路全长 804.765 km，大致呈西南东北走向。该铁路 1972 年 10 月开工兴建，1977 年 12 月通车，1980 年 5 月交付运营。昌平至隆化段隶属北京铁路局管辖，隆化（不含）至通辽段隶属沈阳铁路局管辖。由于当时的建设和技术标准低，多年来虽经过几次技术改造，但还是满足不了沿线运量增长和客运服务的需要，国家决定分朝阳地至通辽和昌平至朝阳地 2 段分期进行电气化改造。先现状电化改造朝阳地（不含）（K358 + 200）至通辽（含）（K804 + 318）段，线路长 446.12 km（图 3.74）。全段车站分布原则上维持既有不变：设有通辽、通辽西、西六方、余粮堡、太平庄、瓦房、东来、治安、嘎什甸子、东明村、敖米、八仙筒、黄花筒、白音他拉、昂乃、嘎什吐、奈曼、舍力虎、四合、新窝铺、三义井、敖汉、羊肠、孤山子、莲花山、四道湾、小河沿、山湾子、安庆沟、水地、东南营子、赤峰东、赤峰、赤峰西、北台子、曹家营子、三把火、红花沟、四分地、牛家营子、中台子、老府、杨家营、五十家子、朝阳地（不含）等车站。工程范围还包括通辽西站京通线与大郑线疏解线工程，其中上行疏解线[YDK793 + 000（相应京通 K793 + 000）至京通 K798 + 436]长约 6.18 km；下行疏解线[K244 + 74 至大郑 K247 + 908（相应京通 K797 + 918.43）]长约 3.41 km。

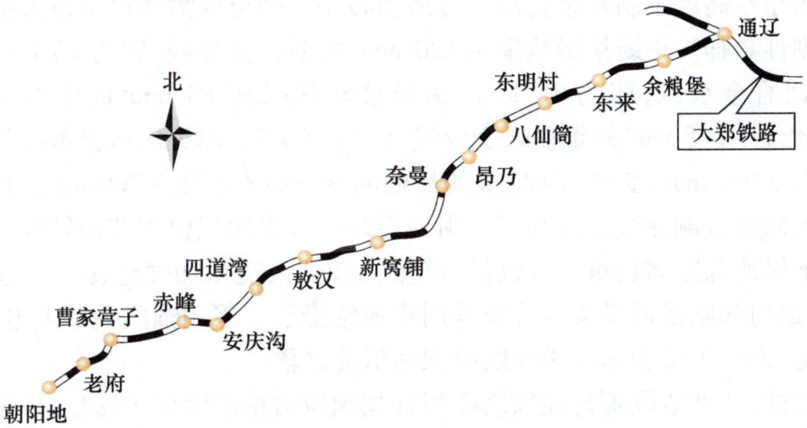

图 3.74　京通铁路朝通段示意图

既有京通铁路是我国华北地区通往关外的东北地区的第二条铁路干线，是沟通关内外的 3 条铁路干线之一，也是晋煤北路分流外运的一条通道。其电气化改造的建成开通，对冀北山区和内蒙古自治区东部地区的经济开发将发挥重要作用。

本段线路电气化改造工程的建设单位是沈阳铁路局电气化改造工程指挥部，设计单位是中铁第六勘察设计院集团有限公司。线路主要技术标准：铁路等级，Ⅰ级；正线数目，单线；限制坡度，维持既有 6‰；最小曲线半径，维持既有 500 m；到发线有效长度，850 m；设计速度，维持既有；牵引种类，电力牵引（直供加回流线供电方式）；机车类型，HXD 系列;牵引质量,4 000 t。

3.74.1　电气化工程

牵引供电系统,正线、联络线等采用带回流线的直接供电方式。全段新建四分地、山湾子、孤山子、新窝铺、昂乃、东明村、太平庄等牵引变电所,利用通(辽)霍(林河)铁路电气化所建的通辽西牵引变电所新增馈线向本线供电,并对变压器增容。利用叶(柏寿)赤(峰)铁路扩能改造所建的赤峰牵引变电所新增馈线向本线供电,并对变压器增容。在新建牵引变电所之间设电分相绝缘装置,配备隔离开关并纳入远动系统。

新建牵引变电所引入2路220 kV电源供电,220 kV电源侧采用线路变压器组接线,电气设备采用户外中式布置;27.5 kV侧采用单母线分段接线,电气设备采用户内布置。

新建牵引变电所设2台变压器,采用固定备用、三相V/V接线、自冷方式,预留风冷条件。各牵引变电所变压器安装容量:山湾子、孤山子、新窝铺、昂乃、太平庄均为2×(10+10) MV·A,四分地为2×(16+16) MV·A,东明村为2×(16+10) MV·A,赤峰增容为2×(20+25) MV·A,通辽西增容为2×(40+40) MV·A。

新建牵引变电所采用微机保护和综合自动化系统,按无人值班设计,牵引变电所适当考虑值守条件。新设牵引供电远动系统,在北京铁路局调度所增设1个供电调度台,在沈阳铁路局调度所增设2个供电调度台,各自调度管理本线所辖牵引供电设施。

接触网悬挂,一般区段采用全补偿简单链型悬挂,接触悬挂结构高度一般为1 400 mm,受跨线建筑物净空高度限制时结构高度可适当减小。隧道内需要设锚段关节的低净空长大隧道采用刚性悬挂。正线接触线采用120 mm^2的铜合金导线,张力15 kN,承力索采用95 mm^2的铜镁合金绞线,张力15 kN。站线接触线采用85 mm^2的铜合金导线,张力8.5 kN,承力索采用75 mm^2的铜镁合金绞线,张力15 kN。露天区段接触导线悬挂点距轨面高度一般为6 000 mm,接触线距轨面的最低高度一般不小于5 700 mm。低净空隧道内根据行车要求确定接触导线安装高度。附加导线一般采用铝包钢芯铝绞线。

接触网绝缘泄漏距离按重污区设计,严重污秽地区适当加强绝缘。一般地段采用瓷质绝缘子,隧道内和绝缘锚段关节等处采用合成绝缘子。采用锚段关节式电分相,尽量避免设在大坡道、列车出站加速区段和线路限速低速区段。

接触网支柱,路基地段腕臂柱采用横腹杆式预应力钢筋混凝土支柱,桥梁上采用热浸镀锌格构式钢柱,车站多股道并行地段采用软横跨和钢柱。设有雨棚的车站站台地段接触网支柱与雨棚柱合架,支柱侧面限界按满足大型养路机械作业要求3.1 m设计。

接触网支柱跨距,一般地段为45~50 m。大桥、特大桥及高路堤等风口地带跨距不宜超过50 m。绝缘及非绝缘锚段关节一般采用四跨关节。正线锚段长度一般不超过2×750 m、困难时不超过2×850 m。站线锚段长度一般不超过2×850 m。附加导线锚段长度一般不超过2 000 m。

接触悬挂下锚,路基地段采用滑轮组补偿装置,桥梁区段及车站锚段采用棘轮补偿装置。腕臂柱采用两跨防断式中心锚结,软横跨内采用防窜式中心锚结。

新建赤峰供电抢修车间和东来、奈曼供电管理车间,新建牛家营子、赤峰、安庆沟、四道湾、羊场、奈曼、白音塔拉、东明村、东来接触网工区,负责牵引供电设施的运营维护和管理。新建维修机构优先与牵引变电所或电力配电所合建或邻建。

3.74.2　电力工程

既有 10 kV 电力贯通线建设年限较早,对老化严重的线路和不能满足电气化改造后供电要求的电力线路进行改造。同时对沿线不能满足供电要求的低压线路进行改造,其他既有电力设施能利用的尽量利用。

利用既有老府、赤峰一号、安庆沟、羊场、奈曼、八仙筒、东来等 10 kV 配电所,对其老化严重的高低压设备进行更新改造。赤峰一号、安庆沟、羊场、奈曼、八仙筒、东来 10 kV 配电所增设第 2 路 10 kV 电源线路为配电所供电。以满足本线电气化改造后的供电要求。

设有 10 kV 配电所的车站其站房新增综合用电负荷设室内 10/0.4 kV 变电所或箱式变电站供电,电源引自 10 kV 配电所站馈线。没设 10 kV 配电所的车站其站房新增综合用电负荷按原供电方式就近接引地方 10 kV 电源供电。

各车站新增与行车有关的通信信号等一级用电负荷设箱式变电站供电,电源引自 10 kV 电力贯通线。区间新增与行车密切相关的通信信号等一级负荷设箱式变电站供电,电源引自 10 kV 电力贯通线。

沿线新增其他用电负荷能就近接引地方电源的接引地方电源供电,不能就近接引地方电源的设箱式变电站供电,电源引自 10 kV 电力贯通线。

全段新设电力远动系统,分别纳入相应供电段电力调度所管理。

3.74.3　通信工程

长途通信线路,利用 2014 年沈阳铁路局通信网改造工程所建的 48 芯长途通信光缆。西六方至通辽西站新设 1 条 24 芯通信光缆。既有长途通信光缆按电气化区段防护标准进行整治继续使用。既有长途通信电缆不再继续使用。

GSM-R 区间通信基站到干线光缆间新设 1 条分歧光缆。GSM-R 光纤直放站至邻近通信基站根据需要敷设 1 条不同容量的短段光缆。站内新增信息用户根据需要新设 1 条不同容量的光缆。

传输系统,利用 2014 年沈阳铁路局通信网改造工程所建的 SDH 10 Gbit/s 传输系统和车站 SDH 2.5 Gbit/s 接入网系统。

新设 SDH 622 Mbit/s 区间接入网系统,区间通信基站、牵引变电所等信息接入点设 SDH 622 Mbit/s 设备,利用光缆接入相邻车站 SDH 2.5 Gbit/s 接入网系统。

站内新建通信机房、牵引变电所、接触网工区、供电段及车间、电力配电所、红外轴温探测站等信息接入点根据需要新设 SDH 622 Mbit/s 或 SDH 155 Mbit/s 设备。利用光缆接入车站 SDH 2.5 Gbit/s 接入网系统。

数据网,利用沈阳铁路局 2014 年通信网改造工程所建的数据网系统。

电话交换系统,利用沿线既有铁路电话交换机,沿线新建牵引变电所、接触网工区、电力配电所等处设光网络单元(ONU),沿线新增自动电话用户通过ONU设备和接入网接入归属的OLT设备和既有铁路电话交换机。通过统一编号,实现与既有铁路电话专网的互通。

新设调度通信系统,在沈阳铁路局调度所新设2套调度通信交换机(1主、1备),并在本线既有调度台处增设调度员操作台等配套设备;沿线各车站新设车站型调度通信交换机、调度分机和车站值班台等设备。按既有调度区划分,将车站调度交换机和调度分机接入沈阳铁路局调度所调度交换机和调度通信系统及本线调度台,进行行车调度指挥。

新设GSM-R移动通信系统,利用沈阳铁路局既有GSM-R核心网设施。全段新设1套基站控制器(BSC)等配套设备,沿线车站和区间设通信基站,车站通信基站按3载频配置、区间通信基站按2载频配置,采用单网覆盖方式组网。通过传输通道将通信基站接入BSC设备和铁路局的GSM-R交换机。区间和隧道内弱场区采用光纤直放站、漏泄电缆和天线方式增强,以满足无线场强覆盖和信息传输的需要。完成调度通信、调度命令信息和无线车次号校核信息传送等功能。

会议电视系统,沿线既有会议电视系统继续使用。

新设应急通信系统,沿线相关车间和工区新设应急抢险现场接入设备,通过传输通道接入沈阳铁路局既有应急通信中心系统。

通信电源,沿线新建通信机械室设48 V高频开关电源和蓄电池及UPS不间断电源设备,并新设通信电源和机房环境监控系统及采集设备。

3.74.4 信号工程

车站联锁,按照电气化区段的使用标准,各车站(不含赤峰东、赤峰西和通辽西站)新设双机热备型计算机联锁设备和信号电源屏及UPS不间断电源,室外不动的转辙设备充分利用。其中赤峰东站联锁设备的改造与叶柏寿至赤峰段铁路扩能改造工程同步实施;赤峰西和通辽西站在既有联锁设备利旧改造。

根据车站(场)道岔设计类型,新增道岔配备相应的转辙设备,列车进路上的新增道岔配备缺口检查装置。赤峰站调车场头部新设驼峰进路及速度控制系统。

新建联锁设备的车站站内采用97型25 Hz相敏轨道电路并叠加车站电码化,正线及侧线股道采用ZPW-2000系列电码化设备。为克服站内个别岔线区段轨道电路分路不良,按有关技术要求采取必要的防分路不良技术措施,确保信号联锁设备正常工作。

车站站内25 Hz相敏轨道电路和电码化信息传输采用铝护套数字信号电缆,其余站内信号设备干线电缆采用铝护套综合扭绞信号电缆,分支电缆采用综合护套综合扭绞信号电缆。

新设运输调度指挥系统(TDCS),各车站(不含赤峰西和通辽西站)新设TDCS分机等配套设备,赤峰西和通辽西站既有TDCS分机设备利旧改造;设有专用调机的车站既有调车机车信号监控设备利旧改造。维持既有调度区划分,将各车站TDCS分机等设备接入沈阳铁路局调度所TDCS/CTC总机系统及列车调度台;并新设本线列车调度台的应用和通信及接口服务器,以及网络安全和通道质量监督设备。根据需要对调度所既有TDCS/

CTC 总机系统进行相应修改。

区间闭塞制式，一般区间维持既有 64D 半自动闭塞制式，站间距离较短时可贯通轨道电路，改设自动站间闭塞制式。站间闭塞信息可采用基于光纤传输的站间安全信息传输设备。

信号集中监测系统，按照现行技术条件，各车站（不含赤峰西和通辽西站）新设集中监测分机设备，赤峰西和通辽西站既有集中监测分机设备利旧改造。按照管辖范围和隶属关系通过监测网将各站监测分机设备分别接入所属电务段既有信号集中监测总机系统。

沿线信号设备房屋和新增的信号设备设防雷电、电磁兼容和综合接地防护系统。

参加本段铁路电气化改造工程施工的有中铁七局、九局、二十局、二十二局等单位。工程于 2015 年 12 月 25 日开工。2019 年 12 月 31 日通辽至赤峰段电气化工程竣工并开通。朝通全段预计 2021 年底开通运营。

3.75　京通铁路昌平至朝阳地段电气化改造

既有京通单线铁路，南起京包铁路的昌平站，途经昌平、怀柔、滦平、隆化、赤峰、奈曼等市县（区、旗），北至内蒙古自治区通辽市的通辽站与大郑铁路接轨，线路全长 804.765 km，大致呈西南东北走向。该铁路 1972 年 10 月开工兴建，1977 年 12 月通车，1980 年 5 月交付运营。昌平至隆化段隶属北京铁路局管辖，隆化（不含）至通辽段隶属沈阳铁路局管辖。由于当时的建设和技术标准低，多年来虽经过几次技术改造，但随着沿线区域经济的发展，还是满足不了沿线运量增长和客运服务的需要，国家决定分朝阳地至通辽和昌平至朝阳地 2 段分期进行电气化改造。昌平（不含）（K1 +415）至朝阳地（含）（K358 +200）段现状电化改造线路长度 357.1 km（图 3.75）。电化改造后调度区划分维持既有，车流组织和编组计划及车站分布维持既有。全段设有昌平北、官高、兴寿、平义分、北宅、范各庄、怀柔北、小水峪、黑山寺、石塘路、落燕、兵马营、下河、古北口、流水沟、南大庙、猴山、虎什哈、五道河、二道沟门、平坊、滦平、窑上、张百湾、金沟屯、滦河沿、梁底下、白旗、超梁沟、闹海营、隆化、河洛营、汤头沟、沙坨子、张三营、东大坝、庙宫、四合永、腰栈、广德号、银镇、纪家沟、黄家店、朝阳地等车站。为发展旅游，后来在北京地区增加了红螺寺、生存岛、雁栖湖和青龙峡站。电化改造工程范围还包括京承线高各庄至怀柔站，怀联线怀柔站至范各庄，线路长 14.4 km。

既有京通铁路是我国华北地区通往关外的东北地区的第二条铁路干线，是沟通关内外的 3 条铁路干线之一，也是晋煤北路分流外运的一条通道。其电气化改造的建成开通，对冀北山区和内蒙古自治区东部地区的经济开发将发挥重要作用。

本段线路电气化改造工程的建设单位是北京铁路局北京工程项目管理部、沈阳铁路局电气化改造工程指挥部，设计单位是中铁第六勘察设计院集团有限公司。线路主要技术标准：铁路等级，Ⅰ级；正线数目，单线；限制坡度，6‰、其中四合永至纪家沟段为 12‰；最小曲线半径，500 m；到发线有效长度，850 m；闭塞类型，半自动闭塞；设计速度，维持既

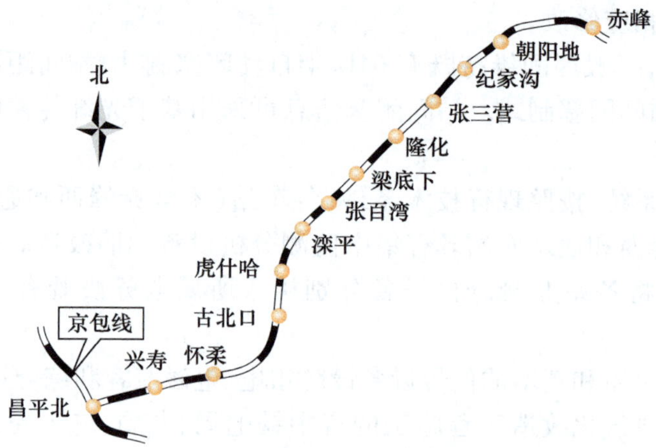

图 3.75　京通铁路昌平至朝阳地段示意图

有 70 km/h 或 80 km/h;牵引种类,电力牵引(直供加回流线方式);机车类型,HXD 系列;牵引质量,4 000 t。

3.75.1　电气化工程

牵引供电采用带回流线的直接供电方式。全段新建官高、范各庄、兵马营、虎什哈、窑上、白旗、沙坨子、腰栈、朝阳地等牵引变电所,新建怀柔北开闭所。在牵引变电所之间设电分相绝缘装置,配备隔离开关并纳入远动。

新建牵引变电所引入 2 路 110 kV 电源供电,110 kV 电源侧采用线路分支接线,牵引变压器采用室外低型布置,配电装置采用室外中型布置;27.5 kV 侧采用单母线分段接线,电气设备(避雷器除外)采用室内网栅间隔式布置。开闭所 27.5 kV 设备采用室内网栅间隔式布置。

新建牵引变电所设 2 台变压器,采用固定备用、三相 V/V 接线、自冷方式,预留风冷条件。各牵引变电所变压器安装容量:官高、兵马营、虎什哈、窑上、沙坨子为 2×(10+10) MV·A,范各庄、腰栈为 2×(16+16) MV·A,白旗、朝阳地为 2×(10+16) MV·A。

新建牵引变电所、开闭所采用微机保护和综合自动化系统,按无人值班设计,牵引变电所适当考虑值守条件。新设牵引供电远动系统,分别纳入北京、沈阳铁路局调度所普速铁路牵引供电远动系统,并在北京铁路局电力调度所增设 1 个电调台。

接触网悬挂,一般区段采用全补偿简单链型悬挂,接触悬挂结构高度一般为 1 400 mm;隧道内需要设置锚段关节的低净空长大隧道采用刚性悬挂。正线接触线采用 120 mm^2 的铜银合金导线,张力 15 kN;承力索采用 95 mm^2 的镁铜合金绞线,张力 15 kN。接触导线悬挂高度一般为 6 000 mm。低净空隧道内按行车要求确定安装高度。附加导线一般采用铝包钢芯铝绞线。

接触网绝缘泄漏距离按重污区设计。一般地段采用瓷质绝缘子,隧道内、绝缘锚段关节等处采用合成绝缘子。采用锚段关节式电分相,尽量避免设在大坡道、列车出站加速区段和线路限速低速区段。

接触网支柱，路基地段的腕臂柱采用横腹杆式预应力钢筋混凝土支柱，桥支柱采用热浸镀锌格构式钢柱。站场和车站咽喉区等跨越多股道时采用软横跨和钢柱。车站雨棚地段接触网支柱与雨棚柱合架。路基区段支柱侧面限界按满足大型养路机械作业要求设计，一般为3.1 m。

接触网支柱跨距，直线区段一般为50 m。锚段长度一般不大于2×700 m、困难时不大于2×750 m。附加导线的锚段长度一般不大于2 000 m。

新建怀柔北供电维修车间和滦平、四合永供电管理车间，新建昌平北、怀柔北、古北口、滦平、隆化、四合永、朝阳地接触网工区，并优先与牵引变电所或电力变配电所邻建。负责牵引供电和电力设施的运营维护和管理。

3.75.2 电力工程

既有10 kV电力贯通线建设年限较早，对老化严重的线路和不能满足电气化改造后供电要求的线路进行更新改造。同时对沿线不能满足供电要求的低压线路进行改造。其他既有电力设施能利用的尽量利用。

全段既有昌平、怀柔北、古北口、滦平、隆化、四合永、纪家沟等35/10 kV或10 kV配电所。对既有昌平、古北口、滦平、纪家沟35/10 kV配电所和四合永10 kV配电所老化严重的高低压设备更新改造，并对既有昌平和滦平35/10 kV配电所增设第2路10 kV电源供电。对既有怀柔北和隆化10 kV配电所老化陈旧的控制保护设备更新改造。

设有35/10 kV、10 kV变(配)电所的车站其站房新增用电负荷设10/0.4 kV变电所供电，从变(配)电所站馈线接引电源。没设变(配)电所的车站其站房新增用电负荷设10/0.4 kV箱式变电站，具备从地方电网接引电源供电时，将既有电网电源和供电设施增容后供电；不具备从地方电网接引电源时，从10 kV贯通线接引电源供电。

各车站新增通信信号等一级负荷设10/0.4 kV变电所供电，电源引自10 kV电力贯通线。

区间新增与通信信号有关的一级用电负荷设箱式变电站供电，电源引自10 kV电力贯通线。

沿线新增其他用电负荷能就近接引地方电源的接引地方电源供电，不能就近接引地方电源的就近接引低压电源供电。

全段新设电力远动系统，分别纳入北京供电段和通辽供电段电力调度所管理。

3.75.3 通信工程

利用既有32芯和16芯长途通信光缆线路，并按电气化区段防护标准进行整治。新设GSM-R移动通信系统后，昌平至朝阳地、范各庄至怀柔段既有长途通信电缆不再继续使用。

GSM-R区间通信基站到长途通信光缆间新设1条分歧光缆。GSM-R光纤直放站至邻近通信基站根据需要敷设1条24芯短段光缆。站内新增信息用户根据需要新设1条不同容量的光缆。

传输系统,利用既有 OTN 传输网的 SDH 10 Gbit/s 传输系统和车站 SDH 2.5 Gbit/s 接入网系统。

新设 SDH 622 Mbit/s 区间接入网系统,区间 GSM-R 通信基站、牵引变电所、接触网工区、供电车间等信息接入点根据需要新设 SDH 622 Mbit/s 设备,就近接入车站 SDH 2.5 Gbit/s 接入网系统。并对既有车站 SDH 2.5 Gbit/s 接入网系统设备根据需要进行扩容。

站内牵引变电所、接触网工区、供电车间等信息接入点设 SDH 622 Mbit/s 设备,接入本站 SDH 2.5 Gbit/s 设备。

数据网,利用既有数据网系统。

电话交换系统,沿线新增自动电话用户按铁路局管辖范围和隶属关系分别接入沿线既有铁路电话交换机,通过统一编号,实现与铁路电话专网的互通。

新设调度通信系统,利用沈阳、北京铁路局调度所的既有中心调度通信交换机;沿线各车站新设车站型调度通信交换机、调度分机和电力调度分机等设备;按照铁路局管辖范围和既有调度区划分分别将车站调度交换机等设备接入北京、沈阳铁路局调度所中心调度交换机和调度通信系统。并在北京铁路局调度所本线列车调度台处增设调度员操作台等相应设备。

会议电视系统,沿线既有会议电视系统继续使用。

昌平至朝阳地段新设 GSM-R 移动通信系统,利用北京、沈阳铁路局既有 GSM-R 核心网设施。在北京铁路局管辖范围内新设基站控制器(BSC)等设备,沈阳铁路局管辖范围利用朝阳地至通辽段所设的基站控制器(BSC)等设备。沿线设通信基站,一般地段按单网覆盖方式组网,长大隧道内可采用冗余覆盖方式组网。按照铁路局管辖范围将通信基站通过传输通道分别接入隶属的 BSC 设备和铁路局的 GSM-R 交换机。区间和隧道内弱场区采用光纤直放站、漏泄电缆和天线方式增强,并设漏缆监测系统,以满足无线场强覆盖和信息传输的需要。完成调度通信、调度命令信息和无线车次号校核信息传送等功能。

怀联线的范各庄至怀柔站新设 GSM-R 移动通信系统、京承线的怀柔站至高各庄站既有无线通信系统继续使用。在怀柔北、隆化机务段(折返段)设机车综合通信平台出入库检测设备。

新设应急通信指挥系统,沿线通信车间和工区新设应急抢险现场接入设备,按铁路局管辖范围分别接入北京、沈阳铁路局既有应急指挥中心系统。

通信电源,沿线新建通信机械室设 48 V 高频开关电源和蓄电池及 UPS 不间断电源,并新设电源和环境监控系统现场设备。

3.75.4 信号工程

车站联锁,按照电气化区段的使用标准,沿线各站(不含昌平北、古北口站)新设硬件安全冗余型计算机联锁设备和信号电源屏及 UPS 不间断电源;其中昌平北、古北口站的联锁设备利旧改造。

根据车站(场)设计,新增道岔配备相应的转辙设备和缺口检查装置,未到大修期的转辙设备利旧使用。

新建联锁设备的车站站内采用 97 型 25 Hz 相敏轨道电路并叠加车站电码化，正线和到发线采用 ZPW-2000 系列电码化设备。为克服站内个别岔线区段轨道电路分路不良，按有关技术要求采取必要的防分路不良技术措施，确保信号联锁设备正常工作。

车站站内 25 Hz 相敏轨道电路和电码化信息传输采用铝护套数字信号电缆，其余站内信号设备干线电缆采用铝护套综合扭绞信号电缆，分支电缆采用综合护套综合扭绞信号电缆。

新设运输调度指挥系统（TDCS），各车站（不含昌平北、古北口站）新设 TDCS 分机等配套设备，昌平北、古北口站及本线接口站既有 TDCS 分机设备利旧改造。按照铁路局管辖范围和既有调度区划分，将 TDCS 分机等设备分别接入沈阳、北京铁路局调度所既有 TDCS/CTC 总机系统及列车调度台，根据需要对北京铁路局调度所既有 TDCS/CTC 总机系统进行相应修改。

区间闭塞制式，维持既有半自动闭塞制式不变，站间闭塞信息采用基于光纤传输的站间安全信息传输设备。

信号集中监测系统，按照现行技术条件，各车站（不含昌平北、古北口站）新设集中监测分机设备，昌平北、古北口站既有集中监测分机设备利旧改造。按照铁路局管辖范围和隶属关系通过监测网将各站监测分机设备分别接入所属电务段既有信号集中监测总机系统。

沿线信号设备房屋和新增信号设备设防雷电、电磁兼容和综合接地防护系统，并与站内专用贯通地线等电位连接。站内新设信号专用贯通地线，在电气特性上全程贯通，接地电阻不大于 1 Ω。沿线轨旁信号设备接地后与贯通地线等电位连接。

参加本段电气化改造工程施工的有中铁电气化局集团、中铁六局等单位。

昌平至隆化四电工程于 2019 年 4 月 2 日开工。隆化至朝阳地段于 2020 年 4 月 9 日开工。北京段昌平至古北口于 2020 年 9 月 30 日开通运营。昌朝全段预计 2021 年底开通运营。

3.76　川藏铁路拉萨至林芝段

新建川藏铁路拉萨至林芝段，位于西藏自治区东南部，西从既有拉萨至日喀则铁路协荣站引出，向南穿过冈底斯山余脉进入雅鲁藏布江河谷，于贡嘎跨过雅鲁藏布江后沿河谷而下，向东经扎囊、乃东、桑日、加查、朗县、米林后沿尼洋河终到林芝站，新建正线长 403.865 km。其中桥隧累计总长 303.57 km，桥隧占比达到 75.17%。从拉萨至林芝的运营长度为 436.264 km（包括既有拉日铁路拉萨至协荣段的电气化改造）（图 3.76）。全线设有拉萨、拉萨南、白德、协荣、昌果、贡嘎、杰德秀、嘎扎、扎囊、扎其、金鲁、甲村、泽当、明则、桑日、拜珍、沃卡、巴玉、藏木、加查、林达、热当、冲康、朗县、洞嘎、热米、甲格、下觉、奔中、卧龙、里龙、康莎、扎绕、米林、雪嘎、岗嘎、中沙坝、林芝等车站。其中拉萨、拉萨南、白德、协荣 4 个车站为既有站；贡嘎、扎囊、泽当、桑日、加查、朗县、米林、岗嘎等 8 个车站为中间站；林芝为区段站；其余为会让站。初期开放拉萨、拉萨南、白德、协荣、贡嘎、扎囊、扎其、泽当、桑日、沃卡、巴玉、加查、热当、朗县、热米、下觉、卧龙、康莎、米林、岗嘎、林芝等车站。工程范围还包括拉萨地区相关配套工程,即拉萨至拉萨西、拉萨南至柳吾线路所联络线的电气化改造;以及拉萨站和拉萨西站内电机务维修段、货场等配套工程。

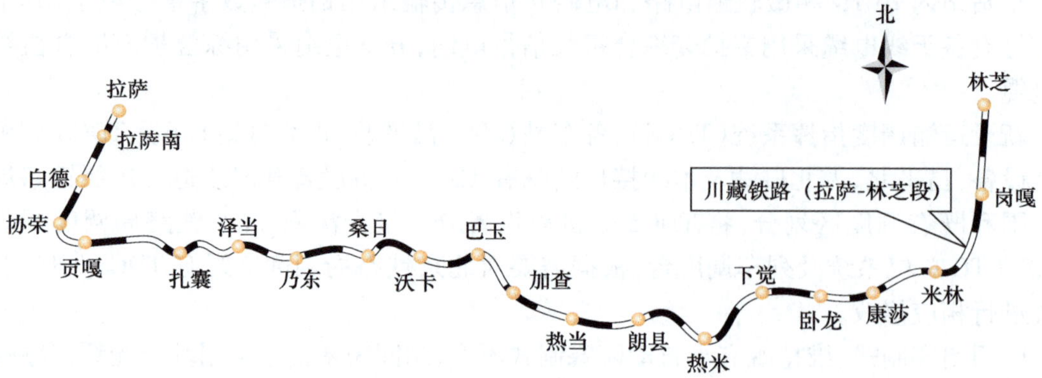

图 3.76 拉萨至林芝铁路示意图

新建川藏铁路拉萨至林芝段(以下简称拉林铁路)位于青藏高原东南部,属于冈底斯山与念青唐古拉山、喜马拉雅山之间的藏南谷地,在雅鲁藏布江中游,全线 90% 以上路段在海拔 3 000 m 以上,山高谷深,山势异常陡峭,沟谷空间狭窄,地质异常复杂,气候极端恶劣。而且是我国地壳运动最强烈的地区之一,线路穿越高烈度地震带和地质断裂带,硬岩岩爆、软岩变形、冰碛层涌水流坍、风积沙、泥石流、坍塌滑坡、危岩落石等不良地质十分普遍。是一条国内外罕见的高难度建设项目。但是建设拉林铁路,是中长期铁路网规划中川藏铁路和滇藏铁路的重要组成部分,可以完善西藏和区域铁路网结构及布局,改善沿线交通基础设施条件,使其成为连接川渝经济圈和长江经济带的大能力快捷通道,促进沿线经济发展,加快老少边穷地区扶贫攻坚步伐,增进民族团结,所以建设拉林铁路具有重大意义。

新建拉林铁路东端连接规划建设中的川藏铁路、滇藏铁路、甘藏铁路,可通往西南及东中部地区,向北、向西连接既有青藏铁路和规划的新藏铁路,可通往向北的新疆等地区。它的建成开通与拉日铁路、新藏铁路可以一起构建强大的国防铁路运输通道。

川藏铁路拉林段的建设单位是青藏铁路公司,设计单位是中铁二院工程集团有限责任公司。线路主要技术标准:铁路等级,Ⅰ级;正线数目,单线;限制坡度,12‰;最小曲线半径,一般地段 2 000 m、困难地段 1 600 m;到发线有效长度,650 m、预留 880 m;闭塞类型,自动站间闭塞;设计旅客列车速度,160 km/h;牵引种类,电力牵引(直供加回流线供电方式);机车类型,HX 系列;牵引质量,3 000 t。

3.76.1 电气化工程

牵引供电系统采用带回流线的直接供电方式。全线新建拉萨南、协荣、扎囊、泽当、拜珍、加查、朗县、下觉、康莎、米林、林芝等牵引变电所。新建拉萨西开闭所。

新建协荣、扎囊、泽当、下觉、林芝牵引变电所引入 2 路 110 kV 电源供电;拉萨南、拜珍、加查、朗县、康莎、米林牵引变电所引入 2 路 220 kV 电源供电。220 kV、110 kV 电源侧采用带跨条的分支接线，变压器采用户外低式布置，110 kV、220 kV 配电装置除进线隔离开关采用户外中式布置外，其余均采用户内 GIS 组合电器；27.5 kV 侧采用单母线分段接线，配电装置除避雷器及电动隔离开关采用户外中式布置外，其余均采用户内 GIS 开关柜布置。馈线通过电动隔离开关和断路器与接触网相连，馈线断路器采用 100% 备用方式。

新建牵引变电所设 2 台变压器，采用固定备用方式。林芝牵引变电所变压器近期采用单相接线、预留改造三相 V/V 接线条件，其余牵引变电所牵引变压器采用三相 V/V 接线、油浸自冷方式，预留风冷条件。各牵引变电所变压器安装容量：拉萨南为 2 ×（10 + 10）MV · A、协荣为 2 ×（12.5 + 10）MV · A、扎囊为 2 ×（6.3 + 12.5）MV · A、泽当为 2 ×（10 + 6.3）MV · A、拜珍为 2 ×（10 + 6.3）MV · A、加查为 2 ×（16 + 10）MV · A、朗县为 2 ×（10 + 6.3）MV · A、下觉为 2 ×（12.5 + 10）MV · A、康莎为 2 ×（10 + 6.3）MV · A、米林为 2 ×（8 + 10）MV · A、林芝为 2 × 6.3 MV · A。并在下觉、康莎牵引变电所内各设 2 台 27.5/10 kV 动力变压器向合建的电力配电所提供 2 路 10 kV 电源。

新建牵引变电所、开闭所采用微机保护和综合自动化系统，按无人值班设计，牵引变电所适当考虑值守条件。新设牵引供电远动系统，在拉萨供电段、格尔木供电段、拉萨南供电抢修车间、林芝供电抢修车间各新设远动复示终端。并在青藏铁路公司既有牵引供电调度所新设 1 个牵引供电调度台，纳入格库铁路所建的普速牵引供电调度系统，负责拉林铁路牵引供电设施的调度和指挥。

接触网悬挂，正线、站线和联络线采用全补偿简单链型悬挂，接触悬挂结构高度隧道外一般为 950 mm，隧道内一般为 700 mm。正线接触线采用 120 mm^2 的铜银合金导线，张力 15 kN，承力索采用 95 mm^2 的铜镁合金绞线，张力 15 kN；站线接触线采用 120 mm^2 的铜银合金导线，张力 15 kN，承力索采用 95 mm^2 的铜镁合金绞线，张力 15 kN。隧道内接触网安装采用后植锚栓固定方式。道岔区的接触网布置，正线和站线接触网道岔均采用交叉线岔方式。附加导线采用铝包钢芯铝绞线。

接触网绝缘泄漏距离，根据本线所处海拔高度，绝缘漏泄距离一般为 1 600 mm。27.5 kV 绝缘子爬电距离也采用 1 600 mm。上下行接触网带电体间的距离正常情况下不小于 2 000 mm，困难情况下不小于 1 600 mm。隧道外一般采用瓷质绝缘子，隧道内、接触网下锚处、跨线建筑物处、无柱雨棚区段等采用复合绝缘子。供电线一般采用悬式瓷质绝缘子。采用锚段关节式电分相，避免设在大坡道、列车出站加速区段和线路限速低速区段。

接触网支柱，路基区段的腕臂柱采用热浸镀锌格构式钢柱；新建 T 梁桥区段采用热浸镀锌格构式钢柱，多线桥区段采用热浸镀锌硬横跨和钢管柱，桥墩上锚柱需桥墩顶帽加宽后采用独立锚柱。车站和多股道区段采用热浸镀锌格构式软横跨和钢柱；多线桥车站路基区段及林芝车站采用热浸镀锌硬横跨和钢管柱。车站雨棚地段接触网支柱与雨棚柱合架。

接触网支柱跨距，一般区段不大于 55 m。相邻两跨距之比不大于 1.5∶1，桥梁、隧道口、站场咽喉等困难地段不大于 2.0∶1。桥梁上支柱跨距根据桥梁孔跨形式确定。

正线绝缘锚段关节采用五跨关节，非绝缘锚段关节采用四跨关节。正线双边补偿时的锚段长度一般不大于 2×800 m、困难情况下不大于 2×900 m;单边补偿的锚段长度为上述值的 50%。站线锚段长度一般不大于 2×850 m、困难情况下不大于 2×900 m。附加导线锚段长度一般不大于 2 000 m。

接触网下锚,路基上采用滑轮组补偿装置,桥梁上采用棘轮补偿装置,正线设防断中心锚结困难时采用棘轮补偿装置。中心锚结一般采用两跨式防窜防断型,车站等困难区段采用防窜不防断型。

在林芝设供电车间和工区,在贡嘎、扎囊、桑日、加查、朗县、米林设供电工区,负责本线新建牵引供电及电力设施的运营维护、管理和抢修工作。

3.76.2 电力工程

拉萨至协荣段利用拉日铁路既有 2 路 10 kV 电力贯通线。协荣至林芝段新建 1 条 10 kV 电力贯通线,向沿线车站和区间用电负荷供电。新建 10 kV 电力贯通线有径路时采用架空线路,隧道内及架空无径路时采用电缆敷设。

全线新建贡嘎、扎囊、泽当、桑日、加查、朗县、下觉、康莎、米林、林芝等 10 kV 配电所,其中林芝配电所预留向昌都方向贯通线的接入条件;下觉、康莎、米林等 3 座 10 kV 配电所与牵引变电所合建,下觉、康莎 2 个配电所分别从牵引变电所接引 2 路 10 kV 电源供电,其余配电所从地方变电站接引 2 路 10 kV 电源供电。

协荣(不含)至林芝段,设有 10 kV 配电所的车站其站房综合用电负荷设站内 10/0.4 kV 变电所供电,电源引自 10 kV 配电所站馈线和 10 kV 电力贯通线;没设 10 kV 配电所的车站其站房综合用电负荷设站内 10/0.4 kV 变电所供电,电源引自 10 kV 电力贯通线,当负荷较大时从地方电网接引 10 kV 电源。

既有拉萨站新增用电负荷从既有配电所接引低压电源供电,根据新增用电负荷情况相应增设低压电缆。既有拉萨南、白德站新增综合用电负荷设站内 10/0.4 kV 变电所供电,从既有 10 kV 配电所站馈线或 2 路 10 kV 贯通线接引电源。既有协荣站新增综合用电负荷,利用站内既有 10/0.4 kV 变电所增设相关设备供电。

各车站与行车有关的通信信号等一级负荷设室内 10/0.4 kV 专用变电所供电,电源引自 10 kV 电力贯通线。区间通信信号等一级负荷设箱式变电站供电,电源引自 10 kV 电力贯通线。

区间其他用电负荷,根据负荷分布和负荷性质,在负荷集中处分别设箱式变电站或杆架式变电台供电,电源引自 10 kV 电力贯通线。

新建 10 kV 配电所设综合自动化系统,按无人值班设计。新设电力远动系统,纳入格尔木供电段管理,在拉萨南供电车间设复示终端。

3.76.3 通信工程

协荣至林芝沿新建铁路两侧电缆槽道各敷设 1 条 48 芯长途通信光缆,但其径路选择应避免以后受增建二线工程的影响。拉萨至协荣段利用既有长途光缆通信线路。

为满足 GSM-R 光纤直放站、区间通信基站和综合视频监控系统等采用光纤组网的需要，在有信息接入点的区间设不同容量的短段光缆线路；拉萨站新增信号机房至通信机房间新设 2 条 12 芯通信光缆。车站通信设备机房到站内信息接入点根据需要设不同容量的光缆线路。

传输系统，拉萨至林芝新设 SDH 10 Gbit/s 长途传输系统，沿线办理客货运业务的车站和通信站设 SDH 10 Gbit/s 设备。利用新建 2 条 48 芯光缆中的各 2 芯光纤构成复用段 1 + 1 保护。

协荣至林芝段新设 SDH 2. 5 Gbit/s 接入网系统，沿线车站设 SDH 2. 5 Gbit/s 设备。利用新建 2 条 48 芯光缆中的各 2 芯光纤构成复用段 1 + 1 保护，并在办理客货运业务的车站将 SDH 2. 5 Gbit/s 设备通过 2. 5 Gbit/s 光接口与 SDH 10 Gbit/s 设备互联。同时与拉萨至协荣段的接入网系统相联接。

协荣至林芝段新设 SDH 622 Mbit/s 区间接入网系统，在区间通信基站、牵引变电所等信息接入点设 SDH 622 Mbit/s 设备，利用新建光缆接入相邻车站 SDH 2. 5 Gbit/s 接入网系统。

在车站站房、站内牵引变电所、电力配电所、综合维修车间和工区、派出所等信息接入点设 SDH 622 Mbit/s 或 SDH 155 Mbit/s 设备，利用新建站内光缆接入本站 SDH 2. 5 Gbit/s 设备。

在拉萨和林芝通信站新设传输与接入网元管理系统及设备。对全网进行故障管理、配置管理、性能管理和安全管理等，并按照与通信综合网管系统之间所定义的规范和接口，接入拉萨既有通信综合网管系统。

电话交换系统，在林芝通信站新设 1 000 线电话交换机和光线路终端（OLT）设备，利用拉萨通信站的既有铁路电话交换机，新设或扩容光线路终端（OLT）设备，沿线车站、牵引变电所、电力配电所、综合维修车间和工区、公安派出所等处设光网络单元（ONU）。沿线新增自动电话用户按管辖范围和隶属关系通过 ONU 设备及接入网分别接入拉萨、林芝的 OLT 设备和铁路电话交换机。通过统一编号组网，实现与既有铁路电话专网的互通。

协荣至林芝段新建数据网，在林芝新设汇聚节点路由器，在拉萨新设或扩容既有汇聚节点路由器。沿线办理客货运业务的车站新设接入路由器，负责本地数据的接入。相邻车站接入路由器之间采用光纤联接，异地接入路由器与汇聚路由器之间按隶属关系通过传输通道联接。并上联至青藏铁路公司调度所的核心路由器，实现数据业务的转发与汇聚。

协荣至林芝段新设调度通信系统，利用青藏铁路公司调度所既有调度通信交换机；沿线办理客货运业务的车站、机务折返段新设车站型调度通信交换机、调度分机和车站值班台等设备，调度通信用户较少的会让站，不设调度通信车站设备，采用远程终端控制。按照调度区划分将车站调度通信交换机等设备通过传输通道接入青藏铁路公司调度所调度通信交换机和调度通信系统。并新设 1 个行车调度台，新增调度台终端设备等，负责本线的行车调度指挥。既有车站维持既有调度台管辖不变。

协荣至林芝段新设 GSM-R 移动通信系统，利用青藏铁路公司既有 GSM-R 核心网设施；在拉萨新设基站控制器（BSC）等设备；初期开放的车站和近期预留的车站及会让站设通信基站(BTS),其中会让站所设的通信基站按 2 载频配置,在此条件下采用单层覆盖方式组网,通过传输通道将通信基站接入 BSC 设备和青藏铁路公司 GSM-R 交换机。区间和隧道内弱场区采用光纤直放站、漏泄电缆和天线方式增强,3 km 以上的隧道设漏缆监测系统,以满足无线场强覆盖和信息传输的需要。完成调度通信、调度命令信息和无线车次号校核信息传送等功能。

新设应急通信系统,沿线通信车间或工区设应急通信现场接入设备,通过传输通道接入青藏铁路公司既有应急通信中心系统。5 km 以上的隧道内设紧急电话系统,在避车洞、隧道内紧急出口等处设紧急电话终端和广播设备,利用隧道内新设的低频对称电缆接入隧道紧急电话系统主机,再通过传输系统接入青藏铁路公司应急通信指挥中心系统。

新设会议电视系统,沿线办理客货运业务的车站、机务段、机务折返段设会议电视分会场设备,通过传输通道接入青藏铁路公司既有会议电视中心系统。

通信电源,沿线新建通信设备机房设 48 V 高频开关电源和蓄电池组,根据需要设 UPS 不间断电源设备。并设通信电源和机房环境监控系统及采集设备,在拉萨和林芝通信站新设通信电源和环境监控系统中心及设备,实现对通信电源设备和机房环境条件的监控。

3.76.4 信号工程

车站联锁,沿线新建车站、拉萨和拉萨西站新设硬件冗余型计算机联锁设备和信号智能电源屏及 UPS 不间断电源设备(林芝站的信号设备供电按一级负荷需求设置,其他新建车站的信号设备供电按二级负荷需求设置)。其中拉萨和拉萨西站结合格拉段扩能改造同步实施。拉萨(不含)至协荣段各站在既有联锁设备基础上按电气化区段标准利旧改造。维修工区相关道岔纳入邻近车站联锁设备集中控制。

各新建车站(场)根据道岔设计类型,配备相应的道岔转辙设备;拉萨站新设国产道岔转辙设备,替换下来的 CTS-2 型转辙设备作为青藏铁路格拉段车站道岔维修的备品备件,协荣(不含)至林芝各车站列车进路上的道岔新设道岔融雪装置。

新建车站站内采用 97 型 25 Hz 相敏轨道电路,拉萨站内新设 97 型 25 Hz 相敏轨道电路,并设车站电码化,正线接车进路采用叠加预发码、到发线采用叠加发码方式,发码设备采用无绝缘轨道电路发送设备。站内轨道电路和电码化传输采用铝护套数字信号电缆,其他信号设备采用非数字信号电缆。室外联锁设备干线电缆采用铝护套综合扭绞信号电缆。

协荣(不含)至林芝段采用调度集中(CTC)系统,各新建车站设 CTC 分机设备、网络安全和通道质量监督等设备;拉萨、拉萨西站新设 CTC 分机设备、网络安全等设备;协荣、白堆、拉萨南站既有 CTC 分机设备利旧改造。按照调度区划分将调度分机等设备接入青藏铁路公司调度所普速 TDCS/CTC 总机系统,并新设 1 个本线行车调度台,增设相应的应用和通信服务器及信息安全等设备,负责本线的行车调度指挥。既有站维持既有调度台管辖不变。

区间闭塞制式,协荣(不含)至林芝段各站采用自动站间闭塞,区间采用计轴设备检查轨道的占用情况。站间信息采用光缆传输通道。拉萨至协荣段各站间维持既有闭塞制式不变。

新设信号集中监测系统，沿线各新建车站、拉萨和拉萨西站新设集中监测分机设备，拉萨（不含）至协荣段各站既有集中监测分机设备利旧改造。通过监测网将监测分机设备接入所隶属电务段的信号集中监测总机系统。

沿线各新建车站和拉萨站信号设备房屋设防雷电、电磁兼容和综合接地防护系统，并与新建专用贯通地线等电位连接。拉萨（不含）至协荣段各车站既有信号设备房屋完善其综合接地防护系统。

沿线各新建车站和拉萨站站内设信号专用贯通地线，在电气特性上全程贯通，接地电阻不大于 1 Ω，形成低阻接地平台。沿线轨旁信号设备接地后与贯通地线等电位连接。

参加拉林铁路线路工程施工的有中铁二局和中铁电气化局联合体，中铁一局、五局、九局、十一局、十七局、十八局集团，中铁港航局等单位。中铁电气化局集团、中国铁路通信信号公司等单位承担四电工程的施工。

线路工程中的巴玉雅鲁藏布江大桥控制性工程于 2014 年 12 月 19 日开工，全线于 2015 年 6 月 28 日开工。2018 年 10 月 17 日开始铺轨。四电工程于 2018 年 8 月 29 日成功组立接触网第一杆，全线进入站后工程施工阶段。预计 2021 年 4 月 1 日开始进行静态验收；2021 年 4 月 26 日向全线接触网送电；计划 2021 年 6 月底正式开通运营。

铁路科技图书出版基金资助出版

中国铁路电气化建设

（2014—2020）

（下）

中国铁道学会电气化委员会　编

中国铁道出版社有限公司

2021年·北　京

目　　录

（下）

第4章　客运专线及高速电气化铁路建设

我国高速电气化铁路建设始于1999年兴建的秦沈客运专线，于2002年12月31日正式开通运营。秦沈客运专线是我国建设的第一条高速电气化铁路，设计最高速度为200 km/h，高速试验段为300 km/h。2002年“中华之星”电力动车组在秦沈客运专线创造了当时试验最高速度达到321.8 km/h的“中国铁路第一速”，是我国当时建设技术标准和运行速度最高的电气化铁路。2008年8月1日正式开通的京津城际铁路，全长120 km，是我国第一条运行时速350 km的高速电气化铁路，在国内外产生了巨大的影响，成为我国铁路建设史上的一座里程碑。

经过10年的建设，到2010年底，建成开通客运专线和城际铁路共计5 467.892 km。运营时速200 km以上的高速电气化铁路里程已达7 431 km，其中既有线提速3 000 km。

根据《中长期铁路网规划(2008年调整)》(以下简称《2008路网调整规划》)确定的目标，以及《铁路“十二五”发展规划》的发布和实施。2011年建成开通高速电气化铁路1 421 km，高速电气化铁路运营里程达到6 888.892 km。2012年建成开通高速电气化铁路2 722.5 km，高速电气化铁路运营里程达到9 611.392 km。2013年建成开通高速电气化铁路1 672 km，高速电气化铁路运营里程达到1.128 34万km。2014年建成开通高速电气化铁路5 491 km，高速电气化铁路运营里程达到1.677 4万km。2015年建成开通高速电气化铁路3 306 km。在《铁路“十二五”发展规划》期间，新建高速电气化铁路1.461 25万km，到2015年底，高速电气化铁路运营里程达到2万km。

为加快构建布局合理、覆盖广泛、高效便捷、安全经济的现代化铁路网络，在全面总结《2008路网调整规划》实施情况的基础上，结合新的发展形势和要求，修编了《中长期铁路网规划》(2016年版)，于2016年7月13日以发改基础〔2016〕1536号文发布实施。《2016年版路网规划》发布的当年(2016年)，建成开通高速电气化铁路1 903 km。

《2016年版路网规划》的目标是：到2020年，一批重大标志性项目建成投产，铁路网规模达到15万km，其中高速铁路3万km。到2025年，铁路网规模达到17.5万km左右，其中高速铁路3.8万km左右。展望到2030年，基本实现内外互联互通、区际多路畅通、省会高速铁路连通、地市快速通达、县域基本覆盖。

为贯彻落实《“十三五”现代综合交通运输体系发展规划》和《2016年版路网规划》及铁路改革发展的要求，加强铁路基础设施网络建设，国家发展改革委、交通运输部、国家铁路局和中国铁路总公司于2017年11月20日以发改基础〔2017〕1996号文发布了《铁路“十三五”发展规划》。《铁路“十三五”发展规划》发布的当年(2017年)，建成开通高速电气化铁路2 182 km。

《铁路“十三五”发展规划》的发展目标是：到2020年，全国铁路营业里程达到15万km，其中高速铁路3万km，基本形成布局合理、覆盖广泛、层次分明、安全高效的高速铁路网络。并在建成“四纵四横”高速铁路主骨架的基础上，推进“八纵八横”主通道建设，实施一批客流支撑、发展需要、条件成熟的高速铁路项目，构建便捷、高效的高速铁路网络，拓展服务覆盖范围，缩短区域间的时空距离。

根据《铁路“十三五”发展规划》内容和目标，2018 年建成开通高速电气化铁路 4 100 km。2019 年建成开通高速电气化铁路 5 474 km。2020 年建成开通高速电气化铁路 2 521 km。

在《铁路“十三五”发展规划》期间，新建高速电气化铁路 1. 618 万 km。

经过 20 年的高速电气化铁路建设和对既有铁路高速化的改造，目前已经拥有世界上规模最大、运营速度最高的高速电气化铁路网。

随着《2008 路网调整规划》《2016 年版路网规划》和《铁路“十三五”发展规划》的实施，2014 年建成开通了沪昆客运专线杭州至怀化段、大西客运专线太原至西安段，成绵乐、贵广、南广客运专线，兰新第二双线的新疆段、郑州至开封城际铁路等共计 5 491 km。

2015 年建成开通了沪昆客运专线怀化至贵阳段、哈齐、沈丹、成渝、合福、吉珲、宁安客运专线及郑州至焦作城际铁路等共计 3 306 km。

2016 年建成开通了沪昆客运专线贵阳至昆明段、大西客运专线太原至大同段，天津至保定、郑徐、渝万客运专线，武汉至孝感及佛山至肇庆城际铁路等共计 1 903 km。

2017 年建成开通了宝兰、石家庄至济南、武汉至九江、西安至成都客运专线，兰新铁路第二双线的甘肃和青海省段，长株潭及莞惠城际铁路等共计 2 182 km。

2018 年建成开通了京沈客运专线承德南至沈阳段、济南至青岛高速铁路，哈尔滨至佳木斯、哈尔滨至牡丹江、杭州至黄山、新民至通辽等客运专线，铜仁至玉屏城际铁路等共计 4 100 km。

2019 年建成开通了北京至张家口、大同至张家口、徐州至淮安至盐城、郑州至阜阳、武汉至十堰、鲁南高速铁路的日照至曲阜段、郑州至万州高速铁路的郑州至襄阳段、商丘至合肥至杭州高速铁路的商丘至合肥段、银川至西安高速铁路的银川至吴忠段，北京至雄安新区城际铁路的李营至大兴机场段，南昌至赣州、梅州至潮汕、连云港至镇江客运专线的连云港至淮安段，成贵铁路乐山至贵阳段等共计 5 474 km。

2020 年建成开通了安顺至六盘水、盐城至南通、合肥至安庆、太原至焦作、潍坊至莱西高速铁路和赤峰至喀左客运专线等共计 2 521km。

自湘桂铁路柳州至南宁客运专线于 2013 年 12 月 30 日开通运营后，经过 7 年的建设，到 2020 年底建成开通了以下几十条主要客运专线和高速铁路及城际铁路。

(1)武汉至黄石城际铁路，正线全长 96. 78 km，于 2014 年 6 月 18 日开通运营。

(2)沪昆客运专线杭州至昆明段，正线全长 2 100 余 km，2014 年 9 月 16 日开通南昌西至长沙南段、2014 年 12 月 10 日开通杭州东至南昌西段、2014 年 12 月 16 日开通长沙至怀化段、2015 年 6 月 18 日开通怀化至贵阳段、2016 年 12 月 28 日开通贵阳至昆明段，至此全线开通运营。

(3)南宁至广州客运专线，正线全长 577. 16 km，广西段于 2014 年 4 月 18 日开通，全线于 2014 年 12 月 26 日开通运营。

(4)大同至西安客运专线,正线全长857 km,太原至西安段于2014年7月1日开通,大同南至原平西于2016年8月12日正式开通运营,原平西至太原南于2018年9月28日正式开通运营。

(5)成都至绵阳至乐山客运专线,正线全长312.847 km,于2014年12月20日开通运营。

(6)贵阳至广州客运专线,正线全长856.9 km,于2014年12月26日开通运营。

(7)郑州至开封城际铁路,正线全长57.4 km,于2014年12月28日开通运营。

(8)青岛至荣成城际轨道交通,正线全长300 km, 即墨至荣成段于2014年12月28日开通,青岛至即墨段于2016年11月16日开通,即全线开通运营。

(9)郑州至焦作城际铁路,正线全长77.8 km,于2015年6月26日开通运营。

(10)合肥至福州客运专线,正线全长810.44 km,于2015年6月28日开通运营。

(11)哈尔滨至齐齐哈尔客运专线,正线全长281.5 km,于2015年8月17日开通运营。

(12)沈阳至丹东客运专线,正线全长205.6 km,于2015年9月1日开通运营。

(13)吉林至珲春客运专线,正线全长360.547 km,于2015年9月20日开通运营。

(14)南京至安庆客运专线,正线全长257.477 km,于2015年12月6日开通运营。

(15)东北东部铁路丹东至大连段,正线全长290.13 km,于2015年12月17日开通运营。

(16)成渝客运专线,正线全长308.45 km,于2015年12月26日开通运营。

(17)海南西环铁路(海口至三亚),正线全长342.3 km,于2015年12月30日开通运营。

(18)天津至保定客运专线,正线全长157 km,于2016年1月10日开通运营。

(19)佛山至肇庆城际铁路,正线全长79.717 km,于2016年3月30日开通运营。

(20)郑州至徐州客运专线,正线全长361.937 km,于2016年9月10日开通运营。

(21)重庆至万州客运专线,正线全长247.8 km,于2016年11月28日开通运营。

(22)武汉至孝感城际铁路,正线全长61.8 km,于2016年12月1日开通运营。

(23)宝鸡至兰州客运专线,正线全长401 km,于2017年7月9日开通运营。

(24)张家口至呼和浩特客运专线,正线全长286.77 km,乌兰察布至呼和浩特东段于2017年8月3日开通运营。张家口至乌兰察布段于2019年12月30日开通运营。

(25)武汉至九江客运专线,正线全长224 km,湖北段于2017年6月12日开通运营,全线于2017年9月21日开通运营。

(26)西安至成都客运专线,正线全长643 km,于2017年12月6日开通运营。

(27)长沙至株洲至湘潭城际铁路,正线全长95.513 km,长沙以南至株洲、湘潭于2016年12月26日开通运营,长沙以北于2017年12月26日开通,即全线开通运营。

(28)兰新铁路第二双线,正线全长1 776 km,新疆段于2014年11月16日开通运营,2017年12月26日全线开通运营。

(29)石家庄至济南客运专线,正线全长301.5 km,于2017年12月28日开通运营。

(30)东莞至惠州城际铁路,正线全长 97.864 km,于 2017 年 12 月 28 日全线开通运营。

(31)哈尔滨至佳木斯客运专线,正线全长 343.088 km,于 2018 年 9 月 30 日开通运营。

(32)哈尔滨至牡丹江客运专线,正线全长 292.995 km,于 2018 年 12 月 25 日开通运营。

(33)杭州至黄山客运专线,正线全长 287.53 km,于 2018 年 12 月 25 日开通运营。

(34)济南至青岛高速铁路,正线全长 308 km,于 2018 年 12 月 26 日开通运营。

(35)新民至通辽高速,正线全长 196.903 km,于 2018 年 12 月 29 日开通运营。

(36)京沈客运专线,正线全长 696.4 km,承德南至沈阳段 2018 年 12 月 29 日开通运营。北京至承德南段于 2021 年 1 月 22 日开通运营,即全线开通运营。

(37)成贵铁路乐山至贵阳段,正线全长 514.645 km,乐山至宜宾段于 2019 年 6 月 15 日开通,全线于 2019 年 12 月 16 日开通运营。

(38)梅州至潮汕客运专线,正线全长 122.412 km,于 2019 年 10 月 11 日开通运营。

(39)鲁南高速铁路日照至曲阜段,正线全长 229.852 km,于 2019 年 11 月 26 日开通运营。

(40)武汉至十堰高速铁路,新建线路全长 399.126 km,全线于 2019 年 11 月 29 日开通运营。

(41)郑州至周口至阜阳高速铁路,线路全长 267.195 km,于 2019 年 12 月 1 日开通运营。

(42)郑州至万州高速铁路,线路全长 821.877 km,郑州至襄阳于 2019 年 12 月 1 日开通运营。

(43)商丘至合肥至杭州高速铁路,新建线路 618.02 km,商丘至合肥于 2019 年 12 月 1 日开通运营。2020 年 6 月 28 日合肥至湖州段开通运营,即全线开通运营。

(44)徐州至淮安至盐城高速铁路,线路全长 316.27 km,于 2019 年 12 月 16 日开通运营。

(45)连云港至镇江客运专线,线路全长 304.5 km,连云港至淮安于 2019 年 12 月 16 日开通运营。淮安至镇江于 2020 年 12 月 11 日开通运营,即全线开通运营。

(46)南昌至赣州客运专线,新建线路 398.482 km,于 2019 年 12 月 26 日开通运营。

(47)银川至西安高速铁路,线路全长 617.047 km,银川至吴忠段于 2019 年 12 月 29 日开通运营。全线 2020 年 12 月 26 日开通运营。

(48)吴忠至中卫高速铁路,线路全长 135.104 km, 于 2019 年 12 月 29 日开通运营。

(49)北京至张家口高速铁路,线路全长 173.964 km,于 2019 年 12 月 30 日开通运营。

(50)大同至张家口高速铁路,线路全长 140.615 km,于 2019 年 12 月 30 日开通运营。

(51)赤峰至喀左客运专线,线路全长 155.897km,于 2020 年 7 月 1 日开通运营。

(52)安顺至六盘水高速铁路,新建线路 117.857km,于 2020 年 7 月 8 日开通运营。

(53)潍坊至莱西高速铁路,线路全长 125.97km,于 2020 年 11 月 12 日开通运营。

(54)太原至焦作高速铁路,线路全长358.8km,于2020年12月12日开通运营。

(55)合肥至安庆高速铁路,线路全长162km,于2020年12月22日开通运营。

(56)北京至雄安新区城际铁路,线路全长92.783km,北京段的李营至大兴机场段于2019年9月26日开通运营。大兴机场至雄安段于2020年12月27日开通运营。即全线开通运营。

(57)盐城至南通高速铁路,线路全长156.665km,于2020年12月30日开通运营。

2014年至2020年建成开通运营的主要客运专线和高速铁路及城际铁路的线路概况,线路主要技术标准,电气化、电力、通信和信号设计方案,承建的设计和施工单位,开工和建成或开通日期等,详见第5章,其线路统计见附表2。

第5章　客运专线及高速电气化铁路建设成就

5.1　湘桂铁路柳州至南宁客运专线

新建湘桂铁路柳南客运专线位于广西中部，北起既有柳州站，途经进德、来宾、黎塘、五塘等地，南至既有南宁站，大致呈东北西南走向，正线全长225.8 km(图5.1)。在南宁至黎塘西段与南广铁路并行。全线近期设柳州、进德、来宾北、黎塘西、五塘、南宁东和南宁等车站，预留凤凰西、小平阳设站条件。工程范围还包括引入柳州枢纽的柳州站相关客运工程；南宁枢纽南宁站改造、北湖客车车辆段、南宁东动车组运用和综合维修车间等客运工程。新建本线北接湘桂铁路衡阳至柳州段，中部与黎湛、黎钦铁路交会，南部与湘桂铁路南宁至凭祥段和南昆、南钦等铁路相连。可为广西南宁、北部湾，以及云南和黔西等地区通达珠江三角洲、闽台经济区提供便捷、快速、大能力通道。

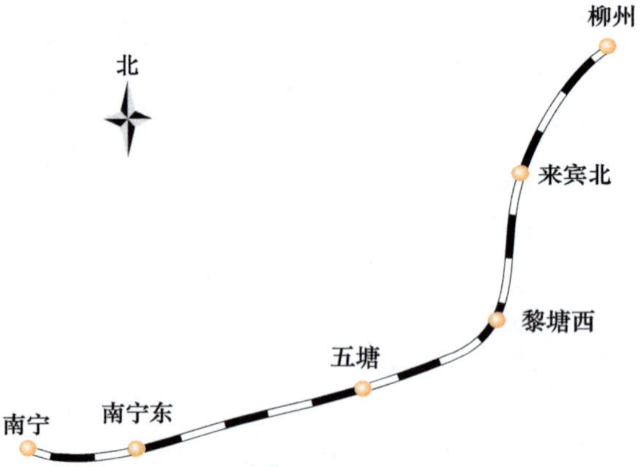

图5.1　柳南客运专线示意图

柳南客运专线的建设单位是南宁铁路局，设计单位是中铁二院工程集团有限责任公司。线路主要技术标准：铁路等级，客运专线；正线数目，双线；最大坡度，12‰；最小曲线半径，5 500 m、南宁、柳州枢纽根据路段速度确定；到发线有效长度，650 m；列车设计速度，200 km/h及以上；列车运行方式，自动控制；行车指挥方式，综合调度；牵引种类，电力牵引(AT供电方式)；列车类型，动车组、SS9型。

5.1.1　电气化工程

牵引供电系统采用AT供电方式。全线新设进德、来宾北、黎塘西、青高、屯里5座AT牵引变电所，新设洪村等4座AT分区所、柳州直供分区所和南宁直供分区所兼开闭所，新设 8 座 AT 所。本线与南广铁路并行区段共设黎塘西、青高、屯里牵引变电所。

在供电臂中部 AT 所处设绝缘锚段关节式电分段，形成半个供电臂为一个停电单元。在电分相处的前、后两侧设单极电动隔离开关。在 AT 所处绝缘锚段关节设电动隔离开关。当牵引变电所采用 GIS 开关柜时，供电线在上网端设单极电动隔离开关；其余牵引变电所供电线采用电缆时，在上网端设单极电动隔离开关，采用架空线时在上网端设单极手动隔离开关。AT 所、分区所处的供电线采用电缆时，在上网端设双极电动隔离开关，采用架空线时在上网端设双极手动隔离开关。电动隔离开关及其控制设备就近接引牵引变电所、分区所、AT 所低压电源供电。

新建牵引变电所引入 2 路 220 kV 电源供电。进德、来宾北、黎塘西、青高牵引变电所电源侧采用线路变压器组接线，屯里牵引变电所电源侧采用分支接线；所有牵引变电所 27.5 kV 侧采用单母线分段接线。220 kV 电源侧和 27.5 kV 侧设备采用户外布置，场坪条件困难时 27.5 kV 侧采用户内 GIS 布置。分区所、AT 所一般采用常规户外布置，在场坪受限时采用箱式方案。

新建牵引变电所设 4 台单相变压器、分成 2 组、采用固定备用、三相 V/X 接线、油浸自冷方式，预留风冷条件。各牵引变电所变压器安装容量：进德为 2 × (16 + 20) MV · A、来宾东为 2 × (25 + 25) MV · A、黎塘西 2 × (25 + 40) MV · A、青高为 2 × (40 + 40) MV · A、屯里为 2 × (40 + 31.5) MV · A。

新建牵引变电所、开闭所、分区所采用微机保护和综合自动化系统，按无人值班设计，牵引变电所适当考虑值守条件。全线新设电力调度及远动系统，电动隔离开关设监控单元，纳入远动系统。牵引供电设施纳入南宁电力调度所管理。

接触网悬挂采用全补偿简单链型悬挂，接触悬挂结构高度：露天区段为 1 600 mm、隧道内不小于 1 100 mm。正线接触线采用 150 mm^2 的铜锡合金导线，张力 25 kN，承力索采用 120 mm^2 的铜镁合金绞线，张力 20 kN；站线接触线采用 120 mm^2 的铜锡合金导线，张力 15 kN，承力索采用 95 mm^2 的铜镁合金绞线，张力 15 kN；接触线悬挂高度一般为 5 500 mm。道岔处接触网悬挂方式，与正线相交的道岔采用无交叉线岔方式，与非正线交叉的道岔采用交叉线岔方式。正馈线、保护线等附加导线采用钢芯铝绞线。

全线接触网绝缘泄漏距离不小于 1 200 mm，严重污秽地区适当加强绝缘。一般地段采用瓷质绝缘子，隧道内、车站无柱雨棚地段和接触网下锚处等采用合成绝缘子。采用锚段关节式电分相，尽量避免设在大于 6‰的坡道上。

接触网支柱，路基区段的腕臂柱一般采用钢筋混凝土等径圆柱，桥上梁面立柱采用 H 型钢柱，梁面不能立柱时采用格构式钢柱，桥与隧道、桥与桥间较短路基地段采用 H 型钢柱，以保持支柱类型的连续性。车站采用线间立柱或硬横梁，硬横梁一般采用新型钢管硬横梁。车站有雨棚地段接触网支柱与雨棚柱合架；车站无站台柱雨棚地段，采用线间立柱和利用雨棚柱悬挂方案。四线并行区段采用线间立柱方案。

正线接触网支柱标准跨距一般为 50 m，最大不超过 55 m。正线锚段长度一般不大于 2 × 700 m，单边补偿的锚段长度为上述值的 50%、困难情况下不大于 2 × 750 m。站线锚段长度一般不大于 2 × 800 m、困难情况下不大于 2 × 900 m。附加导线锚段长度一般不超过

2 000 m。车站中心锚结采用两跨式防窜不防断中心锚结,区间中心锚结采用两跨式防窜防断中心锚结。

接触网下锚补偿一般采用滑轮组补偿装置,桥上和设置防断中锚困难的锚段采用棘轮补偿装置。

该线与南广铁路并行的南宁至黎塘西段电气化工程与设备要统筹设计,尽量共用。

5.1.2　电力工程

柳州至南宁全线新设1条一级负荷10 kV贯通线和1条综合负荷10 kV贯通线。其中南宁至南宁东段预留给云桂铁路的供电条件。新建10 kV贯通线采用电力电缆,沿铁路两侧敷设。

全线新设来宾北、黎塘西、五塘、南宁东、电调楼5座10 kV配电所。增容改造既有南宁110 kV变电站,将其主变压器增容为12 500 kV · A。利用既有电源线路,还建拆迁的既有柳铁二变35/10 kV变配电所。新建配电所引入2路10 kV电源。黎塘西至南宁段与南广铁路并线,10 kV贯通线和配电所等供电设施共用。

在车站设10/0.4 kV室内变电所或箱式变电站给用电负荷供电,设有10 kV配电所的车站所设10/0.4 kV变电所从10 kV配电所接引电源;没设10 kV配电所且用电负荷较大的车站从地方电网接引10 kV电源供电。

车站与行车有关的通信信号负荷设室内10/0.4 kV变电所供电,电源引自2路10 kV贯通线。

区间通信信号等一级负荷设箱式变电站供电,分别由一级负荷10 kV贯通线和综合负荷10 kV贯通线提供主备用电源。区间其他用电负荷,根据负荷分布及负荷性质就近设10/0.4 kV变电所或箱式变电站接引低压380/220 V电源供电。

新建10 kV配电所采用微机保护和综合自动化系统,变配电所按无人值班设计。全线新设电力调度和远动系统,新增电力设施纳入南宁电力调度所管理。

该线与南广铁路并行的黎塘西至南宁段,其电力工程和设备要统筹设计、尽量共用。

电力设施的运营维护,由综合维修供电部门统一管理,具体运营维护工作由供电工区负责。

5.1.3　通信工程

长途通信线路,柳州至黎塘西新设2条20芯单模直埋通信光缆,分别沿新建铁路两侧电缆槽道敷设。黎塘西至南宁新设2条40芯单模直埋通信光缆,分别沿铁路两侧电缆槽道敷设。

为满足GSM-R移动通信组网的需要,所设通信基站至光纤直放站之间敷设1条16芯光缆。

传输系统,柳州至南宁东新设SDH 2.5 Gbit/s长途骨干和本地中继传输系统,在柳州通信站、来宾、黎塘西、五塘等车站设SDH 2.5 Gbit/s ADM设备。南宁东调度所至既有南宁通信站新设 SDH 10 Gbit/s 长途骨干和本地中继传输系统，在南宁东调度所、既有南宁通信站设 SDH 10 Gbit/s ADM 设备。分别利用 2 条光缆中的各 2 芯光纤构成复用段保护。

柳州至南宁新设 SDH 622 Mbit/s 接入网系统，柳州通信站、南宁东调度所、南宁通信站和沿线车站、区间通信基站、牵引变电所、10 kV 配电所和信号中继站等处设 SDH 622 Mbit/s 传输接入设备。站内信息用户接入点新设 SDH 622 Mbit/s 接入设备。

在南宁调度所设传输和接入网网元管理设备，柳州通信站设传输远程管理终端，来宾北、黎塘西、南宁综合维修工区设便携式维护终端，负责全线 SDH 传输接入设备的管理。网元管理设备并应具备接入通信综合网管中心的条件。

电话交换系统，利用柳州和南宁的既有铁路电话交换机，在柳州和南宁东新设线路终端设备（OLT）。沿线新增自动电话用户分别接入柳州、南宁既有电话交换机，通过统一编号，实现与既有铁路电话网的互通。

柳州至南宁新设数据网，南宁东设数据网的汇聚节点和核心节点，汇聚节点和核心节点各设 2 台路由器，沿线车站设接入节点，各设 1 台接入路由器。实现数据业务的接入、汇聚和交换。并设数据网网元管理系统和设备，来宾北、黎塘西、南宁综合维修工区设便携式维护终端，管理全线的数据网设备，网元级网管设备应具备接入通信综合网管中心的条件。

柳州至南宁新设调度通信系统，南宁东调度所增设调度通信交换机，与贵广铁路工程所设的调度所交换机构成主备用保护。沿线车站设车站型调度通信交换机和调度分机，通过传输通道接入调度所调度通信交换机调度通信系统。并在调度所新设柳南客运专线行车调度台，负责全线的运行调度指挥。

柳州至南宁新设 GSM-R 移动通信系统，南宁东设基站控制器和无线子系统网管设备，沿线区间设通信基站，采用单网覆盖方式组网，接入南宁、柳州既有 GSM-R 移动通信核心网交换中心。区间弱场区采用光纤直放站、漏泄电缆和天线方式增强，并解决隧道内弱场区的无线场强覆盖，满足信息传输的需要。完成调度通信、调度命令信息和无线车次号校核信息传送等功能。黎塘西至南宁段 GSM-R 移动通信系统与南广铁路共用。

另外，南宁铁路局新建 GSM-R 移动通信系统核心网节点，与相关铁路局 GSM-R 移动通信系统核心网节点进行互联。其中南宁移动交换中心（MSC）与武汉、西安汇接移动交换中心（TMSC）互联。南宁 MSC 与北京、武汉归属位置寄存器（HLR）和短消息服务中心（SMSC）互联。南宁 MSC 与广州、昆明、成都的 MSC 互联。南宁业务交换点（SSP）与北京、武汉业务控制点（SCP）互联。南宁本地网 GPRS 业务节点（SGSN）、网关节点（GGSN）、接口服务器（GRIS）分别与北京、武汉骨干网 SGSN、GGSN、认证服务器（RADIUS）、域名服务器（DNS）、归属服务器（GROS）互联。南宁本地网 SGSN、GGSN 与广州、昆明、成都本地网 SGSN、GGSN 互联。南宁信令点（SP）与北京、武汉信令转接点（STP）互联。并利用既有传输系统构成不同路由的互联通道。此后随着昆明 GSM-R 移动通信系统核心网节点和贵广铁路 GSM-R 移动通信系统的建成，南宁与昆明、成都 GSM-R 移动通信系统核心网节点的互联适时联通。

通信综合网管系统,本工程新设的各子系统网元管理设备,接入通信综合网管中心。

新设应急通信系统,在南宁东调度所增设应急通信中心接入设备,黎塘西和南宁设应急通信系统现场接入设备,接入南宁东调度所既有应急通信指挥中心设备。

新设会议电视系统,在南宁东调度所新设会议电视系统控制设备(MCU),沿线车站、综合维修段、动车所、车辆段新设会议电视系统分会场设备,接入南宁东既有会议电视系统中心设备。

通信电源,沿线车站、区间通信基站和信号中继站等处新设 48 V 通信电源设备,并设电源和环境监控系统,南宁设电源和环境监控系统中心设备,实现对通信电源设备和通信信号及信息机房环境条件的监控。

5.1.4　信号工程

车站联锁,柳州站、进德客场、来宾北站、黎塘西柳南场和南广场、五塘柳南场和南广场、南宁东柳南场和南广场、南宁站、屯里动车所、北湖客整所等新设硬件冗余型计算机联锁设备和信号电源屏,并应满足与 CTC、列控中心(不含北湖客整所)的接口要求,为信号集中监测系统提供相关信息。所设计算机联锁设备且能向列控中心提供进路编码信息,接收列控中心相关的控制指令和区间闭塞分区状态。

采用计算机联锁设备的车站其进路控制应具备调度集中分散自律控制方式和非常站控方式,并能通过车站局域网,与调度集中系统、列控系统、信号集中监测系统等交换信息。

根据车站(场)道岔设计类型,配备相应的道岔转辙设备,18 号及以上的道岔设密贴检查设备。

来宾北站、黎塘西柳南场和南广场、五塘柳南场和南广场、新塘坡线路所等站内采用与区间相同制式的 ZPW-2000 系列轨道电路。柳州站、进德柳南客场、南宁东柳南场、南宁站和动车组运用所站内采用 97 型 25 Hz 相敏轨道电路,站内正线采用预叠加、侧线采用叠加 ZPW-2000 电码化发码方式,发送设备采用 1 + 1 冗余配置,接收设备采用双机并联运用方式。北湖客整所采用 97 型 25 Hz 相敏轨道电路、无电码化。站内轨道电路和电码化采用数字信号电缆,其他信号设备采用非数字信号电缆。

运输调度指挥系统,在南宁铁路局新设调度集中(CTC)总机系统,新设数据库、应用、通信、临时限速和接口等服务器,新设网络安全、通道质量监督、UPS 电源等设备,新设行车调度台。其中所设的数据库、接口服务器、网络设备、电源设备应预留南广、湘桂、云桂、广西沿海等铁路调度集中系统引入条件。沿线各车站新设调度集中(CTC)分机设备,纳入南宁铁路局调度所 CTC 总机系统控制和行车调度台指挥。

列车运行控制系统,柳州至南宁、南宁至动车组运用所走行线采用 CTCS-2 级列控系统,采用连续速度(目标—距离)控制模式,并与相邻既有线路信号系统兼容。沿线各站、线路所和信号中继站列控中心、应答器及其编码单元(LEU)等设备。所设列控中心设备应具有轨道电路编发码、运行方向控制、信息采集(中继站)、站间安全信息传输和应答器报文的实时组帧、编码及发送等功能。

区间闭塞制式，柳州至南宁采用四显示自动闭塞，按双线双方向运行，正向采用追踪间隔运行，反向采用自动站间闭塞行车。南宁东站至动车组运用所走行线采用四显示自动闭塞，按双线双方向追踪运行，南宁至北湖客整所和客车段在满足运输需求的情况下，维持既有调车模式不变。

区间采用由列控中心控制编码的 ZPW-2000 系列无绝缘轨道电路，其发送设备采用 1＋1冗余配置，接收设备采用双机并联运用冗余方式。轨道电路的编发码、区间信号机控制、运行方向控制、站间安全信息传输和应答器报文存储及调用等功能均纳入列控中心进行控制。实现列车占用检查和地面对列车的连续信息传输。

区间 ZPW-2000 系列轨道电路干线电缆采用铝护套数字信号电缆，电缆长度一般不超过 10 km，困难地段不超过 12. 5 km，超过规定长度设信号中继站；分支电缆采用综合护套数字信号电缆。信号机等其他设备采用铝护套信号电缆，分支电缆采用综合护套信号电缆。

新设信号集中监测系统，沿线各车站（场、信号中继站）设集中监测分机设备，通过监测网接入所属电务段监测服务器。按照“关于印发《信号微机监测系统技术条件（暂行）》的通知”（运基信号〔2006〕317 号）要求，根据运营维护的实际需要，合理确定监测功能。为避免监测信息的重复采集，应充分利用车站联锁设备、列控中心、智能电源屏等设备以及 ZPW-2000 轨道电路的自诊断监测功能，将采集的信息与信号集中监测设备通过接口方式实现信息共享。

综合接地系统，柳州至南宁沿铁路两侧分别敷设 1 条贯通地线，在电气特性上全程贯通，接地电阻不大于 1 Ω。与土建和桥隧工程同步实施。与南广铁路并行地段共享所设的接地系统。

沿线各新建信号设备房屋设防雷电、电磁兼容和综合防护系统。与房建工程同步实施，并与贯通地线等电位连接。

该线与南广铁路并行的黎塘西至南宁段信号工程要统筹设计。

5. 1. 5　防灾安全监控系统

针对本线地理气候和特点，在南宁铁路局设防灾安全监控系统及公路跨铁路桥梁的落物监控系统。在南宁铁路局调度所设防灾监控终端，南宁东站防灾监控机房设监控数据处理设备，在沿线 GSM-R 移动通信基站、车站防灾机房设相应的监控单元，在沿线适当地点设风速风向和雨量监测点和设备，在柳州和南宁工务段及各综合维修工区分别设工务监控终端，接入防灾安全监控总机系统。该线与南广铁路并行的黎塘西至南宁段防灾安全监控系统要统筹设计。实现对重点区域和设施的实时监控。

参加线路工程施工的有中铁十二局集团、中铁二十二局集团等单位。中铁三局集团、中铁一局集团、中铁五局集团等单位承担电力牵引供电、通信信号和电力工程的施工。

线路工程于 2009 年 10 月正式开工建设，四电工程于 2013 年 3 月 1 日开工。2012 年 6 月 29 日开始铺轨。2013 年 11 月 7 日开始联调联试。2013 年 12 月 30 日正式通车。2015 年 6 月 15 日，随着南宁铁路枢纽重要组成部分的邕宁站站改工程的竣工，标志着衔接柳南、南广、云桂铁路南昆客专等线路的南宁铁路枢纽建设顺利开通。

5.2　武汉至黄石城际铁路

新建武汉至黄石城际铁路(以下简称黄石城际铁路),西起武汉站,途经葛华科技新城、鄂州市城区、花湖开发区、黄石市黄金山开发区,东至黄石市的大冶北站,大致呈西北东南走向,线路运营长度 96.78 km(图 5.2),其中新建线路长度 91.7 km:区间正线 84.216 km,武汉枢纽内正线 7.48 km,利用武汉至武东既有普客线 5.086 km。全线新设花山南、左岭、葛店南、华容南、鄂州(城际场)、鄂州东、花湖、黄石北、大冶北等车站。葛店南预留武汉至黄冈城际铁路引入条件。工程范围还包括武汉枢纽南环线 25.1 km、联络线、流芳站和黄石地区相关工程。其中新建何刘至武昌联络线设流芳站城际场、南湖东站。因新建联络线占用流芳货场用地,需改建既有流芳站,新设城际场及动车存车场。

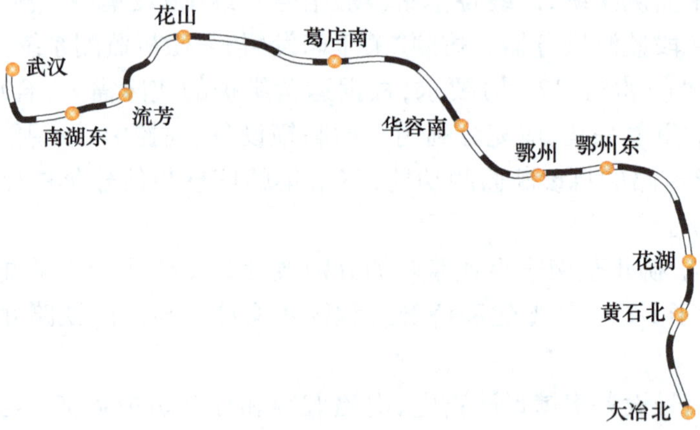

图 5.2　武汉至黄石城际铁路示意图

武石城际铁路的建设管理单位是湖北城际铁路有限责任公司,设计单位是中铁第四勘察设计院集团有限公司。线路主要技术标准:铁路等级,客运专线;正线数目,双线;线间距,武汉枢纽内 4.0 m、区间正线 4.8 m;最大坡度,20‰;最小曲线半径,武汉枢纽内 700 m、区间正线 4 500 m;到发线有效长度,650 m;设计速度,武汉枢纽内 120 km/h、区间正线 200 km/h 及以上;列车运行控制方式,自动控制;行车指挥方式,调度集中;牵引种类,电力牵引(AT 供电方式);机车类型,动车组。

5.2.1　电气化工程

牵引供电系统,正线及武昌至何刘联络线采用 AT 供电方式,何刘至武汉段采用带回流线的直接供电方式。

新设何刘、鄂州东 2 处 AT 牵引变电所,新设武昌、大庙、大冶北 3 处分区所,新设 4 处 AT 所。

新设 AT 牵引变电所引入 2 路 220 kV 电源供电,220 kV 电源侧采用线路变压器组接线,电气设备采用户外敞开式布置;27.5 kV 侧采用单母线分段接线,电气设备采用 GIS 开关柜布置。

各新设牵引变电所所设变压器,采用固定备用、V/V 接线方式。各牵引变电所变压器安装容量:何刘为 2×(12.5+16) MV·A、鄂州东为 2×(20+20) MV·A。

牵引变电所、分区所采用微机保护和综合自动化系统,按无人值班设计,牵引变电所考虑有人值守条件。牵引供电设施远动调度和维修管理采用 SCADA 系统,纳入武汉铁路局电力调度所控制和管理。

接触网采用全补偿简单链型悬挂,接触悬挂结构高度:露天区段一般为 1 600 mm,隧道内不小于 1 100 mm。正线接触线采用 150 mm^2 的铜合金导线,承力索采用 120 mm^2 的铜合金绞线;站线接触线采用 120 mm^2 的铜合金导线,承力索采用 95 mm^2 的铜合金绞线,接触线悬挂高度为一般 5 300 mm。道岔处接触网悬挂,与正线相交的道岔采用无交叉方式,与非正线交叉的道岔采用交叉线岔方式。正馈线、保护线等附加导线采用铝包钢芯铝绞线。

全线接触网绝缘泄漏距离不小于 1 200 mm,严重污秽地区适当加强绝缘。一般区段采用瓷质绝缘子,隧道内、车站无柱雨棚地段及接触网下锚处采用合成绝缘子,绝缘子抗弯破坏荷重不小于 12 kN。采用锚段关节式电分相,尽量避免设在大于 6‰的坡道上。电分相处设电动隔离开关,并纳入远动。

接触网支柱,正线区段腕臂柱采用 H 型钢柱,车站及多线并行区段优先采用线间立柱,线间距不满足立柱条件时采用硬横梁和钢柱。不能在线间立柱的车站,在雨棚地段利用雨棚结构悬挂接触网。武汉枢纽内联络线采用普速标准,改造既有线区段采用既有标准。

正线区段接触网支柱标准跨距一般为 50 m,最大不超过 55 m。锚段关节采用五跨关节,正线锚段长度一般不大于 1 400 m。站线锚段长度一般不大于 2×800 m。附加导线锚段长度一般不大于 2 000 m。正线接触网下锚一般采用棘轮补偿装置,站线接触网下锚采用滑轮组补偿装置。

牵引供电设施运营维护由综合维修供电部门统一管理,同时兼顾负责电力设施的运营维护和管理。

5.2.2　电力工程

流芳至大冶北站新设 1 条一级负荷 10 kV 贯通线和 1 条综合负荷 10 kV 贯通线,采用电力电缆敷设。武昌至流芳段和何刘至武汉站段利用南环线既有 10 kV 电力贯通线。

全线新设流芳、大冶北 2 处 10 kV 配电所,移地还建既有鄂州 10 kV 配电所给本线供电。新设配电所引入 2 路 10 kV 电源。

设有 10 kV 配电所的车站其综合负荷设室内 10/0.4 kV 变电所供电,电源引自 10 kV 配电所的站馈线。没设 10 kV 配电所的车站其综合负荷设室内 10/0.4 kV 变电所,从地方电网接引 10 kV 电源供电。

车站与行车有关的通信信号负荷设室内 10/0.4 kV 变电所供电,电源引自 2 路 10 kV

贯通线。

区间通信信号等一级负荷设箱式变电站供电,分别由一级负荷 10 kV 贯通线和综合负荷 10 kV 贯通线提供主备用电源。

区间其他用电负荷,在负荷集中处设箱式变电站,从地方电网接引 10 kV 电源或从 10 kV贯通线接引电源供电。

新建 10 kV 配电所采用微机保护和综合自动化系统,配电所按无人值班设计,设综合 SCADA 系统,纳入武汉电力调度所管理。

5.2.3 通信工程

长途通信线路,黄石站至武昌通信站新设 2 条 32 芯单模直埋通信光缆,沿新建铁路两侧电缆槽道敷设。何刘线路所至武汉通信站新设 2 条 32 芯单模直埋通信光缆,车站通信机房到站内信息用户接入点采用 12 芯光纤。

传输系统,新设 SDH 2.5 Gbit/s 长途骨干传输网,在洪山通信站、流芳客站、葛店南站、大冶北站设 SDH 2.5 Gbit/s ADM 传输设备,利用新建的 2 条光缆构成复用段 1 + 1 保护。

新设 SDH 622 Mbit/s 接入网系统,在洪山通信站新设光线路终端设备(OLT),沿线车站和区间通信基站、信号中继站、牵引变电所、分区所、开闭所、AT 所等信息点设 SDH 622 Mbit/s传输接入设备。利用新建的 2 条光缆构成复用段 1 + 1 保护。

新设数据网,采用 TCP/IP 网络协议,按汇聚层和接入层 2 层结构组网。洪山通信站、鄂州站设汇聚路由器,沿线各车站设接入路由器,按照隶属范围通过传输通道接入相应的汇聚路由器,再上联至武汉的核心路由器,实现数据业务的接入、转发与汇聚。新设数据网网管系统和设备,对全线数据网设备进行统一管理。

电话交换系统,利用洪山通信站既有程控电话交换机,沿线新增自动电话用户接入既有铁路电话交换机,通过统一编号,实现与既有铁路电话交换网的互通。

新设数字调度通信系统,在武汉调度所新设调度通信交换机。沿线车站设车站型调度通信交换机和调度分机等设备,接入调度所调度通信交换机和调度通信系统及列车调度台。通过与武汉 GSM-R 移动通信交换机的相联,实现有线与无线调度电话的互通。

新设 GSM-R 移动通信系统,利用武汉既有 GSM-R 移动通信核心网设备,洪山通信站新设基站控制器(BSC)、速率适配单元(TRAU)、分组控制单元(PCU)等设备,沿线设通信基站,武汉站南线路所经花山至大冶北站间采用单网非冗余覆盖方式组网,花山至武昌站采用单网覆盖方式组网。区间弱强区采用光纤直放站、漏泄电缆和天线方式增强。并优化武汉枢纽内与武广客运专线并行区段 GSM-R 移动通信系统通信基站布置、频率分布等设计方案。完成调度通信、调度命令和无线车次号校核信息传送等功能。

武黄城际铁路联络线在花山至武昌站间与既有武九铁路并行,两线应共用所建的 GSM-R 移动通信基站,统一设计和实施。在武汉至黄石城际铁路开通前,武九铁路何刘至武昌站采用既有无线列调系统过渡。所以新设的 GSM-R 移动通信基站控制器(BSC)、速率适配单元(TRAU)、分组控制单元(PCU)等设备的配置,按满足武汉至孝感、武汉至咸宁等城际铁路接入的需要设计。

沿线各新建通信机械室设 48 V 高频开关电源和蓄电池及 UPS 不间断电源。洪山通信站新设 UPS 不间断电源设备。武昌、洪山、武汉通信站既有 48 V 通信电源利旧。

新设通信电源和通信信号机房环境监测系统，洪山通信站设监控中心设备，各通信机械室设远端监测单元。

新设会议电视系统，洪山通信站新设多点控制单元（MCU），新设多点控制单元（MCU）的配置按满足武汉至孝感、武汉至咸宁等城际铁路接入的需要设计，各车站新设会议电视分会场设备，接入武汉既有会议电视系统中心，并与铁道部既有会议电视系统实现互通。

新设应急通信指挥系统，在综合维修工区新设 1 套应急通信现场接入设备。接入武汉既有应急通信指挥中心系统。

5.2.4　信号工程

车站联锁，流芳站、武汉站南线路所、何刘线路所、葛店南、鄂州（城际场）、鄂州东、黄石北、大冶北站等新设硬件冗余型计算机联锁设备和信号电源屏。余家湾新设硬件冗余型计算机联锁设备和信号电源屏，武昌站在既有计算机联锁设备的基础上利旧改造。

何刘线路所至大冶北各站（含武汉站南线路所、何刘疏解区线路所）站内采用一体化轨道电路，流芳站站内采用 97 型 25 Hz 相敏轨道电路。正线接发车进路采用叠加预发码、到发线采用叠加发码方式，发码设备采用与区间相同制式的无绝缘轨道电路发码设备。

站内轨道电路室外干线电缆采用铝护套信号电缆，其他信号设备采用综合扭绞信号电缆。

新设运输调度指挥系统，流芳至大冶北各站（含武汉站南线路所、何刘线路所，不含花容南、鄂州东和花湖 3 个无配线车站）设调度集中（CTC）分机设备，武昌站、余家湾站维持既有列车调度指挥系统（TDCS）和分机设备，增加 CTCS-2 级列控临时限速传输功能。武汉普速场由原列车调度指挥系统（TDCS）方案改为调度集中（CTC）系统。纳入武汉至孝感城际铁路在武汉调度所所设的城际调度台统一管辖。

列车运行控制系统，武汉站至大冶北站采用 CTCS-2 级列控系统，沿线各站设信号安全通信网、列控中心、编码单元（LEU）、地面点式应答器等设备。所设列控中心设备应具备轨道电路编发码、运行方向控制、站间安全信息传输、应答器报文存储及调用及列控信息传送等功能。

区间闭塞制式，正线采用自动闭塞，按双线双方向运行、正向采用追踪间隔运行、反向采用自动站间闭塞行车。

区间采用无绝缘轨道电路，其发送和接收设备按冗余配置。轨道电路电缆采用铝护套数字信号电缆，其余信号设备所用干线电缆采用铝护套综合扭绞电缆，分支电缆采用综合护套综合扭绞电缆。

新设信号集中监测系统，武汉电务段新设集中监测总机设备，各车站所设的集中监测分机设备按照《关于印发铁路信号集中监测系统技术条件的通知》(运基信号〔2010〕709号)要求,合理设置监测功能。实现对车站联锁设备、CTC、列控中心、综合电源屏等设备的监测功能。

新建信号设备房屋设防雷电、电磁兼容和综合接地防护系统,与房建工程同步实施。并与所设的贯通地线等电位连接。

全线设综合接地系统,沿铁路两侧分别敷设1条贯通地线,在电气特性上全程贯通,接地电阻不大于1 Ω。与土建工程同步实施。

参加武汉至黄石城际铁路线路工程施工的有中国建筑工程总公司、中铁六局集团、中铁大桥局集团、中铁十一局集团等单位。中铁电气化局集团承担四电系统集成工程的施工。

线路工程于2009年3月22日开工(武汉城市圈武汉至黄石、咸宁、孝感、黄冈4条城际铁路同时开工),2013年8月18日开始铺轨。四电工程于2011年10月8日开工。到2013年年底建成12 km。2014年6月18日全线开通运营。

5.3 沪昆客运专线杭州至长沙段

新建沪昆客运专线杭州至长沙段,是我国“四纵四横”客运专线路网中沪昆客运专线的组成部分,东起杭州东站,西至长沙南站,线路全长933 km(图5.3)。线路横贯浙江、江西、湖南3省,途经杭州、南昌、长沙3个省会城市和金华、衢州、上饶、鹰潭、抚州、新余、宜春、萍乡8个地级市以及浙江绍兴、湖南株洲2个地级市所辖部分区县。全段设有杭州东、杭州南、诸暨、义乌、金华西、龙游、衢州、江山、玉山南、上饶、弋阳、鹰潭北、东乡北、进贤南、南昌西、高安、新余北、宜春东、萍乡北、醴陵北和长沙南等车站。其中杭州东、南昌西、长沙南为客运始发站,其他车站为客运中间站。玉山南、鹰潭北、东乡北、进贤南、高安、新余北、宜春东、萍乡北及醴陵北9个车站为新建站,其余车站新建客专车场与既有或在建车站并站分场设置。该线是一条承担区域间长途旅客为主、城际旅客为辅,同时兼顾与南北方向高速铁路之间转换客流的东西向客运专线。而且与沪杭、宁杭、杭甬、武广等高速铁路衔接,共同构成华东地区至中南、西南、华南等地区高速铁路客运便捷的通道。

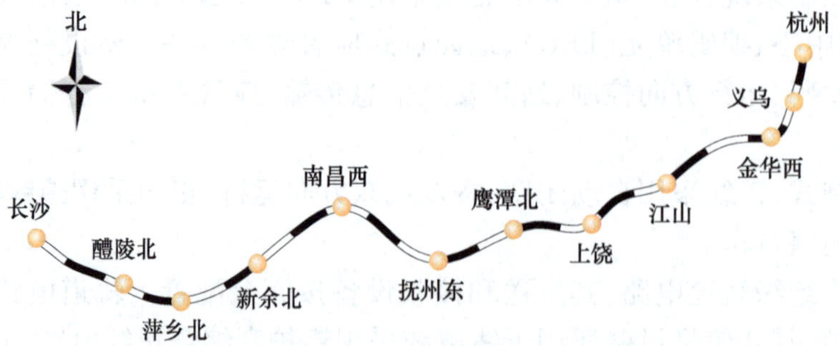

图5.3 沪昆客运专线杭州至长沙段示意图

沪昆客运专线杭州至长沙段的建设单位,分别是沪昆铁路客运专线浙江、江西和湖南有限责任公司，设计单位是中铁第四勘察设计院集团有限公司。线路主要技术标准：铁路等级，客运专线；正线数目，双线；线间距，5 m；最大坡度，20‰；最小曲线半径，7 000 m；到发线有效长度，650 m；速度目标值，350 km/h；列车运行控制方式，自动控制；列车指挥方式，综合调度集中；牵引种类，电力牵引（AT 供电方式）；机车类型，动车组。

5.3.1　电气化工程

牵引供电采用 AT 供电方式。全段新设临浦、新诸暨东、新义乌、新金华东、新龙游东、新衢州、吴村、新上饶、弋阳东、贵溪北、东乡北、新进贤、高安、田南、分宜北、宜春北、萍乡北、镇头等 AT 牵引变电所。利用武广客运专线工程中既有边山（原新长沙）AT 牵引变电所预留位置增设相关设备；将向莆铁路工程中建设的南昌西直供牵引变电所变更为 AT 牵引变电所并增设相关设备；增容杭甬客运专线工程中建设的杭州南 AT 牵引变电所并增设相关设备给本线供电。利用既有乔司牵引变电所新增 1 回馈线作为艮山门动车运用所开闭所进线独立电源。杭州南、临浦 AT 牵引变电所预留给杭州至黄山客运专线的供电条件，新上饶 AT 牵引变电所预留给京福客运专线的供电条件。

全段新设一都吴、下曹坞、毛家畈、下腾、蒋家塘、高湖村、上余、柴家岭、枫岭头、王家山、盛家、瓦子陂、向塘、甘竹村、鲁家、岭下、下浦、裴家坊、谭家冲、秋塘坪、平丰塘（兼开闭所）等 AT 分区所、新设新中村、直埠、金三角、三村、上宅、塘雅、东俞、东十村、曹家村、高塘新村、棠村、金坞、白桥、秦峰、塘溪、古楼、曹家、丰田、项家、余江、邓家、白圩、龚家村、草洲村、龙岗、刘家村、新屋刘村、严家村、大塘、王家井、梁家里、石源坪、何家圳、大沙岭、黄沙、茶园领、李山塘等 AT 所；利用杭州东工程中建设的杭州东 AT 分区所。南昌西直供牵引变电所改为 AT 牵引变电所、杭州南 AT 牵引变电所增容改扩建分别在向莆铁路工程、杭甬客运专线工程中实施，按变更处理。

还建因土建工程影响拆除的既有浙赣线的衢州、江山 2 座直供牵引变电所，既有设备原则上利旧。改造因土建工程影响的既有浙赣铁路金华东牵引变电所。

新建牵引变电所引入 2 路 220 kV 电源供电。220 kV 电源侧采用线路变压器组接线，电气设备采用户外单体中式布置；27.5 kV 侧采用单母线接线，27.5 kV、2 × 27.5 kV 配电装置采用户内 GIS 设备。分区所、AT 所 27.5 kV、2 × 27.5 kV 配电装置采用户内 GIS 设备。与既有沪昆线并行区段尽量利用既有沪昆线牵引变电所外部电源。

新建牵引变电所设 4 台变压器、分成 2 组，采用固定备用、三相 V/X 接线、油浸自冷方式，预留风冷条件。各牵引变电所变压器安装容量：新龙游东为 2 ×（40 + 31.5） MV · A，新上饶为 2 ×（50 + 50） MV · A，临浦、新诸暨东、新义乌、新金华东、新衢州、吴村、弋阳、贵溪北、东乡北、新进贤、高安、田南、分宜北、宜春北、萍乡北、镇头均为 2 ×（40 + 40） MV · A。

牵引变电所、分区所、AT 所采用微机保护和综合自动化系统，按无人值班设计，牵引变电所适当考虑值守条件。新设牵引供电远动系统，牵引变电所设 27.5 kV 电缆在线监测系统和 220 kV 电源信息直采直送设施。按管辖范围分别纳入上海、南昌铁路局和广州铁路（集团）调度所新设的电力调度台管理。

接触网悬挂，正线采用全补偿弹性链型悬挂，其他线路采用全补偿简单链型悬挂，接触悬挂结构高度:露天区段一般为 1 600 mm、隧道内不小于 1 100 mm。正线接触线采用 150 mm^2的铜合金导线,承力索采用 120 mm^2的铜合金绞线;站线接触线采用 120 mm^2的铜合金导线,承力索采用 95 mm^2的铜合金绞线。接触导线悬挂高度一般为 5 300 mm,高速区段接触导线悬挂高度要保持一致。与正线相交的道岔采用无交叉线岔方式、与非正线交叉的道岔采用交叉线岔方式。正馈线、保护线等附加导线采用钢芯铝绞线。

全线接触网绝缘泄漏距离不小于 1 400 mm,严重污秽地区适当加强绝缘。一般区段采用瓷质绝缘子,隧道内、车站无站台柱雨棚地段和接触网下锚处等采用合成绝缘子。采用锚段关节式电分相,尽量避免设在大坡道、列车出站加速区段和线路限速低速区段。在 AT 所附近设绝缘锚段关节并设双极电动隔离开关,牵引变电所处上网开关采用单极电动隔离开关,AT 分区所和 AT 所处上网开关采用双极电动隔离开关,并将电动隔离开关纳入远动系统。

接触网支柱,路基区段的腕臂柱一般采用 H 型钢柱,车站及多线并行区段线间距许可的采用线间立柱,线间距不允许的采用新型硬横跨,硬横跨支柱采用钢管柱。隧道内、高架站房下采用倒立吊柱。供电线支柱一般采用镀锌格构式钢柱。支柱高度选取按柱顶外露距离不大于 300 mm 控制。

正线区段接触网支柱标准跨距一般为 50 ~ 55 m。隧道内最大跨距一般为 50 m。桥上支柱跨距根据桥梁孔跨的形式确定,一般为 48 m、最大不超过 56 m。绝缘锚段关节、非绝缘锚段关节一般采用五跨关节,困难地段采用四跨关节。正线锚段长度一般不大于 2 × 700 m,单边补偿的锚段长度不大于 750 m,隧道内不大于 700 m。站线最大锚段长度不大于 2 × 800 m,单边补偿的锚段长度不大于 850 m。附加导线锚段长度一般不大于 2 000 m。

接触网下锚补偿一般采用棘轮加铁坠砣补偿装置。

在综合车间内设供电车间,在综合工区内设供电工区,负责本线牵引供电设施的运营维护工作,同时兼顾负责电力设施的运营维护管理。

5.3.2　电力工程

杭州南至长沙南新设 1 条一级负荷 10 kV 贯通线和 1 条综合负荷 10 kV 贯通线。新建一级负荷 10 kV 贯通线采用截面为 70 mm^2的单铜芯电力电缆,新建综合负荷 10 kV 贯通线采用截面为 95 mm^2的单铜芯电力电缆。分别沿铁路两侧预埋的电缆槽敷设。杭州东至杭州南段利用杭甬客运专线的 2 条 10 kV 贯通线。

全段在杭州南、玉山南、弋阳、鹰潭北、东乡北(抚州东)、进贤南、高安、新余北、宜春东、萍乡北、醴陵北等车站设 10 kV 配电所,在线路 DK645 + 150、DK874 + 600 附近各设 1 座 10 kV 贯通配电所给本线供电。新建 10 kV 配电所引入 2 路地方电源供电,新建上饶配电所设在既有上饶东 10 kV 配电所内,1 路电源共用。

改扩建既有诸暨、义乌、龙游、衢州、江山 10 kV 变配电所给本线供电。利用向莆铁路工程中所建的南昌西 220/10 kV 变配电所相关馈出设备,并新增本线杭长段 10 kV 电力贯通线给本线供电;将既有武广客运专线的边山 220/10 kV 变配电所主变压器容量增容为 2 × 20 000 kV · A,并增设相关设备给本线供电。

设有 10 kV 配电所的车站其综合负荷设 10/0.4 kV 变电所供电，电源引自 10 kV 配电所站馈线；没设 10 kV 配电所的车站其综合负荷从地方电网接引电源供电。

车站与行车有关的通信信号负荷设室内 10/0.4 kV 专用变电所供电，分别由一级负荷 10 kV 贯通线和综合负荷 10 kV 贯通线提供主备用电源。

区间通信基站、光纤直放站、信号中继站、线路所设 10/0.4 kV 变电所或箱式变电站供电，电源引自 2 路 10 kV 贯通线。牵引供电所（亭）用电负荷设 10/0.4 kV 变电所或箱式变电站供电，电源 1 路引自 10 kV 电力贯通线，另 1 路引自牵引供电系统。

区间一般用电负荷在负荷集中处分别设 10/0.4 kV 变电所或箱式变电站供电。电源引自 10 kV 电力贯通线。

新建 10 kV 配电所采用微机保护和综合自动化系统，变（配）电所按无人值班设计。全线设电力远动系统，按综合 SCADA 系统设计，按管辖范围分别纳入上海、南昌铁路局及广州铁路（集团）调度所电力调度台管理。电力设施运营维护工作由供电工区负责。

5.3.3　通信工程

长途通信线路新设 2 条 32 芯单模直埋通信光缆，分别沿新建铁路两侧电缆槽道敷设。光纤直放站、区间通信基站、综合视频监控系统视频采集点及站内信息用户接入点需要的传输接入通道，单独敷设不同容量的光纤。

传输系统，新设 SDH 10 Gbit/s 长途骨干和本地中继传输系统。沿线各车站通信机械室和既有长沙通信站新设 SDH 10 Gbit/s ADM 传输设备，利用新建的 2 条 32 芯光缆中的各 2 芯光纤构成复用段 1+1 保护。在长沙南通信站将所设的 SDH 10 Gbit/s ADM 传输设备与既有武广铁路的 SDH 10 Gbit/s ADM 传输设备通过 SDH 10 Gbit/s 光口互联。南昌铁路局调度工区、CTC 中心、信息中心新设 SDH 10 Gbit/s 传输设备，与南昌通信站 SDH 10 Gbit/s 传输设备组成 4 纤传输系统环网，以满足属地化管理传输通道接入的需要。

利用规划中的京沪穗传输通道的波分系统和沪杭客运专线的 SDH 10 Gbit/s 传输系统，以及上海枢纽 SDH 10 Gbit/s 传输系统环和上海铁路局调度所工程 SDH 10 Gbit/s 传输系统，将本线传输通道接入上海铁路局调度所。利用规划中的京沪穗传输通道的波分系统、武广客运专线 SDH 10 Gbit/s 传输系统、广州枢纽 SDH 10 Gbit/s 传输系统环、广州铁路（集团）调度所工程 SDH 10 Gbit/s 传输系统，将本线传输通道接入广州铁路（集团）调度所。通过沪杭客运专线在杭州枢纽设置的枢纽传输网，将杭长客运专线相关传输通道接入杭州电务段、杭州工务段、杭州供电段等。

新设 SDH 2.5 Gbit/s 传输接入系统，各车站通信机械室新设 SDH 2.5 Gbit/s 传输接入设备，利用新建的 2 条 32 芯光缆中的各 2 芯光纤构成复用段 1+1 保护。在各车站通信机械室将所设的 SDH 2.5 Gbit/s 传输接入设备与 SDH 10 Gbit/s 传输设备通过 2 个 SDH 2.5 Gbit/s光接口相联，为 SDH 2.5 Gbit/s 传输接入系统提供通道保护。

新设 SDH 622 Mbit/s 接入网系统，沿线区间通信基站、信号中继站、牵引变电所、AT 所、分区所等信息用户接入点设 SDH 622 Mbit/s 传输接入设备。沿线 2 个车站之间新设的 SDH 622 Mbit/s 传输接入设备按区间通信基站组建 2 个 2 纤复用段保护环，信号及牵引供电用户组建1个2纤复用段保护环接入车站SDH 2.5 Gbit/s传输接入设备。站内变(配)电所、综合维修工区等处新设SDH 622 Mbit/s传输接入设备,接入车站SDH 2.5 Gbit/s传输接入设备。区间箱式变电站与邻近区间通信基站间的远动通道通过光纤采用FE接口连通。南昌、鹰潭供电段和南昌、鹰潭工务段新设SDH 622 Mbit/s传输接入设备。

新设数据网,利用上海铁路局、南昌铁路局和广州铁路(集团)既有核心路由器,在杭州东、新余北、长沙南通信站新设汇聚路由器,沿线各车站通信机械室新设接入路由器和以太网交换机,负责本地数据的接入和交换。接入节点与汇聚路由器之间、接入路由器之间采用SDH 155 Mbit/s通道互联。汇聚路由器之间通过GE光接口互联,汇聚路由器与归属核心路由器之间采用SDH 155 Mbit/s通道互联,实现数据业务的接入、转发与汇聚。

上海、南昌、广州通信段新设数据网网管系统和设备,杭州东、新余北、长沙南站新设数据网网管复示终端。对全线数据网设备进行统一管理。

电话交换系统,鹰潭北新设500线程控电话交换机。利用杭州东、诸暨、金华、衢州、上饶、鹰潭北、南昌西、新余、萍乡、长沙等处的既有电话交换机。根据需要分别增设V5.2接口板。杭州东、南昌西、长沙南、鹰潭北新设光线路终端(OLT)设备。沿线各车站(线路所)、动车所、信号中继站、综合维修车间、牵引变电所、AT所、分区所、电力配电所等处新设光网络单元(ONU),沿线新增自动电话用户通过ONU设备及接入网按照管辖范围分别接入相应的OLT设备;新增既有铁路电话交换机,通过统一编号组网,实现与既有铁路电话专网的互通。

新设调度通信系统,利用上海铁路局、南昌铁路局和广州铁路(集团)调度所既有调度通信交换机,根据需要扩容接口。沿线各车站设调度通信车站交换机和调度分机,按管辖范围分别接入所隶属铁路局调度所调度通信交换机和调度通信系统。并在上海铁路局、南昌铁路局和广州铁路(集团)调度所新设列车调度台,配套设置调度员操作终端。通过将调度所调度交换机与既有GSM-R移动通信交换机核心网的相联,实现有线与无线调度电话的互通。

新设GSM-R移动通信系统,利用上海铁路局、南昌铁路局和广州铁路(集团)既有GSM-R移动通信核心网设施、根据需要扩容。在杭州东、南昌西、长沙南站新设基站控制器(BSC)等设备,沿线设通信基站(BTS),按管辖范围分别将BTS接入杭州东、南昌西、长沙南站新设的基站控制器(BSC),采用单层交织冗余覆盖方式组网。区间弱场区采用光纤直放站、漏泄电缆和天线等方式增强,以满足无线场强覆盖和信息传输的需要,完成调度通信、调度命令和车次号校核信息传送等功能。

杭州枢纽内杭长客运专线与杭甬客运专线并线区段,南昌枢纽内杭长客运专线与西环铁路、向莆铁路并行区段,长沙枢纽内杭长客运专线与武广客运专线接近区段的GSM-R移动通信系统场强覆盖、区间通信基站布设和频率分布,应根据各条铁路通信需要统筹考虑。

新设会议电视系统,采用H.323架构建立本线会议电视平台。利用上海铁路局和广州铁路(集团)调度所的既有会议电视系统中心设备、并扩容,南昌铁路局调度所新设会议电视系统中心及设备(由南昌调度所工程实施)。各车站(场)和综合维修车间分别新设会议电视系统分会场设备,按照管辖范围分别接入所属铁路局会议电视中心系统,并纳入会议电视网管系统进行管理。

新设应急通信指挥系统,利用上海铁路局和广州铁路(集团)既有应急通信指挥中心设备,根据需要进行扩容,南昌铁路局新设应急通信指挥中心设备(由南昌调度所工程实施),在诸暨、金华西、衢州、上饶、鹰潭北、高安、新余北、萍乡北、醴陵北综合维修工区分别设现场事故抢险接入设备。按照管辖和隶属范围通过传输系统分别接入铁路局的应急通信指挥中心系统平台,并将现场信息传送到应急通信指挥中心。

通信电源,所设通信电源系统分为外供电源、交流电源、直流电源 3 个部分,可以为直流通信设备提供高可靠性的 48 V 直流电源,为交流通信设备提供高可靠性的 220 V 交流电源。外供电源由电力专业为各车站、线路所、信号中继站、区间通信基站、光纤直放站、综合维修工区、电力配电所等提供 2 路可靠电源至通信机械室,并设电力配电箱;由牵引变电专业为牵引变电所、分区所、AT 所提供 2 路交流电源至通信机械室,并设电力配电箱。各新建通信机械室设 48 V 高频开关电源、蓄电池及 UPS 不间断电源。并新设通信电源和环境监控系统。

综合通信网管系统,利用上海铁路局和广州铁路(集团)既有综合通信网管系统,根据需要扩容。在南昌铁路局新设通信综合网管系统。在杭州东、上饶、南昌西、新余北、长沙南综合维修车间分别新设综合通信网管系统终端设备。将新设的各通信子系统网管按属地化管理范围分别接入上海铁路局、南昌铁路局和广州铁路(集团)通信综合网管系统。

5.3.4　信号工程

车站联锁,杭州南站杭长场至长沙南站杭长场各车站(场、所)新设硬件安全冗余型计算机联锁设备和信号智能电源屏及 UPS 不间断电源。

杭州动车组运用所杭长场、衢州东站、弋阳站、上饶站、宜春东站普速场等按既有线信号标准新设硬件安全冗余型计算机联锁设备和信号电源屏。杭州东站沪杭长场、杭州南站杭甬场、杭州南杭甬线路所、义乌普速场、东孝站、横岗站、南昌西向莆场、南昌动车运用所、长沙南站武广场、长沙动车运用所在既有联锁设备基础上结合本工程的接入利旧改造。杭州北站、艮山门站上行出发场、金华东站上行场、金华西站普速场、龙游站、衢州站普速场、江山站普速场、上铺站、宜春站、K385 线路所、南昌动车组运用所等在既有联锁设备基础上利旧改造。向塘站、莲塘站、南昌南站、南昌站在既有联锁设备上进行与列控系统接口的修改。

根据各车站(场、所)道岔设计类型,配备相应的转辙设备,高速道岔并设转辙机缺口报警和外锁闭装置,按多点多机控制。通过时速 160 km 以上的 18 号及以上号码道岔增设密贴检查装置,检查信息纳入信号集中监测系统。

醴陵北站、长沙东南线路所、长沙南站沪昆场、长沙西北线路所列车进路上的道岔设融雪装置,在长沙电务段及调度中心设控制及监测终端,具备人工及自动控制功能。长沙南站武广场新增道岔、长沙动车运用所新增股道列车进路上的道岔按既有标准设融雪装置。

杭州南站杭长场至长沙南杭长场各车站(场、所)站内采用与区间相同制式的 ZPW-2000 系列有绝缘移频轨道电路,其发送设备按 1 +1 冗余配置、接收设备采用双机并用方式,实现轨道电路系统的高可靠性。维修工区轨道区段采用高压脉冲轨道电路,并采取钢轨喷涂等技术措施改善轨道电路的分路不良。

既有长沙南站武广场(正线除外)采用 97 型 25 Hz 轨道电路、长沙动车所采用 97 型 25 Hz 轨道电路叠加电码化按既有标准修改。既有线及相关工程的杭州动车运用所杭长场采用 97 型 25 Hz 轨道电路叠加电码化,其他修改联锁设备的车站均维持既有 97 型 25 Hz轨道电路、采用闭环电码化的设计标准。

车站站内轨道电路干线电缆采用铝护套数字信号电缆,分支电缆采用综合护套数字信号电缆;信号机和道岔干线电缆采用铝护套信号电缆,其他采用综合护套信号电缆。

运输调度指挥系统,新设分散自律型调度集中(CTC)系统,在上海铁路局、南昌铁路局及广州铁路(集团)调度所分别新设应用和通信服务器、临时限速服务器(TSRS)、与无线闭塞中心(RBC)等的接口服务器、网络安全和通道质量监督设备及行车调度台,利用调度所的既有其他设备。杭州东杭长场至长沙南杭长场各车站 (场、线路所)设 CTC 分机设备,按照各铁路局属地化管理调度指挥的要求,分别纳入上海铁路局、南昌铁路局和广州铁路(集团)调度所调度指挥系统。并对上海铁路局调度所沪昆铁路 CTC 总机、南昌铁路局调度所 TDCS/CTC 总机、广州铁路(集团)调度所武广客专 CTC 总机系统软件进行相应的修改。上海铁路局调度所新设 1 个杭长客运专线行车调度台;南昌铁路局调度所新设 3 个行车调度台。广州铁路(集团)调度所对既有武广客运专线第二行车调度台设备进行相应修改。负责全线的运输调度指挥工作。

杭州东、杭州南、杭长客运专线的杭州南线路所纳入沪杭客运专线列车调度台管辖,调度台设备利旧改造。杭州动车运用所,衢州东站,弋阳、上饶、宜春东站普速场新设 CTC 分机设备,维持既有调度区划。与本工程相关联的杭州东站沪杭长场、杭州南站杭甬场、杭州南杭甬线路所、义乌普速场、东孝站、横岗站、南昌西站向莆场、南昌动车运用所存车场、长沙南站武广场、长沙动车运用所存车场等在既有 CTC 车站分机设备的基础上利旧修改及调试。

既有线及相关工程的杭州动车运用所杭长场、衢州东站、弋阳站普速场、上饶站普速场、宜春东站普速场新设 CTC 车站子系统设备、其他既有站均在既有设备基础上进行修改及调试。

为便于运营维护及调度管理,杭州、南昌、长沙电务段分别设调度复示终端。在电务处、电务段调度及 RBC 工区、相关车务部门、动车所设 CTC 查询终端,各车间 CTC 工区设维护终端。杭州东、上饶、南昌西、新余北、长沙南综合维修车间及杭州、南昌、长沙电务段设 CTC 通道质量监督复示终端,CTC 中心设通道质量监督终端。

列车运行控制系统,杭州东站杭长场至长沙南杭长场采用 CTCS-3 级列控系统,作为高速动车组的主用列控系统;把 CTCS-2 级列控系统作为高速动车组的降级备用列控系统。本线与沪杭、杭甬、武广客运专线 CTCS-3 级列控系统进行关联，预留与合福、长昆客运专线 CTCS-3 级列控系统互联互通的条件，为减少动车组控车方式频繁转换，京九铁路横岗至南昌站采用 CTCS-2 级列控系统，与昌九城际铁路的 CTCS-2 级列控系统衔接贯通。并与金温、向莆、京九铁路等设置 CTCS-3 与 CTCS-2 级级间转换点。其中塘雅线路所联络线 CTCS-3 与 CTCS-2 级级间转换点由金温工程项目设置，与杭黄客运专线 CTCS-3 与 CTCS-2 级级间转换点由杭黄工程项目设置。

在上海铁路局、南昌铁路局和广州铁路（集团）管内分别设 3 套、5 套和 1 套无线闭塞中心（RBC）设备，1 套、3 套、1 套临时限速服务器，横岗东北联络线横岗至南昌段 CTCS-2 级控车区段贯通增设 1 套临时限速服务器。集中设在杭州东、南昌西和长沙南站（RBC）设备机房内，并实现本线 RBC 设备之间、本线与相邻客运专线 RBC 之间直接通信。正线各车站（线路所、中继站）设信号安全数据网及接入设备、列控中心（TCC）、有源应答器及其编码单元（LEU）、无源应答器等设备，区间设无绝缘轨道电路和应答器设备。横岗、莲塘、南昌南、南昌站分别设列控中心、有源应答器及其编码单元（LEU）、无源应答器等设备。所设的列控中心设备应具有轨道电路编发码、运行方向控制、信息采集（中继站）、站间安全信息传输和应答器报文的实时组帧、应答器报文编码及发送等功能。相邻杭州东站沪杭长场、杭州南站杭甬场、杭州南杭甬线路所、义乌普速场、东孝站、横岗站、南昌西站向莆场、南昌西动车运用所、长沙南站武广场、长沙动车所既有 TCC 设备结合本工程修改。

区间闭塞制式，新建正线、联络线和动车组走行线采用四显示自动闭塞，按双线双向运行，正向采用追踪间隔运行、反向采用自动站间闭塞行车。正线区间不设地面通过信号机、设信号标志牌，列车运行以列控车载设备显示作为行车凭证。动车组走行线设地面通过信号机。

既有武广客运专线动车走行线维持双方向四显示自动闭塞，按原标准结合本次工程进行修改。相关既有线改造维持既有四显示自动闭塞标准，设区间地面通过信号机。

杭州东站至长沙南站正线区间采用 ZPW-2000 系列无绝缘轨道电路，其发送设备采用 1+1 热备冗余配置，接收设备采用双机并联运用的冗余方式。动车组走行线采用 ZPW-2000 无绝缘轨道电路。相关既有线改造按原标准采用 ZPW-2000A 型无绝缘轨道电路。

区间 ZPW-2000 系列轨道电路干线电缆采用铝护套数字信号电缆，其他采用综合护套数字信号电缆。

新设信号集中监测系统，在杭州、南昌、长沙电务段新设信号集中监测中心，既有电务段监测系统基层网并入新建的集中监测中心系统，并新设数据库服务器、应用服务器、接口服务器、网络管理服务器、防病毒服务器、网络通信设备、网络安全设备、电源设备、通信前置机、维护工作站、监测终端等。新建联锁设备的车站（场、所）和信号中继站设集中监测分机设备，综合维修车间、工区设监测终端。通过集中维护专用网，按隶属范围纳入电务段集中监测中心系统。既有线及相关工程的杭州动车运用所杭长场、衢州东站、弋阳站普速场、上饶站普速场、宜春东站普速场新设车站集中监测分机设备、其他既有站均在既有设备基础上进行修改及调试。杭州东站沪杭长场、杭州南站杭甬场、杭州南杭甬线路所、义乌站普速场、东孝站、横岗站、南昌西站向莆场、南昌动车运用所存车场、长沙南站武广场、长沙动车运用所存车场在既有集中监测分机设备的基础上结合本线接入进行修改。向塘站、莲塘站、南昌南站、南昌站在既有集中监测分机设备基础上进行与列控系统接口的修改。实现对列控设备、联锁设备、轨道电路和电源屏等信号基础等设备的实时监控。

新设综合接地系统,沿铁路两侧各敷设1条截面为70 mm^2的铜质贯通地线,在电气特性上全程贯通,接地电阻应不大于1 Ω。沿线轨道旁信号设备应做好安全接地措施,并就近等电位接入贯通地线。

新建车站(线路所、中继站)信号设备机房设防雷电、电磁兼容和综合防护系统。新建房屋按规定统筹考虑信号房屋屋顶避雷网、避雷带、引下线、接地端子和接地汇聚等法拉第笼屏蔽设计,设备机房设完善的法拉第笼屏蔽,并充分利用混凝土框架结构金属导体接地。信号设计要考虑室内信号设备防雷保安器、分线防雷柜及室内设备箱盒、柜体等的等电位连接,以及与综合接地系统的等电位连接。涉及既有线改造的各站(场、所),根据工程改造情况,接入既有信号设备防雷电、电磁兼容和综合防护系统。

新设杭州东、上饶、新余北综合维修车间,利用既有长沙南车间进行补强,在诸暨、金华西、衢州、上饶、鹰潭北、高安、新余北、萍乡北、醴陵北设综合维修工区,在义乌、龙游、江山、玉山南、弋阳、进贤南、宜春东设综合保养点。其他车站及线路所设信号值班工区。

参加杭长客运专线线路工程施工的有中铁四局、中铁十六局、中国港湾工程有限公司、中铁十九局集团,中国港湾工程有限公司等单位。中铁电气化局集团有限公司等单位承担"四电"系统集成工程的施工任务。

杭长客运专线线路工程于2009年12月22日开工,电气化工程于2013年4月18日开工。2013年7月15日江西段开始铺轨,2013年10月24日圆满完成该段的铺轨任务;2013年10月23日浙江段开始铺轨,2014年4月13日圆满完成该段的铺轨任务;2013年10月24日湖南段开始铺轨,2014年4月30日圆满完成该段的铺轨任务。2014年3月7日江西段开始联调联试,2014年10月27日完成杭州东至南昌西站的拉通试验。2014年9月16日南昌西至长沙南段通车,2014年12月10日杭州东至南昌西段通车。

5.4　沪昆客运专线长沙至昆明段

新建沪昆客运专线长沙至昆明段是沪昆客运专线的西段,自东向西贯通湖南、贵州、云南3省,东起湖南省长沙市长沙南站,向西偏南途经湘潭、韶山、娄底、新化、怀化、新晃后进入贵州省,经玉屏、凯里至贵阳,后经安顺、盘州市进入云南省,经富源、曲靖、嵩明至云南省昆明市昆明南站,正线全长1 158 km(图5.4)。全段设有长沙南、湘潭北、韶山南、娄底南、邵阳北、新化南、溆浦南、怀化南、芷江北、新晃西、玉屏东、三穗、凯里南、贵定北、贵阳东、贵阳北、清镇东、平坝南、安顺西、关岭、普安、盘州市、富源北、曲靖北、嵩明和昆明南等车站。其中长沙南、贵阳北和昆明南为始发站,其他车站为中间站。工程范围还包括新建本线与娄邵铁路技改上下行联络线12.18 km,与昆明枢纽环线间上下行联络线

6. 37 km,新建昆明南站动车组运用所及动车组运用所至昆明南站出入段线合计 8. 78 km,长沙、怀化、贵阳、昆明等枢纽配套工程。新建沪昆客运专线是我国《综合交通网中长期发展规划》中"四纵四横"铁路网主骨架中的横向通道之一,是长三角、珠三角等沿海经济发达地区向西南内陆地区进行经济辐射的主要轴线。是四川、重庆、西藏等西南各省通往华南沿海及华东、中南地区的主要通道之一,是西南地区矿产资源开发外运的主要通道,也是西南地区旅游资源开发和经济社会全面发展的生命线之一,在区域综合交通运输体系中作用巨大。

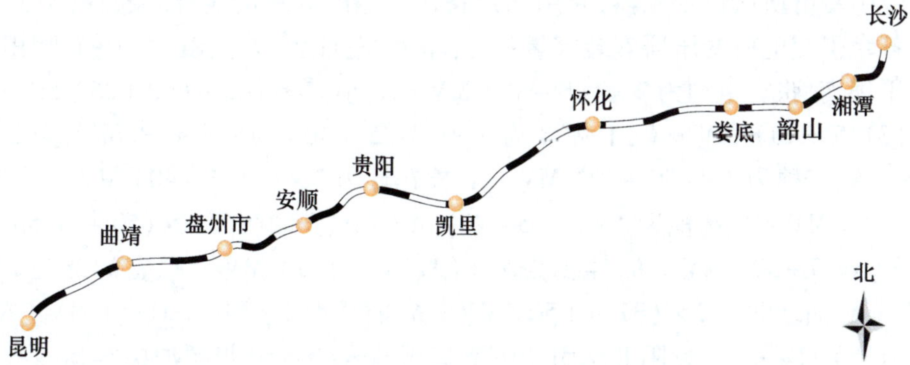

图 5. 4　沪昆客运专线长沙至昆明段示意图

沪昆客运专线长沙至昆明段的建设单位,分别是沪昆铁路客运专线湖南、贵州和云南有限责任公司,设计单位是中铁二院工程集团有限责任公司、中铁第四勘察设计院集团有限公司。线路主要技术标准:铁路等级,客运专线;正线数目,双线;最大坡度,20‰、个别地段 30‰;最小曲线半径,4 000 m;到发线有效长度,650 m;速度目标值,250 km/h,基础设施预留进一步提速的条件;列车运行控制方式,自动控制;行车指挥方式,综合调度集中;牵引种类,电力牵引(AT 供电方式);列车类型,电动车组。

5.4.1　电气化工程

牵引供电系统,正线采用 AT 供电方式,联络线、存车线、动车走行线等采用带回流线的直接供电方式。

全段新设九华乡、花坪乡、万宝镇、坪上镇、鸭田镇、小横垄、新建乡、罗旧乡、上坪乡、玉屏东、三穗、棉花坪、凯里南、黄丝、高枧、平坝南、安顺西、关岭、捧古、张官屯、富源北、曲靖北、旧县、小哨等 AT 牵引变电所;利用贵广铁路工程中所建的贵阳北 AT 牵引变电所、云桂铁路工程所建的昆明南 AT 牵引变电所给本线供电。其中小哨牵引变电所预留给渝昆铁路供电条件。新设昆明南动车运用所开闭所,将云桂铁路工程所建的给动车组运用所供电的 1 回馈线改作新建开闭所的进线电源,另 1 回进线电源由就近的接触网引入。新设古湖塘、阳坪村、山下村、枫木塘、大宗坪、中寨、坡脚隧道、格冲、茅坪山、定坪等 25 座 AT 分区所;新建许兴村、陈家坝、韶南村、新民村、扇板屋、规埠村、泉冲村、大田村、费家田村、熊家垅、蔡家垅、炉子坡、水竹坪、马头坡、胜秉、龙寨、红州厂、沙飘、青山、沙坪隧道、铜鼓山、小岩头等 43 座 AT 所。为铜玉铁路供电的玉屏东牵引变电所 27. 5 kV 馈线设备等纳入本工程统筹设计,同步实施。

新建牵引变电所引入2路220 kV电源供电,220 kV电源侧采用线路变压器组接线,电气设备采用户外单体中式布置;27.5 kV侧采用单母线分段接线,牵引变电所、分区所、AT所、开闭所27.5 kV、2×27.5 kV侧配电装置一般采用户外单体中式布置,27.5 kV、2×27.5 kV侧开关设备采用室内布置,采用六氟化硫气体绝缘开关柜。隧道内分区所、AT所2×27.5 kV侧配电装置采用GIS充气柜布置,场坪条件困难地段的所亭27.5 kV、2×27.5 kV侧配电装置也可采用GIS充气柜布置。

新建牵引变电所所设变压器,采用固定备用、三相V/X接线、油浸自冷方式,预留风冷条件。各牵引变电所变压器安装容量为:九华乡、花坪乡、万宝镇、坪上镇、鸭田镇、新建乡、黄丝、平坝南、张官屯均为2×(40+40) MV·A,小横垄为2×(40+25) MV·A、罗旧乡为2×(31.5+40) MV·A、上坪乡为2×(31.5+40) MV·A、玉屏东为2×(50+31.5) MV·A、三穗为2×(50+40) MV·A、棉花坪为2×(31.5+40) MV·A、凯里南为2×(31.5+50) MV·A、高枧为2×(31.5+40) MV·A、安顺西为2×(50+31.5) MV·A、关岭为2×(31.5+50) MV·A、捧古为2×(31.5+31.5) MV·A、富源北为2×(50+31.5) MV·A、曲靖北为2×(31.5+50) MV·A、旧县为2×(40+31.5) MV·A、小哨为2×(50+31.5) MV·A。贵阳北牵引变电所变压器安装容量兼顾沪昆客运专线、贵广铁路、渝黔铁路、成贵铁路等近期负荷的情况,并由贵广铁路工程统一调整。

牵引变电所、分区所、AT所采用微机保护和综合自动化系统,按无人值班设计,牵引变电所适当考虑值守条件。根据电力部门要求,牵引变电所设220 kV电源信息直采直送设施。牵引供电设施远动调度和维修管理按综合SCADA系统设计,按管辖范围分别纳入广州铁路(集团)、成都铁路局和昆明铁路局电力调度所。调度台采用牵引供电调度和电力调度合台设置。

接触网悬挂,正线采用全补偿弹性链型悬挂,其他线路采用全补偿简单链型悬挂,接触悬挂结构高度:露天区段为1 600 mm、隧道内不小于1 100 mm。正线接触线采用150 mm^{2}的铜合金导线,张力不小于28.5 kN,承力索采用120 mm^{2}的铜合金绞线,张力不小于21 kN;站线接触线采用120 mm^{2}的铜合金导线,承力索采用95 mm^{2}的铜合金绞线。接触导线悬挂高度一般为5 300 mm。与正线相交的道岔采用无交叉线岔方式、与非正线交叉的道岔采用交叉线岔方式。正馈线、保护线等附加导线采用铝包钢芯铝绞线。

全段接触网绝缘泄漏距离不小于1 400 mm,严重污秽地区适当加强绝缘。正线腕臂采用抗弯强度不小于16 kN的棒式绝缘子。车站无柱雨棚地段、特别污秽区段、跨线建筑物附近、绝缘转换柱、隧道内、隧道口、分段绝缘器处及下锚处采用合成绝缘子。正馈线、架空供电线采用悬式瓷绝缘子。电分相采用带中性段空气间隙绝缘的双断口或多断口锚段关节式,尽量避免设在大坡道、列车出站加速区段及线路限速低速区段。在AT所附近设绝缘锚段关节、并设双极电动隔离开关;牵引变电所处上网开关采用单极电动隔离开关,AT分区所和AT所处上网开关采用双极电动隔离开关,电动隔离开关均纳入远动系统。

接触网支柱,路基区段的腕臂柱一般采用H型钢柱,车站及多线并行区段线间距许可时采用线间立柱,线间距不允许时可采用新型硬横梁。硬横梁支柱采用钢管柱。支柱高度选取按柱顶外露距离不大于 300 mm 控制。

接触网支柱标准跨距一般为 50 m,最大不超过 60 m。锚段关节一般采用五跨关节、困难情况下采用四跨关节。正线锚段长度一般不大于 1 500 m,隧道内不大于 700 m。站线全补偿锚段长度一般不大于 1 600 m,附加线锚段长度一般不大于 2 000 m。

接触网下锚补偿一般采用棘轮加铁坠砣补偿装置。车站正线、站线采用棘轮补偿装置,其他线路采用滑轮组补偿。隧道外坠砣采用圆形铁坠砣组,隧道内采用满足安装空间要求的带滑轮框架矩形铁坠砣组。下锚补偿装置采用满足规定的防腐措施和防卡滞措施,补偿效率达到 97% 以上。

在综合车间内设供电车间,在综合工区内设供电工区,负责本线牵引供电设施的运营维护工作,同时兼顾负责电力设施的运营维护和管理。

5.4.2　电力工程

全段新设 1 条一级负荷 10 kV 贯通线和 1 条综合负荷 10 kV 贯通线。新建 10 kV 贯通线采用电缆敷设。全段新设湘潭北、韶山南、娄底南、邵阳北、新化南、溆浦南、怀化南、芷江北、新晃西、玉屏东、三穗、棉花坪(区间 DK528 + 800)、凯里南、贵定北、贵阳东、清镇东、平坝南、安顺西、关岭、捧古(区间 DK898 + 500)、普安、盘州市、富源北、曲靖北、区间 DK1082 + 500、嵩明等 10 kV 配电所。利用云桂铁路工程所建的昆明南 10 kV 配电所、武广客运专线的既有边山 10 kV 配电所给本线供电。

新建 10 kV 配电所一般引入 2 路地方电源供电。无条件引入第二路电源的、暂引入一路电源,预留引入第二路电源的土建条件。

设有 10 kV 配电所的车站其用电负荷由配电所站馈线供电;没设 10 kV 配电所的车站其用电负荷从地方接引电源供电。通信信号等一级负荷设 10/0.4 kV 变电所供电,分别由一级负荷 10 kV 贯通线和综合负荷 10 kV 贯通线提供主备用电源。

区间通信基站、光纤直放站、信号中继站、线路所设 10/0.4 kV 变电所或箱式变电站供电,电源引自 2 路 10 kV 贯通线。

区间其他用电负荷,根据负荷性质和分布情况,在用电负荷集中处分别设 10/0.4 kV 变电所或箱式变电站供电,电源引自 10 kV 贯通线。

新建 10 kV 配电所采用微机保护和综合自动化系统,按无人值班考虑。全段设电力远动系统,按综合 SCADA 系统设计,按管辖范围分别纳入广州铁路(集团)、成都铁路局和昆明铁路局电力调度所管理。电力设施运营维护由供电工区负责。

5.4.3　通信工程

长途通信线路采用 2 条 32 芯单模通信光缆,分别沿铁路两侧电缆槽道敷设。娄底南站至娄底既有通信车间、怀化南站至既有怀化通信站各敷设 1 条 24 芯单模通信光缆。娄底南站至娄邵铁路技改新设的线路所沿区间线路两侧各敷设 1 条 24 芯单模通信光缆。各联络线根据需要新设 1 条 32 芯单模通信光缆,以满足信号系统、GSM-R 移动通信系统及传输系统互联的需要。全线 5 km 及以上隧道内两侧各敷设 1 条 3 ×4 ×0. 9 低频对称电化电缆。到区间光纤直放站、综合视频监控系统采集点及站内信息用户接入点单独敷设不同容量的光纤。其中贵阳北至昆明南段为满足综合视频监控系统组网的需要,此段区间新设 1 条 24 芯光缆。

传输系统,全段新设 SDH 10 Gbit/s 长途骨干及汇聚层传输系统。沿线各车站设 SDH 10 Gbit/s ADM 传输设备,利用新建的 2 条光缆构成复用段 1 +1 保护。

新设 SDH 2. 5 Gbit/s 车站中继层传输系统,各车站新设 SDH 2. 5 Gbit/s 传输接入设备。利用新建的 2 条光缆构成复用段 1 +1 保护。娄底南站至娄底既有通信车间、怀化南站至既有怀化通信站新设 SDH 2. 5 Gbit/s 传输系统。

在湘潭北站新设的 SDH 10 Gbit/s ADM 设备和 SDH 2. 5 Gbit/s ADM 设备与长沙南站设置的 SDH 10 Gbit/s ADM 设备和 SDH 2. 5 Gbit/s ADM 设备之间通过 SDH 10 Gbit/s 光接口和 SDH 2. 5 Gbit/s 光接口互联。

本段新设传输系统在贵阳枢纽与贵阳枢纽东北环设置的 SDH 10 Gbit/s 系统相接,实现与既有传输设备的互联互通。贵阳至成都的传输通道利用成都铁路局所建的光传送网(OTN)局干环传输系统,接入成都铁路局调度所。利用武广客运专线 SDH 10 Gbit/s 传输系统、广州枢纽 SDH 10 Gbit/s 传输系统环、广州铁路(集团)调度所工程 SDH 10 Gbit/s 传输系统,并将本线通道接入广州铁路(集团)调度所。本线进入昆明枢纽后,利用昆明枢纽的 SDH 10 Gbit/s ADM 干线传输设备,与既有传输设备互联互通,昆明南至昆明铁路局调度所所需通道利用云桂铁路工程所建的传输系统。

新设区间 SDH 622 Mbit/s 接入网系统,沿线区间通信基站、牵引变电所、分区所、AT 所、信号中继站等信息点设 SDH 622 Mbit/s 接入设备。两车站之间所设的 SDH 622 Mbit/s 接入设备,按区间通信基站组建 2 个 2 纤复用段保护环、信号及牵引供电用户组建 1 个 2 纤复用段保护环,接入车站 SDH 2. 5 Gbit/s 传输接入设备。站内综合维修车间(工区)、电力变配电所、站房等处新设 SDH 622 Mbit/s 接入设备,接入车站通信机械室 SDH 2. 5 Gbit/s 传输接入系统。

娄底工务段和怀化工务段、电务段、信息分所、公安处新设 SDH 622 Mbit/s 传输接入设备,满足各业务信息的传输需要。本线至广州铁路(集团)调度所、广州工务处、电务处、信息所、公安处的传输通道由杭长段传输系统解决。本线至长沙工务段、电务段、信息分所、公安处、通信站、供电车间的传输通道由杭长段传输系统解决。区间箱式变电站与邻近 GSM-R 通信基站(车站)间所需的远动通道,通过光纤采用 FE 接口连通。

新设数据通信网,利用昆明铁路局、成都铁路局和广州铁路(集团)既有核心路由器。怀化南、贵阳北、昆明南站新设汇聚路由器,利用杭长段在长沙南设置的汇聚路由器。沿线各车站设接入路由器和接入层交换机,负责本地数据的接入及交换。接入路由器之间、接入路由器与汇聚路由器之间采用 SDH 155 Mbit/s 通道互联构成环形网。汇聚路由器之间通过 GE 光接口互联,汇聚路由器与归属核心路由器之间采用 SDH 155 Mbit/s 通道互联,实现数据业务的接入、转发与汇聚。

昆明、成都通信站及长沙南新设数据网网管设备,既有娄底通信车间、怀化通信站、贵阳北、昆明南通信站新设数据网业务网管复示终端，分别对管辖范围内数据网及设备进行统一管理。

电话交换系统，利用长沙、娄底、怀化、贵阳、凯里及昆明南等处的既有程控电话交换机，根据需要增加 V5.2 接口板。怀化通信站、娄底通信车间及贵阳北、凯里、昆明南等通信站新设光线路终端设备（OLT），利用杭长段在长沙通信站新设的 OLT 设备。沿线各车站、动车所、信号中继站、综合维修车间（工区）、牵引变电所、分区所、AT 所、电力配电所等处新设光网络单元（ONU）。沿线新设自动电话用户通过 ONU 设备及接入网系统，根据隶属范围分别接入 OLT 设备和既有铁路电话交换机。通过统一编号组网，实现与既有铁路电话专网的互通。

新设数字调度通信系统，利用广州铁路（集团）调度所既有调度通信交换机，根据实际需要扩容接口。成都铁路局、昆明铁路局调度所各新设 1 套调度通信交换机。沿线各车站新设车站调度通信交换机和调度分机，按照管辖范围和调度区划分分别接入铁路局调度所调度通信交换机和调度通信系统。各铁路局新设列车调度台，并配套设置相应的调度员操作终端，负责列车运输调度工作。通过将调度所调度通信交换机与 GSM-R 移动通信交换机相联，实现有线与无线调度电话的互通。

新设 GSM-R 移动通信系统，利用广州、成都、昆明的既有 GSM-R 移动通信核心网设施，在长沙南、贵阳北、昆明南新设基站控制器（BSC）等设备，沿线设通信基站（BTS），采用单层交织冗余覆盖方式组网。区间弱场区采用光纤直放站、漏泄电缆和天线方式增强，并设漏缆监测系统，以满足无线场强的覆盖和信息传输的需要，完成调度通信、调度命令、车次号校核信息传送等功能。

长昆段与武广客运专线并线区段的 GSM-R 移动通信系统场强覆盖、通信基站布置和频率分布，应根据各铁路线需要统筹考虑。结合工程建设需要优化贵阳、昆明枢纽内 GSM-R 移动通信系统基站布置、频率分布等方案，并新设 GSM-R 移动通信接口监测系统。

通信电源，各新建车站通信机械室设 48 V 高频开关电源和蓄电池及 UPS 不间断电源。新设通信电源和通信信号机房环境监控系统。

新设应急通信指挥系统，利用广州、成都、昆明铁路客专调度所既有应急通信指挥中心设备，根据需要进行扩容。在娄底南、新化南、怀化南、玉屏东、凯里南、贵阳北等综合维修工区分别新设应急通信现场事故抢险设备。按照管辖和隶属范围将现场采集到的语音、数据、图像等业务信息通过有线或无线方式传送到区间接入点，再通过传输系统传送到应急通信指挥中心，建立起应急通信指挥中心与事故现场间的应急通信网络。

5 km 及以上隧道新设紧急电话系统，在避车洞、隧道内紧急出口、避难所设紧急电话终端和广播设备，通过隧道内敷设的电缆接入隧道紧急电话系统。并在隧道口、隧道内紧急出口、避难所设视频采集点和设备，利用新设光缆通过临近通信接入点接入综合视频监控系统。纳入铁路局应急救援指挥中心。

新设会议电视系统，利用广州、成都、昆明铁路调度所既有会议电视中心系统，利用昆明的既有会议电视控制设备（MCU），广州、贵阳新设会议电视控制设备（MCU）。各车站新设会议电视系统分会场设备,按照管辖范围分别接入铁路局既有会议电视中心系统。

5.4.4 信号工程

车站联锁,长沙南西北线路所至小团山线路所各车站(场、所,含昆明南动车运用所)新设硬件安全冗余型计算机联锁设备和信号智能电源屏及 UPS 不间断电源。正线车站所建综合维修工区道岔统一纳入临近车站联锁设备控制。所建计算机联锁设备并应满足与 CTC、列控中心、无线闭塞中心(RBC)等设备的接口和信息交换要求,为信号集中监测系统提供相关信息。

根据车站(场、所)道岔设计类型,配备相应的道岔转辙设备,并采用断电保护措施。正线上的道岔采用外锁闭、多机分线、分别控制方式,并实现挤岔监督报警功能。正线上通过时速 160 km 及以上的道岔尖轨设密贴检查器,高速车站 (场、所)道岔设转辙机缺口报警装置。将信息纳入信号集中监测系统。动车组列车进路道岔(含其带动道岔)设道岔融雪设备。

长沙南西北线路所至小团山线路所各正线车站(场、所)站内采用与区间相同制式的 ZPW-2000 机械绝缘移频轨道电路,其发送设备按 1 +1 冗余配置、接收设备采用双机并用方式。维修工区岔线、存车线、停留线等采用高压不对称脉冲轨道电路,为解决其分路不良,应采取钢轨喷涂处理等技术措施。

车站站内 ZPW-2000 轨道电路采用数字信号电缆,分支电缆采用非数字信号电缆。车站联锁室外设备所用电缆采用铝护套信号电缆,其他采用综合护套信号电缆。

列车调度指挥系统,采用分散自律型调度集中(CTC)系统,长沙南西北线路所至小团山线路所各车站及昆明南动车组运用所设 CTC 车站分机设备和通道质量监督设备,各车站所设的 CTC 分机设备采用四级信息安全等级保护标准。按照铁路局属地管理调度指挥的要求,分别纳入成都铁路局、昆明铁路局和广州铁路(集团)调度所 CTC 总机系统,并在成都铁路局、昆明铁路局和广州铁路(集团)调度所分别增设应用、通信服务器和接口服务器以及与 GSM-R 移动通信接口服务器。根据需要对既有中心数据库服务器进行扩容修改,对网络安全、通道质量监督中心接入设备进行修改。成都铁路局管内线路分段开通,后期接入的线路,利用成都铁路局调度所新建调度系统工程备用接入设备进行联调联试后,并入 CTC 总机系统。广州铁路(集团)、成都铁路局调度所各新设 2 套长昆客运专线列车调度台设备,昆明铁路局调度所新设 1 套列车调度台设备。贵阳枢纽、昆明枢纽利用枢纽相关工程设置的列车调度台设备。进行本线段的行车调度和管理。

列车运行控制系统,长沙南西北线路所至昆明南采用 CTCS-3 级列控系统,并将 CTCS-2 级作为高速动车组降级后用列控系统。昆明南动车组运用所与昆明南采用 CTCS-2 级列控系统。在长昆段与杭长段、武广客运专线 CTCS-3 级列控系统衔接处,应实现与杭长段、武广客运专线 CTCS-3 级列控系统互联互通。娄邵联络线采用 CTCS-2 级列控系统。在娄邵联络线与本线正线接轨附近设 CTCS-3/2 级转换应答器组。

广州铁路(集团)和成都铁路局、昆明铁路局管内分别设 3 套、4 套和 2 套无线闭塞中心(RBC)设备,分别设在长沙南、贵阳北和昆明南站的设备机房内。根据各铁路局列车调度台设置方案，广州铁路(集团)、成都铁路局、昆明铁路局分别新设 2 套、2 套、1 套临时限速服务器负责本线段的临时限速管理。沿线各车站（所）和信号中继站设信号安全数据网、列控中心、有源应答器及其编码单元(LEU)、无源应答器等设备。所设的列控中心设备应具有轨道电路编发码、运行方向控制、信息采集(中继站)、站间安全信息传输及应答器报文的实时组帧、应答器报文存储和调用等功能。

区间闭塞制式，新建正线采用四显示自动闭塞，按双线双向运行，正向采用追踪间隔运行、反向采用自动站间闭塞行车。正线区间不设地面通过信号机、设信号标志牌，列车运行以列控车载设备显示作为行车凭证。

新建正线区间采用 ZPW-2000 系列无绝缘轨道电路，其发送设备采用 1 + 1 热备冗余配置，接收设备采用双机并联运用冗余配置。

区间轨道电路干线电缆采用铝护套数字信号电缆，其他采用综合护套铁路数字信号电缆。

信号集中监测系统，在怀化电务段新设信号集中监测总机设备，长沙、昆明、贵阳电务段利用相关工程设置的信号集中监测总机系统，配备相应的数据库服务器、应用服务器、接口服务器、网络管理服务器、防病毒服务器、网络通信设备、网络安全设备等。新建计算机联锁设备的车站(所)和信号中继站设集中监测分机设备。在新建综合维修车间、维修车间、维修工区和信号值班工区设集中监测终端。按隶属和管辖范围通过监测网络分别接入电务段信号集中监测总机系统，实现对车站列控设备、联锁设备、电源屏、轨道电路、安全数据网络等工作状态信息进行采集和实时监控。

综合接地系统，沿铁路两侧分别敷设 1 条贯通地线，新建贯通地线采用截面为 70 mm^2的铜质电缆，在电气特性上全程贯通，接地电阻不大于 1 Ω，并构成等电位连接。沿娄邵联络线两侧各敷设 1 条截面为 35 mm^2的铜质贯通地线，双线并行地段构成等电位连接。沿线轨旁信号设备做好安全接地，并就近等电位接入贯通地线。

沿线新建信号设备房屋设防雷电、电磁兼容和综合接地防护系统。并充分利用房屋混凝土框架结构金属导体接地。信号室内设备采用防雷保安器、分线防雷柜，其箱盒、柜体等电位连接，并与综合接地系统等电位连接。涉及既有线改造的信号设备房屋应结合工程改造，接入既有信号设备防雷电、电磁兼容和综合接地防护系统。

全段设 5 个信号维修车间，既有长沙信号车间适当增加检修能力，各车站设信号工区，负责信号设施的运营维护和管理。

5.4.5　防灾及异物侵限监测系统

按照《高速铁路自然灾害及异物侵限监测系统总体技术方案(暂行)》(TJ/GW 088—2013)要求，设风速风向、雨量、雪深、地震等自然灾害及异物侵限监测系统，在成都铁路局、昆明铁路局和广州铁路(集团)调度所设防灾监测中心系统设备、并增设监测系统终端设备。在铁路局工务处，以及长沙、娄底、怀化、凯里、贵阳、昆明工务段增设监测系统终端设备。

全段设 150 多处风速监测点，设备按冗余配置。在全段路基、隧道口等地段设 100 多处雨量监测点。在公路跨铁路立交桥设异物侵限监测点,监测设备按冗余配置。在沿线地震动峰值加速度大于等于0.1g 的地区,在所建牵引变电所、分区所、开闭所设地震监测点,设备按冗余配置。

根据调查资料,在积雪深度达到3 cm及以上的区段,设雪深监测点,监测点每50 km设1处,山区地段可适当增设。

参加长昆客运专线线路工程施工的有中国水利水电七局、中铁三局、中交股份、中交一公路局;中铁十七局和中铁二十四局联合体;中铁五局、中铁二十三局、中铁十四局、中铁二十局、中铁十三局、中铁大桥局集团等单位。中铁电气化局集团有限公司承担湖南、贵州段“四电”系统集成工程的施工任务。

线路工程于2010年3月26日开工,电气化工程于2013年10月22日开工。2015年12月25日云南段开始铺轨,2016年4月28日云南段正线钢轨全线铺通。电气化工程于2016年12月28日竣工。

长沙至怀化段于2014年12月16日开通,怀化至贵阳段于2015年6月18日开通,贵阳至昆明段于2016年12月28日开通,至此沪昆客运专线的杭州至昆明全线正式开通。

5.5 南广客运专线

新建南广客运专线,西起广西壮族自治区的南宁站,途经宾阳、贵港、梧州,广东省云浮、肇庆、佛山等市县,东到广州南站,跨桂、粤两省区,线路全长577.1 km(图5.5),其中广西壮族自治区内349.8 km,广东省内227.3 km。南宁至黎塘西段(线路长93.5 km)近期设南宁、南宁东、五塘及黎塘西共4个车站。其中南宁、南宁东为客运站,黎塘西为中间站,五塘为越行站。黎塘西至广州段(黎塘西至肇庆东线路长401.6 km、肇庆东至三眼桥与贵广铁路四线共线段长61.4 km)设覃塘北(预留)、根竹、贵港、厚禄、桂平、平南、永康(预留)、藤县、梧州南、郁南、南江口、云浮东、大湾、肇庆东(与贵广客运专线并线)、三水南、佛山西、奇槎、三眼桥、广州南等车站,其中厚禄、大湾站为越行站。藤县站预留办理货运条件,南江口站不办货运。工程范围还包括南宁东站、钦柳联络线及相关工程;广州枢纽、黎塘和贵港地区联络线及相关工程。新建南广铁路是连接我国西南与华南的快捷大通道,是华南沿海地区铁路通道的骨干线路,是未来华南地区的经济大动脉,更是广西经济腾飞的大平台,对于完善广西综合交通体系,促进广西融入泛珠三角区域合作,推动广西科学发展、和谐发展、跨越发展具有重大而深远的意义。

南广客运专线的建设单位是南广铁路有限责任公司、南宁铁路局和广州铁路(集团),设计单位是中铁二院工程集团有限责任公司、中铁第四勘察设计院集团有限公司、中铁工程设计咨询集团公司。线路主要技术标准:

南宁至黎塘西段:铁路等级,客运专线;正线数目,双线;直线地段线间距,4.6 m;最大坡度,12‰;最小曲线半径,5 500 m、南宁枢纽根据实际情况确定;到发线有效长度,650 m;设计行车速度,250 km/h;列车运行控制方式,自动控制;行车指挥方式,综合调度

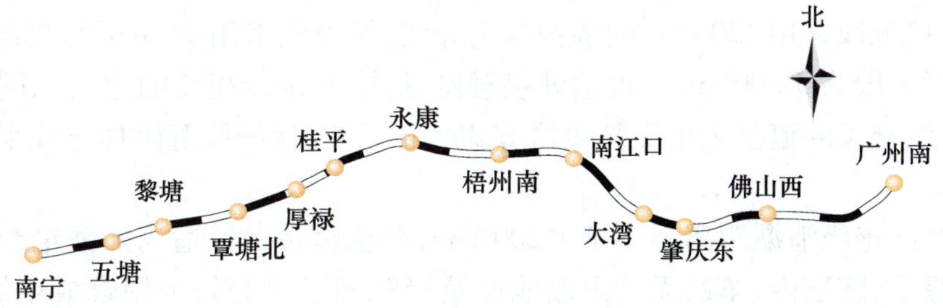

图 5.5　南广客运专线示意图

集中;牵引种类,电力牵引(AT 供电方式);列车类型,动车组、SS9。

黎塘西至广州段:铁路等级,Ⅰ级;正线数目,双线、其中肇庆东至三眼桥与贵广铁路四线共线;限制坡度,黎塘西至根竹 12‰、根竹至肇庆东 6‰;最小曲线半径,3 500 m;到发线有效长度,850 m(仅办理客运的车站 650 m);旅客列车设计行车速度,200 km/h、贵港地区和广州枢纽内根据实际情况确定;闭塞类型,自动闭塞;牵引种类,电力牵引(AT 供电方式);牵引质量,4 000 t;建筑限界,满足开行双层集装箱列车运输要求。

黎塘西至根竹为客运专线,仅运行客车,货车利用既有线运输,在贵港地区(根竹)上本线运行,根竹至肇庆东段为客货共线铁路。

5.5.1　南宁至黎塘西段

5.5.1.1　电气化工程

牵引供电系统采用 AT 供电方式。与湘桂铁路并行的南宁至黎塘西段,两条线路共设黎塘西、青高、屯里 3 座 AT 牵引变电所。新设洪村等 2 座 AT 分区所和 4 座 AT 所(分区所和 AT 所两条线路合建)。在供电臂中部 AT 所处设绝缘锚段关节式电分段,形成半个供电臂为一个停电单元。在 AT 所处的绝缘锚段关节设电动隔离开关。在电分相前后两侧设单极电动隔离开关。分区所、AT 所处的供电线采用电缆时在上网端设双极电动隔离开关,采用架空线时在上网端设双极手动隔离开关。电动隔离开关设监控单元,纳入远动系统。

新建牵引变电所引入 2 路 220 kV 电源供电,220 kV 电源侧采用分支接线,电气设备采用户外布置;27.5 kV 侧采用单母线分段接线,电气设备采用户外布置,场坪条件困难时可采用户内 GIS 布置。分区所、AT 所电气设备采用常规户外布置,当场坪受限时可采用箱式方案。

新建牵引变电所所设变压器,采用固定备用、V/V 接线、油浸自冷方式,预留风冷条件。各牵引变电所变压器安装容量:黎塘西为 2×(25 +40) MV·A、青高为 2(40 +40) MV·A、屯里为 2×(40 +31.5) MV·A。

牵引变电所、分区所、AT 所采用微机保护和综合自动化系统,按无人值班设计,牵引变电所适当考虑值守条件。全段新设电力调度及远动系统,纳入南宁铁路局电力调度所管理。

接触网采用全补偿简单链型悬挂,接触悬挂结构高度:露天区段为 1 600 mm、隧道内不小于1 100 mm。正线接触线采用150 mm^2的锡铜合金导线,承力索采用120 mm^2的铜合金绞线;站线接触线采用120 mm^2的锡铜合金导线,承力索采用95 mm^2的铜合金绞线。接触线悬挂高度一般为5 500 mm。道岔处接触网悬挂,与正线相交的道岔采用无交叉线岔方式,与非正线交叉的道岔采用交叉线岔方式。正馈线、保护线等附加导线采用铝包钢芯铝绞线。

全段接触网绝缘泄漏距离不小于1 200 mm,严重污秽地区适当加强绝缘。一般地段采用瓷质绝缘子,隧道内、车站无柱雨棚地段及接触网下锚等处采用合成绝缘子,绝缘子抗弯破坏荷重一般为12 kN。采用锚段关节式电分相,尽量避免设在大于6‰的坡道上。电分相处设电动隔离开关,并纳入远动。

接触网支柱,路基区段的腕臂柱一般采用预应力钢筋混凝土等径圆柱,桥上梁面立柱采用H型钢柱,梁面不能立柱时采用格构式钢柱,桥隧、桥与桥间较短路基地段采用H型钢柱,以保持支柱类型的连续性。车站咽喉区多线并行区段采用线间立柱或硬横梁,硬横梁一般采用新型钢管硬横梁。车站有雨棚地段的接触网支柱与雨棚柱合架,车站无柱雨棚地段采用线间立柱和利用雨棚柱悬挂接触网方案。

正线接触网支柱标准跨距一般为50 m,最大不超过55 m。锚段关节采用五跨关节。正线锚段长度一般不大于1 400 m;站线锚段长度一般不大于2×800 m;附加导线锚段长度一般不大于2 000 m。

接触网下锚补偿一般采用滑轮组补偿装置,桥上和设置防断中锚困难的锚段采用棘轮补偿装置。

该段与湘桂铁路柳南客运专线并行,接触网工程统筹设计。

牵引供电设施的运营维护,由综合维修供电部门统一负责,并兼顾电力设施的运营维护和管理。

5.5.1.2　电力工程

南宁至黎塘西新设1条一级负荷10 kV贯通线和1条综合负荷10 kV贯通线,与湘桂铁路柳南客运专线共用。其中南宁东至南宁段预留为云桂铁路的供电条件。新设10 kV贯通线采用电力电缆,沿铁路两侧敷设。

本段与湘桂铁路柳南客运专线新设黎塘西、五塘10 kV配电所,从地方电网接引10 kV电源供电。南宁东设10 kV开闭所和10/0.4 kV综合变电所,开闭所由车站220/10 kV变配电所提供3路10 kV电源,10/0.4 kV综合变电所由开闭所接引2路10 kV电源。新建10 kV配电所尽量与牵引变电所合建,其他配电所与车站综合楼合建。

车站用电负荷设室内10/0.4 kV变电所或箱式变电站供电,设有10 kV配电所的车站从10 kV配电所接引电源,没设10 kV配电所且负荷较大的车站从地方电网接引10 kV电源。

车站与行车有关的通信信号负荷设室内10/0.4 kV变电所供电,电源引自2路10 kV贯通线。

区间通信信号等一级负荷设箱式变电站供电,分别由一级负荷10 kV贯通线和综合负荷10 kV贯通线提供主备用电源。

区间用电负荷根据负荷性质和分布情况，在用电负荷集中处设 10/0.4 kV 变电所或箱式变电站供电。电源引自 10 kV 贯通线。

新建 10 kV 配电所采用微机保护和综合自动化系统，按无人值班设计。全段新设电力调度和远动系统，新增电力设施纳入南宁铁路局电力调度所管理。

5.5.1.3　通信工程

长途通信线路，利用湘桂铁路柳南客运专线工程所建的 2 条 40 芯单模通信光缆。

传输系统，南宁东至黎塘西新设 SDH 2.5 Gbit/s 长途骨干和本地中继传输系统。各车站设 SDH 2.5 Gbit/s 设备。利用新建 2 条光缆构成复用段保护。

利用湘桂铁路柳南客运专线工程所建的 SDH 622 Mbit/s 接入网系统、电话交换系统、数据网系统（在南宁东增设 2 台汇聚路由器）、调度通信系统、会议电视系统和应急通信系统。

GSM-R 移动通信系统，南宁至黎塘西利用湘桂铁路柳南客运专线工程所建的 GSM-R 移动通信系统，在南宁东新设基站控制器，在隧道区段设本线光纤直放站、漏泄电缆和天线增强场强覆盖，满足 GSM-R 移动通信系统组网和通信质量要求。并在南宁东新设无线子系统网管设备，接入南宁既有 GSM-R 移动通信核心网交换中心。

5.5.1.4　信号工程

南宁至黎塘西与湘桂铁路柳南客运专线并行，信号工程统筹设计。

车站联锁，南宁至黎塘西段各车站新设硬件安全冗余型计算机联锁设备和信号电源屏。

根据车站（场）道岔设计类型，配备相应的道岔转辙设备，18 号及以上号码道岔增设密贴检查装置，相关信息纳入信号集中监测系统。

黎塘西、五塘车站站内正线接发车进路及到发线采用与区间相同制式的 ZPW-2000 轨道电路，其发送和接收设备按冗余配置。南宁东站采用 97 型 25 Hz 相敏轨道电路，正线接发车进路电码化按预叠加、到发线股道按叠加发码设计，发码设备与区间设备一致，按冗余配置。

车站站内轨道电路干线电缆采用铝护套数字信号电缆，信号机和道岔干线电缆采用铝护套信号电缆，其他采用综合护套信号电缆。

行车指挥系统，南宁至黎塘西段采用调度集中（CTC）系统，各车站设 CTC 分机设备，纳入南宁铁路局调度所行车指挥系统集中控制。

列车运行控制系统，南宁至黎塘西段采用 CTCS-2 级列控系统，车载设备采用连续速度控制的模式。并应满足《客运专线 CTCS-2 级列控系统配置及运用技术原则（暂行）》（铁集成〔2007〕124 号）的要求。各车站和信号中继站设列控中心（TCC）、应答器及其编码单元（LEU）等设备，并应预留进一步提速的条件。所设列控中心应具有轨道电路编发码、运行方向控制、站间安全信息传输和应答器报文存储调用等功能。

区间闭塞制式，南宁至黎塘西段采用四显示自动闭塞，按双线双方向运行，正向采用追踪间隔运行、反向采用自动站间闭塞行车。

区间采用 ZPW-2000 系列无绝缘轨道电路。轨道电路发送和接收设备按冗余配置。

设区间通过信号机,其布点应满足设计速度目标值对轨道电路信息量的要求、满足轨道电路在不同线路环境下的传输长度,以减少区间轨道电路的分割。

新设信号集中监测系统,各车站设集中监测分机设备,为避免监测信息重复采集,充分利用车站联锁、CTC、列控中心、智能电源屏等设备和 ZPW-2000 轨道电路的自诊断监测功能,将监测到的信息与信号集中监测设备通过接口方式实现信息共享。

各车站信号设备房屋设防雷电、电磁兼容和综合接地防护系统。房建工程统筹考虑信号房屋的避雷网、避雷带、机房屏蔽、系统接地等防护和屏蔽措施。信号设备要设防雷保安器、防雷柜和室内设备箱盒,并接地与贯通地线等电位连接。

南宁至黎塘西段新设综合接地系统,沿铁路敷设贯通地线,在电气特性上全程贯通,接地电阻不大于 1 Ω。沿线轨道旁信号设备做好安全接地措施,并就近与贯通地线等电位连接。

5.5.2　黎塘西至广州段

5.5.2.1　电气化工程

牵引供电系统采用 AT 供电方式。全段新设居仕、贵港、桂平、武林、藤县、郁南、山头口、肇庆东等 AT 牵引变电所,新设黎塘西等 9 座 AT 分区所,新设黎塘西直供开闭所,新设 15 座 AT 所。其中居仕、贵港牵引变电所预留给黎湛铁路黎塘至贵港段的供电条件。

新建牵引变电所引入 2 路 220 kV 电源供电,220 kV 电源侧采用线路变压器组接线,电气设备采用户外布置;27.5 kV 侧采用单母线分段接线,电气设备采用户外布置。分区所、AT 所一般采用常规户内布置,在场坪受限时可采用箱式方案。

各新建牵引变电所变压器安装容量:居仕为 2 ×(25 + 31.5) MV · A、贵港为 2 ×(31.5 +25) MV · A、桂平为 2 ×(25 +25) MV · A、武林为 2 ×(20 +20) MV · A、藤县为 2 ×(20 +25) MV · A、郁南为 2 ×(25 +25) MV · A、山头口为 2 ×(25 +25) MV · A、肇庆东为 2 ×(25 +31.5) MV · A。

牵引变电所、开闭所、分区所采用微机保护和综合自动化系统,按无人值班设计,牵引变电所适当考虑值守条件。全线新设电力调度及远动系统,牵引供电设施按局界管辖范围分别纳入南宁铁路局电力调度所和广州铁路(集团)电力调度所管理。

接触网悬挂,采用全补偿简单链型悬挂,接触悬挂结构高度:露天区段为 1 600 mm、隧道内不小于 1 100 mm。正线接触线采用 150 mm^2 的锡铜合金导线,承力索采用 120 mm^2 的铜合金绞线;站线接触线采用 120 mm^2 的锡铜合金导线,承力索采用 95 mm^2 的铜合金绞线。黎塘西至贵港段接触线悬挂高度为 5 500 mm,贵港至肇庆东段接触线悬挂高度应满足通过双层集装箱列车的要求。道岔处接触网悬挂,与正线相交的道岔采用无交叉线岔方式,与非正线交叉的道岔采用交叉线岔方式。正馈线、保护线等附加导线采用铝包钢芯铝绞线。

接触网绝缘泄漏距离不小于 1 200 mm,严重污秽地区适当加强绝缘。一般区段采用瓷质绝缘子,隧道内、车站无站台柱雨棚地段和接触网下锚处等采用合成绝缘子,绝缘子抗弯破坏荷重一般为 12 kN。采用锚段关节式电分相,尽量避免设在大于 6‰的坡道上,绝缘关节、电分相处设电动隔离开关,并纳入远动。

接触网支柱,路基区段腕臂柱一般采用预应力钢筋混凝土等径圆柱,桥与隧、桥与桥间较短路基地段采用 H 型钢柱,桥上梁面立柱采用 H 型钢柱,梁面不能立柱时采用格构式钢柱,接触网支柱和基础容量适当考虑以后进一步提速的条件。车站及多线并行区段采用线间立柱或硬横梁,车站有雨棚的地段接触网支柱与雨棚柱合架。

正线接触网支柱标准跨距一般为 50 m,最大不超过 55 m。锚段关节采用五跨关节,正线锚段长度一般不大于 1 400 m。站线锚段长度一般不大于 2 × 800 m;附加导线锚段长度一般不大于 2 000 m。

接触网下锚补偿一般采用滑轮组补偿装置,桥上及设置防断中锚困难的锚段可采用棘轮补偿装置。

牵引供电设施运营维护由综合维修部门统一负责,具体运营维护工作由供电工区负责,供电工区同时兼顾负责电力设施的运营维护和管理。

5. 5. 2. 2　电力工程

全段新设 1 条一级负荷 10 kV 贯通线和 1 条综合负荷 10 kV 贯通线。新设 10 kV 贯通线采用电力电缆敷设。

全段新设桂平、平南、藤县、郁南、南江口、云浮东等 10 kV 配电所。利用湘桂铁路柳南客运专线工程所建的黎塘西 10 kV 配电所,改扩建既有贵港 10 kV 配电所,利用贵广铁路工程所建的肇庆东 10 kV 配电所,并增设相关设备给本段供电。新建 10 kV 配电所引入 2 路 10 kV 电源。并尽量与牵引变电所合建,其他 10 kV 配电所尽量与车站综合楼合建。

在车站设 10/0. 4 kV 室内变电所或箱式变电站给综合负荷供电,设有 10 kV 配电所的车站从配电所接引电源,没设 10 kV 配电所的车站从地方接引 1 路 10 kV 电源。

车站与行车有关的通信信号负荷设室内 10/0. 4 kV 变电所供电,电源引自 2 路 10 kV 贯通线。

区间通信信号等一级负荷设箱式变电站供电,分别由一级负荷 10 kV 贯通线和综合负荷 10 kV 贯通线提供主备用电源。

区间其他用电负荷,根据负荷性质和分布情况,在负荷集中处设箱式变电站供电。电源引自 10 kV 贯通线。

新建 10 kV 配电所采用微机保护和综合自动化系统,按无人值班设计。全线新设电力调度及远动系统,电力设施按局界管辖范围分别纳入柳州电力调度所和广州电力调度所管理。

5. 5. 2. 3　通信工程

长途通信线路,黎塘西至肇庆东新设 2 条 20 芯单模通信光缆,分别沿新建铁路两侧电缆槽道敷设。

传输系统,黎塘西至广州新设 SDH 2. 5 Gbit/s 长途骨干和本地中继传输系统,沿线办理客货运业务的主要车站设 SDH 2. 5 Gbit/s ADM 设备。利用新建 2 条光缆构成复用段保护。

黎塘西至肇庆东新设 SDH 622 Mbit/s 接入网系统,沿线车站、区间通信基站、牵引变电所和信号中继站等处设 SDH 622 Mbit/s 接入设备。站内信息用户接入点新设 SDH 622 Mbit/s 或 SDH 155 Mbit/s 接入网设备。

电话交换系统,利用南宁和广州的既有铁路电话交换机。全段新增自动电话用户按隶属范围分别接入南宁和广州既有电话交换机。通过统一编号组网,实现与既有铁路电话专网的互通。

数据网系统,黎塘西至肇庆东新设数据网。沿线车站各设 1 台接入路由器,分别接入南宁和广州汇聚节点,并上联至铁路局核心路由器。

黎塘西至肇庆东新设调度通信系统,利用广州铁路(集团)和南宁铁路局调度所的既有调度通信交换机,沿线车站设车站型调度通信交换机和调度分机,按管辖范围分别接入铁路局调度所的调度通信交换机和调度通信系统。

黎塘西至肇庆东新设 GSM-R 移动通信系统,利用南宁铁路局和广州铁路(集团)的既有 GSM-R 移动通信核心网设施,以及南宁东和广州的既有基站控制器(BSC)。沿线新设通信基站(BTS),按管辖范围分别接入南宁、广州的既有基站控制器和 GSM-R 交换机,采用单网覆盖方式组网。区间弱场区采用光纤直放站、漏泄电缆和天线方式增强,并解决隧道内的场强覆盖问题。完成调度通信、调度命令信息、无线车次号校核信息传送等功能。

通信电源,黎塘西至肇庆东沿线车站、区间通信基站和信号中继站等处新设 48 V 直流通信电源设备。黎塘西至肇庆东新设电源和环境监控系统,利用南宁、新广州的电源及环境监控系统中心设备,实现对通信电源设备和通信信号及信息机房等环境条件的监控。

新设应急通信指挥系统,利用南宁铁路局和广州铁路(集团)的既有应急通信指挥系统中心及设备。在贵港、平南及云浮东新设应急通信系统现场接入设备,按管辖范围分别接入铁路局应急通信指挥中心系统。

新设会议电视系统,利用南宁铁路局和广州铁路(集团)的既有会议电视系统中心设备,黎塘西至肇庆东沿线车站设会议电视系统分会场设备,按管辖范围分别接入铁路局既有会议电视中心系统。

5.5.2.4 信号工程

车站联锁,黎塘西至肇庆东各车站和既有贵港站新设硬件冗余型计算机联锁设备和信号电源屏,区间线路所道岔纳入邻站联锁设备控制。综合维修工区内道岔不纳入车站集中联锁,在进入车站的衔接处设防护调车信号机。

根据车站(场)道岔设计类型,配备相应的道岔转辙设备,18 号及以上道岔增设密贴检查装置,并将检查信息纳入信号集中监测系统。

沿线车站站内正线接发车进路和到发线采用与区间相同制式的 ZPW-2000 型轨道电路,其发送和接收设备按冗余配置。其余区段和既有贵港站站内采用 97 型 25 Hz 相敏轨道电路,既有贵港站维持既有正线接发车进路预叠加、到发线股道叠加发码方式,充分利用既有电码化设备和出站信号机。

车站站内轨道电路干线电缆采用铝护套数字信号电缆,信号机和道岔干线电缆采用铝护套信号电缆，其他采用综合护套信号电缆。

运输调度指挥系统，黎塘西至肇庆东新设调度集中（CTC）系统，沿线车站新设 CTC 分机设备，纳入南宁铁路局、广州铁路（集团）调度所集中管理和控制。并在铁路局调度所增设相应的应用和通信服务器设备。黎塘西至梧州南段新设 1 个行车调度台，纳入南宁铁路局调度所管辖。梧州南至肇庆东段纳入广州铁路（集团）调度所贵广铁路行车调度台管辖。并结合柳南客运专线、贵广铁路等相关工程实施。全线计划、客运和货运调度按管辖范围分别纳入南宁铁路局、广州铁路（集团）调度所既有相关调度台管辖。

列车运行控制系统，全段采用 CTCS-2 级列控系统，各车站和信号中继站设列控中心（TCC）、应答器及其编码单元（LEU）等设备，并应预留进一步提速的条件。所设列控中心应具有轨道电路编发码、运行方向控制、站间安全信息传输和应答器报文存储调用等功能。

区间闭塞制式，黎塘西至肇庆东采用四显示自动闭塞，按双线双方向运行，正向按追踪间隔运行，反向采用自动站间闭塞行车。

区间采用 ZPW-2000 系列无绝缘轨道电路，其发送和接收设备按冗余配置。设区间通过信号机，其布点应满足设计速度目标值对轨道电路信息量的要求、满足轨道电路在不同线路环境下的传输长度，以减少区间轨道电路的分割。

对占压既有黎湛线自动闭塞电缆径路需要迁移的电缆，更换为铝护套信号电缆，并预留电气化条件，既有区间设备和室内自动闭塞设备充分利旧。

新设信号集中监测系统，沿线各车站设集中监测分机设备，按管辖范围并纳入相关电务段信号集中监测中心系统。为避免重复采集监测信息，充分利用车站联锁、CTC、列控中心、智能电源屏等设备及 ZPW-2000 轨道电路的自诊断监测功能，并将监测信息与信号集中监测设备通过接口设备实现信息共享。

黎塘西至肇庆东新设综合接地系统，沿铁路敷设贯通地线，在电气特性上全程贯通，接地电阻应不大于 1 Ω。沿线轨道旁信号设备做好安全接地措施，并就近与贯通地线等电位连接。

沿线车站信号设备房屋设防雷电、电磁兼容和综合接地防护系统，与房建工程同步实施。机房的信号设备要设防雷保安器和防雷柜，室内设备箱盒和柜体等进行综合接地防护，并与贯通地线等电位连接。

参加线路工程施工的有中国水电七局、中铁大桥局集团、中铁二十局集团、中国水电集团路桥公司等单位。中铁电气化局集团等单位承担电力牵引供电、通信信号和电力工程的施工。

线路工程于 2008 年 11 月 9 日正式开工，四电工程于 2011 年 9 月 19 日开工。2012 年 5 月 30 开始铺轨，2013 年 9 月 15 日广西段全线铺通，2014 年 4 月 18 日广西段通车。2014 年 11 月 8 日，广东段开始联调联试，2014 年 12 月 6 日起试运行，2014 年 12 月 26 日全线正式开通运营。

5.6 大同至西安客运专线

新建大西铁路客运专线,北起山西省大同市大同南站,自北向南贯穿山西省中部,向南经山西省朔州市、忻州市、太原市、晋中市、临汾市、运城市,在山西永济市跨黄河进入陕西省渭南市,经临潼至西安北站,大致呈东北西南走向,正线全长859 km(图5.6),其中山西省内正线长706 km,陕西省内正线长153 km。原平西至西安北段正线长678.438 km,新建线路长668.504 km,太原枢纽利用既有铁路9.934 km。原平西至西安北段设有原平西、忻州西、阳曲西、太原南、晋中、太谷西、祁县东、平遥东、介休东、灵石东、霍州东、洪洞西、临汾西、襄汾西、侯马西、闻喜西、运城北、永济北、大荔、渭南北、西安北等车站。原平西至大同南段先期利用所建的北同蒲第三、第四线160 km。后期新建线路全长147.9 km,设有大同南、怀仁东、应县西、山阴西、朔州东和代县西等车站。工程范围还包括新建大西客专原平西站(不含,DK166+850)至北同蒲铁路应县至原平新建取直线岗上线路所(含,DK1152+850),线路长约18.77 km。以及太原枢纽、西安枢纽配套工程和大同地区相关工程。

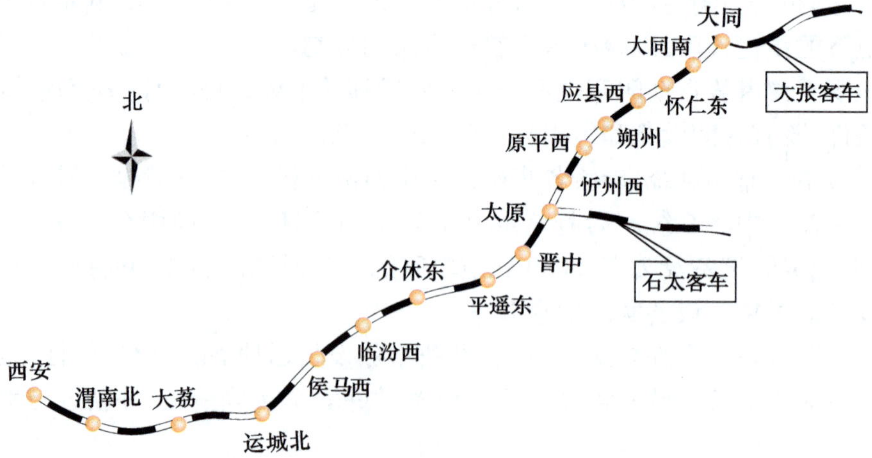

图5.6 大西客运专线示意图

大西客运专线通过与石太客运专线、太中银铁路、郑西和宝兰客运专线、西成客运专线的有效衔接,可以进一步拓展快速客运网的覆盖面,形成山西、陕西通往"八纵八横"的快速客运网,大大缩短区域内主要城市间的时空距离,满足日趋增长的旅客运输需求,对促进地方区域经济可持续发展将产生重要作用。

大西铁路客运专线的建设单位是大西铁路客运专线公司,设计单位是铁道第三勘察设计院集团有限公司、中铁第一勘察设计院集团有限公司。线路主要技术标准:铁路等级,客运专线;正线数目,双线;正线线间距,5.0 m;最大坡度,一般20‰、困难条件30‰;最小曲线半径,7 000 m;到发线有效长度,650 m;设计行车速度,250 km/h,预留进一步提速条件;列车运行控制方式,自动控制;行车指挥方式,综合调度集中;牵引种类,电力牵引(AT供电方式);列车类型,动车组。

5.6.1　原平西至西安北段

5.6.1.1　电气化工程

牵引供电系统,正线采用AT供电方式,枢纽内联络线、疏解线、动车走行线和运用所等采用直接供电方式。

全段新设忻州西、阳曲西、晋中、祁县东、介休东、霍州东、洪洞西、襄汾西、任家山、运城北、七级、双泉、交斜等13座牵引变电所。新设永兴庄、南山、西涧河、太原南、南郭、平遥东、军寨、下南沟、临汾西、侯马西、马乔、裴家营、廉庄、北荣华村、刘家庄等AT分区所。在太原南设分区所兼开闭所。在供电臂中部设AT所,分区所和AT所的设置位置按两侧供电能力均衡考虑。利用郑西客运专线建设的新临潼牵引变电所,在西安北牵引变电所增加馈线开关设备向本工程供电。

山西省内新建的牵引变电所引入2路220 kV电源供电、陕西省内新建的牵引变电所引入2路330 kV电源供电。新建阳曲西、运城北变电所220 kV电源侧采用单母线分段接线,其他牵引变电所330 kV和220 kV电源侧采用线路变压器组接线,330 kV、220 kV电源侧电气设备和牵引变压器采用室外布置,主导流设备考虑远期发展的需要;2×27.5 kV侧电气设备采用户外分体式布置,2×27.5 kV上下行线路馈线开关设备互相备用。选址困难的牵引变电所、分区所、AT所,采用阶梯形布置或采用六氟化硫气体绝缘开关柜。利用郑西客运专线新临潼牵引变电所增设的设备维持原设计标准。

牵引变压器的选型尽量减少所设电分相的数量,在电力系统容量较大或通过换相接线达到三相平衡、电力系统条件允许的情况下,优先采用单相变压器供电,不具备上述条件的牵引变电所采用三相V/V接线变压器。新建牵引变电所设4台变压器、分成2组,采用固定备用、油浸自冷方式,预留风冷条件。各牵引变电所变压器安装容量:忻州西、阳曲西、晋中、祁县东为2×(25+25) MV·A,霍州东、洪洞西、襄汾西、任家山为2×(31.5+31.5) MV·A,介休东、运城北为2×(25+31.5) MV·A,七级、交斜为2×(20+20) MV·A,双泉为2×(25+20) MV·A。利用郑西客运专线所建的新临潼牵引变电所其变压器容量维持既有,根据运量增长情况适时更换。

分区所、AT所所设的自耦变压器采用固定备用方式,自耦变压器安装容量应满足客运量增长的需要。AT所上下行并联开关采用电动隔离开关。

牵引变电所、分区所、AT所自用交流电源,一路接引10 kV电力贯通线,一路接引所内27.5 kV母线电源。

新建牵引变电所、分区所、AT所按无人值班设计,牵引变电所适当考虑值守条件。设客运专线综合SCADA系统,对全线牵引供电设施和电力供电设施进行集中监控。综合SCADA系统按管辖范围分别纳入太原铁路局、西安铁路局调度所管理。

接触网悬挂,正线接触网采用全补偿弹性链型悬挂,接触悬挂结构高度一般为1 600 mm。正线接触线采用150 mm^2的铜合金导线,张力不小于25 kN,承力索采用120 mm^2的铜合金绞线;站线、渡线及联络线的接触线采用120 mm^2的铜合金导线,承力索采用95 mm^2的铜合金绞线。接触线悬挂点悬挂高度不小于5 300 mm,最低点高度不小于

5 150 mm,并保持高速区段的安装高度一致。道岔处接触网悬挂安装方式,与正线相交的道岔采用无交叉线岔方式,与非正线交叉的道岔采用交叉线岔方式。正馈线和保护线等附加导线采用铝包钢芯铝绞线。

接触网绝缘泄漏距离全段按重污区设计,绝缘子泄漏距离不小于 1 400 mm,上下行正线间、分束供电的分段处不小于 1 600 mm。路基区段的腕臂绝缘子采用瓷质绝缘子,特殊严重重污区段采用合成绝缘子,接触网下锚、分段和隧道内采用合成绝缘子,供电线、正馈线一般采用瓷质绝缘子。采用具有消弧能力的分段绝缘器。采用带空气绝缘中性段的绝缘锚段关节式电分相,尽量避免设在大坡道、列车出站加速区段和线路限速低速区段。

接触网支柱,路基区段的腕臂柱采用 H 型钢柱,T 梁桥区段的腕臂柱采用 H 型钢柱。有条件的站场采用线间立腕臂柱,咽喉区等跨越多股道时,采用轻型硬横跨,硬横跨支柱采用 H 型钢柱。车站雨棚内接触网安装悬挂根据车站的具体条件研究确定。正线接触网支柱侧面限界不小于 3. 0 m。有砟轨道区段一般不小于 3. 1 m。车站内正线与站线之间采用线间立柱时,支柱对正线侧面限界困难情况下不小于 2. 5 m。

接触网支柱标准跨距一般为 50 ~ 55 m,最大不超过 65 m。时速 160 km 及以上区段的接触网锚段关节一般采用五跨关节,困难时采用四跨关节。正线接触网锚段长度一般不大于 2 × 700 m、困难情况下不大于 2 × 750 m。站线接触网锚段长度一般不大于 2 × 750 m、困难情况不大于 2 × 800 m。附加导线锚段长度一般不大于 2 000 m。

正线、站线等接触网下锚采用棘轮及铁坠砣补偿装置。中心锚结一般采用两跨式防断式锚结,困难时采用防窜式锚结。

在晋中综合维修段内设供电车间,在临汾西网工区内配置接触网抢修设备。在忻州西、晋中、介休东、霍州东、侯马西、运城北、大荔综合维修工区设供电班组,负责牵引供电设施的运营维护,并对既有西安北综合维修工区适度补强。

5. 6. 1. 2　电力工程

原平西至渭南北新建 1 条综合负荷 10 kV 贯通线和 1 条一级负荷 10 kV 贯通线。新设贯通线采用电力电缆,分别沿铁路两侧敷设。渭南北至西安北段利用郑西客运专线建设的 10 kV 贯通线供电。

原平西至渭南北新设原平西、忻州西、阳曲西、晋中、祁县东、介休东、霍州东、洪洞西、临汾西、侯马西、闻喜西、运城北、永济北、大荔等 10 kV 配电所。改造太原南、渭南北 10 kV配电所,增加相应的开关设备等向本线供电。

沿线车站(原平西、忻州西、阳曲西、晋中、祁县东、介休东、霍州东、洪洞西、侯马西、闻喜西、运城北、永济北、大荔、渭南北)从铁路 10 kV 配电所接引 2 路 10 kV 电源,新建站内 10/0. 4 kV 变电所,设专用变压器给站内用电负荷供电。

太谷西、灵石东、襄汾西站分别从地方电网接引 1 路 10 kV 电源,新建站内 10/0. 4 kV 综合变电所,设专用变压器给站内用电负荷供电。

车站通信信号等一级负荷设站内 10/0. 4 kV 变电所供电,由 2 路 10 kV 贯通线提供主备用电源。

区间通信信号等一级负荷设箱式变电站供电，分别由一级负荷10 kV贯通线和综合负荷10 kV贯通线提供主备用电源。

区间其他用电负荷，根据负荷性质和负荷分布情况，在用电负荷集中处分别设10/0.4 kV变电所或箱式变电站供电，电源引自10 kV贯通线。

新建10 kV配电所采用微机保护和综合自动化系统，按无人值班设计。新设电力远动系统，按管辖范围分别纳入太原铁路局、西安铁路局电力调度所管理。

5.6.1.3 通信工程

长途通信线路，新设2条32芯单模通信光缆，分别沿铁路两侧的电缆槽道敷设。

传输系统，新设SDH 10 Gbit/s骨干(中继)传输系统，在原平西、阳曲西、太原南、晋中、祁县东、介休东、霍州东、临汾西、侯马西、运城北、永济、大荔、新渭南、西安北站设SDH 10 Gbit/s ADM传输设备；新渭南、西安北站的既有SDH 10 Gbit/s ADM设备继续利用。太原铁路局调度所新设SDH 10 Gbit/s和SDH 2.5 Gbit/s传输和接入设备，利用新建的2条32芯光缆中各2芯光纤构成复用段1+1保护。

新设SDH 622 Mbit/s传输接入系统，各车站设SDH 622 Mbit/s传输接入设备。利用新建的2条32芯光缆中各2芯光纤构成复用段1+1保护。并在同一车站将SDH 622 Mbit/s设备与SDH 10 Gbit/s设备通过2个SDH 622 Mbit/s光接口联接。

在区间通信基站、信号中继站、牵引变电所、分区所、配电所等处设SDH 622 Mbit/s接入设备。利用新建2条32芯光缆中的各4芯光纤分别构建2个SDH 622 Mbit/s 2纤通道保护环(通信基站与信号中继站构成1个传输环、牵引供电与电力配电所构成1个传输环)。

在综合维修车间和工区、太原动车所、运城存车场、警务区等站内业务接入点设SDH 622 Mbit/s接入设备，分别与本站通信设备构成站内通道保护环。

新设IP数据网，在太原新设核心节点和路由器，利用相关工程在西安所设的核心路由器；在运城北新设汇聚路由器，利用相关工程在太原东、西安所设的汇聚路由器；沿线车站新设接入路由器和以太网交换机，负责本地数据的接入和交换。接入路由器与汇聚路由器之间、接入路由器之间通过传输通道互联构成环形网。按隶属关系分别上联至核心路由器，实现数据业务的综合转发与汇聚。

电话交换系统，利用太原、运城、西安等处的既有铁路电话交换机，根据需要扩容V5.2接口板和用户线。沿线新设自动电话用户按照管辖范围分别接入太原、运城、西安等处的既有程控电话交换机，通过统一编号组网，实现与既有铁路电话专网的互通。

新设调度通信系统，利用太原铁路局调度所的既有调度通信交换机，根据需要扩容，利用西安铁路局调度所的既有调度通信交换机，沿线新建车站(线路所)设车站型调度通信交换机、车站值班台和调度分机，按管辖范围分别接入太原铁路局、西安铁路局调度所的调度通信交换机和调度通信系统。并在太原铁路局、西安铁路局调度所分别新增本线调度台，配备调度通信系统终端等设备。

新设GSM-R移动通信系统，利用西安的既有GSM-R移动通信交换机，将太原的既有GSM-R移动通信交换机用户容量扩容到36 000用户、通用分组无线业务(GPRS)用户容量扩容到 5 400 用户。在太原、西安新设基站控制器(BSC),沿线新设通信基站(BTS),采用单层覆盖方式组网。区间弱场区采用光纤直放站、漏泄电缆和天线方式增强,并设漏缆监测系统,以满足无线场强的覆盖和信息传输的需要。利用郑西客运专线既有 GSM-R 无线网络,实现渭南至西安与郑西客运专线并线区段的 GSM-R 无线场强覆盖。完成调度通信、调度命令信息、无线车次号校核信息传送等功能。

通信电源,太原铁路局调度所新设高频开关电源和蓄电池组及 UPS 不间断电源,沿线车站、区间通信基站、信号中继站、牵引变电所、配电所等处机房设 48 V 高频开关电源及蓄电池组。并新设通信电源和环境监控系统和设备,纳入大西客运专线的电源和环境监控系统中心。

会议电视系统,在太原铁路局新设会议电视系统中心设备,并与既有会议电视系统中心设备互联;利用西安铁路局的既有会议电视系统中心设备,根据需要扩容。沿线各车站和太原动车所新设会议电视系统分会场设备,既有车站的会议电视系统分会场设备继续使用,按照管辖范围分别接入太原铁路局、西安铁路局新设、既有会议电视系统中心设备,并分别纳入铁路局的会议电视网管系统进行管理。

新设应急通信指挥系统,在太原铁路局新设应急通信系统中心设备;利用西安铁路局既有应急通信系统中心设备,根据需要扩容。在晋中和临汾西综合维修车间,在忻州西、介休东、霍州东、运城北、大荔综合维修工区分别设应急通信现场接入设备,按管辖范围分别接入铁路局应急通信系统中心设备。太原铁路局和西安铁路局应急通信系统中心之间进行互联,实现在实施现场抢险救援时,为事故现场及相应的应急救援指挥中心提供话音、数据及图像等信息的采集与传输。

5 km 以上的隧道在避车洞内设报警电话,利用敷设在隧道两侧的 3 ×4 ×0. 9 对称电缆接入临近的 GSM-R 移动通信基站。在 GSM-R 通信基站设报警电话主机设备,接入铁路局应急通信系统中心设置的救援电话应急控制平台设备。

5. 6. 1. 4　信号工程

车站联锁,各新建车站(场、所)新设硬件安全冗余型计算机联锁设备和智能信号电源屏及 UPS 不间断电源。太原东站、太原站在既有硬件冗余型计算机联锁设备的基础上结合本工程利旧改造,增加与 TCC、TSRS、安全数据网的硬件接口设备。太原北编组站Ⅱ场既有计算机联锁设备利旧改造,室内外工程结合西南环工程合建;Ⅲ场新设硬件冗余型计算机联锁设备;Ⅳ场既有计算机联锁设备利旧,结合区间新建西涧河线路所修改自闭结合电路。临潼东站既有计算机联锁设备利旧。接触网工区线路和维修工区线路接入的道岔,纳入临近车站联锁设备集中控制。

根据车站(场、所)道岔设计类型,配备相应的道岔转辙装置和转辙机,并采取断电保护措施。正线上的道岔采用外锁闭、多机分线、分控制方式。其他道岔采用常规设计。通过时速 160 km 以上的 18 号及以上的正线道岔增设密贴检查装置,并实现挤岔监督报警功能,监测信息纳入信号集中监测系统。

新建车站(场、所)、太原枢纽内太原东、太原和太原南站接发动车组列车进路上的道岔设道岔融雪控制装置,按人工确认后进行启动。其中太原东、太原站既有道岔融雪设备继续使用,先于本线的太原南站配置的道岔融雪设备继续使用,结合本工程新增动车组列车进路上的道岔增设的融雪系统设备,纳入既有融雪系统统一控制。

沿线新建车站(场、所)站内采用与区间相同制式的ZPW-2000系列机械绝缘轨道电路,设地面通过信号机,其发送和接收设备按冗余配置,并应具有设备自监测功能,通过接口设备向信号集中监测系统提供监测信息。太原南动车运用所及运城北存车场采用97型25 Hz相敏轨道电路,正线和到发线及接车进路设计电码化,采用ZPW-2000发码设备,发送设备按$N+1$冗余配置,接收设备采用双机并用方式。个别分路不良区段采用高压不对称脉冲轨道电路。临潼东站采用与区间相同的ZPW-2000系列轨道电路。

车站站内ZPW-2000轨道电路、信号机和道岔干线电缆采用铝护套信号电缆,其他信号设备采用综合护套信号电缆。

运输调度指挥系统,新设调度集中(CTC)系统,在太原铁路局调度所新设1套CTC总机系统设备,利用西安铁路局调度所既有CTC总机系统设备;正线新建车站、太原南动车运用所、运城北存车场、临潼北线路所等新设CTC分机设备、网络安全设备和通道质量监督设备。其中太原南大西场所设CTC分机设备由其他相关工程实施;太原东站、太原站在既有CTC分机设备的基础上利旧改造,西涧河线路所CTC终端设备设在太原东站;太原北站Ⅱ场既有TDCS分机设备利旧改造;太北Ⅳ场在既有TDCS车站分机设备基础上利旧改造。临潼东站在既有CTC分机设备的基础上利旧改造。西安北CTC分机设备由西成客专工程实施。各站(场、所)CTC/TDCS分机设备按管辖范围分别接入太原铁路局、西安铁路局调度所CTC/TDCS总机系统。在太原铁路局、西安铁路局调度所分别新设3个、1个行车调度台,以及相应的通信、应用服务器及数据库服务器等设备。根据调度区划分范围分别完成大西客运专线列车调度指挥工作。

列车运行控制系统,正线采用CTCS-2级列控系统,并与相邻线路既有信号系统兼容,本线引入太原枢纽的正线、车站到发线和动车组走行线等,采用CTCS-2级列控系统控车模式。正线各站和信号中继站新设CTCS-2级列控中心(TCC)、应答器及其编码单元(LEU),以及有源应答器监测等设备。所设列控中心设备应具有轨道电路编发码、运行方向控制、信息采集(中继站)、站间安全信息传输、应答器报文存储和调用及列控信息传送等功能。

区间闭塞制式,正线采用四显示自动闭塞,按双线双方向运行,正向按追踪间隔运行、反向采用自动站间闭塞行车。

区间采用ZPW-2000系列无绝缘轨道电路,发送和接收设备按冗余配置,并应具备设备自监测功能,通过接口设备向信号集中监测系统提供监测信息。

区间ZPW-2000系列轨道电路采用铁路内屏蔽数字信号电缆,其他信号设备干线电缆采用铝护套综合扭绞信号电缆,分支电缆采用综合护套综合扭绞信号电缆。

信号集中监测系统,在太原、西安电务段各新设1套集中监测总机系统设备和终端设备,各新建车站(场、所)、信号中继站设集中监测分机设备,侯马电务段、信号集中检修车间、工区设监测终端设备,按铁路局维修管理范围分别联网至太原、西安电务段信号集中监测总机系统。根据配置的信号设备情况,利用计算机联锁、CTC、列控中心、综合电源屏以及轨道电路设备提供的监测信息，通过信号集中监测系统搭建的监测系统平台，为信号系统维护提供监测、报警和维修等信息。

沿线新建信号设备房屋设防雷电、电磁兼容和综合接地防护系统，与房建工程同步实施。并与所建的贯通地线等电位连接。

新建线路区段设综合接地系统，沿铁路敷设截面为 35 mm^2 的铜质贯通地线，在电气特性上全程贯通，接地电阻不大于 1 Ω，与土建工程同步实施，并构成等电位连接。太原枢纽范围内的既有综合接地系统继续利用，结合本工程接入要求进行补强改造，其他自动闭塞区段新设 1 条截面为 35 mm^2 的信号专用贯通地线。沿线轨旁信号设备做好安全接地，并就近等电位接入贯通地线。

全段在忻州西、晋中、临汾西、运城北、西安北新设综合维修车间和集中检修工区，在大荔新设集中检修工区；在各车站、线路所、动车运用所、存车场设信号值班工区，负责全段信号设施的运营维护和管理。

5.6.2 原平西至大同段

5.6.2.1 电气化工程

牵引供电系统采用 AT 供电方式。全段新设怀仁东、朔州东、代县西等牵引变电所，新设大同南存车场开闭所。在相邻牵引变电所之间设 AT 分区所，在供电臂中部设 AT 所。AT 分区所和 AT 所布设位置应保持两侧供电能力的均衡。将大同至张家口高速铁路工程所建的米庄分区所改造为 AT 分区所。

新建牵引变电所引入 2 路 220 kV 电源，220 kV 电源侧采用线路变压器组接线；2 × 27.5 kV 侧采用单母线分段接线。新建牵引变电所所设变压器、分成 2 组，采用固定备用、三相 V/x 接线、自冷方式，预留风冷条件。各牵引变电所变压器安装容量：怀仁东、朔州东、代县西均为 2 ×（31.5 + 31.5）MV · A。

牵引变电所、分区所、AT 所、开闭所按无人值班设计，牵引变电所适当考虑值守条件。牵引供电设施远动调度按综合 SCADA 系统设计，纳入太原铁路局客运专线电力调度管理。

接触网悬挂，正线采用全补偿弹性链型悬挂，站线等股道采用全补偿简单链型悬挂，接触网悬挂结构高度一般为 1 600 mm。接触线采用 150 mm^2 的镁铜合金导线，张力不小于 25 kN；承力索采用 120 mm^2 的镁铜合金绞线，张力 21 kN。与正线相交的道岔采用无交叉线岔、与非正线交叉的道岔采用交叉线岔方式。正馈线和保护线等附加导线采用铝包钢芯铝绞线。

接触网绝缘泄漏距离按重污区设计，严重污秽地区适当加强绝缘，一般地段采用瓷质绝缘子，接触网下锚及隧道内采用合成绝缘子。采用带空气绝缘中性段的锚段关节式电分相，避免设置在大坡道、列车出站加速区段和线路限速低速区段。

接触网支柱，路基区段的腕臂柱一般采用 H 型钢柱，车站及多线并行区段有条件时采用线间立柱，不具备条件时采用硬横梁，硬横梁支柱采用等径钢管柱。车站站台雨棚地段接触网支柱与雨棚柱合架。

接触网支柱标准跨距一般为50～55 m,正线接触网锚段长度一般不超过2×700 m,站线接触网锚段长度一般不大于2×750 m。附加导线锚段长度一般不超过2 000 m。接触网下锚补偿一般采用棘轮加铁坠砣补偿装置。

新建朔州东供电车间,应县西、朔州东、代县西供电工区。朔州东供电工区与供电车间合建。

5.6.2.2 电力工程

新设1条综合负荷10 kV贯通线和1条一级负荷10 kV贯通线,新建10 kV贯通线采用电缆敷设。

新设怀仁东、应县西、朔州东、代县西等10 kV配电所。利用本线所建的原平西10 kV配电所,利用大同至张家口高速铁路工程所建的大同南10 kV配电所。

设有10 kV配电所的车站其综合负荷设室内10/0.4 kV变电所供电,电源引自配电所站馈线,没设10 kV配电所的车站其综合负荷设室内10/0.4 kV变电所,就近从地方电网接引2路10 kV电源供电。

车站通信信号等一级负荷设站内10/0.4 kV变电所供电,由2路10 kV贯通线提供主备用电源。

区间用电负荷,根据用电性质和负荷分布情况设10/0.4 kV变电所或箱式变电站供电,电源引自10 kV贯通线。

新建10 kV配电所采用微机保护和综合自动化系统,按无人值班设计。设电力远动系统,纳入太原铁路局客运专线电力调度管理。

5.6.2.3 通信工程

长途通信线路,新设2条48芯单模通信光缆,分别沿新建铁路两侧电缆槽道敷设。

区间光纤直放站、综合视频监控系统采集点、牵引变电所、站内信息用户等处根据需要设1条不同容量的光纤电缆。恒山隧道两侧各新设1条3×4×0.9低频对称通信电缆。

传输系统,新设SDH 10 Gbit/s长途骨干传输系统,怀仁东既有通信机械室和各新建车站设SDH 10 Gbit/s传输设备,利用新建的2条48芯光缆中各2芯光纤构成复用段1+1保护。并在原平西、大同南站与相邻铁路传输系统进行互联。

新设SDH 2.5 Gbit/s传输接入系统,沿线车站设SDH 2.5 Gbit/s传输接入设备,利用新建的2条48芯光缆中各2芯光纤构成复用段1+1保护。

新设区间SDH 622 Mbit/s接入网系统,区间通信基站、信号中继站、牵引变电所等信息用户点设SDH 622 Mbit/s传输接入设备,接入相邻车站的SDH 2.5 Gbit/s传输接入系统。站内牵引变电所亭、10 kV配电所、站房、公安派出所等信息用户点设SDH 622 Mbit/s传输接入设备,构成站内传输环。

新设数据网。利用大同南通信站既有汇聚层路由器,沿线新建车站设接入路由器和数据网交换机,负责本地数据的接入和交换。接入路由器与汇聚路由器之间通过传输通道互联构成环形网,并上联至铁路局的核心路由器,实现数据业务的转发与汇聚。并新设数据网网管系统对所设的数据网设备进行管理。

电话交换系统,沿线新设自动电话用户通过接入网系统接入大同等地的既有电话交换机，通过统一编号组网，实现与既有铁路电话交换网的互通。

新设数字调度通信系统，利用太原铁路局调度所的既有数字调度通信交换机，各车站新设数字调度通信车站交换机和调度分机等设备，接入铁路局调度所的数字调度通信交换机和调度通信系统及列车调度台。在铁路局调度所将数字调度通信交换机与 GSM-R 移动通信交换机相联，实现有线与无线调度电话的互通。

新设 GSM-R 移动通信系统，利用太原铁路局既有 GSM-R 移动通信核心网设施和 GSM-R 接口监测系统，沿线设通信基站，采用单网冗余覆盖方式组网。区间和隧道内弱场区采用光纤直放站、漏泄电缆和天线方式增强，并在恒山隧道设漏泄电缆监测系统，以满足无线场强覆盖和信息传输的需要，完成调度通信、调度命令信息、无线车次号校核及列控信息的传送，以及本段 GSM-R 系统的接口监测功能。

在与北同蒲铁路和韩（家岭）原（平）铁路并行及接入大同至张家口高速铁路区段，GSM-R 移动通信系统的场强覆盖应结合各铁路使用需要统筹考虑。

新设会议电视系统，各车站及通信维修车间设会议电视分会场设备，接入太原铁路局既有会议电视中心系统。

新设应急通信指挥系统，在朔州东、应县西通信工区设应急通信系统现场接入设备。恒山隧道新设隧道救援有线应急电话和便携式广播设备。接入太原铁路局既有应急通信指挥中心系统。

通信电源，各新建通信机械室设 48 V 高频开关电源及 UPS 不间断电源。新设通信电源及通信信号机房环境监测系统及采集设备。

5.6.2.4　信号工程

车站联锁，各新建车站（场、所）设硬件安全冗余型计算机联锁设备和信号智能电源屏及不间断电源设备。维修线路的道岔纳入所属车站计算机联锁设备集中控制。

根据车站（场）道岔设计类型，配备相应的道岔转辙设备，2 个牵引点及以上的道岔转辙设备采用多机分动控制方式，并与所属电务段维修工装相匹配。直向通过时速 160 km 及以上的道岔增设密贴检查装置。各车站（车、所）动车组进路上的相关道岔（含其联动或防护道岔）配置道岔融雪控制系统设备，采用人工确认后启动。

车站（场、所）站内列车进路区段采用与区间相同制式的 ZPW-2000 系列轨道电路，设地面通过信号机，其发送和接收设备按冗余配置。维修岔线区段采用符合技术条件规定的高压脉冲轨道电路，并采用技术措施解决轨道区段分路不良问题。

车站站内 ZPW-2000 系列轨道电路采用铁路内屏蔽数字信号电缆。车站联锁设备干线电缆采用铝护套信号电缆，分支电缆采用综合护套电缆。

列车调度指挥系统，采用调度集中（CTC）系统，沿线车站（所）新设 CTC 分机设备和信息安全、通道质量监督等设备。纳入太原铁路局调度所 CTC 总机系统，由大西客专一台管辖和指挥，并相应修改调度所内相关调度台设备、CTC 总机系统设备软件。

列车运行控制系统，采用 CTCS-2 级列控系统，各车站（所、信号中继站）新设列控中心、应答器及编码单元等设备，新设列控系统信号安全数据网设备、并与两端线路列控系统衔接。在列控系统控车模式转换区域适当位置设切换点应答器组设备。所设列控中心设备应具有轨道电路编发码、运行方向控制、信息采集(中继站)、站间安全信息传输、应答器报文存储和调用及列控信息传送等功能。

区间闭塞制式,采用四显示自动闭塞,按双线双方向运行,正向按追踪间隔运行、反向采用自动站间闭塞行车。不设地面通过信号机,在闭塞分区分界处设闭塞分区标志牌。区间占用逻辑检查由列控中心设备实现。

区间采用 ZPW-2000 系列轨道电路,其发送和接收设备按冗余配置。轨道电路所用电缆传输长度一般不超过 10 km,超过规定长度设信号中继站。

区间 ZPW-2000 系列轨道电路采用铁路内屏蔽数字信号电缆,其他信号设备干线电缆采用铝护套综合扭绞信号电缆,分支电缆采用综合护套综合扭绞信号电缆。

新设信号集中监测系统,各车站(场、所、信号中继站)设集中监测分机设备和 ZPW-2000 轨道电路监测设备。信号维修车间、工区设监测终端。按隶属关系分别纳入大同、太原电务段信号集中监测总机系统,并对总机系统相应软件进行修改。

大同南站动车存车场在大同至张家口高速铁路工程新设信号设备的基础上结合本工程统筹设计与实施。

新建信号设备房屋设防雷电、电磁兼容和综合接地防护系统,与房建工程同步实施,并与新建贯通地线等电位连接。

新设综合接地系统,沿铁路两侧分别敷设 1 条截面为 70 mm^2 的铜质贯通地线(不设贯通地线监测报警),在电气特性上全程贯通,接地电阻不大于 1 Ω,与土建工程同步实施。并与两端接轨线路范围内的综合接地系统衔接。沿线轨旁信号设备接地后与贯通地线等电位连接。

全段设 1 处信号维修车间、5 处信号工区、1 处值班工区,负责信号设施的运营维护及管理。

5.6.3　原平西至北同蒲铁路联络线

5.6.3.1　电气化工程

牵引供电系统采用直接供电方式。近期缓建下大林牵引变电所。在岗上线路所接触网分段处设电动隔离开关。利用北同蒲铁路应县至原平取直线(以下简称北同蒲铁路取直线)工程所建的薛孤牵引变电所,根据开通后的运量及变压器容量利用状况,适时增加变压器风冷装置。

新设综合 SCADA 系统,纳入太原铁路局电力调度所,对牵引供电设施进行集中监控。

接触网悬挂,采用全补偿简单链型悬挂,接触悬挂结构高度为 1 600 mm。接触线采用 120 mm^2 的铜合金导线,承力索采用 95 mm^2 的铜合金绞线。接触线悬挂点悬挂高度不小于 5 500 mm。附加导线采用铝包钢芯铝绞线。

接触网绝缘泄漏距离按重污区设计,绝缘子采用瓷质绝缘子,接触网下锚和分段处采用合成绝缘子。在 DK160 和 DK173 附近设电分相,电分相采用带空气绝缘中性段的绝缘锚段关节式。其中 DK160 处的电分相远期按电分段使用;DK173 处的电分相近期按电分段使用。在 DK154 至 DK160 段设的回流线远期作保护线使用。

接触网支柱,腕臂柱采用H型钢柱,桥支柱采用热浸镀锌格构式钢柱,并预留接触网支柱的远期改造条件。

5.6.3.2 电力工程

原平西至岗上线路所新设1条综合负荷10 kV贯通线和1条一级负荷10 kV贯通线,新建10 kV贯通线采用电力电缆,分别沿铁路两侧敷设。

岗上线路所设箱式变电站供电,所设变压器容量及规模预留一定的发展条件,电源引自10 kV贯通线。

区间用电负荷设箱式变电站供电,电源引自10 kV贯通线。

新建警务区、值勤岗亭就近接引铁路或地方低压电源供电,1500 m范围内不具备低压电源供电的警务区采用高压供电。电源点至负荷点100 m范围内采用单相、低压电缆供电,50 m范围外采用单相或三相、架空线供电。

新设电力设施纳入太原铁路局电力调度所的综合SCADA系统管理。

5.6.3.3 通信工程

通信线路,原平西至岗上线路所新设2条32芯单模通信光缆,分别沿铁路两侧的电缆槽道敷设。大同至韩家岭利用既有通信光缆线路,韩家岭至岗上线路所新建通信光缆线路。

传输系统,原平西至岗上线路所利用新建的2条光缆线路开设SDH 10 Gbit/s传输系统。在原平西与大西客专传输系统互联。

原平西至岗上线路所新设SDH 622 Mbit/s接入网系统,岗上线路所、区间通信基站等处设SDH 622 Mbit/s接入设备,纳入北同蒲铁路取直线工程所建的SDH 622 Mbit/s接入网系统。并通过新建光缆接入大西客专SDH 622 Mbit/s接入网系统。

新设调度通信系统,岗上线路所设车站调度通信交换机,接入太原铁路局调度所中心调度通信交换机。

电话交换系统,沿线新增自动电话用户接入太原既有程控电话交换机,通过统一编号组网,实现与既有铁路电话专网的互通。

新设数据网,岗上线路所新设接入路由器和数据网交换机,通过原平西接入路由器纳入大西客专数据网。

原平西至岗上线路所新设GSM-R移动通信系统,岗上线路所设通信基站,接入北同蒲铁路取直线工程所建的GSM-R移动通信系统。并接入大西客专GSM-R移动通信系统。岗上线路所至大同利用北同蒲铁路取直线工程所建的GSM-R移动通信系统。

通信电源,原平西至岗上线路所区间通信基站新设48 V直流电源,并新设电源和环境监控采集设备,纳入大西客专电源及环境监控系统。

5.6.3.4 信号工程

车站联锁,岗上线路所新设硬件冗余型计算机联锁设备和信号智能电源屏及不间断电源,联锁设备控制与显示采用“鼠标+显示器”方式。

岗上线路所道岔配备相应的转辙设备,正线道岔按分线和分动控制电路设计,18号及以上辙岔道岔配备密贴检查装置。

岗上线路所采用与区间相同制式的 ZPW-2000 系列有绝缘轨道电路，并设地面通过信号机。

站内 ZPW-2000 系列轨道电路采用铁路内屏蔽数字信号电缆，其余信号干线电缆采用铝护套综合扭绞电缆，分支电缆采用综合护套综合扭绞信号电缆。

列车调度指挥系统，岗上线路所新设调度集中（CTC）分机设备、信息安全和通道质量监督设备，纳入北同蒲铁路四线工程和北同蒲铁路取直线工程所设的调度台指挥。岗上线路所至原平西段联络线纳入大西客专新设的大西一台指挥。

区间闭塞方式，岗上线路所至原平西段联络线采用四显示自动闭塞，设地面通过信号机，安全信息采用信号电缆传输。在该联络线预留大西客专北延接轨道岔的适当位置，将区间轨道电路管辖范围进行合理划分。其中原平西站管辖范围内的线路采用与大西客专相同制式的四显示自动闭塞和 ZPW-2000 系列轨道电路，其发送和接收设备按冗余配置；岗上线路所管辖范围内的线路采用与北同蒲铁路取直线工程相同的四显示自动闭塞和 ZPW-2000 系列轨道电路，其发送和接收设备按冗余配置。

按照岗上线路所接入方案，相应调整北同蒲铁路取直线工程闭塞分区和区间通过信号机布点位置，相关控制设备调整到岗上线路所设备机房内，纳入北同蒲铁路取直线工程。

新设信号集中监测系统，岗上线路所设集中监测分机设备，纳入太原电务段既有信号集中监测总机系统。

信号设备房屋设防雷电、电磁兼容和综合接地防护系统。与房屋建设有关的屏蔽网格、引下线等结合房建工程统一实施，并与贯通地线等电位连接。

新设综合接地系统，在原平西至岗上线路所联络线铁路两侧各敷设 1 条截面为 35 mm^2的贯通地线（不设贯通地线监测报警），在电气特性上全程贯通，接地电阻不大于 1 Ω，与土建工程同步实施。并与大西客专综合接地系统衔接。

信号工程除所述方案外，大同站至岗上线路所维持北同蒲铁路四线工程和北同蒲铁路取直线工程批准的车站联锁、调度集中、列车运行控制、区间闭塞、信号集中监测系统设计方案和工程内容。

参加大西客运专线线路工程施工的有中铁二局、中铁三局、中铁四局、中铁六局、中铁十局、中铁十一局、中铁十二局、中铁十五局、中铁十八局、中铁十九局、中铁二十一局、中铁二十五局、中交二公路局、中交三航局、中水三局、中国路桥等单位。中铁电气化局集团有限公司、中铁建电气化局、中铁十二局电气化公司等单位承担“四电”系统集成工程的施工任务。

大西客运专线线路工程于 2009 年 12 月 3 日开工，电气化工程于 2013 年 3 月 1 日开工。2016 年 8 月 12 日大同南至原平西段新建线开工。2013 年 6 月 12 日原平西至西安北段开始铺轨。2013 年 11 月 15 日完成太原南到西安北段的铺轨，2013 年 12 月 10 日铺轨验收工作全面展开。2013 年 12 月 20 日全面进入静态验收阶段。2014 年 3 月 10 日西安北至永济北段开始联调联试，2014 年 3 月 11 日山西段开始联调联试。2014 年 4 月 7 日太原南到西安北进入联调联试阶段。2014 年 7 月 1 日太原南至西安北段开通运营。

原平西至大同南先期利用北同蒲铁路第三、第四线于2016年8月12日开通运营。2018年9月28日原平西至太原南正式开通运营。原平西至怀仁东先期利用韩原线的于2019年5月1日开通运营。原平西至大同南新建线于2019年12月30日开通运营。自此该铁路全线开通运营。

5.7　成绵乐客运专线

新建成都至绵阳至乐山客运专线,是西南地区第一条城际铁路客运专线,北起四川省江油市,途经绵阳、罗江、德阳、广汉、成都、眉山、青神等市县,南至乐山市,正线全长312.847 km(图5.7),其中江油至眉山东段227 km、眉山东至乐山(峨眉山)段85.847 km。全线设江油、青莲、绵阳、罗江东、德阳(原德阳北)、广汉北、青白江东、新都东、成都东客站、成都南、双流机场、双流西、新津、新津南、彭山北、眉山东、青神、乐山、峨眉、峨眉山等车站。预留旌阳和高新区设站条件。工程范围还包括成都枢纽相关工程(引入成都站的联络线工程、动车组走行线和动车组运用所)。

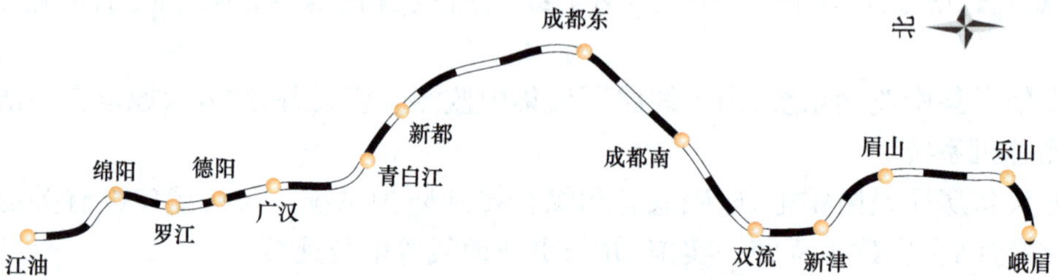

图5.7　成绵乐客运专线示意图

成绵乐客运专线的建设单位是成绵乐铁路客运专线有限责任公司,设计单位是中铁二院工程集团有限责任公司。线路主要技术标准:铁路等级,江油至眉山东段为Ⅰ级、眉山东至乐山段为客运专线;正线数目,双线;限制坡度,20‰;最小曲线半径,江油至眉山东的一般地段4 500 m、困难地段3 500 m,眉山东至乐山一般地段4 000 m、困难地段3 500 m;到发线有效长度,650 m;列车运行控制方式,自动控制;行车指挥方式,综合调度集中;牵引种类,电力牵引(AT供电方式)。

5.7.1　电气化工程

牵引供电系统采用AT供电方式。全线新设江油、赖家、付家、新津南、眉山东、新乐山牵引变电所;江油至眉山东段的牵引变电所之间设分区所;眉山东至乐山段设2座分区所和3座AT所。既有绵阳牵引变电所受土建工程影响拆除移地还建,牵引变压器等主要设备利旧。

新建牵引变电所引入2路220 kV电源供电,牵引变电所主接线,电源比较可靠的牵引变电所,220 kV电源侧采用线路变压器组接线,一般情况下采用线路分支接线;2×27.5 kV侧母线采用单母线分段接线。对位于市区用地困难的牵引变电所,经技术经济比较后可采用 GIS 方案。其中新乐山牵引变电所 2×27.5 kV 侧设备采用户内六氟化硫组合电器(GIS)设备。

新建牵引变电所所设变压器,采用固定备用、V/V 接线、自冷方式,预留风冷条件。各牵引变电所变压器安装容量:江油为 2×(25+25) MV·A、赖家为 2×(25+25) MV·A、付家为 5×(20+20) MV·A、新津南为 2×(25+20) MV·A、眉山东为 2×(16+20) MV·A、新乐山为 2×(31.5+31.5) MV·A。

牵引变电所、分区所、AT 所上网开关采用电动隔离开关,并纳入牵引供电远动系统。牵引变电所上网供电线、正馈线分别采用单极隔离开关。电分相、车站绝缘关节联络开关采用电动隔离开关。牵引变电所、分区所、AT 所上网电动隔离开关。

新建牵引变电所和分区所采用微机保护和综合自动化系统,按无人值班设计,牵引变电所适当考虑值守条件。新设牵引供电远动系统,纳入成都铁路局供电调度所管理。

接触网悬挂,采用全补偿弹性链型悬挂,接触悬挂结构高度为 1 600 mm。正线接触线采用 150 mm^2 的铜锡合金导线,承力索采用 120 mm^2 的铜镁合金绞线;站线接触线采用 120 mm^2 的铜锡合金导线,承力索采用 95 mm^2 的铜镁合金绞线。接触导线悬挂高度一般为 5 300 mm。附加导线采用铝包钢芯铝绞线。

接触网绝缘泄漏距离按重污秽地区设计,一般地段采用瓷质绝缘子,接触网下锚、分段和隧道内采用合成绝缘子。采用锚段关节式电分相,尽量避免设在大坡道、列车出站加速区段和线路限速及低速区段。

接触网支柱,路基地段一般采用 H 型钢柱。有条件的车站(场)采用线间立柱,咽喉区等跨越多股道时,采用硬横跨,硬横跨支柱采用 H 型钢柱。车站有雨棚时接触网支柱与雨棚柱合建。

接触网支柱标准跨距一般为 50~55 m,最大不超过 65 m。正线锚段长度一般不大于 2×700 m;站线锚段长度一般不大于 2×750 m,附加导线锚段长度一般不大于 2 000 m。

牵引供电运营维护和管理委托成都铁路局负责。在成都综合工区设供电车间,沿线新设江油、成都、彭山北接触网工区,其中江油和成都设为综合工区。乐山新设供电工区。

5.7.2　电力工程

全线新设 2 条 10 kV 贯通线,新建 10 kV 贯通线采用电缆敷设。给沿线车站和区间用电负荷供电。新设江油、德阳、青白江东、成都动车组运用所、新津南、眉山东、乐山、峨眉等10 kV 配电所,从地方电网接引 2 路 10 kV 电源供电,其中乐山配电所兼顾成贵铁路供电,峨眉配电所兼顾成昆铁路供电。还建绵阳北 10 kV 配电所。改造利用既有成都南 10 kV 配电所,并增建第二路 10 kV 电源。

设有 10 kV 配电所的车站设室内 10/0.4 kV 变电所或箱式变电站给综合负荷供电,电源引自配电所的站馈线。没设 10 kV 配电所的车站设室内 10/0.4 kV 变电所或箱式变电站,从地方电网接引 10 kV 电源给综合负荷供电。

车站通信信号负荷设站内 10/0.4 kV 变电所供电,由 2 路 10 kV 贯通线提供主备用电源。

区间通信信号负荷设箱式变电站供电,电源引自 2 路 10 kV 贯通线。

区间其他用电负荷,在用电负荷集中处分别设 10/0.4 kV 变电所或箱式变电站供电,电源引自 10 kV 贯通线。

新建 10 kV 配电所采用综合自动化系统,按无人值班设计。新设电力远动系统,纳入成都铁路局供电调度所管理。对全线电力设施进行集中监控。

电力设施的运营维护和管理由综合维修工区负责。

5.7.3 通信工程

长途通信线路,新设 2 条 24 芯单模通信光缆,分别沿新建铁路两侧敷设。

传输系统,新设 SDH 2.5 Gbit/s 传输系统,在江油站、德阳站、绵阳站、成都东客站通信站、眉山东站、乐山站等新设 SDH 2.5 Gbit/s ADM 设备,利用新建的 2 条 24 芯光缆中的各 2 芯光纤构成复用段 1+1 保护。

新设 SDH 622 Mbit/s 接入网系统,沿线车站设 SDH 622 Mbit/s 接入设备。利用新建的 2 条 24 芯光缆中的各 2 芯光纤构成复用段 1+1 保护。

区间通信基站、信号中继站、综合维修段或工区、动车组运用所、牵引变电所、分区所、电力配电所、机务段等处新设 SDH 622 Mbit/s 接入设备,接入 SDH 622 Mbit/s 接入网系统。

新设调度通信系统,利用成都铁路局调度所既有调度通信交换机,沿线车站新设车站型调度通信交换机和调度分机,接入调度所既有调度通信交换机和调度通信系统。通过将调度所调度通信交换机与 GSM-R 移动通信交换机的互联,实现有线与无线调度业务的互通。

新设数据网,利用成都铁路局既有核心路由器,在江油、成都和乐山新设汇聚路由器,沿线车站新设接入路由器和以太网交换机,负责本地数据的接入和交换。接入路由器之间、接入路由器与汇聚路由器之间通过传输通道互联,并上联至核心路由器。动车段、综合维修段通过临近车站纳入数据网。青神综合维修车间通过青神车站纳入数据网。实现全线数据业务的接入、转发与汇聚。

电话交换系统,在成都东客站通信站新设 1 000 线程控电话交换机,沿线新增自动电话用户接入成都东客站程控电话交换机,通过统一编号,纳入既有铁路电话交换网系统。并将既有车站的自动电话用户通过接入网系统纳入铁路电话交换网。

新设 GSM-R 移动通信系统,利用成都铁路局既有 GSM-R 移动通信交换机,并新设基站控制器(BSC),沿线设通信基站,采用单层覆盖方式组网。沿线区间和隧道内弱场区采用光纤直放站、漏泄电缆和天线方式增强,并满足成贵铁路和西成客运专线接入的需要,完成调度通信、调度命令、无线车次号校核和列控信息传送等功能。成都枢纽 GSM-R 移动通信系统频率规划和无线覆盖结合相关工程统一设计,分步实施。

新设会议电视系统,沿线主要车站、综合维修段等设会议电视分会场设备,通过传输通道和网关设备接入成都铁路局既有会议电视中心系统。

新设应急通信系统,综合维护工区、青神综合维修车间新设应急通信现场接入设备,接入成都铁路局应急通信指挥中心系统。

通信电源，沿线车站和区间通信机房设 48 V 高频开关电源和蓄电池组。并新设通信电源和环境监控系统及采集设备。

5.7.4　信号工程

车站联锁，沿线车站和成都动车运用所新设硬件冗余型计算机联锁设备和信号智能电源屏及 UPS 不间断电源。区间线路所道岔纳入相邻车站联锁设备控制。所设车站联锁设备应满足与 CTC、列控中心的接口要求，可为信号集中监测系统提供相关信息。

根据车站（场）道岔设计类型，配备相应的道岔转辙装置和转辙机。18 号及以上号码道岔增设密贴检查装置。

各新建车站站内采用与区间相同制式的 ZPW-2000 系列轨道电路，其发送和接收设备按冗余配置。成都南、成都动车运用所和既有车站站内采用 97 型 25 Hz 相敏轨道电路，正线电码化采用叠加预发码、到发线电码化采用叠加发码方式。

站内 ZPW-2000 系列轨道电路采用铝护套信号电缆，其他信号设备采用综合扭绞信号电缆。

运输调度指挥新设调度集中（CTC）系统，各新建车站和成都动车运用所新设 CTC 分机设备，既有江油普速车场等站的 TDCS 分机设备利旧改造，纳入成都铁路局调度所 CTC/TDCS 总机系统。并增设 1 个行车调度台，负责本线的运输调度指挥。本线调度集中系统建设应结合相关工程统筹实施，避免调度所设备重复及改造。

列车运行控制系统，采用 CTCS-2 级列控系统，预留进一步提速的条件，过电分相采用应答器方式，并结合本线列车调度台的设置，配备相应的临时限速服务器。沿线新建车站和信号中继站设信号安全数据网接入设备、列控中心（TCC）、应答器及其编码单元（LEU）。所设的列控中心应具备轨道电路编发码、运行方向控制、信息采集（信号中继站）、站间安全信息传输及应答器报文存储调用等功能。峨眉站按车站布设室外应答器及其编码单元（LEU），纳入峨眉山站车站联锁和列控中心集中控制。

区间闭塞制式，新建线路采用自动闭塞，按双线双方向运行，正向采用追踪间隔运行、反向采用自动站间闭塞行车。区间不设地面通过信号机，设区间地面信号标志牌。与宝成铁路衔接的区段维持既有自动闭塞制式不变，并充分利用既有设备。

区间采用 ZPW-2000 系列无绝缘轨道电路，其发送和接收设备按冗余配置，应具有设备自监测功能，通过接口设备向信号集中监测系统提供自监测信息。车站之间及与信号中继站联系的安全信息传输由列控中心承担，利用专用光纤通道实现安全信息的传输。

区间 ZPW-2000 无绝缘轨道电路采用铝护套内屏蔽数字信号电缆，分支电缆采用综合护套数字信号电缆。

新设信号集中监测系统，新建联锁设备的车站、线路所和信号中继站设集中监测分机设备，在电务段、信号车间、各站信号工区设集中监测终端。按管辖范围分别纳入各电务段集中监测总机系统。车站联锁、CTC、列控中心等设备及 ZPW-2000 轨道电路的监测，充分利用各自设备自诊断监测信息并与监测设备通过接口方式实现信息共享,避免监测信息的重复采集。

新建车站、线路所、信号中继站和动车运用所等处的信号设备房屋设防雷电、电磁兼容和综合防护系统,与房建工程同步实施。并充分利用房屋的混凝土框架结构金属导体进行雷电和电磁防护。室内的信号设备要设防雷保安器和分线防雷柜,其设备箱盒、柜体等要与综合接地系统进行等电位连接。

新设综合接地系统,沿铁路敷设贯通地线,在电气特性上全程贯通,接地电阻不大于1 Ω。与土建工程同步实施。沿线轨旁信号设备接地端子就近与贯通地线等电位连接。

参加江油至眉山东段线路工程施工的有中铁二局、中铁五局、中铁十四局、中铁十七局集团等单位,中铁电气化局集团和中国铁路通信信号股份有限公司联合体承担电气化、通信信号和电力等四电集成工程的施工。线路工程于2008 年 12 月 30 日正式开工,四电工程于2011 年 2 月 22 日开工。2012 年 12 月 2 日开始铺轨,2014 年 9 月 14 日正式开始联调联试,2014 年 12 月 20 日开通运营。2017 年 3 月 29 日,在绵阳江油市,西成客运专线与成绵乐客运专线成功接轨。

5.8　贵阳至广州客运专线

新建贵广客运专线,北起贵阳北站,途经贵州省贵阳市,黔南布依族苗族自治州的都匀市和三都县,黔东南苗族侗族自治州的榕江、从江和黎平县;广西壮族自治区柳州市的三江县、桂林市的龙胜、临桂、灵川、阳朔和恭城县,贺州市的钟山县和八步区;广东省肇庆市的怀集县、广宁县、四会市,佛山的三水区,广州市,南到广州南站,跨黔、桂、粤 3 省区,大至呈西北东南走向,正线长度 856. 9 km(图 5. 8)。其中贵州省内 301 km、广西壮族自治区内 348. 5 km、广东省内 207. 5 km。全线设有贵阳北、贵阳(既有)、龙里北、昌明、都匀东、三都、榕江、从江、三江、五通、桂林西、阳朔、恭城、钟山西、贺州(既有)、怀集、广宁、肇庆东、三水南、佛山西、广州南(既有)等车站,以及老罗堡、定江和三眼桥线路所。工程范围还包括改建桂林北客运站;新建与贵广客专并行的南广铁路双线工程;以及由本工程引起的 DK803 +700 ~ GDK828 +775 段贵广与南广铁路的正线、疏解线、既有广茂铁路和三眼桥站等相关修改工程。

新建贵广客运专线是西南地区通达华南沿海地区的重要区际铁路通道,是西南地区最便捷的铁路出海大通道,是连接“一带一路”,实现长江经济带、珠江经济带、西江经济带、中孟缅印经济走廊“互联互通”的高速通道。

贵广客运专线的建设单位是贵广铁路公司,设计单位是中铁二院工程集团有限责任公司和中铁第四勘察设计院集团有限公司。线路主要技术标准:铁路等级,客运专线;正线数目,双线;正线线间距,4. 4 m;其中肇庆东至广州南与南广铁路并行共四线;最大坡度,20‰、其中贵阳北至贵阳站 24‰、肇庆东至三水南 6‰;最小曲线半径,4 500 m、枢纽内加减速地段根据设计速度梯级变化确定,到发线有效长度,650 m;旅客列车设计行车速度目标值 250 km/h,基础设施预留进一步提速的条件,贵阳、广州等枢纽和地区根据实际情

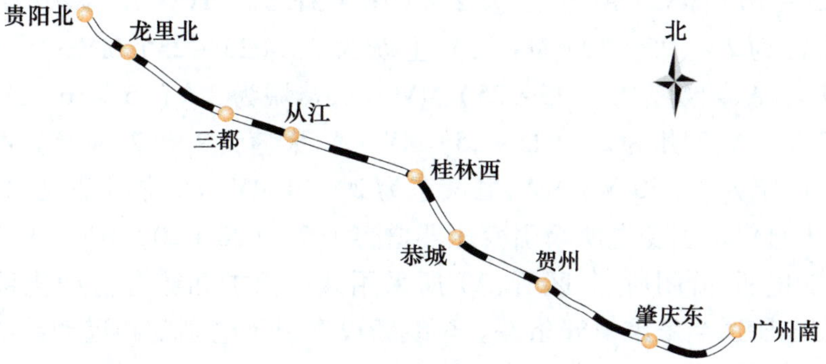

图 5.8　贵广客运专线示意图

况确定;列车运行控制方式,自动控制;行车指挥方式,调度集中;牵引种类,电力牵引(龙广段 AT 供电方式、贵龙段直供加回流线供电方式)。

5.8.1　电气化工程

牵引供电系统，贵广正线采用 AT 供电方式,其他站线采用直接供电方式。广州枢纽内奇槎至广州西段正线、正线间联络线、出入段所线采用带回流线的直接供电方式。贵阳北至龙里北、贵阳枢纽联络线、桂林地区联络线采用带回流线的直接供电方式。

全线新设贵阳北、昌明、都匀东、三都、三江乡、榕江、从江、三江、上跃、桂林西、阳朔、恭城、两安、贺州、大塘、怀集、广宁、肇庆东、佛山西等 AT 牵引变电所;增容改造贵阳客车外绕线工程中所建的大土直供牵引变电所;新设龙里北、甘塘、同开坡、平江、高基、姜架山、大圩、西岭、莲花、钟山西、三都隧道、百乐坡隧道、高青隧道、白沙村、马宁、古水河、高崀、三水南、三山港等 AT 分区所和广州西直供分区所及广州南 AT 分区所兼开闭所;新设定江开闭所、奇槎 AT 所兼开闭所;利用湘桂铁路所建的桂林北开闭所。对既有贵阳站开闭所进线电源进行改造,改由贵阳北至贵阳站上下行接触网分别接引 2 路电源进行供电;新设打铁、羊福、同乐、五通、灵川、潮田、宝丰山、苦竹河、沙坪、大岩口、羊头、高兴隧道、东科山隧道、平寨隧道、斗篷山隧道、大寨隧道、岩山隧道、洛香隧道、黄冈隧道、天平山隧道、古屋、大湾、下竹水库、南马村、旧屋、金坑村、连石、竹高塘、青歧涌、金沙、奇槎等 AT 所。本线与南广铁路并行区段的牵引变电所、AT 分区所、AT 所考虑南广铁路工程需要。

新建牵引变电所引入 2 路 220 kV 电源供电,220 kV 电源侧采用线路变压器组接线,电气设备一般采用户外布置;2 ×27.5 kV 侧采用单母线分段接线,电气设备一般采用户外布置,受地形、场坪限制时采用室内 GIS 布置。

新建分区所、AT 所的高压侧和低压侧一般采用户外布置,在受地形、场坪限制时采用室内 GIS 布置。直供分区所和直供开闭所采用户外箱式布置。

新建牵引变电所所设变压器、分成 2 组,采用固定备用、三相 V/X 接线、油浸自冷方式、预留风冷条件。各牵引变电所变压器安装容量:贵阳北为 2 ×(75 +63) MV · A、昌明为 2 ×(31.5 +25) MV · A、都匀东为 2 ×(25 +20) MV · A、三都为 2 ×(20 +25) MV · A、三江乡为 2 ×(25 + 16) MV · A、榕江为 2 ×(16 + 31.5) MV · A、从江为 2 ×(31.5 + 25) MV · A、三江为 2 ×(25 + 20) MV · A、上跃为 2 ×(25 + 25) MV · A、桂林西为 2 ×(25 + 31.5) MV · A、阳朔为 2 ×(25 + 25) MV · A、恭城为 2 ×(25 + 16) MV · A、两安为 2 ×(25 + 25) MV · A、贺州为 2 ×(25 + 25) MV · A、大塘为 2 ×(25 + 25) MV · A、怀集为 2 × 40 MV · A、广宁为 2 × 40 MV · A、肇庆东为 2 × 50 MV · A、佛山西为 2 × 63 MV · A。贵阳枢纽的大土直供牵引变电所牵引变压器增容为 2 ×(20 + 20) MV · A。

新建牵引变电所、开闭所、分区所、AT 所采用微机保护和综合自动化系统,按无人值班设计,牵引变电所适当考虑值守条件。全线新设牵引供电调度和远动系统,新设综合数据采集和远程监控(SCADA) 系统, 分别纳入成都、南宁、广州铁路电力调度所管理。

接触网悬挂采用全补偿弹性链型悬挂。接触悬挂结构高度:露天区段一般为 1 600 mm、隧道内不小于 1 100 mm。正线接触线采用 150 mm^2 的铜合金导线,张力 25 kN,承力索采用 120 mm^2 的铜合金绞线,张力 20 kN;站线接触线采用 120 mm^2 的铜合金导线,张力 20 kN,站线承力索采用 95 mm^2 的铜合金绞线,张力 20 kN。接触线悬挂高度一般为 5 300 mm。与正线相交的道岔采用无交叉线岔、与非正线交叉的道岔采用交叉线岔方式。正馈线、保护线等附加导线采用钢芯铝绞线。

全线接触网绝缘泄漏距离不小于 1 400 mm,严重污秽地区适当加强绝缘。一般地段采用瓷质绝缘子,隧道内、无雨棚柱区段及接触网下锚等处采用合成绝缘子,合成绝缘子抗弯强度不小于 12 kN。采用锚段关节式电分相,避免设在大坡道、列车出站加速区段和线路限速低速区段。

接触网支柱,路基区段的腕臂柱一般采用预应力钢筋混凝土等径圆柱,桥梁区段的腕臂柱一般采用 H 型钢柱(T 梁区段腕臂柱采用格构式钢柱),车站及多线并行区段采用线间立柱,线间距不足时采用新型硬横梁。车站雨棚地段的接触网支柱与雨棚柱合架。接触网支柱高度的选取按上腕臂底座至柱顶外露距离 100 mm、最大不超过 300 mm确定。

接触网支柱标准跨距路基地段为一般 50 ~ 55 m,最大跨距不大于 60 m。隧道内跨距一般为 40 ~ 55 m,桥上跨距一般不大于 48 ~ 50 m。相邻跨距之差不宜大于 10 m。

正线绝缘锚段关节、非绝缘锚段关节一般采用五跨锚段关节,困难情况下采用四跨锚段关节。枢纽内锚段关节一般采用四跨锚段关节,困难条件下采用三跨锚段关节。高速正线区段接触网双边补偿时的最大锚段长度不大于 2 × 700 m、困难情况不大于 2 × 750 m;单边补偿的锚段长度应为上述值的 50%;站线接触网最大锚段长度不大于 2 × 800 m、困难时不大于 2 × 900 m。隧道内不大于 2 × 700 m。附加导线锚段长度一般不大于 2 000 m。

接触网补偿下锚一般采用棘轮补偿装置。正线采用防断中心锚结;站线优先采用防断中心锚结,在软横跨、车站内下锚困难或位于站台区等受条件限制时可采用防窜中心锚结。

利用既有广州南供电车间;在贵阳北、桂林西设供电车间,在都匀东、榕江、三江、桂林西、恭城、贺州、怀集、肇庆东设供电工区,负责本线新建牵引供电和电力设施的运营维护管理和抢修工作。

5.8.2　电力工程

全线新建 1 条一级负荷 10 kV 贯通线和 1 条综合负荷 10 kV 贯通线，给沿线区间负荷和不设配电所的车站负荷供电。新建一级负荷 10 kV 贯通线采用截面为 70 mm^2 的单芯铜芯电力电缆，新建综合负荷 10 kV 贯通线采用截面为 95 mm^2 的单芯铜芯电力电缆，分别沿铁路两侧预制的电缆槽敷设。

全线新建贵阳北、龙里北、昌明、都匀东、三都、DK187 + 200、榕江、从江、三江、五通、DK432 + 600、阳朔、恭城、钟山西、DK611 + 475、怀集、广宁、肇庆东、佛山西等 10 kV 配电所，新建 10 kV 配电所从地方变电站接引 2 路 10 kV 专线电源供电。贵阳北利用长昆客运专线所建的 220/10 kV 变电所供电；还建贵阳客 10 kV 配电所；利用改造既有桂林北、广州南 2 座 10 kV 配电所并增设出线设备；贺州 10 kV 配电所由洛湛铁路工程一次实施。

设有 10 kV 配电所的车站其综合负荷设室内 10/0.4 kV 变电所供电，电源引自 10 kV 配电所站馈线；没设 10 kV 配电所的车站其综合负荷设 10/0.4 kV 变电所从地方变电站接引 1 ~ 2 路 10 kV 电源供电。

车站与行车有关的通信信号负荷设 10/0.4 kV 专用变电所供电，分别由一级负荷 10 kV贯通线和综合负荷 10 kV 贯通线提供主备用电源。

沿线通信基站、光纤直放站、信号中继站、防灾安全监控、隧道应急照明等一级负荷设 10/0.4 kV 远动箱式变电站供电，电源引自 2 路 10 kV 贯通线。

区间其他用电负荷设 10/0.4 kV 远动箱式变电站，从 10 kV 综合贯通线低压母线侧接取低压回路供电。距离 10/0.4 kV 远动箱式变电站较远的岗亭就近接引地方电源供电。较长的隧道应急照明设 10/0.4 kV 箱式变电站供电，电源引自 10 kV 贯通线。

新建 10 kV 配电所采用微机保护和综合自动化系统，按无人值班设计。全线新设电力调度和远动系统，按管辖范围分别纳入成都、南宁、广州铁路电力调度所管理。

5.8.3　通信工程

长途通信线路，贵阳北至广州南新设 2 条 32 芯单模通信光缆，分别沿新建铁路两侧的电缆槽道敷设。

传输系统，贵阳北至广州南、桂林西至桂林北新设 SDH 10 Gbit/s 长途骨干和本地中继传输系统，在沿线主要车站、贵阳北通信站、桂林北 Ⅰ 场通信机械室、桂林北通信站、既有广州南通信站设 SDH 10 Gbit/s ADM 设备。利用新建的 2 条 32 芯光缆中的各 2 芯光纤构成复用段 1 + 1 保护。

贵阳北至广州南新设 SDH 622 Mbit/s 接入网系统，沿线车站(所)设 SDH 622 Mbit/s ADM 设备，沿线区间通信基站、信号中继站、牵引变电所、分区所、AT 所、电力配电所、综合维修车间、通信工区、动车所、派出所等信息接入点设 SDH 622 Mbit/s ADM 设备。沿线车站、线路所、区间通信基站、信号中继站、牵引变电所亭、电力配电所传输节点组成 1 个 2 纤通道保护环实现对接入业务的保护。站内综合车间/工区、派出所传输节点组成 1 个站内 2 纤通道保护环实现对接入业务的保护。

在同一车站将 SDH 622 Mbit/s ADM 设备与 SDH 10 Gbit/s ADM 设备通过 2 个 SDH 622 Mbit/s 光接口互联,对接入网形成通道保护,提高整个传输系统的可靠性。

贵阳北新设的 SDH 10 Gbit/s ADM 设备通过 SDH 10 Gbit/s 光接口接入贵阳枢纽东北环线工程在贵阳北通信站设的 SDH 10 Gbit/s ADM 设备并引入贵阳通信站。贵阳通信站至成都铁路局调度所所需传输通道由铁路局 OTN 系统提供。

桂林北Ⅰ场通信机械室新设的 SDH 10 Gbit/s ADM 设备通过 SDH 10 Gbit/s 光接口与桂林北通信站 SDH 10 Gbit/s ADM 设备互联(传输通道由湘桂线提供);桂林北通信站至南宁铁路局调度所所需传输通道分别由湘桂扩能改造工程所设的 SDH 2.5 Gbit/s 传输系统提供。

在广州南通信站将本工程新设的 SDH 10 Gbit/s ADM 设备、南广线所设的 SDH 2.5 Gbit/s ADM 设备与既有 SDH 10 Gbit/s 双节点设备通过 SDH 2.5 Gbit/s 光接口互联,新建 SDH 2.5 Gbit/s 4 纤通道保护环,满足本线、南广线传输网与既有传输网互联的需要。

新设传输网管理系统,在成都、南宁、贵阳北、桂林北、广州设网元管理设备,在贵阳北、桂林北、广州南通信站、肇庆东车间设网管复示终端;在各综合车间和工区设网管便携终端。对全网进行故障管理、配置管理、性能管理和安全管理等,并按照与通信综合网管系统之间所定义的规范和接口接入通信综合网管系统。

电话交换系统,利用贵阳、桂林北、贺州和广州等处的铁路既有电话交换机,在贵阳、桂林北、贺州和广州南新设光线路终端(OLT)设备。沿线车站(所)、信号中继站、牵引变电所、AT 所、分区所、综合维修车间/工区、动车所、电力配电所、派出所等设光网络单元(ONU)。沿线新增自动电话用户通过 ONU 设备及接入网按管辖范围分别接入 OLT 设备和既有电话交换机,通过统一编号组网,实现与既有铁路电话专网的互通。

全线新设数据网,利用成都铁路局、南宁铁路局和广州铁路(集团)调度所的既有核心节点设备、根据需要扩容;在贵阳北、桂林北和广州南新设汇聚节点和路由器,沿线车站设接入节点和路由器,负责本地数据的接入。接入路由器之间通过 GE(O)接口利用光纤直连。接入路由器与汇聚路由器之间通过 GE 光接口利用传输通道联接,并将汇聚路由器通过传输通道上联至归属的核心路由器。实现全线数据业务的转发与汇聚。

贵阳北至广州南新设调度通信系统,利用广州铁路(集团)、成都铁路局调度所和成都通信站既有调度所型 FAS 系统交换机、根据需要扩容,并配套设置相关设备;在南宁铁路局调度所新设 1 套调度所型 FAS 系统交换机及相关设备,并利用柳南线所设的 1 套调度所型 FAS 系统交换机构成冗余保护。在沿线车站、线路所新设车站型 FAS 分系统交换机、调度分机和车站值班台,按管辖范围分别接入所属铁路局调度所 FAS 系统交换机和调度通信系统及调度台,进行列车调度指挥。

贵阳北至广州南和桂林西至桂林北新设 GSM-R 移动通信系统,利用成都铁路局、南宁铁路局和广州铁路(集团)GSM-R 移动通信节点既有核心网设备(根据需要扩容),并分别新设 1 套速率适配单元(TRAU)设备,接入对应的移动通信交换机。在贵阳北、桂林北、广州南通信站新设基站控制器(BSC)。在沿线车站和区间设通信基站(BTS),按管辖范围分别接入所属的基站控制器(BSC)及铁路局的 GSM-R 交换机,采用单网覆盖方式组网。区间和隧道内弱场区采用光纤直放站、漏泄电缆和天线方式增强，并设漏缆监测系统，解决隧道内的无线场强覆盖问题，以满足信息传输的需要。完成调度通信、调度命令信息、无线车次号校核信息传送等功能。并新设漏缆故障定位监测系统，在贵阳北、桂林北、广州南设漏缆故障定位监测中心服务器，在成都、南宁、广州铁路移动交换中心（MSC），贵阳北、榕江、桂林西、贺州和肇庆东通信车间分别新设管理终端设备。

本线与武广客运专线并行区段不新设通信基站，利用武广客运专线工程所建的 GSM-R 移动通信系统。本工程新设的肇庆东至三眼桥区段 GSM-R 移动通信系统，应满足本线和南广铁路运输指挥的需要。

新设应急通信指挥系统，利用成都铁路局、南宁铁路局和广州铁路（集团）调度所既有应急通信系统中心设备、根据需要扩容。在贵阳北、榕江、桂林西、贺州、肇庆东综合维修车间/工区新设现场应急事故抢险设备，按管辖范围分别接入铁路局既有应急通信系统中心系统。将现场采集到的语音、数据、图像等业务信息通过有线、无线系统传送到区间接入点，再通过传输设备传送到应急指挥中心，建立应急指挥中心与事故现场间的应急通信网络。

长度大于 5 km 的隧道在两侧洞室设事故报警电话分机，利用设在隧道内的 3 × 4 × 0.9 电缆接入设在隧道入口处的报警电话主机，再通过邻近接入点的传输设备和传输系统接入铁路局应急通信中心事故报警电话总机设备，实现紧急情况下的电话报警和定位报警功能。

新设会议电视系统，利用成都铁路局、南宁铁路局和广州铁路（集团）既有会议电视系统中心设备。在沿线各车站设会议电视系统分会场设备，按管辖范围分别接入铁路局既有会议电视系统中心设备。

通信电源，贵阳北至广州南沿线车站、通信基站、牵引变电所和信号中继站等机房新设 48 V 通信电源设备。新设通信电源和环境监控系统及采集设备，在贵阳北、桂林北和广州南设电源及环境监控系统中心设备，实现对通信电源设备和通信信号及信息机房环境条件的监控。

5.8.4　信号工程

车站联锁，沿线新建车站、贺州站贵广场、肇庆东贵广场和南广场、三水南贵广场和南广场、奇槎、三眼桥站和三眼桥线路所新设硬件安全冗余型计算机联锁设备和信号综合智能电源屏。桂林北 I 场、老罗堡和定江线路所、贺州站贵广场、肇庆东、三水南站单独新设计算机联锁设备和信号电源屏。贺州站洛湛场既有联锁设备利旧改造。沿线车站的维修工区等道岔纳入临近车站的联锁设备集中控制。

根据车站（场、所）道岔设计类型，配备相应的道岔转辙设备，提速道岔采用三相交流转辙设备和缺口检测装置。正线 18 号及以上的大号码道岔配备密贴检查器，相关监测信息纳入信号集中监测系统。

正线各车站（不含既有贵阳站）（所）动车组进路上的区段采用 ZPW-2000 有绝缘移频轨道电路，其发送设备按 1 + 1 热备冗余方式配置，接收设备采用双机并联方式；站内其余区段和既有车站采用 97 型 25 Hz 相敏轨道电路,配备二元二位继电器,按确定的方案对轨道电路分路不良区段进行处理。三眼桥线路所采用 ZPW-2000 系列无绝缘轨道电路,奇槎、三眼桥站内采用 97 型 25 Hz 相敏轨道电路,正线电码化采用预叠加发码、到发线叠加发码方式,发码设备与区间保持一致。

站内 ZPW-2000 轨道电路和电码化设备室外干线电缆采用数字信号电缆,其他信号设备采用非数字信号电缆;联锁设备室外电缆采用综合扭绞信号电缆。

运输调度指挥系统,新设分散自律型调度集中(CTC)系统,各新建联锁设备的车站(场、所)设 CTC 分机设备、网络安全和通道质量监督等设备,动车组存车场新设 TDCS 分机设备,贺州站洛站场、广州西、广州站维持既有 TDCS 设备利旧改造。按管辖范围分别接入成都铁路局、南宁铁路局和广州铁路(集团)调度所 CTC/TDCS 总机系统。并在成都铁路局调度所新设 1 个行车调度台、在南宁铁路局调度所新设 2 个行车调度台、广州铁路(集团)调度所新设 1 个行车调度台,以及相应的服务器等设备。按调度区段的划分各自负责所辖铁路局管段内的行车调度指挥及共同负责全线的行车调度指挥工作。

列车运行控制系统。贵阳北至广州南正线采用 CTCS-2 级列控系统。桂林地区联络线采用 CTCS-2 级列控系统,南广客专三眼桥线路所至新广州站、三眼桥站至广州站采用 CTCS-2 级列控系统,广州站采用的 CTCS-2 级列控系统应结合广深铁路 CTCS-2 级列控系统贯通工程统筹实施。本线与相邻线路的必要地点设置列控级间切换点。按相关规范的规定沿线新建车站(线路所、信号中继站)设安全数据网、列控中心、地面电子单元和应答器。其中三眼桥、广州西站列控中心配置标准与本线一致,三眼桥、广州西、广州按既有线 CTCS-2 级列控系统新设应答器。既有龙里站新设用于级间转换及临时限速命令的列控中心。所设列控中心设备应具有轨道电路编发码、运行方向控制、信息采集(中继站)、站间安全信息传输、应答器报文存储和调用及列控信息传送等功能。

区间闭塞制式,正线采用四显示自动闭塞,按双线双方向运行,正向按追踪间隔运行、反向采用自动站间闭塞行车。为便于维护,三眼桥站至广州区段自动闭塞采用继电编码设计,与广深铁路保持一致。

贵阳北至广州南正线、三眼桥线路所至新广州站区间采用 ZPW-2000 系列无绝缘轨道电路,其发送设备按 1 +1 配置、接收设备采用双机并用方式,采用列控中心编码,并应具有设备自监测功能并向信号集中监测系统提供监测信息。区间轨道电路所用电缆一般按 10 km 控制,超过规定长度设信号中继站。

区间 ZPW-2000 轨道电路干线电缆采用铝护套内屏蔽数字信号电缆。其他信号设备干线电缆采用铝护套综合扭绞信号电缆,分支电缆采用综合护套综合扭绞信号电缆。

新设信号集中监测系统,正线各新建车站(线路所)和信号中继站新设集中监测分机设备,在各信号车间和工区设监测终端设备;既有贺州站洛湛场、广州西和广州站等集中监测分机设备利旧改造。根据管辖范围分别接入所隶属电务段信号集中监测总机系统(根据需要进行升级改造)。并联网至相应的维修部门,实现对信号设备的集中监测和远程诊断,保证信号设施处于正常的工作状态。

沿线新建信号设备房屋设防雷电、电磁兼容和综合接地防护系统,与房建工程同步实施。并充分利用建筑物内钢筋设屋顶避雷网、避雷带、引下线、接地系统等。室内信号设备要设防雷保安器,防雷柜及室内设备箱盒,其柜体进行等电位连接和接地,并与贯通地线等电位连接。

新设综合接地系统,正线沿铁路两侧各敷设 1 条截面为 35 mm^2 的铜质贯通地线;桂林西至桂林北、定江线路所至桂林北联络线沿铁路两侧各敷设 1 条截面为 35 mm^2 的铜质贯通地线;贵阳至龙里站间利用既有贯通地线。肇庆东至广州南(四线并行地段)沿铁路两侧各敷设 1 条铜质贯通地线;各新建贯通地线在电气特性上全程贯通,接地电阻不大于1 Ω,并构成等电位连接。沿线轨旁信号设备做好安全接地,并就近等电位接入贯通地线。贵阳枢纽客车外绕线共用段所设贯通地线维持既有标准。

参加线路工程施工的有中铁七局集团,中铁大桥局集团,中铁建十三局、十四局、十六局、二十三局、二十五局集团,中交第二公路工程局,中国水利水电十四局等单位,中铁电气化局集团等单位承担电气化、通信信号、电力等四电工程的施工。

线路工程于 2008 年 10 月 13 日开工,四电工程于 2013 年 12 月 1 日开工。2014 年 9 月 18 日开始联调联试。2014 年 12 月 20 日全线验收。2014 年 12 月 26 日全线正式开通运行。

5.9　郑州至开封城际铁路

新建郑开城际铁路自郑州东站城际场向北引出,在盛和街附近上跨郑徐客专、城市东四环和东风渠后,沿东风渠和文苑南路间行走,后斜跨金水路与文苑南路交叉口后沿金水东路南侧前行,在跨过新 107 国道和京珠高速公路后出郑州市区;线路在中牟产业园区范围内基本紧贴郑开大道南侧走行,过马家河后折向南行、再折向东行,在宋城路北侧设宋城路站,线路全长 50. 174 km,并预留引入开封站的条件(图 5. 9)。全线近期新设郑州东、郑信路、绿博园、运粮河、宋城路等车站。线路平纵断面预留中医学院、白沙、刘集、雁鸣湖、官渡、汴河堤、汴西、马家河无配线车站,根据城市建设发展及旅客发送量情况适时开站。工程范围还包括新建郑开城际上行联络线接入郑州东站京广场,线路长度 2. 564 km。

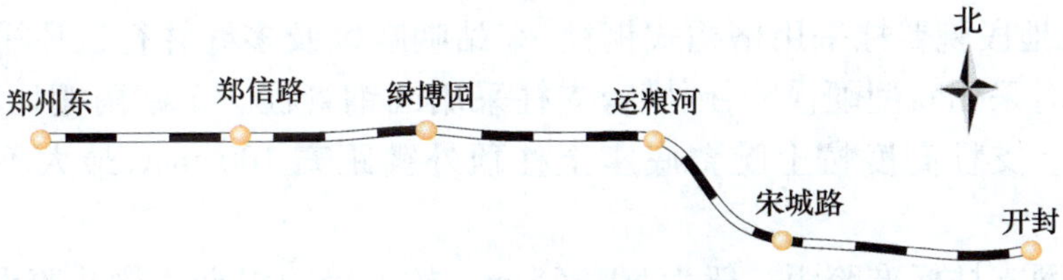

图 5. 9　郑开城际铁路示意图

新建郑开城际铁路在郑州枢纽,与京广、徐兰客运专线、郑焦、郑洛城际铁路及既有京广、陇海铁路衔接,是郑州国家综合交通枢纽、中原经济区、中原城市群高速轨道交通网络的重要组成部分,主要承担七朝古都开封与郑州大都市之间的客流,也是对郑州市轨道交通的补充和完善。通过郑开城际铁路可以有效地串联起郑州市中心城区、郑汴产业带和开封市城区,具有以市域轨道交通功能为主、兼顾城际轨道交通功能的特点。

郑开城际铁路的建设单位是河南城际铁路有限责任公司,设计单位是中铁第四勘察设计院集团有限公司。线路主要技术标准:铁路等级,城际铁路;正线数目,双线;最大坡度,20‰;最小曲线半径,2 800 m;到发线有效长度,450 m、650 m;速度目标值,200 km/h;列车运行控制方式,自动控制;行车指挥方式,调度集中;牵引种类,电力牵引(直供加回流线供电方式);机车类型,动车组。

5.9.1 电气化工程

牵引供电系统,采用带回流线的直接供电方式。全线新设官渡1座牵引变电所,利用改造石武客运专线所建的郑州东AT牵引变电所增加2回直流馈线给本线供电。新设1座中医学院标准分区所,在本工程终点宋城路站设接触网上下行并联开关起并联功能。

新设牵引变电所引入2路110 kV电源供电,110 kV侧采用线路变压器组接线,电气设备采用户外单体中式布置;27.5 kV侧采用单母线隔离开关分段接线,电气设备采用户内开关柜(AIS)布置,分区所采用箱式布置。

新建官渡牵引变电所设2台变压器,采用固定备用、V/V接线、油浸自冷方式,预留风冷条件。变压器安装容量为2×(20+20) MV·A。

新建牵引变电所采用微机保护和综合自动化系统,采用无人值班、有人值守方式。新设牵引供电远动系统,牵引供电调度纳入郑州铁路局调度所郑州至焦作铁路调度台进行管理。

接触网悬挂采用全补偿简单链型悬挂,接触悬挂结构高度一般为1 600 mm。正线接触线采用150 mm^2的锡铜合金导线,额定张力20 kN,承力索采用120 mm^2的铜合金绞线,额定张力15 kN。接触线悬挂高度为5 300 mm。附加导线采用铝包钢芯铝绞线。

全线接触网绝缘泄漏距离不小于1 400 mm,严重污秽地区适当加强绝缘。一般区段腕臂绝缘子采用瓷质绝缘子,车站无柱雨棚区段、跨线建筑物、绝缘转换柱及接触网下锚等处采用合成绝缘子。供电线等附加导线悬挂一般采用瓷质绝缘子。采用锚段关节式电分相,尽量避免设在大于6‰的坡道上、出站加速区段及低速限速区段。

接触网支柱,路基区段腕臂柱采用热轧热浸镀锌H型钢柱。箱梁地段腕臂柱采用H型钢柱,T形梁地段腕臂柱采用格构式钢柱,车站咽喉区及多线并行区段采用线间立柱,线间距不允许时采用新型硬横跨,硬横跨支柱采用圆钢管柱。车站雨棚地段接触网支柱与雨棚柱合架。支柱高度按上腕臂底座至柱顶外露距离100 mm、最大不超过300 mm选取。

正线接触网支柱标准跨距一般为50~55 m。桥上跨距根据桥梁孔跨形式确定,一般为48~50 m,相邻跨距之差不应大于10 m。正线锚段长度一般不大于2×750 m,个别困难情况下不宜大于2×800 m;单边补偿的锚段长度不应超过750 m。站线锚段长度一般不大于2×850 m、困难情况下不应大于2×900 m,单边补偿的锚段长度不应超过850 m。附加导线锚段长度一般不超过2 000 m。

接触网全补偿下锚采用棘轮补偿装置。坠砣采用圆形铁坠砣。补偿装置及坠砣的安装调整应精确到位，确保补偿装置达到不小于 97% 的补偿效果。

本线不新设供电工区，由石武客运专线所建的郑州东站供电车间负责本线新设牵引供电和电力设施的运营维护及抢修工作。

5.9.2　电力工程

全线新设 1 条综合负荷 10 kV 贯通线和 1 条一级负荷 10 kV 贯通线。新建综合负荷 10 kV 贯通线采用截面为 95 mm^2的单芯铜质电力电缆，新建一级负荷 10 kV 贯通线采用截面为 50 mm^2的单芯铜质电力电缆，分别沿铁路两侧敷设。

全线新设官渡、开封 2 座 10 kV 配电所，新设 10 kV 配电所引入 2 路地方专用电源供电。其中官渡 10 kV 配电所预留今后开站供电条件。利用郑武客运专线所建的郑州东 10 kV配电所，增设相关设备为本线供电。

新建车站设 10/0.4 kV 变电所给生产生活设施供电，设有 10 kV 配电所的车站从配电所站馈线接引 1 路 10 kV 电源；没设 10 kV 配电所的郑信路、运粮河、绿博园、宋城路车站从地方电网 10 kV 配电所及铁路 10 kV 综合负荷贯通线各引入 1 路电源。

车站通信信号负荷设室内专用 10/0.4 kV 变电所和专用变压器供电，分别从一级负荷贯通线和综合负荷贯通线接引 10 kV 电源。

区间通信信号等一级负荷设箱式变电站供电，分别由一级负荷 10 kV 贯通线和综合负荷 10 kV 贯通线提供主备用电源。

区间其他用电负荷，根据负荷分布及负荷性质就近设 10/0.4 kV 变电所或箱式变电站供电，电源引自 1 路 10 kV 贯通线或接引低压 380/220 V 电源供电。

新设 10 kV 配电所采用综合自动化系统，按无人值班设计。设电力远动系统，电力调度纳入郑州铁路局调度所郑州至焦作铁路所建的电力调度台管理。

5.9.3　通信工程

长途通信线路，新设 2 条 24 芯单模通信光缆，分别沿铁路两侧电缆槽道敷设。

区间通信基站、牵引变电所亭到干线光缆新设 1 条 12 芯分歧光缆。为满足综合视频监控系统等组网的需要，在相关视频信息采集点与相邻的传输节点间设 1 条 12 芯光缆。光缆引入区间传输节点采用分歧方式。

传输系统，利用新设的 2 条 24 芯光缆中的各 2 芯光纤开设 SDH 2.5 Gbit/s 长途骨干传输系统，在郑州东、绿博园、宋城路站设 SDH 2.5 Gbit/s ADM 传输设备，利用新建的 2 条光缆构成复用段 1+1 保护。在郑州东将新设的 SDH 2.5 Gbit/s 设备与石武客专设在郑州东通信站的 SDH 10 Gbit/s 通过 SDH 2.5 Gbit/s 光接口互联。

新设区间 SDH 622 Mbit/s 接入网系统，沿线车站、区间通信基站、牵引变电所、分区所、电力配电所、信号中继站等处设 SDH 622 Mbit/s ADM 接入设备。利用新建 2 条光缆中各 2 芯光纤构成复用段 1+1 保护。在郑州东将新设的 SDH 622 Mbit/s 设备与石武客专设在郑州东通信站的 SDH 622 Mbit/s 通过 SDH 622 Mbit/s 光接口互联。在郑州东站、绿博园站、宋城路站将新设的 SDH 622 Mbit/s 设备与 SDH 2.5 Gbit/s 设备通过 SDH 622 Mbit/s 光接口互联。并将区间通信基站、牵引变电所、分区所、电力配电所、信号中继站等所设的 SDH 622 Mbit/s 设备与各自相邻的 2 个车站的接入设备之间组成 1 个 SDH 622 Mbit/s 2 纤通道保护环;站内信息用户点 SDH 622 Mbit/s 设备就近与车站接入设备组成 1 个链状或环状保护环。

新设 IP 数据网,利用郑州铁路局既有核心路由器,利用郑州至焦作城际铁路工程设在郑州通信站的汇聚路由器,利用郑州东站既有接入路由器,在郑信路、绿博园、运粮河、宋城路站新设接入路由器和三层交换机负责本地数据的接入与交换。接入路由器与汇聚路由器之间通过传输系统互联,并上联至核心路由器,实现各站数据业务的汇聚与转发。利用郑州至焦作城际铁路所设的数据网网管设备,对全线数据网设备进行统一管理。

电话交换系统,利用郑州通信站的既有程控电话交换机和郑焦城际铁路工程设在郑州通信站的光线路终端(OLT)设备。在沿线车站、牵引变电所、分区所、信号中继站等处设光网络单元(ONU),沿线新设自动电话用户通过 ONU 设备及接入网接入 OLT 设备和既有铁路电话交换机。通过统一编号组网,实现与既有铁路电话专网的互通。

新设数字调度通信系统,利用郑州铁路局调度所的既有 FAS 调度交换机并扩容,沿线车站设车站型 FAS 调度交换机、车站值班台及调度分机等设备,接入调度所 FAS 调度交换机和调度通信系统。并在调度所新设调度台等配套设备,负责全线的运行调度指挥。

新设 GSM-R 移动通信系统,利用郑州通信站既有 GSM-R 核心网设施,利用郑州至焦作城际铁路工程所设的基站控制器(BSC)、速率适配单元(TRAU)、分组控制单元(PCU)等设备。沿线设通信基站,采用单网覆盖方式组网。区间弱场区采用光纤直放站、漏泄电缆和天线方式增强。以满足和完成调度通信、调度命令信息、无线车次号校核信息传送等功能。

新设会议电视系统,利用郑焦城际铁路工程在郑州铁路局所设的控制设备(MCU)、网守(GK)、网管和多点资源管理系统。在沿线车站、综合维修工区分别设会议电视分会场设备,接入铁路局郑焦城际铁路工程设置 MCU 设备,实现与既有会议电视系统的互通。并实现对本线全网 MCU 和终端设备的统一管理。

新设应急通信指挥系统,利用郑州铁路局调度所既有应急通信系统中心及设备。在综合工区新设事故抢险现场接入设备,接入应急通信系统中心。建立应急通信中心与事故现场间的应急通信网络。

通信电源,沿线新建通信机械室设 48 V 高频开关电源和蓄电池及 UPS 不间断电源,并新设通信电源和通信信号机房环境监测系统及采集设备。

5.9.4　信号工程

车站联锁,新建绿博园、运粮河站为有配线的车站新设硬件安全冗余型计算机联锁设备、信号综合智能电源屏及 UPS 不间断电源。郑信路和宋城路站为无配线车站不单独设计算机联锁设备,信号联锁逻辑分别由绿博园站和运粮河站的计算机联锁设备完成。郑开城际铁路上行联络线道岔纳入郑州东站城际场联锁设备集中控制，由于郑州东站城际场联锁设备由石武客专工程同步实施，为此本工程需相应修改郑州东站城际场联锁设备。

新建车站所设的联锁系统应满足时速200 km城际铁路运输的需要，并应具备控制无配线车站联锁的功能。联锁设备与列控系统间的安全信息采用专用安全冗余通道进行交换，并配合调度集中、列控设备完成区间封闭、股道封闭和临时限速等功能。接近区段的长度应按满足最不利条件下的制动距离设置。

根据车站（场）道岔设计类型，配备相应的道岔转辙设备。60 kg/m钢轨18号道岔、60 kg/m钢轨12号道岔采用ZYJ7型电液转辙机和外锁闭装置，18号道岔增加密贴检查器。动车组进路上的道岔设道岔缺口监测系统及融雪装置。

车站站内采用ZPW-2000系列有绝缘轨道电路，用以完成列车对轨道区段的占用检查，同时作为CTCS-2级列控系统地对列车间连续信息传输的媒介。其发送设备按1+1热备冗余配置，接收设备采用双机并联运用方式。工区道岔区段采用25 Hz轨道电路，为解决其分路不良，对钢轨采取除锈再喷涂的技术措施。

站内ZPW-2000轨道电路室外干线电缆采用数字信号电缆。其他信号设备采用综合护套信号电缆。

行车调度指挥系统，采用分散自律型调度集中（CTC）系统，有配线的绿博园和运粮河车站新设CTC分机设备、网络安全和通道质量监督设备。无配线的郑信路、宋城路车站不设车站CTC分机设备，分别纳入相邻车站绿博园站和运粮河站管辖。郑州东站城际场CTC车站子系统设备有石武客专工程实施，本次联络线道岔纳入城际场集中联锁并相应修改CTC车站分机设备。按照调度区段划分，郑州东城际场至宋城路站正线及其上行联络线纳入郑焦城际铁路工程所设的行车调度台进行调度指挥，根据本线接入需要，对行车调度台及数据库服务器等设备软件进行修改。

列车运行控制系统，正线采用CTCS-2级列控系统。在郑州东站城际场信号机房设1套临时限速服务器（TSRS），负责本线的临时限速管理。在郑州东站城际场、绿博园站、运粮河站及信号中继站设列控中心（TCC）（郑州东站城际场TCC由石武客专工程实施）、应答器及其地面电子单元（LEU）、安全数据网等设备。所设列控中心（TCC）应具有运行方向和闭塞控制、轨道电路低频编码、应答器报文存储和调用、无配线车站信号机点灯控制、站间安全信息传输等功能。TCC之间、TCC与车站联锁、TSRS之间通过安全数据网进行信息传输。

郑开城际上行联络线接入郑州东站京广场采用CTCS-2级列控系统，为便于郑州东站京广场装备CTCS-3级车载设备的动车组经郑开城际上行联络线运行于本线，在郑开城际上行联络线适当位置设CTCS-3/2级级间转换点。

区间闭塞制式，采用四显自动闭塞，采用双线双方向运行，正向按自动闭塞追踪运行，反向采用自动站间闭塞运行。不设区间地面通过信号机，在闭塞分区分界点设停车标志牌，以车载显示为行车凭证。

区间采用ZPW-2000型无绝缘移频轨道电路，其发送设备按1+1冗余配置，接收设备采用双机并用方式。轨道电路发送编码采用TCC电子编码，利用TCC安全传输通道传送站间联系信息。

区间 ZPW-2000 型轨道电路干线电缆采用铝护套数字信号电缆，分支电缆采用综合护套数字信号电缆。信号机点灯采用铝护套信号电缆。

新设信号集中监测系统，在郑州东站城际场、绿博园站、运粮河站、信号中继站设集中监测分机设备。通过监测网接入郑州电务段既有信号集中监测总机系统，根据需要增设必要的设备和修改总机系统软件。

沿线新建信号设备房屋设防雷电、电磁兼容和综合接地防护系统，与房建工程同步实施。并与贯通地线等电位连接。

新设综合接地系统，沿铁路两侧分别敷设 1 条截面为 35 mm^2 的贯通地线，在电气特性上全程贯通，接地电阻不大于 1 Ω。与土建工程同步实施。沿线轨道旁信号设备做好安全接地，就近与贯通地线等电位连接。

参加线路工程施工的有中铁七局、十五局集团等单位，参加电气化、通信信号和电力工程施工的有中铁二局、三局和中铁四局集团等单位。

线路工程于 2009 年 12 月 29 日开工，四电工程于 2013 年 1 月 1 开工。2013 年底线路工程全线贯通。2014 年 6 月 8 日完成铺轨。2014 年 10 月 27 日进入联调联试阶段，2014 年 12 月 2 日开始进入试运行阶段。2014 年 12 月 28 日正式开通运营。

5.10 青岛至荣成城际轨道交通

新建青荣城际轨道交通，西起青岛北站，途经青岛、莱阳、烟台和威海，东到荣成，大致呈西南东北走向，正线全长 300 km(图 5.10)。全线设有城阳、即墨北、莱西北、莱阳、海阳北、桃村北、烟台南、牟平、威海北、威海、文登东、荣成等车站，预留夏格庄车站。另设即墨北线路所和西陌堂线路所。其中城阳站、即墨北站及即墨北线路所位于青岛枢纽内。工程还包括引入青岛枢纽、烟台地区的相关配套工程：即墨至即墨北下行联络线长 9.934 km、上行联络线长 10.7 km；青烟直通线长 19.995 km，青烟直通线设官庄站；烟台至荣成下行联络线 5.709 km、上行联络线 5.570 km；蓝烟铁路改建(双线)长 1.534 km。新建青荣城际轨道交通线是构建胶东半岛地区旅客运输的主要通路之一，它与胶济客运专线及规划建设的太青客专可以共同构成山东省快速铁路客运通道。所以它的建成将对半岛地区经济结构的调整，城镇化战略的实现，城市群的形成，城市区域之间的有机协调合作起到重要的作用。

青荣城际轨道交通工程的建设单位是济南铁路局，设计单位是铁道第三勘察设计院集团有限公司。线路主要技术标准：铁路等级，客运专线；正线数目，双线；线间距，4.6 m(青岛枢纽、烟台地区根据设计速度确定)；最大坡度，20‰、局部地段经行车检算可采用不大于 25‰的坡度；最小曲线半径，4 000 m、引入枢纽和地区减加速地段采用与行车速度相适应的线路平面标准；到发线有效长度，650 m；列车运行控制方式，自动控制；行车指挥方式，综合调度集中；设计速度，250 km/h、根据线路平面条件和行车牵引计算，正线速度段落划分为：起点(青岛北)至 DK40 + 000 按 200 km/h，利用既有线地段维持既有标准；

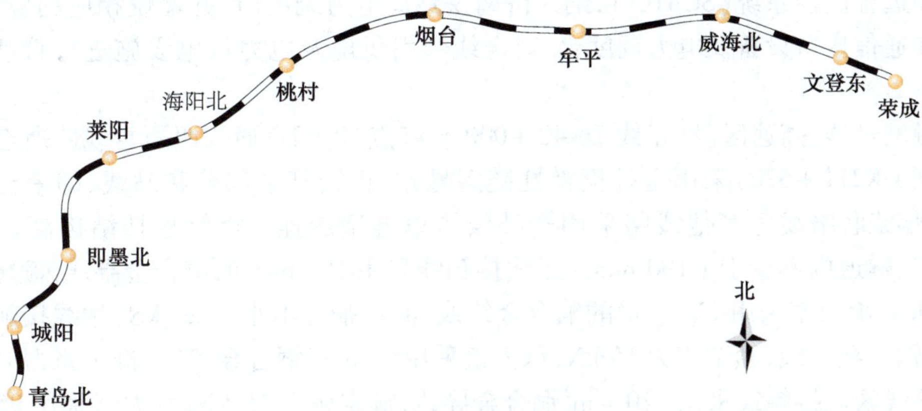

图 5.10　青荣城际轨道交通示意图

DK40 +000 ~ DK194 +600 为 250 km/h；DK194 +600 ~ DK198 +900 为 160 km/h；DK198 +900 ~ DK312 +000 为 250 km/h；DK312 +000 ~ 终点为 120 km/h；运输组织模式，城际动车组与跨线动车组及普速列车的混合运行模式；牵引种类，电力牵引（直供加回流线供电方式）；动车组类型，CRH 系列动车组。

2008 年 8 月 28 日，原铁道部和山东省政府签订的《关于加快山东省铁路建设有关问题的会议纪要》中确定，双方共同筹资建设青烟威荣城际铁路，项目资本金按照总投资的 50% 安排，原铁道部、山东省政府按资本金 7:3 比例出资，山东省政府负责征地拆迁工作及费用，征地拆迁补偿费用经双方认可后作为资本金计入山东省政府股份。资本金以外的资金使用国内银行贷款。

5.10.1　电气化工程

牵引供电系统，全线采用带回流线的直接供电方式。全线新设城阳、莱西北、海阳北、西陌堂、双岛、文登东 6 座牵引变电所。新建青岛北、烟台、即墨北、莱阳、西庄、牟平、威海、荣成等分区所，新建即墨线路所开闭所和烟台南开闭所。

新建莱西北、海阳北、西陌堂、双岛、文登东牵引变电所引入 2 路 220 kV 电源供电；新建城阳牵引变电所引入 2 路 110 kV 电源供电，并考虑远期客运量增长的需要。牵引变电所电源侧采用线路变压器组接线，电气设备采用室外布置；27.5 kV 侧采用单母线隔离开关分段接线，电气设备采用室内网栅间隔布置。馈线断路器采用带旁路母线的固定备用方式，馈线设高压故障性质判定装置。

新建开闭所 27.5 kV 电气设备除馈线隔离开关采用户外布置外，其他电气设备采用室内网栅间隔布置。分区所 27.5 kV 电气设备采用室内网栅间隔布置。

新建牵引变电所设 2 台变压器，采用固定备用、三相 V/V 接线、油浸自冷方式，预留风冷条件。各牵引变电所变压器安装容量：城阳为 2 ×（31.5 +31.5）MV · A、莱西北为 2 ×（25 +25）MV · A、海阳北为 2 ×（25 +25）MV · A、西陌堂为 2 ×（31.5 +40）MV · A、双岛为 2 ×（25 +31.5）MV · A、文登东为 2 ×（25 +16）MV · A。

新建牵引变电所、分区所按无人值班设计，牵引变电所适当考虑值守条件。设综合数据采集和远程监控系统(SCADA),纳入济南铁路局电力调度所,并增设相应的应用、通信服务器和通信接口设备及电力调度台,对全线牵引供电及电力供电设施进行管理和集中监控。

接触网悬挂,高速区段(正线 DK40 +000 至终点、青烟直通线西陌堂线路所至蓁山隧道口青烟 DK211 +520)采用全补偿弹性链型悬挂;正线其余部分和站线、即墨至即墨北联络线、烟荣联络线等其他线路采用全补偿简单链型悬挂。接触悬挂结构高度一般为 1 600 mm、隧道内不少于 1 100 mm。正线接触线采用 150 mm^2 的铜合金导线,额定张力不小于 25 kN,承力索采用 120 mm^2 的铜合金绞线、额定张力不小于 20 kN;站线接触线采用 120 mm^2 铜合金导线,额定张力 15 kN,承力索采用 95 mm^2 铜合金绞线,额定张力 15 kN;联络线和该线区段接触线采用 120 mm^2 铜合金导线,额定张力 15 kN,承力索采用 95 mm^2 铜合金绞线,额定张力 15 kN。接触线悬挂最低点高度不小于 5 300 mm。道岔处接触网悬挂安装方式,与正线相交的道岔采用无交叉线岔方式,与非正线交叉的道岔采用交叉线岔方式。采用带空气绝缘中性段的绝缘锚段关节式电分相。回流线等附加导线采用铝包钢芯铝绞线。改造胶济线、兰烟线接触网维持既有设计标准。

接触网绝缘泄漏距离不小于 1 400 mm,严重污秽地区绝缘泄漏距离不小于 1 600 mm。一般地段采用瓷质绝缘子,海滩区段、下锚、分段处和隧道内等采用合成绝缘子,绝缘子抗弯破坏荷重一般为 12 kN。

接触网支柱,连续较长的路基区段腕臂柱采用环形钢筋混凝土柱,桥梁和短路基区段采用 H 型钢柱。T 形桥梁采用格构式热浸镀锌钢柱。跨越站场咽喉区等多股道时,采用硬横梁。车站站台区采用线间立 H 型钢柱,供电线采用格构式钢柱。隧道内吊柱采用带斜撑的加强倒立柱结构,转换柱采用双倒立吊柱方式,接触网吊柱等采用后植锚栓方式固定。改造既有线地段维持原设计标准。

接触网支柱标准跨距一般为 50 ~ 55 m,相邻跨距之差不应大于 10 m。绝缘、非绝缘锚段关节一般采用五跨形式。正线锚段长度一般不大于 2 ×750 m,站线锚段长度一般不大于 2 ×750 m、困难情况下不应大于 2 ×800 m,单边补偿的锚段长度为上述值的 50%。附加导线锚段长度一般不大于 2 000 m。

接触网下锚采用全补偿方式,正线和站线接触网下锚采用棘轮补偿装置和铁坠砣。正线一般采用两跨式防窜防断中心锚结,车站条件受限时采用防窜不防断中心锚结。

牵引供电设施运营维护由综合维修工区供电部门统一管理。并在即墨北、莱西北、桃村北、烟台南、威海、荣成设接触网工区。

5.10.2　电力工程

全线新设 1 条综合负荷 10 kV 贯通线和 1 条一级负荷 10 kV 贯通线,新设 10 kV 贯通线采用截面为 70 mm^2 的电力电缆,分别沿铁路两侧敷设。新设即墨北、莱西北、莱阳、桃村北、烟台南、牟平、威海、荣成 8 座 10 kV 配电所,新建 10 kV 配电所从地方电网接引 2 路电源供电。改造增容烟台 35 kV 变配电所。青岛枢纽新建城阳 10 kV 开关站。青岛北站 10 kV 配电所纳入青岛北站工程统筹设计、同步实施,并向本线 10 kV 贯通线供电。

设有 10 kV 配电所的车站其动力照明负荷设站内10/0.4 kV动力照明变电所供电，2 路电源引自 10 kV 配电所站馈线；没设 10 kV 配电所的车站其动力照明负荷设站内 10/0.4 kV动力照明变电所供电，2 路电源分别引自综合负荷 10 kV 贯通线和邻近地方变电站 10 kV 电源。

除城阳站外的沿线各车站设站内 10/0.4 kV 通信信号专用变电所给通信信号负荷供电，电源分别引自一级负荷 10 kV 贯通线和综合负荷 10 kV 贯通线。

沿线区间通信信号负荷设 10/0.4 kV 箱式变电站供电，电源引自 2 路 10 kV 贯通线。

区间其他用电负荷设箱式变电站，从 10 kV 综合贯通线接引电源供电或就近接引地方电源供电。

新建配电所采用微机保护和综合自动化系统，新增电力设施纳入综合数据采集与远程监控系统（SCADA），综合 SCADA 系统纳入济南铁路局电力调度所和青岛供电段控制和管理。

5.10.3　通信工程

长途通信线路，青岛北站经西陌堂线路所、烟台南站至荣成站沿铁路两侧电缆槽道各敷设 1 条 24 芯单模通信光缆。西陌堂线路所至烟台通信站沿新建铁路两侧电缆槽道各敷设 1 条 48 芯单模通信光缆。即墨站至即墨线路所沿铁路两侧电缆槽道各敷设 1 条 12 芯单模直埋光缆。

传输系统，青岛北站至荣成站新设 SDH 2.5 Gbit/s骨干（中继）传输系统，在青岛通信站、青岛北、城阳、即墨北、莱西北、莱阳、海阳北、桃村北、烟台南、牟平、威海北、威海、文登、荣成站设 SDH 2.5 Gbit/s ADM 设备，利用新建的 2 条 24 芯光缆中的各 2 芯光纤构成复用段 1 +1 保护。同时在官庄、烟台信号楼，以及青岛、烟台通信站分别设 SDH 2.5 Gbit/s 设备。

新设 SDH 622 Mbit/s 接入网系统，沿线车站设 SDH 622 Mbit/s 接入设备，并通过 2 个 SDH 622 Mbit/s 光接口与 SDH 2.5 Gbit/s 设备相联。在区间通信基站、信号中继站、牵引变电所等处新设 SDH 622 Mbit/s 设备，利用新建的 2 条 24 芯光缆中的各 4 芯光纤构建 2 个 SDH 622 Mbit/s 2 纤单向通道保护环（通信基站和信号中继站、牵引供电和电力供电各组建 1 个传输环）。在综合维修车间、工区、10 kV 变配电所等站内信息用户接入点设 SDH 622 Mbit/s 设备，分别与车站通信设备构成站内通道保护环。在青岛工务段新设 SDH 622 Mbit/s 设备、在青岛电务段新设 SDH 622 Mbit/s 设备、在青岛会议工区新设 SDH 622 Mbit/s 接入设备，以满足各业务所需传输通道的要求。利用青岛供电段的既有 SDH 622 Mbit/s 设备，以满足电力运动系统所需传输通道的要求。引入济南、青岛枢纽的通道利用既有传输系统提供。

在济南通信段既有网管中心新设传输和接入网网管设备，在青岛和烟台通信站新设网管复示终端。负责对全线传输接入网进行故障管理、配置管理、性能管理和安全管理。

新设 IP 数据网，利用京沪高速铁路设置的核心节点路由器。在青岛、烟台通信站新设汇聚节点和路由器；沿线车站设接入节点和路由器及以太网交换机，负责本地数据的接入、交换。接入节点路由器之间、接入节点路由器与汇聚节点路由器之间通过传输通道构成环形网。并上联至核心路由器,实现全线数据业务的接入、转发与汇聚。

在济南铁路局通信网络管理中心设数据业务网管系统,在青岛、烟台通信站新设复示终端设备,对全线数据业务进行管理。

电话交换系统,利用青岛、烟台通信站的既有程控电话交换机。在既有青岛、烟台通信站各新设光线路终端(OLT)设备。沿线各车站、线路所、信号中继站、综合维修车间、维修工区、牵引变电所、分区所、电力配电所等新设光网络单元(ONU),沿线新增自动电话用户通过 ONU 设备及接入网根据管辖范围分别接入 OLT 设备和青岛、烟台既有电话交换机。通过统一编号组网,实现与既有铁路电话专网的互通。

青岛北站至荣成站新设调度通信系统。利用济南铁路局调度所既有调度通信交换机及相关设备,在沿线各车站和线路所设车站型调度通信交换机,在车站设值班台和调度电话分机和应急电话分机,通过传输通道接入铁路局调度所既有调度通信交换机及调度通信系统,并在调度所新设 2 个行车调度台(青荣行调台及行调助理调度台)。由行车调度台负责本线的调度指挥工作。通过将调度所调度通信交换机与 GSM-R 移动通信交换机的互联,实现有线与无线调度业务的互通。

新设 GSM-R 移动通信系统,利用济南铁路局既有 GSM-R 核心网设施、根据需要扩容,并新设 1 套基站控制器(BSC),同时与 MSC 同址新设 1 套码速变换器(TRAU)。沿线车站和区间设通信基站(BTS),车站通信基站按 3 载频配置。区间通信基站按 2 载频配置,采用单网覆盖方式组网,通过传输通道接入济南 GSM-R 核心网的基站控制器和交换机。区段弱场区采用光纤直放站、漏缆电缆或天线方式增强,以满足无线场强的覆盖和信息传输的需要,完成调度通信、调度命令信息和车次号校核信息传送等功能。

在青岛枢纽与胶济客专并线区段,采用既有胶济线通信基站进行无线场强覆盖,在弱场区采用光纤直放站进行补强。

本工程正线引入青岛枢纽利用胶济线既有 GSM-R 通信基站,对沿线车站无线系统进行扩容,接入既有通信基站子系统,维持该区段既有单层覆盖方式不变。在青岛北站至城阳区段,本线与胶济客专、胶济货线等形成五线并行,本工程在胶济客专的即墨站、城阳站、娄山站通信基站各扩容基站载频板,维持既有组网方式接入胶济客专在济南所设的 BSC 不变。同时为解决青岛北站至娄山站区段市区 GSM-R 无线场强覆盖,在胶济客专 DK18 +050 处新设光纤直放站远端机,在青岛北站通信机械室新设光纤直放站近端机,将青岛北站通信基站信号中继至区间 DK18 +050 处对无线场强补强。青岛枢纽新设光纤直放站纳入既有胶济客专光纤直放站网管统一管理。

青烟直通线、烟荣联络线结合本工程正线围成三角区域,在青烟直通线 DK198 +100、官庄、DK198A +700 设 3 处通信基站,实现无线场强的覆盖。

本工程在青岛通信站新设光纤直放站网管服务器(OMC - T)及网管终端,在沿线通信工区设 OMC - T 远程终端。实现对管辖范围内的光纤直放站及漏泄同轴电缆的维护管理。并接入通信电源及环境监控系统,实现对光纤直放站远端机环境及电源的监控。

新设应急通信指挥系统,利用济南铁路局调度所既有应急通信系统中心设备。在烟台南、威海通信维修工区设应急通信现场接入设备，采用有线和无线方式接入济南铁路局应急通信中心系统。在 5 km 及以上的隧道设隧道应急电话系统，在隧道避车洞设报警电话和广播设备，利用新设的 3×4×0.9 低频对称电缆接入临近的 GSM-R 通信基站，在 GSM-R 通信基站通信机械室设报警电话主机设备，接入铁路局应急通信中心所设的救援电话应急控制平台。当实施现场抢险救援时，为应急救援指挥中心提供话音、数据及图像等信息的采集及传输。

新设会议电视系统，利用济南铁路局既有会议电视系统中心设备并扩容，在沿线车站站房综合楼设分会场设备，接入铁路局会议电视系统中心和网管系统。

通信电源，沿线新建车站、线路所、通信基站、信号中继站、牵引变电所、分区所等处新设 48 V 高频开关电源和蓄电池组及 UPS 不间断电源。并新设通信电源和环境监控系统，在济南通信站新设电源和环境监控中心设备，在青岛和烟台通信站、莱西北、烟台南、威海综合维修车间、青岛电务段设复示终端，沿线通信信号机房设监测分站远程终端设备（RTU），实现对电源设备和通信信号机房环境条件的监控。

在莱西北、烟台南、威海新设通信维修车间，在即墨北、桃村北、荣成设维修工区，在莱阳、海洋北、牟平设维修点，由济南通信段管理，负责各自管段内通信设备和线路的运营维护。

5.10.4　信号工程

车站联锁，正线上的城阳青荣城际场、莱西北站、莱阳青荣城际场、海阳北、桃村北、牟平、威海北、威海、文登东、荣成、官庄站等新设硬件安全冗余型计算机联锁系统和信号电源屏，联锁设备的控制与显示采用“鼠标＋显示器”方式。并应具备与 CTC、列控中心等设备的接口和信息交换功能，为信号集中监测系统提供相关信息。其中即墨线路所与即墨北站、西陌堂线路所与烟台南站的联锁方式采用区域联锁。即墨线路所由即墨北站联锁设备集中控制，在即墨北站设计算机联锁主机设备，负责完成即墨北站和即墨线路所的信号联锁功能，实现一站一所的合控。在即墨北站、即墨线路所分别设计算机联锁执表机和信号电源屏，接收和执行即墨北站主机的联锁命令，负责本机所管辖范围内轨旁设备的联锁条件的采集和驱动，并将相应的道岔及信号机执行情况和工作状态返回给即墨北站联锁主机。但排列进路仍维持一站一所单独办理方式，站与所之间行车作业按闭塞方式办理。信息传输通道采用新设的 2 条不同物理路径光缆中的 6 芯光纤（主用 4 芯，备用 2 芯）。威海南站由于本工程引入，新建双机热备型计算机联锁设备，维持既有上下行线路方向，与本工程威海站采用场间联系。青岛北站、莱阳蓝烟场、烟台地区珠玑站、烟台站既有 DS6-K5B 型计算机联锁设备结合站场改造情况利旧改造。综合维修车间及工区有关道岔纳入临近车站联锁集中控制。

根据车站（场、所）道岔设计类型，配备相应的道岔转辙机、转辙装置和拉力测试装置，并采取断电保护措施。正线上的道岔采用外锁闭、多机分线、分动控制方式，并实现挤岔监督报警功能。直向通过时速 160 km 及以上的道岔尖岔密贴段牵引点增设密贴检查装置，其监测信息纳入信号集中监测系统。莱阳蓝烟场、烟台站站场原位不动的转辙机及安装装置利旧。新建车站(场、线路所)正线道岔及既有烟台站动车组列车进路上的道岔配置道岔融雪控制系统,采用人工确认后进行启动,将有关信息传输至运营管理部门。

新建车站(场、所)站内正线和到发线采用与区间相同制式的计算机编码控制的ZPW-2000 系列有绝缘轨道电路,其发送设备按 1 + 1 冗余配置、接收设备采用双机并用方式。其他区段采用高压脉冲轨道电路。莱阳蓝烟场、烟台站站内采用 25 Hz 相敏轨道电路,正线采用预叠加、侧线占用叠加 ZPW-2000A 电码化。为解决轨道电路分路不良问题,高速车站(场)道岔渡线采用轨面喷涂技术措施。

站内 ZPW-2000 轨道电路和电码化室外电缆采用数字信号电缆,其他信号设备采用综合护套信号电缆。

行车调度指挥系统,新设分散自律型调度集中(CTC)系统,沿线各新建车站(场、线路所)和烟台站新设 CTC 分机设备、网络安全和通道质量监督等设备,按调度区划分接入济南铁路局调度所胶济铁路 CTC 总机系统,实现与既有 TDCS/CTC 总机系统的互联互通。并在胶济 CTC 系统机房增设本线应用和通信服务器、TDCS-CTC 接口服务器等设备。在调度所新设本线行车调度台,负责本线的行车调度指挥,并预留青岛至连云港铁路的接入条件。本线调度台与既有胶济客专调度台的调度分界在青岛北站下行进站信号机处,以及即墨至即墨北联络线即墨站上行进站信号机处。既有蓝烟铁路烟台站新设 CTC 分机,纳入本线调度台管辖控制。蓝烟铁路莱阳站蓝烟场、珠玑站维持既有行车调度指挥系统蓝烟调度台管辖。

列车运行控制系统,采用 CTCS-2 级连续速度(目标—距离)控制模式的列控系统,在青岛北站信号机房新设 1 套临时限速服务器,负责本线的临时限速管理。各车站(场、线路所)、信号中继站设列控中心(TCC)、应答器及其编码单元设备。所设列控中心应具有轨道电路编发码、运行方向控制、信息采集(中继站)、站间安全信息传输和应答器报文的实时组帧、编码及发送等功能。

本线由城阳青荣城际场引入胶济客专青岛北站采用 CTCS-2 级列控系统。即墨至即墨北联络线与胶济客专即墨站接轨,即墨站在本线引入青岛枢纽相关工程中升级为 CTCS-2 级列控系统,本线动车组在进入即墨站胶济客专区段以既有线提速 CTCS-2 级模式运行。烟台站新设 CTCS-2 级列控中心及安全数据网设备,本线动车组以客专 CTCS-2 级运行模式进入烟台站。

区间闭塞制式,青岛北至荣成(含青烟联络线、烟荣联络线)双线区段采用四显示自动闭塞,按双线双方向运行,正向采用追踪间隔运行,反向采用自动站间闭塞行车,不设区间地面通过信号机,在闭塞分区分界点设信号标志牌,动车组以车载信号设备显示作为行车凭证。普速客车在本线运行时由列车监控装置(LKJ)结合通用机车信号控制列车运行,以地面信号作为行车凭证。

区间采用 ZPW-2000 系列无绝缘移频轨道电路,其发送设备按 1 + 1 冗余配置,接收设备采用双机并用方式。ZPW-2000 轨道电路所用信号电缆有效传输长度一般不大于 10 km、困难情况下不应大于 12 km。超过规定长度设信号中继站。

区间 ZPW-2000 轨道电路干线电缆采用铝护套数字信号电缆,分支电缆采用综合护套数字信号电缆。

新设信号集中监测系统,各新建车站(场、所)、信号中继站新设集中监测分机设备,在莱西北、烟台南、威海信号维修车间及各车站(场、所)信号值班工区设监测终端设备,纳入青岛电务段新设的信号集中监测总机系统。莱阳蓝烟场、烟台和珠玑站既有集中监测分机设备结合站场改造情况利旧改造。

新建信号设备房屋设防雷电、电磁屏蔽和综合接地防护系统,与房建工程同步实施。并与贯通地线等电位连接。

本线新设综合接地系统,贯通地线采用截面为 35 mm^2 的铜质电缆,分别沿铁路两侧敷设,在电气特性上全程贯通,对地接地电阻不大于 1 Ω,与土建工程同步实施。沿线轨道旁信号设备应做好安全接地,并就近与贯通地线等电位连接。

参加线路工程施工的单位有中铁一局、十四局、十七局、二十局集团,中交二航局、三航局等。中铁建电气化局集团等单位承担电气化工程的施工。

线路工程于 2010 年 10 月开工,电气化工程于 2013 年 12 月 15 日开工。2014 年 8 月 25 日完成全线铺轨。2014 年 10 月 2 日开始即荣段的联调联试。2014 年 12 月 28 日即荣段正式通车。2015 年 2 月 4 日烟荣联络线、青烟直通线正式通车,烟台站首次始发动车组列车。2016 年 10 月 5 日开始青即段的联调联试。2016 年 11 月 16 日青即段正式开通,即青荣城际轨道交通全线通车。

5.11　贵阳至开阳城际铁路

新建贵开铁路(又称城际铁路)位于贵州省贵阳市乌当区和开阳县内,自贵阳枢纽的贵阳东站长沙端(DK0 +000 = 东北环左线 DIK11 +027.6)引出,向北经三江农场、王岗、羊昌,在双塘村附近跨越南江峡谷,向北至开阳县南门的新建开阳站(DK54 +422),新建正线长度 54.32 km。另有新建贵阳北站(LgDK1 +200 = 长昆线 DK703 +168.316)至贵阳东站成都端(LgDK9 +710 = 东北环线 DIK9 +525)联络线,其中左线长 8.51 km、右线长 8.11 km。全线长约 62.83 km(图 5.11)。其中桥梁累计长度 17.84 km,隧道累计长度 25.315 km,桥隧占比达到 71.33%。全线设有贵阳东站(既有)、三江农场、相思河、羊昌、南江和开阳等车站。该线是贵阳市域快速铁路网"一环一射两联线"重要组成部分,同时也是贵阳市城市轨道交通的重要组成部分。它的建成开通大大拉近了开阳与贵阳市区的时空距离,加速了贵阳城乡一体化的进程。同时也会在促进开阳旅游事业发展的进程中,拉动沿线经济的快速发展。

新建贵开城际铁路的建设单位是成都铁路局、贵阳铁路建设投资有限公司、贵阳市域铁路有限公司。设计单位是中铁二院工程集团有限责任公司。线路主要技术标准:铁路等级,Ⅰ级;正线数目,双线;限制坡度,一般地段 25‰、困难地段 30‰;最小曲线半径,一般地段 2 000 m、困难地段 3 600 m;到发线有效长度,650 m;闭塞类型,自动闭塞;路段旅客列车设计行车速度,160 km/h;牵引种类,电力牵引(直供加回流线供电方式)。

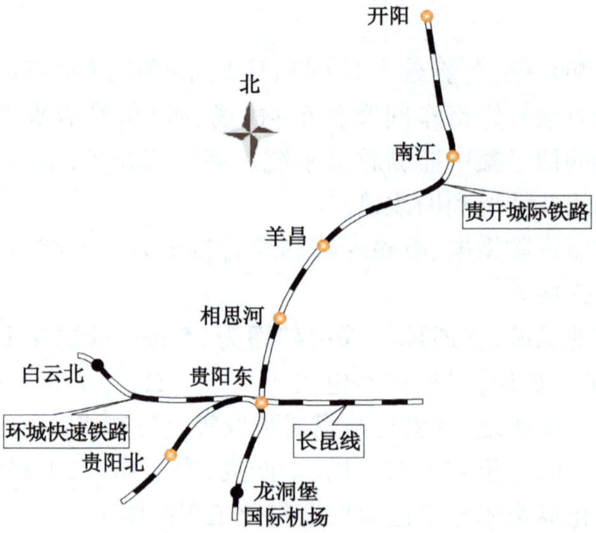

图 5.11　贵开城际铁路示意图

5.11.1　电气化工程

牵引供电采用带回流线的直接供电方式。新设羊昌牵引变电所,新设贵阳东、开阳分区所,利用既有贵阳北牵引变电所为贵阳东至贵阳北联络线供电。

新建羊昌牵引变电所引入 2 路 110 kV 电源供电,牵引变电所设 2 台三相 V/V 接线变压器,采用油浸自冷方式,预留风冷条件。

新建牵引变电所、分区所采用微机保护和综合自动化系统,按无人值班设计,牵引变电所适当考虑值守条件。新设牵引供电远动和自动监控系统,纳入成都铁路局牵引供电调度所,对全线牵引供电设施进行集中监控。

接触网采用全补偿简单链型悬挂,接触悬挂结构高度一般为 1 600 mm。正线接触线采用 120 mm^2 的铜合金导线,承力索采用 95 mm^2 的铜合金绞线。道岔处接触网采用交叉线岔方式。无站台柱雨棚内接触网安装悬挂方式,根据具体的车站条件确定,尽量减少对车站雨棚美观的影响。附加导线一般采用铝包钢芯铝绞线。

接触网绝缘泄漏距离不小于 1 400 mm,严重污秽地区适当加强绝缘。一般地段采用瓷质绝缘子,跨线桥两侧、严重污秽区段、接触网下锚等处采用合成绝缘子。采用带空气间隙绝缘中性段的锚段关节式电分相,尽量避免设在大坡道、列车出站加速区段和线路限速低速区段。

接触网支柱,路基地段的腕臂柱采用环形等径混凝土支柱,桥上采用格构式钢柱。车站及多线并行区段采用格构式硬横梁和钢柱。支柱高度按腕臂柱水平腕臂距柱顶外露 100 mm、最大不超过 300 mm 控制。支柱侧面限界按满足大型养路机械作业要求设计,一般为 3. 1 m。

接触网支柱跨距,路基地段一般为 50 ~ 55 m,桥梁上根据孔跨确定,一般为 45 m。正线接触网锚段长度一般不大于 2×750 m、站线锚段长度不大于 2×850 m、附加导线的锚段长度一般不大于 2 000 m。

5.11.2　电力工程

全线新设 1 条综合负荷 10 kV 贯通钱和 1 条一级负荷 10 kV 贯通线，给铁路沿线用电负荷供电。新建 10 kV 贯通线采用电力电缆，分别沿铁路两侧的电缆沟敷设。新设开阳 10 kV 配电所，引入 2 路地方电源供电；利用贵阳东 10 kV 配电所给本线供电。

设有 10 kV 配电所的车站其站房综合用电负荷设站内 10/0.4 kV 变电所供电，从配电所站馈线接引电源。没设 10 kV 配电所的车站其站房综合用电负荷设 10/0.4 kV 变电所，从地方电网接引电源供电。

各车站与行车有关的通信信号等一级用电负荷设室内 10/0.4 kV 变电所供电，分别从 2 路 10 kV 贯通线接引电源。区间通信信号等一级用电负荷设箱式变电站供电，分别从 2 路 10 kV 贯通线接引电源。

区间其他用电负荷设箱式变电站或杆架式变电台供电，优先从地方电网接引电源供电，不具备接引地方电源条件的，从综合负荷 10 kV 贯通线接引电源。

新建 10 kV 配电所采用综合自动化系统，按无人值班设计。新设电力远动系统，纳入贵阳供电段电力控制中心管理。对全线电力供电设施进行集中监控。

5.11.3　通信工程

长途通信线路，贵阳东至开阳间沿新建铁路敷设 1 条 24 芯直埋光缆；贵阳东至贵阳北沿上下行联络线各敷设 1 条 24 芯直埋光缆。

为满足 GSM-R 系统组网的需要，到区间光纤直放站、通信基站敷设 1 条 12 芯光缆。到站内信息用户敷设 1 条 12 芯光缆。

传输系统，全线新设 SDH 2.5 Gbit/s 骨干传输系统，贵阳东、开阳等主要车站设 SDH 2.5 Gbit/s 设备，在贵阳东接入东北环线所建的 SDH 10 Gbit/s 传输系统。

全线新设 SDH 622 Mbit/s 接入网系统，沿线各车站、线路所设 SDH 622 Mbit/s 设备，利用光缆构成通道保护环，在贵阳东接入贵阳枢纽所建的接入网系统。

区间通信基站设 SDH 622 Mbit/s 设备，通过光缆接入相邻车站 SDH 622 Mbit/s 接入网系统。牵引变电所、分区所、电力配电所等处设 SDH 155 Mbit/s 设备，通过光缆接引车站 SDH 622 Mbit/s 接入网系统。新设传输和接入系统设备接入东北环线所建的网管系统和设备进行管理。

电话交换系统，利用贵阳北通信站既有程控电话交换机，沿线新增自动电话用户通过接入网接入既有电话交换机，通过统一编号，实现与既有铁路电话专网的互通。

新设数字调度通信系统，利用成都铁路局调度所既有调度通信交换机，沿线新建车站设车站型数字调度通信交换机、调度分机和车站值班台等设备。通过调度网接入铁路局调度所中心调度交换机和调度通信系统及新设的贵阳枢纽客运专线调度台统一管辖。并将调度所调度通信交换机与 GSM-R 交换机相联，实现有线与无线调度电话的互通。

新设 GSM-R 移动通信系统,利用成都铁路局既有 GSM-R 核心网设施,利用贵阳东北环线工程所设的基站控制器(BSC),沿线新设通信基站(BTS),采用单网覆盖方式组网。将通信基站通过传输通道接入 BSC 和铁路局的 GSM-R 交换机。区间弱场区采用光纤直放站、漏泄电缆和天线方式增强,以满足无线场强覆盖和信息传输的需要。完成调度通信、调度命令信息和无线车次号校核信息传送等功能。

通信电源,沿线通信设备机房设 48 V 高频开关电源和蓄电池。并新设电源和机房环境监控系统及采集设备。

应急通信系统,综合维修工区设应急通信系统现场接入设备。利用传输通道接入成都铁路局既有应急通信中心系统。

5.11.4 信号工程

车站联锁,贵阳东(不含)至开阳各新建车站设硬件安全冗余型计算机联锁设备和信号智能电源屏。

各新建车站站内采用 97 型 25 Hz 相敏轨道电路,采用二元二位轨道继电器,电码化采用与区间相同制式的 ZPW-2000 系列轨道电路发送设备。正线采用叠加预发码、到发线采用叠加发码方式。站内 25 Hz 相敏轨道电路室外干线电缆采用铝护套数字信号电缆,其他信号设备采用综合护套综合扭绞信号电缆。站间信息采用专用光纤传输。

新设分散自律型调度集中(CTC)系统,各新建车站设 CTC 分机设备、网络安全和通道质量监督等设备。按照管辖范围和调度区划分,接入成都铁路局调度所 CTC/TDCS 总机系统及贵阳东北环线工程所设的贵阳枢纽客运专线调度台管辖。

贵阳北至贵阳东联络线采用 CTCS-2 级列控系统,采用电子编码的无绝缘移频轨道电路,发送和接收设备按 1+1 冗余配置。

区间闭塞制式,贵阳北至开阳站区间采用四显示自动闭塞,正向采用追踪间隔运行、反向采用自动站间闭塞行车。设区间地面通过信号机。正线区间采用 ZPW-2000 系列无绝缘移频轨道电路,发送和接收设备按 $N+1$ 冗余配置。区间 ZPW-2000 轨道电路干线电缆采用铝护套内屏蔽数字信号电缆,所用电缆有效传输长度按 10 km 控制,超出规定长度设信号中继站。

信号集中监测系统,新建车站和信号中继站设集中监测分机设备,通过监测网接入应归属的电务段监测总机系统及相应的维修部门。

沿线信号设备房屋设防雷电、电磁兼容和综合接地防护系统,并与信号专用贯通地线等电位连接。

正线和贵阳北至贵阳东联络线设贯通地线,在电气特性上全线贯通,接地电阻不大于 1 Ω,并构成等电位连接。沿线轨旁信号设备安全接地后就近与贯通地线等电位连接。

参加贵开铁路线路工程施工的有中铁五局集团、中铁港航局集团等单位,线路工程于 2010 年 9 月 20 日开工。中铁八局集团等单位承担四电工程的施工,四电工程于 2014 年 3 月 1 日开工。2014 年 12 月 20 日全线竣工。2015 年 5 月 1 日正式开通运营。

5.12　郑州至焦作城际铁路

新建郑焦城际铁路，自郑州站引出，向北过黄河后，经武陟县、修武县，接入既有铁路新月线焦作站，线路全长 77.8 km（图 5.12），其中利用京广线 9.65 km，新建线路 68.14 km。全线桥梁累计长度 29.982 km，占比达到 44.0%。全线设郑州、海棠寺、南阳寨（接轨站）、黄河景区、武陟东、修武西、焦作等车站。其中郑州、海棠寺、南阳寨、焦作为既有车站，黄河景区、武陟东、修武西为新设车站。新建郑焦城际铁路是郑州至太原高速铁路的重要组成部分，是中原城市群区域一体化发展的重要基础设施，该铁路的建成开通成为豫西北、晋东南地区与郑州枢纽及以远地区间的便捷客运通路，拉近了中原城市群主轴线上城镇之间的时空距离，对加快河南省中心城市与周边城市“半小时”经济圈目标的实现，加快地区经济发展具有重要的意义。

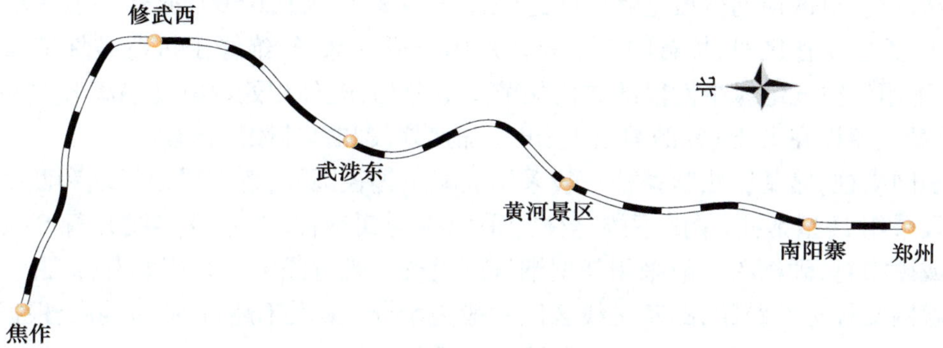

图 5.12　郑焦城际铁路示意图

郑州至焦作城际铁路的建设单位是河南城际铁路有限责任公司，设计单位是中铁工程设计咨询集团有限公司。线路主要技术标准：铁路等级，城际铁路；正线数目，双线；正线线间距，4.6 m；最大坡度，20‰；最小曲线半径，一般地段 4 000 m，两端引入枢纽根据设计速度合理选定；到发线有效长度，1 050 m；速度目标值，250 km/h；行车指挥方式，调度集中；列车运行控制方式，自动控制牵引种类，电力牵引（直供加回流线供电方式）。

5.12.1　电气化工程

牵引供电系统，南阳寨（不含）至焦作采用带回流线的直接供电方式。新设修武西直供牵引变电所，新设焦作、武陟东 2 处直供箱式分区所。增容改造既有焦作牵引变电所。利用改造既有京广铁路广武牵引变电所，增设 2 路馈线给本线供电。

新建牵引变电所引入 2 路 110 kV 电源供电。牵引变电所 110 kV 电源侧采用分支接线，电气设备采用户外中型布置；27.5 kV 侧采用单母线接线，电气设备采用户内开关柜布置。

新建修武西牵引变电所设 2 台变压器，采用固定备用、三相 V/V 接线、油浸自冷方式，预留风冷条件，变压器安装容量为 2 ×（16 + 16） MV · A。将既有广武牵引变电所的变压器容量增容为2×(31.5+25) MV·A。焦作牵引变电所变压器安装容量为2×(20+20) MV·A。

牵引变电所、分区所采用微机保护和综合自动化系,牵引变电所适当考虑值守条件。全线设电力调度和远动系统,纳入郑州铁路局既有电力调度所管理。

接触网采用简单链型悬挂,接触悬挂结构高度为1 600 mm。正线接触线采用150 mm^2的铜合金导线,额定张力25 kN,承力索采用120 mm^2的铜合金绞线,额定张力20 kN;站线接触线采用120 mm^2的铜合金导线,额定张力15 kN,承力索采用95 mm^2的铜合金绞线,额定张力15 kN。接触线悬挂点高度一般为5 500 mm。道岔处接触网悬挂,与正线相交的道岔采用无交叉线岔方式,与非正线交叉的道岔采用交叉线岔方式。回流线等附加导线采用铝包钢芯铝绞线。

全线接触网绝缘泄漏距离不小于1 200 mm,严重污秽地区适当加强绝缘。上下行接触网带电体间的距离正常情况下不小于2 000 mm,困难时不小于1 600 mm。上下行正线间、分场分束供电的横向分段绝缘子的绝缘泄露距离不小于1 600 mm。一般区段采用瓷质绝缘子,无柱雨棚区段、接触网下锚等处采用合成绝缘子,绝缘子抗弯破坏荷重一般为12 kN。采用带空气绝缘中性段的锚段关节式电分相,电分相处设电动隔离开关并纳入远动,并尽量避免设在大于6‰的坡道上、出站加速地段和低速限速区段。

接触网支柱,路基区段腕臂柱一般采用混凝土等径圆柱,桥上梁面两端和两桥之间较短路基段采用H型钢柱,梁面不能立柱时采用格构式钢柱,车站及多线并行区段采用线间立柱或硬横跨,硬横跨一般采用新型钢管硬横梁。既有线区段采用既有标准。

接触网支柱标准跨距,路基正线区段一般为55 m,最大不超过60 m,桥上根据桥梁孔跨形式确定,一般不超过50 m,相邻跨距之差不大于10 m。

绝缘锚段关节一般采用五跨关节形式,一般情况下正线最大锚段长度不大于2×700 m;站线锚段长度不大于2×800 m、困难时不大于2×900 m;附加导线最大锚段长度不大于2 000 m。

接触网下锚补偿一般采用滑轮组补偿装置,桥上及设置防断中锚困难的锚段采用棘轮补偿装置。区间正线一般采用两跨式防窜防断中心锚结,站线有条件时采用防窜防断中心锚结,无条件时采用防窜不防断中心锚结。

在修武西设接触网工区,负责新建牵引供电设施的运营维护和抢修工作。

5.12.2　电力工程

从黄河景区至焦作新设1条一级负荷10 kV贯通线和1条综合负荷10 kV贯通线。新建10 kV综合负荷贯通线采用截面为95 mm^2的线缆,新建10 kV一级负荷贯通线采用截面为70 mm^2的线缆,一般采用架空线路,桥梁等无架空径路区段采用电缆敷设。黄河景区至南阳寨段新增用电负荷由既有京广铁路10 kV贯通线供电。

新建黄河景区10 kV配电所,从地方变电站接引2路10 kV专盘电源供电。改造利用焦作10 kV配电所。

设有10 kV配电所的新建黄河景区车站其综合负荷设站内10/0.4 kV综合变电所,

从配电所不同母线段分别接引 1 路站馈线供电。没设 10 kV 配电所的新建修武西、武陟东站和南阳寨等站设站内 10/0.4 kV 综合变电所,从地方电网 10 kV 配电所和铁路综合负荷 10 kV 贯通线各接引 1 路 10 kV 电源供电,各车站在远离站房的用电负荷集中处,新设 10/0.4 kV 箱式变电站为道岔融雪、工务维修等零星负荷供电,电源引自 10 kV 配电所站馈线或 10/0.4 kV 综合变电所环网馈出线。

各车站通信信号负荷设站内电力远动变电所,从 2 路贯通线环网接引 10 kV 电源供电。

区间通信信号负荷设箱式变电站,从 2 路贯通线环网接引 10 kV 电源供电。

牵引变电所亭所用电由 10 kV 贯通线提供第 2 路电源。修武西牵引变电所位于站场范围,由站区 10 kV 站馈线接引 1 路电源,并设 10/0.4 kV 箱式变电站提供低压电源。区间箱式分区所所用电由综合负荷 10 kV 贯通线 T 接 1 路 10 kV 电源。

沿线接触网电动隔离开关距牵引变电所亭的距离大于 1.5 km 时,就近从区间箱式变电站、车站 10/0.4 kV 综合变电所或 10 kV 配电所接引 1 路低压电源供电。

10 kV 配电所采用微机保护和综合自动化系统,按无人值班设计。全线设电力调度和远动系统,纳入郑州铁路局普速整合牵引供电调度所、并设牵引及电力综合调度台进行管理和集中监控。

在修武西新设电力工区,与接触网工区合建,负责新建电力设施的运营维护和抢修工作。

5.12.3　通信工程

长途通信线路,南阳寨至焦作站间沿新建铁路两侧各敷设 1 条 24 芯单模通信光缆。南阳寨站至郑州既有通信站间沿既有铁路两侧各敷设 1 条 24 芯单模通信光缆。郑州至郑州通信站、焦作至焦作通信站间各敷设 1 条 48 芯通信光缆。

干线光缆到 GSM-R 通信基站设 1 条 12 芯分歧光缆;站内信息用户接入点到车站通信机械室设 1 条 12 芯光纤。

传输系统,利用新建的 2 条 24 芯光缆中的各 2 芯光纤开设 SDH 2.5 Gbit/s 长途骨干传输系统,在郑州既有通信站、焦作站新设 SDH 2.5 Gbit/s 传输设备,并用 2 条 24 芯光缆构成复用段 1 +1 保护。

新设 SDH 622 Mbit/s 接入网系统,在郑州通信站、焦作通信站和南阳寨、黄河景区、武陟东、修武西、焦作等站设 SDH 622 Mbit/s ADM 设备,在区间通信基站、信号中继站设 SDH 622 Mbit/s 设备。分别利用新建 2 条光缆中的各 2 芯光纤构成复用段 1 +1 保护。并在同一站将所设的 SDH 622 Mbit/s 设备与 SDH 2.5 Gbit/s 设备通过 2 个 SDH 622 Mbit/s 光接口实现互联。

在牵引变电所、分区所、电力配电所、接触网工区等信息接入点设 SDH 155 Mbit/s 设备,就近接入 SDH 622 Mbit/s 传输接入系统。

新设 IP 数据网,采用 TCP/IP 网络协议,按汇聚层和接入层结构组网。利用郑州铁路局的既有核心网设施,在郑州既有通信站设汇聚节点和路由器,南阳寨、黄河景区、武陟东、修武西、焦作站设接入节点和路由器及以太网交换机负责本地数据的接入与交换。通过传输通道将接入路由器接入汇聚路由器,并上联至核心路由器。实现沿线数据业务的转发和汇聚。在郑州通信站新设数据网网管系统和设备,对全线数据网设备进行统一管理。

电话交换系统,利用郑州通信站既有程控电话交换机,根据需要扩容 V5.2 接口板,并新设 1 套 OLT 设备。沿线南阳寨、黄河景区、武陟东、修武西、焦作车站、牵引变电所、电力配电所、接触网工区、公安派出所等处新设 ONU 设备。沿线新设自动电话用户通过 ONU 和 OLT 设备接入既有电话交换机。通过统一编号组网,实现与既有铁路电话专网的互通。

新设数字调度通信系统,利用郑州铁路局调度所的既有调度通信交换机,根据需要扩容相关设备,沿线南阳寨、黄河景区、武陟东、修武西、焦作站设车站型调度通信交换机、车站值班台和调度分机,利用传输通道接入铁路局调度所调度通信交换机和调度通信系统。按照调度区划分负责本线的调度指挥工作。并将调度所调度通信交换机与 GSM-R 移动通信交换机相联,实现有线与无线调度电话的互通。

新设 GSM-R 移动通信系统,利用郑州铁路局既有 GSM-R 移动通信核心网设施,在郑州新设基站控制器(BSC)、速率适配单元(TRAU)、分组控制单元(PCU)等设备(其设备配置应满足郑州至机场、郑州至开封等城际铁路接入的需要)。郑州站至焦作站间设车站或区间通信基站(BTS),采用单网覆盖方式组网。区间弱场区采用光纤直放站、漏泄电缆和天线方式增强。满足调度通信、调度命令信息、无线车次号校核信息传送的需要。

南阳寨至郑州间及既有京广铁路改线区段既有 400 MHz 无线列调系统继续使用。

新设会议电视系统,郑州新设多点控制单元(MCU)设备(其设备配置应满足郑州至机场、郑州至开封等城际铁路接入的需要),沿线新建车站设会议电视分会场接入设备,接入新设的 MCU 设备,实现与既有会议电视系统的互通。

新设应急通信指挥系统,利用郑州铁路局调度所既有应急通信指挥中心设备,在武陟东通信工区设 1 套应急通信系统现场接入设备,接入铁路局调度所既有应急通信中心系统。

通信电源,沿线各新建通信机械室设 48 V 高频开关电源、蓄电池及 UPS 不间断电源;郑州既有通信站既有 48 V 通信电源继续使用,并新设 UPS 不间断电源。新设电源和通信信号机房环境监控系统,各通信机械室设监控站,电务段设监控复示终端。接入郑州通信站所设的监控中心,实现对电源及通信信号机房环境条件的监控。

5.12.4 信号工程

车站连锁,黄河景区站至焦作(郑焦、新月场)站间的新建车站及南阳寨站新设硬件安全冗余型计算机联锁设备、信号综合智能电源屏及 UPS 不间断电源设备。其他既有车站的联锁设备继续使用。根据具体站场方案,合理考虑东双桥站信号改造方案。因线路工程影响到待王站的信号楼,移建待王站信号楼新设硬件安全冗余型计算机联锁设备,室外信号电缆及设备利旧。修武西站维修工区道岔纳入联锁设备。

根据车站(场)道岔设计类型,配备相应的道岔转辙设备和道岔缺口装置。正线 18 号及以上道岔的牵引设备采用三相交流转辙机,采用多机、分线、分动控制方式,并设外锁闭安装装置。道岔控制采取断电保护措施,并实现挤岔监督报警功能。直向通过时速 160 km 及以上的道岔尖轨密贴段牵引点间设道岔密贴检查装置,监测信息纳入信号集中监测系统。并在正线车站动车走行进路上的道岔(含防护道岔)设融雪装置。

新建车站站内正线及到发线采用与区间相同制式的计算机编码控制的 ZPW-2000 系列机械绝缘轨道电路,其发送设备按 1 +1 冗余配置,接收设备采用双机并用方式,并设地面通过信号机。其他区段采用高压脉冲轨道电路;工区道岔区段采用 25 Hz 轨道电路,电码化发送设备与区间设备一致。

车站站内轨道电路室外信号干线电缆采用内屏蔽数字信号电缆,其他信号设备所需电缆采用综合扭绞信号电缆,根据电气化防护标准要求确定外护套结构。

运输调度指挥系统,黄河景区站至焦作(郑焦场)站新设分散自律型调度集中(CTC)系统,沿线新建车站和焦作城际场新设 CTC 分机设备、网络安全和通道质量监督等设备。既有车站区段维持既有列车调度指挥系统(TDCS),车站 TDCS 分机设备利旧改造。新设 CTC 分机设备的车站(场)纳入郑州铁路局调度所 CTC/ TDCS 总机系统,并在调度所增设 1 个行车调度台,配套设置通信和应用服务器等设备,利用郑州至开封城际铁路工程所设的临时限速服务器,负责黄河景区至焦作站的行车调度指挥。按照调度区划分,与本线有关的既有线路区段和车站维持既有调度台管辖。

列车运行控制系统,郑州站至焦作(郑焦场)采用 CTCS-2 级列控系统,车站(场)和信号中继站设列控中心(TCC)、应答器及其编码单元设备。所设列控中心应具有轨道电路编发码、运行方向控制、信息采集(中继站)、利用专用光纤传输站间安全信息和应答器报文的实时组帧、编码及发送等功能。

区间闭塞制式,新建正线区段采用四显示自动闭塞,按双线双方向运行,正向采用追踪间隔运行,反向按自动站间闭塞行车。京广线和新月线改线区间新设四显示自动闭塞,与本线有关的其他线路维持既有闭塞制式不变。新建正线区间设地面通过信号机,时速 200 km 的线路区间设信号地面标志牌,动车运行以车载 ATP 信号作为行车凭证,普速列车根据区间地面信号机显示行车。当动车 CTCS-2 级车载或地面设备故障或运行至 CTCS-0 级线路时采用 LKJ 作为降级后备系统,根据地面信号显示行车。动车运行焦作(郑焦场)至月山方面按在站内停车后手工切换至 CTCS-2/0 级考虑。

新建正线区间采用 ZPW-2000 系列无绝缘移频轨道电路,其发送设备按 1 +1 冗余配置,接收设备采用双机并用方式。闭塞分区和列控系统等满足提速至 250 km/h 的要求。与本线有关的其他线路的轨道电路和信号设备利旧或移设。

区间 ZPW-2000 轨道电路干线电缆采用内屏蔽数字信号电缆,其他信号设备采用非数字信号电缆,根据电气化防护标准要求确定外护套结构。轨道电路电缆有效传输长度按不超 10 km 控制,个别地段按不超过 15 km 控制,超过规定长度设信号中继站。

新设信号集中监测系统,各新建车站(场)和信号中继站设集中监测分机设备,在信号维修车间和工区设监测终端设备,其他既有车站集中监测分机设备利旧,接入郑州电务段信号集中监测总机系统,并对总机系统进行相应修改。

沿线新建信号设备房屋设防雷电、电磁兼容、综合防护接地系统,与房建工程同步实施。并与贯通地线等电位连接。

黄河景区站至焦作(郑焦场)站新设综合接地系统,沿铁路敷设铜质贯通地线,在电气特性上全程贯通,接地电阻不大于1 Ω,并构成等电位连接。沿线轨旁信号设备就近等电位接入贯通地线。

参加郑焦城际铁路线路工程施工的单位有中铁七局、十八局、中铁大桥局集团等,中铁电气化局集团有限公司承担四电系统集成工程施工。线路工程于2010年9月25日开工,四电集成工程于2014年4月17日开工。2014年10月7日完成全线铺轨,2015年3月开始联调联试。2015年6月26日开通运营。

5.13　合肥至福州客运专线

新建合福客运专线,北起安徽省合肥南站,途经巢湖、铜陵、芜湖、宣城、黄山,江西省上饶及福建省南平、宁德等市县,南到福州枢纽的福州站,正线全长810.44 km(图5.13)。其中安徽段全长约340 km,闽赣段全长466.8 km。工程范围还包括相关联络线工程,其中合肥南站至合蚌客运专线间的蚌福联络线(HBDK124 +000)长24.04 km;铜陵地区西北联络线长4.12 km;上饶地区东南跨线联络线长11.21 km,西南跨线联络线长6.38 km。新建合福段客专是京福高速铁路的重要组成部分,是沟通华中与华南地区的一条大能力客运通道。沿途与沪昆、东南沿海等多条快速铁路相连,融入全国快速客运网。全线设有合肥南、长临河、巢湖东、无为、铜陵北、南陵、泾县、旌德、绩溪北、黄山北、婺源、德兴、上饶、五府山、武夷山北、武夷山东、建瓯西、南平北、古田北、闽清北、福州等车站。合肥南和福州为客运始发站,其他车站为客运中间站。另蚌福联络线设合肥西站。

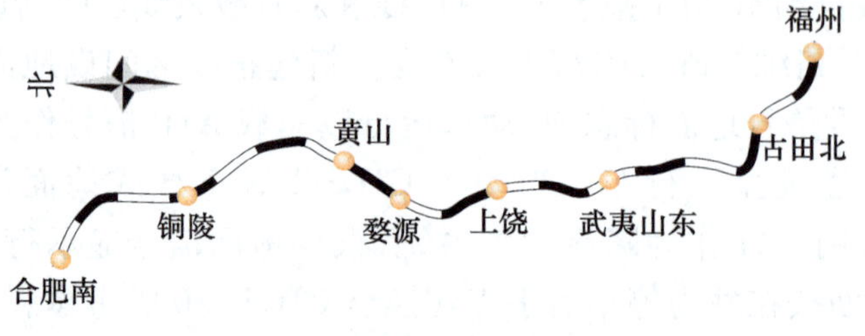

图5.13　合福客运专线示意图

合福客运专线沿线旅游资源丰富,途经历史悠久、人文荟萃的铜陵、绩溪、宣城、婺源、上饶、宁德等地,又辐射山清水秀、风景优美的巢湖、黄山、三清山、武夷山等自然风景名胜区。该线的开通运营,将大大增强区域铁路的运输能力,对带动沿线旅游资源开发,促进中部崛起和海峡西岸经济区建设,进一步密切两岸交流与合作,具有重要意义。

合福客运专线的建设单位是京福铁路安徽公司、京福闽赣铁路公司、东南沿海铁路福建公司,设计单位是中铁第四勘察设计院集团有限公司、中铁大桥勘测设计院集团有限公司。线路主要技术标准:铁路等级,客运专线;正线数目,双线;最大坡度,20‰;最小曲线半径,4 000 m;到发线有效长度,650 m;列车运行控制方式,自动控制;行车指挥方式,综合调度集中;牵引种类,电力牵引(AT供电方式);机车类型,动车组。

5.13.1 电气化工程

牵引供电系统,正线采用AT供电方式,枢纽(地区)内部分线路、联络线、动车组运用所等采用带回流线的直接供电方式或直接供电方式。全线新设下罗村、柴林桥、铜陵北、泾县、旌德、绩溪北、黄山北、荷田、德兴、五府山、黄墩、武夷山东、建瓯西、南平北、古田北、白沙镇等AT牵引变电所。其中绩溪北、黄山北牵引变电所按本工程与杭黄铁路、皖赣新建双线铁路统筹设计、同步实施。利用外福铁路所建的既有福州牵引变电所并增设风冷装置,利用杭州至长沙客运专线所建的上饶牵引变电所向本线供电。

全线新设刘杨、光明村、前进、汤村、绩溪北、金锅岭、下岩溪、董家林、台湖村、朝阳乡、石罗坑、吴齐村、建溪、爱竹、碌葵、闽清北、福州等AT分区所;新设东大圩、邱家巷、巢湖东、小胡家、倪家湾、方家村、南陵站、秦峰、羊胡坑、集义亭、大唐、唐模、林村、关西、西村、土时坪、古园村、马里、桥头、杨墩、凤凰山、南岸、黄洋、坑口、郑塘坞、岩山坞、汪村、里松阳、董家、冷水亭、桃源等AT所,德兴牵引变电所至福州方向供电臂设1座AT所。

合肥枢纽新设合肥西开闭所、四里河分区所,结合合肥枢纽南环线工程统筹设计、同步建设合肥南分区所兼开闭所。既有长安集牵引变电所增加馈线开关设备向合肥西开闭所供电。杨冲至四里河区段由合蚌客运专线所建的合肥北城牵引变电所供电,纳入合蚌客运专线工程。

新建牵引变电所引入2路220 kV电源供电。220 kV电源侧采用线路变压器组接线,电气设备采用室外布置,主导流设备应考虑远期发展的需要。选址困难的牵引变电所、分区所、AT所可采用阶梯形布置。全线新建牵引变电所、分区所、AT所2×27.5 kV侧开关设备采用六氟化硫气体绝缘开关柜、室内布置,其他电气设备采用户外中式布置。2×27.5 kV上下行线路馈线开关设备互为备用。

新建牵引变电所所设变压器,采用固定备用、油浸自冷方式,预留风冷条件。在电力系统容量较大或通过换相接线达到三相平衡时,优先采用单相变压器,不具备所述条件的牵引变电所可采用三相V/V接线方式。采用三相V/V接线方式的牵引变电所变压器安装容量:下罗村、荷田、五府山、黄墩、建瓯西为2×(31.5+31.5) MV·A,柴林桥、黄山北、德兴、武夷山东、古田北、白沙镇为2×(40+31.5) MV·A,铜陵北、旌德、南平北为2×(31.5+40) MV·A,泾县为2×(40+40) MV·A,绩溪北为2×40 MV·A,上饶为2×(50+50) MV·A。既有长安集牵引变电所变压器容量暂不增容,根据运量增长情况适时更换。同时为杭黄、皖赣铁路供电的绩溪北牵引变电所2×27.5 kV馈线设备,黄山北牵引变电所的变压器和2×27.5 kV馈线开关设备等纳入本工程统筹设计、同步实施。分区所、AT所所设自耦变压器采用固定备用方式。

新建牵引变电所、分区所、AT所按无人值班设计,牵引变电所适当考虑值守条件。新设综合远动系统(SCADA),分别纳入上海铁路局和南昌铁路局调度所管理,对全线牵引供电设施和电力设施进行集中监控。综合维修基地设供电维修调度管理系统。

牵引变电所、分区所、AT 所自用交流电源,一路引自所设的 10 kV 电力贯通线,一路从所内 27.5 kV 母线接引。

接触网悬挂,正线采用全补偿弹性链型悬挂,其他线路采用全补偿简单链型悬挂。正线接触悬挂结构高度为 1 600 mm。在净空受限的跨线建筑物处和隧道内悬挂结构高度一般不小于 1 100 mm。正线接触线采用 150 mm^2 的铜合金导线,额定张力 28.5 kN,承力索采用 120 mm^2 的铜合金绞线,额定张力不小于 21 kN,接触线悬挂点高度一般为 5 300 mm,高速区段安装高度与全线保持一致。站线和渡线、联络线的接触线采用 120 mm^2 的铜合金导线,承力索采用 95 mm^2 的铜合金绞线。道岔处的接触网悬挂方式,与正线相交的道岔采用无交叉线岔方式,与非正线交叉的道岔采用交叉线岔方式。无站台柱雨棚内接触网悬挂方式,根据具体车站条件确定。附加导线采用铝包钢芯铝绞线。

接触网绝缘泄漏距离按重污区设计,一般地段采用瓷质绝缘子,特别污秽区段、跨线建筑物附近、隧道口、隧道内、分段绝缘器处及下锚处采用合成绝缘子。正馈线、架空供电线一般采用悬式瓷绝缘子,隧道内正馈线采用合成绝缘子。采用带空气绝缘中性段的绝缘锚段关节式电分相,尽量避免设在大坡道、列车出站加速区段以及线路限速低速区段。

接触网支柱,一般区段的腕臂柱采用热浸镀锌 H 型钢柱。有条件的站场采用线间立腕臂柱,咽喉区等跨越多股道时采用轻型硬横梁。硬横梁支柱采用热浸镀锌等径钢管柱。支柱高度:路基区段一般为 7 800 mm,桥梁区段一般为 7 600 mm;有下锚、线间立柱等其他悬挂安装要求的支柱,根据实际安装需要尺寸计算确定支柱高度。

接触网支柱标准跨距,路基地段一般为 50 ~ 55 m,最大不大于 65 m。隧道内跨距一般为 40 ~ 50 m,桥上跨距一般不大于 50 m。相邻跨距之差不大于 10 m。

正线绝缘锚段关节、非绝缘锚段关节一般采用五跨结构。车站内困难地段采用四跨结构。正线双边补偿的锚段长度一般不大于 2 × 700 m、困难情况下不大于 2 × 750 m;站线一般不大于 2 × 800 m、困难情况下不大于 2 × 900 m。单边补偿的锚段长度为上述值的 50%。附加导线的锚段长度一般不大于 2 000 m。

接触网下锚补偿一般采用棘轮补偿装置,采用两跨式防窜防断中心锚结,车站内下锚困难或位于站台区等受条件限制时采用防窜中心锚结。

5.13.2　电力工程

全线新建 1 条综合负荷 10 kV 贯通线和 1 条一级负荷 10 kV 贯通线。新建综合负荷 10 kV 贯通线采用截面为 95 mm^2 的单芯铜芯电力电缆,新建一级负荷 10 kV 贯通线采用截面为 70 mm^2 的单芯铜芯电力电缆,分别沿铁路两侧敷设。绩溪北至黄山北段电力工程与杭黄铁路统筹设计、同步实施。

全线新设长临河、无为、铜陵北、泾县、旌德、绩溪北、黄山北、荷田、婺源、德兴、五府山、武夷山北、武夷山东、建瓯西、南平北、闽清北等 10 kV 配电所,各新建 10 kV 配电所均从地方变电站接引 10 kV 专盘专线电源供电。新设巢湖南、古田北 2 座 35/10 kV 变配电所(采用六氟化硫气体绝缘开关柜等设备)。与合肥枢纽南环线工程统筹设计和同步实施合肥南 35/10 kV 变配电所,与杭长客运专线工程统筹设计和同步实施改造上饶既有10 kV配电所。利用合蚌客运专线所建的 10 kV 贯通线开关站向合肥南 10 kV 贯通线供电。改造既有福州东 10 kV 配电所向本线 10 kV 贯通线供电。

设有 10 kV 配电所、35/10 kV 变配电所的车站其综合负荷在站房内设 10/0.4 kV 综合变电所和变压器供电,电源引自变(配)电所的站馈线。没有 10 kV 配电所的车站其综合负荷在站房内设 10/0.4 kV 综合变电所和变压器,就近从地方电网接引 10 kV 电源或从 10 kV 贯通接引电源供电。

车站与行车有关的通信信号负荷设站内 10/0.4 kV 通信信号专用变电所和 2 台变压器供电,分别从 2 路 10 kV 贯通线接引 10 kV 电源。

区间通信信号等一级负荷设箱式变电站供电,分别由一级负荷 10 kV 贯通线和综合负荷 10 kV 贯通线提供主备用电源。

区间其他用电负荷,根据负荷性质和负荷分布情况,在用电负荷集中处分别设 10/0.4 kV变电所或箱式变电站供电,电源引自 10 kV 贯通线。

新设电力综合 SCADA 系统,分别纳入上海铁路局和南昌铁路局电力调度所管理。

5.13.3　通信工程

长途通信线路,新设 2 条 32 芯单模通信光缆,分别沿新建铁路两侧的电缆槽道敷设。

新建联络线沿铁路两侧分别敷设 1 条 24 芯通信光缆。干线光缆引入区间传输节点新设 8 芯或 12 芯分歧光缆。为满足 GSM-R 移动通信系统光纤直放站对光缆线路的需求,在光纤直放站远端机至近端机间敷设 2 条 12 芯短段光缆。为满足综合视频监控系统组网的需求,在视频监控采集点与相邻传输节点间敷设 1 条 8 芯光缆。

传输系统,全线新设 SDH 10 Gbit/s 骨干传输系统,沿线车站、合肥南和上饶及福州通信站新设 SDH 10 Gbit/s ADM 传输设备,利用新建的 2 条 32 芯光缆中的各 2 芯光纤构成复用段 1+1 保护。

新设车站 SDH 2.5 Gbit/s 中继传输接入系统,各车站设 SDH 2.5 Gbit/s 设备,利用新建 2 条光缆中的各 2 芯光纤复用段 1+1 保护。并在同一车站将 SDH 2.5 Gbit/s 设备与 SDH 10 Gbit/s 设备通过 SDH 2.5 Gbit/s 光接口联接。

新设 SDH 622 Mbit/s 接入网系统,沿线车站、区间通信基站、信号中继站、牵引变电所、分区所、AT 所和电力配电所等处设 SDH 622 Mbit/s 设备,利用新建的 2 条 32 芯光缆中的各 6 芯光纤组成 3 个保护环,并在同一车站将 SDH 622 Mbit/s 设备与 SDH 2.5 Gbit/s 设备通过 2 个 SDH 622 Mbit/s 光接口联接。其中两车站之间通信基站所设 SDH 622 Mbit/s 设备组成 2 个 2 芯光纤保护环(奇数通信基站环、偶数通信基站环),接入车站所设的 SDH 622 Mbit/s设备;信号中继站、牵引变电所、分区所、AT 所、电力配电所所设 SDH 622 Mbit/s 设备组成 1 个 2 芯光纤保护环,接入车站所设的 SDH 622 Mbit/s 设备。

站内配电所、综合维修车间和工区、公安派出所等处新设 SDH 622 Mbit/s 设备,就近接入车站 SDH 622 Mbit/s 设备,构成站内通道传输环。

为使本线与铁路既有通信系统互联,利用铁路既有骨干层的传输网、合蚌客运专线和京沪高速铁路传输系统、上海铁路枢纽 SDH 10 Gbit/s 传输系统,将本线传输通道通过合肥通信站所设的转接设备接入上海铁路局调度所;利用向莆铁路和杭长客运专线传输系统、南昌铁路枢纽 SDH 10 Gbit/s 传输系统,将本线传输通道通过上饶、福州通信站所设的转接设备接入南昌铁路局调度所。

在上海、南昌通信段设传输和接入网系统网管设备。在合肥南通信站、上饶通信站、福州南通信站、新建综合维修车间分别设传输和接入网系统网管复示终端。负责对全网进行故障管理、配置管理、性能管理和安全管理等。

新设数据网。利用上海铁路局、南昌铁路局调度所既有核心路由器,利用蚌埠南既有汇聚路由器。在合肥南通信站、上饶通信站、南平北新设汇聚路由器,沿线车站新设接入路由器和以太网交换机,负责本地数据的接入与交换。接入路由器之间及接入路由器与汇聚路由器之间采用 SDH 155 Mbit/s 通道互联。汇聚路由器之间通过 GE 光接口互联,汇聚路由器与归属的核心路由器之间采用 SDH 155 Mbit/s 通道互联,实现数据业务的转发与汇聚。上海、南昌通信段新设数据网网管设备,合肥南通信站、上饶通信站、福州南通信站新设数据网网管复示终端。对全线数据网和设备进行统一管理。

电话交换系统,利用合肥、芜湖、上饶、武夷山、南平、福州通信站既有程控电话交换机;在合肥南、上饶、福州通信站新设光线路终端(OLT)设备,沿线车站、信号中继站、牵引变电所、分区所、AT 所、电力配电所、综合维修车间和工区、动车运用所等处新设光网络单元(ONU);沿线新设自动电话用户按照管辖范围分别通过 ONU 设备及接入网接入 OLT 设备和既有程控电话交换机,通过统一编号组网,实现与既有铁路电话专网的互通。

新设数字调度通信系统,利用上海铁路局、南昌铁路局调度所既有中心调度通信交换机,根据需要扩容或增设接口设备。并分别新设相应的应用和通信服务器、临时限速和 GSM-R 接口服务器,以及本线行调、电调等系统调度台终端设备等。沿线车站新设车站型调度通信交换机、调度分机和车站值班台,按调度区划分分别接入铁路局调度所既有中心调度通信交换机及调度通信系统。通过调度所中心调度通信交换机与 GSM-R 移动通信交换机相联,实现有线与无线调度业务的互通。

新设 GSM-R 移动通信系统,利用上海铁路局、南昌铁路局既有 GSM-R 移动通信交换机及核心网设备,并新设编译码和速率适配单元(TRAU);在合肥南通信站、上饶通信站新设基站控制器(BSC)和分组控制单元(PCU)等设备。沿线新设光纤直放站及通信基站(BTS),按管辖范围分别接入所属的基站控制器(BSC)和铁路局的 GSM-R 交换机,采用单网交织冗余覆盖方式组网。区间和隧道内弱场区采用光纤直放站、漏泄电缆和天线方式增强,并设漏缆监测系统,解决隧道内的无线场强覆盖问题,以满足信息传输的需要。完成调度通信、调度命令信息、无线车次号校核信息传送等功能。

本线与杭黄客专并行区段的 GSM-R 移动通信网络统筹设计、同步实施。上饶地区联络线及本线与杭长客专交叉范围采用分布式基站方案。铜陵联络线采用分布式基站冗余覆盖方案;蚌福联络线与合武铁路并线区段采用同址双基站冗余覆盖方案;蚌福联络线、合肥南环线与合武铁路三角交叉区域采用分布式基站冗余覆盖方案。

新设会议电视系统。利用沪宁城际铁路工程在上海铁路局所设的既有会议电视中心设备、杭长客运专线工程在南昌铁路局所设的既有会议电视中心设备,沿线车站、综合维修车间和工区、动车运用所等处新设分会场电视终端，按照管辖范围分别纳入上海铁路局、南昌铁路局既有会议电视中心系统。

新设应急通信指挥系统。利用京沪高速铁路工程在上海铁路局所设的应急通信指挥中心设备、杭长客运专线工程在南昌铁路局所设的应急通信指挥中心设备，在铜陵北、黄山北、德兴、南平北综合维修工区新设应急通信现场接入设备，利用相关工程在长安集、上饶、福州南综合维修车间/工区所设的应急通信现场接入设备。采用有线和无线方式按管辖范围分别接入所属铁路局既有应急通信指挥中心系统。在 5 km 及以上的隧道设隧道应急电话系统，在隧道避车洞设报警电话和广播设备，利用新设的 3 ×4 ×0. 9 低频对称电缆接入临近的 GSM-R 通信基站，在 GSM-R 通信基站设报警电话主机设备，接入铁路局应急通信中心所设的救援电话应急控制平台。当实施现场抢险救援时，为应急救援指挥中心提供话音、数据及图像等信息的采集及传输。

通信电源，沿线新建通信机械室设 48 V 高频开关电源、蓄电池和 UPS 不间断电源设备。新设通信电源和通信信号机房环境监测系统及采集设备。

5. 13. 4　信号工程

车站联锁，合肥南站合福场（不含）至福州站（不含）间各新建车站（场、所）、以及合肥西站（合武、合九场）新设硬件冗余型计算机联锁设备和信号电源屏。同一车站多个车场的按分场新设独立的车站联锁设备。绩溪北站、黄山北站按分场控制。与南京至安庆城际铁路、杭长客运专线的联络线的区间道岔按区域计算机联锁纳入邻站控制，对福州南动车运用所的联锁进行相应调整。维修工区岔线道岔纳入临近车站联锁集中控制。

根据车站（场、所）道岔设计类型，配备相应的道岔交流转辙机及转辙装置，采用多点多机控制方式。高速道岔及提速道岔配套设置外锁闭装置。通过时速 160 km 以上的 18 号及以上号码道岔设密贴检查装置，高速车站（场、线路所）道岔设转辙机缺口报警及视频监测功能，监测信息采用电缆传输，纳入信号集中监测系统。合肥南站至黄山北段的各车站动车组列车进路上的道岔设融雪装置，采用人工确认启动。

新建车站站内采用与区间相同制式的 ZPW-2000 系列有绝缘轨道电路，其发送设备采用 1 +1 冗余配置、接收设备采用双机并用方式。合肥西站合武场采用合武铁路标准设计。福州站既有 97 型 25 Hz 轨道电路、正线及股道叠加电码化结合本工程按既有标准进行修改。维修工区轨道区间采用 97 型 25 Hz 相敏轨道电路，为解决道岔区段的轨道电路分路不良应采取必要的技术措施。

站内 ZPW-2000 轨道电路采用内屏蔽数字信号电缆。道岔转辙机、信号机等信号设备采用综合护套综合扭绞信号电缆。

列车调度指挥系统，全线新设分散自律型调度集中（CTC）系统，将黄山北站上行进站信号机作为上海铁路局、南昌铁路局列车调度的分界点。按上海铁路局、南昌铁路局各自管辖范围分别在铁路局调度所各新设 2 个列车调度台，相应的应用、通信服务器，临时限速接口和 GSM-R 接口服务器及网络安全等设备；沿线各新建车站（场、线路所）新设 CTC 分机设备、网络安全及通道质量监督等设备，福州站既有 CTC 分机设备利旧修改。按管辖范围分别接入上海铁路局、南昌铁路局调度所既有 CTC 总机系统,按调度区划分,上海铁路局新设的行车调度台负责合肥南(含)至黄山北(含)段的行车调度指挥,南昌铁路局新设的行车调度台负责黄山北(不含)至福州站(不含)段的行车调度指挥。并在南昌铁路局调度所增设本线复示终端。

列车运行控制系统,合肥南至福州(不含)新设与 CTCS-2 级兼容的 CTCS-3 级列控系统,合肥南站合福场 CTCS-3 级列控系统应与本线列控系统贯通衔接、统筹实施。蚌福联络线采用 CTCS-3 级列控系统,上饶联络线采用 CTCS-3 级列控系统;福州站采用 CTCS-2 级列控系统,故在福州站进站信号机前设 CTCS-3/2 级级间转换点。

本线应与合蚌、杭长客运专线 CTCS-3 级列控系统相衔接,在与宁安城际铁路、南平至三明至龙岩铁路、温福铁路等联络线适当位置,设 CTCS-3/2 级级间转换点。其中与南三龙铁路联络线的 CTCS-3/2 级级间的转换点由南三龙铁路项目设置,与本工程同步实施。

在合肥南站和福州站分别新设无线闭塞中心(RBC),沿线各新建车站(信号中继站、线路所)设信号安全数据网接入设备、列控中心(TCC)和应答器及其编码单元(LEU)等设备,福州站既有 TCC 设备结合本工程利旧修改。所设的列控中心设备应具备轨道电路编发码、运行方向控制、信息采集(中继站)、站间安全信息传输和应答器报文的实时组帧、编码和发送等功能。

区间闭塞制式,正线区间采用四显示自动闭塞,按双线双方向运行,正向采用追踪间隔运行,反向采用自动站间闭塞行车,不设区间地面通过信号机,设区间信号标志牌,列车运行以列控车载设备显示作为行车凭证。

区间采用由计算机编码控制的 ZPW-2000 系列无绝缘轨道电路,其发送设备采用 1 + 1 热备冗余配置,接收设备采用双机并联运用的冗余方式。ZPW-2000 系列无绝缘轨道电路所用电缆有效传输长度不大于 7.5 km、困难地段不大于 10 km,大于规定长度设信号中继站。

蚌福联络线与合武铁路并行地段,分别采用 CTCS-3 级、CTCS-2 级列控系统。区间无绝缘轨道电路的邻线频率干扰的防护,采取缩短轨道电路传输长度的方式解决。

区间 ZPW-2000 系列无绝缘轨道电路干线电缆采用铝护套数字信号电缆,分歧电缆采用综合护套数字信号电缆。

新设信号集中监测系统,在合肥、南京、福州等电务段各新设 1 套信号集中监测总机系统,配备相应的数据库服务器、应用服务器、通信前置服务器、接口服务器、网络管理服务器、防病毒服务器、时钟服务器、网络通信设备、网络安全设备、电源设备、防雷设备、维护工作站、监测终端等;沿线各新建车站(场、所)和信号中继站设集中监测车站分机设备,福州站既有集中监测分机和监测终端设备结合本工程进行接入修改;各电务段及沿线综合维修车间、信号工区和保养点设集中监测终端设备,按管辖范围分别接入相应电务段新设的信号集中监测总机系统。并与既有集中监测总机系统进行互联,实现对信号设施的集中监测和远程诊断,保证信号设备处于正常工作状态。

沿线新建信号设备房屋设防雷电、电磁兼容及综合接地防护系统。在信号房建工程中按规定统筹考虑屋顶避雷网、避雷带、引下线、接地端子和接地汇聚等法拉第笼屏蔽设计,并利用混凝土框架结构的金属导体接地。室内信号设备要设防雷保安器、分线防雷柜和室内设备箱盒,与综合接地系统等电位连接。涉及既有线改造的各站(场、所),根据工程改造情况,接入既有信号设备防雷电和电磁兼容及综合接地防护系统。

新设综合接地系统,沿铁路两侧各敷设 1 条截面为 70 mm^2 的铜质贯通地线,与土建工程同步实施。在电气特性上全程贯通,其接地电阻不大于 1 Ω,并构成等电位连接。沿线轨旁信号设备就近等电位接入贯通地线。

5.13.5　防灾安全监控系统

为防止和降低铁路沿线自然灾害和突发事件等对铁路运输的影响,满足运营维护需求,针对本线线路情况和沿线地理气象特点,新设风速风向和雨量监测、异物侵限监测和地震预报监测系统。根据本线历史气象资料及地形,在垭口、高桥、高路基地段设风速风向监测点,设备按冗余配置。根据本线各地降雨量情况,布设雨量监测点,对降雨量较大地段适当加密监测点。公路跨铁路立交桥设异物侵限监测点,设备按冗余配置。对沿线地震动峰值加速度大于或等于 0.1g 地区的牵引变电所、分区所、开闭所设地震监测系统,并与列控系统联动。

参加线路工程施工的有中铁一局、二局、四局、六局、中铁大桥局、中铁隧道局集团,中铁建十一局、十七局、十九局、二十四局集团公司等单位,中铁电气化局集团有限公司和中国铁路通号公司等单位承担电气化、通信信号和电力系统集成工程的施工。

线路工程的福建段于 2010 年 1 月 28 日开工。四电系统集成工程的闽赣段于 2013 年 9 月 26 日开工。2014 年 4 月开始铺轨,2014 年 7 月 28 日完成闽赣段铺轨。2015 年 3 月 1 日闽赣段进入联调联试阶段。2015 年 5 月 31 日完成全线联调联试,2015 年 6 月 1 日进入开通前的试运行阶段。2015 年 6 月 17 日全线进入满图试运行。2015 年 6 月 28 日正式开通运营。

5.14　哈尔滨至齐齐哈尔客运专线

新建哈齐客运专线,自哈尔滨站引出,经哈尔滨北、肇东、安达、大庆东、大庆西、泰康、红旗营,终到齐齐哈尔南站,呈东南西北走向,线路全长 281.5 km(图 5.14)。全线设哈尔滨(既有站)、哈尔滨北、肇东、安达、大庆东、大庆西、泰康、红旗营东、齐齐哈尔南等车站。工程范围还包括哈尔滨和齐齐哈尔枢纽相关配套工程。新建哈齐客运专线是我国“十二五”规划的重点工程,是《中长期铁路网规划》“四纵四横”高速铁路网中京哈客运专线的重要组成部分。是黑龙江省第一条铁路客运专线,也是在我国最北端严寒地区设计建设标准最高的一条客运专线。在哈尔滨枢纽与哈大客运专线相连,通过哈大和秦沈客运专线形成黑龙江省北部地区通往吉林、辽宁及关内各地区的快速铁路客运通道,对释放滨洲线货运能力,提高东北地区路网整体运输能力,促进区域经济社会发展具有重要意义。同时可以缩短黑龙江省主要城市之间的时空距离,增进黑龙江省主要城市与北京、上海、天津等中心城市的联系。

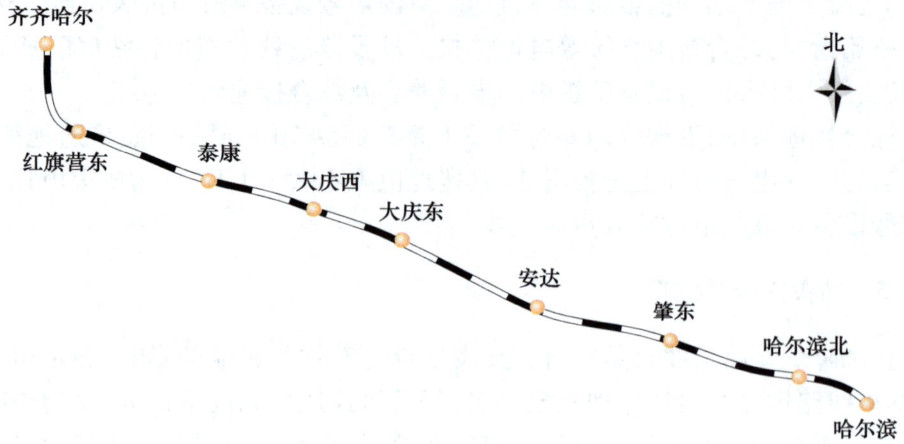

图 5.14　哈齐客运专线示意图

哈齐客运专线全线处于松嫩平原,沿线经过的地貌单元有河流阶地、河流漫滩、冲积平原。松花江南岸至对青山属于松花江河床及河漫滩,地势平坦,海拔高程 110 ~ 130 m。对青山至齐齐哈尔为冲积平原,地形平坦,稍有起伏,局部为洼地、水泡及沼泽湿地,偶见固定、半固定沙地及沙丘、沙岗,海拔高程 140 ~ 160 m。沿线地下水埋深 0 ~ 16. 30 m,最大冻结深度 1. 89 ~ 2. 72 m。所经地区的极端最低温度达到 - 39. 9 ℃。

哈齐客运专线的建设单位是哈齐铁路客运专线有限责任公司,设计单位是铁道第三勘察设计院集团有限公司(总体)、中铁第一勘察设计院集团有限公司、中铁第五勘察设计院集团有限公司、中南建筑设计院股份公司。线路主要技术标准:铁路等级,客运专线;正线数目,双线;正线线间距,4. 8 m;最小曲线半径,5 500 m;最大坡度,20‰;到发线有效长度,650 m;旅客列车设计行车速度,250 km/h;行车指挥方式,综合调度集中;列车运行控制方式,自动控制;牵引种类,电力牵引(直接加回流线供电方式);列车类型,动车组。

5. 14. 1　电气化工程

牵引供电系统,采用带回流线的直接供电方式。既有哈大铁路改线地段采用带回流线的直接供电方式。全线新设里木店、宋站、龙凤(大庆东)、高家、红旗营东 5 处牵引变电所;利用哈大客运专线所建的哈尔滨西牵引变电所;新设齐齐哈尔南开闭所兼分区所,新设 DK18 + 400、DK68 + 650、DK121 + 740、DK174 + 907、DK229 + 028 等 5 处分区所。

新建牵引变电所从电力系统引入 2 路 220 kV 电源供电。牵引变电所主接线,220 kV 电源侧采用分支接线,电气设备采用户外中型布置;27. 5 kV 侧采用单母线分段接线,电气设备采用户内开关柜方式。2 × 27. 5 kV 上下行线路馈线断路器采用固定备用方式。

分区所、分区所兼开闭所 27. 5 kV 配电装置采用室内 AIS 开关柜布置。

新建牵引变电所设 2 台变压器,采用固定备用、三相 V/V 接线、油浸自冷方式,预留风冷条件。各牵引变电所变压器安装容量:里木店、宋站、高家为 2 × (25 + 25) MV · A,龙凤、红旗营东为 2 × (25 + 31. 5) MV · A。

牵引变电所、开闭所、分区所采用微机保护和综合自动化系统,按无人值班设计,牵引变电所适当考虑值守条件。新设牵引供电 SCADA 系统,纳入哈尔滨铁路局调度所,并增设 1 个供电调度台,对全线牵引供电和电力设施进行集中管理。

接触网悬挂,时速 250 km 的正线区段一般采用全补偿弹性链型悬挂,其他正线、站线存车线等线路采用全补偿简单链型悬挂,接触悬挂结构高度一般为 1 600 mm。正线接触线采用 150 mm^2的铜合金导线,承力索采用 120 mm^2的铜合金绞线。接触线安装点悬挂高度一般为 5 300 mm,最低点高度为 5 150 mm。站线接触线采用 120 mm^2的铜合金导线,承力索采用 95 mm^2的铜合金绞线;正线间渡线和联络线的接触线采用 150 mm^2的铜合金导线,承力索采用 120 mm^2的铜合金绞线。道岔处接触网悬挂安装方式,与正线相交的道岔采用无交叉方式,与非正线交叉的道岔采用交叉线岔方式。回流线等附加导线采用防腐型铝包钢芯铝绞线。

接触网绝缘泄漏距离一般区段为 1 400 mm,特别重污区按 1 600 mm 设计,上下行正线间及分束供电的分段处按 1 600 mm 设计。一般区段采用瓷质绝缘子,绝缘关节转换柱、接触悬挂绝缘处以及无站台柱雨棚内采用合成绝缘子,腕臂绝缘采用高强度瓷质棒式绝缘子。电分相采用带空气间隙绝缘中性段的锚段关节式。

接触网支柱,新建线路基区段、箱梁桥上腕臂柱采用 H 型钢柱,T 梁桥区段腕臂柱采用格构式钢柱,三支悬挂采用双根 H 型钢柱。站场一般采用线间立柱,跨越多股道时采用硬横跨,硬横跨支柱采用圆钢管柱。无站台柱雨棚范围内的接触网悬挂安装,根据车站条件,尽量减少对车站雨棚美观的影响。路基有砟轨道地段,接触网支柱侧面界限不小于 3. 1 m;无砟轨道路基和高架桥地段,接触网支柱侧面限界为 3 m。并配合信号等相关专业做好综合接地系统设计。

接触网支柱标准跨距路基地段一般为 50 ~ 55 m,最大跨距不大于 60 m。桥上跨距一般不大于 48 ~ 50 m。相邻跨距之差不宜大于 10 m。

绝缘、非绝缘锚段关节一般采用五跨关节,车站等困难地段采用四跨关节。正线接触网锚段长度一般不大于 2 × 700 m,站线锚段长度一般不大于 2 × 750 m,困难地段不大于 2 × 800 m,渡线单独锚段,单边补偿的锚段长度为上述值的 50%。附加导线的锚段长度不大于 2 000 m。

接触网下锚采用全补偿方式,接触网、承力索分别补偿下锚,正线和站线接触网下锚采用棘轮补偿装置,正线一般采用铁坠砣,站线、存车场等采用复合坠砣。

正线一般采用两跨式防窜防断中心锚结,车站条件受限时采用防窜不防断中心锚结。

5. 14. 2　电力工程

哈尔滨至齐齐哈尔南新设 1 条一级负荷 10 kV 贯通线和 1 条综合负荷 10 kV 贯通线,新建一级负荷及综合负荷 10 kV 贯通线均采用截面为 70 mm^2的单芯铜芯电力电缆,分别沿铁路两侧预制的电缆槽敷设,给沿线用电负荷供电。为防止较长电缆分布电容的影响,采用固定式并联电抗器补偿措施。哈尔滨北至哈尔滨段利用哈尔滨 35/10 kV 变配电所新增铁路的 10 kV 贯通线为本线新增负荷供电。既有电力贯通线和自闭电力线保留、为既有铁路线路的用电负荷供电。

沿线新建对青山、肇东、宋站、安达、泰康 5 座 10 kV 配电所;新建齐齐哈尔南 110/10 kV变电所;利用哈尔滨站房改造工程所建的 35/10 kV 变配电所;利用大庆站搬迁工程建设的大庆西配电所。

设有 10 kV 配电所、110(35)/10 kV 变配电所的车站其综合负荷设室内 10/0. 4 kV 综合变电所,从 10 kV 配电所接引 2 路 10 kV 专用线路供电;没设配电所的车站其综合负荷设室内 10/0. 4 kV 综合变电所,从地方电网接引 2 路 10 kV 电源供电。哈尔滨北站就近接引 2 路 10 kV 电源为车站供电。

各车站与行车有关的通信信号负荷设室内 10/0. 4 kV 专用变电所和专用变压器供电,电源引自 2 路 10 kV 贯通线。

车站附近的综合工区、车站两端咽喉区道岔融雪装置设 10/0. 4 kV 箱式变电站供电,电源引自配电所的站馈线路。

区间与行车密切相关的通信信号等负荷设箱式变电站供电,电源引自 2 路 10 kV 贯通线。

区间其他负荷根据负荷分布和负荷性质,采用 10 kV 智能远动箱式变电站供电,电源引自 10 kV 贯通线或就近接引地方电源。

新建变(配)电所采用综合自动化系统,按无人值班设计。新设电力远动系统,纳入客运专线北京供电调度所,作为综合调度系统的一个子系统进行单独调度管理。

5. 14. 3 通信工程

长途通信线路,全线新设 2 条 32 芯单模通信光缆,分别沿铁路两侧电缆槽道敷设。各车站站房综合楼至既有通信站新建 2 条 32 芯单模通信光缆,实现与既有通信站的互联。齐齐哈尔站信号楼至齐齐哈尔通信站新设 2 条 96 芯单模通信光缆,利用既有管道敷设。齐齐哈尔站信号楼至齐齐哈尔电子所新设 1 条 48 芯通信光缆。

为满足综合视频监控系统采集点所需传输通道的需要,在传输节点至相应区间采集点间新设 1 条 8 芯光缆。为满足牵引供电系统网上开关站所设光端机对传输通道的要求,在该节点与相邻传输节点间设 1 条 8 芯光缆。

传输系统,新设 SDH 2. 5 Gbit/s 骨干层传输系统,在哈尔滨西通信站、哈尔滨铁路局调度所、哈尔滨北站、肇东站、安达站、大庆东站、大庆西站、泰康站、齐齐哈尔南站、齐齐哈尔通信站新设 SDH 2. 5 Gbit/s 设备。利用新建的 2 条 32 芯光缆中的各 2 芯光纤构成复用段 1 +1 保护。利用哈大客运专线在哈尔滨既有通信站、哈尔滨西通信站所设的 SDH 10 Gbit/s 设备,以及齐齐哈尔通信站既有 SDH 2. 5 Gbit/s 设备。利用哈尔滨铁路局调度所、大庆西通信站和齐齐哈尔通信站既有波分复用设备,构成骨干层传输网的迂回通道保护,需要扩容的进行接口板的扩容。

新设 SDH 622 Mbit/s 接入网系统,沿线车站(线路所)、哈尔滨西通信站、齐齐哈尔既有通信站新设 SDH 622 Mbit/s ADM 设备,区间通信基站、信号楼和信号中继站、牵引变电所、分区所、存车场等信息接入点设 SDH 622 Mbit/s ADM 设备。在同一车站将 SDH 622 Mbit/s ADM 设备与 SDH 2. 5 Gbit/s ADM 设备通过 2 个 SDH 622 Mbit/s 光接口联接,实现接入网与本地中继层的互联。并利用新建的 2 条 32 芯光缆中的各 6 芯光纤在车站 SDH 622 Mbit/s 设备之间构建 3 个 SDH 622 Mbit/s 2 纤通道传输环:即 1 个 GSM-R 移动通信系统通道传输环、1 个牵引供电专业和信号中继站的通道传输环、1 个车站间的通道传输环。

为满足车站变配电所、综合维修工区等业务接入点对传输通道的需求,在上述地点设 SDH 622 Mbit/s 设备,分别与车站通信机房间构成站内通道保护环。

车站信号机房、齐齐哈尔枢纽内各站段(电务段、工务段、供电段和通信工区等)新设 SDH 155 Mbit/s ADM 一体化设备,以满足和实现其业务接入点所需传输通道的要求。

新设数据网系统,利用哈大客运专线工程在哈尔滨西通信站所设的核心路由器和汇聚路由器,在齐齐哈尔通信站新设汇聚路由器,沿线车站、哈尔滨铁路局调度所、齐齐哈尔既有通信站设接入路由器和以太网交换机,负责本地数据的接入和交换。接入路由器之间、接入路由器与汇聚路由器之间通过传输系统提供的 GE 光口通道互联构成环形网。上联至核心路由器实现数据业务的转发与汇聚。

电话交换系统,利用哈尔滨、齐齐哈尔既有程控电话交换机,在哈尔滨西、齐齐哈尔既有通信站各新设光线路终端(OLT)设备,沿线车站、存车场、信号中继站、综合维修车间、牵引变电所、分区所、电力配电所、信号楼接入点设光网络单元(ONU),沿线新设自动电话用户通过 ONU 设备及接入网按照管辖范围分别接入 OLT 设备和既有电话交换机,通过统一编号组网,实现与既有铁路电话专网的互通。

新设调度通信系统,利用哈大客运专线在哈尔滨铁路局调度所所设的主用调度所调度通信交换机,在哈尔滨西通信站新设备用调度所调度通信交换机,利用传输通道互联。在沿线新建车站、庙台子站、动车存车场、齐齐哈尔南场、齐齐哈尔站等新设车站调度通信交换机、调度分机和车站值班台,并组成数字环与哈大客运专线调度通信交换机相联,接入哈尔滨铁路局调度所主用调度通信交换机和调度通信系统及列车调度台。通过将调度所调度通信交换机与 GSM-R 移动通信交换机相联,实现有线与无线调度业务的互通。

新设 GSM-R 移动通信系统,利用哈大客运专线工程在哈尔滨铁路局所设的移动交换中心交换机,在哈尔滨西通信站新设基站控制器(BSC),沿线区间、车站设通信基站(BTS),接入新设的 BSC 和铁路局的 GSM-R 交换机,采用单层覆盖方式组网。区间弱场区采用光纤直放站、泄漏电缆和天线方式增强,以满足信息传输的需要。完成调度通信、调度命令信息、无线车次号校核信息传送等功能。

新设会议电视系统,在哈尔滨北、肇东、安达、大庆东、大庆西、泰康、红旗营东、齐齐哈尔南等车站分别新设会议电视分会场设备,接入哈尔滨铁路局既有会议电视中心系统。

新设应急通信系统,在安达、泰康综合维修工区分别新设应急通信现场接入设备,接入哈尔滨铁路局调度所既有应急通信系统指挥中心。实现在实施抢险救援时,为应急救援指挥中心提供话音、数据和图像等信息的采集及传输。

通信电源,沿线车站(线路所)、信号楼、信号中继站、区间通信基站、牵引变电所、分区所、电力配电所等新建机房设 48 V 高频开关电源和蓄电池组,以及 UPS 不间断电源。新设通信电源和环境监控系统,在哈尔滨西通信站设监控中心设备和监控网管终端,在哈尔滨调度指挥中心、齐齐哈尔通信站、哈尔滨和齐齐哈尔电务段、各综合维修工区等处设复示终端,沿线各通信信号机房设监测分站 RTU 设备(数据终端设备),实现对通信电源设备、机房环境的监控。

5.14.4　信号工程

车站联锁,各新建车站(场)、哈尔滨枢纽的哈尔滨北站(综合场)、庙台子站,齐齐哈尔枢纽的齐齐哈尔站、齐齐哈尔南场、齐齐哈尔南动车存车场新设硬件安全冗余型计算机联锁设备和综合智能信号电源屏及 UPS 不间断电源。裕民线路所纳入哈尔滨北站(客专场)集中控制。维修工区及专用线道岔纳入邻近车站普速场联锁控制。

既有线拆除信号楼的对青山、姜家、肇东等 14 个车站及肇东上行场新设硬件冗余型计算机联锁设备和信号电源屏,室内外其他信号设备按电气化区段标准设计。

根据沿线车站(场、所)道岔设计类型,配备相应的道岔转辙机及转辙装置,并采用断电保护措施。正线上的道岔采用外锁闭、多机多点控制方式。通过时速 160 km 以上的 18 号及以上号码道岔增加密贴检查装置,设置道岔转换设备缺口视频监控报警设备。并将监测信息纳入信号集中监测系统。齐齐哈尔南场、齐齐哈尔站原位不动的转辙机及安装装置利旧使用。本线车站动车组列车进路上的道岔(含联动)设融雪装置控制系统,按人工确认后启动,并将有关信息传输至运营管理部门。

沿线新建车站(场、所)、哈尔滨北站(综合场)、庙台子站站内采用与区间相同制式的 ZPW-2000 系列有绝缘轨道电路,其发送设备按 1+1 冗余配置,接收设备采用双机并联冗余方式。齐齐哈尔南场、齐齐哈尔站、齐齐哈尔南动车组存车场采用 97 型 25 Hz 轨道电路叠加 ZPW-2000 型移频电码化,采用与区间相同制式计算机编码的发码设备,发码器按 1+1 配置。站内维修工区轨道区段采用高压脉冲轨道电路,为克服其分路不良采用钢轨喷涂等技术措施。

沿线新建车站(场、所)、哈尔滨北站(综合场)、庙台子站站内 ZPW-2000 系列轨道电路所用干线电缆采用铝护套数字信号电缆,分支电缆采用综合护套信号电缆。

运输调度指挥系统,本线采用分散自律型调度集中(CTC)系统,沿线新建车站(场、所)、哈尔滨北站(综合场)、庙台子站、齐齐哈尔南场、齐齐哈尔站、齐齐哈尔南动车组存车场设 CTC 分机、网络安全和通道质量监督设备,接入哈尔滨铁路局调度所客运专线 CTC 总机系统,对 CTC 总机系统设备进行相应修改。并新设 1 个行车调度台,新设应用服务器、通信服务器、临时限速服务器及接口服务器等设备。既有线车站,按列车调度指挥系统(TDCS)设备利旧改造,维持哈尔滨铁路局调度所既有调度台管辖,根据本工程运用配套修改既有总机系统。

列车运行控制系统,正线、联络线及枢纽衔接线路采用 CTCS-2 级列控系统,新设 1 套临时限速服务器(TSRS),在哈尔滨站设无线闭塞中心(RBC)及操作终端。采用连续速度(目标-距离)控制模式,并与相邻既有线路信号系统兼容;沿线新建车站(场、所)和信号中继站、哈尔滨北站(综合场)、庙台子站、齐齐哈尔南场、齐齐哈尔站、齐齐哈尔南动车组存车场新设信号安全数据网接入设备、列控中心(TCC)、应答器及其编码单元(LEU)等设备。所设应答器与牵引供电及动车组相结合,可以提供过电分相的信息,并根据相邻线路的列控方式，合理设置列控模式切换点。所设列控中心设备应具备轨道电路编发码、运行方向控制、信息采集（中继站）、站间安全信息传输和应答器报文的实时组帧、编码和发送等功能。

区间闭塞制式，正线采用四显示自动闭塞，按双线双方向运行，正向按追踪间隔运行，反向采用自动站间闭塞行车。不设地面通过信号机，在闭塞分区分界处设区间信号标志牌，列车运行以列控车载设备显示作为行车凭证。

齐齐哈尔南动车存车场走行线采用四显示自动闭塞。江北联络线、定一线和齐齐哈尔站上行区间采用自动站间闭塞，区间空闲检查采用轨道电路方式。其余相邻线路维持既有闭塞制式，与本线相邻区间应具备区间空闲检查功能。

正线区间采用由列控中心控制编码的 ZPW-2000 系列无绝缘移频轨道电路，其发送设备按 1+1 冗余配置，接收设备采用双机并联冗余方式。既有改线地段采用 ZPW-2000 型移频轨道电路和设备，按电气化区段标准设计，其余区间信号设备利旧，个别需调整闭塞分区的维持既有标准改造。

正线区间 ZPW-2000 系列轨道电路采用铝护套内屏蔽数字信号电缆，分支电缆采用综合护套数字信号电缆。

新设信号集中监测系统，在哈尔滨、齐齐哈尔电务段设集中监测总机系统和设备，在新建车站（场、所）和信号中继站、哈尔滨北站（综合场）、庙台子站、齐齐哈尔南场、齐齐哈尔站、齐齐哈尔南动车组存车场设集中监测分机设备；既有线车站的信号集中监测设备利旧改造；按隶属范围分别接入相应电务段集中监测总机系统。实现对车站联锁设备、电源屏、列控中心、轨道电路、安全数据网络、转辙机、信号机以及信号电缆回线等进行监测和信息采集，保证信号设施处于正常工作状态。

本线和既有线新建计算机联锁的车站、信号中继站等新建信号设备房屋设防雷电、电磁兼容和综合接地防护系统，并与贯通地线等电位连接。

综合接地系统，沿铁路两侧分别敷设 1 条截面为 35 mm^2 的铜质贯通地线，在电气特性上全程贯通，接地电阻不大于 1 Ω，并构成等电位连接。沿线轨旁信号设备就近等电位接入贯通地线。

本线地处我国北端严寒地区，极端最低温度达到 -39.9 ℃，这给路基和轨道结构防冻胀设计带来极大困难。于是开展了“哈齐客运专线基础工程综合技术”等一系列的课题研究，主要包括严寒地区路基防冻胀结构及设计参数的研究、严寒地区铁路工程冻胀特点与防治措施的研究、严寒地区客专路基与桥涵防冻胀技术研究、严寒地区混凝土结构耐久性技术研究等，通过研究取得了应有的成果。如为加强路基的防冻胀措施，在路基冻结深度范围内填筑非冻胀性填料；路基高度小于季节冻深地段设置降水设施；低路堤地段设置防冻胀护道；地下排水设施出水口采取防冻胀设计；路基间排水采取轨道板底座内设置钢管外排设计。合理选择轨道结构，采用防开裂的双向预应力 CRTS Ⅰ型板式无砟轨道结构，研制出满足严寒地区技术性能的 CA 砂浆。动车组经过的道岔设置融雪设施，牵引供电系统设接触网融冰装置，防灾监控系统设雪灾监控子系统，提高恶劣环境下运营效率，保证线路的运营安全。

参加线路工程施工的单位有中铁十一局、十三局、十五局、十六局、十八局、二十局、二十二局、二十三局集团等单位。承担四电系统集成工程施工的有中铁电气化局集团有限公司和中国铁路通信信号股份有限公司组成联合体等单位。

线路工程于 2009 年 7 月 5 日开工建设,四电系统集成工程于 2013 年 11 月 26 日开工。2014 年 9 月 22 日完成全线铺轨。2015 年 5 月 23 日进行全线联调联试。2015 年 7 月 13 日全线试运行。2015 年 8 月 17 日正式开通运营。

5.15　沈阳至丹东客运专线

新建沈丹客运专线,北起沈阳北站,向南途经本溪新城、本溪、南芬、通远堡西、凤城,南至丹东站,正线全长 205.705 km(图 5.15)。全线设有沈阳北(既有)、本溪新城、本溪、南芬北、通远堡西、凤城东、新五龙背和丹东等车站及 1 个沙河堡线路所,其中本溪站、丹东站为既有车站,其余为新建车站。工程范围还包括沈阳枢纽、本溪和丹东地区相关工程。新建沈丹客运专线在沈阳枢纽与秦沈客运专线、哈大客运专线、京沈客运专线、丹大快速铁路衔接,成为辽宁东部铁路客运主骨架,对完善东北地区铁路网,扩大运输能力,提高铁路客运服务质量,促进区域经济社会发展具有重要意义。

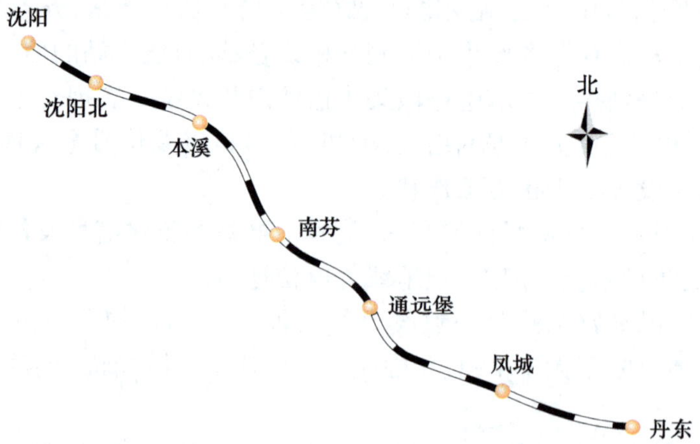

图 5.15　沈丹客运专线示意图

沈丹客运专线的建设单位是京沈铁路客运专线辽宁有限责任公司和沈阳铁路局,设计单位是铁道第三勘察设计院集团有限公司。线路主要技术标准:铁路等级,客运专线;正线数目,双线;最大坡度,20‰、局部不大于 25‰;最小曲线半径,5 500 m、引入枢纽地区根据需要合理选定;到发线有效长度,650 m;行车指挥方式,综合调度集中;列车运行控制方式,自动控制;速度目标值,250 km/h;牵引种类,电力牵引(AT 供电方式);列车类型,动车组。

5.15.1　电气化工程

牵引供电系统,正线主要采用 AT 供电方式,丹东牵引变电所至丹东站供电臂采用带回流线的直接供电方式。全线新设陈相屯、本溪、祁家堡、西沟、丹东 5 座牵引变电所，其中本溪、祁家堡牵引变电所预留给既有线的供电条件。新设丹东开闭所，从丹东牵引变电所接引一路独立电源，从就近接触网上接引第二路电源，给丹东站区和丹大铁路供电。新设新沈阳、本溪新城、西山、高小岭、陡水、丹东分区所，新设 8 座 AT 所。

新建牵引变电所引入 2 路 220 kV 电源，220 kV 电源侧优先采用线路变压器组接线，电气设备采用户外分体布置；2 × 27.5 kV 侧采用单母线分段接线，电气设备采用户外分体布置。新建丹东开闭所与 10 kV 电力配电所合建，采用户内网栅间隔布置。选址困难的牵引变电所、分区所、AT 所可采用阶梯形布置或户内布置。

新建牵引变电所所设牵引变压器，采用固定备用、三相 V/V 接线、自冷方式，预留风冷条件。各牵引变电所变压器安装容量：陈相屯为 2 × (25 + 31.5) MV · A，本溪、祁家堡、西沟为 2 × (31.5 + 31.5) MV · A，丹东为 2 × (25 + 25) MV · A。

牵引变电所、分区所、AT 所采用微机保护和综合自动化系统。按无人值班设计，牵引变电所适当考虑值守条件。新设综合 SCADA 系统，纳入沈阳铁路局调度所，增设 2 个(其中 1 个备用)供电调度台进行管理。

接触网悬挂，正线采用全补偿弹性链型悬挂，其余线路采用全补偿简单链型悬挂。正线接触悬挂结构高度一般为 1 600 mm。正线接触线采用 150 mm^2 的铜锡合金导线，张力 25 kN，承力索采用 120 mm^2 的铜镁合金绞线，额定张力 20 kN；站线接触线采用 120 mm^2 的铜锡合金导线，张力 15 kN，承力索采用 95 mm^2 的铜镁合金绞线，张力 15 kN。正线间渡线接触线采用 150 mm^2 的铜锡合金导线，张力 15 kN，承力索采用 120 mm^2 的铜镁合金绞线，张力 15 kN；接触导线悬挂高度为 5 300 mm。附加导线一般采用铝包钢芯铝绞线。

全线接触网绝缘泄漏距离一般不小于 1 400 mm，重污区段和车站、跨线建筑物两侧不小于 1 600 mm。一般区间采用瓷质绝缘子，下锚、分段处、无站台雨棚和隧道内采用合成绝缘子。采用带中性段空气间隙绝缘的锚段关节式电分相，尽量避免设在大坡道、列车出站加速区段以及线路限速低速区段。

接触网支柱，一般区段的腕臂柱采用热浸镀锌 H 型钢柱，跨越多股道且线间距不能立腕臂柱时优先采用轻型硬横跨，硬横跨支柱采用等径钢管柱，上下行并联处采用轻型硬横跨。隧道内及硬横跨采用倒立吊柱，丹东站为终端站，进站咽喉及站区内限速 100 km/h，且道岔密集，统一在硬横梁下采用定位索形式。车站接触网悬挂定位安装根据车站和雨棚方案确定。

正线接触网支柱标准跨距一般为 60 m，最大不超过 65 m。桥上支柱跨距根据具体情况确定，一般为 48 m，其他区段接触网支柱跨距一般不大于 60 m。相邻跨距之差不大于 10 m。

绝缘、非绝缘锚段关节采用五跨锚段关节形式，困难情况下采用四跨锚段关节。绝缘锚段关节在开口侧设常闭电动隔离开关。高速区间直线区段锚段长度不大于 2 × 700 m，站线锚段长度一般为 2 × 800 m，困难情况下不大于 2 × 850 m；渡线单独锚段、单边补偿的锚段长度为上述值的 50%。附加导线的锚段长度一般不大于 2 000 m。

接触网下锚采用全补偿棘轮下锚方式，在锚段长度小于规定最大锚段长度一半的情况下,一端为补偿下锚,另一端为硬锚。正线采用铁坠砣,站线采用复合坠砣。隧道内下锚采用坠砣补偿方式。区间正线一般采用两跨式防窜防断中心锚结。车站有条件时采用防窜防断中心锚结,条件受限时采用防窜不防断中心锚结。

5.15.2 电力工程

全线新设1条一级负荷10 kV贯通线和1条综合负荷10 kV贯通线。新设贯通线采用电力电缆敷设。全线新设本溪新城、本溪、南芬北、通远堡西、凤城东、丹东共6座10 kV配电所。其中南芬北配电所增加20/10 kV变配电设施,本溪新城、通远堡西、凤城东10 kV配电所均从地方电网接引2路电源供电;本溪、丹东、南芬北配电所从地方电网接引1路电源供电。利用丹东10 kV配电所向东北东部铁路通道供电,相关设施与本工程统筹设计、同步实施。改造既有本溪和丹东66/10 kV变电所,丹东变电所增加引入1路66 kV电源。新建丹东10 kV配电所和牵引供电开闭所合建。并利用既有本溪和改造后的丹东66 kV变电所引取电源。

设有配电所的车站其综合负荷设室内10/0.4 kV综合变电所供电,电源引自配电所的站馈线;没设配电所的车站其综合负荷设室内10/0.4 kV综合变电所,从地方电网接引1路电源供电,预留第二路电源的接入条件。

车站与行车有关的通信信号负荷设室内10/0.4 kV通信信号专用变电所供电,电源引自2路10 kV贯通线。

区间通信信号负荷设智能化箱式变电站供电,电源引自2路10 kV贯通线。

区间其他用电负荷设智能化箱式变电站,从10 kV综合贯通线接引电源供电或就近接引地方电源供电。

新建配电所采用综合自动化系统,按无人值班设计。新设电力远动系统,纳入沈阳铁路局调度所电力综合SCADA系统管理,并在供电段设复示终端。

在本溪新城、凤城东设综合维修工区,南芬北、通远堡西设供电机构的保养点,负责对电力设施的运营维护和管理。

5.15.3 通信工程

长途通信线路,既有沈阳站至既有丹东通信站新设2条24芯单模通信光缆,分别沿铁路两侧的电缆槽道敷设。既有沈阳通信站至沈阳铁路局调度机房利用既有管道新设2条24芯光缆。

为满足GSM-R移动通信系统光纤直放站对光纤传输通道的需求,在光纤直放站远端机至近端机间设1条8~16芯光缆。为满足综合视频监控系统信息采集点对传输通道的需求,在传输节点至相应区间采集点间设1条8芯光缆;为满足牵引供电系统网上开关站远动通道的需求,在该节点与相邻传输节点间设1条8芯光缆。为满足沈阳南分区所相关业务的需求,在沈阳南站至沈阳南分区所间设1条8芯光缆。为满足丹东铁路公安处公安业务的需求,在既有丹东通信站至丹东铁路公安处间设1条8芯光缆。为满足信号专业安全数据网、微机监测、CTC终端、环境监控终端等业务需求,在沈阳电务段至沈北四自动机房间设 1 条 8 芯光缆。为满足大连分局会议室网络的安全性,在大连传输室至大连分局会议室间设 1 条 8 芯光缆。

传输系统,新设 SDH 2.5 Gbit/s 骨干(中继)传输系统,沿线各车站、既有沈阳和丹东通信站、铁路局调度机房等新设 SDH 2.5 Gbit/s ADM 设备,利用新建的 2 条 24 芯光缆中的各 2 芯光纤构成复用段 1+1 保护。并将沈阳南站和既有沈阳通信站所设的 SDH 2.5 Gbit/s设备通过通道互联,既有沈阳通信站和铁路局调度机房所设的 SDH 2.5 Gbit/s 设备通过通道互联。

新设 SDH 622 Mbit/s 接入传输系统,沿线车站和河沙堡线路所、区间通信基站、信号中继站、牵引变电所、分区所、开闭所、电力变配电所、公安派出所、综合维修工区等信息用户接入点设 SDH 622 Mbit/s ADM 设备。利用新建的 2 条 24 芯光缆中的各 2 芯光纤构成复用段 1+1 保护。并在同一车站将 SDH 622 Mbit/s ADM 设备与 SDH 2.5 Gbit/s ADM 设备通过 2 个 SDH 622 Mbit/s 光接口实现互联。且利用 2 条 24 芯光缆中的各 4 芯光纤分别构建 2 个 SDH 622 Mbit/s 通道保护环(1 个是通信基站之间的传输环,1 个是牵引变电所、分区所、AT 所、信号中继站之间的传输环)。并利用 2 条 24 芯光缆中的各 2 芯光纤构建 1 个车站间 SDH 622 Mbit/s 通道保护环。综合维修工区、电力配电所、公安派出所、信号相关接入点所设的 SDH 622 Mbit/s 设备与车站通信机房构成站内通道保护环。

在既有沈阳通信站新设传输网管设备,在本溪新城综合维修工区、丹东通信站及大连电务段分别新设传输网管复示终端设备。由传输系统网元级网络管理系统负责对全网设施进行故障管理、配置管理、性能管理和安全管理等,并按照与通信综合网管系统之间所定义的规范和接口接入通信综合网管系统。

新设数据网系统,利用相关工程在沈阳通信站所设的核心路由器和汇聚路由器,既有丹东通信站新设汇聚路由器,沿线车站新设接入路由器和以太网交换机,负责本地数据的接入和交换。接入路由器之间、接入路由器与汇聚路由器之间通过 SDH 155 Mbit/s 传输通道互联构成环形网。并通过传输系统上联至核心路由器。

在既有沈阳通信站新设 1 套数据网网管系统,在本溪新城综合维修工区、既有丹东通信站、大连电务段新设 1 套数据网网管复示终端。对本网内的设备和业务进行管理,并接入通信综合网管系统。

电话交换系统,利用沈阳、本溪、丹东通信站既有程控电话交换机,并各新设 1 套光线路终端(OLT)设备;在沿线各车站、信号中继站、综合维修车间、牵引变电所、分区所、AT 所、电力配电所、信号楼接入点新设光网络单元(ONU)设备,根据管辖范围分别接入相应的 OLT 设备,构成接入网系统。沿线新增自动电话用户通过接入网纳入所属区域的既有程控电话交换机,根据需要扩容 V5.2 接口板。通过统一编号组网,实现与既有铁路电话专网的互通。

新设调度通信系统,利用沈阳铁路局调度所和沈阳通信站既有调度所型调度通信交换机;沿线车站(场、所)新设车站型调度通信交换机、车站值班台和调度分机,接入沈阳铁路局调度所和沈阳通信站的调度所型调度通信交换机及调度通信系统。并在铁路局调度所新设 2 个(其中 1 个备用)行车调度台,负责对全线行车的调度工作。

新设 GSM-R 移动通信系统,利用哈大客专工程设在沈阳铁路局的 GSM-R 移动通信交换机、基站控制器(BSC)及配套设备,沿线区间、车站设通信基站,区间基站按 2 载频配置、车站基站按 3 载频,采用单网覆盖方式组网。区间弱场区采用光纤直放站、漏泄电缆和天线方式增强,并解决隧道内的无线场强覆盖问题,以满足信息传输的需要,完成调度通信、调度命令和车次号校核等信息传送功能。沈丹客运专线与哈大客专并线区段的 GSM-R 移动通信系统覆盖利用哈大客专设置的覆盖线路,本工程不再新设通信基站。

利用哈大客专工程在沈阳铁路局 GSM-R 移动通信核心网设置的无线网管服务器(OMC-R)和网管终端,并新设光纤直放站网管设备和网管终端。在本溪新城、凤城东综合维修工区新设无线网管复示终端设备。实现对 GSM-R 移动通信系统的运营管理和维护。

新设会议电视系统,利用哈大客专设在沈阳和大连的会议电视中心设备(MCU),根据需要扩容,沿线车站分别设会议电视分会场设备,根据沈阳电务段及大连电务段管辖范围,沈阳南、本溪新城、本溪、南芬北、通远堡西接入沈阳铁路局沈阳会议室,凤城东、五龙背东、丹东接入沈阳铁路局大连会议室。并将各会议电视分会场设备纳入沈阳通信站既有会议电视系统网管系统管理。

新设应急通信指挥系统,利用沈阳铁路局调度所既有应急通信系统中心设备,根据需要扩容;在本溪新城、凤城东综合维修工区设应急通信现场事故抢险设备;5 km 以上的隧道设事故报警电话,利用所设的 3 ×4 ×0.9 低频对称电缆接入临近的 GSM-R 通信基站,在通信基站设报警电话主机设备,接入沈阳铁路局调度所设置的隧道救援中心设备。用于将事故现场的语音、数据及图像通过有线和无线通道上传至沈阳铁路局调度所应急通信指挥中心。

通信电源,沿线车站和信息接入点设 48 V 高频开关电源及蓄电池组,为通信设备供电。并新设通信电源和环境监控系统。

5.15.4　信号工程

车站联锁,沿线新建车站(所)、本溪站客场、丹东站客场等采用安全冗余型计算机联锁设备和信号综合智能电源及 UPS 不间断电源。联锁设备控制和显示采用“鼠标 + 显示器”方式。其中丹东动车组存车场采用调车方式纳入丹东站客场进行联锁集中控制。本溪站采用集中操控系统,并管辖其普速部分的到达场、出发场。接触网工区线、维修工区线道岔纳入临近车站联锁设备集中控制。

所设计算机联锁设备的功能应满足有关技术条件和与 CTC、TCC(列控中心)的接口要求,并向信号集中监测系统提供相关的监测和报警信息。

根据车站(场)道岔设计类型,配备相应的道岔转辙机、转辙装置,并采用断电保护措施。正线上的道岔采用外锁闭、多机分线、分控制的方式。高速道岔及普速线路上提速道岔采用配套外锁闭装置。通过时速 160 km 以上的 18 号及以上的正线道岔增设密贴检查装置,并实现挤岔监督报警功能。监测信息纳入信号集中监测系统。沿线新建车站(场、所)正线道岔及动车组列车进路上的道岔设道岔融雪控制系统,按人工确认后才能启动的程序纳入信号系统,并将有关信息传输至运营管理部门。

正线车站(场、所)站内采用与区间相同制式的计算机编码控制的 ZPW-2000 有绝缘轨道电路,其发送设备采用 1 +1 冗余配置,接收设备采用双机并用方式,实现轨道电路系统的高可靠性。

本溪站客场、丹东站客场采用 97 型 25 Hz 相敏轨道电路,并按正线预叠加、侧线占用叠加方式设计电码化电路,发码设备与区间轨道电路发送设备一致,采用 1 +1 冗余配置;接收设备采用双机并用方式配置。本溪站客场与普速车场衔接的线路采用场间联系电路进行设计,渡线道岔纳入客场联锁集中控制,按道岔双控电路设计。主控权平时在客运专线车场,当普速车场需使用该道岔时,通过请求—授权—使用—交权等作业流程进行办理。

车站站内 ZPW-2000 轨道电路干线电缆采用铝护套数字信号电缆,分支电缆采用综合护套数字信号电缆。站内 97 型 25 Hz 相敏轨道电路干线电缆采用铝护套内屏蔽数字信号电缆,分支电缆采用综合护套内屏蔽数字电缆。

运输调度指挥系统,沈阳南站(不含)至丹东站(不含)正线新设调度集中(CTC)系统;利用哈大客专工程设在沈阳铁路局调度所的客专 CTC 总机系统,沿线各中间车站、丹东站客场新设 CTC 分机设备和车站值班员终端;本溪站到达场和出发场、丹东站货场新设 TDCS 分机设备;在沈阳和大连电务段、沈阳南信号车间、凤城东综合维修车间分别设 CTC 复示终端,接入铁路局调度所的 CTC/ TDCS 总机系统,并增设 1 个列车调度台和所需要的临时限速服务器、数据库服务器、应用和通信服务器、GSM-R 接口服务器、CTC - TSRS 接口服务器,以及与其他应用系统接口的通信服务器等设备。其他 CTC 系统设备利用其他工程项目在调度所设置的设备。新设沈丹客专调度台负责沈阳南站(不含)至五龙背东站段的运输调度指挥;本溪站普速场、丹东站客场、丹东站货场维持调度所既有沈丹一台、沈丹二台管辖。沈阳南站客专车场纳入哈大客专调度二台管辖。

列车运行控制系统,正线新设 CTCS-2 级列控系统,采用连续速度(目标—距离)控制模式,以满足动车组最高运行时速和正向追踪间隔时间的要求,并与相邻线路的既有信号系统兼容。沈阳南站客专场为该线的始发终到站,采用 CTCS-3 级列控系统,在划分的沈丹客专区间线路的分界处设 CTCS-3/2 级级间切换点。

利用沈阳南站工程所设的无线闭塞中心(RBC)、TSRS、列控中心(TCC)、安全数据网、应答器等相关设备,并进行软件或数据修改;正线各中间车站、丹东站客场和信号中继站设列控中心(TCC)、应答器及其编码单元(LEU)、安全数据网、有源应答器监测设备。所设的列控中心设备应具备轨道电路编发码、运行方向控制、信息采集(中继站)、站间安全信息传输和应答器报文的实时组帧、编码和发送等功能。安全数据网采用不同物理径路专用主备光纤通道传输。

区间闭塞制式,正线区间采用四显示自动闭塞,按双线双方向运行,正向采用追踪间隔运行,反向采用自动站间闭塞行车,不设区间地面通过信号机,在闭塞分区分界处设停车标志牌,列车运行以列控车载设备显示作为行车凭证。

正线区间采用由计算机编码控制的 ZPW-2000 系列无绝缘轨道电路,其发送和接收设备按冗余配置,并应具有设备自监测功能,通过接口向信号集中监测系统提供监测信息。

区间 ZPW-2000 轨道电路干线电缆采用铝护套内屏蔽数字信号电缆,分支电缆采用综合护套数字信号电缆。电缆的有效传输长度一般不大于 10 km,大于 10 km 的区段设信号中继站。

新设信号集中监测系统,利用沈阳电务段既有客专集中监测中心并进行升级改造,利用丹东至大连铁路工程新建的大连电务段集中监测中心,正线各中间车站(所)、丹东站客场和信号中继站设集中监测分机设备,监测分机设备中应设有 1 套电务维修智能分析及辅助决策模块,完成监测预警分析和故障诊断、报警等功能。在各车站(场、所)联锁道岔转辙机牵引点处设道岔缺口检查采集器,各站(场、所)室内分别设 1 套信息采集处理主机设备,完成道岔缺口检查功能。车站(所)设道岔表示电压监测信息采集器、道岔电缆绝缘测试采集器、驱动接口板、测试盒等。与防灾安全监控系统关联的车站(信号中继站)设异物侵限监测系统与列控系统接口电路直流电压采集器。在本溪、丹东站客专车场与普速场之间的联系电路接口处设场间联系电路电压监测信息采集器。根据确定的维修管理模式,将集中监测系统联网至相应的电务维修部门,本溪新城、凤城东、通远堡西综合维修车间及工区设集中监测终端,在丹东信号车间及沈阳南信号车间内设监测终端。其中沙河堡线路所、本溪新城站、本溪站客场、南芬北站及其间的信号中继站接入沈阳电务段集中监测中心系统;通远堡西站、凤城东站、五龙背东站、丹东站客场及其间的信号中继站接入大连电务段集中监测中心系统。监测信息采用通信数据网通道传输。利用车站联锁、CTC、列控中心、有源应答器、综合电源屏以及轨道电路设备提供的监测信息,通过集中监测系统搭建的监测平台,为信号设备维护提供必要的信息。

沿线新建信号设备房屋设防雷电、电磁兼容和接地综合防护系统,与房建工程同步实施。并与贯通地线等电位连接。

新建线路区段设综合接地系统,沿铁路两侧分别敷设 1 条截面为 35 mm^2 的铜质贯通地线,在电气特性上全程贯通,接地电阻不大于 1 Ω,与土建工程同步实施。并将沿线轨旁信号设备就近接入贯通地线。

5.15.5 本溪枢纽货运系统相关配套工程

本溪站到达场、上下行出发场新设硬件冗余型计算机联锁设备、综合信号智能电源屏、TDCS、信号监测分机设备,增设各场进路办理操控作业集中于一处的终端控制设备。明山线路所道岔纳入本溪站到达场集中控制。本溪站专组车场、机务段和金家堡站新设双机热备型计算机联锁设备,室外不动的信号设备充分利用。本钢南口车场和北部车场在既有联锁设备的基础上利旧改造。本溪站上下行出发场,到达场、本钢南口车场等新设列车调度指挥系统(TDCS)分机设备,本溪站本钢北部车场和金家堡站既有 TDCS 分机设备利旧改造,纳入既有调度台指挥。沈阳铁路局既有调度所 TDCS 系统总机设备修改相应软硬件。本溪站上下行出发场与本钢南口车场之间采用场间联系电路,联锁区划分界面按站场工程界面划分处理。并设分界点信号机。

本溪站专组车场与上下行出发场相衔接的线路,采用站间联系电路。本溪站沈阳端沈丹乙线改线地段,按既有四显示自动闭塞制式配套改造。其他既有线维持既有闭塞方式。

各车站(场)采用 97 型 25 Hz 相敏轨道电路,并按正线预叠加、侧线占用叠加方式设计电码化电路,发码设备与区间轨道电路发送设备保持一致。

5.15.6　丹东地区货运系统相关配套工程

丹东站货运车场新设硬件安全冗余型计算机联锁设备、列车调度指挥系统(TDCS)分机和信号集中监测系统分机设备,室外不动的信号机和道岔转辙设备全部利用。TDCS 信息纳入沈阳铁路局既有 TDCS 总机系统,由相应的调度台指挥。监测信息纳入沈阳电务段既有监测网络系统。车站计算机联锁控制和显示采用“鼠标 + 显示器”方式,站内轨道电路采用 97 型 25 Hz 相敏轨道电路,并按正线预叠加、侧线占用叠加方式设计电码化电路,发码设备与区间轨道电路发送设备保持一致。其他既有线路维持既有闭塞方式。

5.15.7　防灾安全监控系统

沿线新设风速风向、雨量、雪量、地震监测系统,配备相应的信息采集设备。根据线路实际情况和气象特点,选取具有代表性的地点设置风速风向计和雨量计,并利用通信基站铁塔或接触网杆塔进行安装,与通信传输系统进行接口完成信息传输。沿线牵引变电所设置地震监测系统设备和光电信息转换等设备。沿线公路跨铁路桥梁两侧设异物侵入监测点,通过所设的传感器、现场控制器、通信接口等设备完成信息传输和报警联动控制。在本溪新城综合维修工区设防灾安全监控系统数据处理设备,完成本线各监控子系统数据汇聚与处理,在本溪新城、凤城东综合维修工区设监控终端设备。

参加线路工程施工的有中铁九局、十三局集团,中交一公局,中国建筑股份公司等单位。中铁建电气化局集团、中国铁路通信信号集团有限公司等单位承担四电集成工程的施工。

线路工程于 2010 年 3 月 17 日开工,四电集成工程于 2013 年 12 月 31 日开工。2014 年 7 月 29 日开始铺轨,2015 年 1 月全线铺通, 2015 年 6 月开始联调联试。2015 年 8 完成静态和动态验收。2015 年 9 月 1 日正式开通运行。

5.16　吉林至珲春客运专线

新建吉珲客运专线,位于吉林省内,西起吉林站(DK0 + 380),途经蛟河、敦化、安图、延吉、图们等市县(区),东至珲春站(DK361 + 320),大致呈西北东南走向,正线全长 360.547 km(图 5.16)。全线设吉林(不含)、蛟河西、威虎岭北、敦化、大石头南、安图西、延吉西、图们北和珲春等车站。新设车站均为客运中间站,延吉西和珲春站考虑客运始发条件。工程范围还包括吉林、敦化、图们地区配套工程。

新建吉珲客运专线是为贯彻东北老工业基地振兴战略,支持图们江区域合作开发规划的实施,完善铁路网布局,适应运输需求和提高铁路运输服务水平建设的。吉珲客运专线是继哈大客运专线、长吉城际铁路后,吉林省和铁道部合资建设的又一重点工程,它将进一步加强吉林腹地与图们江地区的交通联系,对加快长吉图开发开放先导区建设,带动长白山及图们江地区跨境旅游发展,加强东北亚区域交流合作,具有十分重要的意义。

图 5.16　吉林至珲春客运专线示意图

吉珲客运专线的建设单位是沈阳铁路局、长吉城际铁路有限责任公司,设计单位是中铁工程设计咨询集团有限公司。线路主要技术标准:铁路等级,客运专线;正线数目,双线;最大坡度,20‰;最小曲线半径,一般地段 4 000 m、困难地段 3 500 m;到发线有效长度,650 m;列车运行控制方式,自动控制;调度指挥方式,综合调度集中;速度目标值,250 km/h;牵引种类,电力牵引(AT 供电方式)。

5.16.1　电气化工程

牵引供电主要采用 AT 供电方式,其中吉林至高家洼子段采用带回流线的直接供电方式。全线新设高家洼子、蛟河西、威虎岭北、大桥乡、安图西、延吉西、石头河等 AT 牵引变电所;新设吉林、大伙棚沟、富家屯、高松树、哈尔巴岭、金佛寺、碧水、珲春等 AT 分区所;在各供电臂中部设 AT 所。

新建牵引变电所引入 2 路 220 kV 电源供电,220 kV 电源侧采用线路变压器组接线,电气设备采用户外中型布置;2×27.5 kV 侧采用单母线分段接线,电气设备采用户外中型布置。根据地形条件,石头河牵引变电所可采用室内布置。AT 分区所、AT 所电气设备采用户外中型布置。新建牵引变电所所设变压器,采用固定备用方式,大多采用单台三相 V/X 接线,高家洼子牵引变电所采用单相接线变压器。

新建牵引变电所、分区所、AT 所按无人值班设计,牵引变电所适当考虑值守条件。新设微机保护和综合自动化系统。新设牵引供电远动系统(SCADA),纳入沈阳铁路局供电调度所管理。

接触网悬挂,正线采用全补偿弹性链型悬挂,接触悬挂结构高度一般为 1 600 mm。正线接触线采用 CTSH-150 型铜合金导线,承力索采用 JTM-120 型铜合金绞线:站线接触线采用 CTSH-120 型铜合金导线,承力索采用 JTM-95 型铜合金绞线。接触导线悬挂高度一般为 5 300 mm、最低不小于 5 150 mm。附加导线采用铝包钢芯铝绞线。接触网分束、分段采用电动隔离开关纳入远动控制。

全线接触网绝缘泄漏距离一般为 1 400 mm,严重污秽区适当加强绝缘。一般区段采用瓷质绝缘子,特别严重污秽地区采用合成绝缘子。采用带空气间隙绝缘中性段的锚段关节式电分相，尽量避免设在大坡道、列车出站加速区段及线路限速低速区段。

接触网支柱，新建线路基区段、桥上腕臂柱采用H型钢柱。站场一般采用线间立柱，跨越多股道时采用硬横跨，硬横跨支柱采用圆钢管柱。车站有雨棚柱的地方接触网支柱与雨棚柱合架。路基区段的支柱高度一般为7 800 mm，桥梁区段的支柱高度一般为7 600 mm。有下锚、线间立柱等其他悬挂安装要求的支柱，根据实际安装需要尺寸计算确定。

接触网支柱标准跨距，路基地段为一般50～55 m，最大跨距不大于60 m。桥上一般不大于48～50 m。相邻跨距之差不宜大于10 m。

正线接触网锚段长度一般不大于2×700 m，站线锚段长度一般不大于2×750 m，附加导线的锚段长度不大于2 000 m。

在蛟河西、敦化、安图西、图们北、珲春分别设供电工区，供电工区设在综合维修工区内，敦化接触网工区和供电车间合建。负责接触网和电力设施的维修。

5.16.2　电力工程

全线新设1条综合负荷10 kV贯通线和1条一级负荷10 kV贯通线，新建10 kV贯通线采用截面为70 mm^2的单芯电力电缆，沿铁路两侧敷设。

新设蛟河西、威虎岭北、敦化、安图西、延吉西、图们北、珲春等10 kV配电所，新建配电所高压开关柜采用户内AIS开关柜方式。利用长（春）吉（林）城际铁路所建的吉林10 kV配电所为本线供电。

设有10 kV配电所的车站其综合负荷设站房10/0.4 kV变电所和变压器供电，2路电源引自10 kV配电所站馈线；没设10 kV配电所的车站其综合负荷设站内10/0.4 kV变电所，从地方电网或10 kV贯通线接引电源供电。

车站与行车有关的通信信号负荷设站房10/0.4 kV变电所供电，电源引自2路10 kV贯通线。

区间通信信号负荷设箱式变电站供电，从新建的2条10 kV贯通线上各接引一路电源供电。

沿线其他用电负荷，在负荷集中处设箱式变电站，从地方电网或10 kV贯通线接引电源供电。

新建配电所采用微机保护和综合自动化系统，按无人值班设计。新设综合电力远动系统（SCADA），纳入沈阳铁路局电力调度所管理。

5.16.3　通信工程

长途通信线路，新设2条24芯单模直埋光缆，沿铁路两侧电缆槽道敷设。

传输系统，新设SDH 2.5 Gbit/s传输系统，主要车站设SDH 2.5 Gbit/s设备，利用新建2条24芯光缆中的各2芯光纤构成复用段1+1保护。

新设车站SDH 2.5 Gbit/s接入网系统，沿线车站设SDH 2.5 Gbit/s设备，利用新建2条24芯光缆中的各2芯光纤构成复用段1+1保护。

新设区间 SDH 622 Mbit/s 接入网系统，区间通信基站、信号中继站、牵引变电所和分区所、电力配电所、综合维修车间/工区等信息接入点设 SDH 622 Mbit/s 设备，利用新建光缆构建车站间 SDH 622 Mbit/s 通道保护环。并与车站通信机房构成站内通道保护环。

电话交换系统，利用吉林、图们的既有程控电话交换机，沿线新增自动电话用户按隶属范围通过接入网分别接入既有程控电话交换机，通过统一编号组网，实现与既有铁路电话专网的互通。

新设 IP 数据网，利用其他工程在沈阳通信站所设的核心路由器和在吉林通信站所设的汇聚层路由器，在图们新设汇聚层路由器，沿线车站新设接入路由器。接入路由器之间、接入路由器与汇聚路由器之间通过传输通道互联构成环形网，负责本地数据的接入并通过传输系统上联至核心路由器，实现全线数据业务的转发与汇聚。

新设调度通信系统，利用沈阳铁路局调度所既有中心调度通信交换机；沿线车站设车站型调度通信交换机、车站值班台和调度分机，接入铁路局调度所既有中心调度通信交换机和调度通信系统。利用与长春至吉林城际铁路合设的行车调度台，负责全线的行车调度指挥。

新设 GSM-R 移动通信系统，利用哈大客运专线在沈阳铁路局所设的 GSM-R 移动交换中心(MSC)及设备，在吉林新设基站控制器(BSC)，沿线设通信基站(BTS)，采用单层覆盖方式组网。区间和隧道内弱场区采用光纤直放站、漏泄电缆和天线方式增强，并设漏缆监测系统，以满足无线场强覆盖和信息传输的需要。完成调度通信、调度命令、无线车次号校核信息传送等功能。

新设会议电视系统，利用沈阳铁路局既有会议电视系统中心设备，沿线车站设会议电视分会场设备，接入铁路局既有会议电视中心系统。

新设应急通信指挥系统，利用沈阳铁路局既有应急通信指挥中心设备，新建综合维修车间/工区设应急通信现场接入设备，接入铁路局应急通信指挥中心系统。用于将事故现场的语音、数据及图像通过有线和无线通道上传至应急通信指挥中心。

通信电源，沿线新建通信机房设 48 V 高频开关电源及蓄电池组，为通信设备供电。并新设通信电源和机房环境监控系统。

5.16.4 信号工程

车站联锁，吉林(不含)至珲春沿线车站新设硬件安全冗余型计算机联锁设备、信号电源屏及 UPS 不间断电源；龙潭山、敦化普速站(场)、大桥站和曲水站新设硬件安全冗余型计算机联锁设备和信号电源屏及 UPS 不间断电源；江东站新设双机热备计算机联锁设备和信号电源屏及 UPS 不间断电源。

根据车站(场)道岔设计类型，配备相应的道岔转辙设备和缺口检查装置，高速正线道岔配备密贴检查器。并设道岔融雪装置。

沿线各车站(不含延吉西)站内动车组进路上轨道区段全部采用国产有绝缘移频轨道电路，并设地面通过信号机。延吉西站除正线及到发线股道区段采用有绝缘移频轨道电路外，其余区段采用 25 Hz 相敏轨道电路，配备二元二位轨道继电器。并采取相应技术措施保证轨道电路良好分路。

车站站内移频轨道电路室外干线电缆采用铝护套数字信号电缆,其他信号设备采用综合护套综合扭绞数字信号电缆。

运输调度指挥系统,吉林站(不含)至珲春站采用分散自律型调度集中(CTC) 系统,沿线各车站新设 CTC 分机、网络安全和通道质量监督设备,纳入长(春)吉(林)城际铁路工程所设的行车调度台统一管辖。龙潭山站、敦化普速场和曲水站新设分散自律型调度集中(CTC)分机设备,江东站新设列车调度指挥系统(TDCS)分机设备,维持既有行车调度台管辖,车站按 TDCS 系统开通运用。

列车运行控制系统,吉林至珲春新设 CTCS-2 级列控系统,利用长吉城际铁路所设的临时限速服务器;新设 CTCS-2 级列控系统的车站和信号中继站,按高速铁路标准设安全数据网、列控中心、地面电子单元、地面点式应答器等设备。所设列控中心设备应具有轨道电路编发码、运行方向控制、信息采集(中继站)、站间安全信息传输、应答器报文存储和调用及列控信息传送等功能。并通过信号安全数据网实现数据传输。

区间闭塞制式,采用四显示自动闭塞,按双线双方向运行,正向采用追踪间隔运行、反向按自动站间闭塞行车。不设区间地面通过信号机,在闭塞分区分界点设信号标志牌,以车载显示作为行车凭证。与本线车站采用 CTC 设备相衔接的半自动闭塞区段设区间检查设备。其他相关线路维持既有闭塞制式不变。

正线区间采用国产自动闭塞移频无绝缘轨道电路,其发送设备采用电子编码方式,按 1 + 1 冗余配置。

区间轨道电路干线电缆采用铝护套内屏蔽数字信号电缆,分支电缆采用综合护套数字信号电缆。隧道内采用低烟无卤阻燃型信号电缆。

新设信号集中监测系统,沿线各新建车站和信号中继站设集中监测分机设备,各信号车间和工区设监测终端设备,根据管辖范围接入隶属电务段信号集中监测总机系统,实现对信号设备的集中监测和远程诊断。

沿线新建信号设备房屋设防雷电、电磁兼容和综合接地防护系统,与房建工程同步实施。并与贯通地线等电位连接。

吉林至珲春全线设综合接地系统,沿铁路两侧分别敷设 1 条截面为 35 mm^2的铜质贯通地线,在电气特性上全程贯通,接地电阻不大于 1 Ω,与土建工程同步实施。并将沿线轨旁信号设备就近等电位接入贯通地线。

参加线路工程施工的有中铁四局集团、中铁大桥局集团等单位,中铁建电气化局集团等单位承担电气化、通信信号和电力工程的施工。

线路工程于 2010 年 10 月 30 日开工,四电工程于 2013 年 6 月 22 日开工。2015 年 6 月 26 日开始联调联试,2015 年 8 月 5 日开始试运行,2015 年 9 月 20 日全线开通运营。

5.17　南京至安庆客运专线

新建宁安客运专线,东起南京南站,途经马鞍山、当涂、芜湖、繁昌、铜陵、池州等市县,跨越安庆长江铁路大桥后,西到安庆站,大致呈东北西南走向,线路全长 257.477 km(江苏省内 33 km,安徽省内 225 km)(图 5.17)。其中南京南站至铜陵东站新建正线长约 151.4 km,池州站至安庆站新建正线长约 42.7 km,不含安庆长江铁路大桥[(DK244+263.3~DK247+260.1)长 2 996.8 m],铜陵东站至池州站(DK156+000~DK64+734.33=DK222+400)线路长约 60.081 km。全线近期设南京南(既有)、江宁南、马鞍山东、当涂东、芜湖、戈江、繁昌西、铜陵东、池州、安庆等车站。预留板桥、钟鸣北、马衙和晏塘车站。工程范围还包括芜湖枢纽、安庆地区相关工程,池州铜九客车联络线 3.73 km,铜陵东铜九线改线 5.02 km,南京南站动车组配套设施。该线的建成不仅是长三角快捷铁路网的延伸,同时也是长三角的一条高速快捷的大通道。且极大地拉近了安庆、池州、铜陵、芜湖、马鞍山与长三角的时空距离,拉近了安徽沿江城市与长三角经济带的经济联系,推动了安徽融入长三角地区。对加快皖江城市带与长三角对接和承接产业转移具有重要意义。

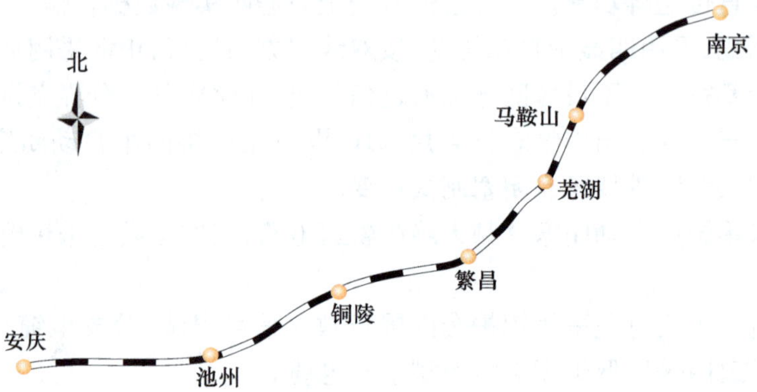

图 5.17　宁安客运专线示意图

宁安客运专线的建设单位是宁安铁路有限责任公司和上海铁路局,设计单位是中铁第四勘察设计院集团有限公司、铁道第三勘察设计院集团有限公司、中铁大桥勘测设计院集团有限公司。线路主要技术标准:铁路等级,客运专线;正线数目,双线;正线线间距,4.6 m;最大坡度,12‰、局部困难地段不大于 20‰;最小曲线半径,3 500 m、引入南京和芜湖枢纽及安庆地区等根据运行速度选定;到发线有效长度,650 m;列车运行控制方式,自动控制;行车指挥方式,调度集中;速度目标值,200 km/h 以上;牵引种类,电力牵引(AT 供电方式);机车类型,动车组、SS 系列。

其他线路如淮南、铜九铁路改线,客车疏解联络线、本线与铜九铁路的客车联络线等,采用与既有铁路一致的技术标准。

5.17.1　电气化工程

牵引供电采用 AT 供电方式。新设当涂东、弋江、铜陵东、池州、安庆牵引变电所。其中弋江牵引变电所结合所建皖赣铁路工程一次建设。利用孙家洼牵引变电所为本线供电,孙家洼牵引变电所增加的馈线工程在南京大胜关桥梁工程中统一实施。新设江宁南、芜湖东、黄浒、晏塘等分区所，设 10 余处 AT 所。

新建牵引变电所引入 2 路 220 kV 电源供电，220 kV 电源侧采用线路分支接线，电气设备采用户外中型布置；2 × 27.5 kV 侧采用单母线分段接线，电气设备采用户外中型布置。分区所、AT 所也采用户外中型布置。

新建牵引变电所所设牵引变压器，采用固定备用、三相 V/X 接线、油浸自冷方式，预留风冷条件。其中安庆牵引变电所初期采用单相变压器，预留 V/X 接线改造条件。各牵引变电所变压器安装容量：当涂东为 2 × (25 + 25) MV · A、铜陵东为 2 × (25 + 25) MV · A、池州为 2 × (25 + 25) MV · A、安庆为 2 × (25 + 25) MV · A。弋江牵引变电所结合所建皖赣铁路工程需要确定变压器安装容量。

新建牵引变电所、分区所、AT 所采用微机保护和综合自动化系统，按无人值班设计，牵引变电所适当考虑值守条件。新设牵引供电综合 SCADA 系统，纳入上海铁路局综合调度所管理。

接触网悬挂，采用全补偿简单链型悬挂，接触悬挂结构高度一般为 1 600 mm。正线接触线采用 CTSH-150 型铜合金导线，承力索采用 JTM-120 型铜合金绞线；站线接触线采用 CTSH-120 型铜合金导线，承力索采用 JTM-95 型铜合金绞线。附加导线采用铝包钢芯铝绞线。

全线接触网绝缘泄漏距离一般不小于 1 400 mm，严重污秽地区适当加强绝缘。一般地段采用瓷质绝缘子，特别严重污秽地区采用合成绝缘子。采用带中性段空气间隙绝缘的锚段关节式电分相，尽量避免设在大坡道、列车出站加速区段以及线路限速低速区段。

接触网支柱，路基地段和桥梁上的腕臂柱采用 H 型钢柱，跨越多股道的地段和站场不满足线间立柱条件时采用硬横跨，硬横跨支柱采用等径钢管柱。车站雨棚范围内接触网支柱与雨棚柱合架。

接触网支柱标准跨距，路基地段一般为 50 ~ 55 m；隧道内跨距一般为 40 ~ 50 m，桥上跨距一般不大于 50 m。相邻跨距之差不大于 10 m。

正线锚段长度一般不大于 2 × 700 m；站线锚段长度一般不大于 2 × 800 m；附加导线的锚段长度一般不大于 2 000 m。

在马鞍山东、芜湖、繁昌西、铜陵东、池州、安庆设综合维修工区和供电工区，负责牵引供电和电力设施的运营维修和管理。

5.17.2　电力工程

全线新设 1 条综合负荷 10 kV 贯通线和 1 条一级负荷 10 kV 贯通线。新建 10 kV 贯通线采用截面为 70 mm^2 的单芯电力电缆。分别沿铁路两侧敷设。

新设芜湖、马鞍山东、繁昌西 10 kV 配电所，从地方电网接引 2 路 10 kV 电源供电。结合皖赣铁路芜湖至宣城段扩能改造工程新建弋江 10 kV 配电所，从地方公共电网变电站接引 2 路 10 kV 电源，相应增设配电所电源线路。车站站房和维修工区供电分别从配电所接引 10 kV 电源。利用南京南动车段 35/10 kV 变配电所；利用改造既有铜陵东和池州10 kV配电所，对不能满足供电要求的设备进行更新改造。改造利用既有安庆 10 kV 配电所,对不能满足供电要求的设备进行更新改造,引入第二路电源并改造既有电源线路为专盘专线。

设有 10 kV、35/10 kV 变(配)电所的车站,从变(配)电所接引电源给站房用电负荷供电。没有 10 kV 配电所的车站,就近从地方电网或 10 kV 贯通线接引电源给站房用电负荷供电。

车站与行车有关的通信信号负荷设站内 10/0.4 kV 通信信号专用变电所和 2 台变压器供电,分别从 2 路 10 kV 贯通线接引电源。

区间通信信号负荷设箱式变电站,从 2 路 10 kV 贯通线上各接引 1 路电源供电。

新建 10 kV 配电所采用微机保护和综合自动化系统,全线新设电力远动设备和综合 SCADA 系统,纳入上海铁路局综合调度所管理。

5.17.3 通信工程

长途通信线路,南京南至安庆新设 2 条 32 芯单模直埋光缆,分别沿新建铁路两侧电缆槽道敷设。

传输系统,南京南至安庆新设 SDH 2.5 Gbit/s 长途骨干和本地中继传输系统,沿线主要车站设 SDH 2.5 Gbit/s ADM 设备,利用新建的 2 条 32 芯光缆中各 2 芯光纤构成复用段 1+1 保护。

南京南至安庆新设 SDH 622 Mbit/s 接入网系统,沿线车站、区间通信基站、信号中继站、牵引变电所等处设 SDH 622 Mbit/s 设备。并在同一车站将 SDH 622 Mbit/s 设备与 SDH 2.5 Gbit/s 设备通过 SDH 622 Mbit/s 光接口相联。且利用新建的 2 条光缆构成车站间的通道保护环。

在站内信息用户接入点设 SDH 622 Mbit/s 或 SDH 155 Mbit/s 设备,就近接入车站 SDH 622 Mbit/s 设备,构成站内通道传输环。

在南京南、安庆设传输和接入网网元管理系统和设备,对传输网进行管理。

电话交换系统,利用南京南、安庆等处的既有电话交换机,在南京南、安庆新设光线路终端(OLT) 设备,沿线新建车站设光网络单元(ONU)。沿线新增自动电话用户通过 ONU 和 OLT 设备及接入网分别接入南京南、安庆既有电话交换机。通过统一编号组网,实现与既有铁路电话专网的互通。

南京南至安庆新设数据网,在南京南、安庆设汇聚节点和路由器,沿线车站设接入节点和路由器负责本地数据的接入。接入路由器之间及接入路由器与汇聚路由器之间通过通道互联,并上联至所归属的核心路由器,实现数据业务的转发与汇聚。

南京南至安庆新设调度通信系统,利用上海铁路局客运专线调度所既有调度通信交换机,沿线车站设车站型调度通信交换机、调度分机和车站值班台,接入铁路局客运专线调度所中心调度交换机和调度通信系统。并新设 1 个行车调度台,负责本线的运营调度指挥。

南京南至安庆新设 GSM-R 移动通信系统,利用上海铁路局既有 GSM-R 核心交换中心和设备,安庆新设基站控制器(BSC)和无线子系统网管终端设备;沿线设通信基站,采用单网覆盖方式组网,区间弱场区采用光纤直放站、漏泄电缆和天线方式增强,接入安庆新设的基站控制器。安庆所设的无线子系统接入铁路局既有 GSM-R 核心网交换中心。完成调度通信、调度命令信息和无线车次号校核信息传送等功能。

本线与所建皖赣铁路并行地段,本工程统一建设并线地段的 GSM-R 移动通信网络,满足所建皖赣铁路和本线行车指挥及维护管理对无线通信的需要。

新设应急通信指挥系统,利用上海铁路局既有应急通信系统中心设备,在南京南、安庆新设应急通信系统现场抢险接入设备,接入铁路局既有应急通信中心系统。当实施现场抢险救援时,为应急救援指挥中心提供话音、数据及图像等信息的传输。

新设会议电视系统,利用上海铁路局既有会议电视中心系统和设备;沿线车站设会议电视分会场设备,接入铁路局既有会议电视中心系统。

通信电源,沿线新建通信机房设 48 V 高频开关电源、蓄电池和 UPS 不间断电源设备。新设通信电源和通信信号机房环境监测系统,南京南、安庆设电源和环境监控系统中心设备,实现对通信电源和通信信号机房环境条件的监控。

5.17.4　信号工程

车站联锁,本线新建车站(场)、芜湖站普速车场、芜湖西站(室内)、湾里站、池州站城际场、安庆站、安庆北站新设安全冗余型计算机联锁设备。并应满足与 CTC、列控中心(TCC)等设备的接口和信息交换要求,为信号集中监测系统提供相关信息。既有芜湖南站联锁设备结合站场变化利旧改造。铜陵东站利用铜九铁路与客专结合工程新设的计算机联锁设备并进行利旧改造。

池州站城际车场与普速车场之间两场衔接的渡线道岔采用双控方式,主控权平时在城际车场,当普速车场需要使用时,通过请求—同意—授权—使用—缴权的作业方式办理。根据城际线采用调度集中的控制模式,在有人值守时设置专用控制终端,无人值守时采用综合控制终端方式。

综合维修工区有关线路和道岔不纳入车站联锁,在进入车站联锁区入口处设置具有防护功能的调车信号机。按照《关于客运专线信号系统有关问题的指导意见》(铁运〔2008〕19 号),城际线路各车站、铜陵东站和池州站城际车场设进出站信号机和调车信号机。与既有线接轨的车站按既有标准设置信号机。既有车站(场)不动的室外信号设备充分利用。

新建计算机联锁设备的车站(场)新设信号综合智能电源屏,进行计算机联锁设备改造的既有车站新设信号综合智能电源屏。铜陵东站既有信号综合智能电源屏利旧并扩容改造。为联锁、列控、CTC、监测等信号设备供电,并应具有设备自诊断功能,向信号集中监测系统提供相关监测信息。

根据车站(场)道岔设计类型,配备相应的道岔转辙机和转辙装置,并采取断电保护措施。正线上的道岔采用外锁闭、多机分线、分动控制方式。60 kg/m－18 号及以上号码道岔增设密贴检查装置,并将监测信息纳入信号集中监测系统。

沿线新建车站(场)站内、马鞍山东站、芜湖站城际车场、池州站城际车场正线、到发线股道采用与区间相同制式的 ZPW-2000 系列有绝缘(胶结绝缘)轨道电路,站内其他道岔区段采用97型25 Hz相敏轨道电路。

芜湖站普速车场、湾里、安庆、安庆北等车站(场)采用97型25 Hz相敏轨道电路,新设正线预叠加、侧线占用叠加电码化,发码设备采用ZPW-2000系列发送设备。铜陵东站维持既有97型25 Hz相敏轨道电路制式,列车进路上设正线预叠加、侧线占用叠加电码化,发码设备采用ZPW-2000系列发送设备。池州站普速车场维持97型25 Hz相敏轨道电路、电码化和电化区段信号电缆。

为克服站内渡线和到发线轨道电路在开通初期因钢轨生锈造成的分路不良,应采取有效的技术措施。

运输调度指挥系统,全线新设调度集中(CTC)系统,各新建车站(场)新设CTC分机设备、车站级防火墙和通道质量监督系统设备,池州站城际车场新设CTC分机设备,铜陵东站利用铜九铁路与客专结合工程中新设的CTC分机设备并进行改造,纳入上海铁路局客运专线调度所CTC/TDCS总机系统,并增设1个宁安客运专线调度台,配备相应的通信和应用服务器、接口服务器、网络设备等,对其他既有设备根据需要扩容(由其他相应工程统一实施)或修改。完成本线列车运行监视、控制、运行计划的实时调整、分散自律控制功能。并随客运专线调度系统规划和运输生产力布局进行优化和适时调整。

新设的CTC系统,其车次号校核信息和调度命令采用GSM-R传输通道传输。且应具备与计算机联锁、列控中心等设备的接口功能,并向信号集中监测系统提供设备自身的监测信息,同时与其他相邻线路调度系统信息互通。

与本线衔接的既有线相关车站均纳入调度所既有调度台列车运行调度指挥系统(TDCS)管辖范围,标准不变,其中芜湖南站维持既有线TDCS标准,在既有TDCS分机设备基础上利旧修改。

与本线衔接的既有铜九铁路相关车站维持既有调度台列车运行调度指挥系统(TDCS)管辖范围,标准不变,其中既有铜九铁路狮子山站、池州普速车场在既有TDCS分机设备基础上利旧改造;芜湖站普速车场、湾里站、芜湖西站新设TDCS分机设备,纳入调度所既有TDCS总机系统;安庆北站增设TDCS分机设备,将相关信息复示到宁安客运专线调度台。既有TDCS系统所需无线通信传输条件维持既有传输方式。

列车运行控制系统,新设具有连续速度(目标—距离)控制模式的CTCS-2级列控系统,并与相邻线路既有信号系统兼容,适应有砟和无砟轨道的应用环境。跨线运行的普速列车在既有线区段、在铜九铁路池州上行疏解线上采用CTCS-0级列车控制模式。

沿线新建车站(场)和信号中继站、铜陵东站、池州站城际车场新设信号安全数据网设备、CTCS-2级列控中心(TCC)、应答器及其编码设备,其设备布置和实现的功能应满足"关于印发《客运专线CTCS-2列控系统配置及运用技术原则(暂行)》的通知"(铁集成〔2007〕12号)、"关于印发《客运专线CTCS-2级列控系统列控中心技术规范(暂行)》的通知"(科技运〔2007〕158号)要求,并为信号集中监测系统提供设备自身诊断信息。

所设列控中心设备应具备轨道电路编发码、运行方向控制、信息采集(中继站)、站间安全信息传输和应答器报文的实时组帧、编码和发送等功能。所设应答器的信息定义应满足CTCS-2级列控系统要求,沿线布设的应答器应满足列控系统控制精度要求,并能与牵引供电和动车组相结合，提供无源应答器能实现自动过分相固定信息控制的条件。

所设信号安全数据网，按铁路客运专线信号系统安全数据网技术要求进行设计，搭建 CTCS-2 级 TCC 联锁网络，列控中心（TCC）与各车站（场、信号中继站）之间的信息传输，采用不同物理径路的主备专用光纤通道，实现安全信息的传输。

区间闭塞制式，新建线路区段采用四显示自动闭塞，按双线双方向运行，正向采用追踪间隔运行，反向采用自动站间闭塞行车。区间设四显示地面通过信号机。其中动车组以车载信号设备（ATP）显示为行车凭证，运营速度 160 km/h 及以下的旅客列车以地面显示为行车凭证。

芜湖站普速场至芜湖南站区间双线采用 ZPW-2000 系列轨道电路构成的四显示自动闭塞，正向按追踪运行、反向采用自动站间闭塞行车。湾里站改造后与其相衔接的线路按既有闭塞制式改造。安庆站与安庆北站之间采用自动站间闭塞制式，与其他相衔接的相邻线路维持既有闭塞制式不变。本线开通时既有铜九铁路狮子山站与铜陵东站之间的自动站间闭塞取消，改为狮子山站与至铜九铁路铜陵南站采用 64D 半自动闭塞制式，狮子山站设双接近区段，闭塞与联锁结合电路进行相应改造。

新建线路区间采用国产计算机编码控制技术的 ZPW-2000 系列无绝缘轨道电路，其发送和接收设备按冗余配置，并具有设备自监测功能，通过接口向信号集中监测系统提供监测信息。轨道电路的调谐单元、空心线圈内部导线截面等按适应本线列车最高运行速度要求设计。

区间 ZPW-2000 轨道电路干线电缆采用铝护套数字信号电缆，分支电缆采用综合护套数字信号电缆。

新设信号集中监测系统，沿线新建各车站（场）和信号中继站、安庆站、安庆北站，芜湖站普速车场、芜湖西站、湾里站、池州站城际场新设集中监测系统分机设备；芜湖南站利用既有监测分机设备升级改造；铜陵东和池州站普速车场利用既有集中监测分机设备升级改造。根据设备配置合理确定集中监测系统功能，合理搭建信号设备集中监测系统平台。并充分利用车站联锁、CTC、列控中心、智能电源屏设备以及 ZPW-2000 系列轨道电路监测信息，通过信号集中监测平台，按规定的接口方式和通信协议实现信息共享，避免监测信息的重复采集。

根据本线运营维修管理模式，将信号集中监测系统和监测信息联网至相应的电务段、维修部门，在综合维修工区设监测终端设备。

沿线新建信号设备房屋设防雷电、电磁兼容和综合接地防护系统，与房建工程同步实施。信号设备采用专用防雷设备，就近与沿线贯通地线接地端子等电位连接。既有芜湖南站、安庆站、安庆北站利用既有信号设备房屋进行改造或扩建，既有铜陵东站利用既有信号房屋，池州站局部接建房屋，均需完善接地防护系统，就近与沿线贯通地线接地端子等电位连接。芜湖站普速车场和城际车场、合芜杭客专车场不具备与站房合建时，单独新建 3 个车场合用的信号楼，芜湖西站新建信号设备房屋，分别设防雷电、电磁兼容和综合接地防护系统，就近与沿线贯通地线接地端子等电位连接。

沿线新设综合接地系统，沿正线线路两侧各敷设 1 条截面为 35 mm^2 的铜质贯通地线,在电气特性上全程贯通,接地电阻不大于 1 Ω。与土建工程同步实施。

参加线路施工的有中铁大桥局、十一局、十七局集团等单位,中铁十二局集团电气化公司等单位承担电气化、通信信号和电力工程的施工。

线路工程于 2008 年 12 月 18 日开工。四电工程于 2013 年 9 月 26 日开工。2013 年 7 月铜陵至池州段开始铺轨,2015 年 5 月 31 日完成铺轨。2015 年 8 月 17 日全线送电。2015 年 8 月 26 日进入联调联试阶段。2015 年 11 月 15 日开始试运行。2015 年 12 月 6 日全线正式开通运营。

5.18 东北东部铁路丹东至大连段

新建东北东部铁路通道的丹大段(也称丹大快速铁路),南起新大连站,途经大连市的甘井子区、金州区、普兰店区等和庄河市及东港市,北到丹东站,呈西南东北走向,正线全长约 290.13 km(图 5.18),其中丹东站经前阳至庄河西站新建正线长 158 km,庄河西站至登沙河站新建正线长 85.18 km,大连枢纽登沙河站至新大连站改造线路正线长 46.95 km。全线设有丹东、同兴、安民、前阳、东港西、北井子、大孤山、青石、兰店、庄河北、庄河西、花园口、城子坦、皮口、登沙河、广宁寺、金州(客场)、新大连等车站。工程范围还包括丹东地区金山湾至同兴联络线 12.9 km,金山湾至丹东联络线和丹东至大东港线路改造,岫庄下行疏解线等相关工程;登沙河、城子坦、城庄铁路专用线及联络线的改建工程;大连枢纽闫家楼至金州东门货车联络线、广宁寺至二十里台货车联络线(上下行)、广宁寺综合物流中心等相关工程。新建丹大段铁路贯穿了沿海经济带的“两翼”之“黄海翼”,该线路通过沈大铁路进而衔接沟海线、沈山线,又贯穿了“两翼”之“渤海翼”,成为连通沿海经济带各中心城市的铁路运输大动脉。丹大段铁路的建成开通,通过衔接沈丹和哈大客运专线,形成辽中南城镇群城际铁路网的“大三角”主骨架,是辽中南城镇群城际铁路网的重要组成部分,优化完善了辽中南城镇群城际快速客运网布局。还可与通化至灌水、白河至和龙等所建铁路及该区域其他既有铁路连通,共同构成贯穿东北东部地区的南北向铁路通道。

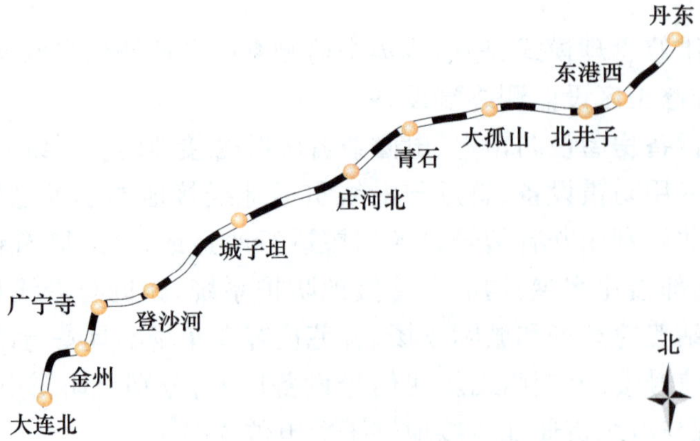

图 5.18 东北东部铁路丹大段示意图

东北东部铁路丹大段的建设单位是丹大快速铁路有限责任公司,设计单位是铁道第三勘察设计院。线路主要技术标准:铁路等级,Ⅰ级;正线数目,双线;限制坡度,6‰;最小曲线半径,一般地段 3 500 m、困难地段 2 800 m、引入大连枢纽地段 600 m、引入丹东地区根据需要确定;到发线有效长度,850 m、部分车站 1 050 m;闭塞类型,自动闭塞;牵引种类,电力牵引(直供加回流线供电方式);机车类型,动车组、SS9、HXD 系列;大连枢纽内相关线路和疏解线、联络线采用相匹配的线路主要技术标准。

5.18.1　电气化工程

牵引供电采用带回流线的直接供电方式。全段新设东港西、大孤山、兰店、杏树屯、花园口牵引变电所。利用沈丹客运专线所设的丹东牵引变电所,并按带回流线的直接供电方式调整丹东牵引变电所;利用哈大线电气化改造所建的金州牵引变电所;丹东至庄河西段在供电臂末端设分区所,庄河西至新大连段新设金州、广宁寺开闭所,新设皮口、新大连、广宁寺分区所。正常情况下实现上下行接触网并联供电,故障情况下实现越区供电。

新建牵引变电所引入 2 路独立可靠的 220 kV 电源供电, 220 kV 电源侧采用线路变压器组接线,电气设备采用户外中型布置;27.5 kV 侧采用单母线分段接线,电气设备采用户内间隔布置。选址困难时可采用阶梯形布置。

新建牵引变电所设 2 台变压器,采用固定备用、三相 V/V 接线方式。各牵引变电所变压器安装容量:东港西、大孤山、兰店为 2×(12.5+12.5) MV·A、丹东为 2×(25+25) MV·A、杏树屯为 2×(16+16) MV·A、花园口为 2×(16+16) MV·A。

新建牵引变电所、分区所采用微机保护和综合自动化系统,按无人值班设计,牵引变电所适当预留值守条件。新设牵引供电远动系统,纳入沈阳铁路局供电调度所管理。

接触网采用全补偿简单链型悬挂,接触悬挂结构高度:露天区段一般为 1 400 mm、隧道内一般为 1 200 mm。正线接触线采用 120 mm^2 的锡铜合金导线,承力索采用 95 mm^2 的镁铜合金绞线;站线接触线采用 85 mm^2 的锡铜合金导线,承力索采用 70 mm^2 的镁铜合金绞线。接触线悬挂高度按满足带电通行装载高度为 5 300 mm 的超级超限列车设计。

接触网绝缘泄漏距离:丹东至庄河西段不小于 1 200 mm、庄河西至新大连段不小于 1 400 mm,特别严重污秽地区适当加强绝缘。路基及桥梁地段一般采用双重绝缘瓷质绝缘子,隧道内采用单绝缘复合绝缘子。隧道外污秽严重地区、海边盐蚀严重区段、跨线建筑物两侧采用双重绝缘复合绝缘子;在锚段关节处抬高支、分段绝缘器等处采用复合绝缘子。采用锚段关节式空气间隙电分相,避免设在大坡道和列车出站加速区段及线路限速低速区段。

接触网支柱,路基区段腕臂柱一般采用横腹杆式预应力钢筋混凝土支柱,桥梁上采用热浸镀锌格构式桥钢柱。车站(场)横跨多股道、多线并行区段,线间距满足立柱条件时优先采用 H 型热浸镀锌钢柱,线间距不满足立柱条件时采用硬横跨,硬横跨支柱采用热浸镀锌圆管钢柱。

接触网支柱标准跨距一般为 50~55 m,最大不大于 60 m,相邻两跨距之比不大于 1.15:1;桥梁、隧道口、站场咽喉等困难地段不大于 1.25:1;大桥、高路堤等风口地带最大跨距不大于50 m。

一般情况下,绝缘和非绝缘锚段关节采用四跨形式,当绝缘锚段关节设在桥上时,采用五跨形式。正线双边补偿时的最大锚段长度不大于2×750 m;单边补偿的锚段长度不大于750 m;困难时不大于2×800 m;站线最大锚段长度不大于2×850 m;困难时不大于2×900 m。附加导线锚段长度一般不大于2 000 m。

路基地段和隧道内接触网下锚采用大滑轮补偿装置,桥梁上及设置防窜不防断中锚的锚段采用棘轮补偿装置,补偿装置设防风限制架,隧道内采用铁坠砣,其他地段采用复合坠砣。

区间正线一般采用两跨式防窜防断中心锚结。车站有条件时采用防窜防断中心锚结,条件受限时采用防窜不防断中心锚结。针对本线处于沿海地区,应增设牵引供电系统的防风、防腐措施。

5.18.2 电力工程

全段新设2路10 kV电力贯通线,给沿线用电负荷供电。新建贯通线采用架空线路和电缆敷设混合方式,经过林区的架空线路可采用架空绝缘线。架空径路困难和桥隧地段采用电缆敷设。

新设前阳、大孤山、庄河北、登沙河、城子坦等10 kV配电所,利用沈丹客运专线所建的丹东10 kV配电所;利用哈大客运专线所建的新大连10 kV配电所。新设广宁寺物流中心10 kV配电所,从地方接引2路10 kV电源,并在物流中心负荷集中处设箱式变电站从配电所接引电源给相关负荷供电。

设有10 kV配电所的车站其综合负荷设室内10/0.4 kV变电所或箱式变电站供电,电源引自配电所站馈线;没设10 kV配电所的车站其综合负荷设室内10/0.4 kV变电所或箱式变电站,就近接引1路地方电源供电,用电负荷较小的车站可从电力贯通线接引电源供电。

车站与行车有关的通信信号负荷设室内10/0.4 kV变电所或箱式变电站和双台专用变压器供电,电源引自2路10 kV贯通线。

区间通信信号负荷设杆架式变电台供电,电源引自2路10 kV贯通线。

新建10 kV配电所采用综合自动化系统,按无人值班设计。新设电力远动系统,纳入沈阳供电段电力调度所管理。

5.18.3 通信工程

长途通信线路,全段新设2条24芯单模通信光缆,分别沿干线铁路两侧的电缆槽道敷设。

广宁寺西线路所至广宁寺站间新设1条12芯单模通信光缆。光纤直放站近端站至远端站根据需要新设1条8~12芯单模通信光缆。车站信号楼通信机械室至站内其他通信机械室至车站信号楼通信机械室间新设1条12芯单模通信光缆,构成站内不同地理路径的光缆环。

传输系统，新设SDH 2.5 Gbit/s传输系统，在沿线车站设SDH 2.5 Gbit/s设备，利用新建2条24芯光缆构成复用段保护。

新设SDH 622 Mbit/s接入网系统，沿线车站、区间通信基站和区间信息接入点新设SDH 622 Mbit/s设备，利用新建2条24芯光缆构成复用段保护；并使相邻车站与两车站间的通信基站构成2纤通道保护环。

在各车站牵引变电所、分区所、电力配电所、综合维修工区等通信机房设SDH 622 Mbit/s设备，接入相应车站通信机械室所设的SDH 622 Mbit/s设备。

在广宁寺站、广宁寺西及闫家楼线路所、金州东门站、金州下编发场新设SDH 622 Mbit/s设备，区间通信基站和信息接入点设SDH 622 Mbit/s设备，接入相应车站通信机械室所设的SDH 622 Mbit/s设备。

新设数据网，利用其他工程在沈阳通信站所设的核心路由器和在丹东、大连通信站所设的汇聚路由器，沿线车站新设接入路由器，利用接入网系统实现区间远端用户数据业务的接入。相邻接入路由器之间利用光纤联接，接入路由器与汇聚路由器通过传输通道联接，并上联至核心路由器。

电话交换系统，利用丹东通信站和大连通信站既有程控电话交换机，根据需要扩容V5.2接口板；沿线新增自动电话用户按管辖范围分别通过传输接入系统接入丹东、大连既有程控电话交换机，通过统一编号组网，实现与铁路既有电话专网的互通。

新设调度通信系统，利用沈阳铁路局调度所的中心调度交换机，沿线车站设车站型调度通信交换机、调度分机和车站值班台；通过传输通道接入铁路局调度所中心调度通信交换机和本线调度通信系统，并在调度所新设1个行车调度台，负责对全线的行车调度进行指挥。

新设GSM-R移动通信系统，利用其他工程在沈阳铁路局所设的GSM-R核心网交换机，在丹东通信站新设基站控制器（BSC），沿线车站和区间设通信基站（BTS），在广宁寺西线路所、闫家楼线路所、金州编组场设通信基站（BTS），通过传输通道接入丹东通信站设置的基站控制器，并上联至核心网交换机，采用单网覆盖方式组网。区间弱场区采用光纤直放站、漏泄电缆和天线方式增强。大连枢纽内与哈大客运专线并线区段，利用哈大客运专线所设的通信基站系统，以满足调度命令、调度通信等信息传输的需要。并结合沈丹客运专线工程统一考虑丹东地区GSM-R移动通信网络设计方案。

另外，既有金城线货车联络线金州东门至闫家楼线路所采用既有无线列调制式，在闫家楼线路所新设450 MHz B制式无线列调车站设备（含无线列调车站台，无线车次号上传车站系统、调度命令无线传输车站系统及便携台）和基站设备，2种制式的切换在闫家楼线路所内完成。

新设会议电视系统，沿线客运站、综合维修车间设会议电视分会场设备，接入沈阳铁路局既有会议电视中心系统。

新设应急通信系统，庄河北综合维修车间、登沙河综合维修工区新设应急通信现场接入设备，接入沈阳铁路局既有应急指挥中心系统。

通信电源，沿线新建车站和区间信息接入点设48 V高频开关电源和蓄电池组。新设通信电源和环境监控系统,实现对通信信号电源和机房环境的监控。

5.18.4 信号工程

车站联锁,沿线新建车站新设硬件安全冗余型计算机联锁设备和综合智能信号电源屏及 UPS 不间断电源,城子坦南新设计算机联锁设备,金州东门站和金州下行编发场新设硬件安全冗余型计算机联锁设备,室外设备充分利用;广宁寺西区间线路所纳入广宁寺站车站联锁直接控制。闫家楼区间线路所按区域计算机联锁纳入金州(客场)控制。其他既有车站的联锁设备利旧改造。取消的线路所、其道岔纳入邻近车站集中控制。前阳到发场与峰尾场采用区域联锁控制系统。

根据车站(场)道岔设计类型,配备相应的道岔转辙设备和缺口检查装置。通过时速200 km 及以上的大号码道岔 (18 号及以上)配备密贴检查器。新建车站动车组进路上的道岔设道岔融雪装置。

新建车站站内采用 97 型 25 Hz 相敏轨道电路(配备双套电子接收器和带适配器的扼流变压器),正线采用叠加预发码、侧线(到发线)采用叠加发码方式,发码设备采用ZPW-2000 系列发送设备,按 1 +1 冗余配置。

站内轨道电路室外信号电缆采用铝护套综合扭绞信号电缆,其他信号设备采用综合护套综合扭绞信号电缆。

运输调度指挥系统,正线新设分散自律型调度集中(CTC)系统(应满足 CTCS-2 级列控系统的功能要求),新建车站设 CTC 分机、网络安全和通道质量监督设备,金州东门站、金州下行编发场结合铁路局调度集中改造的实施新设 CTC 分机设备,城子坦南站的既有列车调度指挥系统(TDCS)分机设备利旧改造;其他既有车站维持既有列车调度指挥系统(TDCS)设备,纳入铁路局调度所既有 CTC/ TDCS 总机系统控制,并新设 1 个本线行车调度台,新设通信和应用服务器、临时限速服务器和终端等相应设备。负责本线运输调度指挥。

列车运行控制系统,正线采用 CTCS-2 级列控系统,沿线各新建车站和信号中继站设信号安全数据网接入设备、列控中心(TCC)和应答器及其编码单元(LEU)等设备,所设列控中心应具备区间轨道电路及电码化发送的编发码、区间信号机控制、运行方向控制、信息传输及应答器报文存储调用等功能。

区间自动闭塞制式,区间正线和同金联络线采用四显示自动闭塞,按双线双方向运行,正向采用追踪间隔运行、反向采用自动站间闭塞行车。二十里台、金州东门站至本线车站采用自动站间闭塞。夹心子至城子坦站、专用线至登沙河站采用自动站间闭塞,城子坦南站至城子坦站间按调车检查办理行车作业。与本线衔接的其他线路增加区间占用检查装置和功能。

正线区间采用 ZPW-2000 系列无绝缘移频轨道电路,设地面通过信号机,轨道电路采用数字编码,发送和接收设备按 1 +1 冗余配置。

区间轨道电路干线电缆采用铝护套内屏蔽数字信号电缆,分支电缆采用综合护套综合扭绞信号电缆。轨道电路电缆有效传输长度一般按不超过 10 km 控制,超过规定长度设信号中继站。

新设信号集中监测系统,沿线新建车站和信号中继站、城子坦南、大连枢纽大连北站、金州下编发场、金州东门站、闫家楼线路所等新设集中监测分机设备。增设道岔表示电压监测信息采集器、道岔电缆绝缘测试采集器、驱动接口板及电缆绝缘测试盒等。采集配线、采集器以及采集板卡的阻燃性和电气特性按规定要求设计。并增设列控系统与自然灾害及异物侵限监测系统接口继电器的状态监测功能。信号集中监测分机增加电务维修智能分析及辅助决策功能,设计预警分析和故障诊断内容、预报警范围、逻辑条件和报警机制。按管辖范围纳入所属电务段信号集中监测总机系统,报警信息纳入集中监测系统平台。

沿线新建信号设备房屋设防雷电、电磁兼容和综合接地防护系统,与房建工程同步实施。并与贯通地线等电位连接。

正线设综合接地系统,沿铁路敷设贯通地线,与土建工程同步实施。在电气特性上全程贯通,接地电阻不大于 1 Ω,并构成等电位连接。沿线轨旁信号设备就近与贯通地线接地端子等电位连接。

5.18.5　防灾安全监控系统

为防止或降低自然灾害、突发事件对铁路运输的影响,沿线设风速风向、雨量、雪深监测和地震、公路跨铁路立交桥梁异物侵限监控系统。利用沈阳铁路局既有防灾安全监测总机系统和设备,增设数据处理设备;并在铁路局调度所、工务处和沿线工务段增设监控系统终端设备;在沿线车站、通信基站机房设监测单元和网络设备。根据本线风速资料,设多处风速风向监测点。风速风向计设在 GSM-R 移动通信铁塔或接触网杆上。在路基、易发生滑坡、泥石流及危岩、落石或崩塌地段设雨量监测点,在沿线积雪较深的区段设雪深监测点。在沿线地震动峰值加速度大于 0.1*g* 地区的牵引变电所设地震监测系统,设备按冗余配置(地震监测组网方案、控制方式结合近期地震监控系统实验情况确定,并与哈大客运专线防灾安全监控系统联网,共用地震监测点数据)。维修部门设监测终端。在公路跨铁路桥处设异物侵限监测设备。通过所建监测网络接入铁路局防灾安全监测中心系统。实现对危及铁路列车运行安全的自然灾害进行实时监测报警,控制列车限速或停车,保证运营安全。

参加丹大段铁路线路工程施工的有中铁九局、十九局集团等单位,中铁电气化局集团、中铁建电气化局等单位承担电气化、通信信号和电力工程的施工。

线路工程于 2010 年 6 月开工。四电工程于 2013 年 5 月 29 日开工。2015 年 8 月开始分段联调联试,2015 年 8 月 21 日接触网一次送电成功,2015 年 9 月 11 日进行热滑试验,2015 年 11 月 9 日全线试运行。2015 年 12 月 17 日全线开通运营。

5.19　成渝客运专线

新建成渝客运专线,西起成都东客站,向东途经简阳南、资阳北、资中北、内江北、隆昌北后进入重庆市内,然后经荣昌北、大足、永川东、璧山、沙坪坝后达本线终点重庆站(菜园坝站),大致呈西北东南走向,线路全长 308.45 km(图 5.19)。其中全线桥梁累计长度占正线总长的52.2%;隧道累计长度占正线总长的15.4%。全线设有成都东(既有)、简阳南、资阳北、资中北、内江北、隆昌北、荣昌北、大足、永川东、璧山、沙坪坝(改建)和重庆(改建)等车站。其中成都东、重庆为客运始发站,内江北考虑立折始发条件,其他车站为办理客运的中间站。工程范围还包括成都枢纽相关工程和重庆枢纽内重庆北及重庆西联络线工程。新建成渝客运专线位于我国西南地区的成渝经济圈,北经成都与成绵乐客专相连,南经重庆与重庆至万州客专连接,形成川渝地区城际客运骨干网,也成为一条连接西南地区两个特大中心城市的高速客运通道。地理位置极其重要。

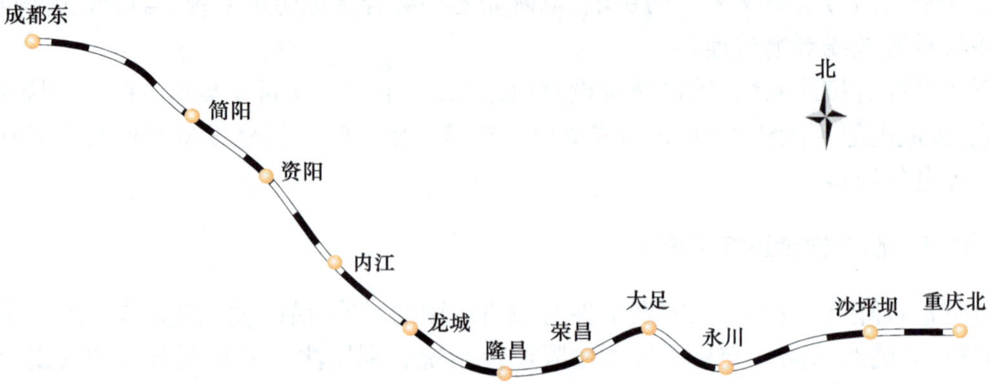

图5.19　成渝客运专线示意图

成渝客运专线的建设单位是成渝铁路客运专线有限责任公司,设计单位是中铁二院工程集团有限责任公司。线路主要技术标准:铁路等级,客运专线;正线数目,双线;最大坡度,20‰、困难地段可适当加大;最小曲线半径,7 000 m、进入枢纽适当减小;到发线有效长度,650 m;速度目标值,250 km/h;列车运行控制方式,自动控制;行车指挥方式,调度集中;牵引种类,电力牵引(AT供电方式)。

5.19.1　电气化工程

牵引供电系统,正线采用AT供电方式,联络线采用带回流线的直接供电方式。全线新设李家湾、陈家湾、内江北、荣昌北、璧山5座AT牵引变电所;新设江源镇、资中北、古墙村、永川东、菜园坝等分区所,其中菜园坝分区所兼开闭所;新设龙泉、白河村、学堂湾、回湾村、高屋基、核桃村、荣隆、双石镇、镇云水库、沙坪坝等AT所。

新建牵引变电所引入2路220 kV电源供电。220 kV电源侧采用线路变压器组接线,电气设备采用户外中型布置;2×27.5 kV侧采用单母线分段接线,电气设备采用户外中型布置。开闭所、分区所、AT所电气设备采用户外中型布置。2×27.5 kV上下行线路馈线断路器采用备用方式。

新建牵引变电所所设变压器,采用固定备用、三相V/X接线、油浸自冷方式,预留风冷条件。各牵引变电所变压器安装容量:李家湾为2×(40+40) MV·A、陈家湾为2×(25+31.5) MV·A、内江北为2×(50+50) MV·A、荣昌北为2×(31.5+31.5) MV·A、璧山为2×(31.5+50) MV·A。分区所、AT所设2台自耦变压器,采用固定备用方式。

牵引变电所、开闭所、分区所、AT 所采用微机保护和综合自动化系统，按无人值班设计，牵引变电所适当考虑值守条件。设牵引供电远动系统，纳入成都铁路局电力调度所，并设 1 个电力调度台，对全线牵引供电设施进行集中监控和管理。

接触网悬挂，正线采用全补偿弹性链型悬挂，站线、联络线、动车走行线采用全补偿简单链型悬挂，接触悬挂结构高度：高速区段（含双线隧道）一般为 1 600 mm、单线隧道内为 1 200 mm；低速区段联络线、枢纽内改建和还建线路隧道外一般为 1 400 mm。正线接触线采用 CTS-150 型导线，承力索采用 JTMH-120 型绞线。站线、联络线等接触线采用 CTS-120 型导线，承力索采用 JTMH-95 型绞线。接触线悬挂点高度正线区段一般为 5 300 mm，沙坪坝至重庆段为 5 500 mm，枢纽内联络线为 5 300 mm。道岔处接触网悬挂，与正线相交的道岔采用无交叉线岔方式，与非正线交叉的道岔采用交叉线岔方式。附加导线采用铝包钢芯铝绞线。

全线接触网绝缘泄漏距离按重污区设计，一般不小于 1 400 mm、困难情况下不小于 1 600 mm。高速正线区段接触网腕臂采用棒式绝缘子，抗弯强度不小于 16 kN，正馈线采用悬式瓷质绝缘子，隧道内采用复合绝缘子，高路堑、隧道口附近（100 m 内）、公路边和与承力索及接触线连接的绝缘子采用复合绝缘子。

接触网支柱，连续路基地段的腕臂柱采用 H 型钢柱，桥梁和短段路基地段的腕臂柱采用 H 型钢柱。车站站台范围优先采用线间立 H 型钢柱；车站咽喉区等跨越多股道时采用钢管硬横梁，硬横梁支柱采用钢管柱。枢纽路基地段的接触网腕臂柱采用横腹杆式预应力混凝土支柱。

接触网支柱标准跨距，正线路基地段一般为 60 m，最大不大于 65 m，相邻跨距差不大于 10 m。桥梁上根据桥梁孔跨形式确定，一般为 49 m。隧道内根据隧道净空要求确定，一般不大于 55 m。

正线区段绝缘和非绝缘锚段关节一般采用五跨形式，个别困难地段的非绝缘锚段关节采用四跨形式。正线接触网锚段长度一般不大于 2 × 700 m、困难情况下不大于 2 × 750 m；站线接触网锚段长度一般不大于 2 × 800 m、困难情况下不大于 2 × 900 m；附加导线锚段长度一般不大于 2 000 m。

接触网下锚补偿，正线区段一般采用 1:3 棘轮补偿装置、采用铁坠砣；枢纽内既有线改建区段比照既有线标准一般采用 1:3 滑轮补偿装置，T 梁桥下锚补偿一般采用 1:3 棘轮补偿装置、采用铁坠砣；路基上下锚柱采用棘轮补偿装置。

正线、区间中心锚结采用二跨式防窜防断中心锚结，个别车站困难时采用防窜不防断中心锚结。

根据接触网抢修需要，在资阳北、内江北、永川东设接触网工区，合建内江北供电车间。

5.19.2　电力工程

全线新设 1 条综合负荷 10 kV 贯通线和 1 条一级负荷 10 kV 贯通线，其中一级负荷 10 kV 贯通线采用截面为 70 mm^2 的铜芯电力电缆，综合负荷 10 kV 贯通线采用截面为

95 mm^2的铜芯电力电缆,分别沿铁路两侧敷设,给沿线用电负荷供电。

全线新设简阳南、资阳北、资中北、内江北、荣昌北、永川东、璧山、重庆等 10 kV 配电所。其中重庆 10 kV 配电所采用箱式开关站结构。利用成绵乐客运专线工程所建的成都东 10 kV 配电所向本线供电。新建 10 kV 配电所从地方变电站接引 2 路独立的 10 kV 专盘专线电源。

设有 10 kV 配电所的车站其综合负荷设室内 10/0.4 kV 变电所供电,电源引自 10 kV 配电所的站馈线。没设 10 kV 配电所的车站其综合负荷设室内 10 kV 电力运动开关站,从地方电网接引 2 路 10 kV 电源供电。其中隆昌和大足站用电负荷从地方变电站接引 2 路独立的 10 kV 专盘专线电源供电。

车站与行车有关的通信信号负荷设室内 10/0.4 kV 运动开关间供电,电源引自 2 路 10 kV 贯通线。

沿线通信基站、光纤直放站、信号中继站、防灾安全监控、隧道应急照明等一级负荷设 10/0.4 kV 远动箱式变电站供电,电源引自 2 路 10 kV 贯通线。

沿线站段、工区用电负荷集中的地方设 10/0.4 kV 变电所或箱式变电站,从地方电网接引 10 kV 电源供电。其他用电负荷就近由 10/0.4 kV 变电所或箱式变电站接引低压电源供电。

重庆北、重庆西联络线的光纤直放站设 10/0.4 kV 远动箱式变电站供电,电源引自一级负荷 10 kV 贯通线,作为通信设备负荷的主用电源,新设 UPS 不间断电源作为备用电源。

新建 10 kV 配电所按无人值班设计,采用微机保护和综合自动化系统,设电力远动系统,纳入成都铁路局电力调度所管理,对全线电力供电设施进行集中监控。

5.19.3 通信工程

长途通信线路,全线新设 2 条 32 芯单模通信光缆,分别沿铁路两侧的电缆槽道敷设。华兴村线路所至重庆站沿铁路两侧电缆槽道分别敷设 1 条 32 芯干线光缆。

区间 GSM-R 通信基站至光纤直放站敷设 2 条 16 芯光缆。区间 GSM-R 通信基站至电力箱式变电站敷设 1 条 8 芯光缆。光纤直放站远端机至电力箱式变电站敷设 1 条 8 芯光缆。

为满足信号安全数据网的需要,华兴村线路所至信号中继站 1、中继站 13 至半边山线路所区段沿铁路两侧电缆槽道分别敷设 1 条 16 芯干线光缆。

为满足各专业组网的需要,重庆北联络线半边山线路所至歌乐山、重庆西联络线半边山线路所至重庆西沿铁路两侧分别敷设 1 条 32 芯光缆。

为满足长大隧道事故报警电话接入的需要,在隧道内两侧各敷设 1 条 3 ×4 ×0.9 低频对称电缆。

新设 SDH 10 Gbit/s 干线传输系统,在成都东通信站(成都枢纽工程实施)、简阳南、资阳北、内江北、荣昌北、永川东站、重庆通信站和重庆北通信站设 SDH 10 Gbit/s ADM 设备。利用新建的 2 条 32 芯光缆中的各 2 芯光纤构成复用段 1 +1 保护。

新设 SDH 2.5 Gbit/s 接入网系统,沿线车站、重庆通信站和重庆北通信站、歌乐山和半边山及芭蕉沟线路所等处新设 SDH 2.5 Gbit/s ADM 设备,利用新建的 2 条 32 芯光缆中的各 2 芯光纤构成复用段 1 +1 保护。在设有 SDH 10 Gbit/s 设备的车站将 SDH

2.5 Gbit/s设备通过 2 个 SDH 2.5 Gbit/s 光接口与 SDH 10 Gbit/s 设备相联。为 SDH 2.5 Gbit/s接入网系统提供保护通道，提高整个传输系统的可靠性。

新设区间 SDH 622 Mbit/s 接入网系统，在区间通信基站、信号中继站、牵引变电所等处设 SDH 622 Mbit/s 设备，在相邻车站间构成 3 个 2 纤的通道保护环（通信基站 1 环、通信基站 2 环、信号和牵引供电环）。

在新建简阳南、资阳北、资中北、内江北、永川东、荣昌北、璧山站，重庆电力配电所及资阳北、内江北、永川东综合工区、重庆西等传输节点设 SDH 622 Mbit/s ADM 设备。在资阳北、内江北、永川东、重庆车站，电力配电所、综合工区与车站通信机械室构成站内通道保护环；在简阳南、资中北、荣昌北、璧山 10 kV 配电所与车站通信机械室间形成链型 1+1 保护。

电话交换系统，利用成都东、重庆北通信站的既有电话交换机，根据需要进行扩容。在成都东和重庆北通信站设光线路终端（OLT）设备（成都东由成都枢纽工程实施）。在各车站、线路所、信号中继站、牵引变电所、电力配电所、综合维修工区等处设光网络单元（ONU）。沿线新增自动电话用户按管辖范围通过 ONU 设备和接入网分别接入 OLT 设备和既有电话交换机，通过统一编号组网，实现与既有铁路电话专网的互通。

新设数据网系统，利用其他工程设在成都的核心路由器和设在成都东、重庆通信站的汇聚路由器。沿线车站设接入路由器，负责本地数据的接入。按照隶属范围通过传输通道接入相应的汇聚路由器，再上联至核心路由器，实现数据业务的转发与汇聚。

新设调度通信系统，利用成都铁路局调度所既有中心调度通信交换机。在调度所新设成渝客专正线行车调度台和重庆枢纽行车调度台，沿线车站设车站型调度通信交换机、调度分机和车站值班台，半边山、芭蕉沟线路所值班室和牵引变电所新设调度分机接入铁路局调度所的中心调度交换机和调度通信系统。按照调度区划分，华兴村线路所（含）至璧山（含）段纳入成渝客专行车调度台管辖；璧山（不含）至重庆纳入重庆枢纽行车调度台管辖；华兴村线路所（含）至重庆纳入成渝客专行车调度台管辖。通过将调度所调度通信交换机与 GSM-R 移动通信交换机的互联，实现有线和无线调度业务的互通。

正线和联络线新设 GSM-R 移动通信系统，利用成都铁路局既有 GSM-R 核心网设备、根据需要扩容，并新设基站控制器（BSC）、编译码和速率适配单元（TRAU）、GSM-R 接口监测系统中心设备；在重庆通信站新设基站控制器（BSC），在沿线车站或区间设通信基站（BTS），采用冗余覆盖方式组网，沿线区间和隧道内弱场区采用光纤直放站、漏泄电缆和天线方式增强，以满足无线场强覆盖及信息传输的需要，完成调度通信、调度命令和无线车次号校核信息传送等功能。

新设会议电视系统，在简阳南、资阳北、资中北、内江北、隆昌北站设会议电视分会场设备，接入成都铁路局会议机械室既有控制设备（MCU）；在荣昌北、大足、永川东、璧山、沙坪坝和重庆站设会议电视分会场设备，纳入重庆调度工区既有 MCU 设备。再纳入成都铁路局既有会议电视中心系统。

新设应急通信指挥系统，利用成都铁路局既有应急通信指挥中心系统及设备，根据需要扩容。在资阳北、内江北、永川东通信工区新设应急通信现场接入设备，可将事故现场采集到的语音、数据、图像等业务信息通过有线或无线方式传送到区间传输接入点，再通过传输通道传送到应急指挥中心,建立起应急通信指挥中心与事故现场间的应急通信网络。

在龙泉山和大安长大隧道设事故报警电话系统,在1号信号中继站、永川东分区所设隧道控制主机,在简阳南、永川东综合值班室设操作台。在隧道内洞室、隧道口等处设紧急电话终端,利用所设的3×4×0.9低频电缆接入隧道控制主机,再利用传输系统接入相邻车站值班室和成都铁路局应急通信中心所设的隧道应急中心设备。这样就使隧道内人员可快速与应急通信中心及相邻站车站值班员通信。应急通信中心可准确定位隧道内终端设备位置,对隧道内终端设备实现远程监测、维护和管理,提供安全可靠的通信保障。

通信电源,沿线车站、通信基站、信号中继站、牵引变电所、分区所、电力配电所等设48 V高频开关电源和蓄电池组。并设通信电源和环境监控系统。

5.19.4　信号工程

车站联锁,成都东至重庆各车站(线路所)新设硬件安全冗余型计算机联锁设备和智能信号电源屏。该线的半边山线路所和襄渝铁路芭蕉沟线路所新设硬件安全冗余型计算机联锁设备和智能信号电源屏。分别控制联络线和2个线路所区间道岔。重庆西右联络线重庆西端区间道岔纳入重庆西车站联锁设备控制。维修工区道岔纳入临近车站联锁设备控制。

根据车站(场、所)道岔设计类型,配备相应的道岔转辙机和转辙装置,并采用断电保护措施。正线上的道岔采用外锁闭、多点牵引控制方式,并实现挤岔监督报警功能。通过速度160 km/h以上的18号及以上号码道岔增加密贴检查装置。设置的道岔缺口检查装置,其监测信息纳入信号集中监测系统。

正线各车站(不含重庆站)站内采用与区间相同制式的列控中心编码控制的ZPW-2000系列有绝缘轨道电路,其发送设备采用1+1冗余配置,接收设备采用双机并用方式,以实现轨道电路系统的高可靠性。维修工区轨道区段采用97型25 Hz相敏轨道电路。沙坪坝站市郊线和重庆站采用97型25 Hz相敏轨道电路。正线及股道叠加电码化,发码设备采用ZPW-2000发送设备,编码方式为列控中心编码。

为解决轨道电路分路不良,正线间渡线及侧线股道区段采用钢轨喷涂处理措施。纳入车站联锁的维修工区等岔线轨道区段采用3 V化技术措施。

站内ZPW-2000系列轨道电路及电码化设备采用铝护套数字信号电缆,站内联锁设备室外电缆采用铝护套扭绞信号电缆。其他信号设备采用综合护套信号电缆。

成都东至重庆新设调度集中(CTC)系统,在成都铁路局调度所新设1个正线行车调度台和重庆枢纽行车调度台,并增设相应的应用和通信服务器,与临时限速服务器(TSRS)、无线闭塞中心(RBC)等接口服务器,及相应的网络安全等设备。沿线各新建车站(线路所)设CTC分机设备、网络安全和通道质量监督等设备,既有车站CTC分机设备利旧改造,既有线路所TDCS分机设备利旧改造,接入成都铁路局调度所CTC/TDCS总机系统。成都东(不含)、成都南(不含)至璧山站(含)由新设正线调度台管辖,璧山(不含)至重庆由新设重庆枢纽调度台管辖。成都东站和成都南站由成绵乐客专调度台管辖。

列车运行控制系统,成都东站城际场至重庆站新设 CTCS-3 级列控系统,并将 CTCS-2 级列控系统作为降级备用列控模式。正线至重庆北、重庆西站的联络线新设 CTCS-2 级列控系统。本线在华兴村、半边山、芭蕉沟线路所与成都南、重庆西、重庆北联络线处新设 CTCS-3/2 级级间转换点。在成都东站设无线闭塞中心(RBC)设备和临时限速服务器,并增设联锁设备(含成都东城际场)与 RBC 的通信接口设备。沿线各新建车站(线路所)设安全数据网接入设备、列控中心、应答器及其编码单元。所设列控中心设备应具备轨道电路编发码、运行方向控制、信息采集(中继站)、站间安全信息传输及应答器报文存储调用等功能。并应具备区间占用逻辑检查功能。

区间闭塞制式,正线和成都枢纽及重庆枢纽采用自动闭塞,正向按追踪间隔运行,反向采用自动站间闭塞行车。除沙坪坝至重庆、芭蕉沟线路所至歌乐山间设地面通过信号机外,其余区段不设地面通过信号机,在闭塞分区分界点设停车标志牌。

芭蕉沟线路所至重庆西站(渝昆场)间采用自动站间闭塞。两站间单线连接,站间轨道电路贯通,以便检查区间空闲。

沙坪坝站与梨树湾站、重庆站与黄沙溪站采用自动站间闭塞,增设计轴设备,来检查区间空闲。

正线区间采用 ZPW-2000 系列无绝缘轨道电路,其发送设备按 1+1 配备、接收设备采用双机并用方式。

区间 ZPW-2000 轨道电路干线电缆采用铝护套内屏蔽数字信号电缆,其他信号设备采用综合护套非数字信号电缆。轨道电路所用电缆有效传输长度一般不超过 7.5 km,超过规定长度设信号中继站。

新设信号集中监测系统,各车站和信号中继站设集中监测分机设备,信号维修车间、信号值班工区设集中监测终端。按隶属范围接入相关电务段信号集中监测总机系统,实现对车站联锁和电源屏、列控中心、轨道电路、安全数据网络、转辙机、道岔及信号电缆回线的集中监测、信息采集和远程诊断。

沿线新建信号设备房屋设防雷电、电磁兼容和综合接地防护系统。并充分利用房屋的混凝土框架结构金属导体进行雷电和电磁防护。室内的信号设备要设防雷保安器和分线防雷柜,其设备箱盒、柜体等要与综合接地系统进行等电位连接。

成都东站城际场至重庆站新设综合接地系统,沿铁路两侧分别敷设 1 条截面为 70 mm^2的铜质贯通地线,在电气特性上全程贯通,接地电阻不大于 1 Ω。沿线轨道旁信号设备就近与贯通地线等电位连接。

5.19.5 防灾安全监控系统

针对本线实际和地理气候特点,在成都铁路局设防灾安全监控系统总机,全线设风速风向、雨量、地震监测和异物侵限监控系统。沿线高架桥、高路基地段设风速风向监测点。沿线公路跨铁路立交桥设异物侵限监测点。成都和重庆部分地区地震动峰值加速度大于或等于 0.1g 的地方设地震监测点,并设相关联动接口,监测设备按冗余配置。接入成都铁路局防灾安全监控总机系统。并在成都铁路局调度所、成都和重庆工务段、工务车间设防灾安全监控终端。

参加线路工程施工的有中铁十一局、十六局、十七局集团等单位，中铁建电气化局集团等单位承担站后四电系统集成项目的施工。

线路工程的重庆段于2010年3月22日开工，四川段于2010年11月10日开工，四电工程于2014年1月20日开工。2014年7月30日开始铺轨，2015年7月完成全线静态验收，2015年9月16日进入联调联试阶段，2015年11月4日璧山段进行动检试跑。2015年12月26日全线正式投入运营。

5.20　海南西环铁路

新建海南西环铁路（也称快速铁路），北起既有海南西环铁路海口站，途经临高、儋州、东方等市县，南至三亚站，正线全长345.103 km（图5.20）。其中全线新建桥梁累计长度130.27 km，占正线总长的37.75%；新建隧道累计长度21.3 km，占正线总长的6.17%。全线设海口（既有）、老城、福山、临高、银滩、洋浦、海头、棋子湾、东方、板桥、尖峰、黄流、乐东、崖城、凤凰、三亚等车站。工程范围还包括海口和三亚地区相关工程：还建既有西环线工程（JDK0 + 000 ~ JDK2 + 232.39），线路长2.23 km；乐东段改建既有西环线（DgK288 + 400 ~ DgK290 + 183.064），线路长1.783 km；既有西环线至三亚联络线1.093 km；还建三亚动车走行线1.757 km。新建海南西环快速铁路与东环铁路形成环岛铁路，是实施国家战略、建设海南国家旅游岛的重要工程，对改善海岛交通条件、优化生产力布局、促进国家旅游岛建设、扩大海岛对外开放具有重要意义。

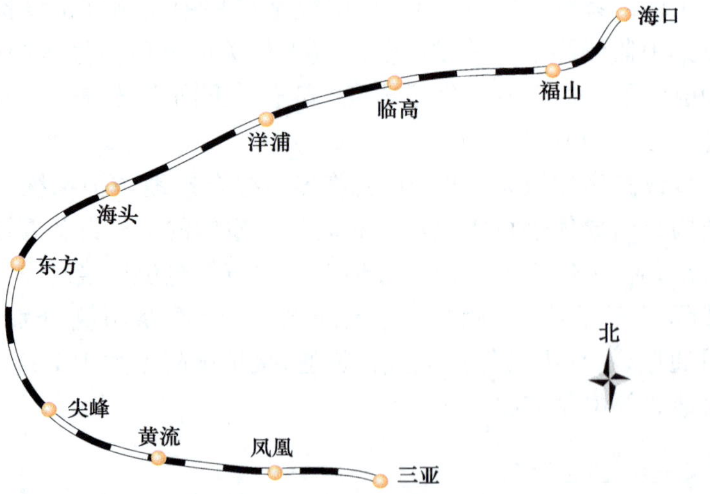

图5.20　海南西环铁路示意图

海南西环快速铁路的建设单位是海南高速铁路有限责任公司，设计单位是中铁二院工程集团有限责任公司。线路主要技术标准：铁路等级，Ⅰ级；正线数目，双线；正线线间距，4.4 m；限制坡度，12 ‰；最小曲线半径，一般地段4 500 m、困难地段3 500 m；到发线有效长度,650 m;旅客列车设计速度目标值,200 km/h;闭塞类型,自动闭塞;行车指挥方式,调度集中;牵引种类,电力牵引(直供加回流线供电方式);机车类型,CRH1、SS3。

5.20.1　电气化工程

牵引供电采用带回流线的直接供电方式。全线新设福山、银滩、洋浦、棋子湾、东方、尖峰、崖城等牵引变电所,利用既有海口和三亚牵引变电所预留的条件,增设相关馈线等设备向本线供电,新设老城、临高、春江、海头、黎河、板桥、乐东、凤凰机场等 8 座分区所。

新建牵引变电所引入 2 路 220 kV 电源供电,220 kV 电源侧采用线路变压器组接线,电气设备采用户外布置;27.5 kV 侧采用单母线分段接线,电气设备采用户内 AIS 开关柜及户外中式布置。利用既有牵引变电所增设的设备选型与既有保持一致。

新建牵引变电所设 2 台变压器,采用固定备用、三相 V/V 接线、油浸自冷方式,预留风冷条件。各牵引变电所变压器安装容量:福山为 2×(16+16) MV·A、银滩为 2×(12.5+16) MV·A、洋浦 2×(12.5+12.5) MV·A、棋子湾 2×(16+12.5) MV·A、东方为 2×(12.5+12.5) MV·A、尖峰为 2×(16+16) MV·A、崖城 2×(16+12.5) MV·A。海口维持既有 2×(12.5+16) MV·A,三亚维持既有 2×(16+16) MV·A。

牵引变电所、分区所采用微机保护和综合自动化系统,按无人值班设计,牵引变电所适当考虑值守条件。全线设牵引供电调度和远动系统,纳入广州铁路调度所管理,并增设海南西环铁路牵引供电调度台。

接触网悬挂,采用全补偿简单链型悬挂,接触悬挂结构高度一般为 950 mm。正线接触线采用 120 mm^2的铜合金导线,张力 20 kN,承力索采用 95 mm^2的铜镁合金绞线,张力 15 kN;站线等接触线采用 85 mm^2的铜合金导线,张力 10 kN,承力索采用 70 mm^2的铜镁合金绞线,张力 15 kN。全线按通行轻快货物(对客车改造后在车厢内装货)列车考虑,除海口和三亚车站外接触线悬挂高度均为 5 500 mm,海口和三亚站与既有保持一致接触线悬挂高度为 6 000 mm。附加导线采用防腐型铝包钢芯铝绞线。

全线接触网按重污区设计,严重污秽地区可适当加强绝缘。绝缘子爬电距离不小于 1 400 mm。上下行接触网带电体间的距离不小于 2 000 mm、困难时不小于 1 600 mm。一般区段采用瓷质绝缘子,隧道内和出口处、跨线桥两侧、接触网下锚等处采用合成绝缘子。采用锚段关节式电分相,尽量避免设在大坡道、列车出站加速区段以及线路限速低速区段。

接触网支柱,路基区段的腕臂柱一般采用环形等径预应力混凝土支柱,T 梁桥区段采用直腿格构式钢柱;车站和多线并行区段,线间距允许时采用线间立柱,线间距不允许时采用硬横梁,硬横梁一般采用新型钢管硬横梁和钢管柱,车站雨棚地段接触网支柱与雨棚柱合架。新建线路接触网支柱的侧面限界一般不小于 3.1 m,车站内采用线间立柱时,直线地段支柱对正线侧面限界不小于 3.1 m、困难情况下不小于 2.5m。

接触网支柱标准跨距,隧道外一般为 50 m、最大不大于 55 m、最小不小于 40 m;隧道内跨距一般为 45 m,桥梁上受孔跨影响跨距一般为 32.7 m 左右。相邻跨距之比一般不宜大于 1:1.15。

绝缘锚段关节采用五跨形式,非绝缘锚段关节采用四跨形式。正线双边补偿时的最大锚段长度不大于2×700 m,单边补偿的锚段长度为上述值的50%、困难时不大于2×750 m,附加导线的锚段长度不大于2 000 m。

本线接触网下锚补偿一般采用滑轮组,桥梁区段、无条件设防断中心锚结的锚段采用棘轮补偿。本线地处海岛台风、盐雾、多雷电地区,对牵引供电设施采取防腐、防风、防雷等保护措施。

在临高、洋浦、东方、乐东设供电工区,利用和补强既有海口供电车间,负责本线新建牵引供电和电力设施的运营维护管理及抢修工作。

5.20.2　电力工程

全线沿铁路两侧分别新设1条一级负荷10 kV贯通线和1条综合负荷10 kV贯通线,新设一级负荷10 kV贯通线采用截面为70 mm^2的铜芯电力电缆,新设综合负荷10 kV贯通线采用截面为95 mm^2的铜芯电力电缆。

全线新设临高、洋浦、棋子湾、东方、尖峰、崖城等10 kV配电所,利用改造既有三亚、海口10 kV配电所向铁路沿线电力贯通线和地区馈线供电。新建10 kV配电所从地方变电站引入2路10 kV电源,个别无条件的可引入1路电源、预留引入第2路电源的土建条件。

新设10 kV配电所的车站其综合负荷设室内10/0.4 kV综合变电所,从配电所接引电源供电;没设10 kV配电所的车站其综合负荷设室内10/0.4 kV综合变电所,从地方变电站接引2路10 kV电源供电,其中凤凰站从地方变电站接引1路电源,另1路电源从三亚10 kV配电所地区馈线T接,三亚西站10 kV电源从三亚动车所馈线T接。

车站与行车有关的通信信号负荷设室内10/0.4 kV通信信号专用变电所供电,电源分别引自2路10 kV贯通线。

区间通信信号等一级负荷设箱式变电站供电,分别由一级负荷10 kV贯通线和综合负荷10 kV贯通线提供主备用电源。

区间其他负荷根据负荷分布和负荷性质,在负荷集中处设箱式变电站,就近接引地方电源供电或从10 kV综合负荷贯通线接引电源供电。

新建10 kV配电所采用微机保护和综合自动化系统,按无人值班设计。全线新设电力调度和远动系统,纳入广州铁路局电力调度所并增设本线电力调度台管理。

5.20.3　通信工程

长途通信线路,新设2条24芯单模直埋光缆,分别沿铁路两侧电缆槽道敷设。

为满足新建GSM-R通信基站至光纤直放站组网的需要新设1条16光缆,以及通信基站、光纤直放站至电力箱式变电站的1条12芯光缆。海口站至海口南站为信号计轴专业新设1条12芯光缆。在荔枝岭隧道(长4 870 m)两侧各敷设1条3×4×0.9低频电缆,为隧道事故报警电话终端的接入提供通道。

传输系统,海口至三亚新设SDH 10 Gbit/s骨干传输系统,在海口通信站、福山、临高、洋浦、东方、尖峰、乐东、凤凰机场、三亚通信站设SDH 10 Gbit/s ADM设备。利用新建的2条24芯光缆中各2芯光纤构成复用段1+1保护。利用海南东环铁路所建的光缆在海口通信站、陵水、琼海、文昌新设 SDH 10 Gbit/s 传输设备，与西环铁路在海口、三亚设置的 SDH 10 Gbit/s ADM 传输设备互联，构成海南岛东西环铁路 SDH 10 Gbit/s 传输系统的保护环。并通过海口利用既有传输通道与广州铁路调度所连通。

新设 SDH 2.5 Gbit/s 车站接入网系统，在海口、三亚通信站及沿线车站新设 SDH 2.5 Gbit/s ADM 设备，利用新建 2 条 24 芯光缆中的各 2 芯光纤构成复用段 1+1 保护。在同一车站将设置的 SDH 2.5 Gbit/s ADM 设备通过 SDH 2.5 Gbit/s 光接口与 SDH 10 Gbit/s ADM 设备相联，形成通道保护，提高整个传输系统的可靠性。并将东环铁路的既有 SDH 2.5 Gbit/s 传输系统和 SDH 622 Mbit/s 接入网系统进行整合补强，构成海南岛东西环线 SDH 2.5 Gbit/s 的接入网。

新设 SDH 622 Mbit/s 区间接入网系统，在车站、GSM-R 通信基站、信号中继站和牵引变电所(亭)设 SDH 622 Mbit/s 设备，利用新建光缆接入相邻车站 SDH 2.5 Gbit/s 接入网系统，构成通道保护环。并在相邻车站之间组建 1 个 2 纤通道保护环。

在站内电力配电所、公安派出所及综合维修车间/工区等节点设 SDH 622 Mbit/s 设备，具备组成环网条件的车站及地区与车站通信机械室构成站内通道保护环；不具备组成环网条件的车站采用链型 1+1 保护。

在三亚动车所边跨、三亚机务折返所、三亚救援车间设 SDH 622 Mbit/s 设备，通过 SDH 622 Mbit/s 光接口接入三亚通信站，构成站内通道保护环。

在海口机务部门、海口公安部门设 SDH 622 Mbit/s 设备，接入海口通信站，构成站内通道保护环。

沿线红外机房、给水所等处设综合接入远端设备，通过所建光缆分别接入车站、海口和三亚通信站设置的综合接入局端设备。

在广州铁路客专调度所设传输及接入系统网元级管理设备，在广州东山通信站及海口、三亚通信站设网管终端，在洋浦、东方综合维修车间及临高、乐东综合工区设本地维护终端，管理本线 SDH 传输设备。并将传输及接入网元管理系统按照与通信综合网管系统之间所定义的规范和接口，接入广州铁路(集团)既有通信综合网管系统。

电话交换系统，利用海口、三亚通信站既有程控电话交换机，并分别增设 1 套光线路终端(OLT)设备，沿线各车站、综合维修车间/工区、信号中继站、牵引变电所和分区所、电力配电所等处新设光网络单元(ONU)，沿线新增自动电话用户按管辖范围分别通过 ONU 和 OLT 设备及接入网接入海口、三亚既有程控电话交换机，通过统一编号组网，实现与既有铁路电话专网的互通。

新设数据网，利用广州铁路客专调度所和东山通信站的既有核心路由器，以及海口、三亚通信站的既有汇聚路由器。沿线车站新设接入路由器，负责本地数据的接入和交换。接入路由器之间、接入路由器与汇聚路由器之间通过传输通道构成环形网，并上联至核心路由器，实现数据业务的汇聚与转发。

根据维护管理的需要，在广州新设数据网网元管理系统和设备，完成数据信息的交换及安全管理、配置管理、故障管理和性能管理。并按照与通信综合网管系统之间所定义的规范和接口，接入广州铁路(集团)既有通信综合网管系统。

新设调度通信系统,利用广州铁路调度所的既有调度所型通信交换机,并在调度所新设一体化调度台(列车调度台、供电调度台),沿线车站、海口机务段、三亚机务折返所新设车站型调度通信交换机、调度分机和车站值班台,接入调度所既有调度通信交换机及调度通信系统。按照调度区划分,新设调度台负责新建西环铁路海口至三亚全线的调度指挥。海口站、三亚站仍由海南东环线调度台管辖。东方站(既有场)、崖城站(既有场)以及三亚西货运站划归既有海南西环线调度台管辖。并通过将调度所调度通信交换机与GSM-R 通信交换机互联,实现有线与无线调度业务的互通。

新设 GSM-R 移动通信系统,利用广州的既有铁路 GSM-R 移动通信核心网设备,海口新设基站控制器(BSC)、分组控制单元(PCU)、编译码和速率适配器(TRAU),沿线设通信基站(BTS),采用单层覆盖方式组网。区间弱场区采用光纤直放站、漏泄电缆和天线方式增强。完成调度通信、调度命令和无线车次号校核信息传送等功能。

新设会议电视系统,利用广州铁路(集团)既有会议电视系统和设备。沿线车站新设会议电视分会场接入设备,接入广州铁路(集团)既有会议电视中心系统和网管设备。

新设应急通信指挥系统,利用广州铁路调度所既有应急通信中心设备,根据工程需要扩容接口板。在洋浦、东方综合维修车间和临高、乐东综合维修工区分别新设事故抢险现场接入设备,纳入调度所既有应急通信中心系统。设隧道应急通信系统,利用广铁集团应急通信中心既有隧道应急中心设备,在隧道口及隧道斜井处设视频采集点,在隧道内两侧综合洞室、隧道口设紧急电话终端,在隧道口的 GSM-R 通信基站设隧道控制主机。紧急电话终端利用所设电缆采用共线方式接入隧道控制主机,并通过传输系统接入广铁集团隧道应急中心系统,实现对所设隧道终端设备的远程监测、维护和管理,提供安全可靠的通信保障。

通信电源,沿线新建通信信号机房设 48 V 高频开关电源和蓄电池。并新设通信电源和环境监控系统,接入东环铁路既有电源和环境监控系统,对电源和通信信号机房环境进行监控。

5.20.4 信号工程

车站联锁,正线老城至凤凰站各车站新设硬件安全冗余型计算机联锁设备和信号综合智能电源屏及 UPS 不间断电源,联锁系统控制与显示采用“鼠标 + 显示器”方式;海口站、三亚站和三亚动车运用所的既有计算机联锁设备利旧改造。东方和崖城站既有普速车场及三亚西站新设双机热备型计算机联锁设备。车站范围内接发车进路上的道岔和综合工区等道岔均纳入车站联锁集中控制。三亚西线路所区间道岔纳入凤凰站集中控制。

根据车站(场)道岔设计类型,配备相应的道岔转辙装置及转辙机,并采用断电保护措施。正线上的道岔采用外锁闭、多点牵引控制方式,并实现挤岔监督报警功能。通过时速 160 km 以上的 60 kg/m – 18 号及以上的号码道岔增设密贴检查装置。并设道岔缺口监测装置,将监测信息纳入信号集中监测系统。

正线范围内的车站(线路所)站内采用与区间相同制式的 ZPW-2000 系列机械绝缘轨道电路,其发送设备采用 1 + 1 冗余配置,接收设备采用双机并用方式,以实现轨道电路系统的高可靠性。站内其他岔线等采用 97 型 25 Hz 相敏轨道电路。正线车站工区岔线轨道电路采用 3 V 化 25 Hz 轨道电路以解决轨道电路分路不良。新建三亚西站采用 97 型

25 Hz相敏轨道电路;既有西环线东方和崖城站普速场、海口站、三亚站、三亚动车所仍维持采用97型25 Hz相敏轨道电路,正线接发车进路采用预叠加ZPW-2000系列移频发码设备。鉴于原海口站、三亚动车所动车组进路轨道区段采用3V化25 Hz相敏轨道电路,以解决其分路不良,本次工程仍维持既有轨道电路制式和解决分路不良方案不变。

车站联锁设备室外信号电缆采用综合护套综合扭绞信号电缆,站内ZPW-2000系列轨道电路采用铝护套内屏蔽数字信号电缆。

行车调度指挥系统,新设分散自律型调度集中(CTC)系统,海口(不含)至三亚(不含)各车站设CTC分机设备、网络安全和通道质量监督设备,纳入广州铁路(集团)调度所CTC总机系统,新设1个本线行车调度台管辖。增设应用和通信服务器、临时限速服务器和接口服务器等配套设备。海口站、三亚站和三亚动车所既有CTC分机设备利旧改造。海口南站、东方和崖城站既有普速车场及三亚西站新设行车调度指挥系统(TDCS)车站分机设备。按照调度区划分,海口站和三亚站仍由海南东环线调度台管辖;东方和崖城站既有普速车场及三亚西站由既有海南西环线调度台管辖。与本线调度台实现站间透明。

列车运行控制系统,正线采用CTCS-2级列控系统,沿线各车站和信号中继站新设信号安全数据网、列控中心(TCC)、应答器及其电子编码单元(LEU)。海口和三亚站既有列控中心设备进行更换,并与东环线既有列控系统衔接。三亚动车所既有列控中心设备利旧改造。新设列控中心应具备ZPW-2000轨道电路编码以及控制区间通过信号机点灯的功能。TCC之间通过TCC安全传输网络传输轨道电路状态、临时限速信息、区间闭塞和方向条件等安全信息及相关状态信息。并具备自诊断和故障报警功能,将报警信息通过以太网接口发送至信号集中监测系统。

区间闭塞制式,正线海口至三亚段新建铁路采用四显示自动闭塞,按双线双方向运行,正向采用追踪间隔运行、反向采用自动站间闭塞行车。区间设地面通过信号机。海口站与既有西环线海口南站采用自动站间闭塞。区间空闲/占用检查采用计轴检查装置。由计轴系统结合64D型半自动闭塞构成计轴自动站间闭塞,64D半自动闭塞作为后备构成系统冗余。东方和崖城站既有普速场、三亚西站仍维持既有64D继电半自动闭塞。

新建正线区间采用ZPW-2000系列无绝缘轨道电路,发送设备按1+1冗余配置,接收设备采用双机并用方式。轨道电路发送编码采用列控中心(TCC)电子编码,利用TCC安全传输通道传送站间联系信息。ZPW-2000轨道电路电缆长度一般控制在10 km,超过10 km时设区间信号中继站。

区间ZPW-2000轨道电路干线电缆采用铝护套数字信号电缆或铝护套内屏蔽数字信号电缆,分支电缆采用综合护套数字信号电缆。信号机干线电缆采用综合护套信号电缆。

新设信号集中监测系统,在海口新设信号集中监测系统总机设备。沿线车站和信号中继站设集中监测分机设备;既有西环线东方和崖城站普速车场和三亚西站新设集中监测分机设备,海口站、三亚站和三亚动车所集中监测分机设备利旧。联网引入洋浦、东方综合维修车间并设集中监测系统终端,统一接入海口信号集中监测系统总机。

沿线新建信号设备房屋设防雷电、电磁兼容和综合防护接地系统,与房建工程同步实施。并与贯通地线等电位连接。

海口至三亚正线新设综合接地系统,沿铁路两侧分别敷设1条截面为35 mm^2的铜芯电力电缆,在电气特性上全程贯通,接地电阻不大于1 Ω。沿线轨旁信号设备就近与贯通地线等电位连接。

参加线路工程施工的有中铁四局、七局、十四局、二十一局集团等单位,中铁电气化局集团有限公司、中国铁路通信信号股份有限公司承担四电集成工程的施工。

2010年12月30日举行奠基仪式,分两段建设。其中凤凰机场至三亚站段于2012年9月28日开工,海口至凤凰机场段于2013年9月29日开工。四电集成工程于2014年4月30日开工。2015年6月30日完成全线铺轨。2015年8月21日完成静态验收,2015年10月13日进入联调联试阶段,2015年10月2日启动了带电热滑试验,2015年11月26日进入空载列车试运行阶段,2015年12月30日正式开通运营。并与2010年12月开通运营的东环线实现连通。这标志着全球建起了第一条热带地区环岛高速铁路。

5.21　天津至保定客运专线

新建津保客运专线,自天津西站津保车场引出,向西途经河北霸州,引入既有京广铁路徐水站,利用既有线至保定站,线路全长157 km(图5.21)。其中新建正线线路133 km,利用既有线24 km。全线设有天津西(既有)、胜芳、霸州西、白沟、白洋淀、徐水(既有)、漕河、保定(既有)等车站。其中胜芳、霸州西、白沟、白洋淀4个车站为新建客运中间站,徐水站为既有改建中间站(接轨站),漕河和保定站为既有京广铁路的中间站。天津西至霸州西段为客运专线,霸州西至徐水段为客货共线,徐水至保定段为利用既有线。工程范围还包括津保客专至天津西站高速车场联络线(左线长3.46 km、右线长3.29 km)(简称京沪高速联络线);津保客专至京九铁路霸州站联络线(左线长6.58 km、右线长6.27 km)(简称京九联络线);津保客专至京石客专联络线(左线长9.25 km、右线长9.28 km)(简称京石客专联络线);天津枢纽大北环线汊沟镇站至山岭子站,长47.8 km,设汊沟镇、西堤头和山岭子3个车站,其中汊沟镇站、山岭子站为接轨站,西堤头站为新建中间站;民生村至军粮城联络线,长1.67 km;张贵庄货车取送车线,长3.8 km;新建曹庄动车组运用所工程。新建津保客运专线可连接京广(在保定)、京九(在霸州)、京沪(在天津西)铁路,与京广和津秦客运专线、京沪高速铁路、京津城际铁路衔接,沟通了河北与中西部地区的便捷铁路通道,打通了保定至天津港的出海捷径,有利于京津保三角地带的经济发展。同时开辟了石家庄至天津间的新通路,减缓了京广线北段和京山线京津间的运能紧张状况,有利于加大运输的机动灵活性。

津保客运专线的建设单位是津保铁路有限责任公司,设计单位是铁道第三勘察设计院集团有限公司。线路主要技术标准,天津至霸州:铁路等级,客运专线;正线数目,双线;正线线间距,4.4 m;限制坡度,20‰;最小曲线半径,一般地段4 000 m、引入枢纽地段可与速度匹配选用半径;到发线有效长度,650 m;闭塞类型,自动闭塞;列车运行控制方式,自动控制;调度指挥方式,综合调度集中;旅客列车速度目标值,250 km/h;牵引种类,电力牵引(AT供电方式);机车类型,电动车组。

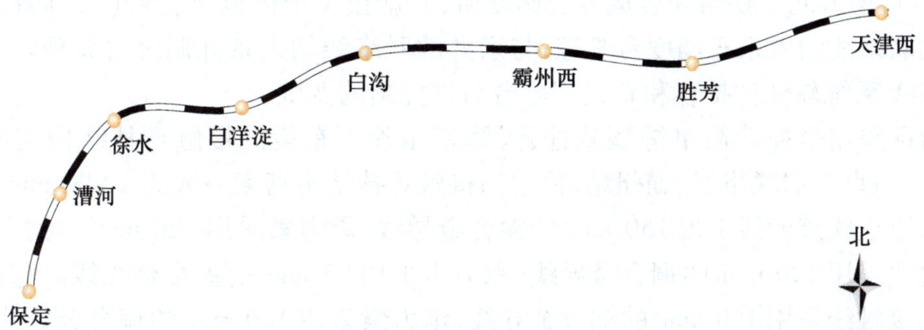

图 5.21　津保铁路示意图

霸州至保定：铁路等级，Ⅰ级；正线数目，双线；限制坡度，6‰；到发线有效长度，1 050 m；旅客列车速度目标值，200 km/h；闭塞类型，自动闭塞；牵引种类，电力牵引；牵引质量，5 000 t。

大北环线：铁路等级，Ⅰ级；正线数目，双线；限制坡度，6‰；最小曲线半径，一般地段 1 200 m、困难地段 600 m；到发线有效长度，1 050 m；闭塞类型，自动闭塞；牵引种类，电力牵引；牵引质量，5 000 t。

天津西至霸州西段运行高速动车组，霸州西至徐水段客货混运。在北京铁路局调度所新设津保行车调度台，负责天津西至徐水的调度指挥，其他调度纳入调度所相关既有调度台管辖。天津枢纽大北环线、联络线、货车取送线，纳入北京铁路局调度所既有相关调度台统一调度指挥。

5.21.1　电气化工程

牵引供电系统，天津西至徐水东段采用 AT 供电方式，大北环线、与京九和京石客专铁路等的联络线采用带回流线的直接供电方式，动车组运用所采用直接供电方式。

天津西至保定段新设王庆坨、霸州西、白洋淀 3 座 AT 牵引变电所，设胜芳、白沟、徐水东、徐水、霸州等分区所，设宋家柳、杨柳青、米宁、晾马台、煎茶铺等 AT 所，动车组运用所设开闭所。大北环线新设西堤头牵引变电所。

新建 AT 牵引变电所引入 2 路 220 kV 电源供电，220 kV 电源侧采用线路变压器组接线，电气设备采用室外布置；2×27.5 kV 和 27.5 kV 侧采用单母线分段接线，电气设备采用室外布置；大北环线西堤头牵引变电所引入 2 路 110 kV 电源供电，110 kV 电源侧采用线路分支接线，电气设备采用户外布置；27.5 kV 侧采用单母线分段接线，电气设备采用户内网栅间隔布置。直接供电方式的分区所采用户内网栅间隔布置。

新建牵引变压所所设变压器，采用固定备用、三相 V/V 接线、油浸自冷方式，预留风冷条件。各牵引变电所变压器安装容量：王庆坨、霸州西为 2×(25+25) MV·A，白洋淀为 2×(20+31.5) MV·A，西堤头为 2×(20+25) MV·A，既有山岭子牵引变电所待开通后视运量增长情况更换牵引变压器。

新建牵引变电所、分区所按无人值班设计，牵引变电所适当考虑值守条件。牵引变电所、分区所采用微机保护和综合自动化系统。天津西至徐水段设综合远动控制系统

(PSCADA),纳入北京铁路局客运专线调度所,并新设1个供电调度台(与电力台合设);与京石的联络线纳入京石调度台管理;与京九的联络线纳入京九调度台管理。并对调度所PSCADA系统软硬件扩容和新设调度台与被控站的调试。

接触网采用全补偿简单链型悬挂,天津西至徐水东段的接触悬挂结构高度一般为1 600 mm;与京九的联络线、霸州站、徐水站接触悬挂结构高度一般为1 400 mm。天津西至徐水东段正线接触线采用150 mm^2的铜合金导线,承力索采用120 mm^2的铜合金绞线;站线接触线采用120 mm^2的铜合金导线,承力索采用95 mm^2的铜合金绞线。与京石客专联络线的接触线采用150 mm^2的铜合金导线,承力索采用120 mm^2的铜合金绞线;与京九铁路联络线的接触线采用120 mm^2的铜合金导线,承力索采用95 mm^2的铜合金绞线。附加导线采用铝包钢芯铝绞线。

接触网绝缘泄漏距离,25 kV绝缘子及绝缘器件的漏泄距离不小于1 400 mm;上下行接触网带电体间的距离正常情况下不小于2 000 mm,困难时不小于1 600 mm。腕臂绝缘子一般采用棒式复合绝缘子。正馈线一般采用悬式棒形复合绝缘子,供电线采用悬式棒形复合绝缘子。采用锚段关节式电分相,避免设在大坡道、列车出站加速区段和线路限速低速区段。

接触网支柱,新建客运专线路基、箱梁桥上腕臂柱采用H型钢柱;T梁桥区段腕臂柱采用格构式钢柱。车站和多线并行区段采用线间立柱,不满足线间立柱的采用硬横跨(梁),正线区段硬横跨支柱采用圆管钢柱。与京九铁路的联络线路基区段腕臂柱一般采用横腹杆式预应力钢筋混凝土支柱,桥梁上采用格构式桥钢柱。路基区段支柱侧面限界应满足大型养路机械作业的要求,一般为3.1 m。

接触网支柱标准跨距一般为50 m,最大跨距不超过55 m。绝缘、非绝缘锚段关节一般采用五跨形式,困难时可采用四跨形式。正线锚段长度一般不大于2×700 m;站线锚段长度一般不大于2×750 m,困难地段不大于2×800 m;单边补偿时的锚段长度为上述值的50%。附加线最大锚段长度一般不大于2 000 m。

接触网下锚采用全补偿方式,接触线和承力索分别补偿下锚。正线和站线、京石联络线接触网下锚采用棘轮补偿装置,京九联络线采用滑轮补偿下锚装置。正线采用两跨式防窜防断中心锚结;站线有条件时应设防窜防断中心锚结,条件受限时采用防窜不防断中心锚结。

天津西至徐水东段综合工区内设接触网维修班组。大北环线新设西堤头接触网工区,并与牵引变电所合建。

5.21.2 电力工程

天津西至徐水站新设1条综合负荷10 kV贯通线和1条一级负荷10 kV贯通线为沿线负荷供电,新建一级负荷10 kV贯通线和综合负荷10 kV贯通线采用截面为70 mm^2的铜芯电力电缆,分别沿铁路两侧敷设;徐水至保定站利用改造既有京广铁路10 kV贯通线及自闭电力线为本区段负荷供电。京九联络线、汉沟镇至山岭子各新设1条综合负荷10 kV贯通线和1条一级负荷10 kV贯通线,采用架空线路,分别为各自区段负荷供电。

新设胜芳、霸州西、白沟、白洋淀、徐水、西堤头10 kV配电所;新设曹庄动车组运用所

35/10 kV 变配电所;新建各变(配)电所引入2路电源供电。利用天津西站京沪高速工程所建的35/10 kV 变配电所,增容改造保定10 kV 配电所为本线供电。

设有10 kV、35/10 kV 变(配)电所的车站设站内动力照明10 kV 变电所和变压器,从变(配)电所站馈线接引电源给车站生产生活房屋动力照明用电和站场照明用电供电。在站场设箱式变电站为道岔融雪供电,在有综合维修工区的车站在负荷中心设箱式变电站供电,电源引自变(配)电所站馈线。

设有10 kV、35/10 kV 变(配)电所的车站在站内设通信信号专用10/0.4 kV 变电所和变压器,从变(配)电所站馈线接引电源给车站通信信号负荷供电。

区间曹庄北线路所、密云路线路所、北张庄线路所分别新设10/0.4 kV 箱式变电站为通信信号及道岔融雪等用电负荷供电。

沿线通信基站、光纤直放站、信号中继站、防灾安全监控等一级用电负荷设10/0.4 kV 远动箱式变电站供电,从2路10 kV 贯通线各接引1路电源,作为主备用电源。

区间其他用电负荷,根据负荷分布和负荷性质在负荷集中处设10/0.4 kV 箱式变电站,由综合负荷10 kV 贯通线低压母线侧接取低压回路供电。

新建变(配)电所采用综合自动化系统,按无人值班设计。天津西至徐水东新设电力远动系统,相关电务段设复示终端,纳入北京铁路局客运专线供电调度所管理。其他区段设电力远动控制系统,纳入既有供电调度系统。

5.21.3 通信工程

长途通信线路,天津西至徐水段、京石联络线(白洋淀至京石客专的徐水东站)、京九联络线(霸州西至京九铁路的霸州站)新设2条24芯单模通信光缆,分别沿铁路两侧敷设。徐水至保定站、保定站至保定既有通信站新设1条24芯单模干线通信光缆,与既有光缆置换作为备用。天津枢纽大北环线汉沟镇至北塘西沿铁路新设1条24芯光缆和1条4×4×0.9电缆。民生村至军粮城沿铁路新设1条12芯光缆和1条4×4×0.9电缆。

为满足GSM-R系统组网的需要,在光纤直放站远端机至近端机间敷设1条12芯光缆;为满足信号专业集中监测、CTC终端等业务组网的需要,在通信与信号机房之间敷设1条12芯光缆;为满足信号专业安全数据网组网的需要,在天津西津保信号机房至1号中继站间敷设1条12芯光缆,在既有京石客专徐水东信号机房至京石客专既有6号中继站之间敷设2条12芯光缆,在北张庄线路所至白洋淀站之间敷设2条12芯光缆;为满足综合视频监控系统组网的需要,在传输节点至相应区间采集点敷设1条12芯光缆。

天津至保定新设SDH 2.5 Gbit/s 骨干传输系统,在天津西、胜芳、霸州西、白沟、白洋淀、徐水、保定、保定既有通信站设SDH 2.5 Gbit/s 设备。利用新建2条24芯光缆中的各2芯光纤构成复用段1+1保护。

天津至保定新设SDH 622 Mbit/s 接入网系统,在沿线各站、区间通信基站、牵引变电所、分区所、AT所、电力配电所、综合维修工区等处设SDH 622 Mbit/s 设备,利用新建2条24芯光缆中的各2芯光纤构成复用段保护。且在同一车站将SDH 622 Mbit/s 设备与SDH 2.5 Gbit/s 设备通过2个SDH 622 Mbit/s 光接口互联。

并利用新建 2 条 24 芯光缆中的各 2 芯光纤构建 1 个车站间 SDH 622 Mbit/s 通道保护环;利用新建 2 条 24 芯光缆中的各 4 芯光纤分别构建 2 个 SDH 622 Mbit/s 通道保护环(通信基站与信号中继站 1 个传输环;牵引变电所、分区所、AT 所 1 个传输环);利用在电力配电所、综合维修工区所设的 SDH 622 Mbit/s 设备分别与车站通信机房构成站内通道保护环。

京九联络线利用新建 2 条 24 芯光缆中的各 2 芯光纤开通霸州西至霸州站间 SDH 622 Mbit/s 接入网系统(霸州站新设 SDH 622 Mbit/s 设备);京石联络线利用新建 2 条 24 芯光缆中的各 2 芯光纤开通白洋淀至徐水东站间接入网系统(徐水东站新设 SDH 622 Mbit/s设备)。天津枢纽大北环线利用新建光缆开通 SDH 622 Mbit/s 接入网系统。民生村至军粮城联络线利用新建光缆开通 SDH 622 Mbit/s 接入网系统。

电话交换系统,利用天津西、保定通信站既有程控电话交换机,在既有天津西站、保定站新设光线路终端(OLT)设备;在沿线车站、信号中继站、综合维修工区、牵引变电所、分区所、AT 所、电力配电所等信息用户接入点设光网络单元(ONU),沿线新增自动电话用户按管辖范围通过 ONU 和 OLT 设备及接入网系统接入既有程控电话交换机,通过统一编号组网,实现与既有铁路电话专网的互通。

全线新设数据网,利用北京铁路局调度所的既有核心路由器,利用天津站的既有汇聚路由器,在既有保定站新设汇聚路由器,在新建车站和徐水信号楼设接入路由器和以太网交换机,负责本地数据的接入和交换。接入路由器之间、接入路由器与汇聚路由器之间通过传输通道互联构成环形网,并上联至铁路局调度所核心路由器。在铁路局调度所新设数据网网管系统,对数据业务进行管理。

新设天津西至保定、天津枢纽大北环线调度通信系统,利用北京铁路局调度所既有调度通信交换机,并在调度所新设 1 个津保行车调度台和 1 个助理行车调度台及 1 个电力调度台。新建车站(线路所)设车站调度通信交换机、调度分机和车站值班台,还建徐水站调度分系统,纳入铁路局调度所中心调度交换机、调度通信系统。津保行车调度台负责天津西(不含)至徐水(不含)段的行车调度指挥;徐水至保定段及联络线、天津枢纽大北环线纳入既有相关调度台管辖。

新设 GSM-R 移动通信系统,利用北京铁路局既有 GSM-R 核心网交换机,在核心网机房新设基站控制器(BSC)、分组控制单元(PCU)和编译码及速率适配设备(TRAU)。沿线车站和区间设通信基站(BTS),接入新设基站控制器(BSC)和铁路局 GSM-R 交换机,采用单层覆盖方式组网。区间弱场区采用光纤直放站、漏泄电缆和天线方式增强。引入天津西站和曹庄动车组运用所采用与京沪高速铁路相同制式的 GSM-R 移动通信系统。京九联络线(霸州西至霸州)采用与本工程相同制式的 GSM-R 移动通信系统。京石联络线(白洋淀至徐水东)采用与本工程相同制式的 GSM-R 移动通信系统。完成调度通信、调度命令和无线车次号校核信息传送等功能。徐水至保定段利用京广铁路既有 450 MHz 无线列调系统。天津枢纽大北环线新设 450 MHz B 制式的无线列调系统。

新设会议电视系统,利用北京铁路局既有会议电视系统中心设备,在沿线新建车站和徐水站新设会议电视分会场接入设备,接入北京铁路局会议电视中心系统。

新设应急通信系统，利用北京铁路局既有应急通信指挥中心设备，在胜芳、白沟综合维修工区分别设应急通信现场接入设备，建立起应急通信指挥中心与事故现场间的应急通信网络。用于将事故现场采集到的语音、数据、图像等信息传送到应急通信指挥中心，

沿线各新建通信机械室设 48 V 高频开关电源和蓄电池组，并设通信电源和机房环境监控系统。

5.21.4　信号工程

车站联锁，正线新建车站、徐水站及曹庄北线路所新设硬件安全冗余型计算机联锁设备、信号电源屏及 UPS 不间断电源。密云路线路所道岔纳入曹庄北线路所控制，在天津西站信号楼内增设曹庄北线路所设备的控显终端。北张庄线路所采用区域联锁方式纳入白洋淀车站联锁控制，在白洋淀站设计算机联锁主机设备，负责完成白洋淀站和北张庄线路所的信号联锁功能，实现一站一所的合控；在白洋淀站、北张庄线路所分别设计算机联锁执表机，接收和执行白洋淀站主机的联锁命令，负责本机所管辖范围内轨旁设备的联锁条件的采集和驱动，并将相应的道岔、信号机执行情况和工作状态返回给白洋淀站联锁主机。霸州站结合站场工程在既有计算机联锁设备基础上利旧改造。天津西津保场（含普速场）、天津西高速场、徐水东站计算机联锁设备因津保客专及联络线的引入进行适应性改造。

天津枢纽大北环线西堤头和山岭子站、北仓北线路所（含汉沟东线路所道岔）新设硬件安全冗余型计算机联锁设备和信号电源屏。天津枢纽内的民生村站、军粮城站、张贵庄站、天津站 4 号信号楼、天津北站、汉沟镇站等，在既有计算机联锁设备基础上结合本工程利旧改造，室外不动的信号设备利旧使用。其中民生村站结合蓟港铁路增建第二线工程同步实施。

根据车站（场、所）道岔设计类型，配备相应的道岔转辙装置和转辙机，并采用断电保护措施。正线上的道岔采用外锁闭、多机分线、分动控制方式，高速道岔及普速提速道岔采用配套外锁闭装置。通过时速 160 km 以上的 18 号及以上号码道岔增设密贴检查装置，具备挤岔监督报警功能，监测信息纳入信号集中监测系统。徐水站及霸州站原位不动的转辙机及安装装置利旧使用。天津西至徐水站间各车站（线路所）动车组运行进路上的道岔设道岔融雪装置和控制设备，按人工确认后启动，有关信息传输至运营管理部门。

天津西至霸州西客运专线区段的胜芳站、曹庄北线路所（含密云路线路所）站内采用与区间相同制式的计算机编码控制的 ZPW-2000 系列有绝缘轨道电路，其发送设备按 1 +1 冗余配置、接收设备采用双机并用方式。

霸州西至徐水客货共线区段的霸州西、白沟、白洋淀、徐水站站内采用 97 型 25 Hz 相敏轨道电路叠加 ZPW-2000 系列移频电码化制式，正线区段采用预发码方式，侧线股道采用占用发码方式；发送设备 1 +1 按冗余配置，发码方式采用计算机编码控制。霸州站按既有 25 Hz 轨道电路利旧改造，维持既有四线制闭环电码化，发送设备采用 $N+1$ 冗余配置；北张庄线路所采用与区间同制式计算机编码控制的 ZPW-2000 系列有绝缘轨道电路。

综合维修车间及工区有关道岔纳入临近车站联锁设备集中控制，为解决轨道电路分路不良，设计采用高压脉冲轨道电路作为分路不良的解决措施。正线间渡线及侧线股道

ZPW-2000 系列一体化轨道电路采用钢轨喷涂处理措施。

车站(所)站内 ZPW-2000 轨道电路及电码化室外电缆采用铁路数字信号电缆。信号设备干线电缆及超过 400 m 长的分支电缆采用铝护套信号电缆,其余分支电缆采用综合护套信号电缆。

运输调度指挥系统,天津西至徐水段新设调度集中(CTC) 系统,各新建车站和曹庄北线路所设 CTC 分机、网络安全和通道质量监督设备。接入北京铁路局客专调度所新设的津保客专行车调度台和 CTC 总机系统,并增设本线所需的通信和应用服务器、CTC - TSRS 接口服务器等配套设备。天津西津保车场至曹庄北线路所调度集中系统和京沪高速联络线纳入京沪高速调度台管辖。徐水站结合站场和信号设备房屋设计方案维持既有列车调度指挥系统(TDCS)标准新设 TDCS 分机设备,天津西站高速场、徐水东站、霸州站既有 CTC 分机设备利旧改造,一同维持既有调度台管辖。天津西津保场(含普速场)新设 CTC 分机设备和 TDCS 分机设备,CTC 分机设备接入京沪高速调度台,TDCS 分机设备接入既有天津枢纽调度台。天津枢纽的大北环线采用既有北环线列车运行调度指挥系统(TDCS)标准,在北仓北线路所(含汉沟东线路所道岔)、西堤头、山岭子站新设 TDCS 分机设备,纳入北环线所属既有调度台管辖。民生村站、军粮城站、天津站 4 号信号楼、天津北站、汉沟镇站及需要改造的南仓编组站Ⅱ场,在既有 TDCS 分机设备基础上利旧改造。并对北京铁路局调度所既有 TDCS 总机系统结合本工程对相应软件进行修改。

列车运行控制系统,曹庄北线路所、京沪高速联络线至天津西站高速车场采用 CTCS-3 级列控系统,将 CTCS-2 级列控系统作为后备模式;天津西津保场(含)至徐水站(不含)及京石客专联络线采用 CTCS-2 级列控系统,在京石客专联络线、曹庄动车运用所走行线适当位置设 CTCS-2 级与 CTCS-3 级列控模式切换点;徐水至保定段既有 CTCS-2 级列控系统利旧改造,利用漕河站与保定站之间既有 CTCS-2 级与 CTCS-0 级的级间转换应答器组进行列控模式的切换。在天津西至徐水段的曹庄北线路所、胜芳、霸州西、白沟、白洋淀、徐水站和信号中继站设安全数据网、列控中心(TCC)、应答器及其电子编码单元(LEU),所设列控中心完成轨道电路编码、运行方向控制、站间安全信息传输等功能(北张庄线路所不设列控中心设备,轨道电路编码等功能由白洋淀站列控中心设备完成);天津西津保场(含普速场)、天津西高速场、徐水东站在既有列控中心设备基础上利旧改造,完成所需要的功能。天津枢纽与军粮城站调整有关津山线区间既有列控系统(CTCS-3 级)地面应答器的布设位置和修改报文数据。

在天津西站设 1 套临时限速服务器(TSRS),满足本线曹庄北线路所至徐水站临时限速和管理,并能实现与相邻线路临时限速服务器接口及临时限速功能,接收和管理北京铁路局客专调度所 CTC 系统下达的临时限速命令。曹庄北线路所至天津西津保场及京沪高速联络线利用既有京沪高速铁路 TSRS,维持既有标准;京石客专联络线利用京石客专的 TSRS 维持既有标准;徐水至保定段临时限速方案维持既有标准。

区间闭塞制式,新建 CTCS-2 级列控系统的区段,采用四显示自动闭塞,按双线双方向运行,正向采用追踪间隔运行,反向采用自动站间闭塞行车。京九联络线采用四显示 ZPW-2000 移频自动闭塞,反向采用自动站间闭塞运行。天津西至霸州西客专区段不设地面通过信号机，在闭塞分区的分界点处设区间信号标志牌；霸州西至徐水的客货共线区段设地面通过信号机，动车组运行以列控车载设备显示作为行车凭证；其他普速列车在本线运行时由列车运行监控记录装置（LKJ）结合 JT-C 系列机车信号控制列车运行，以地面信号为行车凭证。

天津枢纽大北环线北仓北线路所至山岭子段采用四显示自动闭塞，按双线双方向运行、反向采用自动站间闭塞行车。天津枢纽汉沟镇至北仓北线路所至北仓站第三线维持既有闭塞制式。汉沟镇至汉沟东线路所、民生村至军粮城联络线采用自动站间闭塞，区间空闲检查采用轨道电路方式。天津枢纽张贵庄站至天津南站货车取送线采用调车方式。其他相衔接的线路维持既有闭塞制式不变。

区间轨道电路，本工程正线区间及各联络线采用 ZPW-2000 系列无绝缘轨道电路，其发送和接收设备按冗余配置，并具备设备自监测功能，通过接口设备为信号集中监测系统提供监测信息。轨道电路传输长度一般按 10 km 控制、个别困难地段不超过 12 km。并优化和调整区间信号中继站的布设。

天津枢纽大北环线北仓北线路所至山岭子段采用 ZPW-2000 系列无绝缘轨道电路，山岭子站至民生村站调整自闭区间通过信号机布点，改造相应自闭电路。

区间 ZPW-2000 系列轨道电路干线电缆采用铝护套数字信号电缆或铝护套内屏蔽数字信号电缆，分支电缆采用综合护套数字信号电缆。

新设信号集中监测系统，天津西至霸州西站区段的胜芳站、曹庄北线路所和信号中继站新设集中监测分机设备，天津西各场既有集中监测分机设备利旧改造，纳入天津电务段信号集中监测总机系统；霸州西站至徐水站区段的霸州西站、白沟站、北张庄线路所、白洋淀站新设集中监测分机设备，徐水站既有信号楼被占压在新楼内新设集中监测分机设备，霸州站和徐水东站既有集中监测分机设备利旧改造，纳入北京西电务段信号集中监测总机系统。

天津枢纽内的北仓北线路所（含汉沟东线路所）、西堤头站新设信号集中监测分机设备。天津枢纽内的其他相关车站（线路所）在既有集中监测设备的基础上结合本工程利旧改造，纳入既有信号集中监测网络。

根据对信号系统设备确定的维修和管理方式，在综合维修车间/工区设集中监测终端设备，通过信号集中监测系统搭建的信号集中监测系统平台，对全线信号设备进行集中监测和远程诊断。并利用车站联锁、CTC、列控中心、综合信号电源屏设备及轨道电路设备提供的监测信息，为系统维护提供依据。

沿线新建信号设备房屋设防雷电、电磁兼容和综合接地防护系统。各既有相关车站信号设备用房利用既有信号机械室，对既有信号设备防雷和综合接地防护系统利旧改造。并与贯通地线等电位连接。

综合接地系统，天津西至徐水段的正线、京石客专联络线和曹庄动车组走行线沿铁路两侧分别敷设 1 条贯通地线，新建贯通地线采用截面为 35 mm^2 的铜芯电力电缆，与土建工程同步实施。在电气特性上全程贯通，接地电阻不大于 1 Ω。徐水站及相关区间利用既有信号专用贯通地线，并结合本工程进行相应改造。

在天津西新设综合维修车间（曹庄动车运用所内），在胜芳站设综合维修工区；在霸州西新设综合维修车间,在白沟、白洋淀设综合维修工区。负责所管辖范围内信号设施的运营维护和管理。

5.21.5 防灾安全监控系统

沿线设风速风向、雨量、地震监测和异物侵限系统,选择有代表性的地点设风速风向计和雨量计,利用通信基站铁塔安装所需设备,通过通信传输系统进行信息传输。在新建牵引变电所设地震监测子系统设备和光电信息转换设备,通过通信传输系统进行信息传输。在公路跨铁路立交桥两侧设异物侵限监控信息采集设备及监控单元,通过传感器、现场控制器、通信接口等设备,完成信息传输和报警联动控制。在天津西站设1套防灾安全监控系统数据处理设备,在天津和石家庄工务段设监控终端设备,完成本线各监控子系统数据汇聚与处理。防灾安全监控系统设备按规定接地后,就近与沿线综合接地贯通地线接地端子进行等电位连接。

参加线路工程施工的有中铁二局、六局、十一局、十四局、二十一局集团等单位,中铁电气化局集团有限公司承担四电系统集成、防灾安全监控和信息等相关工程的施工。

线路工程于2010年3月21日开工,四电系统集成工程于2014年10月4日开工。2014年11月26日开始铺轨,2015年10月16日全线铺通。2015年10月20日进入联调联试阶段。2015年12月28日建成通车。2016年1月10日全线正式投入运营。

5.22 佛山至肇庆城际铁路

新建佛肇城际铁路,东起佛山市内贵广铁路的佛山西站(既有),向西偏北经南海的狮山、三水的西南和云东海,跨北江进入肇庆,经大旺开发区、四会的大沙、鼎湖的莲花、桂城、坑口至端州城区,终到肇庆站,线路全长79.717 km(图5.22)。其中佛山西站(DK32 + 712)至狮山站(DK38 + 000)正线全长6.388 km、狮山站(DK38 + 000)至大冲站(DK108 + 800)正线全长约66.78 km、大冲站(DK108 + 800)至肇庆站(DK115 + 346)正线全长6.546 km。全线桥梁累计长度68.61 km,地下线路7.00 km,路基4.11 km,桥隧比例达到94.84%。全段设有佛山西(既有)、狮山、狮山工业园、三水、云东海、大旺、大沙、肇庆东、

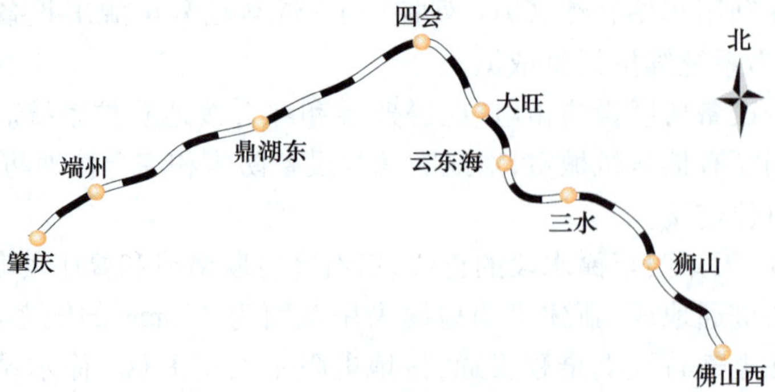

图5.22 佛山至肇庆城际铁路示意图

鼎湖、大冲、肇庆等车站。工程范围还包括改移既有广茂铁路 1.6 km 以及还建既有肇庆客车整备所等。新建佛肇段是广州至佛山至肇庆城际线纽带上的重要交通走廊，是该地区“三环八射”城际轨道交通网络中重要的一条放射线，与广佛环线在佛山西站无缝对接，可以组成完整的广佛肇城际线路。

佛肇城际铁路的建设单位是广东珠三角城际轨道交通有限公司，设计单位是中铁第四勘察设计院集团有限公司。线路主要技术标准：铁路等级，城际铁路；正线数目，双线；正线线间距，4.4 m；最大坡度，30 ‰；最小曲线半径，一般地段 2 200 m、困难地段 2 000 m、限速地段结合运行速度确定；到发线有效长度，400 m；行车指挥系统，调度集中；列车运行控制方式，采用 CTCS-2 + ATO 功能的自动控制系统；速度目标值，200 km/h；牵引种类，电力牵引（直供加回流线供电方式）；动车组类型，CRH6 型动车组。

5.22.1　电气化工程

牵引供电采用带回流线的直接供电方式。新设佛山西、云东海、鼎湖 3 座牵引变电所，新设三水、大围基、肇庆 3 座分区所。其中佛山西牵引变电所纳入佛山西站及相关工程设计。

新建佛山西牵引变电所与贵广铁路工程所设的 AT 牵引变电所合建，引入 2 路 220 kV电源供电。新建云东海、鼎湖牵引变电所引入 2 路 110 kV 电源供电，110 kV 电源侧采用分支接线，电气设备采用户外中型布置；27.5 kV 侧采用单母线隔离开关分段接线，电气设备采用户内空气开关柜布置，如果选址困难，可采用户内 GIS 布置；分区所采用箱式布置。

新建牵引变电所设 2 台变压器，采用固定备用、单相接线、自冷方式，预留风冷条件。云东海和鼎湖牵引变电所变压器安装容量为 2 × 25 MV · A，佛山西牵引变电所变压器安装容量为 2 × 31.5 MV · A。

分区所同一供电臂的上下行采用断路器、隔离开关并联接线方式。2 个供电臂之间设电动隔离开关，实现越区供电。

各牵引变电所的交流自用电系统，分别通过接引 27.5 kV 母线的单相自用变压器和 10 kV 贯通线的三相自用变压器供电。并设智能型铅酸免维护蓄电池的直流自用电系统。

新建牵引变电所采用微机保护和综合自动化系统，按无人值班设计，适当考虑值守条件。全线设综合 SCADA 系统，纳入广州铁路（集团）客专电力调度所，并设佛肇城际铁路电力调度台，对全线的牵引供电和电力设施进行集中监控及管理。

接触网悬挂采用全补偿简单链型悬挂。正线接触线采用 CTS-120 型锡铜合金导线，额定张力 15 kN，承力索采用 JTMH-95 型铜镁合金绞线，额定张力 15 kN；站线接触线采用 CTAH-85 型铜银合金导线，额定张力 15 kN，承力索采用 JTMH-70 型铜镁合金绞线，额定张力 10 kN。接触导线悬挂点高度一般为 5 300 mm。道岔区的接触网悬挂方式，与正线相交的道岔采用无交叉线岔，与非正线交叉的道岔采用交叉线岔方式。附加导线采用铝包钢芯铝绞线。采用带中性段空气间隙绝缘的双断口锚段关节式电分相，尽量避免设在大坡道、列车出站加速区段和线路限速低速区段。

接触网绝缘泄漏距离一般不小于1 400 mm,严重污秽地区可适当加强绝缘。上下行接触网带电体间的绝缘爬电距离不小于 1 600 mm,绝缘子爬电距离一般不小于 1 400 mm。一般地段优先采用瓷质绝缘子,正线腕臂采用抗弯强度不小于 12 kN 的棒式绝缘子。隧道内、无柱雨棚区段和接触网下锚等处采用合成绝缘子。回流线采用悬式瓷质绝缘子。

接触网支柱,腕臂柱采用热浸镀锌 H 型钢柱,车站咽喉区及多线并行区段采用线间立柱,无条件立柱时采用圆钢管硬横跨结构。车站雨棚内正线间采用吊柱形式,尽量减少接触网悬挂定位点,保持接触网安装结构与车站建筑结构的景观协调。

接触网支柱标准跨距,直线区段一般为 55 m,高路堤和桥梁等处最大不大于 50 m,绝缘锚段关节的转换跨距根据风偏确定,一般情况下缩小 10 m。隧道内采用“单吊柱 + 旋转腕臂悬挂”方式,跨距一般为 45 m。

绝缘、非绝缘关节一般采用五跨锚段关节,正线锚段长度一般不超过 2 ×700 m,个别困难情况下不超过 2 ×750 m,单边补偿的锚段长度为上述值的 50%;站线锚段长度不大于 2 ×850 m,个别困难情况下不大于 2 ×900 m;单边补偿的锚段长度不超过 900 m。附加导线的锚段长度不大于 2 000 m。

接触网下锚采用棘轮补偿装置,隧道外采用圆形铁坠砣,隧道内采用矩形铁坠砣,且坠砣限制框架增加导向滑轮装置。正线采用防断中锚,站线有条件的采用防断中锚,无条件的采用防窜中锚。

佛肇城际铁路采用综合维修模式,在肇庆设接触网工区,负责牵引供电系统的运营维护及管理。

5.22.2 电力工程

全线新设 2 条 10 kV 综合负荷贯通线,新建 10 kV 贯通线采用截面为 120 mm^2 的单芯铜芯电力电缆,分别沿铁路两侧电缆槽敷设。10 kV 单芯电力电缆线路采用在线路一端金属层单点直接接地方式,另一端接护层保护器,并设电抗器进行补偿。

新设云东海、肇庆东、肇庆等 3 座 10 kV 配电所,新建 10 kV 配电所引入 2 路地方专线电源供电;利用扩建佛山西 10 kV 配电所,纳入佛山西相关工程实施。

设有 10 kV 配电所的车站其综合负荷设站内 10/0. 4 kV 综合变电所供电,电源引自配电所站馈线;没设 10 kV 配电所的车站其综合负荷设站内 10/0. 4 kV 综合变电所供电,电源引自 2 路 10 kV 贯通线。

云东海、肇庆东、肇庆车站与行车有关的通信信号负荷设室内 10/0. 4 kV 通信信号专用变电所供电,电源 1 路引自配电所的站馈线、1 路引自 10 kV 贯通线;其他没设 10 kV 配电所的车站其通信信号负荷设室内 10/0. 4 kV 通信信号专用变电所供电,电源引自 2 路 10 kV 贯通线。肇庆综合工区用电负荷设 10/0. 4 kV 变电所,从肇庆 10 kV 配电所站馈线接引电源供电。

区间通信基站、光纤直放站等处用电负荷设箱式变电站供电,电源引自 2 路 10 kV 贯通线。牵引变电所自用电从 10 kV 贯通线上接引 1 路电源,另一路电源由牵引供电系统供给。

云山隧道进口、中间、出口泵房用电各设 10/0.4 kV 变电所供电,电源引自 2 路 10 kV 贯通线。

新建 10 kV 配电所采用微机保护和综合自动化系统,实行无人值班、有人值守方式。设电力远动系统,沿线 10 kV 配电所、10/0.4 kV 变电所、10/0.4 kV 箱式变电站高低压回路均纳入广州(铁路)集团调度所的电力综合 SCADA 系统。实现对全线电力设备的测量、控制、保护等功能。

5.22.3　通信工程

长途通信线路,新设 2 条 32 芯单模直埋光缆,沿新建铁路两侧电缆槽敷设。构成不同物理径路的光缆环,以提高通信线路的可靠性。利用广佛环线干线光缆将本线通信网接入广州枢纽既有通信网。

为满足新设 GSM-R 移动通信系统光纤直放站组网的需要,在光纤直放站远端机至近端机之间敷设 1 条 8 芯短段光缆;为满足综合视频监控系统、电力 SCADA 系统对传输通道的要求,在其节点与相邻传输节点之间敷设 1 条 8 芯短段光缆。

传输系统,新设 SDH 2.5 Gbit/s 骨干传输系统,在广州南通信站、佛山西站、大沙站、肇庆站设 SDH 2.5 Gbit/s ADM 设备,使主要站点与广州枢纽广州南通信站构成 4 纤 SDH 2.5 Gbit/s 复用段保护环。

新设 SDH 622 Mbit/s 接入网系统,在广州南站和本线各新建车站 SDH 622 Mbit/s ADM 设备,按照佛山西站至大沙站至肇庆站进行分段,利用新建的 2 条 32 芯光缆中的各 4 芯光纤构建 2 个 4 纤 SDH 622 Mbit/s 复用段保护环。区间接入节点利用新建 2 条 32 芯光缆中的各 2 芯光纤接入相邻车站,组成 1 个 2 纤保护环。站内接入节点采用 1+1 链路就近接入本站汇聚节点。

在广州南通信站、佛山西站、大沙站、肇庆站新设的 SDH 622 Mbit/s ADM 设备与本站的 SDH 2.5 Gbit/s ADM 设备通过 2 个 622 Mbit/s 光接口互联。利用广州南通信站至广州铁路(集团)客专调度所既有 SDH 10 Gbit/s 传输系统,通过广州南通信站、肇庆通信站新设的 SDH 设备与既有 SDH 设备的互联,实现本线通信网与既有铁路通信网的互联。

新设数据通信网,采用核心层、汇聚层、接入层网络拓扑结构组网。利旧扩容广州铁路(集团)既有数据通信网核心路由器及汇聚路由器等设备,大沙站新设汇聚路由器;沿线新建车站设接入路由器和以太网三层交换机,佛山西站利用既有接入路由器,利用光纤与狮山站接入节点互联。接入路由器与接入路由器、接入路由器与汇聚路由器之间通过传输通道直连,并上联至核心节点路由器,实现各站数据业务的接入、转发和汇聚。

在客专调度所新设网管服务器,在广州南站新设复示终端,对本网的数据业务进行安全管理、配置管理、故障管理和性能管理。并按照与通信综合网管系统之间所定义的规范和接口接入通信综合网管系统的接口。

电话交换系统,利用广州流花桥通信站既有铁路电话交换机,在广州南通信站新设

OLT 设备,沿线车站、维修工区、牵引变电所、分区所新设 ONU 设备。沿线新增自动电话用户通过 ONU 和 OLT 设备及接入网系统,接入流花桥通信站既有铁路电话交换机及网管设备,通过统一编号组网,实现与既有铁路电话专网的互通。

新设调度通信系统,利用广州铁路(集团)客专调度所既有调度通信交换机、并进行扩容,在沿线新建车站设车站型调度交换机、调度分机、车站值班台。按佛山西至云东海、大旺至肇庆组建 2 个数字环接入广州铁路(集团)客专调度所的调度通信交换机及调度通信总机系统。并在调度所新设本线列车调度台,实现全线的通信调度业务。通过将调度所交换机与 GSM-R 移动通信核心网交换机的互联,实现有线与无线调度电话的互通。

新设 GSM-R 移动通信系统,利用广州铁路(集团)既有 GSM-R 移动通信交换机和核心网节点设备,利用莞穗城际铁路工程在广州南通信站所设的基站控制器(BSC)、分组控制单元(PCU)、编译码和速率适配单元(TRAU)等。沿线车站新设通信基站(BTS)和载频基站、区间新设通信基站(BTS),单独组成基站数字通道环,车站区域实现同址双基站冗余覆盖,区间采用单层覆盖网络组网,接入广州南通信站的 BSC 及广州的 GSM-R 交换机。区间和隧道内弱场区采用光纤直放站、漏泄电缆和天线方式增强,并设漏泄电缆监测系统,以满足无线场强覆盖的需要。完成调度通信、调度命令、车次号校核、救援抢险等信息业务的传送功能。并满足铁路 CTCS-2 + ATO 列控系统对沿线车站站台门控制和运行计划数据传输的要求。另外,需要统筹考虑广州地区和珠三角地区铁路 GSM-R 移动通信网络覆盖和频率规划,减少对既有铁路 GSM-R 移动通信系统的影响,并预留铁路 GSM-R 移动通信系统发展的要求。

新设会议电视系统,利用广州铁路(集团)客专调度所既有会议电视中心系统和设备,根据需要扩容。沿线新建车站、综合维修车间设会议电视分会场接入设备,接入调度所既有会议电视总机系统。

新设应急通信指挥系统,利用广州铁路(集团)既有应急通信指挥中心设备。在肇庆综合维修工区新设 1 套应急通信现场事故抢险设备。通过传输通道接入既有应急通信指挥中心系统平台。实现能把事故现场的语音、数据、图像传递到应急通信指挥中心。

通信电源,沿线新建通信机房设 48 V 高频开关电源和蓄电池组及 UPS 不间断电源。并新设电源和环境监控系统,对电源设备和机房环境进行实时监控。

5.22.4 信号工程

车站联锁,山水、大沙、肇庆东、肇庆等有配线的车站(即有岔车站)和肇庆站普速车场采用硬件安全冗余型计算机联锁设备、信号综合智能电源屏及 UPS 不间断电源设备,其中肇庆站客整所相关道岔及线路纳入肇庆普速车场联锁设备集中控制。所设联锁设备应满足与 CTC/TDCS(列车调度指挥系统)、TCC(列控中心)等系统设备的通信接口(并具有与站台安全门或屏蔽门控制系统、紧急停车按钮的继电接口)和信息交换的要求,为信号集中监测系统提供相关信息。在各车站站台适当位置,对应每股道设 2 个紧急停车按钮。在车站综合监控室设后备盘(IBP),盘面上对应每股道设 1 个紧急停车按钮。无配线车站站台安全门或屏蔽门控制接口、紧急停车按钮接口等通过所设的控制电缆,连接至相邻有配线车站的 TCC 或联锁设备。

无配线的狮山、狮山工业园、云东海、大旺、鼎湖、大冲等车站不设计算机联锁设备，其进路联锁逻辑（包括增设的与站台门控制系统、紧急停车按钮的继电接口）由相邻有岔车站联锁设备完成。

信号系统应采集车站屏蔽门或安全门完全关闭信息，当屏蔽门或安全门未完全关闭时，应禁止相应股道接车、发车信号机开放。根据车站接发列车作业要求，通过车—地信息传输系统和地面列控系统，将屏蔽门或安全门开启、关闭信息传输至联锁系统，实现门与信号机开放的联动控制功能。

根据车站（场）道岔设计类型，配备相应的道岔转辙机及转辙装置，采用多转辙机分线分动方式控制且采用钩式外锁闭装置。交流转辙机（外壳接地）设限时断相保护器，并设道岔缺口监测装置。正线道岔设密贴检查装置，安装在轨道外侧。

有岔车站站内采用与区间相同制式的 ZPW-2000 系列机械绝缘轨道电路，无配线车站采用 ZPW-2000 系列无绝缘轨道电路，其发送和接收设备按冗余配置。各车站均设进出站地面信号机，同方向进出站信号机间距应满足列车在 ATP 设备故障情况下 80 km/h 速度安全制动距离的要求。

为解决因钢轨生锈引起轨道电路的分路不良，对站内正线间设有渡线的 ZPW-2000 轨道电路区段采取技术措施进行分路不良处理。其中肇庆站普速车场采用通过技术审查的高压脉冲轨道电路，正线按预叠加、到发线占用叠加方式设计电码化。

运输调度指挥系统，新设分散自律控制模式和非常站控模式的调度集中（CTC）系统，在广州铁路（集团）调度所新设珠三角城际铁路（包括穗莞深、莞惠和佛肇线）的 CTC 中心系统设备（包括数据库服务器、CTC 应用服务器、通信前置服务器、与 GMS－R 等各类接口服务器、对外信息提供服务器等），以及佛肇城际铁路和广佛环线（佛山西至广州南段）行车调度台、相应的网络及网络安全等设备。有配线的车站新设 CTC 分机、网络安全和通道质量监督设备，以及车务终端、电务维护终端、采集与控制设备等，系统具有与联锁、列控、信号集中监测等系统的串行通信接口；无配线车站不设 CTC 分机，在车站综合监控室设 CTC 车务终端、配套设置网络安全和通道质量监督设备，车站 CTC 信息的接收通过 CTC 网络获得。肇庆站普速车场新设列车调度指挥系统（TDCS）分机设备，统一纳入调度所 CTC/TDCS 总机系统，并对既有 TDCS 总机系统进行相应修改。根据所设列控系统增加自动驾驶（ATO）系统功能的要求，CTC 系统相应增加列车运行计划实时自动调整功能。

针对珠三角地区城际铁路规划、调度区划总体布局，按照满足其规划城际铁路容量要求，新设的 CTC 中心系统设备和 CTC 调度台设备，统一管辖佛山西至肇庆段和佛山西至广州南段行车指挥。并结合其他城际铁路建设规划和进度，实时调整调度区划管辖范围。

列车运行控制系统，正线采用 CTCS-2＋ATO 列控系统［即在其超速防护功能（ATP）基础上增加列车自动驾驶（ATO）功能，ATO 在 ATP 系统控制监督下实现列车自动运行，提供屏蔽门（或安全门）、动车组车门开启（或关闭）控制信息］。在佛山西站城际场信号机房新设 1 台（本线与广佛环线共用）临时限速服务器（TSRS）进行临时限速命令控制和管理,为满足 ATO 系统功能要求,在佛山西站城际场信号设备机房新设 1 套通信控制服务器(CCS),CCS 与 CTC 中心新增的 CTC-CCS 接口服务器接口,可实现 CTC 运行计划处理和转发功能;CCS 与车载设备之间可实现门控信息的管理功能,同时 CCS 通过 TCC 可实现站台门相关的防护和控制功能。

在有配线车站和(云东海、鼎湖)信号中继站设列控中心(TCC),所设 TCC 应根据其管辖范围内轨道占用、联锁进路及边界条件等信息,按照我国列控系统(CTCS)相关技术规范规定的轨道电路码序、应答器信息,控制轨道电路的发码信息和应答器信息,通过轨道电路和应答器向列车提供其行车所需要的运行许可;并控制设在进出站信号机处的有源应答器为列车提供临时限速信息;且应具有自诊断和故障报警功能,将报警信息通过串口发送至信号集中监测系统。

在有配线车站和云东海、鼎湖站设地面电子编码单元(LEU)设备,所设 LEU 接收从列控中心传送的应答器报文信息,经编码转换后连续向有源应答器提供临时限速和车站进路报文。当 LEU 与 TCC 出现通信故障或接收的数据无效时,LEU 向有源应答器发送默认报文。

在有配线车站进出站信号机处设应答器,在无配线车站进站信号机处设应答器,在区间设应答器组,用来提供 ATO 运行时分计算所需要的线路信息,用于列车进站精确定位停车。

并设 ATO 系统所需的列车运行计划实时自动调整功能的应答器设备。所设与 ATO 相关应答器及报文应满足 CTCS-2 级 ATP 车载设备的兼容性要求,且不影响 CTCS-2 级列控系统的运用。

为满足 ATO 系统功能要求,各车站增设车—地信息传输和控制等相关设备。控制系统的设备配置、车—地通信方式采用交叉感应环线方案。站间列控、站联信息的安全传输采用专用光纤通道。

区间采用自动闭塞,闭塞分区按满足线路允许速度及追踪间隔、双线双方向运行的要求进行划分,反向运行采用自动站间闭塞行车。不设区间地面通过信号机,设信号标志牌。列车运行以列控车载设备显示作为行车凭证。

正线区间采用由计算机编码控制的 ZPW-2000 系列无绝缘轨道电路,发送设备采用 1+1 冗余配置,接收设备采用双机并联运用冗余方式。并应具备自监测功能,通过接口设备为信号集中监测系统提供监测信息。

新设信号集中监测系统,利用莞惠城际铁路工程所建的集中监测总机系统,增设有关监测中心设备;沿线各车站(场)、信号中继站设集中监测分机设备和相应的网络通信设备,具有对 CCS、站台安全门或屏蔽门控制系统、紧急停车按钮等信息的监测功能;正线车站设道岔缺口监测报警系统和采集主机及分机,可将缺口监测相关信息传送给车站集中监测分机;在佛山西综合维修车间和信号维修工区、肇庆信号维修工区分别设集中监测终端和相应的网络交换设备。通过集中维护专用网统一接入集中监测总机系统。实现对信号基础设备及安全门继电器状态、站台紧急停车按钮继电器状态等进行实时监控。

沿线新建信号设备房屋设防雷电、电磁屏蔽和综合接地防护系统,信号设备机房设避雷网、避雷带和接地系统等,与房建工程同步实施。机房的信号设备设防雷保安器和防雷柜，室内设备箱盒和柜体等要良好接地，并与贯通地线等电位连接。

全线新设综合接地系统，沿新建铁路敷设截面为 35 mm^2 的铜芯电缆贯通地线，在电气特性上全程贯通，接地电阻不大于 1 Ω。沿线轨旁信号设备就近与贯通地线等电位连接。

参加线路工程施工的有中铁一局、二局、七局、八局、十一局、十三局、十四局、二十三局集团等单位；中铁建电气化局集团等承担电气化、通信、信号和电力工程的施工。

线路工程于 2009 年 9 月开工，四电工程于 2014 年 1 月开工。2015 年 12 月 27 日开始四电工程的联调联试，2016 年 3 月 30 日正式开通运营。

5.23　郑州至徐州客运专线

新建郑徐客运专线，西起郑州东站，向东途经开封、兰考、民权、商丘、砀山、永城、萧县，终到徐州东站，正线全长 361.937 km（图 5.23）。其中河南省内 252.826 km、安徽省内 73.436 km、江苏省内 35.675 km。全线设郑州东（既有）、开封北、兰考南、民权北、商丘（既有扩建站）、砀山南、永城北、萧县北、徐州东（既有）等车站。其中郑州东站和徐州东站为既有车站，商丘站为既有扩建车站，其余车站为新建车站。另设鸿宝线路所、铜山线路所及徐州东线路所。工程范围还包括郑州、徐州枢纽及商丘地区相关配套工程（在郑州东站北端新建南东上下行联络线、北西联络线、与郑西客专的贯通线、郑州东动车所及走行线工程；徐州枢纽新建引入徐州东站京沪场联络线、新建铜山上下行联络线）。新建郑徐客运专线是我国《中长期铁路网规划》中“四纵四横”客运专线网中徐兰客运专线的重要组成部分。在郑州枢纽与郑西客运专线、京广客运专线衔接，在徐州枢纽与京沪高速铁路衔接。郑徐客运专线是国内首次大规模采用具有完全自主知识产权的高速铁路，是展示中国高速铁路国家战略整体实力的关键项目，被列为中国高铁走出去的主要技术支撑。随着郑徐客运专线和宝兰客运专线的开通，不仅为广大人民群众出行提供便捷通道，促进沿线地区交流与合作，推动经济贸易发展，还极大地缓解了陇海铁路运输压力，而且对助推“丝绸之路经济带”、促进中西部经济社会发展、加快我国与中西亚及欧洲的经贸合作将发挥重要作用。

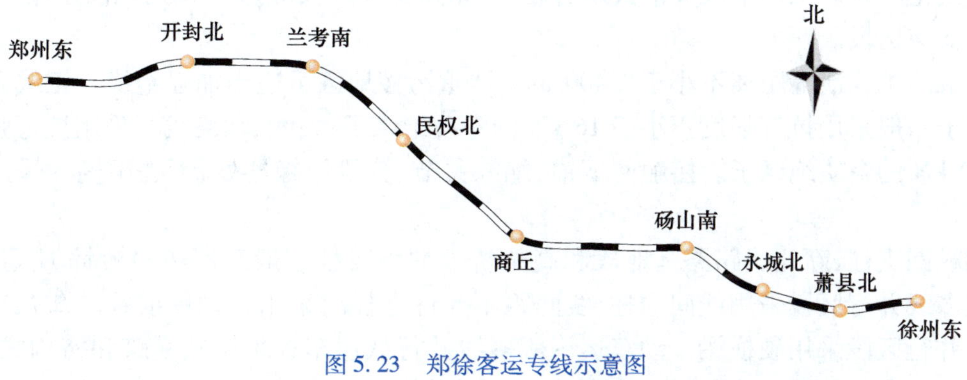

图 5.23　郑徐客运专线示意图

郑徐客运专线的建设单位是郑西铁路客运专线公司，设计单位是中铁第四勘察设计院集团有限公司。线路主要技术标准:铁路等级,客运专线;正线数目,双线;最大坡度,20 ‰;最小曲线半径,7 000 m、进入枢纽地区可适当降低;到发线有效长度,650 m;设计速度目标值,350 km/h;列车运行方式,自动控制;行车指挥方式,综合调度集中;牵引种类,电力牵引(AT 供电方式)。

5.23.1　电气化工程

牵引供电系统采用 AT 供电方式。全线新设大孟、杜良、野岗、邓庄、朱屯、条河、大刘庄 7 座 AT 牵引变电所;新设鸿宝、南官庄、阁寨、柳河、刘庄、关帝庙、杜楼、荆山等 8 座 AT 分区所;新设台萧、姚寨等 14 座 AT 所,新设徐州东动车存车场开闭所。利用石武客运专线工程所建的郑州东牵引变电所和郑州东开闭所、郑州东动车运用所开闭所增加馈线为本线供电;利用京沪高速铁路工程所建徐州东牵引变电所增加馈线给本线供电。

新建牵引变电所引入 2 路 220 kV 电源供电,220 kV 电源侧采用线路变压器组接线,电气设备采用户外单体中式布置;2 × 27.5 kV 侧采用单母线接线方式,电气设备采用户内 GIS 开关柜布置;分区所、开闭所 27.5 kV、2 × 27.5 kV 侧采用户内 GIS 开关柜布置。

新建牵引变电所设 4 台变压器、分成 2 组,采用固定备用、三相 V/X 接线、油浸自冷方式,预留风冷条件。各新建牵引变电所变压器安装容量均为 2 × (40 + 40) MV · A。AT 分区所变压器安装容量为 25/12.5 MV · A,AT 所变压器安装容量为 32/16 MV · A。

新建牵引变电所、开闭所、分区所、AT 所采用微机保护和综合自动化系统,按无人值班设计,牵引变电所适当考虑值守条件。牵引供电设远动调度和综合 SCADA 系统,分别纳入郑州铁路局和上海铁路局调度所管辖,并新设郑徐客运专线电力调度台。

接触网悬挂,时速 350 km 正线采用全补偿弹性链型悬挂,联络线、站线等其他线路采用全补偿简单链型悬挂,接触悬挂结构高度一般为 1 600 mm。正线接触线采用 150 mm^2 的铜镁合金导线,张力 30 kN,承力索采用 120 mm^2 的铜镁合金绞线,张力 21 kN;站线、联络线、动车走行线接触线采用 120 mm^2 的铜锡合金导线,张力 15 kN,承力索采用 95 mm^2 的铜镁合金绞线,张力 15 kN。接触线悬挂高度一般为 5 300 mm。正馈线、保护线等附加导线采用钢芯铝绞线。与正线相交的道岔采用无交叉线岔方式,与非正线交叉的道岔采用交叉线岔方式。采用锚段关节式电分相,尽量避免设在大坡道、列车出站加速区段和线路限速低速区段。

接触网绝缘泄漏距离不小于 1 400 mm,严重污秽地区可适当加强绝缘。正线区段腕臂绝缘子一般采用抗弯强度不小于 16 kN 的瓷质绝缘子,站线、联络线等采用抗弯强度不小于 12 kN 的瓷质绝缘子。接触网下锚、绝缘关节、分段绝缘器处、无柱雨棚内采用合成绝缘子。

接触网支柱,新建线路路基地段和高架桥上的腕臂柱一般采用热浸镀锌 H 型钢柱,车站及多线并行区段采用线间立柱,线间距不允许立柱时采用轻型硬横跨。郑州东站北端多线并行区段采用硬横梁。动车运用所多线并行低速车场采用软横跨和格构式钢柱。车站雨棚地段接触网支柱与雨棚柱合架。

接触网支柱标准跨距,正线区段一般为 45 ~ 55m,相邻跨距之差不大于 10 m,其他线路相邻跨距之比不大于 1.15:1,咽喉区不大于 2:1。

一般情况下,绝缘、非绝缘锚段关节采用五跨关节,困难地段正线采用四跨关节。正线锚段长度一般不大于 2×700 m、困难情况下不大于 2×750 m;单边补偿的锚段长度不大于 750 m;站线锚段长度一般不大于 2×800 m、困难情况下不大于 2×900 m;单边补偿的锚段长度不大于 850 m;附加导线的锚段长度一般不大于 2 000 m,困难情况下不大于 3 000 m。

正线接触网下锚采用棘轮补偿装置,其他线路采用滑轮组补偿。中心锚结一般采用防断中心锚结,在车站内下锚困难或位于站台区等受条件限制时采用防窜中心锚结。

利用石武客运专线工程所建的郑州东供电车间、京沪高速铁路工程所建的徐州东供电车间,在兰考南、商丘、永城北综合维修工区设供电工区,负责本线牵引供电和电力设施的运营维护管理及抢修工作。

5.23.2　电力工程

全线新设 1 条一级负荷 10 kV 贯通线和 1 条综合负荷 10 kV 贯通线,分别沿铁路两侧电缆槽敷设。新建一级负荷 10 kV 贯通线采用截面为 70 mm^2的铜芯电力电缆,综合负荷 10 kV 贯通线采用截面为 95 mm^2的铜芯电力电缆。

全线在开封北、兰考南、民权北、商丘、砀山南、永城北、萧县北站新设 10 kV 配电所,新建 10 kV 配电所引入 2 路地方电源供电。其中民权北、商丘、砀山南 10 kV 配电所设在车站站台端,其余车站的 10 kV 配电所设在综合维修工区内并与综合维修工区 10/0.4 kV 变电所合建。利用石武客运专线工程所建的郑州东 220/10 kV 变配电所,利用京沪高速铁路工程所建徐州东 10 kV 配电所预留的位置,增设相关馈出设备给本线供电。

新建 10 kV 配电所的车站其综合负荷设站房 10/0.4 kV 综合变电所和变压器,从配电所站馈线接引电源供电。

车站通信信号负荷设站房 10/0.4 kV 通信信号专用变电所和变压器供电,电源引自配电所站馈线或 2 路 10 kV 贯通线。

郑州疏解线鸿宝线路所、铜山联络线线路所、徐州东线路所用电负荷,由新建 2 路 10 kV贯通线供电。

在曹古寺线路所设 1 座通信信号专用变电所给新建信号楼供电,设 1 座箱式变电站给新设道岔融雪设施供电,电源均引自既有 10 kV 贯通线。郑州东南咽喉新设道岔融雪设施由附近箱式变电站供电。既有徐州站信号楼新设计算机联锁设备用电负荷就近接引低压电源供电,增设相应的动力配线等电力设施。

离车站较远的道岔融雪装置,设单变压器箱式变电站,从车站 10 kV 配电所站馈线接引电源供电;离车站较近的道岔融雪装置,从车站 10/0.4 kV 综合变电所接引 380/220 V 电源供电。

警务区、岗亭一般就近从电力远动开关房接引低压电源供电,个别远离电力远动开关房的就近设杆架式变电台供电。

区间通信信号用电负荷,设电力远动开关房和 2 台变压器,分别由一级负荷 10 kV 贯通线和综合负荷 10 kV 贯通线提供主备用电源。

新建 10 kV 配电所采用微机保护和综合自动化系统,按无人值班设计。全线设电力远动系统、综合 SCADA 系统,分别纳入郑州铁路局和上海铁路局调度所电力调度台管辖,实行集中监控。

5.23.3 通信工程

长途通信线路,新设 2 条 32 芯单模直埋光缆,分别沿铁路两侧电缆槽道敷设。

为满足新设数据网交换机组网的需要,商丘站至砀山南站、萧县北站至铜山站至徐州站新设 1 条 24 芯光缆。徐州站经大湖站至徐州东站沿联络线新设 1 条 24 芯光缆,砀山南站至既有砀山站新设 1 条 32 芯光缆;商丘站通信机械室至商丘通信站新设 2 条 24 芯光缆。为满足 GSM-R 通信系统组网的需要,光纤直放站近端机至远端机间敷设 2 条 8 芯光缆。为满足综合视频监控和 SCADA 系统组网的需要,在其节点与相邻传输节点间敷设 1 条 8 ~ 12 芯光缆。车站(场)内各接入节点间敷设 1 条 12 芯光缆,构成站场内环型通信网络。

传输系统。新设 SDH 10 Gbit/s 骨干传输系统,各车站新设 SDH 10 Gbit/s ADM 设备,利用新建 2 条 32 芯光缆中的各 2 芯光纤构成复用段 1 + 1 保护。在郑州铁路局调度所、郑州通信站新设 SDH 10 Gbit/s 设备,与郑州东站构成枢纽 SDH 10 Gbit/s 传输环;在徐州通信站新设 SDH 10 Gbit/s 设备与萧县北和徐州东 SDH 10 Gbit/s 设备构成徐州地区 SDH 10 Gbit/s 传输环。

新设 SDH 2.5 Gbit/s 接入网系统,各车站新设 SDH 2.5 Gbit/s ADM 设备,在车站之间利用新建 2 条 32 芯光缆中的各 2 芯光纤构成复用段 1 + 1 保护。并在同一车站将 SDH 2.5 Gbit/s 设备与 SDH 10 Gbit/s 设备通过 SDH 2.5 Gbit/s 光接口相联,为接入网系统重要通道提供保护。

新设 SDH 622 Mbit/s 接入网系统,在沿线区间通信基站、信号中继站、牵引变电所、AT 所、分区所、开闭所、电力配电所、综合维修车间/工区等信息接入点设 SDH 622 Mbit/s ADM 设备。车站间利用新建 2 条 32 芯光缆中的各 6 芯光纤构成 3 个 2 纤复用段保护环(GSM-R 系统奇数基站 1 个环、偶数基站 1 个环;信号和电力及牵引供电 1 个环)。并将电力配电所、综合维修车间/工区、派出所所设 SDH 622 Mbit/s 设备分别与各站通信机房构成站内通道保护环。

另在郑州东、徐州东、商丘站新设 SDH 622 Mbit/s 局端设备,使本线传输接入系统在商丘通信站与既有设备进行互联。徐州、徐州西和铜山站、铜山联络线车站以及沿线区间新设 SDH 622 Mbit/s 设备,接入既有传输接入网。

郑州铁路局范围,在郑州东站新设传输和接入网网元管理系统,郑州通信站网管中心设网元网管服务器,在郑州东站、商丘车间设网管终端;上海铁路局范围,在徐州东站通信机房设网管服务器,徐州东站通信机械室、徐州高铁车间网调工区、上海网管中心、通信段等设网管终端。分别接入郑州铁路局、上海铁路局既有通信综合网管系统。

新设数据通信网,利用郑州铁路局、上海铁路局既有核心节点和设备,徐州东新设汇聚路由器，利用相关工程在郑州东所设的汇聚路由器并扩容，沿线车站设接入路由器。接入路由器之间、接入路由器与汇聚路由器之间通过传输通道互联构成环形网，并上联至核心节点路由器。实现数据业务的接入、转发和汇聚。徐州东新设数据网网管设备，利用郑州既有数据网网管设备，对全线数据网设备进行统一管理。

电话交换系统，利用郑州通信站、商丘、徐州既有铁路电话交换机，在郑州东通信站、徐州东站设光线路终端（OLT）设备，在各车站、线路所、信号中继站、牵引变电所、分区所、AT 所、开闭所、电力配电所、综合维修车间/工区、派出所等信息接入点设光网络单元（ONU），沿线新增自动电话用户根据管辖范围通过 ONU 分别接入相应的 OLT 设备，构成接入网系统，分段纳入既有铁路电话交换网，通过统一组网编号，实现与既有铁路电话专网的互通。

新设调度通信系统，利用郑州铁路局、上海铁路局调度所既有调度通信交换机，根据需要适当扩容。沿线新建车站和线路所新设车站型调度通信交换机、调度分机和车站值班台等设备，按管辖范围通过专用传输通道分别纳入铁路局调度所调度通信交换机及调度通信总机系统。按照调度区划分，在郑州铁路局、上海铁路局调度所各设 1 个行车调度台（行车和供电调度台合设）及配套设备。负责本线的通信调度。

为满足动车下线通过铜山联络线进入既有徐州站，在铜山站、徐州西、徐州站新设车站型调度通信交换机和值班台，在既有车站数字调度值班台旁设（GSM-R）FAS 值班台，纳入既有东、西陇海铁路调度台及京沪铁路调度台，并在上海铁路局调度所增设调度值班台。在既有线区段运行的郑徐客专动车，利用 FAS 和 GSM-R 系统实现调度通信。既有动车和机车维持既有数字调度通信和无线列调通信方式。并通过将上海铁路局、郑州铁路局调度所调度通信交换机与铁路局 GSM-R 通信交换机的相联，实现有线与无线调度电话的互通。

新设 GSM-R 移动通信系统，利用郑州铁路局、上海铁路局既有 GSM-R 移动通信核心网节点设施，郑州铁路局 GSM-R 核心网机房和徐州东站新设基站控制器、速率适配单元、分组控制单元等设备。在沿线车站或区间设通信基站，在正线 CTCS-3 级区段采用交织单层覆盖方式组网，在既有线区段采用普通单网覆盖方式组网。各联络线、疏解线区段采用单网覆盖方式组网。区间弱场区采用光纤直放站、漏泄电缆和天线方式增强，以满足信息传输的要求。完成调度通信、调度命令信息、无线车次号校核信息传送等功能。

郑州枢纽、徐州东车站附近区域，分别利用石武客运专线、京沪高速铁路 GSM-R 移动通信设施统筹设计完成场强覆盖。满足各类传输信息的需要。

为满足动车下线通过铜山联络线进入既有徐州站和从徐州东站经徐州至大湖联络线进入徐州站无线通信业务的需要，在铜山联络线、铜山站、徐州西、徐州至大湖联络线增设通信基站进行无线场强覆盖。原陇海铁路机车和动车利用既有无线列调系统，本线客专上下线动车利用新建的 GSM-R 通信系统。

新设会议电视系统，利用郑州铁路局、上海铁路局既有会议电视中心设备，在沿线新建和扩建站及徐州车务段设分会场接入设备，按管辖范围分别纳入铁路局既有会议电视中心设备及网管系统管理。

新设应急通信指挥系统,利用郑州铁路局、上海铁路局既有应急通信系统中心设备,根据需要扩容。在开封北综合维修工区、商丘综合维修车间、萧县北综合维修工区各设应急通信现场接入设备,按管辖范围分别接入郑州铁路局、上海铁路局既有应急通信指挥中心系统,建立其应急通信指挥中心与事故现场间的应急通信网络。可将事故现场采集到的语音、数据、图像等业务信息传送到应急通信指挥中心。

沿线各新建通信信号设备机房设48 V高频开关电源和蓄电池组及UPS不间断电源设备。郑州东、徐州东通信机械室既有48 V电源扩容后继续使用。并新设电源和机房环境监测系统,在郑州东通信站、徐州东站新设监控中心设备,各通信信号机房设远端监控设备,在沿线通信车间/工区、电务段、信号车间设远程监控终端,按管辖范围分别接入监控中心设备。实现对电源和机房环境的监控。

5.23.4 信号工程

车站联锁,郑州东徐兰场至徐州东各新建车站(包括徐州东动车组存车场)新设硬件安全冗余型计算机联锁设备,并在有人值守的车站值班室设联锁设备维护复示终端。新建联锁设备车站的进路控制应具备调度集中分散自律控制和非常站控方式,通过车站局域网与调度集中、列控、信号集中监测等系统交换信息。维修工区道岔纳入临近车站联锁设备控制。

郑州枢纽内曹古寺线路所新设硬件安全冗余型计算机联锁设备,按独立联锁控制,在郑州东站徐兰场新设集中操控终端设备;徐州枢纽内鸿宝线路所、铜山线路所、红旗线路所、徐州东线路所、大湖线路所新设硬件冗余型计算机联锁设备,分别按独立联锁控制,在萧县北站、徐州东站新设集中操控终端设备。商丘西线路所道岔纳入商丘站高速场控制。郑州东京广场、城际场,郑州东动车组运用所,徐州东、徐州南、大湖站在既有联锁设备的基础上进行修改。既有徐州站信号楼一层新设计算机联锁设备,增设与列控系统信号安全数据网的接口设备和电源屏,既有信号楼三层继电器室内的接口柜、组合柜等设备原地利旧,其他室外信号设备利旧修改,并为新的信号机房与既有通信机械室之间提供信号系统传输通道。徐州枢纽的谢集站、铜山站及商丘站普速场新设计算机联锁室内设备,轨道电路、站内电码化等维持既有线标准;铜山站、商丘站结合站场改造新设相关室外设备,谢集站室外设备除更换部分倒替用的干线电缆外,其余设备利旧。

沿线各车站(含线路所和信号中继站)新设信号智能电源屏和UPS不间断电源,为CTC、列控、联锁、信号集中监测等信号设备供电。

根据车站(场、线路所)道岔设计类型,配备相应的道岔转辙机、转辙装置;通过时速大于160 km以上的1/18及以上道岔增设密贴检查装置。正线车站(线路所)道岔设转辙机缺口报警及视频监测功能。根据对该区域多年平均降雪日的统计,在降雪10 d及以上的地段,车站接发列车进路上的道岔设融雪装置。郑州东徐兰场、曹古寺线路所、鸿宝线路所、红旗线路所道岔,郑州东动车组运用所、徐州东动车组存车场接发列车进路上的道岔设融雪设备。在上海铁路局、郑州铁路局调度中心设远程控制终端,具备人工及自动控制功能。

郑州东徐兰场至徐州东各新建车站(线路所)站内采用与区间相同制式的 ZPW-2000 系列有绝缘轨道电路,其发送设备按 1+1 热备冗余配置,接收设备采用双机并联冗余方式;维修工区轨道区段采用高压脉冲轨道电路;郑州东动车所接车进路轨道区段采用高压脉冲轨道电路,郑州东站京广场采用 ZPW-2000 系列有绝缘移频轨道电路。

对正线间的渡线道岔区段、维修工区岔线区段、动车运用所(含存车场)部分轨道区段采取钢轨喷涂技术措施改善轨道电路分路不良。

新建车站站内 ZPW-2000 轨道电路及电码化室外干线电缆采用数字信号电缆。信号机和道岔干线电缆采用铝护套信号电缆,其余分支电缆采用综合护套信号电缆。

运输调度指挥系统,采用分散自律型调度集中(CTC)系统,郑州东站徐兰场至徐州东线路所各新建联锁设备的车站(线路所)设 CTC 分机设备、网络安全和通道质量监督设备、车务终端和电务维护终端设备及电源等,有人值守车站设 CTC 维护复示终端。铜山线路所和徐州东线路所分别在萧县北站、徐州东站设远程 CTC 控显设备。在郑州东、徐州东站新设无线闭塞中心(RBC)服务器。根据局界和调度区划分,郑州东徐兰场至砀山南(不含)各站(所)CTC 分机设备等纳入郑州铁路局调度所 CTC 总机系统;砀山南站(含)至徐州东站各站(所)CTC 分机设备等纳入上海铁路局调度所 CTC 总机系统,并在 2 个调度所分别新设 1 个本线行车调度台。在其既有 CTC 总机系统设备的基础上,分别增设 1 套应用和通信服务器、CTC-TSRS 接口服务器、CTC-RBC 接口服务器。其他利用既有设备、并进行相应的软件修改。

郑州东站京广场和城际场,郑州东动车组运用所利用石武客专设置的 CTC 分机设备做相应修改;徐州东站、徐州西、徐州利用既有 CTC 分机设备做相应修改;徐州南、大湖站在既有列车调度指挥系统(TDCS)分机设备基础上利旧改造。徐州东动车组存车场、谢集站、铜山站、商丘普速场新设 CTC 分机设备。按照调度区划分,郑州枢纽新建南东上下行联络线、北西联络线纳入郑州调度所本线调度台管辖,徐州东动车存车场、红旗线路所纳入上海调度所京沪高速铁路列车调度台管辖,大湖线路所纳入京沪铁路列车调度台管辖。铜山线路所至徐州至徐州东的调度指挥关系维持既有,根据实际需要做相应调整。

列车运行控制系统,郑州东徐兰场至徐州东站采用 CTCS-3 级列控系统(兼容 CTCS-2 级列控系统),并与郑西客运专线、京广客运专线、京沪高速铁路 CTCS-3 级列控系统连接。郑州东站北端联络线、与郑西客专贯通线采用 CTCS-3 级列控系统。郑州东徐兰场和城际场及郑州东动车组运用所等采用 CTCS-2 级列控系统。铜山线路所至徐州、徐州至大湖线路所客车疏解线,徐州东至徐州东动车组存车场走行线、铜山线路所至铜山站、徐州东至大湖线路所区段新设 CTCS-2 级与 CTCS-3 级级间转换点,铜山站和大湖线路所的列控系统按级间转换站设计。考虑到京沪高速铁路等相关线路的开通,徐州站(不含)至高家营站间维持既有 CTCS-0 级列控标准。

郑州东徐兰场至砀山南段在郑州东站(徐兰场)新设无线闭塞中心(RBC)、临时限速服务器(TSRS)设备,并预留所建郑(州)万(州)铁路、郑(州)济(南)铁路的引入条件;砀山南至徐州东段在徐州东站新设无线闭塞中心(RBC)、临时限速服务器(TSRS)设备。负责新建线路的临时限速管理,其他相关线路维持既有不变。

郑州东徐兰场至徐州东各新建站(场、线路所、信号中继站)设安全数据网接入设备(含网管设备)、列控中心(TCC)、应答器、电子编码单元(LEU)等设备,区间设地面点式应答器。有人值守车站值班室并设 TCC 维护复示终端;曹古寺线路所新设列控中心(TCC);郑州东动车所、郑州东站京广场和城际场利用既有列控中心(TCC),根据需要进行修改或扩容;商丘普速场新设列控中心设备;既有徐州站增设列控中心设备,对徐州西列控中心设备做相应改造;谢集站、铜山站新设列控中心设备。所设列控中心设备应具备轨道电路编发码、运行方向控制、站间安全信息传输和应答器报文存储调用等功能。

区间闭塞制式,新建正线和联络线采用自动闭塞,正向按追踪间隔运行,反向采用自动站间闭塞行车。不设区间地面通过信号机(不含铜山联络线),设区间信号标志牌,列车运行以列控车载设备(ATP)显示作为行车凭证。郑州东动车所增建的走行线采用四显示自动闭塞,设地面通过信号机,正反向采用追踪间隔运行。

新建正线、联络线及郑州东动车所增建的走行线区间采用 ZPW-2000 系列无绝缘轨道电路,其发送设备采用 1 +1 热备冗余配置,接收设备采用双机并联运用冗余方式。轨道电路的发送和接收等设备均采用 ZPW-2000 轨道电路监测设备并与信号集中监测系统接口提供信息。与郑西客专贯通线区间采用 ZPW-2000A 无绝缘轨道电路,纳入曹古寺线路所控制(曹古寺线路所与郑州东站的集中分界在郑州东站徐兰场进站信号机处),区间室内外设施石武客专工程已做预留和实施,结合本工程进行施工调试。

区段 ZPW-2000 系列轨道电路干线电缆采用铝护套数字信号电缆,其他采用综合护套数字信号电缆。ZPW-2000 轨道电路所用电缆有效传输长度一般不超过 7.5 km,困难地段不超过 10 km,超过规定长度设信号中继站。

新设信号集中监测系统,在郑州、徐州电务段分别新设 1 套信号集中监测中心设备及监测终端,并与既有监测系统连接。新建计算机联锁的车站(场、线路所)和信号中继站设集中监测分机设备,有人值守车站值班室设集中监测维护复示终端;郑州东站京广场、郑州东动车所结合站场改造对既有监测分机设备进行修改。郑州东站城际场、马头岗线路所结合本线列控或联锁关系修改既有监测分机设备。大湖、徐州、徐州西、徐州南站既有集中监测分机设备利旧修改,沿线综合维修车间/信号工区设集中监测终端,通过集中维护专用网按铁路局管辖范围分别纳入郑州、徐州电务段集中监测总机系统。对列控、联锁、信号基础设备等进行实时监控。

沿线新建信号设备房屋设防雷电、电磁兼容和综合防护接地系统。新建房屋按规定统筹考虑信号房屋屋顶避雷网、避雷带、引下线、接地端子和接地汇聚等法拉第笼屏蔽设计,并充分利用房屋混凝土框架结构金属导体接地;信号设计要考虑室内信号设备防雷保安器、分线防雷柜及室内设备箱盒、柜体等物件的等电位连接,以及与综合接地系统的等电位连接。

郑州东徐兰场至徐州东新建正线及相关联络线和疏解线新设综合接地系统,沿铁路两侧分别敷设 1 条截面为 70 mm^2 的铜芯电缆贯通地线,在电气特性上全程贯通,接地电阻不大于 1 Ω,构成等电位连接。沿线轨旁信号设备做好安全接地、并就近与贯通地线等电位连接。

各新建车站设信号工区，在商丘设信号集中检修车间，徐州高铁检修车间适当加强。

5.23.5　防灾安全监控系统

为防止或降低自然灾害、突发事件对运输的影响，针对线路、站场实际情况和本线地理气候特点，新设风雨和地震监测系统。在郑州东站、上海铁路局客专调度所设防灾监控数据处理设备，在铁路局调度所、郑州和徐州工务段、综合维护车间等处设监控终端设备；沿线设雨量监测点，高桥梁、高路基地段设风速监测点，沿线地震动峰值加速度不小于 0.1g 的区域牵引变电所、分区所、AT 所设地震监测系统；沿线车站、通信基站、牵引变电所、分区所、AT 所机房设防灾监控单元设备，按铁路局管辖范围通过专用传输通道分别纳入铁路局调度所既有防灾监控中心总机系统。在与郑州至开封城际铁路并行区段共享防灾监测信息。

参加线路工程施工的有中铁一局、三局、十七局、十二局集团等单位，中铁电气化局集团有限公司承担电气化、通信信号和电力四电集成工程的施工。

线路工程于 2012 年 12 月 26 日开工，四电集成工程于 2014 年 8 月 10 日开工。2014 年 9 月 6 日开始铺轨，2015 年 11 月 30 日完成铺轨。2015 年 12 月 29 日牵引变电工程全部完工，进入试验调试阶段。2016 年 4 月 1 日全线进行联调联试，2016 年 8 月 18 日进行满图运行试验。2016 年 9 月 10 日正式开通运营。

5.24　重庆至万州客运专线

新建渝万客运专线，是重庆市区到万州区的一条城际铁路。由重庆北站引出，向东北方向经江北区、渝北区、长寿区、垫江县、梁平区，终到万州北站，线路全长 247.256 km（图 5.24）。全线设重庆北（既有）、复盛、长寿北、长寿湖、垫江、云龙（预留）、梁平南、三正北（预留）、万州北等车站，其中新建车站 6 个。全线新建桥梁累计长度 117.073 km、新建隧道累计长度 58.157 km，桥隧占线路总长的 70.86%。工程范围还包括重庆枢纽相关工程。新建本线是《中长期铁路网规划》中郑州至重庆高速铁路的重要组成部分，也是京昆（北京至郑州至重庆至昆明）高速铁路中的一段，它与成渝高速铁路和成绵乐客运专线形成成渝经济区 T 形骨架，是成渝地区铁路网主骨架线路之一。同时也是联系西南地区和中原地区、华北地区的主要客运快速通道，并兼顾沿线城际和旅游客流运输。

渝万客运专线的建设单位是渝万铁路有限责任公司，设计单位是中铁二院工程集团有限责任公司。线路主要技术标准：铁路等级，客运专线；正线数目，双线；最大坡度，20‰；最小曲线半径，4 000 m；到发线有效长度，650 m；旅客速度目标值，250 km/h；列车运行控制方式，自动控制；行车指挥方式，综合调度集中；牵引种类，电力牵引（AT 供电方式）；列车类型，动车组。

5.24.1　电气化工程

牵引供电系统，正线采用 AT 供电方式，重庆北站、存车线、动车走行线及其他联络线等采用直供加回流线供电方式。全线新设龙井沟、长寿湖、垫江、梁平南、万州北等 AT 牵

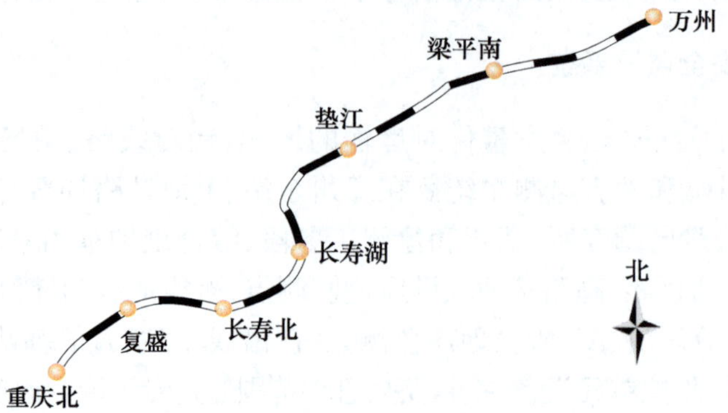

图 5.24　渝万客运专线示意图

引变电所;在相邻变电所之间设 AT 分区所;在供电臂中部设 AT 所,分区所和 AT 所的布设位置应考虑两侧供电能力的均衡。

新建牵引变电所引入 2 路 220 kV 电源供电,220 kV 电源侧采用线路变压器组接线,电气设备和变压器采用室外布置,主导流设备考虑远期发展的需要;27.5 kV、2 × 27.5 kV 侧采用单母线分段接线,电气设备采用户外中型布置。新建牵引变电所所设变压器,采用固定备用、三相 V/V 接线、油浸自冷方式,预留风冷条件。选址困难的牵引变电所、分区所、AT 所可采用阶梯形布置或户内布置。2 × 27.5 kV 上下行线路馈线开关设备互相备用。

牵引变电所、分区所、AT 所自用交流电源,一路接引新设的 10 kV 电力贯通线,一路从所内 27.5 kV 母线接引。

新建牵引变电所、分区所、AT 所按无人值班设计,牵引变电所适当考虑值守条件。新设综合数据采集与远程监控系统(SCADA),纳入成都铁路局电力调度所,新设 1 个电力调度台,对全线牵引供电和电力供电设施进行集中监控和管理。

接触网悬挂,正线采用全补偿弹性链型悬挂,接触悬挂结构高度一般为 1 600 mm,正线接触线采用 150 mm^2 的铜合金导线,额定张力 25 kN,承力索采用 120 mm^2 的铜合金绞线,额定张力 20 kN;车站站线、渡线及联络线的接触线采用 120 mm^2 的铜合金导线,承力索采用 95 mm^2 的铜合金绞线。接触线悬挂点高度一般为 5 500 mm。道岔处接触网悬挂安装方式,与正线相交的道岔采用无交叉线岔方式,与非正线交叉的道岔采用交叉线岔方式。正馈线和保护线等附加导线采用钢芯铝绞线。

全线接触网绝缘泄漏距离按重污区设计,绝缘子爬电距离不小于 1 400 mm,特别污秽地区不小于 1 600 mm。上下行接触网带电体间的距离一般不小于 2 000 mm,困难时不小于 1 600 mm。一般地段优先采用瓷质绝缘子,下锚和分段、无站台柱雨棚和隧道内等处采用合成绝缘子。采用带空气绝缘中性段的绝缘锚段关节式电分相,尽量避免设在大坡道、列车出站加速区段和线路限速低速区段。

接触网支柱,路基区段的腕臂柱一般采用圆形钢筋混凝土支柱,桥梁地段采用热轧 H 型钢柱,车站咽喉区及多股道并行区段优先采用线间立柱,不满足线间立柱条件时采用硬横梁和钢管柱。无站台柱雨棚内接触网悬挂根据具体车站条件确定悬挂方案。

接触网支柱标准跨距,路基地段一般为 55 ~ 60 m,最大不大于 65 m。隧道内一般为 48 ~ 55 m。桥梁上一般为 49 m。相邻跨距之差不大于 10 m。

绝缘、非绝缘锚段关节一般采用五跨关节。个别困难地段的非绝缘锚段关节采用四跨形式。正线锚段长度一般不大于 2 × 700 m,困难情况下不大于 2 × 750 m;单边补偿的锚段长度为上述值的 50%。附加导线锚段长度一般不大于 2 000 m。

正线接触网下锚采用棘轮补偿装置。中心锚结一般采用防窜防断中心锚结,在下锚困难或位于站台区等受条件限制时采用防窜不防断中心锚结。

牵引供电设施运营、维护和管理,由梁平南综合维修车间和在垫江、长寿北、万州北所设的供电班组负责。

5.24.2　电力工程

长寿北至万州北段新设 1 条综合负荷 10 kV 贯通线和 1 条一级负荷 10 kV 贯通线,向沿线车站和区间负荷供电。新设一级负荷 10 kV 贯通线采用截面为 70 mm^2 的铜质电力电缆,新设综合负荷 10 kV 贯通线采用截面为 95 mm^2 的铜质电力电缆,分别沿铁路两侧电缆槽敷设。重庆北至长寿北段利用重庆至利川铁路工程所建的 2 路 10 kV 贯通线,向沿线车站和区间负荷供电。

全线新设垫江、梁平南、万州北 3 座 10 kV 配电所。新建 10 kV 配电所从地方变电站引入 2 路电源向所在车站负荷和贯通线供电。结合渝利铁路工程,按本工程标准统筹建设复盛、长寿北 10 kV 配电所向本段供电。

设有 10 kV 配电所的车站其综合负荷设站内 10/0. 4 kV 变电所,从配电所站馈线接引电源供电;没设 10 kV 配电所的车站其综合负荷设站内 10/0. 4 kV 变电所,优先从地方电网接引 10 kV 电源供电,不具备从地方电网接引电源的,从 10 kV 综合负荷贯通线接引电源供电。

车站与行车有关的通信信号负荷设 10/0. 4 kV 远动开关间供电。从 2 路 10 kV 贯通线接引电源。

区间通信信号用电负荷设 10/0. 4 kV 远动箱式变电站供电,电源引自 2 路 10 kV 贯通线。

区间其他用电负荷根据负荷分布及负荷性质,在负荷集中处设 10/0. 4 kV 远动箱式变电站,从综合负荷 10 kV 贯通线低压母线侧接取低压回路供电。新建警务区、看守点就近接引铁路或地方低压电源供电,若 1 500 m 范围内不具备低压电源的警务区采用高压供电。电源点至负荷点 100 m 范围内的采用单相、低压电缆供电,50 m 范围外优先采用单相或三相、架空线供电。

新建 10 kV 配电所和站内 10/0. 4 kV 变电所及远动开关间按无人值班设计,纳入新设的综合数据采集与远程监控(SCADA)系统,由重庆供电段电力调度中心和成都铁路局电力调度所进行管理。

5.24.3 通信工程

长途通信线路,新设 2 条 32 芯单模直埋光缆,沿新建铁路两侧敷设。

为满足 GSM-R 移动通信组网和为通信设备供电的需要,通信基站至光纤直放站之间根据需要新设 1 条 24 芯或 32 芯光缆;区间通信基站至电力箱式变电站间新设 1 条 8 芯光缆、光纤直放站远端机至电力箱式变电站间新设 1 条 24 芯或 32 芯光缆。有条件的车站,到站场内各信息接入点新设 1 条 12 芯光缆,构成站场内环型网络。

传输系统,新设 SDH 10 Gbit/s 骨干传输系统,在重庆北和万州北通信站、长寿湖、垫江、梁平南站设 SDH 10 Gbit/s ADM 设备,利用新建 2 条 32 芯光缆中的各 2 芯光纤构成复用段 1 +1 保护。并在重庆北通信站 SDH 10 Gbit/s 节点与重庆枢纽 SDH 10 Gbit/s 系统环进行互联,经 OTN 系统通道将各业务引入到成都通信站及调度所。

新设 SDH 2.5 Gbit/s 车站接入网系统,在重庆北通信站、重庆北信号楼、沿线新建车站、万州北通信站设 SDH 2.5 Gbit/s ADM 设备,利用新建 2 条 32 芯光缆中的各 2 芯光纤构成链型 1 +1 保护。并在同一车站将 SDH 2.5 Gbit/s 设备与 SDH 10 Gbit/s 设备通过 2 个 SDH 2.5 Gbit/s 光接口相联,提高整个传输系统的可靠性。

新设 SDH 622 Mbit/s 区间接入网系统,沿线通信基站、信号中继站、牵引变电所、分区所、电力配电所等处设 SDH 622 Mbit/s 设备。在相邻车站间构建 1 个 SDH 622 Mbit/s 2 纤通道保护环。

在综合维修车间/工区、站内公安派出所等处设 SDH 622 Mbit/s ADM 设备,有条件构建环网的车站(场),与车站通信机械室构成站内通道保护环;不具备构建环网条件的车站采用链型 1 +1 保护。

在成都铁路局调度所设传输系统网元级管理系统和设备,在重庆北通信站、万州北通信站设远程维护终端,在长寿北、垫江、梁平南、万州北通信工区设传输系统便携式维护终端。对全线传输接入系统设备进行管理。

新设数据网系统,利用成都铁路局的核心路由器和重庆北通信站的汇聚路由器;重庆北信号楼、复盛、长寿北站利用渝利铁路工程设置的接入路由器。沿线其他新建车站设接入路由器,负责本地数据的接入和交换。通过传输通道接入汇聚路由器,上联至核心路由器,实现数据业务的汇聚与转发。在成都铁路局调度所新设数据网管理系统,在重庆北通信站设数据网维护终端。完成数据信息的交换及安全管理、配置管理、故障管理和性能管理。

电话交换系统,利用重庆北通信站既有程控电话交换机和新设 1 套光线路终端(OLT)设备,在万州北通信站新设 1 000 线程控电话交换机和 1 套光线路终端(OLT)设备;在新建车站、综合维修车间/工区、信号中继站、牵引变电所亭等处设光网络单元(ONU)。沿线新增自动电话用户按管辖范围通过 ONU 和 OLT 设备及接入网系统分别接入重庆北、万州北通信站程控电话交换机,通过统一编号组网,实现与既有铁路电话专网的互通。

新设调度通信系统,利用成都通信站和调度所的既有调度所型调度通信交换机,根据需要扩容;沿线各站新设车站型调度通信交换机、调度分机和车站值班台,接入铁路局调度所既有中心调度通信交换机及调度通信系统。按照调度区划分,在调度所新设 1 个本线列车调度台和助理调度台,负责本线行车调度指挥。通过调度所中心调度通信交换机与 GSM-R 移动通信交换机相联,实现有线与无线调度业务的互通。

新设 GSM-R 移动通信系统,利用成都铁路局既有 GSM-R 移动通信核心网;在重庆新设基站控制器(BSC)、分组控制单元(PCU)、编译码速率适配设备(TRAU),重庆北至长寿北与渝利铁路并行区段利用渝利铁路工程所设的通信基站及光纤直放站,根据需要增设光纤直放站近端机接入既有通信基站;长寿北至万州北沿线新设通信基站(BTS),采用单网覆盖方式组网。区间和隧道内弱场区采用光纤直放站、漏泄电缆和天线方式增强。解决弱场区无线场强覆盖问题,满足信息传输的需要。完成调度通信、调度命令信息、无线车次号校核信息传送等功能。

新设会议电视系统,利用成都铁路局既有会议电视中心系统设备,在长寿湖、垫江、梁平南、万州北分别设会议电视分会场设备,通过网关设备接入成都铁路局既有会议电视中心系统。

新设应急通信系统,利用成都铁路局既有应急通信指挥中心系统设备,根据需要扩容接口板;在各通信工区设事故抢险现场接入设备,通过传输系统接入成都铁路局既有应急通信中心系统,建立应急通信指挥中心与事故现场间的应急通信网络。可将事故现场采集到的语音、数据、图像等业务信息通过有线或无线方式传送到成都铁路局应急通信指挥中心。

在长大隧道设隧道紧急电话系统,在隧道口 GSM-R 通信基站设紧急电话控制主机;在隧道内综合洞室、隧道口处设紧急电话终端和应急广播设备,利用新设的低频电缆接入控制主机及相邻车站值班室,通过传输系统接入成都铁路局调度所既有隧道应急中心系统。实现对隧道进行远程监测、维护和管理。

通信电源,沿线新建通信设备机房设 48 V 高频开关电源及 UPS 不间断电源,并设电源及机房环境监控系统。

5.24.4　信号工程

车站联锁,正线各新建车站设硬件安全冗余型计算机联锁设备和信号综合智能电源屏及 UPS 不间断电源。控制与显示采用“鼠标 + 显示器”方式。按车站联锁范围的划分,接发车进路上的道岔及维修工区保养点道岔纳入相邻车站联锁集中控制。

根据车站(场)道岔设计类型,配备相应的道岔转辙装置、转辙机,并采用断电保护措施。正线上的道岔采用外锁闭、多点牵引控制方式,并能实现挤岔监督报警功能。通过时速 160 km 以上的 18 号及以上号码道岔增设密贴检查装置和缺口检查装置,将监测信息纳入信号集中监测系统。

正线范围内车站列车进路上的正线和到发线区段采用与区间相同制式的 ZPW-2000 系列有绝缘轨道电路,其发送设备按 1 + 1 冗余配置,接收器采用双机并用方式。其他道岔区段和维修工区内采用 25 Hz 相敏轨道电路,但要采取必要的技术措施,解决轨道电路的分路不良。

站内 ZPW-2000 系列轨道电路及电码化设备采用铝护套数字信号电缆,联锁设备室外所用电缆采用综合护套综合扭绞信号电缆。

运输调度指挥系统,新设调度集中(CTC)系统,重庆北站(渝万场)和沿线各新建车站设 CTC 分机设备、网络安全和通道质量监督等设备,纳入成都铁路局调度所客运专线 CTC 总机系统;按调度区划分,新设 1 个本线列车调度台,增设相应的应用和通信服务器等设备对本线列车进行调度指挥。并对与渝利铁路共用的 TSRS 接口服务器进行修改;对 CTC 总机系统既有数据库服务器、系统软件管理服务器等设备软件进行修改与调试,达到本线接入条件。

列车运行控制系统,重庆北站(渝万场)至万州北站采用 CTCS-2 级列控系统,利用渝利铁路工程设在重庆北站(渝万场)的临时限速服务器(TSRS),对其软件进行修改,以满足渝利铁路和本线的临时限速功能需求;各车站和信号中继站新设安全数据网、列控中心(TCC)、应答器、地面电子单元(LEU)设备。所设列控中心应具有轨道电路编发码、运行方向控制、信息采集(中继站)、站间安全信息传输、应答器报文存储和调用及列控信息传送等功能。

区间闭塞制式,采用四显示自动闭塞,按双线双方向运行,正向采用追踪间隔运行,反向按自动站间闭塞行车,不设区间地面通过信号机,在闭塞分区分界点设停车标志牌。列车运行以列控车载设备显示作为行车凭证。

区间采用 ZPW-2000 系列无绝缘轨道电路,其发送设备按 1+1 冗余配置,接收设备采用双机并用方式,轨道电路发送编码采用列控中心(TCC)电子编码,利用 TCC 安全传输通道传送站间联系信息。用以完成列车对轨道区段的占用检查,同时作为 CTCS-2 级列控系统地对车之间的连续信息传输媒介。

区间 ZPW-2000 无绝缘轨道电路采用铝护套数字信号电缆或铝护套内屏蔽数字信号电缆,分支电缆采用综合护套数字信号电缆。ZPW-2000 无绝缘轨道电路所用电缆控制长度一般不超过 10 km,超过规定长度设信号中继站,结合本线地形地貌,尽量避免设在桥梁或隧道地段。

新设信号集中监测系统,沿线各新建车站和信号中继站设集中监测分机设备,在信号维修车间/工区设集中监测终端设备。通过监测系统网接入重庆电务段信号集中监测总机系统,并对电务段集中监测总机、网络安全设备进行修改。为监测系统维护提供监测、报警和维修信息。

沿线新建信号设备房屋设防雷电、电磁兼容和综合接地防护系统,与房建工程同步实施。并充分利用房屋的混凝土框架结构金属导体进行雷电和电磁防护。室内的信号设备要设防雷保安器和分线防雷柜,其设备箱盒、柜体等要与贯通地线等电位连接。

综合接地系统,沿正线铁路两侧分别敷设 1 条截面为 35 mm^2 的铜芯电缆贯通地线,与土建工程同步实施。在电气特性上全程贯通,接地电阻不大于 1 Ω,并构成等电位连接。沿线轨旁信号设备做好安全接地,并就近与贯通地线等电位连接。

参加线路工程施工的有中铁十二局、三局集团,中国路桥工程有限责任公司、中铁二局股份有限公司等单位,中铁建电气化局等承担电气化、通信信号和电力工程的施工。线路工程于 2010 年 12 月 22 日开工,四电工程于 2015 年 5 月 23 日开工。2015 年 6 月 29 日开始铺轨,2016 年 3 月 29 日完成铺轨。2016 年 7 月 31 日开始联调联试。2016 年 11 月中旬完成试运行,2016 年 11 月 28 日正式开通运营。

5.25　武汉至孝感城际铁路

新建武汉至孝感城际铁路,南起汉口站,北至孝感东站,大致呈东南西北走向,线路长度 61.8 km(图 5.25)。其中桥梁累计长度 47.611 6 km,隧道 4.45 km,桥隧占比达到 85%。全线设有汉口(既有)、后湖、金银潭、天河街、闵集、毛陈、槐荫、天河机场、盘龙城(预留)、王母湖(预留)、孝感东等车站。其中天河机场、孝感东站为办理列车始发终到的车站;天河机场、毛陈、孝感东站设有到发线;后湖、金银潭、天河街、闵集、槐荫站为无配线车站。工程内容还包括汉口站及汉口动车运用所改扩建。新建武孝城际铁路的开通,将汉口中心区域、天河机场、黄陂、东西湖、孝感紧密连接在一起,使汉口市区及省内孝感地区的旅客进出机场更为便捷,并与此前开通的武咸、武黄、武冈 3 条城际铁路构建起武汉城市圈的城际铁路网。

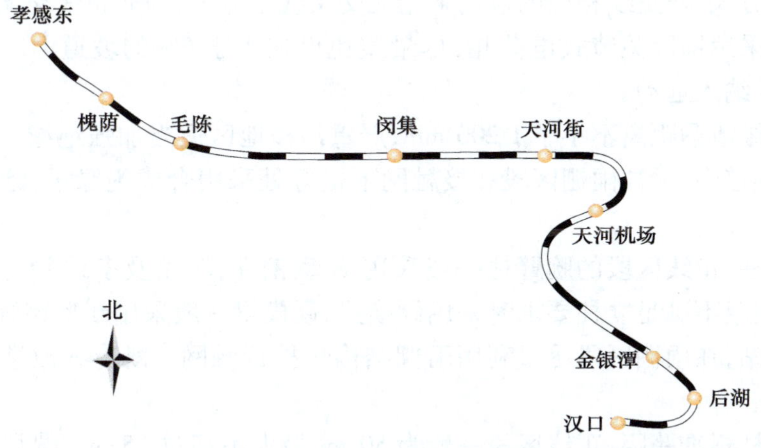

图 5.25　武孝城际铁路示意图

武孝城际铁路的建设单位是武汉铁路局、湖北城际铁路有限责任公司,设计单位是中铁第四勘察设计院集团有限公司。线路主要技术标准:铁路等级,客运专线;正线数目,双线;正线线间距,汉口至天河街站 4.4 m、天河街站至孝感东站正线 4.6 m;最大坡度,20‰;最小曲线半径,汉口至天河街站 2 000 m、天河街站至孝感东站区间正线 4 000 m;到发线有效长度,450 m(天河机场、毛陈、孝感东站设有到发线);设计速度,200 km/h;列车运行方式,自动控制;行车指挥方式,调度集中;牵引种类,电力牵引(AT 供电方式);机车类型,动车组。

5.25.1　电气化工程

牵引供电系统采用 AT 供电方式。新设天河 AT 牵引变电所,新设后湖、毛陈 AT 分区所,盘龙城、闵集 AT 所。

新建天河牵引变电所引入 2 路 110 kV 电源供电,110 kV 电源侧采用分支接线,电气设备采用户外敞开式(AIS)布置;27.5 kV 侧采用单母线分段接线,电气设备采用 AIS 布置。

新建天河牵引变电所设 4 台变压器、分成 2 组,采用固定备用、V/V 接线方式,变压器安装容量为 2×(40+40)MV·A。并设 2 台容量为 4 000 kV·A 的 110/10 kV 动力变压器,给与其合建的 10 kV 配电所供电。

新建牵引变电所、分区所、AT 所采用微机保护和综合自动化系统,按无人值班设计,牵引变电所考虑值守条件。新设牵引供电远动调度和综合 SCADA 系统,纳入武汉铁路局电力调度所管理。

接触网采用全补偿简单链型悬挂,接触悬挂结构高度:露天区段为 1 600 mm、隧道内不小于 1 100 mm。正线接触线采用 150 mm^2 的铜合金导线,承力索采用 120 mm^2 的铜合金绞线;站线接触线采用 120 mm^2 的铜合金导线,承力索采用 95 mm^2 的铜合金绞线。接触线悬挂点悬挂高度为 5 300 mm。正馈线、保护线等附加导线采用铝包钢芯铝绞线。道岔处接触网悬挂方式,与正线相交的道岔采用无交叉线岔方式,与非正线交叉的道岔采用交叉线岔方式。采用锚段关节式电分相,尽量避免设在大于 6‰的坡道上。电分相处设电动隔离开关,并纳入远动。

接触网绝缘泄漏距离不小于 1 200 mm,严重污秽地区适当加强绝缘。一般区段采用瓷质绝缘子,隧道内、无柱雨棚区段和接触网下锚等处采用合成绝缘子,绝缘子抗弯破坏荷重一般为 12 kN。

接触网支柱,正线区段的腕臂柱一般采用 H 型钢柱,车站及多线并行区段优先采用线间立柱,线间距不满足立柱要求时采用硬横梁,硬横梁一般采用新型钢管硬横梁。线间不能立柱的车站,在雨棚区段尽量利用雨棚结构悬挂接触网。既有线改造区段采用既有标准。

接触网支柱标准跨距,正线区段一般为 50 m,最大不超过 55 m。锚段关节采用五跨关节。正线锚段长度一般不大于 1 400 m。正线接触网下锚一般采用棘轮补偿装置,站线采用滑轮组补偿装置。

牵引供电设施运营维护由综合维修供电部门统一管理,同时兼顾负责电力设施的运营维护和管理。

5.25.2　电力工程

全线新设 1 条一级负荷 10 kV 贯通线和 1 条综合负荷 10 kV 贯通线,新设 10 kV 贯通线采用电缆敷设。

全线新设天河、孝感东站 2 座 10 kV 配电所,移地赔建既有汉口第二 10 kV 配电所给本线供电。新建10 kV 配电所引入2路10 kV 电源供电。新建天河、孝感东站10 kV 配电所与牵引变电所合建。其中天河10 kV 配电所的2路电源,从新建天河牵引变电所动力变压器接引。

设有10 kV 配电所的车站其用电负荷设室内10/0.4 kV 室内变电所或箱式变电站,从配电所接引电源供电;没设10 kV 配电所的车站其用电负荷设室内10/0.4 kV 室内变电所或箱式变电站,有条件的从地方电网接引一路10 kV 电源供电。没有从地方电网接引电源条件的,从10 kV 贯通线接引电源供电。

区间通信信号等一级负荷设箱式变电站,分别由一级负荷10 kV 贯通线和综合负荷10 kV 贯通线提供主备用电源。

新建10 kV 配电所采用微机保护和综合自动化系统,按无人值班设计。新设综合SCADA系统,纳入武汉铁路局电力调度所管理。电力设施运营维护由综合维修供电部门统一管理。

5.25.3 通信工程

长途通信线路,汉口通信站至孝感东站间新设2条24芯单模直埋光缆,沿铁路两侧电缆槽道敷设。另外,为满足站内信息用户点接入的需要,分别新设1条12芯光缆。

传输系统,新设SDH 2.5 Gbit/s 长途骨干传输系统,在汉口通信站、孝感东站设SDH 2.5 Gbit/s ADM设备,利用新建2条24芯光缆中的各2芯光纤构成复用段1+1保护。

新设SDH 622 Mbit/s 接入网系统,沿线车站设SDH 622 Mbit/s 设备,利用新建2条24芯光缆构成复用段保护。区间通信基站、牵引变电所、分区所、AT所、配电所等处设SDH 622 Mbit/s 设备,接入车站所设的SDH 622 Mbit/s 设备,构成站内通道保护环。在汉口通信站新设SDH网元及接入网网元管理系统和设备,对传输网和设备进行管理。

新设数据网,采用TCP/IP网络协议,按汇聚层和接入层结构组网。在汉口通信站、孝感东站设汇聚路由器。沿线车站设接入路由器,按照隶属关系通过传输通道接入相应的汇聚路由器,再上联至核心路由器,实现数据业务的接入、转发与汇聚。并新设数据网网管设备,对全线数据网设备进行统一管理。

电话交换系统,利用汉口既有程控电话交换机,在汉口通信站新设光线路终端(OLT)设备,沿线车站、信号中继站、牵引变电所、电力配电所等处设光网络单元(ONU)。沿线新增自动电话用户通过ONU和接入网及OLT设备接入既有电话交换机,通过统一编号组网,实现与既有铁路电话专网的互通。

新设数字调度通信系统,利用武(汉)黄(石)城际铁路工程设在武汉铁路局调度所的既有调度所型数字调度通信交换机。沿线车站设车站型数字调度通信交换机、调度分机和车站值班台,接入调度所中心调度通信交换机和调度通信系统,并新设1个本线行车调度台进行本线列车调度指挥。通过与GSM-R移动通信交换机的互联,实现有线和无线调度业务的互通。

新设GSM-R移动通信系统,利用武汉既有GSM-R移动通信核心网设施,利用武黄城际铁路工程所设的基站控制器(BSC)、分组控制单元(PCU) 和速率适配单元(TRAU)等设备;沿线设通信基站,采用单网覆盖方式组网。区间弱场区采用光纤直放站、漏泄电缆和天线方式增强,满足无线场强覆盖和信息传输的需要。完成调度通信、调度命令和无线车次号校核信息传送等功能。

新设会议电视系统,利用武汉铁路局既有会议电视系统中心设备和武黄城际铁路工程所设的多点控制单元(MCU)设备,沿线车站设会议电视分会场设备,通过传输通道接入 MCU 设备及既有会议电视系统。

新设应急通信指挥系统,利用武汉铁路局既有应急通信指挥系统和设备,在毛陈综合维修工区设应急通信现场接入设备,通过传输系统接入既有应急通信系统,建立起应急通信指挥中心与事故现场间的应急通信网络。

通信电源,各新建通信机房设 48 V 高频开关电源和蓄电池及 UPS 不间断电源,汉口通信站既有通信电源继续使用、并增设 UPS 不间断电源。新设电源和通信信号机房环境监控系统,汉口通信站设监控中心设备,各通信机房设远端监控单元。实现对电源和机房环境的监控。

5.25.4 信号工程

车站联锁,各有岔车站新设硬件冗余型计算机联锁设备,以及综合智能电源屏和蓄电池组及不间断电源。涉及京广线上的车站采用 97 型 25Hz 轨道电路。

根据车站道岔设计类型,配备相应的道岔转辙机、转辙装置,18 号及以上道岔设密贴检查装置,监测信息纳入信号集中监测系统。

新建联锁设备的车站站内采用与区间相同制式的 ZPW-2000 型有绝缘移频轨道电路,其发送设备按 1+1 冗余配备,接收设备采用双机并用冗余方式,并设地面色灯信号机。站内 ZPW-2000 型轨道电路干线电缆采用铝护套信号电缆,分支线电缆采用综合护套信号电缆。

汉口站、汉口动车组运用所改扩建分别参照合武铁路、汉宜铁路标准进行配套改造,同步实施。

调度运输指挥系统,新设调度集中(CTC)系统,新建车站设 CTC 分机设备、网络安全和通道质量监督设备及防火墙,纳入武汉铁路局调度所 CTC 总机系统,增设 1 个城际铁路行车调度台和相应的应用、通信、临时限速服务器等设备。负责本线的运输调度指挥。

列车运行控制系统,新设 CTCS-2 级列控系统,采用"目标—距离"控制模式,通过专用传输通道实现安全数据传输,以满足列车运行速度和提速的要求。

汉口站城际场至武昌站区段按 CTCS-2 级列控系统改造,其配置与京广线 CTCS-2 级列控系统制式保持一致,地面信号机显示与既有保持一致。并根据相邻线路速度目标值,在合适位置设列控模式转换点,以及自动过分相应答器。

沿线车站(含无配线站)和信号中继站设列控中心(TCC)、电子编码单元(LEU)、地面点式应答器等设备。所设列控中心设备应具备无岔车站的联锁、实时组帧、轨道电路编码、运行方向控制、站间安全信息传输和应答器报文存储调用等功能。并应具备与防灾监控设备的接口。

区间采用自动闭塞制式，不设区间地面通过信号机，正向按追踪间隔运行、反向采用自动站间闭塞行车，采用 ZPW-2000 型无绝缘轨道电路，其发送和接收设备按冗余配置。轨道电路干线电缆采用铝护套数字信号电缆，分支电缆采用综合护套数字信号电缆。

新设信号集中监测系统，新建车站联锁设备的车站设集中监测分机设备，充分利用车站联锁、CTC、列控中心、轨道电路、电源屏等设备的自诊断监测功能，纳入武汉电务维护部门监测主机系统。实现对列控、联锁、信号基础设备的实时监控。

沿线新建信号设备房屋设防雷电、电磁兼容和综合接地防护系统，并与综合接地系统等电位连接。

全线新设综合接地系统，沿铁路敷设截面为 35 mm^2 的铜芯电缆贯通地线，在电气特性上全程贯通，接地电阻不大于 1 Ω。沿线轨旁信号设备就近与贯通地线等电位连接。

参加线路工程施工的有葛洲坝集团、中铁十一局、中国建筑总公司等单位，中铁建电气化局承担电气化、通信信号和电力工程的施工。

线路工程于 2009 年 3 月 22 日开工建设，电气化工程于 2010 年 9 月 1 日开工。2015 年 9 月 20 日线路全线贯通，2016 年 6 月完成铺轨，2016 年 11 月 2 日完成联调联试，进入试运行阶段。2016 年 12 月 1 日正式开通运营。

5.26 云桂铁路南宁至昆明段

新建云桂铁路南昆段（也称南昆客运专线），东起南宁枢纽的南宁站，沿既有南昆铁路至既有百色站，此后途经富宁、广南、丘北、弥勒等市县，西到昆明南新客站，大致呈东南西北走向，正线全长 710.269 km（图 5.26），其中云南省内 431.239 km，广西壮族自治区内 279.03 km。全线设南宁（既有）、坛洛、隆安东、平果、那何北、田东北、田阳、百色、阳圩、平安、富宁、白腊寨、广南、珠琳、普者黑、腻革龙、新哨、弥勒、石林板桥、阳宗、昆明南等车站。其中南宁和昆明南站为客运站，隆安东、平果、田东北、田阳、阳宗站等为客运中间站，百色、富宁、广南、普者黑、弥勒、石林板桥站等为客货运中间站，其余车站为越行站。工程范围还包括石林板桥至石林南货车联络线（简称石林板桥联络线）长 24.529 km，设红土坡和石林南 2 个车站，其中红土坡为新设会让站，石林南为既有南昆铁路接轨站。昆明枢纽昆明南至昆明东客车联络线长 16.768 km；王家营西至羊堡增建第二线长 7.112 km；羊堡至金马村联络线长 12.245 km。南宁枢纽南环线邕宁至那罗增建第二线长 38.36 km。以及引入南宁枢纽、昆明枢纽和百色地区其他相关工程。

新建云桂铁路南昆段是一条以客运为主、客货兼顾的大能力、快捷区际干线铁路，是我国干线铁路网的重要组成部分，对于加强云南与桂南、桂东、粤西、珠三角及闽南地区的联系，实现资源优化配置、扩大西南地区出海通道的运输能力，构建泛亚通道及第三亚欧大陆桥国际大通道建设，完善区域铁路网布局，促进区域协调发展具有重要的意义和作用。

云桂铁路南昆段的建设单位是昆明铁路局和南宁铁路局、云桂铁路有限责任公司，

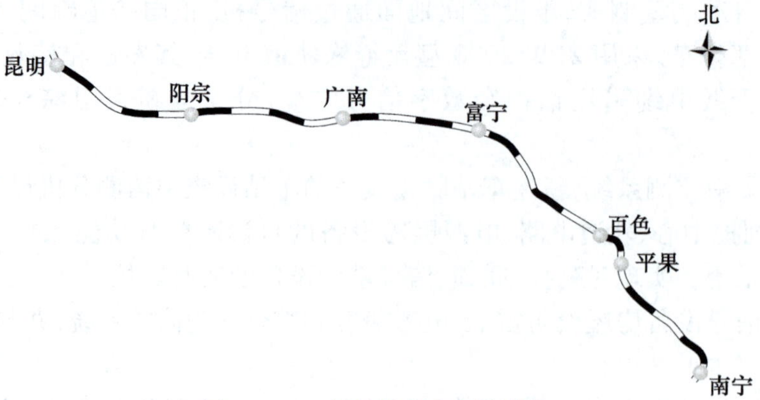

图 5.26 云桂铁路南宁至昆明段

设计单位是中铁二院工程集团有限责任公司。线路主要技术标准:

南宁至昆明南:铁路等级,Ⅰ级;正线数目,双线;限制坡度,南宁至百色段 12 ‰、白色至昆明段一般为 9 ‰、加力坡 18.5 ‰;最小曲线半径,一般地段 5 500 m、困难地段 4 500 m;到发线有效长度,南宁至百色和石林板桥至昆明南 650 m、石林板桥至百色 880 m;闭塞类型,自动闭塞;设计旅客列车速度,南宁至白色段 250 km/h、白色至昆明段 200 km/h(预留 250 km/h 条件);牵引种类,电力牵引(AT 供电方式);牵引质量,4 000 t。

石林板桥至石林南货车联络线:铁路等级,Ⅰ级;正线数目,单线;限制坡度,一般 9 ‰、加力坡 18.5 ‰;最小曲线半径,一般地段 1 200 m、困难地段 800 m;到发钱有效长度,880 m;闭塞类型,自动站间闭塞;牵引种类,电力牵引;牵引质量,4 000 t;南宁和昆明枢纽选用与线别配套的标准。

5.26.1 电气化工程

牵引供电系统,南宁至昆明南和石林板桥联络线采用 AT 供电方式。南宁枢纽南环线采用 AT 供电方式。

云桂铁路南昆段新设江西村、那桐、新安、那何、田阳、那毕、阳圩、平安、各甫、下坝、坝美、珠琳、普者黑、腻革龙、新哨、大龙、昆明南等牵引变电所。新设南化、高岭、隆安东、果芬、子寅、那国、东蚕,盂合山、那坡、里叩、董弄、西洛、廷里、德基、对门山、东风、打挂村等分区所,新设沙井、杨美南、雷塔岭、淀曹、花李、那豆、思林、田东北、塘甘、上练、胜利、南延、横屯、渭林、孟村、富宁、革朗、红石岩、保上、董那孟、那莫、甲板、长庆坡、天星、幸福、扎营山、六郎、长岭岗、弥勒、石林、宰口子、阳宗等 AT 所。南宁枢纽南环线新设五象南牵引变电所,新设南宁南开闭所、南化 AT 分区所和沙井 AT 所。昆明枢纽增容改造王家营牵引变电所,改造石林南牵引变电所,南宁南牵引变电所维持既有,石林南货车联络线新设石林南 AT 分区所和红土坡 AT 所。

正线新建牵引变电所引入 2 路 220 kV 电源供电,南宁枢纽南环线五象南牵引变电所引入 2 路 220 kV 电源供电。新建牵引变电所 220 kV 电源侧采用线路变压器组接线。新建下坝、昆明南牵引变电所除主变压器采用户外低式布置外,220 kV 电源侧其他电气设备和 2×27.5 kV/27.5 kV 侧电气设备均采用户内 GIS 布置。其余 10 多个新建牵引变电所 220 kV 电源侧电气设备采用户外中型布置;2×27.5 kV/27.5 kV 侧采用单母线分段接线,电气设备采用户外中型布置。另外,平安、各甫、普者黑、腻革龙牵引变电所各设 1 路 220/10 kV 电力变压器向所属范围的 10 kV 电力配电所供电,并设相应的隔离开关、断路器及电流互感器等设备。分区所和 AT 所一般采用户外中型布置,当设在隧道内时,自耦变压器采用 SF6 绝缘变压器,2×27.5 kV 设备采用 GIS 充气柜,自耦变压器和高压设备分别设在专用的洞室内。

新建牵引变电所所设变压器,采用固定备用、三相 V/X 或 V/V 接线、油浸自冷方式,预留风冷条件。各牵引变电所变压器安装容量:江西村、那桐、新安、田阳、阳圩、平安、各甫、坝美均为 2×(25+25) MV·A,那何为 2×(20+20) MV·A、那毕为 2×(20+31.5) MV·A、下坝为 2×(25+40) MV·A、珠琳和普者黑为 2×(31.5+25) MV·A、腻革龙和新哨为 2×(31.5+31.5) MV·A、大龙为 2×(40+50) MV·A、昆明南为 2×(40+40) MV·A。

新建牵引变电所、分区所、AT 所按无人值班设计,牵引变电所适当考虑值守条件。牵引变电所、分区所、AT 所采用微机保护和综合自动化系统。新设电力调度和远动系统,纳入南宁、昆明铁路局电力调度所进行管理。

接触网悬挂,全线采用全补偿简单链型悬挂,接触悬挂结构高度一般为 1 600 mm,隧道内一般为 1 100 mm。既有改建及疏解线接触悬挂结构高度为 1 400 mm。正线接触线采用 CTSH-150 型铜锡合金导线,额定张力 25 kN,承力索采用 JTM-120 型铜镁合金绞线,额定张力 20 kN;站线接触线采用 CTSH-120 型铜锡合金导线,额定张力 15 kN,承力索采用 JTM-95 型铜镁合金绞线,额定张力 15 kN。正馈线、保护线等附加导线采用铝包钢芯铝绞线。

接触网绝缘泄漏距离不小于 1 400 mm。接触网绝缘爬电距离按重污区设计,一般为 1 600 mm。上下行接触网带电体间的距离一般不小于 2 000 mm、困难时不小于1 600 mm。一般地段采用瓷质绝缘子,隧道内或特别严重污秽地区采用合成绝缘子。采用八跨三断口锚段关节式电分相,分相处设电动隔离开关并纳入远动。

接触网支柱,路基地段腕臂柱采用环形等径预应力混凝土支柱,桥梁区段腕臂柱采用 H 型钢柱。桥隧或桥桥相连的较短路基区段采用的腕臂柱与桥支柱保持一致。

接触网支柱标准跨距,正线路基区段一般为 50 m,最大不超过 55 m,隧道内跨距一般不大于 50 m,桥上跨距一般不大于 50 m。绝缘锚段关节、非绝缘锚段关节一般采用五跨关节;分相及个别困难条件下采用四跨关节。联络线、改建线路一般采用四跨锚段关节。正线锚段长度一般不大于 2×700 m,单边补偿时的锚段长度为上述值的 50%、困难时不大于 2×750 m。站线锚段长度一般不大于 2×800 m、困难时不大于 2×900 m。附加导线锚段长度一般不超过 2 000 m。

接触网下锚一般采用棘轮补偿装置,改建既有线区段采用滑轮补偿下锚装置,坠砣采用铁坠砣。中心锚结采用两跨式防窜防断中心锚结。在个别采用硬横跨的车站内设置困难时采用防窜不防断中心锚结。

在江西村、平果、百色、富宁、广南、普者黑和弥勒设供电工区,负责牵引供电和电力设施的运营维修工作。

5.26.2 电力工程

全段新设1条综合负荷10 kV贯通线和1条一级负荷10 kV贯通线,新建综合负荷10 kV贯通线采用截面为95 mm^2的铜芯电力电缆,新建一级负荷10 kV贯通线采用截面为70 mm^2的铜芯电力电缆,分别沿铁路两侧电缆槽道敷设。石林板桥至石林南联络线新设1条10 kV电力贯通线,采用架空线与电缆混合方式。

全段新设平安、白腊寨、弥勒等35/10 kV变配电所;新设坛洛、隆安东、平果、那何北、田阳、百色、阳圩、富宁、广南、珠琳、普者黑、腻革龙、石林板桥、昆明南等10 kV配电所。新建变(配)电所有条件的从地方电网接引2路电源供电,没有条件的(坛洛、阳圩配电所)先从地方电网接引1路电源供电,预留接引第2路电源的土建条件。其中富宁、广南、普者黑、腻革龙10 kV配电所由牵引变电所设置动力变压器提供备用电源,根据地方电力系统条件引入第二路电源。

设有10 kV配电所的车站其综合负荷设室内10/0.4 kV变电所或箱式变电站供电,电源引自配电所站馈线;没设10 kV配电所的车站其综合负荷设站内电力远动开关间,从地方电网接引10 kV电源供电。其中田东北站设室内10/0.4 kV变电所,从地方变电站接引2路10 kV电源供电。

车站与行车有关的通信信号负荷设站内10/0.4 kV远动开关间供电,电源引自2路10 kV贯通线。车站邻近其他用电负荷根据负荷分布及负荷性质,从10/0.4 kV变电所或箱式变电站接引低压380/220 V电源供电。

区间通信基站、光纤直放站、信号中继站等一级负荷设10/0.4 kV远动箱式变电站供电,2路电源分别引自2路10 kV贯通线。

区间其他负荷在负荷集中处设10/0.4 kV远动箱式变电站,从综合负荷10 kV贯通线低压母线侧接引低压回路供电。

较长的隧道固定和应急照明设10/0.4 kV箱式变电站供电,电源引自2路10 kV贯通线。

利用已建的昆明站箱式变电站和昆明东下行调车场尾部信号楼箱式变电站,分别为昆明站、昆明东客车线路所新增信号设备负荷供电,并对低压电缆和箱式变电站开关进行改造。

全线新设电力远动系统,纳入南宁、昆明供电段控制中心管理。

5.26.3 通信工程

长途通信线路,新设2条48芯单模直埋光缆,分别沿铁路两侧电缆槽道敷设。

为满足GSM-R移动通信组网的需要,在区间通信基站至光纤直放站间敷设1条16芯或36芯光缆;区间通信基站或光纤直放站至电力箱式变电站间敷设1条8芯光缆。为满足信号安全数据网组网的需要,在阳宗海至昆明南、南化至信号中继站1间沿铁路两侧分别敷设1条8芯短段光缆。南宁南编组站各场信号楼、站调楼、机务段等信息点之间新设 1 条 16 芯光缆构成光缆环。

传输系统,新设 SDH 10 Gbit/s 传输系统,在坛洛、平果、田东北、百色、平安、富宁、广南、普者黑通信站,腻革龙、弥勒、石林板桥、阳圩等主要车站设 SDH 10 Gbit/s ADM 设备,利用新建 2 条 48 芯光缆中的各 2 芯光纤构成复用段 1 +1 保护。

新设 SDH 2.5 Gbit/s 接入网系统,沿线车站新设 SDH 2.5 Gbit/s ADM 设备,利用新建 2 条 48 芯光缆中的各 2 芯光纤构成复用段 1 +1 保护。并在同一车站将 SDH 2.5 Gbit/s 设备与 SDH 10 Gbit/s 设备通过 SDH 2.5 Gbit/s 光接口相联,为接入网系统提供保护通道。

新设区间 SDH 622 Mbit/s 接入网系统,在区间通信基站、牵引变电所、分区所、信号中继站、电力配电所等区间通信接入点新设 SDH 622 Mbit/s ADM 设备,利用新建光缆在车站、区间接入节点间构成 2 纤单向通道保护环。站内接入节点所设的 SDH 622 Mbit/s 设备接入车站 SDH 622 Mbit/s 设备,构成 2 纤单向通道保护环。

在昆明南、昆明东新设 SDH 10 Gbit/s 设备,利用相关工程在昆明、读书铺、昆阳所设的 SDH 10 Gbit/s 设备,构成昆明枢纽 SDH 10 Gbit/s 传输环网;在南宁南新设 SDH 10 Gbit/s 设备,利用相关工程在南宁东、南宁所设的 SDH 10 Gbit/s 设备,构成南宁枢纽 SDH 10 Gbit/s 传输环网。南宁南编组站各场信号楼、站调楼、机务段等处设 SDH 622 Mbit/s 设备,利用新建的 16 芯光缆开设 SDH 622 Mbit/s 接入网。

南宁东、昆明南新设传输和接入网网管中心,百色、普者黑、弥勒新设维护终端,综合车间设便携式维护终端。对全网进行故障管理、配置管理、性能管理和安全管理。

新设数据通信网,在昆明铁路局调度所和昆明东通信站新设核心路由器,在昆明南通信站、普者黑设汇聚路由器;利用南宁东的既有核心路由器,在百色通信站新设汇聚路由器;沿线新建和改扩建车站新设接入路由器。南宁南编组站、沙井货运中心新设接入路由器。接入路由器之间、接入路由器与汇聚路由器之间通过传输系统互联按铁路局范围构成环形网。并上联至核心路由器,实现数据业务的接入和交换、转发、汇聚。在昆明、南宁东设数据网网管系统,在普者黑、百色通信站设网管终端设备,对全线数据设备进行管理。

电话交换系统,利用昆明、昆明南、平果、百色、南宁东、南宁南既有铁路程控电话交换机,在普者黑新设程控电话交换机;在普者黑、昆明南(由引入昆明枢纽工程实施)、平果、百色通信站新设光线路终端(OLT)设备;在各新建车站、线路所、信号中继站、牵引供电所亭、电力配电所、站房、机房等处设光网络单元(ONU),沿线新增自动电话用户通过 ONU、OLT 设备和接入网按铁路局及属地划分范围分别接入相应的程控电话交换机,通过统一编号组网,实现与既有铁路电话专网的互通。

全线新设调度通信系统。在昆明铁路局调度所新设调度通信交换机,利用昆明枢纽调度所既有调度通信交换机;本工程各新建车站设车站型调度通信交换机、调度分机、车站值班台等设备。正线组成平安至广南、广南至腻革龙、腻革龙至石林板桥 3 个数字环网,均接入铁路局调度所新设的调度通信交换机和调度通信系统。石林板桥联络线、阳宗海至经开组成 2 个数字环网,接入昆明枢纽调度所调度通信交换机和调度通信系统。石林板桥车站调度交换机与红土坡、阳宗海车站调度交换机通过所设专用接口互联,完成跨调度台业务的连接。在调度所新设 1 个本工程正线调度台和昆明枢纽 3 台,利用既有昆明枢纽 1 台。新设正线调度台和电调台负责阳圩至石林板桥段的调度指挥;新设昆明枢纽调度 3 台和电调台负责正线石林板桥至昆明东段的调度指挥;既有昆明枢纽调度 1 台和电调台负责石林板桥联络线的调度指挥。并利用既有南昆线货调台负责本工程云南段货运调度指挥。

利用南宁铁路局调度所既有调度通信交换机,根据需要扩容,并与既有南昆铁路数调主系统互联;本工程各新建车站设车站型调度通信交换机、调度分机、车站值班台等设备;南宁南、沙井货运中心新设车站型调度通信交换机,按南化至平果、平果至田阳、田阳至阳圩段组成 3 个数字环网,接入铁路局调度所调度通信交换机和调度通信系统。在调度所新设本工程列调台,负责本工程局内线路的调度指挥。并利用既有南昆铁路货调台,负责本线百色至省界段的货运调度指挥。

将平安(昆明铁路局)、阳圩(南宁铁路局)车站调度通信交换机通过所设专用接口互联,并将阳圩车站(局界站)的调度通信交换机同时接入南宁铁路局、昆明铁路局调度通信系统,通过在车站所设的调度电话按键完成跨局调度业务。并将各铁路局调度所中心调度通信交换机与 GSM-R 移动通信交换机联接,实现有线与无线调度业务的互通。

新设 GSM-R 移动通信系统,利用昆明铁路局、南宁铁路局既有 GSM-R 核心网设施。根据全路 GSM-R 网络技术规划建设情况和本工程所处地理位置,利用南宁既有网络子系统(NSS);本工程引入昆明枢纽工程部分新设 GSM-R 昆明网络子系统(NSS);在昆明、南宁 GSM-R 核心网机房新设基站控制器(BSC)、分组控制单元(PCU)和编译码及速率适配器设备(TRAU),BSC/PCU 通过 TRAU 设备分别接入昆明、南宁网络子系统(NSS)。沿线新设通信基站(BTS),采用单网覆盖方式组网,按管辖范围通过传输接入网分别纳入昆明、南宁的基站控制器(BSC)。区间和隧道内弱强区采用光纤直放站、漏泄电缆和天线方式增强,并设漏缆监测系统,以满足无线场强覆盖和信息传输的需要。完成调度通信、调度命令信息、无线车次号校核信息传送等功能。

在昆明、南宁与 BSC 同址新设无线网络管理子系统(OMC-R)、光纤直放站管理子系统(OMC-T)及网管终端。在昆明、富宁、广南、普者黑、弥勒、百色、南宁车间分别新设 OMC-R、OMC-T 复示终端设备及本地便携维护终端。对全线 GSM-R 网络和设备进行管理。

另外,南宁铁路局新建 GSM-R 核心网节点应与相关铁路局 GSM-R 核心网节点互联。南宁移动交换中心(MSC)与武汉、西安汇接移动交换中心(TMSC)互联。南宁 MSC 与北京、武汉归属位置寄存器(HLR)和短消息服务中心(SMSC)互联。南宁 MSC 与广州、昆明、成都 MSC 互联。南宁业务交换点(SSP)与北京、武汉业务控制点(SCP)互联。南宁本地通用分组无线业务网(GPRS)业务节点(SGSN)、网关节点(GGSN)、接口服务器(GRIS)分别与北京、武汉骨干网 SGSN、GGSN、认证服务器(RADIUS)、域名服务器(DNS)、归属服务器(GROS)互联。南宁本地网 SGSN、GGSN 与广州、昆明、成都本地网 SGSN、GGSN 互联。南宁信令点(SP)与北京、武汉信令转接点(STP)互联。并利用既有传输系统构成不同路由的互联通道。

新设会议电视系统，利用昆明铁路局、南宁铁路局既有会议电视系统中心设备及南宁的既有会议多点控制设备（MCU），在昆明新设会议多点控制设备（MCU）；在沿线各客运车站和百色机务段分别新设会议电视分会场接入设备，按管辖范围分别接入所属铁路局既有会议电视中心系统。

新设应急通信指挥系统，利用南宁铁路局既有应急通信指挥中心设备，根据需要扩容接口板；本线引入昆明枢纽工程新设应急通信指挥中心设备；在富宁、广南、普者黑、弥勒、平果、百色综合维修车间新设应急通信现场接入设备。按管辖范围通过传输通道分别接入各铁路局应急通信指挥中心系统，建立起应急通信指挥中心与事故现场间的应急通信网络。当发生现场应急抢险事故时可将现场采集到的语音、数据、图像等业务信息通过有线或无线网络传送到应急通信指挥中心。

5.26.4　信号工程

车站联锁，正线各新建车站、百色线路所、百色南昆场和货车场、南昆改建平果南昆场新设硬件安全冗余型计算机联锁设备、信号电源屏及 UPS 不间断电源，联锁系统采用专用控制终端，控制与显示采用“鼠标 + 显示器”方式。石林货车线路所道岔纳入石林板桥站集中联锁控制，石林板桥站疏解线出岔形成的线路所纳入车站联锁集中控制，石林板桥联络线上的红土坡、石林南站新设双机热备型计算机联锁设备和信号电源屏，并采用全电子执行单元方式。车站范围内接发车进路上的道岔及综合工区道岔等纳入临近车站联锁系统集中控制。昆明站既有计算机联锁设备利旧修改和扩容电源屏，以满足列控中心、CTC 等系统接口要求。

昆明枢纽内昆明南站 3 个车场（分场设置独立联锁）、经开、羊堡等 5 个站（场）均新设硬件安全冗余型计算机联锁设备和信号电源屏。昆明枢纽内的王家管西站、金马村站结合本工程进行利旧改造。昆明枢纽与本工程相关的昆明东编组站和客场纳入昆明枢纽扩能改造工程统一实施。

南宁枢纽内北环线南化、南宁南站峰前到达场、Ⅰ场、Ⅲ场（南、北场室内）、金鸡村等 5 个站（场），南环线 5 个站场（含集装箱综合货场）均新设硬件安全冗余型计算机联锁设备和信号电源屏。南宁南站峰前到达场外方疏解联络线相关道岔集中纳入沙井货运中心站联锁系统集中控制。沙井货运中心站具备整列接发列车的货物线纳入信号联锁。按列车信号、股道电码化设计。

百色站昆明端区间疏解线出岔形成的 4 号线路所纳入百色站客车场集中控制，1 号、2 号、3 号线路所按 1 个独立联锁控制方案设计，设备集中设在 2 号线路所。

百色站云桂场、南昆场之间有关联络线道岔，采用场间联系及双动设计，在衔接处设安全线隔开。平果站云桂场、南昆场之间有关联络线，采用场间联系及双动设计，在衔接处设安全线隔开。

根据正线车站（场、所）道岔设计类型，60kg/m—18 及 12 号道岔设置三相交流转辙机，配备钩式外锁安装装置。直向通过时速 160 km 以上的 18 号及以上号码道岔增设密贴检查装置。车站工区、保养点道岔采用与正线一致的三相交流转辙机。红土坡站道岔配备三相交流转辙机。石林南接轨站新铺道岔采用与既有南昆铁路车站相同类型的转辙机。南昆铁路改建段的平果、百色南昆场道岔采用与既有相同类型的转辙机。

站内轨道电路,昆明南(不含)至局界各新建车站新设97型25 Hz相敏轨道电路,配置双套微电子接收器;股道采用叠加电码化方案,电码化发送设备采用1+1冗余配置,采用列控中心编码。正线、侧线电码化区段和非电码化区段设置不同类型的扼流变压器。石林板桥联络线上的红土坡站、石林南接轨站采用97型25Hz相敏轨道电路,正线采用预叠加、侧线采用叠加电码化(继电编码)方案,电码化发送设备按 $N+1$ 冗余配置,正线、侧线电码化区段和非电码化区段设置不同类型的扼流变压器。

昆明东客车线路所采用与区间相同制式的ZPW-2000系列轨道电路。昆明站既有股道电码化设备增设预叠加发码电路。对洛羊镇站至昆明东客车线路所昆明站动车组运行径路上的轨道电路区段进行调整,轨道电路发送采用1+1、列控中心设备编码方式。

南宁至白色段正线新建车站(线路所)列车进路上的正线及到发线采用与区间相同制式的列控中心编码控制的ZPW-2000有绝缘轨道电路,其发送和接收设备按冗余配置。南化站至南宁南站至金鸡村站区间按站间联系电路设计,区间检查采用轨道电路方式。

维修工区及非列车进路上的轨道区段采用高压脉冲轨道电路。为克服轨道电路分路不良,正线间渡线道岔采用钢轨喷涂处理措施。

百色站云桂场和南昆场、阳圩站及平果南昆场列车进路上的正线及到发线采用97型25 Hz相敏轨道电路,配置双套微电子接收器。为确保绝缘破损的防护,百色站云桂场与南昆场间衔接处的相邻轨道区段采用相位交叉处理措施。

站内轨道电路采用铝护套综合扭绞信号电缆,联锁设备室外信号电缆采用综合护套综合扭绞信号电缆。

运输调度指挥系统,全线新设调度集中(CTC)系统,在昆明铁路局新建调度所新设1个本线CTC调度台和本线引入昆明枢纽工程的昆明枢纽3台,并增设相应的配套设备;在南宁铁路局调度所新设1个本线调度台,增设相应的配套设备;沿线各新建车站(场、线路所)设CTC分机设备、网络安全和通道质量监督设备。按照调度区划分,昆明铁路局管内阳圩(不含)至石林板桥(含)各站纳入本线新设CTC调度台指挥,昆明南站有关车场纳入昆明枢纽CTC调度台指挥。石林板桥(不含)至昆明南(不含)纳入新设昆明枢纽3台指挥;石林板桥联络线纳入昆明铁路局既有调度所TDCS/CTC总机系统的既有南昆调度台指挥。并对既有TDCS/CTC总机系统进行相应修改,昆明枢纽内与本工程相关的车站,按昆明枢纽扩能改造工程确定的CTC系统方案结合本工程进行改造。实现本线CTC系统与既有TDCS系统之间的站间调度指挥信息透明功能。

南宁铁路局管内南宁(不含)至阳圩(含)段的各站及南化站纳入本线新设CTC调度台指挥;南昆铁路改建段的平果、百色南昆场维持既有CTC/TDCS调度台指挥。南宁枢纽内相关工程其他各车站TDCS系统维持既有列车运行调度指挥系统(TDCS)制式。并对既有TDCS/CTC总机系统进行相应修改,实现本线CTC系统与既有TDCS系统之间的站间调度指挥信息透明功能。

列车运行控制系统,昆明南至南宁(不含)正线、引入南宁枢纽客车正线、云桂铁路成昆场至经开至昆明东客场段采用 CTCS-2 级列控系统，并与相邻线路既有信号系统兼容。在昆明南站无线闭塞中心(RBC)机房新设 1 套临时限速服务器(TSRS)及维护终端，以满足本线调度台和昆明枢纽 3 台管辖范围的临时限速功能；在平果站云桂场信号机房新设 1 套临时限速服务器(TSRS)，南宁站利用柳南客专工程所设的临时限速服务器，以满足南宁铁路局本线调度台管辖范围的临时限速功能。本线各新建车站和信号中继站设安全数据网及接入设备、列控中心(TCC)、应答器、电子编码单元(LEU)、有源应答器监测设备。在南宁枢纽的南化站新设列控中心(TCC)设备，南宁站利用柳南客专工程所设的列控中心(TCC)设备。昆明东客车线路所至昆明站间及昆明站站内固定接发动车组列车的股道设应答器组等地面设备，将 CTCS-2 级列控系统控制范围、信号安全数据网等延伸至昆明站，并在昆明站设 1 套列控中心设备。按照“关于印发《客运专线信号系统安全数据网技术方案 1.0》的通知”(运基信号〔2009〕223 号)要求设计列控安全信息传输网，利用专用光纤通道传输站间列控和站联安全信息。并按各铁路局管辖范围，使所设列控中心负责轨道电路编发码、运行方向控制、信息采集(中继站)、站间安全信息传输、应答器报文存储和调用及列控信息传送等功能。

区间自闭制式，本工程正线采用四显示自动闭塞，正向按追踪间隔运行、反向采用自动站间闭塞行车。设区间地面通过信号机，而且列车运行以列控车载设备显示作为行车凭证。

石林板桥联络线的石林板桥至红土坡站新设自动站间闭塞，采用计轴设备检查区间空闲；红土坡至石林南站采用半自动闭塞，石林南站与南昆铁路既有车站之间维持既有半自动闭塞方式。

昆明枢纽内昆明东客场至经开至昆明南云桂成昆场、王家营西至羊堡至昆明东段增建第二线、羊堡至金马村段新建上下行联络线双线采用四显示自动闭塞，保留区间通过信号机按满足列车最高运行速度和追踪间隔、双线双方向运行的要求布设，反向采用自动站间闭塞行车。

南宁枢纽内南环线增建第二线(含新建南移外绕双线)、那罗至南宁南综合货场至金鸡村上下行联络线、南化至南宁南至金鸡村双线采用四显示自动闭塞，保留区间通过信号机按满足列车最高运行速度和追踪间隔、双线双方向运行的要求布设，反向采用自动站间闭塞行车。

南宁枢纽南宁南至金鸡村采用自动站间闭塞行车，区间空闲检查采用轨道电路方式，电码化信息贯通。南宁南站南场和北场至那罗联络线采用自动站间闭塞行车，区间空闲检查采用轨道电路方式。南宁枢纽内其余相关线路维持既有闭塞方式不变。

本工程正线区间采用列控中心编码控制的 ZPW-2000 系列无绝缘轨道电路，其发送设备按 1+1 配置、接收设备采用“双机并用”冗余方式，并应具有设备自监测功能，通过接口为信号集中监测系统提供监测信息。

区间 ZPW-2000 轨道电路设计长度应考虑低道床电阻的因素，所用控制电缆有效传输长度一般控制在 10 km 以内，个别困难地段不应超过 12 km，超过时设区间中继站。区间轨道电路干线电缆采用铝护套数字信号电缆或铝护套内屏蔽数字信号电缆，分支电缆采用综合护套数字信号电缆。区间信号机采用非数字信号电缆。

全线新设信号集中监测系统,利用南宁枢纽南环线工程所设的南宁电务段信号集中监测总机系统;利用本工程引入昆明枢纽工程新设的信号集中监测总机系统,对昆明电务段既有信号集中监测总机系统进行升级改造。本工程新建车站(场、线路所)和信号中继站、平果南昆场、百色南昆场、红土坡和石林南站等新设集中监测车站分机设备、配套设置用于监督网络通道状况和质量的设备;并在平果、百色、富宁、广南、普者黑、弥勒信号车间/工区设集中监测终端。按各铁路局管辖范围通过监测网络分别纳入南宁、昆明电务段集中监测总机系统,实现对全线信号基础设施和设备的集中监测和远程诊断。

本工程正线和相关联络线各新建车站(场、线路所)信号设备房屋设防雷电、电磁兼容和综合接地防护系统,与房建工程同步实施。并与贯通地线等电位连接。

新设综合接地系统,本工程正线、云桂成昆场至经开至昆明东客场新设 CTCS-2 级列控系统的区段,沿铁路两侧分别敷设 1 条截面为 35 mm^2 的铜芯电缆贯通地线,与土建工程同步实施。在电气特性上全程贯通,接地电阻不大于 1 Ω,并构成等电位连接。沿线轨旁信号设备做好安全接地,并就近与贯通地线等电位连接。

5.26.5 防灾安全监控系统

针对本线地理环境和气候特点,为防止或降低自然灾害、突发事件对铁路运输的影响,沿线设风速风向和雨量监测系统及异物侵限监控系统。利用南宁铁路局、昆明铁路局既有防灾安全监控总机系统和数据处理设备,本工程结合引入昆明枢纽的沪昆客运专线、昆明枢纽东南环线、昆(明)玉(溪)线工程,引入南宁枢纽的南广铁路、柳南客运专线工程统筹增设防灾安全监控系统终端设备及相关配套设备。根据本线风速资料及线路地形,在沿线合理设置风速风向监测点,结合土建工程需求,公路跨铁路立交桥设异物侵限监控系统,监测设备按冗余配置。通过光缆和电缆线路将监测和监控系统联网至本线防灾安全监控系统数据处理设备及铁路局防灾安全监控总机系统。

参加线路工程施工的有中铁一局、中铁十局、十四局、十九局集团,中交股份集团公司等单位。中铁电气化局集团、中铁建电气化局集团等单位承担电气化工程的施工。

线路工程于 2009 年 12 月 27 日开工,电气化工程于 2014 年 8 月 9 日开工,2015 年 10 月 10 日南宁至百色段开始联调联试,2015 年 11 月 12 日南宁至百色段进入试运行阶段,2015 年 12 月 11 日南宁至百色段正式开通运营,2016 年 12 月 28 日昆明至百色段开通运营。标志着南宁至昆明、昆明至广州快速铁路通道全线开通运营。

5.27 宝鸡至兰州客运专线

新建宝兰客运专线(也称高速铁路),东起西宝客运专线的宝鸡南站,沿渭河南岸向西,经石坝河、清姜路、晁峪河、牛背沟进入甘肃省天水市,经天水市秦安县、定西市通渭县、定西市安定区、兰州市东城区榆中县,西到兰州西站,线路全长约 401 km(图 5.27),其中陕西省内 46 km,甘肃省内 355 km;全线隧道累计长度 272.448 km,占线路总长的 67.94%。全线新设东岔、天水南、秦安、通渭、下小岔(越行站)、定西南、榆中等车站。兰州西站为客运始发站，天水南站为有立折条件的中间站，其他车站为一般客运中间站。工程范围还包括兰州枢纽新建兰州西客站、兰州东川货运中心及相关工程。新建宝兰高速铁路是我国中长期铁路网规划"八纵八横"高速铁路主通道中陆桥通道的重要组成部分，是横贯我国西北地区与中东部地区的铁路客运主通道。该段的建成通车，不仅使我国西北地区高速铁路网更加完善，大大缩短西北地区与中东部地区的时空距离，它与已开通运营的徐兰高速铁路西宝段、兰新高速铁路连通，打通了我国高速铁路横贯东西的"最后一公里"，成为我国连接东西里程最长的一条高速铁路，可进一步提高欧亚大陆桥铁路通道运输能力。对促进我国东、中、西部地区经济社会协调发展，增强我国与中亚国家的互联互通，推动"丝绸之路"经济带建设具有重要意义。

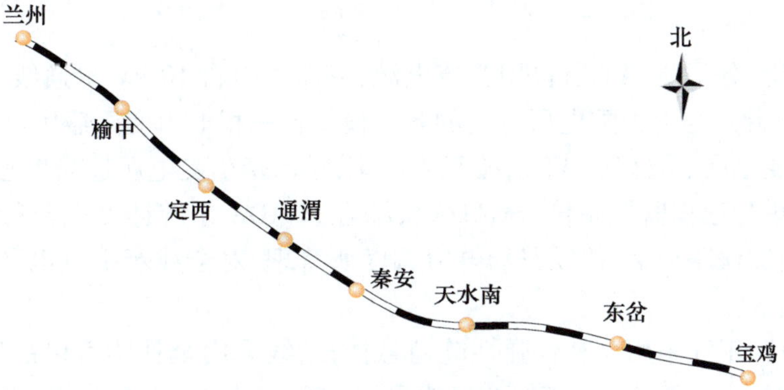

图 5.27　宝兰客运专线示意图

宝兰客运专线的建设单位是西兰铁路客运专线陕西公司、兰新铁路甘青公司，设计单位是中铁第一勘察设计院集团有限公司。线路主要技术标准：铁路等级，客运专线；正线数目，双线；最大坡度，20 ‰、局部困难地段不大于 30 ‰；最小曲线半径，一般地段 4 500 m、困难地段 4 000 m；到发线有效长度，650 m；列车运行控制方式，自动控制；行车指挥方式，综合调度集中；旅客列车速度目标值，250 km/h；牵引种类，电力牵引（AT 供电方式）。

5.27.1　电气化工程

牵引供电系统，正线采用 AT 供电方式，兰州枢纽内联络线、动车走行线、运用所等采用直接供电方式。全线新设窑湾、庄科、张白村、胡家河、锦屏村、定西、榆中、兰州西等牵引变电所。利用西宝客运专线工程所建的宝鸡南牵引变电所向本线供电；还建兰州西开闭所。新设段家磨、张家沟门、三十甸子、农民村、牙儿沟、蛟龙西、北坡川、大坪沟等分区所；新设陈家村、大沟、东岔、社堂、刘家庄、金城、董家庄、碱窝川、项家堡、乔家营、五星坪等 16 座 AT 所。新建兰州西牵引变电所场地预留发展条件，以增设为兰新铁路第二双线的供电条件。

新建牵引变电所引入 2 路 330 kV 电源供电，330 kV 电源侧采用线路变压器组接线，窑湾牵引变电所 330 kV 侧配电装置采用室外 GIS 组合电器，其他牵引变电所 330 kV 侧配电装置采用单体设备室外中型布置;窑湾牵引变电所 2 ×27.5 kV 侧采用单母线接线,配电装置采用室内 GIS 开关柜布置,馈线出口配电装置采用单体设备室外中型布置;其他牵引变电所 2 ×27.5 kV 侧采用单母线分段接线,配电装置采用单体设备室外中型布置。分区所、AT 所 2 ×27.5 kV/27.5 kV 侧配电装置采用单体设备室外中型布置。选址困难的牵引变电所可采用阶梯形或适当坡度布置。

新建牵引变电所设 4 台单相变压器、分成 2 组,采用固定备用、三相 V/X 接线、油浸自冷方式,预留风冷条件。各牵引变电所变压器安装容量:窑湾、榆中、兰州西为 2 ×(25 + 25) MV · A、庄科为 2 ×(20 + 20) MV · A、张白村、胡家河、锦屏村、定西为 2 ×(20 + 25) MV · A。宝鸡南牵引变电所变压器容量为 2 ×(50 + 40) MV · A,在西宝客运专线工程中实施。分区所、AT 所所设自耦变压器采用固定备用方式,上下行并联开关采用断路器方案。

牵引变电所、分区所、AT 所自用交流电源,一路接引自 10 kV 贯通线,一路引自所内 27.5 kV 母线电源。与电力配电所合建的各所设 2 台三相电力变压器供电。

新建牵引变电所、分区所、AT 所按无人值班设计,牵引变电所适当考虑值守条件。新设综合数据采集与远程监控系统(SCADA),综合 SCADA 系统调度端与行车调度对应设置,分别纳入西安铁路局、兰州铁路局电力调度所管理,对全线牵引供电及电力供电设施进行集中监控。

接触网悬挂,正线采用全补偿弹性链型悬挂,站线采用全补偿简单链型悬挂,接触悬挂结构高度一般为 1 600 mm。正线接触线采用 150 mm^2的铜合金导线,张力 25 kN,承力索采用 120 mm^2的铜合金绞线,张力 15 kN;站线和正线间渡线采用 120 mm^2的铜合金导线,张力 15 kN,承力索采用 95 mm^2的铜合金绞线,张力 15 kN,接触线悬挂点悬挂高度不小于 5 300 mm、最低点高度不小于 5 150 mm。道岔处接触网悬挂安装方式,与正线相交的道岔采用无交叉线岔方式,与非正线交叉的道岔采用交叉线岔方式。正馈线、保护线等附加导线采用铝包钢芯铝绞线。

接触网绝缘泄漏距离按重污区设计,25 kV 带电体绝缘泄漏距离不小于 1 400 mm;隧道内绝缘泄漏距离不小于 1 600 mm。上下行接触网带电体间的绝缘距离不小于 2 000 mm、困难时不小于 1 600 mm。一般路段采用瓷质绝缘子,下锚、电分段和隧道内采用合成绝缘子。正馈线、供电线悬挂一般采用瓷质绝缘子。采用带空气绝缘中性段的绝缘锚段关节式电分相,尽量避免设在大坡道、列车出站加速区段和线路限速低速区段。

接触网支柱,正线和站线地段的腕臂柱采用热浸镀锌 H 型钢柱。有条件的站场优先采用线间立腕臂柱,车站咽喉区等跨越多股道时采用轻型硬横梁,硬横梁支柱采用钢管柱。

接触网支柱标准跨距,正线区段一般为 50 m,最大不超过 60 m,相邻跨距之差一般不大于 10 m。绝缘、非绝缘锚段关节一般五跨锚段关节,困难时采用四跨形式。正线锚段长度一般不超过 2 ×700 m,其余线路锚段长度一般不大于 2 ×800 m。附加导线的锚段长度一般不大于 2 000 m。

接触网下锚采用棘轮补偿装置 + 铁坠砣。一般采用两跨式防窜防断中心锚结,车站内站线下锚困难时采用防窜防断中心锚结。

5.27.2　电力工程

全线新设 1 条综合负荷 10 kV 贯通线和 1 条一级负荷 10 kV 贯通线，分别沿铁路两侧敷设。其中榆中 10 kV 配电所至兰州西 330/35/10 kV 变电所新建 2 条 10 kV 贯通线均采用截面为 95 mm^2 的铜质单芯电力电缆，其他区段新建一级负荷 10 kV 贯通线采用截面为 70 mm^2 的铜质单芯电力电缆，新建综合负荷 10 kV 贯通线采用 95 mm^2 的铜质单芯电力电缆。

全线新设东岔、天水南、秦安、通渭、定西南、榆中 6 座 10 kV 配电所，接引 2 路地方电源供电。利用西宝铁路工程所建的宝鸡南 10 kV 配电所；兰州西电力变电所与兰州西牵引变电所同场分区建设，设 2 台 110/35/10 kV 变压器，从就近的公用电网彭家坪地区接引 2 路 110 kV 电源。

设有 10 kV 配电所的车站其综合负荷设站房 10/0.4 kV 变电所，从10 kV配电所不同 10 kV 母线段站馈回路接引 2 路电源供电。车站咽喉区道岔防冻加热设备用电负荷设 10/0.4 kV 箱式变电站，从 10 kV 配电所接引 1 路电源供电。没设 10 kV 配电所的车站其综合负荷设站房 10/0.4 kV 变电所供电，电源引自 2 路 10 kV 贯通线。车站咽喉区道岔防冻加热设备用电负荷设 10/0.4 kV 箱式变电站，从地方电网接引 1 路电源供电。

车站与通信信号有关的用电负荷设室内 10/0.4 kV 变电所供电，电源分别引自 2 路 10 kV 贯通线。

区间通信信号用电负荷设箱式变电站供电，电源引自 2 路 10 kV 贯通线。

区间其他用电负荷根据负荷分布和负荷性质，在负荷集中处设箱式变电站，优先从地方电网接引 1 路电源供电，无条件接引地方电源的、从综合负荷 10 kV 贯通线接引 1 路电源供电。

新建电力配电所采用微机保护、按无人值班设计，设电力远动系统，纳入综合数据采集与远程监控（SCADA）系统，调度端与行车调度对应设置，对电力设施实行集中监控。

5.27.3　通信工程

长途通信线路，全线新设 2 条 48 芯单模直埋光缆，分别沿铁路两侧电缆槽道敷设。天水南、定西南车站通信机械室分别到天水、定西既有通信站各敷设 1 条 48 芯通信光缆。传输接入节点到区间光纤直放站、通信基站、电力箱式变电站、视频采集点等信息接入点根据需要分别敷设 1 条容量不等的光缆。为满足隧道应急电话系统组网的需要，5 km 及以上的长大隧道内两侧各敷设 1 条 3 × 4 × 0.9 的低频对称电缆。

传输系统。全线新设 SDH 10 Gbit/s 骨干传输系统，沿线新建车站（不含越行站）和兰州西站设 SDH 10 Gbit/s ADM 设备，利用新建 2 条 48 芯光缆中的各 2 芯光纤构成复用段 1 + 1 保护。在兰州西与兰新铁路第二双线的 SDH 10 Gbit/s 设备对接，以满足接入兰州枢纽骨干传输网。扩容宝鸡南站 SDH 10 Gbit/s ADM 设备，并与西宝客专传输通道相联。

新设 SDH 2.5 Gbit/s 车站接入网系统，沿线新建车站和兰州西站设 SDH 2.5 Gbit/s ADM 设备，利用建 2 条 48 芯光缆中的 2 芯光纤构成复用段 1 + 1 保护。在兰州西与兰新铁路第二双线的 SDH 2.5 Gbit/s ADM 设备对接。

天水南至天水通信站、定西南至定西通信站新设 SDH 2.5 Gbit/s 传输系统。并接入正线 SDH 2.5 Gbit/s 接入网系统。

新设 SDH 622 Mbit/s 区间接入网系统,沿线区间通信基站、信号中继站、牵引变电所、分区所、AT 所等信息接入点设 SDH 622 Mbit/s 设备。利用干线光缆接入相邻车站 SDH 2.5 Gbit/s 设备,构成通道保护环。

站(场)内电力变配电所、综合维修车间/工区、公安派出所等信息接入点新设 SDH 622 Mbit/s 设备。利用新设光缆接入本站 SDH 2.5 Gbit/s 设备,构成通道保护环。

西安铁路局管辖范围内在宝鸡南综合维修工区新设网管设备,接入铁路局既有通信综合网管系统。在兰州西通信站新设传输网网元级网络管理系统和设备,在天水南综合维修车间、榆中、定西南、秦安、通渭综合维修工区各设传输网网管监控终端。各自完成对局管内传输接入设备性能、故障、配置及安全方面的管理。

新设数据通信系统,利用西安铁路局的既有核心节点路由器和汇聚路由器,利用兰州铁路局的既有核心节点路由器,在天水南、兰州西新设汇聚路由器,沿线新建车站设接入路由器,对宝鸡南接入路由器扩容。接入路由器之间、接入路由器与汇聚路由器之间通过光纤通道互联,按铁路局和区域管辖范围接入汇聚路由器,上联至核心路由器,实现远端用户数据业务的接入、汇聚与转发。利用兰新铁路第二双线工程所设的数据网网元网管设备,对本线数据网设备进行统一的性能管理、配置管理及故障管理。

电话交换系统,利用宝鸡、定西、天水、兰州西既有程控电话交换机。利用宝鸡南既有光线路终端(OLT)设备,在定西南、天水南、兰州西通信站新设光线路终端(OLT)设备;沿线车站、区间信号中继站、牵引变电所、分区所、AT 所、电力配电所等处设光网络单元(ONU),沿线新增自动电话用户按照区域管辖范围通过传输通道、ONU 和 OLT 设备及接入网接入既有相关程控电话交换机,通过统一编号组网,实现与既有铁路电话专网的互通。

新设调度通信系统,利用西安、兰州铁路局调度所既有调度通信交换机,并在兰州西通信站新设调度所交换机,互为备用;沿线各新建车站、动车运用所新设车站型调度通信交换机、调度分机和车站值班台;沿线牵引变电所、分区所、AT 所、电力变配电所、供电专业维修车间/工区值班室设调度分机,按各铁路局管辖范围分别接入西安铁路局、兰州铁路局调度所既有中心调度通信交换机及调度通信系统。按调度区划分,在西安铁路局调度所新设 1 个列车调度台,负责宝鸡南至东岔段和西宝客专的列车调度指挥;在兰州铁路局调度所新设 2 个列车调度台,其中 1 个台负责东岔(含)至榆中(含)、另 1 台负责榆中至兰州西、兰州西至陈家湾和兰州西至中川机场站的列车调度指挥。并通过将调度所中心调度通信交换机与 GSM-R 移动通信交换机相联,实现有线与无线调度业务的互通。

新设 GSM-R 移动通信系统,利用西安铁路局、兰州铁路局的既有 GSM-R 核心网设施、根据需要扩容,利用西安的既有基站控制器(BSC);在兰州西通信站新设基站控制器(BSC)、速率适配单元(TRAU)、分组控制单元(PCU)。沿线车站或区间设通信基站,车站通信基站按 3 载频配置、区间通信基站按 2 载频配置,采用单网覆盖方式组网。区间和隧道内弱场区采用光纤直放站、漏泄电缆和天线方式增强,并漏缆监测系统,解决隧道内的无线场强覆盖,满足信息传输的需要。完成调度通信、调度命令信息、无线车次号校核信息传送等功能。并新设无线网络管理系统和光纤直放站网络管理系统,对全线 GSM-R 系统网络和设备进行管理。

兰州西、定西南、天水南设 GSM-R 场强室内覆盖系统。兰州西动车走行线和动车运用所的 GSM-R 场强覆盖,与兰新铁路第二双线统筹考虑。

新设会议电视系统,利用西安铁路局既有会议电视系统中心设备和网管设备,利用兰新铁路第二双线所建的会议电视系统中心设备和网管设备,沿线各车站、动车运用所新设会议电视分会场设备。按管辖范围分别接入西安、兰州铁路局既有会议电视中心系统。

新设应急通信指挥系统,利用西安铁路局、兰州铁路局既有应急通信指挥中心和设备,在宝鸡南综合维修工区、天水南综合维修车间、通渭、定西南综合维修工区新设应急抢险现场接入设备。按管辖范围分别接入各铁路局应急通信指挥中心系统。

新设隧道紧急电话系统,在兰州铁路局调度所应急救援指挥中心新设控制中心交换机、调度员控制台及操作台,在沿线车站设值班员操作台。在 5 km 及以上的长大隧道内通信基站设隧道接入交换机,在隧道洞室设紧急电话、火灾报警电话,利用新设的 $3\times4\times0.9$ 低频电缆接入交换机,再通过传输系统接入控制中心交换机与应急救援指挥中心系统。

通过电源,沿线新建通信设备机房设 48 V 高频开关电源和蓄电池。并设电源和环境监控系统,实现对通信信号机房和信息机房的电源及环境进行监控。

5.27.4　信号工程

车站联锁,各新建正线车站(场)设硬件安全冗余型计算机联锁设备和信号智能电源屏及 UPS 不间断电源。车站联锁设备与列控系统间的安全信息采用专用安全冗余通道进行交换,向有源应答器和轨道电路提供进路编码。并配合调度集中、列控设备完成区间封锁、股道封锁和临时限速等功能。

沿线车站综合工区、保养点、综合维修车间道岔及信号设备纳入相邻车站联锁集中控制。

兰州西(高速场、普速场)和动车所新设硬件安全冗余型计算机联锁设备,兰州西北场新设双机热备计算机联锁设备。

根据沿线车站道岔设计类型,配备相应的道岔转辙设备和缺口监测装置,采用带外锁闭装置的交流电动或液压转辙机牵引,道岔驱动按多机分线、分动方式控制;通过时速 160 km 以上的道岔增设密贴检查装置。动车组接发车进路上的道岔设道岔融雪装置。

正线车站站内采用与区间相同制式的 ZPW-2000 系列轨道电路,其发送设备按 1+1 冗余配置,接收设备采用双机并用方式,以实现轨道电路系统的高可靠性。

兰州西(高速场)正线及股道区段采用移频轨道电路,兰州西(普速场)按照列控系统运用要求,部分区段采用移频轨道电路,其余区段采用 25 Hz 相敏轨道电路,动车所、兰州西北场采用 25 Hz 相敏轨道电路。根据牵引电流的大小,通过计算确定轨道电路扼流变压器和适配器的容量。

站内 ZPW-2000 系列轨道电路采用铝护套数字信号电缆或内屏蔽数字信号电缆;其他信号设备干线电缆采用铝护套综合扭绞信号电缆,分支电缆采用综合护套综合扭绞信号电缆。

运输调度指挥系统,新设分散自律型调度集中(CTC)系统,沿线新建车站、兰州西(高速场、普速场)、兰州西动车所和兰州站新设 CTC 分机设备、网络安全和通道质量监督等设备。既有兰州西北场新设列车运行调度系统(TDCS)分机设备,按照西安铁路局、兰州铁路局管辖范围和调度区划分分别接入其调度所 CTC/TDCS 总机系统。并在西安铁路局调度所新设 1 个列车调度台,负责西宝客专及本线西安铁路局管辖范围内的行车调度指挥;在兰州铁路局调度所新设 2 个列车调度台,增设相应的应用和通信服务器等配套设备(与所建兰新铁路第二双线工程统筹考虑设备配置)。负责本线局管范围内的行车调度指挥。既有调度台的管辖范围维持不变。

列车运行控制系统,正线新设 CTCS-2 级列控系统,采用连续速度(目标—距离)控制模式,并与相邻既有线路信号系统兼容,在宝鸡南站外设 CTCS-3/2 级级间转换点;兰州西(高速场)采用 CTCS-2 级列控系统,兰州西至动车所车场和兰州站至兰州西客站新设 CTCS-2 级列控系统。其他线路维持既有列控系统等级不变。西安铁路局管内利用西宝客专所设的 1 套临时限速服务器,兰州铁路局管内在兰州西(高速场)信号机房新设 1 套临时限速服务器(TSRS),按局管范围负责正线的临时限速控制。新设 CTCS-2 级列控系统的车站和信号中继站设安全数据网接入设备、列控中心、应答器、电子编码单元(LEU)等设备。所设列控中心设备具备轨道电路编发码、运行方向控制、站间安全信息传输和应答器报文存储调用等功能。

区间自闭制式,正线区间新设四显示自动闭塞,正向采用追踪间隔运行,反向按自动站间闭塞行车。兰州西动车运用所走行线采用双方向追踪运行的自动闭塞制式。正线不设区间地面通过信号机,设区间信号标志牌,列车运行以列控车载设备(ATP)显示作为行车凭证。

正线区间采用 ZPW-2000 系列无绝缘轨道电路,其发送设备按 1+1 冗余配置,接收器采用双机并用方式,并具有设备自监测功能,通过接口设备向信号集中监测系统提供监测信息。既有陇海铁路[不含兰州西(普速场)]管辖的轨道区间,其发送和接收设备按 $N+1$ 冗余配置。

区间 ZPW-2000 系列轨道电路采用铝护套数字信号电缆或内屏蔽数字信号电缆,其他信号设备采用非数字信号电缆。轨道电路所用干线电缆有效传输长度一般不大于 10 km,大于规定长度设信号中继站。

新设信号集中监测系统,沿线新建车站和信号中继站设集中监测分机设备和网络设备,在信号车间/工区、保养点设监测维护终端,按管辖范围分别接入宝鸡、兰州电务段既有信号集中监测总机系统。实现对全线信号基础设施和设备的集中监测和远程诊断。

沿线新建信号设备房屋设防雷电、电磁兼容和综合接地防护系统,与房建工程同步实施,并与所设贯通地线等电位连接。

综合接地系统,沿铁路两侧分别敷设 1 条截面为 35 mm^2 的贯通地线,在电气特性上全程贯通,接地电阻不大于 1 Ω,构成等电位连接。沿线轨旁信号设备做好安全接地、并就近与贯通地线等电位连接。

参加线路工程施工的单位有中铁一局、二局、四局、八局、十二局集团,中铁建大桥局、中铁建隧道局,中铁电气化局集团、中国铁路通信信号公司承担站后四电工程的施工。

线路工程于 2012 年 10 月 20 日开工,电气化工程于 2015 年 8 月 26 日开工。2017 年 4 月 6 日完成全线铺轨。2017 年 3 月 18 日开始联调联试, 2017 年 6 月 30 日完成联调联试。2017 年 7 月 9 日正式通车运营。

5. 28　张家口至呼和浩特客运专线

新建张呼客运专线,东起张家口南站,向西途经河北省万全、怀安、尚义县,内蒙古自治区兴和县、察右前旗、乌兰察布市(原集宁区)、卓资县,西至呼和浩特东站,线路正线长 286. 77 km(图 5. 28)。其中河北省内约 76. 77 km、内蒙古自治区内约 210 km;全线隧道累计长度约 42 km。全线新设怀安、兴和北、乌兰察布、卓资东、旗下营南和呼和浩特东等车站。其中呼和浩特东为客运站,其余车站均为中间站。新建张呼客运专线不仅是内蒙古自治区西部进京的快速客运通道,也是国家铁路网骨架京包、包兰铁路通道的重要组成部分,还是西北、华北、东北“三北”地区联系的重要通道。该线的建成开通,将强化该区域的既有客货运通道能力,构建环渤海至蒙西及西北大能力客货运通道,满足蒙西地区煤炭外运的需要。同时也结束了内蒙古自治区没有铁路客运专线的历史。

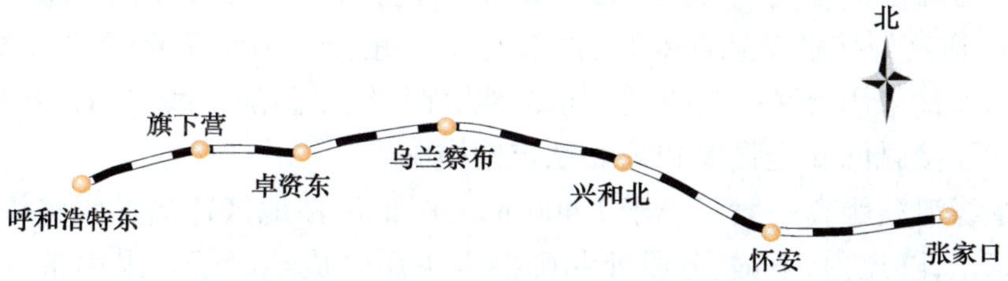

图 5. 28　张家口至呼和浩特客运专线示意图

张呼客运专线的建设单位是蒙冀铁路公司,设计单位是中铁工程设计咨询集团公司。线路主要技术标准:铁路等级,客运专线;正线数目,双线;限制坡度,一般地段 20 ‰、大尖山越岭地段或节省投资明显时采用不大于 25 ‰的坡度;最小曲线半径,一般地段 4 000 m、个别地段 3 500 m;到发线有效长度,650 m;列车运行方式,自动控制;行车指挥方式,综合调度集中;速度目标值:250 km/h;牵引种类,电力牵引(AT 供电方式);机车类型,动车组。

5. 28. 1　电气化工程

牵引供电系统,采用 AT 供电方式,枢纽内部分线路和动车走行线等采用带回流线的直接供电方式。全线新设怀安、兴和北、乌兰察布、卓资东、陶卜齐等牵引变电所。新设呼和浩特东动车运用所分区所兼开闭所,在供电臂末端设分区所,在供电臂中部设 AT 所。利用张家口南牵引变电所向本线供电,所内有关设备等与京张铁路统筹设计、同步实施。利用既有呼和浩特东牵引变电所并结合呼准铁路工程,维持既有设计标准进行同步改造。

新建牵引变电所引入 2 路 220 kV 电源供电,220 kV 电源侧采用线路变压器组接线,电气设备采用室外布置;兴和北、乌兰察布、卓资东 3 座牵引变电所,大尖山等 3 座分区所和七家房等 6 座 AT 所 55/27.5 kV 侧采用室内六氟化硫气体绝缘(GIS)开关柜布置,怀安和陶卜齐牵引变电所、其他分区所及 AT 所 2×27.5 kV 侧电气设备采用户外布置。2×27.5 kV 上下行线路馈线开关设备互相备用。

新建牵引变电所所设变压器,采用固定备用、三相 V/V 接线、油浸自冷方式,预留风冷条件。各牵引变电所变压器安装容量:怀安为 2×(31.5+20) MV·A、兴和北为 2×(20+25) MV·A,乌兰察布、卓资东、陶卜齐均为 2×(25+25) MV·A。呼和浩特东牵引变电所主变压器暂不增容,待开通后视运量增长情况适时更换。分区所、AT 所设 2 台自耦变压器,采用固定备用方式,分区所、AT 所上下行并联开关采用断路器方案。

各牵引变电所、开闭所、分区所、AT 所自用交流电源,一路接引 10 kV 电力贯通线,一路接引所内 27.5 kV 母线电源。

新设牵引变电所、开闭所、分区所、AT 按无人值班设计,牵引变电所适当考虑值守条件。全线新设综合数据采集和远程监控系统(SCADA),按管辖范围分别纳入北京铁路局、呼和浩特铁路局电力调度所管理,对全线牵引供电和电力设施进行集中监控。

接触网采用全补偿弹性链型悬挂,接触悬挂结构高度一般为 1 600 mm。正线接触线采用 150 mm^2 的铜合金导线,承力索采用 120 mm^2 的铜合金绞线,接触线悬挂点高度不小于 5 500 mm。道岔处接触网悬挂安装方式,与正线相交的道岔采用无交叉线岔方式,与非正线交叉的道岔采用交叉线岔方式。正馈线、保护线等附加导线采用铝包钢芯铝绞线。大风区段应加强接触网安全强度和采取稳定性措施。

接触网绝缘泄漏距离一般不小于 1 400 mm,严重污秽地区适当加强绝缘。一般地段采用瓷质绝缘子,隧道内、下锚、分段处和雨棚内采用合成绝缘子。采用带空气绝缘中性段的锚段关节式电分相,尽量避免设在大坡道、列车出站加速区段和线路限速低速区段。

接触网支柱,路基区段的腕臂柱采用圆形钢筋混凝土支柱。站场有条件时优先采用线间立腕臂柱,车站咽喉区等跨越多股道时有条件的采用线间立柱,无立柱条件时采用轻型硬横梁,硬横梁支柱采用等径圆钢管柱。车站雨棚地段接触网支柱与雨棚柱合架。

接触网支柱标准跨距,正线路基区段一般为 50~55 m,隧道内跨距一般为 50 m,桥上根据桥梁孔跨形式确定,一般不超过 50 m。

一般情况下接触网最大锚段长度不大于 2×700 m,单边补偿时的锚段长度为上述值的 50%。站线的最大锚段长度不大于 2×850 m;附加导线最大锚段长度一般不大于2 000 m。

新建呼和浩特东供电抢修车间,在兴和北、乌兰察布、卓资东综合维修工区内设供电班组,对既有呼和浩特东接触网工区适度补强。负责对牵引供电和电力设施的运营维护和管理。

5.28.2　电力工程

陶卜齐至张家口南新设 1 条综合负荷 10 kV 贯通线和 1 条一级负荷 10 kV 贯通线，新建 10 kV 贯通线采用电力电缆分别沿铁路两侧敷设。呼和浩特东至陶卜齐段利用改造既有京包铁路的 10 kV 贯通线和自闭电力线为呼陶段用电负荷供电。

新设怀安、兴和北、乌兰察布、陶卜齐、呼和浩特东动车运用所等 10 kV 配电所。利用集包铁路增建第二双线工程所建的卓资东 10 kV 配电所、增设馈线设备向本线供电，引接的电源线路优先采用架空线。新建和改造的 10 kV 配电所引入 2 路地方电源向沿线车站和区间用电负荷供电。新建 10 kV 配电所优先与牵引变电所或分区所等设施合建，其中控制室、检修室、料库、交直流电源系统等房屋或设备共用。

设有 10 kV 配电所的车站其综合用电负荷设室内 10/0.4 kV 变电所供电，电源引自 10 kV 配电所的站馈线。没设 10 kV 配电所的车站其综合用电负荷设室内 10/0.4 kV 变电所，从地方电网接引 10 kV 电源供电。

车站与行车有关的通信信号负荷设室内 10/0.4 kV 专用变电所和变压器供电，电源分别引自 2 路 10 kV 贯通线。

在车站(场)道岔区设 10/0.4 kV 单电源箱式变电站为道岔融雪装置供电、就近接引 10 kV 电源，在技术经济条件合理的前提下，也可以就近接引低压电源供电。

区间与行车密切相关的通信信号等一级负荷设 10/0.4 kV 箱式变电站供电，电源分别引自 2 路 10 kV 贯通线。

沿线所设警务区、值勤岗亭用电负荷优先考虑就近从地方电源接引 1 路低压电源供电，无条件接引地方电源时，从综合负荷 10 kV 贯通线接引电源。

5.28.3　通信工程

长途通信线路，新设 2 条 32 芯单模直埋光缆，分别沿新建铁路两侧敷设。并新建呼和浩特东通信站。

为满足 GSM-R 通信系统组网的需要，区间通信基站至光纤直放站间按需要敷设 1 条短段光缆；为满足综合视频监控系统组网的需要，在其采集节点与相邻传输节点间敷设 1 条 24 芯短段光缆。

传输系统，新设 SDH 10 Gbit/s 骨干传输系统，呼和浩特东通信站、沿线车站设 SDH 10 Gbit/s 设备，利用新建 2 条 32 芯光缆的各 2 芯光纤构成复用段 1 +1 保护。

新设 SDH 2.5 Gbit/s 车站接入网系统，沿线车站设 SDH 2.5 Gbit/s 设备。利用新建 2 条 32 芯光缆构成双缆保护。并与在同站所设的 SDH 10 Gbit/s 设备通过 2.5 Gbit/s 光接口互联。

新设 SDH 622 Mbit/s 区间接入网系统，区间通信基站、信号中继站、电力配电所、牵引变电所、分区所等信息接入点设 SDH 622 Mbit/s 设备。利用新建 2 条 32 芯光缆通过相邻车站接入 SDH 2.5 Gbit/s 接入网系统。

新设数据网,在呼和浩特铁路局新设核心路由器和汇聚路由器,利用北京铁路局既有核心路由器及其他工程在张家口所设的汇聚路由器,沿线车站设接入路由器(呼和浩特东动车运用所数据业务接入呼和浩特东站接入路由器)负责本地数据的接入。按照北京铁路局管辖范围通过传输通道分别接入汇聚层路由器,再上联至核心层路由器。实现全线数据业务的转发与汇聚。

电话交换系统,利用张家口、呼和浩特既有铁路程控电话交换机;沿线新增自动电话用户,按管辖范围通过接入网系统分别接入张家口、呼和浩特既有铁路程控电话交换机。通过统一编号,实现与既有铁路电话专网的互通。

新设调度通信系统,利用北京铁路局调度所的既有中心调度通信交换机,在呼和浩特东通信站新设中心调度交换机,沿线车站新设车站型调度通信交换机、调度分机和车站值班台,按各铁路局管辖范围分别接入各铁路局中心调度通信交换机及调度通信系统。按调度区划分,在呼和浩特铁路局调度所新设 1 个列车调度台,负责本线怀安站(不含)至呼和浩特东(高速场)段的行车调度指挥;张家口南至怀安站(含)段由北京至张家口客专工程设在北京铁路局客专调度所的列车调度台负责行车调度指挥。

新设 GSM-R 移动通信系统,利用北京铁路局、呼和浩特铁路局的既有 GSM-R 核心网交换机,利用张家口的既有基站控制器(BSC),在呼和浩特新设基站控制器(BSC),沿线设通信基站(BTS),采用单层覆盖方式组网。区间和隧道内弱场区采用光纤直放站、漏泄电缆和天线方式增强,并设漏缆监测系统,以满足无线场强覆盖的需要;本工程与集包铁路增建第二双线并线区段的 GSM-R 无线场强覆盖统筹设计。完成调度通信、调度命令信息和无线车次号校核信息传送等功能。

新设会议电视系统,沿线车站(段)设会议电视分会场设备,按铁路局管辖范围分别接入呼和浩特铁路局、北京铁路局既有会议电视中心系统。

新设应急通信指挥系统,在兴和北、乌兰察布、呼和浩特东通信维修工区新设应急通信现场接入设备,接入呼和浩特铁路局既有应急通信指挥中心系统。

通信电源,沿线新建通信机房设 48 V 高频开关电源和蓄电池,并设电源及环境监控系统。

呼和浩特铁路局新设综合通信网管系统,按照统一规划、分步实施。实现对本工程各通信子系统、综合视频监控系统、电源和环境监控等系统的集中网络管理、资源管理、故障告警管理等功能。并预留既有铁路和新建铁路相关通信系统的接入条件。

5.28.4　信号工程

车站联锁,沿线各新建车站设硬件安全冗余型计算机联锁设备和信号综合智能电源屏及 UPS 不间断电源;呼和浩特东站、卓资东站按高速场及普速场独立设置计算机联锁设备;呼和浩特东既有硬件安全冗余型计算机联锁设备考虑移设;呼和浩特东动车运用所内道岔(含客整部分)纳入集中联锁,根据动车运行需求布设信号机。沿线工区道岔纳入临近车站集中联锁。

根据车站(场)道岔设计类型,配备相应的道岔转辙设备和缺口监测装置,通过时速 160 km 及以上的道岔增设密贴检查器。各车站通过动车组列车进路上的道岔及其联动道岔设电加热式融雪装置，并具备调度所远程启动功能。

各新建中间车站和呼和浩特东站站内正线及到发线采用移频轨道电路，呼和浩特东站其他线段和动车运用所采用 25 Hz 相敏轨道电路，并针对分路不良的轨道电路采取技术处理措施。

运输调度指挥系统，新设调度集中（CTC）系统，张家口南（不含）至呼和浩特东（普速、高速场）各车站、呼和浩特东动车运用所新设 CTC 分机设备、网络安全和通道质量监督设备。按照北京铁路局、呼和浩特铁路局管辖范围和调度区划分分别接入其调度所既有 CTC/TDCS 总机系统。并在呼和浩特局调度所新设 1 个本线列车调度台，相应改造 CTC 总机系统，增设配套的通信和应用服务器、网络安全及通道质量监督等设备，负责怀安站（不含）至呼和浩特东（高速场）的调度指挥。怀安站纳入京张客专工程所设的列车调度台管辖。其他车站维持既有调度台管辖不变。

列车运行控制系统，张家口南至呼和浩特东（普速、高速场）、呼和浩特东站动车运用所新设 CTCS-2 级列控系统。在呼和浩特铁路局新设 1 套临时限速服务器（TSRS），负责本线局管段临时限速命令的下达，北京铁路局管段纳入京张客专临时限速服务器管辖。沿线新建车站和信号中继站设安全数据网接入设备、列控中心（TCC）、点式应答器、地面电子单元等设备。通过专用光纤传输通道实现站间安全数据的传输。所设列控中心设备具有轨道电路编发码、运行方向控制、站间安全信息传输和应答器报文存储调用等功能。

区间自闭制式，正线采用四显示自动闭塞，正向采用追踪间隔运行，反向按自动站间闭塞行车。闭塞分区按满足列车最小追踪间隔时间和最高运行速度要求划分。不设地面通过信号机，设地面信号标志牌，列车运行以列控车载设备（ATP）显示作为行车凭证。

区间采用无绝缘移频自动闭塞轨道电路，接收和发送设备按冗余配置，发送设备采用电子编码方式。区间轨道电路干线电缆采用铝护套数字信号电缆，分支电缆采用综合护套非数字信号电缆。既有京包铁路改线地段，其信号设备按原标准进行四显示自动闭塞设计，信号电缆采用铝护套综合扭绞信号电缆。

新设信号集中监测系统，沿线各新建车站和信号中继站设集中监测分机等设备，按管辖范围分别接入呼和浩特铁路局、北京铁路局相关电务段既有信号集中监测总机系统，实现对全线信号基础设施和设备的集中监测和远程诊断。

沿线新建信号设备房屋设防雷电、电磁兼容和综合接地防护系统，与房建工程同步实施，并与所设贯通地线等电位连接。

综合接地系统，沿铁路两侧分别敷设 1 条截面不小于 35 mm^2 的铜质贯通地线，在电气特性上全程贯通，接地电阻不大于 1 Ω，与土建工程同步实施，并构成等电位连接。沿线轨旁信号设备做好安全接地、并就近与贯通地线等电位连接。

参加本线线路工程施工的有中铁三局、四局、五局集团等单位，中铁十一局、十二局等单位承担电气化、通信信号和电力等工程的施工。

线路工程于 2011 年 2 月 28 日开工，四电工程于 2016 年 7 月 28 日开工。2016 年 9 月 1 日开始铺轨。2017 年 5 月乌兰察布至呼和浩特东段开始联调联试。2017 年 8 月 3 日乌兰察布至呼和浩特东段开通运营。2019 年 6 月 1 日怀安至乌兰察布段开始联调联试,2019 年 6 月 13 日全线开始重联试运行。2019 年 12 月 30 日张家口至乌兰察布段开通运营,即全线正式开通。

5.29 武汉至九江客运专线

新建武九客运专线,西起武昌站,向东偏南途经湖北省鄂州市、黄石市、大冶市、阳新县,江西省瑞昌市、九江县,东到庐山站,并利用南昌至九江城际铁路接入九江站,线路全长 224 km,呈西北东南走向(图 5.29)。它由 2014 年 6 月 18 日建成开通的武汉至黄石城际铁路(96.78 km)、新建大冶北至阳新段(DK92 + 000 ~ DK160 + 180)(69.124 km,其中桥隧累计长度 46.801 km)、新建瑞昌[DK160 + 180(湖北、江西省界)]至庐山(DK205 + 800)段(45.865 km,其中桥隧累计长度 32.04 km)及接驳南昌至九江城际铁路(于 2010 年 9 月 20 日建成开通)到九江站 4 段组成。其中武汉至黄石段设有武汉(既有)、花山南、左岭、葛店南、华容南、鄂州、鄂州东、花湖、黄石北、大冶北等车站,大冶北至阳新段设有大冶北(维持既有)、白沙铺和枫林(新建)、阳新(改扩建)等车站,瑞昌至九江段设有瑞昌南、城门、庐山(改扩建)、九江(维持既有)等车站,以及洪家山线路所。工程范围还包括九江地区相关工程(即九江方向联络线下行长 4.38 km、上行长 4.47 km,新建客专场西南联络线下行 2.19 km、上行 3.62 km,改建普速场西南联络线下行 0.82 km、上行 0.59 km)。新建武九客运专线是连接京广和京九 2 条纵向铁路通道,是沟通环鄱阳湖城市群与武汉城市圈的一条大能力客运通道。这条铁路与南昌至九江城际铁路、沪昆客运专线等线路一同构筑起环鄱阳湖城市群、武汉城市圈、环长株潭城市群间的“2h 经济圈”,它的建成开通开启了长江中游城市群“同频共振”模式,对促进长江中游城市群经济发展、优化区域产业布局、增强沿线城市辐射力具有十分重要的意义。而且随着该线的开通运营,日趋“公交化”运行的动车组使赣鄂间合作交流进一步深化,尤其是该地区加快脱贫致富,实现与发达地区在经济、社会等方面“互通有无”有着十分重要的意义。

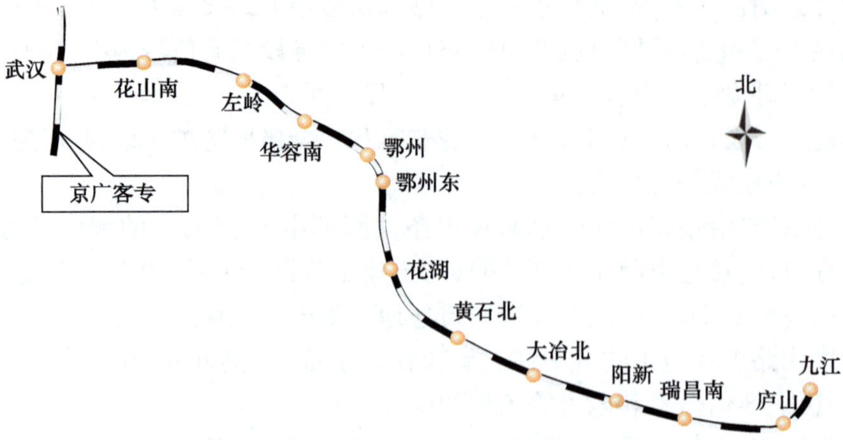

图 5.29 武汉至九江客运专线示意图

武九客运专线大冶北至阳新段的建设单位是武汉铁路局、武九铁路客运专线湖北城际铁路有限责任公司。设计单位是中铁第四勘察设计院集团有限公司，线路主要技术标准：铁路等级，客运专线；正线数目，双线；正线线间距，4.6 m；最大坡度，20 ‰；最小曲线半径，一般地段 3 500 m、困难地段 3 000 m；到发线有效长度，650 m；设计行车速度，250 km/h；列车运行控制方式，自动控制；行车指挥方式，综合调度集中；牵引种类，电力牵引（AT 供电方式）；机车类型，电动车组。

武九客运专线瑞昌至九江段的建设单位是南昌铁路局、武广铁路客运专线有限责任公司、昌九城际铁路股份有限公司。设计单位是中铁第四勘察设计院集团有限公司，线路主要技术标准：铁路等级，客运专线；正线数目，双线；正线线间距，4.6 m；最大坡度，20 ‰；最小曲线半径，3 500 m；到发线有效长度，650 m；旅客列车设计行车速度，250 km/h；列车运行控制方式，自动控制；列车指挥方式，综合调度集中；牵引种类，电力牵引（AT 供电方式）；机车类型，电动车组。

5.29.1　武汉至黄石（大冶北）段

四电专业方案详细内容参见本章第 2 节（武汉至黄石城际铁路）。

5.29.2　大冶北至阳新（湖北江西省界）段

5.29.2.1　电气化工程

牵引供电采用 AT 供电方式。全段新设阳新南牵引变电所，新设枫林分区所和白沙南、陈家 AT 所；利用武黄城际铁路所建的大冶北分区所。

新建阳新南牵引变电所引入 2 路 220 kV 电源供电，220 kV 电源侧采用线路变压器组接线，牵引变压器采用户外低式布置、其余电气设备采用户外单体中式布置；27.5 kV 侧采用单母线隔离开关分段接线，电气设备采用户外布置。

新建阳新南牵引变电所设 4 台变压器、分成 2 组，采用固定备用、V/X 接线、自冷方式，预留风冷条件，变压器安装容量为 2×(31.5+25) MV·A。枫林分区所变压器安装容量为 4×20 MV·A，大冶北分区所变压器安装容量为 2×20 MV·A，白沙南、陈家 AT 所变压器安装容量为 2×25 MV·A。

新建牵引变电所、分区所、AT 所采用微机保护和综合自动化系统，按无人值班设计，牵引变电所适当考虑值守条件。新设牵引供电远动系统，牵引供电调度纳入武汉铁路局电力调度所管理。

接触网悬挂，正线采用全补偿弹性链型悬挂，正线间渡线、站线采用全补偿简单链型悬挂，接触悬挂结构高度一般为 1 600 mm。正线接触线采用 150 mm^2 的铜合金导线，张力 25 kN；承力索采用 120 mm^2 的铜合金绞线，张力 15 kN。接触线悬挂高度一般为 5 300 mm。道岔处接触网悬挂安装方式，与正线相交的道岔采用无交叉线岔方式，与非正线交叉的道岔采用交叉线岔方式。附加导线一般采用抗拉强度高、耐腐蚀性能好的铝包钢芯铝绞线。

接触网绝缘泄漏距离不小于 1 400 mm，分段及上下行接触网带电体间的距离一般不小于 2 000 mm，困难情况下不小于 1 600 mm。正线区段腕臂绝缘子采用瓷质绝缘子，隧道内、站台雨棚范围内、跨线建筑物两侧采用合成绝缘子,隧道外正馈线悬挂一般采用瓷质绝缘子。采用锚段关节式电分相,避免设在大坡道、列车出站加速区段和线路限速低速区段。

接触网支柱,正线路基区段腕臂柱采用混凝土圆柱,桥上采用格构式钢柱。车站和多股道并行区段采用硬横跨。硬横跨支柱采用钢管柱。

接触网支柱标准跨距,路基区段一般为 50 ~ 60 m,最大不大于 60 m;隧道内一般 40 ~ 50 m,箱梁桥上一般为 50 m,T 梁桥上按桥墩距离控制,一般为 32. 7 m。相邻跨距之差一般不大于 10 m。

绝缘、非绝缘锚段关节一般五跨锚段关节。正线锚段长度一般不超过 2 × 700 m,个别困难情况下不大于 2 × 750 m;单边补偿的锚段长度不大于 750 m;站线最大锚段长度一般不大于 2 × 800 m,个别困难情况下不大于 2 × 900 m,单边补偿的锚段长度不大于 850 m;隧道内锚段长度一般不大于 1 250 m,最大不大于 1 400 m;附加导线的锚段长度一般不大于 2 000 m。

接触网下锚采用全补偿方式,高速正线、站线接触网下锚采用棘轮下锚,采用铁坠砣。下锚坠砣限制框架增设导向滑轮装置。正线采用防窜防断中心锚结,有条件的站线采用防窜防断中心锚结。

新建阳新供电车间兼供电工区,负责本线牵引供电和电力供应设施的运营维护和管理。

5. 29. 2. 2　电力工程

全段新设 1 条综合负荷 10 kV 贯通线和 1 条一级负荷 10 kV 贯通线,分别沿铁路两侧敷设。新设阳新 10 kV 配电所,从地方变电站接引 2 路 10 kV 专盘专线供电,利用武黄城际铁路所建的大冶北 10 kV 配电所供电。

设有 10 kV 配电所的大冶北和阳新车站其综合用电负荷设室内 10/0. 4 kV 综合变电所供电,电源引自 10 kV 配电所站馈线;没设 10 kV 配电所的白沙和枫林车站其综合用电负荷设室内 10/0. 4 kV 综合变电所,就近从地方电网接引 10 kV 电源供电。

车站通信信号用电负荷设室内 10/0. 4 kV 通信信号专用变电所供电,电源分别引自综合负荷和一级负荷 10 kV 贯通线。

设有 10 kV 配电所的车站工区由配电所站馈线供电;没设 10 kV 配电所的车站工区设综合变压器与车站共用 10 kV 地方电源。

区间通信信号用电负荷设 10/0. 4 kV 专用变电所供电,电源引自 2 路 10 kV 贯通线。

长度小于 5 km 的隧道照明设箱式变电站供电,电源引自综合负荷 10 kV 贯通线;长度大于 5 km 的隧道照明设箱式变电站供电,电源引自 2 路 10 kV 贯通线。当隧道照明离 GSM-R 通信基站、光纤直放站较近时共用所设的箱式变电站供电。

区间其他用电负荷根据负荷分布和负荷性质,在负荷集中处设箱式变电站,优先从地方电网接引 1 路电源供电,无条件接引地方电源的、从综合负荷 10 kV 贯通线接引 1 路电源供电。

新建 10 kV 配电所采用综合自动化系统,按无人值班设计。新设电力远动系统,对全段电力设施进行集中监控。沿线电力设施由供电工区负责运营维护和管理。

5.29.2.3　通信工程

长途通信线路，全段新设 2 条 32 芯单模直埋光缆，分别沿新建铁路两侧电缆槽道敷设。

为满足 GSM-R 移动通信组网的需要，从干线光缆到区间通信基站和光纤直放站敷设 1 条 8 芯或 12 芯光缆；为满足综合视频监控系统和 SCADA 组网的需要，在信息采集点、信息用户接入点与相邻传输节点间敷设 1 条 8 芯或 12 芯光缆。为满足站场所需通信线路的需要，站场内各接入点间敷设 1 条 12 芯光缆，构成站场内环形光网络。

传输系统，新设 SDH 2.5 Gbit/s 骨干传输系统，在白沙、阳新和枫林车站新设 SDH 2.5 Gbit/s 设备，利用新建 2 条 32 芯光缆中的各 2 芯光纤构成复用段 1+1 保护。并在大冶北站与武黄城际铁路 SDH 2.5 Gbit/s 骨干传输系统相接。

新设 SDH 622 Mbit/s 车站接入网系统，沿线车站、区间通信基站、信号中继站、牵引变电所、分区所、AT 所、电力配电所等信息接入点新设 SDH 622 Mbit/s 设备。车站之间利用新建 2 条 32 芯光缆中的各 2 芯光纤构成复用段 1+1 保护。车站间利用新建 2 条 32 芯光缆中的各 2 芯光纤构成 2 个 SDH 622 Mbit/s 2 纤复用段保护环。

站场范围内的信息用户接入点（如综合维修工区等）设 SDH 622 Mbit/s 设备，构成站内通道保护环。

新设数据通信系统，利用武汉客专调度所的既有核心节点路由器，利用武黄城际铁路工程设在大冶北站的汇聚节点路由器；在白沙、阳新和枫林车站设接入路由器及以太网交换机，负责本地数据的接入与交换。接入路由器之间、接入与汇聚路由器之间通过传输通道互联构成环形网，并上联至核心节点路由器，实现数据业务的汇聚及转发。

电话交换系统，利用武汉洪山通信站的既有程控电话交换机和光线路终端（OLT）设备，沿线车站、区间通信基站、信号中继站、牵引变电所、分区所、AT 所、电力配电所等处设光网络单元（ONU），沿线新增自动电话用户通过 ONU 和 OLT 设备及接入网接入既有程控电话交换机，通过统一编号组网，实现与既有铁路电话专网的互通。

新设调度通信系统，利用武黄城际铁路工程设在武汉客专调度所的调度通信交换机及配套设备，在白沙、阳新和枫林站设车站型调度通信交换机、调度分机和车站值班台，通过传输通道接入调度所调度通信交换机和调度通信系统，按调度区划分接入武黄城际铁路调度台。通过与武汉 GSM-R 移动通信系统的相联，实现有线与无线调度电话的互通。

新设 GSM-R 移动通信系统，利用武汉既有 GSM-R 移动通信核心网设施，利用武黄城际铁路工程所设的基站控制器（BSC）、编译码和速率适配单元（TRAU）、分组控制单元（PCU）等设备，根据需要进行扩容；沿线设通信基站（BTS），采用单网覆盖方式组网。区间弱场区采用光纤直放站、漏泄电缆和天线方式增强；与既有武九铁路并行或交叉区段利用其既有基站并扩容或增设基站，来满足无线场强覆盖和信息传输的需要，完成调度通信、调度命令信息和无线车次号校核信息传送等功能。

新设会议电视系统，利用武汉客专调度所既有会议电视中心设备，沿线车站设会议电视分会场设备，接入既有会议电视中心和网管系统。

新设应急通信系统，利用武汉客专调度所既有应急通信系统中心设备并扩容，在阳新综合维修工区设应急通信现场接入设备,通过传输通道接入既有应急通信指挥中心。

通信电源,各新建通信机械室设 48 V 高频开关电源和蓄电池及 UPS 不间断电源设备,并设电源和机房环境监控系统。

5.29.2.4 信号工程

车站联锁,新建白沙站、阳新客专场、枫林站设硬件安全冗余型计算机联锁设备、信号综合智能电源屏及 UPS 不间断电源;大冶北站、阳新站普速场既有计算机联锁设备利旧改造。

根据车站(场)道岔设计类型,配备相应的道岔转辙装置和道岔缺口监测设备,提速道岔采用三相交流转辙设备。通过时速 160 km 及以上的道岔配设密贴检查器。

车站站内采用与区间相同制式的计算机编码控制的 ZPW-2000 系列有绝缘移频轨道电路,其发送设备按 1+1 冗余配置。并设地面通过信号机。阳新站客专场综合车间内的轨道电路采用高压不对称脉冲轨道电路,维修工区道岔区段采用高压脉冲轨道电路,正线间渡线道岔采用喷涂技术处理措施。

站内 ZPW-2000 移频轨道电路采用铝护套信号电缆,其他室外信号设备采用综合护套信号电缆。

运输调度指挥系统,新设分散自律型调度集中(CTC)系统,新建白沙站、阳新客专场、枫林站设 CTC 分机设备、网络安全和通道质量监督设备,新设车务终端和电务维护终端;大冶北站、阳新站普速场 CTC 分机设备利旧改造。按调度区划分,通过传输通道接入武汉客专调度所 CTC/TDCS 总机系统和武黄城际铁路调度台,进行行车调度指挥。其他相关线路调度区划分维持既有不变。

列车运行控制系统,本段采用我国自行研制的 CTCS-2 级列控系统,采用目标—距离控制模式。利用武汉城市圈铁路既有临时限速服务器进行限速管理。大冶北站的既有列控中心(TCC)设备利旧改造,在白沙站、阳新站客专场、枫林站和信号中继站设信号安全数据网接入设备、列控中心(TCC)、应答器、地面电子编码单元等设备。利用安全数据网传递站间信息。并用所设的列控中心完成轨道电路编发码、运行方向控制、信息采集(中继站)、站间安全信息传输和应答器报文存储及调用等功能。

区间闭塞制式,正向采用自动闭塞运行、反向采用自动站间闭塞行车。不设区间地面通过信号机,在闭塞分区分界点处设反光标志牌,作为区间停车位置标,并在区间信号中继站两端设中继站标志牌。动车组运行以车载显示作为行车凭证。

区间采用 ZPW-2000 系列无绝缘移频轨道电路,其发送设备按 1+1 冗余配置,接收设备采用双机并用方式,采用列控中心设备发送轨道电路编码。

区间 ZPW-2000 移频轨道电路采用铝护套内屏蔽数字信号电缆,信号电缆有效传输长度一般不超过 10 km,超过 10 km 时设区间信号中继站,并配备信号电源。

新设信号集中监测系统,新建车站和信号中继站设集中监测分机设备,大冶北站、阳新站普速场既有集中监测分机设备利旧改造,阳新站客专场综合车间设集中监测终端,接入武汉电务段既有集中监测总机系统设备,并结合本工程实际进行相应改造。实现对信号基础设施和设备的实时监测。

沿线新建信号设备房屋设防雷电、电磁兼容和综合接地防护系统，与房建工程同步实施。并与贯通地线等电位连接。

新设综合接地系统，沿新建线路两侧分别敷设 1 条截面为 35 mm^2的铜质电缆贯通接地，与土建工程同步实施。在电气特性上全程贯通，接地电阻不大于 1 Ω，构成等电位连接。沿线轨旁信号设备做好安全接地、并就近与贯通地线等电位连接。

在阳新设信号车间(含检修工区)，各车站设信号值班工区，负责对沿线信号设施的运营维护和管理。

5.29.3　瑞昌(湖北与江西省界)至九江段

59.29.3.1　电气化工程

牵引供电采用 AT 供电方式。新设瑞昌南牵引变电所，新设城门开闭所和分区所，新建罗城和吉祥寺 AT 所。

新建牵引变电所引入 2 路 220 kV 电源供电，220 kV 电源侧采用线路变压器组接线，电气设备采用户外布置；27.5 kV 侧采用单母线隔离开关分段接线，电气设备采用户外布置。

新建瑞昌南牵引变电所设 4 台变压器、分成 2 组，采用固定备用、V/X 接线、自冷方式，预留风冷条件，变电所变压器安装容量近期为 2 ×(25 +25) MV · A，远期为 2 ×(31.5 + 31.5) MV · A。分区所变压器安装容量为 2 ×20 MV · A，AT 所的变压器安装容量为 2 × 25 MV · A。

新建牵引变电所、分区所、开闭所采用微机保护和综合自动化系统，按无人值班设计，牵引变电所适当考虑值守条件。新设牵引供电远动系统和 1 个供电调度台，纳入南昌铁路局电力调度所管理。

接触网悬挂，正线采用全补偿弹性链型悬挂，站线及九江枢纽内采用全补偿简单链型悬挂，接触悬挂结构高度一般 1 600 mm；改造既有西南联络线维持既有标准。正线接触线采用 150 mm^2的铜合金导线，额定张力 25 kN；承力索采用 120 mm^2的铜合金绞线，额定张力 20 kN；站线接触线采用 120 mm^2的铜合金导线，额定张力 15 kN；承力索采用 95 mm^2的铜合金绞线，额定张力 15 kN，接触线悬挂高度一般为 5 300 mm。附加导线一般采用抗拉强度高、耐腐蚀性能好的铝包钢芯铝绞线。

接触网绝缘泄漏距离不小于 1 400 mm，分段及上下行接触网带电体间的距离一般不小于 2 000 mm，困难情况下不小于 1 600 mm。正线区段腕臂绝缘子采用瓷质绝缘子，隧道内、站台雨棚范围内、跨线建筑物两侧采用合成绝缘子；九江方向联络线、西南联络线及改造既有西南联络线采用瓷质绝缘子，隧道外正馈线悬挂一般采用瓷质绝缘子。采用锚段关节式电分相，避免设在大坡道、列车出站加速区段和线路限速低速区段。

接触网支柱，正线路基区段腕臂柱采用混凝土圆柱，桥上采用格构式钢柱。车站和多股道并行区段采用硬横跨。硬横跨支柱采用钢管柱。九江方向联络线、新建西南联络线路基地段腕臂柱采用与既有昌九城际铁路一致的环形等径预应力混凝土支柱，T 梁桥上采用格构式钢柱，多线并行地段采用硬横跨结构。改造既有西南联络线维持既有技术标准。

接触网支柱标准跨距,路基区段一般为50~60 m,最大不大于65 m;隧道内一般40~50 m,箱梁桥上一般不大于50 m,T梁桥上按桥墩距离控制,一般为32.7 m。相邻跨距之差一般不大于10 m。

一般情况下,绝缘、非绝缘锚段关节采用五跨锚段关节,改造既有西南联络线采用四跨锚段关节。正线锚段长度一般不超过2×700 m,个别困难情况下不大于2×750 m;单边补偿的锚段长度不大于750 m;站线最大锚段长度一般不大于2×800 m,个别困难情况下不大于2×900 m,单边补偿的锚段长度不大于850 m;隧道内锚段长度一般不大于1 250 m,最大不大于1 400 m;附加导线的锚段长度一般不大于2 000 m。

接触网下锚采用全补偿方式,高速正线、站线接触网下锚采用棘轮下锚,采用铁坠砣。改造既有西南联络线采用大滑轮补偿装置,T梁桥上采用棘轮补偿装置,接触网与承力索分开下锚。下锚坠砣限制框架增设导向滑轮装置。正线采用防窜防断中心锚结,有条件的站线采用防窜防断中心锚结。

新建瑞昌南接触网工区、还建庐山接触网工区。负责本段牵引供电和电力供应设施的运营维护和管理。

5.29.3.2 电力工程

瑞昌至九江全段新设1条综合负荷10 kV贯通线和1条一级负荷10 kV贯通线(由大冶北至阳新10 kV贯通线引出经新建瑞昌南10 kV配电所至改造的庐山10 kV配电所),分别沿铁路两侧敷设,给沿线车站和区间用电负荷供电。九江方向联络线区间负荷也利用新建10 kV贯通线T接供电。新设瑞昌南10 kV配电所,从地方变电站接引2路专盘专线电源供电;利用改造既有庐山10 kV配电所、根据需要增容,并增建2路站馈线回路。

设有10 kV配电所的瑞昌南和庐山车站其综合负荷设站内10/0.4 kV综合变电所供电,电源引自配电所站馈线,没设10 kV配电所的城门车站其综合负荷设站内10/0.4 kV综合变电所,从地方电网接引10 kV电源供电。

车站与通信信号有关的用电负荷设室内10/0.4 kV通信信号专用变电所供电,电源引自2路10 kV贯通线。庐山站(普速场)既有通信信号远动箱式变电站继续使用,为该场通信信号负荷供电,电源从既有京九铁路10 kV贯通线和10 kV自闭电力线接取。

车站邻近的其他用电负荷(如维修工区用电)设10/0.4 kV变电所或箱式变电站供电,有10 kV配电所的车站从配电所站馈线接引电源,没有10 kV配电所的车站从地方电网接引电源。

区间通信信号用电负荷设10/0.4 kV变电所供电,电源引自2路10 kV贯通线。

长度小于5 km的隧道照明设箱式变电站供电,电源引自综合负荷10 kV贯通线;长度大于5 km的隧道照明设箱式变电站供电,电源引自2路10 kV贯通线。当隧道照明离GSM-R通信基站、光纤直放站较近时共用所设的箱式变电站供电。对设有防灾通风的南阳隧道,在横洞内设双台箱式变压器供电,电源分别引自2路10 kV贯通线。

九江枢纽九江方向联络线设有区间通信基站、牵引变电所亭和线路所等用电负荷,从

2 路 10 kV 贯通线上 T 接电源供电。

新建配电所采用综合自动化系统，按无人值班设计。新设电力远动系统，对全段电力设施进行集中监控。

沿线电力设施维修纳入供电工区进行运营维护和管理。

5.29.3.3　通信工程

长途通信线路，全段设 2 条 32 芯单模直埋光缆，分别沿新建铁路两侧电缆槽道敷设。庐山至九江利用昌九城际铁路既有电缆槽道敷设。线路所至邻近车站敷设 2 条 12 芯光缆。

在 5 km 以上隧道两侧各敷设 1 条 3×4×0.9 的低频对称电缆，以构建隧道救援电话系统。为满足综合视频监控和 SCADA 系统组网的需要，在其各节点至相邻传输节点间敷设 1 条 8 芯或 12 芯光缆。为满足站场通信的需要，站场内各信息接入点间敷设 1 条 12 芯光缆。

传输系统，新设 SDH 2.5 Gbit/s 骨干传输系统，在瑞昌南、城门、庐山站设 SDH 2.5 Gbit/s ADM 设备，利用新建 2 条 32 芯光缆中的各 2 芯光纤构成复用段 1+1 保护。并在德安站、九江通信站与昌九城际铁路的 SDH 2.5 Gbit/s ADM 设备通过 SDH 2.5 Gbit/s 光接口互联。

新设 SDH 622 Mbit/s 接入网系统，在沿线车站、区间通信基站、信号中继站、牵引变电所、分区所、A 所、电力配电所等信息接入点设 SDH 622 Mbit/s ADM 设备。车站之间利用新建 2 条 32 芯光缆中的各 2 芯光纤构成复用段 1+1 保护。车站间利用新建 2 条 32 芯光缆中的各 2 芯光纤构成 2 个 SDH 622 Mbit/s 2 纤复用段保护环。

站场范围内的信息用户接入点（如综合维修工区等）设 SDH 622 Mbit/s 设备，构成站内通道保护环。

利用昌九城际铁路工程设在南昌的传输系统网元级网络管理设备，在瑞昌南综合维修工区设网管终端，对全段通信网络进行故障管理、配置管理、性能管理和安全管理等。

新设数据通信系统，利用南昌铁路局的既有核心节点设备，以及昌九城际铁路工程在九江通信站所设的既有汇聚节点路由器，在瑞昌南、城门、庐山车站新设接入路由器和以太网交换机，负责本地数据的接入与交换。接入路由器之间、接入路由器与汇聚路由器之间通过传输通道互联构成环形网，上联至核心节点路由器，实现数据业务的汇聚及转发。利用昌九城际铁路工程设在南昌的数据网网元管理系统，在瑞昌南综合维修工区设网管终端，负责本线数据网系统设备的维护及管理。

电话交换系统，利用九江通信站的既有程控电话交换机和光线路终端（OLT）设备，沿线车站、线路所、区间通信基站、信号中继站、牵引变电所、分区所、AT 所、电力配电所等处设光网络单元（ONU），沿线新增自动电话用户通过 ONU 和 OLT 设备及接入网接入既有程控电话交换机，通过统一编号组网，实现与既有铁路电话专网的互通。

新设调度通信系统，利用昌九城际铁路设在南昌铁路局调度所的调度通信交换机，在瑞昌南、城门、洪山线路所新设车站调度通信交换机、调度分机和车站值班台，庐山站利用既有调度通信交换机。牵引变电所、供电专业维修车间/工区值班室设调度分机，接入铁路局调度所既有中心调度通信交换机、调度通信系统及昌九城际铁路列车调度台,实现本线局管内的调度指挥。通过将调度通信交换机与南昌 GSM-R 移动通信系统核心网设施相联,实现有线与无线调度电话的互通。

新设 GSM-R 移动通信系统,利用南昌既有 GSM-R 移动通信核心网设施,利用昌九城际铁路工程所设的基站控制器(BSC)、编译码和速率适配单元(TRAU)以及分组控制单元(PCU)等设备,根据需要进行扩容;沿线设通信基站,采用单网覆盖方式组网。区间和隧道内弱场区采用光纤直放站、漏泄电缆和天线方式增强,以满足无线场强覆盖和信息传输的需要。九江枢纽及附近与既有铁路并线区段利用既有武九铁路、昌九城际铁路的通信基站覆盖;九江方向上下行联络线利用既有武九铁路、京九铁路的通信基站覆盖;西南联络线利用既有京九铁路、昌九城际铁路的通信基站覆盖。但本工程要统筹考虑这些区域部分通信基站的扩容,增加或调整相关区段的既有天馈系统。以完成全段调度通信、调度命令信息和无线车次号校核信息传送等功能。

新设会议电视系统,利用南昌铁路局既有会议电视中心系统和设备,在瑞昌南、城门、庐山车站新设会议电视分会场接入设备,接入铁路局既有会议电视中心和网管系统进行管理。

新设应急通信指挥系统,利用南昌铁路局既有应急通信中心系统和设备,根据需要扩容,在瑞昌南综合维修工区新设现场接入设备。通过传输通道接入南昌铁路局应急通信指挥中心。在南阳长大隧道(5.73 km)设隧道事故报警电话系统,在隧道口临近区间通信机房设报警电话控制主机,在隧道综合洞室设报警电话分机,利用新设电缆接入控制主机,再通过传输网接入南昌铁路局调度所隧道应急电话中心控制台,实现紧急情况下与调度所列调员的电话报警和定位功能。

通信电源,九江通信站既有 48 V 通信电源利旧使用。各新建通信机房设 48 V 高频开关电源和蓄电池及 UPS 不间断电源设备,新设通信电源和通信信号机房环境监控系统。

5.29.3.4 信号工程

车站联锁,正线上的瑞昌南和城门站、庐山站(客专场)及洪家山线路所新设硬件安全冗余型计算机联锁设备和信号综合智能电源屏及 UPS 不间断电源;庐山站(普速场)新设安全冗余型计算机联锁设备,室外联锁设备充分利用。K23 线路所既有计算机联锁设备利旧改造。

根据车站(场)道岔设计类型,配备相应的道岔转辙装置、道岔缺口监测设备,提速道岔采用三相交流转辙设备。通过时速 160 km 及以上的道岔增设密贴检查器。

新建车站(场、线路所)站内采用与区间相同制式的计算机编码控制的 ZPW-2000 型有绝缘轨道电路,其发送设备按 1+1 冗余配置。庐山站(普速场)维持既有 97 型 25 Hz 相敏轨道电路,站内正线设计预叠加电码化、侧线设计叠加电码化,发送设备采用 ZPW-2000 型移频设备,按 $N+1$ 配置。综合维修工区内轨道区段采用高压不对称脉冲轨道电路。正线间渡线道岔采用喷涂技术处理措施。

行车调度指挥系统,新设调度集中(CTC)系统,新建瑞昌南和城门站、庐山站(客专场）新设 CTC 分机设备、网络安全和通道质量监督设备，车务终端、电务维护终端设备，按调度区划分接入南昌铁路局调度所 CTC 总机系统及昌九城际铁路列车调度台。并增设 1 套应用和通信前置服务器，对 CTC 总机系统相关设备软件进行适应性修改。

庐山站（普速场）新设 CTC 分机设备，调度区划维持既有不变；既有昌九城际铁路 K23 线路所，结合既有庐山站（普速场）西南联络线的修改和新建客专场西南联络线的引入，相应修改既有 CTC 车站分机设备，调度区划维持既有不变；九江方向联络线与既有昌九城际铁路接轨的洪山线路所新设 CTC 车站分机设备，接入昌九城际铁路列车调度台管理；结合昌九城际铁路九江至庐山段区间布点调整，对昌九城际铁路既有九江和庐山站 CTC 车站分机进行利旧改造。

列车运行控制系统，全段新设 CTCS-2 级列控系统，采用目标—距离控制模式。利用昌九城际铁路所设的临时限速服务器（TSRS）进行本线段临时限速命令控制。正线新建瑞昌南和城门站、庐山站（客专场）、洪山线路所、信号中继站设列控中心（TCC）、应答器和电子编码单元（LEU）；九江站、庐山站昌九城际场、庐山站（普速场）既有 TCC 设备利旧改造。所设列控中心设备具备轨道电路编发码、运行方向控制、站间安全信息传输和应答器报文存储调用等功能。

区间闭塞方式，正线采用四显示自动闭塞，满足双线双方向运行，正向采用自动闭塞，反向采用自动站间闭塞行车。不设地面通过信号机，在闭塞分区分界点设反光标志牌，作为区间停车位置标。动车组以车载显示作为行车凭证。

九江方向联络线、客专场西南联络线采用四显示无绝缘自动闭塞，设区间地面通过信号机，与昌九城际铁路保持一致。既有庐山站（普速场）西南联络线改线部分，采用既有 ZPW-2000A 型四显示无绝缘自动闭塞，设地面通过信号机。

区间采用 ZPW-2000 无绝缘移频轨道电路，其发送设备按 1 + 1 冗余配置，接收设备采用双机并用冗余方式。轨道电路发送编码采用列控中心（TCC）电子编码，利用 TCC 安全传输通道传送站间联系信息。用以完成列车对轨道区段的占用检查。

区间 ZPW-2000 无绝缘移频轨道电路采用内屏蔽数字信号电缆，其所用电缆有效传输长度一般不应超过 10 km，超过时设区间信号中继站。信号中继站配备区间电源屏。

新设信号集中监测系统，各新建车站、线路所、信号中继站及庐山站（普速场）设集中监测分机设备，庐山站昌九城际场既有集中监测分机设备利旧改造，瑞昌南站综合工区设监测终端设备，通过监测网络接入南昌电务段既有信号集中监测总机系统。

新建信号设备房屋设防雷电、电磁兼容和综合接地防护系统，与房建工程同步实施。并与贯通地线等电位连接。

综合接地系统，沿新建铁路两侧分别敷设 1 条截面为 35 mm^2 的铜质电缆贯通地线，与土建工程同步实施。在电气特性上全程贯通，接地电阻不大于 1 Ω，构成等电位连接。沿线轨旁信号设备做好安全接地，并就近与贯通地线等电位连接。

各车站新设信号值班工区，负责对沿线信号设施进行运营维护和管理。

参加线路工程施工的有中铁四局、中铁七局集团，中铁十一局、中铁十八局集团等单位。中铁电气化局集团、中国铁路通信信号公司等单位承担电气化、通信信号和电力工程的施工。

瑞昌至九江段的线路工程于2013年12月29日开工,大冶北至阳新段的线路工程于2014年11月1日开工,2016年6月26日开始铺轨。2017年3月23日完成全线铺轨。湖北段的四电工程于2016年3月28日开工。2017年6月12日湖北段开通运营。2017年8月15日江西段开始试运行。2017年9月21日武九全线开通运营。

5.30　西安至成都客运专线

新建西成客运专线,自西安北站引出,向西南方向途经佛坪、汉中、广元、绵阳、德阳等市县,接入成都东站。该线路由西安至江油段与成绵乐城际铁路江油至成都段组成,全长643 km(图5.30)。其中成绵乐城际铁路的江油至成都段线路长134.227 km,已于2014年12月20日开通运营。该段沿线设有青莲、绵阳、罗江东、德阳(原德阳北)、广汉北、青白江东、新都东、成都东(既有)等车站。新建西安北至江油段正线长508.773 km(陕西省内342.937 km、四川省内165.836 km),西安北至江油段设有西安北(既有)、阿房宫、户县东、新场街(越行站)、佛坪、洋县西、城固北、汉中(改扩建)、新集(越行站)、宁强南、中子、广元(既有)、剑门关、江油北、江油(既有)等车站。工程范围还包括引入西按枢纽和汉中地区相关工程,引入广元地区和江油站相关工程。西成客运专线是国家《中长期铁路网规划》"八纵八横"高速铁路主通道中京昆通道的重要组成部分,它连接西北和西南地区,在成都与成渝客运专线相接,在西安与徐兰、大西客运专线连通,使西南与西北、华中、华东、华北地区间形成了一条新的快速通道。全国各地的旅客可快捷到达成都、重庆等地。如从西安出发,穿越秦岭经陕西汉中、翻越米仓山进入四川,经四川广元、江油与成绵乐客运专线相接直抵成都,大大缩短了西安到成都这两座西北与西南中心城市的直线距离。同时对加强关中至天水经济区与成渝经济区的交流合作,促进区域经济社会发展和提高人民群众出行质量,具有十分重要的意义。并形成陕川两省一日经济圈。

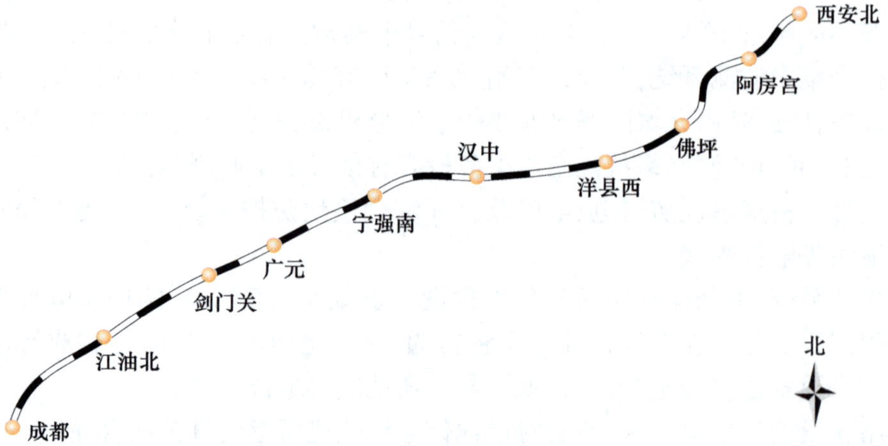

图5.30　西成客运专线示意图

西成客运专线西安至江油段的建设单位是西成铁路客运专线陕西、四川公司和成绵乐铁路客运专线公司，设计单位是中铁第一勘察设计院集团有限公司和中铁二院工程集团有限责任公司。线路主要技术标准：铁路等级，客运专线；正线数目，双线；正线线间距，4.6 m；最大坡度，一般地段20‰、困难山区不大于25‰；最小曲线半径，一般最小3 200 m；到发线有效长度，650 m；速度目标值，250 km/h；列车运行控制方式，自动控制；调度指挥方式，综合调度集中；牵引种类，电力牵引（AT供电方式）；列车类型，动车组。

5.30.1　西安北至陕西与四川省界（DK0+000～DK343+981.975）段

5.30.1.1　电气化工程

牵引供电系统，正线采用AT供电方式，西安枢纽内联络线、动车走行线等采用直接供电方式。全段新设户县东、东梁、佛坪、洋县西、汉中、铁锁关等牵引变电所。利用既有西安北牵引变电所、增加相应馈线设备向本线供电。新设阿房宫、东涝峪河、麻河、酉水河、军王村、养家河、白家沟等AT分区所。其中阿房宫分区所兼开闭所，为阿房宫至三桥联络线供电。在供电臂中部设AT所，其设置位置要保持两侧供电能力的均衡。

新建牵引变电所引入2路330 kV电源供电。330 kV电源侧采用线路变压器组接线，2×27.5 kV侧采用单母线接线和单母线隔离开关分段接线。户县东、洋县西、汉中3座牵引变电所电气设备采用全室外布置（即330 kV、2×27.5 kV及27.5 kV配电装置均采用单体设备户外中型布置）；东梁、佛坪、铁锁关3座牵引变电所由于选址条件困难、场地受限，电气设备采用全GIS布置（即330 kV配电装置采用GIS组合电器室外布置，2×27.5 kV及27.5 kV配电装置采用GIS开关柜室内布置）；其中佛坪牵引变电所采用阶梯形布置。

受场地条件限制的分区所和AT所2×27.5 kV及27.5 kV配电装置采用GIS开关柜户内布置；不受场地条件限制的分区所和AT所2×27.5 kV设备采用单体设备户外中型布置，其中酉水河分区所以及大水沟AT所根据地形条件采用阶梯形布置。

新建牵引变电所设4台单相变压器、分成2组，采用固定备用、三相V/V接线、油浸自冷方式，预留风冷条件。各牵引变电所变压器安装容量：户县东和汉中为2×(20+25) MV·A、东梁为2×(31.5+20) MV·A、佛坪和铁锁关为2×(25+31.5) MV·A、洋县西为2×(20+20) MV·A；既有西安北为2×(50+50) MV·A。分区所、AT所所设自耦变压器采用固定备用方式，分区所变压器安装容量为12.5/25 MV·A；AT所变压器安装容量为16/32 MV·A。

新建牵引变电所、分区所、AT所采用微机保护和综合自动化系统，按无人值班设计，牵引变电所适当考虑值守条件。新设综合数据采集与远程监控系统（SCADA），所设SCADA系统的调度端与行车调度对应设置，纳入西安铁路局电力调度所管理。对全段牵引供电设施和电力供电进行集中监控。

接触网悬挂，正线接触网采用全补偿弹性链型悬挂，其他线路接触网采用全补偿简单链型悬挂，西安北动车检修库内接触网采用弹性简单悬挂，接触悬挂结构高度一般为1 600 mm，西成客专三桥联络线、改建既有陇海线、阳安线接触网悬挂结构高度为1 400 mm。正线接触线采用150 mm^2的铜合金导线，额定张力25 kN，承力索采用120 mm^2

的铜合金绞线,额定张力 20 kN;站线、联络线、动车走行线的接触线采用 120 mm^2 的铜合金导线,额定张力 15 kN,承力索采用 95 mm^2 的铜合金绞线,额定张力 15 kN。接触线悬挂高度一般为 5 300 mm、最低点高度不小于 5 150 mm。道岔处接触网悬挂安装方式,与正线相交的道岔采用无交叉线岔方式,与非正线交叉的道岔采用交叉线岔方式。车站雨棚内接触网悬挂方式,根据各个车站的具体条件确定。正馈线、保护线等附加导线采用铝包钢芯铝绞线。

接触网绝缘泄漏距离按重污区设计,25 kV 侧绝缘子爬电距离不小于 1 400 mm。上下行接触网带电体间的距离一般不小于 2 000 mm,困难时不小于 1 600 mm。一般地段优先采用瓷质绝缘子,接触网下锚、电分段、雨棚、隧道内等处采用合成绝缘子。正馈线、供电线采用瓷质绝缘子。采用带空气绝缘中性段的绝缘锚段关节式电分相,尽量避免设在大坡道、列车出站加速区段和线路限速低速区段。

接触网支柱,正线、站线腕臂柱采用热浸镀锌 H 型钢柱,桥上腕臂柱采用格构式桥钢柱,联络线等采用格构式钢柱,车站咽喉区等跨越多股道时采用硬横梁和等径圆钢管柱;西安北站、汉中站动车存车场内、三桥车站改建跨越多股道采用格构式软横跨钢柱;既有三桥车站改建、改建阳安线腕臂柱采用横腹杆式预应力混凝土支柱。

接触网支柱标准跨距,正线路基、隧道内、桥上一般为 50 m,路基地段最大不大于 65 m,相邻跨距之差不大于 10 m。

正线接触网一般采用五跨锚段关节,西安北、户县东、新集、新场街站采用五跨锚段关节困难处采用四跨锚段关节;动车走行线、联络线及改建既有线采用四跨锚段关节。正线接触网锚段长度一般不大于 2 ×700 m;其余线路接触网锚段长度不大于 2 ×800 m;附加导线的锚段长度一般大于 2 000 m。

正线、站线接触网下锚采用棘轮及铁坠砣补偿装置,联络线、动车走行线、存车线等采用大滑轮及复合坠砣补偿装置。一般采用两跨式防窜防断中心锚结,西安北站内站线下锚受条件限制时采用防窜不防断中心锚结。

在户县东、汉中、洋县西设牵引供电维修工区,在新场街、佛坪、宁强南设供电班组,对供电设施进行维护和管理。

5. 30. 1. 2　电力工程

全段新设 1 条综合负荷 10 kV 贯通线和 1 条一级负荷 10 kV 贯通线,新建 10 kV 贯通线分别沿铁路两侧敷设。其中汉中 10 kV 配电所至新集(中梁)35/10 kV 变配电所新建的一级负荷和综合负荷贯通线分别采用截面为 50 mm^2、70 mm^2 的铜芯电力电缆,其他区段新建的一级负荷和综合负荷贯通线分别采用截面为 70 mm^2、95 mm^2 的铜芯电力电缆。

全段新建户县东、佛坪、洋县西、宁强南 10 kV 配电所,接引 2 路 10 kV 电源供电;新设新场街(东梁)和新集(中梁)35/10 kV 变配电所;改扩建汉中 10 kV 配电所,利用既有西安北 10 kV 配电所增设相应的馈线设备向本段贯通线供电。

设有 10 kV 配电所的车站设室内10/0. 4 kV变电所,设 2 台通信信号专用变压器给通信信号负荷供电,电源分别引自 2 路 10 kV 贯通线;另设 2 台综合变压器为车站站房及其余负荷供电,2 路电源分别引自 10 kV 配电所不同 10 kV 母线段站馈线;没设 10 kV 配电所的车站（如阿房宫、城固站）其综合负荷设室内 10/0.4 kV 综合变电所，从地方电网接引 10 kV 电源供电；另设 2 台通信信号专用变压器给通信信号负荷供电，电源分别引自 2 路 10 kV 贯通线。设有 35/10 kV 变配电所的新场街、新集车站设室内 10/0.4 kV变电所和 1 台通信信号专用变压器及 1 台综合变压器，通信信号专用变压器为通信信号负荷提供主供电源，综合变压器为通信信号负荷提供备供电源及给车站综合负荷供电，电源分别引自 2 路 10 kV 贯通线。

西安动车所新增用电负荷设 10/0.4 kV 变电所供电，电源引自 10 kV 配电所的馈线回路。

三桥跨线客车联络线三桥车站设室内 10/0.4 kV 变电所为通信信号负荷提供主供及备供电源，电源分别引自陇海铁路 10 kV 贯通线和 10 kV 自闭电力线。

车站综合维修车间/工区用电负荷设 10/0.4 kV 变电所供电，电源分别引自本站 10 kV 配电所 10 kV 不同母线段站馈线。车站咽喉区道岔防冻加热设备供电，设 10/0.4 kV 箱式变电站从车站变（配）电所接引 1 路 10 kV 电源。

区间通信信号用电负荷设箱式变电站供电，电源引自 2 路 10 kV 贯通线。区间其他用电负荷根据负荷分布和负荷性质，在负荷集中处设箱式变电站，优先从地方电网接引 1 路电源供电，无条件接引地方电源的、从综合负荷 10 kV 贯通线接引 1 路电源供电。

新建变配电所、10/0.4 kV 变电所采用综合自动化系统，按无人值班设计。新设电力远动系统，纳入 SDADA 系统，电力 SDADA 系统调度端与行车调度端对应设置。纳入西安和安康供电段管理。

5.30.1.3　通信工程

新建汉中通信站。全段新设 2 条 32 芯单模直埋光缆，分别沿新建铁路两侧电缆槽道敷设。阿房宫站至三桥站联络线分别沿铁路两侧各设 1 条 16 芯光缆。

为满足综合视频监控系统组网的需要，在设置视频监控汇聚点和采集点的区间敷设 1 条 24 芯区间光缆。

传输系统，新设 SDH 10 Gbit/s 骨干传输系统，在户县东、新场街、佛坪、洋县西、汉中及宁强南等车站设 SDH 10 Gbit/s ADM 设备，利用新建 2 条 32 芯光缆中的各 2 芯光纤构成复用段 1 + 1 保护。

新设 SDH 2.5 Gbit/s 车站接入网系统，各车站设 SDH 2.5 Gbit/s ADM 设备，利用新建 2 条 32 芯光缆中的各 2 芯光纤构成复用段 1 + 1 保护。在设有 SDH 10 Gbit/s 设备的车站通过 SDH 2.5 Gbit/s 光接口与 SDH 2.5 Gbit/s 设备互联，为 SDH 2.5 Gbit/s 系统提供通道保护。并在西安北和汉中与既有通信系统互联。

新设 SDH 622 Mbit/s 区间接入网系统，在区间通信基站、信号中继站、牵引变电所、分区所、AT 所等信息用户接入点设 SDH 622 Mbit/s 设备。在相邻车站间构成 2 个 2 纤的通道保护环（通信基站环、信号和牵引供电环）。

在设有综合维修车间和工区、电力配电所、公安派出所的车站信息接入点设 SDH 622 Mbit/s ADM 设备，与车站通信机械室构成站内通道保护环。

在三桥车站新设 SDH 622 Mbit/s ADM 设备，利用新建 2 条 16 芯光缆中的各 2 芯光纤接入阿房宫站的 SDH 2. 5 Gbit/s ADM 设备。

在西安铁路局调度所网管中心新设 1 套传输系统网元级网管设备,在西安通信站、综合维修车间设维护终端,对全网进行性能、故障、配置等管理。

电话交换系统,利用西安南和汉中通信站的既有程控电话交换机、根据需要扩容接口板,在西安北和汉中站通信机房设光线路终端(OLT)设备,在正线各车站、三桥站、信号中继站、牵引变电所、电力变(配)电所、综合维修车间/工区、公安派出所等处设光网络单元(ONU),沿线新增自动电话用户通过 ONU 和 OLT 设备及接入网按管辖范围分别接入西安、汉中既有程控电话交换机,通过统一编号组网,实现与既有铁路电话专网的互通。

新设 IP 数据网,利用西安既有核心路由器和汇聚路由器,在汉中通信站新设汇聚路由器,沿线各车站(不含越行站)新设接入路由器和三层交换机,负责本地数据业务的接入与交换。接入路由器之间、接入与汇聚路由器之间通过传输通道互联构成环形网,并上联至核心节点路由器,实现数据业务的汇聚及转发。未设数据网设备的越行站等节点,利用 MSTP 的专线透传与汇聚功能,实现远端用户数据业务的综合汇聚与接入。

新设调度通信系统,利用西安铁路局调度所的既有调度通信交换机和西安北站的调度通信交换机,作为本线调度通信系统的中心。正线各车站、三桥站新设车站型调度通信交换机、调度分机和车站值班台,通过传输通道接入调度所调度通信交换机和调度通信系统。并在西安铁路局调度所新设 1 个行车调度台及相应的配套设备,负责西安至中子站(不含)段的调度指挥工作。

新设 GSM-R 移动通信系统,利用西安铁路局的既有 GSM-R 移动交换中心设备,在西安铁路局调度机房新设 1 套基站控制器(BSC)、编译码和速率适配单元(TRAU)、分组控制单元(PCU)等设备;沿线设通信基站(BTS),本线与西安客北环线交叉跨越地段利用客北环线所设的通信基站、并增设定向天线等,采用单层覆盖方式组网。区间和隧道内弱场区采用光纤直放站、漏缆电缆和天线方式增强。引入西安枢纽 GSM-R 系统的频率配置和场强覆盖按本线统一规划;与相关铁路并线区段的 GSM-R 移动系统与本线统筹设计。以此完成调度通信、调度命令信息和无线车次号校核信息传送等功能。

新设应急通信指挥系统,利用西安铁路局既有应急通信指挥中心设备,沿线综合维修车间/工区新设现场事故抢险接入设备,通过有线或无线方式接入铁路局应急通信指挥中心。

大于 5 km 的隧道设隧道紧急电话系统,在隧道口附近通信基站设紧急电话控制主机,在隧道洞室设事故报警电话分机,利用设在隧道内的低频对称电缆接入紧急电话控制主机及相邻车站值班室,再通过传输系统接入铁路局既有隧道应急中心系统,实现对长大隧道进行远程监控、电话报警和定位报警功能。

新设会议电视系统,利用西安铁路局既有会议电视中心系统和设备。沿线新建车站(不含越行站)、综合维修车间/工区设会议电视分会场设备,接入西安铁路局既有会议电视中心和网管系统。

通信电源,沿线新建通信机房设 48 V 高频开关电源和蓄电池组及 UPS 不间断电源,并新设电源和环境监控系统。

5.30.1.4　信号工程

车站联锁,西安北站(西成场)至宁强南站各车站新设硬件冗余型计算机联锁设备和信号综合智能电源屏及 UPS 不间断电源。西安北站郑西西宝场既有计算机联锁设备利旧改造。陇海铁路三桥站改造新设硬件冗余型计算机联锁设备,室外设备利旧,调整相应的区间信号机。阳安线汉中站普速场既有计算机联锁设备利旧改造。西安动车段计算机联锁设备利旧改造。维修工区道岔纳入临近车站联锁设备控制。

根据车站(场)道岔设计类型,配备相应的道岔转辙设备和缺口监测装置,正线车站道岔采用外锁闭、多机分线、分控制的交流转辙机。通过时速 160 km 及以上的 18 号以上号码道岔增设密贴检查装置。根据本段沿线气象资料,西安北站(大西、西成场)、阿房宫、户县东、佛坪、新场街、新集、宁强南站动车组列车进路上的联动道岔新设道岔融雪装置。

新建车站站内采用与区间相同制式的计算机编码控制的 ZPW-2000 系列有绝缘轨道电路,其发送设备按 1+1 冗余配置,接收设备采用双机并用方式;西安北站大西与西成场正线及股道区段采用计算机编码控制的 ZPW-2000 系列轨道电路,其余区段采用 97 型 25 Hz 相敏轨道电路。西安北动车运用所维持既有标准,新增轨道电路采用 97 型 25 Hz 相敏轨道电路,电码化采用 ZPW-2000 系列发码设备,采用 $N+1$ 冗余方式。陇海铁路的三桥站维持既有标准,站内采用 97 型 25 Hz 相敏轨道电路,电码化正线采用叠加预发码、到发线采用叠加发码方式,发码设备采用 ZPW-2000 系列发码设备。

综合维修工区轨道区段及汉中动车存车场采用高压脉冲轨道电路。为克服轨道电路的分路不良,正线间渡线道岔采用钢轨喷涂处理技术措施。

站内 ZPW-2000 系列轨道电路干线电缆采用铝护套数字信号电缆,其他信号设备采用综合扭绞信号电缆。

调度运输指挥系统。新设调度集中(CTC)系统,正线各新建车站设 CTC 分机、网络安全和通道质量监督设备,接入西安铁路局调度所 CTC/TDCS 总机系统。并在调度所新设 1 个列车调度台,增设相应的应用和通信服务器、临时限速接口服务器、与成都铁路局的接口服务器等配套设备,其他利用既有设备,负责西安北(不含)至中子站(不含)段及阿房宫至三桥联络线的行车调度指挥。西安北(西成场)新设 CTC 分机设备,纳入郑西客专华山西至西安北站的调度台管辖;西安北动车运用所既有 CTC 分机设备利旧改造,维持既有调度台管辖;三桥站新设 TDCS 分机设备,纳入既有调度台管辖;汉中站普速场既有 TDCS 分机设备利旧改造,维持既有调度台管辖。

列车运行控制系统,正线采用 CTCS-2 级列控系统,阿房宫至三桥站联络线采用 CTCS-2 级列控系统;西安北站(西成场)采用 CTCS-3 级列控系统,纳入西安北站既有无线闭塞中心(RBC)管辖。在西安北站新设 1 套临时限速服务器(TSRS),负责西安北(不含)至中子站(不含)段及阿房宫至三桥联络线的临时限速管理;西安北站(大西、西成场)、动车运用所范围的临时限速由郑西客专所设的临时限速服务器控制。

西成客专正线采用 CTCS-2 级列控系统,西安北站采用 CTCS-3 级列控系统,动车走行线采用 CTCS-2 级列控系统,在西安北站至西成客专信号中继站 1 区间集中分区处设

CTCS-3/2 级级间转换点;在动车走行线西安北 SY 进站信号机外方设 CTCS-3/2 级级间转换点。

西安北站(西成场)、沿线各站和信号中继站及三桥站设信号安全数据网、列控中心(TCC)、应答器、电子编码单元(LEU)等设备。所设列控中心设备具备轨道电路编发码、运行方向控制、站间安全信息传输和应答器报文存储调用等功能。

区间自闭制式,正线采用四显示自动闭塞,按双线双方向运行,正向采用追踪间隔运行,反向采用自动站间闭塞行车。不设区间地面通过信号机,在闭塞分区的分界点设停车标志牌,动车组运行以列控车载设备显示作为行车凭证。

正线区间采用 ZPW-2000 系列无绝缘轨道电路,采用电子编码方式,其发送设备按 1 +1 冗余配置,接收设备采用双机并用冗余方式。

区间 ZPW-2000 系列轨道电路干线电缆采用铝护套内屏蔽数字信号电缆,分支电缆采用综合护套数字信号电缆。轨道电路所用干线电缆有效传输长度一般不大于 10 km,大于规定长度设信号中继站。

新设信号集中监测系统,沿线各车站和信号中继站及三桥站新设集中监测分机设备,综合维修车间和信号维修工区、西安和安康电务段新设集中监测终端设备,其中西安北至新场街段的车站和信号中继站纳入西安电务段信号集中监测总机系统,佛坪至省界段的车站和信号中继站纳入安康电务段信号集中监测总机系统。并对西安动车运用所和汉中普速场既有信号集中监测系统扩容改造。

沿线新建信号设备房屋设防雷电、电磁兼容和综合接地防护系统,与房建工程同步实施。并与贯通地线等电位连接。

新设综合接地系统,沿铁路两侧分别敷设 1 条贯通地线,西安枢纽区段采用截面为 70 mm^2 的铜质电力电缆,其他正线区段采用截面为 35 mm^2 的铜质电力电缆,在电气特性上全程贯通,接地电阻不大于 1 Ω,构成等电位连接。沿线轨旁信号设备做好安全接地、并就近与贯通地线等电位连接。

5.30.2 陕西与四川省界至江油(DK512 +428.418)段

5.30.2.1 电气化工程

牵引供电系统,正线采用 AT 供电方式,联络线采用直接供电方式。全段新设中子、剑门关、青林口 3 座牵引变电所。利用兰渝铁路所建的广元牵引变电所、成绵乐城际铁路所建的江油牵引变电所增设馈线设备向本线供电。新设斑竹河、白龙江、三河口、曹家埝等 AT 分区所,以及五里村、司马村、石梯子、张家坝、王家坝和刘家湾等 AT 所。

新建牵引变电所引入 2 路 220 kV 电源供电,220 kV 电源侧采用线路变压器组接线,电气设备采用户外布置;2 ×27.5 kV 侧采用单母线分段接线,电气设备采用户外布置。2 ×27.5 kV 上下行线路馈线开关设备互相备用。

新建牵引变电所设 4 台单相变压器、分成 2 组,采用固定备用、三相 V/X 接线、油浸自冷方式,预留风冷条件。新建牵引变电所变压器安装容量:中子、剑门关、青林口近期均为 2 ×(20 +20) MV · A。同步新建的广元牵引变电所变压器安装容量为 2 ×(40 +

31.5）MV·A。与成绵乐客运专线同步建设的江油牵引变电所变压器安装容量为 2×(25+20) MV·A。分区所、AT 所所设自耦变压器采用固定备用方式，分区所、AT 所上下行并联开关采用断路器方案。

牵引变电所、分区所、AT 所自用交流电源，一路接引自 10 kV 电力贯通线，一路接引所内 27.5 kV 母线电源。

新建牵引变电所、分区所、AT 所采用微机保护和综合自动化系统，按无人值班设计，牵引变电所适当考虑值守条件。牵引供电采用综合数据采集与远程监控（SCADA）系统，纳入成都铁路局电力调度所管理。对全线牵引供电设施和电力供电进行集中监控。

接触网悬挂，正线采用全补偿弹性链型悬挂，站线和联络线采用全补偿简单链型悬挂，接触悬挂结构高度一般为 1 600 mm。正线接触线采用 150 mm^2 的铜合金导线，额定张力 25 kN，承力索采用 120 mm^2 的铜合金绞线，额定张力 20 kN；站线、联络线的接触线采用 120 mm^2 的铜合金导线，额定张力 15 kN，承力索采用 95 mm^2 的铜合金绞线，额定张力 15 kN。正线接触线悬挂点距轨面高度为 5 300 mm、接触线最低点高度不小于 5 150 mm。道岔处的接触网悬挂安装方式，与正线相交的道岔采用无交叉线岔方式，与非正线交叉的道岔采用交叉线岔方式。正馈线、保护线等附加导线采用铝包钢芯铝绞线。

接触网绝缘泄漏距离按重污区设计，一般地段采用瓷质绝缘子，客站雨棚地段、特别污秽地段、跨线建筑物附近、绝缘转换柱、隧道内、下锚等处采用合成绝缘子。正馈线采用瓷质绝缘子。采用带空气绝缘中性段的绝缘锚段关节式电分相，尽量避免设在大坡道、列车出站加速区段和线路限速低速区段。

接触网支柱，正线路基区段的腕臂柱采用热浸镀锌 H 型钢柱。桥上腕臂柱采用格构式桥钢柱，车站咽喉区等跨越多股道时采用硬横梁和等径圆钢管柱。

接触网支柱标准跨距，路基地段一般为 55 m，最大不大于 65 m。相邻跨距之差不大于 10 m。正线区段双边补偿时的最大接触网锚段长度一般不大于 2×700 m。站线接触网最大锚段长度一般不大于 2×800 m，困难时不大于 2×900 m。单边补偿的锚段长度为上述值的 50%。附加导线锚段长度一般不超过 2 000 m。

接触网下锚一般采用棘轮补偿装置，中心锚结一般采用两跨式防窜防断中心锚结，广元车站内雨棚合架股道的中心锚结采用防窜不防断形式。

牵引供电设施的运营维护和管理，由广元综合维修车间和江油北维修工区的供电班组负责。

5.30.2.2　电力工程

全段新设 1 条综合负荷 10 kV 贯通线和 1 条一级负荷 10 kV 贯通线，分别沿铁路两侧敷设。新建一级负荷 10 kV 贯通线采用截面为 70 mm^2 的铜芯电力电缆，新建综合负荷 10 kV 贯通线采用截面为 95 mm^2 的铜芯电力电缆。

新设剑门关和江油北 10 kV 配电所，利用兰渝铁路工程所建的广元 10 kV 配电所、成绵乐城际铁路所建的江油 10 kV 配电所向本线供电。

设有 10 kV 配电所的车站其综合负荷设室内 10/0.4 kV 变电所或箱式变电站，从 10 kV配电所接引电源供电；没有 10 kV 配电所的车站其综合负荷设室内 10/0.4 kV 变电所或箱式变电站,从地方电网接引10 kV电源供电。

车站与行车有关的通信信号负荷设10/0.4 kV远动开关间供电,从2路10 kV贯通线接引电源。

车站附近的其他用电负荷根据负荷分布及负荷性质,就近从所设的10/0.4 kV变电所或箱式变电站接引低压380/220 V电源供电。

区间通信信号等一级用电负荷设10/0.4 kV远动箱式变电站,从2条10 kV贯通线各接引1路作为主备用电源供电。

区间其他用电负荷根据负荷分布及负荷性质,在负荷集中处设10/0.4 kV远动箱式变电站,从10 kV综合贯通线低压母线侧接取低压回路供电。

新建10 kV配电所、10/0.4 kV变电所采用综合自动化系统,按无人值班设计。新设电力远动系统,纳入成绵乐城际铁路所设的电力调度中心进行控制和管理。

5.30.2.3　通信工程

长途通信线路,新设2条32芯单模直埋光缆,分别沿新建铁路两侧电缆槽道敷设。广元联络线新设2条32芯光缆,分别沿铁路两侧电缆槽道敷设。

为满足GSM-R通信系统组网的需要,区间通信基站至光纤直放站间敷设1条16芯或32芯光缆;警务区至通信基站等区间接入节点敷设1条8芯光缆;区间通信基站至所设电力箱式变电站敷设1条16芯光缆。为满足综合视频监控系统组网的需要,在设置视频监控汇聚点和采集点的区间敷设1条24芯区间光缆。为满足隧道紧急报警电话系统接入的需要,长大隧道两侧各敷设1条4×4×0.9的低频电缆。

传输系统,广元至成都新设SDH 10 Gbit/s骨干传输系统,广元至江油段新设SDH 10 Gbit/s骨干传输系统,江油至成都段的既有SDH 2.5 Gbit/s传输系统升级为SDH 10 Gbit/s传输系统。广元至江油段的广元、剑门关、江油北、江油站新设SDH 10 Gbit/s ADM设备,利用新建2条32芯光缆中的各2芯光纤构成复用段1+1保护。

新设SDH 2.5 Gbit/s车站接入网系统,沿线各车站设SDH 2.5 Gbit/s ADM设备。利用新建2条32芯光缆中的各2芯光纤构成复用段1+1保护。并在同一车站将SDH 2.5 Gbit/s设备通过SDH 2.5 Gbit/s光接口与SDH 10 Gbit/s设备相联,对SDH 2.5 Gbit/s传输系统形成通道保护。

新设SDH 622 Mbit/s区间接入网系统,区间通信基站、信号中继站、牵引变电所亭设SDH 622 Mbit/s设备,在相邻车站间构建2个2纤通道保护环(通信基站一个环、信号和牵引供电一个环)。在江油北电力配电所、广元综合维修车间设SDH 622 Mbit/s ADM设备,分别与江油北站、广元站通信机械室构成链型1+1保护。

西成客专在江油站与成绵乐城际铁路接轨,所设传输系统应通过江油站与成绵乐城际骨干传输网与接入网设备互联,并通过成绵乐城际提供的传输通道引至成都铁路局调度所及各业务中心。且新设成都铁路枢纽SDH 10 Gbit/s传输系统,成都、成都东、成都南、成都北、成都西通信站及成都铁路局调度所、电力调度所新设SDH 10 Gbit/s设备,利用既有光缆构成SDH 10 Gbit/s传输系统环形网络。

电话交换系统,利用广元、江油通信站的既有铁路电话交换机,根据需要扩容,并新设光线路终端(OLT)设备;在各车站、信号中继站、牵引变电所亭、电力配电所、综合维修车间设光网络单元(ONU)。中子至剑门关站(含)段新增自动电话用户通过ONU及接入网接入广元通信站的OLT设备及电话交换机;剑门关(不含)至江油段新增自动电话用户通过ONU及接入网接入江油通信站的OLT设备及电话交换机。通过统一编号组网,实现与既有铁路电话专网的互通。

新设数据通信系统,利用成都铁路局调度所和成都通信站同城异地所设的既有核心路由器,在广元站新设汇聚路由器,在中子、广元、剑门关、江油北设接入路由器和三层交换机,通过传输系统接入广元站汇聚路由器。并上联至核心路由器。实现数据业务的接入、汇聚与转发。未设数据通信业务设备的节点(如综合维修车间等节点),利用MSTP的专线透传与汇聚功能,实现数据业务的综合接入、汇聚。

新设调度通信系统,利用成都铁路局调度所和成都通信站既有调度所调度通信交换机,沿线新建车站设车站型调度通信交换机、调度分机和车站值班台;按调度区划分,中子(含)至江油段构成本线数字调度环,接入成都铁路局调度所调度通信交换机和调度通信总机系统的成绵乐城际铁路调度台。实现对本段运行列车的调度指挥。通过将调度所调度交换机与GSM-R系统交换机的互联,实现有线和无线调度业务的互通。

新设GSM-R移动通信系统,利用成都铁路局既有GSM-R移动通信核心网设施,在成都通信站新设基站控制器(BSC)、分组控制单元(PCU)、编译码和速率适配单元(TRAU)等设备;沿线设通信基站(BTS),采用单层覆盖方式组网,区间和隧道内弱场区采用光纤直放站、漏泄电缆和天线方式增强,并设漏缆监测系统,以满足无线场强覆盖和信息传输的需要。在与兰渝铁路相交并行区段(含西成与兰渝客车联络线)的通信基站由兰渝铁路工程统一实施,本工程在正线、西成与兰渝客车联络线弱场强区新设光纤直放站远端机及漏泄电缆,设置的光纤直放站远端机接入兰渝铁路工程所设的通信基站。完成调度通信、调度命令信息和无线车次号校核信息传送等功能。

新设会议电视系统,利用成都铁路局既有会议电视中心系统及设备,在中子、剑门关、广元、江油北站新设会议电视分会场接入设备,接入成都铁路局既有会议电视中心系统。并纳入既有网管系统统一管理。

新设应急通信指挥系统,利用成都铁路局既有应急通信指挥中心系统及设备,根据需要扩容。在广元通信工区新设应急抢险现场接入设备,接入成都铁路局应急通信指挥中心系统。建立起应急指挥中心与事故现场间的应急通信网络。

新设长大隧道紧急电话报警系统,利用成都铁路局既有应急通信中心所设的隧道应急通信中心设备;在隧道口临近区间通信机房设报警电话控制主机,在隧道综合洞室设报警电话分机,利用新设电缆接入控制主机,再通过传输网接入铁路局调度所隧道应急电话中心控制台,实现紧急情况下与调度所列调员的电话报警和定位功能。

沿线新建通信机房设48 V高频开关通信电源和蓄电池组及UPS不间断电源。并新设电源和环境监控系统。

5.30.2.4 信号工程

车站联锁,中子、广元、剑门关、江油北站新设硬件冗余型计算机联锁设备和信号智能电源屏及UPS不间断电源。江油站(宝成场、城际场)、广元站(兰渝场)既有联锁设备利旧改造。江油站、江油货场站、成都动车运用所的信号设备按既有标准利旧改造。车站范围内接发车进路上的道岔及综合工区道岔纳入临近车站联锁设备集中控制。

根据车站(场)道岔设计类型,配备相应的道岔转辙装置、转辙机和道岔缺口监测装置。正线上的道岔采用外锁闭、多点牵引控制方式,并实现挤岔监督报警功能。通过时速160 km及以上的18号及以上道岔增设密贴检查装置。监测信息纳入信号集中监测系统。

正线范围内新设联锁设备的各车站站内正线及到发线区段采用与区间相同制式的列控中心编码控制的ZPW-2000有绝缘轨道电路,维修工区内及江油站(宝成场)还建货场轨道电路采用97型25 Hz轨道电路。纳入车站联锁的维修工区轨道电路分路不良区段采用熔覆合金技术处理;正线间渡线道岔采用计轴设备。在采用CTCS-2级列控区段的车站设进出站信号机、进路信号机;工区岔线与正线及到发线相衔接时,根据需要设调车信号机。

车站ZPW-2000轨道电路室外电缆采用铝护套数字信号电缆,其他信号设备所用电缆采用综合护套综合扭绞信号电缆。

调度运输指挥系统,新设调度集中(CTC)系统,中子、广元、剑门关、江油北站新设CTC分机设备、网络安全、通道质量监督设备、车务终端、电务维护终端等设备。接入成都铁路局调度所CTC/TDCS总机系统及成绵乐城际铁路调度台管辖。并对相应的应用、通信服务器及接口服务器进行修改,对CTC/TDCS总机系统的有关数据库服务器、系统软件管理服务器、相关接口服务器等进行软件修改与调试。广元站至兰渝铁路联络线(以下简称兰渝联络线)纳入兰渝铁路CTC调度台管辖。

列车运行控制系统,陕川省界至江油站(城际场)正线采用CTCS-2级列控系统,作为本线运营动车组的主用列控模式,CTCS-0级系统作为降级备用列控模式。兰渝联络线采用CTCS-2级列控系统。在成都铁路局新设1套临时限速服务器,负责本线和成绵乐城际铁路的临时限速命令的下达。并能与相邻线路临时限速服务器接口实现临时限速功能。在中子、广元、剑门关、江油北车站和信号中继站设安全数据网、列控中心(TCC)、应答器、电子编码单元(LEU)等设备。所设列控中心具备轨道电路编发码、运行方向控制、站间安全信息传输和应答器报文存储调用等功能。

区间自闭制式,正线采用四显示自动闭塞,按双线双方向运行,正向采用追踪间隔运行,反向采用自动站间闭塞行车。不设区间地面通过信号机,在闭塞分区的分界点设信号标志牌,列车运行以列控车载设备显示作为行车凭证。兰渝联络线采用四显示自动闭塞,设地面色灯通过信号机。

正线区间和兰渝联络线采用列控中心编码控制的ZPW-2000系列无绝缘移频轨道电路,其发送设备按1+1冗余配置,接收设备采用双机并用冗余方式。

区间ZPW-2000系列轨道电路干线电缆采用铝护套数字信号电缆或铝护套内屏蔽数字信号电缆,分支电缆采用综合护套数字信号电缆。轨道电路干线电缆有效传输长度一般不大于10 km,大于规定长度设信号中继站。

新设信号集中监测系统，在中子、广元、剑门关、江油北站及信号中继站设集中监测分机设备，广元站（兰渝场）、江油站（城际场）、江油站（宝成场）既有集中监测分机设备利旧改造，并在车站信号车间和工区设监测终端，接入成都电务段信号集中监测总机系统。实现对全段信号基础设施和设备的集中监测和远程诊断。

沿线新建信号设备房屋设防雷电、电磁兼容和综合接地防护系统，与房建工程同步实施，并与所建贯通地线等电位连接。

正线和兰渝联络线设综合接地系统，沿铁路两侧分别敷设 1 条截面为 35 mm^2的铜芯电力电缆贯通地线，在电气特性上全程贯通，接地电阻不大于 1 Ω，构成等电位连接。沿线轨旁信号设备做好安全接地、并就近与贯通地线等电位连接。

5.30.3　江油至成都段的四电设计方案（参见本章 5.7《成绵乐客运专线》）

参加线路工程施工的有中铁电气化局集团、中铁五局集团，中铁十九局、二十局集团等单位，中铁建电气化局等承担电气化、通信信号和电力“四电”系统集成工程的施工。

线路工程于 2012 年 10 月 27 日正式开工，四电工程于 2014 年 8 月 1 日开工。2017 年 2 月 28 日陕西段首先铺通，2017 年 3 月 29 日在江油市将西成客运专线与成绵乐城际铁路成功接轨。2017 年 5 月下旬陕西段进入线路联调联试阶段。2017 年 9 月 27 日陕西段进入试运行阶段。2017 年 11 月 22 日全线进入试运行阶段，2017 年 12 月 6 日全线正式开通。

5.31　兰新铁路第二双线

新建兰州至乌鲁木齐第二双线铁路（又称兰新客运专线）位于甘肃省、青海省、新疆维吾尔自治区。线路东起甘肃省省会兰州市的兰州西站，向西北方向途经青海省民和、乐都、平安县至青海省会西宁，后折向北经大通、门源县，穿越祁连山山脉进入甘肃省河西走廊西行，经民乐县、张掖市、临泽县、酒泉市、嘉峪关市、玉门市以及新疆维吾尔自治区哈密市、鄯善县、吐鲁番市、西至新疆维吾尔自治区乌鲁木齐市的乌鲁木齐站，线路全长约 1 776 km（图 5.31）。其中甘肃省内 798.933 km、青海省内 266.923 km、新疆维吾尔自治区内 709.923 km。全线设有兰州西（既有）、民和南、乐都南、平安、西宁（改扩建）、大通西、门源、军马场、民乐、张掖南、烟墩东、红柳河南、柳园南、石板墩南、柳沟南、玉门镇、清泉、嘉峪关南、酒泉南、清水北、高台南、临泽南、陈家湾、浩门、大泉南、思甜南、了墩北、小草湖西、胜金北、盐泉北、哈密（改扩建）、柳树泉南、红层南、吐哈、鄯善北、吐鲁番北、大河沿、盐湖西及乌鲁木齐（改建）等车站。其中陈家湾、浩门、大泉南、思甜南、盐泉北、了墩北、小草湖西、胜金北、军马场、烟墩东、柳树泉南、红层南、盐湖西站为越行站，沿线其他车站均为中间站（大河沿站为不办理客运的接轨站）。新建兰新客运专线是我国《中长期铁路网规划》的重点项目，是国家实施西部大开发战略的标志性工程，也是欧亚大陆桥铁路通道的重要组成部分。该线的建成开通形成了兰新通道内新的大能力铁路干线，实现了新疆维吾尔自治区等西部地区与内地的快速客运连接，同时也使既有兰新铁路货运运能得到释放,为新疆维吾尔自治区煤炭资源开发和外运提供强大的运力支撑,促进资源优势向经济优势转化。兰新客运专线的建成也对新疆维吾尔自治区铁路网的完善起到重要作用。将与现有的兰新铁路及陇海、兰渝、包兰、太中银等铁路紧密衔接,形成辐射范围更广、服务人口更多的西部铁路运输网络,西北与华北、华东和西南地区的联系也将因此增强。

兰新客运专线是我国西部最长的高标准铁路建设项目,是国内最长的客运专线,也是西北第一条客运专线,首条在高原高海拔地区修建的客运专线。

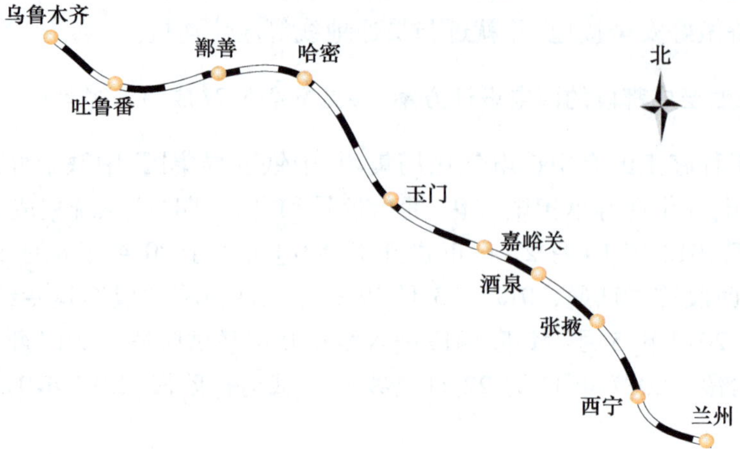

图 5.31　兰新客运专线示意图

兰新客运专线的建设单位是兰州铁路局和乌鲁木齐铁路局、兰新铁路甘青有限公司和新疆有限公司,设计单位是中铁第一勘察设计院集团有限公司。线路主要技术标准:铁路等级,Ⅰ级;正线数目,双线;线间距,5.0 m;最大坡度,兰西段和哈乌段 20 ‰,西哈段一般地段 13 ‰、困难地段 18 ‰;最小曲线半径,兰西段和哈乌段 5 500 m、西哈段 3 500 m;到发线有效长度,650 m;列车运行控制方式,自动控制;行车指挥方式,综合调度集中。设计区段旅客列车速度,200 km/h 及以上;牵引种类,电力牵引(AT 供电方式);列车类型,动车组。

5.31.1　电气化工程

牵引供电系统,全线正线采用 AT 供电方式,动车运用所采用直接供电方式,枢纽内部分线路、联络线等根据需要采用带回流线的直接供电方式或直接供电方式。

新设陈家湾、民和、乐都、西宁、大通、门源、干柴滩、军马场、徐家寨、张掖南、高台南、清水北、酒泉南、黑山湖、东湖村、玉门镇、柳沟南、石板墩南、柳园南、红柳河南、新尾亚、烟墩、新红旗村、哈密、柳树泉南、黑山、新红台、吐哈、连木沁、吐鲁番北、天山、盐湖、芨芨槽子等牵引变电所。其中红柳河南至乌鲁木齐段要统筹考虑与既有线电气化改造同址合建烟墩、天山、盐湖、芨芨槽子牵引变电所。在相邻牵引变电所之间新设分区所,在牵引变电所与分区所之间的供电臂中部设 AT 所。所设分区所位置要考虑两侧供电臂供电能力的均衡，并尽量减少占地和设备维护工作量。

兰州西至红柳河南段新建牵引变电所引入 2 路独立的 330 kV 电源供电，红柳河南至乌鲁木齐段新建牵引变电所引入 2 路独立的 220 kV 电源供电。并考虑远期客运量增长的需要。新建和引入 330 kV 电源或引入 220 kV 电源的牵引变电所，330 kV（或 220 kV）电源侧一般采用线路变压器组接线，如果引入 220 kV 电源相对薄弱的牵引变电所其电源侧可采用分支接线。对位于大风或困难区段的黑山、新红台、吐鲁番北、天山等牵引变电所 330 kV（或 220 kV）电源侧电气设备采用户内布置，其他区段的牵引变电所 330 kV（或 220 kV）电源侧电气设备采用户外中型布置。与既有线电气化改造新设牵引变电所或电力变电所合建的本工程牵引变电所 2 ×27.5 kV 侧采用单母线分段接线。对位于大风或困难区段的玉门镇、柳沟南、新尾亚、烟墩、黑山、新红台、吐鲁番北、天山、盐湖、芨芨槽子、西宁等牵引变电所的 2 ×27.5 kV 侧电气设备采用户内布置，2 ×27.5 kV 侧采用单母线接线；其他区段的牵引变电所 2 ×27.5 kV 侧电气设备优先采用户外中型布置，2 ×27.5 kV 侧采用单母线分段接线。分区所、AT 所 2 ×27.5 kV 侧电气设备优先采用户外中型布置。

甘肃、青海省内各牵引变电所所用变压器优先采用单相变压器。对不能满足通过换相接线达到三相平衡且电力系统供电能力薄弱的牵引变电所可采用 V/V 接线变压器。红柳河至乌鲁木齐段与既有线电气化改造同址合建的牵引变电所，当同一外部电源向多个牵引变电所供电，且具备轮换换相平衡条件和单相供电的，优先选用单相变压器；对不能满足通过换相接线达到三相平衡，且电力系统供电能力薄弱的牵引变电所可采用 V/V 接线变压器。

新建牵引变电所设 4 台变压器、分成 2 组，采用固定备用、V/V 接线、油浸自冷方式，预留风冷条件。各牵引变电所变压器安装容量：陈家湾为 2 ×（31.5 +20） MV · A，西宁为 2 ×（31.5 +25） MV · A，民和、乐都、军马场、徐家寨、哈密、黑山、吐鲁番北均为 2 ×（25 +25） MV · A，大通、门源、干柴滩、高台南、柳树泉南、新红台、天山均为 2 ×（25 +20） MV · A，张掖南、清水北、酒泉南、黑山湖、东湖村、玉门镇、柳沟南、石板墩南、柳园南、红柳河南、新尾亚、烟墩、新红旗村、吐哈、连木沁、盐湖、芨芨槽子均为 2 ×（20 +20） MV · A。分区所和 AT 所所设自耦变压器，采用固定备用方式。

新建牵引变电所、分区所、AT 所自用交流电源，1 路引自 10 kV 电力贯通线，另 1 路由所内 27.5 kV 母线提供。

新建牵引变电所、分区所、AT 所采用微机保护和综合 SCADA 系统，按无人值班设计，牵引变电所考虑值守条件，新设综合 SCADA 系统，其调度端与行车调度端对应设置。分别纳入兰州、乌鲁木齐铁路局和青藏铁路公司电力调度所管理，对全线牵引供电及电力供电设施进行集中监控。

接触网悬挂，全线采用全补偿简单链型悬挂，接触悬挂结构高度一般为 1 100 mm。正线接触线采用 150 mm^2 的铜合金导线，张力非风区 25 kN、风区 28.5 kN；承力索采用 120 mm^2 的铜合金绞线，张力非风区 20 kN、风区 21 kN。接触线悬挂高度一般为 5 500 mm。道岔处接触网悬挂方式，与正线相交的道岔采用无交叉方式，与非正线交叉的道岔采用交叉线岔方式。附加导线采用铝包钢芯铝绞线。采用带空气间隙绝缘中性段的锚段关节式电分相,尽量避免设在大坡道、列车出站加速区段和线路限速低速区段。

本线部分区段最低海拔高度在 1 500 m 以上,接触网绝缘泄漏距离按重污区设计,一般不小于 1 600 mm;海拔在 2 500 m 以上区段及污染特别严重区段接触网绝缘泄漏距离按 1 800 mm 设计;上下行正线间接触悬挂、电分段处绝缘泄漏距离按 1 600 mm 设计。风区路段的腕臂绝缘子采用抗弯破坏负荷 20 kN 的瓷质棒式绝缘子,非风区路段采用抗弯破坏负荷 16 kN 的瓷质棒式绝缘子;非风区区段的架空 F 线、AF 线一般采用耳环悬式瓷绝缘子、风区区段的架空 F 线、AF 线一般采用棒形悬式瓷绝缘子,隧道内 AF 线采用抗弯破坏负荷不小于 16 kN 柱式复合绝缘子,接触线、承力索、供电线、正馈线分段及下锚处采用复合绝缘子。

接触网支柱,风区路基区段和桥上采用热浸镀锌 H 型钢柱,非风区路基区段一般采用环形等径预应力混凝土支柱,桥隧间隔的短路基区段采用热浸镀锌 H 型钢柱;车站咽喉区及多线并行区段线间距不满足立柱要求时采用热浸镀锌等径钢管柱、三角钢管硬横梁 + 吊柱组成的硬横跨。隧道内采用吊柱。路基区段支柱基础及拉线基础均采用机械钻孔灌注桩基础,支柱与基础采用法兰连接,桥上钢柱及拉线基础采用桥梁面预留锚栓基础。支柱高度按 AF、PW 线的最低点高度控制,下锚柱、线间需悬挂附加导线支柱、硬横跨前附加导线悬挂过渡支柱、隧道洞门前附加导线过渡支柱的高度根据安装需要设计。安西风区内的下锚柱采用接触线、承力索分柱打拉线下锚方式,其余区段采用接触线、承力索合柱打拉线下锚方式。

接触网支柱标准跨距,非风区路基区段一般不大于 55 m,风区区段一般不大于 50 m;桥上根据桥梁孔跨的形式确定,一般为 48 m;隧道内一般在 48 ~ 55 m。

风区路段采用四跨锚段关节、非风区路段采用五跨锚段关节。风区路段的接触网锚段长度一般不大于 2 × 600 m,非风区路段的接触网锚段长度一般不大于 2 × 700 m。站线的最大锚段长度不大于 2 × 650 m,附加导线的锚段长度不大于 2 000 m。

新建电气化设施纳入兰州、西宁、乌鲁木齐供电段维护管理。在张掖南、哈密综合维修车间设供电维修抢修机构,结合既有兰新线电气化改造工程适度补强既有嘉峪关供电车间。在民和南、大通西、门源、军马场、民乐、张掖南、高台南、清水北、嘉峪关南、清泉南、玉门镇、柳沟南、石板墩南、柳园南、红柳河南、烟墩东、哈密、柳树泉南、红层南、吐哈、鄯善北、吐鲁番北、大河沿综合维修工区内设电力及牵引供电维修班组,新设乐都南、平安、盐湖西接触网工区。

新建牵引变电所、分区所、AT 所等设施尽量与既有兰新铁路电气化改造设施、综合维修工区、电力变配电所等设施合建。

5.31.2 电力工程

全线新设 1 条综合负荷 10 kV 贯通线和 1 条一级负荷 10 kV 贯通线。新设 10 kV 贯通线采用电力电缆,敷设在电缆沟内。

新设达川、民和南、乐都南、平安、大通西、门源、张掖南、临泽南、高台南、酒泉南、嘉峪关南、玉门镇、柳园南、哈密、柳树泉南、吐哈、鄯善北、胜金北、吐鲁番北、大河沿等

10 kV配电所。新设军马场、民乐、清水北、清泉南、盐湖西等35/10 kV 变电所。利用牵引供电电源与嘉(峪关)乌(鲁木齐)电气化工程合建柳沟南、石板墩南、照东等110/10 kV 变配电所,与本线牵引变电所合建新尾亚、烟墩、黑山、新红台等220/10 kV 变电所。新建或合建变(配)电所一般引入 2 路电源供电,在外部电源条件较差、接引电源困难情况下,先引入 1 路电源供电。

设有 10 kV、35/10 kV、110/10 kV、220/10 kV 变(配)电所的车站其综合负荷设室内10/0.4 kV 变电所(或箱式变电站)供电,电源引自变(配)电所的站馈线;没设变(配)电所的车站其综合负荷设室内 10/0.4 kV 变电所(或箱式变电站),优先从地方电源接引10 kV 电源供电,无条件接引地方电源的从 10 kV 贯通线接引电源供电。

车站与行车有关的通信信号、综合调度系统等一级负荷用电设室内 10/0.4 kV 变电所供电,电源引自 2 路 10 kV 贯通线。

区间通信信号负荷一般设箱式变电站供电、个别处所用电负荷较大时设 10/0.4 kV变电所供电,电源引自 2 路 10 kV 贯通线。哈密至乌鲁木齐段所设的区间箱式变电站容量应考虑预留给公安守护的用电条件。

新建或合建变(配)电所采用微机保护和综合自动化系统,按无人值班设计,新设电力远动系统纳入综合 SCADA 系统。综合 SCADA 系统调度端与行车调度端对应设置,对全线供电和电力设施进行集中监控。

5.31.3　通信工程

长途通信线路,新设 2 条 32 芯单模直埋光缆,分别沿新建铁路两侧敷设。

传输系统,新设 SDH 10 Gbit/s 骨干传输系统,沿线车站设 SDH 10 Gbit/s ADM 设备,利用新建 2 条 32 芯光缆构成双缆保护。并利用新建和既有铁路传输系统构成不同路由的互联通道。

新设 SDH 2.5 Gbit/s 车站接入网系统,沿线车站设 SDH 2.5 Gbit/s ADM 设备。利用新建 2 条 32 芯光缆构成双缆保护,并在同一车站将 SDH 2.5 Gbit/s 设备通过 SDH 2.5 Gbit/s 光接口与 SDH 10 Gbit/s 设备相联。

新设 SDH 622 Mbit/s 区间接入网系统,在区间通信基站、信号中继站、牵引变电所、分区所、AT 所等信息用户接入点设 SDH 622 Mbit/s 设备。利用新建光缆接入相邻车站SDH 2.5 Gbit/s 设备,构成通道保护环。

在设有综合维修车间和工区、电力配电所、公安派出所的车站信息接入点设 SDH 622 Mbit/s ADM 设备,与车站通信机械室构成站内通道保护环。

新设 IP 数据网,利用兰州、乌鲁木齐铁路局的既有数据网设施,并在兰州、西宁、乌鲁木齐新设核心路由器,在西宁、嘉峪关、哈密、吐鲁番、乌鲁木齐新设汇聚路由器,利用兰州的既有汇聚路由器;沿线车站新设接入路由器,负责本地数据业务的接入。按照管辖范围,接入路由器之间、接入与汇聚路由器之间通过传输通道互联构成环形网,并上联至归属的核心节点路由器,实现数据业务的汇聚及转发。

青藏铁路公司管内的局域网核心层、接入层采用双千兆以太网,设置核心层交换机及接入层交换机。广域网设置双核心路由器,与中国铁路总公司调度指挥中心,兰州铁路局等调度所进行数据交换。

电话交换系统,利用兰州北、西宁、张掖、嘉峪关、哈密、鄯善、吐鲁番、乌鲁木齐等通信站的既有程控电话交换机,根据需要扩容接口板等相关设备;沿线新增自动电话用户按铁路局(青藏铁路公司)管辖范围,通过接入网分别接入应归属的既有程控电话交换机,通过统一编号组网,实现与既有铁路电话专网的互通。

新设调度通信系统,利用兰州铁路局调度所既有调度通信交换机,在西宁青藏铁路公司调度所、乌鲁木齐铁路局调度所新设调度通信交换机;沿线车站、动车段新设车站(段)型调度通信交换机、调度分机和车站值班台,按调度区划分,分别通过传输通道接入隶属铁路局(铁路公司)调度所的调度通信交换机和调度通信系统。并在兰州铁路局调度所新设 2 个行车调度台及配套设备,在青藏铁路公司调度所新设 1 个行车调度台及配套设备,在乌鲁木齐铁路局调度所新设 2 个行车调度台及配套设备,分别负责各自管段内的行车调度指挥。

新设 GSM-R 移动通信系统,利用兰州铁路局既有 GSM-R 移动通信核心网设施,利用西宁既有 GSM-R 移动通信核心网设施,在乌鲁木齐铁路局新设 GSM-R 移动通信交换机;在兰州、西宁、乌鲁木齐新设基站控制器(BSC),沿线设通信基站(BTS),采用单层覆盖方式组网。区间和隧道内弱场区采用光纤直放站、漏泄电缆和天线方式增强,以满足无线场强覆盖和信息传输的需要。完成调度通信、调度命令、无线车次号校核信息传送等功能。

另外,按照铁路 GSM-R 核心网规划,在西宁既有 GSM-R 核心网的基础上增设移动交换网、智能网(IN)、通用分组无线业务网(GPRS)和信令网。利用新建和既有传输系统构成不同路由的互联通道。使西宁移动交换中心(MSC)与北京、西安汇接移动交换中心(TMSC/MSC)进行互联、与兰州的 MSC 进行互联、与北京、武汉归属位置寄存器(HLR)和短消息服务中心(SMSC)进行互联;使西宁业务交换点(SSP)与北京、武汉业务控制点(SCP)进行互联,从而取代西宁的业务控制点(SCP);使西宁本地 GPRS 网的业务节点(SGSN)、网关节点(GGSN)、接口服务器(GRIS)与北京和武汉骨干网的业务节点(SGSN)、网关节点(GGSN)、归属位置寄存器(HLR)、认证服务器(RADIUS)、域名服务器(DNS)、归属服务器(GROS)互联,取代西宁的远程认证拨号用户服务(RADIUS)、域名服务器(DNS)、归属服务器 GROS 功能;使西宁的信令点(SP)与北京和武汉信令转接点(STP)进行互联。

新设会议电视系统,沿线站段、综合维修车间设会议电视分会场设备,按照管辖范围分别纳入兰州、乌鲁木齐铁路局和青藏铁路公司既有会议电视中心系统。

新设应急通信指挥系统,利用兰州、乌鲁木齐铁路局及青藏铁路公司既有应急通信指挥中心设备,在各综合维修车间/工区新设应急抢险救援现场接入设备,为现场出现应急情况提供语音、数据、动态图像的传输。

新设隧道紧急电话系统,在长度大于 5 km 的隧道进出口附近通信基站设隧道控制主机,在相邻车站值班员处设紧急电话系统分控台,在隧道内两侧综合洞室内设隧道紧急电话机,利用设在隧道内的低频对称电缆接入隧道控制主机,再通过传输系统按管辖范围纳入铁路局(铁路公司)应急救援指挥中心所设的隧道紧急电话系统中心设备和主控台。

通信电源,沿线新建车站、区间通信基站、信号中继站、牵引变电所、分区所、AT所、变(配)电所等通信设备机房设48 V高频开关电源和蓄电池组及UPS不间断电源。并新设电源和环境监控系统。

5.31.4　信号工程

车站联锁,兰州西至乌鲁木齐段各新建车站设硬件冗余型计算机联锁设备和信号智能电源屏及UPS不间断电源。沿线车站综合工区、综合维修车间道岔纳入相邻车站联锁集中控制。

根据车站(场)道岔设计类型,配备相应的道岔转辙装置,除哈密等有关车站既有道岔维持既有转辙机及转辙装置,其余新建车站道岔均采用交流转辙设备。在年平均降雪大数超过10 d的车站,列车进路上的道岔(含其带动道岔)设道岔融雪装置,本线动车组进路上的道岔设融雪装置,采用手动控制方式,并针对本线地理气候特点确定电加热功率及安装方式。哈密、嘉峪关南站站内折返作业采用调车模式,增加防护应答器。

沿线新建车站站内列车进路采用一体化轨道电路,其中张掖南、酒泉南、嘉峪关南、哈密高速场、乌鲁木齐站正线及到发线采用一体化轨道电路,哈密普速场维持既有线电码化标准,其他区段的车站采用97型25 Hz相敏轨道电路。

车站站内一体化轨道电路采用铝护套综合扭绞信号电缆或数字信号电缆,分支电缆采用综合护套综合扭绞信号电缆。其他信号设备采用综合护套综合扭绞信号电缆。

运输调度指挥系统,新设调度集中(CTC)系统,沿线新建车站设CTC分机、网络安全和通道质量监督设备,按调度区划分和管辖范围分别接入兰州铁路局、乌鲁木齐铁路局调度所的CTC/TDCS总机系统、青藏铁路公司调度所新建的客专CTC总机系统。并在青藏铁路公司调度所新设数据库服务器、对外信息发布服务器、复示终端查询服务器,磁盘存储设备,以及线路应用服务器、通信服务器,接口服务器和复示终端、存储系统和1个列车调度台及网络设备等。为便于运营维护,在兰州铁路局、乌鲁木齐铁路局调度所分别增设相应的应用和通信服务器、临时限速服务器、防火墙等设备和2个列车调度台,形成统一的运输调度指挥系统。

青藏铁路公司调度所新建的客专CTC总机系统与其普速CTC/TDCS总机系统、与中国铁路总公司调度指挥中心CTC/TDCS总机系统,以及与兰州铁路局客专CTC总机系统间应增设接口服务器;增设CTC总机系统标准时钟系统;配置管理平台系统软件和应用软件。

列车运行控制系统,兰州西(不含)至乌鲁木齐采用CTCS-2级列控系统,分别在兰州铁路局、乌鲁木齐铁路局和青藏铁路公司设临时限速服务器,负责各自管段的临时限速控制。本线与柳墩铁路、南疆铁路、既有兰新铁路的联络线在适当位置设CTCS-2/0级级间转换点。

采用CTCS-2级列控系统区段各车站和信号中继站设信号安全数据网、列控中心(TCC)、电子编码单元(LEU)、地面点式应答器等设备。考虑到本线自然条件恶劣,应尽量减少轨旁设备的设置。所设列控中心设备具备轨道电路编发码、运行方向控制、站间安全信息传输和应答器报文存储调用等功能。

区间自闭制式,区间采用四显示自动闭塞,按双线双方向运行,正向采用追踪间隔运行、反向按自动站间闭塞行车。嘉峪关南站至既有嘉峪关站采用站间联系。

区间采用列控中心编码的 ZPW-2000 系列无绝缘轨道电路,其发送和接收设备按 1 + 1 冗余配置。设区间地面通过信号机。根据运量、不同种类旅客列车,结合桥隧处无砟轨道区段的轨道电路极限长度,合理设置闭塞分区长度。并根据无绝缘轨道电路所用电缆有效控制长度(一般为 10 km),合理布设信号中继站。

区间 ZPW-2000 系列轨道电路采用内屏蔽数字信号电缆,其他信号设备采用非数字信号电缆。

新设信号集中监测系统,新建联锁设备的车站和信号中继站设集中监测分机设备,并汇集联锁设备、CTC、列控中心、ZPW-2000 轨道电路等自监测分机的监测信息;在信号车间/工区设监测维护终端,按管辖范围分别接入兰州、西宁、乌鲁木齐电务段信号集中监测总机系统,根据需要对总机系统进行升级改造。实现对全线信号基础设施和设备的集中监测和远程诊断。

沿线新建信号设备房屋设防雷电、电磁兼容和综合防护接地系统,与房建工程同步实施,在实施过程中统筹考虑信号设备房屋屋顶设避雷网、避雷带、引下线、接地系统等屏蔽措施,并预留接线端子。室内信号设备设防雷保安器、分线防雷柜和室内设备箱盒,柜体等进行等电位连接,并与贯通地线等电位连接。

新设综合接地系统,沿铁路两侧分别敷设 1 条贯通地线,在电气特性上全程贯通,接地电阻不大于 1 Ω,构成等电位连接。沿线轨旁信号设备做好安全接地,并就近与贯通地线等电位连接。

参加线路工程施工的有中铁一局、四局、十一局、十八局、二十局集团等单位,中铁电气化局集团有限公司和中国铁路通信信号股份有限公司联合体、中铁一局集团等单位承担电气化、通信信号和电力工程的施工。

线路工程于 2009 年 11 月 4 日开工。四电工程于 2013 年 3 月 24 日开工。2013 年 6 月 15 日甘青段开始铺轨。2013 年 11 月 16 日完成新疆段 710 km 的铺轨,2013 年 12 月 12 日开始架设嘉峪关至玉门段的接触网。2014 年 6 月 3 日开始新疆段的联调联试,2014 年 9 月 5 日开始新疆段试运行;2014 年 9 月 11 日开始甘肃段的联调联试,2014 年 11 月 25 日开始甘青段试运行。2014 年 11 月 16 日新疆段开通运营,2017 年 12 月 26 日全线开通运营。

5.32　长沙至株洲至湘潭城际铁路

新建长沙至株洲至湘潭城际铁路,连接长沙、株洲、湘潭三市。从既有长沙站引出,向南至暮云,然后分岔往株洲方向至株洲站后延伸至七斗冲,往湘潭方向至湘潭站;长沙站向北并行京广铁路于德雅路前以隧道方式进入地下至开福寺,然后沿开福寺路西行穿越湘江至雷锋大道，再向西延伸至长沙西站，正线全长 105 km（图 5.32）。其中包括长沙至株洲段（DK0 + 000 ~ DK57 + 650）（长沙站至暮云站至株洲站至七斗冲站），正线全长 57.826 km；暮云至湘潭段（XDK24 + 750 ~ XDK49 + 250）（暮云站至湘潭站），正线全长 24.5 km；长沙至雷锋大道段（WDK0 + 000 ~ WDK13 + 187）（长沙站至雷锋大道站），正线全长 13.187 km。新建长株潭城际铁路的长沙至七斗冲段设有长沙（改建站）、树木岭、香樟路、湘府路、汽车南站、中信新城、生态动物园、暮云、白马垄、时代、云龙、株洲（改建站）、七斗冲等车站；暮云至湘潭段设有昭山、荷塘、板塘、湘潭（改建站）等车站；长沙至雷锋大道段设有开福寺、滨江新城、市府、雷锋大道等车站。其中长沙、暮云、株洲、七斗冲、湘潭是有岔车站，其余是无配线的车站。而且树木岭、香樟路、湘府路、汽车南站、开福寺、滨江新城、市府和雷锋大道等 8 个车站为地下车站；工程范围还包括捞刀河站增建调车场，株洲车辆段搬迁工程等。新建长株潭铁路是连接长沙、株洲和湘潭 3 个城市的城际铁路，承担三市之间的城际客流，同时兼顾城市客流，可为长株潭城市群提供快速、准时、便捷的交通服务，对进一步强化长沙、株洲、湘潭三市在长株潭城市群中的核心地位，促进长株潭城市群地区社会经济持续稳定发展，建设资源节约型、环境友好型社会，更好服务经济社会又好又快发展具有重要意义。

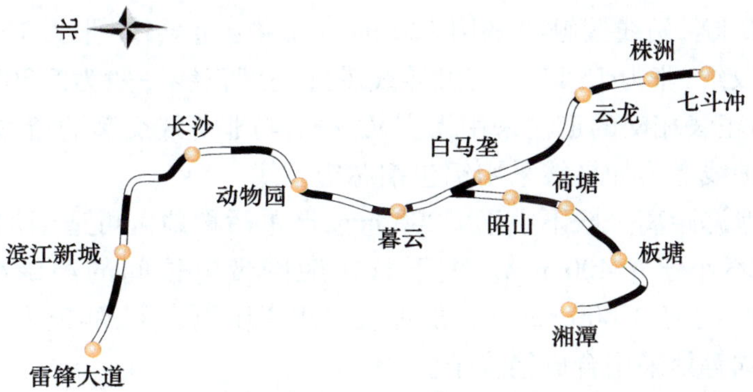

图 5.32　长株潭城际铁路示意图

长株潭城际铁路的建设单位是湖南城际铁路有限公司，设计单位是中铁第四勘察设计院集团有限公司。线路主要技术标准：铁路等级，客运专线；正线数目，双线；最大坡度，20 ‰、个别困难地段不大于 30‰；最小曲线半径，一般地段 2 200 m、困难地段 2 000 m，长沙、株洲、湘潭市区路段根据实际情况和速度时间曲线模拟确定；到发线有效长度，长沙、暮云、株洲、七斗冲、湘潭站 650 m，其余车站 450 m；列车运行方式，自动控制；行车指挥方式，调度集中；路段设计行车速度，200 km/h、长沙、株洲、湘潭市区路段根据实际情况确定；牵引种类，电力牵引（直供加回流线供电方式）；机车类型，动车组。

5.32.1　电气化工程

牵引供电系统，采用带回流线的直接供电方式。新设长沙牵引变电所（向益阳方向供电至雷锋大道，向暮云方向供电至中信新城）和暮云、七斗冲牵引变电所，新设长沙东开闭所,新设中信新城、时代、湘潭分区所。

新建牵引变电所引入2路110 kV电源供电,并考虑跨线高速列车发车加速时的供电需要。长沙东开闭所从长沙牵引变电所接引2路27.5 kV电源供电。中信新城分区所从本线和既有京广铁路长沙东开闭所分别引入1路电源,给长沙东动车运用所供电。

新建牵引变电所设2台变压器,采用固定备用、自冷方式,预留风冷条件。长沙和暮云牵引变电所采用平衡接线变压器,七斗冲牵引变电所采用单相接线变压器。长沙牵引变电所除变压器采用户外布置外,110 kV电源侧其他电气设备采用室内GIS布置;暮云和七斗冲牵引变电所110 kV电源侧电气设备采用户外布置,而27.5 kV侧全都采用单母线分段接线,电气设备采用室内开关柜布置。各牵引变电所变压器安装容量:长沙为2×25 MV·A,暮云牵为2×(25+25) MV·A、七斗冲为2×20 MV·A。

新建牵引变电所、开闭所、分区所采用微机保护和综合自动化系统,按无人值班设计,牵引变电所适当考虑值守条件。牵引供电设远动调度,维修管理采用综合远动系统(SCADA),纳入广州铁路电力调度所管理。

接触网悬挂,隧道外采用全补偿简单链型悬挂,接触悬挂结构高度一般为1 400 mm;树木岭、湘江隧道内接触网悬挂采用单吊臂+三角腕臂悬挂方式,接触悬挂结构高度为1 100 mm。正线接触线采用150 mm^2的铜合金导线,张力25 kN;承力索采用120 mm^2的铜合金绞线,张力20 kN;站线接触线采用120 mm^2的铜合金导线,张力15 kN;承力索采用95 mm^2的铜合金绞线,张力15 kN。接触导线悬挂高度正线一般为5 300 mm。道岔处接触网悬挂方式,与正线相交的道岔采用无交叉方式,与非正线交叉的道岔采用交叉线岔方式。供电线和保护线等附加导线采用铝包钢芯铝绞线。

接触网绝缘泄漏距离一般不小于1 200 mm,严重污秽地区可适当加强绝缘。接触网的绝缘爬电距离不小于1 400 mm。上下行接触网带电体间的绝缘距离一般不小于2 000 mm,困难时不小于1 600 mm。一般地段采用瓷质绝缘子,隧道内、车站无柱雨棚范围、锚段关节、下锚等处采用合成绝缘子。

接触网支柱,路基地段的腕臂柱一般采用H型钢柱,桥梁上采用H型钢柱或格构式钢柱;既有长沙和株洲站改造采用横腹杆式钢筋混凝土支柱。车站多线并行区段优先采用线间立柱,线间距不能满足立柱条件时采用硬横梁和钢管柱。车站雨棚地段的接触网支柱与雨棚柱合架。

接触网支柱标准跨距,正线路基区段一般为50~55 m;隧道内一般为35~40 m,最大不大于为45 m;桥梁上根据桥梁孔跨形式确定,一般为32.7 m,最大不大于48 m,相邻跨距之差不大于10 m。

正线区段非绝缘、绝缘锚段关节一般采用四跨关节,桥梁上采用五跨关节。正线锚段长度一般不大于2×700 m;站线不大于2×850 m;附加导线最大锚段长度不大于2 000 m。

接触网下锚采用棘轮补偿装置。中心锚结采用两跨式防窜防断中心锚结,站线在困难情况下采用防窜不防断中心锚结。

新设七斗冲供电工区,负责牵引供电和电力设施的维修管理。暮云供电工区预留供电车间场坪条件。牵引供电设施运营维护委托广州铁路(集团)公司管理。

5.32.2　电力工程

全线新设 1 条一级负荷 10 kV 贯通线和 1 条综合负荷 10 kV 贯通线，给沿线车站和区间用电负荷供电。新设雷锋大道、长沙东、湘府、暮云、七斗冲 5 座 10 kV 配电所，新建 10 kV 配电所分别引入 2 路 10 kV 电源供电。利用相关工程所建的湘潭 10 kV 配电所给本线供电。利用既有长沙和霞凝 10 kV 配电所并增设相应馈出供电设备，分别给长沙站、捞刀河调车场新增负荷供电。

设有 10 kV 配电所的车站，设站内 10/0.4 kV 综合变电所给车站综合用电负荷供电，从 10 kV 配电所站馈回路接引 10 kV 电源，没设 kV 配电所的车站，设站内 10/0.4 kV 综合变电所，优先从地方电网接引 10 kV 电源给综合用电负荷供电，或从综合负荷 10 kV 贯通线接引电源供电。

车站通信信号等一级负荷设室内 10/0.4 kV 通信信号专用变电所供电，电源引自 2 路 10 kV 贯通线。

区间通信信号等重要负荷设 10/0.4 kV 箱式变电站供电，分别由一级负荷 10 kV 贯通线和综合负荷 10 kV 贯通线提供主备用电源。

区间其他用电负荷设箱式变电站供电，从综合负荷 10 kV 贯通线接引电源。

新建 10 kV 配电所采用微机保护和综合自动化系统，按无人值班设计。铁路电力设施远动调度和维修管理采用综合远动系统(SCADA)，纳入广州铁路电力调度所管理。

本线新建暮云和七斗冲供电工区，负责沿线电力设施的维修管理。

5.32.3　通信工程

长途通信线路，全线新设 2 条 48 芯单模直埋光缆，分别沿新建铁路两侧电缆槽道敷设。长沙通信站至长沙南新设 1 条 48 芯光缆，采用与既有 24 芯光缆不同径路敷设。株洲站至株洲通信站新设所需光缆，以满足本线至长沙南、广州间传输通道的使用要求。

捞刀河站通信机械室至新建调车场通信机械室新设 2 条 12 芯单模直埋光缆。到新建长沙牵引变电所新设 1 条 24 芯分歧光缆。车站通信机房到站内信息用户新设 1 条 12 芯光缆。干线光缆到区间通信基站、牵引变电所亭敷设 2 条 8 芯光缆；为满足综合视频监控系统组网的需要，视频监控采集点到邻近通信机房敷设 1 条 8 芯光缆。

传输系统，新设 SDH 10 Gbit/s 骨干传输系统，雷锋大道、长沙、暮云、株洲、湘潭等站及长沙、长沙南和株洲通信站新设 SDH 10 Gbit/s ADM 传输设备，利用新建 2 条 48 芯光缆中的各 2 芯光纤构成复用段 1+1 保护。长沙站至长沙通信站、株洲站至株洲通信站、暮云至长沙南新设 SDH 10 Gbit/s 传输系统，利用枢纽内既有光缆构成 SDH 10 Gbit/s 复用段保护环。并满足本线至广州间传输通道的需要。

新设 SDH 2.5 Gbit/s 车站接入网系统，沿线新建车站设 SDH 2.5 Gbit/s ADM 设备，利用新建 2 条 48 芯光缆中的各 2 芯光纤构成复用段 1+1 保护。

新设 SDH 622 Mbit/s 区间接入网系统，沿线各车站、区间通信基站、牵引变电所、分区所、电力配电所、长沙动车运用所、维修工区等信息用户接入点新设 SDH 622 Mbit/s 设备。

利用新建 2 条 48 芯光缆中的各 2 芯光纤构成 1 + 1 保护;车站间利用新建 2 条 48 芯光缆中的各 2 芯光纤构建 1 个 2 纤复用段保护环,站内信息用户利用新建站内光缆与车站通信机械室构成站内接入环。捞刀河调车场、株洲车辆段新设 SDH 622 Mbit/s 设备,在就近车站与既有接入网系统相接。

电话交换系统,利用长沙和株洲的既有程控电话交换机;在长沙和株洲站新设光线路终端(OLT)设备,沿线车站、牵引变电所、电力配电所、动车运用所、维修工区、公安派出所等处设光网络单元(ONU),沿线新增自动电话用户通过 ONU 和 OLT 设备及接入网按管辖范围分别接入长沙、株洲既有程控电话交换机,通过统一编号组网,实现与既有铁路电话专网的互通。

新设数据网系统,利用广州铁路(集团)调度所的既有核心网路由器、根据需要扩容;在长沙站、株洲站新设汇聚节点和路由器,沿线车站及长沙动车所设接入路由器,负责本地数据的接入。接入路由器之间通过光纤直连,接入路由器通过传输通道接入汇聚路由器,并上联至核心节点路由器和网管设备,实现数据业务的汇聚及转发。

新设调度通信系统。利用广州铁路(集团)客专调度所的既有调度通信交换机,根据需要扩容,沿线新建车站、动车运用所新设车站型调度通信交换机、调度分机和车站值班台等设备。按照雷锋大道至长沙、长沙至暮云、暮云经湘潭至七斗冲站构成调度中继环路,通过传输系统接入客专调度所调度通信交换机和调度通信系统。并新设 1 个城际铁路行车调度台和助理调度台。负责本线行车调度指挥。将调度所调度通信交换机与广州铁路(集团)既有 GSM-R 移动通信交换机相联,实现有线与无线调度电话的互通。

新设 GSM-R 移动通信系统,利用广州铁路(集团)既有 GSM-R 核心网设施,并增设编译码和速率适配单元(TRAU)、接入移动交换中心(MSC);在长沙南站通信机械室新设基站控制器(BSC)、速率适配单元(TRAU)和分组控制单元(PCU)等设备,新设 BSC、TRAU、PCU 等设备应满足长沙至娄底、衡阳、岳阳、常德等城际铁路接入的需要。沿线设区间和车站通信基站(BTS),区间和小规模车站通信基站按 2 载频配置,较大型车站通信基站按 3 载频配置;在长沙动车所内新设通信基站,采用单网覆盖方式组网。因本线集合了平原、山区、丘陵等地带的地形,要解决隧道内、路堑、地下车站等情形下的无线场强覆盖问题,必须采用通信基站/光纤直放站结合漏泄同轴电缆 + 高增益双极化天线方式增强,并将弱场区的光纤直放站设备间距缩短到 1 ~ 2 km 设置。在地下车站、长沙、湘潭、株洲站设室内无线覆盖系统,以满足区间、隧道内和车站无线场强覆盖和信息传输的要求。

利用广州铁路(集团)既有 OMC-R 网络管理系统,在长沙南站、长沙站和广州客专调度所设新 OMC-R 无线网络管理终端,负责本线所有基站子系统设备的网元级管理;在长沙站新设光纤直放站网管(OMC-T)服务器及远程操作维护终端,在长沙南新设 OMC-T 网管复示终端,并在长沙、株洲和暮云工区分别新设便携式管理终端。实现对管辖范围内的光纤直放站的管理维护。

在长沙动车所内新设的通信基站,应通过室内覆盖方式延伸覆盖到动车所检修库。在动车所内形成独立的微蜂窝小区,本小区无线信号控制在检修库内,同时与长沙站通信基站和树木岭通信基站设置相邻关系。既有长沙东调车场既有调车系统便携台移设至捞刀河新建调车场继续使用。捞刀河站新建调车场新设调车无线系统固定台设备，株洲车辆段新设列检无线通信系统。

在与武广、长昆客专交越区段，采用武广、长昆客专既有通信基站进行无线场强覆盖，并进行网络的优化及调整。

新设会议电视系统，在长沙通信站新设会议电视多点控制单元（MCU）设备，采用主从关系接入广州铁路（集团）既有会议电视系统主备用MCU设备；沿线车站、动车运用所新设会议电视分会场设备，株洲车辆段新设1套会议电视终端，通过接入网系统接入广州既有会议电视中心系统。

新设应急通信指挥系统，利用广州铁路（集团）调度所既有应急通信系统中心设备、根据需要扩容，在暮云通信工区设应急通信现场接入设备，当发生事故时能准确地把事故现场的语音、数据、图像传递到应急通信指挥中心。

新设隧道应急电话系统，在隧道中央连接通道两侧设应急电话分机，利用新设的3×4×0.9低频电缆接入在滨江新城通信机房设的应急电话主机，再通过传输系统接入广州客专调度所应急电话总机，并在调度所应急通信平台设应急电话控制台，实现紧急情况下与广州客专调度所应急通信指挥的电话报警和定位报警功能。

通信电源，沿线新建通信机房设48 V高频开关电源和蓄电池及UPS不间断电源设备；长沙牵引变电所新设48 V电源和不间断电源（UPS）。长沙和株洲通信站既有通信电源利旧。新设通信电源和通信信号机房环境监控系统。长沙新设监控中心设备，各通信机械室新设远端监测单元。

5.32.4　信号工程

车站联锁，长沙城际场、暮云站、株洲城际场、湘潭城际场、七斗冲等有岔站，以及雷锋大道站和汽车南站（无配线车站）新设硬件安全冗余型计算机联锁设备；既有株洲站新设硬件安全冗余型计算机联锁设备；长沙城际动车运用所新设硬件安全冗余型计算机联锁设备；以及综合智能电源屏（含UPS）集中供电。既有长沙、长沙东、湘潭站计算机联锁设备利旧改造；捞刀河调车场道岔纳入捞刀河站集中联锁，对既有捞刀河站计算机联锁设备利旧改造。

树木岭、荷塘、市府路、滨江新城等其余14个无配线站不设计算机联锁设备，由邻近车站的计算机联锁设备、列控中心完成进出站信号机的控制及采驱条件。

根据车站（场）道岔设计类型，配备相应的道岔转辙机和外锁闭装置，动车组列车进路上的道岔设道岔融雪装置；动车运用所道岔不设融雪装置。采用分散供电方式，不设控制中心设备。

采用CTCS-2级列控区段的正线各新建有岔车站站内采用与区间相同制式的ZPW-2000系列有绝缘轨道电路，其发送接收设备按冗余配置。长沙城际动车运用所、捞刀河调车场，既有长沙、长沙东、株洲、湘潭站采用97型25 Hz相敏轨道电路。站内正线设计预叠加电码化，侧线设叠加电码化，发送设备采用ZPW-2000型移频设备，按$N+1$备用。

车站站内轨道电路采用铝护套信号电缆,分支电缆采用综合护套信号电缆。电码化区段干线电缆采用铝护套数字信号电缆,分支电缆采用综合护套数字信号电缆。

运输调度指挥系统,新设调度集中(CTC)系统,雷锋大道站、长沙城际场、汽车南站、暮云站、株洲站城际场、七斗冲站、湘潭城际场新设 CTC 分机、网络安全和通道质量监督等设备。既有株洲站新设 TDCS 车站分机设备;既有长沙、长沙东、湘潭车站既有 TDCS 分机设备利旧改造;长沙城际动车运用所新设 TDCS 车站分机设备。其余 14 个无配线车站仅设网络安全设备及车务终端。接入广州铁路(集团)客专调度所 CTC/TDCS 总机系统。并在调度所新设 1 个本线调度台,增设相应的应用和通信服务器、临时限速接口服务器等设备,负责并兼顾列车与调车作业的调度指挥。

列车运行控制系统,正线采用 CTCS-2 级列控系统,长沙站至动车运用所按调车模式办理行车。在长沙站城际场机房新设 1 套临时限速服务器(TSRS)(预留相关线路接入的控制容量),负责本线临时限速命令的集中管理。在有岔车站和雷锋大道、汽车南、时代、荷塘无配线车站和信号中继站新设安全数据网接入设备、列控中心(TCC)、应答器、电子编码单元(LEU)等设备。所设列控中心设备除具有轨道电路编发码、运行方向控制、站间安全信息传输和应答器报文存储及调用等功能外,还可在计算机联锁设备的控制下,具有无配线车站进出站信号机和轨道电路的信息采集及驱动功能。

区间采用自动闭塞,按双线双方向运行,正向采用追踪间隔运行,反向按自动站间闭塞行车。不设区间地面通过信号机、设置区间信号标志牌。

正线区间采用由计算机编码控制的 ZPW-2000 系列无绝缘轨道电路,发送设备按 1 + 1 冗余配置,接收设备采用双机并联运用冗余方式。采用的发送和接收设备均为 ZPW-2000 型轨道电路监测设备,可向信号集中监测系统接口提供信息。

区间 ZPW-2000 系列轨道电路干线电缆采用铝护套内屏蔽数字信号电缆,分支电缆采用综合护套数字信号电缆。轨道电路所用干线电缆有效传输长度一般不大于10 km,大于规定长度设信号中继站。

新设信号集中监测系统,新建计算机联锁设备的车站、信号中继站及长沙城际动车运用所新设集中监测分机设备及相应的网络通信设备;既有株洲站新设集中监测分机设备;既有长沙、长沙东、湘潭车站集中监测分机设备进行修改。暮云信号维修工区、长沙电务段及各有岔车站值班工区设集中监测终端及相应的网络交换设备。通过集中监测网络接入长沙电务段既有信号集中监测总机系统,对既有集中监测总机系统软件进行相应修改,并增设相应的数据库服务器、应用和通信前置机、接口服务器、网络管理服务器、网络安全设备等。

沿线新建信号设备房屋设防雷电、电磁兼容和综合接地防护系统,与房建工程同步实施。并与贯通地线等电位连接。

综合接地系统,沿铁路两侧分别敷设 1 条贯通地线,在电气特性上全程贯通,接地电阻不大于 1 Ω,构成等电位连接。沿线轨旁信号设备做好安全接地,并就近与贯通地线等电位连接。

参加线路工程施工的有中铁二十五局集团、中铁隧道局集团、中铁十四局集团、中铁建设集团、中铁二十二局集团等单位,中铁建十一局集团等单位承担电气化、通信信号、电力等工程的施工。

线路工程 2010 年 6 月 30 日正式开工,四电工程于 2014 年 10 月 1 日开工。2016 年 6 月 13 日完成全线铺轨,2016 年 10 月 9 日开始全线的联调联试,长沙站以南至株洲、湘潭段 2016 年 12 月 26 日建成通车,长沙站以西至长沙西站段 2017 年 12 月 26 日建成通车。

5.33　石家庄至济南客运专线

新建石济客运专线,西起石家庄站的北京端,向东南方向途经藁城、辛集、衡水、德州、平原、禹城等市县,东至济南东站的青岛端,线路全长 301.5 km(图 5.33)。全线设有石家庄(既有)、石家庄东、藁城南、辛集南、衡水北、景州、德州东、平原东、禹城东、齐河、济南东等车站。其中石家庄站为枢纽既有客运站,济南东站为本线新设客运站,其余车站均为新设客运中间站。该线主要承担长途跨线客流,兼顾沿线城际客流。工程还包括济南东站青岛端至五里堂线路所的联络线,长 14.2 km;石济客运专线自齐河经黄河桥至济南西的联络线(简称济南西联络线),其中双线 12.3 km、左线单线长 6.17 km、右线单线长 6.47 km;德州东站京沪车场至石济客运专线的联络线(简称德州南联络线),其中下行线长 4.973 km,上行线长 5.269 km。石济客运专线东接已经建成通车的胶济客运专线,西连已经通车的石太客运专线,是我国"四纵四横"客运专线中的太原至青岛客运专线的组成部分。它的建成通车,使太青客运专线全线贯通,沟通山西、河北和山东三省,对完善快速客运网结构具有重大意义。

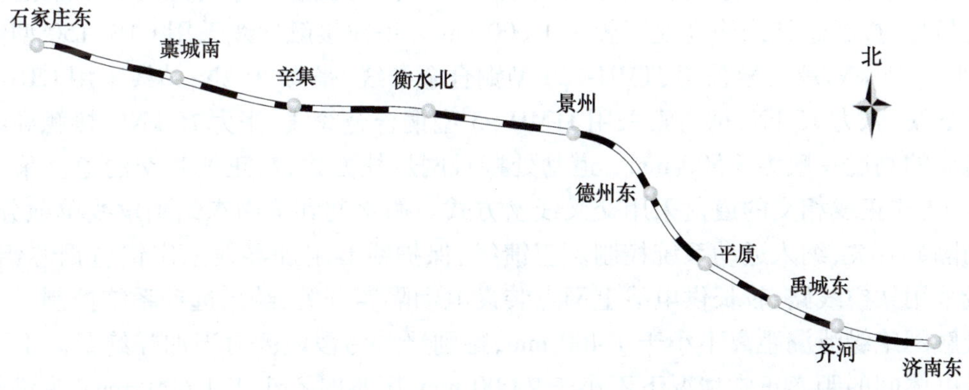

图 5.33　石济客运专线示意图

石济客运专线的建设单位是石济铁路客运专线公司,设计单位是铁道第三勘察设计院集团有限公司。线路主要技术标准:铁路等级,客运专线;正线数目,双线;最大坡度,20‰;最小曲线半径,4 000 m、石家庄和济南枢纽内加减速地段根据实际情况确定;到发线有效长度,650 m;列车运行控制方式,自动控制;列车指挥方式,综合调度集中;速度目标值,250 km/h;牵引种类,电力牵引(AT 供电方式)。

5.33.1　电气化工程

牵引供电系统,正线采用 AT 供电方式。新设藁城南、辛集南、衡水、吴桥、平原东、齐河、济南东等牵引变电所。新设工业站、韩庄、吕家台、郑古庄、德州东、满庄、盖家庄、济南西、五里堂等分区所,在供电臂的中部设 AT 所。济南东牵引变电所设两回直供馈线为济南东站场供电。

新建牵引变电所引入 2 路 220 kV 电源供电,220 kV 电源侧采用线路变压器组接线,电气设备采用户外中型布置;2 ×27.5 kV 侧采用单母线分段接线,设备采用户外中型布置。2 ×27.5 kV 上下行线路馈线断路器互相备用,馈线出口采用单极电动隔离开关。分区所、AT 所 2 ×27.5 kV 侧电气设备采用户外布置。

新建牵引变电所设 4 台变压器、分成 2 组,采用固定备用、V/X 接线方式。各牵引变电所变压器安装容量:藁城南为 2 ×(31.5 +20) MV · A、辛集南为 2 ×(20 +31.5) MV · A、衡水为 2 ×(31.5 +31.5) MV · A、吴桥为 2 ×(31.5 +25) MV · A、平原东为 2 ×(25 +25) MV · A、齐河为 2 ×(40 +25) MV · A、济南东为 2 ×(25 +20) MV · A。

各分区所的自耦变压器安装容量:工业站为 4 ×20 MV · A、韩庄为 4 ×20 MV · A、吕家台为 4 ×20 MV · A、郑古庄为 4 ×20 MV · A、德州东为 4 ×20 MV · A、满庄为 4 ×20 MV · A、盖家庄为 4 ×20 MV · A、济南西为 2 ×20 MV · A、五里堂为 2 ×20 MV · A。

新建牵引变电所、分区所、AT 所按无人值班设计,牵引变电所适当考虑值守条件。牵引变电所、分区所、AT 所采用综合自动化系统,牵引变电所装设对电力系统的信息直采设备。全线设牵引供电远动系统,分别纳入北京、济南铁路局电力调度所管理,对牵引供电和电力设施进行集中监控。

接触网悬挂,正线采用全补偿弹性链型悬挂,站线、联络线等其他线路采用全补偿简单链型悬挂,接触悬挂结构高度一般为 1 600 mm。正线接触导线采用 CTS- 150 型铜合金导线,张力 25 kN,承力索采用 JTMH-120 型铜合金绞线,张力 20 kN;站线采用 CTS-120 型铜合金导线,张力 15 kN,承力索采用 JTMH-95 型铜合金绞线,张力 15 kN。接触导线悬挂点距轨面的高度一般为 5 500 mm。道岔处接触网悬挂方式,与正线相交的道岔采用无交叉方式,与非正线相交的道岔采用交叉线岔方式。衡水北和济南东站到发线单独分束,装设电动隔离开关,纳入远动系统控制。正馈线、保护线等附加导线采用铝包钢芯铝绞线。供电线采用架空线路,较长供电线上网点装设电动隔离开关,纳入远动系统控制。

接触网绝缘泄漏距离不小于 1 400 mm,特别严重污秽地区适当加强绝缘。上下行接触网带电体间的距离正常情况下不小于 2 000 mm,困难时不小于 1 600 mm ,为满足“V”停抢修的需要。新建线路区段腕臂绝缘子一般采用棒形复合绝缘子。正线接触悬挂下锚一般采用棒形复合绝缘子,正线补偿下锚侧采用棒形复合双重绝缘子。正馈线、供电线悬挂一般采用棒形复合绝缘子。采用带空气间隙绝缘中性段的锚段关节式电分相,在电分相列车前进方向装设电动隔离开关,纳入远动系统控制。电分相避免设在大坡道、列车出站加速区段和线路限速低速区段。为能使普速列车上线运行,增设地面磁感应器或预埋式磁枕。

接触网支柱,正线和联络线的腕臂柱采用热浸镀锌H型钢柱,T梁桥上采用热浸镀锌格构式桥钢柱,安装在桥墩预留的平台上,下锚采用不打拉线锚柱形式。车站接触网支柱优先采用线间立柱,当线间距无法满足设置单支柱或咽喉区受线间距限制的采用轻型硬横梁。既有线改建腕臂柱、软横跨选择不低于既有标准,单立支柱采用横腹杆式预应力混凝土支柱,软横跨采用热浸镀锌格构式钢柱。

接触网支柱标准跨距,新建线路路基区段一般为55m,最大跨距不大于60 m;桥支柱跨距一般为50 m。既有线改建及新建联络线区段支柱跨距一般不大于60 m。相邻跨距之差一般不大于10 m。

正线锚段最大长度不大于2×700 m,站线锚段长度一般不大于2×800 m,困难情况不大于2×850 m;联络线等锚段长度一般不大于2×750 m。附加线锚段长度一般不大于2 000 m。既有线改造不低于既有标准。

接触网下锚采用全补偿方式。既有线改建地段下锚采用滑轮组形式,标准不低于既有线。正线上采用两跨防窜防断中心锚结,站线上一般采用两跨防窜防断中心锚结,条件受限时可采用防窜不防断中心锚结。

5.33.2　电力工程

自石家庄至德州南上联线路所、齐河至五里堂线路所,分别新建1条综合负荷10 kV贯通线和1条一级负荷10 kV贯通线。新建10 kV贯通线采用电力电缆分别沿铁路两侧电缆沟敷设。给沿线用电负荷供电。德州南上联线路所至济南西段与京沪高速铁路并行,此区间负荷利用京沪铁路的2路10 kV贯通线供电。

全线新设石家庄东、藁城南、辛集南、衡水北、景州、齐河、济南东等10 kV配电所,新建10 kV配电所引入2路地方电源供电。利用京石客专工程所建的石家庄中心110/35/10 kV变配电所;改造利用京沪高速铁路建设的德州东和禹城10 kV配电所。

没设10 kV配电所的平原东站引入2路地方电源为本车站综合用电负荷供电;禹城东站综合用电负荷从禹城10 kV配电所引入2路站馈线供电。其余设有10 kV配电所的车站其综合负荷设站内10/0.4 kV综合变电所,从10 kV配电所引入2路10 kV专用线路供电。

车站通信信号等一级负荷设室内10/0.4 kV通信信号变电所供电,分别从2路10 kV贯通线接引主备用电源。

车站综合工区、保养点用电负荷设10/0.4 kV变电所供电、车站两端咽喉区道岔融雪装置设10/0.4 kV箱式变电站供电,从10 kV配电所站馈线路接引电源。

区间通信信号用电负荷设箱式变电站供电,电源引自2路10 kV贯通线。区间其他用电负荷根据负荷分布和负荷性质,在负荷集中处设箱式变电站,优先从地方电网接引1路电源供电,无条件接引地方电源的、从综合负荷10 kV贯通线接引1路电源供电。

所设综合视频监控系统视频采集设备需要的电源,当视频监控点距区间通信基站较近时,从通信基站箱式变电站接引电源供电;当距通信基站较远时新设箱式变电站,从10 kV贯通线T接电源供电。

新建变(配)电所按无人值班设计,采用综合自动化系统。新设电力远动系统,变配电所设备间设视频监控摄像机,在供电段设复示终端,分别纳入北京、济南铁路局调度所的电力综合 SCADA 系统管理。既有石家庄和德州,禹城配电所的远动模式维持既有管理方式。

5.33.3 通信工程

长途通信线路,石家庄站至五里堂线路所、齐河至济南西站新设 2 条 48 芯单模直埋光缆,分别沿新建铁路两侧的电缆槽道敷设。衡水北站至既有衡水通信站沿铁路两侧分别敷设 1 条 32 芯单模干线光缆。

传输系统,石家庄至五里堂线路所、齐河至济南西站新设 SDH 10 Gbit/s 骨干(汇聚)传输系统,在石家庄站、沿线车站、济南东客站及济南西客站新设 SDH 10 Gbit/s ADM 设备。利用新建 2 条 48 芯光缆中的各 2 芯光纤构成复用段 1 +1 保护。本工程从石家庄站引入石家庄通信站利用京石客专工程所建的 SDH 10 Gbit/s 传输系统。

在济南通信中心设 SDH 10 Gbit/s ADM 设备,利用济南铁路局基础通信网工程所建胶济铁路 64 芯光缆中的 4 芯光纤,开通石济客专济南东客站与济南通信中心间 SDH 10 Gbit/s骨干(汇聚)传输系统。

石家庄站至五里堂线路所、齐河至济南西站新设 SDH 2.5 Gbit/s 车站接入系统,在石家庄站、沿线车站和线路所、济南东客站、济南西客站设 SDH 2.5 Gbit/s 设备。利用新建 2 条 48 芯光缆中的各 2 芯光纤构成复用段 1 +1 保护。并在同一车站将 SDH 2.5 Gbit/s 设备通过 SDH 2.5 Gbit/s 光接口与 SDH 10 Gbit/s 设备互联。并在石家庄站、德州东站将新设的 SDH 10 Gbit/s 及 SDH 2.5 Gbit/s 设备分别与京石客专、京沪高速所设的 SDH 10 Gbit/s 及 SDH 2.5 Gbit/s 设备通过光接口互联。

新设 SDH 622 Mbit/s 区间接入网系统,沿线新建车站、区间通信基站、信号中继站和牵引变电所等处设 SDH 622 Mbit/s 设备。利用新建 2 条 48 芯光缆中的各 4 芯光纤分别构成 2 个 SDH 622 Mbit/s 2 纤通道保护环(其中通信基站和信号中继站 1 个环、牵引供电 1 个环)。

车站综合维修车间/工区、电力变配电所、公安派出所等信息用户接入点设 SDH 622 Mbit/s设备,利用站内新建 8 芯光缆分别与车站通信机房构成站内通道保护环。

在沿线警务区设 SDH 622 Mbit/s 一体化设备,利用新建区间短段 8 芯光缆接入就近区间传输节点。

在石家庄通信站、供电段、电务段新设 SDH 622 Mbit/s 设备,利用其间的既有光缆构建 SDH 622 Mbit/s 传输系统环。

在石家庄工业站和良村站还建信号楼、工业站还建供电房屋内设 SDH 622 Mbit/s 设备,利用既有干线光电缆割接至还建信号楼及站内新建 8 芯光缆接入还建信号楼传输设备。在太行大街线路所设 SDH 622 Mbit/s 设备,利用石家庄东站至太行大街线路所新建的 12 芯光缆中的 4 芯开通 SDH 622 Mbit/s 传输系统,并与石德铁路正线的 SDH 622 Mbit/s设备互联。

在衡水通信站新设 SDH 622 Mbit/s 设备,利用衡水北至衡水通信站新建 2 条 32 芯光缆中的各 2 芯光纤，开通衡水北站至衡水通信站间 SDH 622 Mbit/s 传输系统。在衡水供电段、工务段新设 SDH 622 Mbit/s 设备，利用既有光缆开通与衡水通信站的 SDH 622 Mbit/s传输系统。

电话交换系统，利用石家庄、衡水、济南通信站的既有程控电话交换机，根据需要扩容相应的配套设备。在石家庄站、衡水北站、济南通信中心新设光线路终端（OLT）设备。在沿线各车站站房、信号楼、信号中继站、综合维修车间/工区、牵引变电所、电力配电所、公安派出所、警务区及黄河桥公安营房等信息接入节点设光网络单元（ONU）。沿线新增自动电话用户按照北京、济南铁路局管辖范围通过 ONU 设备分别接入相应的 OLT 设备和既有程控电话交换机。通过统一编号组网，实现与既有铁路电话专网的互通。

在石家庄站、衡水通信站、济南通信中心新设接入网网管设备；在北京铁路局客专调度所、德州东既有通信车间、济南西站既有网管工区以及藁城南、衡水北、济南东通信车间新设接入网网管复示终端设备；负责对全网进行故障管理、配置管理、性能管理和安全管理等，并接入既有通信综合网管系统。

新设数据通信系统，利用北京、济南铁路局既有数据网核心节点和设备，以及石家庄、济南西站既有汇聚节点、接入节点和设备，根据需要扩容相关设备。在新建车站设接入路由器及以太网交换机等设备，在线路所新设以太网交换机，负责本地数据的接入与交换。接入路由器之间、接入路由器与汇聚路由器之间通过传输通道构成环形网，按管辖范围分别上联至铁路局核心路由器，实现数据业务的汇聚及转发。

在石家庄工业站、良村站还建信号楼、太行大街线路所新设接入路由器及交换机，接入石德铁路既有数据网系统。

石家庄站至五里堂线路所、齐河至济南西站新设调度通信系统。利用北京、济南铁路局调度所既有调度通信交换机；在沿线各车站和线路所新设车站型调度通信交换机、调度分机和值班台；改建的石家庄工业站、良村站按既有线技术标准新设调度通信系统终端设备。按铁路局管辖范围分别接入北京、济南铁路局调度所调度通信交换机及调度通信系统。并在北京、济南铁路局调度所各新设 2 个行车调度台（1 个主调、1 个助调），增设调度通信系统终端设备。以平原东下行进站信号机为调度区划分局界点，各自负责局管内列车调度指挥。济南西客站维持既有调度区划不变，五里堂线路所纳入胶济客专列车调度台管辖。通过将调度所调度通信交换机与 GSM-R 交换机的互联，实现有线与无线调度业务的互通。

石家庄站至五里堂线路所、齐河至济南西站新设 GSM-R 移动通信系统，利用北京、济南铁路局既有 GSM-R 核心网交换中心设备，利用济南的既有基站控制器（BSC）和编译码和速率适配单元（TRAU）等设备，在北京铁路局设 BSC 等设备，沿线新设通信基站（BTS），车站通信基站按 3 载频配置、区间通信基站按 2 载频配置，采用单层覆盖方式组网。区间弱场区采用光纤直放站、漏泄电缆和天线方式增强。以满足无线场强覆盖和信息传输的需要。完成调度通信、调度命令信息和无线车次号校核信息传送等功能。

本线与京沪高速铁路、胶济客运专线并行地段，利用已建工程所设的 GSM-R 移动通信网络，实现各线行车指挥的无线通信，完成列车控制信息的传输。本线与京石客运专线并行地段,及与京九铁路跨越地段,统一所采用的频率,统筹进行系统设计。

石家庄站至五里堂线路所、齐河至济南西站新设会议电视系统,利用北京、济南铁路局既有会议电视中心系统及设备;在沿线新建车站和线路所设分会场接入设备,按管辖范围分别接入铁路局既有会议电视中心和网管系统。

新设应急通信指挥系统,利用北京、济南铁路局调度所既有应急通信系统中心设备,在衡水北、济南东客站通信车间设应急通信现场接入设备,通过有线和无线方式,按铁路局管辖范围分别接入铁路局既有应急通信中心系统设备。可实现将事故现场的语音、数据、图像上传至铁路局应急指挥中心。

通信电源,沿线新建通信信号机房设48 V 高频开关电源和蓄电池组及 UPS 不间断电源设备,并新电源和环境监控系统,在石家庄站、济南东站设监控中心设备;在济南电务段、济南东、德州东、藁城南、衡水、衡水北通信信号车间等处设监控复示终端设备,按管辖范围分别接入监控系统中心设备,实现对电源设备和通信信号机房环境的监控。

5.33.4 信号工程

车站联锁,正线新建车站和线路所、改建的石家庄工业站、太行大街线路所、良村站新设硬件安全冗余型计算机联锁设备和信号电源屏及 UPS 不间断电源。德州东站京沪场、济南西客站结合站场情况利旧改造。维修工区及维修保养点道岔纳入临近车站联锁设备集中控制。

根据车站(场、线路所)道岔设计类型,配备相应的道岔转辙装置、转辙机及缺口监测装置,并采用断电保护措施。正线上的道岔采用外锁闭、多机分线分控制的方式。通过时速 160 km 以上的 18 号及以上号码道岔增设密贴检查装置,监测信息纳入信号集中监测系统。新建车站(场、线路所)动车组列车进路上的道岔(联动道岔)设融雪设备。

正线车站(场、线路所)站内采用与区间相同制式的计算机编码控制的 ZPW-2000 有绝缘轨道电路,其发送设备按 1 +1 冗余配置,接收设备采用双机并用方式,实现轨道电路系统的高可靠性。改建的石家庄工业站、良村站站内采用 97 型 25 Hz 相敏轨道电路,正线采用预叠加、侧线占用采用叠加 ZPW-2000A 电码化;太行大街线路所采用 ZPW-2000 一体化轨道电路。为克服轨道电路分路不良,维修工区轨道区段采用高压脉冲轨道电路,正线间渡线道岔采用钢轨喷涂处理技术措施。

车站站内 ZPW-2000 轨道电路及电码化室外电缆采用数字信号电缆,信号设备干线电缆采用铝护套信号电缆,分支电缆采用综合护套信号电缆。

运输调度指挥系统,新设分散自律型调度集中(CTC)系统,石家庄站太青场(不含)至平原东站(不含)、平原东至五里堂线路所(不含)各站(所)新设 CTC 分机、网络安全和通道质量监督设备;石家庄工业站、良村站、太行大街线路所新设 TDCS 分机设备;德南联络线、济南西联络线新建车站(所)设 CTC 分机设备;石家庄站太青场、德州东站京沪场、济南西客站既有 CTC 分机设备进行适应性修改;石家庄北站既有 TDCS 分机设备利旧改造;济南东站既有 CTC 分机设备利旧改造。按照调度区划分,石家庄站太青场至平原东站(不含)各站 CTC 分机接入北京铁路局调度所客专 CTC 总机系统和新设的列车调度台；石家庄工业站、太行大街线路所、良村站 TDCS 分机仍纳入既有石德铁路调度台管辖不变；其他相关车站场利旧改造的 CTC/TDCS 分机也仍维持既有调度台管辖。

平原东站（含）至五里堂线路所（不含）各站 CTC 分机接入济南铁路局调度所胶济客专 CTC 总机系统和新设的列车调度台管辖；五里堂线路所纳入胶济客专调度台管辖；济南西客站维持既有调度区划分不变。

并在北京铁路局、济南铁路局调度所增设本线所需的应用和通信服务器、CTC-TSRS 接口服务器等配套设备，且对既有线 TDCS/CTC 总机系统、调度台、数据库服务器及应用服务器、通信服务器软件进行修改。

列车运行控制系统，正线及联络线采用 CTCS-2 级列控系统；在德南联络线和济南西联络线的适当位置设与京沪高铁的 CTCS-2/3 级级间转换点；在石家庄站太青场与京广客专高速场的适当位置设 CTCS-3/2 级级间转换点。在石家庄站太青场机房设 1 套临时限速服务器（TSRS），负责北京局石家庄站太青场（含）至平原东站（不含）段的临时限速；在济南东站设 1 套临时限速服务器（TSRS），负责平原东至五里堂线路所（不含）段的临时限速。在正线新建车站（所）和信号中继站设安全数据网接入设备、列控中心（TCC）、应答器和电子编码单元（LEU）等设备。所设列控中心设备具备轨道电路编发码、运行方向控制、站间安全信息传输和应答器报文存储调用等功能。

区间闭塞制式，采用 CTCS-2 级列控系统的区段采用四显示自动闭塞，满足时速 200 ~ 250 km 动车组和普速列车按双线双方向运行，正向采用追踪间隔运行，反向按自动站间闭塞行车。纯客专区段不设区间地面通过信号机，在闭塞分区的分界点设区间信号标志牌。动车组运行以列控车载设备显示作为行车凭证。在兼顾其他普速列车运行区段，由列车监控装置（LKJ）结合主体化机车信号控制列车运行，以地面信号为行车凭证。

采用 CTCS-2 级列控的区段采用 ZPW-2000 系列无绝缘轨道电路，其发送设备按 1 + 1 冗余配置，接收设备采用双机并用方式。ZPW-2000 系列轨道电路所用电缆有效传输长度一般不大于 10 km，大于规定长度设信号中继站。

区间 ZPW-2000 系列轨道电路采用铝护套数字信号电缆，其余信号设备干线电缆采用铝护套信号电缆，分支电缆采用综合护套信号电缆。

新设信号集中监测系统，沿线新建计算机联锁设备的车站和信号中继站设集中监测分机设备，石家庄太青场、德州东京沪场、济南西站等既有集中监测分机设备利旧改造。石家庄太青场（不含）至德州东站（不含）段的监测分机设备纳入石家庄电务段既有集中监测总机系统；德州东站（含）至平原东站（不含）段的监测分机设备纳入天津电务段既有集中监测总机系统；平原东 ~ 五里堂线路所段的监测分机设备纳入济南电务段既有监测总机系统；石家庄工业站、良村站既有监测分机设备纳入石家庄电务段监测总机系统。其他既有车站监测分机设备维持既有管辖范围不变。并对各电务段集中监测总机系统设备做相应升级改造。

新建信号设备房屋设防雷电、电磁兼容和综合防护接地系统。室内信号设备要设防雷保安器和分线防雷柜，其设备箱盒、柜体等要与贯通地线等电位连接。涉及既有线改造的各站（场、所），要接入既有防雷电、电磁兼容和综合防护接地系统。

综合接地系统,正线和联络线分别沿铁路两侧敷设 1 条截面为 35 mm^2 的铜芯电力电缆贯通地线,在电气特性上全程贯通,接地电阻不大于 1 Ω,构成等电位连接。沿线轨旁信号设备做好安全接地,并就近与贯通地线等电位连接。

参加线路工程施工的有中铁电气化局集团,中铁六局、十局、十四局集团等单位,中铁电气化局集团有限公司承担电气化、通信信号和电力工程的施工。

线路工程于 2014 年 3 月 16 日开工,四电工程于 2015 年 11 月 17 日开工。2016 年 6 月 1 日开始铺轨,2017 年 5 月 10 日完成全线铺轨。2017 年 9 月 7 日成功向全线接触网送电,2017 年 9 月 12 日济南铁路局管段完成接触网热滑试验,济南至平原段开始联调联试,2017 年 10 月 12 日禹城南站至平原东站先期开始联调联试。2017 年 11 月 16 日完成全线联调联试,2017 年 12 月 28 日正式开通运营。

5. 34　东莞至惠州城际铁路

新建东莞至惠州城际铁路,西起东莞的道滘站(DK2 + 591. 092),向东途经东莞市的洪梅、道滘、南城、东城、寮步、大朗、常平、樟木头、谢岗等镇(区),惠州市的沥林、陈江、惠环、惠城等镇(区),东至惠州客运北站(DK105 + 930)。线路全长约 99. 841 km(图 5. 34),其中地下段累计总长 54. 428 km(含地下站),桥梁段累计总长 40. 176 km(含高架站)。全线设有道滘、东莞新城、东莞东城南、寮步、松山湖北、大朗、常平、常平东、樟木头、谢岗、沥林、陈江、惠环、惠州新客运南、西湖、云山西路、惠州客运北等车站。其中寮步、大朗、常平东、沥林、惠环、惠州客运北为有岔(有配线)车站,其余无配线车站;东莞新城、东莞东城南、寮步、松山湖北、大朗、常平、惠州新客运南、西湖、云山西路、惠州客运北等 10 个为地下站;沥林为地面站,其余 6 个为高架站;另外,在惠州客运北站西侧新设惠州北动车运用所。莞惠城际铁路在珠三角东岸城轨网络中所占地位至关重要。根据规划,莞惠城际铁路在洪梅与穗莞深城际铁路接驳,在莞惠城际铁路西端还将向广州方向延伸,与珠三角城际轨道交通网的内环相通,在东端将与广惠城际铁路相连,并向河源方向延伸。该线路的建成开通,将进一步加强珠三角东部地区与广州、深圳等中心城区的联

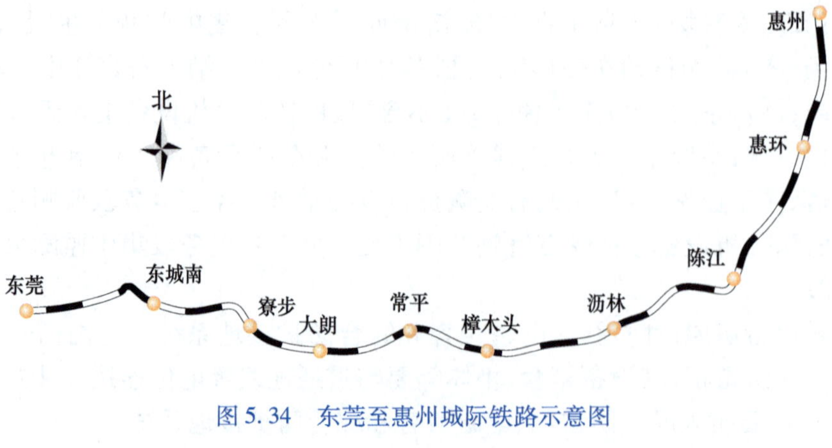

图 5. 34　东莞至惠州城际铁路示意图

系，对珠江东岸地区城市群构建和实现东西两翼均衡发展，具有重要的战略意义。

东莞至惠州城际铁路的建设单位是广东珠三角城际轨道交通有限公司，设计单位是中铁工程设计咨询集团公司。线路主要技术标准：铁路等级，城际铁路；正线数目，双线；正线线间距，4.4 m；最大坡度，30 ‰；最小曲线半径，一般地段 2 200 m、困难地段 2 000 m、限速地段结合运行速度确定；到发线有效长度，400 m；行车指挥系统，调度集中；列车运行控制方式，采用 CTCS-2 + ATO 自动控制系统；速度目标值，200 km/h；牵引种类，电力牵引（直供加回流线供电方式）；动车组类型，CRH6 型。

5.34.1　电气化工程

牵引供电系统，全线采用带回流线的直接供电方式。新设松山湖北、沥林、惠州客运北站 3 座牵引变电所。新设东莞新城、常平东、惠环 3 座分区所，新设惠州客运北动车运用所开闭所。利用穗莞深城际铁路工程所建的望洪牵引变电所为本线供电。

新建牵引变电所引入 2 路独立的 110 kV 电源供电。110 kV 电源侧采用分支接线，电气设备采用户内布置；27.5 kV 侧采用单母线带隔离开关的分段接线。电气设备采用户内空气开关柜布置。

新建牵引变电所设 2 台变压器，采用固定备用、单相接线、自冷方式，预留风冷条件。各牵引变电所变压器安装容量：松山湖北为 2 × 25 MV · A、沥林为 2 × 25 MV · A、惠州客运北为 2 × 16 MV · A。

新建牵引变电所采用微机保护和综合自动化系统，按无人值班设计，牵引变电所适当考虑值守条件。新设牵引供电远动系统和 1 个电力调度台，纳入广州铁路（集团）（简称广铁集团）电力调度所管理，对全线牵引供电设施和电力设施进行集中监控。

接触网悬挂，一般采用全补偿简单链型悬挂，动车运用所检查库内采用简单悬挂方式。接触悬挂结构高度一般为 950 mm，隧道内根据实际情况确定，一般为 600 ~ 700 mm。正线接触线采用 CTS-120 型锡铜合金导线，额定张力 15 kN，承力索采用 JTMH-95 型铜镁合金绞线，额定张力 15 kN。站线接触线采用 CTAH-85 型铜合金导线，额定张力 10 kN，承力索采用 JTMH-70 型铜合金绞线，额定张力 15 kN。悬挂点工作支接触导线距轨面高度为 5 300 mm，接触线最低点距轨面的高度不小于 5 150 mm。运用所内接触线悬挂高度为 5 500 mm。道岔处接触网采用交叉布置方式。回流线、架空地线采用抗拉强度高、耐腐蚀性能好的铝包钢芯铝绞线。供电线采用 27.5 kV 交联聚乙烯铜芯电缆或铝包钢芯铝绞线。

接触网绝缘泄漏距离，25 kV 接触网绝缘器件、隔离开关及避雷器的绝缘爬电距离不小于 1 400 mm；上下行正线间、分场分束供电的横向分段绝缘子串的绝缘爬电距离为 1 600 mm。上下行接触网带电体间的距离正常情况下不小于 2 000 mm，困难时不小于 1 600 mm。正线露天地段一般采用瓷质绝缘子，隧道内、无柱雨棚区段和接触网下锚等处采用合成绝缘子。采用锚段关节式电分相，并避免设在大坡道、列车出站加速区段和线路限速低速区段。

接触网支柱，路基地段和桥梁上的腕臂柱采用热浸镀锌 H 型钢柱。隧道内采用倒立吊柱。车站和多线并行区段优先采用线间立柱,线间距不够时采用新型硬横梁。车站内有雨棚时接触网支柱与雨棚柱合架,并尽量减少车站内接触网悬挂定位点。

接触网支柱跨距,正线路基区段一般为 50 m,盾构隧道内一般为 25 ~ 30 m,最大跨距不超过 50 m,桥上根据桥梁孔跨确定,一般为 45 m,相邻跨距之差不大于 10 m。

绝缘、非绝缘锚段关节一般采用四跨关节。一般情况下正线最大锚段长度不大于 2 × 750 m,站线最大锚段长度不大于 2 × 850 m,困难时不大于 2 × 900 m。附加导线最大锚段长度一般不大于 2 000 m。盾构隧道内最大锚段长度不大于 2 × 400 m。

接触网下锚采用棘轮补偿装置,设限制架,采用铁坠砣。区间正线一般采用两跨式防窜防断中心锚结,站线有条件时采用防窜防断中心锚结,无条件时采用防窜不防断中心锚结。

5.34.2 电力工程

全线新设 2 条综合负荷 10 kV 贯通线,采用截面为 150 mm^2 的单芯电力电缆敷设。新设道滘、东莞东城南、松山湖北、常平、谢岗、陈江、西湖 、惠州客运北、客运北动车运用所等 10 kV 配电所,供全线车站和区间负荷用电。新建 10 kV 配电所(不含客运北动车运用所配电所)引入 2 路地方专线电源供电,惠州客运北动车运用所 10 kV 配电所从惠州客运北站 10 kV 配电所引入 2 路站馈线供电。

设有 10 kV 配电所的地下车站设 2 座站内 10/0. 4 kV 综合变电所、地上车站设 1 座站内 10/0. 4 kV 综合变电所给车站综合用电负荷供电,电源引自 10 kV 配电所的站馈线。没设 10 kV 配电所的车站设站内 10/0. 4 kV 综合变电所(地下车站设 2 座、地上车站设 1 座)给车站综合用电负荷供电,电源引自 2 路 10 kV 贯通线。

车站通信信号用电负荷,设有 10 kV 配电所的车站设 1 座站内 10/0. 4 kV 通信信号专用变电所供电,电源引自 2 路 10 kV 贯通线。没设 10 kV 配电所的车站从所设的站内 10/0. 4 kV 综合变电所接引电源供电。

区间通信负荷设箱式变电站供电,电源引自 2 路 10 kV 贯通线。地下区间其他用电负荷,根据用电负荷大小设箱式变电站或 10/0. 4 kV 变电所供电,电源引自 2 路 10 kV 贯通线。地上区间其他用电负荷设箱式变电站供电,电源引自 2 路 10 kV 贯通线。

新建 10 kV 配电所采用微机保护和综合自动化系统,实现全所电气设备的测量、控制、保护等功能,新设电力远动调度系统,在惠州北综合维修工区设复示终端,纳入既有广铁集团电力调度所,对电力供电系统运行状态进行遥控、遥测、遥信、遥视及调度管理。

5.34.3 通信工程

长途通信线路,新设 2 条 32 芯单模直埋光缆,分别沿新建铁路两侧电缆槽道敷设。

传输系统,新设 SDH 2. 5 Gbit/s 骨干传输系统,在望洪、寮步、常平东、陈江、惠州客运北和惠州通信站设 SDH 2. 5 Gbit/s ADM 设备。利用新建 2 条 32 芯光缆中的各 2 芯光纤构成复用段 1 + 1 保护。

新设 SDH 622 Mbit/s 车站接入网系统,在各车站、惠州客运北动车运用所设 SDH

622 Mbit/s ADM 设备,利用新建 2 条光缆中的各 4 芯光纤构成 2 纤双向复用段保护环,并在同一车站将 SDH 622 Mbit/s 设备通过 2 个 SDH 622 Mbit/s 光接口与 SDH 2.5 Gbit/s 设备互联。

在望洪站与穗莞深城际铁路的传输网互联,并通过穗莞深城际铁路的传输网与既有铁路的传输网互联,实现业务上的沟通和传送。在惠州通信站与京九铁路的传输网互联,实现通道上的互为备份。

在区间 GSM-R 通信基站、牵引变电所、分区所、电力配电所等处设 SDH 622 Mbit/s ADM 设备,利用新建 2 条光缆中的各 2 芯光纤接入相邻车站的接入网设备,构成多个通道保护环。

在综合维修车间/工区等站内业务接入点设 SDH 622 Mbit/s ADM 设备,分别与各站、惠州客运北运用所通信机房构成站内通道保护环。

在广铁集团客专调度所新设传输系统网管设备,负责对全网进行故障管理、配置管理、性能管理和安全管理。

电话交换系统,利用流花桥的既有程控电话交换机,根据需求扩容接口板;在广州南既有通信站新设光线路终端(OLT)设备,在各车站、客运北运用所、牵引变电所亭、电力配电所、综合维修车间/工区设光网络单元(ONU)。沿线新增自动电话用户通过 ONU 和 OLT 设备及接入网接入既有程控电话交换机,通过统一编号组网,实现与既有铁路电话专网的互通。

新设数据通信系统,利用广铁集团的既有核心路由器,以及穗莞深城际铁路工程在望洪站所设的汇聚路由器。沿线车站、动车运用所新设接入路由器和三层交换机,负责本地数据业务的接入与交换;并与汇聚路由器互联构成环形网,上联至核心路由器,实现数据业务的汇聚和转发。并利用穗莞深城际铁路工程所建的数据通信网管系统。

调度通信系统,采用固定用户接入交换机(FAS)构成的调度通信系统,利用广州铁路(集团)调度所既有 FAS 主机设备,沿线车站和动车运用所新设 FAS 车站分机设备、调度分机和车站值班台,通过传输系统接入调度所的 FAS 主机设备和调度通信系统及新设的莞惠城际列车调度台、牵引供电调度台。通过与 GSM-R 系统的互联,实现有线与无线调度业务的互通,并纳入既有网管系统统一管理。

新设 GSM-R 移动通信系统,利用广铁集团既有 GSM-R 核心网设施,根据需要扩容;在广州南通信站新设基站控制器(BSC)、分组控制单元(PCU)、编译码和速率适配单元(TRAU),沿线车站设通信基站(BTS)和 1 载频基站,使车站区域实现同址双基站冗余覆盖,单独组成基站数字通道环;区间设通信基站(BTS),采用单层覆盖网络组网,接入广州南通信站的 BSC 及核心网。区间和隧道内弱场区采用光纤直放站、漏泄电缆和天线方式增强,并设漏泄电缆监测系统,以满足无线场强覆盖及信号 CTCS-2 + ATO 列控系统对沿线车站站台门控制和运行计划数据传输的要求。完成调度通信、调度命令、车次号校核和列控信息传送等功能。为解决地下车站无线信号的覆盖问题,在地下和地上车站新设室内覆盖系统,为各类工作人员配备手持台。

在广州南通信站新设 OMC-R 服务器,在广铁集团客专调度所设 OMC-R 远程终端,对本线通信基站设备进行管理;在广州南通信站新设 OMC-T 服务器,在惠州北综合维修车间新设 OMC-T 远程终端,对本线光纤直放站设备进行管理。

在与既有京九铁路并行区段,本工程新建的通信基站和光纤直放站,应实现并行区段无线场强的共同覆盖,且对京九铁路既有 GSM-R 系统进行相应调整。

利用广州铁集团既有 GSM-R 核心网节点的 MSC 与调度通信系统、电话交换系统进行互联。

新设会议电视系统,沿线车站和综合工区设会议电视分会场设备,纳入广铁集团既有会议电视中心和网管系统,实现对该网的各项管理,并接入综合通信网管系统。

新设应急通信指挥系统,在车站和区间通信基站设接入节点设备和无线宽带接收设备,通过有线和无线通道接入广铁集团应急通信救援指挥中心。

5 km 以上的隧道设防灾报警电话系统,隧道内每间隔 500 m 设 1 处专用事故报警电话,利用新建 3 ×4 ×0. 9 对称低频电缆接入临近通信基站或车站通信机房所设的中央交换机,再通过传输通道接入调度所应急救援指挥中心系统。

通信电源,沿线新建通信机房设 48 V 高频开关电源和蓄电池及 UPS 不间断电源,并新设电源和机房环境监控系统。

5. 34. 4　信号工程

车站联锁,设有配线的车站、惠州北动车运用所新设具有二乘二取二硬件安全冗余型计算机联锁设备和综合智能信号电源屏及 UPS 不间断电源,该类型联锁系统还应具备对防淹门、站台安全门和屏蔽门、紧急停车按钮的相关采集接口,并在车站站台适当位置对应每股道设紧急停车按钮。在车站综合监控室设后备盘,盘面上对应每股道设紧急停车按钮。联锁系统且满足与 CTC/TDCS、TCC 等设备接口和信息交换的要求,为信号集中监测系统提供相关信息。

无配线车站不设联锁设备,车站的信号联锁逻辑关系,按区域联锁模式由临近有配线车站的联锁设备完成,信息传输通过安全数据通信网完成。

根据车站(场)道岔设计类型,配备相应的转辙设备及缺口监测装置,采取断电保护措施。正线上的道岔采用外锁闭、多机分线分控制方式,并实现挤岔监督报警功能。直向通过时速 160 km 及以上的道岔设密贴检查装置,监测信息纳入信号集中监测系统。

正线车站站内采用与区间相同制式的 ZPW-2000 系列有绝缘轨道电路,发送设备按 1 +1冗余配置,接收设备采用双机并用方式。正线采用叠加预发码,侧线股道采用叠加发码方式。动车运用所采用集中式高压脉冲轨道电路。

车站站内 ZPW-2000 系列轨道电路干线电缆采用铝护套内屏蔽数字信号电缆或铝护套数字信号电缆,分支电缆采用综合护套信号电缆。信号机和转辙机等信号设备采用铝护套信号电缆。

运输调度指挥系统,采用分散自律型调度集中(CTC)系统,各有岔车站和惠州北动车运用所设 CTC 分机设备、网络安全和通道质量监督等设备;无配线车站不设 CTC 分机设备、仅设车务终端。根据珠三角城际铁路调度区划分,接入广铁集团新调度中心的城际过渡 CTC 总机系统和新设的莞惠城际铁路调度台,并在调度所增设1套 CTC 与通信控制服务器(CCS)的接口服务器。为满足本线 CCS 接入 CTC 总机系统,在沥林站新设1套通信控制服务器(CCS),采用 GSM-R 移动通信网络电路交换数据的方式,实现本线运行列车与地面之间的车—地双向通信。结合列控系统增加自动驾驶(ATO)系统功能的要求,CTC 系统相应增加列车运行计划实时自动调整功能,由调度所城际铁路调度台统一指挥。

列车运行控制系统,在采用 CTCS-2 级列控系统 + 超速防护功能(ATP)的基础上,增加列车自动驾驶(ATO)功能。动车组走行线采用 CTCS-2 级列控系统。ATO 在 ATP 系统控制监督下实现列车自动驾驶,并应具备站间自动运行、车站定点停车及车站通过、折返作业、列车运行自动调整、车门/站台门(安全门或屏蔽门)防护及联动控制、列车运行节能控制等自动运行相关功能。ATO 自动折返功能还可结合动车组自动切换牵引端功能同步实施。为满足 ATO 系统功能要求,各车站新设车—地信息传输和控制的相关设备。控制系统的设备配置、车—地通信方式采用交叉感应环线方案。

为满足临时限速命令控制要求,在沥林站设1套临时限速服务器,分别向正线 CTC 管辖范围内各站列控中心传递临时限速信息,保证 CTCS-2 级列控系统临时限速命令的一致性。

设有配线的车站、动车运用所及兼做信号中继站的无配线车站设列控中心(TCC)(无配线车站不设置列控中心)、应答器和电子编码单元(LEU)等设备,所设的 TCC 设备应具有与 CCS 的接口、与站台安全门或屏蔽门及紧急停车按钮的继电接口。在区间新设应答器组,用于提供 ATO 运行时分计算所需线路信息。增设的 ATO 相应应答器及数据报文应满足 CTCS-2 级列控 ATP 车载设备的兼容性要求,而且所设的地面列控设备能为信号集中监测系统提供设备自身诊断信息。

正线区间采用四显示自动闭塞,闭塞分区按满足列车最高运行速度及追踪间隔、双线双方向运行的要求进行划分,反向采用自动站间闭塞行车。不设区间地面通过信号机,设信号标志牌。动车所走行线反向采用追踪运行方式,设地面通过信号机。

正线区间采用计算机编码控制的 ZPW-2000 系列无绝缘移频轨道电路,用以完成列车对轨道区段的占用检查,同时作为列控系统地对车间连续信息传输的媒介。轨道电路发送设备按1+1冗余配置,接收设备采用双机并用方式,并应具有自监测功能,通过接口为信号集中监测系统提供监测信息。

区间 ZPW-2000 系列轨道电路干线电缆采用铝护套内屏蔽数字信号电缆,分支线电缆采用综合护套信号电缆。轨道电路所用电缆有效传输长度一般不超过 10 km,超过规定长度设信号中继站。

新设信号集中监测系统,根据珠三角地区城际铁路规划总体布局和运维及容量等要求,在本线惠州北动车运用所区域监测中心新设1套集中监测系统总机设备(包括数据库服务器、应用和通信前置服务器、网管服务器、网络通信设备、维护工作站等)。在各有岔车站和兼作信号中继站的无配线车站、动车运用所设集中监测分机设备,通过监测网络纳入集中监测总机系统。除能实现为集中监测中心、信号维修车间/工区及现场提供车站联锁、列控、CTC 等设备工况信息外;还能实现对 CCS、防淹门、站台安全门或屏蔽门控制系统、紧急停车、紧急关闭相关信息的监测。

沿线新建信号设备房屋设防雷电、电磁屏蔽和综合接地防护系统，与房建工程同步实施。并与贯通地线等电位连接。

综合接地系统，正线和动车走行线沿铁路两侧分别敷设1条截面为35 mm^2的铜芯电力电缆贯通地线，与土建工程同步实施。在电气特性上全程贯通，接地电阻不大于1 Ω，并构成等电位连接。沿线轨旁信号设备做好接地并与贯通地线等电位连接。

参加线路工程施工的有中铁三局、七局、八局、十局、十一局、十三局、二十局集团等单位。中铁电气化局集团等单位承担四电系统集成工程的施工。

线路工程于2009年5月10日开工，四电系统集成工程于2014年5月20日开工，在东莞市立起电气化工程接触网第一杆。2016年3月30日，常平东站至小金口站区段开通运营。2017年12月28日，常平东至道滘段开通运营。

5.35　哈尔滨至佳木斯客运专线

新建哈佳客运专线，位于黑龙江省的中东部，地处松花江南岸的哈尔滨市与佳木斯市之间。西起哈尔滨站，途经哈尔滨、宾县、方正、依兰、佳木斯等市县，东至佳木斯站，大致呈西南东北走向，线路长度343.088 km(图5.35)。其中新建线路长336.862 km，正线桥梁累计长度149.453 km，隧道累计长度7.265 km，桥隧占比为45.68%(占新建线的46.52%)。全线设有哈尔滨(既有站不含)、太平桥、宾西北、宾西东、宾州、胜利镇、双龙湖、方正、得莫利、高楞、达连河、依兰、宏克力、平安屯、佳木斯等车站，预留赵安屯、宾安、日兴屯和兴华4座车站。引入哈尔滨枢纽货运通路新建前霍家屯、后沟屯2个车站。哈尔滨南至宾西东站货车通道设有哈尔滨南、孙家、新香坊、成高子、前霍家屯、后沟屯、宾西等车站。工程范围还包括引入哈尔滨枢纽相关工程[宾西东下行货物联络线(单线)长9.534 km、宾西东上行货物联络线(单线)长2.655 km；成高子上行货物联络线(单线)长4.866 km；哈尔滨南至成高子既有线电气化改造下行17.517 km、上行22.696 km]。引入佳木斯枢纽相关工程[哈佳下行疏解线(单线)长2.794 km；绥佳线改线(双线)长2.66 km；图佳线改线(双线)长2.343 km；新建动车走行线(双线)长4.112 km；以及佳木斯和东佳木斯站改建]。哈佳客运专线的建成开通，将构建哈尔滨、佳木斯两大城市间分工明确、功能合理的综合运输体系，并与哈齐、哈牡和牡佳客专相连构成东北地区快速客运网络，提高东北地区“三纵四横”铁路网客货运系统能力。同时对接哈大客专并入全国快速铁路网络，对促进中俄贸易、推进现代化新龙江建设具有重要意义。

哈佳客运专线的建设单位是哈佳铁路客运专线有限责任公司，设计单位是铁道第三勘察设计院集团有限公司。线路主要技术标准：铁路等级，Ⅰ级；正线数目，双线；正线线间距，4.4 m；限制坡度，13‰；最小曲线半径，一般3 500 m、困难地段2 800 m；到发线有效长度，1 080 m；闭塞类型，自动闭塞；列车运行控制方式，自动控制，行车指挥方式，综合调度集中；设计行车速度，200 km/h；牵引种类，电力牵引(直供加回流线供电方式)；机车类型，动车组，HXD系列。

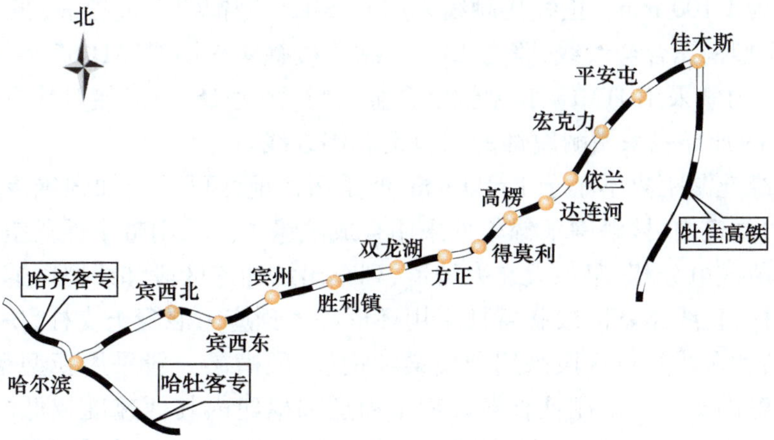

图 5.35　哈佳客运专线示意图

宾西联络线：铁路等级，Ⅰ级；正线数目，单线；限制坡度，13‰；最小曲线半径，一般地段 800 m、困难地段 600 m；到发线有效长度，1 080 m；闭塞类型，自动站间闭塞；牵引种类，电力牵引（直供加回流线供电方式）；机车类型，HXD 系列。

5.35.1　电气化工程

牵引供电采用带回流线的直接供电方式。正线新设太平桥、宾州、胜利镇、方正、高楞、依兰、宏克力、佳木斯等牵引变电所；新设哈尔滨南 1 座分区所兼开闭所；新设哈尔滨、宾西北、宾安、长发屯、得莫利、达连河、友谊、永安河等分区所。宾西至成高子货物联络线新设后沟屯牵引变电所，哈尔滨南至成高子既有线电气化改造区段新设新香坊牵引变电所。

新建牵引变电所引入 2 路 220 kV 三相电源供电，220 kV 电源侧采用线路变压器组接线（宏克力牵引变电所除外），电气设备采用户外单体中型布置；宏克力牵引变电所与电力变电所合建，共用 220 kV 外部电源，220 kV 电源侧采用带隔离开关跨条的分支接线。牵引变电所 27.5 kV 侧采用单母线分段接线，电气设备采用户内 AIS 开关柜布置，27.5 kV侧馈线断路器采用固定备用方式，馈线设故障性质判断装置。分区所高压设备采用户内 AIS 开关柜布置；分区所兼开闭所高压设备采用户内 AIS 开关柜布置。

新建牵引变电所设 2 台变压器，采用固定备用、三相 V/V 接线、油浸自冷方式，预留风冷条件。各牵引变电所变压器安装容量：太平桥为 2 ×（40 +45） MV · A、宾州为 2 ×（25 +25） MV · A、胜利镇为 2 ×（31.5 +31.5） MV · A、方正为 2 ×（25 +25） MV · A、高楞为 2 ×（25 +31.5） MV · A、依兰为 2 ×（25 +25） MV · A、宏克力为 2 ×（31.5 +31.5） MV · A、佳木斯为 2 ×（31.5 +31.5） MV · A、后沟屯为 2 ×（16 +50） MV · A、新香坊为 2 ×（31.5 +25） MV · A。

新建牵引变电所、开闭所、分区所采用微机保护和综合自动化系统，按无人值班设计，牵引变电所、开闭所适当考虑值守条件。设牵引供电远动系统，对全线牵引供电和电力供电设施进行集中监控。新设 1 个供电调度台，纳入哈尔滨铁路局电力调度所管理。

接触网采用全补偿简单链型悬挂，露天区段接触悬挂结构高度一般为 1 400 mm、隧道内结构高度为 1 100 mm。正线接触线采用 CTS-120 型铜锡合金导线,张力 15 kN,承力索采用 JTM-95 型铜镁合金绞线,张力 15 kN;站线接触线采用 CTAH-85 型铜银合金导线,张力 8.5 kN,承力索采用 JTMH-70 型铜镁合金绞线,张力 15 kN。接触线悬挂点高度一般为 6 000 mm。附加导线采用耐腐蚀的铝包钢芯铝绞线。

接触网绝缘泄漏距离不小于 1 600 mm,严重污秽地区可适当加强绝缘。一般区段采用瓷质绝缘子,隧道内、接触网下锚等处采用合成绝缘子。采用带中性段空气间隙绝缘的双断口锚段关节式电分相,避免设在大坡道、列车出站加速区段和线路限速低速区段。

接触网支柱,正线路基区段腕臂柱采用环形等径预应力混凝土支柱,桥梁区段采用格构式钢柱,车站和多线并行区段采用硬横梁和钢柱,硬横梁一般采用新型钢管硬横梁,车站雨棚地段接触网支柱与雨棚柱合架。货车通道和枢纽内其他速度较低的线路,路基地段腕臂柱一般采用横腹杆式预应力混凝土支柱,桥梁区段采用格构式钢柱,车站和多线并行区段采用软横跨。

接触网支柱跨距,路基地段一般为 50 m、最大不大于 60 m,桥梁上接触网支柱跨距根据桥梁孔跨布置确定,隧道内跨距一般为 35 ~ 45 m。

路基区段绝缘、非绝缘锚段关节一般采用四跨关节,T 型桥梁地段一般采用五跨关节。正线锚段长度一般不大于 2 × 750 m、困难时不大于 2 × 800 m;站线锚段长度不大于 2 × 800 m、困难时不大于 2 × 850 m。附加线锚段最大长度一般不大于 2 000 m。单边补偿的锚段长度为上述值的 50%。

接触网下锚补偿,路基地段一般采用滑轮组,桥梁区段及无条件设置防断中心锚结的锚段采用棘轮补偿。货物联络线范围采用滑轮组补偿。

在宾州、佳木斯设供电车间(与供电工区合建),在宾州、胜利镇、方正、高楞、依兰、佳木斯设供电工区,货运通道在孙家站设接触网工区。新建牵引供电和电力设施的运营维护及抢修工作由供电车间、工区负责。

5.35.2 电力工程

全线新设 1 条 10 kV 电力贯通线和 1 条 10 kV 自闭电力贯通线给沿线用电负荷供电。新建 10 kV 贯通线一般区段采用架空线路,桥隧等无架空路径区段采用电缆敷设。

新设宾西北、胜利镇、方正、达连河、宏克力、佳木斯等 10 kV 配电所。移地还建受土建工程影响的既有东佳木斯 10 kV 配电所,引入 2 路地方电源供电。利用哈尔滨站房改造工程中所建的 35/10 kV 变配电所。新建宏克力 220/10 kV 变电站与牵引变电所共用外部电源。

设有 10 kV 配电所的车站站房用电负荷设站内 10/0.4 kV 变电所供电,从配电所站馈线接引电源;没设 10 kV 配电所的车站站房用电负荷设站内 10/0.4 kV 变电所,从地方电网接引电源供电,无接引地方电源条件的,从 10 kV 电力贯通线接引电源。南岗线路所用电负荷从本线新建 10 kV 电力贯通线和自闭电力线接引电源供电;宾西至前霍家屯间用电负荷利用宾西站既有电源引出 2 路 10 kV 馈线供电。

车站通信信号等一级用电负荷设室内 10/0.4 kV 专用变电所供电,分别由 10 kV 自闭电力线和电力贯通线提供主备用电源。区间通信信号用电负荷设箱式变电站供电，分别从 10 kV 自闭电力线和电力贯通线接引电源。

区间其他用电负荷，根据负荷分布和负荷性质，分别在用电负荷集中处设箱式变电站或杆架式变电台，从 10 kV 电力贯通线接引电源供电。

新建变配电所采用微机保护和综合自动化系统，按无人值班设计。新设电力远动系统，纳入哈尔滨铁路局电力调度所，对电力设施进行集中监控。

5.35.3　通信工程

长途通信线路，哈尔滨站至佳木斯、佳木斯至东佳木斯新设 2 条 48 芯单模直埋光缆，分别沿铁路两侧电缆槽道敷设。哈尔滨南至宾西东新设 1 条 48 芯单模直埋光缆。宾西联络线及哈尔滨枢纽电气化改造部分沿铁路一侧同沟敷设 1 条 36 芯单模光缆和 1 条 12 芯单模光缆。区间内光纤直放站、区间电力箱式变电站、接触网开关站等根据需要新设 8 芯、16 芯短段单模光缆接至就近通信基站。

传输系统，哈尔滨铁路局调度所至佳木斯、哈尔滨南至宾西东、佳木斯至东佳木斯新设 SDH 10 Gbit/s 长途骨干（汇聚）传输系统，调度所和沿线主要车站（宾州、胜利镇、方正、高楞、依兰、宏克力、佳木斯通信站、东佳木斯等）新设 SDH 10 Gbit/s ADM 设备，利用新建 2 条 48 芯光缆中的各 2 芯光纤构成复用段 1 + 1 保护。宾西联络线在哈尔滨南 V 场新设 SDH 10 Gbit/s 设备，利用新建 2 条光缆中的各 2 芯光纤接至宾西东 SDH 10 Gbit/s 设备，构成 1 + 1 线路保护系统。其中哈尔滨调度所、佳木斯通信站 SDH 10 Gbit/s 设备与哈尔滨铁路局既有 OTN 系统连通。

哈尔滨至佳木斯、哈尔滨南至宾西东、佳木斯至东佳木斯新设 SDH 2.5 Gbit/s 传输及接入系统，沿线车站及佳木斯通信站等处新设 SDH 2.5 Gbit/s 设备，利用新建 2 条光缆中的各 2 芯光纤构成 1 + 1 线路保护系统。宾西联络线在哈尔滨南 V 场、孙家、新香坊、成高子、前霍家屯、后沟屯、宾西新设 SDH 2.5 Gbit/s 设备，利用新建 2 条光缆中的各 2 芯光纤接至宾西东 SDH 2.5 Gbit/s 设备，构成 1 + 1 线路保护系统。

区间通信基站、牵引变电所、分区所、电力配电所、信号中继站等处新设 SDH 622 Mbit/s 设备，利用新建 2 条光缆中的各 2 芯光纤构成 SDH 622 Mbit/s 双向复用段保护系统。站内信息用户接入点新设 SDH 622 Mbit/s 设备，利用新设站内光缆构成 SDH 622 Mbit/s 2 纤双向复用段保护系统。

哈尔滨铁路局调度所新设传输和接入网元管理系统和设备，哈尔滨通信站、佳木斯通信站、牡丹江通信站和通信维修车间新设网管复示终端。对全网进行故障管理、配置管理、性能管理和安全管理等，并按照与通信综合网管系统之间所定义的规范和接口预留接入通信综合网管系统的条件。

电话交换系统，利用哈尔滨铁路局既有电话交换机，并新设 OLT 设备；沿线车站、信号中继站、牵引变电所、分区所、电力变配电所、综合维修车间/工区、公安派出所等处设光网络单元（ONU），沿线新增自动电话用户通过 ONU 设备及接入网接入铁路局 OLT 设备和电话交换机。通过统一编号组网，实现与既有铁路电话专网的互通。

哈尔滨至佳木斯、佳木斯至东佳木斯新设数据网系统,利用哈尔滨西通信站既有核心路由器。利用哈尔滨调度所、佳木斯通信站既有汇聚路由器,根据需要扩容接口板。新建和改建车站新设接入路由器和三层交换机等设备,负责本地数据业务的接入与交换。接入路由器之间、接入与汇聚路由器之间通过传输通道互联构成环形网,并上联至核心节点路由器,实现数据业务的汇聚及转发。

哈尔滨至佳木斯、哈尔滨南至宾西东、佳木斯至东佳木斯新设调度通信系统。沿线新建和改建车站新设车站型调度通信交换机、调度分机及车站值班台等设备,按调度区划分接入哈尔滨铁路局调度所既有调度通信交换机和调度通信系统,并新设本线列车调度台等配套设备。纳入铁路局既有调度通信网络管理系统。

哈尔滨至佳木斯、哈尔滨南至宾西东、佳木斯至东佳木斯新设 GSM-R 移动通信系统,利用哈尔滨西通信站既有 GSM-R 核心网设施,新设基站控制器(BSC)和无线子系统网管设备,其他相关设备根据需要扩容;沿线区间和车站新设通信基站(BTS),采用单层覆盖方式组网。区间和隧道内弱场区采用光纤直放站、漏泄电缆和天线方式增强,以满足无线场强覆盖和信息传输的需要。完成调度通信、调度命令和无线车次号校核信息传送等功能。

在与哈牡客专并线区段,利用本线建设的 GSM-R 系统,根据需要增设区间通信基站,采用单层交织覆盖方式组网,通过传输通道接入哈尔滨西通信站新设的基站控制器,以满足哈牡客专无线传输信息的需要。东佳木斯站新设 400 MHz 调车和列检等站场无线通信系统及设备。

哈尔滨至佳木斯、佳木斯至东佳木斯新设会议电视系统,新建和改建车站等处新设会议电视分会场设备,通过会议网接入哈尔滨铁路局既有会议电视中心和网管系统。

应急通信系统,利用哈尔滨铁路局既有应急通信指挥中心及设备,根据需要对其接口进行适当扩容。在方正、佳木斯综合维修车间分别新设应急通信系统现场接入设备,通过传输通道接入铁路局应急通信指挥中心系统。当为实施现场抢险救援时,为应急救援指挥中心提供话音、数据、图像等信息的采集及传输。

通信电源,沿线新建通信设备机房设48 V 高频开关电源和蓄电池组及 UPS 不间断电源,并新设电源和机房环境监控系统及采集设备;在哈尔滨铁路局调度所、佳木斯通信站新设电源和环境监控中心及系统网管;在哈尔滨、方正、佳木斯通信车间和哈尔滨、宾州、方正、佳木斯信号车间及哈尔滨、牡丹江电务段设复示终端。实现对电源设备和机房环境条件的监控。

5.35.4　信号工程

车站联锁,宾西北至佳木斯西各新建车站,佳木斯站、东佳木斯站、佳木斯站动车组存车场、佳木斯客整所,哈尔滨枢纽内的哈尔滨南 V 场、孙家、前霍家屯、后沟屯、滨江、太平桥车站新设硬件冗余型计算机联锁设备和信号智能电源屏及 UPS 不间断电源;宾西、成高子、新香坊车站既有联锁设备和电源屏利旧改造。综合维修车间/工区道岔纳入临近车站联锁设备集中控制。南家岗线路所道岔纳入宾西东站联锁设备控制。

结合车站(场)道岔设计类型,配备相应的道岔转辙机及转辙装置,并采用断电保护措施。正线上的道岔采用外锁闭、多机分线、分控制方式,并实现挤岔监督报警功能。通过时速 160 km 及以上的道岔尖轨密贴段牵引点设密贴检查装置,将监测信息纳入信号集中监测系统。既有站不动的转辙机及安装装置利旧。考虑到该线所处地区 20 年来年平均降雪天数在 10 d 以上,太平桥至佳木斯各站动车组列车进路道岔(含相关联动道岔和佳木斯至客整所动车组调车进路道岔)设融雪装置。

正线(宾西北至佳木斯西)各车站站内采用与区间相同制式的 ZPW-2000 有绝缘移频轨道电路,由列控中心编码控制,轨道电路发送设备按 1 +1 冗余配置、接收设备采用双机并用方式。太平桥车站正线和到发线采用 ZPW-2000 有绝缘移频轨道电路,其他车站(佳木斯、东佳木斯、哈尔滨南 V 场、孙家、成高子、前霍家屯、后沟屯、宾西、滨江站等)站内采用 97 型 25 Hz 相敏轨道电路,采用 ZPW-2000 型电码化及发送设备,正线采用预叠加发码、侧线采用叠加发码方式,其中佳木斯站到发线采用预叠加发码方式。

站内 ZPW-2000 轨道电路和电码化室外干线电缆采用铝护套数字信号电缆,97 型 25 Hz 轨道电路和电码化干线电缆采用铝护套信号电缆,分支电缆采用综合护套信号电缆。

运输调度指挥系统,全线采用调度集中(CTC)系统,哈尔滨(不含)至佳木斯各车站新设 CTC 分机设备、网络信息安全和通道质量监督等设备。哈尔滨枢纽及哈尔滨南至宾西东站货车通道的哈尔滨南 V 场、东佳木斯、孙家、滨江、前霍家屯、后沟屯站新设 TDCS 分机设备、信息安全和通道质量监督设备;新香坊、成高子、宾西站既有 TDCS 分机设备利旧改造。按照调度区划分,各分机设备通过调度网接入哈尔滨铁路局调度所 CTC/TDCS 总机系统和新设的本线行车调度台,并增设应用和通信服务器、CTC – TSRS 接口服务器等配套设备。数据库服务器、网络安全等设备利旧改造或进行相应修改。与本工程相衔接的既有线路维持既有调度区划分及调度指挥方式不变。

列车运行控制系统,正线采用 CTCS-2 级列控系统,与本线相衔接的其他线路或联络线维持既有标准不变。本线在哈尔滨站新设 1 套临时限速服务器(TSRS),负责列车的临时限速管理。沿线新建车站和信号中继站设安全数据网接入设备、列控中心 (TCC)、应答器及电子编码单元(LEU)等设备。TCC 之间通过安全局域网联接,实现 TCC 之间及与车站联锁之间的安全信息传输。所设列控中心并具备轨道电路编发码、运行方向控制、站间安全信息传输和应答器报文存储、调用等功能。

区间闭塞制式,新设 CTCS-2 级列控系统的区段采用四显示自动闭塞,正向采用追踪间隔运行,反向采用自动站间闭塞行车,设区间地面通过信号机。佳木斯至东佳木斯段采用四显示自动闭塞,设区间地面通过信号机。佳木斯至佳木斯客整所间按调车办理。宾西与宾西东站间采用自动站间闭塞,新设计轴设备对区间空闲进行检查。成高子与宾西站间采用半自动闭塞。哈尔滨南至成高子站既有四显示自动闭塞按电气化标准利旧改造。

正线区间采用 ZPW-2000 系列无绝缘轨道电路,其发送和接收设备按冗余配置,并具有设备自监测功能,通过接口设备向信号集中监测系统提供监测信息。佳木斯至东佳木斯站区间采用 ZPW-2000 系列无绝缘移频轨道电路,区间设备由佳木斯站管理。ZPW-2000 系列轨道电路干线电缆采用铝护套数字信号电缆,电缆有效传输长度一般不大于10 km。

既有四显示自动闭塞改造区段的轨道电路电缆更换为铝护套信号电缆。现状电化维持既有闭塞制式不变区段的轨道电路,要增设横向连接线、空扼流变压器及安全地线,接触网吸上线接至扼流变压器中点,没有有效接地的信号设备按电气化防护标准可靠接地。

信号集中监测系统,新建联锁设备的车站和信号中继站设集中监测分机设备,电化范围内既有车站的集中监测分机设备利旧改造,沿线信号车间/工区设集中监测终端设备。按管辖范围和隶属关系,通过监测网分别接入哈尔滨、牡丹江电务段既有集中监测总机系统。根据需要对总机系统进行相应修改或改造。

沿线新建信号设备房屋设防雷电、电磁兼容和综合防护接地系统,并与贯通地线等电位连接。

综合接地系统,哈尔滨(不含)至佳木斯沿铁路两侧分别敷设 1 条截面为 35 mm^2 的铜芯贯通地线,佳木斯至东佳木斯沿铁路新设 1 条截面为 35 mm^2 的铜芯贯通地线,在电气特性上全程贯通,接地电阻不大于 1 Ω。并利用沿线桥梁、隧道、路基地段构筑物设施内的接地装置作为接地体,形成低阻等电位综合接地平台。沿线轨旁信号设备安全接地后就近与贯通地线等电位连接。

5.35.5　自然灾害和异物侵限监测系统

针对本线所处地理环境和气候特点,新设风速风向、雨雪、地震和异物侵限等监测系统,其中风速、地震、异物侵限监测系统设备按冗余配置,并将监测系统接入哈尔滨铁路局防灾监控中心系统及设备。沿线高桥、高路基、峡谷等地段设风速监测点。雨量监测系统大约每隔 20 km 设 1 处雨量计(单套)。沿线设 12 处雪深监测点。跨越该线高速区段铁路的道路桥梁设异物侵限监测系统。在地震动峰值加速度不小于 0.1g 的地区设 12 处地震监测系统。地震监测系统根据预警减灾功能需求、解决方案、相关技术条件和实验研究结果,适时调整方案。

新建本线地处高寒地带,冬季最低气温近 −40 ℃,工程建设期间,建设单位克服冰冻期长、焊轨作业时间短、地质条件复杂、岩层软弱破碎、地下含水量大等难题,采取隧道排水沟加装保温防寒措施,严格控制线路路基砟石品类、比例和粒径,线路基床采用非冻胀 AB 组土填料等措施,保证高寒天气下线路质量安全。新建本线使用 CRH5A 型动车组列车,经过排障器、车体裙板、伴热线,集水槽等 19 项防寒改造,保证动车组以时速 200 km 在 −40 ℃的高寒条件下安全驰骋,具有抗风、沙、雨、雪、雾等恶劣天气能力。

参加哈佳客运专线线路工程施工的有中铁一局、二十二局、二十三局集团等单位。中铁建电化局等单位承担电力牵引供电、通信信号和电力工程的施工。

线路工程于 2014 年 7 月 9 日正式开工,四电工程于 2015 年 9 月 8 日开工。2016 年 9 月开始铺轨,2017 年 9 月 6 日全线铺通。2018 年 5 月 1 日开始联调联试,2018 年 7 月 16 日进入试运行阶段,2018 年 9 月 30 日正式开通运营。

5.36　哈尔滨至牡丹江客运专线

新建哈牡客运专线地处黑龙江省东南部,西起哈尔滨枢纽改建的太平桥站外,并行哈佳铁路上跨阿什河、绕城高速,经赵安屯站后上跨哈牡动车上行走行线,从天恒山北侧烟窝铺村折向南上跨哈同公路、哈同高速后在哈尔滨新区华南城设站,途经哈尔滨市的阿城区、尚志市、海林市、牡丹江市,东到改建的牡丹江站,呈西北东南走向,线路全长 292.995 km(图 5.36)。其中全线桥梁累计长度 103.237 km,占线路全长的 35.24%;隧道累计长度 68.505 km,占线路全长的 23.38%。全线设有哈尔滨、新香坊北、阿城北、帽儿山西、尚志南、一面坡北、苇河西、亚布力西、横道河子东、海林北、牡丹江等车站,预留牡丹江西站。工程范围还包括引入哈尔滨和牡丹江枢纽的相关工程。本线由中国铁路总公司和黑龙江省共同出资建设,组建哈牡客运专线公司负责项目建设和资产管理,委托哈尔滨铁路局进行运营管理。建成开通的哈牡客运专线是东北铁路快速客运网络的重要组成部分,是哈大客运专线向黑龙江东南地区的延伸线,本线的建成将促进该区域经济带的产业集聚、人员往来、外贸合作,为黑龙江省"一体两翼"的经济区域发展注入强大动力。另外,哈牡客运专线沿线旅游资源丰富,本线将带来交通条件的改善,从而促进区域旅游业的蓬勃发展,为该省经济可持续发展提供运力支撑。

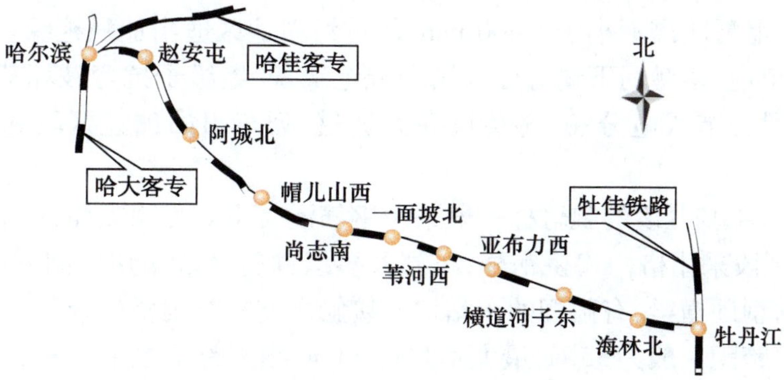

图 5.36　哈牡客运专线示意图

哈牡客运专线的建设单位是哈牡铁路客运专线公司,设计单位是铁道第三勘察设计院集团有限公司。线路主要技术标准:铁路等级,客运专线;正线数目,双线;正线线间距,4.6 m;最大坡度,一般 20‰;最小曲线半径,一般 4 000 m、困难 3 500 m;到发线有效长度,650 m;列车运行控制方式,自动控制;行车指挥方式,综合调度集中;设计速度,250 km/h;牵引种类,电力牵引(直供加回流线供电方式);机车类型,动车组。

5.36.1　电气化工程

牵引供电采用带回流线的直接供电方式。全线新设阿城北、帽儿山西、尚志南、亚布力西、横道河子东、牡丹江等牵引变电所,增容改造哈佳铁路工程所建的太平桥牵引变电所给本线供电(在哈佳铁路工程中统筹实施)。新建向阳、玉泉、庆有、胜利、鱼池、安乐等分区所。根据需要部分供电臂首端设置加强线。

新建牵引变电所引入2路220 kV电源供电,220 kV电源侧采用线路变压器组接线,电气设备采用户外单体中式布置;27.5 kV侧采用单母线分段接线,电气设备采用户内AIS开关柜布置。

新建牵引牵引变电所设2台变压器,采用固定备用、V/V接线、油浸自冷方式,预留风冷条件。各牵引变电所变压器安装容量:牡丹江为2×(31.5+40) MV·A,阿城北、帽儿山南、尚志南、亚布力西和横道河子东均为2×(25+25) MV·A。太平桥牵引变电所增容改造后的容量为2×(40+45) MV·A。

新建牵引变电所、分区所采用微机保护和综合自动化系统,按无人值班设计,牵引变电所适当考虑值守条件。新设牵引供电远动系统和1个综合SCADA调度台,纳入哈尔滨铁路局电力调度所管理。

接触网悬挂,正线采用全补偿弹性链型悬挂,其他线路采用简单链型悬挂,露天区段的接触悬挂结构高度一般为1 600 mm、隧道内不小于1 100 mm。正线接触线采用150 mm^2的铜合金导线,承力索采用120 mm^2的铜合金绞线;站线和联络线接触线采用120 mm^2的铜合金导线,承力索采用95 mm^2的铜合金绞线。接触导线悬挂点高度为5 500 mm。与正线相交的道岔采用无交叉线岔、与非正线交叉的道岔采用交叉线岔方式。回流线和加强线等附加导线采用铝包钢芯铝绞线。

接触网绝缘泄漏距离不小于1 400 mm,严重污秽地区适当加强绝缘。一般地段采用瓷质绝缘子,隧道内、接触网下锚等处采用合成绝缘子,绝缘子抗弯破坏荷重一般不小于16 kN。采用锚段关节式电分相,避免设在大坡道、列车出站加速区段和线路限速低速区段。

接触网支柱,路基区段的腕臂柱一般采用钢筋混凝土等径圆支柱,箱梁桥区段采用H型钢柱,T梁桥区段采用格构式桥钢柱;车站及多线并行区段采用线间立柱或硬横梁,硬横梁一般采用新型硬横梁,有雨棚的车站地段接触网支柱与雨棚柱合架。

接触网支柱跨距一般为55 m,最大不超过60 m,相邻跨距之差不大于10 m;隧道内一般不大于50 m,桥支柱跨距根据具体梁跨长度确定。绝缘、非绝缘锚段关节一般采用五跨关节、困难条件下采用四跨关节。新建车站两端均设绝缘锚段关节。正线区间每隔10~15 km设置绝缘关节,长度大于3 km的隧道出入口、长度大于5 km的隧道内设置绝缘关节。

直线区段的锚段长度一般不大于2×700 m,站线锚段长度一般为2×800 m、困难情况不大于2×850 m。附加导线的锚段长度一般不大于2 000 m。

接触网下锚一般采用棘轮下锚补偿装置。采用两跨式防窜防断中心锚结,条件受限时采用防窜不防断中心锚结。

新建阿城北供电管理车间、海林北供电车间、阿城北、帽儿山西、苇河西、横道河子东、海林北供电工区,负责本线牵引供电及电力设施的运营维护和管理。

5.36.2　电力工程

全线新建 1 条一级负荷 10 kV 贯通线和 1 条综合负荷 10 kV 贯通线。新建 10 kV 贯通线分别沿铁路两侧电缆槽敷设。新设阿城北、帽儿山西、尚志南、苇河西、横道河子东站等 10 kV 配电所，均从地方电网引入 2 路电源供电。哈尔滨枢纽利用其他工程所建的 220/35/10 kV 变配电所和 35/10 kV 变配电所，为本线 10 kV 贯通线供电；将既有牡丹江 110/10 kV 变配电所的主变压器和高压设备进行增容改造为本线供电。

设有 10 kV 配电所的车站其综合负荷设站内 10/0.4 kV 综合变电所和变压器供电，电源引自配电所站馈线，没设 10 kV 配电所的新香坊北、一面坡北、亚布力西、海林北等车站其综合负荷设站内 10/0.4 kV 综合变电所和变压器，从地方电网接引 2 路 10 kV 电源供电。

车站两端咽喉区道岔融雪装置和车站邻近综合维修工区用电负荷设箱式变电站，设有 10 kV 配电所的车站从配电所站馈线接引 2 路电源供电，没设 10 kV 配电所的车站从地方电网接引 1 路电源，另从综合负荷 10 kV 贯通线接引 1 路电源。其他零散用电负荷就近从 10/0.4 kV 变电所或箱式变电站接引低压 380/220 V 电源供电。

车站通信信号等一级负荷设室内 10/0.4 kV 专用变电所和变压器供电，分别从一级负荷 10 kV 贯通线和综合负荷 10 kV 贯通线接引主备用电源。区间通信信号等一级负荷设箱式变电站供电，从 2 路 10 kV 贯通线接引主备用电源。

区间其他用电负荷，根据负荷分布和负荷性质，在用电负荷集中处分别设箱式变电站或杆架式变电台供电，电源引自综合负荷 10 kV 贯通线。

新建变(配)电所采用微机保护和综合自动化系统，按无人值班设计。设电力远动系统，纳入哈尔滨铁路局电力调度所管理。

5.36.3　通信工程

长途通信线路，哈尔滨通信站至牡丹江通信站沿新建铁路两侧电缆槽道各敷设 1 条 48 芯单模直埋光缆；哈尔滨通信站至哈尔滨铁路局调度所敷设不同径路的 2 条 96 芯单模光缆。在新建牡丹江通信站至既有牡丹江通信站间敷设不同径路的 2 条 96 芯单模光缆。

车站场内信息接入点根据需要设不同容量的站内通信光缆；到区间光纤直放站、综合视频监控系统信息采集点根据需要设不同容量的通信光缆。

传输系统，哈尔滨铁路局调度所至牡丹江通信站新设 SDH 10 Gbit/s 长途骨干和汇聚传输系统，通信站、调度所和新建车站设 SDH 10 Gbit/s ADM 设备。利用新建 2 条 48 芯和 96 芯光缆中各 2 芯光纤构成 1 +1 线路保护系统。

哈尔滨铁路局调度所至牡丹江通信站新设 SDH 2.5 Gbit/s 传输及接入系统，通信站、调度所、太平桥站及沿线新建车站设 SDH 2.5 Gbit/s 设备，利用新建 2 条 48 芯和 96 芯光缆中的各 2 芯光纤构成 1 +1 线路保护系统。

新设 SDH 622 Mbit/s 区间接入系统，区间通信基站、牵引变电所、分区所和信号中继站等处设 SDH 622 Mbit/s 设备，利用新建 2 条 48 芯光缆中各 6 芯光纤构成 3 个 SDH 622 Mbit/s 2 纤复用段保护环（区间奇数通信基站和信号中继站传输环、区间偶数通信基站及信号中继站传输环、区间牵引供电接入节点传输环）。

站场内信息接入点新设 SDH 622 Mbit/s 设备，利用新设光缆构成 SDH 622 Mbit/s 2 纤通道保护环。并接入车站 SDH 2.5 Gbit/s 接入网系统。

哈尔滨铁路局调度所新设传输和接入系统网元管理系统和设备，在哈尔滨通信站、牡丹江通信站及各沿线通信车间新设复示终端。对全网进行故障管理、配置管理、性能管理和安全管理等，并按照与通信综合网管系统之间所定义的规范和接口接入通信综合网管系统。

电话交换系统，利用哈尔滨、牡丹江的既有铁路电话交换机，并新设 OLT 设备；沿线各车站（线路所）、信号中继站、综合维修车间/工区、牵引变电所、分区所、电力配电所等处设 ONU 设备，沿线新增自动电话用户通过 ONU 设备及接入网按管辖范围及隶属关系分别接入 OLT 设备及既有铁路电话交换机，通过统一编号组网，实现与既有铁路电话专网的互通。

太平桥至牡丹江新设数据网，利用哈尔滨铁路局既有核心路由器和汇聚路由器及牡丹江通信站既有汇聚路由器；沿线新建车站设接入路由器，负责本地数据业务的接入与交换。相邻车站接入路由器之间采用光纤联接，异地接入路由器与汇聚路由器之间通过传输通道联接，并上联至核心路由器，实现数据业务的汇聚与转发。纳入铁路局既有数据网网管系统统一管理。

太平桥至牡丹江新设调度通信系统，利用哈尔滨铁路局调度所既有调度通信交换机，根据需要扩容接口板。各新建车站设车站型调度通信交换机、调度分机和车站值班台等配套设备，按照调度区划分，接入铁路局调度所既有调度通信中心交换机和调度通信系统及新设本线列车调度台管辖，并增设配套的调度台终端设备；哈尔滨至太平桥（含）及牡丹江站维持既有调度台管辖不变。本线与其他线路相衔接的车站仍维持既有调度台管辖。

太平桥至牡丹江新设 GSM-R 移动通信系统，利用哈尔滨铁路局既有 GSM-R 交换机，在哈尔滨西站新设基站控制器（BSC）和无线子系统网管设备，沿线车站和区间新设通信基站（BTS），通过传输通道接入 BSC，采用单层交织冗余覆盖方式组网。区间弱场区采用光纤直放站、漏泄电缆和天线方式增强，以满足无线场强覆盖和信息传输的需要。完成调度通信、调度命令信息和无线车次号校核信息传送等功能。

本线与哈佳客运专线并线区段，由哈佳客运专线建设本线所用的 3 处 GSM-R 通信基站，在哈尔滨枢纽内形成场强的单层交织冗余覆盖，以满足本工程移动通信业务的需要。在本线与既有滨绥铁路交叉和并线区段，其频率规划应与滨绥铁路所建的 GSM-R 系统统筹考虑，优化无线小区覆盖方案。牡丹江站房设 GSM-R 系统室内覆盖设备。

应急通信系统，在阿城北站、苇河西站、海林北站通信车间新设应急通信现场接入设备。长度大于 5 km 的隧道新设应急电话、视频采集等应急通信系统设备。通过传输通道接入哈尔滨铁路局既有应急通信系统中心及隧道救援电话应急控制平台设备。

太平桥至牡丹江新设会议电视系统,各新建车站和维修车间新设会议电视分会场设备,通过数据网接入铁路局既有会议电视中心系统和设备。

通信电源,沿线新建通信设备机房设 48 V 高频开关通信和蓄电池组及 UPS 不间断电源设备。并设电源和机房环境监控系统及采集设备,各相关专业维护管理部门设系统监控终端,实现对电源和机房环境条件的监控。

5.36.4　信号工程

车站联锁,新香坊北至牡丹江各车站新设硬件冗余型计算机联锁设备和信号智能电源屏及不间断电源,牡丹江客整所新设双机热备型计算机联锁设备和信号智能电源屏及不间断电源,哈尔滨动车运用所和富江镇站在既有计算机联锁基础上利旧改造。维修工区有关道岔纳入临近车站联锁设备集中控制。

结合车站(场)道岔设计类型,配备相应的道岔转辙设备,正线上的道岔采用外锁闭、多机分线、分别控制方式。直向通过时速 160 km 以上的 18 号及以上道岔设密贴检查装置,监测信息纳入信号集中监测系统。车站动车组列车进路道岔及其联动道岔设道岔融雪设备(含牡丹江动车存车场动车进路的道岔)。

新建车站站内采用与区间相同制式的 ZPW-2000 有绝缘移频轨道电路,其发送设备按 1+1 冗余配置,接收设备采用双机并用方式,由列控中心编码控制。其中牡丹江站(含客整所)站内采用 97 型 25Hz 相敏轨道电路,其正线接发车进路和到发线设置 ZPW-2000 电码化,采用叠加预发码方式,由列控中心编码。其他区段(含工区岔线)轨道电路采取分路不良整治措施。站内 ZPW-2000 轨道电路和电码化采用防寒型铝护套数字信号电缆。

运输调度指挥系统,新香坊北至牡丹江(不含)采用调度集中(CTC)系统,各新建车站设 CTC 分机设备、网络安全和通道质量监督等设备,以及车务终端、电务维护终端等;牡丹江站为大型客运站、作业复杂,新设 TDCS3.0 标准的分机设备,富江镇站新设 TDCS3.0 标准的分机设备。按调度区划分,纳入哈尔滨铁路局调度所 CTC/TDCS 总机系统,本线正线由新设的哈牡列车调度台管辖,并配备相应的应用和通信服务器、临时限速接口服务器及网络安全设备等。牡丹江站和富江镇站维持既有调度台管辖不变,与本线相衔接的其他线路车站维持既有调度台管辖不变。

列车运行控制系统,新香坊北至牡丹江站采用 CTCS-3 级列控系统,牡丹江站至客整所按调车方式行车。本线在牡丹江站设 3 套无线闭塞中心(RBC),利用计算机控制系统将地面信息通过 GSM-R 系统传输给车载 ATP 设备,保证其管辖之内列车的运行安全。在牡丹江站新设 1 套临时限速服务器,负责本线运行列车的临时限速管理。新香坊北至牡丹江各站和信号中继站设信号安全数据网接入设备、列控中心、应答器及编码单元等设备。TCC 之间通过安全局域网进行联接,实现 TCC 之间及与车站联锁之间的安全信息传输。所设的列控中心设备具有轨道电路编发码、运行方向控制、信息采集(中继站)、站间安全信息传输、应答器报文存储和调用等功能。

正线区间采用四显示自动闭塞,按双线双方向运行,正向采用追踪间隔运行、反向按自动站间闭塞行车。区段采用 ZPW-2000 系列无绝缘轨道电路,其发送和接收设备按冗余配置,并具有设备自监测功能,通过接口设备向信号集中监测系统提供监测信息。

区间 ZPW-2000 轨道电路干线电缆采用铝护套数字信号电缆或铝护套内屏蔽数字信号电缆,所用电缆的有效传输长度一般不超过 7.5 km,困难地段不超过 10 km。其中新香坊北至阿城北区间不设信号中继站,将轨道电路电缆长度缩短到 10 km 以内,以减少维护工作量及相应投资。

信号集中监测系统,各新建车站和信号中继站设集中监测分机等配套设备,按隶属关系通过监测网分别接入哈尔滨、牡丹江电务段信号集中监测总机系统。实现对 CTC、列控系统和联锁设备及信号其他基础设施的实时监测。

沿线新建信号设备房屋设防雷电、电磁兼容和综合接地防护系统,并与贯通地线等电位连接。

太平桥(不含)至牡丹江沿铁路两侧分别敷设 1 条贯通地线,在电气特性上全程贯通,接地电阻不大于 1 Ω。并利用沿线桥梁、隧道、路基地段构筑物设施内的接地装置作为接地体,形成低阻等电位综合接地平台。沿线轨旁信号设备安全接地后就近与贯通地线等电位连接。

参加线路工程施工的有中铁一局、二十二局集团等单位。中铁武汉电气化局集团和中铁一局、中铁五局联合体等单位承担四电系统集成工程的施工。

线路工程于 2014 年 12 月 15 日正式开工,四电工程于 2017 年 6 月 28 日开工。2017 年 9 月 12 日全线开始铺轨,2018 年 5 月 10 日完成全线铺轨。2018 年 9 月 17 日进行联调联试,2018 年 11 月 18 日进入试运行阶段,2018 年 12 月 25 日正式开通运营。

5.37　杭州至黄山客运专线

新建杭黄客运专线位于皖南及浙西地区,线路东起浙江省杭州市江干区杭州东站,向西经杭州市萧山区、富阳市、桐庐县、建德市、淳安县,越皖浙交界的天目山山脉进入安徽省,经宣城市所辖绩溪县和黄山市所辖歙县、徽州区至黄山市黄山北站,线路运营长度 287.53 km(图 5.37)。其中新建正线长度 264.769 km,浙江省内 184.713 km、安徽省内 80.056 km。全线设有杭州东、杭州南、富阳、桐庐、建德东、淳安、三阳、绩溪北、歙县北、黄山北等车站。其中杭州东为既有车站,杭州南为既有与杭长客运专线共用车站,绩溪北、歙县北和黄山北杭黄场分别与合福客专的分场共站,且在绩溪北两场间设客车联络线,在黄山北两场间设场间联络线。工程范围还包括杭州南站、绩溪北站和黄山地区其他相关工程。该线所经地区主要为冲海积平原、河流阶地、中低山区及丘陵地区,存在软土地、岩溶、膨胀土等不良地质。故正线新建桥梁累计长度 91.887 km、隧道累计长度 139.448 km,桥隧累计总长 231.335 km,占比达到 87.4%。该线由中国铁路总公司、浙江省、安徽省共同出资建设,组建项目公司负责工程建设和资产管理。建设杭黄客运专线是皖南、浙西地区融入长三角的重要交通基础设施,是长三角城际铁路网的延伸。可以加强长三角经济辐射、带动皖南经济发展,同时也是完善路网布局、增加路网机动灵活性的需要。它的开通将与已建成的沪杭、杭甬、杭宁等高速铁路相连,形成一条黄金旅游通道,对加强长三角经济辐射有重要意义。

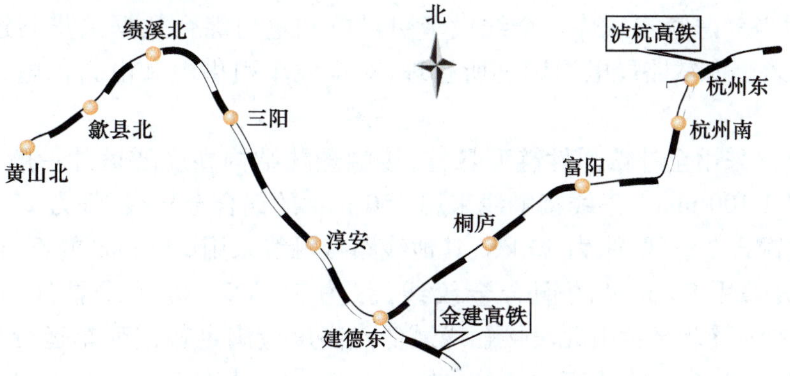

图 5.37　杭黄客运专线示意图

杭黄客运专线的建设单位是杭黄铁路有限公司。设计单位是中铁第四勘察设计院集团有限公司。线路主要技术标准：铁路等级，客运专线；正线数目，双线；正线线间距，4.6 m；最大坡度，杭州南至绩溪北 20‰、绩溪北至黄山北 12‰；最小曲线半径，一般地段 4 000 m、困难地段 3 500 m；到发线有效长度，650 m；列车运行控制方式，自动控制；行车指挥方式，调度集中；设计行车速度，250 km/h；牵引类型，电力牵引（AT 供电方式）；机车类型，动车组，其中绩溪北至黄山北普速列车机型与皖赣一致。

5.37.1　电气化工程

牵引供电系统，正线采用 AT 供电方式，动车走行线、存车场等采用直接供电方式。全线新设富阳、建德东、王阜 3 座 AT 牵引变电所，利用杭长客专工程所建的临浦 AT 牵引变电所预留的位置增设馈线设备（在杭长客运专线工程中实施）向本线供电。增容扩建合福客专工程中所建的绩溪北和黄山北 AT 牵引变电所，其中绩溪北变电所扩容的变压器容量、黄山北变电所增加的馈线设备在合福客专工程中同步实施。全线新设山联、塔堰、沙湾、文昌、三阳、金锅岭等 AT 分区所，新设昇光、下坞、上喻、乾潭、廷章、溪口、徐家庄、水村、潘东宅、汪家岭等 AT 所。

新建牵引变电所引入 2 路独立可靠的 220 kV 电源供电，220 kV 电源侧采用线路变压器组接线，电气设备采用户外布置；2 × 27.5 kV 侧采用单母线接线，电气设备采用户外布置，所址选择困难的牵引变电所可采用阶梯形布置。

新建牵引变电所所设变压器，分成 2 组、采用固定备用、三相 V/X 接线、油浸冷方式，预留风冷条件。各牵引变电所变压器近期安装容量：富阳为2 × (25 + 31.5) MV · A、建德东为 2 × (31.5 + 31.5) MV · A、王阜为 2 × (25 + 25) MV · A；远期安装容量：富阳为 2 × (31.5 + 40) MV · A、建德东为 2 × (40 + 40) MV · A、王阜为 2 × (25 + 31.5) MV · A。杭长客专工程所建的临浦牵引变电所变压器容量为 2 × (40 + 40) MV · A。合福客专工程所建的黄山北牵引变电所变压器容量为 2 × (40 + 31.5) MV · A，绩溪北牵引变电所变压器容量增加到 2 × (40 + 31.5) MV · A。分区所、AT 所自耦变压器采用固定备用方式，安装容量AT分区所均为4×20 MV·A,AT所均为2×25 MV·A。

新建牵引变电所、分区所、AT所采用微机保护和综合自动化系统,按无人值班设计,牵引变电所适当考虑值守条件。全线设牵引供电和电力综合数据采集与远程监控系统(SCADA),纳入上海铁路局电力调度所管理,对全线牵引供电和电力供电设施进行集中监控。

正线接触网采用全补偿弹性链型悬挂,接触悬挂结构高度隧道外一般为1 600 mm,隧道内不小于1 100 mm。正线接触线采用150 mm^2的铜合金导线,张力25 kN,承力索采用120 mm^2的铜合金绞线,张力20 kN;其他线路接触线采用120 mm^2的铜合金导线,张力15 kN,承力索采用95 mm^2的铜合金绞线,张力10 kN。接触线悬挂点高度不小于5 300 mm,其中绩溪北至黄山北段接触线最低点高度应满足普速列车运行条件。道岔处的接触网悬挂方式,与正线相交的道岔采用无交叉线岔、其他道岔采用交叉线岔方式。附加导线采用铝包钢芯铝绞线。

接触网绝缘泄漏距离不小于1 400 mm,严重污秽地区适当加强绝缘。一般地段采用瓷质绝缘子,接触网上绝缘子及雨棚范围内、隧道内等区段采用合成绝缘子。采用带中性段的双断口锚段关节式电分相,尽量避免设在大坡道、列车出站加速区段和线路限速低速区段。

接触网支柱,区间腕臂柱采用热轧H型钢柱;桥梁区段采用格构式钢柱,有条件的站场优先采用线间立腕臂柱,咽喉区和跨越多股道时采用轻型硬横梁和钢柱。车站雨棚地段接触网支柱与雨棚柱合架。

接触网支柱标准跨距:路基地段一般为50~55 m,最大不大于60 m;隧道内一般为40~55m,箱梁桥上一般不大于50 m,T梁桥上一般为32.7 m。相邻跨距之差不宜大于10 m。绝缘、非绝缘锚段关节一般采用五跨关节,困难地段采用四跨关节。正线接触网锚段长度一般不超过2×700 m、个别困难情况下不超过2×750 m;站线最大锚段长度不大于2×850 m。单边补偿时的锚段长度为上述值的50%。附加导线锚段长度一般不超过2 000 m,困难时不应超过3 000 m。

在富阳、桐庐、淳安、绩溪北站设供电工区,在桐庐、绩溪北设供电车间,各车站站房内设接触网应急值守点。利用杭州东供电车间和所建的黄山北供电工区,负责本线牵引供电设施的运营维修和管理。

5.37.2 电力工程

杭州南至绩溪北新设1条综合负荷10 kV贯通线和1条一级负荷10 kV贯通线,新建综合负荷10 kV贯通线采用截面为95 mm^2的铜芯电力电缆;新建一级负荷10 kV贯通线采用截面为70 mm^2的铜芯电力电缆,分别沿铁路两侧敷设。绩溪北至黄山北段利用合福铁路所建的2条10 kV贯通线供电,本段电力工程与合福铁路、皖赣铁路统筹设计和建设。

新设富阳、桐庐、建德东、三阳等10 kV配电所,接引2路地方电源供电。新设淳安35/10 kV变配电所,接引1路35 kV和1路10 kV地方电源供电。利用改造杭长客专所建的杭州南 10 kV 配电所(在杭长客专工程中同步实施)、合福客专所建的绩溪北和黄山北 10 kV 配电所向本线供电。

设有变(配)电所的车站其站房综合负荷设站内 10/0.4 kV 综合变电所供电,电源引自变(配)电所的站馈线;没设 10 kV 配电所的车站其站房综合负荷设站内10/0.4 kV 综合变电所,从地方电网接引 10 kV 电源供电。

车站通信信号等一级负荷设室内 10/0.4 kV 专用变电所供电,电源分别引自 2 路 10 kV 贯通线;区间通信信号等一级负荷设箱式变电站供电,电源分别引自 2 路10 kV贯通线作为主备用电源。

动车存车场、综合维修车间等用电负荷设 10/0.4 kV 变电所供电,从地方电网接引 10 kV电源。

牵引变电所、分区所、AT 所自用电,从综合负荷 10 kV 贯通线接引 1 路 10 kV 电源,另 1 路电源由牵引供电系统自供。车站两端所设的接触网远动开关操作电源从设在站房的 10/0.4 kV 综合变电所接引。

隧道照明用电负荷设箱式变电站供电,电源引自 10 kV 贯通线。5 km 以上的长大隧道增设 EPS 应急电源设备。

区间其他用电负荷设箱式变电站或杆架式变电台供电,电源引自综合负荷 10 kV 贯通线。

新建变(配)电所采用微机保护和综合自动化系统。全线新设综合 SCADA 电力远动系统,纳入上海铁路局电力调度所管理。

5.37.3　通信工程

长途通信线路,杭州东至黄山北沿新建铁路两侧电缆槽道各敷设 1 条 32 芯直埋光缆。黄山北至黄山北通信站沿既有铁路敷设 2 条 32 芯直埋光缆。光纤直放站至区间通信基站新设 8 芯或 12 芯光缆。为满足综合视频监控系统组网的需要,室外信息采集点至相应车站或区间接入节点新设 8 芯或 12 芯光缆。

传输系统,新设 SDH 10 Gbit/s 传输系统,在杭州东、杭州南、富阳、建德东、淳安、绩溪北、黄山北站和黄山北通信站新设 SDH 10 Gbit/s ADM 设备。利用新建 2 条 32 芯光缆中的各 2 芯光纤构成复用段 1+1 保护环。

杭州通信站至黄山北通信站新设 SDH 2.5 Gbit/s 接入网系统,在杭州、黄山北通信站和沿线车站新设 SDH 2.5 Gbit/s 设备,利用新建 2 条 32 芯光缆中的各 2 芯光纤构复用段 1+1 保护环,并在同一车站将 SDH 2.5 Gbit/s 设备通过 SDH 2.5 Gbit/s 光接口与 SDH 10 Gbit/s设备互联。在绩溪北和黄山北与合福客专所设的 SDH 2.5 Gbit/s 设备互联。

新设 SDH 622 Mbit/s 区间接入网系统,在区间通信基站、信号中继站、牵引变电所、分区所、AT 所等处设 SDH 622 Mbit/s 设备,利用新建 2 条 32 芯光缆在相邻车站之间组成 3 个 SDH 622 Mbit/s 2 纤复用段保护环(GSM-R 奇数通信基站和信号中继站传输环、偶数通信基站和牵引供电传输环、车站间直连组建 SDH 622 Mbit/s 复用段保护环)。

站内站房、电力配电所、牵引变电所、综合维修车间/工区、公安派出所等信息接入点设 SDH 622 Mbit/s 设备,利用站内新设光缆构成 SDH 622 Mbit/s 2 纤通道保护环,并接入车站 SDH 2.5 Gbit/s 设备。

电话交换系统,利用杭州南、黄山北通信站的既有程控电话交换机,根据需要扩容接口板,并新设 OLT 设备;沿线各车站(线路所)、动车所、信号中继站、牵引变电所、分区所、AT 所、综合维修车间/工区、电力配电所等处设 ONU 设备,沿线新增自动电话用户通过 ONU 设备及接入网按照所属范围分别接入杭州南、黄山北既有程控电话交换机。通过统一编号组网,实现与既有铁路电话专网的互通。

新设数据网系统,利用上海铁路局既有核心路由器和杭州既有汇聚路由器及配套设备,在黄山北通信站新设汇聚路由器,在杭州至绩溪北(不含)沿线新建车站设接入路由器,负责本地数据业务的接入与交换;绩溪北至黄山北段利用合福客专工程在各车站所设的接入路由器;杭州东和杭州南站利用杭长客专工程所设的接入路由器。接入路由器之间采用光纤联接,接入路由器与汇聚路由器之间通过传输通道联接,按管辖范围上联至铁路局核心路由器,实现数据业务的汇聚与转发。

新设数字调度通信系统,利用上海铁路局调度所既有中心调度通信交换机,沿线新建车站(场)设车站型调度通信交换机、调度分机和车站值班台等配套设备,按调度区划分通过调度网接入铁路局调度所既有中心调度通信交换机和调度通信系统及新设的本线列车调度台指挥,既有车站维持既有调度台管辖不变。

新设 GSM-R 移动通信系统,利用上海铁路局既有 GSM-R 交换机和 GSM-R 接口监测系统中心设备;在杭州东通信站新设基站控制器(BSC)及监测系统接口采集等设备,杭州至绩溪北(不含)沿线新设通信基站(BTS),绩溪北至黄山北利用合福客专工程所建的通信基站(BTS)以及监测系统接口采集设备,通过传输通道接入所归属的基站控制器(BSC)及接口采集设备,采用单层覆盖方式组网。区间弱场区采用光纤直放站、漏泄电缆和天线方式增强,并新设漏泄电缆监测系统,以满足无线场强覆盖和信息传输的需要。完成调度通信、调度命令信息和无线车次号校核信息传送等功能。

会议电视系统,杭州至绩溪北(不含)沿线新建车站和综合维修车间设会议电视分会场设备,绩溪北至黄山北沿线车站利用合福客专工程所设的会议电视分会场设备。通过数据网接入上海铁路局既有会议电视中心系统及设备。

应急通信系统,在桐庐、绩溪北综合维修车间及富阳通信工区新设应急通信现场接入设备,通过传输通道接入上海铁路局调度所既有应急通信中心系统及设备。1.5 km 以上的隧道设隧道紧急电话系统,结合隧道内避车洞、隧道紧急出口、避难所设紧急电话机,隧道口临近通信基站设紧急电话系统主机和临近车站设控制终端设备,隧道内紧急出口、避难所设视频采集设备,利用新设电缆和光缆接入临近系统电话主机及车站控制设备,再通过传输系统接入铁路局既有应急通信指挥中心系统平台。

通信电源,沿线通信设备机房设 48 V 高频开关电源和蓄电池组及 UPS 不间断电源设备。并新设电源和机房环境监控系统及采集设备,在杭州南、黄山北通信站设电源和环境监控系统中心设备,实现对电源及机房环境条件的监控。

5.37.4　信号工程

车站联锁,沿线新建车站(场、所和黄山北动车组存车场)新设硬件冗余型计算机联锁设备和信号综合智能电源屏及 UPS 不间断电源。其中设有多个车场的车站,各车场独立新设计算机联锁设备。既有黄山北合福场、绩溪北合福场、杭州南线路所联锁设备结合本线引入对其软件做适应性修改。富阳至绩溪北杭黄场、皖赣场联锁设备增设与无线闭塞中心(RBC)的接口设备。维修工区道岔纳入邻近车站联锁设备集中控制。

根据设计的车站(场)道岔类型,配备相应的转辙设备。提速道岔采用三相交流转辙机,配备外锁闭装置,其余道岔采用直流电动转辙机牵引。通过时速 160 km 及以上的道岔配备密贴检查器,监测信息纳入信号集中监测系统。

新设联锁设备的车站(场、所)站内采用与区间相同制式的 ZPW-2000 系列有绝缘轨道电路,其发送设备按 1 +1 冗余配备。黄山北动车组存车场采用 97 型 25 Hz 相敏轨道电路,并设置 ZPW-2000 系列电码化,发送设备按 1 +1 冗余配备,电码化编码由列控中心完成。为解决维修工区轨道区段的分路不良采用高压脉冲轨道电路。

本线绩溪北至黄山北与皖赣铁路共用车站,绩溪北杭黄场、皖赣场按接轨站设计,歙县北、黄山北站杭黄场、皖赣车场按照动车和机车牵引客车共线设计。

站内 ZPW-2000 轨道电路干线电缆采用铝护套数字信号电缆,其他信号设备采用铝护套信号电缆。

运输调度指挥系统,正线采用调度集中(CTC)系统,萧山南线路所(不含)至黄山北杭黄场(含黄山北动车组存车场)各新建车站(场、所)设 CTC 车站分机设备、网络安全及通道质量监督等设备;黄山北站合福场既有 CTC 分机设备利旧改造。按照调度区划分通过调度网接入上海铁路局调度所 CTC 总机系统和新设的本线列车调度台,负责杭州南(不含)至黄山北杭黄场、皖赣场(含黄山北动车存车场、动车走行线、绩溪北上下行客车联络线)的行车调度指挥,并在调度所增设本线应用和通信服务器、临时限速接口服务器、网络设备及列车调度台配套等设备。既有车站维持既有调度台管辖不变,并结合本线引入对 CTC 总机系统硬软件进行必要的修改。

列车运行控制系统,萧山南线路所至绩溪北杭黄场(不含)采用 CTCS-3 级列控系统。本线绩溪北至黄山北站、黄山北站杭黄场和皖赣场至动车组存车场采用 CTCS-3 级列控系统。本线列控系统分别与杭长客专、合福客专 CTCS-3 级列控系统贯通。本线在杭州东站机房设无线闭塞中心(RBC)和临时限速服务器(TSRS),负责本线运行列车的临时限速管理。沿线各新建车站和信号中继站设信号安全数据网接入设备、列控中心(TCC)、有源应答器及编码单元(LEU)、地面点式应答器等设备;既有黄山北站合福场、绩溪北站合福场、杭长客专杭州南线路所既有列控中心结合本线接入做适应性修改。所设 TCC 之间通过安全数据网进行联接,实现 TCC 之间、与车站联锁设备之间的安全信息传输。所设 TCC 具有轨道电路编发码、运行方向控制、区间通过信号机点灯、信息采集、站间安全信息传输和应答器报文存储及调用等功能。并可根据轨道电路、进路状态及临时限速等信息产生行车许可,通过轨道电路及有源应答器将行车许可传送至列控车载设备。在本线与合福客专等铁路并行距离较近的区段,应采取缩短轨道电路传输长度等措施,降低并行地段临线铁路的信号干扰。

区间闭塞制式,杭州至绩溪北正线区间采用基于 ZPW-2000 系列移频轨道电路自动闭塞,按双线双方向运行,正向采用追踪间隔运行,反向采用自动站间闭塞行车,不设区间地面通过信号机,在闭塞分区分界处设停车标志牌,以车载显示作为行车凭证。绩溪北至黄山北段采用基于 ZPW-2000 系列移频轨道电路的四显示自动闭塞,不设区间地面通过信号机,在闭塞分区分界点处设停车标志牌。动车走行线采用四显示自动闭塞,按单线双方向运行。

正线区间采用 ZPW-2000 系列无绝缘移频轨道电路,设置点式应答器,用以完成列车对轨道区段的占用检查。ZPW-2000 无绝缘轨道电路发送设备按 1 + 1 配置、接收设备采用双机并用方式。轨道电路发送编码采用列控中心(TCC)电子编码,利用 TCC 安全传输通道传送站间联系信息。轨道电路发送和接收设备具有自监测功能,并通过接口设备为信号集中监测系统提供监测信息。

区间 ZPW-2000 系列轨道电路干线电缆采用铝护套数字信号电缆或铝护套内屏蔽数字信号电缆,电缆的有效传输长度一般不超过 10 km,个别困难地段不超过 12 km,超过规定长度设信号中继站。

新设信号集中监测系统,沿线新建联锁设备的车站(场)和信号中继站设集中监测分机设备,绩溪北合福场、黄山北合福场及既有车站集中监测分机设备利旧修改。沿线维修车间、工区等处设监测终端,按所属关系分别接入杭州和南京电务段信号集中监测总机系统,实现对 CTC、列控和联锁设备及信号其他基础设施的实时监测。

综合接地系统,沿新建铁路敷设截面为 35 mm^2 的铜芯电缆贯通地线,在电气特性上全程贯通,接地电阻不大于 1 Ω,形成低阻等电位综合接地平台。沿线轨旁信号设备安全接地后就近与贯通地线等电位连接。

沿线新建信号设备房屋设防雷电、电磁兼容和综合接地防护系统,与房建工程同步实施,并与贯通地线等电位连接。

在桐庐、绩溪北设信号维修车间(含维修工区),在富阳、淳安设维修工区,其他各站设信号维修值班室,负责信号设施的运营维修和管理。

5.37.5 防灾安全监控系统

针对本线地理和气候特点,设风速风向、雨量、雪深监测和异物侵限监测系统,其中沿线高架桥、高路基地段设风速风向监测点,采集设备按冗余配置;雨量监测每 25 km 左右设 1 处,路基及隧道口等地段可适当增设;雪深监测按 25 km 左右设 1 处;上跨铁路的道路桥梁设异物侵限点及其摄像机。并为维修部门配置终端,接入上海铁路局防灾监控中心系统及设备。

参加线路工程施工的有中铁十一局、十五局集团, 中铁隧道局集团等单位。中铁电气化局和中国铁路通信信号公司联合体承担四电系统集成工程的施工。

线路工程于 2014 年 6 月 30 日正式开工。四电系统集成工程于 2016 年 4 月 28 日开工。2018 年 3 月 12 日完成全线铺轨。2018 年 7 月 25 日进入静态验收阶段。2018 年 9 月 1 日向全线接触网送电。2018 年 9 月 11 日开始联调联试。2018 年 11 月 4 日完成联调联试。2018 年 12 月 25 日正式开通运营。

5.38　济南至青岛高速铁路

新建济青高速铁路位于山东半岛，线路西起济南东客站中心（DK0 + 000 = 石济客专改 SJDK431 + 086），沿既有胶济铁路通道北侧向东，经滨州、淄博、潍坊，东至青岛枢纽的红岛站（DK306 + 773 = 青连右改 DK21 + 825），正线全长 308 km（图 5.38）。全线设有济南东客站、章丘北、邹平、淄博北、临淄北、青州北、潍坊北、高密北、青岛机场和红岛等车站，设有北辛店、马店、疃村、大沽河等 4 个线路所；并对既有胶济客运专线的胶州北站进行改造。其中济南东客站和红岛站为始发站，其余均为中间站。本线与青连铁路在大沽河线路所、红岛站衔接；在胶州北与胶济客专接轨；工程范围还包括济南和青岛枢纽相关工程及其他配套工程。

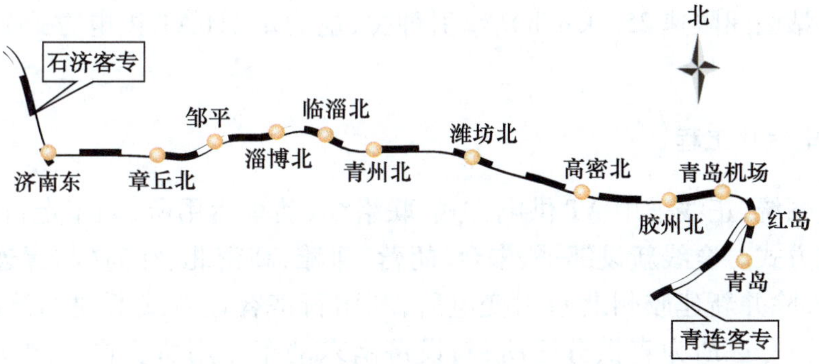

图 5.38　济青高速铁路示意图

济南枢纽相关工程主要有石济胶济上行联络线（JSSDK426 + 100.913 ~ JSSDK432 + 325.204）长 6.263 km、下行联络线（JXSDK426 + 100.913 ~ JXSDK432 + 320.181）长 6.219 km；济南东动车运用所、动车组走行线；胶州北站的胶济济青下行联络线（JJJQXLDK63 + 875.573 ~ JJJQXLDK67 + 158.397）长 3.282 km、上行联络线（JJJQSLDK64 + 061.768 ~ JJJQSLDK67 + 110.171）长 3.048 km；胶济客运专线下行线改线（改 JQDK62 + 787 ~ 改 JQDK59 + 704.609）长 3.082 km、上行线改线（右改 JQDK62 + 787 ~ 右改 JQDK59 + 691.979）长 3.095 km。

青岛枢纽相关工程主要有红岛站发车线（HDFDK26 + 886.035 ~ HDFDK21 + 825）长 5.061 km；青连济青下行联络线（QJXLDK0 + 000 ~ QJXLDK25 + 150）长 3.563 km、上行联络线（QJSLDK0 + 000 ~ QJSLDK24 + 290）长 2.273 km；红岛站存车场、预留红岛动车所，红岛站存车场动车走行线（HDDK21 + 000 ~ HDDK17 + 791.02）长 3.208 km；青连铁路正线改线（改 DK17 + 515 ~ 青连改 DK25 + 703.79）长 10.531 km。

济青高速铁路是以高架桥梁为主的线路,全线桥梁累计长度253.95 km,占线路总长度的82.5%;隧道累计长度17.4 km,占线路总长度的5.6%;路基长度36.85 km,占线路总长度的11.9%。该线是我国"四纵四横"快速铁路网青(岛)太(原)客运通道的重要组成部分。在济南枢纽与京沪高速铁路和石济等客运专线衔接,形成山东半岛到京津冀、东北方向和山东半岛去往中原城市群、长三角的快速客运通道;在青岛枢纽与青荣城际铁路、青连铁路等衔接,构成连接济南、青岛中心城市和通达山东沿海烟台、威海、日照等中心城市的快速客运主通道,形成省内2 h交通圈。该线的建成开通形成了济青高速铁路、胶济客运专线和原胶济铁路并存的"客货分离六线"运输格局,并以其速度优势承担该区域对外客运的中长途客流。胶济客专承担济南至青岛间的城际铁路功能,原胶济铁路承担区域间的货运功能,实现运力资源合理配置,大大提高了胶济通道运输能力。

济青高速铁路的建设单位是济青高速铁路有限公司。设计单位是铁道第三勘察设计院集团有限公司。线路主要技术标准:铁路等级,高速铁路;正线数目,双线;正线线间距,5.0 m;最大坡度,一般地段20‰、困难地段30‰;最小曲线半径,7 000 m、引入枢纽地区可适当降低;到发线有效长,650 m;列车运行控制方式,自动控制;调度指挥方式,综合调度集中;设计速度,350 km/h、引入枢纽地区可适当降低(胶州北站、红岛站限速200 km/h,胶州北至红岛站区间限速250 km/h);牵引种类,电力牵引(AT供电方式);列车类型,动车组。

5.38.1 电气化工程

牵引供电系统,正线采用AT供电方式,联络线、动车运用所、动车走行线采用带回流线的直接供电方式。全线新设邹平、朱台、胡营、河滩、高密北、红岛(与青连铁路共用)等牵引变电所,拆除并新建胶州北牵引变电所,利用石济客运专线所建的济南东牵引变电所。调整五里堂分区所为直供分区所,新设济南东动车运用所直供开闭所(由济南东变电所出1路馈线供电)。新设DK25+200、DK124+750、DK225+100、DK298+000等7座AT分区所、新设DK4+000、青州北、DK162+500、潍坊北等12座AT所。

新建牵引变电所引入2路220 kV电源供电,220 kV电源侧采用线路变压器组接线,电气设备采用户外中低型布置,并分别在各变电所2路进线隔离开关外侧各设1组电压互感器和1组避雷器、通过手动隔离开关接引在进线电源上。胶州北牵引变电所在馈线侧新设计费装置以区分不同客运专线的用电情况。27.5 kV/(2×27.5 kV)侧采用单母线分段接线,电气设备采用户内GIS开关柜布置,2×27.5 kV上下行线路馈线断路器互相备用。馈线出口采用单极电动隔离开关。2×27.5 kV母线上设保护和测量用的电压互感器。

济南东牵引变电所引入2路220 kV电源供电,220 kV电源侧采用线路变压器组接线,电气设备采用户外中低型布置;27.5 kV/2×27.5 kV侧采用单母线分段接线,电气设备采用户外中低型布置。

分区所和AT所自耦变压器采用室外低型布置,27.5 kV/(2×27.5 kV)侧设备采用户内GIS开关柜布置。

新建邹平、朱台、胡营、河滩、高密北、胶州北牵引变电所设 4 台单相变压器、分成 2 组,采用固定备用、V/V 接线、油浸自冷方式,预留风冷条件。新建红岛牵引变电所设 2 台变压器,采用固定备用、V/V 接线、油浸自冷方式,预留风冷条件。济南东牵引变电所设 4 台变压器、分成 2 组,采用固定备用、V/X 接线、油浸自冷方式,预留风冷条件。各牵引变电所变压器安装容量:济南东为 2×(40+40) MV·A、邹平为 2×(40+40) MV·A、朱台为 2×(40+40) MV·A、胡营为 2×(40 +40) MV·A、河滩为 2×(40+40) MV·A、高密北为 2×(40+40) MV·A、红岛为 2×(31.5+20) MV·A、胶州北为 2×(40+25) MV·A。

新建牵引变电所(不含红岛)、开闭所、分区所、AT 所采用微机保护和综合自动化系统,按无人值班设计,牵引变电所适当考虑值守条件。新设牵引供电远动系统,纳入济南铁路局客运专线调度所济青电力调度台集中调度管理。

接触网悬挂,正线接触网采用全补偿弹性链型悬挂,站线、渡线、联络线、动车走行线、动车运用所线等采用全补偿简单链型悬挂。正线接触网悬挂结构高度一般为 1 600 mm,隧道内、跨线建筑物等净空受限时结构高度可适当减小;济南东动车运用所、红岛存车场、胶济客运专线改建部分接触网悬挂结构高度一般为 1 400 m,跨线建筑物等净空受限时结构高度可适当减小。正线济南东至胶州北 350 km/h 区段采用 CTMH-150 型接触导线,张力 30 kN,承力索采用 JTMH-120 型绞线,张力 21 kN;胶州北至红岛 250 km/h 区段采用 CTMH-150 型接触导线,张力 25 kN,承力索采用 JTMH-120 型绞线,张力 20 kN;胶济济青联络线、石济胶济联络线采用 CTMH-150 型接触导线,张力 15 kN,承力索采用 JTMH-120 型绞线,张力 15 kN;站线、动车走行线、动车运用所采用 CTS-120 型接触导线,张力15 kN,承力索采用 JTMH-95 型绞线,张力 15 kN。正线和站线接触线悬挂点距轨面的高度一般为 5 300 mm、最低高度不小于 5 150 mm。附加导线一般采用铝包钢芯铝绞线。

接触网绝缘泄漏距离不小于 1 600 mm,上下行接触网带电体间的距离正常情况下不小于 2 000 mm、困难情况时不小于 1 600 mm。新建线路腕臂绝缘子一般采用棒形瓷质绝缘子,抗弯强度不小于 16 kN。正馈线和供电线悬挂采用悬式瓷质绝缘子,车站、隧道内采用悬式合成绝缘子,接触网下锚等处采用悬式合成绝缘子。济南东站、济南东动车所、胶州北站、胶济济青联络线、胶济客运专线改建、红岛站范围、红岛存车场等处采用合成绝缘子。在牵引变电所出口、分区所出口附近设带中性段空气间隙绝缘的双断口锚段关节式电分相,胶济济青联络线、胶济客运专线改线、胶济客运专线既有胶州北牵引变电所处采用锚段关节式电分相。青连济青联络线采用锚段关节式电分相,尽量避免设在大坡道、列车出站加速区段和线路限速区段。

接触网支柱,新建线路腕臂柱采用热浸镀锌 H 型钢柱。车站优先采用线间立柱,车站咽喉区受线间距限制地段和多线并行区段采用轻型硬横跨和圆管柱。动车运用所内多线并行处采用线间立 H 型钢柱或软横跨结构,软横跨支柱采用格构式钢柱。既有线改建区段腕臂柱、硬横梁维持既有标准。单独架设供电线的支柱采用热浸镀锌格构式钢柱,特殊地段采用多棱柱钢柱。

接触网支柱标准跨距,新建路基地段一般为 55 m、最大不超过 60 m;箱梁桥上一般为 45 ~50 m,最大不超过 55 m;隧道内一般为 40 ~55 m。既有线改建及新建联络线区段支柱跨距一般不大于 60 m。

正线接触网绝缘、非绝缘锚段关节一般采用五跨形式;胶州北站和红岛站范围绝缘、非绝缘锚段关节采用四跨关节或五跨关节形式。既有线改建区段绝缘、非绝缘锚段关节采用四跨关节或五跨关节形式。正线锚段长度一般为 2 × 700 m、胶州北站等困难条件下锚段长度不大于 2 × 750 m。站线、联络线、存车线等锚段长度一般不大于 2 × 800 m、困难时不大于 2 × 850 m。附加导线的锚段长度一般不大于 2 000 m。

接触线和承力索分别下锚,下锚采用全补偿方式。正线接触网采用两跨式防窜防断中心锚结,站线优先采用两跨式防窜防断中心锚结,条件受限时采用防窜不防断中心锚结。济南东动车所、红岛存车场多线并行地段采用软横跨,软横跨上设接触网中心锚结时,采用防窜不防断中心锚结。

新建潍坊北供电维修车间、淄博北供电管理车间,新建邹平、淄博北、青州北、潍坊北、高密北、红岛供电工区。其中淄博北、潍坊北工区与车间合建,负责牵引供电设施的运营维护及管理。

5.38.2　电力工程

全线新设 1 条综合负荷 10 kV 贯通线和 1 条一级负荷 10 kV 贯通线。新建一级负荷 10 kV 贯通线采用截面为 70 mm^2的铜芯电力电缆,新建综合负荷 10 kV 贯通线采用截面为 95 mm^2的铜芯电力电缆,分别沿铁路两侧预留的电缆槽敷设。

新设邹平、淄博北、青州北、潍坊北、高密北、机场、红岛等 10 kV 配电所,新建济南东 35/10 kV 变电所。新建 35/10 kV 变电所和 10 kV 配电所从地方电源接引 2 路电源供电。

设有变配电所的车站其站房综合用电负荷设站内 10/0.4 kV 综合变电所供电,从变配电所站馈线接引 2 路电源;没设 10 kV 配电所的车站其站房综合用电负荷设站内 10/0.4 kV 综合变电所,从地方电网接引 2 路 10 kV 电源供电。

车站通信信号等一级用电负荷设室内 10/0.4 kV 通信信号专用变电所供电,分别从 2 路 10 kV 电力贯通线接引电源。区间通信信号等一级用电负荷设箱式变电站供电,分别从 2 路 10 kV 贯通线接引电源。

动车运用所、停车场通信信号用电负荷设室内 10/0.4 kV 专用变电所供电,从变配所站馈线接引 2 路电源。

区间其他用电负荷设箱式变电站供电,一般从综合负荷 10 kV 贯通线接引电源。如果所设箱式变电站靠近牵引变电所时,可在箱式变电站内增加馈线间隔为其用电负荷供电。

新建电力配电所采用综合综合自动化,新设电力远动系统,纳入济南铁路局电力调度所管理。

5.38.3　通信工程

长途通信线路,济南东客站至红岛站沿新建铁路两侧各敷设 1 条 48 芯单模光缆;红岛站至既有青岛通信站利用青连铁路所建的 48 芯光缆。

济南东站至济南东动车所沿新建铁路两侧各敷设 1 条 48 芯单模光缆；青连济青联络线的疃村线路所至青连铁路大沽河线路所沿新建联络线两侧各敷设 1 条 32 芯单模光缆。红岛站至红岛存车场沿新建铁路两侧各敷设 1 条 48 芯单模光缆。胶州北站至胶济济青联络线的马店线路所沿新建联络线两侧各敷设 1 条 32 芯单模光缆。青连铁路青连改（DK18 +580）至青连改（DK25 +530）间沿新建铁路两侧各敷设 1 条 48 芯单模光缆。有关车站通信机械室经站内其他通信机械室至车站通信机械室间敷设 1 条 12 芯单模光缆，构成站内不同物理径路的光缆环。济南东客站、淄博北、潍坊北、胶州北、红岛车站信号楼通信机械室至站房综合楼通信机械室间另沿 2 个不同径路各敷设 1 条 48 芯单模光缆，用于解决站房交换机与信号楼接入路由器之间的光纤通道。

为满足信号安全数据网系统的要求，在特定信号中继站之间、胶州北站至青岛机场站间沿新建铁路两侧各敷设 1 条 12 芯单模光缆。为满足 GSM-R 系统组网的需要，在光纤直放站近端机至远端机间敷设 1 条 32 芯单模光缆，区间通信基站至所设电力箱式变电站间敷设 1 条 12 芯光缆。在隧道内两侧各敷设 1 条 3 ×4 ×0. 9 低频对称电缆，并接入邻近的 GSM-R 通信基站，以构建隧道应急电话系统。

传输系统，全线新设 SDH 10 Gbit/s 长途骨干传输系统，沿线各车站、济南通信中心、青岛通信站新设 SDH 10 Gbit/s 设备。利用新建 2 条光缆中的各 2 芯光纤构成复用段 1 +1 保护。

新设 SDH 2. 5 Gbit/s 车站接入网系统，沿线各车站、线路所、动车运用所、存车场、济南通信中心、青岛通信站新设 SDH 2. 5 Gbit/s 设备。利用新建 2 条光缆中的各 2 芯光纤构成复用段 1 +1 保护，并在同一车站将 SDH 2. 5 Gbit/s 设备通过 SDH 2. 5 Gbit/s 光接口与 SDH 10 Gbit/s 设备互联。红岛站至既有青岛通信站利用青连铁路所建光缆通道。济南东站至济南通信中心利用既有 OTN 传输通道联接，并在济南东客站将 SDH 10 Gbit/s 和 SDH 2. 5 Gbit/s 设备与石济客运专线的设备通过光接口互联。

新设 SDH 622 Mbit/s 区间接入网系统，沿线区间通信基站、牵引变电所、分区所、电力配电所、信号中继站等处设 SDH 622 Mbit/s 设备，在相邻车站之间利用新建 2 条 48 芯光缆中的各 6 芯光纤构成 3 个 SDH 622 Mbit/s 2 纤通道保护环（即奇数通信基站和信号中继站传输环、偶数通信基站和信号中继站传输环、牵引供电节点传输环），并接入相邻车站 SDH 2. 5 Gbit/s 接入网系统。

车站站房、站内综合维修车间/工区、电力变配电所、牵引变电所、公安派出所等信息接入点设 SDH 622 Mbit/s 设备，利用新建光缆构成 SDH 622 Mbit/s 2 纤通道保护环，并接入车站 SDH 2. 5 Gbit/s 接入网系统。

站内给水所或加压泵站、TEDS 探测站等信息接入节点设 SDH 155 Mbit/s 一体化设备，利用新建光缆接入车站传输设备。

在各联络线的新设车站、线路所通信机械室按需要设 SDH 2. 5 Gbit/s 或 SDH 622 Mbit/s 或 SDH 155 Mbit/s 设备，与既有胶济铁路、济青高速铁路传输接入设备联通。

济南通信中心、青岛通信站新设传输和接入网网管系统和设备，在济南东、淄博北、潍坊北通信车间分别设传输和接入网管复示终端设备，接入既有济南铁路局通信综合网管系统。对全网进行故障管理、配置管理、性能管理和安全管理等。既有胶济客运专线上新建马店线路所新设接入单元,纳入既有胶济线接入网网管统一管理。青连铁路大沽河线路所新设接入单元,纳入青连铁路接入网网管统一管理,红岛站新设接入单元,纳入济青高速铁路接入网网管统一管理。

新设数据网,利用济南的既有核心路由器,在济南东客站、红岛站新设汇聚路由器,沿线各车站新设接入路由器和三层交换机,负责本地数据的接入与交换。接入路由器之间采用光纤联接,并按管辖和隶属关系将接入路由器通过传输通道分别接入设在济南东客站、红岛站的汇聚路由器,再上联至济南铁路局的核心路由器,实现数据业务的汇聚与转发。在济南通信中心新设数据网网管设备,青岛通信站新设数据网业务网管复示终端。对本线数据网进行各项管理。另在济南东站新设1套用于石济客专的接入路由器,接入石济客专数据网,由石济客专数据网管理。

电话交换系统,利用济南和青岛地区的既有电话交换机,根据需要扩容相关设备;在济南通信中心、青岛通信站新设光线路终端(OLT)设备,沿线车站和站房、线路所、牵引变电所、分区所、AT所、电力配电所、公安派出所、动车运用所、综合维修车间/工区等处设光网络单元(ONU),沿线新增自动电话用户通过ONU设备及接入网,按照管辖范围和隶属关系分别接入相应的OLT设备和既有铁路电话交换机。通过统一编号组网,实现与既有铁路电话专网的互通。

新设数字调度通信系统,利用济南铁路局调度所既有调度通信交换机,根据需要进行扩容,正线各新建车站、线路所、动车运用所和存车场新设车站型数字调度通信交换机、调度分机和车站值班台等配套设备。按照调度区划分,通过调度网接入铁路局调度所既有中心调度交换机和调度通信系统,并新设本线行车调度台及调度员操作终端设备,负责济南东客站(不含)至疃村线路所(不含)的行车调度指挥;新设青岛枢纽行车调度台,负责本线疃村线路所(含)至红岛站(含红岛动车所)的行车调度指挥。

在济南东站另设用于石济客专的车站型数字调度通信交换机,接入石济客专调度通信系统;在胶济客专新建马店线路所、胶州北站新设车站型数字调度通信交换机,接入胶济客专调度通信系统。根据本线运营模式,马店线路所由胶州北站远程控制;疃村线路所及青连铁路大沽河线路所由红岛站远程控制;北辛店线路所由济南东站远程控制;各主控车站均设被控线路所触摸屏式车站值班台。

新设GSM-R移动通信系统,利用济南铁路局既有GSM-R核心网设施,并新设1套基站控制器(BSC,含PCM)及TRAU等配套设备。沿线设通信基站(BTS),济南东至疃村线路所采用单网交织冗余覆盖方式组网,其他区段及联络线采用单网覆盖方式组网,通过传输通道将基站设备接入济南基站控制器和GSM-R交换机。区间弱场区采用光纤直放站、漏泄电缆和天线方式增强,青阳隧道和青岛机场隧道并设漏泄电缆和GSM-R接口监测系统,以满足无线场强覆盖和信息传输的需要。完成调度通信、调度命令和无线车次号校核信息传送等功能。与石济客专并线区段的GSM-R系统应结合各条铁路需要统筹考虑组网。

会议电视系统,在济南铁路局新设1套会议电视中心设备,沿线各新建车站、综合维修车间、动车运用所和存车场等处设会议电视分会场设备,通过数据通信系统接入铁路局既有会议电视中心系统。

应急通信系统，在济南东客站、潍坊北、淄博北综合维修车间设应急通信系统现场接入设备，在青阳隧道和青岛机场隧道设救援固定电话和广播设备，通过传输系统接入济南铁路局既有应急通信系统中心的应急通信平台。

通信电源，各车站、区间通信基站、信号中继站、牵引变电所、分区所、AT 所等信息接入节点的通信设备机房设 48 V 高频开关电源和蓄电池及 UPS 不间断电源，并设电源和机房环境监控系统和采集设备。在济南东客站新设电源和环境监控中心设备，在济南综合监控中心、济南东、淄博北、潍坊北通信信号车间和青岛通信站，济南及青岛电务段设电源及环境监控终端设备，实现对电源和机房环境条件的监控。

5.38.4　信号工程

车站联锁，济南东客站至红岛各新建车站和线路所、济南东动车运用所、红岛存车场、新设硬件冗余型计算机联锁设备和信号电源屏及不间断电源，其中济南东客站、胶州北站、红岛站按分场单例新设计算机联锁设备，采用 CTCS-3 级列控系统区段的车站（场、所）增设与无线闭塞中心（RBC）的接口设备。济南东客站济青场与石济场设 2 套计算机联锁设备，集中设在济南东客站信号机房。既有接轨站结合具体情况参照既有标准改造。维修工区轨道区段道岔纳入邻近车站联锁设备集中控制。

根据车站（场）道岔设计类型，配备相应的道岔转辙装置和转辙机及道岔缺口监测装置，并采取断电保护措施。正线上的道岔采用外锁闭、多机分线控制方式，并实现挤岔监督报警功能。通过时速 160 km 以上的 18 号及以上道岔增加密贴检查装置，监测信息纳入信号集中监测系统。车站动车组列车进路道岔及其带动道岔设置道岔融雪设备，按人工确认后启动。

正线新建车站（场、线路所）站内采用与区间相同制式的 ZPW-2000 有绝缘移频轨道电路，其发送设备按 1 + 1 冗余配置、接收设备采用双机并用方式。济南东客站动车所、红岛存车场采用 97 型 25 Hz 相敏轨道电路，正线采用预叠加、侧线占用采用叠加 ZPW-2000 型电码化，及列控中心编码方式。维修工区轨道区段采用高压不对称脉冲轨道电路。站内 ZPW-2000 移频轨道电路干线电缆采用铝护套数字信号电缆，分支电缆采用综合护套数字信号电缆。

运输调度指挥系统，济南东客站至红岛正线采用调度集中（CTC）系统，沿线各新建车站（场、所）、动车运用所、存车场设 CTC 分机设备、网络安全和通道质量监督等配套设备；其中济南东客站、胶州北和红岛站按分场设计，每个车场设独立的 CTC 分机等配套设备；与本线接轨的胶州北站，由于本线的引入，需对胶济客专的即墨站、高密客站等 CTC 分机设备进行结合改造。与本线衔接的青连铁路洋河口站、石济客专的齐河站、胶济客专青岛北站的 CTC 分机设备需进行结合改造（分别由青连铁路和石济客专工程实施）。按照调度区划分，各站调度分机等设备通过调度网接入济南铁路局调度所 CTC/TDCS 总机系统。并新设本线列车调度台，管辖济南东客站（不含）至疃村线路所（不含）的行车调度指挥；新设青岛枢纽行车调度台，管辖本线疃村线路所（含）至红岛站（含红岛存车场）、青岛枢纽内青荣城际、胶济客专、胶济及青连铁路相关区段站的行车调度指挥。其他相关联的既有线及车站维持既有调度区划不变,并在调度所增设本线所用的通信和应用服务器、CTC-RBC 接口服务器、CTC-TSRS(临时限速服务器)接口服务器、调度操作台和信息安全等设备。结合本线的接入需对调度中心既有软硬件设备进行修改。

列车运行控制系统,济南东客站(不含)至胶州北(不含)采用 CTCS-3 级列控系统,并将 CTCS-2 级作为降级后备系统,采用连续速度(目标－距离)控制模式,且与相邻既有线路信号系统兼容。胶州北至红岛、济南东客站至动车运用所、红岛站至动车存车场采用 CTCS-2 列控系统,其余区段(含联络线)采用 CTCS-2 级列控系统。在高密北至胶州北区间设 CTCS-3 /2 级级间转换点。在红岛站机房新设 3 套无线闭塞中心(RBC)和 1 套临时限速服务器等配套设备,新设 1 套临时限速服务器负责本线运行列车的临时限速管理;青岛枢纽行车调度台范围的各站由青荣城际设在城阳站的 TSRS 实现运行列车的临时限速管理。新建联锁设备的车站(场、所)、信号中继站设信号安全数据网接入设备、列控中心(TCC)、地面电子编码单元(LEU)、应答器等设备。TCC 之间通过安全数据网进行联接,实现 TCC 之间、与车站联锁设备之间的安全信息传输。所设的列控中心具有轨道电路编发码、运行方向控制、信息采集(含信号中继站)、站间安全信息传输和应答器报文存储及调用等功能。列控中心(TCC)还具有自诊断和故障报警功能,报警信息通过以太网接口发送至信号集中监测系统。

区间闭塞制式,正线采用四显示自动闭塞,按双线双向运行,正向采用追踪间隔运行、反向采用自动站间闭塞行车。不设区间地面通过信号机,在闭塞分区分界处设停车标志牌。列车运行以列控车载设备显示作为行车凭证。

正线区间采用 ZPW-2000 系列无绝缘轨道电路,其发送和接收设备按冗余配置,由列控中心设备编码控制。ZPW-2000 系列轨道电路干线电缆采用铝护套数字信号电缆或铝护套内屏蔽数字信号电缆,电缆的有效传输长度一般不大于 7.5 km,特殊困难地段不大于 10 km。青岛枢纽多线并行地段根据确定的线路方向选择移频载频及轨道电路传输长度。

新设信号集中监测系统,沿线各新建车站(线路所、动车组运用所、存车场)和信号中继站设集中监测分机等配套设备,以及对区间 ZPW-2000 轨道电路的监测和诊断系统功能,在沿线信号车间、信号值班工区设集中监测终端。通过监测网,济南东客站及济南东动车所集中监测分机设备接入济南电务段集中监测总机系统,其余各站集中监测分机设备及监测终端接入青岛电务段集中监测总机系统。实现对信号设施的集中监测、信息采集和远程诊断。

沿线新建信号设备房屋设防雷电、电磁兼容和综合接地防护系统,与房建工程同步实施。并与综合接地系统等电位连接。

济南东客站至红岛站正线及联络线设综合接地系统。沿铁路两侧各敷设 1 条截面为 70 mm^2 的铜芯电缆贯通地线,在电气特性上全程贯通,接地电阻不应大于 1 Ω,形成低阻等电位综合接地平台。沿线轨旁信号设备安全接地后就近与贯通地线等电位连接。

5.38.5 防灾安全监控系统

结合本线地理环境和气候特点,新设风速、雨量、雪深、地震等自然灾害监测系统。沿线高架桥、高路基地段设风速风向监测点,设备按冗余配置。雨量监测点一般 25 km 左右设 1 处,雪深监测点也 25 km 左右设 1 处。上跨铁路的道路桥梁设异物侵限点及其摄像机。沿线地震动峰值加速度大于等于 0.1g 地区的牵引变电所、分区所设地震监测系统,设备按冗余配置。维修部门配置监测终端,接入济南铁路局既有防灾监控中心系统及设备。

参加线路工程施工的有中铁一局、三局、五局、十局、十一局、十二局、二十一局集团,中铁上海工程局集团,中建铁投集团等单位。中铁电气化局集团等单位承担电气化、通信信号、电力等四电集成工程的施工。

先期动工的青阳隧道于 2015 年 8 月 11 日开工,线路工程于 2015 年 12 月 24 日全线开工。2017 年 7 月 29 日进入铺轨阶段。2017 年 12 月 30 日完成高速段轨道铺设。2017 年 3 月 30 日电气化工程正式开工。2017 年 11 月 21 日开始接触网架线。2018 年 7 月 29 日全线接触网送电。2018 年 8 月 1 日开始联调联试。2018 年 11 月 20 日进行运行试验。2018 年 12 月 26 日正式开通运营。

5.39　铜仁至玉屏城际铁路

新建铜玉铁路(又称城际铁路)位于贵州省铜仁市,北起渝怀铁路的铜仁站(改建共站),沿渝怀铁路右侧并行南下,穿铜仁 1 号隧道、越锦江后,线路继续往南,途经铜鼓坡、杨家坳至万山区老山口,再沿铜仁至大龙高速公路南下,从田坪镇西侧跨 S201 省道,经五里桥分左右线引入已建的长昆客运专线,南到新建的大宗坪站,正线全长 47.711 km(图 5.39)。其中全线桥隧累计总长 35.205 km,占线路总长的 73.8%。全线设有铜仁(改建站)、万山和大宗坪 3 座车站。其中铜仁为始发站、万山为中间站,大宗坪为与长昆客运专线接轨的越行站。工程范围还包括引入铜仁站、大宗坪站的相关工程。该线与长昆客运专线相连,向西可连接贵阳、昆明等省会城市,向东可经湖南省直达“长三角”地区,是贵州省城际铁路通道的重要组成部分。该线的建成开通,为加快贵州省内城际铁路通道建设,完善和优化路网结构布局,促进区域社会经济协调发展和城市间的交流合作具有重要意义。

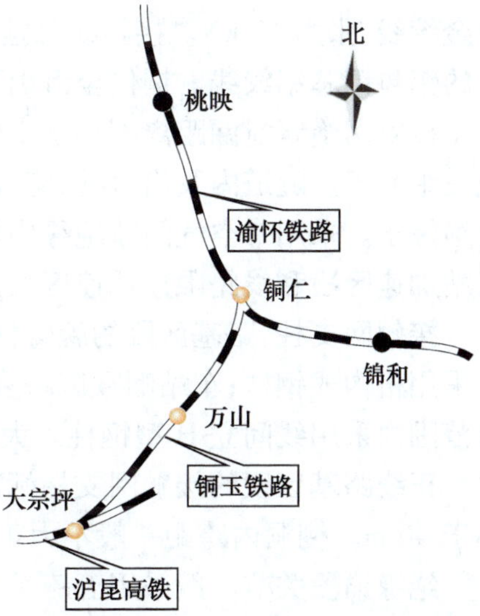

图 5.39　铜玉铁路示意图

铜玉铁路的建设单位是成都铁路局、贵州铁路投资有限责任公司,设计单位是中铁二院工程集团有限责任公司。线路主要技术标准:铁路等级,Ⅰ级;正线数目,双线;正线线间距,4.4 m;最大坡度,一般地段 20‰、困难地段 25‰;最小曲线半径,一般地段2 500 m、困难地段2 200 m;到发线有效长度,650 m;列车运行控制方式,自动控制;行车指挥方式,综合调度集中;旅客设计行车速度,200 km/h;牵引种类,电力牵引(直供加回流线供电方式);列车类型,动车组。

5.39.1　电气化工程

牵引供电采用带回流线的直接供电方式。利用改造渝怀铁路所建的铜仁牵引变电所、利用长昆客运专线所建的玉屏东牵引变电所向本线供电,近期缓建万山牵引变电所。新设万山分区所。

利用改造的铜仁牵引变电所引入 2 路 110 kV 电源供电,110 kV 电源侧采用分支接线,牵引变压器采用户外低式布置,其余设备采用户外中型布置;27.5 kV 侧采用单母线分段接线,设备改为 AIS 双列布置,新增铜玉线上下行、既有渝怀线上下行,渝怀复线时增加上下行馈线、预留两回馈线进行供电。所设变压器采用固定备用、三相 V/V 接线变压器,并设备用电源自投装置。变压器容量增容为 2 ×(40 +25)MV · A。玉屏东牵引变电所的变压器安装容量为 2 ×(50 +31.5)MV · A。新建万山分区所 27.5 kV 侧户外设备采用中型布置,户内设备采用 AIS 单列布置。

新建分区所采用无人值班方式。牵引变电所、分区所采用综合自动化系统。通过专用通道完成与成都铁路局电力调度所牵引供电调度系统的数据交换,以实现牵引供电调度系统对被控站的远程调度管理。

接触网采用全补偿简单链型悬挂,接触悬挂结构高度一般为 1 400 mm。正线接触线采用 120 mm^2 的铜锡合金导线,张力 15 kN,承力索采用 95 mm^2 的铜镁合金绞线,张力 15 kN;站线接触线采用 85 mm^2 的铜锡合金导线,张力 10.5 kN,承力索采用 70 mm^2 的铜镁合金绞线,张力 15 kN。接触线悬挂高度一般为 5 500 mm。附加导线一般采用耐腐蚀性好的铝包钢芯铝绞线。铜仁至万山下行线、万山至大宗坪上行线设置加强线。

接触网绝缘泄漏距离不小于 1 600 mm,严重污秽地区适当加强绝缘,一般地段采用瓷质绝缘子。隧道内及出口处、跨线桥两侧、隧道内加强线下锚、接触网下锚处等采用复合绝缘子。采用带空气间隙绝缘中性段的锚段关节式电分相,尽量避免设在大坡道、列车出站加速区段和线路限速低速区段。

接触网支柱,路基区段的腕臂柱采用横腹杆式预应力钢筋混凝土支柱,T 梁桥上腕臂柱采用格构式钢柱;车站咽喉区跨多股道处采用钢管硬横跨和钢柱。铜仁和万山车站站台范围内采用线间立 H 型钢柱。大宗坪车站接触网支柱与长昆客运专线保持一致。

正线路基区段的接触网支柱标准跨距一般为 60 m、困难情况下不超过 65 m,最小不小于 40 m。棚洞内跨距一般不大于 55 m。桥上结合桥梁孔跨形式一般不大于 50 m。

绝缘锚段关节一般采用五跨关节,个别困难条件下采用四跨关节;非绝缘锚段关节采用四跨关节。正线接触网锚段长度一般不大于 2 ×700 m、困难情况下不大于 2 ×750 m。单边补偿的锚段长度为上述值的 50%;站线接触网最大锚段长度不大于 2 ×850 m、困难情况下不大于 2 ×950 m。附加导线锚段长度一般不大于 2 000 m。

车站硬横梁、桥梁下锚补偿一般采用棘轮补偿装置,路基地段和隧道内下锚补偿一般采用滑轮组补偿装置;既有线改建区段与既有线标准保持一致,采用滑轮补偿下锚装置;中心锚结一般采用两跨式防窜防断中心锚结,困难情况下采用防窜不防断中心锚结。

5.39.2　电力工程

全线新设 1 条综合负荷 10 kV 贯通线和 1 条一级负荷 10 kV 贯通线；按原标准还建铜仁 10 kV 配电所，并利用既有的电源线路。给沿线用电负荷供电。

设有 10 kV 配电所的铜仁车站其站房综合用电负荷设站内 10/0.4 kV 变电所供电，从配电所站馈线接引电源。没设 10 kV 配电所的车站其站房综合用电负荷设站内 10/0.4 kV变电所，从地方电网接引电源供电，无条件接引地方电源的从综合负荷 10 kV 贯通线接引电源供电。

车站通信信号等一级用电负荷设室内 10/0.4 kV 变电所供电，分别从 2 路 10 kV 贯通线接引主备用电源。区间通信信号等一级用电负荷设箱式变电站供电，分别从 2 路 10 kV贯通线接引电源。

区间其他用电负荷在负荷集中处分别设箱式变电站给相关负荷供电，电源引自综合负荷 10 kV 贯通线。

新设电力远动系统，新增电力设备纳入贵阳供电段电力调度所管理。

5.39.3　通信工程

长途通信线路，沿铁路两侧各敷设 1 条 48 芯通信光缆，大宗坪至玉屏东区段沿铁路两侧各敷设 1 条 24 芯通信光缆，万山至大宗坪区段沿铁路两侧各敷设 1 条 16 芯通信光缆。

为满足 GSM-R 系统组网的需要，区间通信基站至光纤直放站新设 2 条 16 芯光缆，光纤直放站近端机至远端机之间敷设 2 条 16 芯光缆；区间通信基站至所设电力箱式变电站新设 1 条 8 芯光缆，光纤直放站远端机至所设电力箱式变电站新设 1 条 8 芯光缆。万山通信工区机房至万山接触网工区机房新设 1 条 100 对市话电缆。

传输系统，新设 SDH 10 Gbit/s 传输系统，在铜仁通信站新设 SDH 10 Gbit/s 设备，利用新建 2 条 48 芯光缆中的各 2 芯光纤构成复用段 1 +1 保护。通过光接口与大宗坪站 SDH 10 Gbit/s 设备互联，接入长昆客运专线传输系统。

新设 SDH 2.5 Gbit/s 接入网系统，在铜仁通信站、铜仁站铜玉场、万山站设 SDH 2.5 Gbit/s 设备，利用新建 2 条 48 芯光缆中的各 2 芯光纤构成复用段 1 +1 保护。通过光接口与大宗坪站 SDH 2.5 Gbit/s 设备互联，接入长昆客运专线接入网系统。

新设 SDH 622 Mbit/s 区间接入网系统，区间通信基站、信号中继站、牵引变电所等信息接入点设 SDH 622 Mbit/s 设备。利用新建光缆在相邻站间构成 2 个 2 纤通道保护环（GSM-R 奇数通信基站和信号中继站传输环、偶数通信基站和牵引供电传输环），并接入相邻车站 SDH 2.5 Gbit/s 接入网系统。

车站站房、铜仁配电所、铜仁牵引变电所、万山分区所、万山综合工区等信息接入点设 SDH 622 Mbit/s 设备，利用新建光缆与本站通信机房传输设备构成站内通道保护环。

在铜仁通信站和贵阳北通信站设传输系统网管终端，在铜仁、万山工区设本地维修终端（LCT），接入长昆客运专线在广州铁路（集团）和成都铁路局所设的既有网元级网管系统。分别对全线传输设备进行管理。

电话交换系统,利用凯里、铜仁通信站既有程控电话交换机,根据需要扩容;利用铜仁通信站既有 OLT 设备及长昆客专工程设在凯里通信站的 OLT 设备;在车站、信号中继站、牵引变电所、分区所、电力配电所、综合维修工区等处设 ONU 设备,沿线新增自动电话用户通过 ONU 设备及接入网按所属范围分别接入铜仁和凯里的 OLT 设备和程控电话交换机,通过统一编号,实现与既有铁路电话专网的互通。

新设 IP 数据网,利用成都铁路局、广州铁路(集团)调度所的既有核心路由器;利用长昆客专工程设在怀化南、贵阳北通信站的汇聚路由器;在铜仁和万山车站设接入路由器,负责本地数据的接入,并通过传输通道分别接入相应的汇聚路由器,上联至核心路由器,实现数据业务的汇聚及转发。

新设数字调度通信系统,沿线车站设车站型调度通信交换机、调度分机和车站值班台等配套设备,按铁路局管辖范围和调度区划分,通过调度网分别接入成都铁路局和广州铁路(集团)调度所既有中心调度通信交换机和调度通信系统。铜仁站(不含)至大宗坪站由长昆客专贵州列车调度台管辖和指挥;铜仁站铜玉场由渝怀铁路列车调度台管辖和指挥。

新设 GSM-R 移动通信系统,利用成都铁路局和广州铁路(集团)的既有 GSM-R 交换机;利用其他工程设在长沙南、贵阳北的基站控制器(BSC),沿线新设通信基站(BTS),采用单网交织覆盖方式组网,设在铜仁站的 BTS 接入长沙南的 BSC,所设其他 BTS 接入贵阳北的 BSC,并分别接入归属铁路局的 GSM-R 交换机。区间弱强区采用光纤直放站、漏泄电缆和天线方式增强,完成调度通信、调度命令信息和无线车次号校核信息传送等功能。

在与长昆客专并行、交越区段,采用长昆客专所设的通信基站进行无线场强的信号覆盖。

应急通信系统,在万山通信工区设应急通信现场接入设备,接入成都铁路局既有应急通信中心系统。

会议电视系统,在铜仁、万山站新设会议电视分会场设备,按管辖范围分别接入成都铁路局和广州铁路(集团)既有会议电视中心系统。

通信电源,新建通信设备机房设 48 V 电源,并设电源和机房环境监控系统及采集设备。

5.39.4　信号工程

车站联锁,铜仁站渝怀场及铜玉场、万山站新设硬件冗余型计算机联锁设备和信号智能电源屏及 UPS 不间断电源;大宗坪站按照长昆客专工程标准设计。车站范围内接发车进路上的道岔及综合工区内道岔纳入邻近车站联锁设备集中控制。

铜仁站铜玉场、万山站站内列车进路上的正线及到发线采用与区间相同制式的 ZPW-2000 有绝缘移频轨道电路,其发送设备采用 1+1 冗余配置,接收设备采用双机并用方式。铜仁站渝怀场采用 97 型 25 Hz 相敏轨道电路,配备二元二位继电器。电码化采用 ZPW-2000 系列轨道电路设备,正线采用叠加预发码、侧线股道采用叠加发码方式。双接近区段采用无绝缘移频轨道电路,按叠加发码设计。渝怀场采用继电编码方式。维修工区轨道区段采用 97 型 25 Hz 轨道电路,配备二元二位继电器。

站内 ZPW-2000 轨道电路采用铝护套数字信号电缆，其他信号设备采用非数字信号电缆。

运输调度指挥系统，本线（不含铜仁站）采用调度集中（CTC）系统，铜仁站渝怀场、铜玉场、万山站新设 CTC 分机、信息安全和通道质量监督等配套设备。铜仁站利用既有 TDCS 分机设备；大宗坪利用既有 CTC 分机设备。按照铁路局管辖范围分别接入成都铁路局、广州铁路（集团）调度所 CTC/TDCS 总机系统和调度台，按调度区划分铜仁站渝怀场、铜玉场由广州铁路（集团）调度所渝怀铁路调度台管辖；铜仁站（不含）至大宗坪站由成都铁路局调度所长昆客专调度台管辖。

铜仁（不含）至大宗坪站采用 CTCS-3 级列控系统，作为主用列控模式，CTCS-2 级列控系统作为降级备用列控模式。铜仁站铜玉场采用 CTCS-2 级列控系统，在铜仁站玉屏方面进站信号机外方适当位置设置 CTCS-2/3 级级间转换点。利用长昆客专的无线闭塞中心（RBC）、临时限速服务器（TSRS）实现本线（不含铜仁站）的临时限速管理。铜仁站铜玉场、万山站、信号中继站设列控中心、应答器及其电子编码单元、信号安全数据网接入设备，大宗坪站既有列控中心进行修改；所设列控中心具有站内和区间轨道电路编码、区间运行方向与闭塞控制、站间安全信息传输、应答器报文实时组帧、编码及校验等功能。

区间闭塞制式，采用双线双方向运行的自动闭塞，正向采用追踪间隔运行、反向采用自动站间闭塞行车。不设区间地面通过信号机、设区间信号标志牌，列车运行以列控车载设备显示作为行车凭证。铜仁站渝怀场与相邻车站间维持既有半自动闭塞制式不变。

正线区间采用 ZPW-2000 系列无绝缘移频轨道电路，采用列控中心电子编码，发送设备按 1＋1 冗余配置，接收设备采用双机并用方式。ZPW-2000 系列轨道电路干线电缆采用铝护套数字信号电缆或铝护套内屏蔽数字信号电缆，电缆有效传输长度一般按 10 km 控制，超过规定长度设信号中继站。

信号集中监测系统，铜仁站渝怀场和铜玉场、万山站和信号中继站新设集中监测分机设备，大宗坪站集中监测分机设备利旧改造；利用既有在铜仁、万山工区所设的集中监测终端，并对既有凯里南信号车间、铜仁信号车间集中监测终端进行修改。按照铁路局管辖范围，通过监测网将铜仁站渝怀场、铜玉场监测分机设备接入广州铁路（集团）怀化电务段集中监测系统总机系统。其余监测分机设备接入成都铁路局贵阳电务段集中监测总机系统，实现对信号设施的监测和信息采集及远程诊断。

综合接地系统，铜仁站铜玉场至大宗坪站（不含）沿铁路两侧各敷设 1 条截面为 35 mm^2的铜芯贯通地线，在电气特性上全线贯通，接地电阻不大于 1 Ω，并构成等电位连接。沿线轨旁信号设备安全接地后就近与贯通地线等电位连接。

沿线信号设备房屋设防雷电、电磁兼容和综合接地防护系统，并与贯通地线等电位连接。

参加铜玉铁路工程施工的有中铁一局、二十二局集团，中铁建电气化局等单位。工程于 2013 年 12 月开工。2018 年 9 月完成静态验收。2018 年 9 月 12 日进入联调联试阶段。2018 年 12 月 26 日正式开通运营。

5.40　新民至通辽高速铁路

新建新通客运专线,南起京沈客运专线的新民北站,向北途经新民市、彰武县、科尔沁左翼后旗和通辽市科尔沁区等市县(区),北到通辽站,线路全长 196.903 km(图 5.40)。其中辽宁省 104.488 km,内蒙古自治区 92.415 km。全线设有新民北、彰武、甘旗卡、通辽等车站;预留章古台、木里图 2 座车站;设姚家窝堡、田家窝堡 2 座线路所。其中新民北为本线与京沈客运专线的接轨站,其余各站均与通辽至大虎山铁路的既有车站共站。工程范围还包括通辽枢纽相关工程和新民北疏解工程及彰武站既有[大(虎山)郑(家屯)线]通大段改线(改 DZDK110 + 100 ~ 改 DZDK112 + 800)长 2.7 km。

通辽枢纽相关工程有:京通左线改线(改 JTDK801 + 500 ~ 改 JTDK803 + 800)长2.295 km、右线改线(改 JTYDK 800 + 100 ~ 改 JTYDK803 + 800)长 3.645 km;通霍线改线(改 THDK7 + 920 ~ 改 THDK803 + 800)长 3.063 km;油库专用线改线(改 YZDK6 + 353.95 ~ 改 YZDK 800 + 900)长 1.441 km;动车走行线(改 DZDK0 + 000 ~ 改 DZDK4 + 826.04)长 4.865 km。

新民北疏解工程:新建北京方向下行联络线[LDK621 + 700(= 京沈客专 DK621 + 700) ~ LDK10 + 200]长 5.453 km、上行联络线[右 LDK621 + 700(= 京沈客专右 DK621 + 700) ~ 右 LDK10 + 200]长 6.755 km。

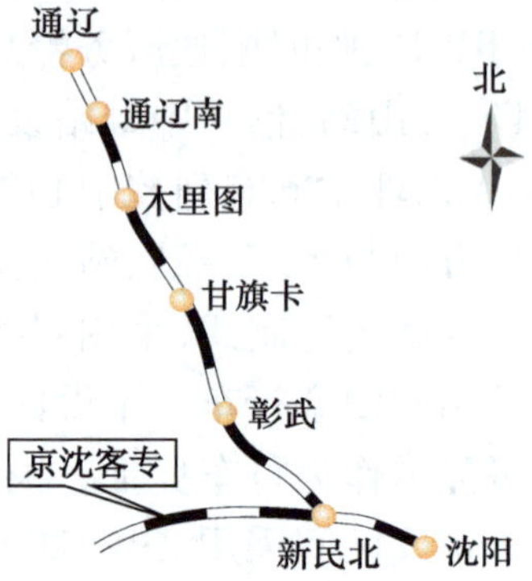

图 5.40　新通客运专线示意图

新通高速铁路的建成开通,强化了东北快速客运网络、优化了快速客运网布局,并延伸了快速客运网服务半径。对提高区域铁路客运服务水平,加强内蒙古自治区东部地区与环渤海地区经济社会交流,保障“振兴东北老工业基地”战略的顺利实施具有重要意义。

新通高速铁路的建设单位是蒙辽铁路客运专线有限责任公司,设计单位是铁道第三勘察设计院集团有限公司。线路主要技术标准:铁路等级,高速铁路;正线数目,双线;正线线间距,4.6 m;最大坡度,20 ‰、个别困难地段不大于 30 ‰;最小曲线半径,一般地段4 000 m、困难地段 3 500 m;到发线有效长度,650 m;列车运行控制方式,CTCS-2;调度指挥方式,综合调度集中;设计行车速度,250 km/h;牵引种类,电力牵引(直供加回流线供电方式)。

5.40.1　电气化工程

牵引供电采用带回流线的直接供电方式。全线新设薛驼子、木里图 2 座牵引变电所,新设姚家窝堡、田家窝堡、DK46 + 250、DK95 + 900、DK152 + 750 等分区所。新设 13 处接触网开关控制站。利用京沈客运专线所建的新民北牵引变电所,利用通(辽)大(虎山)铁路电气化所建的新兴隆和北甘旗牵引变电所,利用通(辽)霍(林河)铁路电气化所建的通辽西牵引变电所和通辽开闭所。

新建牵引变电所引入 2 路 220 kV 电源供电,220 kV 电源侧采用线路变压器组接线,电气设备采用户外中型布置，在进线隔离开关外侧设计费和保护用电压互感器；27.5 kV 侧采用单母线隔离开关分段接线，电气设备采用户内空气绝缘开关柜（AIS）布置，馈线断路器采用固定备用方式。

新民北牵引变电所引入 2 路 220 kV 电源供电，220 kV 电源侧采用线路变压器组接线，2×27.5 kV 侧采用单母线分段接线，新增电气设备采用户内气体绝缘开关柜（GIS）布置，高压室预留馈线位置，馈线断路器采用上下行馈线断路器备用方式。

通大铁路电气化所建的新兴隆、北甘旗牵引变电所引入 2 路 220 kV 电源供电，220 kV电源侧采用带跨条的接线方式，27.5 kV 侧采用单母线隔离开关分段接线，馈线断路器采用固定备用方式。

通霍铁路电气化所建的通辽西牵引变电所引入 2 路 220 kV 电源供电，220 kV 电源侧采用带跨条的接线方式，27.5 kV 侧采用单母线隔离开关分段接线，馈线断路器采用固定备用方式。

新建分区所高压设备采用户内空气绝缘开关柜（AIS）布置。改建的通大铁路通辽开闭所新增设备采用户内空气绝缘开关柜（AIS）布置，利用高压室预留馈线位置。

新建薛驼子、木里图牵引变电所设 2 台变压器，采用固定备用、V/V 接线、油浸自冷方式，预留风冷条件。各牵引变电所变压器安装容量：薛驼子为 2×(20+20) MV·A、木里图为 2×(20+20) MV·A。新民北增容为 2×(50+40) MV·A。新兴隆增容为 2×(40+50) MV·A、北甘旗增容为 2×(40+50) MV·A。通辽西增容为 2×(40+50) MV·A。

新建牵引变电所和分区所，京沈客运专线新民北牵引变电所，通大铁路新兴隆和北甘旗牵引变电所，通霍铁路通辽西牵引变电所和通辽开闭所采用牵引供电远动系统。在沈阳铁路局既有客专牵引供电调度所增设 1 个牵引供电调度台，对本线新建和改建的牵引供电设施进行调度管理。

接触网悬挂，正线接触网采用全补偿弹性链型悬挂，联络线、动车走行线、动车存车线采用全补偿简单链型悬挂。正线接触网悬挂结构高度一般为 1 600 mm，站线、北京方向上下行联络线、动车走行线接触网悬挂结构高度一般为 1 400 mm。正线接触线采用 CTS-150 型导线，张力为 25 kN，承力索采用 JTMH-120 型绞线，张力为 20 kN；站线、动车走行线、动车存车线接触线采用 CTS-120 型导线，张力 15 kN，承力索采用 JTMH-95 型绞线，张力为 15 kN。正线接触线悬挂点高度一般为 5 500 mm。正线道岔采用无交叉线岔方式，其余道岔采用交叉线岔布置。附加导线采用铝包钢芯铝绞线。

接触网绝缘泄漏距离按重污区设计，一般不小于 1 400 mm；上下行接触网带电体间的距离正常情况下不小于 2 000 mm、困难时不小于 1 600 mm。正线腕臂采用棒式瓷质绝缘子，其抗弯强度不小于 16 kN。在车站、下锚、锚段关节、软横跨、分段绝缘器等处采用复合绝缘子，供电线、加强线采用复合绝缘子。

接触网支柱，路基区段腕臂柱采用钢筋混凝土等径圆支柱；箱梁桥上腕臂柱采用热浸镀锌 H 型钢柱，T 梁桥上腕臂柱一般采用热浸镀锌格构式钢支柱；T 梁桥有声屏障区段的中间柱采用环形等径钢管支柱；车站及多线并行区段采用线间立 H 型钢柱，线间距受限处采用钢管硬横梁，硬横梁一般采用钢管硬横梁+倒立柱，硬横跨吊柱一般采用热浸镀锌矩形钢管吊柱。通辽站既有线改建采用通霍铁路既有技术标准,车站雨棚地段接触网支柱与雨棚柱合架。彰武站普速场改建采用通大铁路既有技术标准。

正线区段接触网支柱标准跨距一般为 60 m、最大不超过 65m;箱梁桥上支柱跨距根据具体情况确定、一般为 48 ~ 50 m。新建车站两端设绝缘锚段关节,供电臂中部设绝缘锚段关节。正线绝缘、非绝缘锚段关节一般采用五跨锚段关节,普速改建区段一般采用四跨锚段关节。正线区段的锚段长度一般不大于 2 × 700 m,站线的锚段长度一般为 2 × 800 m、困难时不大于 2 × 850 m。附加导线的锚段长度一般不大于 2 000 m。

接触网下锚采用全补偿方式,正线和站线接触网下锚采用棘轮下锚和铁坠砣,采用两跨式防窜防断中心锚结。普速线路改造区段一般采用滑轮下锚,改造条件受限时采用防窜不防断中心锚结。

5.40.2　电力工程

全线新设 1 条一级负荷 10 kV 贯通线和 1 条综合负荷 10 kV 贯通线。新建 10 kV 贯通线采用铜芯电力电缆,分别沿铁路两侧敷设。

新设章古台站、甘旗卡站、木里图站、彰武站 10 kV 配电所,从地方变电站接引 2 路独立的 10 kV 电源,分别为本站和相邻区间 10 kV 贯通线供电。利用京沈客运专线所建的新民北站 10 kV 配电所、姚家窝堡线路所 10 kV 箱式变电站向本线和本站供电。利用既有通辽西 66/10 kV 变配电所向本线供电,并向新建通辽站 10 kV 配电所提供电源。在通辽动车组存车场整备库新建 1 座 10 kV 变配电所,从通辽 10 kV 配电所接引电源。

在设有变配电所的新民北、彰武、甘旗卡、章古台、木里图、通辽站站房内设10/0. 4 kV 变电所为车站综合负荷供电,电源引自变配电所的站馈线;在田家窝堡线路所设 10/0. 4 kV 变电所,从新民北 10 kV 变电所站馈线接引电源为本所供电。通辽站动车存车场及整备库内新设 10/0. 4 kV 变电所供电,从通辽 10 kV 变电所站馈线接引电源。

本线车站通信信号等一级用电负荷设室内 10/0. 4 kV 专用变电所供电,分别从 2 路 10 kV 贯通线接引电源。高速和普速铁路共用的车站信号楼内,其普速铁路部分的通信信号设备用电负荷设箱式变电站供电,从大郑铁路的 2 条 10 kV 贯通线各接引 1 路电源。

站内维修车间/工区等用电负荷设 10/0. 4 kV 变电所供电,从变配电所站馈线接引电源。

牵引变电所、分区所自用电就近从综合负荷 10 kV 贯通线 T 接 1 路电源供电,另一路电源由牵引供电系统供给。

本线区间通信信号等一级用电负荷设箱式变电站供电,分别从 2 路 10 kV 贯通线接引电源。本线区间其他用电负荷,根据负荷分布和负荷性质,在负荷集中处设箱式变电站供电,从综合负荷 10 kV 贯通线接引 1 路电源。

新建变配电所采用综合自动化系统,全线新设电力远动系统,并在通辽供电段设复示终端,纳入沈阳铁路局电力调度中心管理,对改造或还建的大郑铁路新增的电力设施纳入既有大郑铁路的电力远动系统,并上传至通辽供电段电力调度中心。

5.40.3　通信工程

长途通信线路，沿正线铁路两侧各敷设 1 条 48 芯单模光缆；通辽站信号楼至动车存车场信号楼间沿铁路两侧各敷设 1 条 48 芯单模光缆；田家窝线路所至姚家窝线路所间沿铁路两侧各敷设 1 条 32 芯光缆；通辽站至通辽通信站间利用管道新设 2 条 48 芯光缆。

根据信号专业新设安全数据网组网需求，在田家窝线路所至特定信号中继站间新设 2 条 12 芯光缆；为满足综合视频监控系统组网的需要，在信息采集节点与相邻传输节点间设 1 条 12 芯光缆。车站通信机房到站内综合维修车间/工区等信息接入点根据需要设 1 条不同容量的光缆，构成站内环行光缆网络。

传输系统，全线新设 SDH 10 Gbit/s 骨干（汇聚）传输系统，在通辽通信站和通辽、甘旗卡、彰武、新民北站通信机械室设 SDH 10 Gbit/s 设备，用新建 2 条 48 芯光缆中的各 2 芯光纤构成复用段 1 + 1 保护。并通过不同径路的传输通道引入到沈阳铁路局通信站。

新设 SDH 2.5 Gbit/s 车站接入网系统，沿线各车站（含预留车站）和线路所设 SDH 2.5 Gbit/s设备。利用新建 2 条 48 芯光缆中的各 2 芯光纤构成复用段 1 + 1 保护。在同一车站将所设的 SDH 2.5 Gbit/s 设备通过 SDH 2.5 Gbit/s 光接口与 SDH 10 Gbit/s 设备互联。并在新民北站将所设的 SDH 10 Gbit/s 和 SDH 2.5 Gbit/s 设备分别与京沈客运专线所设的 SDH 10 Gbit/s 和 SDH 2.5 Gbit/s 设备互联；在姚家窝堡线路将所设的 SDH 2.5 Gbit/s 设备与京沈客运专线所设的 SDH 2.5 Gbit/s 设备互联。

预留的木里图和章古台站是大郑铁路的既有车站，由于线路占压还建信号楼和站房，在本线还建信号楼高速部分的通信机械室所设的 SDH 2.5 Gbit/s 设备与大郑铁路普速部分通信机械室的 SDH 2.5 Gbit/s 设备互联。甘旗卡站为高速与普速铁路的共用车站，在还建的高速和普速共用信号楼高速部分通信机械室新设的 SDH 2.5 Gbit/s 设备与大郑铁路还建的既有 SDH 2.5 Gbit/s 设备互联。

新设 SDH 622 Mbit/s 区间接入网系统，在区间通信基站、信号中继站、牵引变电所、分区所等信息接入点设 SDH 622 Mbit/s 设备，利用新建 2 条 48 芯光缆中各 4 光纤构成 2 个 SDH 622 Mbit/s 2 纤复用段保护环（GSM-R 通信基站和信号中继站传输环、区间牵引供电接入节点传输环），并接入车站 SDH 2.5 Gbit/s 设备。

在与大郑铁路并线区段，利用新建 2 条 48 光缆中的各 4 芯光纤构建 2 个 SDH 622 Mbit/s 2 纤通道保护环（区间牵引供电接入节点传输环、信号中继站传输环），接入就近车站 SDH 2.5 Gbit/s 设备。

在沿线车站、站内牵引变电所、电力配电所、维修车间/工区、公安派出所等信息接入点设 SDH 622 Mbit/s 设备，利用新建光缆构建 SDH 622 Mbit/s 2 纤通道保护环，并分别接入本站 SDH 2.5 Gbit/s 设备。

新设传输网络管理系统，在既有通辽通信站设传输网管设备，在彰武车间、锦州通信站、沈阳通信站设网管复示终端，对传输和接入网进行各项管理，并接入沈阳铁路局通信综合网管系统。

电话交换系统，利用通辽通信站既有程控电话交换机，根据需要扩容相关设备，并新设 1 套 OLT 设备;沿线各车站、线路所、信号中继站、综合维修车间/工区、牵引变电所、分区所、电力配电所、动车存车场、公安派出所等信息接入节点设光网络单元(ONU),沿线新增自动电话用户通过 ONU 设备及接入网系统接入通辽通信站的 OLT 设备和程控电话交换机。通过统一编号组网,纳入沈阳铁路局既有铁路电话交换网,实现与既有铁路电话专网的互通。

新设数据网系统,利用沈阳铁路局的既有核心网路由器,利用通辽通信站既有汇聚路由器,利用京沈客运专线设在新民北的汇聚路由器,沿线各车站(含预留车站)新设接入路由器等配套设备,负责本地数据的接入与交换,接入路由器之间通过光纤联接,接入路由器与汇聚路由器与间通过传输通道联接。按管辖范围和隶属关系分别接入新民北、通辽通信站汇聚路由器,并通过既有 OTN 网络上联至铁路局的核心路由器,实现数据业务的汇聚与转发。

调度通信系统,本线大多数车站均与既有通大铁路车站共站,在通大、通霍铁路电气化改造工程中已将既有数字调度通信系统改造为与 GSM-R 移动通信兼容的车站调度交换机,维持既有。在还建的木里图、章古台、甘旗卡站信号楼设倒替用的车站型调度通信交换机及配套设备。在本线田家窝线路所、彰武站客专信号楼、甘旗卡客专信号楼、通辽站客专信号楼新设车站型调度通信交换机、调度分机和车站值班台等配套设备,构建 1 个数字调度环,分别接入沈阳路调度所既有主备用调度交换机和调度通信系统,并增设相应的调度台设备,由京沈客专调度二台管辖本线行车调度指挥。

新设 GSM-R 移动通信系统,利用沈阳铁路局既有 GSM-R 核心网设施,在通辽通信站新设基站控制器(BSC),在与大郑铁路并线区段利用大郑铁路所设的通信基站;在非并线区段新设通信基站,采用单网非冗余覆盖方式组网,通过传输通道接入归属的基站控制器和铁路局 GSM-R 交换机。区间弱场区采用光纤直放站、漏泄电缆和天线方式增强,以满足无线场强覆盖和信息传输的需要。完成调度通信、调度命令信息和无线车次号校核信息传送等功能。

在京沈客专正线的(姚家窝堡线路所至新民北站)、新民北站至田家窝堡线路所、田家窝堡线路所至姚家窝堡线路所所围成的三角区域,在田家窝线路所处增设通信基站,增加无线场强的覆盖范围,使其满足无线场强覆盖指标要求。

在通辽枢纽的通信基站布设和频率规划应充分考虑枢纽内相关线路的建设情况,统筹规划 GSM-R 系统组网。本线在通辽枢纽利用通大、通霍电气化改造工程所设的通信基站。在通辽站设 GSM-R 室内覆盖系统,在动车存车场设库内定向天线来解决库内无线场强覆盖。

通辽联络线在彰武至章古台间与通大铁路交叉并线,为增强无线场强覆盖,本线在两线交叉点处设通信基站,使其满足无线场强覆盖指标要求。

会议电视系统,采用 H. 323 标准协议构建本线会议电视系统平台,沿线车站、维修车间/工区设会议电视分会场设备,接入沈阳铁路局既有会议电视中心设备和网管系统。

应急通信系统,在通辽、彰武新设应急通信系统现场接入设备;沿线区间平均 5 ~ 7 km 设 1 处区间接入点,事故现场至区间接入点的信息传送采用有线与无线结合方式。利用传输通道接入沈阳铁路局既有应急通信指挥中心系统及设备。

通信电源，沿线各通信设备机房设 48 V 高频开关电源和蓄电池组及 UPS 不间断电源，并设电源和机房环境监控系统及采集设备，在通辽通信站设电源及机房环境监控中心设备，沿线通信信号车间、电务段设电源及环境监控复示终端，纳入沈阳铁路局既有通信综合网管系统，实现对电源和机房环境条件的监控。

5.40.4　信号工程

车站联锁，正线新建彰武站、甘旗卡站、通辽站、田家窝线路所、通辽动车存车场新设硬件冗余型计算机联锁设备和智能信号电源屏；既有木里图站普速场、甘旗卡站普速场、章古台站普速场还建信号楼室内新设硬件冗余型计算机联锁设备和智能信号电源屏，室外电缆割接接续使用。彰武站普速场移位新建，新设硬件冗余型计算机联锁设备和信号电源屏。新民北站、姚家窝堡线路所新设计算机联锁设备由京沈客专工程统筹实施，根据需要修改设备软件。通辽南到达场、北西线路所既有联锁设备根据站场改造方案利旧改造。通霍铁路电气化工程的通辽普速场及北场根据本线建设方案，变更设计新设计算机联锁设备。综合维修工区有关道岔纳入邻近车站联锁设备集中控制。

根据车站（场）道岔设计类型，配备相应的道岔转辙装置和转辙机。正线上的道岔采用外锁闭、多点牵引控制方式。高速道岔和提速道岔新设配套外锁闭装置。正线直向通过时速 160 km 及以上的道岔设密贴检查器。本线处于严寒地区，为减少因降雪、结冰对道岔转辙动作的影响，正线车站列车进路上的道岔（含联动道岔）设道岔融雪设备。道岔融雪设备应具有自检、诊断、报警、远程监控和管理等功能，通过接口将检测信息提供给电务监测系统。

正线新建彰武站、甘旗卡站、通辽站、田家窝堡线路所、通辽动车存车场采用与区间相同制式的 ZPW-2000 有绝缘移频轨道电路，由列控中心编码控制，轨道电路发送器采用1 +1冗余配置、接收器采用双机并用方式。综合维修工区轨道区段采用高压脉冲轨道电路。

移位新建彰武站普速场维持既有标准采用 97 型 25 Hz 相敏轨道电路叠加 ZPW-2000 电码化，正线采用预叠加、侧线占用采用叠加发码方式。既有木里图站普速场、甘旗卡站普速场、章古台站普速场站内采用 97 型 25 Hz 相敏轨道电路叠加 ZPW-2000 电码化，正线采用预叠加、侧线占用采用叠加发码方式，室外不动的设备按电气化区段防护标准利旧改造。其他改建既有站的轨道电路维持既有标准，根据各站改建情况按电气化区段防护标准进行修改。

站内 ZPW-2000 轨道电路干线电缆采用铝护套数字信号电缆，分支电缆采用综合护套数字信号电缆；室外信号设备采用铝护套信号电缆，分支电缆采用综合护套信号电缆。

运输调度指挥系统，新建正线采用调度集中（CTC）系统，在新建彰武站、甘旗卡站、通辽站、田家窝堡线路所、通辽动车存车场新设 CTC 分机设备、网络信息安全和通道质量监督等配套设备；新民北接轨站、姚家窝堡线路所新设 CTC 分机等配套设备由京沈客专工程统筹实施；既有木里图站普速场、甘旗卡站普速场、章古台站普速场、移位新建的彰武站普速场新设 CTC 分机设备、网络信息安全及通道质量监督等配套设备。通辽南到达场既有TDCS分机设备结合站场变化利旧改造。按照调度区划分,通过调度网将调度分机等设备接入沈阳铁路局调度所CTC/TDCS总机系统,本线由京沈客专调度二台管辖,并增设相应的应用和通信服务器、CTC-TSRS接口服务器等配套设备。本线涉及既有改建的彰武、章古台、甘旗卡、木里图等普速场维持既有调度区划和行车调度台管辖不变;涉及的其他既有线段改造维持既有调度指挥系统方式和调度台管辖不变。

列车运行控制系统,正线采用CTCS-2级列控系统,京沈客专采用CTCS-3级列控系统,因本线在姚家窝堡线路所、新民北站与京沈客专接轨,故在田家窝堡线路所和邻近信号中继站间设CTCS-2/3级级间转换点。对应京沈客专调度二台新设1套临时限速服务器(TSRS)(由京沈客专工程统筹实施),负责本线列车的临时限速管理。在新建彰武站、甘旗卡站、通辽站、田家窝堡线路所、通辽动车存车场和预留站(章古台、木里图站)及信号中继站新设安全信息网接入设备、列控中心(TCC)、应答器、电子编码单元(LEU)等设备。新民北站、姚家窝堡线路所新设列控中心等设备由京沈客专工程统筹实施。本线涉及的其他既有站列控中心设备等利旧修改。TCC之间通过安全数据网联接,实现TCC之间及与车站联锁、TSRS之间的安全信息传输。所设的列控中心具备轨道电路编发码、运行方向控制、信息采集、站间安全信息传输和应答器报文实时组帧、存储及调用等功能。

区间自闭制式,正线区间采用四显示自动闭塞,正向按追踪间隔运行、反向采用自动站间闭塞行车,不设区间地面通过信号机,在区间闭塞分区分界点设信号标志牌,列车运行以列控车载设备显示作为行车凭证。通辽动车存车场与通辽站间采用自动闭塞。

既有新建联锁设备的木里图、甘旗卡、章古台车站区间闭塞制式维持既有,在所辖自动闭塞区段增加继电器搭建的逻辑电路,增加信号系统对区间占用逻辑检查功能。

正线区间采用ZPW-2000系列无绝缘移频轨道电路,其发送设备按1+1冗余配置,接收设备采用双机并用方式。ZPW-2000轨道电路干线电缆采用铝护套数字信号电缆或铝护套内屏蔽数字信号电缆,分支电缆采用综合护套数字信号电缆。干线电缆的有效传输长度一般不大于10 km。

新设信号集中监测系统,沿线各新建车站(含预留站)、线路所和信号中继站设集中监测分机设备,新民北站和姚家窝堡线路所所设集中监测分机设备与京沈客专工程统筹实施;既有木里图站、甘旗卡站、章古台站普速场及彰武站普速场新设集中监测分机设备,通辽南到达场既有集中监测分机利旧改造;综合维修车间/工区设集中监测终端设备,按照隶属关系,通过监测网接入通辽电务段集中监测总机系统,根据需要增设相应的配套设备。实现对CTC、列控和联锁设备及信号其他基础设施的实时监测。

新民北至通辽站、北京方向联络线沿铁路两侧各设1条贯通地线,在电气特性上全程贯通,接地电阻不大于1 Ω。并利用沿线桥梁、隧道、路基地段构筑物设施内的接地装置作为接地体,形成低阻综合接地平台。沿线轨旁信号设备安全接地后就近与贯通地线等电位连接。

沿线信号设备房屋设防雷电、电磁兼容和综合接地防护系统,并与贯通地线等电位连接。

参加线路工程施工的有中铁九局、十四局集团,中交一公局等单位。中铁建电气化局等单位承担电气化、通信信号和电力等四电集成工程的施工。

线路工程于 2016 年 6 月正式开工。2018 年 5 月 22 日完成全线铺轨。四电工程于 2017 年 3 月 2 日正式开工。2018 年 7 月 30 日完成四电工程静态验收,2018 年 8 月 18 日全线接触网送电。2018 年 8 月 20 日开始联调联试。2018 年 10 月 25 日进行运行试验。2018 年 12 月 29 日正式开通运营。

5.41　北京至沈阳客运专线

新建京沈客运专线,起自北京铁路枢纽的星火车站,向东北延伸,途经北京市顺义、怀柔、密云,河北省承德、平泉,辽宁省朝阳、北票、阜新、新民等市县(区),然后沿既有沈山铁路引入沈阳枢纽,分别接入既有沈阳站、沈阳北站,正线全长 696.4 km(图 5.41),其中新建双线长 691.4 km、利用和改建既有线 5 km。北京市内线路长 98.4 km,桥隧占比为 81.6%;河北省内线路长度 191.6 km,桥隧占比为 86.65%;辽宁省内线路长 406.4 km,桥隧占比为 70%。全线新设北京星火、顺义西、怀柔南、密云东、兴隆西、安匠、承德南、承德县北、平泉北、牛河梁、喀左、奈林皋、朝阳北、北票东、乌兰木图、阜新北、黑山北、新民北、古城子、沈阳等车站。改建沈阳枢纽既有大成站和皇姑屯站。工程范围还包括沈阳枢纽丁香湖京沈客运专线至秦沈客运专线联络线上行长 1.5 km、下行长约 2 km;秦沈客运专线至京沈客运专线联络线上行长约 2.1 km、下行长约 2.5 km;秦沈与沈山联络线上行长约 0.7 km、下行长约 1.7 km。以及沈阳枢纽因京沈客运专线引入引起的沈山及大成至于洪联络线相应改建。赤峰联络线接轨位置变化引起的局部调整,星火车站站房、雨棚和相关配套工程完善等。

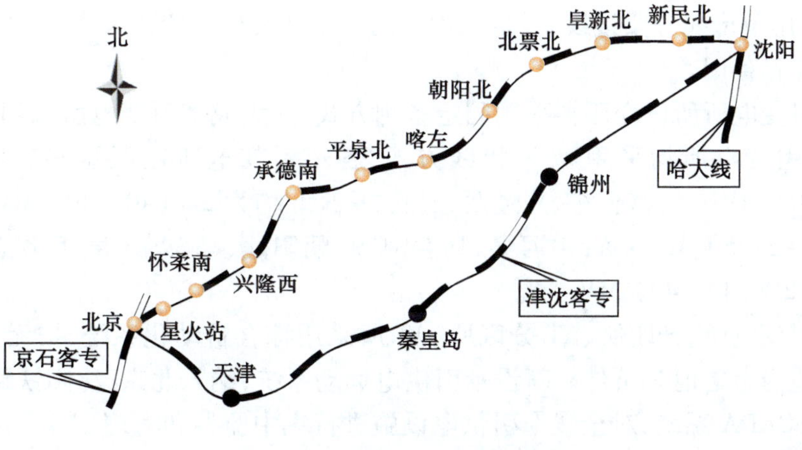

图 5.41　京沈客运专线示意图

新建京沈客运专线是《中长期铁路网规划》“四纵四横”客运专线主骨架京哈高速铁路的重要组成部分,它与哈大客运专线构成了沈阳和我国东北地区进关内的第二条快速铁路通道,也是沟通东北、华北、华东、中南等地区的重要通道和经济纽带。它的建成开通,可以与既有京哈铁路、秦沈和津秦客运专线实现科学分工、合理布局,共同构成进出关的多条铁路通道,同时大幅提高进出关铁路通道运输能力、运输质量和运输机动灵活性,通过与京沪、京广等高速铁路的有效衔接,进一步拓展快速客运网覆盖面,形成东北地区通往全国各地高效、便捷的快速客运网络。

京沈客运专线的建设单位是京沈客运专线京冀公司、京沈客运专线辽宁公司,设计单位是铁道第三勘察设计院有限公司。线路主要技术标准:铁路等级,客运专线;正线数目,双线;正线线间距,5m;最大坡度,20 ‰、困难地段不大于 30 ‰;最小曲线半径,7 000 m,到发线有效长度,650 m;列车运行控制方式,自动控制;行车指挥方式,综合调度集中;设计行车速度,350 km/h;牵引种类,电力牵引(AT 供电方式);机车类型,动车组。

5.41.1　电气化工程

牵引供电系统,正线采用 AT 供电方式;动车走行线、动车所采用带回流线的直接供电方式。全线新设星火、密云东、兴隆西、安匠、承德县北、平泉北、牛河梁、乌兰河硕、朝阳北、马友营、阜新北、黑山北、新民北、大成等牵引变电所;新设星火动车运用所开闭所;新设顺义、梨花顶隧道、李家庄、承德南、柳树底下、局界,以及刘家窝铺、任家杖子、三家窝铺、汤头河、申德营子、绕阳河、兴隆店等 AT 分区所;新设温榆河、怀柔南、巨各庄、六道沟、八道河、柴河、柴家泉、姚家弯子、姚家营、西河、刘家庄,以及大王杖子、大营子、喀左、奈林皋、北地、下桃花吐、北票东、平房子、伊马图河、新邱、下石土特大桥、钮坨子、小獾洞、辽河、古城子等 AT 所。并新设十几处接触网开关控制站。

新建牵引变电所引入 2 路独立可靠的 220 kV 电源供电,220 kV 电源侧采用线路变压器组接线。星火、兴隆西、安匠、承德县北牵引变电所 220 kV 电源侧设备采用全封闭组合电器(GIS)户内布置,其他牵引变电所 220 kV 电源侧设备采用户外中型布置;2 × 27.5 kV 侧采用单母线分段接线,设备采用户内 GIS 开关柜布置,2 ×27.5 kV 上下行线路馈线断路器互相备用。

新建牵引变电所所设变压器采用固定备用方式,除大成牵引变电所采用 V/Y 接线方式外,其他牵引变电所均采用 V/X 接线方式,各牵引变电所变压器安装容量:星火为 2 ×(31.5 +40) MV · A,密云东、兴隆西、安匠、平泉北均为 2 ×(40 +40) MV · A,承德县北为 2 ×(40 +31.5) MV · A;牛河梁、乌兰河硕、朝阳北、马友营、阜新北、黑山北、新民北、大成均为 2 ×(40 +40) MV · A。

新建牵引变电所、开闭所、AT 分区所、AT 所采用综合自动化系统,按无人值班设计,牵引变电所适当考虑值守条件。新设牵引供电远动系统,纳入北京、沈阳铁路局客运专线电力调度所 SCADA 系统,对全线牵引供电设施进行集中监控和管理。

接触网悬挂,正线接触网采用全补偿弹性链型悬挂,站线、渡线、联络线、动车走行线采用全补偿简单链型悬挂,正线接触悬挂结构高度一般为 1 600 mm。正线接触线采用 CTMH-150 型铜镁合金导线,张力 25 ~30 kN,承力索采用 JTMH-120 型铜镁合金绞线,张力 20 ~21 kN;站线、联络线、动车走行线接触线采用 CTMH-120 型铜镁合金导线,张力 15 kN,承力索采用 JTMH-95 型铜镁合金绞线,张力 15 kN。正线接触线悬挂点高度为

5 300 mm,星火动车所、星火动车走行线接触线悬挂点高度为 6 000 mm。道岔处接触悬挂方式,与正线相交的道岔采用无交叉方式,与非正线交叉的道岔采用交叉线岔方式。附加导线采用铝包钢芯铝绞线。

接触网绝缘泄漏距离不小于 1 600 mm,上下行接触网带电体间的距离正常情况下不小于 2 000 mm、困难时不小于 1 600 mm,以满足"V"停抢修的需要。新建线路腕臂绝缘子一般采用棒形柱式复合绝缘子,抗弯强度不小于 16 kN。正线接触悬挂下锚等处一般采用棒形复合绝缘子,补偿下锚侧均采用棒形复合双重绝缘子。正馈线、供电线悬挂一般采用棒形复合绝缘子。采用带空气间隙绝缘中性段的锚段关节式电分相,在电分相列车前进方向设置电动隔离开关,纳入相应牵引变电所、分区所控制,其他接触网上隔离开关均采用电动操作方式,并纳入远动系统控制。

接触网支柱,路基地段和桥上的腕臂柱采用热浸镀锌 H 型钢柱。车站和跨越多股道时优先采用线间立柱,当线间距不满足立柱时一般采用轻型硬横梁和钢柱。星火动车所、动车走行线多股道并行时采用软横跨结构。单独架设供电线的支柱采用热浸镀锌格构式钢柱。

新建线路的路基区段接触网支柱跨距一般为 55 m,最大不大于 60 m,相邻跨距之差不大于 10 m;桥支柱跨距一般为 50 m;隧道内跨距一般不大于 50 m。正线锚段长度不大于 2×700 m,站线、星火动车所、动车走行线锚段长度一般不大于 2×800 m、困难时不大于 2×850 m。附加线锚段长度一般不大于 2 000 m。

正线接触网下锚采用全补偿方式。隧道内下锚,接触线和承力索分开下锚,承力索先下锚、接触线后下锚。正线上采用两跨防窜防断中心锚结,站线上一般采用两跨防窜防断中心锚结,条件受限时采用防窜不防断中心锚结。

在牛河梁、喀左、朝阳北、北票东、阜新北、黑山北、新民北等车站设供电工区;在阜新北、朝阳北设供电车间,负责本工程接触网和电力设施的运行维护和应急事故抢修。

5.41.2　电力工程

星火站至皇姑屯站新设 1 条一级负荷 10 kV 贯通线和 1 条综合负荷 10 kV 贯通线,新建一级负荷 10 kV 贯通线采用截面为 70 mm^2的铜芯电力电缆,新建综合负荷 10 kV 贯通线采用截面为 95 mm^2的铜芯电力电缆,分别沿铁路两侧预制的电缆槽敷设。

新设星火站、星火动车运用所、顺义西站、密云东站、兴隆西站、安匠站、承德南站、承德县北站、平泉北站、牛河梁站、喀左站、奈林皋站、朝阳北站、北票东站、乌兰木图站、阜新北站、黑山北站、新民北站、古城子站、沈阳北动车运用所等 10 kV 配电所,每座新建10 kV配电所引入 2 路10 kV 电源供电。改造沈阳西66 kV 铁路变电所,引入第2 路66 kV 电源,为古城子 10 kV 配电所提供2 路 10 kV 电源。怀柔南站站房变电所引入 2 路 10 kV 电源。

设有 10 kV 配电所的车站其综合负荷设站内 10/0.4 kV 综合变电所供电,从配电所站馈线接引电源;没设 10 kV 配电所的车站其综合负荷设站内 10/0.4 kV 综合变电所,从地方电网接引 2 路 10 kV 电源供电。

车站通信信号等一级负荷设室内 10/0.4 kV 通号变电所供电,电源分别引自 2 路 10 kV 贯通线。区间通信信号等一级负荷设箱式变电站供电,电源分别引自 2 路 10 kV 贯通线。

隧道照明用电负荷,在隧道预留的洞室内设箱式变电站供电,从综合负荷 10 kV 贯通线接引电源。

区间其他用电负荷,根据负荷分布及负荷性质,在负荷集中处设箱式变电站供电,优先从地方电网接引电源供电,无条件接引地方电源的从综合负荷 10 kV 贯通线接引电源供电。

新建电力变(配)电所采用综合自动化系统,按无人值班设计。新设电力远动系统,按电力调度属地化管理范围,纳入本线的 PSCADA 系统,并分别在各供电段设复示终端,对供电设施进行集中监控。

5.41.3 通信工程

长途通信线路,全线沿新建铁路两侧各敷设 1 条 48 芯单模直埋光缆。星火站沿既有东南环铁路至丰台通信站利用既有管道敷设 1 条 96 芯光缆;星火站至小井村 1 号线路所敷设 1 条 12 芯光缆;星火动车所至动车所检修库敷设 1 条 12 芯光缆。承德南站至承德东站沿既有京承铁路敷设 1 条 48 芯光缆。朝阳通信站至京沈正线敷设 2 条 12 芯光缆。皇姑屯至沈阳站、沈阳北站、沈阳铁路局调度所根据需要敷设不同容量的光缆。

站场内各信息接入点间敷设 1 条 24 芯光缆,构成站场内环型光网络。干线光缆到区间通信基站、牵引变电所、信号中继站分别敷设 1 条 12 芯光缆;光纤直放站远端机至近端机之间根据需要敷设不同容量的光缆;为满足综合视频监控系统组网的需要,区间采集点至传输节点间敷设 1 条 8 ~ 12 芯光缆。全线 5 km 及以上的隧道两侧分别敷设 1 条 3 × 4 ×0.9 的低频对称电缆,以满足隧道救援固定电话组网的需要。

传输系统,新设 SDH 10 Gbit/s 长途骨干传输系统,在星火站(星火动车所)、各新建车站及皇姑屯站新设 SDH 10 Gbit/s 设备,利用新建 2 条 48 芯光缆构成复用段 1 + 1 保护。在皇姑屯站将新设的 SDH 10 Gbit/s 与既有 SDH 10 Gbit/s 设备相联。星火站至北京铁路局调度所的通道利用北京地区既有 SDH 10 Gbit/s 枢纽传输环。

新设 SDH 2.5 Gbit/s 车站接入网系统,各车站(线路所)及星火动车所新设 SDH 2.5 Gbit/s设备,利用新建 2 条 48 芯光缆构成复用段 1 + 1 保护。在皇姑屯站将新设的 SDH 2.5 Gbit/s 设备与既有 SDH 2.5 Gbit/s 设备相联。在沿线各车站将所设的 SDH 2.5 Gbit/s 设备与 SDH 10 Gbit/s 设备通过光接口互联,并在北京通信段、供电段等处及承德工务段新设 SDH 2.5 Gbit/s 设备,利用通信站至各信息点的既有光缆通道联接。在既有朝阳通信站新设 SDH 2.5 Gbit/s 设备,利用新设光缆与朝阳北站新设的 SDH 2.5 Gbit/s 传输系统相联。沈阳枢纽京沈客专与秦沈客专联络线的线路所新设 SDH 2.5 Gbit/s 设备,接入秦沈客专传输系统。

新设 SDH 622 Mbit/s 区间接入网系统,沿线 GSM-R 区间通信基站、牵引变电所、分区所和 AT 所、信号中继站等信息接入点新设 SDH 622 Mbit/s 设备,利用新建 2 条 48 芯光缆中的各 6 芯光纤分别构建 3 个 SDH 622 Mbit/s 2 纤双向复用段保护环,其中 GSM-R 系统组建 2 个传输环(包括沿线通信基站及信号中继站),区间牵引供电专业各节点组建 1 个传输环,接入车站所设的 SDH 2.5 Gbit/s 设备。

站内电力配电所、综合维修车间/工区、公安派出所、站房等信息接入点新设

SDH 622 Mbit/s 设备，利用站内新设光缆构成 SDH 622 Mbit/s 2 纤通道保护环，并分别接入本站 SDH 2.5 Gbit/s 设备。

在北京铁路局网管中心、沈阳通信站新设网元级网络管理系统及网管终端，在锦州网管室、沿线综合维修车间、北京核心网机房新设传输和接入系统网管复示终端，对本线传输系统和设备进行管理。

电话交换系统，利用北京、承德、朝阳、沈阳通信站的既有铁路电话交换机，根据需要扩容接口板及接入端口；在北京、承德南、沈阳通信站和朝阳北站新设光线路终端（OLT）及 ONU 设备，沿线各车站（线路所）、信号中继站、综合维修车间/工区、牵引变电所、分区所、AT 所、电力配电所等处设 ONU 设备，沿线新增自动电话用户通过 ONU 设备及接入网，北京段内的用户接入北京通信站既有程控电话交换机；河北段内的用户接入承德通信站既有程控电话交换机；京沈 DK283 +961 至古城子站（不含）段内的用户接入朝阳通信站既有程控交换机；古城子站（含）至皇姑屯站段内的用户接入沈阳通信站既有程控交换机。通过统一编号，实现与既有铁路电话专网的互通。

新设数据网，利用北京、沈阳铁路局既有核心路由器及沈阳的汇聚路由器；在星火、承德南、朝阳北、新民北站新设汇聚路由器；沿线各车站新设接入路由器及三层交换机，负责本地数据的接入与交换。接入路由器之间采用光纤联接，接入路由器与汇聚路由器之间通过传输通道联接，按管辖范围和隶属关系分别上联至北京、沈阳铁路局的核心路由器，实现数据业务的转发与汇聚。在北京、沈阳通信站新设数据网网元管理系统及设备，在北京、承德通信站及锦州网管中心新设数据网网管复示终端，分别接入所属铁路局的既有综合网管系统，对管辖范围内的数据网设备进行统一管理。

新设数字调度通信系统，利用北京铁路局调度所的既有数字调度通信交换机；在沈阳铁路局调度所新设数字调度通信交换机；在沿线各车站（线路所）新设车站型数字调度通信交换机、调度分机和车站值班台等配套设备。按照铁路局管辖范围和调度区划分分别接入铁路局调度所的中心调度交换机和调度通信系统及新设的本线列车调度台管辖；沈阳枢纽京沈客专与秦沈客专联络线纳入秦沈客专调度通信系统。根据本工程新设调度台情况，在铁路局调度所配置调度员操作终端等设备。通过将调度所调度通信交换机与 GSM-R 交换机的互联，实现有线与无线调度电话的互通。

新设 GSM-R 移动通信系统，利用北京、沈阳铁路局既有 GSM-R 核心网设施，根据需要扩容相关设备；在北京 GSM-R 核心网机房、沈阳通信站新设基站控制器（BSC）、分组控制单元（PCU）及速率适配单元（TRAU）等设备；沿线设区间和车站通信基站，通过传输通道接入所归属的基站控制器（BSC）和铁路局 GSM-R 核心交换机，采用单网交织覆盖方式组网。区间和隧道内弱场区采用光纤直放站、漏泄电缆和天线方式增强，以满足无线场强覆盖及列控系统信息传输的需要，完成调度通信、调度命令、无线车次号校核信息及列控信息传送等功能。

沈阳枢纽内皇姑屯至沈阳站、沈阳北站利用哈大铁路工程所建的既有 GSM-R 系统网络。本线与秦沈客专并线区段的 GSM-R 系统应结合各条铁路实际需要统筹设计，并新设 GSM-R 网络接口监测系统。

在北京 GSM-R 核心网机房和沈阳通信站新设无线网络管理子系统(OMC-R),在北京通信站、锦州网管室等新设光纤直放站管理子系统(OMC-T)和漏缆监测网管系统(OMC-L);在锦州网管室、朝阳和阜新通信车间新设无线网络管理子系统(OMC-R)远程终端设备;在沈阳通信站、朝阳和阜新通信车间新设光纤直放站管理子系统(OMC-T/L)远程终端设备,对系统设备进行监控,为维护人员提供无线网络信息,缩短故障处理时间,并按铁路局管辖范围分别接入北京、沈阳铁路局既有综合通信网管系统。

会议电视系统,沿线各车站、综合维修车间/工区、动车运用所新设会议电视分会场设备,按铁路局管辖范围通过数据网分别接入北京、沈阳铁路局既有会议电视中心和网管系统。

应急通信系统,在星火、承德、朝阳、阜新站和沈阳等处新设应急通信系统现场接入设备,按铁路局管辖范围分别接入北京、沈阳铁路局既有应急通信中心系统。5 km 以上的隧道设应急电话系统,在隧道内避难所及紧急出口处设电话分机设备,利用隧道内新设低频对称电缆接入邻近通信基站设置的报警电话主机设备,再通过传输通道接入铁路局调度所既有救援电话应急控制平台设备。

通信电源,各新建通信设备机房设48 V 高频开关电源和蓄电池及 UPS 不间断电源设备。新设电源和机房环境监测系统及采集设备;星火站、朝阳北站设电源和环境监控中心系统和设备;在北京、承德、锦州、沈阳通信站,沿线通信车间/工区和电务段等处设电源及环境监控复示终端设备。实现对电源及机房环境条件的监控,并接入铁路局既有综合通信网管系统。

5.41.4 信号工程

车站联锁,正线范围内星火站及沿线各新建车站(所)、星火动车所、沈阳枢纽内皇姑屯站、大成站新设硬件安全冗余型计算机联锁设备和信号综合智能电源屏、蓄电池组及 UPS 不间断电源;其他相关既有站联锁设备利旧改造。

根据车站(场、所)道岔设计类型,配备相应的道岔转辙机及转辙装置,并采用断电保护措施。正线上的道岔采用外锁闭、多机分线、分控制方式,并实现挤岔监督报警功能。动车组列车进路上的道岔设融雪装置。直向通过时速 160 km 及以上的道岔尖轨密贴段牵引点设密贴检查装置,监测信息纳入信号集中监测系统。

正线新建车站、星火站动车组到发线所属区段和小井村线路所采用与区间相同制式的 ZPW-2000 有绝缘移频轨道电路,由列控中心编码控制;轨道电路发送设备按1 +1冗余配置、接收设备采用双机并用方式,以实现轨道电路系统的高可靠性。星火动车运用所内采用 97 型 25 Hz 相敏轨道电路叠加 ZPW-2000 系列电码化,采用列控中心编码,正线及侧线采用预叠加发码方式。维修工区岔线道岔区段采用高压脉冲轨道电路,以克服轨道电路分路不良现象。

站内 ZPW-2000 轨道电路干线电缆采用铝护套数字信号电缆,其他信号设备采用铝护套信号电缆。

列车调度指挥系统,采用分散自律型调度集中(CTC) 系统,沿线各车站(所)、星火动车所设 CTC 分机设备、网络安全及通道质量监督等设备。按照铁路局管辖范围和调度区划分,分别接入北京、沈阳铁路局调度所 CTC 总机系统和新设的本线列车调度台指挥,并分别在铁路局调度所增设应用和通信服务器、CTC-TSRS 接口服务器、与无线闭塞中心(RBC)接口服务器等配套设备。数据库服务器、网络和电源等设备利旧,并进行相应调整。北京枢纽、沈阳枢纽及与本线衔接的相关车站维持既有调度台管辖不变。

列车运行控制系统,正线采用 CTCS-3 级(兼容 CTCS-2 级)列控系统,动车走行线和星火动车所采用 CTCS-2 级列控系统。本线在皇姑屯站与哈大客专 CTCS-3 级列控系统贯通,在与秦沈客专衔接处设 CTCS-2/3 级列控系统级间转换点。北京铁路局管段在星火站设无线闭塞中心(RBC)设备和临时限速服务器;沈阳铁路局管段在皇姑屯站设无线闭塞中心(RBC)设备和临时限速服务器,负责本线运行列车的临时限速管理。沿线各车站(所)和信号中继站设列控中心(TCC)、地面电子单元和应答器,采用信号安全信息网,并与相邻铁路信号安全数据网连通。TCC 之间通过安全局域网进行联接,实现 TCC 之间、与车站联锁设备之间的安全信息传输。所设 TCC 具有轨道电路编码、应答器报文实时组帧、站间安全信息传输和方向电路控制、区间信号机点灯控制等功能,根据轨道电路、进路状态及临时限速等信息产生行车许可,通过轨道电路及有源应答器将行车许可传送至列控车载设备。

区间闭塞制式,正线采用四显示自动闭塞,按双线双方向运行,正向采用自动追踪间隔运行、反向按自动站间闭塞行车。区间不设地面通过信号机,在闭塞分区分界点处设区间标志牌,以车载信号显示作为行车凭证。动车走行线按 2 条单线双方向自动闭塞设计,因星火动车所与星火站、小井村线路所间距离较短,不设区间通过信号机。星火枢纽与本线衔接的其他既有线路均维持既有半自动闭塞制式不变。

正线区间采用 ZPW-2000 系列无绝缘移频轨道电路,其发送和接收设备按冗余配置,由列控中心设备编码控制。ZPW-2000 系列轨道电路干线电缆采用铝护套数字信号电缆或铝护套内屏蔽数字信号电缆,电缆的有效传输长度一般不超过 7.5 km,困难地段不超过 10 km,超过规定长度设信号中继站。因本线桥隧较多,所设区间信号中继站应相应配备电源屏和 UPS 不间断电源及电池组。

信号集中监测系统,沿线新建车站(所)、信号中继站设集中监测分机设备和电务综合监督系统;各维修车间、维修工区和车站值班工区分别设集中监测终端设备。按铁路局管辖范围和隶属关系通过监测网分别接入北京、沈阳铁路局相关电务段既有信号集中监测总机系统。实现对 CTC、列控和联锁设备及信号其他基础设施的实时监测。

所设电务综合监督系统通过道岔表示、区段占用、点灯状态、临时限速、区间方向、应答器报文、列车位置、行车许可等关键数据的比对和逻辑分析,监督信号设备运用状态,可实现列控中心、信号联锁、CTC、轨道电路、RBC、TSRS 等设备的车－地闭环综合监测,及时发现不同信号系统间因信息不同步或错误造成的行车安全隐患,并给出报警提示以便采取措施处理。

沿线新建信号设备房屋设防雷电、电磁兼容和综合接地防护系统,与房建工程同步实施,并与贯通地线等电位连接。

综合接地系统,沿铁路两侧分别敷设 1 条截面为 70 mm^2 的铜芯电缆贯通地线,在电气特性上全程贯通,接地电阻不大于 1 Ω。充分利用沿线桥梁、隧道、路基地段构筑物设施内的接地装置作为接地体,形成低阻等电位综合接地平台。沿线轨旁信号设备安全接地后就近与贯通地线等电位连接。

沿线车站设信号值班工区,设4个信号车间(含检修工区),负责对信号系统和设备的运营维护和管理。

参加线路桥隧工程施工的有中铁一局、三局、四局、五局、九局和大桥局集团,中铁建十二局、十六局、十七局、十九局、二十二局集团等单位。中铁电气化局集团等单位承担辽宁段电气化、通信信号和电力四电集成工程的施工。中铁建电气化局、中铁二十一局集团等单位承担京冀段四电工程的施工。

2014年2月28日,位于辽宁省朝阳北票市和阜新阜蒙县的控制工程三棱山单洞双线隧道开工建设,标志着京沈客运专线建设拉开序幕。2014年7月1日辽冀段线路工程正式开工,2015年12月30日北京段线路工程正式开工。2016年9月17日辽宁段开始铺轨。2016年8月19日辽宁段四电集成工程开工。京冀段四电工程于2017年3月开工。2018年3月1日辽宁段开始联调联试。2018年10月30日沈承段开始进行联动调试。2018年11月2日承德南站至平泉北站开始联调联试。2018年12月29日承德南至沈阳段正式开通运营。北京至承德南段2020年10月21日开始联调联试,2020年12月11日开始试运行。2021年1月22日正式开通运营,即全线开通运营。

5.42 成贵铁路乐山至贵阳段

新建成贵铁路(客运专线)乐山至贵阳段,西起四川省乐山市的乐山站,向东途经四川省的犍为县、宜宾市、长宁和兴文县,云南省的威信和镇雄县,贵州省的毕节市、大方和黔西县,东到贵阳市的贵阳东站,大致呈西北东南走向,正线建筑长度514.645 km。其中四川省内258.738 km、云南省内78.635 km、贵州省内177.272 km。而乐山[D1K0 + 229.2(含)]至白云[D2K514 +992.765(不含)]段正线全长505.117 km。全段新设乐山、犍为、泥溪、屏山、宜宾东、长宁、兴文石海、新街、威信、镇雄、毕节、大方、黔西、卫城北、白云等车站。其中白云为接轨站,乐山、宜宾东、毕节考虑客运始发条件,其他车站为客运中间站。该段线路穿越海拔260 m的四川盆地到海拔2 400 m的云贵高原,地质环境条件复杂,新建隧道累计长度230.934 km,新建桥梁累计长度175.828 km,桥隧合计总长406.762 km,占线路总长的80.5%。

成贵客运专线全长632 km(图5.42),其中成都东至乐山站段(约117 km)初期利用成绵乐城际铁路,已于2014年12月20日开通运营,远期计划分线新建。工程范围还包括白云至贵阳北客车联络线(左线6.643 km、右线6.17 km),以及乐山地区、宜宾地区和贵阳枢纽相关工程。成贵客运专线在成都枢纽与西成、成渝客运专线相通,中部在宜宾与规划的绵(阳)遂(宁)内(江)宜(宾)城际铁路和渝昆等快速铁路相接,在贵阳枢纽与所建的贵广及长昆客运专线相连。该段线路的建成开通,沟通了成都和贵阳这两大西南客运中心,构建起我国西部地区快速客运骨干网,形成四川乃至西北地区通往珠三角、长三角等沿海发达地区的快速铁路通道。

成贵客运专线乐山至贵阳段的建设单位是成贵铁路有限责任公司。设计单位是中铁二院工程集团有限责任公司、中铁大桥勘测设计院集团有限公司。线路主要技术标准:铁路等级,客运专线;正线数目,双线;正线线间距,4.6 m;最大坡度,一般地段20‰、困难地段25‰、个别地段30‰;最小曲线半径,一般地段4 000 m、个别地段3 500 m、贵阳枢纽

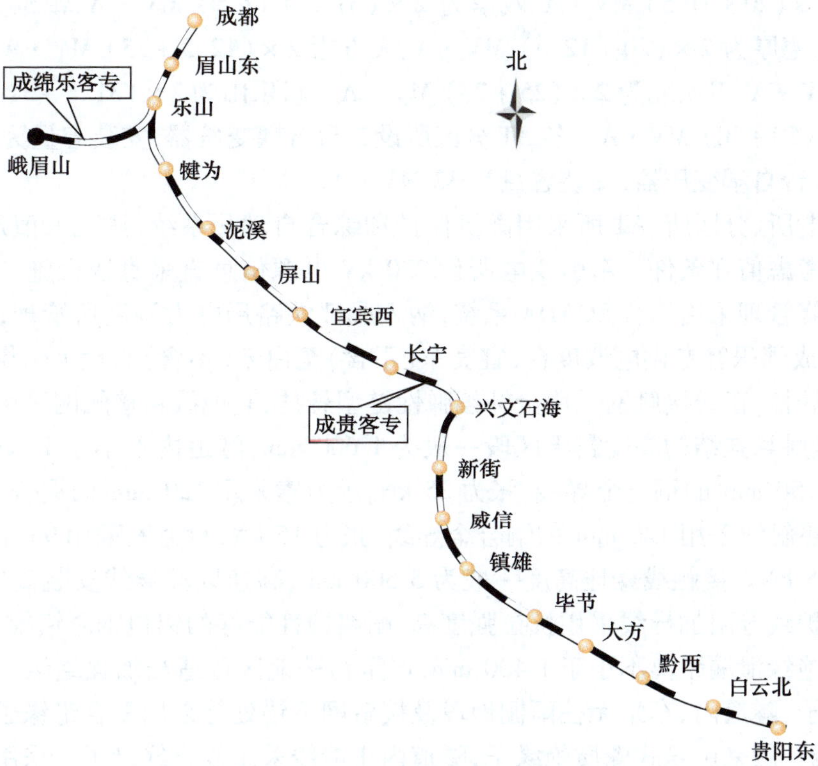

图 5.42　成贵铁路示意图

2 200 m；到发线有效长度，650 m；列车运行控制方式，自动控制；行车指挥方式，调度集中；设计行车速度，250 km/h；牵引种类，电力牵引（AT 供电方式）；机车类型，动车组。

5.42.1　电气化工程

牵引供电正线采用 AT 供电方式。全段新设犍为、屏山、宜宾东、长宁、兴文石海、威信、镇雄、德厚、大方、黔西、卫城北等 AT 牵引变电所，利用成绵乐客运专线的乐山牵引变电所，利用贵广客运专线贵阳北牵引变电所。新设井儿坝、三台村、骑龙坳、打板坳、老林湾、应山岩、文阁、高坡、毕节、西溪河、朱家寨等 AT 分区所，新设磨子山、天谷坝、小冲子、南广河、罗赶坝、水栏村、鸿福寺、玉京山、田坝、长坡、龙家大坡、代家沟、鸭池河、新田等 AT 所。

新建牵引变电所引入 2 路 220 kV 电源供电，220 kV 电源侧采用线路变压器组接线，电气设备采用户外单体中式布置；27.5 kV 及 2×27.5 kV 侧采用单母线接线，电气设备一般采用户外单体中式布置；分区所、AT 所 2×27.5 kV 侧配电装置一般采用户外单体中式布置，位于隧道内的 2×27.5 kV 配电装置采用 GIS 设备。

新建牵引变电所设 4 台变压器，分成 2 组，采用固定备用、三相 V/X 接线、油浸自冷方式，预留风冷条件。各新建牵引变电所变压器近期安装容量：犍为为 2×(20+20) MV·A、屏山为 2×(20+12.5) MV·A、宜宾东为 2×(12.5+25) MV·A、长宁为 2×(12.5+20) MV·A、兴文石海为2×(20+31.5) MV · A、威信为 2×(31.5+12.5) MV · A、镇雄为 2×(20+25) MV · A、德厚为 2×(20+12.5) MV · A、大方为 2×(12.5+25) MV · A、黔西为 2×(25+25) MV · A、卫城北为 2×(25+25) MV · A。新乐山为2×(31.5+31.5) MV · A,贵阳北为2×(50+50) MV · A。各 AT 分区所设 2 台自耦变压器,安装容量为 25 MV · A;各 AT 所设2 台自耦变压器,安装容量为 32 MV · A。

牵引变电所、分区所、AT 所采用微机保护和综合自动化系统,按无人值班设计,牵引变电所适当考虑值守条件。牵引变电所设 220 kV 电源信息直采直送设施。牵引供电远动调度和维修管理采用综合 SCADA 系统,纳入成都铁路局电力调度所管理;乐山至宜宾东(含)纳入成绵乐客专供电调度台,宜宾东(不含)至白云(不含)新设 1 个供电调度台。

接触网悬挂,正线接触网采用全补偿弹性链型悬挂,其他线路接触网采用全补偿简单链型悬挂,接触悬挂结构高度露天区段一般为 1 600 mm,隧道内不小于 1 100 mm。正线接触线采用 150 mm^2的铜合金导线,张力 25 kN,承力索采用 120 mm^2的铜合金绞线,张力 20 kN;站线接触线采用 120 mm^2的铜合金导线,张力 15 kN,承力索采用 95 mm^2的铜合金绞线,张力 15 kN。接触线悬挂高度一般为 5 500 mm,高速区段导线安装高度保持一致。正馈线和保护线等附加导线采用抗拉强度高、耐腐蚀性能好的铝包钢芯铝绞线。

接触网绝缘泄漏距离不小于 1 400 mm,严重污秽地区可适当加强绝缘。一般地段采用瓷质绝缘子,隧道内、车站无柱雨棚地段及接触网下锚处等采用复合绝缘子。隧道外正馈线、供电线一般采用悬式瓷质绝缘子,隧道内正馈线采用复合绝缘子。采用锚段关节式电分相,避免设在大坡道、列车出站加速区段和线路限速低速区段。

接触网支柱,正线区段腕臂柱采用热浸镀锌 H 型钢柱,联络线、T 梁桥区段一般采用格构式钢柱,多股道并行区段和车站咽喉区采用新型硬横梁和钢管柱。车站雨棚范围内接触网支柱与雨棚柱合架。

接触网支柱跨距,正线路基地段一般为 55 m、最大不大于 65 m。锚段关节一般采用五跨关节,困难情况下采用四跨关节。正线区段双边补偿时的最大锚段长度一般不大于 2×700 m。单边补偿时的锚段长度为上述值的 50%。站线最大锚段长度一般不大于 2×800 m,困难时不大于 2×900 m。附加导线的锚段长度一般不大于 2 000 m。

本线设犍为、宜宾东、兴文、镇雄、毕节、黔西供电工区,与工区合建宜宾东、毕节供电车间,负责本线牵引供电设施的运营维护和管理,同时兼顾电力设施的运营维护和管理。

5.42.2 电力工程

乐山至白云段新设 1 条一级负荷 10 kV 贯通线和 1 条综合负荷 10 kV 贯通线。新建一级负荷贯通线采用截面为 70 mm^2的铜芯电力电缆,新建综合负荷贯通线采用截面为 95 mm^2的铜芯电力电缆,分别沿铁路两侧敷设。成都端接入成绵乐客运专线所建的乐山 10 kV 配电所,贵阳端通过白云车站电力远动开关站接入贵阳枢纽所建的贵阳东 10 kV 配电所。

新设犍为、泥溪、宜宾东、长宁、兴文石海、新街、威信、镇雄、毕节、大方、黔西、卫城北等 10 kV 配电所。新建 10 kV 配电所引入 2 路地方电源供电。

设有 10 kV 配电所的车站其站房综合用电负荷设站内 10/0. 4 kV 变电所供电,从 10 kV配电所站馈线接引电源,没设 10 kV 配电所的车站其站房综合用电负荷设站内 10/0. 4 kV变电所,从地方电网接引 2 路 10 kV 电源供电。

车站(线路所)与行车有关的通信信号等一级用电负荷设室内 10/0. 4 kV 远动开关间供电,分别由 2 路 10 kV 贯通线提供主备用电源。

沿线 GSM-R 通信基站、光纤直放站、信号中继站、防灾安全监控、隧道应急照明等一级用电负荷设 10/0. 4 kV 变电所或远动箱式变电站供电,分别从 2 路 10 kV 贯通线各接引 1 路电源供电。

沿线其他用电负荷根据负荷分布和负荷性质,在负荷集中处分别设 10/0. 4 kV 变电所或箱式变电站供电,就近接引低压 380/220 V 电源。

新建 10 kV 配电所采用微机保护和综合自动化系统,变配电所按无人值班设计。全线设电力远动系统,纳入成都铁路局电力调度所管理。新建电力设施的运营维护和管理由供电工区负责。

5. 42. 3　通信工程

乐山至贵阳北沿新建铁路两侧各敷设 1 条 32 芯长途通信光缆,构成不同物理径路的光缆环,以满足 SDH 光传输系统、信号系统信息利用光纤传输的需求。白云站至贵阳北站联络线沿铁路两侧各敷设 1 条 32 芯光缆,并将光缆延伸至贵阳北通信站。

车站至所设通信工区按需要新设 1 条短段光缆。区间 GSM-R 通信基站至光纤直放站、光纤直放站至电力箱式变电站敷设 1 条 48 光缆。为满足隧道事故报警电话系统组网的需要,5 km 以上的隧道两侧各新设 1 条 4 ×4 ×0. 9 低频电缆。

传输系统,新设 SDH 10 Gbit/s 传输系统,在乐山、犍为、泥溪、宜宾东、长宁、兴文石海、威信、镇雄、毕节、黔西、白云、贵阳北新设 SDH 10 Gbit/s ADM 设备,利用新建 2 条 32 芯光缆中的各 2 芯光纤构成复用段 1 +1 保护。

新设 SDH 2. 5 Gbit/s 车站接入网系统,沿线各车站和贵阳北设 SDH 2. 5 Gbit/s ADM 设备,利用新建 2 条 32 芯光缆中的各 2 芯光纤构成复用段 1 +1 保护。在同一车站将 SDH 2. 5 Gbit/s 设备通过 SDH 2. 5 Gbit/s 光接口与 SDH 10 Gbit/s 设备相联,对其重要通道形成保护,提高传输系统的可靠性。

新设 SDH 622 Mbit/s 区间接入网系统,在区间通信基站、信号中继站、牵引变电所、分区所等信息接入点设 SDH 622 Mbit/s 设备,在相邻车站之间组建 1 个或 2 个 SDH 622 Mbit/s 2 纤通道保护环。并接入车站 SDH 2. 5 Gbit/s 设备。

站内站房、牵引变电所、电力配电所、综合维修工区、派出所等信息接入点设 SDH 622 Mbit/s ADM 设备。利用光缆接入本站 SDH 2. 5 Gbit/s 设备。

新设数据网,利用相关工程设在成都铁路局的核心路由器,以及设在乐山和贵阳北的汇聚路由器,根据需要扩容;在宜宾新设汇聚路由器;沿线车站(所)新设接入路由器,负责本地数据的接入与交换。接入路由器之间采用光纤联接,接入路由器与汇聚路由器之间通过传输通道联接,并上联至铁路局的核心路由器,实现数据业务的转发与汇聚。

利用成都和贵阳北既有数据网网元管理系统,在乐山站、宜宾东和贵阳北通信站新设数据网网管终端设备,接入成都铁路局既有综合网管系统,实现数据网系统和设备的安全管理、配置管理、故障管理和性能管理。

电话交换系统,利用宜宾通信站和贵阳通信站既有程控电话交换机,在宜宾东、贵阳北通信站新设 OLT 设备,沿线各车站、综合维修车间/工区、信号中继站、牵引变电所、分区所、电力配电所、公安派出所等处设 ONU 设备。沿线新增自动电话用户通过 ONU 设备及接入网,按管辖范围和隶属关系分别接入 OLT 设备和宜宾和贵阳通信站的程控电话交换机,通过统一编号组网,实现与既有铁路电话专网的互通。

新设数字调度通信系统,利用成都铁路局调度所和成都通信站的既有中心调度通信交换机,根据需要扩容相关设备;沿线新建车站设车站型调度通信交换机、调度分机和车站值班台等设备,按照调度区划分,通过传输系统接入成都通信站和铁路局调度所中心调度交换机及调度通信系统,并新设 2 个本线列车调度台,客专 1 台负责乐山至宜宾东(含)与成绵乐新津南至乐山段的行车调度指挥;客专 2 台负责本线宜宾东(不含)至白云(不含)段的行车调度指挥;白云站纳入贵阳枢纽台管辖。

新设 GSM-R 移动通信系统,利用成都铁路局的既有 GSM-R 交换机和基站控制器(BSC),在成都通信站新设编译码和速率适配设备(TRAU),在贵阳北通信站新设基站控制器(BSC)、分组控制单元(PCU),沿线设通信基站,采用单层覆盖方式组网,通过传输系统将通信基站接入所归属的基站控制器和铁路局 GSM-R 交换机。区间和隧道内弱场区采用光纤直放站、漏泄电缆和天线方式增强,并设漏缆监测系统,以满足无线场强覆盖和信息传输的需要,完成调度通信、调度命令信息和无线车次号校核信息传送等功能。

在枢纽及与相关铁路并线区段,GSM-R 系统的场强覆盖要统筹设计,以满足铁路列车控制和调度指挥的需要。

新设会议电视系统,沿线站段设会议电视分会场设备,接入成都铁路局既有会议电视中心系统和网管设备统一管理。

新设应急通信系统,通信维修工区设应急通信现场接入设备,接入成都铁路局既有应急通信中心系统,建立起应急通信指挥中心与事故现场间的应急通信网络。5 km 以上的隧道新设有线紧急电话系统,在隧道内两侧综合洞室、隧道口处设紧急电话终端,利用所设的低频对称电缆接入所设的隧道控制主机,并通过传输系统接入相邻车站值班室及成都铁路局应急通信指挥中心。可使隧道内人员快速与应急通信指挥中心及相邻车站值班员通信,对隧道终端实现远程监测、维护和管理,提供安全可靠的通信保障。

沿线新建通信设备机房设 48 V 高频开关电源和蓄电池,并新设电源和环境监控系统及采集设备,实现对电源和机房环境条件的监控。

5.42.4　信号工程

车站联锁,乐山站成贵场至白云站(不含)各站(场)新设硬件冗余型计算机联锁设备和信号电源屏,联锁系统采用专用控制终端,控制与显示采用“鼠标 + 显示器”方式。乐山成贵场(含)至白云站(不含)各车站范围内接发车进路上的道岔和工区岔线内道岔均纳入车站联锁集中控制。乐山成贵场实施并将既有乐山峨眉场有关道岔和相应的信号机及轨道区段纳入乐山成贵场集中控制,并对乐山峨眉场联锁系统进行相应修改。乐山峨眉场和乐山成贵场联锁和 CTC 控制终端集中设在同一行车室内。

根据各车站(场)道岔设计类型,正线车站道岔采用三相交流转辙机,采用多机牵引、分线分动控制方式。直向通过时速 160 km 以上的 18 号及以上号码道岔增设密贴检查装置。车站侧线及工区道岔采用与正线一致的三相交流转辙机,转辙机和密贴检查器的杆件设防水罩,防水罩应满足客运专线轨旁特殊环境的要求。

新建车站列车进路上的所有正线和到发线区段采用列控中心编码控制的 ZPW-2000 有绝缘移频轨道电路,并配备带有适配器的扼流变压器。维修工区内轨道区段采用 97 型 25 Hz 相敏轨道电路,并配备智能型轨道测试盘,采用带监测和相位调整功能防护盒,并考虑采取分路不良措施。

站内 ZPW-2000 轨道电路采用铝护套数字信号电缆,联锁设备室外信号电缆采用综合护套综合扭绞信号电缆。

列车调度指挥系统,乐山站成贵场至白云站(不含)采用调度集中(CTC)系统,沿线各车站(场)设 CTC 分机设备、信息安全和通道质量监督等设备,白云站既有 CTC 分机设备利旧修改;在犍为、宜宾东成贵场、毕节成贵场各设 1 套车站服务器;按照调度区划分,通过调度网接入成都铁路局调度所 CTC/TDCS 总机系统及新设的本线 2 个客专列车调度台,并增设本线接入所需的应用和通信服务器、TSRS 接口服务器等配套设备。所设的客专 1 台负责乐山至宜宾东(含)与成绵乐新津南至乐山段的行车调度指挥;客专 2 台负责本线宜宾东(不含)至白云(不含)段的行车调度指挥;白云站纳入贵阳枢纽台管辖。

列车运行控制系统,乐山站成贵场至白云站(不含)和贵阳枢纽白云至贵阳北联络线采用 CTCS-2 级列控系统。在犍为和贵阳北站各设 1 台临时限速服务器(TSRS),管辖范围与本线所设的 2 个客专调度台管辖范围一致;宜宾东(不含)至白云(不含)段由贵阳北站的临时限速服务器管辖,白云站和贵阳北站由贵阳枢纽工程的临时限速服务器管辖和控制。沿线各车站(场)和信号中继站设信号安全数据网接入设备、列控中心(TCC)、有源应答器编码单元(LEU)、地面点式应答器等设备。所设列控中心负责站内和区间轨道电路的编发码、运行方向和闭塞控制、站间安全信息传输、应答器报文实时组帧、编码及校验、区间占用逻辑检查等功能。

乐山成贵场实施应对乐山峨眉场列控中心进行相应修改,正线区间和白云至贵阳北联络线区间引入白云站时,应对白云站和贵阳东站列控中心进行相应修改,白云至贵阳北联络线区间引入贵阳北站时,应对贵阳北站列控中心进行相应修改。

区间自闭制式,正线和联络线采用四显示自动闭塞,按双线双方向运行,正向采用追踪运行、反向采用自动站间闭塞行车。不设区间地面通过信号机,在闭塞分区分界点设停车标志牌。乐山成贵场与乐山峨眉场间采用场间联系方式。

正线区间和联络线采用 ZPW-2000 系列无绝缘轨道电路,用以完成列车对轨道区段的占用检查;轨道电路的发送设备按 1 + 1 冗余配置,接收设备采用双机并用方式;轨道电路发送编码采用列控中心电子编码,利用列控中心安全传输通道传送站间联系信息。

区间 ZPW-2000 系列轨道电路干线采用铝护套数字信号电缆或铝护套内屏蔽数字信号电缆，电缆的有效传输长度一般不超过 10 km。轨道电路的分支电缆采用综合护套数字信号电缆。3 km 以上长大隧道内采用低烟无卤阻燃型电缆。

新设信号集中监测系统，乐山站成贵场至白云站（不含）各车站（场）和信号中继站设集中监测分机设备，并配备通道质量监督设备。在犍为、宜宾东成贵场、毕节成贵场、黔西信号车间及各信号工区配备集中监测终端设备。按照管辖范围通过监测网分别接入成都、重庆、贵阳电务段集中监测总机系统，并对监测总机系统进行相应的升级改造，配备相应的数据库服务器、应用服务器、接口服务器、网络管理服务器、防病毒服务器、网络通信设备及安全设备（防火墙等）、电源设备、维护工作站及监测终端等。实现对信号设备和轨道电路的集中监测和远程诊断。

综合接地系统，正线和白云至贵阳北联络线分别沿铁路两侧各敷设 1 条截面为 35 mm^2 的铜质贯通地线，在电气特性上全程贯通，接地电阻不大于 1 Ω，并形成低阻等电位综合接地平台。沿线轨旁信号设备安全接地后就近与贯通地线等电位连接。

沿线新建信号设备房屋设防雷电、电磁兼容和综合接地防护系统，并统筹考虑屋顶避雷网、避雷带、引下线、接地端子和接地汇聚及法拉第笼屏蔽网的设计，与房建工程同步实施。室内信号设备设防雷保安器、分线防雷柜，室内设备箱盒和柜体等等电位连接到综合接地系统。

按属地化管理的原则，设电务维护车间、集中检修工区和值班工区，负责信号设备及轨道电路的运营维护和管理。

5.42.5 自然灾害及异物侵限监测系统

针对本线地理环境和气候特点，设风速、雨量、地震等自然灾害及异物侵限监测系统，需要地段增设雪深监测点，沿线在适当位置设风速风向监测点，在隧道口、高边坡危岩落石地段设雨量监测点。在近 20 年最大积雪深度 3 cm 及以上的地段设雪深监测点。在沿线地震动峰值加速度大于等于 0.1g 地区的牵引变电所、分区所、开闭所设地震监测系统，监测设备按冗余配置。在成都铁路局调度所，工务处，成都和贵阳工务段等处增设本线自然灾害及异物侵限监测系统终端设备，实现对重点区域和设施的实时监控。

参加线路桥隧工程施工的有中铁一局、二局、四局、五局集团，中铁大桥局集团，中铁十一局、十二局、十五局、十六局集团等单位。中铁武汉电气化局、中铁建电气化局等单位承担电气化、通信信号和电力工程的施工。

线路工程于 2013 年 12 月 25 日开工，四电工程于 2017 年 10 月开工。2018 年 1 月 5 日开始铺轨，2018 年 5 月 30 日完成四川段铺轨。2018 年 10 月 10 日云贵段开始铺轨。2018 年 10 月 16 日四川段开始进行冷滑试验。2018 年 11 月 28 日四川段启动联调联试。2019 年 3 月 9 日乐山至兴文段进入运行试验阶段。2019 年 6 月 15 日乐山至宜宾段开通运营。2019 年 10 月 9 日宜宾至贵州段开始联调联试。2019 年 11 月 27 日宜宾至贵州段开始试运行。2019 年 12 月 16 日宜宾至贵阳段开通运营，自此乐山至贵阳全段正式开通运营。

5.43　北京至雄安新区城际铁路

新建北京至雄安新区城际铁路位于北京市和河北省内，线路北起北京枢纽（京九线）李营线路所，向南途经北京市大兴区，河北省廊坊市的固安和永清县、霸州市，雄安新区，南至雄安站，线路全长 92.783 km（图 5.43），全线设有黄村、新机场、固安东、霸州北、雄安等车站和李营及板西线路所。其中李营线路所至新机场段（线路长 35.883 km，利用既有线长 3.7 km，新建线路长 32.183 km）维持批准的原新建北京至霸州城际铁路方案。新机场至雄安新区段新建线路长 56.9 km，以及新建雄安动车所及动车走行线 11.153 km（左线长 5.578 km、右线长 5.575 km）。工程范围还包括廊（坊）涿（州）城际铁路（北京新机场配套交通工程）引入固安东站同步实施工程（左线 7.74 km、右线 8.45 km）；津九联络线引入雄安站同步实施工程（上行线长 2.742 km、下行线长 3.115 km）；京港台高速铁路京雄段引入雄安站同步实施工程（线长 2.454 km）；京港台高速铁路雄（安）商（丘）段引入雄安站同步实施工程（线长 2.885 km）；石（家庄）雄（安）城际铁路引入雄安站同步实施工程（左线长 2.279 km、右线长 2.165 km）；规划雄安站津雄场同步实施工程（0.45 km）；北京枢纽黄村疏解线工程（京九上行线改建 4.639 km、下行线改建 3.134 km，京沪三线改建 2.151 km、京沪四线改建 2.208 km）；霸州地区联络线工程（新建京津联络线长约6.9 km、新建京保联络线长约 2.1 km）。

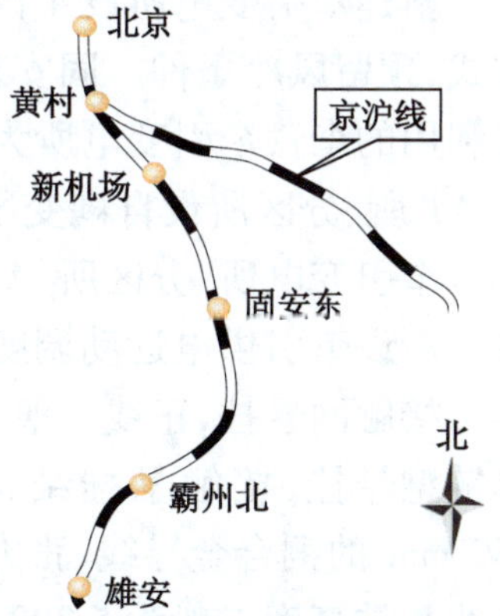

图 5.43　京雄城际铁路示意图

新建京雄城际铁路是连通河北雄安新区、北京新机场和北京城区最便捷、高效的重大交通基础设施，是支撑国家战略的重要干线，对促进京津冀协同发展和支撑建设雄安国家级新区具有重要意义。该线的建成开通，雄安站将成为雄安新区路网性主客站、地面综合交通枢纽，为新区集中承接北京非首都功能疏解提供有力支撑，实现了雄安新区与全国高速铁路网的紧密联系。

北京至雄安新区城际铁路的建设单位是中国铁路北京局集团有限公司、京沈铁路客运专线京冀有限公司，设计单位是中国铁路设计集团有限公司。线路主要技术标准：铁路等级，高速铁路；正线数目，双线；正线线间距，李营至新机场段4.6 m、新机场至雄安段 5.0 m；最大坡度，一般地段 20‰、困难地段 30‰；最小曲线半径，一般地段 7 000 m、困难地段5 500 m（250 km/h 地段 3 500 m、困难地段 3 000 m），引入枢纽地段可适当减小；到发线有效长度，650 m；列车运行控制方式，自动控制；调度指挥方式，综合调度集中；设计行车速度，350 km/h（李营至新机场段 250 km/h）；牵引种类：电力牵引（AT 供电方式）。

5.43.1　电气化工程

牵引供电系统，正线采用 AT 供电方式；走行线及动车运用所采用带回流线的直接供电方式。新设固安东、雄安2座牵引变电所,改造利用既有李营牵引变电所;新设黄村、雄安动车所开闭所,新设1座分区所、3座AT所。

新建牵引变电所引入2路220 kV电源供电,220 kV电源侧采用线路变压器组接线,电气设备采用室外布置;27.5 kV侧采用单母线分段接线,电气设备采用室内GIS开关柜布置。雄安牵引变电所结合雄安地区城市规划高低压侧电气设备也可采用全室内布置。

新建牵引变电所设4台变压器、分成2组,采用固定备用、三相V/X接线、油浸自冷方式,预留风冷条件。固安东和雄安牵引变压器安装容量均为2×(40+40) MV·A。改造利用的李营牵引变电所为本线供电部分更换为AT变压器,安装容量为2×40 MV·A。在AT所、分区所设自耦变压器、采用固定备用方式。

牵引变电所、分区所、AT所按无人值班设计,牵引变电所和开闭所适当考虑值守条件。新设牵引供电远动调度采用SCADA系统,纳入北京铁路局客运专线调度系统管理。

接触网悬挂,正线一般采用全补偿弹性链型悬挂,站线和局部低速区段采用全补偿简单链型悬挂,接触悬挂结构高度一般为1 600 mm。350 km/h区段正线接触线采用150 mm^2的铜合金导线,张力28.5 kN,承力索采用120 mm^2的铜合金绞线,张力21 kN。接触线悬挂高度一般为5 300 mm。与高速正线相交的道岔采用无交叉线岔、与非正线交叉的道岔采用交叉线岔方式。附加导线采用铝包钢芯铝绞线。

接触网泄漏绝缘距离按重污区设计,27.5 kV绝缘子采用合成绝缘子。正线采用锚段关节式电分相,避免设在大坡道、列车出站加速区段和线路限速低速区段。

接触网支柱,路基区段的腕臂柱一般采用H型钢柱,车站及多线并行区段优先采用线间立柱,当线间不满足立柱条件时采用硬横梁,硬横梁支柱采用圆管柱。动车所采用软横跨,软横跨支柱采用格构式钢柱。

接触网支柱跨距,路基区段一般为55 m,最大不大于60 m;正线锚段长度一般不大于2×700 m,站线锚段长度一般不大于2×800 m,附加线锚段长度一般不大于2 000 m。

在雄安动车所综合维修车间内设供电维修车间,在黄村、固安东、雄安动车所综合维修工区内设供电工区,负责本线牵引供电设施的运营维护和管理。

5.43.2　电力工程

全线新设1条一级负荷10 kV贯通线和1条综合负荷10 kV贯通线,新建10 kV贯通线采用电缆敷设。利用既有线的地段,既有10 kV贯通线电缆具备使用条件的尽量利用。新设新机场、固安东、霸州北、雄安站和雄安动车所等10 kV配电所,利用既有广安门、黄村10 kV配电所。

雄安站站房综合用电负荷设站内10/0.4 kV变电所,直接从地方电网接引10 kV电源供电。其他设有10 kV配电所的车站其站房综合用电负荷设站内10/0.4 kV变电所供电,电源引自配电所的站馈线。

车站通信信号等一级负荷设室内10/0.4 kV箱式变电所供电,分别从2路10 kV贯通线接引电源。区间通信信号等一级负荷设箱式变电站供电,从2路10 kV贯通线接引主备用电源。

区间其他用电负荷，根据负荷分布和负荷性质，在负荷集中处设箱式变电站或杆架式变电台供电，优先从地方电网接引电源，不具备接引条件的从综合负荷 10 kV 贯通线接引电源。

新建 10 kV 配电所采用微机保护和综合自动化系统，按无人值班设计。新设电力远动系统，纳入北京铁路局客运专线电力调度系统管理。电力设施运营维护和管理由供电工区负责。

5.43.3　通信工程

李营线路所至雄安站和动车走行线沿新建铁路两侧各敷设 1 条 48 芯长途通信光缆。板西线路所至雄安站间根据需要新设光缆线路；为满足综合视频监控系统、GSM-R 系统通信基站组网的需要，沿新建铁路敷设 1 条 48 芯区间光缆。

传输系统，李营至雄安新设 SDH 10 Gbit/s 长途骨干（汇聚）传输系统，沿线车站新设 SDH 10 Gbit/s ADM 设备。利用新建 2 条 48 光缆中各 2 芯光纤构成复用段 1+1 保护。

李营至雄安新设 SDH 2.5 Gbit/s 车站接入网系统，各车站（所）和动车所设 SDH 2.5 Gbit/s设备，利用新建 2 条 48 芯光缆中的各 2 芯光纤构成复用段 1+1 保护。

新设 SDH 622 Mbit/s 区间接入网系统，区间通信基站、牵引变电所、分区所、信号中继站等信息接入点设 SDH 622 Mbit/s 设备。在相邻车站之间组建 SDH 622 Mbit/s 2 纤通道保护环，并接入车站 SDH 2.5 Gbit/s 设备。

站内站房、牵引变电所、电力配电所、综合维修工区、派出所等信息接入点设 SDH 622 Mbit/s设备，利用光缆接入本站 SDH 2.5 Gbit/s 设备。

电话交换系统，在北京和雄安新设光线路终端设备（OLT），沿线车站站房、信号楼、电力配电所、牵引变电所、分区所、信号中继站、维修车间/工区、公安派出所、警务区等信息接入点新设光网络单元（ONU）设备。沿线新建生产和生活房屋新设自动电话用户按隶属范围通过 ONU 设备及接入网分别接入 OLT 设备和既有程控电话交换机，通过统一编号组网，实现与既有铁路电话专网的互通。

新设数据网，利用北京铁路局的数据网核心节点和设备，在雄安新设汇聚路由器，沿线新建车站和动车所设接入路由器，负责本地数据的接入与交换。相邻车站接入路由器之间采用光纤联接，异地接入路由器与汇聚路由器之间按隶属关系通过传输通道联接，并上联至核心路由器。实现本线数据业务的汇聚与转发，以及管理信息的交换和安全管理、配置管理、故障管理和性能管理。

新设调度通信系统，利用北京铁路局调度所既有中心调度通信交换机，沿线新建车站（所）和动车所新设车站型调度通信交换机、调度分机和车站值班台等设备，按照调度区划分，通过传输系统接入铁路局调度所中心调度交换机和调度通信系统及新设的本线行车调度台，负责李营线路所至雄安的行车调度指挥。

李营线路所至雄安、动车走行线新设 GSM-R 移动通信系统，利用北京铁路局既有 GSM-R 核心网设施，沿线设区间通信基站，新建地下站房、动车所设室内覆盖设备，并设接口监测系统；采用单层交织冗余覆盖方式组网，通过传输通道将通信基站接入铁路局

GSM-R 交换机。区间弱场区采用光纤直放站、漏泄电缆和天线方式增强,以满足无线场强覆盖和信息传输的需要。完成调度通信、调度命令信息和无线车次号校核信息传送等功能。

本线与京沪高速铁路、京九铁路并线区段,利用既有 GSM-R 系统网络。

新设应急通信指挥系统,新设 1 套应急通信系统现场接入设备,接入北京铁路局既有应急通信中心系统。

新设会议电视系统,新建车站、动车所、通信车间设会议电视分会场设备,接入北京铁路局既有会议电视中心系统。

通信电源,沿线新建通信设备机房设 48 V 直流通信电源设备和 UPS 交流不间断电源设备。新设电源和机房环境监控系统及采集设备,各相关专业维护管理部门设监控终端,实现对通信电源和机房环境条件的监控。

5.43.4　信号工程

车站联锁,李营、板西和黄土坡线路所、黄村站既有车场和京雄场、新机场站京雄场、固安东和霸州北站、雄安站京港台场、雄安动车运用所新设硬件安全冗余型计算机联锁设备和信号电源屏及不间断电源。黄村线路所道岔纳入既有黄村站联锁设备控制。

根据车站(场、所)道岔设计类型,配备相应的道岔转辙设备,动车组列车进路道岔(含联动道岔)设融雪设备。

各车站(场、所)站内采用 ZPW-2000 系列有绝缘移频轨道电路,其发送和接收设备按冗余配置。雄安动车运用所采用 97 型 25 Hz 相敏轨道电路,并设置电码化。为克服维修工区轨道区段轨道电路分路不良现象,应采取有效可行的技术处理措施。站内 ZPW-2000 移频轨道电路干线电缆采用铝护套数字信号电缆,分支电缆采用综合护套数字信号电缆。

运输调度指挥,全线采用调度集中(CTC)系统,李营和板西线路所、黄村、新机场站京雄场、固安东和霸州北站、雄安站京港台场、雄安动车运用所新设 CTC 分机设备、网络安全和通道质量监督等设备;既有黄村站新设 CTC 分机设备;黄土坡线路所新设 TDCS 分机设备;雄安动车运用所设集中控制系统(CCS),按照调度区划分,各站调度分机等设备通过调度网接入北京铁路局调度所 CTC/TDCS 总机系统及新设的本线行车调度台管辖和指挥,所设行车调度台应预留北京西站至李营线路所区段及京港台高速铁路京雄段接入条件。

列车运行控制系统,黄村站京雄场至雄安站京港台场采用 CTCS-3 列控系统,李营线路所至黄村站京雄场、雄安站至动车运用所采用 CTCS-2 级列控系统,京津和京保联络线采用 CTCS-2 级列控系统,既有京沪和京九铁路改建地段维持既有制式不变,故应在适当位置设 CTCS-3/2 级级间转换点。全线设 2 套无线闭塞中心(RBC)和 1 套临时限速服务器,负责本线运行列车的临时限速管理。各新建车站(场、所)和信号中继站设信号安全数据网接入设备、列控中心(TCC)、应答器及其电子编码单元(LEU)。TCC 之间通过安全数据网进行联接,实现 TCC 之间、与车站联锁设备之间的安全信息传输。所设的列控中心具有轨道电路编发码、运行方向控制、信息采集(含信号中继站)、站间安全信息传输和应答器报文存储及调用等功能。

区间闭塞制式，全线采用四显示自动闭塞，按双线双方向运行，正向采用追踪间隔运行、反向采用自动站间闭塞行车，不设区间地面通过信号机，在闭塞分区分界点设信号区间标志牌。

黄村站（普速场）至大红门站联络线采用双方向自动闭塞系统，设地面色灯信号机。李营线路所与黄村站既有车场、大红门站，既有黄村站与丰台西编组站区间结合线路设计方案对既有自动闭塞进行改造。

正线区间采用 ZPW-2000 系列无绝缘移频轨道电路，其发送和接收设备按 1+1 冗余配置。板西线路所至雄安站间采用无绝缘轨道电路，并设应答器。普速线改线区段维持既有信号设备标准。

区间 ZPW-2000 系列无绝缘移频轨道电路干线电缆采用铝护套数字信号电缆或铝护套内屏蔽数字信号电缆，时速 300 km 以上区段的轨道电路电缆的有效传输长度一般不大于 7.5 km，其余区段轨道电路电缆长度一般不大于 10 km。与相关线路并行区段根据线间距离适当缩短区间无绝缘轨道电路传输长度，减少邻线信号干扰。

新设信号集中监测系统，李营、板西和黄土坡线路所、既有黄村站，黄村站京雄场、新机场站京雄场、固安东和霸州北站、雄安站京港台场、雄安动车运用所和信号中继站设集中监测分机（含区间室外设备监测和电务综合监督系统），并联网至相应的维修部门，通过监测网接入相关电务段既有信号集中监测总机系统。实现对 CTC、列控和联锁设备及信号其他基础设备的实时监测。

综合接地系统，正线和联络线沿铁路两侧各敷设 1 条截面为 70 mm^2 的铜质贯通地线，在电气特性上全程贯通，接地电阻不大于 1 Ω，并形成低阻等电位连接。既有线地段维持利用既有信号专用贯通地线，沿线轨旁信号设备安全接地后就近与贯通地线等电位连接。

沿线新建信号设备房屋设防雷电、电磁兼容和综合接地防护系统，并统筹考虑屋顶避雷网、避雷带、引下线、接地端子，与房建工程同步实施。室内信号设备设防雷保安器、分线防雷柜，室内设备箱盒和柜体等等电位连接到综合接地系统。

在雄安综合维修车间内设信号维修车间（含集中检修工区）和雄安动车运用所车载设备维护车间，各站设信号值班工区，负责信号设备和轨道电路的运营维护和管理。

5.43.5　自然灾害及异物侵限监测系统

针对本线地理环境和气候特点，设风速风向、雨量、雪深监测及地震监测子系统，在沿线适当地点设风速风向仪、雨量计、雪深测量仪。上跨铁路的道路桥梁设异物侵限点及其摄像机。沿线地震动峰值加速度大于等于 0.1g 地区的牵引变电所、分区所设地震监测设备。维修部门配置监测终端，接入京沈客运专线建设的北京铁路局中心灾害监测系统。

参加线路工程施工的有中铁九局集团，中铁北京工程局，中铁十二局、十九局集团，中铁上海工程局等单位。中铁建电气化局和中铁二十一局联合体承担电气化、通信信号和电力等四电工程的施工。

线路工程于2018年2月28日正式开工。四电工程于2018年9月5日开工。2019年4月15日李营至新机场站开始铺轨,2019年8月9日北京段开始联调联试,2019年9月26日北京段的李营至大兴机场段开通运营。大兴机场至雄安段2020年6月3日开始铺轨,2020年8月17日完成全段铺轨。2020年9月10日向接触网送电,9月16日开始联调联试。2020年12月27日开通运营。即全线开通运营。

5.44　梅州至潮汕客运专线

新建梅汕客运专线,北起梅州市梅县区的梅州西站,向南途经梅县区、梅江区和丰顺县,揭阳市所辖揭东区和空港区,潮州市潮安县,南到厦门至深圳客运专线的潮汕站(既有接轨站),线路全长122.412 km(图5.44),并同步建设潮汕站动车运用所及汕头站动车组存车线等相关工程。全线设有梅州西、畲江北、建桥、丰顺东、揭阳北、揭阳潮汕机场和潮汕等车站。其中潮汕站为厦深客专的既有站,其余为新建车站。在梅州地区,与既有漳龙铁路,规划的广梅汕客运专线惠州至梅州段,规划的鹰梅、浦梅铁路衔接;在潮安地区,与既有沿海铁路厦深客专衔接,并与规划的揭阳港铁路衔接。新建梅汕客运专线的开通运营,对改善沿线地区交通条件,带动沿线地区经济发展,促进沿线旅游等资源开发,完善路网布局,增加路网机动灵活性等方面具有十分重要的意义和作用。

梅汕客运专线的建设单位是广州铁路(集团)公司深圳工程建设指挥部,设计单位是中铁第四勘察设计院集团有限公司。线路主要技术标准:铁路等级,客运专线;正线数目,双线;正线线间距,4.6 m;最大坡度,15‰、个别地段经检算不超过20‰;最小曲线半径,一般地段4 500 m、困难地段3 500 m;到发线有效长度,650 m;列车运行控制方式,自动控制;调度指挥方式,调度集中;速度目标值,250 km/h;牵引种类,电力牵引(AT供电方式)。

5.44.1　电气化工程

牵引供电系统,正线采用AT供电方式,动车走行线和运用所等采用带回流线的直接供电方式。全线新建梅州西、丰顺东2座AT牵引变电所。新建畲江北、揭阳北AT分区所。新建江背、建桥、东寮、竹兜AT所。新建潮州动车运用所直供开闭所。利用改造厦深客专工程所建的潮汕AT牵引变电所。将广梅汕铁路龙湖南至汕头段增建第二线工程所建的汕头分区所改为分区所兼开闭所,给汕头动车存车线供电。

新建牵引变电所引入2路220 kV电源供电,220 kV电源侧采用线路变压器组接线,电气设备采用户外单体中式布置;丰顺东牵引变电所2×27.5 kV侧采用单母线分段接线,27.5 kV、2×27.5 kV配电装置采用户外敞开式布置;梅州西牵引变电所2×27.5 kV侧采用单母线不分段接线,27.5 kV、2×27.5 kV配电装置采用户内GIS设备布置。分区所、AT所27.5 kV、2×27.5 kV配电装置采用户外敞开式布置。直供开闭所采用箱式布置。

新建牵引变电所所设变压器采用固定备用、油浸自冷方式、预留风冷条件。梅州西牵引变电所所设变压器采用单相接线、预留三相V/X接线条件,安装容量为2×40 MV·A;丰顺东牵引变电所所设变压器采用三相V/X接线,安装容量为2×50 MV·A;潮汕牵引

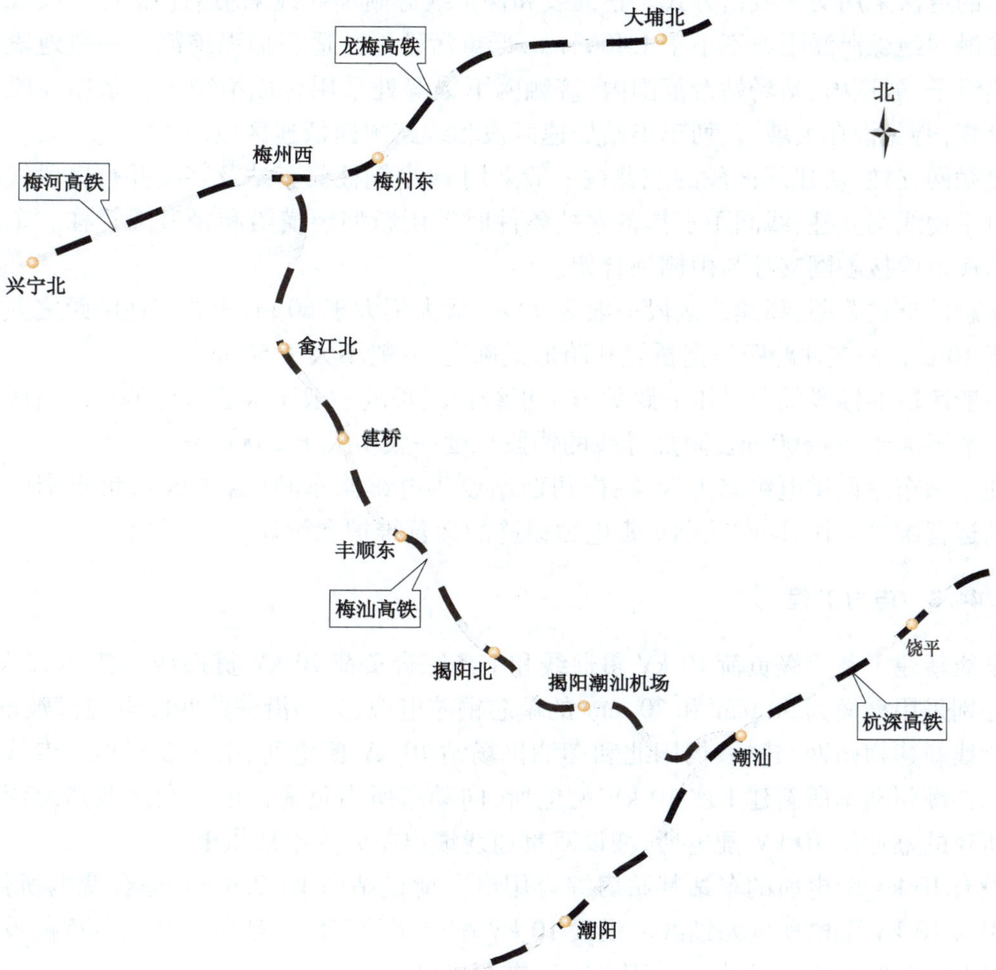

图 5.44　梅汕客运专线示意图

变电所变压器安装容量由 2×40 MV · A 增容至 2×63 MV · A。分区所、AT 所自耦变压器采用固定备用方式，安装容量按满足客运量增长需要设计。

新建牵引变电所、开闭所、分区所、AT 所采用微机保护和综合自动化系统，按无人值班设计，牵引变电所适当考虑值守条件。牵引变电所并设 220 kV 电源信息直采直送设施。新设牵引供电远动和维修管理综合 SCADA 系统，纳入广州铁路(集团)综合调度中心，并增设广梅汕电力调度台进行管理。

接触网采用全补偿弹性链型悬挂，露天区段接触悬挂结构高度一般为 1 600 mm，隧道内不小于 1 100 mm。正线接触线采用 150 mm^{2}的铜合金导线，张力 25 kN，承力索采用 120 mm^{2}的铜合金绞线，张力 23 kN；站线接触线采用 120 mm^{2}的铜合金导线，张力 15 kN，承力索采用 95 mm^{2}的铜合金绞线，张力 15 kN。接触导线的悬挂高度考虑到普速客车运行一般为 5 500 mm。动车运用所内接触导线悬挂高度根据动车检修工艺确定，既有线改造地段维持既有接触线悬挂高度不变。与正线相交的道岔采用无交叉线岔方式，与非正线交叉的道岔采用交叉线岔方式。正馈线和保护线等附加导线采用铝包钢芯铝绞线。

接触网绝缘泄漏距离不小于1 400 mm,严重污秽地区适当加强绝缘。一般地段采用瓷质绝缘子,隧道内、站场站台范围内、接触网下锚等处采用合成绝缘子。采用锚段关节式电分相,避免设在大坡道、列车出站加速区段和线路限速低速区段。

接触网支柱,新建线区段的腕臂柱一般采用H型钢柱。车站及多线并行区段线间距允许时采用线间立柱,线间距不具备立柱条件时采用新型硬横梁和轻型圆管柱。车站站台有雨棚地段接触网支柱与雨棚柱合架。

接触网支柱跨距,新建线区段一般为50 m,最大不大于60 m,相邻支柱跨距之差一般不大于10 m。桥支柱跨距根据桥梁孔跨形式确定,一般不大于50 m。

一般区段的锚段关节采用五跨关节。正线锚段长度一般不大于2×700 m,站线锚段长度一般不大于2×800 m。附加导线的锚段长度一般不大于2 000 m。

在丰顺东站设供电维修工区,在梅州西站设供电维修车间(含工区),负责牵引供电设施的运营维护工作,同时兼顾负责电力设施的运营维护和管理。

5.44.2　电力工程

全线新建1条一级负荷10 kV贯通线和1条综合负荷10 kV贯通线。新建10 kV贯通线分别采用截面为50 mm^2和70 mm^2的单芯铜芯电缆,分别沿铁路两侧电缆槽敷设。

全线新建梅州西、建桥、揭阳北和潮汕机场站10 kV配电所,引入2路地方专线电源供电。在潮州动车所新建1座10 kV配电所,向动车所内负荷供电。利用改造厦深客专工程所建的潮汕站10 kV配电所,增设双贯通线馈出单元为本线供电。

设有10 kV配电所的车站其站房综合用电负荷设站内10/0.4 kV综合变电所供电,电源引自10 kV配电所的站馈线。没设10 kV配电所的车站其站房综合用电负荷设站内10/0.4 kV变电所,从地方电网接引10 kV电源供电。

车站与行车有关的通信信号等一级用电负荷设室内10/0.4 kV专用变电所供电,电源分别引自2路10 kV贯通线。区间与行车密切相关的通信信号等一级负荷设箱式变电站供电,电源分别引自2路10 kV贯通线。

区间其他用电负荷,根据负荷分布和负荷性质,在负荷集中处分别设低压变电所或箱式变电站供电,电源引自综合负荷10 kV贯通线。

新建10 kV配电所采用微机保护和综合自动化系统,按无人值班设计。新设电力远动系统,纳入广州铁路(集团)综合调度中心的SCADA监控系统。

5.44.3　通信工程

沿新建铁路两侧各敷设1条48芯长途通信光缆。新设SDH 10 Gbit/s传输系统,沿线新建车站和潮汕站设SDH 10 Gbit/s设备。利用新建2条48芯光缆中的各2芯构成复用段1+1保护。

新设SDH 2.5 Gbit/s车站接入网系统,沿线车站设SDH 2.5 Gbit/s设备,利用新建2条48芯光缆中的各2芯构成复用段1+1保护。

在区间通信基站、光纤直放站、信号中继站、牵引变电所、分区所、AT 所、电力配电所、动车所等信息接入点设 SDH 622 Mbit/s 设备。利用新建的 48 芯光缆通过邻近车站接入 SDH 2.5 Gbit/s 接入网系统。

电话交换系统,利用铁路沿线既有电话交换机,在梅州西新设光线路终端设备(OLT)。在各车站、站房、信号楼、动车所、信号中继站、综合维修车间、牵引变电所、分区所、AT 所、电力配电所等信息接入点设光网络单元(ONU),沿线新增自动电话用户通过 ONU 及接入网接入 OLT 设备和既有电话交换机,通过统一编号组网,实现与既有铁路电话专网的互通。

新设数据网,利用广州铁路(集团)客运专线调度所既有核心路由器;在梅州西站新设汇聚路由器,提供数据流量的汇聚与转发;沿线车站新设接入路由器,负责本地数据的接入。相邻车站接入路由器之间采用光纤联接,异地接入路由器与汇聚路由器之间通过传输通道联接,并上联接入广州铁路(集团)调度所既有核心路由器,实现数据业务的汇聚与转发。

新设调度通信系统,利用广州铁路(集团)客运专线调度所既有中心调度通信交换机,沿线车站新设车站型调度通信交换机、调度分机和车站值班台等设备,按照调度区划分,接入铁路局客运专线调度所既有中心调度交换机和调度通信系统及新设的 1 个本线列车调度台管辖和指挥。并利用车站调度交换机构成以车站值班员等为中心的站场运输行车指挥系统,接入调度所既有调度通信系统。通过调度所调度通信交换机与 GSM-R 交换机的互联,实现有线与无线调度业务的互通。

新设 GSM-R 移动通信系统,利用广州铁路(集团)既有 GSM-R 交换机及相关设备,根据需要扩容;在梅州西通信站新设基站控制器(BSC),沿线设车站及区间通信基站(BTS),采用单层覆盖方式组网,通过传输系统将通信基站接入 BSC 设备和铁路局的既有 GSM-R 交换机。区间和隧道内弱场区采用光纤直放站、漏泄电缆和天线方式增强,隧道内并设漏缆监测系统,以满足无线场强的覆盖和信息传输的需要。完成调度通信、调度命令信息和无线车次号校核信息传送等功能。

梅州西站及潮汕机场站设 GSM-R 室内无线覆盖系统,潮汕动车运用所设通信基站及机车出入库无线通信检测设备,并设 GPS 室内无线覆盖系统,以满足无线通信的需要。

新设会议电视系统,沿线车站设会议电视分会场设备,接入厦深客运专线所建的会议电视系统。

新设应急通信指挥系统,在丰顺东站通信工区新设应急通信现场接入设备,接入广州铁路(集团)客运专线调度所既有应急通信中心系统,根据需要扩容相关设备。5 km 及以上的长大隧道设隧道紧急电话系统,在避车洞、隧道内紧急出口、避难所设紧急电话终端设备,利用设在隧道内电缆接入隧道紧急电话系统及邻近通信基站设置的报警电话主机设备,再通过传输通道接入铁路局调度所既有救援电话应急控制平台设备。

通信电源,梅州至潮汕各车站、牵引变电所、电力配电所等通信机械室及区间通信基站机房新设 48 V 高频开关电源和蓄电池组,并设通信电源和机房环境条件监控系统及采集设备。

5.44.4　信号工程

车站联锁,各新建车站(动车所)设硬件安全冗余型计算机联锁设备和信号智能电源屏及UPS不间断电源设备;潮汕站厦深车场既有联锁设备利旧改造。新建维修工区线路及道岔纳入邻近车站联锁设备集中控制。

根据车站(场)道岔设计类型,配备相应的道岔转辙设备,对有2个牵引点及以上的道岔转辙设备采用多机分动控制方式。允许直向通过时速160 km及以上的道岔增设密贴检查装置,各新建联锁设备的车站新设道岔转换设备综合监测系统,潮汕站在既有综合监测系统基础上扩容改造。将监测信息提供给信号集中监测系统。

各新建车站站内采用与区间相同制式的ZPW-2000系列轨道电路,其发送设备按1+1冗余配置、接收设备采用双机并用方式。潮州动车所内采用25 Hz相敏轨道电路。为克服新建车站站内渡线和岔线区段轨道电路分路不良,应采用符合相关要求的技术处理措施。

站内ZPW-2000系列轨道电路电缆采用铝护套内屏蔽数字信号电缆;联锁设备室外所用电缆采用铝护套信号电缆,分支电缆采用综合护套信号电缆。

列车调度指挥系统,梅州西站(含)至潮汕站(不含)采用调度集中(CTC)系统,沿线各新建车站设CTC分机设备、信息安全及通道质量监督等设备;厦深客专潮汕站既有CTC分机及其相关设备利旧改造,按照调度区划分,通过调度网接入广州铁路(集团)调度所CTC/TDCS总机系统和新设的本线CTC列车调度台管辖和指挥,并在调度所增设本线接入所需的通信和应用服务器、接口服务器,以及网络安全和通道质量监督等设备,并对既有CTC/TDCS总机系统软件进行相应修改。

潮州动车所新设动车所集中控制系统,潮州动车所检查库边跨设1套CTC远程控显终端,满足车务人员、动车调度、机务调度等人员合署办公需求。调度命令、车次号校核信息传输采用无线通信系统实现。

梅山西(含)至潮汕站(不含)正线区段采用CTCS-2级列控系统,其中梅州西站预留升级为CTCS-3级列控系统设备所需的信号房屋面积和电力容量;厦深客专潮汕站至潮州动车运用所走行线及接车线增设CTCS-2级列控系统;潮汕站至汕头段铁路双线维持广梅汕铁路龙湖南至汕头增建第二线CTCS-2级列控系统不变。对应本线列车调度台新设1套临时限速服务器(TSRS),负责本线的临时限速管理。沿线各新建车站、信号中继站和动车所设列控中心(TCC)和列控系统信号数据安全网络、应答器及其电子编码单元(LEU);对潮汕站既有列控中心设备扩容改造。TCC之间通过安全数据网进行联接,实现TCC之间及与车站联锁之间的安全信息传输。所设的列控中心设备具有轨道电路编发码、运行方向控制、区间占用逻辑检查、站间安全信息传输、信息采集(信号中继站)、应答器报文存储和调用等功能。

区间闭塞制式,正线区间采用四显示自动闭塞,按双线双方向运行,正向采用追踪间隔运行,反向按自动站间闭塞行车。为适应普速旅客列车上线运行,设区间地面通过信号机,桥梁、隧道地段通过信号机采用矮型机构。潮汕站至汕头段铁路双线维持广梅汕铁路龙湖南至汕头增建第二线区间自动闭塞方式不变。

正线区间采用 ZPW-2000 系列轨道电路，其发送和接收设备按 1+1 冗余配置，由列控中心完成轨道电路的编发码控制。利用信号安全数据网系统传输站间安全信息。区间 ZPW-2000 系列轨道电路干线电缆采用铝护套内屏蔽数字信号电缆，电缆有效传输长度一般按 10 km 控制，个别困难临界区段控制在 12～13 km。不过轨道电路长度的划分应考虑桥隧地段道床电阻和潮汕站进站前四线并行的因素。

新设信号集中监测系统，各新建车站、信号中继站、动车所设集中监测分机设备，潮汕站既有集中监测分机设备利旧改造；在信号维修工区设集中监测终端设备，通过监测网接入广州铁路（集团）惠州电务段集中监测总机系统，并对既有集中监测总机进行相应修改。

各新建联锁设备的车站和动车所、信号中继站新设电务综合监督分机设备，在梅州西预留的无线闭塞中心（RBC）机房新设通信前置机，分别通过信息安全接口采集信号设备数据，并将电务综合监督分机设备、通信前置机通过专用数字通道接入电务综合监督系统中心服务器。

沿线新建信号设备房屋设防雷电、电磁兼容和接地综合防护系统，并与新建的贯通地线等电位连接。

综合接地系统，沿铁路敷设截面为 35 mm^2 的贯通地线，在电气特性上全程贯通，接地电阻不大于 1 Ω。与土建和桥隧工程同步实施，并在潮汕站与厦深客专综合接地系统衔接。沿线轨旁信号设备接地端子就近与贯通地线等电位连接。

在梅州西站新设 1 处信号车间，其余各车站设信号维修工区。潮州动车所新设车载 ATP 分析工区和运用维修工区。

参加线路工程施工的有中铁二局、十九局集团等单位。中铁武汉电气化局、中铁六局集团等单位承担电气化、通信信号和电力工程的施工。

线路工程于 2015 年 4 月 27 日在梅州市丰顺县开工。2019 年 3 月 9 日开始铺轨。2019 年 7 月 1 日完成全线铺轨。四电工程于 2017 年 12 月 20 日开工。2019 年 8 月 26 日向全线接触网送电。2019 年 8 月 27 日开始联调联试，2019 年 9 月 16 日开始试运行。2019 年 10 月 11 日正式开通运营。

5.45　鲁南高速铁路日照至曲阜段

新建鲁南高速铁路，位于山东省南部，东起日照，向西贯穿临沂、曲阜、济宁、菏泽，与郑徐客运专线兰考南站接轨，线路全长 494 km（图 5.45）。它由日（照）临（沂）段、临（沂）曲（阜）段、曲（阜）菏（泽）段、菏（泽）兰（考）段 4 段组成，并采取分段建设模式。其中日照至临沂段，东起菏兖日铁路既有奎山站，西至临沂北站，线路全长 102.347 km，其中新建正线长 96.24 km 和临沂北动车走行线 5.913 km。全段设有日照、日照西、奎山镇、厉家寨、莒南北、临沂北（不含）等车站，其中日照、奎山镇为改建既有站，日照西为青（岛）连（云港）客车联络线新建站，临沂北是本线临沂至曲阜段的新建站，本线新建厉家寨及莒南北 2 个中间站，全段另设 1 个小岭线路所、临沂北动车运用所。

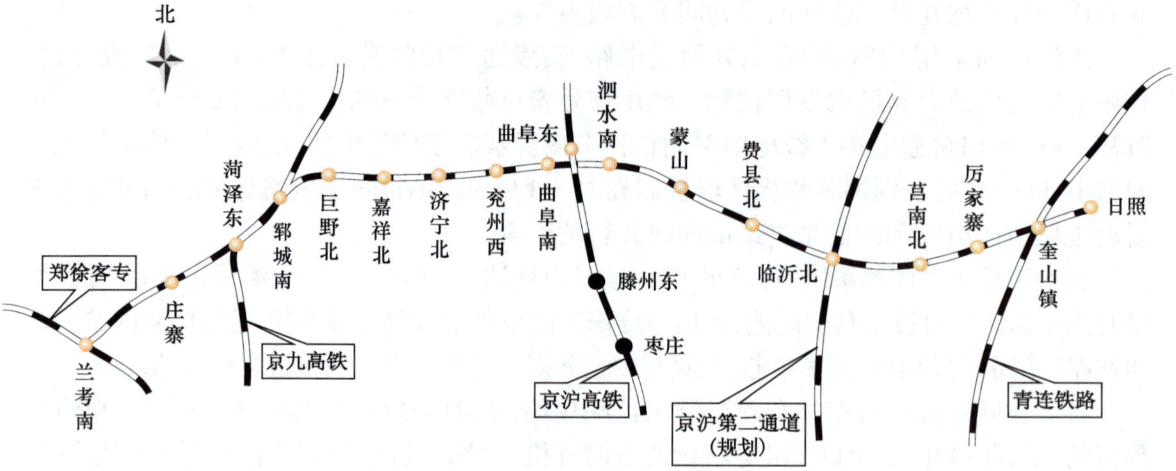

图 5.45　鲁南高速铁路日曲段示意图

临沂至曲阜段,东起临沂北站,西至曲阜东站,新建高速正线长 127.505 km。全段设有临沂北(含)、费县北、蒙山、泗水南、曲阜东等车站,另设大王庄和南夏宋 2 个线路所。该段工程范围还包括引入曲阜东站(鲁南场)联络线工程(鲁南场至大王庄线路所双线长 10.579 km);引入曲阜东站(京沪场)联络线工程(南夏宋线路所至京沪场上行长 4.362 km、下行长 3.973 km);曲阜至泰安城际铁路向南延伸至徐州方向需同步实施的双线线路 5.251 km;曲阜南站至南夏宋线路所菏泽方向需同步实施的上行线长 1.746 km。

曲阜至菏泽段,东起曲阜东站,西至菏泽东站,新建线路长 170.078 km。全段设有曲阜南、兖州西、济宁北、嘉祥北、巨野北、郓城南、菏泽东等车站和小北山线路所。另设菏泽动车存车场和走行线。该段工程范围还包括曲阜东站(城际场)菏泽方向上行联络线长 4.880 km、下行联络线长 5.087 km。

菏泽至兰考段,东起菏泽东站,西至兰考南站,新建线路全长 75.757 km。全段设有菏泽东、庄寨、兰考南等车站,其中庄寨站为新建站、兰考南为改建站、菏泽东为既有站。该段工程范围还包括兰考南站下行联络线长 1.596 km、上行联络线 4.549 km。

新建鲁南高速铁路在兰考南站与徐兰客运专线接轨,在菏泽东站与京九高速铁路接轨,在曲阜东站与京沪高速铁路、济(南)泰(安)曲(阜)徐(州)城际铁路接轨,在临沂北站与京沪东线接轨,在日照西站与青(岛)连(云港)铁路接轨。它的建成开通,与京沪高速铁路、京九高速铁路、青连铁路、郑徐客运专线以及规划的京沪第二通道等五条国家干线铁路实现互联互通,成为我国“八纵八横”高速铁路网的重要连接通道。同时可有效解决山东省鲁南、鲁西南地区群众快速出行的问题,对促进省内经济社会持续健康发展具有重要意义。

鲁南高速铁路的建设单位是鲁南高速铁路有限公司,设计单位是中铁二院工程集团有限责任公司。线路主要技术标准:铁路等级,高速铁路;正线数目,双线;正线线间距,5.0 m;最大坡度,20‰、困难地段不大于 30‰;最小曲线半径,一般地段 7 000 m、困难地段 5 500 m;到发线有效长度,650 m;列车运行控制方式,自动控制;调度指挥方式,调度集中;设计行车速度,350 km/h;牵引种类,电力牵引(AT 供电方式)。

5.45.1 电气化工程

奎山镇至曲阜段正线采用AT供电方式，日照至奎山镇段正线和联络线等采用带回流线的直接供电方式。

新设奎山镇、中店头、南夏宋、费县北、东邢家庄、临沂北等AT牵引变电所，新设临沂北和日照开闭所，新设奎山和日照直供分区所；新设厉家寨、马家岭、平湖庄、大王庄、蒙山等AT分区所，新设岳家、西赵家庄、石河峪、莒南北、泗水南、阎家屯、南东洲、兴水庄、南诸冯等AT所。

新建牵引变电所引入2路220 kV电源供电，220 kV电源侧采用线路变压器组接线。奎山镇和南夏宋牵引变电所采用220 kV单相接线变压器，南夏宋牵引变电所预留改造为三相V/X接线变压器的条件；中店头、费县北、东邢家庄、临沂北牵引变电所采用三相V/X接线变压器。新建牵引变电所所设变压器采用户外低式布置，220 kV侧其余电气设备采用户外中式布置。2×27.5 kV侧采用单母线接线，电气设备采用户内GIS开关柜布置，馈线通过电动隔离开关和断路器与接触网相连。上下行馈线间设联络用隔离开关，正常情况下，该开关打开，上下行分别馈电。新建牵引变电所不设无功补偿装置，仅预留设置高次谐波滤除装置的条件。

临沂北和日照开闭所27.5 kV侧电气设备采用户内GIS开关柜布置，而隔离开关和避雷器采用户外中型布置。

所建AT分区所除AT变压器采用户外低式布置外，2×27.5 kV侧电气设备采用户内GIS开关柜布置，而隔离开关和避雷器采用户外中型布置。奎山和日照直供分区所27.5 kV侧电气设备室内部分采用网栅双列布置，室外部分采用中式布置。

所建AT所的AT变压器采用户外低式布置，2×27.5 kV侧电气设备采用户内GIS开关柜布置，而馈线隔离开关设于所内，采用户外中式布置。

新建牵引变电所设4台变压器、分成2组，采用固定备用方式。各牵引变电所变压器安装容量：奎山镇为2×63 MV·A、中店头、东邢家庄、费县北、临沂北均为2×(40+40) MV·A、南夏宋为2×50 MV·A。

各AT分区所设4台自耦变压器，2台运行、2台备用，安装容量为4×12.5 MV·A；各AT所设2台自耦变压器，安装容量为2×16 MV·A。

新建牵引变电所、分区所、AT所采用微机保护和综合自动化系统及安全监控系统。牵引变电所、开闭所按无人值班设计，考虑有人值守条件；分区所、AT所按无人值班无人值守设计。新设牵引供电远动调度纳入济南铁路局调度所，新设1个供电调度台，对全线牵引供电设施及电力供电设施进行集中监控。

接触网悬挂，正线采用全补偿弹性链型悬挂，站线、联络线、动车走行线等采用全补偿简单链型悬挂，隧道内接触网悬挂采用预埋槽道固定。正线和站线隧道外接触悬挂结构高度一般为1 600 mm，隧道内接触悬挂结构高度一般为1 600 mm、最小不小于1 100 mm。临沂北动车所接触悬挂结构高度为1 400 mm。正线接触线采用150 mm^{2}的铜合金导线，张力30 kN，承力索采用120 mm^{2}的铜合金绞线，张力21 kN；站线、联络线接触线采用

120 mm^2的铜合金导线,张力15 kN,承力索采用95 mm^2的铜合金绞线,张力15 kN。正线接触线悬挂点距轨面高度为5 300 mm。临沂北动车所接触线悬挂点距轨面高度为6 000 mm。与正线相交的道岔采用无交叉线岔方式、与非正线交叉的道岔采用交叉线岔方式。附加导线采用抗拉强度高、耐腐蚀性能好的铝包钢芯铝绞线。

接触网绝缘泄漏距离按重污区设计。25 kV绝缘子的爬电距离不小于1 600 mm。隧道外腕臂柱采用棒式瓷质绝缘子,隧道内和重污秽区采用复合绝缘子。隧道外供电线、正馈线等一般采用瓷质绝缘子,供电线、正馈线等附加悬挂下锚采用复合绝缘子。与承力索、接触线连接的绝缘子采用复合绝缘子。在牵引变电所、分区所处设电分相,采用锚段关节式空气间隙绝缘的电分相。

接触网支柱,区间腕臂柱采用热浸镀锌H型钢柱,车站咽喉区及多股道并行区段采用硬横梁和热浸镀锌圆钢管柱。隧道内采用倒立F形吊柱。供电线支柱一般采用格构式钢柱。支柱侧面限界,无砟轨道地段不小于3.0 m;有砟轨道地段不小于3.1 m。牵出线的侧面限界一般不小于3.5 m、困难情况下不小于3.1 m。

接触网支柱跨距,正线隧道外地段的标准跨距一般为55 m,最大不大于60 m。隧道内跨距一般为48 m。桥上跨距根据桥梁孔跨的形式确定,一般为49 m。临沂北动车所走行线及动车所接触网支柱跨距最大不大于60 m,最小不小于40 m。

正线锚段关节一般采用五跨关节。临沂北动车走行线和动车所一般采用四跨关节。车站两端、AT所附近、长度大于1 km的隧道两端设绝缘锚段关节。正线双边补偿时的最大锚段长度不大于2×700 m,单边补偿的锚段长度为上述值的50%。站线最大锚段长度不大于2×800 m、困难时不大于2×900 m。附加导线锚段长度一般不大于2 000 m。

路基上、隧道内、硬横跨车站内、桥上接触网下锚补偿一般采用棘轮补偿装置,联络线等其他线路采用滑轮组补偿装置。

5.45.2　电力工程

全段新设1条综合负荷10 kV贯通线和1条一级负荷10 kV贯通线。新建10 kV贯通线采用铜质单芯电力电缆,分别沿铁路两侧的电缆槽道敷设,在隧道、桥梁上敷设电力电缆时应采取防震措施。新建10 kV贯通线东端引入青(岛)连(云港)铁路工程所建的奎山10 kV配电所,西端引入本工程所建的曲阜东10 kV配电所。

全段新设厉家寨、莒南北、临沂北、费县北、蒙山、曲阜东(鲁南场)等10kV配电所,从地方变电站接取2路独立的10 kV专盘专线电源供电;奎山镇10 kV配电所结合青连铁路工程统筹实施,增加馈线设备向奎山镇至莒南北段贯通线供电;临沂北动车所所用2路10 kV电源由临沂北10 kV配电所专线供电。

设有10 kV配电所的各新建车站其站房综合用电负荷设站内10/0.4 kV变电所供电,从配电所站馈线接引2路10 kV电源;没设10 kV配电所的泗水南等新建车站其站房综合用电负荷设站内10/0.4 kV变电所,从公用电网接引2路10 kV电源供电。

车站与行车有关的通信信号等一级用电负荷设室内10/0.4 kV电力远动间供电,电源分别引自2路10 kV贯通线。区间通信信号等一级负荷设电力远动开关站供电,主用电源取自一级负荷 10 kV 贯通线，备用电源取自综合负荷 10 kV 贯通线。

新建综合维修车间/工区用电负荷设 10/0. 4 kV 变电所供电，从 10 kV 配电所站馈线接引电源。车站及线路所所设的道岔融雪装置用电负荷设箱式变电站供电，设有 10 kV 配电所的车站从配电所站馈线接引电源，没设 10 kV 配电所的车站从综合负荷 10 kV 贯通线接引电源。

区间其他用电负荷，根据负荷分布及负荷性质就近设箱式变电站供电，电源引自综合负荷 10 kV 贯通线。

隧道应急照明、通风设备、防灾救援系统现场设备等用电负荷设箱式变电站供电，电源引自 10 kV 贯通线。

新建 10 kV 配电所、10/0. 4 kV 变电所设电力远动系统，纳入济南铁路局电力调度所管理。

新建厉家寨工区，新建临沂北、曲阜东综合维修车间和蒙山综合工区，负责电力设施的运营维护和管理。

5. 45. 3　通信工程

奎山至曲阜东沿铁路两侧各敷设 1 条 48 芯长途通信光缆，日照至奎山间利用青连铁路工程所建 2 条 48 芯光缆中各 4 芯构建传输通道。

为满足信号等专业业务信息传输的需要，在南夏宋线路所至曲阜东鲁南场区间敷设 1 条 24 芯光缆，在曲阜东鲁南场至曲阜东京沪场间敷设 2 条 24 芯光缆；在奎山镇至特定信号中继站间、日照北线路所至特定信号中继站间分别敷设 1 条 24 芯光缆。

为满足综合视频监控系统组网的需要，在设有信息采集点的区间沿铁路一侧电缆槽道敷设 1 条 48 芯光缆。为满足 GSM-R 系统通信基站至光纤直放站信息传输的需要敷设 1 条 16 芯光缆，车站到站内室外信息接入点敷设 1 条 8 芯光缆。

传输系统，新设 SDH 10 Gbit/s 长途骨干传输系统，在日照西通信站、奎山镇、厉家寨、莒南北、临沂北、费县北、蒙山、泗水南、曲阜东站，曲阜东通信站设 SDH 10 Gbit/s ADM 设备。利用新建的 2 条 48 芯光缆中各 2 芯光纤构成复用段 1 +1 保护。另外，在济南通信中心新设 SDH 10 Gbit/s ADM 设备，纳入既有济南 SDH 10 Gbit/s 枢纽环；通过 SDH 10 Gbit/s 光口与既有 SDH 10 Gbit/s ADM 设备互联。在曲阜东通信站新设光分插复用器（OADM）设备，通过曲阜东（京沪场）至兖州的既有光缆通道与兖州通信站 OADM 网元互联互通。在蒙山、临沂北站新设光线路放大器（OLA）设备，通过新建和既有通道与曲阜东新设的 OADM 设备、日照既有 OADM 设备互联。

新设 SDH 2. 5 Gbit/s 接入网系统，在日照西和曲阜东通信站、沿线新建车站（所）设 SDH 2. 5 Gbit/s ADM 设备。利用新建 2 条 48 芯光缆中各 2 芯光纤构成复用段 1 +1 保护。

新设 SDH 622 Mbit/s 区间接入网系统，在区间通信基站、牵引变电所、分区所、AT 所、信号中继站等信息接入点设 SDH 622 Mbit/s 设备，在相邻车站之间利用新建 2 条 48 芯光缆中的各 6 芯光纤构成 3 个(2 个通信基站环、1 个信号和牵引供电环)2 纤通道保护环，接入相邻车站 SDH 2. 5 Gbit/s 接入网系统。

在新建车站站房、信号楼、站内综合维修车间/工区、电力配电所、牵引变电所、公安派出所等信息接入点设 SDH 622 Mbit/s 设备,利用新建光缆构成 2 纤通道保护环,接入车站 SDH 2.5 Gbit/s 接入网系统。在警务区设 SDH 155 Mbit/s 传输接入一体化设备接入车站接入网系统。

在济南通信中心新设传输网网元管理设备,在奎山镇和厉家寨综合工区、曲阜东通信站设传输网管复示终端。在临沂北和曲阜东通信工区设本地维护终端,接入济南铁路局既有通信综合网管系统。

电话交换系统,利用日照西和临沂通信站既有程控电话交换机,并扩容 V5 接口板;在日照西通信站和临沂北站新设光线路终端(OLT)设备,在沿线新建车站站房和信号楼、信号中继站、综合维修车间及工区、牵引变电所、分区所、AT 所、电力配电所、派出所等信息接入点设光网络单元(ONU);奎山镇通信车间利用青连铁路所设的 ONU 设备。沿线新增自动电话用户通过 ONU 设备及接入网按隶属关系接入日照西和临沂通信站的程控电话交换机,通过统一编号组网,实现与既有铁路电话专网的互通。另外,在车站节点的 ONU 设备上配置接口板卡,与本节点车站调度通信交换机设备互联,为区间电气化所亭节点的调度电话分机提供远程接入。

按照属地化管理的划分,在日照西通信站和临沂北新设 1 套接入网网管设备(含网管终端),在奎山镇和临沂北通信车间新设 1 套复示终端。新设网元管理系统按照与通信综合网管系统之间所定义的规范和接口,接入济南铁路局既有通信综合网管系统。

新设数据网,利用济南铁路局通信中心和济南西的既有核心节点设备,利用日照西通信站既有汇聚路由器,在曲阜东通信站新设汇聚路由器;利用青连铁路工程在日照、日照西、奎山镇所设的接入路由器;在沿线新建车站设接入路由器,负责本地数据的接入与交换。相邻车站接入路由器之间通过光纤直联。异地接入路由器与汇聚路由器之间按隶属关系通过传输通道联接,并上联至济南铁路局通信中心的核心路由器,实现全段数据业务的转发与汇聚。

在曲阜东通信站新设网元级管理系统和虚拟专用网络(VPN)管理系统及设备(含服务器、网络交换机及操作终端),对全段数据网设备进行统一管理。网元级管理系统为本线数据通信网提供配置管理、性能管理、故障管理、安全管理;VPN 管理系统负责 VPN 的配置、监控与图形化管理。本段数据通信网网元管理系统按照与通信综合网管系统之间所定义的规范和接口,接入济南铁路局既有通信综合网管系统。

新设 GSM-R 移动通信系统,利用济南铁路局既有 GSM-R 核心网设备。在济南通信中心新设基站控制器(BSC),沿线设通信基站(BTS)。隧道外采用单网交织覆盖方式组网、隧道内采用交织冗余覆盖方式组网。在奎山镇和 D2K7+450 处新建的通信基站接入青连铁路工程设在济南通信中心的基站控制器(BSC),其余新建通信基站接入本段新设的 BSC 及铁路局 GSM-R 交换机。区间和隧道内弱场区采用光纤直放站、漏泄电缆和天线方式增强,以满足无线场强覆盖和信息传输的需要。完成调度通信、调度命令信息和无线车次号校核信息传送等功能。

新设调度通信系统,利用济南铁路局调度所既有调度通信交换机及济南西既有调度通信交换机,沿线新建车站(线路所)设车站型调度通信交换机、调度分机和车站值班台等设备,既有站的调度通信设备利旧修改,按照调度区划分,新设设备通过调度网接入铁路局调度所及济南西既有中心调度交换机和调度通信系统,以及在调度所新设的本线一体化调度台(列车调度台、电力调度台、助理调度台)管辖和指挥,既有站维持既有调度台管辖不变。

新设会议电视系统,在各新建车站、综合车间/工区设会议电视分会场设备,通过传输通道接入济南铁路局既有会议电视中心和网管系统,进行统一管理。

新设应急通信系统,在厉家寨、临沂北及曲阜东通信工区分别新设应急通信现场接入设备,通过传输系统接入济南铁路局既有应急通信中心系统,建立起应急通信指挥中心与事故现场间的应急通信网络。可将在事故现场采集到的语音、数据、图像等业务信息通过有线或无线方式传送到铁路局应急通信指挥中心。

通信电源,各新建通信设备机房设 48 V 高频开关电源和蓄电池组及 UPS 不间断电源设备。并新设电源和机房环境监测系统及采集设备,实现对电源和机房环境条件的监控。

5.45.4　信号工程

车站联锁,日照至临沂至曲阜东段的各新建车站(线路所)、临沂北动车所、曲阜东(鲁南场)新设硬件冗余型计算机联锁设备和信号电源屏及 UPS 不间断电源设备。奎山镇(青连铁路鲁南场)在既有计算机联锁设备基础上结合本工程的接入进行修改。曲阜东(京沪场)在既有计算机联锁设备基础上结合本工程的接入进行修改。新建计算机联锁设备的车站(所)应满足与 CTC、列控中心、RBC(无线闭塞中心)等设备的接口和信息交换要求,为信号集中监测和电务综合监督系统提供相关信息。

根据车站(场、所)道岔设计类型,配备相应的道岔转辙装置和交流转辙机。时速 120 km及以上的道岔采用三相交流转辙机,配备外锁闭装置,并实现挤岔监督报警功能。直向通过时速 160 km 及以上的道岔尖轨密贴段牵引点间设密贴检查装置,并将检查信息纳入信号集中监测系统。新建车站(所)设道岔缺口检查装置,在室内设道岔缺口检查主机,采用独立组网方式。曲阜东(京沪场)采用的道岔转辙设备应与既有京沪铁路标准一致。

各新建车站(所)站内列车进路上的正线和到发线采用与区间相同制式的 ZPW-2000 有绝缘轨道电路,其发送设备按 1 +1 冗余配置,接收设备采用双机并用方式。维修工区内轨道区段采用 97 型 25 Hz 相敏轨道电路。动车所采用 97 型 25 Hz 相敏轨道电路叠加 ZPW-2000 系列四线制电码化,电码化发送设备按 1 +1 冗余配置。检查线设置机车信号测试环线。在 CTCS-3 级列控区段设进出站信号机。正线和到发线不设调车信号机,工区岔线与正线和到发线相衔接时,根据需要设调车信号机。

车站站内 ZPW-2000 系列轨道电路及电码化设备采用铝护套数字信号电缆或铝护套内屏蔽数字信号电缆,联锁设备室外电缆采用铝护套信号电缆,分支电缆采用综合护套信号电缆。

运输调度指挥系统,日照至临沂至曲阜东段采用调度集中(CTC)系统,各新建车站(线路所)、临沂北动车所和曲阜东(鲁南场)设 CTC 分机设备、网络和信息安全及通道质量监督等设备,并设车站服务器;在临沂北动车所信号车间新设复示终端,对奎山镇(青连铁路鲁南场)既有信号车间复示终端进行修改。曲阜东既有信号车间复示终端随维修房屋还建进行迁移。按照调度区划分,各站调度分机等设备通过调度网接入济南铁路局调度所 CTC 总机系统及新设的本线列车调度台管辖和指挥。并在调度所增设本线接入所需的应用和通信服务器、CTC 与 TSRS(临时限速服务器)接口服务器、CTC 与无线闭塞中心(RBC)接口服务器,以及鲁南高速铁路列车调度台操作设备。根据实际需要对济南铁路局调度所 CTC 中心既有服务器等设备和系统软件进行修改和调试,对调度所京沪高速铁路 CTC 中心对曲阜东(京沪场)的既有服务器等设备和系统软件进行修改和调试。

根据调度区划分,引入青连铁路的奎山镇(青连鲁南场)仍归属青连铁路行调台管辖。相关联络线的曲阜东(鲁南场)、南夏宋线路所统一纳入本工程所设的调度台管辖。引入京沪高速铁路的曲阜东(京沪场)仍归属既有 CTC 行调台管辖。

列车运行控制系统,全段正线采用 CTCS-3 级列控系统,作为本线运营动车组的主用列控模式,CTCS-2 系统作为本线动车组的降级备用列控模式。动车所和联络线采用 CTCS-2 级列控系统。接轨站奎山镇(青连铁路鲁南场)采用 CTCS-2 级列控系统,在奎山镇至信号中继站 1 及临沂北至临沂北动车所间设 CTCS-3/2 级级间转换点。

在曲阜东(鲁南场)设 2 套无线闭塞中心(RBC)设备和 1 套临时限速服务器管辖全段,并对曲阜东(京沪场)的 RBC(编号 5)进行相应修改。京沪 RBC5 与本线 RBC 在南夏宋线路所与曲阜东(京沪场)区间的标志牌处进行 RBC 切换,并以此构建信号安全数据网。

运行于本线的动车组装设 CTCS-3 级列控车载设备或 CTCS-2 级列控车载设备 + 列车运行监控记录装置(LKJ)。在地面 CTCS-3 级区段按 CTCS-3 级行车,当 CTCS-3 级因故停用时,可降为 CTCS-2 级进行控车。

沿线各新建车站(场、所)和信号中继站设列控中心(TCC)、应答器及其电子编码单元,并对奎山镇(青连铁路鲁南场)、曲阜东(京沪场)TCC 进行修改。所设列控中心负责站内和区间轨道电路的编码、区间运行方向与闭塞的控制、站间安全信息传输、应答器报文实时组帧、编码及校验、区间占用逻辑检查等功能,并将自诊断和故障报警信息通过以太网接口发送至信号集中监测系统。

区间闭塞制式,正线和各联络线采用四显示自动闭塞,正向按追踪间隔运行,反向采用自动站间闭塞行车,不设区间地面通过信号机,在闭塞分区分界点设停车标志牌。临沂北动车所走行线采用自动闭塞方式,正反向按追踪运行,追踪间隔应满足运输要求。

正线区间采用 ZPW-2000 系列轨道电路,其发送和接收设备按冗余配置,由列控中心设备编码控制。ZPW-2000 系列轨道电路干线电缆采用铝护套内屏蔽数字信号电缆,所用电缆有效传输长度一般按 7.5 km 控制。其他信号设备采用铝护套非数字信号电缆。

新设信号集中监测系统,沿线新建车站、线路所和信号中继站,临沂北动车所和曲阜东(鲁南场)设集中监测分机设备;奎山镇(青连铁路鲁南场)、曲阜东(京沪场)在既有监测分机设备基础上结合本线接入进行修改。在各车站(场、所)和动车所的信号工区设监测终端。在临沂北信号车间/工区设监测终端;对崟山镇既有青连铁路信号车间/工区监测终端设备进行修改。按照属地化管理原则,通过监测网接入所隶属的济南或青岛电务段信号集中监测总机系统,实现对信号设施的集中监测和远程诊断,及时掌握信号设备的工作状态。

沿线新建信号设备房屋设防雷电、电磁兼容和综合接地防护系统,与房建工程同步实施,并与贯通地线等电位连接。

正线及联络线设综合接地系统,沿铁路两侧分别敷设 1 条截面为 70 mm^2 的铜质电缆贯通地线,在电气特性上全程贯通,接地电阻不大于 1 Ω,形成低阻等电位综合接地平台。沿线轨旁信号设备安全接地后就近与贯通地线等电位连接。

5.45.5　防灾安全监测系统

针对沿线地质地貌、气候及主要自然灾害情况,新设防灾安全监测系统。利用济南铁路局既有防灾监测中心设备;在铁路沿线山区垭口、峡谷、河谷区段每 1 ~ 5 km 设 1 处风速风向监测点及设备;桥梁及高路堤区段每 5 ~ 10 km 设 1 处风速风向监测点及设备,沿线近 20 年极大风速值超过 15m/s 的区段设风速风向监测点及设备。路基地段易发生滑坡、泥石流及危岩、落石或崩塌地段等处所设雨量监测点及设备,有砟轨道线路区段每 15 ~ 20 km 设 1 处雨量监测点及设备,无砟轨道线路区段每 20 ~ 25 km 设 1 处雨量监测点及设备。在沿线近 20 年最大积雪深度达到 3 cm 及以上的区段设雪深监测点及设备;在低填方和挖方地段、隧道口等处易产生积雪处可适当增设监测点。通过所建监测网络接入铁路局既有防灾监测中心设备,实现对线路重点部位和发生自然灾害的实时监测。

参加日照至临沂至曲阜段线路工程施工的有中铁十局,中铁建十四局、十九局、二十一局等单位。中铁电气化局集团和中国铁路通信信号公司联合体等单位承担四电系统工程的施工。

临沂至曲阜段的线路工程于 2016 年 12 月 17 日开工,日照至临沂段的线路工程于 2017 年 5 月 31 日开工。2018 年 6 月 27 日开始铺轨。2019 年 4 月 15 日完成日照至曲阜段的铺轨。2018 年 11 月 7 日四电工程开工,在临沂北至费县北区间成功组立第一根接触网杆。2019 年 6 月 18 日费县北牵引变电所首个送电开通。2019 年 8 月 1 日开始联调联试。2019 年 10 月 14 日开始试运行。2019 年 11 月 26 日日照至曲阜段正式开通运营。

5.46　武汉至十堰高速铁路孝感至十堰段

新建武汉至孝感至十堰高速铁路,南起武汉,往北偏西方向途经孝感、云梦、安陆、随州、随县、枣阳、襄阳、谷城、丹江口等市县,终到十堰市,大致呈东南西北走向(图 5.46)。初期由武汉至孝感东和孝感东至十堰北 2 段组成,武汉至孝感东利用 2016 年 12 月 1 日开通运营的武汉至孝感城际铁路(线路长度 61.8 km)。孝感东(DK47 + 567.766)至十堰北站(DK445 + 702.637)新建线路长 399.126 km,其中桥梁累计长度 203.677 km,

隧道累计长度 70.834 km,桥隧总长 274.511 km,桥隧占比达到 68.78%。远期,武汉至孝感段的线路将从云梦东站出岔向东南经孝感西、东西湖引入武汉西站,也就是规划中的新汉阳站。新建孝感东至十堰北段,全段依次新建云梦东、安陆西、随州南、随县、枣阳、襄阳东津、隆中、谷城北、丹江口南、武当山西、十堰北等车站,改建既有孝感东站(接轨站),预留朋兴 1 座车站。工程范围还包括襄阳和十堰地区相关工程。

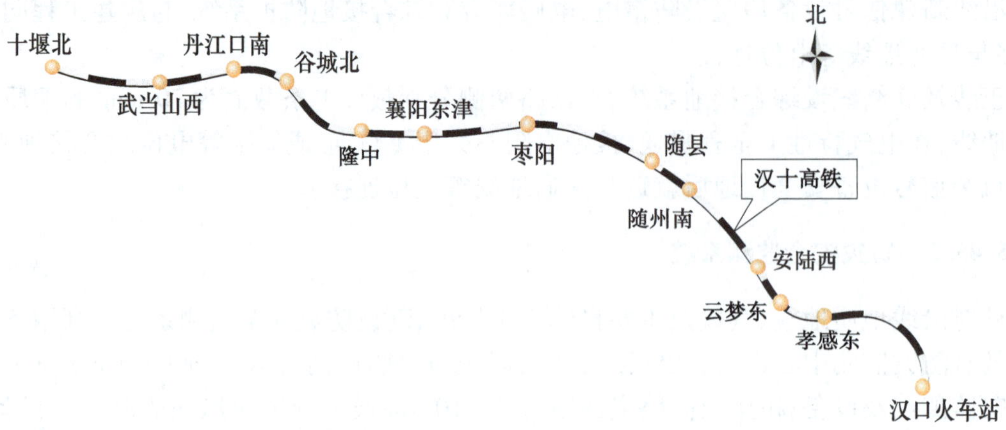

图 5.46　武汉至孝感至十堰高速铁路示意图

新建武汉至十堰高速铁路,不仅是连接武汉、襄阳、十堰的区域性快速铁路,作为长江经济带及武汉至西安快速铁路的重要组成部分,还将沟通我国华中与西北地区、东南沿海的战略大通道。所以本段线路的建成开通和随着国家长江经济带的开发,陆上丝绸之路的畅通,汉十高速铁路将把长江经济带的中点与陆上丝绸之路起点西安连接起来,把长江中游的经济影响扩散至西北、中亚,甚至西北欧等地区。

本段铁路的建设单位是湖北汉十城际铁路有限责任公司、武汉铁路局,设计单位是中铁第四勘察设计院集团有限公司。线路主要技术标准:铁路等级,高速铁路;正线数目,双线;正线线间距,5.0m;最大坡度,20‰;最小平面曲线半径,一般地段 7 000 m、困难地段 5 500 m;到发线有效长度,650 m;列车指挥方式,综合调度集中;列车运行控制方式,自动控制;行车设计速度,350 km/h、部分车站加减速地段和大跨度桥梁地段根据实际情况确定;牵引种类,电力牵引(AT 供电方式)。

5.46.1　电气化工程

牵引供电采用 AT 供电方式。全段新设云梦东、烟店、均川、兴隆、襄阳南、卧龙、冷集、武当山西等牵引变电所。在襄阳南动车运用所新设开闭所,从襄阳南牵引变电所接引 2 路电源供电。新设上洲、庙滩、丁家营、十堰北等 8 座分区所,新设内环、隆中、茨河、城关、丹江口南、武当山、泰家坡等 10 多座 AT 所。

新建牵引变电所引入 2 路 220 kV 电源供电,220 kV 电源侧采用线路变压器组接线,电气设备采用户外单体布置;27.5 kV 侧采用单母线分段接线,配电装置采用户内 GIS 设备布置。分区所、开闭所 2×27.5 kV、27.5 kV 配电装置采用户内 GIS 设备布置。

新建牵引变电所设 4 台变压器、分成 2 组，采用固定备用、三相 V/X 接线、自冷方式，预留风冷条件。各牵引变电所变压器安装容量：云梦东为 2×(40+25) MV·A，烟店、武当山西均为 2×(40+31.5) MV·A，均川、卧龙、冷集均为 2×(40+40) MV·A，兴隆为 2×(31.5+40) MV·A，襄阳南为 2×(31.5+31.5) MV·A。襄阳南牵引变电所变压器安装容量可结合郑万高速铁路供电需要进行调整。

新建牵引变电所、分区所、开闭所、AT 所采用微机保护和综合自动化系统，按无人值班设计，牵引变电所适当考虑值守条件。设牵引供电远动(SCADA)系统，纳入武汉铁路局客运专线电力调度系统管理。

接触网悬挂，正线采用全补偿弹性链型悬挂，接触悬挂结构高度一般为 1 600 mm，隧道内不小于 1 100 mm。正线接触线采用 150 mm^2 的镁铜合金导线，张力 28.5 kN，承力索采用 120 mm^2 的镁铜合金绞线，张力 23 kN。接触线悬挂高度一般为 5 300 mm，高速区段保持接触导线安装高度一致。与正线相交的道岔采用无交叉线岔方式，与非正线交叉的道岔采用交叉线岔方式。附加导线采用抗拉强度高、耐腐蚀性能好的铝包钢芯铝绞线。

接触网绝缘泄漏距离按重污区设计，严重污秽地区适当加强绝缘。一般地段采用瓷质绝缘子，隧道内采用复合绝缘子，接触网下锚等地段采用复合绝缘子。采用带空气绝缘中性段的绝缘锚段关节式电分相，避免设在大坡道、列车出站加速区段和线路限速低速区段。

接触网支柱，一般区段的腕臂柱采用 H 型钢柱。高架桥上采用热浸镀锌 H 型钢柱，T 梁桥上采用格构式钢柱。车站及多线并行区段有条件时采用线间立柱，不具备线间立柱条件时采用硬横梁和等径圆钢管柱。车站站台地段接触网支柱与雨棚柱合架。

接触网支柱跨距，路基地段一般为 50 m，最大不大于 60 m。隧道内最大跨距为 50 m，箱梁桥上根据桥梁孔跨形式确定，一般为 48 m；T 梁桥上一般为 32.7 m。相邻跨距之差不大于 10 m。

全线绝缘、非绝缘锚段关节一般采用五跨关节，困难地段采用四跨关节。正线锚段长度一般不大于 2×700 m，站线锚段长度不大于 2×850 m。单边补偿时为上述值的 50%。附加导线的锚段长度一般不大于 2 000 m、困难时不大于 3 000 m。

接触网下锚补偿一般采用棘轮加铁坠砣补偿装置。正线及站线采用防窜防断中心锚结，车场内下锚困难时采用防窜不防断中心锚结。

新建襄阳南、十堰北供电车间兼供电工区，在云梦东、随州南、枣阳、隆中、丹江口南综合工区内设供电工区，负责牵引供电设施的运营维护和管理。

5.46.2　电力工程

全段新设 1 条一级负荷 10 kV 贯通线和 1 条综合负荷 10 kV 贯通线，给沿线用电负荷供电。新建一级负荷 10 kV 贯通线采用截面为 70 mm^2 的铜芯电缆，新建综合负荷 10 kV贯通线采用 95 mm^2 的铜芯电缆，分别沿铁路两侧敷设。

新设安陆西、随州南、随县、襄阳南、隆中、谷城北、武当山西、十堰北等 10 kV 配电所，新设丹江口南 35/10 kV 变电所，利用武汉至孝感城际铁路所建的孝感东 10 kV 配电所和既有枣阳 10 kV 配电所,枣阳 10 kV 配电所根据供电需要进行改造,并增建 1 路 10 kV 电源线路。

设有变(配)电所的车站其站房综合用电负荷设站内10/0.4 kV综合变电所供电,电源引自变(配)电所的站馈线;没设 10 kV 配电所的车站其站房综合用电负荷设站内10/0.4 kV变电所,从地方电网接引 10 kV 电源供电。

车站与行车有关的通信信号等一级用电负荷设室内 10/0.4 kV 专用变电所供电,电源分别引自 2 路 10 kV 贯通线。区间与行车密切相关的通信信号等一级用电负荷设10/0.4 kV变电站供电,电源分别引自 2 路 10 kV 贯通线。

区间其他用电负荷,根据负荷分布和负荷性质,在负荷集中处分别设箱式变电站,优先从地方电网接引电源供电,无接引地方电源条件时,从综合负荷 10 kV 贯通线接引电源供电。

新建变(配)电所采用综合自动化系统,按无人值班设计。新设 SCADA 电力远动系统,纳入武汉铁路局客运专线电力调度系统管理。全线电力设施由供电工区负责运营维护和管理。

5.46.3　通信工程

孝感东至十堰北、襄阳南至襄阳通信站分别沿铁路两侧各敷设 1 条 48 芯长途通信光缆。

为满足区间光纤直放站、通信基站、综合视频监控系统等组网的需要,根据视频监控采集点布设等情况,沿铁路一侧敷设 1 条(8 ~ 24 芯)短段光缆,并接入就近的通信设备机房。

传输系统,孝感东至十堰北、襄阳南至襄阳通信站新设 SDH 10 Gbit/s 长途骨干(汇聚)传输系统,沿线车站、通信站设 SDH 10 Gbit/s ADM 设备。利用新建 2 条 48 芯光缆中的各 2 芯光纤构成复用段 1 + 1 保护,并在孝感东与武汉至孝感东段的 SDH 10 Gbit/s 设备互联。

孝感东至十堰北新设 SDH 2.5 Gbit/s 车站接入网系统,沿线车站设 SDH 2.5 Gbit/s ADM 设备,利用新建 2 条 48 芯光缆中的各 2 芯构成复用段 1 + 1 保护,并在孝感东与武汉至孝感东段的 SDH 2.5 Gbit/s 设备互联。

新设 SDH 622 Mbit/s 区间接入网系统,区间通信基站、牵引变电所、分区所、AT 所、信号中继站等信息接入点设 SDH 622 Mbit/s 设备。在相邻车站之间利用新建光缆构成 3 个 SDH 622 Mbit/s 2 纤复用段保护环(GSM-R 奇、偶数通信基站各 1 个传输环,信号中继站和牵引供电节点 1 个传输环),接入车站所设的 SDH 2.5 Gbit/s 设备。

车站站房、站内综合维修车间/工区、电力变配电所、牵引变电所、公安派出所等信息接入点设 SDH 622 Mbit/s 设备,利用新建光缆构成 SDH 622 Mbit/s 2 纤通道保护环,并接入车站 SDH 2.5 Gbit/s 接入网系统。

电话交换系统,利用汉口和襄阳等通信站的既有电话交换机,在襄阳南新设光线路终端(OLT)设备,沿线车站、信号楼、信号中继站、综合维修车间(工区)、牵引变电所、分区所、AT 所、电力配电所、动车所、公安派出所等信息接入点设光网络单元(ONU),沿线新增自动电话用户通过ONU设备及接入网按隶属范围接入OLT设备和既有电话交换机，通过统一编号组网，实现与既有铁路电话专网的互通。

孝感东至十堰北新设数据网，利用武汉铁路局和汉口通信站的既有核心路由器，扩容孝感东既有汇聚路由器，在襄阳南新设汇聚路由器，新建车站和动车运用所新设接入路由器和三层以太网交换机，负责本地数据的接入与交换。相邻车站接入路由器之间采用光纤联接，异地接入路由器与汇聚路由器之间通过传输通道联接，并上联至铁路局既有核心路由器，实现全段数据业务的转发与汇聚。

孝感东至十堰北新设调度通信系统，利用武汉铁路局调度所既有中心调度通信交换机，沿线新建车站、动车运用所新设车站型调度通信交换机、调度分机和车站值班台等配套设备。按照调度区划分，接入武汉铁路局调度所既有中心调度通信交换机、调度通信系统及新设的本线列车调度台管辖和指挥。并新增调度台终端设备，通过与GSM-R交换机的互联，实现有线与无线调度业务的互通。

孝感东至十堰北新设GSM-R移动通信系统，利用武汉铁路局既有GSM-R核心网设施，在武汉铁路局调度所、襄阳南新设基站控制器(BSC)等设备，沿线设通信基站(BTS)，采用单层交织冗余覆盖方式组网，通过传输通道将通信基站按管辖范围分别接入所属的基站控制器和铁路局GSM-R交换机。区间和隧道内弱场区采用光纤直放站、漏泄电缆和天线方式增强，以满足无线场强的覆盖和信息传输的需要。完成调度通信、调度命令信息和无线车次号校核信息传送等功能。新建地级市车站站房根据需要设GSM-R系统室内覆盖设备。

本线与郑万高速铁路并行及与蒙西至华中地区铁路煤运通道交叉区段，应统一进行频率规划和无线网络设计，以满足两线应用及维护管理需求。

孝感东至十堰北新设应急通信指挥系统，在随州南、襄阳东津、十堰北维修车间分别设现场接入设备。5 km以上的隧道设有线应急电话、视频采集点等隧道应急通信系统设备，通过传输通道接入武汉铁路局调度所既有应急通信指挥中心系统。

孝感东至十堰北新设会议电视系统，沿线新建车站、动车运用所、通信维修车间等处分别设会议电视分会场设备，通过传输通道接入武汉铁路局既有会议电视系统中心和网络管理系统。

通信电源，新建车站、牵引变电所、分区所、区间通信基站、信号中继站等处新设48 V高频开关电源和UPS不间断电源设备。新设电源和机房环境监控系统及采集设备，各相关专业维护管理部门设系统监控终端。实现对通信电源设备和机房环境条件的监控。

5.46.4　信号工程

车站联锁，各新建车站设硬件安全冗余型计算机联锁设备和信号智能电源屏及UPS不间断电源。襄阳东津站新建一个信号楼，预留独立新设郑万高速铁路车场信号设备的面积。既有孝感东站、枣阳站在既有联锁设备基础上根据需要修改。维修工区道岔纳入邻近车站联锁设备集中控制。

根据车站(场)道岔设计类型，配备相应的道岔转辙设备，18号及以上道岔采用多机牵引、分线分动控制方式。通过时速 160 km 及以上的道岔增设密贴检查装置。

新建联锁设备的车站站内采用与区间相同制式的 ZPW-2000 有绝缘移频轨道电路，发送设备按 1 + 1 冗余配置，接收设备采用双机并用方式。动车运用所、维修工区岔线等分路不良轨道区段采用高压脉冲轨道电路，动车运用所设置车站电码化。

站内 ZPW-2000 有绝缘移频轨道电路采用铝护套数字信号电缆，其他信号设备采用非数字信号电缆。

运输调度指挥系统，全段采用分散自律型调度集中(CTC)系统，沿线车站设 CTC 分机设备、网络安全和通道质量监督等设备，按照调度区划分，各站调度分机等设备通过调度网接入武汉铁路局调度所 CTC/TDCS 总机系统及新设的汉十高速铁路 CTC 调度台，负责云梦东至十堰北站、动车走行线及襄阳南动车运用所的行车调度指挥，并在调度所增设应用和通信服务器，与无线闭塞中心(RBC)接口服务器等设备。

列车运行控制系统，全段采用 CTCS-3 级列控系统，襄阳南动车运用所走行线采用 CTCS-2 级列控系统，在云梦东站与孝感东站间设 CTCS-3/2 级级间转换点。襄阳南动车所采用室外分散式调车防护系统。

在襄阳东津站设 4 套无线闭塞中心(RBC)和 1 套临时限速服务器，负责本线段的临时限速命令的管理。沿线车站和信号中继站新设列控中心(TCC)、电子编码单元(LEU)、应答器及安全数据网接入设备等。列控中心(TCC)之间通过安全数据网联接，实现列控中心之间及与车站联锁之间的安全信息传输。所设列控中心具有轨道电路编发码、运行方向和闭塞控制、应答器报文实时组帧和编码及校验、区间占用逻辑检查等功能。

区间闭塞制式，全段采用四显示自动闭塞，按双线双方向运行，正向采用追踪间隔运行、反向采用自动站间闭塞行车。不设区间地面通过信号机，在闭塞分区分界点处设区间信号标志牌。根据动车所走行线运行需求，设闭塞分区分界标。

正线区间采用 ZPW-2000 无绝缘移频轨道电路，其发送和接收设备按 1 + 1 冗余配置，并具有设备自监测功能，通过接口设备向信号集中监测系统提供监测信息。

区间 ZPW-2000 无绝缘移频轨道电路采用铝护套数字信号电缆或铝护套内屏蔽数字信号电缆，分支电缆采用综合护套数字信号电缆。

新设信号集中监测系统，沿线车站和信号中继站设集中监测分机设备，接入襄阳电务段集中监测总机系统，并对监测总机系统进行扩容。孝感东和枣阳站在既有集中监测分机设备基础上结合站场改造进行相应修改，结合孝感东站有关情况变化对武汉电务段集中监测总机系统进行相应修改。

沿线新建信号设备房屋设防雷电、电磁兼容和综合接地防护系统，与房建工程同步实施，并与贯通地线等电位连接。

新设综合接地系统，沿铁路两侧分别敷设 1 条截面为 70 mm^2 的铜质贯通地线，在电气特性上全程贯通，接地电阻不大于 1 Ω，并形成低阻等电位综合接地平台。沿线轨旁信号设备接地后就近与贯通地线等电位连接。

新建十堰北、襄阳东津、随州南信号高速车间(含检修工区)，各车站设信号值班工区，负责全段信号设施的运营维护和管理。

5.46.5　自然灾害及异物侵限监测系统

针对本线地理环境和气象特点,设风速风向、雨量、雪深及公路跨铁路立交桥异物侵限监测系统。在武汉铁路局新设防灾监测中心,在车站通信机械室设存储、转发服务器和磁盘阵列,在车站通信机械室、区间通信基站设监测单元及网络设备。利用 GSM-R 移动通信基站铁塔及新设视频杆塔设线路监控高清摄像机,对线路路基、路基与桥梁结合部及长度 6 km 以上桥梁等区段进行视频监控。在沿线适当位置设风速风向监测点。在隧道口、高边坡危岩落石地段设雨量监测点。在历年积雪深度 3 cm 及以上的地段设雪深监测点。在沿线地震动峰值加速度大于等于 0.1g 地区的牵引变电所、分区所、开闭所设地震监测系统,实现对重点区域和设施的实时监控。

参加线路工程施工的有中铁七局集团、中铁建十一局、中铁大桥局、中建三局集团、中铁隧道集团等单位。中铁电气化局、中铁(武汉)电气化局、中铁建电气化局和中铁十一局电务公司联合体等单位承担四电工程的施工。

线路工程于 2015 年 12 月 2 日开工。2018 年 9 月 5 日开始铺轨。2019 年 6 月 22 日完成全线铺轨。四电工程于 2018 年 5 月 30 日在武当山至十堰间成功组立接触网第一杆,并于 2018 年 11 月 22 日开始架网。2019 年 9 月 5 日枣阳至十堰段开始联调联试,2019 年 11 月 1 日开始试运行,2019 年 11 月 29 日全线开通运营。

5.47　郑州至周口至阜阳高速铁路

新建郑阜高速铁路位于河南省和安徽省内。北起河南省郑州南站,往南途经许昌、鄢陵、扶沟、西华、周口、沈丘、界首等市县,南到阜阳,接入商合杭高速铁路的阜阳西站,大致呈西北东南走向,线路全长 267.195 km(图 5.47),其中河南省 201.522 km、安徽省 65.673 km。全线设有郑州南、许昌北、鄢陵南、扶沟南、西华、周口东、淮阳、沈丘北、界首南、临泉、阜阳西等车站。本线和郑万高速铁路引入郑州枢纽及郑州南站相关工程包括:新建郑阜上行正线(ZHYDK0 + 000 ~ ZHYDK11 + 408.238)长 10.288 km、下行正线(ZHDK0 + 000 ~ ZHDK11 + 424.110)长 10.398 km;郑阜上行联络线[ZHSDK0 + 000 (对应郑万铁路 DK41 + 350) ~ ZHSDK6 + 123.784(对应郑万铁路 DK47 + 523.21)]长 6.124 km、下行联络线[ZHXDK0 + 000 (对应郑万铁路 DK41 + 350) ~ ZHXDK6 + 137.887 (对应郑万铁路 DK47 + 523.21)]长 6.138 km;郑阜车场(ZHDK0 + 000 ~ ZHDK2 + 856.594) (对应郑万铁路 DK41 + 600);郑州南国铁动车运用所及走行线;新建郑万铁路(DK38 + 363.40 ~ DK49 + 149.73)正线长 10.787 km;新建新郑机场至郑州南站城际铁路城际车场(G1DK38 + 450 ~ G1DK41 + 665.50)。并在周口东设动车存车场,以及引入阜阳枢纽相关工程等。本线的建成开通,与商合杭高速铁路进行了衔接,与长三角城际铁路网实现了互联互通,使中部地区铁路网布局得到进一步完善,对促进区域经济发展和皖西北地区开发及加快华东地区经济建设具有重要推动作用。

郑阜高速铁路工程的建设单位是京广客运专线河南公司、京福客运专线安徽公司,设

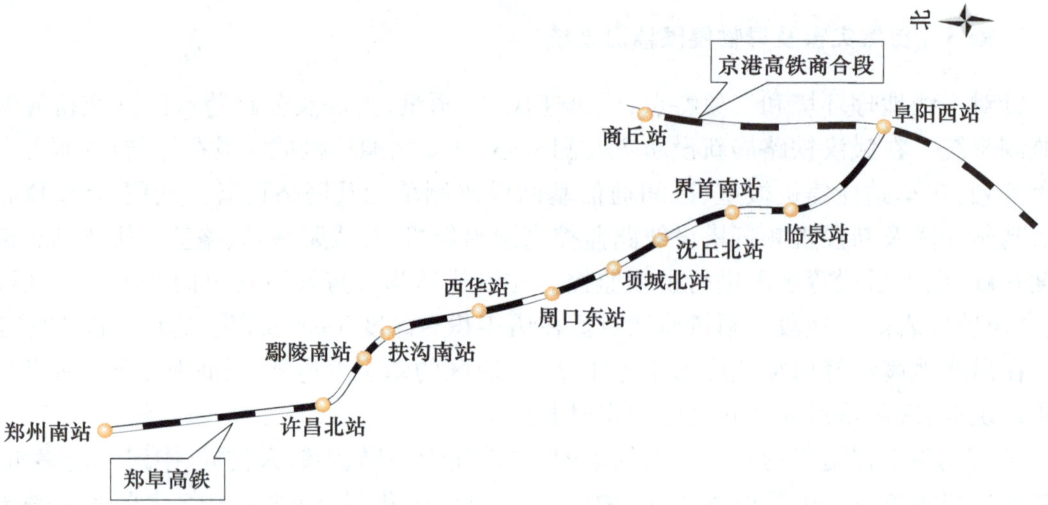

图 5.47　郑阜高速铁路示意图

计单位是铁道第三勘察设计院集团有限公司。线路主要技术标准:铁路等级,高速铁路;正线数目,双线;正线线间距,5.0 m;最大坡度,20‰;最小曲线半径,一般地段 7 000 m、困难地段 5 500 m;到发线有效长度,650 m;列车运行方式,CTC-3 级列控系统;调度指挥方式,综合调度集中;设计行车速度,350 km/h;牵引种类,电力牵引(AT 供电方式)。

引入郑州枢纽及郑州南站相关工程的建设单位是郑州铁路局,设计单位是中铁第四勘察设计院集团有限公司。

5.47.1　郑州至阜阳段

5.47.1.1　电气化工程

牵引供电采用 AT 供电方式。新设许昌北、扶沟南、周口东、沈丘北、临泉等牵引变电所。在相邻牵引变电所之间设分区所,在供电臂中部设 AT 所。分区所和 AT 所布设位置应考虑两侧供电能力的均衡,利用商合杭高速铁路工程所建的阜阳西牵引变电所。

新建牵引变电所引入 2 路 220 kV 电源供电,220 kV 电源侧采用线路变压器组接线,电气设备采用户外单体布置;2×27.5 kV 侧采用单母线分段接线,配电装置采用户内 GIS 开关柜布置。分区所、开闭所 2×27.5 kV、27.5 kV 配电装置采用户内 GIS 开关柜布置。

新建牵引变电所设 4 台变压器、分成 2 组,采用固定备用、V/V 接线、自冷方式,预留风冷条件。新建许昌北、扶沟南、周口东、沈丘北、临泉牵引变电所变压器安装容量均为 2×(40+40)MV·A。阜阳西牵引变电所变压器容量在原基础上增容到 2×(63+40) MV·A,在商合杭高速铁路工程中实施。

新建牵引变电所、分区所、AT 所按无人值班设计,牵引变电所适当考虑值守条件。新设牵引供电 SCADA 远动调度系统,分别纳入郑州和上海铁路局客运专线电力调度系统管理。

接触网采用全补偿弹性链型悬挂,接触悬挂结构高度一般为 1 600 mm。正线接触线采用 150 mm^2 的镁铜合金线,张力 30 kN,承力索采用 120 mm^2 的镁铜合金绞线,张力

21 kN。接触线悬挂点高度不小于 5 300 mm，高速区段导线安装高度保持一致。当有跨线列车通过时，应考虑和适应跨线列车运行的需要。与正线相交的道岔采用无交叉线岔方式，与非正线交叉的道岔采用交叉线岔方式。附加导线采用铝包钢芯铝绞线。

接触网绝缘泄漏距离按重污区设计，严重污秽地区适当加强绝缘，25 kV 绝缘子的爬电距离不小于 1 600 mm。一般区段采用瓷质绝缘子，重污秽地区采用复合绝缘子。采用带空气绝缘中性段的绝缘锚段关节式电分相，并避免设在大坡道、列车出站加速区段和线路限速低速区段。

接触网支柱，路基地段的腕臂柱一般采用 H 型钢柱，车站及多线并行区段有条件时采用线间立柱，不具备线间立柱条件时采用硬横跨和圆钢管柱。车站站台地段接触网支柱与雨棚柱合架。

接触网支柱跨距，路基地段一般为 50～55 m，最大不大于 60 m，相邻跨距之差一般不大于 10 m。桥支柱跨距根据桥梁孔跨形式确定，一般为 49 m。

正线锚段关节一般采用五跨关节。正线锚段长度一般不大于 2×700 m，站线锚段长度一般不大于 2×800 m、困难时不大于 2×850 m。附加导线锚段长度一般不大于 2 000 m。接触网下锚补偿一般采用棘轮加铁坠砣补偿装置。

新建周口东供电维修车间，按满足本线引入需要补强阜阳供电车间。新建许昌北、扶沟南、周口东、沈丘北、临泉供电工区。利用郑万高速铁路所建的郑州南供电工区，负责牵引供电设施的运营维护和管理。

5.47.1.2　电力工程

郑阜全线新设 1 条综合负荷 10 kV 贯通线和 1 条一级负荷 10 kV 贯通线，给沿线用电负荷供电。新建 10 kV 贯通线采用电力电缆敷设。

新设许昌北、扶沟南、西华、周口东、沈丘北、界首南、临泉等 10 kV 配电所，从地方变电站接引 2 路 10 kV 电源，给车站及 10 kV 贯通线供电。

设有 10 kV 配电所的车站其站房综合负荷设站内10/0.4 kV综合变电所供电，电源引自配电所站馈线；没设 10 kV 配电所的鄢陵南、淮阳站其站房综合负荷设站内 10/0.4 kV 变电所，从地方电网接引 10 kV 电源供电。郑州南从郑万高速铁路工程接引 2 路 10 kV 电源供电，并配合郑万高速铁路工程统筹考虑郑州南地区电源工程设计。

各车站与行车有关的通信信号等一级负荷设室内 10/0.4 kV 专用变电所供电，电源分别引自 2 路 10 kV 贯通线。区间通信信号等一级负荷设箱式变电站供电，电源引自 2 路 10 kV 贯通线。

区间其他用电负荷，根据负荷分布及负荷性质，就近设箱式变电站供电，电源引自综合负荷 10 kV 贯通线。

新建 10 kV 配电所采用微机保护和综合自动化系统，按无人值班设计。新设 SCADA 电力远动系统，分别纳入郑州和上海铁路局客运专线电力调度系统管理。

全线新建的电力设施由供电工区负责运营维护和管理。

5.47.1.3　通信工程

全线沿新建铁路两侧各敷设 1 条 48 芯长途通信光缆。为满足区间综合视频监控系统组网和构建信号安全数据网的需要,按需求单独敷设不同容量的光纤线路。为满足站内信息用户接入的需要,按需求单独敷设不同容量的光纤线路。

传输系统,新设 SDH 10 Gbit/s 长途骨干传输系统,各新建车站、郑州南、阜阳西通信机房设 SDH 10 Gbit/s 设备。利用新建 2 条 48 芯光缆中各 2 芯光纤构成复用段 1 + 1 保护。

新设 SDH 2.5 Gbit/s 接入网系统,沿线各新建车站设 SDH 2.5 Gbit/s 设备。利用新建 2 条 48 芯光缆中各 2 芯光纤构成复用段 1 + 1 保护。并在同一车站将 SDH 2.5 Gbit/s 设备通过光接口与 SDH 10 Gbit/s 设备互联。

新设 SDH 622 Mbit/s 区间接入网系统,在区间通信基站、牵引变电所、分区所、AT 所、信号中继站等信息接入点设 SDH 622 Mbit/s 设备,利用新建的 2 条 48 芯光缆通过相邻车站接入 SDH 2.5 Gbit/s 接入网系统。区间警务区设 SDH 155 Mbit/s 设备,就近接入邻近通信传输节点。

在新建车站站房、信号楼、站内综合维修车间/工区、电力配电所、牵引变电所、公安派出所等信息接入点设 SDH 622 Mbit/s 设备,利用新建光缆构成传输环,接入车站 SDH 2.5 Gbit/s接入网系统。

按上海和郑州铁路局各自的管辖范围各新设 1 套传输和接入网网元管理系统,各通信维修车间设网管复示终端,对传输和接入网系统进行管理。

新设数据网。利用郑州东、阜阳西既有汇聚路由器,在周口东新设汇聚路由器,沿线各车站新设接入路由器,负责本地数据的接入与交换。相邻车站接入路由器之间通过光纤直连。异地接入路由器与汇聚路由器之间按铁路局管辖范围和隶属关系通过传输通道联接,再分别上联至上海、郑州铁路局的核心路由器,实现数据业务的转发与汇聚。

电话交换系统,利用郑州、阜阳通信站的既有电话交换机,按需要扩容接口板。沿线新增自动电话用户按铁路局管辖范围和隶属关系分别接入郑州、阜阳通信站既有电话交换机。通过统一编号组网,实现与既有铁路电话专网的互通。

新设数字调度通信系统,利用郑州、上海铁路局调度所既有中心调度通信交换机,各新建车站(所)设车站型调度通信交换机、调度分机和车站值班台等设备,各牵引变电所、分区所、AT 所、综合维修车间设调度电话分机,通过接入网系统接入其所属车站调度通信交换机。按照铁路局管辖范围和调度区划分,新设设备通过传输通道分别接入郑州和上海铁路局调度所中心调度交换机和调度通信系统。在郑州铁路局调度所新设 1 个本线调度台,负责郑州南至界首南(不含)段的列车调度指挥;上海铁路局管辖的界首南(含)至阜阳西段的列车调度并入商合杭高速铁路调度台管辖和指挥。

新设 GSM-R 移动通信系统,利用郑州、上海铁路局既有 GSM-R 核心网设施。利用商合杭高速铁路设在阜阳西的基站控制器(BSC),在郑州新设基站控制器(BSC);沿线设通信基站,上海铁路局管辖范围内新建通信基站接入阜阳西所设的基站控制器(BSC)和上海铁路局 GSM-R 交换机;郑州铁路局管辖范围内新建通信基站接入在郑州新设的基站控制器(BSC)和 GSM-R 交换机,全线采用单网交织冗余覆盖方式组网。区间弱场区采用光纤直放站、漏泄电缆和天线等方式增强,以满足无线场强覆盖和信息传输的需要,完成调度通信、调度命令信息和无线车次号校核信息传送等功能。

在与郑万、商合杭高速铁路并行区段,利用郑万、商合杭高速铁路设置的 GSM-R 系统完成本线段的无线通信场强覆盖。

新设会议电视系统,各车站、动车运用所、通信车间设会议电视分会场设备,按照铁路局管辖范围分别接入上海、郑州铁路局既有会议电视中心系统。

新设应急通信指挥系统,沿线通信车间和工区设应急通信现场接入设备,按照铁路局管辖范围分别接入上海、郑州铁路局既有应急通信指挥中心系统。

通信电源,沿线各新建通信设备机房设 48V 高频开关电源及 UPS 不间断电源设备。新设通信电源和机房环境监测系统及采集设备,实现对电源和机房环境条件的监控。

5.47.1.4 信号工程

车站联锁,沿线各新建车站设硬件安全冗余型计算机联锁设备和信号电源屏及 UPS 不间断电源。维修工区道岔纳入邻近车站联锁设备集中控制。

根据车站(场)道岔设计类型,配备相应的道岔转辙设备和缺口监测装置,并采用断电保护措施。正线上的道岔采用外锁闭、多机分线、分控制方式,并实现挤岔监督报警功能。车站动车组进路道岔设道岔融雪设备、正线应答器设冰雪击打防护装置。

车站(场)站内采用与区间相同制式的 ZPW-2000 系列轨道电路,其发送和接收设备按 1+1 冗余配置。为克服工区岔线轨道区段的分路不良采用高压不对称脉冲轨道电路。站内 ZPW-2000 系列轨道电路采用铝护套信号电缆,其他信号设备采用综合护套信号电缆。

运输调度指挥系统,全线采用调度集中(CTC)系统,郑州端的寺后线路所(不含)至阜阳西郑阜场各新建车站设 CTC 分机设备、网络安全和通道质量监督等配套设备;既有站(场)分机设备利旧改造或升级;按照铁路局管辖范围和调度区划分分别接入郑州铁路局、上海铁路局调度所 CTC/TDCS 总机系统。在郑州局调度所新设 1 个行车调度台,负责郑州南至界首南(不含)段的行车调度指挥。界首南(含)至阜阳西郑阜场段由上海铁路局调度所商合杭高速铁路行车调度台管辖和指挥。

列车运行控制系统,郑州端的寺后线路所(不含)至阜阳端的后竹园线路所(不含)采用 CTCS-3 级列控系统,在郑州端与郑万高速铁路 CTCS-3 级列控系统结合,在阜阳端与商合抗高速铁路 CTCS-3 级列控系统结合,阜阳西郑阜场至动车运用所采用 CTCS-2 级列控系统。

在郑州南站新设无线闭塞中心(RBC)、临时限速服务器(TSRS),负责本线临时限速命令的管理。沿线各车站和信号中继站设信号安全数据网接入设备、列控中心(TCC)、应答器及其电子编码单元(LEU)等设备,TCC 之间通过安全数据网进行联接,实现 TCC 之间及与车站联锁之间的安全信息传输。所设的列控中心应具备轨道电路编发码、运行方向控制、信息采集(信号中继站)、站间安全信息传输及应答器报文存储调用等功能。

区间闭塞制式,新建线路采用四显示自动闭塞,按双线双方向运行,正向采用追踪间隔运行、反向采用自动站间闭塞行车。不设区间地面通过信号机,在闭塞分区分界点处设停车标志牌。

正线区间采用 ZPW-2000 系列无绝缘轨道电路,其发送和接收设备按冗余配置。并具有设备自监测功能,通过接口设备向信号集中监测系统提供监测信息。

区间 ZPW-2000 无绝缘轨道电路采用铝护套数字信号电缆或铝护套内屏蔽数字信号电缆,干线电缆的有效传输长度一般不超过 7.5 km,困难地段不超过 10 km,超过规定长度设信号中继站。

新设信号集中监测系统,沿线各新建车站(场)和信号中继站设集中监测分机设备,既有车站的集中监测分机设备利旧改造;按铁路局管辖范围和隶属关系通过监测网分别接入相应电务段的集中监测总机系统。实现对信号设备和轨道电路的集中监测和远程诊断。

沿线新建信号设备房屋设防雷电、电磁兼容和综合接地防护系统,与房建工程同步实施,并与所建的综合接地系统等电位连接。

新设综合接地系统,全线沿铁路两侧分别敷设 1 条截面为 70 mm^2 的铜质贯通地线,在电气特性上全程贯通,接地电阻不大于 1 Ω,并形成低阻等电位综合接地平台。沿线轨旁信号设备安全接地后就近与贯通地线等电位连接。

5.47.2 引入郑州枢纽及郑州南站

5.47.2.1 电气化工程

牵引供电系统,正线采用 AT 供电方式,联络线和动车走行线等采用直接或带回流线的直接供电方式。

新设郑州南牵引变电所,预留 4 条馈线位置;新设郑万和郑阜高速铁路及国铁动车运用所 2 座开闭所;新设城际铁路城际车场及动车运用所 2 座开闭所,城际铁路部分的供电方案不在此论述。

新建牵引变电所引入 2 路独立可靠的 220 kV 电源供电,220 kV 电源侧采用线路变压器组接线,电气设备采用户外单体中式布置;2 ×27.5 kV 侧电气设备采用室内布置,开关设备采用六氟化硫气体绝缘开关柜。

新建郑州南牵引变电所设 4 台变压器、分成 2 组,采用固定备用、三相 V/X 接线、自冷方式,预留风冷条件,变压器安装容量为 2 ×(40 +50) MV · A。

牵引变电所、开闭所采用微机保护和综合自动化系统,按无人值班设计,牵引变电所适当考虑值守条件。新设牵引供电和电力综合数据采集与远程监控(SCADA)系统,纳入郑州铁路局既有客运专线电力调度所管理。

牵引变电所和开闭所自用交流电源,1 路引自 10 kV 贯通线,1 路接引自所内 27.5 kV 母线电源。

接触网悬挂,正线采用全补偿弹性链型悬挂,站线采用全补偿简单链型悬挂,动车走行线和检查库采用简单悬挂,接触悬挂结构高度一般为 1 600 mm。正线接触线采用150 mm^2 的铜合金导线,承力索采用 120 mm^2 的铜合金绞线;接触线悬挂点高度不小于5 300 mm。动车检查库内接触线采用 150 mm^2 的铜合金导线;其他线路的接触线采用120 mm^2 的铜合金导线,承力索采用 95 mm^2 的铜合金绞线。附加导线采用铝包钢芯铝绞线。

接触网绝缘泄漏距离不小于 1 400 mm，严重污秽地段适当加强绝缘，一般采用复合绝缘子。采用带空气绝缘中性段的绝缘锚段关节式电分相，避免设在大坡道及列车出站加速区段和线路限速低速区段。

接触网支柱，腕臂柱采用热轧 H 型钢柱。站场多线并行区段优先采用线间立腕臂柱，咽喉区等跨越多股道时，采用轻型硬横梁和钢柱，但要考虑今后发展条件。

接触网支柱跨距一般不大于 65 m。锚段关节一般采用五跨关节。高速正线锚段长度一般不大于 2 × 700 m。接触网下锚补偿一般采用棘轮加铁坠砣补偿装置。

新建郑州南供电工区，按供电维修车间规模设置。车站站房及国铁动车运用所内设接触网应急值守点，负责牵引供电和电力设施的运营维护和管理。

5. 47. 2. 2　电力工程

新设郑万和郑阜高速铁路场、国铁动车运用所 2 座 10 kV 配电所，从地方电站接引 2 路 10 kV 电源供电。新设城际铁路城际场、城际铁路动车基地 2 座 10 kV 配电所，其具体供电方案及 10 kV 配电所接引电源方案由城际铁路建设单位组织设计单位研究确定。

郑州南站其站房综合用电负荷设站内 10/0. 4 kV 综合变电所供电，电源引自 10 kV 配电所站馈线。

车站与行车有关的通信信号等一级负荷设室内 10/0. 4 kV 专用变电所供电，电源引自 2 路 10 kV 贯通线。区间通信信号等一级负荷设 10/0. 4 kV 变电所供电，由一级负荷和综合负荷 10 kV 贯通线提供主、备用电源。

区间其他用电负荷，在负荷集中处分别设 10/0. 4 kV 变电所或箱式变电站供电，电源引自 2 路 10 kV 贯通线。

新建 10 kV 配电所采用微机保护和综合自动化系统。全线设电力远动系统，纳入郑州铁路局电力调度所管理。

5. 47. 2. 3　通信工程

在郑州南信号楼新设 SDH 10 Gbit/s 设备，利用本工程新建干线通信光缆接入本线新设的 SDH 10 Gbit/s 传输系统。

在郑州南信号楼、国铁动车运用所通信机房新设 SDH 2. 5 Gbit/s 设备，利用本工程新建干线通信光缆接入本线新设的 SDH 2. 5 Gbit/s 接入网系统。

线路所、区间通信基站、信号中继站、牵引变电所新设 SDH 622 Mbit/s 设备，利用新建通信光缆接入车站 SDH 2. 5 Gbit/s 接入网系统。

站内电力配电所、公安派出所、综合维修车间，国铁动车所信号楼等站内信息接入点新设 SDH 622 Mbit/s 设备，利用新建光缆构成站内 SDH 622 Mbit/s 传输环。

新设数据网，郑州南信号楼、国铁动车运用所新设接入路由器，接入本线数据网系统。

电话交换系统，郑州南站新增自动电话用户通过接入网接入郑州既有程控电话交换机。

新设调度通信系统，郑州南信号楼、国铁动车运用所、线路所新设车站型调度通信交换机、调度分机和车站值班台等设备，接入郑州铁路局调度所中心调度交换机和调度通信系统，由郑万列车调度台管辖和指挥。

新设 GSM-R 移动通信系统，利用郑州既有 GSM-R 交换机，新设通信基站接入郑州基站控制器和 GSM-R 交换机，郑州南站各车场采用冗余覆盖方式组网，以满足无线场强覆盖和信息传输的需要。

新设会议电视系统，站房、综合维修车间、国铁动车运用所会议室设会议电视分会场设备，接入本线会议电视系统。

通信电源，郑州南站各车场通信机房设 48 V 高频开关电源设备和蓄电池组，设电源和机房环境监控系统及铁采集设备。

5.47.2.4　信号工程

车站联锁，郑州南站郑万场、郑阜场、城际场、国铁动车运用所及寺后线路所新设硬件安全冗余型计算机联锁设备和信号电源屏及不间断电源。

根据站场道岔设计类型，配备相应的道岔转辙设备。车站动车组进路道岔及其带动道岔设道岔融雪设备。区间正线及郑州南郑万场正线应答器设冰雪击打防护装置。

郑州南站郑万场、郑阜场、城际场及寺后线路所采用与区间相同制式的 ZPW-2000 系列轨道电路，其发送和接收设备按 1 +1 冗余配置。站场内 ZPW-2000 系列轨道电路采用铝护套数字信号电缆，其他信号设备采用综合护套信号电缆。

运输调度指挥系统，采用调度集中（CTC）系统，郑州南站郑万场、郑阜场、城际场、国铁动车运用所及寺后线路所设 CTC 分机设备、网络安全和通道质量监督等配套设备，接入郑州铁路局调度所 CTC 总机系统，由郑万列车调度台管辖和指挥。郑州南站城际场由城际铁路列车调度台管辖。郑州南国铁动车运用所根据运用能力和规模设动车段（所）调度集中系统。

列车运行控制系统，郑州南站郑万场、郑阜场至寺后线路所采用 CTCS-3 级列控系统，国铁动车运用所采用 CTCS-2 级列控系统，故在郑州南站郑万场、郑阜场至国铁动车运用所、国铁动车运用所至寺后线路所适当位置设 CTCS-3/2 级级间转换点。

在郑州南站设 1 套无线闭塞中心，在郑州南站郑万场、郑阜场、国铁动车运用所及寺后线路所设信号安全数据网接入设备、列控中心（TCC）、有源应答器编码单元（LEU）、地面点式应答器等设备，TCC 之间通过安全数据网进行联接，实现 TCC 之间及与车站联锁之间的安全信息传输。所设列控中心具有轨道电路编发码、运行方向控制、站间安全信息传输及应答器报文存储调用等功能。国铁动车运用所设调车防护系统。

新设信号集中监测系统，郑州南站郑万场、郑阜场、城际场、国铁动车运用所及寺后线路所设集中监测分机设备，纳入电务段集中监测总机系统。

新设综合接地系统。信号设备房屋设防雷电、电磁兼容和综合接地防护系统，与房建工程同步实施，并与综合接地系统等电位连接。

参加线路工程施工的有中铁一局、十一局、十八局、十九局集团，中铁航空港建设集团等单位。中铁电气化局集团和中国铁路通信信号公司联合体、中铁建电气化局、中铁七局电务公司等单位承担四电系统集成工程的施工。

河南段的线路工程于 2016 年 7 月 16 日开工，安徽段的线路工程于 2016 年 8 月 18 日开工。2018 年 12 月 17 日开始铺轨。2019 年 6 月 11 日完成全线铺轨。2018 年 5 月 3 日立起第一根接触网支柱,2019 年 3 月 27 日成功架设第一条接触网导线,2019 年 6 月 4 日河南段开始向接触网送电。2019 年 8 月 18 日河南段(郑州至界首段)开始联调联试,2019 年 10 月 24 日郑州至界首段开始试运行,2019 年 12 月 1 日全线正式开通运营。

5.48　郑州至万州高速铁路

新建郑万高速铁路起于郑州东站,往南途经河南省长葛、许昌、禹州、平顶山、南阳、邓州等市县(区)后进入湖北省,经襄阳、南漳、保康、神农架、兴山、恩施、巴东等市县(区)后进入重庆市,经巫山、奉节、云阳等市县(区)至万州区,与 2016 年 11 月 28 日开通运营的渝万客运专线相接,线路全长 821.877 km(图 5.48)。其中河南段新建郑州东站至豫鄂省界(DK0+000～DK357+612.89)线路正线长 350.825 km,新建湖北和重庆段线路全长 471.052 km(其中湖北段正线全长 287.187 km、重庆段正线全长 183.865 km)。河南段设有郑州东(既有接轨站)、大关庄(预留)、郑州南、长葛北、禹州、郏县、平顶山西、拐河北、方城、南阳南 、邓州东等车站。湖北段设有襄阳东津、南漳、保康、神农架、兴山、巴东北等车站;重庆段设巫山、奉节、云阳、万州北等车站。工程范围还包括郑州枢纽配套工程郑万铁路上行联络线长 6.83 km,郑万铁路引入郑州东站郑徐车场咽喉区调整工程(DK0+000～DK1+502.882)、郑万铁路与郑西客运专线以及郑州至新郑机场城际铁路并行段(DK1+502.882～DK8+743.407)线下工程、曹古寺线路所(K556+334.607～K556+870 段)工程。引入重庆枢纽引起重庆西动车运用所及机务车辆调整工程;襄阳东津站站房、雨棚及相关配套工程等。新建郑万高速铁路是郑渝高速铁路(郑州至重庆)的重要组成部分,是重庆地区通往华北、华中地区的快速客运通道,对完善我国铁路"八纵八横"客运专线网,构建沿长江经济带现代综合交通运输体系具有重要战略意义,对促进沿线地区的经济社会发展有着极其重要的意义。

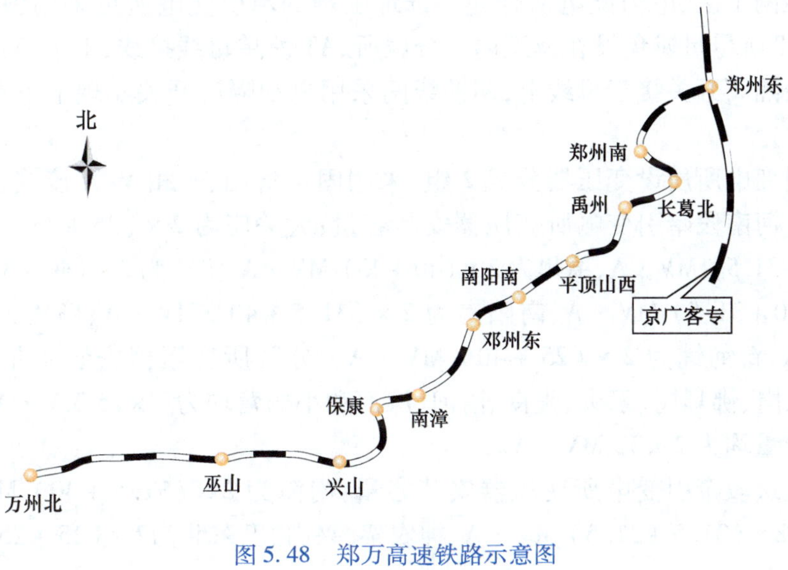

图 5.48　郑万高速铁路示意图

郑万高速铁路的建设单位是京广客运专线河南公司、武九客运专线湖北公司、渝黔铁路公司，设计单位是中铁二院工程集团有限责任公司、中铁四勘察设计院集团有限公司。线路主要技术标准：铁路等级，高速铁路；正线数目，双线；正线线间距，5 m、其中 250 km/h 地段为 4.6 m；最大坡度，一般地段 20‰、困难地段 30‰；最小曲线半径，一般地段 7 000 m、困难地段 5 500 m、引入枢纽地段根据路段设计速度选择适宜的曲线半径；到发线有效长度，650 m；列车运行控制方式，自动控制；调度指挥方式，综合调度集中或调度集中；设计行车速度，350 km/h、初期运营速度 300 km/h，其中郑州东至大关庄段 250 km/h；牵引种类，电力牵引（AT 供电方式）。

5.48.1 电气化工程

牵引供电系统，正线采用 AT 供电方式，河南段的铁路联络线、动车走行线等采用带回流线的直接供电方式，湖北和重庆段的铁路联络线、动车走行线等采用直接供电方式。

河南段新设大关庄、郑州南、禹州、宝丰、方城、南阳南、杨集和新甸铺等牵引变电所；新设郑州东动车运用所开闭所，新设圃田、八岗、佛耳岗、冢头、张良、清河、溧河和小杨营等分区所，新设田庄、三角王、范坡、后雷、清水营、雪岭、李楼、小李庄、施庄、西张营和魏营等 AT 所。

湖北和重庆段新设南漳、保康、神农架、兴山、巴东北、巫山、奉节、云阳等牵引变电所。增容改造襄阳东津牵引变电所增设馈线为本线供电，与武襄十铁路统筹设计、同步建设。万州北牵引变电所在渝万铁路设计基础上进行增容改造。在相邻牵引变电所之间设分区所，一般在供电臂中部设 AT 所，分区所和 AT 所的设置位置要考虑两侧供电能力的均衡。

新建牵引变电所引入 2 路 220 kV 电源供电，220 kV 电源侧采用线路变压器组接线，牵引变压器采用户外低式布置，其余电气设备采用户外中型布置；2 × 27.5 kV 侧采用单母线接线，馈线通过电动隔离开关和断路器与接触网相连。电气设备采用户内 GIS 柜布置，开关设备采用六氟化硫气体绝缘开关柜、室内布置。牵引变电所、分区所及 AT 所选址优先与接触网工区、电力配电所合建。选址困难的牵引变电所可采用斜坡、阶梯形布置，分区所、AT 所尽量避免设在隧道内。分区所、AT 所单母线接线，上下行馈线各设 1 台断路器和双极隔离开关接于母线上，两馈线间采用电动隔离开关实现上下行馈线并联和分开供电。

新建牵引变电所所设变压器分成 2 组，采用固定备用、三相 V/X 接线、自冷方式，预留风冷条件。河南段牵引变电所变压器安装容量：大关庄为 2 ×（25 + 25）MV · A、郑州南为 2 ×（25 + 31.5）MV · A、禹州为 2 ×（40 + 40）MV · A、宝丰为 2 ×（40 + 31.5）MV · A、方城为 2 ×（40 + 31.5）MV · A、南阳南为 2 ×（31.5 + 40）MV · A、杨集为 2 ×（31.5 + 31.5）MV · A、新甸铺为 2 ×（25 + 40）MV · A。分区所变压器安装容量：圃田为 2 × 25 MV · A，八岗、佛耳岗、冢头、张良、清河、溧河和小杨营均为 4 × 25 MV · A。AT 所自耦变压器安装容量均为 2 × 32 MV · A。

湖北和重庆段牵引变电所变压器安装容量：南漳为 2 ×（31.5 + 40）MV · A、保康、巫山、奉节为 2 ×（31.5 + 31.5）MV · A、神农架、兴山、巴东北为 2 ×（25 + 25）MV · A、云阳为 2×(25+31.5) MV·A。万州北牵引变电所在所建渝万铁路项目批复的基础上，增加 2×31.5 MV·A。

新建牵引变电所、分区所和 AT 所采用微机保护和综合自动化系统，按无人值班设计，牵引变电所适当考虑值守条件。新设牵引供电和电力综合数据采集与远程监控(SCADA)系统，分别纳入郑州、武汉、成都铁路局既有客运专线电力调度所，对牵引供电设施和电力供电进行管理和集中监控。

接触网悬挂，正线采用全补偿弹性链型悬挂，站线采用全补偿简单链型悬挂，动车检查库和其他线路采用简单悬挂。隧道外接触悬挂结构高度一般为 1 600 mm、隧道内不小于 1 100～1 600 mm。正线接触线采用 150 mm^2 的铜合金导线，张力 28.5～30 kN，承力索采用 120 mm^2 的铜合金绞线，张力 21～23 kN；站线接触线采用 120 mm^2 的铜合金导线，张力 15 kN，承力索采用 95 mm^2 的铜合金绞线，张力 15 kN；动车检查库内接触线采用 150 mm^2 的铜合金导线，动车运用所的接触线采用 85 mm^2 的铜合金导线，承力索采用 70 mm^2 的铜合金绞线；其他线路接触线采用 120 mm^2 的铜合金导线，承力索采用 95 mm^2 的铜合金绞线。正线接触线悬挂点高度一般为 5 300 mm。正馈线、保护线等附加导线采用铝包钢芯铝绞线。

接触网绝缘泄漏距离不小于 1 400～1 600 mm，严重污染地区适当加强绝缘。隧道外腕臂柱采用瓷质绝缘子，隧道内、跨线桥两侧、绝缘关节及下锚处采用合成绝缘子，供电线、正馈线等附加悬挂下锚采用合成绝缘子。采用带空气绝缘中性段的绝缘锚段关节式电分相，尽量避免设在大坡道、列车出站加速区段和线路限速区段。

接触网支柱，路基和桥梁区段的腕臂柱一般采用热轧 H 型钢柱；有条件的站场优先采用线间立腕臂柱，车站咽喉区跨越多股道时采用硬横梁和钢管柱。车站雨棚地段接触网支柱与雨棚柱合架。

接触网支柱跨距，正线区段一般为 50～55 m，最大不超过 60 m。相邻跨距之差不大于 10 m；隧道内一般为 48 m，桥上根据桥梁孔跨形式确定，一般为 48 m。

一般采用五跨锚段关节。正线锚段长度一般不大于 2×700 m、困难地段不大于 2×750 m；站线锚段长度不大于 2×800 m、困难时不大于 2×900 m；附加导线锚段长度一般不大于 2 000 m。

接触网下锚补偿一般采用棘轮加铁坠砣补偿装置。正线采用两跨式防窜防断中心锚结，站线采用两跨式防窜防断中心锚结，困难时采用防窜不防断式中心锚结。全线为多雷区，在特殊地点设置避雷器。

河南段在郑州南和平顶山西分别设供电维修车间，在南阳南设供电抢修车间，在郑州南、禹州、平顶山西、方城、南阳南和邓州东设供电工区，在各车站站房内设接触网应急值守点。

湖北和重庆段在万州北设供电维修车间，在襄阳东津、南漳、保康、兴山、巴东北、巫山、奉节、云阳设供电工区，其中兴山、奉节、万州北按供电车间规模设置。在各车站站房内设接触网应急值守点。

5.48.2　电力工程

全线新设 1 条一级负荷 10 kV 贯通线和 1 条综合负荷 10 kV 贯通线，分别沿铁路两侧电缆槽敷设。新建一级负荷 10 kV 贯通线采用截面为 70 mm^2的铜芯电力电缆，新建综合负荷 10 kV 贯通线采用截面为 95 mm^2的铜芯电力电缆。

河南段新设郑州南、长葛北、郏县、平顶山西、方城、南阳南(预留新建晋城经洛阳至南阳铁路引入的发展条件)、邓州东等 10 kV 配电所；改造利用既有郑州东 220/10 kV 变配电所。新建配电所从地方电网接引 2 路电源供电，并尽量与牵引变电所、分区所、AT 所、工区合建。

湖北和重庆段新设南漳、保康、神农架东、兴山、巴东北、巫山、奉节、云阳等 10 kV 配电所，向电力贯通线供电。新建配电所从地方电网接引 2 路电源供电；新建襄阳东津 110/10 kV 变配电所，由武汉至十堰铁路孝感至十堰段建设项目统筹设计、同步建设。新建万州北 10 kV 配电所与渝万铁路统筹设计、同步实施。新建变配电所尽量与牵引变电所、分区所、AT 所、工区合建。

设有变(配)电所的车站其站房综合负荷设站内 10/0.4 kV 变电所供电，从变(配)电所站馈线接引电源；没设 10 kV 配电所的车站其站房综合负荷设站内 10/0.4 kV 变电所供电，优先从地方电网接引 10 kV 电源，个别无接引地方电源条件的从综合负荷 10 kV 贯通线接引电源。

车站通信信号等一级负荷设室内 10/0.4 kV 电力远动间供电，分别从一级负荷 10 kV 贯通线及综合负荷 10 kV 贯通线各接引 1 路作为主备用电源；区间通信信号等一级负荷设 10/0.4 kV 电力远动间或箱式变电站供电，分别从 2 路 10 kV 贯通线接引电源。

综合维修工区、动车运用所等用电负荷比较集中的地方设 10/0.4 kV 变电所或箱式变电站供电，设有 10 kV 配电所的车站从配电所站馈线接引电源，没设 10 kV 配电所的车站就近从地方电网接引电源。

牵引变电所、分区所、AT 所自用电设独立使用的变压器供电，电源 1 路引自综合负荷 10 kV 贯通线，另 1 路接引所内 27.5 kV 母线电源。

小于 5 km 的隧道照明设箱式变电站供电，从综合负荷 10 kV 贯通线接引电源；5 km 以上的隧道照明设箱式变电站供电，电源引自 2 路 10 kV 贯通线；隧道照明距离区间通信基站、光纤直放站较近时可共用箱式变电站供电。对设有防灾通风的七峰山隧道，在隧道内设 2 座双台箱式变电站供电，分别从综合负荷 10 kV 贯通线和一级负荷 10 kV 贯通线接引电源。

区间其他用电负荷设箱式变电站或杆架式变电台供电，从综合负荷 10 kV 贯通线接引电源。

新建变(配)电所采用微机保护和综合自动化系统。新设电力远动系统，按铁路局管辖范围分别纳入郑州、武汉、成都铁路局电力调度所管理。

5.48.3　通信工程

沿新建铁路两侧电缆槽道各敷设 1 条 48 芯长途通信光缆，并构成不同物理径路的光缆环,以提高线路的可靠性。为满足GSM-R系统组网的需要,在光纤直放站近端机至远端机之间新设24芯短段光缆;为满足综合视频监控系统组网的需要,在部分区间的视频采集点至视频汇聚节点间新设1条24芯光缆;5 km以上的隧道两侧各设1条3×4×0.9低频对称电缆,为隧道应急通信提供传输通道。

传输系统,新设SDH 10 Gbit/s传输系统,在沿线各通信站及主要车站设SDH 10 Gbit/s设备,利用新建2条48芯光缆中的各2芯光纤构成复用段1+1保护。

新设SDH 2.5 Gbit/s车站接入网系统,沿线通信站和各车站设SDH 2.5 Gbit/s设备,利用新建2条48芯光缆中的各2芯光纤构成复用段1+1保护。并在同一车站将SDH 2.5 Gbit/s设备通过SDH 2.5 Gbit/s光接口与SDH 10 Gbit/s设备相联。

新设SDH 622 Mbit/s区间接入网系统,区间通信基站、信号中继站、牵引变电所、分区所、电力配电所等处设SDH 622 Mbit/s设备,在相邻车站之间组成3个2纤通道保护环(即奇数通信基站传输环、偶数通信基站传输环、信号中继站和牵引供电节点传输环),并接入相邻车站SDH 2.5 Gbit/s接入网系统。

站内站房、信号楼、电力配电所、牵引变电所、综合维修车间/工区、公安派出所等信息接入点设SDH 622 Mbit/s设备,利用站内新设光缆构成SDH 622 Mbit/s 2纤通道保护环,并接入车站SDH 2.5 Gbit/s设备。

新设数据网,利用郑州、武汉、成都铁路局既有核心路由器,利用郑州东通信站既有汇聚路由器,在平顶山、襄阳、万州新设汇聚路由器;各车站新设接入路由器,负责本地数据的接入与交换;接入路由器之间采用光纤联接,接入路由器与汇聚路由器之间通过传输通道联接,实现数据业务的上传;按管辖范围和隶属关系分别上联至郑州、武汉、成都铁路局的核心路由器,实现数据业务的转发与汇聚。

电话交换系统,利用郑州、宝丰、南阳、襄阳、万州等通信站的既有程控电话交换机,在郑州东、襄阳、万州等通信站新设光线路终端(OLT)设备,各车站、信号中继站、综合维修车间/工区、牵引变电所、分区所、电力配电所等处新设光网络单元(ONU),沿线新增自动电话用户通过ONU设备及接入网按铁路局管辖范围和隶属关系分别接入郑州、宝丰、南阳、襄阳、万州等处的既有程控电话交换机。通过统一编号组网,实现与既有铁路电话专网的互通。

新设调度通信系统,利用郑州、武汉、成都铁路局调度所既有中心调度通信交换机,沿线车站新设车站型调度通信交换机、调度分机和车站值班台等配套设备,按照铁路局管辖范围和调度区划分分别接入各铁路局调度所的中心调度交换机和调度通信系统,郑州东至邓州东由设在郑州铁路局调度所的本线列车调度台管辖,邓州东至巴东北由设在武汉铁路局调度所的列车调度台管辖;巴东北至万州北由成都铁路局调度所重庆至万州北铁路列车调度台管辖。并在各铁路局调度所增设相应的配套设备及调度员操作终端等设备。

新设GSM-R移动通信系统,利用郑州、武汉、成都铁路局既有GSM-R交换机,根据需要扩容接口板等相关设备;在郑州、武汉、襄阳、重庆新设基站控制器(BSC)等配套设备;沿线设通信基站,按铁路局管辖范围通过传输通道将通信基站分别接入所归属的BSC设备和 GSM-R 交换机,采用单网交织冗余覆盖方式组网。区间和隧道内弱场区采用光纤直放站、漏泄电缆和天线方式增强,并设漏缆监测系统,以满足无线场强覆盖和信息传输的需要。完成调度通信、调度命令信息和无线车次号校核信息传送等功能。

在郑州枢纽、襄阳东津站及重庆段相关铁路平行及交叉区段,GSM-R 系统区间通信基站的布设应统一规划、结合相关工程分步实施。

会议电视系统,沿线车站和通信车间新设会议电视分会场设备,按铁路局管辖范围和隶属关系通过传输系统分别接入郑州、武汉、成都铁路局既有会议电视中心系统和设备。

应急通信系统,在郑州南、平顶山西、南阳南、襄阳东津、兴山等沿线通信车间和综合维修车间/工区新设应急通信现场接入设备,按照所属铁路局范围分别接入郑州、武汉、成都铁路局既有应急通信中心系统和设备。5 km 及以上隧道新设紧急电话系统,在隧道内紧急出口、避车洞、避难所、救助站设紧急电话终端,利用新设的 3 ×4 ×0.9 低频对称电缆接入邻近通信基站设置的报警电话主机设备,再通过传输通道按所属范围分别接入各铁路局调度所既有隧道应急电话中心。

通信电源,沿线新建通信设备机房设 48 V 高频开关电源和蓄电池及 UPS 不间断电源,并设电源和机房环境监控系统及采集设备。在郑州、襄阳东津等通信站新设电源和机房环境监控系统中心设备,实现对电源设备工作状况和机房环境的监控。

5.48.4 信号工程

车站联锁,沿线各新建车站(所)新设硬件冗余型计算机联锁设备和信号智能电源屏及 UPS 不间断电源;襄阳东津站按分场设置独立的计算机联锁设备。各车站工区道岔纳入车站联锁设备集中控制。线路所在相邻车站设置远程控显终端设备。

根据车站(场)道岔设计类型,配备多机牵引三相交流转辙设备和缺口监测装置,并采用断电保护措施。道岔采用外锁闭、多机牵引控制方式,并实现挤岔监督报警功能。通过时速 160 km 以上的道岔增设密贴检查装置,监测信息纳入信号集中监测系统。动车组列车进路上的道岔设置道岔融雪装置,采用电加热融雪方案。

正线范围内各车站列车进路上的正线及到发线区段采用与区间相同制式的列控中心编码控制的 ZPW-2000 系列有绝缘轨道电路;维修工区轨道区段采用 97 型 25 Hz 相敏轨道电路,动车运用所采用高压脉冲轨道电路,针对其存在的轨道区段分路不良现象应采用符合行业相关规定的技术处理措施。站内 ZPW-2000 系列轨道电路采用铝护套信号电缆,联锁设备室外电缆采用综合护套综合扭绞信号电缆。

运输调度指挥系统,采用分散自律型调度集中(CTC)系统,各新建车站(场、所)设 CTC 分机设备、网络安全和通道质量监督等配套设备;郑州东动车运用所新设集中控制系统;既有站(场)分机设备利旧改造或升级;按照铁路局管辖范围和调度区划分将调度分机等设备分别接入郑州、武汉、成都铁路局调度所 CTC/TDCS 总机系统,郑州东至郑州东段由在郑州铁路局调度所新设的本线行车调度台管辖和指挥,并增设应用和通信服务器、CTC 与 TSRS 和 RBC 的接口服务器等配套设备;郑州东至巴东北段由在武汉铁路局调度所新设的本线行车调度台管辖和指挥,并增设应用和通信服务器,CTC 与 TSRS 和 RBC

的接口服务器等配套设备；巴东北至万州段由成都铁路局调度所重庆至万州铁路行车调度台管辖和指挥，根据需要增设相应的配套设备。其他相衔接的既有站维持既有调度台管辖不变。

列车运行控制系统，正线采用 CTCS-3 级列控系统（与 CTCS-2 级兼容）；襄阳东津站至动车走行线采用 CTCS-2 级列控系统；在不同等级的列控系统分界处设 CTCS-3/2 级级间转换点。在郑州南设无线闭塞中心（RBC）设备（覆盖郑州东至邓州东段）、临时限速服务器（TSRS）等配套设备，负责郑州铁路局管内运行列车的临时限速命令的管理；在襄阳东津站设无线闭塞中心（RBC）设备（覆盖邓州东至巴东北段）、临时限速服务器（TSRS）等配套设备，负责武汉铁路局管内运行列车的临时限速命令的管理；在重庆北站设无线闭塞中心（RBC）设备（覆盖巴东北至万州段）以及配套设备，重庆段的列车临时限速纳入渝万铁路临时限速服务器统一管理。各新建车站（所）和信号中继站设列控中心（TCC）、应答器、电子编码单元（LEU）等设备，以及信号安全数据网和网管系统设备。TCC 之间通过安全数据网进行联接，实现 TCC 之间及与车站联锁之间的安全信息传输。所设列控中心设备具有轨道电路编发码、应答器报文实时组帧、站间安全信息传输和方向电路控制、区间占用逻辑检查等功能。

区间闭塞制式，新建正线和联络线采用四显示自动闭塞，按双线双方向运行，正向采用追踪间隔运行、反向采用自动站间闭塞行车。在闭塞分区分界点设区间信号标志牌，列车运行以列控车载设备（ATP）显示作为行车凭证；襄阳东津站至动车走行线采用单线双向自动闭塞。

正线区间采用 ZPW-2000 系列无绝缘移频轨道电路，其发送和接收设备按冗余配置，采用列控中心设备编码。ZPW-2000 系列轨道电路干线电缆采用铝护套数字信号电缆或铝护套内屏蔽数字信号电缆，电缆的有效传输长度一般不超过 7.5 km，困难地段不超过 10 km，超过规定长度设信号中继站。信号中继站尽量不设在隧道内。

本线引入接轨站时，对接轨站的既有信号系统（含 CTC、列控系统、联锁系统、信号集中监测系统等）进行适应性改造。

新设信号集中监测系统，各车站（场、所）、信号中继站设集中监测分机设备，万州北站既有监测分机设备利旧修改，其他相衔接的既有车站场既有监测分机设备进行接入修改，在沿线信号车间/工区新设监测终端设备，按铁路局和电务段管辖范围和隶属关系通过监测网分别接入郑州、襄阳、重庆电务段信号集中监测总机系统，实现对信号设施的实时监控。

沿线新建信号设备房屋设防雷电、电磁兼容和综合接地防护系统，与房建工程同步实施，并与贯通地线等电位连接。

综合接地系统，沿新建铁路两侧分别敷设 1 条截面为 70 mm^2 的铜芯贯通地线，在电气特性上全程贯通，接地电阻不大于 1 Ω。充分利用沿线桥梁、隧道、路基地段构筑物设施内的接地装置作为接地体，形成低阻等电位综合接地平台。沿线轨旁信号设备安全接地后就近与贯通地线等电位连接。

参加线路工程施工的有中铁一局、三局、四局、五局、十一局集团等单位，中铁电气化局集团与中国铁路通信信号公司组成联合体承担河南段四电系统集成工程的施工。中国铁路通信信号公司承担湖北段通信信号工程的施工;中铁电气化局集团承担重庆段通信信号工程的施工。中铁建电气化局等单位承担湖北段电气化工程的施工。

线路工程于2016年2月16日开工,2016年4月24日河南段开工,2016年9月28日湖北段开工。2018年11月28日河南段开始铺轨,2019年5月13日完成河南段铺轨。河南段四电系统集成工程于2018年4月1日开工,2019年8月13日河南段开始联调联试。2019年10月28日河南段开始试运行。2019年12月1日郑州至襄阳段正式开通运营。

湖北段于2019年3月3日开始铺轨,2020年5月29日襄阳至万州段成功组立起第一根接触网杆。襄阳至万州段预计2021年底建成通车。

5.49 商丘至合肥至杭州高速铁路

新建商合杭高速铁路,位于河南、安徽、浙江3省内,线路北起河南省商丘站,上跨既有京九线后并行于京九线北侧走行,进入安徽省后,向南途经亳州市、阜阳市、淮南市,沿合蚌客运专线引入合肥枢纽合肥站,同时沟通在建的合肥南站。出合肥站后,经合福铁路的巢湖东站、新建芜湖铁路长江大桥引入芜湖站。之后利用芜湖至宣城的皖赣铁路扩能改造工程过宣城,然后经过广德进入浙江省,引入湖州站,最后利用宁杭客运专线引入杭州东站,大致呈西北东南走向,正线长度794.548 km(图5.49)。其中新建线路长度618.020 km[包括商丘站至合肥北城站(JJDK2+300~DK0+000~DK360+326.24)线路长378.765 km、肥东站至芜湖站(DK401+418.92~DK511+870)线路长110.396 km、宣城站至湖州站(DK584+831.89~DK714+450)线路长128.859 km]。其余176.61 km是利用与本线路连接的既有线路[利用既有合(肥)蚌(埠)客运专线的合肥北城站至合肥站和既有合宁铁路的合肥站至肥东站共计40.141 km,利用在建皖赣铁路芜湖至宣城段扩能改造新建双线71.766 km,利用既有宁杭客运专线的湖州站至杭州东站66.921 km]。

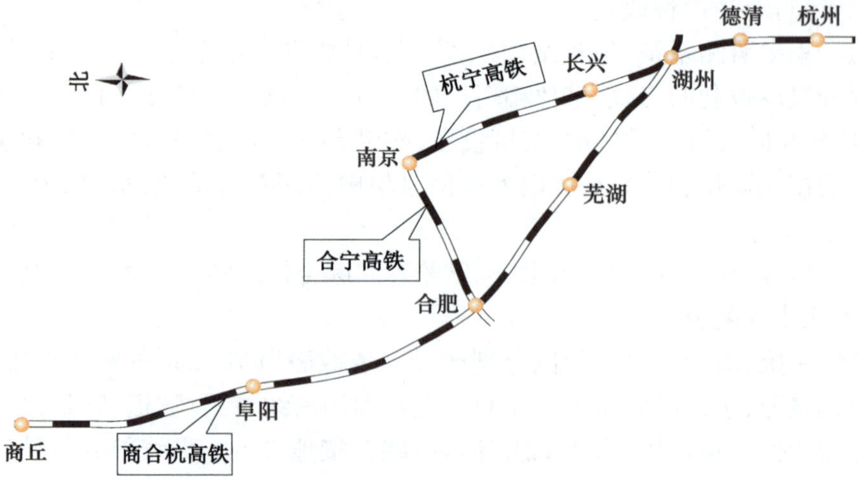

图5.49 商合杭高速铁路示意图

本工程商丘至合肥段新建商丘站商合杭场、商丘新区、芦庙、亳州南、古城东、太和东、阜阳西、颍上北、凤台南、寿县、淮南南等车站(场),改扩建既有水家湖站、接入合肥北城站,扩建合肥南动车运用所;肥东至湖州段新建巢湖东站商合杭场、巢湖北、含山西、芜湖北、郎溪、广德南、安吉等车站(场),改建肥东、巢湖东、湖州站;利用皖赣铁路芜湖至宣城段的芜湖、弋江、湾沚南、宣城等车站,以及既有合肥、德清、杭州东站。工程范围还包括商丘、阜阳、合肥、芜湖枢纽相关引入及配套工程。

新建本线在商丘衔接郑徐客运专线,并同规划建设的京九客运专线与中原、西北、华北地区相通;在合肥向西通过合武客运专线与鄂渝川地区沟通,向东通过合宁客运专线、沪宁城际铁路和京沪高速沪宁段及宁杭客运专线与江苏、上海、浙江等长三角地区连通,向南通过所建的合福客运专线衔接海峡西岸地区。本线的建成开通,不但实现了河南、安徽、浙江 3 个省份交通动脉的“无缝对接”,还突出了铁路建设东向主导方向与东部地区的对接,使中部地区与“泛长三角区域”的互动和合作变得更为畅通。同时,对完善区域快速客运网络,加强中、东部经济联系具有十分重要的意义。

商合杭高速铁路的建设单位是上海铁路局、京福铁路客运专线安徽有限责任公司、郑西铁路客运专线有限责任公司,设计单位是铁道第三勘察设计院集团有限公司、中铁第四勘察设计院集团有限公司、中铁大桥勘察设计院有限公司。线路主要技术标准:铁路等级,高速铁路;正线数目,双线;正线线间距,5.0 m(芜湖长江大桥段 4.6 m);最大坡度,20‰;最小曲线半径,一般地段 7 000 m、困难地段 5 500 m;到发线有效长度,650 m;设计行车速度,350 km/h;列车运行控制方式,自动控制;行车指挥方式,调度集中;牵引种类,电力牵引(AT 供电方式);列车类型,动车组。

5.49.1　电气化工程

牵引供电系统,正线采用 AT 供电方式。存车场、联络线采用带回流线的直接供电方式。全线新建线路地段新设郭庄、亳州南、乔庄、阜阳西、颍上北、团结、大杨、韩村、向村、油车埠等牵引变电所;改造既有邓庄、水家湖、合肥北城、宣城(由皖赣铁路同步实施)牵引变电所;新建商丘开闭所,改造合肥南直供开闭所;新建商丘南、田小庄、东王庄、元庄、马乔、邓营子、坝上、下塘、肥东、巢湖东、芜湖、施家屋、老湾、湖州南等 AT 分区所;新建周柳坑村、前张楼、亳州、吕庄、王九庄、赵集乡、徐庄、阜南、任颖村、谢庄、大郢村、小孤堆、陈家岗、吴小庄、小王村、平顶山、金姚冲、张林家、张家湾、杜家冲、崔家湾、安吉、西城等 AT 所。

新建牵引变电所引入 2 路独立可靠的 220 kV 电源供电,220 kV 电源侧采用线路变压器组接线,电气设备采用户外中型布置;2×27.5 kV 侧采用单母线分段接线,2×27.5 kV 侧配电装置采用户内 GIS 开关柜布置,2×27.5 kV 上下行线路馈线断路器互相备用。馈出线一般采用架空线,在地形受限制地段采用电缆。新建商丘开闭所从既有陇海铁路商丘南牵引变电所接引 1 路电源,为动车存车场供电,备用电源就近从接触网接引。改造既有合肥南开闭所,给扩建后的合肥南动车运用所供电。

新建牵引变电所设 4 台单相变压器,分成 2 组,采用固定备用、三相 V/X 接线、自冷方式,预留风冷条件。各牵引变电所变压器安装容量:郭庄为 2×(40+40) MV·A、亳州南为

2×(40+40) MV · A、乔庄为2×(40+40) MV · A、阜阳西为2×(63+40) MV · A、颍上北为2×(40+40) MV · A、团结为2×(40+40) MV · A、大杨为2×(40+40) MV · A、韩村为2×(40+31.5) MV · A、向村为2×(40+31.5) MV · A、油车埠为2×(40+31.5) MV · A。水家湖增容为2×(50+50) MV · A、合肥北城增容为2×(50+40) MV · A。宣城为2×(40+31.5)MV · A。

AT分区所,同一供电臂设2台自耦变压器,采用固定备用方式。安装容量为4×25/12.5 MV · A。2×27.5 kV并联母线采用隔离开关分段,实现上下行并联供电和分别供电运行方式。不同供电臂的并联母线之间通过电动隔离开关可实现越区供电。

AT所设2台自耦变压器,采用固定备用方式,安装容量为2×32/16 MV · A。2×27.5 kV并联母线采用隔离开关分段,实现上下行并联供电和分别供电运行方式。

牵引变电所、分区所及AT所采用微机保护和综合自动化系统,按无人值班设计,牵引变电所适当考虑值守条件。新设牵引供电远动系统,郑州铁路局范围内纳入郑州铁路局调度所的既有郑徐客运专线电力调度台管理。上海铁路局范围内纳入上海铁路局客运专线电力调度所,并增设2个商合杭高速铁路牵引供电和电力调度台管理。根据需要在郑州和上海铁路局客运专线牵引供电调度所增设相应的通信及应用服务器等设备,实现对本线牵引供电及电力供电系统的运行调度管理。与本工程相关的既有牵引供变电设施维持既有电力调度台管理不变。

接触网悬挂,新建正线采用全补偿弹性链型悬挂;站线、联络线、动车走行线、动车存车线等采用全补偿简单链型悬挂,接触悬挂结构高度一般为1 600 mm。在净空受限的跨线建筑物处最小悬挂结构高度一般不小于1 100 mm。正线接触线采用CTMH-150型接触导线,张力28.5 kN,承力索采用JTMH-120型绞线,张力23 kN;站线和联络线接触线采用CTMH-120型接触导线,张力15 kN,承力索采用JTMH-95型绞线,张力15 kN;存车场接触线采用CTS-120型接触导线,张力10 kN,承力索采用JTMH-95型绞线,张力15 kN。正线、联络线接触导线悬挂点高度一般为5 300 mm。道岔处接触网悬挂,与正线相交的道岔采用无交叉线岔方式、与非正线交叉的道岔采用交叉线岔方式。附加导线一般采用铝包钢芯铝绞线。

接触网绝缘泄漏距离,25 kV绝缘子及绝缘器件的绝缘泄漏距离不小于1 600 mm,上下行接触网带电体间的距离正常情况下不小于2 000 mm、困难情况下不小于1 600 mm,以满足"V"停抢修的需要。新建接触网腕臂绝缘子一般采用棒式瓷质绝缘子,抗弯强度不小于16 kN。特重污秽地段、站内雨棚地段、跨线桥两端一般采用复合绝缘子。正馈线、供电线悬挂一般采用悬式瓷质绝缘子。在牵引变电所、分区所出口附近设接触网电分相,电分相采用带中性段空气间隙绝缘的双断口锚段关节式。

接触网支柱,正线、联络线腕臂柱一般采用热浸镀锌H型钢柱,车站及多线并行区段优先采用线间立H型钢柱,不能满足线间立柱条件时采用轻型硬横跨和等径钢管柱。

接触网支柱跨距,新建线路路基地段一般为50～55 m,最大不大于60 m,相邻跨距之差一般不大于10 m。桥支柱跨距根据桥梁孔跨形式确定,一般不大于55 m。新建联络线区段支柱跨距一般不大于60 m。

正线、联络线接触网绝缘、非绝缘锚段关节采用五跨关节，电分相采用六跨关节。正线接触网锚段长度一般不大于2×700 m，站线、联络线、存车线等锚段长度一般不大于2×800 m、困难时不大于2×850 m。附加线锚段长度一般不大于2 000 m。所利用的既有线改造地段不低于既有标准。

新建正线接触网下锚采用棘轮补偿装置，接触线和承力索分别下锚，下锚安装采用抬高下锚方式，即承力索下锚棘轮底座安装在平腕臂上方。一般采用两跨式防窜防断中心锚结，车站内站线下锚困难或位于站台区等受条件限制时采用防窜不防断中心锚结。

维修机构设置，与工务维修设施合建商丘、亳州南、阜阳西、凤台南、淮南南、肥东、巢湖东、广德南供电工区，设阜阳供电维修车间、巢湖东供电管理车间，新建合肥南供电检修车间。负责接触网和电力设施的运营维护和管理。

5.49.2　电力工程

全线新建铁路区段新设 1 条一级负荷 10 kV 贯通线和 1 条综合负荷 10 kV 贯通线，给沿线用电负荷供电，新建 10 kV 贯通线采用截面为 70 mm^2 的单芯电力电缆，分别沿铁路两侧的电缆槽敷设。

全线新建商丘新区、芦庙、亳州南、古城集、太和东、阜阳西、颍上北、凤台南、淮南南、肥东、郎溪、广德南、安吉等 10 kV 配电所。改造利用既有商丘、水家湖、合肥北城、巢湖东、芜湖、宣城、湖州 10 kV 配电所，改造利用既有合肥南 35/10 kV 变配电所。

设有 10 kV 配电所的新建车站其站房综合用电负荷设站内 10/0.4 kV 综合变电所供电，电源引自 10 kV 配电所的站馈线，没设 10 kV 配电所的车站其站房综合用电负荷设站内 10/0.4 kV 综合变电所，从地方电网接引 10 kV 电源供电。

各车站与行车有关的通信信号等一级负荷设室内 10/0.4 kV 专用变电所和双台变压器供电，电源分别引自 2 路 10 kV 贯通线。区间通信信号等一级负荷设箱式变电站供电，电源引自 2 路 10 kV 贯通线。

区间其他用电负荷，根据负荷分布和负荷性质，在负荷集中处分别设箱式变电站或杆架式变电台供电，优先从地方电网接引电源，无条件接引地方电源的从综合负荷 10 kV 贯通线接引电源。

在芜湖长江公铁大桥南端设 1 座 10 kV 开闭所及 10/0.4 kV 变电所，给芜湖长江公铁大桥综合车间供电，并提供 1 路 10 kV 电缆线路给大桥照明、维修的变配电设施供电，大桥上通信信号负荷由设在大桥两端陆地上的通信、信号箱式变电站采用低压电缆供电。

新建 10 kV 配电所采用综合自动化系统，按无人值班设计。全线设电力远动系统，纳入郑州和上海铁路局电力调度所，与牵引供电调度台同台进行调度管理。

5.49.3　通信工程

全线新建铁路区段沿铁路两侧各敷设 1 条 48 芯长途通信光缆。亳州南至既有亳州通信站、阜阳西至既有阜阳通信站分别敷设 2 条 48 芯通信光缆。合肥北城至合肥南与既有铁路共线区段，新设 1 条通信光缆，合肥北城至肥东利用既有通信光缆线路。芜湖站至宣城站本线与皖赣铁路扩能改造工程共线区段,利用皖赣铁路扩能改造工程在铁路两侧各敷设的1条48芯长途通信光缆。湖州至杭州东段与既有铁路共线区段,优化既有通信光缆线路的利用再确定建设方案。

为满足信号列控(安全数据网)传输的需要,在新建铁路区段利用新建2条48芯光缆的各6芯光纤构建信号安全数据网。在利用部分既有铁路或与既有铁路共线区段(合肥北城站至合肥站、合肥站至肥东站、芜湖至宣城段、湖州站至杭州东站),新设2条24芯光缆。为满足信号专业集中监测、CTC终端等业务对光传输通道的需求,利用新建的2条48芯光缆采用分歧方式,到区间信号中继站新设1条12芯光缆。

为满足区间数据业务传输的需要,利用新建的1条48芯光缆采用分歧方式,到区间通信基站、光纤直放站、牵引变电所亭新设1条12芯光缆。

为满足综合视频监控系统各信息采集点对传输通道的需要,从传输节点至相应区间采集点及区间独立电力箱式变电站间敷设1条12芯光缆。在通信、信号机房之间敷设2条12芯光缆。阜阳西站至阜阳西动车存车场间敷设1条24芯光缆、阜阳西存车场至区间12号信号中继站间敷设1条12芯光缆。

传输系统,全线新设SDH 10 Gbit/s传输系统,沿线各新建车站设SDH 10 Gbit/s设备,利用新建2条48芯光缆和部分区段既有光缆中的各2芯光纤构成复用段1+1保护。

本线至郑州、上海铁路局所需要的各系统传输通道利用既有铁路通信系统。在郑州铁路局管内的商丘站与既有传输系统互联,并将传输通道引入郑州铁路局调度所。在上海铁路局管内的亳州南站、阜阳西站、合肥和合肥南站、芜湖站、杭州东站等处与既有和规划的传输系统互联,并将传输通道引入上海铁路局调度所。

新设SDH 2.5 Gbit/s车站接入网系统,沿线各新建车站设SDH 2.5 Gbit/s设备,利用新建2条48芯光缆中的各2芯光纤构成复用段1+1保护。并在同一车站将SDH 2.5 Gbit/s设备通过SDH 2.5 Gbit/s光接口与SDH 10 Gbit/s设备互联。

新设SDH 622 Mbit/s区间接入网系统,在区间通信基站、信号中继站、牵引变电所、分区所、AT所等信息接入点根据需要设SDH 622 Mbit/s设备。区间警务区新设SDH 155 Mbit/s接入设备,就近接入邻近通信传输节点。两车站之间新设的SDH 622 Mbit/s设备按区间通信基站、信号中继站、牵引变电所亭分别构建1个2纤通道环,接入车站SDH 2.5 Gbit/s接入网系统。

车站站内电力变配电所、牵引变电所、综合维修车间/工区等信息接入点设SDH 622 Mbit/s设备。利用站内新设光缆构成SDH 622 Mbit/s 2纤通道保护环,并接入车站SDH 2.5 Gbit/s设备。

新设传输网网管系统,郑州铁路局管内在郑州网管中心设网管设备,在郑州通信站、商丘综合维修工区设网管复示终端。上海铁路局管内在合肥南新设SDH网元管理系统,在各维修车间、上海通信段、阜阳西高铁通信车间网调工区设网管终端。完成对全线新建传输系统和设备的性能管理、故障管理、配置管理及安全管理。

新设IP数据网。利用郑州和上海铁路局既有核心节点和路由器;利用合肥南、芜湖、杭州东既有汇聚节点和路由器,根据需要进行扩容;在商丘和阜阳西新设汇聚路由器,分别接入所归属铁路局的核心路由器,提供数据流量的高速汇聚与转发。沿线各新建车站设接入路由器,负责本地数据的接入与交换,既有站的接入路由器利旧修改,沿线综合维修工区、动车所不新设接入路由器,利用传输通道通过邻近车站纳入数据网。相邻车站接入路由器之间利用光缆直连,异地接入路由器与汇聚路由器之间通过传输通道连接。

新设数据网网元管理系统,分别在郑州和上海铁路局网管中心设 1 套数据网业务网管和 1 套虚拟专用网(VPN)网关,对本网内的业务信息进行交换和安全管理、配置管理、故障管理及性能管理。并按照与通信综合网管系统之间所定义的规范和接口,实现与通信综合网管系统的接入。

电话交换系统,利用郑州通信站、商丘、亳州、阜阳、淮南、合肥、芜湖、宣城、湖州、杭州等通信站的既有电话交换机,在商丘、亳州南、阜阳西、合肥南、杭州东新设光线路终端(OLT)设备;在沿线各新建车站、动车存车场、信号中继站、综合维修车间及工区、牵引变电所、分区所、AT 所、电力变(配)电所、公安派出所等信息接入节点设 ONU 设备,沿线新增自动电话用户通过 ONU 设备及接入网,按郑州、上海铁路局管辖范围及归属关系分别接入相应的 OLT 设备和既有电话交换机,通过统一编号组网,实现与既有铁路电话专网的互通。

新设调度通信系统,利用郑州、上海铁路局调度所既有数字调度通信交换机,根据需要进行扩容;沿线各新建车站、动车所新设车站型调度通信交换机、调度分机和车站值班台等设备。沿线牵引变电所、分区所、AT 所、综合维修车间设调度电话分机,利用接入网接入邻近车站调度通信交换机。按铁路局管辖范围和调度区划分,将各站调度设备分别接入 2 个铁路局调度所中心调度交换机和调度通信系统。商丘至芦庙(含)由郑州铁路局调度所郑徐客运专线行车调度台管辖;芦庙站(不含)至合肥北城站(不含)段和肥东站(不含)至芜湖站(不含)段由上海铁路局调度所新设的商合杭高速铁路行车调度台管辖;芜湖(含)至宣城(含)段由既有宁安城际铁路行车调度台管辖,宣城(不含)至湖州段由既有宁杭客运专线行车调度台管辖。

新设 GSM-R 移动通信系统,利用上海、郑州铁路局既有 GSM-R 核心网设施,并新设 1 套速率适配单元(TRAU)设备;在郑州、阜阳西、合肥南各新设基站控制器(BSC)和分组控制单元(PCU)设备。在新建线路区段新设 2 载频区间通信基站(BTS)和 3 载频车站通信基站,采用高重叠的同站址双网及单层交织相结合的覆盖方式组网,按照铁路局管辖范围及各区段归属关系将新建的通信基站分别接入郑州、阜阳西、合肥南新设的基站控制器(BSC)及铁路局的 GSM-R 交换机。区间和隧道内弱场区采用光纤直放站、漏泄电缆和天线等方式增强,以满足无线场强覆盖和信息传输的需要,完成调度通信、调度命令信息和无线车次号校核信息传送等功能。

在与郑徐客运专线并线区段,利用郑徐客运专线所建的 GSM-R 通信基站进行信号覆盖。

在与京九铁路并线区段,利用京九铁路所建的 GSM-R 通信基站,并在商合杭高速铁路侧新设 GSM-R 通信基站,形成同站址双网覆盖。

在合肥北城站至合肥站与合蚌客运专线共线区段、在水家湖站至合肥北城站与合蚌客运专线并行区段,利用合蚌客运专线所建的 GSM-R 通信系统,在水家湖站增设 1 处通信基站,完成本段线路的无线场强覆盖。

在合肥站至肥东站与合宁铁路共线区段,利用合宁铁路所建的 GSM-R 通信系统完成本段线路的无线场强覆盖。

在巢湖东站附近新大力寺隧道段与合福铁路并行区段,隧道口附近利用合福铁路所建的 GSM-R 通信系统完成无线场强覆盖。

在含山西车站附近,本线与淮南铁路交叉处,优先考虑商合杭铁路采用 CTCS-3 级列控系统线路的覆盖。

在芜湖站至弋江段,本线与在建皖赣铁路扩能改造工程共线、与所建的宁安城际铁路并线,利用宁安城际铁路所建的 GSM-R 通信系统完成本段线路的无线场强覆盖。

在弋江站至宣城站区段,本线与在建皖赣铁路扩能改造工程共线,利用皖赣铁路扩能改造工程所建的 GSM-R 通信系统完成本段线路的无线场强覆盖。皖赣铁路扩能改造工程所设的 GSM-R 通信系统方案根据本工程需要进行相应的调整。

在湖州站至杭州东站区段,本线与宁杭客运专线共线,利用宁杭客运专线所建的 GSM-R 通信系统完成本段线路的无线场强覆盖。

新设会议电视系统,沿线各新建车站、综合维修车间、动车运用所、相关车务段等处设会议电视分会场设备。按铁路局管辖范围通过传输系统接入上海、郑州铁路局既有会议电视中心系统和网管设备,对会议电视系统进行安全管理、配置管理、故障管理和性能管理。

新设应急通信指挥系统,在沿线通信车间和工区设应急现场接入设备,按铁路局管辖范围通过传输系统接入上海、郑州铁路局既有应急通信指挥中心系统。

通信电源,沿线新建通信设备机房设 48 V 高频开关电源和蓄电池组及 UPS 不间断电源设备,并新设电源和机房环境监控系统及采集设备,实现对通信电源和机房环境条件的监控。

5.49.4 信号工程

车站联锁,商丘商合杭场至合肥、肥东至湖州段各新建车站(场、所),改建的肥东站、水家湖商合杭场、合肥南动车运用所新建车场,阜阳西动车存车场新设硬件冗余型计算机联锁设备和信号智能电源屏;商丘郑徐场、商丘西线路所、合肥北城站、巢湖东合福场、湖州高速场、合肥南动车所等结合本工程引起的站场变化对既有联锁设备进行适应性改造。

根据车站(场)道岔设计类型,配备相应的道岔转辙装置和转辙机,并采用断电保护措施。提速道岔采用配套外锁闭装置。正线上的道岔采用外锁闭、多机分线、分控制方式,并实现挤岔监督报警功能。通过时速 160 km 以上的 18 号及以上号码道岔正线增设密贴检查装置。合肥北城以北各车站(存车场)列车进路道岔均设融雪装置,并分别在郑州、上海铁路局调度中心新设远程控制终端。

新建联锁设备的车站(场、所)站内采用与区间相同制式的 ZPW-2000 有绝缘轨道电路,增设带适配器的扼流变压器,其发送设备按1+1配置、接收设备采用双机并用方式。合肥南动车运用所采用97型25 Hz相敏轨道电路;阜阳西动车存车场采用97型25 Hz相敏轨道电路叠加ZPW-2000电码化。既有联锁设备利旧改造的车站,站内轨道电路维持既有标准进行适应性改造。工区岔线轨道区段采用高压不对称轨道电路。站内ZPW-2000轨道电路和电码化区段采用铝护套数字信号电缆,其他轨道电路电缆采用铝护套信号电缆,其他信号设备采用综合护套信号电缆。

本线新建线路区段采用调度集中(CTC)系统,沿线各新建车站(场、所)设CTC分机设备、网络安全和通道质量监督等配套设备;与本线接轨的郑徐客专商丘郑徐场、商丘西线路所,合肥北城、合肥南动车所、巢湖东合福场、湖州高速场既有CTC分机设备利旧修改。按照铁路局管辖范围和调度区划分,将调度分机等设备分别接入上海、郑州铁路局调度所CTC/TDCS总机系统。商丘商合杭场至芦庙站(含)由郑州铁路局调度所郑徐客运专线行车调度台管辖和指挥;芦庙站(不含)至合肥北城站(不含)段和肥东站(不含)至芜湖站(不含)段由上海铁路局调度所新设的商合杭高速铁路行车调度台管辖和指挥,并增设相应的应用和通信服务器、临时限速接口服务器及信息安全等设备;芜湖(含)至宣城(含)段纳入既有宁安城际铁路行车调度台管辖,宣城(不含)至湖州段纳入既有宁杭客运专线行车调度台管辖和指挥。合肥枢纽的合肥北城站和合肥南动车所、巢湖东合福场、湖州高速场、宁杭客运专线湖州至杭州东段的调度区划分维持不变。

列车运行控制系统,商丘商合杭场至合肥北城(不含)、肥东(不含)至芜湖(不含)、宣城高速场(不含)至湖州南宁杭场(不含)新建线路区段采用CTCS-3级列控系统(兼容CTCS-2级列控系统);阜阳西商合杭场至阜阳西存车场间动车走行线采用CTCS-2级列控系统;合肥枢纽维持既有CTCS-2级列控系统,在肥东站杭州端进站外方设CTCS-2/3级级间转换点;皖赣铁路芜湖至宣城扩能改造工程将CTCS-2级列控系统改为CTCS-3级列控系统。在郑州东站、合肥南站、杭州东站等处设无线闭塞中心(RBC),全线新设3套临时限速服务器,分段负责新建线路的临时限速命令的管理。沿线各新建车站(场)和信号中继站设信号安全数据网接入设备、列控中心(TCC)、有源应答器编码单元(LEU)、地面点式应答器等设备。TCC之间通过安全局域网进行联接,实现TCC之间、与车站联锁设备之间的安全信息传输。所设列控中心具有轨道电路编发码、运行方向控制、站间安全信息传输及应答器报文存储调用等功能。

鉴于本线与郑徐、合蚌、宁杭等客运专线接轨,相关接轨站和信号中继站所设列控中心应进行相应修改。

区间闭塞制式,新建线路区间采用ZPW-2000无绝缘轨道电路自动闭塞,按双线双方向运行,正向采用追踪间隔运行、反向按自动站间闭塞行车。站间安全信息传输及方向电路由列控中心完成。不设区间地面通过信号机,设区间信号标志牌,列车运行以列控车载设备(ATP)显示作为行车凭证。

新建线路区间采用ZPW-2000系列无绝缘轨道电路,轨道电路发送设备按1+1配置、接收设备采用双机并用方式。轨道电路发送编码采用列控中心(TCC)电子编码,利用TCC安全传输通道传送站间联系信息。联络线及动车走行线采用ZPW-2000系列轨道电路,用于列车占用检查和向列车提供前方闭塞分区空闲信息。

正线区间 ZPW-2000 系列无绝缘轨道电路干线电缆采用铝护套内屏蔽数字信号电缆,电缆的有效传输长度一般不大于 7.5 km,特殊情况下不超过 10 km。分支电缆采用综合护套数字信号电缆。

新设信号集中监测系统,沿线新建车站(场、所)、合肥南动车所、信号中继新设集中监测分机设备;商丘郑徐场、湖州高速场等相关既有车站的集中监测分机设备利旧改造。在郑州东、合肥南、杭州东等处的无线闭塞中心(RBC)机房新设集中监测分机设备;有人值守车站的信号值班工区设监测终端,各维修车间、维修工区设监测终端。通过监测网,按铁路局管辖范围和隶属关系分别接入郑州、合肥、南京电务段既有集中监测总机。根据需要对各电务段监测总机设备进行相应修改。

新设电务综合监督系统,新建线路各车站、信号中继站设综合监督分机设备,实现与车站计算机联锁设备、CTC 车站分机、列控中心、轨道电路和信号集中监测接口信息的采集和本站的数据分析。在无线闭塞中心(RBC)机房设中心服务器和通信前置机、上海铁路局客运专线调度所机房设通信前置机,郑州、合肥、南京电务段及对应本线的各维修车间分别设综合监督远程显示终端。通过专用数字通道与综合监督分机设备、通信前置机进行数据交换,通过中心服务器实现对综合监督数据的对比、逻辑分析、处理等功能。

新建线路区段的新建信号设备房屋设防雷电、电磁兼容和综合接地防护系统,与房建工程同步实施,并与贯通地线等电位连接。

综合接地系统,沿新建线路正线铁路两侧各敷设 1 条截面为 70 mm^2 的贯通地线;阜阳西至存车场走行线、巢湖东联络线分别沿铁路敷设 1 条截面为 35 mm^2 的贯通地线,在电气特性上全程贯通,接地电阻不大于 1 Ω,形成低阻综合接地平台。沿线轨旁信号设备接地后应与贯通地线等电位连接,与本线向衔接的相关线路建有贯通地线的要相互连通。

本线维修体制采用工区、维修车间、维修基地(电务段)三级机构,车站设信号工区。负责新建信号设施的运营维护和管理。

参加线路工程施工的有中铁电气化局集团,中铁三局、四局、六局、八局集团,中铁隧道局集团,中交隧道工程局,中铁航空港建设集团,中铁十八局、十九局、二十一局集团,中铁建大桥局集团等单位。中铁电气化局集团有限公司和中国铁路通信信号公司联合体、中铁建电气化局集团、中铁四局集团电气化工程公司等单位承担四电工程的施工。

本线芜湖长江公铁大桥于 2014 年 12 月 28 日先期开工。线路工程于 2015 年 11 月 30 日正式开工。2019 年 2 月 26 日开始铺轨。四电工程于 2017 年 12 月 13 日开工。2019 年 4 月 26 日全线控制性工程——芜湖长江公铁大桥钢梁顺利合龙。2019 年 5 月 21 日合肥至杭州段开始铺轨。2019 年 6 月 4 日完成商丘段的铺轨。2019 年 8 月 20 日商丘至合肥段开始联调联试。2019 年 10 月 24 日商丘至合肥段开始试运行,2019 年 12 月 1 日商丘至合肥段正式开通运营。2020 年 4 月 7 日合肥至湖州段开始联调联试。2020 年 6 月 28 日合肥至湖州段开通运营,即全线开通运营。

5.50　穗莞深城际轨道交通

新建穗莞深城际轨道交通正线全长 76.108 km(图 5.50)。自广深铁路Ⅲ、Ⅳ线新塘火车站附近引出后,折向东南跨越广深铁路,在港口大道北端设新塘站(与广州规划的地铁 13、16 号线十字交叉换乘),出新塘站后一路高架,沿港口大道前行,跨东江北干流后进入东莞市,在中堂镇内跨倒运海水道、中堂水道,在望牛墩镇内跨洪屋涡水道,之后线路沿望洪公路进入洪梅,在洪梅大道与西部快速干道交叉处设望洪站,与佛莞、莞惠城际铁路十字交叉换乘。该段新建线路长 18.102 km,设有新塘、中堂、望牛墩、望洪 4 个高架站。线路出望洪站后,沿洪梅大道折向东南拐入洪金路,在洪金路中央绿化带中央高架,在尧均村附近设洪梅站,跨东江南支流后进入沙田,在港口大道附近设沙田站,后入地进入厚街,在东溪路下设厚街站,折向东南拐入 S256 省道,沿 S256 省道地下穿至白沙村附近设虎门火车站站(与广深港虎门火车站和东莞地铁 R2 线换乘),再南行至太宝路附近设虎门商贸城站,出站后沿捷南路南行,至与长安交界处出地面,进入长安镇后沿振安路南行,先后设长安厦边站和长安金沙站,再折向东南跨东宝河进入深圳宝安区内,拐入松福路后沿路高架,先后设海上田园站和和平站,过重庆路后入地,下穿深圳机场预留用地,至规划深圳机场 T4 航站楼附近设深圳机场北站(与深圳地铁 11 号线换乘),再下穿机场联络横通道至深圳机场 T3 航站楼西侧设终点站深圳机场站,该段新建线路长 58.006 km。工程范围还将莞惠城际铁路的(GHDK0 + 150 ~ GHDK2 + 591.092)2.44 km 和望洪站纳入本工程,还有本线望洪站至莞惠城际铁路望洪站的 2 km 联络线;以及既有广深Ⅲ、Ⅳ线(K35 + 300 ~ K40 + 000)4.72 km 的线路改建[包括既有广深新塘站和区间(广深 Ⅰ、Ⅱ线及广深 Ⅲ、Ⅳ线)]。本工程路基长度1.360 km、占线路总长的 1.79%,桥梁累计长度 52.498 km、占线路总长的 68.97%,隧道累计长度 22.250 km(含地下车站),占线路总长的 29.23%。该线的建成开通,成为沟通广州、东莞、深圳三市的快速交通通道,对推动珠江东岸加快建成 1 h 经济圈,实现区域经济一体化,提升珠三角地区整体实力具有重要意义。

穗莞深城际轨道交通的建设单位是广东珠三角城际轨道交通有限公司,设计单位是中铁第四勘察设计院集团有限公司。线路主要技术标准:铁路等级,城际铁路;正线数目,双线;正线线间距,4.2 m;最大限制坡度,30‰;最小曲线半径,一般地段 1 100 m、困难地段 1 000 m、限速地段结合运行速度确定;到发线有效长度,400 m;行车指挥系统,调度集中;列车运行控制方式,采用 CTCS-2 + ATO 功能的自动控制;速度目标值:140 km/h;牵引种类,电力牵引(直供加回流线供电方式);机车类型,CRH6 型动车组。

5.50.1　电气化工程

牵引供电采用带回流线的直接供电方式。全线新设望洪、长安金沙牵引变电所给本线和佛莞及莞惠城际铁路供电。新设新塘、厚街、深圳机场分区所和中堂开闭所。

新建望洪和长安金沙牵引变电所引入 2 路 110 kV 电源供电,110 kV 电源侧采用分支接线,电气设备采用户内 GIS 设备布置;27.5 kV 侧采用单母线隔离开关分段接线,电气

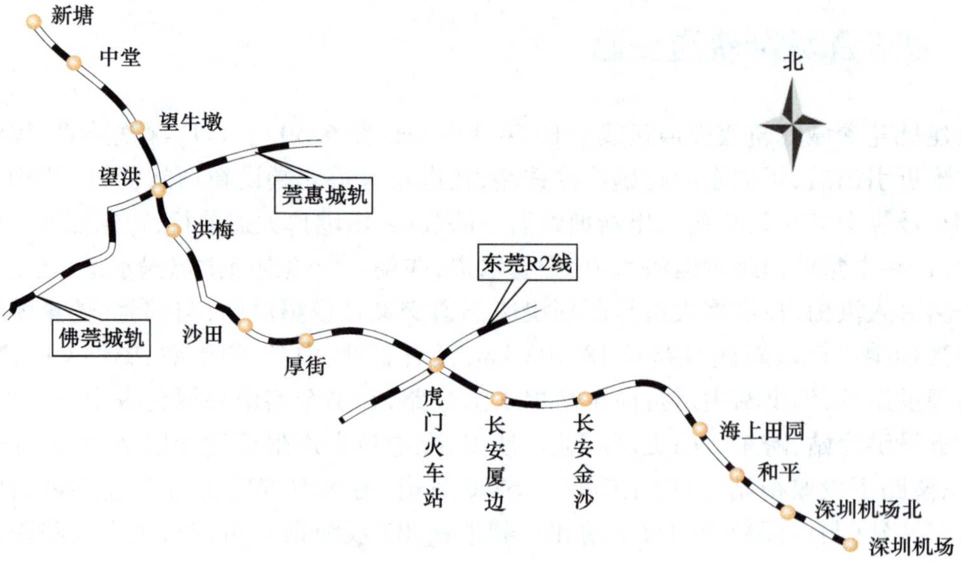

图 5.50　穗莞深城际轨道交通示意图

设备采用户内空气开关柜布置。新塘和厚街分区所采用箱式布置,深圳机场分区所设在深圳机场地下车站内。同一供电臂的上下行采用通过断路器、隔离开关并联接线。2 个供电臂之间设电动隔离开关,实现越区供电。开闭所接引 2 路进线(1 路运行、1 路备用),设进线断路器和电动隔离开关与 27.5 kV 母线相连。

新建牵引变电所设 2 台变压器,采用固定备用、V/V 接线、自冷方式,预留风冷条件,并设备用自投装置。各牵引变电所变压器安装容量:望洪为 2 ×(20 +25) MV · A、长安金沙为 2 ×25 MV · A。

新建牵引变电所采用微机保护和综合自动化系统,按无人值班设计,适当考虑值守条件。新设综合 SCADA 系统,纳入广州铁路(集团)电力调度所管理,对全线牵引供电设施和电力设施进行集中监控。

接触网采用全补偿简单链型悬挂,接触悬挂结构高度隧道外一般为 950 ~ 1 100 mm,隧道内根据净空限制适当降低。正线接触线采用 120 mm^2 的铜合金导线,张力 15 kN,承力索采用 95 mm^2 的铜合金绞线,张力 15 kN;站线接触线采用 85 mm^2 的铜合金导线,张力 10 kN,承力索采用 70 mm^2 的铜合金绞线,张力 15 kN。接触导线悬挂高度新建正线为 5 300 mm。既有线维持既有标准。附加导线采用铝包钢芯铝绞线。

接触网绝缘泄漏距离不小于 1 400 mm,严重污秽地区适当加强绝缘。一般地段采用瓷质绝缘子,跨线桥两侧、严重污秽区段、接触网下锚等处采用合成绝缘子。在变电所、分区所出口附近设电分相,电分相采用带中性段空气间隙绝缘的双断口锚段关节式,并避免设在大坡道、列车出站加速区段和线路限速低速区段。

接触网支柱,路基和箱梁桥上的腕臂柱采用热浸镀锌 H 型钢柱,跨越多股道且线间距离不能立腕臂柱时采用硬横跨结构,硬横跨下采用倒立吊柱。车站尽量简化接触网安装结构,减少接触网悬挂定位点,使接触网安装与车站建筑结构和景观相协调。车站站台上不立柱，有站台雨棚时接触网支柱与雨棚柱合架。供电线支柱一般采用热浸镀锌格构式钢柱。既有广深铁路Ⅲ、Ⅳ线改建的路基段采用等径混凝土圆柱。

接触网支柱跨距，路基地段一般为 50 ~ 55 m，隧道内一般为 35 m，箱梁桥上一般为 46 m。正线区段非绝缘、绝缘锚段关节一般采用四跨关节，联络线小曲线半径处采用五跨关节。正线接触网锚段长度一般不大于 2 ×750 m、个别困难情况下不大于 2 ×800 m；隧道内一般不超过 2 ×700 m、个别困难情况下不超过 2 ×750 m；站线接触网最大锚段长度不大于 2 ×850 m、个别困难情况下不大于 2 ×900 m。单边补偿时的锚段长度为上述值的 50%。附加导线的锚段长度一般不超过 2 000 m、困难情况下不超过 3 000 m。

正线和站线接触网采用锚段张力自动全补偿方式。同一锚段的中心锚结两端补偿下锚采用同类型补偿装置。正线道岔处的两支接触悬挂的补偿方向一致，其余道岔处的两支接触悬挂的补偿方向尽量一致。正线采用防窜防断中心锚结，站线优先采用防窜防断中心锚结，在车站内下锚困难或位于站台区等受条件限制时采用防窜不防断中心锚结。

既有广深线改建采用既有标准。

在综合工区设供电工区，负责本线牵引供电设施的运营维护，同时兼顾负责电力设施的运营维护。

5.50.2　电力工程

全线新设 2 条综合负荷 10 kV 贯通线，新建 10 kV 贯通线采用截面为 120 mm^2 的铜芯电力电缆。全线新设望洪站、中堂动车运用所、厚街站、虎门商贸城站、海上田园站、深圳机场站 10 kV 配电所。新建 10 kV 配电所引入 2 路地方专线电源供电。10 kV 配电所设集中动态无功补偿，补偿 10 kV 综合负荷贯通线的电缆容性负载及车站用电设备的感性负载，调节 10 kV 配电所的功率因素，使功率因数补偿到 0.9 以上。

设有 10 kV 配电所的车站其站房综合用电负荷设站内10/0.4 kV综合变电所供电，从配电所站馈线接引电源；没设 10 kV 配电所的车站其站房综合用电负荷设站内 10/0.4 kV 综合变电所供电，从 10 kV 贯通线接引电源。

车站通信信号等一级负荷设室内 10/0.4 kV 专用变电所供电，分别从 2 路10 kV贯通线接引电源。区间通信信号等一级负荷设 10/0.4 kV 专用变电所供电，分别从 2 路 10 kV 贯通线接引电源。

牵引变电所、分区所自用电设 10 kV 箱式开关站，从综合负荷 10 kV 贯通线接引 1 路电源供电，另 1 路电源由牵引供电系统供给。

区间其他用电负荷在负荷集中处分别设箱式变电站供电，从综合负荷 10 kV 贯通线接引电源。

新建 10 kV 配电所采用综合自动化系统，按无人值班设计。新设电力远动系统，纳入广州铁路(集团)电力调度所管理 。

5.50.3　通信工程

全线沿新建铁路两侧各敷设 1 条 32 芯长途通信光缆。隧道内新设 2 条 3 ×4 ×0.9

低频对称电缆。广州东至新塘利用既有长途通信光缆。

传输系统,新设 SDH 2.5 Gbit/s 骨干(汇聚)传输系统,在新塘、望洪、虎门火车站、深圳机场站设 SDH 2.5 Gbit/s 设备。利用新建 2 条 32 芯光缆中的各 2 芯光纤构成复用段保护环。

广州枢纽新设 SDH 10 Gbit/s 传输系统,在广州东和广州南既有枢纽通信站新设 SDH 10/2.5 Gbit/s 设备,扩容广州东山通信站、广州客运专线调度所既有 SDH 10 Gbit/s 传输系统,利用既有光缆构成 SDH 10 Gbit/s 系统环形通道保护环。通过 SDH 10 Gbit/s 通道保护环实现本线通信网与既有铁路通信网的互联。

广州南新设的 SDH 10/2.5 Gbit/s 设备采用 2 个 SDH 622 Mbit/s 光接口分别与广州南站枢纽 SDH 10 Gbit/s 传输环既有 SDH 10 Gbit/s 设备互联、与佛肇城际铁路传输网设在广州南站的 SDH 2.5 Gbit/s 设备互联。实现利用广州南至广州东山通信站至广州调度所间的既有 SDH 10 Gbit/s 传输网,为珠三角城际铁路传输网提供在广州枢纽内本线主要业务的迂回保护通道,以及佛肇城际铁路传输网利用本线传输网提供到望洪站的有关业务通道。主要解决车站至既有通信站、调度所的直达通道,并为全线各应用子系统提供不同路由的通道。

新设 SDH 622 Mbit/s 接入网系统,在既有广州南站和本线各新建车站、动车运用所新设 SDH 622 Mbit/s 设备。新塘至望洪站、望洪站至虎门段、虎门至深圳机场段分别利用新建 2 条光缆中的各 4 芯光纤构成 2 个 SDH 622 Mbit/s 复用段保护环,其中区间接入节点利用 2 条光缆中的各 2 芯光纤接入相邻车站设备构成 1 个保护环;站内接入节点采用环路或 1+1 链路接入本车站设备。

新塘、望洪站新设的 SDH 2.5 Gbit/s 设备与本站设的 SDH 622 Mbit/s 设备通过 SDH 622 Mbit/s 光接口互联;在望洪站将莞惠城际铁路和本线新设的 SDH 622 Mbit/s 设备通过 SDH 622 Mbit/s 光接口互联。在虎门、深圳机场站将新设的 SDH 2.5 Gbit/s 设备与 SDH 622 Mbit/s 设备通过 SDH 622 Mbit/s 光接口互联。

新设数据网,利用广州铁路(集团)的既有核心路由器,望洪站新设汇聚路由器,沿线车站、中堂动车运用所新设接入路由器,负责本地数据的接入。接入路由器之间通过 GE 光接口利用新建光缆直连。新塘接入路由器与望洪汇聚路由器间通过传输通道互联,汇聚路由器与广州铁路(集团)既有核心路由器之间通过传输通道互联。实现全线数据业务的汇聚与转发。

广州铁路(集团)调度所新设数据网网管和虚拟专用网(VPN)网管系统和设备,广州南、中堂维修车间新设数据网网管复示终端,实现对数据网系统和设备的安全管理、配置管理、故障管理和性能管理。

电话交换系统,利用广州流花桥通信站既有电话交换机,根据需要扩容接口及配套设备,在广州南新设 OLT 设备,沿线车站、动车所、动车所/广深线新塘信号楼、牵引变电所、分区所、电力配电所、维修车间/工区等信息接入点设 ONU 设备。沿线新增自动电话用户通过 ONU 设备及接入网接入 OLT 设备和既有铁路电话交换机。通过统一编号组网,实现与既有铁路电话专网的互通。

新设数字调度通信系统，利用广州铁路（集团）调度所既有中心调度通信交换机，沿线新建车站新设车站型调度通信交换机、调度分机和车站值班台等设备，按照调度区划分通过调度网接入广州铁路（集团）调度所中心调度通信交换机和调度通信系统及新设的本线列车调度台管辖和指挥。

新设 GSM-R 移动通信系统，利用广州铁路（集团）既有 GSM-R 交换机和莞惠城际铁路工程设在广州南的基站控制器（BSC），沿线车站设通信基站和 1 载频基站，单独组成基站数字通道环，车站增设 1 套 C（1 或 2 或 3）基站设备和天馈线设施，实现车站区域同址双基站冗余覆盖，以满足 CTCS-2 + ATO 列控系统对城际站台门控制和运行计划数据传输利用 GSM-R 网络实现的需求。全线采用单层覆盖方式组网，通过传输通道将通信基站接入 BSC 和 GSM-R 交换机。区间和隧道内弱场区采用光纤直放站、漏泄电缆和天线方式增强，以满足无线强场覆盖和信息传输的需要，完成调度通信、调度命令信息和无线车次号校核信息传送等功能。

结合广州地区既有、规划铁路 GSM-R 通信系统，统筹考虑珠三角地区城际铁路通信网总体规划及 GSM-R 网络覆盖和频率规划，减少对既有铁路 GSM-R 系统的影响，并预留新建 GSM-R 系统发展的需要。

利用莞惠城际铁路工程在广州南通信站所设的无线网管服务器及网管终端，并新设光纤直放站网管服务器及网管终端，中堂通信车间新设光纤直放站网管终端和无线网管复示终端。负责对本线通信基站子系统设备的安全管理、配置管理、故障管理和性能管理，实现对管辖范围内光纤直放站的管理和维护。

新设会议电视系统，沿线车站、动车运用所、综合维修车间（工区）设会议电视分会场设备，接入广州铁路（集团）既有会议电视中心系统。

新设应急通信系统，在中堂维修车间新设应急通信现场接入设备，接入广州铁路（集团）既有应急通信指挥中心系统，且扩容相关设备。新设隧道事故报警电话系统，隧道内设事故报警电话机，利用新设的 3 ×4 ×0. 9 电缆接入邻近车站事故报警电话交换机，通过传输系统接入广州铁路（集团）事故报警电话总机系统。

通信电源，沿线新建通信设备机房设 48 V 直流电源和蓄电池，并新设电源和机房环境监控系统及采集设备。

5. 50. 4　信号工程

车站联锁，各有岔车站（新塘站、中堂站、中堂动车运用所、本线望洪站、莞惠城际望洪站，洪梅、厚街、长安厦边、和平、深圳机场站等）新设硬件冗余安全型计算机联锁设备和信号智能电源屏和 UPS 不间断电源设备，作为信号中继站的无配线车站设区间智能电源屏和不间断电源。所设联锁设备并应满足与调度集中系统（CTC）/列车调度指挥系统（TDCS）、列控中心（TCC）等设备接口和信息交换的要求，为信号集中监测系统提供相关信息。

各无配线车站（望牛墩、沙田、虎门火车站、虎门商贸城、长安金沙、海上田园、深圳机场北站等）不设联锁设备，其进路联锁逻辑由相邻有岔车站联锁设备完成。

结合本线引入广深Ⅲ、Ⅳ线既有新塘站的改造方案，既有新塘站新设硬件冗余型计算机联锁设备和信号智能电源屏及不间断电源设备,并将相关线路所道岔直接纳入该站联锁设备集中控制,相关技术标准维持与既有线一致,室外不动的信号设备充分利用。本线望洪站与莞惠城际的望洪站间的西南联络线衔接的接轨道岔分别就近纳入该两站联锁设备集中控制。

各车站联锁系统增加与站台安全门或屏蔽门控制系统、紧急停车按钮的继电接口[在各站站台适当位置,对应每股道设 2 个紧急停车按钮。在车站综合监控室设后备盘(IBP),盘面上对应每股道设 1 个紧急停车按钮],实现站台安全门或屏蔽门与信号机开放的联动控制功能。其中无配线车站站台安全门或屏蔽门控制接口、紧急停车按钮接口等,通过增设控制电缆的方式,连接至相邻有配线车站 TCC 或联锁设备。

新建的信号系统应采集车站安全门完全关闭信息,当安全门未完全关闭时,应禁止相应股道接车和开放发车信号机。根据车站接发列车作业要求,通过车—地信息传输系统和地面信号系统,将安全门开启、关闭信息传输至联锁系统,实现安全门与信号机开放的联动控制功能。

新建的信号系统接收设于车站内的紧急关闭按钮状态信息。当紧急关闭按钮按下后,立即关闭相应的接、发列车信号,配合列控系统实现站台紧急关闭防护功能。

有岔车站站内采用与区间相同制式的 ZPW-2000 系列有绝缘轨道电路,无配线车站采用 ZPW-2000 系列无绝缘轨道电路。中堂动车运用所采用 97 型 25 Hz 相敏轨道电路,正线正向接发车进路、存车场侧线股道设站内电码化,发码设备采用 ZPW-2000 系列设备,正线采用叠加预发码、侧线股道采用叠加发码方式。站内 ZPW-2000 系列轨道电路和与电码化有关的设备采用铝护套内屏蔽数字信号电缆,其余信号设备采用铝护套综合扭绞信号电缆,分支电缆采用综合护套综合扭绞信号电缆。

运输调度指挥采用调度集中(CTC)系统,新塘站、中堂站、中堂动车运用所、本线望洪站、莞惠城际望洪站、洪梅站、厚街站、长安厦边站、和平站、深圳机场站等有岔车站(运用所)设 CTC 分机设备、网络安全和通道质量监督等设备;望牛墩、沙田、虎门火车站、虎门商贸城、长安金沙、海上田园、深圳机场北站等无配线车站不设 CTC 分机设备,仅设车务终端,CTC 信息的接收和发送通过 CTC 网络获取。中堂动车运用所新设 1 套 CTC 车站子系统,按照调度区划分,将各站 CTC 分机设备接入广州铁路(集团)调度所 CTC/TDCS 总机系统和新设的本线列车调度台管辖和指挥。并增设 1 套 CTC 与通信控制服务器(CCS)的接口服务器等配套设备,且对 TDCS/CTC 总机系统设备进行相应修改。

结合新塘站至广深Ⅲ、Ⅳ线新塘线路所设计方案和既有新塘站改造方案,在既有新塘站新设的 CTC 分机、信息安全和通道质量监督设备,仍纳入既有广深Ⅲ、Ⅳ线列车调度指挥系统。

新塘至白云机场段线路的列车调度指挥,统一接入佛山至肇庆城际铁路工程所设的 CTC 总机系统设备。并可结合其他规划建设的城际铁路建设情况,实时进行调整。系统所传输的车次号校核、调度命令信息由无线通信系统实现。

全线各站均设安全区域边界设备。结合本线所设列控系统增加了自动驾驶(ATO)系统功能,所建的 CTC 系统应按列车运行计划实时自动调整功能进行设计。

列车运行控制系统，在采用 CTCS-2 级列控系统 + 超速防护功能（ATP）的基础上，增加列车自动驾驶（ATO）功能。ATO 在 ATP 系统控制监督下实现列车自动运行，提供安全门、动车组车门开启（或关闭）控制信息。ATO 自动折返功能可结合动车组自动切换牵引端的改造同步配套。为满足所建的 ATO 系统功能要求，各车站设车—地信息传输和控制相关设备，设备配置和车—地通信方式按交叉感应环线方案设计。

有配线车站和兼作信号中继站的无配线车站设列控中心（TCC）、应答器及其电子编码单元（LEU）等设备。在中堂站增设 1 套临时限速服务器和通信控制服务器（CCS）及信号安全数据网网管服务器，采用 GSM-R 网络电路交换数据，实现本线运行列车与地面间的车—地双向通信功能，并预留至白云机场城际工程所需容量和条件。为满足 ATO 功能需要，增设列车运行计划实时自动调整功能的应答器设备。各车站股道设置精确停车应答器设备，通过增加应答器报文的方式在车站出站口应答器组中增加线路信息等数据报文。在区间增设应答器组用于提供 ATO 运行时分计算所需线路信息，增设数量以覆盖到下一站出站口为原则。增加的 ATO 相关应答器及报文应满足 CTCS-2 级 ATP 车载设备的兼容性要求，不得影响 CTCS-2 级列控系统运用。

中堂站至中堂动车组运用所走行线较短、车场内道岔辙岔号较小、侧向过岔速度较低，该走行线按 CTCS-2 级列控系统部分监控模式运行设计。中堂动车组运用所新设列控中心（TCC）、应答器及电子编码单元（LEU）等设备。

结合新塘站至广深Ⅲ、Ⅳ线的接轨方案，既有新塘站按本线 CTCS-2 级列控系统的衔接站设计，新设列控中心和相关应答器设备，并设级间转换应答器设备，完成本线 CTCS-2 级列控与广深Ⅲ、Ⅳ线 CTCS-0 级列控的级间模式转换。动车组进入本线采用 CTCS-2 级列控模式；进入广深Ⅲ、Ⅳ线采用 CTCS-0 级列控模式，并以地面信号结合列车运行监控记录装置（LKJ）控车模式运行过渡。待拟实施的广深Ⅲ、Ⅳ线 CTCS-2 级列控系统改造工程、珠三角城际铁路 CTCS-2 + ATO 系统用户需求和总体技术方案等外部边界条件确定后另行调整。

区间闭塞制式，正线及联络线采用自动闭塞，按双线双方向运行、正向采用追踪间隔运行、反向采用自动站间闭塞行车。正线不设区间地面通过信号机，设区间信号标志牌。列车运行以列控车载设备显示作为行车凭证，采用 ATP 完全监控模式。

正线区间采用 ZPW-2000 系列无绝缘轨道电路，发送设备按 1 + 1 冗余配置，接收设备采用双机并用方式。区间 ZPW-2000 系列轨道电路干线电缆采用铝护套内屏蔽数字信号电缆，其余信号设备采用铝护套综合扭绞信号电缆，分支电缆采用综合护套综合扭绞信号电缆。

新设信号集中监测系统，沿线各车站和动车运用所新设集中监测分机设备，综合维修车间/工区设监测终端设备，通过监测网接入莞惠城际铁路所设的集中监测总机系统。

结合广深Ⅲ、Ⅳ线既有新塘站站场改造方案，新设集中监测分机设备，纳入所属电务段集中监测网络，对监测系统总机设备软件进行相应修改。

所建的信号集中监测系统，可以对通信控制服务器（CCS）和站台安全门或屏蔽门进行控制、对紧急停车按钮等信息进行监测。并可通过专用网对列控设备、联锁设备、信号基础设备及 LEU 断线、有源应答器报文监测,对异物侵限继电器状态等进行实时监控。

综合接地系统,正线区段和中堂动车组走行线沿铁路新设截面为 35 mm^2 的铜芯电缆贯通地线,在电气特性上全程贯通,对地电阻不大于 1 Ω,并形成低阻综合接地平台。沿线轨旁信号设备安全接地后就近与贯通地线等电位连接。

沿线新建信号设备房屋设防雷电、电磁屏蔽和综合接地防护系统,与房建工程同步实施,并与贯通地线等电位连接。

根据本线维修模式,新设中堂综合维修车间/工区、中堂车载设备检修测试工区,新塘站、中堂站、本线望洪站、莞惠城际望洪站、中堂动车运用所设值班工区,负责信号设备的运营维护、测试及故障维修处理。

参加线路工程施工的有中铁二局、十四局、十六局、二十五局集团,中铁港航局等单位。中铁电气化局集团等单位承担电气化、通信信号和电力等四电集成工程的施工。

线路工程于 2008 年 12 月 21 日在深圳市宝安区举行开工仪式。2018 年 8 月 7 日全线隧道顺利贯通。2018 年 10 月 16 日开始铺轨。2019 年 3 月 25 日完成全线铺轨。四电集成工程于 2015 年 11 月 28 日开工。2018 年 10 月 9 日在沙田至厚街区间架设第一条承力索。2019 年 1 月全线高架区段的电气化施工基本完工,2019 年 9 月 17 日进入全线联调联试阶段。2019 年 12 月 15 日全线正式开通运营。

5.51 徐州至淮安至盐城高速铁路

新建徐州至宿迁至淮安至盐城高速铁路位于江苏省北部地区。西起京沪高速铁路的徐州东站,往东南方向途经睢宁、宿迁、泗阳、淮安、阜宁、建湖、盐城等市县,东到盐城站,呈西北东南走向,正线全长 316.27 km(图 5.51)。全线设有徐州东、后马庄、双沟、睢宁、宿迁、洋河北、泗阳、淮安东、阜宁南、建湖、盐城等车站和贡兴、圩洋 2 个线路所。其中徐州东、泗阳、建湖、盐域 4 车站为既有站;淮安东为连(云港)淮(安)扬(州)镇(江)铁路(以下简称连镇铁路)所建车站;后马庄、双沟、睢宁、宿迁、阜宁南 5 个车站为新建车站;洋河北为预留车站。工程范围还包括徐州枢纽、淮安和盐城地区相关工程。

徐州枢纽相关工程包括:徐州东站京沪场上行线 5.84 km、下行线 5.64 km;徐州东动车所上行线单绕段 1.687 km、下行线 6.283 km。

淮安地区相关工程包括:盐城至南京方向联络线上行线 4.931 km、下行线 5.151 km。

盐城地区相关工程包括:连盐铁路客车联络线上行线 1.961 km、下行线 1.954 km;新(沂)长(兴)铁路盐城北至盐城区间改建线长 8.049 km,新长铁路盐城北上行联络线 1.554 km,以及盐城北站相关工程。

新建徐盐高速铁路,与京沪高速铁路、连镇铁路、盐(城)(南)通铁路相连,与连镇铁路形成徐宿淮扬镇铁路通道,与盐通铁路形成徐宿淮盐通沪通道,具有京沪铁路第二通道功能。由此优化了苏北及全省的铁路交通网络,形成与核心城市的“同城效应”,故该线的建成开通,可以大幅缩短苏北地区到南京、上海的时空距离,使苏北地区融入长三角经济圈,促进苏北地区经济和环境的可持续发展。

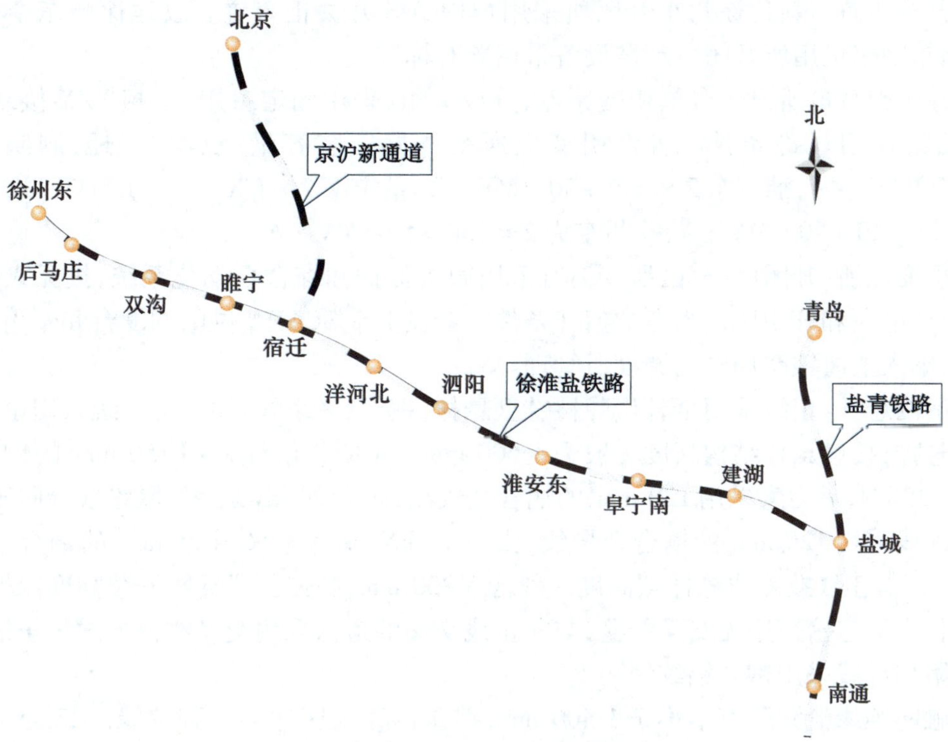

图 5.51　徐州至盐城高速铁路示意图

徐宿淮盐高速铁路的建设单位是上海铁路局、苏北铁路有限公司，设计单位是中铁第五勘察设计院集团有限公司。线路主要技术标准：铁路等级，高速铁路；正线数目，双线；正线线间距，4.6 m；最大坡度，20‰；最小曲线半径，一般地段 3 500 m、困难地段 3 000 m；到发线有效长度，650 m；设计行车速度，250 km/h；列车运行控制方式，自动控制；调度指挥方式，综合调度集中；牵引种类，电力牵引（AT 供电方式）。

5.51.1　电气化工程

牵引供电系统，正线采用 AT 供电方式，新（沂）长（兴）线盐城北至盐城段、各联络线、徐州东动车运用所及动车走行线采用带回流线的直接供电方式。

全线新设双沟、宿迁、泗阳、淮安东（与连淮扬镇铁路共建，由连淮扬镇铁路工程实施）、阜宁南 5 座 AT 牵引变电所，改造既有徐州东 AT 牵引变电所、将连（云港）盐（城）铁路所建的盐城北直供牵引变电所变更为 AT 牵引变电所（由连盐铁路工程实施）为本线供电。新设徐州东开闭所，利用郑徐客运专线所建的徐州东动车运用所开闭所新增馈线为徐州东新建徐淮场、相关联络线、动车走行线及动车运用所供电。新设后马庄、睢宁、洋河、泗阳、阜宁南、建湖、盐城等 AT 分区所，在牵引变电所与分区所中间设 AT 所。

新建牵引变电所引入 2 路 220 kV 电源，一主一备供电，220 kV 电源侧采用线路变压器组接线，电气设备采用户外中型布置；27.5 kV 侧采用单母线分段接线，27.5 kV、2 × 27.5 kV 配电装置采用户外中型布置。分区所、AT 所 27.5 kV、2 ×27.5 kV 配电装置采用户外敞开式布置。新建徐州东开闭所采用户内 AIS 开关柜布置。改建徐州东牵引变电所、徐州东动车运用所开闭所新增设备采用既有标准。

新建牵引变电所设 4 台单相变压器、分成 2 组,采用固定备用、三相 V/X 接线、油浸自冷方式,预留风冷条件。各牵引变电所变压器安装容量:双沟、宿迁、泗阳为 2 ×(25 +25) MV · A,淮安东 2 ×(50 +50) MV · A、阜宁南 2 ×(20 + 20) MV · A,盐城北增容为 2 ×(40 +20) MV · A,徐州东为 2 ×(50 +50) MV · A。

牵引变电所、开闭所、分区所、AT 所采用微机保护和综合自动化系统,按无人值班设计,牵引变电所和开闭所适当考虑值守条件。新设 1 个 SCADA 供电调度台和牵引供电远动系统,纳入上海铁路局电力调度所管理。

接触网悬挂,正线采用全补偿弹性链型悬挂,站线、联络线、动车走行线采用全补偿简单链型悬挂,接触悬挂结构高度一般为 1 600 mm。正线接触线采用 150 mm^2 的铜合金导线,张力 25 kN,承力索采用 120 mm^2 的铜合金绞线,张力 20 kN,站线、联络线、新长线增建二线接触线采用 120 mm^2 的铜合金导线,张力 15 kN,承力索采用 95 mm^2 的铜合金绞线,张力 15 kN。正线接触线悬挂点高度一般为 5 300 mm,高速区段导线安装高度保持一致。与正线相交的道岔采用无交叉线岔,与非正线交叉的道岔采用交叉线岔方式。正馈线、保护线等附加导线采用钢芯铝绞线。

接触网绝缘泄漏距离不小于 1 400 mm,严重污秽地区适当加强绝缘。25 kV 带电体绝缘泄漏距离不小于 1 400 mm,上下行接触网带电体间的距离不小于 2 000 mm、困难时不小于 1 600 mm。一般地段采用瓷质绝缘子,接触网下锚、绝缘关节、电分段等安装净空受限制处采用合成绝缘子,车站无柱雨棚地段采用合成绝缘子。在牵引变电所、分区所出口附近设电分相,电分相采用锚段关节式,避免设在大坡道、列车出站加速区段和线路限速低速区段。

接触网支柱,路基区段腕臂柱一般采用 H 型钢柱,桥梁上采用格构式钢柱,车站及多线并行区段优先采用线间立柱,线间距不允许立柱时采用新型硬横梁和钢管柱,供电线采用格构式钢柱和横腹杆式预应力混凝土支柱。新长线盐城北至盐城段增建二线接触网腕臂柱采用横腹杆式预应力混凝土支柱。

接触网支柱跨距,正线路基区段一般为 50 m,最大不大于 60 m,最小不小于 40 m,相邻跨距之差不大于 10 m。锚段关节采用五跨关节,锚段关节的转换柱跨距根据线路的实际情况确定。正线锚段长度一般不大于 2 ×700 m ,单边补偿的锚段长度为上述值的 50%。站线锚段长度一般不大于 2 ×800 m。附加导线的锚段长度一般不大于 2 000 m。

接触网下锚补偿一般采用棘轮补偿装置。新长线增建二线地段采用铝合金滑轮补偿装置。一般采用两跨式防窜防断中心锚结,车站内站线下锚困难时采用防窜不防断中心锚结。

在淮安东综合车间内设供电车间,在徐州东、双沟、宿迁、泗阳、淮安东(与供电车间合建)、阜宁南、盐城北设供电工区,其中淮安东供电车间和工区与连镇铁路共建,负责本线牵引供电及电力设施的运营维护及抢修工作。

5.51.2　电力工程

全线新设1条一级负荷10 kV贯通线和1条综合负荷10 kV贯通线，新建一级负荷10 kV贯通线采用截面为70 mm^2的铜芯电缆，新建综合负荷10 kV贯通线采用截面为95 mm^2的铜芯电缆，分别沿铁路两侧预埋的电缆槽敷设。

全线新设徐州东动车运用所、双沟、睢宁、宿迁、阜宁南、盐城等10 kV配电所，从地方电站引入2路专线电源供电。利用京沪高速铁路所建的徐州东10 kV配电所。改扩建宿(州)淮(安)铁路既有泗阳10 kV配电所为本线供电。淮安东10 kV配电所由连镇铁路工程统筹设计实施，预留本铁路贯通线引入条件。

设有10 kV配电所的新建车站其站房综合用电负荷设站内10/0.4 kV综合变电所供电，电源引自10 kV配电所站馈线。

徐州东站利用既有供电网络，新增综合负荷设站内10/0.4 kV综合变电所供电，电源引自10 kV配电所站馈线。

泗阳站利用既有供电网络，新增综合负荷扩容既有站内10/0.4 kV综合变电所变压器供电，电源引自10 kV配电所站馈线。

淮安东站站房新增用电负荷由连镇铁路工程统筹考虑，一次实施。

没设10 kV配电所的既有建湖等车站，其站房新增综合用电负荷设站内10/0.4 kV综合变电所供电，从地方电网接引电源。

没设10 kV配电所的新建后马庄等车站其站房综合用电负荷设站内10/0.4 kV变电所，从地方电网接引电源供电。

车站(所)与行车相关的通信信号等一级负荷设室内10/0.4 kV专用变电所供电，电源分别引自2路10 kV贯通线。区间与行车密切相关的通信信号等一级负荷设箱式变电站供电，电源分别引自2路10 kV贯通线。

沿线其他用电负荷，根据负荷分布和负荷性质，在负荷集中处分别设10/0.4 kV变电所或箱式变电站供电。电源引自10 kV贯通线。

新建10 kV配电所采用综合自动化系统，按无人值班设计。新设综合SCADA电力远动系统，接入徐州供电段，纳入上海铁路局电力调度中心管理。

5.51.3　通信工程

徐州东经盐城至盐城北、贡兴至吉庆线路所、徐州东至动车运用所沿铁路两侧各敷设1条48芯长途通信光缆。

新建地区和站场通信线路主要采用光缆，构成站场内环形光网络；泗阳、建湖、盐城站信号楼与站房之间新设1条24芯光缆。红旗线路所至徐州东沿铁路两侧各敷设1条48芯通信光缆，徐州东京沪场至后马庄站上下行线、淮安东至信号中继站7和8至盐城北站沿铁路两侧各敷设1条24光缆。徐州东至徐州通信站、既有宿淮铁路洋河至洋河铁路机房、盐城北至盐城北通信站利用其他工程所建的通信线路。

传输系统，徐州东经盐城至盐城北通信站新设SDH 10 Gbit/s长途骨干(汇聚)传输系统,车站和通信站新设 SDH 10 Gbit/s ADM 设备。利用新建 2 条 48 芯干线光缆中的各 2 芯光纤构成复用段 1 + 1 保护。

徐州东经盐城至盐城北、贡兴至吉庆线路所、徐州东至动车运用所、徐州东至郑徐客运专线红旗线路所新设 SDH 2.5 Gbit/s 接入网系统,沿线车站(所)、动车运用所新设 SDH 2.5 Gbit/s ADM 设备。利用新建 2 条 48 芯光缆中的各 2 芯光纤构成复用段 1 + 1 保护,并在同一车站将 SDH 2.5 Gbit/s 设备通过 SDH 2.5 Gbit/s 光接口与 SDH 10 Gbit/s 设备互联。

在区间通信基站、信号中继站设 SDH 622 Mbit/s 设备,利用敷设在铁路一侧的 1 条 48 芯干线光缆中的 2 芯光纤开通 SDH 622 Mbit/s 接入网系统,与设在车站的 SDH 2.5 Gbit/s 设备构成通信基站及信号中继站的光传输环;在区间牵引变电所、分区所、AT 所设 SDH 622 Mbit/s 设备,利用敷设在铁路另一侧的 1 条 48 芯干线光缆中的 2 芯光纤开通 SDH 622 Mbit/s 接入网系统,与设在车站的 SDH 2.5 Gbit/s 设备构成牵引供电系统所用的光传输环。

在站内站房、电力配电所、接触网工区、综合维修车间及工区、公安派出所等信息接入点设 SDH 622 Mbit/s 设备,利用新设站内光缆构成站内光传输环,并接入本站 SDH 2.5 Gbit/s设备。

电话交换系统,利用徐州、宿迁、淮安南、盐城北既有电话交换机,在徐州、宿迁、淮安南、盐城北新设光线路终端设备(OLT)。各车站、线路所、信号中继站、牵引变电所、分区所、AT 所、综合维修车间和工区、电力配电所、公安派出所等信息接入节点设光网络单元(ONU)。沿线新增自动电话用户按管辖范围和归属关系通过 ONU 设备及接入网接入 OLT 和既有电话交换机,通过统一编号组网,实现与既有铁路电话专网的互通。

徐州东至盐城新设数据网,利用上海铁路局客运专线调度所既有区域网络核心节点设备并扩容;在徐州东新设汇聚路由器,利用连镇铁路工程设在淮安东的汇聚路由器;车站、动车运用所新设接入路由器,负责本地数据的接入。相邻车站接入路由器之间采用光纤联接,接入路由器与汇聚路由器之间通过传输通道联接,再上联至铁路局区域核心路由器。实现数据业务的转发与汇聚。

在上海铁路局客运专线调度所新设 1 套数据网网管设备,在宿迁、盐城综合维修车间新设数据网网管复示终端,对本线数据网业务进行安全管理、配置管理、故障管理和性能管理。并按照与通信综合网管系统之间所定义的规范和接口,接入既有通信综合网管系统。

徐州东至盐城新设调度通信系统,利用上海铁路局客运专线调度所既有中心调度通信交换机并扩容,沿线车站(所)、动车运用所新设车站型调度通信交换机、调度分机和车站值班台等设备,按照调度区划分接入铁路局调度所中心调度交换机和调度通信系统,并新设 1 个本线列车调度台,新增调度台终端设备,负责徐州东徐淮场至淮安东段的列车调度指挥。淮安东至盐城高速车场纳入铁路局调度所设置的连镇铁路行车调度台管辖。

徐州东经盐城至盐城北新设 GSM-R 移动通信系统,利用上海铁路局既有 GSM-R 核心网设施并扩容。在徐州东新设基站控制器(BSC)等相关设备及无线子系统网管系统设备,沿线车站和区间设通信基站(BTS),车站通信基站按 3 载频配置,区间通信基站按 2 载频配置,采用单网覆盖方式组网,通过传输系统将通信基站接入 BSC 和铁路局的 GSM-R 交换机。区间弱场区采用光纤直放站、漏泄电缆和天线方式增强,以满足无线场强覆盖和信息传输的需要,完成调度通信、调度命令信息和无线车次号校核信息传送等功能。

在本线与连淮扬镇铁路并线区段及徐州枢纽部分区段,利用相关工程建设的 GSM-R 通信网设施。在新建地级市站房、动车所根据需要新设 GSM-R 系统室内覆盖设备。

徐州东至盐城新设会议电视系统,沿线车站、动车运用所、通信维修车间新设会议电视分会场设备,通过传输系统接入上海铁路局既有会议电视中心系统。

应急通信指挥系统,在宿迁、盐城综合维修车间新设应急抢险现场接入设备,通过传输通道接入上海铁路局客运专线调度所既有应急通信指挥中心系统。

通信电源,沿线新建通信设备机房设 48 V 高频开关电源和蓄电池组及 UPS 不间断电源设备。并新设电源和机房环境监控系统及采集设备,在相关维护管理部门设监控终端。实现对电源设备和机房环境条件的监控。

5.51.4　信号工程

车站联锁,各新建车站(场、所)、改建的盐城站普速车场新设硬件安全冗余型计算机联锁设备和信号智能电源屏及 UPS 不间断电源,其中徐州东、泗阳、建湖和盐城站横列式布置的 2 个车场其控显终端设备设于同一运转室内。盐城站高速车场内动车存车线纳入车场联锁按调车方式集中控制。引起改造的郑徐客运专线红旗线路所、徐州东站京沪高速车场、徐州东动车存车场、徐州东线路所、泗阳和建湖站普速车场在既有联锁设备的基础上利旧改造,其中徐州东站京沪高速车场、徐州东线路所并在徐州东徐淮场信号楼设联锁远程控制设备进行人工切换操作,泗阳站高速场在泗阳站普速场信号楼设联锁远程控制设备进行人工切换操作。盐城北和淮安东站的车站联锁分别结合连盐、连镇铁路工程统筹设计,同步实施。

根据车站(场)道岔设计类型,配备相应的道岔转辙设备,正线上的道岔采用外锁闭、多机分线、分动控制方式,并实现挤岔监督报警功能。提速道岔采用配套的外锁闭装置,通过时速 160 km 以上的 18 号及以上号码道岔增设密贴检查装置。

徐州东站京沪高速车场、存车场新增道岔和动车运用所列车进路相关道岔,参照既有京沪高速铁路道岔融雪装置标准新设融雪装置。

各新建车站(场、所)站内采用与区间相同制式的 ZPW-2000 系列有绝缘移频轨道电路;徐州东动车运用所、存车场新增轨道电路区段采用 ZPW-2000 有绝缘轨道电路,发送设备采按 1+1 冗余配置,接收设备采用双机并用方式。

盐城站普速车场、建湖站普速车场、泗阳站普速车场采用 97 型 25 Hz 相敏轨道电路、双套微电子接收器,并叠加 ZPW-2000 系列电码化。

为克服新建车站站内渡线和岔线区段轨道电路分路不良,针对 ZPW-2000 轨道电路类型采用轨面喷涂技术措施,确保信号设施的正常工作。

站内 ZPW-2000 轨道电路和电码化信息传输采用铝护套内屏蔽数字信号电缆。车站联锁设备电线路采用铝护套信号电缆,分支电缆采用综合护套信号电缆。

列车调度指挥系统,徐州东站徐淮高速车场(含)至淮安东至盐城及吉庆线路所采用调度集中(CTC)系统,沿线各新建车站(场、所)设 CTC 分机设备、网络安全和通道质量监督设备;在盐城站普速车场增设 CTC 分机设备、网络安全和通道质量监督设备;泗阳站既有 TDCS 分机设备利旧改造;盐城北站结合连盐铁路工程设置的 CTC 分机及其相关设备进行调整。淮安东站 CTC 分机及其相关设备纳入连镇铁路工程统筹设计,同步实施。郑徐客运专线红旗线路所、徐州东站京沪高速车场、动车存车场既有 CTC 分机及其相关设备利旧改造。按照调度区的划分将调度分机等设备接入上海铁路局调度所 CTC/TDCS 总机系统。徐州东站徐淮高速车场(含)至淮安东(不含)段由新设的 1 个本段 CTC 列车调度台管辖和指挥,并增设相应的通信、应用和接口服务器,网络安全和通道质量监督设备;淮安东(含)至盐城段及吉庆线路所由连镇铁路列车调度台管辖和指挥。徐州东站徐淮高速车场(不含)至郑徐客运专线红旗线路所由郑徐铁路相关调度台管辖,徐州东动车运用所维持京沪高速铁路调度台管辖。泗阳站、建湖站、盐城站普速车场维持既有调度台管辖不变。

列车运行控制系统,徐州东站徐淮场至盐城站,徐州东站京沪场至后马庄站上下行联络线,淮安地区盐城至南京方向联络线,以及徐州东站徐淮高速车场(不含)至郑徐客运专线红旗线路所采用 CTCS-3 级(兼容 CTCS-2 级)列控系统,并与郑徐客运专线工程、连镇铁路工程 CTCS-3 级系统衔接。

徐州东站徐淮高速车场(不含)经徐州东存车场至动车运用所段,连盐铁路至本线上下行联络线采用 CTCS-2 级列控系统,在适当位置设 CTCS-2/3 级级间转换点应答器组。

全线在徐州东动车存车场中心机房设 3 套无线闭塞中心(RBC)及其相关接口设备,并对与本线相关联的郑徐、京沪、连镇铁路所设的 RBC 数据和软件进行相应修改。对应徐淮段在徐州东动车存车场中心机房设 1 套临时限速服务器(TSRS),其操作终端设在铁路局调度所列车调度台,负责徐淮段临时限速命令的管理;并在徐州东动车运用所新设集中控制系统和调车超速防护系统。淮盐段由连镇铁路工程设在淮安东站的临时限速服务器进行临时限速命令的管理。

沿线各新建车站(场、所)和信号中继站设信号安全数据网接入设备、列控中心(TCC)、应答器及其电子编码单元(LEU)。徐州东站京沪场增设 1 套列控中心设备,控制该车场至后马庄站上下行联络线相关有源应答器设备。新设 TCC 之间通过安全数据网进行联接,实现 TCC 之间及与车站联锁之间的安全信息传输。所设 TCC 具有轨道电路编发码、运行方向和闭塞控制、站间安全信息传输、应答器报文实时组帧和编码及校验、区间占用逻辑检查等功能,并将自诊断和故障报警信息通过以太网接口发送至信号集中监测系统。

区间闭塞制式,徐盐铁路正线和联络线采用四显示自动闭塞,按双线双方向运行,正向采用追踪间隔运行、反向采用自动站间闭塞行车。正线区间不设地面通过信号机,在闭塞分区分界点处设停车标志牌,列车运行以列控车载设备(ATP)显示作为行车凭证。动车走行线采用双单线双向自动闭塞，设区间地面通过信号机。其余相关联的线路维持既有闭塞制式不变。

正线区间采用 ZPW-2000 系列轨道电路，其发送设备按 1 + 1 冗余配置、接收设备采用双机并用方式。轨道电路发送编码采用列控中心（TCC）电子编码，利用 TCC 安全传输通道传送站间联系信息。轨道电路的发送和接收设备具有设备自监测功能，并通过接口设备为信号集中监测系统提供监测信息。

区间 ZPW-2000 系列轨道电路采用铝护套内屏蔽数字信号电缆，电缆有效传输长度按 10 km 控制，困难区段按 12 ~ 13 km 控制。其余信号设备干线电缆采用铝护套综合扭绞信号电缆，分支电缆采用综合护套综合扭绞信号电缆。

新设信号集中监测系统，沿线各新建车站（场、所）和信号中继站及盐城站普速车场新设集中监测分机设备，以及采集设备和网络设备。采用 CTCS-3/2 级列控区段各车站（场、所）和信号中继站增设电务综合监督系统站机设备，并在淮安东站设电务综合监督系统中心服务器，在信号维修车间和工区设监测终端设备，在铁路局电务处、电务段设显示终端。因本工程接入引起改造的郑徐客运专线红旗线路所、徐州东站京沪场、徐州动车存车场、泗阳站普速车场既有集中监测分机设备利旧改造。盐城北站结合连盐铁路工程所设的集中监测分机设备进行调整。淮安东站集中监测分机设备由连镇铁路工程统筹设计，同步实施。按照管辖和隶属关系将监测分机设备通过监测网接入徐州电务段集中监测总机系统。

沿线新建信号设备房屋新设防雷电、电磁兼容、综合接地防护系统，并与贯通地线等电位连接。

综合接地系统，在采用 CTCS-2 级、CTCS-3 级列控区段，沿铁路两侧各敷设 1 条截面为 35 mm^2的贯通地线（不设贯通地线监测报警），在电气特性上全程贯通，对地电阻不大于 1 Ω，形成低阻综合接地平台。淮安东站及其与连镇铁路四线并行地段敷设 1 条截面为 70 mm^2的贯通地线，纳入连镇铁路工程同步实施。沿线轨旁信号设备安全接地后就近与贯通地线等电位连接。

各新建车站（场、所）新设信号值班工区，在宿迁站新设 1 处信号车间和 1 处集中维修工区，负责徐州东徐淮高速车场至淮安东站段信号设施的运营维护和管理。徐州东动车运用所新设车载信号检修工区和测试工区。淮安东站至盐城站高速车场段纳入连镇铁路工程所设的淮安东信号车间负责运营维护和管理。改建车站普速车场维持既有维修机构。

参加本线线路工程施工的有中铁四局、十局、十一局、十二局、十五局集团，中铁上海工程局集团等单位。中铁电气化局集团和中国铁路通信信号公司联合体等单位承担电气化、通信信号和电力工程的施工。

线路工程于 2015 年 12 月 28 日开工。2018 年 9 月 12 日开始铺轨。2019 年 4 月日完成全线铺轨。四电工程于 2018 年 5 月 15 日开工。2019 年 9 月 16 日开始联调联试。2019 年 11 月 13 日开始试运行。2019 年 12 月 16 日全线正式开通运营。

5.52　连云港至镇江客运专线

新建连云港至镇江客运专线地处我国东部沿海地带,位于江苏省南北纵向中轴线上。线路北起苏北连云港市连盐铁路的董集站,往南途经灌云、灌南、涟水、淮安、宝应、高邮、扬州、镇江等市县,南到镇江市沪宁城际铁路的丹徒站,正线全长 304.5 km(图 5.52)。其中董集站至淮安东站新建正线建筑长度 113.49 km,含淮安地区徐宿淮盐铁路与本线并行 20.764 km 及淮安东站同步实施工程。淮安东站至沪宁城际铁路丹徒站新建正线长 191.047 km。全线设有董集、灌云、灌南、涟水、淮安东、宝应、界首镇、高邮、扬州南、大港、丹徒、镇江等车站。其中董集站为本线与连盐铁路的接轨站;丹徒和镇江站为本线与沪宁城际铁路的接轨站;其余为新建车站。并新设邵伯和横山 2 个线路所。工程范围还包括连云港、淮安、扬州和镇江地区相关工程:连云港站改扩建工程及连云港站反向发车线工程 2.36 km 与连盐铁路同步实施,纳入连盐铁路变更设计,投资列入本线。连云港东客整所 2 条整备线改造为动车存车线。董集站及出站端区间路基等与连盐铁路同步实施工程,纳入连盐铁路变更设计,投资列入本线。

淮安地区(含淮安东站)徐宿淮盐铁路工程与本线同步实施的一段线路长 1.448 km,投资各计列 50%。

扬州地区的淮扬联络线(邵伯线路所至泰安镇站)左线长 4.793 km、右线长 4.730 km。淮泰联络线(邵伯线路所至江都站)左线长 3.654 km、右线长 4.210 km。

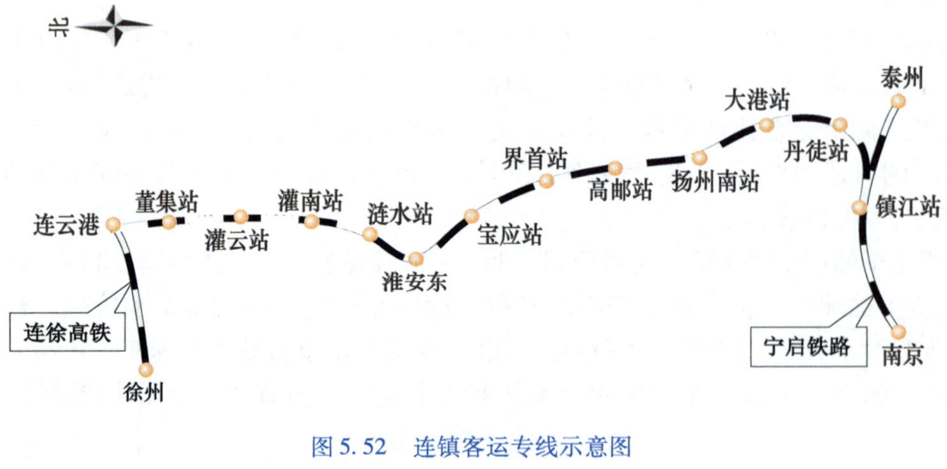

图 5.52　连镇客运专线示意图

镇江地区的镇江联络线(横山线路所至镇江站)左线长 11.521 km、右线长 11.377 km;改建既有京沪线 2 处,合计 6.738 km。

全线新建特大、大中小桥、框架桥累计折合双线桥梁长 272.1 km,占正线新建线路全长的 89.3%。其中最长的为跨宁启铁路的特大桥,全长 39.786 km。还有施工难度最大的五峰山长江特大桥主桥,全长 6.407 km,主跨采用(86 + 84 + 1 092 + 84 + 86)m 钢桁梁悬索桥横跨长江航道,公铁两用合建段长 2.817 km,上层为双向 8 车道的高速公路桥,下层为连镇客运专线的双线＋预留双线。

新建本线北端与陇海铁路、所建的连盐铁路衔接，中部与徐宿淮盐、新长、宿淮、宁启铁路相连，南端与沪宁城际铁路相接，形成纵贯江苏省苏北、苏中、苏南地区的南北纵向中轴铁路主通道，对加强沿线地市与省会城市南京及我国经济中心上海的联系，发挥中心城市的辐射拉动作用和促进区域经济发展具有重要意义。

连镇客运专线的建设单位是上海铁路局南京铁路枢纽工程建设指挥部，设计单位是中铁上海设计院集团有限公司、中铁第五勘察设计院集团有限公司、中铁大桥勘察设计院集团有限公司。线路主要技术标准：铁路等级，客运专线；正线数目，双线；正线线间距，4.6 m；最大坡度，20‰；最小平面曲线半径，3 500 m、困难地段 3 000 m；到发线有效长度，650 m；列车运行控制方式，自动控制；调度指挥方式，综合调度集中；设计速度，250 km/h，横山至丹徒、镇江 160 km/h；牵引种类，电力牵引（AT 供电方式）。

5.52.1　电气化工程

牵引供电系统，正线采用 AT 供电方式。新建灌南、淮安东、宝应、高邮、扬州南、横山等 AT 牵引变电所，其中淮安东 AT 牵引变电所与徐宿淮盐铁路共用。改造连盐铁路工程所建的董集直供牵引变电所为 AT 牵引变电所向本线供电。新建连云港东、邵伯直供开闭所；新建灌云、涟水、镇中、界首镇、真武、高桥、丹徒、镇江等 AT 分区所；新建蒋庄、谢小李、杨圩子、淮涟村、马甸、台许、范水、何庄、陈保、黄庄、接漕、东华山等 AT 所。还建京沪铁路镇江东直供分区所。

新建牵引变电所引入 2 路 220 kV 电源供电，220 kV 电源侧采用线路变压器组接线，电气设备采用户外单体中式布置；27.5 kV 侧采用单母线接线，27.5 kV、2×27.5 kV 配电装置采用户外敞开式布置。分区所和 AT 所 27.5 kV、2×27.5 kV 配电装置也采用户外敞开式布置。连云港东开闭所采用箱式布置，邵伯开闭所采用房屋式布置。

新建牵引变电所设 4 台单相变压器，分成 2 组，采用固定备用、三相 V/X 接线、油浸自冷方式，预留风冷条件。各牵引变电所变压器安装容量：灌南为 2×(20＋20) MV·A、淮安东为 2×(50＋50) MV·A、宝应为 2×(16＋20) MV·A、高邮为 2×(20＋16) MV·A、扬州南为 2×(20＋20) MV·A、横山为 2×(20＋16) MV·A。董集牵引变电所改造后的容量为 2×(20＋40) MV·A。

新建牵引变电所、开闭所、分区所、AT 所采用微机保护和综合自动化系统，按无人值班设计，牵引变电所适当考虑值守条件。新设牵引供电 SCADA 远动调度系统，纳入上海铁路局电力调度所，并新设 1 个综合 SCADA 调度台管理。

接触网悬挂，正线采用全补偿弹性链型悬挂，站线及联络线采用全补偿简单链型悬挂，接触悬挂结构高度一般为 1 600 mm。正线接触线采用 150 mm^2 的铜合金导线，张力 25 kN，承力索采用 120 mm^2 的铜合金绞线，张力 20kN，站线及联络线接触线采用 120 mm^2 的铜合金导线，张力 15 kN，承力索采用 95 mm^2 的铜合金绞线，张力 15 kN。正线接触线悬挂点高度一般为 5 300 mm，高速区段导线安装高度保持一致。与正线相交的道岔采用无交叉线岔方式，与非正线交叉的道岔采用交叉线岔方式。正馈线、保护线等附加导线采用钢芯铝绞线。

接触网绝缘泄漏距离一般不小于 1 400 mm,严重污秽地区适当加强绝缘。25 kV 绝缘子及绝缘器件的泄漏距离不小于 1 400 mm,接触网分段、下锚绝缘子泄露距离不小于 1 600 mm。一般地段采用瓷质绝缘子,接触网下锚等特殊地段采用合成绝缘子。在牵引变电所、分区所处设电分相,避免设在大坡道、列车出站加速区段和线路限速低速区段。

接触网支柱,路基区段的腕臂柱一般采用热浸镀锌 H 型钢柱,桥梁上采用格构式钢柱。车站及多线并行区段优先采用线间立柱,线间距不允许时采用新型硬横梁和等径钢管柱。供电线支柱采用格构式钢柱,

接触网支柱跨距,正线一般地段为 50 m,最大不超过 60 m,相邻跨距之差一般不大于 10 m。桥梁地段的桥支柱跨距根据具体桥梁孔跨形式确定,一般为 48 ~ 50 m。

正线绝缘、非绝缘锚段关节一般采用五跨关节,联络线等区段采用四跨关节。正线锚段长度一般不大于 2 ×700 m、困难时不大于 750 m;站线锚段长度一般不大于 2 ×800 m、困难时不大于 2 ×900 m。附加导线的锚段长度一般不大于 2 000 m。

接触网下锚补偿一般采用棘轮补偿装置,正线和站线接触网下锚采用棘轮下锚,采用铁坠砣。采用防窜防断中心锚结,站线无条件或普速改造条件受限时采用防窜不防断中心锚结。

在淮安东、扬州南设供电车间、在灌南、淮安东、界首镇、扬州南、大港设供电工区,负责本线牵引供电设施和电力设施的运营维护和管理。

5.52.2 电力工程

全线新建 1 条一级负荷 10 kV 贯通线和 1 条综合负荷 10 kV 贯通线。新建一级负荷 10 kV 贯通线采用截面为 70 mm^2 的电力电缆、综合负荷 10 kV 贯通线采用截面为 95 mm^2 的电力电缆,分别沿铁路两侧敷设。

新建灌南、涟水、淮安东、宝应、高邮、扬州南、丹徒等 10 kV 配电所,一般引入 2 路地方专线电源供电。利用连盐铁路工程所建的董集 10 kV 配电所增设相关设备给本线供电。邻近既有线的联络线新增区间负荷利用既有线电力线路供电。

设有 10 kV 配电所的车站其站房综合用电负荷设站内 10/0. 4 kV 变电所或箱式变电站供电,电源引自 10 kV 配电所的站馈线。没设 10 kV 配电所的车站其站房综合用电负荷设站内 10/0. 4 kV 变电所,从地方电网接引 10 kV 电源供电。

各车站与行车有关的通信信号等一级负荷设室内 10/0. 4 kV 专用变电所供电,电源分别引自 2 路 10 kV 贯通线。区间通信信号等一级负荷设 10/0. 4 kV 箱式变电站供电,电源引自 2 路 10 kV 贯通线。

区间其他用电负荷,在负荷集中处分别设箱式变电站供电,电源引自综合负荷 10 kV 贯通线。

新建 10 kV 配电所采用微机保护和综合自动化系统。全线新设电力远动系统,在新建 10 kV 配电所、站房 10/0. 4 kV 变电所、信号中继站和通信基站等箱式变电站设远动终端,纳入综合 SCADA 系统和上海铁路局电力调度中心管理。

电力设施的运营维护由供电工区负责,维修供电部门统一管理。

5.52.3 通信工程

董集至镇江、横山至丹徒站、扬州地区联络线沿新建铁路两侧电缆槽道各敷设1条48芯长途通信光缆。

沿线长途通信光缆到GSM-R通信光纤直放站、通信基站、信号中继站、牵引变电所等处分别敷设1条12芯分歧光缆。为满足综合视频监控系统组网的需要,其区间采集点到邻近通信基站及相应车站敷设1条12芯光缆。对受新建联络线影响的既有铁路的光电缆通信线路进行迁移并防护。

传输系统,董集至镇江、扬州新设SDH 10 Gbit/s长途骨干(汇聚)传输系统,沿线新建车站和扬州通信站新设SDH 10 Gbit/s ADM设备,利用新建2条48芯光缆中的各2芯光纤构成复用段1+1保护。

董集至镇江、丹徒、扬州新设SDH 2.5 Gbit/s接入网系统,沿线车站、线路所新设SDH 2.5 Gbit/s ADM设备,利用新建2条48芯光缆中的各2芯光纤构成复用段1+1保护,并在同一车站将SDH 2.5 Gbit/s设备通过SDH 2.5 Gbit/s光接口与SDH 10 Gbit/s设备互联。利用SDH 10 Gbit/s传输网提供通道保护。

在光纤直放站、区间通信基站、牵引变电所、分区所和信号中继站等处设SDH 622 Mbit/s设备。利用新建48芯光缆中的光纤开设SDH 622 Mbit/s接入网系统,与设在车站的SDH 2.5 Gbit/s接入网设备构成1个通信基站和信号中继站组建的光纤传输环、1个牵引供电节点组建的光纤传输环。

在站内站房、电力配电所、牵引变电所、综合维修车间和工区、动车存车场、公安派出所等信息接入点新设SDH 622 Mbit/s设备,利用站内新设光缆构成本站光纤传输环,接入车站SDH 2.5 Gbit/s接入网设备。

在上海铁路局新设传输和接入网管系统和设备,在扬州南站、淮安东等综合维修车间设网管复示终端。利用所设的网元级网络管理系统对全网进行故障管理、配置管理、性能管理和安全管理等,并按照与通信综合网管系统之间所定义的规范和接口,接入既有通信综合网管系统。

电话交换系统,利用连云港、淮安南、扬州、镇江的既有铁路电话交换机,利用连云港站、扬州和镇江通信站既有OLT设备并扩容,在扬州南站新设OLT设备;在沿线各新建车站、电力配电所、牵引变电所、分区所、开闭所、AT所、综合维修车间、动车存车场、信号中继站、公安派出所、大桥工区、大桥守护、泰安镇站、丹徒站房等处设光网络单元(ONU)。沿线新增自动电话用户按管辖范围和隶属关系通过ONU设备及接入网分别接入OLT设备和既有电话交换机。通过统一编号组网,实现与既有铁路电话专网的互通。

董集至镇江新设数据网,利用上海铁路局调度所既有核心节点路由器;在淮安东、扬州南新设汇聚节点路由器,沿线各新建车站设接入路由器,负责本地数据的接入。相邻车站接入路由器之间通过光纤联接,异地接入路由器与汇聚路由器之间通过传输通道联接;并上联至铁路局的核心路由器,实现数据业务的转发与汇聚。

董集至镇江新设调度通信系统,利用上海铁路局调度所既有中心调度通信交换机并扩容;沿线各新建车站(所)设车站型调度通信交换机、调度分机和车站值班台等设备。按照调度区划分接入铁路局调度所中心调度交换机和调度通信系统,并新设1个本线行车调度台,增设调度通信系统终端设备,负责本线的行车调度指挥。

董集至镇江、横山至丹徒新设GSM-R移动通信系统,利用上海铁路局既有GSM-R移动通信交换中心设备并扩容;在扬州南新设基站控制器(BSC)、服务器和无线子系统网管设备等。沿线新设通信基站(BTS),采用单层覆盖方式组网。通过传输通道将通信基站接入基站控制器(BSC)和铁路局的GSM-R交换机。区间弱场区采用光纤直放站、漏泄电缆和天线方式增强,并设漏缆监测系统,解决长江大桥等无线场强的覆盖和满足信息传输的需要。完成调度通信、调度命令信息和无线车次号校核信息及列车控制信息传送等功能。

本线与沪宁城际铁路并线区段,频率规划应与沪宁城际铁路GSM-R系统统筹考虑。按共小区无线场强覆盖设计。本线与连盐铁路并线区段,因连盐铁路建设先期实施,无线场强覆盖由连盐铁路GSM-R系统统筹考虑,根据需要增设并线区段的某通信基站或某通信基站天线。本线与徐宿淮盐铁路交叉并线区段,由先期实施工程统筹考虑GSM-R系统的场强覆盖。扬州地区联络线的GSM-R系统频率规划应与宁启铁路GSM-R系统统筹考虑,按共小区无线场强覆盖设计。

在扬州南站、淮安东站站房新设GSM-R系统室内无线场强覆盖设备。

通信电源,沿线新建通信设备机房设48 V直流通信电源和UPS交流不间断电源。并设电源和机房环境监控系统及采集设备,在各相关专业维护管理部门设系统监控终端,实现对通信电源设备和机房环境条件的监控。

新设应急通信指挥系统,在淮安东和扬州南综合维修车间及灌南综合工区设应急通信现场接入设备,通过传输通道接入上海铁路局客运专线调度所既有应急通信指挥中心系统。

董集至镇江新设会议电视系统,沿线新建车站、综合维修车间设会议电视分会场设备,通过传输通道接入上海铁路局既有会议电视中心系统。

5.52.4 信号工程

车站联锁,各新建车站(所)及丹徒站等新设硬件安全冗余型计算机联锁设备和信号智能电源屏,并集中配置UPS不间断电源及蓄电池组。其中淮安东站应充分考虑徐宿淮盐铁路的信号设备及其用房;董集和连云港站信号设备应与连盐铁路统筹考虑;连云港东动车存车线道岔纳入连云港东站集中控制,采用调车方式办理。其他既有车站的计算机联锁设备利旧改造。另外将邵伯线路所的信号控制台终端设在扬州南站行车室,将横山线路所的信号控制台终端设在大港站行车室,采用不同径路冗余16芯光缆(与CTC共用)联接控制台终端与联锁主机。

根据车站(场)道岔设计类型,新建正线车站(所)道岔配备交流转辙机,采用多点多机控制方式。高速道岔及提速道岔采用外锁闭装置。通过时速160 km以上的18号及以上号码道岔增加密贴检查装置,并将监测信息纳入信号集中监测系统。

沿线新建车站站内正线和到发线采用与区间相同制式的ZPW-2000系列有绝缘轨道电路。其发送设备按1+1冗余配置、接收设备采用双机并用方式。动车存车场及工区道岔等分路不良区段采用高压脉冲轨道电路。维修工区道岔轨道区段采用高压脉冲轨道电路。有关联络线的车站站内采用97型25 Hz轨道电路,为减少轨道电路的分路不良,采用轨面喷涂技术处理措施。

站内ZPW-2000系列轨道电路和电码化信息传输采用铝护套内屏蔽数字信号电缆。车站联锁设备电线路采用铝护套信号电缆,分支电缆采用综合护套信号电缆。

列车调度指挥系统,全线采用分散自律型调度集中(CTC)系统;沿线新建车站(所)和丹徒站设CTC分机设备、网络安全和通道质量监督等设备;其他既有接轨站列车调度指挥分机设备利旧修改。按调度区划分通过调度网将调度分机设备接入上海铁路局调度所CTC/TDCS总机系统及新设的1个本线列车调度台,并增设本线接入需要的应用和通信服务器及接口服务器等设备,负责本线的行车调度指挥。并结合徐宿淮盐铁路信号工程建设情况,适时将徐宿淮盐铁路淮安东至盐城段及吉庆线路所纳入连镇调度台管辖。其他相关既有接轨站维持既有调度台管辖不变。

列车运行控制系统,董集站至沪宁城际铁路接轨站采用CTCS-3级列控系统,在本线与连盐铁路、宁启铁路联络线的适当位置设CTCS-3/2级级间转换点。既有铁路改线地段维持既有设计标准。在淮安东站设无线闭塞中心(RBC)、临时限速服务器(TSRS),负责本线临时限速命令的管理。各新建车站(所)和信号中继站设列控中心(TCC)、电子编码单元(LEU)、应答器和信号安全数据网接入设备等。其他相关车站既有列控中心利旧改造。新设TCC之间通过安全数据网进行联接,实现TCC之间及与车站联锁之间的安全信息传输。所设TCC具有轨道电路编发码、运行方向和闭塞控制、站间安全信息传输、应答器报文实时组帧和编码及校验、区间占用逻辑检查等功能,并将自诊断和故障报警信息通过以太网接口发送至信号集中监测系统。

区间闭塞制式,正线区间采用四显示自动闭塞,按双线双方向运行,正向按自动追踪间隔运行、反向采用自动站间闭塞行车。不设区间地面通过信号机,在闭塞分区分界点设停车标志牌。既有铁路改线地段和接轨站维持既有闭塞制式不变。

正线区间采用ZPW-2000系列无绝缘移频轨道电路,其发送、接收设备按双机冗余配置,由列控中心设备完成编码控制。区间ZPW-2000系列移频轨道电路干线电缆采用铝护套内屏蔽数字信号电缆,电缆有效传输长度一般不超过10 km;其余信号设备干线电缆采用铝护套综合扭绞信号电缆,分支电缆采用综合护套综合扭绞信号电缆。

新设信号集中监测系统,沿线各新建车站(所)和信号中继站设集中监测分机设备;连云港东、江都、扬州东站,镇江城际场和普速场的集中监测分机设备利旧改造;在淮安东和扬州南站信号维修车间、信号综合工区设集中监测终端。按照管辖范围和隶属关系分别接入徐州、南京电务段集中监测总机系统,并根据本线接入对其监测总机设备进行相应的升级改造。实现对信号设施的集中监测和远程诊断,保证信号设备处于正常工作状态。

沿线新建信号设备房屋设防雷电、电磁兼容和综合接地防护系统。与房建工程同步实施,且完善既有信号设备房屋的综合接地防护系统,并与贯通地线等电位连接。

新设综合接地系统,沿铁路两侧分别敷设 1 条截面为 35 mm^2 的贯通地线,在电气特性上全程贯通,接地电阻不大于 1 Ω,形成低阻综合接地平台。沿轨道旁信号设备接地端子就近与贯通地线等电位连接。既有宁启铁路、沪宁城际铁路维持既有标准对综合接地系统进行相应改建,并与本线贯通地线连通。

新设淮安东和扬州南信号车间(含检修工区),各站设信号值班工区,负责信号设施的运营维护和管理。

5.52.5　防灾安全监控系统

针对本线地理环境、气象条件及特点,设风速风向、雨量、雪深、地震及异物侵限监控系统,在沿线新建车站、通信基站设备机房设监测单元和网络设备;在沿线山区垭口、峡谷、河谷等区段每间隔 1 ~ 5 km 设 1 处风速风向监测点,在桥梁和高路堤等区段每 5 ~ 10 km 设1 处风速风向监测点,在沿线近 20 年极大风速值超过 20 m/s 的区段设风速风向监测点,风速风向计按双套配置。在路基、易发生滑坡、泥石流及危岩、落石或崩塌地段设雨量监测点,路基地段一般每 15 ~ 20 km 设 1 处。在沿线近 20 年最大积雪深度达到 3 cm 及以上的区段每 21 ~ 30 km 设 1 处雪深监测点;在地震动峰值加速度大于等于 0. 1g 地区的牵引变电所、分区所、AT 所设地震监测设备,维修部门配置监测终端;在五峰山长江大桥及谷阳路公路跨铁路桥处设异物侵限监测设备。通过监测网接入上海铁路局既有防灾安全监测总机系统,并增设相应的应用和通信服务器及接口服务器。实现对危及列车运行安全的风、雨、雪、地震及异物侵限等灾害进行实时监测报警,控制列车限速或停车,保证运营安全。

参加线路工程施工的有中铁航空港建设集团,中铁四局、十局集团,中铁大桥局,中交第二航务工程局,中铁十七局、十九局集团等单位。中铁电气化局集团、中铁(武汉)电气化局等单位承担四电工程的施工。

线路工程于 2014 年 12 月 26 日开工。四电工程于 2017 年 11 月 9 日开工。2018 年 10 月 19 日开始铺轨。2019 年 5 月 19 日完成董集至淮安段铺轨。2019 年 9 月 16 日董集至淮安段开始联调联试,2019 年 11 月 13 日开始试运行。2019 年 12 月 16 日连云港至淮安段先行通车。淮安至镇江段 2020 年 9 月 1 日开始联调联试。2020 年 10 月 29 日开始试运行。2020 年 12 月 11 日正式开通过营,即全线开通运营。

5.53　南昌至赣州客运专线

新建昌赣客运专线,北起南昌站,沿既有京九铁路向南延伸,途经宜春市所辖的丰城、樟树,吉安市所辖的新干、峡江、吉水、吉安、泰和、万安,赣州市所辖的兴国、赣县,南至赣州市的赣州西站,大致呈南北走向,线路全长 415. 734 km(图 5. 53)。其中南昌站(DK0 + 000 = 京九线 K1444 + 598)至横岗站(DK17 + 734. 9 = 京九线 K1461 + 800)利用既有京九铁路线长 17. 252 km;横岗站(DK17 + 734. 9 = 京九线 K1461 + 800)至赣州西(DK423 + 420)段新建正线长 398. 482 km。全线设有南昌(既有站)、南昌南(既有站)、莲塘(既有站）、横岗（既有接轨站）、丰城东、樟树东、新干东、峡江、吉水西、吉安西、泰和、万安、兴国西、赣县北、赣州西等站，其中南昌、赣州西站为客车始发站，其余为中间站；除既有站外其余为新建车站。工程范围还包括南昌站新建城际场（新建尽端式到发线 3 条、岛式站台 1 座，改建基本站台 1 座）。南昌地区的配套工程有[昌福铁路西南（南西）联络线下行线和上行线，线路长度 9. 153 km；京九铁路改线 1. 007 km；西南联络线相关工程 11. 16 km。南昌西动车运用所增设检查库、存车线、走行线、牵出线、临修线，动车走行线长 4. 924 km。横岗站既有京九下行线和上行线改建，线路长度 8. 473 km]；吉安地区的配套工程有井冈山上行联络线和下行联络线长 6. 425 km。赣州地区的配套工程有（赣龙铁路北东下行联络线和上行联络线长 6. 149 km；赣州西动车组存车场设存车线、动车组走行线、动车走行线长 2. 083 km）。

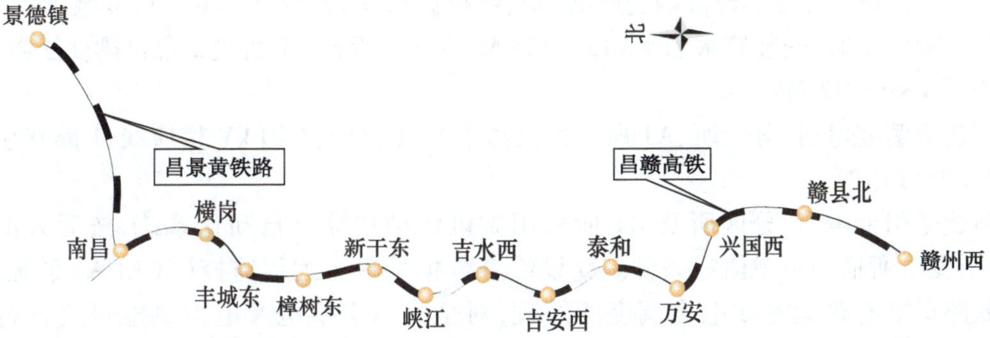

图 5. 53　南昌至赣州客运专线示意图

新建昌赣客运专线，即是拟建京九客运专线的重要组成部分和先期实施段，同时又是江西省以南昌为中心“十”字快速铁路网的重要组成部分，主要承担京九沿线地区与珠三角地区的中长途客流，并兼顾沿线短途城际客流。本线的建成开通，实现了京九铁路南昌至赣州间的客货分线运输，大幅提高了京九通道客货运输能力和服务质量，满足区域日益增长的旅客运输需求。同时对优化沿线交通运输结构，加快赣南地区旅游资源开发，促进经济社会又好又快发展起到重要作用。

昌赣客运专线的建设单位是昌九城际铁路公司。设计单位是中铁第四勘察设计院集团有限公司。线路主要技术标准：铁路等级，客运专线；正线数目，双线；正线线间距，5. 0 m；最大坡度，20‰；最小曲线半径，4 000 m、地形较好地段可适当放宽；到发线有效长度，650 m；设计行车速度，250 km/h、基础设施预留进一步提速条件；列车运行控制方式，自动控制；调度指挥方式，调度集中；牵引种类，电力牵引（AT 供电方式）；机车类型，动车组。

5. 53. 1　电气化工程

牵引供电系统，正线采用 AT 供电方式，联络线和动车走行线等采用带回流线的直接供电方式或直接供电方式。全线新设段潭、樟树东、峡江南、吉安西、塘洲、均村、赣县北等牵引变电所；利用三江镇、南昌西既有牵引变电所；新设横岗、汕田村、新干东、黎家、榴木、万安、兴国西、兴园等 AT 分区所。新设张家、李文清、钟家堆、陈家、杏溪、爱陂、梅坑、瓦桥、泰和北、同福村、安长坪、下兰坑、月坪、黄龙、燕风岗等 AT 所。

新建牵引变电所引入 2 路独立可靠的 220 kV 电源供电,220 kV 电源侧采用线路变压器组接线,电气设备采用户外单体中式布置;2 ×27.5 kV 侧采用单母线分段接线,配电装置采用户内 GIS 开关柜布置,开关设备采用六氟化硫气体绝缘开关柜。受地形限制或其他条件限制时变电所可采用阶梯或较大角度的“人”字形斜坡布置。分区所和 AT 所自耦变压器采用户外低式布置,2 ×27.5 kV/27.5 kV 配电装置采用户内 GIS 开关柜布置。

新建牵引变电所设 4 台变压器、分成 2 组,采用固定备用、三相 V/X 接线、自冷方式,预留风冷条件。各新建牵引变电所变压器安装容量:段潭为 2 ×(31.5 +40) MV·A,樟树东、峡江南、吉安西、塘洲、均村、赣县北均为 2 ×(40 +40) MV·A。

横岗 AT 分区所设 2 台自耦变压器,安装容量为 2 ×12.5/25 MV·A,其余 AT 分区所设 4 台自耦变压器,安装容量为 4 ×12.5/25 MV·A。所有 AT 所设 2 台自耦变压器,安装容量均为 4 ×16/32 MV·A。

新建牵引变电所、分区所、AT 所自用交流电源,1 路引自 10 kV 贯通线,1 路接引所内 27.5 kV 母线电源。

新建牵引变电所、分区所及 AT 所采用微机保护和综合自动化系统,按无人值班设计,牵引变电所适当考虑值守条件。新设综合数据采集与远程监控(SCADA)系统,纳入南昌铁路局既有客运专线电力调度所管理,对全线牵引供电及电力供电设施进行集中监控。

接触网悬挂,正线采用全补偿弹性链型悬挂,接触悬挂结构高度一般为 1 600 mm,隧道内绝缘锚段关节处结构高度不大于 1 600 mm。正线接触线采用 150 mm^2 的铜合金导线,张力 28.5 kN,承力索采用 120 mm^2 的铜合金绞线,张力 23 kN;站线和联络线接触线采用 120 mm^2 的铜合金导线,张力 23 kN,承力索采用 95 mm^2 的铜合金绞线,张力 15 kN。接触线悬挂点高度一般为 5 300 mm。隧道内接触网安装采用预埋槽道方式。道岔处接触网悬挂安装,与正线相交的道岔采用无交叉线岔方式。正馈线和保护线等附加导线采用铝包钢芯铝绞线。

接触网绝缘泄漏距离按重污区设计,绝缘子的爬电距离不小于 1 400 mm;上下行接触网带电体间的爬电距离正常情况下不小于 2 000 mm、困难情况下不小于 1600 mm。优先采用瓷质绝缘子,接触网下锚、分段绝缘子、隧道内及雨棚内采用合成绝缘子。采用带空气绝缘中性段的绝缘锚段关节电分相,尽量避免设在大坡道、列车出站加速区段和线路限速低速区段。

接触网支柱,新建线区段的腕臂柱一般采用 H 型钢柱。正线高架桥上一般采用 H 型钢柱,T 梁桥上采用格构式钢柱。站场有条件时优先采用线间立腕臂柱,咽喉区等跨越多股道时采用轻型硬横梁和轻型圆管柱。

接触网支柱跨距,正线区段一般为 50 ~55 m,桥上跨距根据桥梁孔跨的形式确定,一般为 48 m,隧道内最大跨距为 50 m。相邻跨距之差一般不大于 10 m。

一般情况下,绝缘、非绝缘锚段关节采用五跨关节,车站咽喉区等困难地段采用四跨关节。正线接触网锚段长度一般不大于 2 × 700 m、个别困难情况下不大于 2 × 750 m；站线锚段长度不大于 2 × 800 m、个别困难情况下不大于 2 × 900 m；附加导线锚段长度一般不大于 2 000 m、困难情况不大于 3 000 m。

正线、站线及桥上线路采用棘轮补偿装置，其他线路采用滑轮组补偿装置。露天区段和隧道内采用铁坠砣。正线、站线采用腕臂两跨式防窜防断中心锚结，其他线路困难情况下采用两跨防窜不防断中心锚结。

全线设横岗、樟树东、峡江、吉安西、万安、兴国西、赣县北、赣州西供电工区，其中吉安西、赣州西按供电(管理)车间规模配置。新建赣州西供电抢修车间。各车站站房及南昌西动车运用所内设接触网应急值守点，全线配置接触网安全巡检装置(2C)2 套，接触网悬挂状态检测监测装置(4C)1 套。负责本线牵引供电设施的日常运营维修和管理。

5.53.2　电力工程

横岗至赣州西新设 1 条综合负荷 10 kV 贯通线和 1 条一级负荷 10 kV 贯通线。新建 10 kV 贯通线采用架空线路和敷设电缆混合方式，在空旷地区采用钢芯铝绞线的架空线路；在困难地段，根据区间长短和用电负荷大小，一级负荷 10 kV 贯通线采用截面为 50 mm^2 或 70 mm^2 的铜芯电力电缆，综合负荷 10 kV 贯通线采用截面为 70 mm^2 或 95 mm^2 的铜芯电力电缆，分别沿铁路两侧预埋的电缆槽道敷设。

新设南昌西动车运用所、横岗、丰城东、樟树东、峡江、吉安西、泰和、万安、兴国西、赣县北、赣州西等 10 kV 配电所，新建 10 kV 配电所从地方 35 ~ 220 kV 变电站接引 2 路 10 kV电源供电。新建 10 kV 配电所设集中无功补偿装置，并尽量与牵引变电所、分区所、AT 所或工区等设施合建。

设有 10 kV 配电所的新建车站其站房综合用电负荷设站内 10/0. 4 kV 综合变电所供电，电源引自 10 kV 配电所的站馈线；没设 10 kV 配电所的新建车站其站房综合用电负荷设站内 10/0. 4 kV 综合变电所，从地方电网接引 10 kV 电源供电。

新建车站与行车有关的通信信号等一级负荷设室内 10/0. 4 kV 专用变电所供电，电源分别引自 2 路 10 kV 贯通线。

既有车站新增用电负荷维持既有供电方式供电，需要增容的进行增容改造。

车站邻近的综合维修车间/工区等用电负荷设 10/0. 4 kV 变电所或箱式变电站供电，设有 10 kV 配电所的车站从配电所站馈线接引电源，没设 10 kV 配电所的车站就近从地方电网接引电源。

区间与行车密切相关的通信信号等一级负荷设箱式变电站供电，电源分别引自 2 路 10 kV 贯通线。

区间其他用电负荷，根据负荷分布和负荷性质，在负荷集中处分别设箱式变电站供电，电源引自综合负荷 10 kV 贯通线。

新建电力配电所采用微机保护和综合自动化系统，新设综合数据采集及远程监控(SCADA)系统，纳入南昌铁路局既有客运专线电力调度所管理。

5.53.3　通信工程

横岗至赣州西、各联络线沿新建铁路两侧各敷设1条48芯长途通信光缆。南昌铁路局调度所至横岗段利用既有通信光缆中的光纤线路。线路所至邻近车站间敷设2条48芯通信光缆。

为满足区间光纤直放站、综合视频监控系统、SCADA系统组网的需要,在其接入节点与相邻传输节点间敷设1条8~12芯通信光缆。站场内各信息接入点间敷设1条12芯通信光缆,构成站场内环型光网络。在万安、兴国隧道两侧各敷设1条3×4×0.9低频对称电缆。

传输系统,南昌铁路局调度所至赣州西新设SDH 10 Gbit/s长途骨干(汇聚)传输系统,在铁路局调度所、横岗及沿线新建车站设SDH 10 Gbit/s ADM设备,利用新建2条48芯光缆中的各2芯光纤构成复用段1+1保护,并与南昌通信站的SDH 10 Gbit/s ADM设备相联。

南昌铁路局调度所至赣州西、各联络线新设SDH 2.5 Gbit/s车站接入网系统,在铁路局调度所、横岗及沿线新建车站(场、所)设SDH 2.5 Gbit/s ADM设备。利用新建2条48芯光缆中的各2芯光纤构成复用段1+1保护,并在同一车站将SDH 2.5 Gbit/s设备通过2.5 Gbit/s光接口与SDH 10 Gbit/s设备相联。

新设SDH 622 Mbit/s区间接入网系统,区间通信基站、信号中继站、牵引变电所、分区所、AT所等信息接入点设SDH 622 Mbit/s设备,在相邻车站之间利用新建2条48芯光缆中的各6芯光纤构成3个(2个通信基站环、1个信号和牵引供电环)2纤通道保护环,接入相邻车站SDH 2.5 Gbit/s接入网系统。

在新建车站站房、信号楼、站内综合维修车间/工区、电力配电所、牵引变电所、公安派出所等信息接入点设SDH 622 Mbit/s设备,利用新建光缆构成2纤通道保护环,接入车站SDH 2.5 Gbit/s接入网系统。在警务区设SDH 155 Mbit/s传输接入一体化设备接入车站接入网系统。

在南昌铁路局调度所设传输及接入系统网元管理设备,通信维修车间设网管复示终端。负责对全网进行故障管理、配置管理、性能管理和安全管理等,并按照与通信综合网管系统之间所定义的规范和接口接入南昌铁路局既有通信综合网管系统。

电话交换系统,利用南昌西站、吉安通信站、赣州通信站既有程控电话交换机、并新设OLT设备。在沿线新建车站(所)、信号楼、牵引变电所、分区所、AT所、电力配电所、信号中继站、综合维修车间及工区、派出所等信息接入点设光网络单元(ONU)。沿线新增自动电话用户通过ONU设备及接入网按照隶属范围分别接入OLT设备和既有程控电话交换机。通过统一编号组网,实现与既有铁路电话专网的互通。

横岗至赣州西新设数据网,利用南昌铁路局调度所既有核心路由器和汇聚路由器;在吉安西、赣州西新设汇聚路由器,各新建车站、动车所新设接入路由器等设备,负责本地数据的接入与交换。相邻车站接入路由器之间采用光纤联接,异地接入路由器与汇聚路由器之间按隶属关系通过传输通道联接,并上联至铁路局核心路由器。实现数据业务的转发与汇聚。

横岗至赣州西新设调度通信系统，利用南昌铁路局调度所既有中心调度通信交换机，沿线新建车站（所）设车站型调度通信交换机、调度分机和车站操作台等设备，按调度区划分将调度分机等设备通过传输通道接入铁路局调度所中心调度交换机和调度通信系统及新设的2个行车调度台，分别负责丰城东至吉安西、吉安西至赣州西（含）的行车调度指挥；横岗至丰城东（不含）并入既有南昌枢纽调度台管辖。

横岗至赣州西新设GSM-R移动通信系统，利用南昌铁路局既有GSM-R核心网设施，在南昌铁路局调度所新设基站控制器（BSC）等配套设备；沿线设通信基站（BTS），采用单层交织冗余覆盖方式组网，通过传输通道将通信基站接入BSC和铁路局的GSM-R交换机。区间和隧道内弱场区采用光纤直放站、漏泄电缆和天线方式增强，以满足无线场强覆盖和信息传输的需要。完成调度通信、调度命令信息和无线车次号校核信息传送等功能。

在与京九铁路共线区段，利用京九铁路既有GSM-R系统网络；与京九铁路共用车站地段，在京九铁路通信基站同址新设昌赣客专通信基站，构成同站址双层无线场强覆盖网络，通过调整京九铁路通信基站频率，使既有GSM-R系统网络作为备用层网络。

在吉安西、兴国西、赣县北、赣州西站及新建地级市车站采用移动通信室内分布系统进行无线场强覆盖，以满足相关工作人员的通信需要。

新设应急通信指挥系统，在沿线通信车间和综合维修车间/工区设应急通信现场接入设备，接入南昌铁路局既有应急通信中心系统。在万安、兴国等长度大于5 km的隧道设隧道事故报警电话系统，在隧道内紧急出口、避车洞、避难所、救助站设有线紧急电话、便携式广播、视频采集点等隧道应急通信系统设备。利用设在隧道两侧的3×4×0.9低频对称电缆以共线方式接入与隧道相邻的通信基站隧道控制主机，再通过传输通道接入南昌铁路局调度所隧道应急电话中心控制台，实现紧急情况下电话报警和定位报警功能。

新设会议电视系统，沿线各新建车站设会议电视分会场设备，接入南昌铁路局既有会议电视中心系统。

通信电源，新建车站、线路所、牵引变电所、分区所、区间通信基站及信号中继站等设有通信设备的机房设48 V高频开关电源和蓄电池组及UPS不间断电源设备。新设电源及机房环境监控系统及采集设备，各相关专业维护管理部门设监控终端，实现对电源设备和机房环境条件的监控。

5.53.4　信号工程

车站联锁，各新建车站（场、所）、南昌西动车运用所、赣州西站动车存车场新建车场设硬件安全冗余型计算机联锁设备和信号智能电源屏，并集中配置不间断电源及电池组。鉴于横岗站、峡江站、泰和站既有信号楼被占压，新建室内硬件安全冗余型计算机联锁设备和信号电源屏，设计标准维持既有。南昌站信号设备维持既有标准利旧改造。赣州西站至动车存车场采用调车方式。

根据车站（场）道岔设计类型，配备相应的道岔交流转辙设备及缺口检查装置，采用全主机牵引，并设外锁闭安装装置；通过时速160 km及以上的道岔增设密贴检查装置。

车站正线及到发线采用与区间相同制式的 ZPW-2000 系列有绝缘移频轨道电路,其发送和接收设备按 1 + 1 冗余配置。动车所及维持工区等轨道区段采用高压脉冲轨道电路。

站内 ZPW-2000 系列轨道电路采用铝护套数字信号电缆,联锁设备室外干线电缆采用铝护套信号电缆。

全线采用分散自律型调度集中(CTC)系统,沿线各新建车站(场、所)设 CTC 分机设备、网络安全及通道质量监督设备;既有车站调度分机设备利旧改造;南昌西动车所新设集中控制系统,并结合专业需求,实现动车组位置追踪等功能。按照调度区划分将调度分机设备接入南昌铁路局调度所 CTC/TDCS 总机系统和新设的本线 2 个列车调度台,分别负责丰城东至吉安西、吉安西至赣州西(含)的行车调度指挥;横岗至丰城东(不含)并入南昌枢纽既有调度台管辖。

横岗(不含)至赣州西(含)采用 CTCS-3 级列控系统,南昌地区西南联络线、南昌西动车走行线采用 CTCS-2 级列控系统,故在横岗站至沙湖村线路所区间设 CTCS-3/2 级级间转换点;吉安地区井冈山联络线采用 CTCS-0 级列控系统,在联络线的适当位置设 CTCS-0/2 级级间转换点;赣州地区东北联络线采用 CTCS-2 级列控系统,在联络线的适当位置设 CTCS-3/2 级级间转换点。

本工程在赣州西站设 4 套无线闭塞中心(RBC)、2 套临时限速服务器(TSRS),负责本线的临时限速命令的管理。沿线各新建车站(场、所)设信号安全数据网接入设备、列控中心(TCC)、应答器及其电子编码单元(LEU)等设备,并与既有站及相邻铁路信号安全数据网连通。TCC 之间通过安全数据网进行联接,实现 TCC 之间及与车站联锁之间的安全信息传输。列控中心根据调度命令、进路状态、线路参数等产生进路及临时限速等相关控车信息,通过有源应答器及轨道电路传送给列控车载设备。完成车站之间运行方向和闭塞控制、轨道电路编发码、站间安全信息传输、应答器报文实时组帧和编码及校验、区间占用逻辑检查等功能,并将自诊断和故障报警信息通过以太网接口传送至信号集中监测系统。

横岗至赣州西段采用 ZPW-2000 型无绝缘轨道电路自动闭塞,正向按自动追踪运行,反向采用自动站间闭塞行车。不设区间地面通过信号机,在闭塞分区分界点设信号标志牌。南昌地区西南联络线、赣州地区东北联络线采用 ZPW-2000 型无绝缘轨道电路自动闭塞;吉安地区井冈山联络线采用站间闭塞行车。

正线区间、南昌地区西南联络线、赣州地区东北联络线采用 ZPW-2000 系列无绝缘移频轨道电路,其发送和接收设备按双机冗余功能配置,采用列控中心设备编码控制,并按照相关规定对轨道电路进行分割处理。利用列控中心(TCC)安全传输通道传送站间联系信息。区间 ZPW-2000 移频轨道电路干线采用铝护套数字信号电缆,电缆传输长度一般按 7.5 km 控制、个别困难区段不大于 10 km,以便合理布设信号中继站,鉴于本线桥隧较多,要合理选择信号中继站位置。

京九铁路改线地段维持既有设计标准,多线并行段合理新设轨道电路,以防止移频信息邻线干扰。

新设信号集中监测系统，沿线各新建车站（场、所）、信号中继站设集中监测分机设备及电务综合监督系统分机设备，既有站监测分机设备利旧改造，在电务段、信号车间、各站信号工区设集中监测终端。按管辖范围和隶属关系接入南昌电务段既有信号集中监测总机系统，实现对信号设施的集中监测和远程诊断。

沿线新建信号设备房屋设防雷电、电磁兼容和综合接地防护系统，与房建工程同步实施，并与贯通地线等电位连接。

综合接地系统，沿铁路两侧各敷设1条截面为70 mm^2的铜芯电缆贯通地线，在电气特性上全程贯通，接地电阻不大于1 Ω。并充分利用沿线桥梁、隧道、路基地段构筑物设施内的接地装置作为接地体，形成低阻等电位综合接地平台。沿线轨旁信号设备安全接地后与贯通地线等电位连接。

各车站设信号值班工区，樟树东、吉安西、赣州西设信号车间（含检修工区），负责沿线信号设施的运营维护和管理。

5.53.5 自然灾害及异物侵限监测系统

针对本线地理环境和气候特点，设风速风向、雨量、雪深及公路跨铁路立交桥异物侵限监测系统。在车站通信机械室设存储、转发服务器和磁盘阵列及监测单元。在区间通信基站设监测单元。在铁路沿线近20年极大风速值超过20 m/s的区段设风速风向监测点，在山区垭口、峡谷、河谷区段每1～5 km设1处风速风向监测点，桥梁及高路堤区段每5～10 km设1处风速风向监测点，风速风向计按双套配置。在路基地段及艰险山区易发生滑坡、泥石流及危岩、落石或崩塌地段设雨量监测点，雨量计按单套配置。在铁路沿线近20年最大积雪深度3 cm及以上的区段设雪深监测点，雪深计按单套配置。在车站咽喉区、通信信号机房、牵引供电和电力机房、公路跨铁路立交桥、桥梁救援疏散通道、隧道口等处设视频采集点和设备（高清摄像机），并利用通信基站铁塔及新设视频杆塔设线路监控高清摄像机。室外视频采集点设备利用光纤接入邻近通信传输节点，再通过传输通道接入车站所设的监测设备及南昌铁路局防灾监测中心系统。实现对重点区域和设施的实时监控。

参加线路工程施工的有中铁一局、二局、三局、四局、十一局、十七局、二十一局、二十四局集团等单位。中铁电气化局集团有限公司和中国铁路通信信号公司联合体等为承担四电集成工程的施工。

线路工程于2014年12月20日开工。2018年9月29日开始铺轨。2019年6月3日完成全线铺轨。2017年12月19日在兴国西站成功组立接触网第一杆，标志着全线四电工程正式开工。2019年6月27日樟树东首座牵引变电所成功受电。2019年9月6日开始联调联试，2019年11月25日开始试运行，2019年12月26日正式开通运营。

5.54 吴忠至中卫客运专线

新建吴中铁路客运专线位于宁夏回族自治区吴忠市和中卫市内。线路北起新建银川至西安高速铁路吴忠站(DKO +000 = 银川至西安高速铁路 DK633 +125)的南端,向南沿京藏高速公路经关马湖和滚泉,穿越牛首山丘陵区至中宁东设站,转向西沿黄河南岸经宣和到中卫市的中卫南站(DK135 +050),正线全长 135.104 km(图 5.54)。全线设有吴忠、关马湖、滚泉、中宁东、宣和南、中卫南等车站,其中关马湖和宣和南为预留车站。本线引入吴忠站及相关工程由新建银川至西安高速铁路(以下简称银西高铁)工程统筹实施。

新建吴中客运专线不仅是连接吴忠与中卫两地的高速客运通道,还将与新建银西高铁等共同构成宁夏回族自治区内联外通、通边达海的黄金通道。更是形成北京、呼和浩特、银川和兰州客运专线的重要组成部分,在宁夏回族自治区打造丝绸之路经济带战略支点中发挥重要作用。所以,该线的建成开通与京张、张呼客运专线共同构成北京至兰州的京呼银兰快速客运通道。

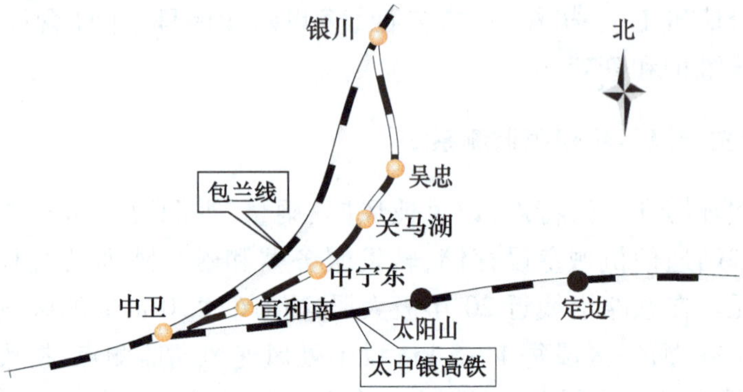

图 5.54　吴忠至中卫客运专线示意图

本工程的建设单位是宁夏城际铁路有限责任公司,设计单位是中铁第一勘察设计院集团有限公司。线路主要技术标准:铁路等级,客运专线;正线数目,双线;正线线间距,4.6 m;最大坡度,一般地段 20‰、困难地段不大于 30‰;最小曲线半径,一般地段 3 500 m、困难地段 3 000 m;到发线有效长度,650 m;设计行车速度,250 km/h;行车指挥方式,调度集中;列车运行控制方式,自动控制;牵引种类,电力牵引(AT 供电方式)。

5.54.1　电气化工程

牵引供电系统,正线采用 AT 供电方式,联络线、动车走行线采用带回流线的直接供电方式或直接供电方式。新设刺沟、中卫南 2 座牵引变电所,利用银西高铁工程所建的吴忠牵引变电所。新设黑旋沟、中宁东等分区所。在供电臂中部设 AT 所。还建受土建工程影响拆除的既有太(原)中(卫)银(川)铁路中宁东牵引变电所。

新建牵引变电所引入 2 路独立可靠的 330 kV 电源供电,并设备用电源自投装置。330 kV 电源侧采用线路变压器组接线,电气设备采用室外中型布置;2 ×27.5 kV 侧采用单母线分段接线,电气设备采用室外中型布置。分区所和 AT 所所设自耦变压器采用室外低式布置。

新建牵引变电所设 4 台单相变压器、组成 2 组 V/X 接线变压器组,采用固定备用、三相 V/V 接线、自冷方式,预留风冷条件。各牵引变电所变压器安装容量:刺沟为 2 ×(31.5 +

20）MV·A、中卫南本线为 2×25 MV·A、吴忠为 2×（31.5+40）MV·A。

AT 分区所设 4 台自耦变压器，变压器安装容量为 4×25/12.5 MV·A。AT 所设 2 台自耦变压器，变压器安装容量为 2×25/12.5 MV·A。

新建牵引变电所、分区所、AT 所采用微机保护和综合自动化系统，按无人值班设计，牵引变电所适当考虑值守条件。牵引供电设 SCADA 远动调度系统，纳入兰州铁路局客运专线电力调度系统管理。

接触网悬挂，正线采用全补偿弹性链型悬挂，站线、动车走行线采用全补偿简单链型悬挂，接触悬挂结构高度一般为 1 600 mm。正线接触线采用 150 mm^2 的锡铜合金导线，张力 25 kN，承力索采用 120 mm^2 的镁铜合金绞线，张力 20 kN。站线、动车走行线接触线采用 120 mm^2 的锡铜合金导线，张力 15 kN，承力索采用 95 mm^2 的镁铜合金绞线，张力15 kN。接触线悬挂点高度不小于 5 300 mm，高速区段安装高度保持一致。道岔处接触网悬挂安装方式，与正线相交的道岔采用无交叉线岔方式，与非正线交叉的道岔采用交叉线岔方式。正馈线、保护线等附加导线采用铝包钢芯铝绞线。

接触网绝缘泄漏距离按 1 400 mm 设计，严重污秽地区适当加强绝缘。腕臂绝缘子一般采用瓷质绝缘子，隧道内、分段绝缘器、接触网下锚等处采用合成绝缘子。正馈线悬挂采用瓷质绝缘子，正馈线对向下锚采用合成绝缘子。采用带空气绝缘中性段的绝缘锚段关节式电分相，避免设在大坡道、列车出站加速区段和线路限速低速区段。

接触网支柱，正线路基区段采用等径预应力钢筋混凝土支柱。箱梁、连续梁地段腕臂柱采用 H 型钢柱。简支 T 梁地段腕臂柱采用热浸镀锌格构式钢柱。车站、咽喉区等跨越多股道时优先考虑线间立柱，不具备线间立柱条件时采用硬横梁和钢柱。中卫南动车存车场采用软横跨结构。

接触网支柱跨距，正线一般地段为 50～55 m，不大于 60 m，相邻跨距之差不大于 10 m。桥上支柱跨距根据桥梁孔跨形式确定，一般为 48 m。

一般采用五跨锚段关节。正线接触网锚段长度一般不大于 2×700 m；站线锚段长度一般为 2×800 m；附加导线的锚段长度一般不大于 2 000 m。

全线接触网下锚采用棘轮下锚补偿装置，采用铁坠砣。中心锚结一般采用防窜防断中心锚结。

新建中卫南供电管理车间，新建滚泉、中卫南供电工区（与供电管理车间合建）。负责牵引供电设施的运营维护及管理。

5.54.2　电力工程

全线新设 1 条综合负荷 10 kV 贯通线和 1 条一级负荷 10 kV 贯通线，新建 2 条 10 kV 贯通线采用电缆敷设。新设滚泉、中宁东、中卫南 10 kV 配电所，新建 10 kV 配电所有条件的从地方变电站接引 2 路 10 kV 电源供电。利用银西高铁工程所建的吴忠 10 kV 配电所给本线供电。

设有 10 kV 配电所的车站其站房综合用电负荷设站内 10/0.4 kV 变电所供电，从配电所站馈线接引电源；没设 10 kV 配电所的车站其站房综合用电负荷设站内 10/0.4 kV 变电所,优先从地方电网接引 10 kV 电源供电,或从相邻铁路 10 kV 配电所接引电源供电。

车站与行车有关的通信信号等一级负荷设室内 10/0.4 kV 变电所供电,电源分别引自 2 路 10 kV 贯通线。区间与行车密切相关的通信信号等一级负荷设箱式变电站供电,电源分别引自 2 路 10 kV 贯通线。

区间其他用电负荷,根据负荷分布和负荷性质,在负荷集中处分别设箱式变电站供电,电源引自综合负荷 10 kV 贯通线。

新建 10 kV 配电所采用微机保护和综合自动化系统,按无人值班设计。新设 SCADA 电力远动系统,纳入兰州铁路局客运专线电力调度系统管理。

5.54.3　通信工程

吴忠至中卫南沿新建铁路两侧各敷设 1 条 48 芯长途通信光缆,中宁东站至中卫通信站新设 1 条 48 芯通信光缆。

为满足综合视频监控系统到信息采集点组网的需要,在设有信息采集点的区间设短段光纤线路;站内信息接入点根据需要设不同容量的短段光纤线路。

传输系统,新设 SDH 10 Gbit/s 长途骨干传输系统,在吴忠、滚泉、中宁东、中卫南、中卫通信站新设 SDH 10 Gbit/s 设备。利用新建 2 条 48 芯光缆中的各 2 芯光纤构成复用段 1 +1 保护。

新设 SDH 2.5 Gbit/s 车站接入网系统,沿线各车站设 SDH 2.5 Gbit/s 设备,利用新建 2 条 48 芯光缆中的各 2 芯光纤构成复用段 1 +1 保护。并在同一车站将 SDH 2.5 Gbit/s 设备通过 SDH 2.5 Gbit/s 光接口与 SDH 10 Gbit/s 设备互联。

新设 SDH 622 Mbit/s 区间接入网系统,在区间通信基站、牵引变电所、分区所、AT 所、信号中继站等信息接入点设 SDH 622 Mbit/s 设备,在相邻车站之间利用新建 2 条 48 芯光缆中光纤分别构成 2 纤通道保护环,接入相邻车站 SDH 2.5 Gbit/s 接入网系统。

在新建车站站房、信号楼、站内综合维修车间/工区、电力配电所、牵引变电所、公安派出所等信息接入点设 SDH 622 Mbit/s 设备,利用新建光缆构成 2 纤通道保护环,接入本站 SDH 2.5 Gbit/s 接入网系统。

新设数据网,利用兰州铁路局既有核心路由器等设施;利用银西高铁工程设在吴忠的汇聚路由器,在中卫通信站新设汇聚路由器,沿线车站设接入路由器,负责本地数据的接入;相邻车站接入路由器之间采用光纤联接,异地接入路由器与汇聚路由器之间按隶属关系通过传输通道联接,并上联至铁路局的核心路由器。实现数据业务的转发与汇聚。

电话交换系统,利用中卫等通信站的既有程控电话交换机,根据需要增设 V5.2 接口板;在中卫通信站新设光线路终端(OLT)设备;在沿线新建车站站房和信号楼、综合维修车间及工区、牵引变电所、分区所、AT 所、电力配电所、派出所等信息接入点设光网络单元(ONU),沿线新增自动电话用户通过 ONU 设备及接入网接入中卫通信站的 OLT 设备和程控电话交换机。通过统一编号组网,实现与既有铁路电话专网的互通。

新设数字调度通信系统,利用兰州铁路局调度所既有数字调度通信交换机;沿线各新建车站设车站型数字调度通信交换机、调度分机和车站值班台等设备,既有接轨站的调度分机设备利旧改造，按照调度区划分通过传输通道接入兰州铁路局调度所中心调度通信交换机和调度通信系统及新设的本线行车调度台，根据需要配备调度员操作终端等相应设备，负责本线行车调度指挥。

新设 GSM-R 移动通信系统，利用兰州铁路局既有 GSM-R 核心网设施，并新设基站控制器（BSC）等设备；沿线车站和区间设通信基站（BTS），采用单网覆盖方式组网，将通信基站接入 BSC 设备和铁路局的 GSM-R 交换机。区间弱场区采用光纤直放站、漏泄电缆和天线方式增强，以满足无线场强覆盖和信息传输的需要，完成调度通信、调度命令信息和无线车次号校核信息传送等功能。

在本线与太中银铁路并行区段，GSM-R 系统的无线场强覆盖按满足本线与太中银铁路运营需要统筹设计。

新设会议电视系统，各车站新设会议电视分会场设备，通过传输系统接入兰州铁路局既有会议电视中心系统，实现与既有会议电视系统的互通。

新设应急通信指挥系统，沿线通信工区新设应急通信现场接入设备，利用传输通道接入兰州铁路局既有应急通信中心系统。

通信电源，沿线新建通信设备机房设 48 V 高频开关电源和蓄电池及 UPS 不间断电源设备。新设通信电源和机房环境监控系统及采集设备，实现对通信电源和机房环境条件的监控。

5.54.4　信号工程

车站联锁，吴忠（不含）至中卫南各新建车站及中卫南动车存车场新设硬件安全冗余型计算机联锁设备和信号电源屏及 UPS 不间断电源设备。

根据车站（场）道岔设计类型，配备相应的道岔转辙设备，动车组进路及存车场动车组接车进路道岔设缺口检查装置和道岔融雪设备。

新建车站站内采用与区间相同制式的 ZPW-2000 有绝缘轨道电路，其发送和接收设备按 1 + 1 冗余配置。沿线车站维修车间、工区岔线轨道区段采用高压不对称脉冲轨道电路。

站内 ZPW-2000 轨道电路采用铝护套信号电缆，联锁设备室外干线电缆采用铝护套信号电缆，其他信号设备采用综合护套信号电缆。

全线采用调度集中（CTC）系统，吴忠（不含）至中卫南各站和中卫南动车存车场设 CTC 分机设备、网络安全和通道质量监督等设备；既有站调度分机设备利旧改造，按照调度区划分，各站调度分机等设备通过调度网接入兰州铁路局调度所 CTC/TDCS 总机系统及新设的本线列车调度台，负责本线的行车调度指挥。新设的本线列车调度台按接入新建中卫至兰州客运专线统筹设计。

列车运行控制系统，吴忠（不含）至中卫南采用 CTCS-3 级列控系统，并结合银西高铁工程建设在银川新设 1 套本线无线闭塞中心（RBC）和 1 套临时限速服务器，负责本线的临时限速命令的管理。沿线各新建车站和信号中继站设信号安全数据网接入设备、列控中心（TCC）、应答器及其电子编码单元（LEU）等设备，既有站列控中心设备利旧改造。

TCC 之间通过安全数据网进行联接,实现 TCC 之间及与车站联锁之间的安全信息传输。所设列控中心设备具有轨道电路编发码、应答器报文实时组帧、站间安全信息传输和方向电路控制、区间占用逻辑检查等功能。

区间闭塞制式,吴忠至中卫南正线区间采用四显示自动闭塞,按双线双方向运行,正向采用追踪间隔运行、反向采用自动站间闭塞行车。

正线区间采用 ZPW-2000 系列无绝缘轨道电路,其发送和接收设备按冗余配置。并具有设备自监测功能,通过接口设备向信号集中监测系统提供监测信息。区间 ZPW-2000 无绝缘轨道电路干线采用铝护套数字信号电缆或铝护套内屏蔽数字信号电缆,分支电缆采用综合护套数字信号电缆。

新设信号集中监测系统,沿线各新建车站和信号中继站设集中监测分机设备,既有站监测分机设备利旧改造。按管辖范围通过监测网分别纳入隶属电务段集中监测总机系统,实现对信号设备和轨道电路的集中监测和远程诊断。

本线吴忠站、中卫南站所属工程应结合银西高铁、中卫至兰州客运专线建设,统筹考虑车站信号设备房屋,所设 CTC 分机设备、列控中心、联锁设备、信号集中监测系统设备等区间设备的接入条件。

沿线新建信号设备房屋设防雷电、电磁兼容和综合接地防护系统,与房建工程同步实施,并与贯通地线等电位连接。

新设综合接地系统,全线沿铁路两侧各敷设 1 条截面为 35 mm^2 的铜质贯通地线,在电气特性上全程贯通,接地电阻不大于 1 Ω,形成低阻等电位综合接地平台。沿线轨旁信号设备接地后与贯通地线等电位连接。

参加线路工程施工的有中铁上海工程局,中铁十六局、十九局集团等单位。中铁建电气化局等单位承担电气化、通信信号和电力工程的施工。

线路工程于 2015 年 10 月 10 日开工。2017 年 9 月 2 日开始铺轨。2018 年 2 月 3 日完成全线铺轨。四电工程于 2016 年 8 月开工。2018 年 3 月 23 日开始架设接触网。2019 年 6 月 15 日开始进行联调联试。2019 年 9 月 5 日开始试运行。2019 年 12 月 29 日正式开通运营。

5.55　银川至西安高速铁路

新建银西高速铁路位于陕西省、甘肃省及宁夏回族自治区内,从西安北站[DK2 +050(相应郑西客专 XK473 +250)]预留银西场引出,并行西成客运专线向西北延伸,经空港新城、礼泉、乾县转向北,过永寿、彬县进入甘肃省,经宁县上董志塬至庆阳,穿董志塬而下抵庆城,溯环江经曲子、环县、山城而上翻越烟墩山,过甜水堡进入宁夏回族自治区,经惠安堡(太阳山)、吴忠、灵武至河东机场设地下站,转向西跨黄河进入银川市区,沿南绕城高速公路及包兰铁路接入银川站[DK640 +457.8(相应包兰线 K524 +631)],大致呈南北走向,线路长度 617.049 km(图 5.55)。其中陕西省 163.407 km、甘肃省 271.909 km、宁夏回族自治区 181.733 km。全线桥梁累计长度为 247.403 km,隧道累计长度为 146.711 km,

桥隧总长 394.285 km,桥隧占比达到 63.9%。全线设有西安北(既有站)、咸阳北塬、礼泉南、乾县、永寿西、彬县东、宁县、庆阳、庆城、曲子、环县、洪德、甜水堡、惠安堡、白土岗、吴忠、灵武北、河东机场、银川东、银川(既有站)等车站。其中西安北、银川为始发站,洪德、白土岗为越行站,其余为办理客运的中间站。工程范围还包括西安枢纽、银川枢纽相关工程及相关联络线等。

西安枢纽相关工程有西安北站预留银西场正线(DK0 +400 ~ DK4 +085.74)长度 3.686 km;银西高铁至郑西客运专线联络线上下行合计 2.375 单线公里;动车走行线上下行合计 1.106 单线公里;西安北动车运用所增设存车线、新建四线动车检查库及边跨、洗车线及相关设施;银西高铁礼泉南站(不含)至西平铁路礼泉站(不含)新建客车联络线 6.375 km;西平铁路礼泉站至茂陵站增建第二线 24.560 km(设茂陵、礼泉和南市 3 个车站);茂陵站改建及西端货车疏解线上下行合计 4.402 单线公里,以及相关的其他工程。

银川枢纽相关工程有新建银川动车运用所及动车走行线 4.85 km;包兰铁路下行外包线,单线长 4.1 km;银西高铁惠安堡站(不含)至太中银铁路联络线长 2.456 单线公里。

新建银西高速铁路,是《铁路"十二五"发展规划》中国家高速铁路网的组成部分。北端通过包兰铁路连通宁夏回族自治区及蒙西地区,中部与太中银铁路、西平铁路相接,南端通过西安枢纽与陇海铁路通道、西成客专、西康铁路、宁西铁路等衔接,辐射华东、中南、西南等广大地区。该线的建成开通将形成以西安为中心的关中城市群间和连接银川为中心的沿黄城市带交流的便捷通道,是加快宁夏回族自治区内陆经济开放实验区开发开放,振兴陕甘宁革命老区,促进沿线地区经济社会发展的重要交通基础设施。对推动国家高速铁路网建设,完善西北地区路网布局,促进区域综合交通运输体系发展具有重要意义。

银西高速铁路的建设单位是西成铁路客运专线陕西有限责任公司、银西铁路有限公司,设计单位是中铁第一勘察设计院集团有限公司。线路主要技术标准:铁路等级,高速铁路;正线数目,双线;最大坡度,一般地段 20‰、困难地段 30‰;最小曲线半径,3 500 m;到发线有效长度,650 m;列车运行控制方式,自动控制;调度指挥方式,调度集中;设计行车速度,250 km/h、基础设施预留提速条件;牵引种类,电力牵引(AT 供电方式)。

西平铁路茂陵站(含)至礼泉站(含)增建第二线主要技术标准:铁路等级,Ⅰ级;正线数目,双线;限制坡度,6‰、双机 13‰;最小平面曲线半径,一般 1 600 m、困难 800 m;到发线有效长度,1 050 m、双机地段另加 30m;闭塞类型,自动闭塞;设计速度,160 km/h;牵引种类,电力;机车类型,动车组,SS_4、SS_7;牵引质量,5 000 t。

5.55.1　电气化工程

牵引供电系统,正线采用 AT 供电方式,西平铁路茂陵西至礼泉站增建二线、各联络线、银川动车运用所及动车走行线采用带回流线的直接供电方式。

全线新建咸阳北塬、岭上、彬县东、宁县、李咀、雷旗村、官营村、芦沟、甜水堡、太阳山、吴忠、白鸽等 AT 牵引变电所。新建草滩、礼泉南、周家、四郎河、小寨、纪家沟、双桥、闫洼子、郭家山、西宁堡、靳水沟、史豪村、银川黄河路等 AT 分区所,新建渭城、尚宁、乾县、

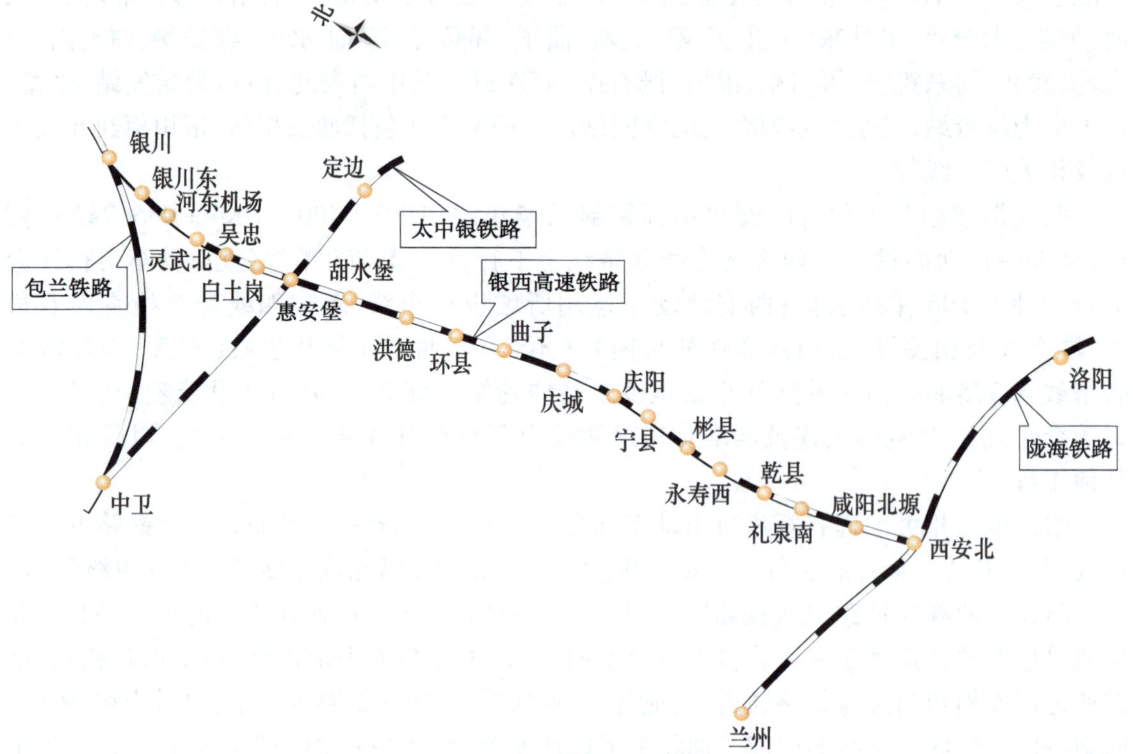

图 5.55　银西高速铁路示意图

永寿、郭村、红岩沟、北沟、街上村、庆阳、驿马沟、庆城、马岭、孟家寨、刘家湾、西川、山城堡、老坟滩、杜家沟、惠安堡、石沟驿、华新、龙三、天池沟、魏家桥等 AT 所。新建银川直供开闭所为动车运用所、机务段供电。

利用改造既有西安北牵引变电所为西安北站供电;利用改造包兰铁路工程所建的银川牵引变电所为银西场供电;利用西平铁路南市牵引变电所为西平铁路礼泉至茂陵增建二线区段供电。

新建白鸽牵引变电所引入 2 路 220 kV 电源供电,其余新建牵引变电所引入 2 路 330 kV电源供电。新建牵引变电所 330 kV、220 kV 电源侧采用线路变压器组接线,电气设备采用户外单体中式布置;27.5 kV 侧采用单母线接线,27.5 kV、2×27.5 kV 配电装置采用户外敞开式布置;新建银川开闭所采用户内网栅间隔布置;分区所和 AT 所 27.5 kV、2×27.5 kV 配电装置采用户外敞开式布置,利用改造的牵引变电所新增设备采用既有标准。

新建 AT 牵引变电所设 4 台单相变压器,分成 2 组,采用固定备用、三相 V/X 接线、油浸自冷方式,预留风冷条件。各牵引变电所变压器安装容量:咸阳北塬、官营村、芦沟为 2×(20+20) MV·A,岭上为 2×(25+25) MV·A、彬县东为 2×(31.5+25) MV·A,宁县为 2×(31.5+31.5) MV·A,李咀、甜水堡为 2×(20+31.5) MV·A,雷旗村、太阳山、白鸽为2×(25+20) MV·A,吴忠为 2×(40+25) MV·A。利用既有西安北牵引变电所、包兰铁路银川牵引变电所变压器容量维持不变;利用西平铁路既有南市牵引变电所变压器容量维持不变。

新建牵引变电所、开闭所、分区所、AT 所采用微机保护和综合自动化系统,按无人值班设计,牵引变电所和开闭所适当考虑值守条件。新设牵引供电 SCADA 系统,按管辖范围分别纳入西安和兰州铁路局电力调度所控制和管理。在兰州铁路局调度所新设 1 个供电调度台,西安铁路局管段内纳入西成客运专线供电调度台。

接触网悬挂,正线采用全补偿弹性链型悬挂,其他线路采用全补偿简单链型悬挂。银西正线接触悬挂结构高度一般为 1 600 mm;西平铁路礼泉至茂陵段增建二线、礼泉南至礼泉客车联络线接触悬挂结构高度为 1 400 mm。正线接触线采用 150 mm^2 的铜合金导线,张力 25 kN,承力索采用 120 mm^2 的铜合金绞线,张力 20 kN;站线、联络线、西平铁路礼泉至茂陵增建二线接触线采用 120 mm^2 的铜合金导线,张力 15 kN,承力索采用 95 mm^2 的铜合金绞线,张力 15 kN。银西正线接触线悬挂高度一般为 5 500 mm,高速区段导线安装高度保持一致。西平铁路礼泉至茂陵增二线、既有线改造工程接触线悬挂高度维持既有标准。与正线相交的道岔一般采用无交叉线岔方式,与其他线路相交的道岔采用交叉线岔方式。正馈线、保护线等附加导线采用钢芯铝绞线。

接触网绝缘泄漏距离不小于 1 400 mm,严重污秽地区适当加强绝缘。一般地段采用瓷质绝缘子,隧道内、接触网下锚等地段采用合成绝缘子。供电线和正馈线悬挂采用瓷质绝缘子,下锚采用合成绝缘子。采用锚段关节式电分相,避免设在大坡道、列车出站加速区段和线路限速低速区段。

接触网支柱,正线路基区段腕臂柱一般采用预应力钢筋混凝土等径圆支柱,桥梁区段腕臂柱采用 H 型钢柱,车站及多线并行区段优先采用线间立柱,线间距不允许立柱时采用新型硬横梁和钢柱。西平铁路礼泉至茂陵段增建二线、联络线路基区段腕臂柱采用横腹杆式预应力混凝土支柱,桥上采用热浸镀锌格构式钢柱。动车运用所、西平铁路增建二线多线并行区段一般采用软横跨和钢柱。

接触网支柱跨距,正线区段一般为 50 m,最大不超过 60 m,相邻跨距之差不大于 10 m。西平铁路礼泉至茂陵增建二线、礼泉南至礼泉客车联络线支柱跨距一般为 55 m,最大不超过 60 m。

正线一般采用五跨锚段关节,困难条件下采用四跨锚段关节。西平铁路增建二线地段、联络线一般采用四跨锚段关节。正线锚段长度一般不大于 2 × 700 m,隧道内锚段长度不大于 1 250 m,其余线路锚段长度一般不大于 2 × 800 m。附加导线的锚段长度不大于2 000 m。

正线接触网下锚补偿一般采用棘轮补偿装置。西平铁路增建二线地段、联络线采用铝合金滑轮补偿装置。区间一般采用两跨式防窜防断中心锚结,车站内站线下锚困难时采用防窜不防断中心锚结。

在礼泉南、庆阳、银川设供电车间(与工区合建),在西安北、礼泉南、彬县东、宁县、庆阳、庆城、环县、甜水堡、惠安堡、吴忠、银川设供电工区,负责牵引供电及电力设施的运营维护和抢修工作。

5.55.2　电力工程

全线新建1条一级负荷10 kV贯通线和1条综合负荷10 kV贯通线。新建一级负荷10 kV贯通线采用截面为70 mm^2的电力电缆,新建综合负荷10kV贯通线采用截面为95 mm^2的电力电缆,分别沿铁路两侧的电缆槽道敷设。西平铁路茂陵至礼泉增建二线地段新建1条10 kV电力贯通线,与既有1条10 kV电力贯通线形成双贯通线供电,并延伸接入礼泉南10 kV配电所,增建的该段电力贯通线一般采用架空线路,无架空径路时采用电缆敷设。

全线新建礼泉南、永寿西、彬县东、宁县、庆阳、庆城、曲子、环县、洪德.、甜水堡、惠安堡、吴忠、河东机场10 kV配电所,新建银川动车所110/10 kV变配电所;利用改造西安北110/10 kV变电所及西平铁路茂陵10 kV配电所为本工程相关用电负荷供电。异地还建受土建工程影响拆除的既有乾县10 kV配电所。新建110/10 kV变配电所、10 kV配电所一般引入2路地方电源供电,若无条件接引2路外部电源时,可先接引1路外部电源、预留接引第2路外部电源条件。异地还建的既有乾县10 kV配电所利用既有外部电源供电。

设有110/10 kV变配电所、10kV配电所的车站其站房综合用电负荷设站内10/0.4 kV变电所供电,电源引自110/10 kV变配电所、10 kV配电所的站馈线;没设10 kV配电所的车站其站房综合用电负荷设站内10/0.4 kV变电所,从地方电网接引10 kV电源供电。

车站与行车相关的通信信号等一级负荷设室内10/0.4 kV专用变电所供电,电源分别引自2路10 kV贯通线。区间通信信号等一级负荷设10/0.4 kV箱式变电站供电,电源引自2路10 kV贯通线。

区间其他用电负荷,根据负荷分布和负荷性质,在负荷集中处分别设箱式变电站或杆架式变电台供电,优先从地方电网接引电源供电,无条件接引地方电源时从综合负荷10 kV贯通线接引电源。西平铁路增建二线地段新增探测机房设杆架式变电台供电,电源引自2路10 kV电力贯通线。

新建110/10 kV变配电所、10 kV配电所采用综合自动化系统,按无人值班设计。新设电力远动,按照铁路局管辖范围分别纳入西安、兰州铁路局电力调度所管理。西平铁路增建二线区段的电力远动纳入既有西平铁路电力调度台管理。

5.55.3　通信工程

新建银川通信站。银川站至西安北站沿铁路两侧各敷设1条48芯长途通信光缆,银川站至银川通信站沿既有通信管道敷设2条96芯通信光缆。礼泉南至茂陵站沿铁路敷设2条48芯光缆。

传输系统,新设SDH 10 Gbit/s长途骨干(汇聚)传输系统,在西安北、咸阳北塬、礼泉南、乾县、永寿西、彬县东、吴忠、灵武北、河东机场、银川东、银川站通信机械室及银川通信站新设SDH 10 Gbit/s ADM设备,利用新建2条48芯光缆中的各2芯光纤构成复用段1+1

保护。西安北至西安铁路局调度所和银川至兰州铁路局调度所的传输通道，利用其他工程所建的光传送网（OTN）系统。

新设 SDH 2.5 Gbit/s 车站接入网系统，沿线各车站及银川通信站新设 SDH 2.5 Gbit/s ADM 设备，利用新建 2 条 48 芯光缆中的各 2 芯光纤构成复用段 1+1 保护。并在同一个车站将 SDH 2.5 Gbit/s 设备通过 SDH 2.5 Gbit/s 光接口与 SDH 10 Gbit/s 设备相联，为 SDH 2.5 Gbit/s 系统提供通道保护，在银川地区电务段、车务段、供电段、工务段、银川动车所、公安处等处新设 SDH 2.5 Gbit/s 设备，利用新建或既有光缆线路构成 SDH 2.5 Gbit/s 传输系统。

新设 SDH 622 Mbit/s 区间接入网系统，在区间通信基站、牵引变电所、分区所、AT 所、信号中继站通信设备机房设 SDH 622 Mbit/s 设备，利用新建 2 条 48 芯光缆构成 3 个（奇数通信基站与信号中继站组成 1 个传输环、偶数通信基站组成 1 个传输环、牵引变电所（亭）组成 1 个传输环）2 纤通道保护环。接入相邻车站 SDH 2.5 Gbit/s 接入网系统。

在新建车站站房、信号楼、站内综合维修车间/工区、电力配电所、牵引变电所、动车所、公安派出所等信息接入点设 SDH 622 Mbit/s 设备，利用站内新建光缆构成 2 纤通道保护环，接入本站 SDH 2.5 Gbit/s 接入网系统。

新设数据网，利用西安、兰州铁路局既有数据网核心路由器，利用银川、西安北、西安铁路局调度所既有汇聚路由器，根据需要扩容相关设备；在庆阳新设汇聚路由器。沿线车站、银川动车所、银川通信站新设接入路由器，负责本地数据的接入。相邻车站接入路由器之间通过光纤联接；异地路由器与汇聚路由器之间按铁路局管辖范围和隶属关系通过传输通道联接，并上联至铁路局的核心路由器，实现数据业务的转发与汇聚。

电话交换系统，利用西安、平凉、银川通信站的既有程控电话交换机；在西安北、庆阳、银川新设光线路终端（OLT）设备；沿线车站、电力配电所、牵引变电所、分区所、AT 所、信号中继站、公安派出所、综合维修车间/工区、警务区等处新设光网络单元（ONU），沿线新增的自动电话用户通过 ONU 设备及接入网按铁路局管辖范围和隶属关系分别接入 OLT 设备和既有程控电话交换机。通过统一编号组网，实现与既有铁路电话专网的互通。

新设调度通信系统，利用西安、兰州铁路局调度所既有中心调度通信交换机及相关设备；沿线车站和动车所新设车站型调度通信交换机、调度分机和车站值班台等设备，按照铁路局管辖范围将调度分机等设备分别接入西安、兰州铁路局调度所中心调度交换机和调度通信系统，在西安铁路局调度所新设 1 个本线行车调度台，管辖西安北站银西场至宁县站（不含）段和礼泉南至礼泉线路所的行车调度指挥；在兰州铁路局调度所新设 2 个本线行车调度台，分别管辖宁县站（含）至甜水堡、甜水堡（不含）至银川站银西场段的行车调度指挥。西平铁路礼泉站至茂陵站增建第二线维持既有调度台管辖不变。

新设 GSM-R 移动通信系统，利用西安、兰州铁路局既有 GSM-R 核心网设施，利用西安的既有基站控制器（BSC）及相关设备，在银川通信站新设基站控制器（BSC）及相关设备；沿线车站和区间及动车所设通信基站（BTS），车站和动车所通信基站按 3 载频配置、区间通信基站按 2 载频配置，采用交织单网覆盖方式组网；西平铁路礼泉至茂陵增建二线地段新设通信基站，采用单层覆盖方式组网。按照铁路局管辖范围和归属关系将通信基站分别接入西安、银川的 BSC 及铁路局的 GSM-R 交换机。区间和隧道内弱场区采用光纤直放站、漏泄电缆和天线方式增强,长大隧道内并设漏缆监测系统,以满足无线场强覆盖和信息传输的需要。完成调度通信、调度命令信息和无线车次号校核信息及列车控制信息传送等功能。

在本线与相关铁路并线、交叉区段,统筹考虑 GSM-R 系统无线场强的覆盖方案,以满足本线和相关铁路无线通信的需要。

新设会议电视系统,沿线新建客运站、动车所新设会议电视分会场设备,按照铁路局管辖范围分别接入西安、兰州铁路局既有会议电视中心系统及网管设备进行管理。

新设应急通信指挥系统,沿线通信工区新设应急通信现场接入设备,按照铁路局管辖范围分别接入西安、兰州铁路局既有应急通信中心系统。5 km 及以上隧道新设紧急电话系统,在隧道内避车洞、隧道内紧急出口、避难所等处设紧急电话终端和广播设备,利用新设的低频对称电缆接入邻近通信基站设置的报警电话主机设备,再通过传输通道按铁路局管辖范围分别接入西安、兰州铁路局调度所既有隧道应急电话中心系统。

通信电源,沿线新建通信设备机房设 48 V 高频开关电源设备及蓄电池组。并设通信电源和机房环境监控系统及采集设备,实现对电源设备工作状况和机房环境的监控。

5.55.4 信号工程

车站联锁,沿线各新建车站、西安北站银西场,站场改造变化较大的银川站银西场和包兰场、银川动车运用所、银川北线路所、西平铁路增建二线区段各车站(线路所),太中银铁路联络线惠安堡线路所均新设硬件冗余型计算机联锁设备和信号智能电源屏及不间断电源设备,其中本线与西平铁路联络线礼泉线路所信号设备集中设在礼泉站,设备机房与礼泉站统筹考虑。既有西安北动车段维持既有联锁控制方式,联锁设备利旧改造;西安北站大西西成场、郑西西宝场既有联锁设备结合本工程利旧改造。茂陵站及其衔接的茂陵西丰专用线车场结合工程利旧改造。沿线维修工区岔线相关道岔纳入所属车站联锁设备集中控制。

根据车站(场)道岔设计类型,配备相应的道岔转辙设备,正线道岔、侧线道岔及工区岔线、存车场道岔等采用交流转辙机,2 个牵引点及以上的道岔转辙设备采用多机分动控制方式,并与既有电务维修工装相匹配。直向通过时速 160 km 及以上的道岔增设密贴检查装置。银西正线新建车站(场)、银川站银西场和包兰场、动车运用所,采用 CTCS-2 级和 CTCS-3 级列控系统范围内的动车组列车进路道岔及西安北动车段新增动车组列车进路道岔均配备道岔融雪装置。

沿线各新建车站(场)站内、银川北线路所和礼泉线路所采用与区间相同制式的 ZPW-2000 系列轨道电路,其发送设备按 1 + 1 冗余配置,接收设备采用双机并用方式,以实现轨道电路系统的高可靠性。

银川站包兰场、动车运用所,太中银铁路联络线惠安堡线路所,西平铁路增建二线区段各车站、茂陵站等相关车站站内采用 97 型 25 Hz 相敏轨道电路,电码化正线采用叠加预发码、侧线占用采用叠加发码方式,发码设备采用 ZPW-2000 系列发码设备。

西安北站郑西西宝场和大西西成场改造站内轨道区段轨道电路维持既有标准,西安动车段新增站内轨道区段采用不对称高压脉冲轨道电路。

为克服车站站内渡线或岔线区段轨道电路分路不良，采用符合技术条件规定的技术措施加以解决。

车站（场）站内 ZPW-2000 系列轨道电路和电码化信息传输采用铝护套数字信号电缆，分支电缆采用综合护套数字信号电缆。联锁设备室外干线电缆采用铝护套信号电缆，分支电缆采用综合护套信号电缆。

西安北站银西场至银川站银西场采用分散自律型调度集中（CTC）系统。沿线各新建车站、西安北站银西场、银川站银西场、动车运用所等新设 CTC 分机设备、信息安全和通道质量监督设备；银川站包兰场、银川北线路所，西平铁路礼泉至茂陵站增建二线地段各车站、礼泉线路所，太中银铁路联络线惠安堡线路所，结合新建联锁设备配套新设 CTC 分机设备、信息安全和通道质量监督设备；西安北站既有大西西成场、郑西西宝场和西安北动车段 CTC 分机设备、网络安全及通道质量监督等设备利旧改造。既有茂陵站、茂陵西丰专用线车场 TDCS 分机设备利旧改造。按照铁路局管辖范围和调度区划分，通过调度网将调度分机等设备分别接入西安、兰州铁路局调度所 CTC/TDCS 总机系统。在西安铁路局调度所新设 1 套列车调度台 CTC 设备及所需的通信和应用服务器、网络信息安全等设备，负责西安北站银西场至宁县站（不含）段和礼泉南至礼泉线路所段的行车调度指挥；在兰州铁路局调度所新设 2 套列车调度台 CTC 设备及所需的通信和应用服务器、网络信息安全等设备，分别负责银川站银西场至甜水堡站段、甜水堡站至宁县站（含）段的行车调度指挥；西安北站大西西成场、郑西西宝场和西安北动车段，陇海线茂陵站，西平铁路礼泉站至茂陵站增建二线，银川站包兰场等维持既有所属调度台管辖范围及方式不变。

西安北站银西场至银川站银西场正线采用 CTCS-3 级列控系统；银川站银西场（不含）至动车运用所走行线、银川站包兰场采用 CTCS-2 级列控系统，其中银川站包兰场要与包兰铁路惠农至银州段工程所设的 CTCS-2 级列控系统相衔接，临时限速控制维持既有方式。并在银川动车运用所走行线至银川站银西场进站应答器组处设 CTCS-3/2 级级间转换点。

按照本线的动车交路，为满足银川经西安至重庆（或成都）以远装备 CTCS-2 级车载列控设备的动车组列车经礼泉南至西平铁路联络线（CTCS-0 级）下线运行至西安站的控车模式要求，在礼泉南至西平铁路联络线适当位置设 CTCS-2 级与 CTCS-0 级列控系统控车模式级间切换点和设备，动车组列车经过该切换点后由 CTCS-2 级控车模式转换为 CTCS-0 级模式行车。

西安铁路局管辖范围内在铁路局调度所新设 2 套无线闭塞中心（RBC）设备和 1 套临时限速服务器，负责该线本局管段内临时限速命令的管理；兰州铁路局管辖范围内在银川站设 4 套 RBC 设备和 2 套临时限速服务器，负责该线本局管段内临时限速命令的管理。本工程正线各新建车站（场、所）和信号中继站及采用 CTCS-0 级列控系统线路衔接的礼泉线路所新设信号安全数据网接入设备、列控中心（TCC）、应答器及其电子编码单元等设备；西安北郑西西宝场、大西西成场、西安北动车段既有 TCC 设备利旧改造；其他相关车站既有 TCC 设备利旧改造。新设 TCC 之间通过安全数据网进行联接，实现 TCC 之间及与车站联锁之间的安全信息传输。所设 TCC 具有轨道电路编发码、运行方向和闭塞控制、站间安全信息传输、应答器报文实时组帧和编码及校验、区间占用逻辑检查等功能,并将自诊断和故障报警信息通过以太网接口发送至信号集中监测系统。

区间闭塞制式,银西正线、礼泉南站至西平铁路联络线和西平铁路礼泉至茂陵站增建二线区段均采用基于 ZPW-2000 系列无绝缘轨道电路构成的自动闭塞,正向采用追踪间隔运行,反向采用自动站间闭塞行车。西安北站银西场至银川站银西场不设区间地面通过信号机,在闭塞分区分界点处设信号标志牌;礼泉南站至西平铁路联络线和西平铁路礼泉至茂陵站增建二线区段设区间地面通过信号机。银川动车运用所走行线采用 ZPW-2000 系列无绝缘轨道电路构成的自动闭塞,正向和反向采用追踪间隔运行,设区间地面通过信号机。

西安北站银西场与郑西西宝场、大西西成场采用场间联系作业方式;西安北站银西场至西安北动车段动车走行线维持既有单线双方向自动闭塞,正向在闭塞分区分界点处设信号标志牌,反向设地面信号机。西平铁路礼泉至平凉方向仍维持既有单线计轴自动站间闭塞。陇海线茂陵站与兴平、咸阳西既有相邻站维持既有四显示自动闭塞,茂陵站西端咽喉增设货车疏解线后引起既有陇海线茂陵站至兴平站间自动闭塞设备的局部变动进行配套改造。

银川站银西场与既有包兰铁路的相邻站维持既有自动闭塞制式,对芦花台至银川至银川南区间自动闭塞设备进行配套改造。

银西正线区间、银川动车运用所走行线、礼泉南至西平铁路联络线和西平铁路礼泉至茂陵站增建二线区段采用 ZPW-2000 系列无绝缘轨道电路,用于检查轨道占用并向列车传送连续控车信息。银西正线 ZPW-2000 系列无绝缘轨道电路发送设备按 1+1 配置、接收设备采用双机并用方式。采用列控中心(TCC)电子编码,利用 TCC 安全数据网传送站间信息。西平铁路礼泉至茂陵站增建二线区段 ZPW-2000 系列无绝缘轨道电路发送设备按 $N+1$ 配置,采用继电编码方式,实现列车占用检查和车载地面信号发码。

银西正线 ZPW-2000 系列轨道电路的设计应综合考虑四线并行区段、桥梁隧道地段道床电阻及近远期速度目标值等因素,合理划分闭塞分区长度和轨道电路区段长度。银西正线轨道电路所用电缆传输长度按 7.5 km 控制,长大隧道等个别困难地段按 10 km 左右控制,不在长大隧道内设信号中继站。

区间 ZPW-2000 系列轨道电路干线电缆采用铝护套内屏蔽数字信号电缆,分支电缆采用综合护套数字信号电缆。其余信号设备干线电缆采用铝护套综合扭绞信号电缆,分支电缆采用综合护套综合扭绞信号电缆。

新设信号集中监测系统,银西正线各新建车站(场、所)和信号中继站,银川站银西场和包兰场、银川动车运用所、银川北线路所、太中银铁路联络线惠安堡线路所,西平铁路礼泉至茂陵站增建二线区段各车站和礼泉线路所,均新设集中监测分机设备,并增设道岔缺口监测功能。西安北站大西西成场、郑西西宝场、西安北动车段,茂陵站及其衔接的茂陵西丰专用线车场等既有集中监测分机设备按既有设备标准利旧改造。在沿线新建的信号维修车间、车站信号工区设集中监测终端设备。沿线所设的集中监测分机和监测终端设备按铁路局管辖范围和隶属关系分别接入宝鸡、西安、银川电务段既有信号集中监测总机系统。根据需要对各电务段集中监测总机系统设备进行相应的改造。

沿线新建信号设备房屋设防雷电、电磁兼容和接地综合防护系统,并与贯通地线等电位连接。

采用 CTCS-3 级列控系统的正线区段，沿铁路两侧各敷设 1 条截面为 70 mm^2 的贯通地线；西平铁路增建二线区段敷设 1 条截面为 35 mm^2 的贯通地线，并在茂陵站与既有陇海铁路信号贯通地线等电位连接。采用 CTCS-2 级列控系统的银川动车运用所走行线沿铁路两侧各敷设 1 条截面为 35 mm^2 的贯通地线。所设的各条贯通地线，在电气特性上各自全程贯通，接地电阻不大于 1 Ω，形成低阻综合接地平台。沿线轨旁信号设备接地后就近与贯通地线等电位连接。

在维持既有银川、西安地区信号车间、车载车间及信号工区机构不变的基础上，西安铁路局管辖范围内增设礼泉南信号维修车间；兰州铁路局管辖范围内增设庆阳、环县、吴忠信号维修车间，并同址各设信号集中检修工区。各新建车站设信号值班工区，银川动车运用所新设车载信号检修工区和测试工区，改造的既有车站维持既有信号维修模式不变，负责全线信号设施的运营维护和管理。

5.55.5　自然灾害及异物侵限监测系统

针对新建银西高速铁路地理环境、气候条件和工程特点，沿线新设风速风向、雨量、雪深、地震预警及异物侵限监测系统。礼泉南站至西平铁路联络线和西平铁路礼泉至茂陵站增建二线地段利用既有西平铁路雨量监测点和设备采集信息。

在银西铁路沿线近 20 年极大风速值超过 20 m/s 的区段设风速风向监测点。山区垭口、峡谷、河谷等区段每 1 ~ 5 km 设 1 处风速风向监测点，桥梁和高路堤等区段每 5 ~ 10 km 设 1 处风速风向监测点，风速风向计按双套配置。

在路基地段及易发生滑坡、泥石流及危岩、落石或崩塌地段等设雨量采集点，连续路基区段每 15 ~ 20 km 设 1 处采集点，雨量计按单台配置。

在铁路沿线近 20 年最大积雪深度大于 3 cm 区段每 20 ~ 30 km 设 1 处雪深监测点，在曲线路堑地段、易产生刮风积雪的低填方地段、挖方地段、隧道口等处适当增设，雪深计按单台配置。

在沿线地震动峰值加速度大于等于 0.1g 地段的牵引变电所、分区所、AT 所设地震预警监测点，设备按冗余配置。

在沿线公路跨铁路立交桥的两侧设异物侵限监测设备，当发生异物侵入铁路限界灾害时，经监测设备继电器接口触发信号系统，使灾害区段的动车组自动停车，保障列车运行安全。

本工程所设的自然灾害和异物侵限监测系统，按照西安、兰州铁路局管辖分界范围，分别接入铁路局既有防灾监测中心系统，根据需要增设相关设备，并在沿线各工务维修车间、工区配置终端设备。实现对铁路沿线重点区域和设施的实时监控，并生成各类报警、预警、设备故障信息及相应的行车管制预案，传送至相关部门。兰州铁路局管辖的银西线灾害监测系统和西安铁路局管辖的银西线灾害监测系统之间通过接口服务器、防火墙等设备，实现灾害监测系统之间的互联互通。

参加本程线路工程施工的有中铁一局、四局、五局集团，中铁上海工程局，中铁北京工程局,中铁十一局、十二局、十九局集团等单位。中铁三局、一局、二局联合体,中铁建电气化局,中铁二十一局电务公司等单位承担四电工程的施工。

线路工程于2015年12月26日在新建银川东站举行开工典礼。2016年8月25日陕西段开工。2018年3月22日银吴段开始铺轨。2019年6月12日完成甘宁段和银吴段铺轨。2019年11月28日陕西段开始铺轨,2020年6月18日完成陕西段铺轨。四电工程于2018年9月7日开工。2019年6月17日银吴段与吴忠至中卫客运专线开始联调联试。2019年9月5日开始试运行。2019年12月29日银吴段与吴忠至中卫客运专线同时正式开通运营。2020年8月10日甘宁段开始联调联试。2020年9月3日陕西段开始联调联试。2020年11月3日开始运行试验。2020年12月26日吴忠至西安段开通运营。即全线开通运营。

5.56　北京至张家口高速铁路

新建京张高速铁路自北京北站引出,往北过学院南路后转入地下,连续下穿北三环、知春路(地铁10号线)、北四环、成府路、清华东路(上跨地铁15号线),于万泉河以南转出地面,后下穿北五环沿既有京张线增建第二线至沙河站,沙河站至昌平站区段增建沙昌三线至昌平站,平面引入既有昌平站后经南口镇东侧以隧道穿越军都山,于新八达岭隧道内设八达岭长城站(地下站),出隧道过康庄进入河北省内,于既有线北侧采用地下隧道形式,出隧道后新设东花园北站,沿京藏高速公路跨官厅水库、大秦铁路、京藏高速公路,与既有线并行,下穿京新高速公路后新设怀来站,出怀来站后一路西行经下花园北、宣化北新设站,终至既有张家口南站,新建正线全长173.964 km(图5.56),其中北京市内70.503 km、河北省内103.461 km。全线设有北京北、清河、沙河、昌平、八达岭长城(地下站)、东花园北、怀来、下花园北、宣化北、张家口南等车站,其中八达岭长城站、东花园北、怀来、下花园北、宣化北站为新建车站,其余均为改建车站。北京北、清河、张家口南为始发站,沙河为北京枢纽环线既有接轨站不办理客运业务,其他车站均为客运中间站。该项目建设还包括延庆支线改造工程,线路全长15.675 km,设1个延庆站(改建站),以及北京枢纽、张家口地区相关工程。修建京张高速铁路是国家规划实施的重点建设项目,是世界上第一条设计时速350 km有砟轨道高速铁路,也是世界上第一条设计时速350 km的高寒、大风沙地区的高速铁路。它的建成开通对构建京包快速客运通道,完善京津冀地区一体化进程,实现区域协调发展,繁荣地方经济具有重要意义。同时也是联动北京、延庆、张家口2022年冬奥会三赛区的有力交通工具,不仅能够有力保障冬奥会的顺利举办,更将带动北京科技、金融和人才优势与张家口市优良的环境资源和旅游资源优势深入互补,以高速度、高效益促进京张两地的联动发展。本线可向北进一步延伸,成为内蒙古锡林郭勒盟进京快速客运通道的一段,对构建内蒙古自治区东部地区至京津冀地区快速客运新通道,进一步完善华北地区铁路网具有重要意义。

京张高速铁路的建设单位是北京铁路局、京张城际铁路有限公司,设计单位是中铁工程设计咨询集团有限公司。线路主要技术标准:铁路等级,高速铁路;正线数目,双线;最

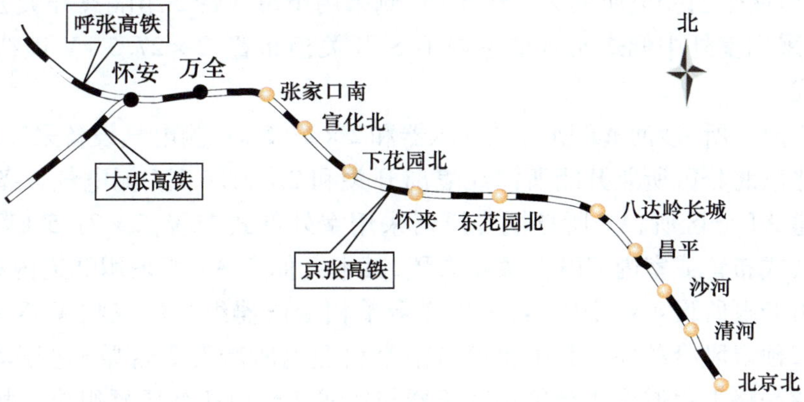

图 5.56　京张高速铁路示意图

大坡度,一般地段 20‰、困难地段 30‰;最小曲线半径,根据不同区段的行车速度合理选用,时速 120 km 的一般地段 1200 m 、困难地段 700 m,时速 160 km 的一般地段 2 000 m、困难地段 1 600 m,时速 200 km 的一般地段 2 200 m、困难地段 2 000 m,时速 250 km 的一般地段 3 500 m、困难地段 3 000 m,时速 350 km 的一般地段 7 000 m、困难地段 5 500 m;到发线有效长度,650 m;设计行车速度,根据沿线的线路控制条件分区段选用:北京北至动车运用所(DK12 +413 ~ DK26 +900)线路长 14. 485 km、120 km/h,动车运用所至北清路(DK26 +900 ~ DK29 + 800)线路长 2. 923 km、160 km/h,北清路至昌平(DK29 + 800 ~ DK44 +400)线路长 14. 606 km、200 km/h,昌平至八达岭西线路所(DK44 +400 ~ DK72 + 800)线路长 28. 539 km、250 km/h,八达岭西线路所至下花园北(DK72 +800 ~ DK135 + 700)线路长 62. 524 km、350 km/h,下花园北至张家口南(DK135 +700 ~ DK194 +210)线路长 50. 887 km、250 km/h;列车运行控制方式,自动控制;行车指挥方式,综合调度集中;牵引种类,电力牵引(大部分区段 AT 供电方式);列车类型,动车组。

5. 56. 1　电气化工程

牵引供电系统,正线清河至张家口南段采用 AT 供电方式,北京北至清河段、延庆支线、张家口站普速场、动车走行线及动车所采用带回流线的直接供电方式。

全线新设清河(黄土店)、八达岭(大浮坨)、新保安、张家口南 4 座牵引变电所。新设北京北分区所兼开闭所;新设南口、四营村、五里台等分区所,延庆支线末端设延庆分区所,改建既有张家口南和闫家屯分区所;新建沙河、九仙庙、太师庄、沙城、董家庄、八里村等 AT 所。

新建牵引变电所引入 2 路独立可靠的 220 kV 电源供电,220 kV 电源侧采用线路变压器组接线,清河(黄土店)和八达岭(大浮坨)牵引变电所 220 kV 电源侧配电装置采用室内布置,新保安和张家口南牵引变电所 220 kV 电源侧配电装置采用室外中低式布置,且各设备用电源自动投入装置,同时设 2 组电压互感器,以供高压计量、测量及备用电源自动投入使用。清河和八达岭牵引变电所的 2 × 27. 5 kV 侧采用单母线接线,配电装置采用室内布置,2 × 27. 5 kV 馈线采用上下行互为备用方式,上下行联络开关设在接触网上。

新保安、张家口南牵引变电所的 2 ×27.5 kV 侧采用单母线带 2 组隔离开关分段的接线方式,配电装置采用室外中低式布置或室内 GIS 开关柜布置,2 ×27.5 kV 馈线断路器采用固定备用方式。

新建南口分区所、沙河 AT 所自耦变压器和 2 ×27.5 kV 侧电气设备采用户内布置,延庆分区所和北京北分区所兼开闭所馈线隔离开关和 2 ×27.5 kV 侧电气设备采用户内布置。其他新建 AT 分区所、AT 所自耦变压器采用室外低式布置,2 ×27.5 kV 侧配电装置采用室外中低式布置或室内 GIS 开关柜布置,其中九仙庙 AT 所采用隧道内布置。

新建牵引变电所设 4 台变压器,采用 2 台单相变压器组成的三相 V/X 接线、固定备用、自冷方式,预留风冷条件。其中张家口南牵引变电所新设 2 台单相变压器,再由张家口至呼和浩特铁路工程增设 2 台单相变压器与本线 2 台单相变压器组成三相 V/X 接线、固定备用方式。各牵引变电所变压器安装容量:清河为 2 ×(20 +25) MV · A、八达岭和新保安为 2 ×(40 +40) MV · A、张家口南为 2 ×(31.5 +31.5) MV · A。

AT 分区所自耦变压器安装容量:南口为(2 ×20 +2 ×25) MV · A、四营村为(2 ×32 +2 ×32) MV · A、五里台为(2 ×25 +2 ×25) MV · A。AT 所自耦变压器安装容量:沙河为 2 ×25 MV · A、九仙庙为 2 ×40 MV · A、太师庄为 2 ×40 MV · A、沙城为 2 ×40 MV · A、董家庄为 2 ×32 MV · A、八里村为 2 ×32 MV · A。

牵引变电所、开闭所、分区所、AT 所自用交流电源,1 路外接 10 kV 电力贯通线电源,1 路从所内 27.5 kV 母线接引电源。分区所、AT 所、开闭所采用 2 路 10 kV 电源。

新建牵引变电所、分区所、AT 所、分区所兼开闭所采用微机保护和设有远动终端的综合自动化系统及安全监控系统。牵引变电所、开闭所、分区所、AT 所按无人值班设计,牵引变电所适当考虑值守条件。新设牵引供电远动调度纳入北京铁路局既有客运专线调度所新建京张高速铁路电力调度台管理。利用所建的综合数据采集与远程监控(SCADA)系统,对全线牵引供电设施及电力供电设施进行集中监控。

接触网悬挂,昌平至张家口南正线接触网采用全补偿弹性链型悬挂,北京北至昌平段采用全补偿简单链型悬挂,站线接触网采用全补偿简单链型悬挂,动车运用所检查库内采用带弹性吊索的简单悬挂。隧道内采用吊柱安装接触悬挂,清华园隧道盾构段采用后植锚栓安装,其他隧道内采用预埋槽道安装,采用预埋槽道的隧道采用 T 形螺栓安装接触悬挂。改建铁路的部分接触网维持既有悬挂方式。

北京北至昌平段露天区段接触悬挂结构高度一般为 1 400 mm(隧道内适当降低),昌平至张家口南段露天区段接触悬挂结构高度一般为 1 600 mm,双线隧道内接触悬挂结构高度一般为 1 600 mm,隧道内绝缘关节处接触悬挂结构高度为 1 400 mm。清华园隧道内接触悬挂结构高度为 1 000 mm,其他线路接触悬挂结构高度一般为 1 400 mm。正线北京北至清华园隧道出口段的接触线悬挂高度为 5 500 mm,清华园隧道出口至昌平段接触线悬挂高度为 6 000 mm(清华园隧道内接触线悬挂高度为 5 500 mm),正线其他区段悬挂点处工作支接触线距轨面的高度为 5 500 mm,接触线最低点距轨面的高度不应小于 5 300 mm。其他线路接触线悬挂点高度为 6 000 mm。

京张正线接触线采用 150 mm^2 的铜合金导线,承力索采用 120 mm^2 的铜合金绞线;站线和联络线接触线采用 120 mm^2 的铜合金导线，承力索采用 95 mm^2 的铜合金绞线。动车检查库内接触线采用 150 mm^2 的铜合金导线，动车走行线接触线采用 120 mm^2 的铜合金导线，承力索采用 120 mm^2 的铜合金绞线；延庆支线接触线采用 120 mm^2 的铜合金导线，承力索采用 120 mm^2 的铜合金绞线。高速区段与正线相交的道岔采用无交叉线岔方式、与非正线交叉的道岔采用交叉线岔方式。正馈线、保护线等附加导线采用铝包钢芯铝绞线。

接触网绝缘泄漏距离不小于 1 400 mm，严重污秽地区可适当加强绝缘。25 kV 绝缘子及绝缘器件的泄露距离不小于 1 600 mm；正线上下行间、分场分束供电的横向分段绝缘泄露距离不小于 2 000 mm、困难情况下不小于 1 600 mm。全线 27. 5 kV 绝缘子均采用复合绝缘子，腕臂用绝缘子其抗弯强度为 16 kN，其中官厅水库特大桥钢桁梁上腕臂用绝缘子其抗弯强度为 20 kN。在牵引变电所、分区所处设电分相，电分相采用锚段关节式空气间隙绝缘电分相，中性段设电动双极隔离开关与两侧接触网相连，并纳入远动系统。

接触网支柱，路基区段的腕臂柱采用 H 型钢柱。车站及多线并行区段优先采用线间立柱，线间距不允许时采用轻型硬横梁和等径圆钢管柱。北京北站、清河站接触网利用部分车站雨棚柱安装，昌平站接触网采用硬横跨与车站雨棚合架。

接触网支柱跨距，正线路基区段一般为 55 m，隧道内跨距一般为 50 m，桥上根据桥梁孔跨形式确定，一般不超过 50 m。北京北至昌平的困难地段及官厅水库特大桥箱梁与钢桁梁衔接处按照相邻跨距比不大于 1:1. 25 控制。

绝缘锚段关节一般采用五跨形式，联络线、东北环线、动车所内的绝缘关节采用四跨形式。中间站两侧设绝缘关节，并在开口侧设常闭电动隔离开关。露天及隧道内非绝缘锚段关节一般采用五跨形式，清华园隧道内安装条件受限采用四跨非绝缘锚段关节，联络线、东北环线、动车所内的非绝缘锚段关节采用四跨形式。

一般情况下正线双边补偿时的最大锚段长度不大于 2×700 m，单边补偿时的锚段长度为上述值的 50%。站线的最大锚段长度不大于 2×850 m、困难时不大于 2×900 m。附加导线最大锚段长度一般不大于 2 000 m。正线锚段采用防断防窜中心锚结，站线有条件时采用防断防窜中心锚结，无条件时采用防窜中心锚结。

接触网下锚补偿一般采用棘轮补偿装置，联络线、支线等其他线路采用滑轮组补偿装置。

新建北京北动车运用所、昌平、怀来、张家口南供电工区。对既有张家口南供电抢修车间按高速铁路标准补强，负责本线牵引供电及电力设施的运营维护和管理工作。

5.56.2　电力工程

全线新设 1 条一级负荷 10 kV 贯通线和 1 条综合负荷 10 kV 贯通线。新建 10 kV 贯通线采用截面为 70 mm^2 的铜质电缆，分别沿铁路两侧电缆槽道敷设。延庆支线新设 1 条一级负荷 10 kV 贯通线和 1 条综合负荷 10 kV 贯通线，新建 2 条 10 kV 贯通线从八达岭长城 10 kV 配电所至延庆站通信信号变电所采用电缆敷设。

新设北京北动车所、八达岭长城、怀来、下花园北、张家口南等 10 kV 配电所，新建10 kV 配电所一般引入 2 路地方电源供电。按原规模还建受线路影响拆迁的沙城 10 kV 配电所和张家口机务段及车辆段低压变电所;增容改造北京北和沙河 10 kV 配电所给本线供电。新建 10 kV 配电所原则上与牵引变电所、分区所、AT 所或工区等设施合建。

设有 10 kV 配电所的车站,在新建站房设 10/0.4 kV 变电所,从 10 kV 配电所站馈线接引 2 路电源给车站站房综合用电负荷供电。没设 10 kV 配电所的车站,在新建站房设 10/0.4 kV 变电所,从地方公共电网接引 2 路电源给车站站房综合用电负荷供电。

各车站通信信号等一级负荷设室内 10/0.4 kV 专用变电所供电,电源分别引自 2 路 10 kV 电力贯通线。区间通信信号等一级负荷设箱式变电站供电,电源引自 2 路 10 kV 贯通线。

车站咽喉区道岔融雪设备用电负荷,根据融雪控制柜的分布设 10/0.4 kV 箱式变电站供电,就近从 10 kV 配电所或站内 10/0.4 kV 变电所接引 1 路电源。

动车运用所检查库用电负荷,设 10/0.4 kV 变电所或箱式变电站供电,从 10 kV 配电所不同母线段分别接取 1 路 10 kV 电源。

延庆站、东红寺线路所及延庆支线上的用电负荷,分别设 10/0.4 kV 变电所或箱式变电站供电,从 2 路 10 kV 贯通线接引电源。

大于 5 km 的隧道配备的消防给水设备、通风设备、防灾救援系统现场设备等用电负荷,分别设箱式变电站供电,分别从 2 路 10 kV 贯通线各接引 1 路电源。清华园隧道、新八达岭隧道通风负荷较大,单独从 10 kV 配电所站馈线接引电源供电。

区间其他用电负荷,根据负荷分布和负荷性质,在负荷集中处分别设箱式变电站或杆架式变电台供电,优先从地方电网接引电源供电,无条件接引地方电源的从综合负荷10 kV贯通线接引电源供电。

新建 10 kV 配电所,增容改造的北京北 10 kV 配电所采用综合数据采集及远程监控(SCADA)系统,纳入北京铁路局客运专线电力调度所,增容改造的沙河 10 kV 配电所纳入北京供电段调度所,在北京供电段设终端设备,对供电设施进行监控和管理。

在北京北动车所、昌平、怀来、张家口南新建供电工区,并对既有张家口南供电抢修车间按高速铁路标准进行补强,负责本线牵引供电及电力设施的运营维护和管理工作。

5.56.3　通信工程

北京北至张家口南间、八达岭西站至延庆站间(延庆支线)沿新建铁路两侧各敷设1 条 48 芯长途通信光缆。

为满足信号计轴自动闭塞通道的需求,正线车站至相关既有线接轨车站间新设不同芯数的通信光缆:沙河站至昌平站沿京张正线利用既有槽道敷设 2 条 24 芯光缆;沙河站至后章村站(京包线)沿既有线敷设 2 条 24 芯光缆;沙河站经二拔子线路所至黄土店站(东北环线)沿京张正线和既有线利用既有槽道敷设 2 条 24 芯光缆;昌平站至七间房线路所(京通线)沿京通疏解线和京通改建线敷设 2 条 24 芯光缆;延庆站至八达岭站(京包线)沿既有线敷设 2 条 24 芯光缆;八达岭长城站至八达岭西线路所沿京张正线利用既有槽道敷设 2 条 24 芯光缆;南口站至七间房线路所至昌平北站沿既有线敷设 1 条 24 芯光缆。长度大于 5 km 的隧道,为满足隧道救援有线电话系统组网的需要,在隧道两侧各敷设 1 条 3×4×0.9 的低频对称电缆。

传输系统，全线新设光传送网（OTN）骨干传输系统，采用40波每波长10 Gbit/s和每波长100 Gbit/s混合传输系统组网，初期配备10波10 Gbit/s及2波100 Gbit/s线路容量。在北京北、昌平、八达岭长城、下花园北、张家口南站设光分插复用器（OADM）节点设备。在北京北、张家口南与北京铁路局既有OTN系统互联互通。

全线新设SDH 10 Gbit/s长途传输系统，在北京北、张家口通信站及沿线主要车站（线路所）设SDH 10 Gbit/s ADM设备，利用新建2条48芯光缆中的各2芯光纤构成复用段1+1保护。

新设SDH 2.5 Gbit/s车站接入网系统，在北京北、张家口通信站及沿线车站（线路所）、动车所设SDH 2.5 Gbit/s ADM设备，利用新建2条48芯光缆中的各2芯光纤构成复用段1+1保护。

利用北京枢纽既有传输网，为本工程北京北至北京客运专线调度所新增业务系统提供传输通道。

新设SDH 622 Mbit/s区间接入网系统，区间通信基站、牵引变电所、分区所、AT所、信号中继站等信息接入点设SDH 622 Mbit/s设备，在相邻车站之间组成3个2纤通道保护环（即奇数通信基站传输环、偶数通信基站传输环、信号中继站和牵引供电节点传输环），并接入相邻车站SDH 2.5 Gbit/s接入网系统。

站内站房、信号楼、电力配电所、牵引变电所、综合维修车间/工区、公安派出所等信息接入点设SDH 622 Mbit/s设备，利用站内新设光缆构成SDH 622 Mbit/s 2纤通道保护环。并接入车站SDH 2.5 Gbit/s设备。在警务区设SDH 622 Mbit/s一体化设备，通过邻近传输节点接入SDH 622 Mbit/s接入网系统。

在北京铁路局客运专线调度所新设传输系统网管设备。北京北和张家口通信站新设接入系统网管设备，综合维修工区新设传输和接入系统网管复示终端，对全网进行故障管理、配置管理、性能管理和安全管理等。

新设数据网，利用北京铁路局既有数据网核心路由器，在张家口南、北京北新设汇聚路由器，沿线车站（线路所）、动车运用所新设接入路由器，负责本地数据的接入。接入路由器之间采用光纤联接，按照归属范围将接入路由器通过传输通道接入汇聚路由器，再上联至核心层路由器，实现数据业务的转发与汇聚。在北京铁路局调度所新设1套数据网网管设备，对全线数据网和设备进行统一管理，并完成管理信息的交换及安全管理、配置管理、故障管理和性能管理。

电话交换系统，利用北京、张家口地区的既有电话交换机和北京的既有软交换NGN（下一代网络）平台，全线新设GPON（千兆无源光网络）接入系统，各车站设GPON光线路终端设备（OLT），各车站（线路所）、信号中继站、综合维修车间/工区、牵引变电所、分区所、AT所、电力配电所、公安派出所、警务区等信息接入点新设GPON光网络单元（ONU），沿线新增自动电话用户通过ONU设备及GPON接入网按归属范围分别接入OLT设备和北京、张家口的电话交换机。通过统一编号组网，实现与既有铁路电话专网的互通。

新设数字调度通信系统,利用北京铁路局客运专线调度所既有数字调度通信交换机,根据实际需要扩容,并增设数字调度通信系统调度员操作台。沿线车站(线路所)、动车运用所设车站型数字调度通信交换机、调度分机和车站值班台等设备,其他相衔接的车站(所)既有调度分机设备利旧改造。按照调度区划分将各站调度分机等设备通过传输通道接入路局调度所中心调度交换机和调度通信系统,并新设 1 个本线调度台,负责昌平至张家口南的行车调度指挥;北京北至昌平(含)由北京枢纽既有调度台管辖;其他相衔接的线路维持既有调度台管辖不变。

新设 GSM-R 移动通信系统,利用北京铁路局既有 GSM-R 核心网设施,根据需要扩容,并新设 1 套基站控制器(BSC)、速率适配单元(TRAU)及分组控制单元(PCU)设备,其容量应满足本线及崇礼铁路、张呼铁路(北京铁路局管段)通信基站接入的需求,并新设 GSM-R 接口监测系统。沿线设通信基站,八达岭西线路所至下花园北站采用单网交织覆盖方式组网;其他区段采用单网覆盖方式组网。通过传输通道将通信基站接入 BSC 设备和铁路局的 GSM-R 交换机。区间和隧道内弱场区采用光纤直放站、漏泄电缆和天线方式增强,以满足无线场强覆盖和信息传输的需要,完成调度通信、调度命令信息和无线车次号校核信息传送等功能。

新设会议电视系统,在北京铁路局调度所新设会议电视多点控制单元(MCU)、网守(GK)、网关(GW)等设备,各车站(线路所)、动车运用所和综合维修工区分别设会议电视分会场设备,通过传输通道接入铁路局既有会议电视中心系统。由网管系统完成会议电视系统的安全管理、配置管理、故障管理和性能管理。

新设应急通信系统,在昌平、怀来和张家口南等通信工区新设应急通信系统现场接入设备,通过传输通道接入北京铁路局调度所既有应急通信中心系统,可为本线现场和相应的应急救援指挥中心提供话音、数据及图像信息的采集及传输。

5 km 及以上的隧道设隧道救援有线应急电话系统,利用北京铁路局调度所既有隧道报警电话中心交换机,根据需要进行扩容,并增设报警调度台,八达岭车站设报警电话接入交换机,负责隧道报警电话机[隧道内事故报警话机设在综合洞室处、隧道两侧(间隔 500 m 设 1 处)]的接入;5 km 以上隧道上下行车站设报警调度台,车站报警调度台通过传输系统接入铁路局调度所既有报警电话中心交换机。

通信电源,沿线各新建通信设备机房设 48 V 高频开关电源和蓄电池组及 UPS 不间断电源设备。并设通信电源和机房环境监测系统及采集设备,在北京北通信站新设电源和机房环境监控中心和数据库服务器、操作终端、网络设备等。沿线各通信设备机房设运程测控单元(RTU)设备,通过联网监测和数据采集,实现对通信电源及机房环境条件的实时监控。

在昌平、怀来新设通信工区,利用张家口南既有通信工区,负责通信设施的运营维护和管理。

5.56.4　信号工程

车站联锁,北京北站至张家口南站(高速场)各车站、线路所、北京北动车运用所、张家口南站(普速场)、延庆支线的延庆站新设硬件安全冗余型计算机联锁设备和信号智能电源屏及不间断电源。其中沙河站及昌平站计算机联锁设备由站前站改过渡工程实施,并在信号工程中对联锁设备进行修改。其中二拨子线路所、八达岭西线路所分别在沙河站及八达岭长城站信号楼各设 1 套线路所联锁远程控制设备,在北京北动车运用所边跨内设 1 套计算机联锁远程控制终端,远程控制终端与线路所及动车所信号楼的信号机房设备间采用光纤连通。清河站与动车运用所间采用调车方式。

根据车站(场)道岔设计类型,车站及线路所新设道岔配备交流转辙机及缺口监测装置,直向通过时速 160 km 及以上的道岔配备密贴检查器,将报警信息纳入信号集中监测系统。动车组进路上的道岔设道岔融雪装置。

大站正线、股道及中小站列车进路区段采用与区间相同制式的 ZPW-2000 有绝缘移频轨道电路(沙河站仅正线采用与区间相同制式的 ZPW-2000 有绝缘移频轨道电路),分路不良区段采用高压脉冲轨道电路,动车运用所及其他进路区段采用 97 型 25 Hz 相敏轨道电路。

车站(线路所)站内轨道电路采用铝护套内屏蔽数字信号电缆,其他信号设备采用非数字信号电缆。

北京北至张家口南采用调度集中(CTC)系统,北京北至张家口南(高速场)各车站、线路所、延庆站及北京北动车运用所设 CTC 分机设备、网络信息安全和通道质量监督等设备。其中沙河站及昌平站 CTC 分机设备由站前站改过渡工程实施,这里仅对 CTC 车站分机设备进行修改。二拨子线路所、八达岭西线路所分别在沙河站及八达岭长城站信号楼内各设 1 套线路所 CTC 远程控制终端。沙城站、张家口南站(普速场)新设 TDCS 分机设备;其他相衔接的车站维持既有 TDCS 分机设备利旧改造。按照调度区划分通过调度网将调度分机等设备接入北京铁路局调度所 CTC/TDCS 总机系统,并新设 1 个本线列车调度台,增设相应的应用和通信服务器、网络信息安全及通道质量监督等设备,负责昌平至张家口南的行车调度指挥;北京北至昌平(含)段由北京枢纽既有调度台管辖。其他相关车站维持既有调度台管辖不变。

列车运行控制系统,北京北至张家口南站正线及延庆支线采用 CTCS-3 级(兼容 CTCS-2 级)列控系统。张呼铁路采用的是 CTCS-2 级列控系统,故在张家口南高速场与张呼铁路京包某中继站之间设 CTCS-3/2 级级间转换点。北京北动车运用所距离清河站站距较短,动车走行线长约 406 m,故将动车组以调车模式进入动车运用所,动车运用所不设列控中心。

在北京北站设无线闭塞中心(RBC)和临时限速服务器,负责本线临时限速命令的管理。沿线车站(线路所)和信号中继站设信号安全数据网接入设备、列控中心(TCC),电子编码单元 (LEU)和应答器等设备。其他相关车站既有 TCC 设备利旧改造。新设 TCC 之间通过安全数据网进行联接,实现 TCC 之间及与车站联锁之间的安全信息传输。所设 TCC 具备轨道电路编发码、运行方向和闭塞控制、站间安全信息传输、应答器报文实时组帧和编码及校验、区间占用逻辑检查等功能,并将自诊断和故障报警信息通过以太网接口发送至信号集中监测系统。

区间闭塞制式,本工程正线及延庆支线采用 ZPW-2000 系列四显示自动闭塞,按双线双方向运行,正向采用自动追踪间隔运行、反向采用自动站间闭塞行车。北京北站至昌平站兼顾普速列车及货车运行,设区间地面通过信号机;昌平站至张家口南高速场及延庆支线不设区间地面通过信号机,在闭塞分区分界点设信号标志牌。本线与相邻线路采用自动站间闭塞制式,区间列车占用检查优先采用轨道电路,站间距较大的采用计轴设备。

采用四显示自动闭塞的区段采用 ZPW-2000 系列无绝缘移频轨道电路,其发送和接收设备按冗余配置,采用列控中心(TCC)电子编码,利用 TCC 安全数据网传送站间信息。ZPW-2000 系列轨道电路干线电缆采用铝护套内屏蔽数字信号电缆,电缆的有效传输长度一般按 7.5 km 控制,个别困难地段按 10 km 控制。

新设信号集中监测系统,沿线各车站(所)和信号中继站设集中监测分机设备;沙河站及昌平站集中监测分机设备由站前站改过渡工程实施,这里仅进行相应修改;各信号维修车间、信号值班工区设监测终端设备。通过监测网接入北京电务段信号集中监测总机系统,并对总机系统相关设备升级改造。

正线及延庆支线设综合接地系统,沿铁路敷设截面为 70 mm^2 的铜质贯通地线,在电气特性上全程贯通,接地电阻不应大于 1 Ω,形成低阻综合接地平台。沿线轨旁信号设备接地后就近与贯通地线等电位连接。

沿线新建和既有信号设备房屋设防雷电、电磁兼容和综合接地防护系统,并与贯通地线等电位连接。

新设清河和张家口南信号维修车间,以及清河和张家口南信号集中检修工区,各车站(线路所)设信号值班工区。负责信号设施的运营维护和管理。

5.56.5 自然灾害及异物侵限监测系统

针对本线地理环境和气候条件及工程特点,沿线设风速风向、雨量、雪深、地震预报及公路跨铁路异物侵限等监测系统,在车站通信机械室、区间通信基站等处设监控单元、网络设备。在铁路沿线近 20 年极大风速值超过 15 ~ 25 m/s 的区段设风速风向监测点,在沿线山区垭口、峡谷、河谷、桥梁及高路堤等区段每隔适当距离设风速风向监测点,风速风向计按双套设置。

在艰险山区铁路易发生滑坡、泥石流及危岩、落石或崩塌地段设雨量监测点。有砟轨道线路连续路基地段每 15 ~ 20 km 设 1 处雨量监测点,无砟轨道线路连续路基地段每 20 ~ 25 km 设 1 处雨量监测点,雨量计按单台配置。

在沿线近 20 年最大积雪深度 3 cm 及以上的区段设置雪深监测点,平原区域每30 km 设 1 处,山区每 20 km 设 1 处。曲线路堑地段、线路低填方地段、挖方地段、隧道口等易产生积雪处适当增设,雪深计按单台配置。

在沿线地震动峰值加速度 0.10g 及以上的牵引变电所、AT 所及分区所内设地震监测点,地震仪按双套配置。

在沿线公路跨铁路桥梁的两侧设异物侵限监测设备,通过传输通道接入北京铁路局既有灾害监测中心系统,并增设相应的通信和应用服务器。

参加线路工程施工的有中铁大桥局，中铁三局、五局、六局、十四局、十八局集团等单位。中铁电气化局集团有限公司和中国铁路通信信号股份有限公司联合体承担四电系统集成工程的施工。

线路工程于 2016 年 4 月 29 日开工，2018 年 11 月 1 日开始铺轨。四电系统集成工程于 2018 年 8 月 16 日在河北沙城立下接触网第一杆。2018 年 12 月 27 日在河北怀来至下花园区段成功架设了第一条接触网导线，标志着站后四电工程进入接触网上部组网施工阶段。2019 年 6 月 12 日完成全线铺轨。2019 年 10 月 5 日开始联调联试，2019 年 12 月 3 日开始试运行。2019 年 12 月 30 日全线正式开通运营。

5.57　崇礼铁路

新建崇礼铁路位于河北省张家口市，南起京张高速铁路的下花园北站，往北途经下花园区、宣化区、赤城县、北迄崇礼区太子城奥运村，大致呈南北走向，线路全长 52.84 km（图 5.57），其中桥梁累计长度 19.441 km，隧道累计长度 22.732 km，桥隧占比达到 78.33%。线路具体走向：自京张高速铁路下花园北站西端咽喉设计起点（DK138 +792.8）引出，上跨京张铁路、京藏高速公路后，于李大人庄东侧预留赵川南站，之后至红庙湾上跨既有宣赵铁路，经赵川镇西侧北行，至黄土坡东侧上跨张（家口）唐（山）铁路，经小白阳至前坝口以连续 3 个隧道越岭至太子城村设太子城站，出站后上跨省连 74 号公路至设计终点太子城奥运村（DK53 +039.86）。全线新设1 座太子城车站、预留赵川南车站。崇礼铁路是我国华北区域铁路网中新建京张高速铁路的 1 条支线，主要服务于冬奥会崇礼赛区、崇礼县旅游资源开发和当地居民出行，是京津冀地区城际铁路网的组成部分。远期可进一步向崇礼方向延伸，成为内蒙古锡林郭勒盟进京快速客运通道的一段，对于构建内蒙古自治区东部地区至京津冀地区快速客运新通道，进一步完善华北地区铁路网具有重要意义。

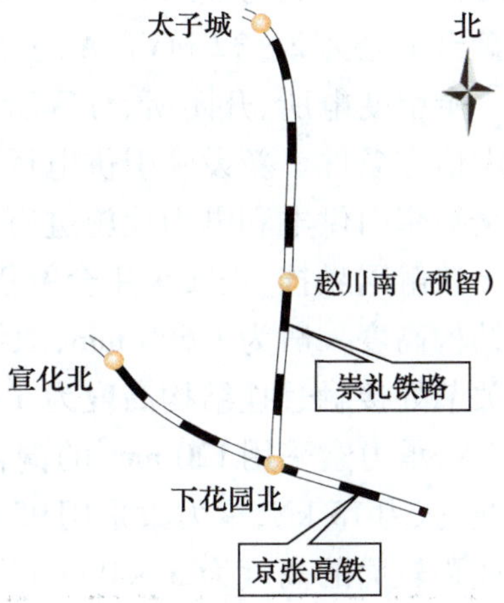

图 5.57　崇礼铁路示意图

崇礼铁路的建设单位是北京铁路局、京张城际铁路有限公司，设计单位是中铁工程设计咨询集团有限公司。线路主要技术标准：铁路等级，高速铁路；正线数目，双线；正线线间距，4.6 m；最大坡度，30‰；最小曲线半径，一般地段 3 500 m、困难地段 3 000 m，下花园北出站端结合行车速度最小半径采用 2 000 m；到发线有效长度，650 m；速度目标值，250 km/h；列车运行控制方式，列车超速防护 CTCS-3；调度指挥方式，调度集中；牵引种类，电力（AT 供电方式）。

5.57.1　电气化工程

牵引供电系统，下花园北至太子城段采用 AT 供电方式。全线新设小白杨牵引变电所,新设下花园北 AT 所兼开闭所,孙家庄、太子城 AT 分区所,新兴堡、正盘台 1 号、正盘台 2 号 AT 所。

新建牵引变电所引入 2 路 220 kV 电源供电,220 kV 电源侧采用线路变压器组接线,配电装置采用室外中低式布置。并设备用电源自动投入装置,以实现两线路变压器组之间的互为备用供电,设 2 组电压互感器,以供高压计量、测量及备用电源自动投入使用;2 ×27. 5 kV 侧母线采用单母线带 2 组隔离开关分段的接线方式,配电装置采用室外中低式布置。2 ×27. 5 kV 馈线断路器采用固定备用方式。新建 AT 开闭所、AT 分区所、AT 所自耦变压器采用室外低式布置,2 ×27. 5 kV 配电装置采用室外中低式布置。

新建小白杨牵引变电所设 4 台变压器、分成 2 组,采用固定备用、三相 V/X 接线方式。变压器安装容量为 2 ×(31. 5 +31. 5) MV · A。AT 分区所自耦变压器安装容量:孙家庄为(2 ×25 +2 ×25) MV · A、太子城为 2 ×25 MV · A。下花园北 AT 所兼开闭所自耦变压器安装容量为 2 ×32 MV · A。AT 所自耦变压器安装容量:新兴堡为 2 ×32 MV · A、正盘台 1 号为 2 ×32 MV · A、正盘台 2 号为 2 ×32 MV · A。

牵引变电所、开闭所、分区所、AT 所采用微机保护,按无人值班设计,牵引变电所适当考虑值守条件。新设牵引供电远动调度纳入北京铁路局京张高速铁路电力调度台管理,对全线牵引供电和电力设施进行集中监控。

接触网悬挂,正线采用全补偿弹性链型悬挂,站线采用全补偿简单链型悬挂,接触悬挂结构高度一般为 1 600 mm,双线隧道内接触悬挂结构高度一般为 1 600 mm,隧道内绝缘关节处接触悬挂结构高度为 1 400 mm。正线接触线采用 150 mm^2 的铜合金导线,张力 25 kN,承力索采用 120 mm^2 的铜合金绞线,张力 20 kN;站线接触线采用 120 mm^2 的铜合金导线,张力 15 kN,承力索采用 95 mm^2 的铜合金绞线,张力 15 kN。接触悬挂点处工作支接触线距轨面的高度为 5 500 mm,接触线最低点距轨面的高度不小于 5 300 mm。附加导线采用铝包钢芯铝绞线。

接触网绝缘泄漏距离,25 kV 绝缘子及绝缘器件的泄漏距离不小于 1 600 mm,正线上下行间、分场分束供电的横向分段绝缘泄漏距离不小于 2 000 mm、困难情况下不小于 1 600 mm。全线 27. 5 kV 绝缘子采用复合绝缘子。在牵引变电所、分区所处设电分相,采用 6 跨锚段关节式空气间隙绝缘电分相,中性段设电动双极隔离开关与两侧接触网相连,并纳入远动。

接触网支柱,全线路桥地段的腕臂柱采用 H 型钢柱。隧道内吊柱采用等径钢管柱,车站多线并行区段采用硬横跨和等径圆钢管柱。太子城车站接触网利用部分雨棚柱安装,合架支柱采用等径钢管柱。

接触网支柱跨距,正线路基地段一般为 60 m;隧道内一般为 50 m,桥上根据桥梁孔跨形式确定,一般不超过 50 m。附加线最大跨距不大于 30 m。

绝缘锚段关节一般采用五跨关节。露天及隧道内非绝缘锚段关节一般采用五跨非绝缘锚段关节。一般情况下,正线双边补偿时的最大锚段长度不大于 2 ×700 m,单边补偿时的锚段长度应为上述值的 50%。站线的最大锚段长度不大于 2 ×850 m、困难时不大于 2 ×900 m。附加导线的最大锚段长度一般不大于 2 000 m。

接触悬挂全补偿下锚采用棘轮补偿装置。正线锚段采用防窜防断中心锚结，站线有条件时采用防断防窜中心锚结，无条件时采用防窜不防断中心锚结。

在太子城设综合工区和供电工区，负责本线牵引供电设施的运营维护，归由北京铁路局北京供电段管理。

5.57.2　电力工程

下花园北站至太子城段新设 1 条综合负荷 10 kV 贯通线和 1 条一级负荷 10 kV 贯通线。新建 10 kV 贯通线采用截面为 70 mm^2的铜芯电缆。新建太子城 10 kV 配电所，从地方电网接引 2 路电源供电。与京张高速铁路统筹设计建设下花园北 10 kV 配电所。

设有 10 kV 配电所的太子城站在新建站房设 10/0.4 kV 综合变电所为综合负荷供电，分别从 10 kV 配电所不同母线段各接引 1 路电源；并在新建信号综合房屋内设 10/0.4 kV 通信信号专用变电所，分别从 2 路 10 kV 贯通线各接引 1 路电源，为车站通信信号一级负荷供电。

车站咽喉区道岔设融雪装置，根据融雪控制柜的分布，设 10/0.4 kV 箱式变电站供电，就近从 10 kV 配电所或站房 10/0.4 kV 综合变电所接引 1 路电源。

区间通信基站、光纤直放站、信号中继站用电负荷设箱式变电站供电，分别从 2 路 10 kV贯通线各接引 1 路电源。

沿线隧道照明、通风、防灾救援系统用电负荷，充分利用就近为通信信号设备供电的箱式变电站供电。

新建 10 kV 配电所采用微机保护及综合自动化装置，新设电力远动系统，纳入北京铁路局客专电力调度所管理，并在北京供电段设复示终端。

5.57.3　通信工程

下花园北至太子城沿新建铁路两侧各敷设 1 条 48 芯长途通信光缆。

从铁路一侧干线光缆分歧引入区间通信基站 2 条 12 芯光缆，从铁路干线光缆分歧引入区间信号中继站或电气化所亭 1 条 24 芯光缆。区间光纤直放站远端机至近端机敷设 1 条 12 芯光缆。为满足综合视频监控系统组网的需要，区间信息采集点至区间视频监控接入节点设 1 条 24 芯光缆。

传输系统，全线新设光传送网（OTN）系统，采用 40 波每波长 10 Gbit/s 和每波长 100 Gbit/s混合传输系统组网，初期配备 10 波 10 Gbit/s 及 2 波 100 Gbit/s 线路容量。在太子城站设光分插复用器（OADM）节点设备，接入京张高速铁路所建的 OTN 传输系统统一组网。

下花园北至太子城站新设 SDH 10 Gbit/s 长途传输系统，新建车站设 SDH 10 Gbit/s 设备。利用新建 2 条 48 芯光缆构成复用段 1 +1 保护，在下花园北站与京张高速铁路的 SDH 10 Gbit/s 设备互联。

下花园北至太子城站新设 SDH 2.5 Gbit/s 接入网系统，新建车站设 SDH 2.5 Gbit/s 设备。利用新建 2 条 48 芯光缆构成复用段 1 +1 保护，在下花园北站与京张高速铁路的

SDH 2.5 Gbit/s 设备互联。

新设 SDH 622 Mbit/s 区间接入网系统,沿线 GSM-R 通信基站、牵引变电所亭、信号中继站等信息接入点设 SDH 622 Mbit/s 设备,与相邻车站 SDH 2.5 Gbit/s 设备节点构成 3 个 SDH 622 Mbit/s 2 纤复用段保护环(其中 1 个通信基站传输环、信号中继站和牵引供电节点传输环、1 个备用传输环)。在区间警务区设一体化 SDH 622 Mbit/s 传输设备,接入邻近传输节点纳入 SDH 622 Mbit/s 接入网系统。

站内站房、信号楼、电力配电所、牵引变电所、综合维修车间/工区、公安派出所等信息接入点设 SDH 622 Mbit/s 设备,利用站内新设光缆与本站 SDH 2.5 Gbit/s 设备构成 SDH 622 Mbit/s 2 纤复用段保护环。

电话交换系统,利用北京、张家口地区的既有电话交换机和北京的既有软交换 NGN(下一代网络)平台,全线新设 GPON(千兆无源光网络)接入网系统,太子城站新设 GPON 光线路终端设备(OLT);新建车站、综合维修车间/工区、牵引变电所、分区所、AT 所、电力配电所、信号中继站、公安派出所、警务区等信息接入点新设 GPON 光网络单元(ONU);沿线新增自动电话用户通过 ONU 设备及 GPON 接入网接入 OLT 设备和北京、张家口的既有电话交换机。通过统一编号组网,实现与既有铁路电话专网的互通。

下花园北至太子城站新设数据网,利用北京铁路局既有核心路由器和张家口南的既有汇聚路由器;在太子城站新设接入路由器,负责本地数据的接入,并利用光缆与下花园北站的接入路由器相联。再通过传输通道接入汇聚路由器,上联至铁路局的核心路由器,实现数据业务的转发与汇聚。本工程数据网系统纳入京张高速铁路工程数据网网管系统统一管理。

下花园北至太子城站新设数字调度通信系统,利用北京铁路局调度所既有中心调度通信交换机,在太子城站设车站型调度通信交换机、调度分机和车站值班台,按照调度区段划分,通过下花园北接入铁路局调度所中心调度交换机和调度通信系统,纳入京张高速铁路列车调度台管辖。在铁路局调度所将调度通信交换机与 GSM-R 交换机进行联接,实现有线与无线调度电话的互通。

下花园北至太子城站新设 GSM-R 移动通信系统,利用北京铁路局既有 GSM-R 核心网设施及京张高速铁路所设的基站控制器(BSC)等配套设备,沿线新设通信基站(BTS)(隧道内光纤直放站远端机通过光纤联接相邻 2 个基站),采用单网交织冗余覆盖方式组网,通过传输通道将通信基站接入 BSC 设备和铁路局的 GSM-R 交换机。区间和隧道内弱场区针对具体地形条件采用光纤直放站、基站 + 漏泄电缆和天线方式增强,以满足无线场强覆盖和信息传输的需要。完成调度通信、调度命令信息和无线车次号校核信息传送等功能。

新设会议电视系统,在太子城站、综合维修车间设会议电视分会场设备,通过传输通道接入京张高速铁路工程设在北京铁路局的会议电视中心设备及网管系统统一管理。

新设应急通信系统,在太子城通信工区设应急通信现场接入设备,通过传输通道接入北京铁路局既有应急通信中心系统,可为事故现场和应急救援指挥中心提供话音、数据及图像等信息的采集及传输。

新设隧道应急电话系统,利用北京铁路局既有隧道应急电话中心交换机及京张高速铁路工程所设的隧道应急电话调度台，利用京张高速铁路工程在下花园北站设的隧道应急调度台，在太子城站新设隧道应急电话调度台。在正盘台、太子城隧道邻近的通信基站和信号中继站设隧道应急电话主机，隧道内设有线应急电话、便携式广播等设备，利用隧道内新设的 3×4×0.9 低频对称电缆将应急电话等设备接入隧道应急电话主机，通过光缆接入车站应急电话调度台，再通过传输系统接入铁路局既有隧道应急电话中心交换机及应急电话调度台。

通信电源，沿线新建通信设备机房设 48 V 高频开关电源和蓄电池组及 UPS 不间断电源，并设通信电源和机房环境监控系统及采集设备，实现对通信电源设备和机房环境条件的监控。

5.57.4　信号工程

车站联锁，太子城站新设硬件安全冗余型计算机联锁设备和信号电源屏及 UPS 不间断电源。

太子城站新设道岔配备交流转辙机，直向通过时速 160 km 及以上的道岔设密贴检查器，设视频方式的道岔缺口监测系统，报警信息纳入信号集中监测系统。车站动车组进路道岔设道岔融雪装置。

太子城站列车进路区段采用与区间相同制式的 ZPW-2000 系列有绝缘轨道电路，其他非列车进路区段采用高压脉冲轨道电路。正线间渡线道岔以及安全线采用钢轨喷涂技术处理措施。站内 ZPW-2000 系列轨道电路采用铝护套数字信号电缆，其他信号设备采用非数字信号电缆。

全线采用调度集中（CTC）系统，太子城站新设 CTC 分机设备、信息安全和通道质量监督等设备。按照调度区划分，纳入北京铁路局调度所京张高速铁路调度台管辖。

下花园北（不含）至太子城站采用 CTCS-3 级（兼容 CTCS-2 级）列控系统，在北京北站设 1 套本线的无线闭塞中心（RBC），利用京张高速铁路工程所设的临时限速服务器，负责本线的临时限速命令的管理。新建车站和信号中继站设信号安全数据网接入设备、列控中心（TCC），电子编码单元（LEU）和应答器等设备。下花园北利用京张高速铁路工程所设的 TCC 等设备。新设 TCC 之间通过安全数据网进行联接，实现 TCC 之间及与车站联锁之间的安全信息传输。所设列控中心具有轨道电路编发码、运行方向和闭塞控制、站间安全信息传输、应答器报文实时组帧和编码及校验，并将自诊断和故障报警信息通过以太网接口发送至信号集中监测系统。

区间采用 ZPW-2000 系列自动闭塞制式，按双线双方向运行，正向采用追踪间隔运行、反向采用自动站间闭塞行车。不设区间地面通过信号机，在闭塞分区分界点设信号标志牌，列车运行以车载 ATP（列车自动防护）信号作为行车凭证。

区间采用 ZPW-2000 系列无绝缘轨道电路，其发送和接收设备按冗余配置，并具有设备自监测功能，通过接口设备为信号集中监测系统提供监测信息。区间 ZPW-2000 系列轨道电路干线电缆采用铝护套内屏蔽数字信号电缆，电缆有效传输长度按不大于 10 km 控制，超过规定长度设信号中继站的位置。

新设信号集中监测系统,太子城站及信号中继站设集中监测分机设备,通过监测网接入北京电务段信号集中监测中心系统。

新建信号设备房屋设防雷电、电磁兼容和综合接地防护系统,与房建工程同步实施,并与贯通地线等电位连接。

设综合接地系统,沿新建铁路两侧各敷设1条信号专用贯通地线,在电气特性上全程贯通,接地电阻不应大于1 Ω,形成低阻综合接地平台。沿线轨旁信号设备接地后就近与贯通地线等电位连接。

5.57.5 自然灾害及异物侵限监测系统

针对本线地理环境、气候条件及工程特点,新设风速、雨量、雪深监测及地震预警系统,与京张高速铁路工程同步实施,接入北京铁路局既有灾害监测中心系统。

在铁路沿线近20年极大风速值超过20 m/s的区段、山区垭口、峡谷、河谷、桥梁及高路堤等区段设风速风向监测点和风速风向计(按双套设置)。

在路基地段及艰险山区铁路易发生滑坡、泥石流及危岩、落石或崩塌地段设雨量监测点和雨量计,有砟轨道线路连续路基地段15~20 km设1处;无砟轨道线路连续路基地段20~25 km设1处。

在铁路沿线近20年最大积雪深度3 cm及以上的区段设雪深监测点和雪深计。雪深监测点设视频采集点,实现对雪深情况的监控,并纳入通信专业所设的综合视频监控系统。

在铁路沿线地震动峰值加速度0.10g及以上的区段牵引变电所、AT所及分区所内设地震监测点,地震仪按双套配置。

参加线路工程施工的有中铁四局集团、中铁隧道局集团、中铁二十局集团等单位。中铁电气化局集团有限公司和中国铁路通信信号股份有限公司联合体承担四电系统集成工程的施工。

线路工程于2016年10月9日开工,2018年11月6日开始铺轨。四电工程于2018年9月25日开工。2019年6月12日完成全线铺轨。2019年10月22日开始联调联试,2019年12月3日试运行,2019年12月30日正式开通运营。

5.58 大同至张家口高速铁路

新建大同至张家口高速铁路,自大同枢纽大同南站引出,往东北方向途经山西省大同市阳高和天镇县,河北省张家口市的怀安县,终至张家口至呼和浩特客运专线的怀安站,呈西南东北走向,正线全长140.615 km[DIK44+910.604~改DIK187+150(=大原客专起点DK1+150)](图5.58)。其中山西省内124.748 km,河北省内15.095 km。全线设有大同南、阳高南、天镇、怀安等车站,其中大同南站为新建始发站,阳高南和天镇(与既有京包铁路天镇站合站)站为新建中间站,怀安站为既有接轨站。工程范围还包括新建1个大同南存车场。该线的建成开通与京张高速铁路、张呼和大西客运专线衔接,形成北京—大同—张家口—太原—石家庄—北京环线快速客运网。对拓展快速客运网覆盖范围,完善华北地区快速客运网,推动京津冀协同发展具有重要的意义。

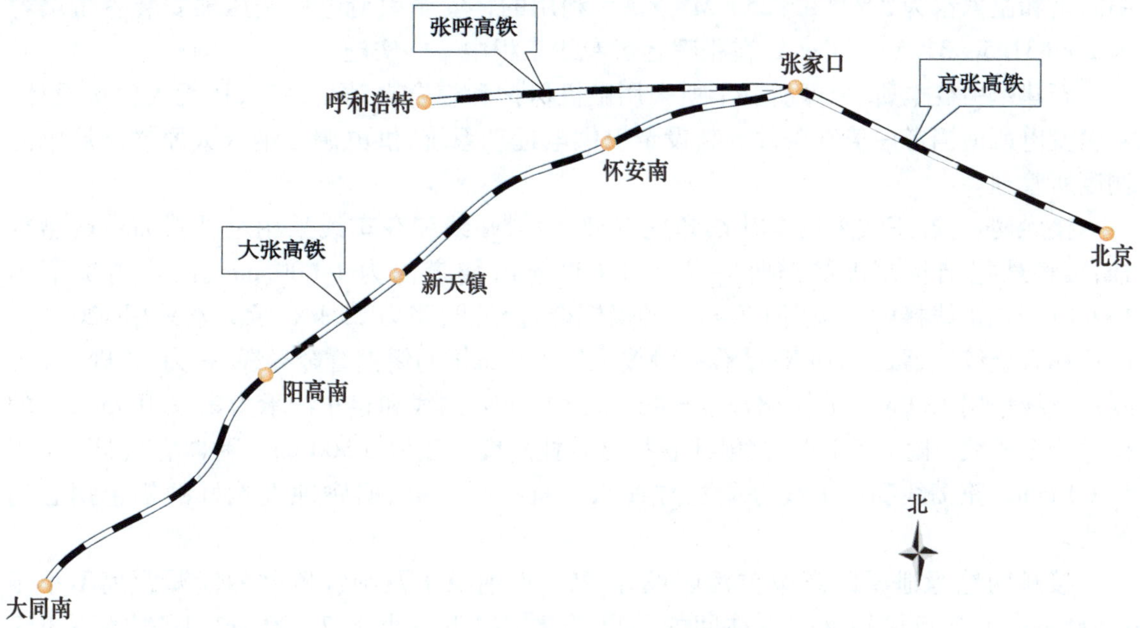

图 5.58　大同至张家口高速铁路示意图

大张高速铁路的建设单位是北京铁路局、京张城际铁路有限公司、大西铁路客运专线有限责任公司,设计单位是中国铁路设计集团有限公司。铁路等级,高速铁路;正线数目,双线;正线线间距,4.6 m;限制坡度,一般地段 20‰、局部困难地段 25‰;最小曲线半径,一般地段 4 000 m、困难地段 3 500 m;到发线有效长度,650 m;设计行车速度,250 km/h;列车运行控制方式,自动控制;行车指挥方式,综合调度集中;牵引种类,电力牵引(AT 供电方式);列车类型,动车组。

5.58.1　电气化工程

牵引供电系统,正线采用 AT 供电方式,动车存车场采用带回流线的直接供电方式。全线新设大同南、阳高南、温家窑 3 座 AT 牵引变电所,利用张家口至呼和浩特客运专线所建的怀安牵引变电所。新设大同南存车场开闭所。新设米庄、聚乐堡、天镇工业园、柴沟堡 4 座分区所,新设南郊、小坊城、上泉、姚家庄、天镇、大南沟 6 座 AT 所。

新建牵引变电所引入 2 路 220 kV 电源供电。220 kV 电源侧采用线路变压器组接线,牵引变压器采用户外低型布置,保护控制设备采用户内布置,其他电气设备采用户外中型布置;2 ×27.5 kV 侧采用单母线分段接线,电气设备采用户外敞开式布置,上下行线路馈线开关设备互相备用。大同南开闭所母线采用单母线分段接线,27.5 kV 高压设备采用户内 AIS 开关柜布置。分区所、AT 所自耦变压器采用户外低型布置,保护控制设备采用户内布置,其他高压配电装置采用户外中型布置。

新建牵引变电所设2台“V”接AT变压器,采用固定备用、三相V/X接线,油浸自冷方式,预留风冷条件。各牵引变电所变压器安装容量:大同南为2×(31.5+25) MV·A、阳高南和温家窑为2×(25+25) MV·A。利用的怀安牵引变电所变压器安装容量增容为2×(31.5+31.5) MV·A,在张呼客运专线工程中一并实施。

新建牵引变电所、分区所、AT所采用微机保护和综合自动化系统,按无人值班设计,牵引变电所适当考虑值守条件。新设牵引供电远动系统,供电调度纳入太原铁路局电力调度所管理。

接触网悬挂,正线采用全补偿弹性链型悬挂,站线和存车线采用全补偿简单链型悬挂,接触悬挂结构高度隧道外一般为1 600 mm,隧道内为1 600 mm、困难情况下为1 400 mm。正线接触线采用150 mm^2的锡铜合金导线,张力25 kN,承力索采用120 mm^2的镁铜合金绞线,张力20kN;站线接触线采用120 mm^2的锡铜合金导线,张力15 kN,存车线接触线采用120 mm^2的锡铜合金导线,张力10 kN,站线和存车线承力索采用95 mm^2的镁铜合金绞线,张力15 kN。接触线悬挂点悬挂高度一般为5 500 mm、困难情况下不小于5 300 mm。正馈线和保护线等附加导线采用抗拉强度高、耐腐蚀性能好的铝包钢芯铝绞线。

接触网绝缘泄漏距离按重污区设计,25 kV 绝缘子及绝缘器件的泄漏距离不小于1 400 mm,上下行接触网带电体间的距离正常情况下不小于2 000 mm、困难时不小于1 600 mm。分段绝缘器等特殊地段可适当加强至1 600 mm。新建线路地段腕臂柱采用棒形瓷质绝缘子,隧道内、污染源2 km范围内的腕臂柱采用棒形合成绝缘子,隧道内、接触悬挂下锚、轻型硬横梁悬挂一般采用棒形复合绝缘子,正线补偿下锚采用复合双重绝缘子。正馈线、供电线悬挂一般采用瓷质绝缘子。在牵引变电所、分区所出口附近设电分相,电分相采用带中性段空气间隙绝缘的双断口锚段关节式,并避免设在大坡道、列车出站加速区段和线路限速低速区段。

接触网支柱,路基区段的腕臂柱采用钢筋混凝土等径圆支柱,站场内和箱梁桥上腕臂柱采用热浸镀锌H型钢柱。车站及多线并行地段优先采用线间立柱,当线间距不满足立柱条件或咽喉区受线间距限制时采用硬横跨和圆管柱。存车场内多线并行地段采用线间立柱或硬横跨,线间立柱采用H型钢柱,硬横跨支柱采用圆管柱。单独架设供电线采用热浸镀锌格构式钢柱。车站雨棚范围接触网支柱与雨棚柱合架。

接触网支柱跨距,正线路基区段一般为60 m,最大不超过65 m。桥梁地段支柱跨距根据桥梁孔跨形式确定,一般为50 m。

正线接触网绝缘和非绝缘锚段关节采用五跨形式。新建车站两端设绝缘锚段关节,AT所电源侧、大梁山隧道口和隧道内设绝缘锚段关节。正线锚段长度一般不大于2×700 m,站线锚段长度一般不大于2×800 m、困难时不大于2×850 m;正线改建地段锚段长度一般不大于2×750 m。附加导线的锚段长度一般不大于2 000 m。

正线、站线及存车线接触网下锚采用棘轮下锚补偿方式。正线区段采用两跨式防窜防断中心锚结,动车所内条件受限时站线采用防窜不防断中心锚结。

新建大同南供电车间,新建大同南(与供电车间合建)、阳高南、天镇供电工区。负责牵引供电和电力设施的运营维护和管理。

5.58.2　电力工程

全线新设 1 条综合负荷 10 kV 贯通线和 1 条一级负荷 10 kV 贯通线。新建 10 kV 贯通线采用截面为 70 mm^2 的铜芯电缆，分别沿铁路两侧预留的电力电缆槽道敷设。

新设大同南、阳高南、天镇 3 座 10 kV 配电所，新建 10 kV 配电所从地方电网接引 2 路独立的电源供电。利用张呼客运专线所建的怀安 10 kV 配电所增设 2 台电力调压器及相应高压开关设备向本线车站及新建 10 kV 贯通线供电。

设有 10 kV 配电所的车站其生产生活等综合用电负荷就近设 10/0.4 kV 变电所或箱式变电站供电，电源引自 10 kV 配电所站馈线，构成环网供电。

车站与行车有关的通信信号等一级负荷设室内 10/0.4 kV 通信信号专用变电所供电，电源分别引自 2 路 10 kV 贯通线。

车站道岔融雪装置用电负荷设箱式变电站供电，从 10 kV 配电所站馈线接引电源。车站附近的综合维修车间/工区用电负荷设箱式变电站供电，从 10 kV 配电所站馈线接引电源。

区间与行车密切相关的通信信号等一级负荷设箱式变电站供电，电源分别引自 2 路 10 kV 贯通线。

区间防灾、牵引变电所、AT 所及隧道应急照明等一级负荷设箱式变电站供电，电源分别引自 2 路 10 kV 贯通线。

区间其他用电负荷，根据负荷分布和负荷性质，在负荷集中处分别设箱式变电站或杆架式变电台供电，电源引自综合负荷 10 kV 贯通线。

新建 10 kV 配电所采用微机保护和综合自动化系统，按无人值班设计。新设电力远动系统，纳入太原铁路局电力调度所管理。新建电力设施的运营维护由供电工区负责。

5.58.3　通信工程

从怀安站通信机械室经天镇、阳高南、大同南至大张 DIK187 + 150 间沿铁路两侧电缆槽道各敷设 1 条 48 芯长途通信光缆。从大同南站信号楼至大同南存车场信号楼沿铁路两侧电缆槽道各敷设 1 条 48 芯长途通信光缆。

为满足区间视频监控系统组网的需要，根据视频监控采集点布设，在设有采集点的区间设 1 条 24 芯或 12 芯短段光缆，接入就近的通信设备机房。为满足隧道应急电话系统组网的需要，在隧道两侧各敷设 1 条 $3 \times 4 \times 0.9$ 低频对称电缆，接入邻近的 GSM-R 通信基站。

传输系统，新设 SDH 10 Gbit/s 长途骨干（汇聚）传输系统，在怀安站、天镇站（高速场）、阳高南站、大同南站通信机械室及大同南通信站设 SDH 10 Gbit/s 设备。利用新建 2 条 48 芯光缆中的各 2 芯光纤构成复用段 1 + 1 保护。在大同南站通信机械室预留与大（同）原（平）高速铁路怀仁东站 SDH 10 Gbit/s 设备的互联接口。在怀安站通信机械室将 SDH 10 Gbit/s 设备通过 SDH 10 Gbit/s 光接口与张呼客运专线所设的 SDH 10 Gbit/s 设备互联。将在天镇站（高速场）通信机械室新设的 SDH 10 Gbit/s 设备纳入京包铁路传输网改造工程中，并利用既有和新建光缆中的 4 芯光纤，分别与京包铁路的阳高站、柴沟堡站的 SDH 10 Gbit/s 设备互联，以满足本线通道的需求。

新设 SDH 2.5 Gbit/s 车站接入网系统，在怀安站、天镇站（高速场）、阳高南站、大同南站、大同南存车场通信机械室及大同南通信站设 SDH 2.5 Gbit/s 设备，利用新建 2 条 48 芯光缆中的各 2 芯构成复用段 1 +1 保护。并在同一车站将 SDH 2.5 Gbit/s 设备通过 SDH 2.5 Gbit/s 光接口与 SDH 10 Gbit/s 设备互联。在大同南站通信机械预留与大原高速铁路怀仁东站 SDH 2.5 Gbit/s 设备的互联接口。在怀安站通信机械室将 SDH 2.5 Gbit/s 设备通过 SDH 2.5 Gbit/s 光接口与张呼客运专线的 SDH 2.5 Gbit/s 设备互联。将在天镇站（高速场）通信机械室新设的 SDH 2.5 Gbit/s 设备纳入京包铁路传输网改造工程中，并利用新建 2 条光缆中的 4 芯光纤与普速场通信机械室的既有 SDH 2.5 Gbit/s 设备互联，以满足本线的通道需求。

新设 SDH 622 Mbit/s 区间接入网系统，在 GSM-R 区间通信基站、信号中继站、牵引变电所、分区所、AT 所等处设 SDH 622 Mbit/s 设备，利用新建 2 条 48 芯光缆通过相邻车站接入 SDH 2.5 Gbit/s 接入网系统。

新设车站及存车场 SDH 622 Mbit/s 传输系统，在各车站站房、牵引变电所、分区所、AT 所、电力配电所、公安派出所、车站警务区等信息接入点设 SDH 622 Mbit/s 设备，并接入车站通信机械室的传输设备。在大同南存车场整备库、开闭所、维修工区通信设备机房设 SDH 622 Mbit/s 设备，接入存车场信号楼通信机械室的传输设备。

在大同南动车组运行故障动态图像检测系统（TEDS）探测站新设一体化 SDH 622 Mbit/s 设备，纳入站场通信传输系统环，以满足车辆所需信息传输通道的要求。

电话交换系统，利用大同通信站的既有程控电话交换机，新设 1 套 OLT 及相关设备，沿线车站、存车场信号楼、牵引变电所亭、电力配电所、信号中继站、公安派出所、综合维修车间/工区等处新设光网络单元（ONU）。沿线新增自动电话用户通过 ONU 设备及接入网接入大同通信站的 OLT 设备和程控电话交换机，通过统一编号组网，实现与既有铁路电话专网的互通。

新设数据网，利用太原铁路局的既有核心路由器，在大同南通信站新设汇聚路由器，沿线新建车站设接入路由器及三层交换机，负责本地数据的接入与交换，相邻车站接入路由器之间利用光纤联接，异地路由器与汇聚路由器之间按隶属关系通过传输通道联接，并上联至铁路局核心路由器，实现数据业务的转发与汇聚。

新设数字调度通信系统，在太原铁路局调度所新设 1 台中心调度通信交换机，并利用调度所的既有调度通信交换机，沿线新建车站和动车存车场新设车站型调度通信交换机、调度分机和车站值班台等设备；怀安站利用张呼客运专线所设的车站型调度通信交换机（归北京铁路局管辖），按调度区划分接入铁路局调度所中心调度交换机和调度通信系统及新设的本线行车调度台，负责大同南（含）至怀安站（不含）的行车调度指挥。既有天镇站普速场维持既有大张调度台管辖不变。

新设 GSM-R 移动通信系统，利用太原铁路局既有 GSM-R 交换机和基站控制器

（BSC），怀安站至大同南站区间和车站设通信基站（BTS），区间通信基站按 2 载频配置，车站通信基站按 3 载频配置。采用单层覆盖方式组网，将通信基站接入 BSC 和铁路局的 GSM-R 交换机。区间和隧道内弱场区采用光纤直放站、漏泄电缆和天线方式增强，并设漏缆监测系统，以满足无线场强覆盖和信息传输的需要。完成调度通信、调度命令信息和无线车次号校核信息传送等功能。

在本工程与张呼、京包、大秦、北同蒲等铁路交叉及并行区段，GSM-R 系统网络的无线场强覆盖应统筹设计，以满足各条线信息传输的需要。

新设会议电视系统，在沿线新建车站和阳高南维修车间设会议电视分会场设备，通过传输通道接入太原铁路局既有会议电视中心设备和网管系统，对该系统进行安全管理、配置管理、故障管理和性能管理。

新设应急通信指挥系统，在天镇综合工区设应急通信现场接入设备，通过传输通道接入太原铁路局既有应急通信中心系统，可实现将事故现场的语音、数据、图像信息及时上传至铁路局应急通信指挥中心。

大梁山隧道较长（13. 395 km），在大梁山隧道设隧道事故报警电话系统，在邻近的 GSM-R 通信基站设报警电话主机设备，在隧道两侧避车洞、隧道内紧急出口、避难所等处设紧急电话终端，利用新设的 3 ×4 ×0. 9 低频对称电缆接入通信基站所设的报警电话主机，再通过传输通道接入太原铁路局既有应急通信中心救援电话应急控制平台。

新设综合视频监控系统，利用太原铁路局既有视频监控区域中心节点及设备，并增设网管、分发、告警和告警存储及接口网关服务器，扩容磁盘阵列。在天镇、阳高南、大同南站设视频监控接入节点，并设管理、分发/转发及视频服务器、存储和网络设备及监控终端。在车站、车站咽喉区、维修车间/工区、在通信信号机房、牵引供电及电力机房、公路跨铁路立交桥、桥梁救援疏散通道、隧道口、通信基站铁塔，路基与桥梁结合部及长度大于 6 km以上的桥梁区段设视频采集点和设备（高清摄像机），视频采集点设备利用光纤接入邻近区间通信传输节点和车站接入节点设备，上联至铁路局视频监控区域中心设备。实现对本线路基、路基与桥梁结合部和大于 6 km 以上桥梁等重点区域和设施的实时监控。

通信电源，沿线新建通信设备机房设 48 V 高频开关电源、蓄电池组及 UPS 不间断电源设备，并设通信电源及机房环境监控系统及采集设备。

5. 58. 4　信号工程

车站联锁，正线新建车站和大同南存车场新设硬件安全冗余型计算机联锁设备和信号电源屏及不间断电源。既有京包铁路天镇站新建硬件冗余型计算机联锁设备，其中室外既有不动的设备利旧。维修工区道岔纳入相邻车站联锁设备集中控制。

根据车站（场）道岔设计类型，配备相应的道岔转辙装置和转辙机，正线上的道岔采用外锁闭、多机分线、分动控制方式，并实现挤岔监督报警功能。通过时速 160 km 及以上的 18 号及以上号码道岔增设密贴检查装置，将监测信息纳入信号集中监测系统。车站动车组进路道岔设道岔融雪设备。

新建正线车站站内采用与区间相同制式的 ZPW-2000 有绝缘轨道电路，其发送设备按1+1冗余配置、接收设备采用双机并用方式。既有京包铁路天镇站、大同南存车场采用97型25 Hz相敏轨道电路,正线及侧线采用预叠加ZPW-2000型电码化及列控中心编码方式。维修工区轨道区段采用高压脉冲轨道电路。站内ZPW-2000轨道电路采用铝护套信号电缆,其他信号设备采用综合护套信号电缆。

怀安站(不含)至大同南站(含)采用调度集中(CTC)系统,在天镇、阳高南和大同南站及大同南存车场新设CTC分机设备、信息安全和通道质量监督设备;既有京包铁路天镇站新设TDCS分机设备,按照铁路局管辖范围和调度区划分,将新设调度分机等设备接入太原铁路局调度所CTC/TDCS总机系统,并新设1个本线列车调度台,负责大同南(含)至怀安站(不含)的行车调度指挥。既有天镇站普速场维持既有大张调度台管辖不变。并新设相应的应用和通信服务器及CTC-TSRS接口服务器,网络安全等设备,对既有相关设备进行必要的修改。

大同南站至怀安站(不含)采用CTCS-2级列控系统,大同南至动车组存车场走行线采用CTCS-2级列控系统。在建的大原高速铁路采用CTCS-3级列控系统,需在大同南站至怀仁东站间适当位置设CTCS-2/3级级间转换点。在大同南站新设1套临时限速服务器(TSRS),与本线列车调度台管辖范围一致,负责本线临时限速命令的管理。

在天镇站(高速场)、阳高南站、大同南站、大同南存车场及信号中继站新设信号安全数据网接入设备、列控中心(TCC)、应答器、电子编码单元(LEU)等设备。TCC之间通过安全局域网联接,实现TCC之间及与车站联锁之间的安全信息传输。所设TCC具有轨道电路编发码、运行方向和闭塞控制、应答器报文实时组帧和编码及校验、区间占用逻辑检查等功能,并将自诊断和故障报警信息通过以太网接口发送至信号集中监测系统。

区间闭塞制式,正线区间采用四显示自动闭塞,按双线双方向运行,正向采用追踪间隔运行、反向采用自动站间闭塞行车,不设区间地面通过信号机,在闭塞分区分界点处设停车标志牌,以车载显示作为行车凭证。

正线区间采用ZPW-2000系列无绝缘移频轨道电路,其发送设备按1+1冗余配置,接收设备采用双机并联运用方式。并具有设备自监测功能,通过接口设备向信号集中监测系统提供监测信息。区间ZPW-2000无绝缘轨道电路干线采用铝护套数字信号电缆或铝护套内屏蔽数字信号电缆,电缆有效传输长度一般不超过10 km。分支电缆采用综合护套数字信号电缆。

新设信号集中监测系统,在大同电务段新设集中监测总机系统,并设数据库和应用服务器、接口和网络管理及防病毒服务器、网络安全设备等。正线新建车站、存车场、信号中继站设集中监测分机设备,信号维修车间/工区设集中监测终端,通过监测网接入电务段集中监测总机系统。实现对信号设施的集中监测和远程诊断。

沿线新建信号设备房屋设防雷电、电磁兼容和综合接地防护系统,与房建工程同步实施,并与贯通地线等电位连接。

综合接地系统,大同南至怀安站(不含)沿铁路两侧各敷设1条截面为35 mm^2的铜质贯通地线;大同南站至大原高速铁路怀仁东站间沿铁路两侧各敷设1条截面为70 mm^2的铜质贯通地线,在电气特性上全程贯通,接地电阻不大于1 Ω,形成低阻综合接地平台。

沿线轨旁信号设备接地后就近与贯通地线等电位连接。

在阳高南站设信号车间(含信号工区),大同南、天镇站设信号工区,负责对信号设施的运营维护和管理。

5.58.5　自然灾害及异物侵限监测系统

针对本线地理环境、气候条件和工程特点,设风速风向、雨量、雪深及地震预报监测系统。利用太原铁路局既有自然灾害监测中心系统和设备,根据需要增设应用和通信服务器。在沿线车站、通信基站、信号中继站、牵引变电所、分区所等处的通信设备机房设监控单元设备。在沿线最大风速超过15 m/s的地段设风速风向监测点和风速风向计。在路基易产生滑坡、塌方等处设雨量采集点和雨量计。在本线近20年最大积雪深度3 cm及以上的区段设雪深采集点和雪深计,在地震动峰值加速度大于等于0.1g的地区牵引变电所、分区所设地震预报监测点和监测设备。在沿线公路跨铁路桥梁的两侧设异物侵限监测设备,通过传输通道接入太原铁路局既有灾害监测中心系统。

参加线路工程施工的有中铁九局、十二局、十七局、二十二局集团等单位。中铁电气化局集团有限公司和中国铁路通信信号股份公司联合体承担四电集成工程的施工。

线路工程于2015年11月18日开工。2018年6月1日开始铺轨。2019年6月20日完成全线铺轨。四电工程于2018年10月16日在大同南站成功组立接触网第一杆。2019年9月13日开始联调联试,2019年11月16日开始试运行。2019年12月30日正式开通运营。

5.59　赤峰至喀左客运专线

新建赤峰至喀左客运专线是赤峰至京沈客运专线喀左站的连接线,南起喀左站(DK0+000)(相应京沈客专DK348+410),途经朝阳市喀左县、建平县,赤峰市宁城县、喀喇沁旗、元宝山区、红山区、松山区,北到赤峰西站(DK156+381.875),大致呈西北东南走向,线路全长约155.897 km(图5.59),其中辽宁段54.867 km,内蒙古段101.030 km。全线桥梁累计长度33.343 km,隧道累计长度24.747 km,桥隧占比达到37.26%。全线设有喀左、建平、宁城、平庄西、赤峰西等车站和郑杖子、孙家沟2个线路所,其中赤峰西(既有)为始发站,喀左为既有接轨站,其余为新建车站和线路所。工程范围还包括新建喀左疏解工程的北京方向下行联络线[BJLDK341+030(=京沈客专JSDK341+030)~BJLDK7+790]长5.168 km、上行联络线[BJSLDK341+030(=京沈客专JSDK341+030)~BJSLDK7+790]长5.790 km,赤峰铁路枢纽配套工程的京通铁路改建(JTK446+900~JTK448+600)长1.7 km,新建动车走行线(GDCDK0+000~GDCDK2+449.87)长2.450 km。

新建赤峰西到京沈客运专线喀左站的客运专线连接线,可强化东北快速铁路客运网络、优化快速客运网布局,延伸快速客运网服务半径,东到沈阳,西南到北京,南到唐山、天津等城市,极大地提高赤峰地区人们的交通出行效率。另外,它的建成开通还将吸引外资、旅游、房产、物流等商贸发展,促进赤峰地区经济发展,对保障振兴东北老工业基地战

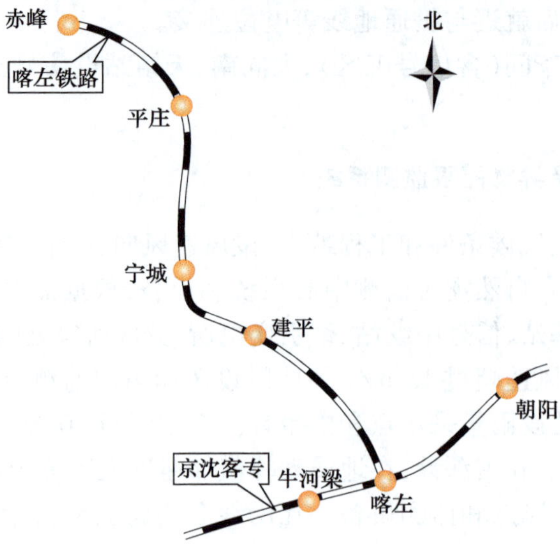

图 5.59　赤峰至喀左客运专线示意图

略的顺利实施具有重要意义。

赤喀客专工程的建设单位是沈阳铁路局、蒙辽铁路客运专线有限责任公司,设计单位是铁道第三勘察设计院集团有限公司。铁路等级:客运专线;正线数目,双线;正线线间距,4.6 m;最大坡度,一般地段20‰、困难地段不大于30‰;最小曲线半径,一般地段4 000 m、困难地段3 500 m、引入枢纽及接轨站两端加减速地段可适当减小;到发线有效长度,650 m;列车运行控制方式,自动控制;调度指挥方式,综合调度集中;设计行车速度,250 km/h;牵引种类,电力牵引(直供加回流线供电方式);机车类型,动车组。

5.59.1　电气化工程

牵引供电系统采用带回流线的直接供电方式(部分供电臂增设加强线)。新设车杖子牵引变电所,利用改造叶(柏寿)赤(峰)铁路扩能改造工程所建的天义、平庄、赤峰牵引变电所。新建赤峰西开闭所,为赤峰西动车存车场供电。新建孙家沟、喀左、DK41 +870、DK85 +300、DK129 +0505 处分区所。

新建车杖子牵引变电所引入2路220 kV 电源供电,220 kV 电源侧采用线路变压器组接线,电气设备采用户外中型布置;27.5 kV 侧采用单母线隔离开关分段接线,电气设备采用户内空气绝缘开关柜(AIS)布置。馈线断路器采用固定备用方式。在变电所、分区所处设电分相。

利用改造的天义、平庄、赤峰牵引变电所新增设备采用户内空气绝缘开关柜(AIS)布置。开闭所高压设备采用户内空气绝缘开关柜(AIS)布置;分区所高压设备均采用户内空气绝缘开关柜(AIS)布置。

新建车杖子牵引变电所设2台变压器,采用固定备用、V/V 接线、自冷方式,预留风冷条件。变压器安装容量为2×(20+25) MV·A。利用改造的赤峰牵引变电所增容为2×(40+31.5) MV·A、平庄增容为2×(40+31.5) MV·A、天义增容为2×(31.5+

31.5）MV · A。

新建牵引变电所、分区所、开闭所采用微机保护和综合自动化系统，新设牵引供电远动系统，与叶赤铁路共用的牵引变电所一起纳入沈阳铁路局调度所京沈客专电力调度台管理。

接触网悬挂，正线采用全补偿弹性链型悬挂，接触悬挂结构高度一般为 1 600 mm；站线和到发线、联络线、动车走行线、动车存车线等采用全补偿简单链型悬挂，接触悬挂结构高度一般为 1 400 mm。正线接触线采用 CTS-150 型导线，张力 25 kN，承力索采用 JTMH-120 型绞线，张力 20 kN；联络线接触线采用 CTS-150 型导线，张力 15 kN，承力索采用 JTMH-120 型绞线，张力 15 kN；站线、动车走行线、动车存车线等接触线采用 CTS-120 型导线，张力 15 kN，承力索采用 JTMH-95 型绞线，张力 15 kN。正线接触线的悬挂高度一般为 5 500 mm，接触线最低点悬挂高度不小于 5 150 mm。附加导线一般采用铝包钢芯铝绞线。

接触网绝缘泄漏距离按重污区设计，一般不小于 1 400 mm。25 kV 绝缘子及绝缘器件的泄漏距离不小于 1 400 mm，上下行接触网带电体间的距离一般不小于 2 000 mm，困难时不小于 1 600 mm。正线腕臂采用瓷质绝缘子，隧道内、接触网下锚、锚段关节处绝缘和分段绝缘器处采用复合绝缘子。采用锚段关节式电分相，应避免设在大坡道、列车出站加速区段和线路限速低速区段。

接触网支柱，路基区段的腕臂柱一般采用钢筋混凝土等径圆柱；隧道内一般采用热浸镀锌圆形钢管吊柱。箱梁桥上腕臂柱采用热浸镀锌 H 型钢柱，T 梁桥上腕臂柱一般采用热浸镀锌格构式钢柱。车站及多线并行区段优先采用线间立 H 型钢柱，线间距离受限处采用硬横梁，硬横梁一般采用钢管硬横梁 + 倒立柱。供电线采用格构式钢柱。个别车站站房区段与雨棚柱合架。

接触网支柱跨距，正线区段一般为 60 m、最大不超过 65 m，相邻跨距之差一般不大于 10 m。桥梁上支柱跨距根据梁跨情况确定，一般为 48 ~ 50 m。

正线绝缘、非绝缘锚段关节一般采用五跨关节；站线、动车走行线一般采用四跨锚段关节。正线区段的锚段长度一般不大于 2 × 700 m，站线锚段长度一般为 2 × 800 m、困难时不大于 2 × 850 m。附加导线锚段长度一般不大于 2 000 m。

接触网下锚采用全补偿方式，接触线、承力索分别补偿下锚。正线和站线接触网下锚采用棘轮下锚，采用铁坠砣。一般采用两跨式防窜防断中心锚结；普速地段改造条件受限时采用防窜不防断中心锚结。

新建宁城供电车间，新建建平、宁城（与供电车间合建）、平庄西、赤峰西供电工区。负责牵引供电和电力供应设施的运营维护和管理。

5.59.2　电力工程

全线新建 1 条综合负荷 10 kV 贯通线和 1 条一级负荷 10 kV 贯通线，新建 10 kV 贯通线采用钢丝铠装单芯电力电缆，有架空径路时采用架空线路，无架空径路时采用电缆敷设。

新建建平、宁城、平庄西、赤峰西等 10 kV 配电所，利用京沈客专所建的喀左 10 kV 配电所，新建 10 kV 配电所从地方电网接引 2 路电源，向车站及贯通线供电。

设有 10 kV 配电所的车站其站房综合用电负荷设站内 10/0. 4 kV 变电所供电,电源引自 10 kV 配电所的站馈线。没设 10 kV 配电所的车站其综合用电负荷设站内 10/0. 4 kV 变电所,从地方电网接引 10 kV 电源供电,无条件接引地方电源的从综合负荷 10 kV 贯通线接引电源供电。

车站与行车密切相关的通信信号等一级负荷设室内 10/0. 4 kV 变电所供电,电源分别引自 2 路 10 kV 贯通线。区间通信信号等一级负荷设箱式变电站供电,电源分别引自 2 路 10 kV 贯通线。

区间其他用电负荷,根据负荷分布和负荷性质,在负荷集中处设箱式变电站供电,电源引自综合负荷 10 kV 贯通线。

新建 10 kV 配电所采用微机保护和综合自动化系统,按无人值班设计。全线设电力远动系统,纳入京沈客运专线电力调度系统管理。

5. 59. 3 通信工程

喀左站至赤峰西站沿铁路两侧电缆槽道各敷设 1 条 48 芯长途通信光缆;孙家沟线路所至郑杖子线路所沿铁路两侧电缆槽道各敷设 1 条 32 芯长途通信光缆;赤峰西站信号楼至新赤峰通信站间敷设 1 条 48 芯长途通信光缆,既有通信光缆继续使用。

车站通信机械室至站内信息用户接入点敷设 1 条 24 芯通信光缆,构成站内各传输节点间不同物理径路的光缆环型通道。区间光纤直放站至所属通信基站间根据需要敷设 1 条 12 芯或 24 芯通信光缆。区间箱式变电站与区间传输节点间根据业务需求敷设 1 条 24 芯或 12 芯通信光缆。综合视频监控系统区间信息采集点至就近视频监控汇集节点间根据需要敷设 1 条 24 芯或 12 芯通信光缆。为满足隧道应急电话系统组网的需要,在天秀山隧道、建平隧道内两侧各敷设 1 条 3 ×4 ×0. 9 低频对称电缆。

传输系统,正线新设 SDH 10 Gbit/s 长途传输系统,在喀左、建平、宁城、平庄西、赤峰西站通信机房及新赤峰通信站新设 SDH 10 Gbit/s 设备,利用新建 2 条 48 芯光缆中的各 2 芯光纤构成复用段 1 +1 保护;赤峰西站至新赤峰通信站间利用既有光缆及新建的 1 条 48 芯光缆中的各 2 芯光纤构成复用段 1 +1 保护。

新设 SDH 2. 5 Gbit/s 接入网系统,沿线各车站、线路所、既有赤峰通信站及新赤峰通信站新设 SDH 2. 5 Gbit/s 设备,利用正线新建 2 条 48 芯光缆中的各 2 芯光纤、赤峰西站至新赤峰通信站既有光缆与新建的 1 条 48 芯光缆中的各 2 芯光纤构成复用段 1 +1 保护。孙家沟线路所至郑杖子线路所利用新建 2 条 32 芯光缆中的各 2 芯纤构成复用段 1 +1 保护。并在同一车站将新设的 SDH 2. 5 Gbit/s 设备通过 2. 5 Gbit/s 光接口与 SDH 10 Gbit/s 设备相联。

在喀左站并与京沈客专所设的 SDH 10 Gbit/s 和 SDH 2. 5 Gbit/s 设备分别通过 2. 5 Gbit/s 光接口及 622 Mbit/s 光接口进行互联。在既有赤峰通信站将新设的 SDH 2. 5 Gbit/s 设备与既有 SDH 2. 5 Gbit/s 设备通过 622 Mbit/s 光接口进行互联。在新赤峰通信站将新设的 SDH 10 Gbit/s 设备通过 10 Gbit/s 光接口接入既有 OTN 设备;并将新设的 SDH 10 Gbit/s 和 SDH 2. 5 Gbit/s 设备与既有 SDH 10 Gbit/s 和 SDH 2. 5 Gbit/s 设备分别通过 2. 5 Gbit/s

光接口及 622 Mbit/s 光接口进行互联。在孙家沟线路所将新设的 SDH 2.5 Gbit/s 设备与京沈客专所设的 SDH 2.5 Gbit/s 设备通过 622 Mbit/s 光接口进行互联。

新设 SDH 622 Mbit/s 区间接入网系统，在区间通信基站、信号中继站、牵引变电所、分区所等信息接入点设 SDH 622 Mbit/s 设备，利用新建 2 条 48 芯光缆中的各 4 芯光纤分别构成 2 个 622 Mbit/s 2 纤双向复用段保护环（其中通信基站与信号中继站组建 1 个传输环，牵引供电节点组建 1 个传输环），接入相邻车站 SDH 2.5 Gbit/s 接入网系统。

在车站站房、电力配电所、牵引变电所、维修车间/工区、公安派出所、动车整备库等信息接入点设 SDH 622 Mbit/s 设备。利用新建站内光缆构成 2 纤双向复用段保护环，接入本站 SDH 2.5 Gbit/s 设备。在赤峰工务段新设 SDH 622 Mbit/s 一体化设备，利用新建光缆接入新赤峰通信站 SDH 2.5 Gbit/s 设备。在赤峰西站咽喉区 TEDS（动车组运行故障动态图像检测系统）探测站新设 SDH 155 Mbit/s 一体化设备，利用站内新建光缆接入就近传输节点及车站通信设备。

本工程以不同径路的传输通道引入沈阳通信站（第一条径路是利用朝阳通信站既有 OTN 设备和传输通道接入沈阳通信站，第二条径路是利用新赤峰通信站既有 OTN 设备和传输通道接入沈阳通信站，第三条径路是从喀左站通过京沈客专所建的传输通道接入沈阳通信站），从沈阳通信站通过既有传输通道连接到沈阳铁路局调度所。

电话交换系统，利用既有赤峰通信站等处的既有程控电话交换机，根据需要扩容相关设备；在新赤峰通信站新设光线路终端设备（OLT），在沿线各车站、线路所、牵引变电所、分区所、开闭所、电力变配电所、信号中继站、公安派出所、综合维修车间/工区、动车整备库等处新设光网络单元（ONU）。沿线新增自动电话用户通过 ONU 设备及接入网接入 OLT 设备和既有程控电话交换机。通过统一编号组网，纳入沈阳铁路局既有铁路电话交换网，实现与既有铁路电话专网的互通。

新设调度通信系统，利用沈阳铁路局调度所及沈阳通信站既有中心调度通信交换机，根据需要扩容相关设备。新建车站、线路所和赤峰西站新设车站型调度通信交换机、调度分机和车站值班台等设备，按照调度区划分将车站调度交换机等设备接入沈阳通信站和铁路局调度所的中心调度交换机和调度通信系统。本工程不新设行车调度台，由京沈客专行车调度台管辖。

新设数据通信网，利用哈大客运专线设在沈阳铁路局的核心路由器；利用京沈客专设在朝阳北站的汇聚路由器及沈阳铁路局数据网改造工程设在新赤峰通信站的汇聚路由器；沿线各新建车站、赤峰西站和新赤峰通信站新设接入路由器及三层网络交换机，负责本地数据的接入与交换。相邻车站接入路由器之间采用光纤联接，异地接入路由器与汇聚路由器之间按管辖和隶属关系通过传输通道分别接入朝阳北站和新赤峰通信站的汇聚路由器，并上联至铁路局的核心路由器。实现数据业务的转发与汇聚。沿线通信车间/工区、公安派出所、电力变配电所、区间通信基站、信号中继站、牵引供电节点等未设数据网设备的节点，利用 MSTP（多业务传送平台）的专线透传与汇聚功能，实现数据业务的综合接入与汇聚。

新设 GSM-R 移动通信系统，利用沈阳铁路局既有 GSM-R 移动交换中心设备，并新设

1 套码速变换器(TRAU)及扩容相关配套设备;在新赤峰通信站设基站控制器(BSC)和分组控制单元(PCU)等设备,沿线设通信基站(BTS),采用单网非冗余覆盖方式组网,通过传输通道将通信基站接入新设的基站控制器和铁路局 GSM-R 交换机。区间和隧道内弱场区采用光纤直放站、漏泄电缆和天线方式增强,3 km 以上的隧道设漏缆监测系统,以满足无线场强覆盖和信息传输的需要。完成调度通信、调度命令信息和无线车次号校核信息传送等功能。

在与京沈客运专线衔接的区域,统筹考虑无线场强的覆盖,以满足信息传输的需要。

在沈阳通信站、新赤峰通信站、赤峰西车间等处新设无线网络管理子系统远程终端,负责本线通信基站子系统设备的网元级管理。在新赤峰通信站、赤峰西车间等处设光纤直放站管理子系统和漏缆监测管理子系统远程终端,实现对各自管辖范围内的光纤直放站及漏泄电缆的管理。并将设置的无线网络管理子系统、光纤直放站管理子系统和漏缆监测管理子系统(及其复示终端)纳入沈阳铁路局既有综合通信网管系统。

新设会议电视系统,在沿线车站、通信车间和工区设会议电视分会场设备,通过传输通道接入沈阳铁路局既有会议电视中心设备和网管系统。

新设应急通信系统,在宁城通信工区、赤峰西站通信车间新设应急通信现场接入设备,沿线区间每 5 ~7 km 设 1 处应急通信设备接入点,通过传输通道接入沈阳铁路局应急通信中心系统。5 km 以上的隧道设紧急电话系统,在隧道内避车洞、隧道内紧急出口、避难所设紧急电话终端和广播设备,利用隧道内新设的 3 ×4 ×0. 9 低频对称电缆接入隧道紧急电话系统和临近车站隧道应急电话值班台,再通过传输通道接入铁路局应急救援指挥中心系统。

通信电源,沿线新建通信设备机房设 48 V 高频开关电源设备和蓄电池组及 UPS 不间断电源。并设通信电源及机房环境监控系统及采集设备,在新赤峰通信站、赤峰西通信车间等处设通信电源及环境监控复示终端,实现对通信电源及机房环境条件的监控。

5. 59. 4 信号工程

车站联锁,新建建平、宁城、平庄西站和赤峰西站高速场及郑杖子线路所采用硬件安全冗余型计算机联锁设备和信号电源屏及 UPS 不间断电源。既有喀左接轨站和孙家沟线路所在既有计算机联锁设备基础上利旧改造。既有赤峰西站联锁设备维持既有设计标准。赤峰动车存车场与赤峰站按调车方式办理。综合维修工区相关道岔纳入邻近车站联锁设备集中控制。

根据车站(场、所)道岔设计类型,配备相应的道岔转辙机和锁闭装置,并采用断电保护措施。正线上的道岔采用外锁闭、多机分线、分控制方式。直向通过时速 160 km 及以上的道岔设密贴检查器,并将监测信息纳入信号集中监测系统。新建建平、宁城、平庄西站和赤峰西站高速场及郑杖子线路所列车进路上的道岔及其联动道岔配置电加热道岔融雪控制系统,按人工确认启动,并将有关信息传输至运营管理部门。

新建建平、宁城、平庄西站和赤峰西站高速场及郑杖子线路所采用与区间相同制式的 ZPW-2000 有绝缘移频轨道电路,其发送设备按 1 +1 配置、接收设备采用双机并用方式,由列控中心编码控制。综合维修工区及赤峰西动车存车场采用高压脉冲轨道电路。

站内ZPW-2000移频轨道电路采用铝护套数字信号电缆,分支电缆采用综合护套信号电缆。其他信号设备采用铝护套信号电缆,分支电缆采用综合护套信号电缆。

正线采用分散自律型调度集中(CTC)系统,新建建平、宁城、平庄西站和赤峰西站高速场及郑杖子线路所设车站CTC分机、信息安全和通道质量监督等设备,既有喀左接轨站的CTC分机设备维持既有标准利旧改造,按照调度区划分将调度分机等设备接入沈阳铁路局调度所客运专线CTC总机系统,由京沈客运专线列车调度台负责该段线路的运输调度指挥。并与既有CTC/TDCS总机系统实现互联互通。其他相关车站维持既有调度区划分和调度台管辖不变。

本线采用CTCS-2级列控系统。在孙家沟线路所和喀左站与京沈客运专线接轨,京沈客运专线正线采用CTCS-3级列控系统,所以应在喀左站和孙家沟线路所适当位置设CTCS-2/3级级间转换点。

采用CTCS-2级列控系统的区段,利用对应京沈客运专线列车调度台所设的临时限速服务器(TSRS)负责本段线路临时限速命令的管理。在建平、宁城、平庄西站、赤峰西站高速场和郑杖子线路所及信号中继站设信号安全数据网接入设备、列控中心(TCC)、应答器及电子编码单元(LEU)等设备;既有喀左接轨站和孙家沟线路所在既有列控中心设备基础上利旧改造。TCC之间通过安全数据网进行联接,实现TCC之间、与车站联锁设备之间的安全信息传输。新设列控中心(TCC)具有轨道电路编发码、站间安全信息传输和运行方向控制、应答器报文实时组帧等功能。

正线区间采用四显示自动闭塞,正向按追踪间隔运行、反向采用自动站间闭塞行车。不设区间地面通过信号机,在闭塞分区分界点设信号标志牌,列车运行以列控车载设备显示作为行车凭证。其他相邻线路维持既有闭塞制式不变。

正线区间采用ZPW-2000无绝缘轨道电路,其发送和接收设备按冗余配置。ZPW-2000移频轨道电路干线采用铝护套数字信号电缆,所用电缆有效传输长度一般不超过10 km,超过规定长度设信号中继站。分支电缆采用综合护套数字信号电缆。

新设信号集中监测系统,新建建平、宁城、平庄西站、赤峰西高速场及信号中继站设集中监测分机,纳入通辽电务段集中监测总机系统。郑杖子线路所新设集中监测分机,纳入锦州电务段集中监测总机系统。喀左站和孙家沟线路所所设集中监测分机与京沈客运专线同步实施,纳入所属电务段集中监测总机系统。在综合维修车间、信号值班工区设集中监测终端。实现对信号设备的集中监测和远程诊断。

沿线新建信号设备房屋设防雷电、电磁兼容和综合防护接地系统,与房建工程同步实施,并与新建的贯通地线等电位连接。

设综合接地系统,沿铁路两侧各敷设1条截面为35 mm^2的贯通地线,在电气特性上全程贯通,接地电阻不大于1 Ω。并充分利用沿线桥梁、隧道、路基地段构筑物设施内的接地装置作为接地体,形成低阻等电位综合接地平台。新建贯通地线在孙家沟线路所、喀左站与京沈客运专线贯通地线连接。沿线轨旁信号设备接地后就近与贯通地线等电位连接。

在赤峰西站设信号综合维修车间,下设赤峰西、宁城 2 个集中检修工区,各站设信号值班工区。郑杖子线路所所辖范围的信号设备由锦州电务段负责运营维护,其余车站(场、所)由通辽电务段负责运营维护。

参加线路工程施工有中铁一局、三局、九局,中铁隧道局,中铁十八局、十九局,中国建筑股份有限公司等单位。参加四电工程施工的有中铁三局等单位。

线路工程于 2016 年 7 月开工,2018 年 8 月 28 日开始铺轨。2019 年 10 月 31 日完成全线铺轨。四电工程于 2017 年 11 月开工。2020 年 4 月 1 日开始联调联试。2020 年 5 月 21 日开始试运行,2020 年 7 月 1 日正式开通运营。

5.60　安顺至六盘水高速铁路

新建安顺至六盘水铁路(也称高速铁路),位于贵州省西部的安顺和六盘水市内,线路东起沪昆客运专线的安顺西站昆明端(DK0 +000 = 沪昆客运专线 D1K807 +700),向西经六盘水市的六枝特区,在六盘水枢纽与水城站贵阳端[DK118 +864 = 既有沪昆铁路(K2242 +474.86)(原贵昆铁路)]接轨后,利用既有贵昆铁路至六盘水站,本铁路新建线路长 117.857 km,运营长度 124.647 km(图 5.60)。其中新建桥隧总长 89 km,桥隧占比达到 74.2%。全线设有安顺西、黄桶北、六枝南、长箐、冷坝、六盘水东、水城、六盘水等车站,其中安顺西和水城站为既有接轨站,六盘水为既有客运站,其余 5 个为新建车站。工程范围还包括安顺地区和六盘水枢纽相关工程。引入安顺地区相关工程有:安六铁路正线(DK2 +500 ~ DK6 +200)(右线 YDK2 +750 ~ DK6 +200),左线长 3.70 km、右线长 3.331 km。引入长昆客运专线安顺西站需与长昆客运专线同步实施的安六铁路正线(DK0 +000 ~ DK2 +500)(右线 YDK0 +000 ~ YDK2 +750),左线长 2.5 km、右线长 2.75 km。

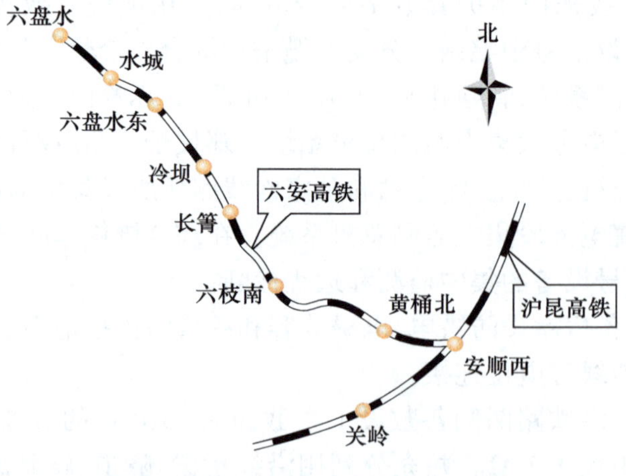

图 5.60　安顺至六盘水铁路示意图

引入六盘水枢纽相关工程有:六盘水东(不含)至水城(不含)(DK105 +250 ~ DK118 +864.97)线路长 13.615 km;水城站、六盘水站改建工程。引入水城站既有贵昆铁路改建

(K238 + 600 ~ K241 + 100),线路长 2.469 km。新建既有贵昆铁路货车联络线(HDK0 + 000 ~ + 904)长 0.904 km。水泥厂专用线改建(SNDK0 + 080 ~ + 825)长 0.745 km。

建设安六铁路主要承担六盘水市东出与安顺市、贵阳市及以远地区间的客运交流,是贵州省快速城际铁路网的重要组成部分。该线的建成开通,对完善贵州省铁路网,推动黔中经济区和毕水兴经济带两大板块的发展具有重大战略意义。

安六铁路工程的建设单位是成都铁路局、贵州安六铁路公司、贵州铁路投资公司;设计单位是中铁二院工程集团有限责任公司。线路主要技术标准:铁路等级,Ⅰ级;正线数目,双线;正线线间距,4.6 m;最大坡度,25‰;最小曲线半径,一般地段 3 500 m、困难地段 3 000 m;到发线有效长度,650 m;设计行车速度,250 km/h;列车运行控制方式,自动控制;列车调度指挥方式,综合调度集中;牵引种类,电力牵引(直供加回流线供电方式)。

5.60.1　电气化工程

牵引供电采用带回流线的直接供电方式。全线新设黄桶北、长菁、六盘水东等牵引变电所。新设安顺西、地宗、冷坝、水城等分区所。利用既有六盘水牵引变电所给本站新增存车线和到发线供电。

新建牵引变电所引入 2 路独立的 220 kV 电源供电,220 kV 电源侧采用线路分支接线,除主变压器采用户外低式布置外,其余配电装置采用户外中式布置,并设电源及主变压器自投装置;27.5 kV 侧采用单母线分段接线,配电装置采用室内 AIS 开关柜及户外中式布置。馈线通过电动隔离开关和断路器与接触网相连,并采用固定备用方式。

新建分区所采用箱式布置,同一供电臂的上下行接触网间设 1 台断路器,可实现接触网上下行并联供电或分开供电运行方式;相邻供电臂的上行之间和下行之间分别设电动隔离开关,可通过电动隔离开关实现越区供电。

新建牵引变电所设 2 台变压器,采用固定备用方式,各牵引变电所变压器安装容量:黄桶北为 2 ×(20 + 20) MV · A、长箐为 2 ×(20 + 12.5) MV · A、六盘水东为 2 ×(12.5 + 12.5) MV · A。

新建牵引变电所采用微机保护和综合自动化系统,牵引变电所按无人值班设计,适当考虑值守条件。新设牵引供电运动系统,纳入成都铁路局电力调度所管理。既有六盘水牵引变电所维持既有调度管理方式不变。

接触网悬挂,安顺西(不含)至水城(不含)正线接触网采用全补偿弹性链型悬挂,接触悬挂结构高度一般为 1 600 mm,跨线建筑物、隧道内等受净空限制时接触悬挂结构高度可适当降低;水城站、六盘水站及其他改建线路维持既有全补偿简单链型悬挂方式和结构高度不变。新建正线接触线采用 150 mm^2 的铜锡合金导线,承力索采用 120 mm^2 的铜镁合金绞线;站线接触线采用 120 mm^2 的铜锡合金导线,承力索采用 95 mm^2 的铜镁合金绞线,接触导线悬挂点距轨面高度一般为 5 500 mm、最低点不小于 5 220 mm。六盘水枢纽改建线路维持既有标准(接触悬挂结构高度 1 400 mm),正线接触线采用 120 mm^2 的铜合金导线,承力索采用 95 mm^2 的铜合金绞线;站线接触线采用 85 mm^2 的铜合金导线,承力索采用 70 mm^2 的铜合金绞线,接触导线悬挂点距轨面高度一般为 6 000 mm。安顺西(不含)

至水城(不含)新建正线上的道岔采用无交叉线岔方式,其他道岔采用交叉线岔方式。附加导线一般采用抗拉强度高、耐腐蚀性能好的铝包钢芯铝绞线。

接触网绝缘泄漏距离一般不小于 1 400 mm,严重污秽地区适当加强绝缘。隧道外腕臂绝缘子采用棒式瓷质绝缘子,车站雨棚地段、特别污秽区段、分段绝缘器处、隧道内及下锚处采用复合绝缘子。供电线一般采用悬式瓷质绝缘子。采用带空气绝缘中心段的绝缘锚段关节式电分相,避免设在大坡道、列车出站加速区段和线路限速低速区段。

接触网支柱,全线腕臂柱采用热浸镀锌 H 型钢柱;隧道内采用倒立吊柱,接触网锚固底座基础采用预埋槽道方式。车站咽喉区及多股道并行区段采用硬横跨和圆钢管柱。供电线支柱一般采用热浸镀锌格构式钢柱。六盘水枢纽改建线路部分维持既有标准。

接触网支柱跨距,正线路基区段一般为 60 m、最大不超过 65 m、最小不小于 40 m,相邻跨距差不大于 10 m。桥梁地段支柱跨距根据桥梁孔跨形式确定,一般不大于 50 m。

正线接触网锚段长度一般不大于 2 × 700 m,隧道内不大于 2 × 700 m。单边补偿的锚段长度为上述值的 50%。站线接触网最大锚段长度不大于 2 × 800 m、困难时不大于 2 × 900 m。附加导线的锚段长度一般不超过 2 000 m、困难情况下不超过 3 000 m。

车站、区间中心锚结采用两跨式防窜防断中心锚结,个别车站局部设置困难时采用防窜不防断中心锚结。安顺西(不含)至水城(不含)段新建线路采用滑轮补偿装置,六盘水枢纽内改建线路与既有线保持一致,一般采用滑轮补偿装置,采用混凝土坠砣。

新建六枝南供电工区,负责全线牵引供电设施的运营维护和管理。

5.60.2 电力工程

新设 1 条综合负荷 10 kV 贯通线和 1 条一级负荷 10 kV 贯通线,新建 2 条 10 kV 贯通线采用截面为 95 mm^2 的铜芯电力电缆,分别沿铁路两侧预埋的电缆槽敷设。

新设六枝南、冷坝、六盘水城际 10 kV 配电所,从地方电网接引 2 路相互独立的电源供电。利用长昆客运专线所建的安顺西 10 kV 配电所给本线供电。

设有 10 kV 配电所的车站其综合用电负荷设站内 10/0.4 kV 变电所供电,电源引自配电所的站馈线;没设 10 kV 配电所的车站其综合用电负荷设站内 10/0.4 kV 变电所,从地方电网接引电源供电。

车站与行车有关的通信信号等一级负荷设室内 10/0.4 kV 专用变电所供电,电源分别引自 2 路 10 kV 贯通线。区间与行车密切相关的通信信号等一级负荷设 10/0.4 kV 箱式变电站供电,电源分别引自 2 路 10 kV 贯通线。

区间其他用电负荷,根据负荷分布和负荷性质,在负荷集中处分别设箱式变电站供电,电源引自综合负荷 10 kV 贯通线。

隧道照明设 10/0.4 kV 箱式变电站供电,电源引自综合负荷 10 kV 贯通线。隧道防灾救援通道照明设 10/0.4 kV 箱式变电站供电,电源分别引自 2 路 10 kV 贯通线。

新建 10 kV 配电所按无人值班设计,采用综合自动化系统,新设电力远动系统,纳入成都铁路局电力调度所管理。

5.60.3　通信工程

安顺西至六盘水站沿铁路两侧槽道各敷设 1 条 48 芯长途通信光缆，六盘水站至既有六盘水通信站新设 2 条 48 芯长途通信光缆，构成不同物理径路的光缆环，解决所建 SDH 光传输系统对光缆线路的需求，以及信号系统对光纤线路的需求。

为解决信号专业特殊区段对光纤线路的需求，信号中继站 1 至黄桶北站区间在铁路两侧槽道各敷设 1 条 12 芯光缆。为满足综合视频监控系统信息采集点至汇聚点及接入点组网的需要，安顺西站至六盘水站间沿铁路一侧电缆槽敷设 1 条 24 芯光缆。GSM-R 区间通信基站至光纤直放站、光纤直放站至所设 10/0.4 kV 箱式变电站间敷设 1 条 24 芯光缆。

传输系统，新设 SDH 10 Gbit/s 传输系统，在安顺西、六枝南、六盘水通信站新设 SDH 10 Gbit/s 设备。利用新建 2 条 48 芯光缆中的各 2 芯光纤构成复用段 1 +1 保护。

新设 SDH 2.5 Gbit/s 车站接入网系统，在安顺西、黄桶北、六枝南、长箐、冷坝、六盘水东、水城、六盘水站和六盘水通信站新设 SDH 2.5 Gbit/s 设备，利用新建 2 条 48 芯光缆中的各 2 芯光纤构成复用段 1 +1 保护。在同一车站将 SDH 2.5 Gbit/s 设备通过 2.5 Gbit/s 光接口与 SDH 10 Gbit/s 设备相联，构成重要保护通道，提高整个传输系统的可靠性。

新设 SDH 622 Mbit/s 区间接入网系统，在区间通信基站、信号中继站、牵引变电所和分区所等信息接入点设 SDH 622 Mbit/s 设备，利用新建光缆在相邻车站之间构成 622 Mbit/s 2 纤通道保护环，接入车站 SDH 2.5 Gbit/s 接入网系统。

车站站房、站内牵引变电所、电力配电所、综合维修车间和工区、公安派出所等信息接入点设 SDH 622 Mbit/s 设备，利用新建站内光缆构成 2 纤通道保护环，接入车站 SDH 2.5 Gbit/s 设备。

安顺西至六盘水新建传输系统和设备，纳入成都铁路局调度所新设网管系统，在成都铁路局调度所新设 1 套传输系统网元级管理设备（含网管终端），在六盘水通信站新设网管终端，在六枝南综合工区、六盘水东综合工区各新设 1 套本地维护终端（LCT），对本线传输系统和设备进行管理，并接入成都铁路局通信综合网管系统。

电话交换系统，利用六盘水通信站既有程控电话交换机，根据本线接入需要扩容相关设备；六盘水通信站新设光线路终端（OLT）设备，沿线各车站、综合维修车间和工区、信号中继站、牵引变电所、分区所、电力配电所、公安派出所等处设光网络单元（ONU）；沿线新增自动电话用户通过 ONU 设备及接入网接入 OLT 设备和既有程控电话交换机，通过统一编号组网，实现与既有铁路电话专网的互通。

新设数据网，利用相关工程设在成都铁路局的核心节点路由器，利用六盘水通信站的既有汇聚路由器并扩容；沿线各车站新设接入路由器，负责本地数据的接入，相邻车站接入路由器之间通过光纤联接；异地接入路由器与汇聚路由器通过传输通道联接，并上联至铁路局的核心路由器，实现数据业务的转发与汇聚。

新设调度通信系统，利用成都铁路局调度所和成都通信站的既有中心调度通信交换机；黄桶北至六盘水各站新设车站型调度通信交换机、调度分机和车站值班台等设备，按照调度区划分将各站调度交换机等设备接入铁路局调度所和成都通信站中心调度交换机和调度通信系统,并新设1个本线列车调度台,负责安顺西(不含)至水城(不含)段行车调度指挥;其中水城站、六盘水站纳入六盘水调度台管辖;其他相关车站维持既有调度台管辖不变。

新设GSM-R移动通信系统,利用成都铁路局既有GSM-R核心网设施,根据需要增设相关设备;在六盘水通信站新设基站控制器(BSC)、分组控制单元(PCU)、速率适配单元(TRAU)等设备,沿线设通信基站(BTS),一般区段采用单网覆盖方式组网,在安顺西站附近,为保证CTCS-2级与CTCS-3级列控系统之间的切换,在无线闭塞中心(RBC)联接点(DK2+808)前约3 km的区域内(至DK5+808)采用单网交织覆盖方式组网。通过传输通道将通信基站接入六盘水通信站的BSC和铁路局的GSM-R交换机。区间和隧道内弱场区采用光纤直放站、漏泄电缆和天线方式增强,并设漏缆监测系统,以满足无线场强覆盖和信息传输的需要。完成调度通信、调度命令信息和无线车次号校核信息传送等功能。

新设会议电视系统,黄桶北至六盘水各车站、通信工区分别设会议电视分会场设备,通过传输通道接入成都铁路局既有会议电视中心设备和网管系统统一管理。

新设应急通信系统,在六枝南、六盘水东综合维修工区设应急通信事故抢险现场接入设备,通过传输通道接入成都铁路局既有应急通信中心系统。

通信电源,沿线各新建通信设备机房设48 V高频开关电源和蓄电池组及UPS不间断电源设备。并设通信电源和机房环境监控系统及采集设备,实现对通信电源及机房环境条件的监控。

新设六枝南通信车间和六枝南、六盘水通信维护工区,负责本线通信设施的运营维护和管理。

5.60.4　信号工程

车站联锁,正线的黄桶北、六枝南、长箐、冷坝、六盘水东站和水城客车场新设硬件安全冗余型计算机联锁系统和信号电源屏,并满足与CTC、列控中心等设备的接口和信息交换要求,为信号集中监测系统提供相关信息。六盘水站、水城站货运车场既有计算机联锁设备利旧改造。安顺西(不含)至六盘水车站范围内接发车进路上的道岔及综合工区保养点道岔纳入车站联锁集中控制。

根据车站(场)道岔设计类型,配备相应的道岔转辙装置和转辙机,并采用断电保护措施。正线上的道岔采用外锁闭、多点牵引控制方式,并实现挤岔监督报警功能。直向通过时速160 km及以上道岔增加密贴检查装置,将监测信息纳入信号集中监测系统。

新建联锁设备的车站站内采用与区间相同制式的ZPW-2000有绝缘轨道电路,其发送和接收设备按冗余方式配置;六盘水站、水城站货运车场维持既有装备标准,新设置97型25 Hz相敏轨道电路,正线及到发线设置电码化;维修工区轨道区段采用97型25 Hz相敏轨道电路。

站内ZPW-2000轨道电路干线电缆采用铝护套数字信号电缆,97型25 Hz轨道电路和电码化信息传输干线电缆采用铝护套信号电缆,分支电缆采用综合护套信号电缆。联锁设备所用室外电缆采用综合扭绞信号电缆。

安顺西(不含)至六盘水东采用分散自律型调度集中(CTC)系统,在黄桶北、六枝南、长箐、冷坝、六盘水东站设 CTC 分机设备、网络安全和通道质量监督设备,以及车务管理终端等设备;安顺西站 CTC 车站分机利旧修改;水城站客车场新设 TDCS(3.0 级)分机设备;水城站货车场、六盘水站既有 TDCS 分机设备升级改造。按照调度区划分将调度分机等设备接入成都铁路局调度所 CTC/TDCS 总机系统,并新设 1 个本线列车调度台,增设相应的应用和通信服务器、TSRS-CTC 接口服务器,负责安顺西(不含)至六盘水东段的运输调度指挥;安顺西等其他相衔接的车站维持既有调度台管辖不变。并结合本线接入对 CTC/TDCS 总机系统的相关设备软件进行修改与调试。

安顺西(不含)至六盘水站采用 CTCS-2 级列控系统,在六盘水站设 1 套临时限速服务器(TSRS),负责本线临时限速命令的管理。安顺西站为长昆客运专线 CTCS-3 级列控系统区段的车站,本线引入安顺西站,故在安顺西至安六铁路信号中继站 1 之间设 CTCS-2/3 级级间转换点。安顺西(不含)至水城客车场各车站、六盘水站和信号中继站设信号安全数据网接入设备、列控中心(TCC)、应答器、电子编码单元(LEU)等设备,新设 TCC 之间通过安全数据网进行联接,实现 TCC 之间及与车站联锁之间的安全信息传输。所设 TCC 具有轨道电路编发码、运行方向和闭塞控制、站间安全信息传输、应答器报文实时组帧和编码及校验、区间占用逻辑检查等功能。并将自诊断和故障报警信息通过以太网接口发送至信号集中监测系统。

区间闭塞制式,安顺西(不含)至水城客车场(不含)采用四显示自动闭塞,按双线双方向运行,正向采用追踪间隔运行,反向采用自动站间闭塞行车。不设区间地面通过信号机,在闭塞分区分界点设停车标志牌。

正线区间采用 ZPW-2000 系列无绝缘轨道电路,其发送和接收设备按冗余方式配置,发送编码采用列控中心电子编码。ZPW-2000 系列无绝缘轨道电路干线电缆采用铝护套数字信号电缆或铝护套内屏蔽数字信号电缆,所用电缆有效传输长度一般按 10 km 控制,超过规定长度设信号中继站。

新设信号集中监测系统,安顺西(不含)至水城客车场各车站和信号中继站设集中监测分机设备,各车站信号维修工区和六盘水信号车间及信号集中检修工区设集中监测终端设备,通过监测网接入电务段既有集中监测总机系统。实现对车站联锁设备、列控中心、轨道电路等信号基础设施的集中监测和远程诊断。

沿线新建信号设备房屋设防雷电、电磁兼容和综合防护接地系统,与房建工程同步实施,并与新建的贯通地线等电位连接。

新设综合接地系统,沿铁路两侧各敷设 1 条截面为 35 mm^2 的贯通地线,在电气特性上全程贯通,接地电阻不大于 1 Ω,形成低阻等电位综合接地平台。沿线轨旁信号设备接地后就近与贯通地线等电位连接。

参加线路工程施工的有中铁五局、十一局、十二局等单位。中铁一局和中铁五局联合体等单位承担电气化、通信信号和电力工程的施工。

线路工程于2015年11月开工。2018年11月1日开始铺轨。2019年7月9日完成全线铺轨。四电工程于2018年12月8日开工。2019年7月12日成功架设第一条接触网。2020年5月11日开始联调联试,2020年6月11日开始试运行。2020年7月8日正式开通运营。

5.61　潍坊至莱西高速铁路

新建潍坊至莱西高速铁路西自济青高速铁路潍坊北站引出,向东经昌邑、平度、莱西,引入青荣城际铁路莱西北站,基本上呈东西走向,线路全长125.97 km(图5.61)。全线设有潍坊北、昌邑南、平度北、莱西北等车站。其中潍坊北站为济青高速铁路的中间站改建,莱西北站为青荣城际铁路的中间站改建,昌邑南站、平度北站为新建车站。另设王伯村、郎家庄、莱西东等线路所。工程范围还包括潍坊至青岛方向的联络线,其中下行联络线(潍莱DK116+500~青荣右DK90+000)长约2.79 km;上行联络线(潍莱DK116+500~青荣右DK90+300)长约2.38 km;并扩建荣成存车场。

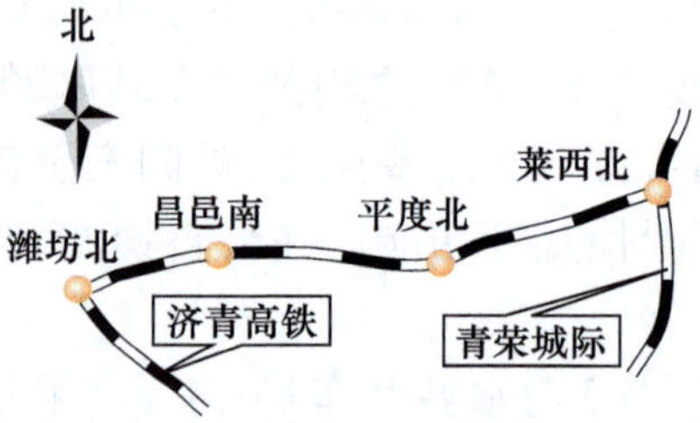

图5.61　潍坊至莱西高速铁路示意图

新建潍莱高速铁路,连接济青高速铁路和青荣城际铁路,与之共同形成烟台、威海地区不经青岛枢纽,与潍坊以西地区旅客列车最便捷的快速通道。并可作为济青高速铁路由潍坊向胶东半岛东北方向的延伸,增强路网结构的灵活性来提高运输质量。它的建成开通成为胶东半岛东部地区至内地的便捷通道,对强化区域联系,拉动沿线中小城市发展,推动区域城市群形成,完善城市群产业合理分工和结构转型升级具有重要意义。

本工程的建设单位是济青高速铁路有限公司,设计单位是铁道第三勘察设计院集团有限公司。线路主要技术标准:铁路等级,高速铁路;正线数目,双线;正线线间距,5 m;最小曲线半径,一般地段7 000 m、困难地段5 500 m;最大坡度,20‰、个别困难地段不大于30‰;到发线有效长度,650 m;调度指挥方式,调度集中;列车运行控制方式,自动控制;设计行车速度,350 km/h;牵引种类,电力牵引(AT供电方式)。

5.61.1　电气化工程

牵引供电采用AT供电方式。新建天新庄村、杨兰埠牵引变电所,3座分区所,4座AT所;利用改造莱西北牵引变电所,增加馈线设备为本线供电;改造潍坊北AT所为开闭所。

新建牵引变电所引入2路220 kV电源供电,220 kV电源侧采用线路变压器组接线,电气设备采用户外中型布置;2 ×27.5 kV 侧采用单母线接线,电气设备采用户内 GIS 开关柜布置,2 ×27.5 kV 上下行馈线断路器互相备用。分区所、AT 所 2 ×27.5 kV 设备采用户内 GIS 开关柜布置。

新建牵引变电所所设变压器,采用固定备用、三相 V/X 接线、油浸自冷方式,预留风冷条件。按初期需要选择变压器安装容量。莱西北牵引变电所变压器容量维持既有,开通后根据运量增长情况适时增容改造。

新建牵引变电所、开闭所、分区所、AT 所采用微机保护和综合自动化系统,按无人值班设计,牵引变电所适当考虑值守条件。新设牵引供电远动系统,纳入济南铁路局电力调度所管理。

接触网悬挂,正线、联络线采用全补偿弹性链型悬挂,接触悬挂结构高度一般 1 600 mm。接触线采用 150 mm^2 的铜合金导线,承力索采用 120 mm^2 的铜合金绞线;站线、存车线采用全补偿简单链型悬挂,接触悬挂结构高度一般为 1 400 mm。接触线采用 120 mm^2 的铜合金导线,承力索采用 95 mm^2 的铜合金绞线。道岔处的接触网悬挂,与正线相交的道岔采用无交叉线岔方式,非正线交叉的道岔采用交叉线岔方式。正馈线和保护线等附加导线采用铝包钢芯铝绞线。

接触网绝缘泄漏距离按重污秽地区设计,严重污秽地区适当加强绝缘。一般地段采用瓷绝缘子,跨线桥两侧、分段绝缘器处及下锚处采用复合绝缘子。采用带空气间隙绝缘中性段的锚段关节电分相,避免设在大坡道、列车出站加速区段和线路限速低速区段。

接触网支柱,路基地段和桥上的腕臂柱一般采用 H 型钢柱,车站及多线并行区段优先采用线间立柱。当线间距不满足立柱条件时采用轻型硬横梁和钢管柱。车站雨棚内接触网安装方式,应根据具体的车站条件确定,尽量减少对车站景观的影响。

接触网支柱跨距一般为 55 m,最大不大于 60 m,相邻跨距之差不大于 10 m。绝缘、非绝缘锚段关节一般采用五跨关节。正线锚段长度一般不大于 2 ×700 m,站线锚段长度一般不大于 2 ×800 m,附加线锚段长度一般不大于 2 000 m。

根据接触网抢修需要新设昌邑南、平度北供电工区,负责牵引供电的运营维护及管理。

5.61.2　电力工程

全线新建 2 条 10 kV 贯通线,给沿线用电负荷供电,新建 2 条 10 kV 贯通线分别沿铁路两侧的电缆沟敷设。新建昌邑南、平度北 10 kV 配电所;利用改造潍坊北、莱西北 10 kV 配电所,增加馈出设备给本线用电负荷供电。

设有 10 kV 配电所的车站其综合用电负荷设站内 10/0.4 kV 综合变电所供电,电源引自配电所的站馈线。没设 10 kV 配电所的车站其综合所用电负荷设室内 10/0.4 kV 变电所或箱式变电站供电,离 10 kV 配电所较近时从配电所站馈线接引电源,否则分别从 2 路 10 kV 贯通线接引电源。

车站与行车有关的通信信号等一级负荷设室内 10/0.4 kV 专用变电所供电,电源分别引自 2 路 10 kV 贯通线。区间通信信号等一级负荷设箱式变电站供电,电源分别引自 2

路 10 kV 贯通线。

区间其他用电负荷,根据负荷分布和负荷性质,在负荷集中处分别设箱式变电站或杆架式变电台供电,从 2 路 10 kV 贯通线接引电源。

新建 10 kV 配电所采用综合自动化系统,按无人值班设计。新设电力远动系统,纳入济南铁路局电力调度所管理。

5.61.3 通信工程

正线、联络线沿铁路两侧各敷设 1 条 48 芯长途通信光缆。租用青荣城际铁路莱西北站至莱阳站间的通信光纤,将本线传输系统与既有 OTN 传输网互联。将青荣城际铁路既有长途通信光缆引入莱西北站新建通信机械室,将蓝烟铁路既有长途通信光电缆引入莱西站还建的通信机械室。

传输系统,新设 SDH 10 Gbit/s 长途传输系统,各客运车站设 SDH 10 Gbit/s 设备,利用新建 2 条 48 芯光缆中的各 2 芯光纤构成复用段 1+1 保护。在潍坊北站与相邻铁路传输系统互联、在莱阳站与既有 OTN 传输系统互联。本线至济南铁路局调度所、GSM-R 核心网机房所需传输通道利用济青高速铁路传输系统及既有 OTN 传输系统解决。

新设 SDH 2.5 Gbit/s 车站接入网系统,沿线各新建车站(所)设 SDH 2.5 Gbit/s 设备,利用新建 2 条 48 芯光缆中的各 2 芯光纤构成复用段 1+1 保护。并在同一车站将 SDH 2.5 Gbit/s 设备通过 2.5 Gbit/s 光接口与 SDH 10 Gbit/s 设备互联。

新设 SDH 622 Mbit/s 区间接入网系统,区间 GSM-R 通信基站、信号中继站、牵引变电所、分区所、AT 所、区间警务区等信息接入点设 SDH 622 Mbit/s 设备,利用新建光缆在相邻车站之间构成 622 Mbit/s 2 纤通道保护环,接入车站 SDH 2.5 Gbit/s 接入网系统。

车站站房、电力配电所、综合维修车间和工区、牵引变电所、公安派出所等信息接入点设 SDH 622 Mbit/s 设备,利用新建站内光缆构成站内传输环,接入车站 SDH 2.5 Gbit/s 接入网系统。

新设数据网,利用济南铁路局既有核心节点路由器;利用济南东的既有汇聚路由器,沿线各新建车站设接入路由器,负责本地数据的接入。相邻车站接入路由器之间通过光纤联接;异地接入路由器与汇聚路由器之间通过传输通道联接,并上联至铁路局的核心路由器,实现数据业务的转发与汇聚。

电话交换系统,利用青岛的既有电话交换机,沿线各车站、综合维修车间和工区、信号中继站、牵引变电所、分区所、电力配电所、公安派出所等处设光网络单元(ONU);沿线新增自动电话用户通过 ONU 设备及接入网接入青岛的程控电话交换机,通过统一编号组网,实现与既有铁路电话专网的互通。

新设调度通信系统,利用济南铁路局调度所既有中心调度通信交换机;各新建车站(所)设车站型调度通信交换机、调度分机和车站值班台等设备,按照调度区划分将车站调度交换机等设备接入铁路局中心调度交换机和调度通信系统,本线不新设列车调度台,潍坊北(不含)至郎家庄线路所(不含)由济青高速铁路列车调度台管辖,其余线段由青荣城际铁路列车调度台管辖。

新设 GSM-R 移动通信系统，利用济南铁路局既有 GSM-R 核心网设施，根据本线接入扩容相关设备，并新设 1 套基站控制器（BSC）；沿线设通信基站，采用单网交织覆盖方式组网。通过传输通道将通信基站接入 BSC 设备和铁路局的 GSM-R 交换机。区间弱场区采用光纤直放站、漏泄电缆和天线方式增强，以满足无线场强覆盖和信息传输的需要。完成调度通信、调度命令信息和无线车次号校核信息传送等功能。

本线与济青高速铁路并行、接近区段利用济青高速铁路的无线场强覆盖。本线与青荣城际铁路交叉、接近区段要统筹考虑无线场强覆盖方案，以满足各相关铁路的无线通信要求。

新设会议电视系统，各新建车站、通信车间设会议电视分会场设备，通过传输通道接入济南铁路局既有会议电视中心系统。

新设应急通信系统，沿线通信车间新设应急通信现场接入设备，通过传输通道接入济南铁路局既有应急通信中心系统。

通信电源，沿线新建通信设备机房设 48 V 高频开关电源、UPS 不间断电源设备，并新设通信电源和机房环境监测系统及采集设备。实现对通信电源及机房环境条件的监控。

新设综合视频监控系统，利用济南铁路局既有视频监控系统区域节点及设备；各新建车站设视频监控接入节点和设备；在车站站房、车站咽喉区、通信信号机房、牵引供电和电力机房、桥梁救援疏散通道等处设视频监控采集点和设备，室外视频采集点利用光纤接入邻近通信基站通信传输节点，利用传输通道接入车站接入点设备，再通过数据网系统接入铁路局视频监控区域节点设备。实现对重点区域和设施的监控。

5.61.4 信号工程

车站联锁，昌邑南、平度北站，莱西北潍莱场及青荣场，以及新建线路所新设计算机联锁设备和信号智能电源屏；潍坊北站结合济青高速铁路运用情况调整所建的计算机联锁设备。维修工区道岔纳入邻近车站联锁设备集中控制。

根据车站（场）道岔设计类型，配备相应的道岔转辙装置及转辙机，正线上的道岔采用外锁闭、多机分线控制方式，并实现挤岔监督报警功能。通过时速 160 km 以上的道岔增加密贴检查装置，监测信息纳入信号集中监测系统。车站动车组列车进路道岔及其联动道岔设置道岔融雪装置。

新建联锁设备的车站（场）站内采用 ZPW-2000 系列有绝缘移频轨道电路，其发送和接收设备按冗余配置；其中荣成存车场采用 97 型 25 Hz 相敏轨道电路叠加电码化；维修工区等轨道区段采用高压不对称脉冲轨道电路。站内 ZPW-2000 移频轨道电路干线电缆采用铝护套数字信号电缆，室外联锁设备干线电缆采用铝护套信号电缆，分支电缆采用综合护套信号电缆。

运输调度指挥系统，潍坊北（不含）至郎家庄线路所至莱西东线路所采用调度集中（CTC）系统，在昌邑南、平度北站，莱西北潍莱场及青荣场，王伯村、郎家庄、莱西东等线路所设 CTC 分机设备、网络安全及通道质量监督等设备，潍坊北站 CTC 分机设备结合本线接入进行相应的调整,按照调度区划分将各站调度分机等设备通过调度网接入济南铁路局调度所 CTC/TDCS 总机系统。本线不新设列车调度台,潍坊北(不含)至郎家庄线路所(不含)由济青高速铁路列车调度台管辖;其余线段的莱西北潍莱场及线路所由青荣城际铁路列车调度台管辖;潍坊北等既有站维持既有调度台管辖不变。

列车运行控制系统,潍坊北(不含)至郎家庄线路所(不含)采用 CTCS-3 级列控系统,郎家庄线路所至红旗、莱西东线路所采用 CTCS-2 列控系统,所以要结合所建红旗、莱西东线路所对青荣城际铁路的 CTCS-2 列控系统进行相应修改。本线新设 1 套无线闭塞中心(RBC),利用济青高速铁路工程所设的临时限速服务器,相应修改青荣城际铁路的临时限速服务器,对本线的临时限速命令进行管理。新建联锁设备的车站(场、所)、信号中继站设信号安全数据网接入设备、列控中心(TCC)、应答器、电子编码单元(LEU)等设备。既有站列控中心设备利旧修改。TCC 之间通过安全数据网进行联接,实现 TCC 之间及与车站联锁设备之间的安全信息传输。所设的列控中心具有轨道电路编发码、运行方向控制、站间安全信息传输和应答器报文存储及调用等功能。

区间闭塞制式,正线采用四显示自动闭塞,正向采用追踪间隔运行、反向采用自动站间闭塞行车。不设区间地面通过信号机,在闭塞分区分界点设停车标志牌。

正线区间采用 ZPW-2000 系列无绝缘轨道电路,其发送和接收设备按冗余配置,由列控中心设备编码控制。ZPW-2000 系列轨道电路干线电缆采用铝护套数字信号电缆或铝护套内屏蔽数字信号电缆。

新设信号集中监测系统,在昌邑南、平度北站,莱西北潍莱场及青荣场,线路所、信号中继站设集中监测分机,既有潍坊北等改建站新设集中监测分机,通过监测网将集中监测分机设备接入青岛电务段信号集中监测总机系统。

沿线新建信号设备房屋设防雷电、电磁兼容及综合接地防护系统,并与贯通地线等电位连接。

综合接地系统,沿线新建铁路两侧各敷设 1 条贯通地线,在电气特性上全程贯通,接地电阻不大于 1 Ω,形成低阻等电位综合接地平台。沿线轨旁信号设备安全接地后就近与贯通地线等电位连接。

参加线路工程施工的有中铁一局、十局、十四局、二十一局,中铁上海工程局等单位。线路工程于 2018 年 2 月 6 日开工。2019 年 12 月 7 日开始铺轨。2020 年 5 月 9 日完成正线铺轨。

中铁电气化局集团、中铁武汉电气化局和中铁十局电务公司联合体等承担四电工程的施工。2019 年 8 月 6 日组立起第一根接触网杆。2020 年 7 月 11 日架设第一条接触网导线。2020 年 8 月 21 日开始联调联试。2020 年 10 月 27 日开始试运行。2020 年 11 月 26 日正式开通运营。

5.62　太原至焦作高速铁路

新建太焦高速铁路位于山西省和河南省内。线路北起太原南站,途经清徐县、太谷县、武乡县、沁县、襄垣县、潞城市、长治市、长治县、高平市、泽州县、沁阳市、博爱县，南到郑（州）焦（作）城际铁路的焦作站，正线全长358.8 km（图5.62），其中山西省内325.4 km、河南省内33.4 km。全线桥梁累计长度114.465 km，隧道累计长度166.351 km，桥隧占比达到78.26%。全线设有太原南、新鸣李、晋中、太谷东、榆社西、武乡西、襄垣东、长治东、长治县、高平东、晋城东、博爱、焦作等车站。其中太原南、新鸣李、晋中、焦作为既有改建站，其余为新建客运中间站。工程范围还包括太原枢纽及焦作地区相关配套工程。

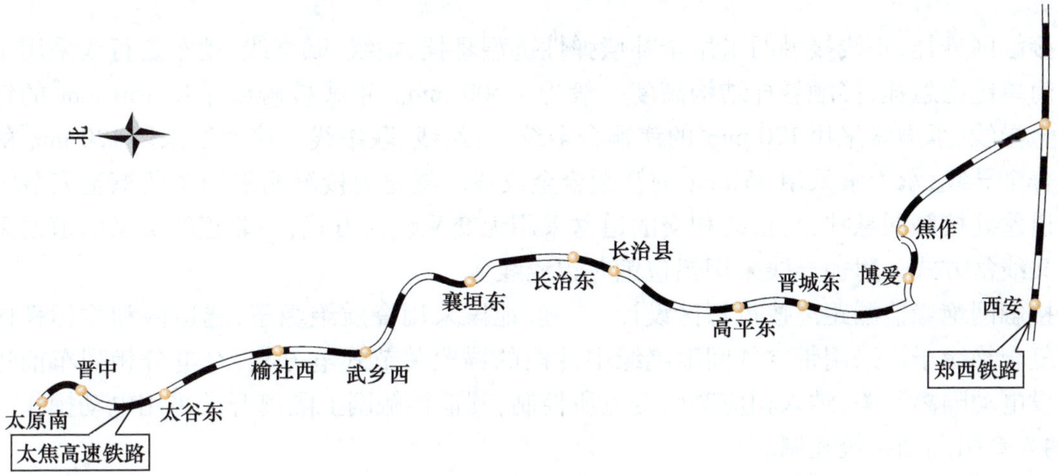

图5.62　太原至焦作高速铁路示意图

新建太焦高速铁路可以优化路网布局，作为山西南部的主要客运通道，对进一步完善华北西部地区快速客运网络、拓展快速客运网覆盖范围及增强西部与内地的联系，增加旅客运输的机动灵活性均具有重要意义。

本工程的建设单位是大西铁路客运专线有限公司、河南城际铁路有限公司、郑州铁路局，设计单位是铁道第三勘察设计院集团有限公司、中铁工程设计咨询集团有限公司。线路主要技术标准：铁路等级，高速铁路；正线数目，双线；正线线间距，4.6 m；最大坡度，一般地段20‰、困难地段30‰；最小曲线半径，一般地段3 500 m、困难地段3 000 m；到发线有效长度，650 m；设计行车速度，250 km/h；列车运行控制方式，自动控制；调度指挥方式，综合调度集中；牵引种类，电力牵引（AT供电方式）。

5.62.1　电气化工程

牵引供电采用AT供电方式。全线新建榆社西、西营、长治东、三甲、晋域东、博爱等牵引变电所。在供电臂中部设AT所。利用改造大西客运专线所建的晋中牵引变电所、异地还建太中银铁路所建的北六堡牵引变电所为本线供电。

新建牵引变电所引入2路220 kV电源供电，220 kV电源侧采用线路变压器组接线，电气设备采用户外中型布置；2×27.5 kV侧采用单母线分段接线，电气设备采用户外中型布置。

新建牵引变电所所设变压器，采用固定备用、V/X接线、自冷方式，预留风冷条件。各牵引变电所变压器安装容量:榆社西为2×(25+25) MV·A、西营为2×(25+31.5) MV·A、长治东为2×(31.5+31.5) MV·A、三甲为2×(25+25) MV·A、晋城东为2×(25+25) MV·A、博爱为2×(25+20) MV·A。

新建牵引变电所、AT所采用微机保护和综合自动化系统,按无人值班设计,牵引变电所适当考虑值守条件。新设牵引供电远动系统,分别纳入太原、郑州铁路局客运专线调度所数据采集与监视控制(SCADA)系统,并在太原铁路局客专调度所增设1个电力调度台。

接触网悬挂,正线接触网采用全补偿弹性链型悬挂,站线、联络线、动车走行线采用全补偿简单链型悬挂,接触悬挂结构高度一般为1 600 mm。正线接触线采用150 mm^2的锡铜合金导线,承力索采用120 mm^2的镁铜合金绞线;站线、联络线等接触线采用120 mm^2的锡铜合金导线,承力索采用95 mm^2的镁铜合金绞线。隧道内接触网采用预留槽道安装方式。道岔处接触网悬挂,与正线相交的道岔采用无交叉线岔方式,与非正线交叉的道岔采用交叉线岔方式。附加导线采用铝包钢芯铝绞线。

接触网绝缘泄漏距离按重污区设计。一般地段采用瓷质绝缘子,隧道内和重污秽区采用复合绝缘子。采用带空气间隙绝缘中性段的锚段关节式电分相,在电分相列车前进方向设电动隔离开关,纳入相应牵引变电所控制,其他接触网上隔离开关采用电动操作方式,纳入牵引远动系统控制。

接触网支柱,路基和桥梁地段的腕臂柱采用热浸镀锌H型钢柱,车站等跨越多股道时采用轻型硬横梁和钢管柱。车站雨棚范围接触网支柱与雨棚柱合架。

接触网支柱跨距,正线路基区段一般为55 m,最大不超过60 m。桥梁地段支柱跨距根据桥梁孔跨形式确定,一般为50 m。

正线绝缘、非绝缘锚段关节采用五跨或四跨形式。正线锚段长度一般不大于2×700 m,站线锚段长度一般不大于2×800 m,附加导线的锚段长度一般不大于2 000 m。

5.62.2 电力工程

全线新建1条一级负荷10 kV贯通线和1条综合负荷10 kV贯通线,新建10 kV贯通线采用电力电缆,分别沿铁路两侧的电缆沟敷设,给沿线车站和区间用电负荷供电。每个新建车站设1座10 kV配电所,从地方电网引入2路10 kV电源供电;利用大西客运专线所建的晋中10 kV配电所给本线供电。扩建郑焦城际铁路所建的焦作10 kV配电所给本线供电。

设有10 kV配电所的车站其站房综合用电负荷设站内10/0.4 kV变电所供电,电源引自10 kV配电所站馈线。既有改建车站新增综合用电负荷按原供电方式供电,需要增容的进行适用性改造。

各车站与行车相关的通信信号等一级负荷设室内10/0.4 kV专用变电所供电,电源分别引自2路10 kV贯通线。区间与行车密切相关的通信信号等一级负荷设10/0.4 kV箱式变电站供电,电源分别引自2路10 kV贯通线。

区间其他用电负荷,根据负荷分布和负荷性质,在负荷集中处分别设箱式变电站或杆架式变电台供电,电源引自综合负荷 10 kV 贯通线。

新建 10 kV 配电所采用微机保护和综合自动化系统,按无人值班设计。新设电力远动系统,分别纳入郑州、太原铁路局电力调度所管理。

5.62.3　通信工程

太原南至焦作沿新建铁路两侧各敷设 1 条 48 芯长途通信光缆。为满足 GSM-R 光纤直放站和通信基站、牵引供电和电力远动、综合视频监控系统组网的需要,以及站内信息用户接入的需要,按照需求单独敷设不同容量的短段光缆。为满足隧道内事故救援电话组网的需要,5 km 及以上长大隧道两侧各敷设 1 条低频对称通信电缆。

传输系统,新设 SDH 10 Gbit/s 长途传输系统,沿线主要车站设 SDH 10 Gbit/s 设备,利用新建 2 条 48 芯光缆中的各 2 芯光纤构成复用段 1 +1 保护。

新设 SDH 2.5 Gbit/s 车站接入网系统,沿线车站设 SDH 2.5 Gbit/s 设备,利用新建 2 条 48 芯光缆中的各 2 芯光纤构成复用段 1 +1 保护。并在同一个车站将 SDH 2.5 Gbit/s 设备通过 2.5 Gbit/s 光接口与 SDH 10 Gbit/s 设备相联,为 SDH 2.5 Gbit/s 传输接入系统提供通道保护。

新设 SDH 622 Mbit/s 区间接入网系统,在区间 GSM-R 通信基站、牵引变电所、AT 所、信号中继站等信息接入点设 SDH 622 Mbit/s 设备,利用新建光缆在相邻车站之间构成 622 Mbit/s 2 纤通道保护环,接入车站 SDH 2.5 Gbit/s 接入网系统。

车站站房、站内牵引变电所、电力配电所、综合维修车间和工区、公安派出所等信息接入点设 SDH 622 Mbit/s 设备,利用新建站内光缆构成 2 纤通道保护环,接入车站 SDH 2.5 Gbit/s 接入网系统。

电话交换系统,利用太原、郑州地区既有铁路电话交换机,根据需要增设相关配套设备;在太原、郑州通信站新设光线路终端(OLT)设备;沿线车站、牵引变电所和 AT 所、电力配电所、信号中继站、综合维修车间/工区、公安派出所、动车存车场等处设光网络单元(ONU);沿线新增自动电话用户通过 ONU 设备和接入网按铁路局管辖范围及隶属关系分别接入太原、郑州的 OLT 设备和铁路电话交换机,通过统一编号组网,实现与既有铁路电话专网的互通。

新设数据网,利用郑州、太原铁路局既有核心路由器及焦作的既有汇聚路由器;在晋城东、太原南新设汇聚路由器,沿线各车站设接入路由器,负责本地数据的接入。相邻车站接入路由器之间通过光纤联接,异地接入路由器与汇聚路由器之间按铁路局管辖范围及隶属关系通过传输通道分别接入焦作、晋城东、太原南的汇聚路由器,并上联至铁路局的核心路由器。实现数据业务的转发与汇聚。

新设数字调度通信系统,利用太原、郑州铁路局调度所既有调度通信交换机;沿线各新建车站设车站型调度通信交换机、调度分机和车站值班台等设备,按照铁路局管辖范围和调度区划分分别接入太原、郑州铁路局调度所中心调度交换机和调度通信系统。在太原铁路局调度所新设 1 个本线列车调度台及调度员操作终端设备,负责太原局管段内的行车调度指挥;郑州局管段内并入既有郑焦城际铁路列车调度台管辖。

新设 GSM-R 移动通信系统。利用太原、郑州铁路局既有 GSM-R 核心网设施,并分别新设基站控制器(BSC)等设备;沿线设通信基站(BTS),隧道外采用单网覆盖方式组网、长大隧道内采用冗余方式组网,通过传输通道将通信基站按铁路局管辖范围分别接入 BSC 设备和铁路局的 GSM-R 交换机。区间和隧道内弱场区采用光纤直放站、漏泄电缆和天线方式增强,长大隧道内并设漏缆监测系统,以满足无线场强覆盖和信息传输的需要。完成调度通信、调度命令信息和无线车次号校核信息传送等功能。

在本线与大西客运专线并行区段,利用大西客运专线工程所建的 GSM-R 系统完成并行区段无线场强覆盖。并优化本线与山西中南部铁路交叉区段 GSM-R 系统无线场强覆盖方案。以满足并行及交叉区段无线通信的需要。

新设会议电视系统,各新建车站设会议电视分会场设备,按铁路局管辖范围分别接入太原、郑州铁路局既有会议电视中心系统。

新设应急通信系统,沿线通信车间/工区设应急通信现场接入设备,按照铁路局管辖范围分别接入郑州、太原铁路局既有应急通信中心系统。5 km 及以上隧道新设紧急电话系统,在隧道出口、隧道内紧急出口、避车洞等处设紧急电话和广播设备,利用隧道内新设的低频对称电缆接入所设的隧道紧急电话主机。再通过传输通道接入铁路局既有隧道应急救援指挥中心系统。

通信电源,沿线各新建通信设备机房设 48 V 高频开关电源、蓄电池及 UPS 不间断电源设备。并设通信电源和机房环境监测系统及采集设备,实现对通信电源和机房环境条件的监控。

5.62.4 信号工程

车站联锁,沿线各新建车站和新鸣李站设硬件安全冗余型计算机联锁设备和信号智能电源屏,并集中配置 UPS 不间断电源。太原南和焦作等接轨站既有联锁设备利旧改造。维修工区、接触网工区内道岔纳入邻近车站联锁设备集中控制。

根据车站(场)道岔设计类型,配备相应的道岔三相交流转辙设备。通过时速 160 km 以上的道岔设密贴检查装置,并将报警信息纳入信号集中监测系统。动车组列车进路上的道岔设融雪装置。

新建联锁设备的车站站内采用 ZPW-2000 系列有绝缘移频轨道电路,轨道电路发送设备按 1 +1 冗余配置、接收设备采用双机并用方式;动车存车场、工区岔线等区段采用高压脉冲轨道电路。站内 ZPW-2000 系列移频轨道电路采用铝护套数字信号电缆,分支电缆采用非数字信号电缆。室外联锁设备干线电缆采用铝护套信号电缆,分支电缆采用综合护套信号电缆。

全线采用分散自律型调度集中(CTC)系统,沿线新建车站和新鸣李站设 CTC 分机设备、网络安全和通道质量监督等设备;太原南和焦作等接轨站维持既有 CTC/TDCS 分机设备利旧修改。按照铁路局管辖范围和调度区划分将各站调度分机等设备分别接入郑州、太原铁路局调度所 CTC/TDCS 总机系统。在太原铁路局调度所新设 1 个本线列车调度台,增设相应的应用和通信服务器等设备,负责太原铁路局管段内的行车调度指挥;郑州铁路局管段内纳入既有郑焦城际铁路列车调度台管辖，并对调度台相关设备进行修改。

全线采用 CTCS-2 级列车控制系统。在太原铁路局调度所新设1套临时限速服务器，负责本局管段内列车临时限速命令的管理；郑州铁路局管段内利用郑(州)开(封)城际铁路设在调度所的临时限速服务器负责本线段的列车临时限速命令的管理。在沿线新建车站和信号中继站设信号安全数据网接入设备、列控中心(TCC)、应答器、电子编码单元(LEU)等设备。既有接轨站 TCC 设备利旧改造；新设 TCC 之间通过安全数据网进行联接，实现 TCC 之间及与车站联锁之间的安全信息传输。所设的车站列控中心具有轨道电路编发码、运行方向和闭塞控制、应答器报文实时组帧和编码及校验、区间占用逻辑检查等功能。

区间闭塞制式，全线采用四显示自动闭塞，按双线双方向运行，正向采用追踪间隔运行、反向采用自动站间闭塞行车。不设区间地面通过信号机，在闭塞分区分界点处设信号标志牌，列车运行以列控车载设备显示作为行车凭证。

区间采用 ZPW-2000 系列无绝缘移频轨道电路，其发送设备按 1 + 1 冗余配置，采用通信方式编码。接收设备按双机并用方式配置。区间移频轨道电路采用铝护套数字信号电缆，电缆有效传输长度一般按 10 km 控制，超过规定长度时设信号中继站。

新设信号集中监测系统，新建车站和信号中继站设集中监测分机设备，既有车站的集中监测分机设备利旧改造，信号车间、值班工区设集中监测终端设备，按照铁路局管辖范围通过监测网将集中监测分机设备分别接入郑州、太原铁路局所属电务段信号集中监测总机系统。实现对信号设施的集中监测和远程诊断。

沿线新建信号设备房屋设防雷电、电磁兼容和综合接地防护系统，完善既有信号设备房屋的综合接地防护系统，并与新建贯通地线等电位连接。

综合接地系统，沿铁路敷设信号专用贯通地线，新建贯通地线采用铜质电缆，在电气特性上全程贯通，接地电阻不大于 1 Ω，形成低阻综合接地平台。沿线轨旁信号设备接地后就近与贯通地线等电位连接。

太原、郑州铁路局管辖范围内各设1个信号车间(含检修工区)。各车站设信号工区，负责信号设施的运营维护和管理。

参加线路工程施工的有中铁三局和七局、中铁隧道局，中铁十二局、十六局等单位。中铁电气化局集团和中国铁路通信信号公司联合体、中铁建电气化局等单位承担四电工程的施工。

山西段的线路工程于2016年6月16日开工，河南段的线路工程于2016年10月21日开工。2019年9月26日开始铺轨。2020年7月10日完成山西段铺轨。2020年7月25日完成全线铺轨。四电工程于2019年11月28日开工。2020年4月18日在河南段组立起接触网第一杆，2020年7月16日在河南段架设首条接触网导线。2020年9月24日全线开始联调联试。2020年11月9日开始试运行。2020年12月12日正式开通运营。

5.63　合肥至安庆高速铁路

新建合肥至安庆高速铁路,自合肥枢纽蚌福联络线引出,于东新庄处设新合肥西站,出站后沿既有合九线南下,与既有肥西站并站后继续南行,于千人桥镇西北侧的乔佛村附近新设舒城东站,经金牛镇引至庐江县城西侧4 km处设庐江西站,出站南行,依次上跨合铜黄高速公路、在建的庐铜铁路,出站后平行合安高速公路南行,经新店至高桥镇东侧新设桐城东站,经香铺上跨G50高速公路,至茶岭镇西北侧设新安庆西站,正线全长162 km(图5.63),其中正线桥梁累计长度117.809 km,桥梁占比达到72.8%。全线设有新合肥西、合肥西、竹溪、肥西、舒城东、庐江西、桐城东、香铺、新安庆西等车站。其中竹溪站为既有办理货运作业站,其他车站为办理客运的车站。工程范围还包括合肥枢纽合肥南至肥西联络线9.4 km;宁西货车外绕线雷麻店至双墩集站51.4 km[设有雷麻店(接轨站)、南岗(预留远期货运物流中心站)、岗集及双墩集等车站];合九货车外绕线丰乐至南岗站32.8 km(预留电化条件)(设有丰乐、董岗和南岗等车站);以及合肥枢纽新合肥西站及联络线和合肥动车所走行线等相关工程。

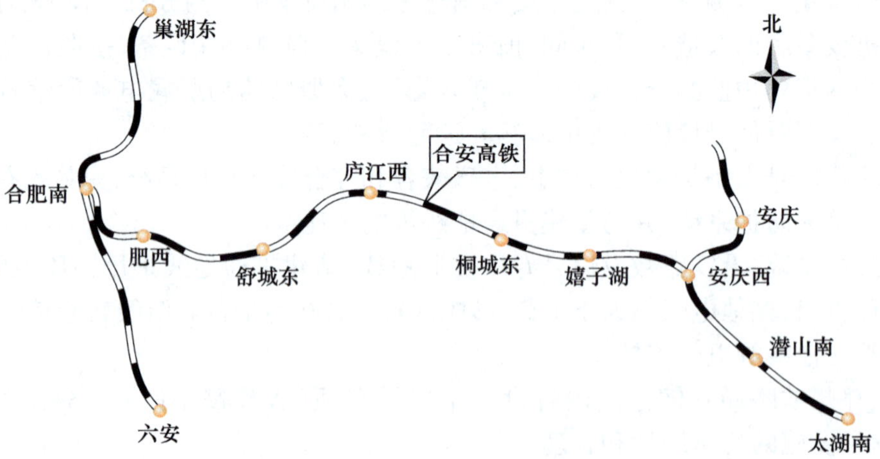

图5.63　合肥至安庆高速铁路示意图

新建合肥至安庆高速铁路是合肥至南昌间快速客运主通道的组成部分。向南经九江可达环鄱阳湖生态经济区及粤东地区。在合肥枢纽与既有沪汉蓉、合蚌、合福铁路及所建的商合杭高速铁路衔接,向北可达皖东北和苏北及山东。该线的建成开通对完善长江经济带区域路网布局,提高路网运输能力,带动沿线地区经济社会发展,推进沿线城镇化进程具有重要作用。

合肥至安庆高速铁路工程的建设单位是上海铁路局、安徽省投资集团、合安高铁股份有限公司,设计单位是中铁第四勘察设计院集团有限公司。线路主要技术标准:

新合肥西至新安庆西段:铁路等级,高速铁路;正线数目,双线;正线线间距,350 km/h地段5 m,其余地段根据设计行车速度确定;最大坡度,20‰;最小曲线半径,一般地段7 000 m、困难地段5 500 m;到发线有效长度,650 m;设计行车速度,350 km/h;列车运行控制方式，自动控制；调度指挥方式，调度集中；牵引种类，电力牵引（AT 供电方式）。

合肥枢纽宁西货车外绕线：铁路等级，铁路Ⅰ级；正线数目，双线；限制坡度，6‰；最小曲线半径，一般地段 800 m、困难地段 600 m；到发线有效长度，1 050 m；设计行车速度，120 km/h；闭塞类型，自动闭塞；牵引种类，电力牵引（直供加回流线供电方式）；牵引质量，5 000 t。

5.63.1　电气化工程

牵引供电系统，合肥西至新安庆西段采用 AT 供电方式，宁西货车外绕线、南环线至肥西联络线及动车运用所等采用带回流线的直接供电方式。

合肥西至新安庆西段新设竹溪、东家岗头、桐城东等牵引变电所，宁西货车外绕线新设南岗牵引变电所，改造既有邵岗牵引变电所，合肥动车运用所由三十里铺牵引变电所供电。合肥西至新安庆西段在供电臂中部设 AT 所，在供电臂末端设分区所。

新建竹溪、东家岗头、桐城东牵引变电所引入 2 路独立的 220 kV 电源供电，220 kV 电源侧采用线路变压器组接线，电气设备采用户外单体中式布置；2 × 27.5 kV 侧采用单母线分段接线，开关设备采用六氟化硫气体绝缘开关柜、室内布置。

南岗牵引变电所引入 2 路独立的 110 kV 电源供电，110 kV 电源侧采用线路分支接线，电气设备采用户外单体中式布置；宁西货车外绕线 27.5 kV 侧电气设备采用户内布置。

新建竹溪、东家岗头、桐城东牵引变电所设 4 台单相变压器、组成 2 个变压器组，采用固定备用、三相 V/V 接线、自冷方式，预留风冷条件。各牵引变电所变压器安装容量：竹溪为 2 × (40 + 31.5) MV · A、东家岗头 2 × (31.5 + 31.5) MV · A、桐城东为 2 × (31.5 + 40) MV · A。

南岗牵引变电所设 2 台阻抗匹配平衡变压器，采用固定备用、三相 V/V 接线、自冷方式。变压器安装容量为 2 × 40 MV · A。邵岗牵引变电所变压器暂不增容，开通后视运量增长情况适时进行增容改造，三十里铺牵引变电所变压器容量维持既有。

牵引变电所、分区所、AT 所自用交流电源，1 路外接 10 kV 电力贯通线，1 路接引自所内 27.5 kV 母线电源。

新建牵引变电所、分区所、AT 所按无人值班设计，牵引变电所适当考虑值守条件。合肥西至新安庆西段新设综合数据采集与远程监控（SCADA）系统，纳入上海铁路局客运专线牵引供电调度所管理；宁西货车外绕线设牵引供电远动系统，与本线共用设施部分纳入上海铁路局客运专线牵引供电调度所管理，其他设施纳入上海铁路局普速铁路牵引供电调度所管理。

接触网悬挂，高速正线采用全补偿弹性链型悬挂，接触悬挂结构高度一般为 1 600 mm。动车检查库内采用简单悬挂，其他线路采用全补偿简单链型悬挂；正线接触线采用 150 mm^2 的铜合金电车线，承力索采用 120 mm^2 的铜合金绞线，高速区段接触线悬挂点高度一般为 5 300 mm，合肥枢纽宁西货车外绕线接触线悬挂高度为 6 450 mm。正馈线和保护线等附加导线采用铝包钢芯铝绞线。

接触网绝缘泄漏距离按重污区设计,严重污秽地区适当加强绝缘。一般地段采用瓷质绝缘子,隧道内采用复合绝缘子,车站雨棚地段、分段绝缘器处及下锚处采用复合绝缘子。供电线一般采用瓷质绝缘子。采用带空气绝缘中性段的绝缘锚段关节式电分相,尽量避免设在大坡道、列车出站加速区段和线路限速低速区段。

接触网支柱,合肥西至新安庆西一般路段采用H型钢柱,桥上采用格构式桥钢柱,站场有条件时优先采用线间立柱,不具备线间立柱条件时采用轻型硬横梁和钢柱;合肥枢纽宁西货车外绕线路基区段采用预应力钢筋混凝土支柱,车站咽喉区等跨越多股道时采用软横跨和钢柱;动车运用所采用软横跨和钢柱。

接触网支柱跨距,正线区段一般为50 m,桥上跨距根据桥梁孔跨的形式确定,一般为48 m,隧道内最大跨距为50 m。相邻跨距之差一般不大于10 m。正线锚段长度一般不大于2×700 m,隧道内不大于700 m;站线最大锚段长度不大于2×800 m;附加导线锚段长度一般不大于2 000 m。

合肥西至新安庆西段在肥西、庐江西、桐城东等综合维修工区内设供电工区,宁西货车外绕线新建南岗供电工区。各车站站房及合肥动车运用所内设接触网应急值守点。负责全线牵引供电和电力设施的运营维护和管理。

5.63.2　电力工程

合肥西至新安庆西段及宁西货车外绕线新设1条综合负荷10 kV贯通线和1条一级负荷10 kV贯通线;合九货车外绕线新设1条综合负荷10 kV贯通线。合肥西至新安庆西段新建2条10 kV贯通线采用电缆敷设。

新设新合肥西、舒城东、庐江西、桐城东、南岗、动车运用所等10 kV配电所,新建10 kV配电所尽量与牵引变电所、分区所、供电工区等设施合建。改造既有合肥北城10 kV配电所;与合肥至芜湖铁路电气化改造工程同步改建合肥东35/10 kV变配电所(因本工程供电增加的投资列入本工程);与商合杭高速铁路工程同步改造既有北城10 kV配电所(因本程供电增加的投资列入本工程)。

设有10 kV配电所的新建车站其站房综合用电负荷设站内10/0.4 kV综合变电所供电,电源引自配电所站馈线;没设10 kV配电所的新建车站其站房综合用电负荷设站内10/0.4 kV变电所,从地方电网接引10 kV电源供电;既有车站的外接电源及为站房用电负荷供电的供电设施维持既有,为新增用电负荷供电。

车站与行车有关的通信信号等一级负荷设室内10/0.4 kV专用变电所供电,电源分别引自2路10 kV贯通线。区间与行车密切相关的通信信号等一级负荷设箱式变电站供电,电源分别引自2路10 kV贯通线。

区间其他用电负荷,根据负荷分布和负荷性质,在负荷集中处分别设箱式变电站供电,电源引自综合负荷10 kV贯通线。

新建电力配电所采用综合自动化系统,合肥西至安庆段新建综合数据采集及远程监控(SCADA)系统,纳入上海铁路局既有电力调度所管理。宁西货车外绕线新设电力远动系统,纳入合肥供电段既有电力调度所管理。

5.63.3　通信工程

新建新合肥西通信站。合肥至新安庆西站沿铁路两侧电缆槽道各设 1 条 48 芯长途通信光缆,沿宁西、合九货车外绕线各敷设 1 条 24 芯长途通信光缆。

传输系统,新合肥西站至新安庆西站间新设 SDH 10 Gbit/s 传输系统,沿线主要车站设 SDH 10 Gbit/s 设备,利用新建 2 条 48 芯光缆中的各 2 芯光纤构成复用段 1 + 1 保护。

新设 SDH 2. 5 Gbit/s 接入网系统,沿线车站设 SDH 2. 5 Gbit/s 设备,利用新建 2 条 48 芯光缆中的各 2 芯光纤构成复用段 1 + 1 保护。

新设 SDH 622 Mbit/s 区间接入网系统,在区间通信基站、牵引变电所、分区所、AT 所、信号中继站等信息接入点设 SDH 622 Mbit/s 设备,利用新建光缆在相邻车站之间构成 622 Mbit/s 2 纤通道保护环,接入车站 SDH 2. 5 Gbit/s 接入网系统。

车站站房、站内牵引变电所、电力配电所、综合维修车间和工区、公安派出所等信息接入点设 SDH 622 Mbit/s 设备,利用新建站内光缆构成 2 纤通道保护环,接入车站 SDH 2. 5 Gbit/s 设备。警务区设 SDH 155 Mbit/s 一体化设备,利用新建光缆接入车站 SDH 2. 5 Gbit/s 接入网系统。

宁西、合九货车外绕线新设 SDH 2. 5 Gbit/s 传输系统和 SDH 622 Mbit/s 接入网系统,并接入新合肥西通信站,与本线 SDH 2. 5 Gbit/s 传输接入系统和 SDH 622 Mbit/s 接入网系统相联。

新设数据网系统,利用上海铁路局既有核心路由器,新合肥西新设汇聚路由器,利用安庆的既有汇聚路由器,沿线车站新设接入路由器,负责本地数据的接入。相邻车站接入路由器之间采用光纤联接,异地接入路由器与汇聚路由器之间按管辖范围和隶属关系通过传输通道联接。并上联至铁路局的核心路由器,实现数据业务的转发与汇聚。

电话交换系统,利用合肥、安庆等处的既有程控电话交换机,在新合肥西新设 OLT 设备,利用安庆的 OLT 设备;沿线新建车站、综合维修车间和工区、牵引变电所、分区所、AT 所、电力配电所、信号中继站、公安派出所等处设光网络单元(ONU);沿线新增自动电话用户通过 ONU 设备及接入网按管辖范围和隶属关系分别接入 OLT 设备和合肥、安庆的程控电话交换机,通过统一编号组网,实现与既有铁路电话专网的互通。

新设调度通信系统,利用上海铁路局调度所既有中心调度通信交换机,沿线各新建车站设车站型调度通信交换机、调度分机和车站值班台等设备,按调度区划分通过传输通道将车站调度交换机等设备接入路局调度所中心调度交换机和调度通信系统,并新设 1 个本线列车调度台等配套设备,负责肥西(不含)至新安庆西至安庆(不含)及新建安庆至九江铁路安徽省内段的行车调度指挥。合肥枢纽内新合肥西站(含)至合九铁路线路所(含)纳入既有宁武铁路行车调度台管辖;枢纽内的其他相关线段按调度区划分由相关调度台管辖。

新设 GSM-R 移动通信系统,利用上海铁路局既有 GSM-R 核心网设施,在新合肥西通信站设基站控制器(BSC),新建铁路沿线设通信基站(BTS),新合肥西至新安庆西间采用冗余覆盖方式组网,宁西、合九货车外绕线采用单层覆盖方式组网,通过传输通道将通信基站接入 BSC 设备和铁路局的 GSM-R 交换机。区间和隧道内弱场区采用光纤直放站、漏泄电缆和天线方式增强,以满足无线场强覆盖和信息传输的需要,完成调度通信、调度命令信息和无线车次号校核信息传送等功能。

新设会议电视系统,新建车站、通信维修车间/工区设会议电视分会场设备,通过传输通道接入上海铁路局既有会议电视中心系统。

新设应急通信系统,在庐江西、桐城东等处设应急通信现场接入设备,接入上海铁路局既有应急通信中心系统。

通信电源,沿线各新建通信设备机房设 48 V 高频开关电源及 UPS 不间断电源设备。新设通信电源和机房环境监控系统及采集设备,实现对通信电源设备和机房环境条件的监控。

5.63.4 信号工程

车站联锁,本线各新建车站(所)、肥西站(普速场)、丰乐站新设硬件安全冗余型计算机联锁设备和信号智能电源屏;合肥站、合肥西站、合九线路所和双墩集站既有联锁设备利旧改造。维修工区、接触网工区内道岔纳入邻近车站联锁设备集中控制。

根据车站(场)道岔设计类型,配备相应的道岔转辙设备和缺口监测装置,通过时速 160 km 及以上的道岔配备密贴检查装置。

新合肥西站至新安庆西站各新建车站站内列车进路区段采用 ZPW-2000 系列有绝缘移频轨道电路,其发送和接收设备按冗余配置;宁西、合九货车外绕线各车站站内列车进路区段采用 25 Hz 相敏轨道电路,非列车进路区段采用高压脉冲轨道电路。车站移频轨道电路采用铝护套数字信号电缆,其余信号设备采用综合护套信号电缆。

肥西(不含)至新安庆西至安庆(不含)采用分散自律型调度集中(CTC)系统,沿线各新建车站设 CTC 分机设备、网络安全及通道质量监督设备;合肥枢纽内宁西、合九货车外绕线各车站设 TDCS 分机设备,并设车站服务器;其他既有车站的 CTC/TDCS 分机设备利旧改造;合肥动车运用所设集中控制系统。按照调度区划分将调度分机等设备接入上海铁路局调度所 CTC/TDCS 总机系统,新设 1 个本线列车调度台,增设相应的应用和通信服务器等配套设备,负责本线及新建安庆至九江铁路安徽省内段的行车调度指挥;合肥枢纽内新合肥西站(含)至合九铁路线路所(含)纳入既有宁武铁路行车调度台管辖;枢纽内的其他相关既有车站按调度区划分由相关调度台管辖。

列车运行控制系统,新合肥西站经合九线路所至新安庆西站、四里河线路所联络线采用 CTCS-3 级列控系统;集贤路线路所至肥西站(客专场)、合肥动车走行线采用 CTCS-2 级列控系统;宁西、合九货车外绕线采用 CTCS-0 列控系统;其他相邻线路维持既有列控系统等级不变。合肥动车运用所设室外分散式调车防护系统。在合肥新设无线闭塞中心(RBC)、临时限速服务器(TSRS)等配套设备,负责本线临时限速命令的管理。

在采用 CTCS-3 级或 CTCS-2 级列控系统的线路区段,各新建车站和信号中继站设列控中心(TCC)、应答器、电子编码单元(LEU)等设备,并设信号安全数据网接入设备;既有车站的列控中心设备利旧改造;新设 TCC 之间通过安全数据网进行联接,实现 TCC 之间及与车站联锁之间的安全信息传输。所设列控中心具有轨道电路编发码、运行方向和闭塞控制、站间安全信息传输、应答器报文编码及校验、区间占用逻辑检查等功能。

区间闭塞制式，新合肥西站经合九线路所至新安庆西站、四里河线路所联络线采用四显示自动闭塞；集贤路线路所至肥西站（客专场）、合肥动车走行线采用四显示自动闭塞；正线和双线联络线按双方向运行，正向采用追踪间隔运行、反向采用自动站间闭塞行车；动车走行线采用双方向追踪运行。肥西站（客专场）至新安庆西站区间不设地面通过信号机，设地面信号标志牌。合肥站至肥西站（客专场）区间设地面通过信号机。

宁西货车外绕线采用四显示自动闭塞；合九货车外绕线采用单线半自动闭塞，区间设地面通过信号机。既有宁西复线区间设备结合雷麻店站的设置利旧改造，站间信息采用数据通道传输。其他相邻线路维持既有自动闭塞制式不变，既有信号设备利旧改造。

正线区间采用 ZPW-2000 系列无绝缘移频轨道电路，采用列控中心编码，其发送和接收设备按冗余配置。区间 ZPW-2000 轨道电路干线电缆采用铝护套内屏蔽数字信号电缆，肥西站（客专场）至新安庆西站的 ZPW-2000 轨道电路所用电缆有效传输长度一般不大于 7.5 km，其他区间轨道电路所用电缆有效传输长度一般不大于 10 km，超过规定长度时设区间信号中继站。

新设信号集中监测系统，沿线新建车站（所）、信号中继站设集中监测分机设备，在电务段、信号车间、信号工区设集中监测终端设备。通过监测网将监测分机设备接入上海铁路局相关电务段既有信号集中监测总机系统。实现对信号设施的集中监测和远程诊断。

沿线新建信号设备房屋设防雷电、电磁兼容及综合接地防护系统，并与贯通地线等电位连接。

综合接地系统，正线沿铁路新设贯通地线，货车外绕线自动闭塞区段设专用贯通地线，在电气特性上全程贯通，接地电阻不大于 1 Ω，形成低阻接地平台。沿线轨旁信号设备接地后就近与贯通地线等电位连接。

参加线路工程施工的有中铁一局、四局、十局、十二局、十七局等单位。中铁建电气化局、中铁（武汉）电气化局、中铁四局等单位承担电气化、通信信号和电力工程的施工。

线路工程于 2015 年 12 月 25 日开工。四电工程于 2018 年 12 月 4 日开工。2019 年 12 月 18 日开始铺轨。2020 年 3 月 26 日完成正线铺轨。2020 年 9 月 10 日开始联调联试。2020 年 11 月 13 日开始试运行。2020 年 12 月 22 日正式开通运营。

5.64　盐城至南通高速铁路

新建盐城至南通高速铁路（以下简称盐通高速铁路）位于江苏省盐城市、南通市、苏州市内，线路北自徐宿淮盐铁路盐城站引出后，向南经大丰区、东台市、海安县后继续向南走行经如皋市后，进入通州区至所建的沪通铁路南通西站，后与沪通铁路共通道越过长江至张家港，接入所建的沪通铁路、规划拟建的南沿江铁路共设的张家港站。其中盐城（不含）至南通西（含），新建正线长 156.665 km（图 5.64），全段设有盐城（既有接轨站）、大丰、东台、海安县、如皋南、南通西等车站，其中大丰、如皋南是新建车站，东台站为与既有站并站设置,在既有海安县站对侧新设高铁场,其余为改扩建车站。南通西(不含)至张家港(不含)(DK160 +000 ~DK191 +300)长 31. 286 km,利用沪通铁路所建的长江大桥跨越长江,其余线路与本工程同步实施,张家港站由苏南沿江铁路工程统筹实施。工程范围还包括新建南通上行联络线长 6. 787 km、下行联络线长度 6. 853 km;南通地区新建动车运用所及动车所走行线。

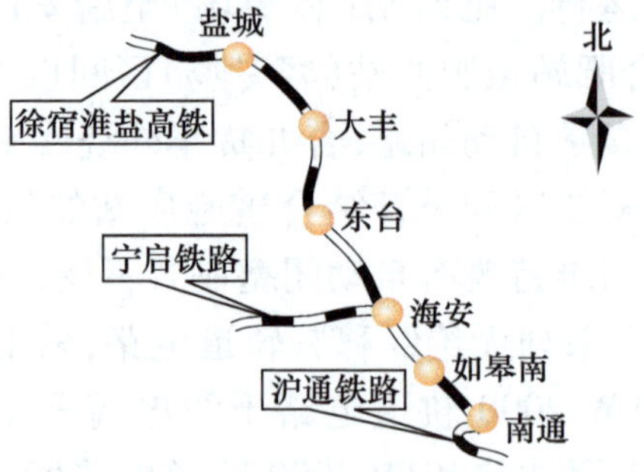

图 5. 64　盐城至南通高速铁路示意图

新建盐通高铁是我国沿海铁路通道的组成部分,它的建成开通可以连接徐宿淮盐、青盐、沪通、通苏嘉、南沿江城际等铁路,共同构成京沪通道的重要辅助通道,对完善长江三角地区铁路网布局,提高沿海铁路通道整体运输能力和运输质量起到重要作用。

盐通高铁工程的建设单位是上海铁路局、江苏省铁路投资公司、苏北铁路有限公司,设计单位是中铁第五勘察设计院集团有限公司。线路主要技术标准:铁路等级,高速铁路;正线数目,双线;正线线间距,350 km/h 区段 5 m、250 km/h 区段 4. 6 m;最大坡度,20‰、困难地段 30‰;最小曲线半径,350 km/h 路段一般 7 000 m、困难 5 500 m,250 km/h 路段一般 3 500 m、困难 3 000 m;到发线有效长,650 m;列车运行控制方式,自动控制;调度控制方式,综合调度集中;设计速度,盐城站至国道村线路所段 350 km/h、国道村线路所至南通西至(DK184 +349)段 250 km/h、(DK18 +349)至张家港 350 km/h;牵引种类,电力牵引(AT 供电方式)。

5. 64. 1　电气化工程

牵引供电系统,盐城至南通西段、南通西至张家港段正线采用 AT 供电方式;动车所、动车走行线等采用带回流线的直接供电方式;国道村线路所至南通客车联络线采用带回流线的直接供电方式、预留改造为 AT 供电方式的设计条件。

盐城至南通西段新设大丰、安丰、新如皋等 AT 牵引变电所;将沪通铁路批准要建的南通西直供牵引变电所变更为 AT 牵引变电所,由沪通铁路工程统筹实施,增加投资列入本工程;利用既有宁启铁路所建的南通牵引变电所为动车所开闭所供电;利用徐宿淮盐铁路所建的盐城 AT 分区所;新建 3 座 AT 分区所,新建 1 座开闭所,新建 6 座 AT 所。南通西至张家港段利用南通西牵引变电所及苏南沿江铁路拟建的张家港 AT 牵引变电所、新建 1 座 AT 分区所供电。

新建牵引变电所引入 2 路 220 kV 电源供电。220 kV 电源侧采用线路变压器组接线,电气设备采用户外单体中式布置;27.5 kV 侧采用单母线接线,电气设备采用户内 GIS 开关柜布置。分区所,AT 所 27.5 kV、2×27.5 kV 侧配电装置采用户内 GIS 开关柜布置。

新建牵引变电所所设变压器分成 2 组,采用固定备用、三相 V/X 接线、油浸自冷方式,预留风冷条件。各牵引变电所变压器安装容量:大丰为 2×(25+25) MV·A、安丰为 2×(25+20) MV·A、如皋为 2×(25+25) MV·A。

新建牵引变电所、开闭所、分区所、AT 所采用微机保护和综合自动化系统,按无人值班设计,牵引变电所适当考虑值守条件。牵引供电新设综合 SCADA 系统,纳入上海铁路局电力调度所,并新设 1 个综合 SCADA 调度台。

正线接触网采用全补偿弹性链型悬挂,接触悬挂结构高度一般为 1 600 mm。正线接触线采用 150 mm^2的铜合金导线,承力索采用 120 mm^2的铜合金绞线;站线、联络线接触线采用 120 mm^2的铜合金导线,承力索采用 95 mm^2的铜合金绞线。正线接触线悬挂高度为 5 300 mm,高速区段导线安装高度保持一致。与正线相交的道岔采用无交叉线岔方式,与非正线交叉的道岔采用交叉线岔方式。正馈线、保护线等附加导线采用防腐型钢芯铝绞线。

接触网绝缘泄漏距离一般不小于 1 400 mm,严重污秽地区适当加强绝缘。一般地段采用瓷绝缘子,车站雨棚地段、跨线桥两侧、分段绝缘器处及下锚处采用复合绝缘子。采用锚段关节式电分相,避免设在大坡道、列车出站加速区段和线路限速低速区段。

接触网支柱,路基地段和桥上的腕臂柱一般采用热浸镀锌 H 型钢柱;车站及多线并行区段优先采用线间立柱,当线间距不满足立柱条件时采用新型硬横梁和钢柱。

接触网支柱跨距一般为 55 m,最大不大于 60 m,相邻跨距之差不大于 10 m。绝缘、非绝缘锚段关节采用五跨关节。正线锚段长度一般不大于 2×700 m,站线锚段长度一般不大于 2×800 m,附加线锚段长度一般不大于 2 000 m。

在如皋南站设供电车间,在东台、如皋南设供电工区,负责本线牵引供电及电力设施的运营维护、管理及抢修工作。

5.64.2　电力工程

盐城至南通西段新建 1 条一级负荷 10 kV 贯通线和 1 条综合负荷 10 kV 贯通线。新建 10 kV 贯通线采用电缆敷设。

盐城至南通西段新建东台、南通动车所等 10 kV 配电所,新建配电所从地方电站接引 2 路 10 kV 电源供电;改扩建既有海安 35/10 kV 变配电所为本线供电。

设有 10 kV 配电所的车站其站房综合用电负荷设站内 10/0.4 kV 综合变电所供电,电源引自配电所的站馈线;没设 10 kV 配电所的车站其站房综合用电负荷设站内 10/0.4 kV 综合变电所,从地方电网接引 10 kV 电源供电。

车站通信信号等一级用电负荷设室内 10/0.4 kV 专用变电所供电,电源分别引自 2 路 10 kV 贯通线。区间通信信号等一级负荷设箱式变电站供电,电源分别引自 2 路 10 kV 贯通线。

区间其他用电负荷,根据用电负荷分布和负荷性质,在用电负荷集中处分别设箱式变电站或杆架式变电台供电,电源引自综合负荷 10 kV 贯通线。

新建 10 kV 配电所采用微机保护和综合自动化系统,按无人值班设计。新设电力远动系统,纳入上海铁路局电力调度所管理。

5.64.3　通信工程

长途通信线路,盐城站至南通西、国道村线路所至南通通信站、动车走行线沿新建铁路两侧各敷设 1 条 48 芯通信光缆。

传输系统,盐城站至南通西、国道村线路所至南通通信站新设 SDH 10 Gbit/s 长途传输系统,在南通通信站、各车站设 SDH 10 Gbit/s 设备。利用新建 2 条 48 芯光缆中的各 2 芯光纤构成复用段 1 +1 保护。

盐城站至南通西、国道村线路所至南通通信站设 SDH 2.5 Gbit/s 接入网系统,在南通通信站、各车站、线路所、动车所设 SDH 2.5 Gbit/s 设备。利用新建 2 条 48 芯光缆中的各 2 芯光纤构成复用段 1 +1 保护。

新设 SDH 622 Mbit/s 区间接入网系统,在 GSM-R 区间通信基站、牵引变电所、分区所、AT 所、信号中继站等信息接入点设 SDH 622 Mbit/s 设备,利用新建光缆在相邻车站之间构成 622 Mbit/s 2 纤通道保护环,接入车站 SDH 2.5 Gb/s 接入网系统。

车站站房、站内牵引变电所、电力配电所、综合维修车间和工区、公安派出所等信息接入点设 SDH 622 Mbit/s 设备,利用新建站内光缆构成 2 纤通道保护环,接入车站 SDH 2.5 Gbit/s 接入网系统。

电话交换系统,利用沿线盐城、海安等处的既有铁路电话交换机;根据需要设 OLT 设备;沿线各车站、综合维修车间和工区、信号中继站、牵引变电所、分区所、电力配电所、公安派出所等处设光网络单元(ONU);沿线新增自动电话用户通过 ONU 设备及接入网接入 OLT 设备和盐城、海安的铁路程控电话交换机。通过统一编号组网,实现与既有铁路电话专网的互通。

盐城至南通西新设数据网,利用上海铁路局调度所的既有核心网设施,在海安新设汇聚路由器;沿线新建车站、动车所新设接入路由器,负责本地数据的接入。相邻车站之间的接入路由器采用光纤联接,异地接入路由器与汇聚路由器之间通过传输通道联接,并上联至铁路局的核心路由器,实现数据业务的转发与汇聚。

盐城站至南通西新设调度通信系统,利用上海铁路局调度所既有调度通信交换机,沿线新建车站(场)、动车所新设车站型调度通信交换机、调度分机和车站值班台等设备,既有车站的调度分机等设备利旧改造,按照调度区划分将车站调度通信交换机等设备接入上海铁路局调度所中心调度交换机和调度通信系统,并新设 1 个本线列车调度台及配套设备,负责盐城至南通西至张家港的行车调度指挥。相关既有站维持既有调度台管辖不变。

盐城站至南通西、国道村线路所至平东线路所新设 GSM-R 移动通信系统,利用上海铁路局既有 GSM-R 核心网设施;根据需要设基站控制器(BSC)等配套设备;沿线设通信基站(BTS),采用单层交织冗余覆盖方式组网,将通信基站通过传输通道接入 BSC 设备和铁路局的GSM-R交换机。区间弱场区采用光纤直放站、漏泄电缆和天线方式增强，以满足无线场强覆盖和信息传输的需要。完成调度通信、调度命令信息和无线车次号校核信息传送等功能。

本线与宁启铁路并线区段，利用既有GSM-R无线系统网络，并根据需要采取无线场强冗余覆盖措施；本线与沪通铁路并线及共站区段，由沪通铁路工程统筹建设GSM-R无线系统网络，以满足本线列车控制信息传输的需要。

新设应急通信系统，在沿线通信车间/工区设应急通信现场接入设备，通过传输通道接入上海铁路局既有应急通信中心系统。

新设会议电视系统，沿线新建车站、动车所及维修车间设会议电视分会场设备，通过传输通道接入上海铁路局既有会议电视中心设备及网管系统。

通信电源，沿线新建通信设备机房设48 V高频开关电源、蓄电池组及UPS不间断电源设备，并新设通信电源及机房环境监控系统及采集设备，维修车间设通信电源及机房环境监控系统中心设备。实现对通信电源和机房环境条件的监控。

5.64.4　信号工程

车站联锁，大丰、东台、海安县、如皋南站和南通西站高速场，国道村和平东线路所及南通动车运用所新设硬件安全冗余型计算机联锁设备和信号电源屏；既有东台站室内新设计算机联锁设备；其他相衔接的车站（场）既有计算机联锁设备利旧改造。维修工区、接触网工区内道岔纳入邻近车站联锁设备集中控制。

根据车站（场）道岔设计类型，配备相应的道岔转辙装置和转辙机，正线上的道岔采用外锁闭、多机分线、分动控制方式，并实现挤岔监督报警功能。通过时速160 km及以上的道岔增设密贴检查装置，将监测信息纳入信号集中监测系统。

新建联锁设备的车站（场）站内采用与区间相同制式ZPW-2000系列轨道电路，其发送和接收设备按1+1冗余配置。其中既有东台站、南通动车组运用所采用97型25 Hz相敏轨道电路叠加车站电码化，正线采用预叠加、侧线占用采用叠加发码方式。维修工区轨道区段采用高压脉冲轨道电路。

盐城高速场（不含）至南通西高速场（含）采用调度集中（CTC）系统，大丰、东台、海安县、如皋南站和南通西高速场，国道村线路所及南通动车运用所新设CTC分机设备、网络安全和通道质量监督等配套设备；既有站（场）调度分机设备利旧改造；按照调度区划分通过调度网接入上海铁路局调度所CTC/TDCS总机系统，并新设1个本线列车调度台，配备相应的应用和通信服务器、接口服务器、车站服务器及网络安全等设备，负责盐城至南通西至张家港的行车调度指挥；国道村线路所至南通及南通动车运用所由既有宁启铁路列车调度台管辖；有关既有站维持既有调度台管辖不变。

列车运行控制系统，盐城高速场（不含）至南通西高速场（不含）采用CTCS-3级列控系统，国道村线路所（不含）至南通及动车组走行线采用CTCS-2级列控系统；在适当位置设CTCS-3/2级级间转换点；并对盐城高速场、南通普速场、南通西站沪通场既有列控系统进行相应修改。沿线新建车站（场、所）和信号中继站设信号安全数据网接入设备、列控中心(TCC)、应答器、电子编码单元(LEU)等设备;相衔接的既有车站列控中心设备利旧改造。新设 TCC 之间通过安全数据网进行联接,实现 TCC 之间及与车站联锁之间的安全信息传输。所设 TCC 具有轨道电路编发码、运行方向控制、站间安全信息传输、应答器报文实时组帧和编码及校验、区间占用逻辑检查等功能。

区间闭塞制式,盐城高速场(不含)至南通西高速场(不含)、国道村线路所(不含)至南通采用四显示自动闭塞,正向按追踪间隔运行,反向采用自动站间闭塞行车;其他相衔接的线路维持既有闭塞制式不变。

新建线区间采用 ZPW-2000 系列无绝缘轨道电路,其发送设备按 1 +1 配置,接收设备采用双机并用方式。ZPW-2000 系列轨道电路干线电缆采用铝护套数字信号电缆,电缆的有效传输长度一般不超过 10 km,超过规定长度时设信号中继站。其他信号设备采用非数字信号电缆。

新设信号集中监测系统,新建联锁设备的车站、线路所、动车所、信号中继站等处设集中监测分机设备;既有车站集中监测分机设备利旧改造;在信号维修车间和工区设集中监测终端设备;通过监测网分别接入所隶属电务段集中监测总机系统。

沿线新建信号设备房屋设防雷电、电磁兼容和综合接地防护系统,既有站信号设备房屋完善综合接地防护系统,并与贯通地线等电位连接。

综合接地系统,盐城高速场至南通西高速场、国道村线路所至南通沿铁路敷设信号专用贯通地线,在电气特性上全程贯通,接地电阻不大于 1 Ω,形成低阻接地平台。沿线轨旁信号设备接地后就近与贯通地线等电位连接。

参加线路工程施工的有中铁三局、四局、十一局,中铁北京工程局,中铁二十四局等单位。中铁建电气化局等单位承担四电工程的施工。

线路工程于 2018 年 1 月 16 日开工。2020 年 6 月 12 日开始铺轨。2020 年 8 月 7 日完成全线铺轨。2019 年 1 月 17 日组立第一根接触网杆,2020 年 6 月 1 日南通动车所及走行线向接触网送电。2020 年 10 月 16 日向全线接触网送电。2020 年 10 月 23 日开始联调联试。2020 年 11 月 27 日开始试运行。2020 年 12 月 30 日正式开通运营。

5.65　徐州至连云港高速铁路

新建徐州至连云港高速铁路位于江苏省北部黄淮平原地区,线路东起连云港站,途经连云港市东海县,徐州市的新沂市、邳州市,西至徐州枢纽后马庄站,正线建筑长度 180.027 km(图 5.65)。其中连云港市内 53.982 km,徐州市内 126.045 km。全线设有连云港、东海、新沂南、邳州东、后马庄、徐州东等 6 座车站,预留大许南设站条件。工程范围还包括徐州枢纽、连云港地区相关工程。

新建徐连高速铁路是我国《中长期铁路网规划》中“八纵八横”高速铁路主通道横向“陆桥通道”的重要组成部分。在徐州枢纽衔接京沪高速铁路、郑徐客运专线,在连云港地区衔接连盐铁路、连淮扬镇城际铁路及沿海铁路通道。它的建成开通将增强连云港新亚欧大陆桥经济走廊东方起点的先导和支撑作用,进一步发挥徐州新亚欧大陆桥经济走

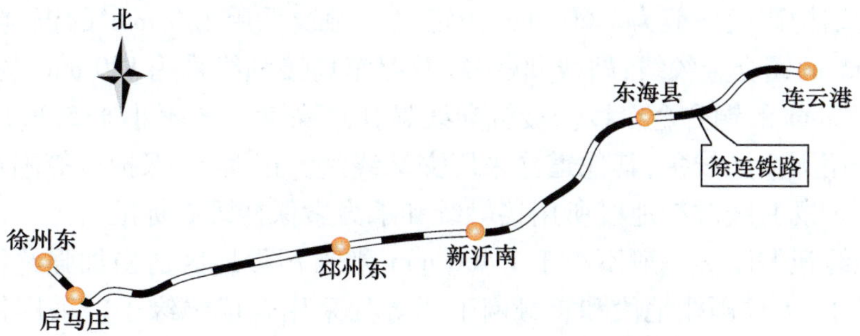

图 5.65　徐州至连云港高速铁路示意图

廊东端重要枢纽城市和淮海经济区中心城市的作用，对江苏省更好地落实“沿海开发”和“一带一路”倡议，具有十分重要的作用和意义。

本工程的建设单位是上海铁路局徐州铁路枢纽工程建设指挥部、江苏省铁路投资公司，设计单位是中铁第四勘察设计院集团有限公司。线路主要技术标准：铁路等级，高速铁路；正线数目，双线；正线线间距，5 m；最大坡度，一般地段 20‰、困难地段 30‰；最小曲线半径，一般地段 7 000 m、困难地段 5 500 m；到发线有效长度，650 m；设计速度，350 km/h；列车运行控制方式，自动控制；调度指挥方式，综合调度集中；牵引种类，电力牵引（AT 供电方式）。

5.65.1　电气化工程

牵引供电系统，正线采用 AT 供电方式，联络线等采用直接或带回流线的直接供电方式。全线新设大许南、草桥、阿湖等 AT 牵引变电所。在相邻牵引变电所之间设分区所，在供电臂中部设 AT 所，分区所和 AT 所布设位置应满足两侧供电能力的均衡。将连盐铁路工程所建的连云港直供牵引变电所变更为 AT 牵引变电所，纳入连盐铁路工程统筹设计同步实施，增加投资列入本工程。

新建牵引变电所引入 2 路独立的 220 kV 电源供电。220 kV 电源侧采用线路变压器组接线，电气设备采用户外单体中式布置；2×27.5 kV 侧采用单母线分段接线，开关设备采用六氟化硫气体绝缘开关柜、室内布置。

新建牵引变电所设 4 台变压器，分成 2 组，采用固定备用、三相 V/X 接线、自冷方式，预留风冷条件。各牵引变电所变压器安装容量：大许南为 2×(31.5+40) MV·A、草桥为 2×(31.5+31.5) MV·A、阿湖为 2×(40+40) MV·A。分区所、AT 所所设变压器采用固定备用方式，变压器安装容量应满足客运量增长的需要。

新建牵引变电所、分区所、AT 所自用交流电源，1 路接引自 10 kV 贯通线，另 1 路接引所内 27.5 kV 母线电源。

新建牵引变电所、分区所、AT 所采用微机保护和综合自动化系统，按无人值班设计，牵引变电所适当考虑值守条件。新设牵引供电及电力综合数据采集与远程监控（SCADA）系统，纳入上海铁路局既有客运专线电力调度所管理和控制。

接触网悬挂，正线采用全补偿弹性链型悬挂，站线、联络线等采用全补偿简单链型悬挂。接触悬挂结构高度一般为1 600 mm。正线接触线采用150 mm^2的铜合金导线,承力索采用120 mm^2的铜合金绞线;站线、联络线及存车场接触线采用120 mm^2的铜合金导线,承力索采用95 mm^2的铜合金绞线。接触导线悬挂点高度一般不小于5 300 mm。与正线相交的道岔采用无交叉线岔,其他道岔采用交叉线岔。正馈线、保护线等附加导线采用铝包钢芯铝绞线。既有线改造地段所用接触线和承力索保持既有标准。

接触网绝缘泄漏距离一般不小于1 400 mm,严重污秽地区适当加强绝缘。一般地段采用瓷质绝缘子,无柱雨棚地段和接触网下锚等处采用合成绝缘子。采用带空气绝缘中性段的绝缘锚段关节式电分相。避免将其设在大坡道、列车出站加速区段和线路限速低速区段。

接触网支柱,路基区段的腕臂柱一般采用热轧H型钢柱。车站咽喉区及多股道并行地段优先采用线间立柱,不具备线间立柱条件时采用轻型硬横梁和钢柱。车站雨棚地段接触网支柱与雨棚柱合架。

接触网支柱跨距,路基区段一般为50 m左右,最大不大于65 m。相邻跨距之差不大于10 m,锚段关节一般采用五跨关节。高速正线锚段长度一般不大于2×700 m,站线锚段长度一般不大于2×800 m。附加导线锚段长度一般不大于2 000 m。

新建新沂南供电车间,在邳州东、新沂南、东海设接触网工区;各车站站房内设接触网应急值守点。负责牵引供电和电力供电设施的运营维护、管理及抢修工作。

5.65.2 电力工程

全线新建1条综合负荷10 kV贯通线和1条一级负荷10 kV贯通线。新建10 kV贯通线采用电缆敷设。

新建邳州东、新沂南、连云港等10 kV配电所,接引2路地方电源供电。利用既有电源线路还建东海10 kV配电所。新建10 kV配电所尽量与牵引变电所和工区合建。

设有10 kV配电所的车站其站房综合用电负荷设站内10/0.4 kV综合变电所供电,电源引自10 kV配电所站馈线;没设10 kV配电所的车站其站房综合用电负荷设站内10/0.4 kV变电所,从地方电网接引10 kV电源供电。

各新建车站与行车相关的通信信号等一级负荷设室内10/0.4 kV专用变电所供电,电源分别引自2路10 kV贯通线。区间通信信号等一级负荷设箱式变电站供电,分别由一级负荷和综合负荷10 kV贯通线提供主备用电源。

区间其他用电负荷,根据负荷分布及负荷性质,在负荷集中处设箱式变电站或杆架式变电台供电,电源引自综合负荷10 kV贯通线。

新建10 kV配电所采用微机保护和综合自动化系统。新设电力远动系统,纳入上海铁路局电力调度所管理。

5.65.3 通信工程

长途通信线路,连云港至后马庄站沿新建铁路两侧各敷设1条48芯长途通信光缆。邳州东至既有邳州站、连云港地区联络线分别敷设1条48芯长途通信光缆。

为满足GSM-R通信系统、区间电力供应、综合视频监控系统组网的需要，在车站或区间分别敷设不同容量的短段及分歧光缆，所用光纤要合缆设计，统一规划光缆径路。

传输系统，连云港至后马庄站新设SDH 10 Gbit/s长途传输系统，沿线主要车站设SDH 10 Gbit/s设备。利用新建2条48芯光缆中的各2芯光纤构成复用段1+1保护。

连云港至后马庄站新设SDH 2.5 Gbit/s接入网系统，沿线车站设SDH 2.5 Gbit/s设备。利用新建2条48芯光缆中的各2芯光纤构成复用段1+1保护。并在同一车站将SDH 2.5 Gbit/s设备通过2.5 Gbit/s光接口与SDH 10 Gbit/s设备相联，对SDH 2.5 Gbit/s接入系统形成通道保护，提高整个传输系统的可靠性。

新设区间SDH 622 Mbit/s接入网系统，在区间GSM-R通信基站、牵引变电所、分区所、AT所、信号中继站等处设SDH 622 Mbit/s设备。利用新建光缆接入相邻车站SDH 2.5 Gbit/s接入网系统。

在车站站房、站内牵引变电所、电力配电所、综合维修车间/工区、公安派出所等信息接入点新设SDH 622 Mbit/s或SDH 155 Mbit/s设备，利用新建光缆接入本车站SDH 2.5 Gbit/s接入网系统。

电话交换系统，利用徐州、连云港的既有电话交换机，沿线新设自动电话用户接入既有电话交换机，通过统一编号组网，实现与既有铁路电话专网的互通。

新设数据网，利用上海铁路局调度所的既有核心路由器，利用徐州东的既有汇聚路由器，在连云港新设汇聚路由器，新建车站设接入路由器，负责本地数据的接入。相邻车站接入路由器之间采用光纤联接，异地接入路由器与汇聚路由器之间按隶属关系通过传输通道联接。再上联至铁路局的核心路由器，实现数据业务的转发与汇聚。

新设调度通信系统，利用上海铁路局调度所的既有中心调度通信交换机；沿线新建车站和线路所设车站型调度通信交换机、调度分机和车站值班台等设备，按调度区划分将车站调度交换机等设备接入铁路局调度所中心调度交换机和调度通信系统，并新设1个本线列车调度台，增设相应的调度通信终端设备。负责本线后马庄（不含）至连云港站客专场的行车调度指挥。并通过将调度所调度交换机与GSM-R通信交换机相联，实现有线与无线调度业务的互通。

新设GSM-R移动通信系统，利用上海铁路局既有GSM-R核心网设施。在徐州东新设基站控制器（BSC）和无线子系统网管设备。沿线设通信基站（BTS），采用单层交织冗余覆盖方式组网，通过传输通道将通信基站接入BSC设备和铁路局的GSM-R交换机。区间弱场区采用光纤直放站、漏泄电缆和天线等方式增强，以满足无线场强覆盖和信息传输的需要，完成调度通信、调度命令信息和无线车次号校核信息传送等功能。

本线与连盐铁路、徐宿淮盐铁路并线区段，利用相关铁路建设的GSM-R系统网络完成本线段的无线场强覆盖，满足通信要求。新建地级市车站站房设室内GSM-R系统场强覆盖设备，以满足铁路运输管理工作人员无线通信需要。

新设应急通信系统，在通信维修车间和工区设应急通信现场接入设备，通过传输通道接入上海铁路局既有应急通信中心系统。

新设会议电视系统，各新建车站、通信维修车间设会议电视分会场设备，通过传输通道接入上海铁路局既有会议电视中心系统。

通信电源,沿线新建通信设备机房设48 V 高频开关电源和蓄电池组及 UPS 不间断电源设备。新设通信电源和机房环境监控系统及采集设备,实现对通信电源和机房环境条件的监控。

5.65.4 信号工程

车站联锁,后马庄(不含)至连云港客专场各新建车站设硬件安全冗余型计算机联锁设备和信号智能电源屏;大浦、沈圩线路所新设硬件安全冗余型计算机联锁设备和信号电源屏;邳州东、连云港动车存车场新设硬件安全冗余型计算机联锁设备和信号电源屏;既有邳州站室内新设硬件安全冗余型计算机联锁设备。维修工区轨道区段道岔纳入邻近车站联锁设备集中控制。

根据车站(站场)道岔设计类型,配备相应的道岔转辙设备,后马庄(不含)至连云港客专场动车组进路及联动道岔设道岔融雪设备及道岔缺口检查装置。

新建车站站内采用与区间相同制式的 ZPW-2000 系列有绝缘轨道电路,发送设备按 1+1 冗余配置,接收设备采用双机并用方式。其中邳州站、邳州东普速场采用 97 型 25Hz 相敏轨道电路,并设置电码化,由列控中心完成编码。徐州东动车运用所内轨道区段部分采用高压不对称脉冲轨道电路。

站内 ZPW-2000 系列轨道电路和电码化信息传输采用铝护套数字信号电缆。车站联锁设备室外干线电线路采用铝护套信号电缆,分支电缆采用综合护套信号电缆。

列车调度指挥系统,后马庄(不含)至连云港客专场采用调度集中(CTC)系统,沿线各新建车站(场、所)设 CTC 分机设备、网络安全和通道质量监督等设备;邳州站、邳州东站普速场新设 TDCS 分机设备;后马庄站、连云港普速场、徐州东动车运用所既有 CTC 分机设备利旧改造。按照调度区划分将调度分机等设备接入上海铁路局 CTC/TDCS 总机系统,并新设 1 个本线列车调度台,增设相应的通信和应用服务器、GSM-R、无线闭塞中心(RBC)接口服务器等设备,负责后马庄(不含)至连云港站客专场的行车调度指挥。相衔接的既有车站维持既有调度台管辖不变。

连云港站客专场至后马庄站采用 CTCS-3 级列控系统;连云港站客专场与连盐铁路及动车存车场间采用 CTCS-2 级列控系统,故在适当位置设 CTCS-2/3 级级间转换点。在徐州东动车运用所客专机房新设无线闭塞中心(RBC)和 1 套临时限速服务器,负责本线列车临时限速命令的管理。各新建车站(场、所)和信号中继站设信号安全数据网接入设备、列控中心(TCC)、应答器、电子编码单元(LEU)等设备;新设 TCC 之间通过安全数据网进行联接,实现 TCC 之间及与车站联锁之间的安全信息传输。所设 TCC 具有轨道电路编发码、运行方向控制、站间安全信息传输、应答器报文储存、调用等功能,并将自诊断和故障报警信息通过以太网接口发送至信号集中监测系统。

区间闭塞制式,正线采用四显示自动闭塞,按双线双方向运行,正向采用追踪间隔运行、反向按自动站间闭塞行车。正线区间不设地面通过信号机,在闭塞分区分界点处设停车标志牌,其余相衔接的线路维持既有闭塞制式不变。

正线区间采用 ZPW-2000 系列轨道电路，其发送设备按 1 + 1 冗余配置、接收设备采用双机并用方式。轨道电路发送编码采用列控中心（TCC）电子编码，利用 TCC 安全传输通道传送站间联系信息。轨道电路的发送和接收设备应具有设备自监测功能，并通过接口设备为信号集中监测系统提供监测信息。

区间 ZPW-2000 系列轨道电路采用铝护套内屏蔽数字信号电缆，电缆有效传输长度按 10 km 控制，困难区段按 12 ~ 13 km 控制，超过规定长度设信号中继站。其余信号设备干线电缆采用铝护套综合扭绞信号电缆，分支电缆采用综合护套综合扭绞信号电缆。

新设信号集中监测系统，新建联锁设备的车站（场、所）和信号中继站设集中监测分机设备，信号维修车间、信号综合工区和电务段监测中心设集中监测终端，通过监测网将监测分机设备接入所属电务段信号集中监测总机系统。实现对信号设施的集中监测和远程诊断。

沿线新建信号设备房屋设防雷电、电磁兼容和综合接地防护系统；完善既有信号设备房屋的综合接地防护系统，并与沿线新建的专用贯通地线等电位连接。

综合接地系统，沿铁路敷设信号专用贯通地线，在电气特性上全程贯通，接地电阻不大于 1 Ω，形成低阻综合接地平台。沿线轨旁信号设备接地后就近与贯通地线等电位连接。

参加线路工程施工的有中铁四局、十二局、十五局集团，中铁北京工程局集团等单位。中铁电气化局集团和中国铁路通信信号公司联合体等单位承担四电工程的施工。

线路工程的先行段于 2016 年 11 月 1 日开工，全线于 2017 年 7 月 13 日开工。2020 年 6 月 28 日开始铺轨。2019 年 5 月 30 日成功组立起第一根接触网杆。2020 年 7 月 28 日在连云港站至东海县站区间成功架设第 1 条接触网导线。2020 年 12 月 10 日开始联调联试。2021 年 1 月 8 日开始试运行。2021 年 2 月 8 日开通运营。

第6章　中国铁路电气化建设的展望

铁路是国民经济大动脉、关键基础设施和重大民生工程，是综合交通运输体系的骨干和主要运输方式之一，在我国经济社会发展中的地位和作用至关重要。加强现代化铁路建设，对扩大铁路运输有效供给，构建现代综合交通运输体系，建设交通强国，实现“两个一百年”奋斗目标和中华民族伟大复兴的中国梦，具有十分重要的意义。为此，应把扩大路网规模、完善路网结构、提高路网质量作为主攻方向，快速扩充运输能力，迅速提高装备水平，达到构建和谐铁路的目标，实现交通强国的目的。

2004 年国务院批准《中长期铁路网规划》（以下简称《路网规划》）实施以来，铁路进入加快发展的新阶段。以客运专线、区际干线、煤运通道、西部铁路为重点的大规模铁路建设全面展开；装备现代化水平大幅提升，高原铁路、重载铁路、城际铁路开通运营，具有自主知识产权的时速 200 ~ 350 km 动车组大量开行；完成客货运量大幅度增长，铁路运输骨干作用在南方雨雪冰冻灾害、四川汶川地震等应急运输中进一步凸显。到 2008 年底，全国铁路营业里程达到 7. 96 万 km。但铁路运输对国民经济的“瓶颈”制约依然严重，运输能力和质量无法满足运输要求，不能适应未来经济社会发展需要。

根据经济社会发展的需要，在国家批准的综合交通规划的框架下，原铁道部对《路网规划》进行了调整，形成了《中长期铁路网规划（2008 调整）》方案（以下简称《路网调整规划》）。《路网调整规划》于 2008 年 10 月 31 日经国家批准正式颁布实施。

随着《路网调整规划》和《铁路“十一五”发展规划》的实施，到 2010 年底，全国铁路营业里程达到 9. 1 万 km，电气化里程达到 4. 2 万 km，复线率和电气化率分别达到 41. 1% 和 46. 6%，完成客运量 16. 76 亿人、货运量 36. 43 亿 t。

在《路网调整规划》的框架下，随着《铁路“十二五”发展规划》的发布和实施，到 2013 年底，全国铁路营业里程达到 10. 3 万 km，电气化里程达到 5. 6 万 km，其中高速铁路里程达到 1. 1 万 km，复线里程达到 4. 8 万 km、复线率达到 46. 8%，电气化率达到 54. 1%。西部地区铁路营业里程达到 4 万 km。到 2015 底，全国铁路营业里程达到 12. 1 万 km，电气化里程达到 7. 4 万 km，其中高速铁路里程超过 1. 9 万 km。复线里程达到 6. 4 万 km，复线率达到 52. 9%，电气化率达到 60. 8%。西部地区铁路营业里程达到 4. 8 万 km。

为加快构建布局合理、覆盖广泛、高效便捷、安全经济的现代化铁路网络，更好地发挥铁路骨干优势作用，推进综合交通运输体系建设，支撑引领我国经济社会发展，在深入总结《路网调整规划》实施情况的基础上，结合新的发展形势和要求，修编的《2016 年版路网规划》，于 2016 年 7 月 13 日以发改基础〔2016〕1536 号文发布实施。《2016 年版路网规划》发布的当年，全国铁路就投产新线 3 281 km，复线 3 612 km，电气化铁路 5 899 km，其中高速铁路 1 903 km。全国铁路营业里程达到 12. 4 万 km，其中高速铁路 2. 2 万 km 以上。复线里程 6. 8 万 km，电气化里程 8. 0 万 km，复线率和电气化率分别达到 54. 9% 和

64.8%。西部地区铁路营业里程达到 5.0 万 km。

《2016 年版路网规划》是我国铁路基础设施的中长期空间布局规划，是推进铁路建设的基本依据，是指导我国铁路发展的纲领性文件（规划期为 2016～2025，展望到 2030 年）。

为贯彻落实《2016 年版路网规划》及铁路改革发展的要求，加强铁路基础设施网络建设，发挥铁路骨干优势作用，提升铁路运输服务品质，提高铁路发展质量和效益，国家发展改革委、交通运输部、国家铁路局和中国铁路总公司于 2017 年 11 月 20 日以发改基础〔2017〕1996 号文发布了《铁路"十三五"发展规划》。《铁路"十三五"发展规划》发布的当年（2017 年），全国铁路就投产新线 3 038 km，复线 4 000 km，电气化铁路7 000 km，其中高速铁路 2 182 km。全国铁路营业里程达到 12.7 万 km，其中高速铁路 2.5 万 km 以上。复线里程 7.2 万 km，电气化里程 8.7 万 km，复线率和电气化率分别达到 56.5% 和 68.2%。西部地区铁路营业里程达到 5.2 万 km。到 2020 年底，全国铁路营业里程达到 14.63 万 km，其中高速铁路 3.8 万 km。复线里程 8.705 万 km，电气化里程 10.651 万 km。

6.1《2016 年版路网规划》目标

到 2025 年，铁路网规模达到 17.5 万 km 左右，其中高速铁路 3.8 万 km 左右。网络覆盖进一步扩大，路网结构更加优化，骨干作用更加显著，更好地发挥铁路对经济社会发展的保障作用。展望到 2030 年，基本实现内外互联互通、区际多路畅通、省会高速铁路连通、地市快速通达、县域基本覆盖。

（1）完善广覆盖的全国铁路网。连接 20 万人口以上城市、资源富集区、货物主要集散地、主要港口及口岸，基本覆盖县级以上行政区，形成便捷高效的现代铁路物流网络，构建全方位的开发开放通道，提供覆盖广泛的铁路运输公共服务。

（2）建成现代的高速铁路网。连接主要城市群，基本连接省会城市和其他 50 万人口以上大中城市，形成以特大城市为中心覆盖全国、以省会城市为支点覆盖周边的高速铁路网。实现相邻大中城市间 1～4 h 交通圈，城市群内 0.5～2 h 交通圈。提供安全可靠、优质高效、舒适便捷的旅客运输服务。

（3）打造一体化的综合交通枢纽。与其他交通方式高效衔接，形成系统配套、一体便捷、站城融合的铁路枢纽，实现客运换乘"零距离"、物流衔接"无缝化"、运输服务"一体化"。

6.2　具体规划方案

6.2.1　高速铁路网建设

为满足快速增长的客运需求，优化拓展区域发展空间，在"四纵四横"高速铁路的基础上，增加客流支撑、标准适宜、发展需要的高速铁路，部分利用时速 200 km 铁路，形成以

“八纵八横”主通道为骨架、区域连接线衔接、城际铁路补充的高速铁路网,实现省会城市高速铁路通达、区际之间高效便捷相连。因地制宜、科学确定高速铁路建设标准。高速铁路主通道规划新增项目原则采用时速 250 km 及以上标准(地形地质及气候条件复杂困难地区可以适当降低)。其中沿线人口城镇稠密、经济比较发达、贯通特大城市的铁路可采用时速 350 km 标准。区域铁路连接线原则采用时速 250 km 及以下标准。城际铁路原则采用时速 200 km 及以下标准。

1. 要构建的“八纵”高速铁路主通道有:

(1)沿海通道。大连(丹东)—秦皇岛—天津—东营—潍坊—青岛(烟台)—连云港—盐城—南通—上海—宁波—福州—厦门—深圳—湛江—北海(防城港)高速铁路(其中青岛至盐城段利用青连、连盐铁路,南通至上海段利用沪通铁路),连接东部沿海地区,贯通京津冀、辽中南、山东半岛、东陇海、长三角、海峡西岸、珠三角、北部湾等城市群。

(2)京沪通道。北京—天津—济南—南京—上海(杭州)高速铁路,包括南京—杭州、蚌埠—合肥—杭州高速铁路,同时通过北京—天津—东营—潍坊—临沂—淮安—扬州—南通—上海高速铁路,连接华北、华东地区,贯通京津冀、长三角等城市群。

(3)京港(台)通道。北京—衡水—菏泽—商丘—阜阳—合肥(黄冈)—九江—南昌—赣州—深圳—香港(九龙)高速铁路。另一支线为合肥—福州—台北高速铁路,包括南昌—福州(莆田)铁路。连接华北、华中、华东、华南地区,贯通京津冀、长江中游、海峡西岸、珠三角等城市群。

(4)京哈—京港澳通道。哈尔滨—长春—沈阳—北京—石家庄—郑州—武汉—长沙—广州—深圳—香港高速铁路,包括广州—珠海—澳门高速铁路。连接东北、华北、华中、华南、港澳地区,贯通哈长、辽中南、京津冀、中原、长江中游、珠三角等城市群。

(5)呼南通道。呼和浩特—大同—太原—郑州—襄阳—常德—益阳—邵阳—永州—桂林—南宁高速铁路。连接华北、中原、华中、华南地区,贯通呼包鄂榆、山西中部、中原、长江中游、北部湾等城市群。

(6)京昆通道。北京—石家庄—太原—西安—成都(重庆)—昆明高速铁路,包括北京—张家口—大同—太原高速铁路。连接华北、西北、西南地区,贯通京津冀、太原、关中平原、成渝、滇中等城市群。

(7)包(银)海通道。包头—延安—西安—重庆—贵阳—南宁—湛江—海口(三亚)高速铁路,包括银川—西安以及海南环岛高速铁路。连接西北、西南、华南地区,贯通呼包鄂、宁夏沿黄、关中平原、成渝、黔中、北部湾等城市群。

(8)兰(西)广通道。兰州(西宁)—成都(重庆)—贵阳—广州高速铁路。连接西北、西南、华南地区,贯通兰西、成渝、黔中、珠三角等城市群。

2. 要构建的“八横”高速铁路主通道有:

(1)绥满通道。绥芬河—牡丹江—哈尔滨—齐齐哈尔—海拉尔—满洲里高速铁路。连接黑龙江及蒙东地区。

(2)京兰通道。北京—呼和浩特—银川—兰州高速铁路。连接华北、西北地区,贯通京津冀、呼包鄂、宁夏沿黄、兰西等城市群。

(3)青银通道。青岛—济南—石家庄—太原—银川高速铁路(其中绥德至银川段利用太中银铁路)。连接华东、华北、西北地区,贯通山东半岛、京津冀、太原、宁夏沿黄等城市群。

(4)陆桥通道。连云港—徐州—郑州—西安—兰州—西宁—乌鲁木齐高速铁路。连接华东、华中、西北地区,贯通东陇海、中原、关中平原、兰西、天山北坡等城市群。

(5)沿江通道。上海—南京—合肥—武汉—重庆—成都高速铁路,包括南京—安庆—九江—武汉—宜昌—重庆、万州—达州—遂宁—成都高速铁路(其中成都至遂宁段利用达成铁路),连接华东、华中、西南地区,贯通长三角、长江中游、成渝等城市群。

(6)沪昆通道。上海—杭州—南昌—长沙—贵阳—昆明高速铁路。连接华东、华中、西南地区,贯通长三角、长江中游、黔中、滇中等城市群。

(7)厦渝通道。厦门—龙岩—赣州—长沙—常德—张家界—黔江—重庆高速铁路(其中厦门至赣州段利用龙厦铁路、赣龙铁路,常德至黔江段利用黔张常铁路)。连接海峡西岸、中南、西南地区,贯通海峡西岸、长江中游、成渝等城市群。

(8)广昆通道。广州—南宁—昆明高速铁路。连接华南、西南地区,贯通珠三角、北部湾、滇中等城市群。

3. 拓展区域铁路连接线

在“八纵八横”高速铁路主通道的基础上,规划建设高速铁路区域连接线,进一步完善路网、扩大覆盖。

(1)东部地区。北京—唐山、天津—承德、日照—临沂—菏泽—兰考、上海—湖州、南通—苏州—嘉兴、杭州—温州、合肥—新沂、龙岩—梅州—龙川、梅州—汕头、广州—汕尾等铁路。

(2)东北地区。齐齐哈尔—乌兰浩特—白城—通辽、佳木斯—牡丹江—敦化—通化—沈阳、赤峰和通辽至京沈高速铁路连接线、朝阳—盘锦等铁路。

(3)中部地区。郑州—阜阳、郑州—濮阳—聊城—济南、黄冈—安庆—黄山、巴东—宜昌、宣城—绩溪、南昌—景德镇—黄山、石门—张家界—吉首—怀化等铁路。

(4)西部地区。玉屏—铜仁—吉首、绵阳—遂宁—内江—自贡、昭通—六盘水、兰州—张掖、贵港—玉林等铁路。

4. 发展城际客运铁路

在优先利用高速铁路、普速铁路开行城际列车服务城际功能的同时,规划建设支撑和引领新型城镇化发展、有效连接大中城市与中心城镇、服务通勤功能的城市群城际客运铁路。

(1)京津冀、长三角、珠三角、长江中游、成渝、中原、山东半岛等城市群,建成城际铁路网。

(2)海峡西岸、哈长、辽中南、关中、北部湾等城市群,建成城际铁路骨架网。

(3)滇中、黔中、天山北坡、宁夏沿黄、呼包鄂榆等城市群,建成城际铁路骨干通道。

6.2.2　普速铁路网建设

扩大中西部路网覆盖,完善东部网络布局,提升既有路网质量,推进周边互联互通,形成覆盖广泛、内联外通、通边达海的普速铁路网,提高对扶贫脱贫、地区发展、对外开放、国家安全等方面的支撑保障能力。到2025年,普速铁路网规模达到13.1万km左右,并规划实施既有线扩能改造2万km左右。

1. 形成区际快捷大能力通道。推进普速干线通道瓶颈路段、卡脖子路段及关键环节建设,形成跨区域、多径路、便捷化大能力区际通道。结合新线建设和实施既有铁路扩能,强化集装箱、快捷、重载等运输网络,形成高效率的货运物流网,提高路网整体服务效率,扩大有效供给。

(1)京津冀—东北通道。利用京哈、津山、沈山、哈大、集通等铁路,实施京通、平齐等铁路扩能,构建北京(天津)—沈阳—哈尔滨—绥芬河(同江)、北京(天津)—通辽—齐齐哈尔—满洲里等进出关通道,连接京津冀、辽中南、哈长城市群。

(2)京津冀—长三角、海峡西岸通道。利用京沪、京九、华东二通道、皖赣、金温、赣龙等铁路,建设阜阳—六安—景德镇、衢州—宁德、兴国—永安—泉州等铁路,实施皖赣等铁路改造,构建北京(天津)—济南—上海(杭州、宁波)、北京(天津)—商丘—南昌—福州(厦门)通道,连接京津冀、长三角、长江中游及海峡西岸城市群。

(3)京津冀—珠三角、北部湾通道。利用京广、京九、湘桂、焦柳、大湛等铁路,建设龙川—汕尾等铁路,实施焦柳、洛湛南段扩能改造,构建北京—武汉—广州(南宁)、北京—南昌—深圳通道,连接京津冀、中原、长江中游、珠三角及北部湾等城市群。

(4)京津冀—西北(西藏自治区)通道。利用京包兰、临哈、南疆以及京广、石太、太中银、兰青、青藏等铁路,实施青藏铁路格拉段、南疆铁路等扩能改造,建设柳沟—三塘湖—将军庙铁路,构建北京(天津)—呼和浩特—乌鲁木齐—喀什、北京(天津)—石家庄—太原—兰州—西宁—拉萨通道,连接京津冀、兰西城市群及西藏自治区。

(5)京津冀—西南通道。利用京广、沪昆、南北同蒲、西康、襄渝、成昆、内昆等铁路,构建北京—西安(长沙)—川、渝、黔、滇通道,连接京津冀与滇中城市群。

(6)长三角—西北通道。利用京沪、陆桥以及宁西铁路等,实施西平铁路、宝中铁路平凉至中卫段扩能、三门峡经禹州至江苏沿海港口铁路,构建长三角—西安—乌鲁木齐—阿拉山口(霍尔果斯)通道,连接长三角、中原、关中平原、兰西城市群。

(7)长三角—成渝通道。利用京沪、宁西、宁启、铜九、武九、武襄渝、达成、成渝等铁路,实施南京—芜湖—铜陵—九江铁路等扩能改造,建设九江—岳阳—常德、黔江—遵义—昭通—攀枝花—大理铁路,规划研究沿江货运铁路,构建上海—南京(合肥)—武汉—重庆—成都沿江通道,连接长三角、长江中游、成渝城市群。

(8)长三角—云贵通道。利用沪昆、金温铁路等,建设宁波(台州)—金华、温州—武夷山—吉安、赣州—郴州—永州—兴义铁路,实施衡茶吉铁路扩能,构建长三角、长江中游至云贵地区通道。

(9)长三角—珠三角通道。利用沪昆、京九、京广等铁路,实施赣韶铁路扩能,连接长三角、珠三角城市群。

(10)珠三角—西南通道。利用京广、沪昆、渝黔、广茂、黎湛铁路等，建设柳州—梧州—广州、韶关—贺州—柳州—百色铁路，实施渝怀、黔桂、南昆铁路扩能，构建珠三角至西南地区通道。

(11)山东半岛—西北通道。利用胶济、石德、石太、太中银、兰新铁路等，建设平凉经固原至定西等铁路，构建山东半岛西向联系通道。

(12)西北—西南通道。利用兰新、陇海、宝成、包西、兰渝、西康、襄渝、渝黔、成昆、内昆等铁路，建设库尔勒—格尔木、格尔木—成都等铁路，构建西北(含呼包鄂榆)至西南地区通道。

同时，利用大秦、神朔、朔黄、张唐、新菏兖日、山西中南部、宁西等铁路，建设蒙西至华中地区、庆阳—黄陵、庆阳—平凉、神木—瓦塘等铁路，构建西煤东运、北煤南运、海(江)铁联运大通道，完善煤炭集疏运系统，提升煤运通道能力。

2. 面向“一带一路”国际通道。推进我国与周边互联互通，完善口岸配套设施，强化沿海港口后方通道。

(1)西北方向。规划建设克拉玛依—塔城(巴克图)、喀什—伊尔克什坦、喀什—红其拉甫、阿勒泰—喀纳斯(吉克普林)、阿勒泰—吉木乃等铁路和满都拉、乌力吉、老爷庙等口岸铁路。

(2)西南方向。实施南宁—凭祥铁路扩能，规划建设芒市—猴桥、临沧—清水河、日喀则—吉隆、日喀则—亚东、靖西—龙邦、防城港—东兴等铁路。

(3)东北方向。实施集宁—二连浩特铁路扩能，规划建设伊尔施—阿日哈沙特、海拉尔—黑山头、莫尔道嘎—室韦、古莲—洛古河、虎林—吉祥、密山—档壁镇、南坪—茂山、开山屯—三峰、长白山—惠山、盘古—连崟等铁路。

(4)沿海方向。以大连、秦皇岛、天津、烟台、青岛、连云港、上海、宁波、舟山、福州、泉州、厦门、汕头、深圳、广州、茂名、湛江、海口等沿海城市和重要港口为支点，畅通港口城市后方铁路通道和集疏运体系，构建连接内陆、铁海联运的国际交通走廊。

3. 促进脱贫攻坚和国土开发铁路，扩大路网覆盖面，完善进出西藏自治区、新疆维吾尔自治区通道。

(1)建设安康—恩施—张家界、赣州—郴州—永州—兴义、阜阳—六安—景德镇、温州—武夷山—吉安、兴国—永安—泉州、黔江—遵义—昭通—攀枝花—大理、宁德—南平、瑞金—梅州、建宁—冠豸山、韶关—贺州—柳州—百色、黄陵—庆阳—平凉—固原—定西、额济纳—酒泉、汉中—巴中—南充、贵阳—兴义、黄桶—百色、涪陵—柳州、泸州—遵义、师宗—文山、临沧—普洱等铁路。

(2)建设川藏铁路雅安—昌都—林芝段、滇藏铁路香格里拉—邦达段、罗布泊—若羌—和田、成都—格尔木、柳沟—三塘湖—将军庙、西宁—玉树—昌都铁路，研究建设新藏铁路和田—日喀则段，形成进出西藏自治区、新疆维吾尔自治区、青海和四省藏区的便捷通道。

(3)促进沿边开发开放。建设韩家园—黑河、孙吴—逊克—乌伊岭、鹤岗—富锦、创业—饶河—东方红、东宁—珲春等东北沿边铁路,芒市—临沧—文山—靖西—防城港等西南沿边铁路。

4. 强化铁路集疏运系统。以资源富集区、主要港口及物流园区为重点,规划建设地区开发性铁路以及疏港型、园区型等支线铁路,形成干支有效衔接、促进多式联运的现代铁路集疏运系统,畅通铁路运输的"最先一公里"和"最后一公里"。

上述路网方案实现后,远期铁路网规模将达到20万km左右,其中高速铁路4.5万km左右。

6.2.3 综合交通枢纽建设

统筹运输网络格局,按照"客内货外"的原则,优化铁路枢纽布局,完善系统配套设施。创新体制机制,统筹建设运营,促进同步建设、协同管理,形成系统配套、一体便捷、站城融合的现代化综合枢纽。构建北京、上海、广州、武汉、成都、沈阳、西安、郑州、天津、南京、深圳、合肥、贵阳、重庆、杭州、福州、南宁、昆明、乌鲁木齐等综合铁路枢纽。

1. 客运枢纽。按照"零距离"换乘要求,同站规划建设以铁路客站为中心、与其他交通方式有机衔接的综合交通体系。特大城市要强化铁路客运枢纽、机场、城市轨道交通的便捷连接。实施站区地上地下立体综合开发,打造高效便捷的综合客运枢纽和产城融合发展的临站经济区。同步强化客运枢纽场站设施,完善动车段(所)、客运机车车辆以及维修设施,完善客运枢纽(高速铁路车站)快件集散等快捷货物服务功能设施。

2. 货运枢纽。合理布局铁路物流中心、铁路集装箱中心站及末端配送服务设施,扩大货物集散服务网络。按照"无缝化"衔接要求,完善货运枢纽多式联运、集装箱运输、邮政快递运输、国际联运以及集疏运等"一站式"服务设施,提升枢纽集散能力和服务效率。优化货运枢纽编组站,完善货运机车车辆设施。布局建设综合维修基地、应急救援基地以及配套完善铁路战备设施等。以发展枢纽型园区经济为导向,推进传统货运场站向城市物流配送中心、现代物流园区转型发展。

在这大好形势下,中国国家铁路集团有限公司于2020年8月发布了《新时代交通强国铁路先行规划纲要》(以下简称《2020铁路先行规划纲要》),提出了中国铁路2035年、2050年发展目标和主要任务,描绘了新时代中国铁路发展美好蓝图。其发展目标,从2021年到本世纪中叶,分2个阶段目标推进。

6.3 《2020铁路先行规划纲要》发展目标

6.3.1 到2035年的发展目标

到2035年,率先建成服务安全优质、保障坚强有力、实力国际领先的现代化铁路强国。基础设施规模质量、技术装备和科技创新能力、服务品质和产品供给水平世界领先,运输安全水平、经营管理水平、现代治理能力位居世界前列,绿色环保优势和综合交通骨干地位、服务保障和支撑引领作用、国际竞争力和影响力全面增强。

1. 现代化铁路网率先建成。铁路网内外互联互通、区际多路畅通、省会高效连通、地市快速通达、县域基本覆盖、枢纽衔接顺畅，网络设施智慧升级，有效供给能力充沛。全国铁路网达到 20 万 km 左右，其中高铁 7 万 km 左右。20 万人口以上城市实现铁路覆盖，其中 50 万人口以上城市高铁通达。

2. 创新引领技术自主先进。铁路自主创新能力和产业链现代化水平全面提升，铁路科技创新体系健全完善，关键核心技术装备自主可控、先进适用、安全高效，智能高铁率先建成，智慧铁路加快实现。

3. 运输服务供给品质一流。高效率的全程服务体系和高品质的产品供给体系更加完善，全国 1 h、2 h、3 h 高铁出行圈和全国 1 d、2 d、3 d 快货物流圈全面形成，人享其行、物畅其流，安全优质、人民满意。

4. 铁路运输安全持续稳定。人防、物防、技防“三位一体”的安全保障体系健全有力，本质安全水平、安全预防及管控能力、应急处置及救援能力全面提升，高铁和旅客列车安全得到可靠保障，铁路交通事故率、死亡率大幅降低。

5. 运营效率效益更加优良。运输效率、资源配置效率、资本运营效率持续提升，市场规模、经营发展质量不断跃升，主要运输经济指标保持世界领先，主要经营效益指标位居世界前列，国铁资本做强做优做大，国铁集团成为世界一流企业。

6. 铁路治理体系健全高效。党对铁路的全面领导坚强有力，铁路管理体制机制更加健全，制度更加完备，人才队伍精良，市场环境优良，发展活力增强，国铁企业的行业主体作用突出，治理体系和治理能力实现现代化。

7. 绿色骨干优势充分发挥。铁路与其他交通运输方式实现深度融合、优势互补，铁路比较优势更好发挥，铁路的客货运输市场份额持续提升，在现代综合交通运输体系中的骨干作用和地位明显增强。

8. 支撑引领作用全面增强。铁路服务经济社会发展的作用更加显著，应对突发事件及自然灾害、完成急难险重任务、服务重大战略、维护国家安全的能力全面提升，铁路成为社会主义现代化建设的重要支撑。

9. 国际竞争力影响力跃升。中欧班列成为具有国际影响力的世界知名铁路物流品牌，中国成为全球铁路科技创新高地，铁路走出去的产业链和价值链向中高端聚集，中国铁路国际竞争力和影响力显著提升。

6.3.2　到 2050 年的发展目标

到 2050 年，全面建成更高水平的现代化铁路强国，全面服务和保障社会主义现代化强国建设。铁路服务供给和经营发展、支撑保障和先行引领、安全水平和现代治理能力迈上更高水平，智慧化和绿色化水平、科技创新能力和产业链水平、国际竞争力和影响力保持领先，制度优势更加突出。形成辐射功能强大的现代铁路产业体系，建成具有全球竞争力的世界一流铁路企业。中国铁路成为社会主义现代化强国和中华民族伟大复兴的重要标志和组成部分，成为世界铁路发展的重要推动者和全球铁路规则制定的重要参与者。

主要建设任务有以下几个方面：

6.3.2.1 建设发达完善的现代化铁路网

(1)构建现代高效的高速铁路网。贯通高速铁路主通道,优化提升高速铁路通道网络功能和级配结构。科学有序推进区域性高速铁路建设,扩大高速铁路网覆盖范围。适时推进既有高速铁路通道的平行线路建设,强化繁忙高速铁路主通道能力。建成以高速铁路主通道为骨架、区域性高速铁路衔接延伸的发达高速铁路网,构建快速综合交通网的主骨架。

(2)形成覆盖广泛的普速铁路网。建设川藏等进出藏、疆铁路,优化完善普速铁路主干线通道。加强地区开发性及沿边铁路建设,畅通铁路集疏运体系及路网“前后一公里”。实施既有线扩能改造,消除干线通道瓶颈,优化集装箱、快捷、重载等运输网,强化沿江等重点区域货运能力。建成以普速铁路主干线为骨架、区域性铁路延伸集散的现代化普速铁路网,形成干线综合交通网的主动脉。

(3)发展快捷融合的城际和市域铁路网。在经济发达、人口稠密的城镇化地区构建多层次、大容量、通勤式、一体化的快捷轨道网,打造城市群综合交通网的主骨干。城市群中心城市之间及与其他主要城市间发展城际铁路,服务快速通勤及商贸出行。都市圈超大、特大城市中心城区与郊区、周边城镇组团间发展快速市域(郊)铁路,服务公交化便捷通勤出行。

(4)构筑一体衔接顺畅的现代综合枢纽。按照“零距离”换乘要求,建设以铁路客站为中心的综合客运枢纽,强化枢纽内外交通有机衔接,促进客站合理分工及互联互通,推进干线铁路、城际铁路、市域(郊)铁路和城市轨道交通“四网融合”及与机场高效衔接,实现方便快捷换乘。按照“无缝化”衔接要求,建设以铁路物流基地为中心的货运枢纽,完善货运枢纽集疏运体系、城市配送体系以及多式联运、换装转运体系,提升货运场站数字化、智能化水平,推动货运枢纽向现代综合物流枢纽转型。

6.3.2.2 发展自主先进的技术装备体系

(1)提升基础设施技术装备水平。提升基础设施全生命周期发展水平,推进设施数字化、智能化升级。完善无砟轨道结构体系和标准体系,优化服役性能品质,延长使用周期,提升无砟轨道紧急抢修、大修更换技术,推广应用自主先进的无砟轨道结构。推进工电技术装备标准化、简统化。自主研发新型智能列控系统、智能牵引供电系统、智能综合调度指挥系统以及新一代铁路移动通信系统。创新应用空天地一体化和智能化综合勘察设计装备技术。研发适应极复杂环境条件的超大、超深、超难工程建造装备技术,发展智慧工地等智能建造装备技术。

(2)加强新型载运工具研发应用。加快复兴号系列化动车组研制,研究新一代高速动车组、智能动车组、城际及市域动车组、旅游新型列车,换代升级普速客车。研发高速货运动车组、3 万吨级重载列车以及时速 160 km 及以上快捷货运、27 t 及以上轴重重载货运、标准化集装化货运装备、新型冷链、驮背运输、跨境联运及特种货运等新型专用车辆。完善机车产品谱系,研制新一代电力、内燃、混合动力、新能源及多源制机车。研发应用智能大型养路机械、新型智能综合检测和综合作业装备以及智能检测监测、运营维护等技术。研发适应铁路走出去要求的系列载运装备及其运维体系。

(3)以新型基础设施赋能智慧发展。加大 5G 通信网络、大数据、区块链、物联网等新型基础设施建设应用,丰富应用场景,延伸产业链条,统筹推进新一代移动通信专网建设,构建泛在先进、安全高效的现代铁路信息基础设施体系,打造中国铁路多活数据中心和人工智能平台,提升数据治理能力和共享应用水平。强化铁路网络和信息系统安全防护能力,确保网络信息安全。以推动新一代信息技术与铁路深度融合赋能赋智为牵引,打造现代智慧铁路系统。

6.3.2.3　创新优质高效的运输服务供给

(1)构建舒适快捷的客运服务体系。发展服务智慧工程,建设 12306 智慧服务信息系统,打造一站式全程畅行服务生态链,实现出行即服务。推进服务便捷工程,推行电子客票、刷脸进出站、无感支付、无感安检、验检合一和智能引导等便捷畅通服务,优化候乘及中转流程,完善无障碍出行服务体系。打造服务满意工程,增强服务供给的市场感知和即时响应能力,建立健全服务质量标准和评价指标体系。实施服务品牌工程,深入实施高铁服务品牌战略,提升一日往返、夕发朝至等品牌优势,叫响中国铁路服务品牌。

(2)发展集约高效的货运物流体系。构建覆盖全国的铁路物流服务网络,加快人、货、车、场等全要素全过程数字化、网联化和高效匹配,发展无人智慧场站,推进货运装卸作业及物流仓储、装卸设备及配载智能化。深化"门到门"全程物流服务模式,大力发展铁路集装箱运输,提高专业物流发展水平,建设设施高效衔接、信息互联共享、装备标准统一、票据一单到底、快速换装转运的多式联运体系。发展"外集内配、绿色联运"现代绿色物流体系。完善 95306 货运服务信息系统,构建智慧公共信息服务平台,实现在线受理、跟踪查询、电子票据、结算办理、货物交付及客户管理等一站式服务。

(3)拓展服务新业态新模式新领域。深化铁路与旅游、文化等产业融合发展,创新旅游专列等定制产品。发展高铁 + 航空、高铁 + 共享汽车等联程联运服务,增设高铁无轨站。培育城际、市域(郊)新型市场,完善政府购买服务政策和市场化运营机制,扩大中短途客运市场规模。发展快捷货运和高铁快运,强化铁路运输和两端配送有机衔接,完善枢纽快运集散服务功能。依托 12306、95306 平台及铁路大数据中心,深化铁路网和互联网双网融合,发展铁路数字经济和网络经济。推动铁路与现代物流融合发展,发展互联网 + 高效物流,推动铁路货运向综合物流服务商转型。

6.3.2.4　提升持续可靠的安全发展水平

(1)提升安全生产管理水平。树牢安全发展理念,强化红线意识,坚守安全底线,健全完善人防、物防、技防"三位一体"安全保障体系,深化强基达标,从严务实抓基层、打基础、强基本。强化安全责任体系,完善全员安全生产责任制,严格安全生产责任追究。完善依法治理体系,健全安全生产法规制度和标准规范,完善安全投入保障机制。健全预防控制体系,推进安全双重预防机制建设,强化关口前移、源头治理、科学防范和精准治安。强化重大安全关键管控措施,提高应对处置和防控能力。依法治理铁路安全环境,健全综合治理联动机制,落实各方责任,依法开展护路治路,合力建设平安铁路。

(2)确保设施设备本质安全。完善铁路基础设施和装备安全技术标准规范,提升关键设施全生命周期安全性、可靠性、耐久性及安全防护、快速修复能力。完善铁路工程建设质量管理体系，建设铁路精品工程，确保工程建设质量安全，确保新线依法高质量开通运营。落实质量安全终身负责制，完善铁路质量标准管理和质量失信惩戒制度，严把设施设备产品源头供给质量和本质安全。深化修程修制改革，建立健全设施设备养维和评价标准体系，推进全生命周期云端智能健康管理，提高维修检修专业化、集约化、精准化、智能化及造修一体化水平。

(3)增强兴安强安保障能力。加大智能检测监测安全保障技术应用，提高运行状态自感知、设备故障自诊断、导向安全自决策水平。加大大数据、人工智能等新技术应用，增强安全数据和问题隐患、运行状态和性能规律等集成管理、智能分析和预警预告能力。加强沿线安全防护工程建设，构建空天地车一体化的智能监控系统，建设自然灾害以及异物侵限、周界入侵智能监测预警系统，实现关键监测预警信息实时上车交互并与列控、调度指挥系统互联。完善自然灾害防控体系，增强铁路防灾减灾能力。在安全关键及高危工种岗位探索应用自动化、机械化、智能化技术，在有人值守岗位推行无人值守、远程监控，降低劳动强度，减少劳动用工，防范安全风险。

(4)提高铁路应急处置和救援能力。建立健全铁路应急管理体制机制、法规制度和预案体系。加快国家铁路救援基地建设和应急救援专业化队伍建设，加强专项培训和常态化应急演练，研发高铁救援的新型技术装备，提高救援队伍专业化技术装备水平，加强特殊极端情况下应急救援技术研究应用。建立健全应急联动机制，强化社会协同能力，构建高效反应、立体联动的应急救援体系，提高应急处置能力和应急救援水平。

6.3.2.5 强化科技创新的支撑引领能力

(1)推进科技创新产业化应用。面向铁路建设、运营主战场，强化应用基础研究，深化铁路建设、运营、安全等重点领域关键技术创新和产业化应用。强化现代工程建造技术创新应用，攻克川藏铁路等艰险复杂、极端条件铁路工程建造、生态保护、运营维护等重大工程成套技术难题。推进关键技术装备自主研发和迭代升级，提升产业链现代化水平。深化基础设施及运行系统提质改造关键技术创新，提高全生命周期服役性能和运营品质。构建系统完备、先进适用、自主可控、世界领先的中国铁路技术标准体系，形成自主创新应用生态体系和全产业链体系。

(2)突破掌握关键核心技术。面向世界铁路科技前沿，加强基础理论研究和关键核心技术攻关。深化高铁关键核心技术自主创新，系统掌握智能高铁、智慧铁路关键硬核技术，推进信息系统、关键零部件、基础元器件及基础材料等核心关键技术自主化，实现自主安全可控。加强可实现工程化、产业化的前沿技术研究，自主创新建立时速 400 km 及以上高速铁路技术标准、更快捷货运列车、更先进重载铁路等成套关键技术体系。加强高速磁浮铁路系统前沿技术研究储备，积极跟踪低真空管(隧)道高速列车等技术发展动态。

(3)完善铁路科技创新体系。发挥我国制度优势和市场优势，强化国铁集团的主导作用，完善以企业为主体、产学研用深度融合的创新体系，构建高效开放的创新联合体，形成跨学科、跨领域的协同攻关机制。健全科技创新和成果转化激励机制，完善科技创新投入保障机制。统筹推进以国家川藏铁路技术创新中心为重点的世界级科技创新平台建设，推进资源开放共享合作，提高科技创新资源配置效率。

6.3.2.6 发挥节能环保的绿色铁路优势

(1)提高绿色铁路承运比重。构建以干线铁路、高速铁路和城际市域铁路为骨干、与其他交通方式紧密衔接的大容量、集约化快速轨道客运系统,引导更多旅客选择铁路绿色出行,提高铁路承运比重。构建以铁路为主体的绿色低碳经济货运网络体系,推动大宗货物和中长途货物运输向铁路转移,引导适宜货源通过铁路运输,促进运输结构深度调整,降低社会物流成本。

(2)集约节约利用资源和能源。科学布局线路和枢纽设施,集约节约利用土地、通道、桥位、枢纽及水资源,推进场站及周边综合立体联动开发。推广应用新型节能材料、工艺、技术和装备。加强新旧设施更新利用,推广建筑施工材料、废旧材料等回收循环综合利用,推进建设渣土等资源化利用。优化铁路用能结构,提升能源综合使用效能。淘汰高耗低效技术装备。推广使用能源智能管控系统,利用自然采光和通风。

(3)强化生态保护和污染防治。践行生态选线选址理念,强化生态环保设计,依法绕避生态敏感区、脆弱区等国土空间。依法落实生态保护和水土保持措施,严守"三条"控制线,严格实施生态环境修复、地质环境治理恢复和土地复垦。推进铁路绿化工作,建设绿色铁路廊道。推进铁路清洁能源化、绿色低碳化。强化铁路节能环保监测管理,推进污染达标治理。有效防治铁路沿线噪声、振动。

6.3.2.7 拓展互利共赢的开放合作空间

(1)打造互联互通铁路通道网络。积极推进与周边国家铁路基础设施互联互通,构建互联周边、联通亚欧、辐射"一带一路"的铁路国际运输大通道。加强与其他国家铁路规划建设对接,注重分类施策,推进重点项目共商共建共享。加快西部陆海新通道建设,高效衔接"一带一路",提升内联外通水平,助力陆海双向开放。

(2)完善国际铁路物流服务体系。围绕发挥中欧班列战略通道作用,开辟境外新通道,培育班列枢纽城市,合作建设境外枢纽节点,形成便捷高效的国际铁路联运网络。加强统一品牌建设,推进智慧便利大通关,打造丝路数字班列。优化班列运行线路,促进中转集结和集拼集运,完善境外经营网络,扩展稳定回程货源,统筹推进铁海联运,拓展供应链服务,提高班列发展质量效益。深化多层次多领域合作,建立统一规则体系,发挥中欧班列运输联合工作组作用,完善班列国际合作机制。

(3)深化铁路国际交流与合作。积极主办或参与高水平国际铁路交流活动,加强铁路国际交流互鉴和对外宣传。完善国铁集团在企业层面牵头铁路走出去工作机制。发挥中老铁路、雅万高铁"一带一路"标志性工程项目示范引领作用,推进铁路全方位高质量走出去。积极参与铁路国际组织重要活动,深化铁路国际规则和标准制定合作,不断增强在铁路国际组织中的话语权。加快中国铁路技术标准国际化,提升中国铁路品牌的国际影响力。

6.3.2.8 突出精良专业的人才队伍建设

(1)造就高水平科研人才。加大科技拔尖人才培养和引进,设立高端创新人才工作站,造就一批高水平的铁路科技领军人才、青年科技人才和创新团队。推进铁路高端智库建设,培养和引进高端智库型人才。加强铁路国际性人才培养,形成一批熟悉国际规则、具有国际视野的专家、学者和科研团队,建立健全国际铁路组织人才输送机制。

(2)建设高技能产业大军。培养涵盖铁路勘察设计、工程建设、装备制造、运营维护及科技创新等领域的专业技术人才和高技能人才,造就一支素质优良的知识型、技能型、创新型现代铁路产业队伍。加强产业技能实训基地和技能大师工作室等平台建设,建立健全首席工程师、首席技能大师等制度。弘扬新时代劳模精神和工匠精神,培养更多新时代铁路大国工匠和能工巧匠。

(3)培养高素质干部队伍。打造一支对党忠诚、勇于创新、治企有方、兴企有为、清正廉洁的高素质铁路干部队伍。推进铁路干部交流任职,强化干部队伍梯次配备建设。大力发现培养选拔优秀年轻干部。着力培养高级管理人才特别是经营管理人才,培育壮大铁路企业职业经理人队伍。造就一批优秀铁路企业家队伍,激发和弘扬企业家精神。注重培养专业精神和专业能力,历练增强斗争精神和斗争本领。

6.3.2.9 当好经济社会发展的支撑引领

(1)增强经济发展新动能。平衡扩大有效投资和防范债务风险关系,优化铁路基础设施建设重点和投资结构方向,保持合理有效投资规模,统筹推进铁路传统基础设施建设和新型基础设施融合应用,精准补短板、强弱项、促升级、提效率,全面提升铁路基础设施体系发展质量和现代化水平。

(2)强化重大战略支撑能力。加快实施一批战略性、标志性重大铁路项目,更好支撑京津冀协同发展、长江三角洲区域一体化发展、粤港澳大湾区建设、长江经济带发展、黄河流域生态保护和高质量发展、雄安新区建设、成渝双城经济圈建设等重大战略实施,有力支撑西部大开发、东北全面振兴、中部地区崛起、东部率先发展。加快城际和市域(郊)铁路发展,打造"轨道上"的城市群和都市圈,服务支撑城镇化高质量发展和城乡融合发展。

(3)促进扶贫减贫和国土开发。推动革命老区、民族地区、边疆地区及中西部欠发达地区对外铁路通道建设,完善资源富集、人口相对密集地区具有扶贫减贫、国土开发及沿边开发开放功能的铁路规划建设,扩大铁路网络覆盖通达,提升铁路公共服务水平,为巩固脱贫攻坚成果、服务乡村振兴战略发挥支撑作用。

(4)推动铁路军民融合深度发展。贯彻国家总体安全观,建立健全高效协调机制,推进铁路建设发展与国防建设、军事运输、战时应战和应急保障、科技创新和标准规范等深度融合,提升铁路对国防军队建设及国家总体安全的保障能力。增强铁路职工国家安全和军民融合意识。推进北斗卫星导航系统应用。

(5)发挥"高铁+"支撑引领作用。依托高铁通道和枢纽助力发展高铁经济,打造经济高质量发展新动力源。发挥高铁车站辐射带动作用,科学推进高铁站区及周边综合开发建设,发展站城一体融合的临站经济。发挥高铁通道网络优势,促进要素合理流动和资源高效配置,引导产业有序转移和推动新旧动能转换,发展高铁与城镇、产业、旅游等现代经济体系深度融合的通道经济。

根据规划目标和主要建设任务,我们铁路建设者要展现新担当,牢记先行使命,确保铁路事业发展始终沿着正确的方向前进。铁路行业的设计施工单位、设备产品制造企业、科研机构、高等院校等要强化合作,凝聚先行合力和创新能力推进铁路建设的发展。为全面建成社会主义现代化强国、实现中华民族伟大复兴中国梦提供有力支撑。

附表1 2014—2020年普速电气化铁路开通统计表

序号	线路名称	起讫点	里程/km	供电方式	开工时间	竣工、建成或开通时间
1	邯郸至长治铁路电气化改造/部分单线	邯郸—长治	218.44	直供加回流线	线路2010.9.28 电化2013.3.24	2014.7.9开通
2	赣州至韶关铁路/单线	赣州—韶关	179.071	直供加回流线	线路2009.3.21 电化2010.11.16	2014.9.30开通
3	胶州至新沂铁路电气化改造/单线	胶州—新沂	303.3	直供加回流线	2012.12.1	胶临段2014.10.18开通 全线2015.12.1开通
4	蒙自至河口铁路/单线	蒙自—河口	141.4	直供加回流线	线路2009.6.1 电化2013.12.1	2014.12.1开通
5	山西中南部铁路通道瓦塘至日照段/双线	瓦塘—日照	1 260	AT方式	线路2009.12.23 电化2013.10.23	2014.12.30开通
6	邯郸至济南铁路电气化改造/双线	邯郸—济南	232.99	直供加回流线	2010.10	全线2014.12.30开通
7	湘桂铁路柳州至南宁段电气化改造/双线	柳州—南宁	218	直供加回流线	2013.12.8	2015.6.30开通
8	广西沿海铁路黎塘至钦州段扩能改造/双线	黎塘—钦州	99	直供加回流线	2010.8	2015.7.2开通
9	德州至大家洼铁路/单线	德州—大家洼	256	直供加回流线	线路2009.11.29 电化2013.8.12	2015.9.28开通
10	林歹至织金铁路/Ⅱ级单线	林歹—织金	97.752	直供加回流线	线路2009.9.29 电化2013.5.8	2015.12.28开通
11	宁西铁路西安至合肥段复线电气化	西安—合肥 小林至厉山联络线	957 73.5	直供加回流线	线路2012.10.23 电化2013.8.20	2015.12.21开通
12	黄陵至韩城至侯马铁路扩能改造/部分单线	黄陵—韩城—侯马	204.58	直供加回流线	线路2010.8.28 电化2013.12.24	全线2015.12.25开通

续上表

序号	线路名称	起讫点	里程/km	供电方式	开工时间	竣工、建成或开通时间
13	金华至温州铁路扩能改造/双线	东孝—温州南	188.812	AT 方式	线路 2010.1.19 电化 2014.11.21	2015.12.26 开通
14	赣州至龙岩铁路扩能改造/双线	赣州—龙岩	249.42	直供加回流线	线路 2010.12 电化 2014.2.25	2015.12.26 开通
15	天水至平凉铁路/单线	天水—平凉	113.417	直供加回流线	线路 2008.12.4 电化 2012.6.1	2015.12.30 开通
16	张家口至唐山铁路/双线	张家口—唐山	528.5	AT 方式	线路 2010.3.21 电化 2010.10.28	2015.12.30 开通
17	织金至毕节铁路/单线	织金—毕节	80.0	直供加回流线	线路 2013.3.9 电化 2015.3.1	2015.12.30 开通
18	滨绥铁路牡丹江至绥芬河段扩能改造/双线	牡丹江—绥芬河	138.823	直供加回流线	线路 2010.7.8 电化 2012.9.1	2016.1.1 开通
19	娄底至邵阳铁路扩能改造/双线	娄底—邵阳	99.36	直供加回流线	2012.1.28	2016.1.6 开通
20	敦煌至格尔木铁路/单线	敦煌—格尔木	616.79	直供加回流线	线路 2012.10.18 电化 2014.7.28	敦煌至肃北段 2016.1.9 开通;全线 2019.12.18 开通
21	织金至纳雍铁路/单线	织金—纳雍	60.1	直供加回流线	线路 2013.1 电化 2015.4.28	2016.1.10 开通
22	巴中至达州铁路/单线	巴中—达州	124	直供加回流线	线路 2009.9.27 电化 2012.3.1	2016.1.10 开通
23	石门至长沙铁路复线电气化	石门—长沙	262.8	直供加回流线	线路 2010.5 电化 2010.11.6	2016.1.18 开通
24	柳沟至敦煌段电气化改造	柳沟—敦煌	161.47	直供加回流线	2014.4	2016.4.27 开通
25	宁启铁路南京至南通段复线电气化	南京—南通	268.30	直供加回流线	线路 2009.7.14 电化 2009.12.25	2016.5.15 开通

续上表

序号	线路名称	起讫点	里程/km	供电方式	开工时间	竣工、建成或开通时间
26	陶利庙至鄂托克前旗铁路/单线	陶利庙—敖勒召其镇	97.73	AT方式	线路2014.12.10 电化2015.4	2016.9.30开通
27	通辽至大虎山铁路电气化/双线	通辽—大虎山	245.457	直供加回流线	2014.5.13	2016.11.25开通
28	通辽至霍林河铁路电气化/双线	通辽—霍林河	401.197	直供加回流线	2014.7.1	2016.11.25开通
29	辛泰、磁东、东都铁路电气化改造/单线	淄博—泰山 磁窑—莱芜东	162.5 117.71	直供加回流线	2013.12.18	2016.11.30开通
30	昆明至玉溪铁路扩能改造	昆明—玉溪	49.3		线路2010.11.28 电化2014.4.1	2016.12.15开通
31	合肥至芜湖铁路电气化改造/双线	合肥—芜湖	146.19	直供加回流线	2015.11	2016.12.20开通
32	通辽至四平铁路电气化/双线	通辽—四平	199.931	直供加回流线	线路2014.7.1 电化2014.12.1	2016.12.30开通
33	多丰铁路多伦至塔黄旗段复线电气化	多伦—塔黄旗	166.346	直供加回流线	线路2014.10.8 电化2016.3.1	多伦至丰宁北于2016.12.28开通 全线2017.10.18开通
34	长春至白城至乌兰浩特铁路扩能改造/双线	长春—白城—乌兰浩特	412.03	直供加回流线	线路2014.12 电化2016.4.1	2017.8.8开通
35	武九铁路电气化/双线	武昌—九江	261	直供加回流线	线路2008.12.16 电化2016.1.20	2017.9.21开通
36	兰渝铁路/双线	兰州—重庆	866	直供加回流线	线路2008.9.26 电化2014.8.1	全线2017.9.29开通
37	神朔铁路大柳塔至阴塔段/双线	大柳塔—阴塔	143		2009.03.10	2017.12.5开通
38	龙口至烟台铁路/单线	龙口—烟台	112.7	直供加回流线	线路2009.11.19 电化2016.5.7	2017.12.19开通
39	九江至景德镇至衢州铁路/双线	九江—景德镇—衢州	333.26	直供加回流线	线路2013.12.9 电化2016.3.10	2017.12.28开通

续上表

序号	线路名称	起讫点	里程/km	供电方式	开工时间	竣工、建成或开通时间
40	滨洲铁路电气化/双线	哈尔滨—满洲里	933.738	直供加回流线	线路 2014.10.25 电化 2015.4.19	哈齐段 2016.11.1 开通 全线 2017.12.28 开通
41	黎湛铁路电气化/双线	黎塘—湛江	318	直供加回流线	2014.12.23	2017.12.30 开通
42	呼和浩特至准格尔至鄂尔多斯铁路/双线	呼和浩特—准格尔—鄂尔多斯	173.5	直供加回流线	线路 2013.9.30 电化 2015.4.1	呼准段 2016.11.28 开通 全线 2017.12.31 开通
43	重庆至贵阳铁路扩能改造/双线	重庆西—贵阳北	344.391	直供加回流线	线路 2013.5 电化 2016.1.18	2018.1.25 开通
44	通辽至让湖路铁路电气化改造/部分单线	通辽东至让湖路西	412.334	直供加回流线	2016.4.20	2018.4.25 开通
45	平齐铁路郑家屯至榆树屯段电气化改造/双线	郑家屯—榆树屯	455.439	直供加回流线	2016.4.15	2018.4.25 开通
46	深湛铁路江门至湛江段/双线	江门—湛江西	357	直供加回流线	线路 2014.6 电化 2016.6.25	全线 2018.7.1 开通
47	昆明至广通至大理铁路扩能改造/双线	昆明—广通—大理	328	直供加回流线	2013.1	全线 2018.7.1 开通
48	淄博至东营铁路扩能改造/单线	淄博——东营	89.46	直供加回流线	2016.4.14	2018.9.30 开通
49	连云港至盐城铁路/双线	赣榆北—盐城北	234.024	直供加回流线	线路 2013.12.7 电化 2015.10.8	2018.12.26 开通
50	青岛至连云港铁路/双线	青岛北—赣榆北	194.54	直供加回流线	线路 2014.11.9 电化 2016.6.26	2018.12.26 开通
51	怀化至邵阳至衡阳铁路/双线	怀化南—邵阳—颜家垄	312.9	直供加回流线	线路 2014.6.30 电化 2017.3.15	2018.12.26 开通

续上表

序号	线路名称	起讫点	里程/km	供电方式	开工时间	竣工、建成或开通时间
52	哈尔滨至牡丹江铁路电气化/双线	哈尔滨—牡丹江	350	直供加回流线	2015.11.27	2018.12.27 开通
53	川藏铁路成都至雅安段/双线	成都—蒲江—雅安	140	直供加回流线	线路 2013.8.26 电化 2017.10	2018.12.28 开通
54	高台山至阜新至锦州铁路扩能改造/双线	高台山—阜新—薛家	244	直供加回流线	2013.4.1	2018.12.28 开通
55	南平至龙岩铁路扩能改造/双线	南平北—龙岩	248.1	直供加回流线	线路 2013.12.10 电化 2016.5.24	2018.12.29 开通
56	朔州至准格尔铁路/单线	朔州—准格尔	215	AT 方式	线路 2007.12.18 电化 2015.7.1	2019.1.2 开通
57	宁启铁路南通至启东段/单线	南通东—吕四	109.2	直供加回流线	线路 2014.12.28 电化 2018.1.25	2019.1.5 开通
58	符离集至夹河寨铁路扩能改造/双线	符离集—夹河寨	84.698	直供加回流线	2015.3	2019.1.18 开通
59	青龙山至阜阳铁路电气化/双线	青龙山—阜阳北	152	直供加回流线	2015.1	2019.1.21 开通
60	泗安至杭州铁路电气化改造/双线	泗安—乔司	139.7	直供加回流线	2016.12.30	2019.1.25 开通
61	芜湖至广德铁路电气化改造/双线	芜湖—宣城—广德	146.319	直供加回流线	2015.12	2019.12 部分区段建成 2020.6.28 全线开通
62	阳平关至安康增建第二线	阳平关—安康	357	直供加回流线	线路 2015.4 电化 2016.4.27	2019.12.27 开通

续上表

序号	线路名称	起讫点	里程/km	供电方式	开工时间	竣工、建成或开通时间
63	成昆铁路扩能改造/双线	成都南—峨眉—米易—攀枝花—永仁—广通—昆明	900	直供加回流线	广昆段 2007. 10. 18 成峨段 2010. 1. 16 峨米段 2014. 12. 20 米攀段 2013. 12. 27 永广段 2016. 12. 16	广昆段 2013. 12. 27 开通 成峨段 2018. 1. 8 开通 永广段 2019. 10. 9 开通 米攀段 2020. 5. 26 开通
64	京原铁路电气化改造/单线	石景山南—大涧—原平	418	直供加回流线	太原铁路局段 2016. 3 北京铁路局段 2019. 4. 9	太原铁路局段 2018. 1. 1 开通
65	蒙西至华中地区铁路煤运通道/(浩岳段为双线、岳吉段为单线)	浩勒报吉南—吉安	1 814. 41	浩江段 AT 方式;江吉段直供加回流线	线路 2015. 4 电化 2018. 9. 1	2019. 9. 28 开通
66	黔江至张家界至常德铁路/双线	黔江—张家界—常德	336. 257	黔高段 AT 方式;高常段直供加回流线	线路 2014. 12. 16 电化 2018. 6. 27	2019. 12. 26 开通
67	锦承铁路叶柏寿至京通铁路赤峰站扩能改造/单线	叶柏寿—赤峰	146. 4	直供加回流线	电化 2016. 5. 9	2019. 12. 30 开通
68	锦承铁路义县至朝阳至叶柏寿段扩能改造	义县至朝阳至叶柏寿	162. 9	直供加回流线	电化 2017. 4. 17	义朝段 2019. 12. 11 开通 朝叶段 2019. 12. 24 开通
69	格尔木至库尔勒铁路	格尔木—库尔勒	1 213. 7	AT 方式	线路 2014. 12. 28 电化 2016. 6. 19	青海段 2020. 6. 30 开通 新疆段 2020. 12. 9 开通
70	上海至南通铁路	南通—安亭	137. 473	直供加回流线	线路 2014. 3. 1 电化 2017. 10. 4	2020. 7. 1 开通
71	衢州至宁德铁路	衢州—宁德	378. 914	直供加回流线	线路 2014. 12. 23 电化 2018. 3. 23	2020. 9. 27 开通
72	渝怀铁路增建二线	涪陵—怀化南	508. 0	直供加回流线	线路 2015. 3. 21 电化 2017. 11. 22	涪中段 2020. 8. 10 开通 秀怀段 2020. 11. 20 开通 全线 2020. 12. 25 开通

续上表

序号	线路名称	起讫点	里程/km	供电方式	开工时间	竣工、建成或开通时间
73	焦柳铁路怀化至柳州段电气化改造	怀化—柳州	404.103	直供加回流线	2017.12.29	广西段2020.9.30开通，怀柳全段2020.12.26开通
74	福州至平潭铁路	福州—平潭	85.133	直供加回流线	线路2013.11.13 电化2019.4.20	2020.12.26开通
75	黄大铁路	黄骅南—大家洼	216.8		线路2014.9.5 电化2017.12.20	2020.12.26开通
76	大理至临沧铁路	大理—临沧	202.095	直供加回流线	线路2015.12.6 电化2019.10.30	2020.12.30开通
77	金华至台州铁路	金华—台州	148.49	直供加回流线	线路2016.1.4 电化2018.8.29	预计2021.6开通
78	川藏铁路拉萨至林芝段	拉萨—林芝	新建线 403.865	直供加回流线	线路2014.12.19 电化2018.8.29	预计2021.6开通
79	京通铁路朝阳地至通辽段电气化改造	朝阳地—通辽	446.12	直供加回流线	2015.12.25	通赤段2019.12.31开通 全段预计2021年底开通
80	京通铁路昌平至朝阳地段电气化改造	昌平—朝阳地	357.1	直供加回流线	2019.4.2	北京段2020.9.30开通， 全段预计2021年底开通

附表 2　2014—2020 年高速电气化铁路开通统计表

序号	线路名称	起讫点	里程/km	供电方式	开工时间	竣工、建成或开通时间
1	湘桂铁路柳州至南宁客运专线	柳州—南宁	225. 8	AT 方式	线路 2009. 10. 1 电化 2013. 3. 1	2013. 12. 30 开通 2015. 6. 15 开通南宁枢纽
2	武汉至黄石城际铁路	武汉—黄石	96. 78	AT 方式	线路 2009. 3. 22 电化 2011. 10. 8	2014. 6. 18 开通
3	武汉至黄冈城际铁路	武汉—黄冈	36	直供加回流线	2013. 8. 18	2014. 6. 18 开通
4	沪昆客运专线杭州至长沙段	杭州—长沙	933. 165	AT 方式	线路 2009. 12. 22 电化 2013. 4. 18	2014. 9. 16 南长段开通 2014. 12. 10 杭南段开通
5	南广客运专线	南宁—广州	577. 1	AT 方式	线路 2008. 11. 9 电化 2011. 9. 19	广西段 2014. 4. 18 开通 2014. 12. 26 全线开通
6	大同至西安客运专线	大同—原平—太原—西安	859	AT 方式	线路 2009. 12. 3 电化 2013. 3. 1	太西段 2014. 7. 1 开通 大原段 2016. 8. 12 开通 原太段 2018. 9. 28 开通
7	成绵乐客运专线	江油—成都—乐山	312. 847	AT 方式	线路 2008. 12. 30 电化 2011. 2. 22	2014. 12. 20 开通
8	贵广客运专线	贵阳北—广州南	856. 9	龙广段 AT 方式，贵龙段直供加回流线	线路 2008. 10. 13 电化 2013. 12. 1	2014. 12. 26 开通
9	郑州至开封城际铁路	郑州—开封	57. 4	直供加回流线	线路 2009. 12. 29 电化 2013. 1. 1	2014. 12. 28 开通
10	青岛至荣成城际轨道交通	青岛—荣成	300	直供加回流线	线路 2010. 10. 1 电化 2013. 12. 15	2014. 12. 28 即荣段开通 2016. 11. 16 青即段开通
11	沪昆客运专线长沙至昆明段	长沙—昆明段	1 158. 09	AT 方式	线路 2010. 3. 26 电化 2013. 10. 22	2014. 12. 16 长怀段开通 2015. 6. 18 怀贵段开通 2016. 12. 28 贵昆段开通
12	贵阳至开阳城际铁路	贵阳东—开阳	62. 83	直供加回流线	线路 2010. 9. 20 电化 2014. 3. 1	2015. 5. 1 开通

续上表

序号	线路名称	起讫点	里程/km	供电方式	开工时间	竣工、建成或开通时间
13	郑州至焦作城际铁路	郑州—焦作	77.8	AT 方式	线路 2010.9.25 电化 2014.4.17	2015.6.26 开通
14	合肥至福州客运专线	合肥—福州	810.44	AT 方式	线路 2010.1.28 电化 2013.9.26	2015.6.28 开通
15	哈尔滨至齐齐哈尔客运专线	哈尔滨—齐齐哈尔	281.5	直供加回流线	线路 2009.7.5 电化 2013.11.26	2015.8.17 开通
16	沈阳至丹东客运专线	沈阳—丹东	205.6	AT 方式	线路 2010.3.17 电化 2013.12.31	2015.9.1 开通
17	吉林至珲春客运专线	吉林—珲春	360.547	AT 方式	线路 2010.10.30 电化 2013.6.22	2015.9.20 开通
18	南京至安庆客运专线	南京南—安庆	257.477	AT 方式	线路 2008.12.18 电化 2013.9.26	2015.12.6 开通
19	东北东部铁路丹东至大连段	丹东—大连	290.13	直供加回流线	线路 2010.6.1 电化 2013.5.29	2015.12.17 开通
20	成渝客运专线	成都—重庆	308.45	AT 方式	线路 2010.3.22 电化 2014.1.20	2015.12.26 开通
21	海南西环铁路	海口—三亚	345.103	直供加回流线	线路 2012.9.28 电化 2014.4.30	2015.12.30 开通
22	天津至保定客运专线	天津西—保定	157	AT 方式(天徐段)	线路 2010.3.21 电化 2014.10.4	2016.1.10 开通
23	佛山至肇庆城际铁路	佛山—肇庆	79.717	直供加回流线	线路 2009.9.1 电化 2014.1.5	2016.3.30 开通
24	郑州至徐州客运专线	郑州—徐州	361.937	AT 方式	线路 2012.12.26 电化 2014.8.10	2016.9.10 开通
25	重庆至万州客运专线	重庆—万州	247.256	AT 方式	线路 2010.12.22 电化 2015.5.23	2016.11.28 开通

续上表

序号	线路名称	起讫点	里程/km	供电方式	开工时间	竣工、建成或开通时间
26	武汉至孝感城际铁路	汉口—孝感	61.8	直供加回流线	线路2009.3.22 电化2010.9.1	2016.12.1开通
27	云桂铁路南宁至昆明段	南宁—白色—昆明	710.269	AT方式	线路2009.12.27 电化2014.8.9	南百段2015.12.11开通 百昆段2016.12.28开通
28	宝鸡至兰州客运专线	宝鸡—兰州	401	AT方式	线路2012.10.20 电化2015.8.26	2017.7.9开通
29	张家口至呼和浩特客运专线	张家口—乌兰察布—呼和浩特	286.77	AT方式	线路2011.2.28 电化2016.7.28	乌呼段2017.8.3开通 张乌段2019.12.30开通
30	武汉至九江客运专线	武汉—九江	224	AT方式	线路2013.12.29 电化2016.3.28	湖北段2017.6.12开通 全线2017.9.21开通
32	西安至成都客运专线	西安—成都	643	AT方式	线路2012.10.27 电化2014.8.1	2017.12.6开通
32	兰新铁路第二双线	兰州—乌鲁木齐	1 776	AT方式	线路2009.11.4 电化2013.3.24	新疆段2014.11.16开通 全线2017.12.26开通
33	长沙至株州至湘潭城际铁路	长沙—株洲—湘潭	95.513	直供加回流线	线路2010.6.30 电化2014.10.1	长沙以南至株洲、湘潭2016.12.26开通;长沙以西2017.12.26开通
34	石家庄至济南客运专线	石家庄—济南	301.5	AT方式	线路2014.3.16 电化2015.11.17	2017.12.28开通
35	东莞至惠州城际铁路	东莞—惠州	99.841	直供加回流线	线路2009.5.10 电化2014.5.20	常平东至小金口2016.3.30开通;全线2017.12.28开通
36	广深港高速铁路香港段	福田—西九龙	26	—	2010年开工	2018.9.23开通
37	哈尔滨至佳木斯客运专线	哈尔滨—佳木斯	343.088	直供加回流线	线路2014.7.9 电化2015.9.8	2018.9.30开通
38	哈尔滨至牡丹江客运专线	哈尔滨—牡丹江	292.995	直供加回流线	线路2014.12.15 电化2017.6.28	2018.12.25开通

续上表

序号	线路名称	起讫点	里程/km	供电方式	开工时间	竣工、建成或开通时间
39	杭州至黄山客运专线	杭州—黄山	287.53	AT 方式	线路 2014.6.30 电化 2016.4.28	2018.12.25 开通
40	济南至青岛高速铁路	济南—青岛	308	AT 方式	线路 2015.8.11 电化 2017.3.30	2018.12.26 开通
41	铜仁至玉屏城际铁路	铜仁—玉屏	47.711	直供加回流线	2013.12	2018.12.26 开通
42	新民至通辽高速铁路	新民—通辽	196.903	直供加回流线	线路 2016.6 电化 2017.3.2	2018.12.29 开通
43	京沈客运专线	北京—沈阳	696.4	AT 方式	线路 2014.2.28 电化 2016.8.19	承沈段 2018.12.29 开通 京承段 2021.1.22 开通
44	成贵铁路乐山至贵阳段	乐山—贵阳	514.645	AT 方式	线路 2013.12.25 电化 2017.10	乐山至宜宾 2019.6.15 开通 全线 2019.12.16 开通
45	北京至雄安新区城际铁路	北京—雄安	92.783	AT 方式	线路 2018.2.28 电化 2019.9.5	李营至大兴机场 2019.9.26 开通，全线 2020.12.27 开通
46	梅州至潮汕客运专线	梅州—潮汕	122.412	AT 方式	线路 2015.4.27 电化 2017.12.20	2019.10.11 开通
47	鲁南高速铁路日照至曲阜段	日照—曲阜	229.852	AT 方式	线路 2016.12.17 电化 2018.11.7	2019.11.26 开通
48	武汉至十堰高速铁路孝感至十堰段	孝感—十堰	新建线路 399.126	AT 方式	线路 2015.12.2 电化 2018.5.30	全线 2019.11.29 开通
49	郑州至周口至阜阳高速铁路	郑州—阜阳	267.195	AT 方式	线路 2016.7.16 电化 2018.5.3	2019.12.1 开通
50	郑州至万州高速铁路	郑州～万州	821.877	AT 方式	线路 2016.2.16 电化 2018.4.1	郑州至襄阳 2019.12.1 开通 襄阳至万州段预计 2021 年底开通
51	商丘至合肥至杭州高速铁路	商丘—合肥—杭州	新建线路 618.02	AT 方式	线路 2015.11.30 电化 2017.12.13	商丘至合肥 2019.12.1 开通 全线 2020.6.28 开通

续上表

序号	线路名称	起讫点	里程/km	供电方式	开工时间	竣工、建成或开通时间
52	穗莞深城际轨道交通	新塘—深圳机场	76.108	直供加回流线	线路 2008.12.21 电化 2015.11.28	2019.12.15 开通
53	徐州至淮安至盐城高速铁路	徐州—淮安—盐城	316.27	AT 方式	线路 2015.12.28 电化 2018.5.15	2019.12.16 开通
54	连云港至镇江客运专线	连云港—镇江	304.5	AT 方式	线路 2014.12.26 电化 2017.11.9	连云港至淮安 2019.12.16 开通,全线 2020.12.11 开通
55	南昌至赣州客运专线	南昌—赣州	新建线路 398.482	AT 方式	线路 2014.12.20 电化 2017.12.19	2019.12.26 开通
56	吴忠至中卫高速铁路	吴忠—中卫	135.104	AT 方式	线路 2015.10.10 电化 2016.8	2019.12.29 开通
57	银川至西安高速铁路	银川—西安	617.047	AT 方式	线路 2015.12.26 电化 2018.9.7	银川至吴忠 2019.12.29 开通 全线 2020.12.26 开通
58	北京至张家口高速铁路	北京—张家口	173.964	AT 方式	线路 2016.4.29 电化 2018.8.16	2019.12.30 开通
59	崇礼铁路	下花园北—太子城奥运村	52.84	AT 方式	线路 2016.10.9 电化 2018.9.25	2019.12.30 开通
60	大同至张家口高速铁路	大同—张家口	140.615	AT 方式	线路 2015.11.18 电化 2018.10.16	2019.12.30 开通
61	赤峰至喀左客运专线	赤峰—喀左	155.897	直供加回流线	线路 2016.7 电化 2017.11	2020.7.1 开通
62	安顺至六盘水铁路	安顺—六盘水	117.857	直供加回流线	线路 2015.11 电化 2018.12.8	2020.7.8 开通
63	潍坊至莱西高速铁路	潍坊—莱西	125.97	AT 方式	线路 2018.2.6 电化 2019.8.6	2020.11.26 开通

续上表

序号	线路名称	起讫点	里程/km	供电方式	开工时间	竣工、建成或开通时间
64	广清城际铁路 广州东环城际铁路	花都—清城 花都—白云机场北	38.2 22.6		电化2018.4.1	2020.11.30开通
65	太原至焦作高速铁路	太原—焦作	358.8	AT方式	线路2016.6.16 电化2019.11.28	2020.12.12开通
66	合肥至安庆高速铁路	合肥—安庆	162.0	AT方式	线路2015.12.25 电化2018.12.4	2020.12.22开通
67	武汉至仙桃城际铁路	武汉—仙桃	88(新建线路16.692)	直供加回流线	2017.9.27	2020.12.26开通
68	盐城至南通高速铁路	盐城—南通	156.665	AT方式	线路2018.1.16 电化2019.1.17	2020.12.30开通
69	徐州至连云港高速铁路	徐州—连云港	180.027	AT方式	线路2017.7.13 电化2019.5.30	2021.2.8开通

参 考 文 献

[1] 铁计〔2004〕15号. 关于转发《中长期铁路网规划》的通知[Z].
[2] 铁道部办公厅办计发〔2008〕43号. 关于转发《中长期铁路网规划(2008年调整)》的通知[Z].
[3] 铁计〔2011〕80号. 关于印发《铁路"十二五"发展规划》的通知[Z].
[4] 发改基础〔2016〕1536号. 关于印发《中长期铁路网规划》的通知[Z].
[5] 发改基础〔2017〕1996号. 关于印发《铁路"十三五"发展规划》的通知[Z].
[6] 国家铁路局资料中心. 铁道统计公报[R]. 北京:国家铁路局资料中心,2014—2020.
[7] 中铁电气化局集团史志编纂委员会. 中铁电气化局集团年鉴(2014—2019)[Z]. 北京:中铁电气化局集团史志编纂委员会,2014—2019.
[8] 中铁电气化局集团有限公司. 中国铁路电气化建设概要(1958—2017)[M]. 北京:中国铁道出版社,2018.
[9] 铁发改〔2020〕129号. 关于印发《新时代交通强国铁路先行规划纲要》的通知[Z].